D1734726

NomosKommentar

Prof. Dr. Heribert Hirte | Dr. Thomas Heidel [Hrsg.]

Das neue Aktienrecht

nach ARUG II und Corona-Gesetzgebung

Handkommentar

Dr. Moritz Beneke, Rechtsanwalt | **Dr. Thomas Heidel**, Rechtsanwalt, Fachanwalt für Steuerrecht und für Handels- und Gesellschaftsrecht | **Prof. Dr. Heribert Hirte**, LL.M. (Berkeley), Universität Hamburg | **Dr. Torben Illner**, Rechtsanwalt | **Bernadette Kell**, Regierungsrätin im BMJV | **Dr. Helmut Krenek**, Vorsitzender Richter am Landgericht | **Dr. Klaus von der Linden**, Rechtsanwalt | **Dr. Daniel Lochner**, Rechtsanwalt, Fachanwalt für Handels und Gesellschaftsrecht | **Prof. Dr. Sebastian Mock**, LL.M. (NYU), Attorney-at-Law (New York), Wirtschaftsuniversität Wien | **Dr. Martin Müller**, Vorsitzender Richter am Landgericht | **Dr. Matthias Schatz**, LL.M. (Harvard), Attorney-at-Law (New York), Rechtsanwalt | **Dr. Uwe Schmidt**, Vorsitzender Richter am Oberlandesgericht | **Dr. Sebastian Schödel**, Rechtsanwalt | **Prof. Dr. Christoph Terbrack**, Notar, Honorarprofessor der RWTH Aachen

Nomos

Zitiervorschlag: *Bearbeiter* in Hirte/Heidel Das neue Aktienrecht AktG § ... Rn. ...

Die Deutsche Nationalbibliothek verzeichnet diese Publikation in
der Deutschen Nationalbibliografie; detaillierte bibliografische
Daten sind im Internet über http://dnb.d-nb.de abrufbar.

ISBN 978-3-8487-6554-6

1. Auflage 2020

Vorwort

Das Corona-Virus hat auch diesen Kommentar eingeholt, der zunächst als „ARUG II Handkommentar" geplant war. Die aktuellen Entwicklungen haben Herausgeber und Verlag veranlasst, die aktienrechtlich relevanten Teile der „Corona-Gesetzgebung"[1] noch aufzunehmen. Daher heißt unser Kommentar nun „Das neue Aktienrecht nach ARUG II und Corona-Gesetzgebung" und hat entsprechend zwei Teile. Das Autorenteam verfügt über vielfältige Erfahrung, die von richterlicher, notarieller und anwaltlicher Praxis über die Wissenschaft bis in die politische Expertise zum Zustandekommen der Gesetze selbst reicht – dazu im Einzelnen bei der Vorstellung der beiden Teile des Werkes.

Erster Teil: Die Kommentierung des ARUG II

Für börsennotierte Aktiengesellschaften einschließlich deutscher SE sowie Kommanditgesellschaften auf Aktien bringt das „ARUG II" ein grundlegend neues Regelungsregime wichtiger Bereiche des Unternehmensrechts und des Anlegerschutzes. Daher ist ein Kommentar dringlich, der alle Neuerungen aktuell und umfassend und gleichzeitig mit festem Blick auf die Bedürfnisse der Praxis gründlich analysiert.

Angestoßen hat die Novelle der europäische Gesetzgeber im Mai 2017 mit der sog. Zweiten Aktionärsrechterichtlinie, um Rahmenbedingungen für den Gemeinsamen Markt zu normieren. Er zog damit Konsequenzen aus der Finanzkrise. Er wollte Zeichen setzen, insbesondere gegen die übermäßige kurzfristige Risikobereitschaft von Managern, diese stattdessen auf nachhaltiges Wachstum und langfristigen Erfolg der Unternehmen verpflichten und ihre Überwachung im Sinne guter Corporate Governance stärken. In unserem Kommentar gibt *Bernadette Kell* einen Überblick über die Richtlinie; sie war bis vor Kurzem im für die Umsetzung der Richtlinie zuständigen Referat des Bundesministeriums der Justiz und für Verbraucherschutz tätig, hat sich dort intensiv mit der Richtlinie und der deutschen Gesetzgebung zu ihrer Umsetzung befasst und dabei auch den Kontakt zu den europäischen Institutionen gehalten; sie kann daher Informationen aus erster Hand geben – vertritt in ihrem Beitrag aber nur ihre persönliche Meinung.

In deutsches Recht umzusetzen war die Richtlinie bis Juni 2019. Das Verfahren dazu begann erst durch den Ende 2018 vorgelegten Referentenentwurf. Die Umsetzung geht erklärtermaßen nicht über die Richtlinie hinaus; der für den Entwurf verantwortliche Ministerialbeamte bezeichnet sie als „behutsam ... bei Inanspruchnahme aller (!) Ausnahmen der Richtlinie".[2] Ins Bundesgesetzblatt kam sie erst mit sechs Monaten Verzug – nach Beschlussfassung im Bundestag mit den Stimmen der Koalitionsfraktionen gegen die gesamte Opposition und ohne Anrufung des Vermittlungsausschusses. Nicht weiter aufgegriffen wurden in diesem Gesetz Erwägungen, mit dem ARUG II eine ausdrückliche Zuständigkeit der Hauptversammlung für bedeutende Unternehmenstransaktionen vorzusehen.[3] Den parlamentarischen Prozess zeichnet *Heribert Hirte* nach – als amtierender Vorsitzender des für das ARUG II zuständigen Bundes-

---

1 Art. 2 § 1, 7 und 8 des Gesetzes über Maßnahmen im Gesellschafts-, Genossenschafts-, Vereins-, Stiftungs- und Wohnungseigentumsrecht zur Bekämpfung der Auswirkungen der CO-VID-19-Pandemie im Zivil-, Insolvenz- und Strafverfahrensrecht" vom 27. März 2020, BGBl. I, S. 569.

2 *Seibert* DB 42/2018, M 4 f. „1:1-Umsetzung"; *Seibert* führt die lange Zeit zwischen Inkrafttreten der Richtlinie und Vorlage des Entwurfs auf interne Abstimmungsabläufe bei großen Gesetzgebungsvorhaben wie dem ARUG II zurück, die „immens zeitraubend" seien. Die Vorbereitung des Gesetzentwurfs unterstützte eine Kommission, bestehend aus *Tim Florstedt, Ulrich Noack, Jessica Schmidt, Jochen Vetter* sowie *Dirk Zetzsche* (was bei Äußerungen aus dem Kreis berücksichtigt werden muss).

3 Vgl. Beschlussempfehlung und Bericht des Ausschusses für Recht- und Verbraucherschutz, BT-Drs. 19/15153, S. 52 f.

tagsausschusses und Berichterstatter seiner Fraktion für das Gesellschaftsrecht auch ein Insider.

Das ARUG II bringt Neuerungen vor allem in vier Bereichen:

(1) Die politisch umstrittenste Änderung betrifft die Vorstandsvergütung. Der Aufsichtsrat hat nunmehr ein Vergütungssystem zu entwickeln, das der nachhaltigen und langfristigen Entwicklung des Unternehmens dient. Ein Vergütungsbericht muss die Vergütung jährlich für jedes Vorstandsmitglied aufschlüsseln. Über diese Punkte sowie eine etwaige Herabsetzung der Maximalvergütung beschließt die Hauptversammlung („Say on Pay"). Weitergehende Forderungen, etwa nach einer Höchstrelation zwischen Vorstands- und Arbeitnehmerbezahlung, haben sich nicht durchgesetzt. Die Hauptversammlung kann sie aber vorgeben.

(2) Geschäfte mit Nahestehenden, neudeutsch Related Party Transactions (RPT), können den Gesellschaften und ihren (Minderheits-) Aktionären abträglich sein, geben sie doch den Nahestehenden die Möglichkeit, „sich Werte der Gesellschaft anzueignen", wie es berechtigt in der Richtlinie heißt. Daher soll das ARUG II zumal Minderheitsaktionäre davor schützen, dass „etwa Tochterunternehmen ausgeplündert werden, also Unternehmenswerte auf andere Gesellschaften in einem Konzern übertragen werden und damit der Wert des ausgeplünderten Unternehmens deutlich sinkt", wie es der SPD-Berichterstatter *Johannes Fechner* im Bundestag formulierte.

(3) „Know Your Shareholder" ist der Anglizismus für Identifizierung und Information der Aktionäre. Die Novelle will den Informationsfluss zwischen der Gesellschaft und ihren Aktionären erleichtern und verbessern, indem sie direkt kommunizieren können und sollen.

(4) Institutionelle Anleger, Vermögensverwalter und Stimmrechtsberater sind nun stärker als zuvor gesetzlich zur Offenlegung verpflichtet. Sie sollen nicht im Widerspruch zu den Interessen der Anleger und Endbegünstigten motiviert sein und keinen Interessenkonflikten unterliegen.

Das alles ist enthalten in 15, zum Teil sehr ausführlichen neuen Paragraphen im Aktiengesetz und mehr als fünf Mal so vielen Einzeländerungen seines Bestands. Dies kommentieren in Theorie und Praxis des Aktienrechts bewährte Autoren. Die Rechtsanwälte *Thomas Heidel, Klaus von der Linden, Daniel Lochner, Matthias Schatz, Sebastian Schödel,* Notar *Christoph Terbrack* und die Richter *Helmut Krenek, Martin Müller* und *Uwe Schmidt* wirkten schon am jüngst in 5. Auflage erschienenen *Heidel,* Aktienrecht und Kapitalmarktrecht mit.[4] Für die grundlegenden Neuerungen kamen neue Autoren hinzu: *Sebastian Mock* aus der Wissenschaft für die Aktionärsinformation sowie aus der Praxis *Torben Illner* und *Moritz Beneke* als Co-Autoren für RPTs und Vergütung.

Zweiter Teil: Die Kommentierung der Corona-Gesetzgebung

Die Corona-Gesetzgebung soll zwar nur in diesem Jahr gelten, mit Verlängerungsmöglichkeit bis Ende 2021, greift aber grundlegend in die aktienrechtliche Praxis ein. Gesellschaften können mit der Novelle Neuland betreten, und ihre Aktionäre müssen ihnen dorthin *nolens volens* folgen. Virtuelle Hauptversammlungen konnte und wollte man sich in Deutschland bislang nicht wirklich vorstellen. Zu tief erschien der Einschnitt in das etablierte Gefüge der guten Corporate Governance und zumal der Beteiligung der Aktionäre als den Inhabern der Gesellschaft an ihren Entscheidungen. Warum sich der Gesetzgeber der Not gehorchend doch zu dem Schritt entschieden hat, erläutert *Heribert Hirte* in seiner Einführung zum Corona-Gesetz. Die Kommentierung selbst schultern zwei der Instanzrichter, in deren Kammern die eine oder andere Streitigkeit um die Corona-Gesetzgebung landen wird: *Helmut Krenek* vom LG München I und *Martin Müller* vom LG Frankfurt am Main, sowie aus der Anwaltschaft

---

4 NOMOS, Baden-Baden 2020.

Moritz Beneke, Thomas Heidel, Torben Illner und Daniel Lochner. Alle betreten, auch was die Literaturlage angeht, *terra incognita*: Bis zum für die Corona-Kommentierung auf heute hinausgeschobenen Redaktionsschluss (für das übrige Werk Mitte Februar) lag nur eine umfassendere Darstellung der Neuregelung vor.[5]

Unser Kommentar soll in seinen beiden Teilen ein verlässlicher Kompass für alle sein, die mit dem Aktienrecht zu tun haben – gleichermaßen für die grundlegende und auf Dauer angelegte ARUG II-Reform und für das Pandemie-geprägte Krisengesetz.

Wir freuen uns auf Hinweise, gerne an heribert.hirte@jura.uni-hamburg.de und heidel@meilicke-hoffmann.de.

Köln/Berlin/Hamburg und Bonn, am 3. April 2020   *Heribert Hirte*
                                                                 Thomas Heidel

---

5 *Noack/Zetzsche*, AG 2020, 265 (die Autoren haben uns ihren Beitrag vor seinem Erscheinen zur Verfügung gestellt, wofür wir danken).

Inhaltsübersicht

Erster Teil: ARUG II

Zweiter Teil: Corona-Gesetzgebung

Inhaltsverzeichnis

Erster Teil: ARUG II

Die 2. Aktionärsrechterichtlinie

Aktiengesetz

Einführungsgesetz zum Aktiengesetz

Zweiter Teil: Corona-Gesetzgebung

Gesetz zur Abmilderung der Folgen der COVID-19-Pandemie im Zivil-, Insolvenz- und Strafverfahrensrecht

Bearbeiterverzeichnis

Dr. Moritz Beneke, Rechtsanwalt, Meilicke Hoffmann & Partner Rechtsanwälte Steuerberater, Bonn (AktG §§ 67 [gemeinsam mit *Illner*]; 87, 87 a, 113, 162 [gemeinsam mit *Lochner*], 176; CoronaG § 1 Abs. 4; Abs. 5, Abs. 8, Abs. 9, § 8 [gemeinsam mit *Illner*])

Dr. Thomas Heidel, Rechtsanwalt, Fachanwalt für Steuerrecht und für Handels- und Gesellschaftsrecht, Meilicke Hoffmann & Partner Rechtsanwälte Steuerberater, Bonn (AktG §§ 107, 111a-111 c [gemeinsam mit *Illner*]; 186, 214, 243, 256; CoronaG § 1 Abs. 2 Nr. 3-4, § 1 Abs. 7 [gemeinsam mit *Lochner*])

Prof. Dr. Heribert Hirte LL.M. (Berkeley), Universität Hamburg, Mitglied des Deutschen Bundestages, stv. Vors. d. Ausschusses für Recht und Verbraucherschutz, Vorsitzender des Unterausschusses Europarecht, Berlin/Hamburg (Das ARUG II im parlamentarischen Prozess; CoronaG Vor § 1; COVAbmildG Art. 6)

Dr. Torben Illner, Rechtsanwalt, Meilicke Hoffmann & Partner Rechtsanwälte Steuerberater, Bonn (AktG §§ 67 [gemeinsam mit *Beneke*]; 107, 111a-111 c [gemeinsam mit *Heidel*]; CoronaG § 1 Abs. 5 [gemeinsam mit *Beneke*]; Abs. 6; Abs. 8, Abs. 9, § 8 [gemeinsam mit *Beneke*])

Bernadette Kell, Regierungsrätin im Bundesministerium der Justiz und für Verbraucherschutz, u.a. im Referat für Gesellschaftsrecht, Unternehmensverfassung und Corporate Governance, Berlin (Die 2. Aktionärsrechterichtlinie)

Dr. Helmut Krenek, Vorsitzender Richter am Landgericht München I (AktG §§ 118-120 a; CoronaG § 1 Abs 1, Abs. 2 Nr. 1-2)

Dr. Klaus von der Linden, Rechtsanwalt, Linklaters LLP, Düsseldorf (AktG §§ 142, 261 a)

Dr. Daniel Lochner, Rechtsanwalt, Fachanwalt für Handels und Gesellschaftsrecht, Meilicke Hoffmann & Partner Rechtsanwälte Steuerberater, Bonn (AktG §§ 87, 87 a, 113, 162 [gemeinsam mit *Beneke*]; CoronaG § 1 Abs. 2 Nr. 3-4, § 1 Abs. 7 [gemeinsam mit *Heidel*])

Prof. Dr. Sebastian Mock, LL.M. (NYU), Attorney-at-Law (New York), Wirtschaftsuniversität Wien (AktG §§ 67a-67 f)

Dr. Martin Müller, Vorsitzender Richter am Landgericht Frankfurt aM (AktG 121, 123-125, 134a-134 d, 135; CoronaG § 1 Abs. 3)

Dr. Matthias Schatz, LL.M. (Harvard), Attorney-at-Law (New York), Rechtsanwalt, Schnittker Möllmann Partners, Köln (AktG § 246 a)

Dr. Uwe Schmidt, Vorsitzender Richter am Oberlandesgericht Köln (AktG §§ 400, 405)

Dr. Sebastian Schödel, Rechtsanwalt, Schnittker Möllmann Partners, Köln (AktG § 311)

Prof. Dr. Christoph Terbrack, Notar, Honorarprofessor der RWTH Aachen (AktG § 129; EGAktG Art. 26 j)

Literaturverzeichnis I: Allgemeine Literatur

Assmann/Schneider/Mülbert, Wertpapierhandelsgesetz: WpHG, Kommentar, 7. Auflage 2019; zitiert: Assmann/Schneider/Mülbert/*Bearbeiter*

Baumbach/Hopt, Handelsgesetzbuch (ohne Seerecht), 39. Auflage 2020

Beck'scher Bilanzkommentar, Der Jahresabschluss nach Handels- und Steuerrecht. Das Dritte Buch des HGB, 12. Auflage 2020; zitiert: BeckBil-Komm/*Bearbeiter*

Bürgers/Fett, Die Kommanditgesellschaft auf Aktien, 2. Auflage 2015

Bürgers/Körber, Heidelberger Kommentar zum Aktiengesetz, 4. Auflage 2017; zitiert: Bürgers/Körber/*Bearbeiter*

Butzke, Die Hauptversammlung der Aktiengesellschaft, 5. Auflage 2011

Emmerich/Habersack, Aktien- und GmbH-Konzernrecht, Kommentar, 9. Auflage 2019; zitiert: Emmerich/Habersack Aktien- und GmbH-KonzernR/*Bearbeiter*

Flume, Allgemeiner Teil des Bürgerlichen Rechts, Band I 2: Die juristische Person, 1983; zitiert: Flume, Die juristische Person

Frodermann/Jannott, Handbuch des Aktienrechts, 9. Auflage 2017; zitiert: Frodermann/Jannott/ *Bearbeiter*

Grigoleit (Hrsg.), Aktiengesetz: AktG, Kommentar, 2013; zitiert: Grigoleit/*Bearbeiter*

Großkommentar zum Aktienrecht, 5. Auflage *Hirte/Mülbert/Roth* (Hrsg.) 2014 ff.; zitiert Großkomm-AktienR/*Bearbeiter*

Grunewald, Gesellschaftsrecht, 10. Auflage 2017

Habersack/Verse, Europäisches Gesellschaftsrecht, 5. Auflage 2019

Happ, Aktienrecht. Handbuch – Mustertexte - Kommentar, 5. Auflage 2019; zitiert: Happ/*Bearbeiter*

Heidel (Hrsg.), Aktienrecht und Kapitalmarktrecht, 5. Auflage 2020, zitiert: Bearbeiter in Heidel/Aktienrecht § 123 AktG

Heidel/Schall (Hrsg.), HGB, Kommentar, 3. Auflage 2019; zitiert: HaKo-HGB *Bearbeiter* bzw. Heidel/Schall/*Bearbeiter*

Henssler/Strohn (Hrsg.), Gesellschaftsrecht, Kommentar, 4. Auflage 2019; zitiert: Henssler/Strohn/*Bearbeiter* § 123 AktG

Henze/Born/Drescher, Höchstrichterliche Rechtsprechung zum Aktienrecht, 6. Auflage 2015; zitiert: *Henze* HRRAktienR

Heymann, Handelsgesetzbuch. Kommentar (ohne Seerecht), 2. Auflage 1995 ff.; zitiert: Heymann/*Bearbeiter*, HGB

Hirte, Kapitalgesellschaftsrecht, 8. Auflage 2016

Hölters (Hrsg.), Aktiengesetz: AktG, Kommentar, 3. Auflage 2017; zitiert: Hölters/*Bearbeiter*

Hüffer/Koch, Aktiengesetz, 13. Auflage 2018

Jung/Krebs/Stiegler Gesellschaftsrecht in Europa, 2019

Keidel, FamFG, Kommentar, 19. Auflage 2017; zitiert: Keidel/*Bearbeiter*

Kölner Kommentar zum Aktiengesetz, 2. Auflage 1986 ff. (hrsg. v. Zöllner), 3. Auflage 2004 ff. (hrsg. v. Zöllner/Noack); zitiert: KölnKomm-AktG/*Bearbeite*

Kremer/Bachmann/Lutter/v. Werder, Kommentar zum Deutschen Corporate Governance Kodex, 7. Auflage 2018; *zitiert: KBLW/Bearbeiter*

Kropff, Aktiengesetz. Textausgabe des Aktiengesetzes vom 6.9.1965 mit Begründung des Regierungsentwurfs und Bericht des Rechtsausschusses des Deutschen Bundestags, Düsseldorf 1965: zitiert: RegBegr. Kropff

Lutter/Bayer/Schmidt, Europäisches Unternehmens- und Kapitalmarktrecht 6. Auflage 2017

Lutter/Bayer/Vetter (Hrsg.), Umwandlungsgesetz, 6. Auflage 2019; zitiert: Lutter/*Bearbeiter*

Lutter/Krieger/Verse, Rechte und Pflichten des Aufsichtsrats, 6. Auflage 2014; zitiert: Lutter/Krieger/Verse AR

Marsch-Barner/Schäfer, Handbuch börsennotierte AG, 4. Auflage 2017

Mehrbrey (Hrsg.), Handbuch Gesellschaftsrechtliche Streitigkeiten (Corporate Ligitation), 3. Auflage 2019; zitiert: Mehrbrey/*Bearbeiter*

Münchener Handbuch des Gesellschaftsrechts, Band 4, Aktiengesellschaft, 4. Auflage 2015; zitiert: MHdB GesR IV/*Bearbeiter*

Münchener Kommentar zum Aktiengesetz, 4. Auflage, 5. Auflage 2019 ff., zitiert: MüKoAktG/*Bearbeiter*

Münchener Kommentar zum Handelsgesetzbuch, 3. Auflage 2012 ff., 4. Auflage 2016 ff.; zitiert: MüKoHGB/*Bearbeiter*

Münchener Vertragshandbuch, Band 1, Gesellschaftsrecht, 8. Auflage 2018; zitiert: MüVhb-GesR/*Bearbeiter*

Potthoff/Trescher, Das Aufsichtsratsmitglied, 6. Auflage 2015

Röhricht/Graf von Westphalen (Hrsg.), HGB, Kommentar, 5. Auflage 2019; zitiert: Röhricht/v. Westphalen/*Bearbeiter*, HGB

Roth/Altmeppen, Gesetz betreffend die Gesellschaften mit beschränkter Haftung, (GmbHG), Kommentar, 9. Auflage 2019

Rowedder/Schmidt-Leithoff, Gesetz betreffend die Gesellschaften mit beschränkter Haftung (GmbHG), Kommentar, 6. Auflage 2017

Schmidt, K., Gesellschaftsrecht, 4. Auflage 2002; zitiert: K. Schmidt, GesR

Schmidt, K./Lutter, Aktiengesetz, Kommentar, 3. Auflage 2015; zitiert: K. Schmidt/Lutter/*Bearbeiter*

Schmitt/Hörtnagl/Stratz, Umwandlungsgesetz – Umwandlungssteuergesetz, 8. Auflage 2018

Schüppen/Schaub, Münchener Anwaltshandbuch Aktienrecht, 3. Auflage 2018

Schwark/Zimmer, Kapitalmarktrechts-Kommentar, 4. Auflage 2010

Schwarz, Europäisches Gesellschaftsrecht, 2000

Schwerdtfeger, Gesellschaftsrecht, 3. Auflage 2015

Semler/v. Schenck (Hrsg.), Arbeitshandbuch für Aufsichtsratsmitglieder, 4. Auflage 2013; zitiert: Semler/*Bearbeiter* Arbeitshb AR

Spindler/Stilz, Kommentar zum Aktiengesetz: AktG, 4. Auflage 2019; zitiert: Spindler/Stilz/*Bearbeiter*

Wachter (Hrsg.), AktG, Kommentar, 3. Auflage 2018

Ziemons/Binnewies, Handbuch der Aktiengesellschaft (Loseblatt), 1. Teil: Gesellschaftsrecht; zitiert: Ziemons/ *Bearbeiter*, Hb AG

Literaturverzeichnis II: Aufsätze zu ARUG II und Corona

Bachmann/Pauschinger, Die Neuregelung der Vorstands- und Aufsichtsratsvergütung durch das ARUG II, ZIP 2019, 1

Backhaus/Brouwer, Zustimmungsvorbehalte des Aufsichtsrats bei Geschäften mit nahestehenden Personen (Related Party Transactions) bei der KGaA – HGB sticht AktG, AG 2019, 287

Bayer, Die Vergütung von Vorstands- und Aufsichtsratsmitgliedern börsennotierter Gesellschaften nach dem RefE für das ARUG II, DB 2018, 3034

Bayer/J. Schmidt, BB-Gesetzgebungs- und Rechtsprechungsreport zum Europäischen Unternehmensrecht 2018/19 - Teil II, BB 2019, 2178

Bayer/Selentin, Related Party Transactions: der neueste EU-Vorschlag im Kontext des deutschen Aktien- und Konzernrechts, NZG 2015, 7

Böcking/Bundle, Die Umsetzung der zweiten Aktionärsrechterichtlinie (ARUG II), Der Konzern 2020, 15

Bork, Die Regelungen zu 'know-your-shareholder' im Regierungsentwurf des ARUG II, NZG 2019, 738

Bungert/Berger, Say on Pay und Related Party Transactions: Der RefE des Gesetzes zur Umsetzung der zweiten Aktionärsrichtlinie (Teil 1), Der Betrieb 2018, 2801

Bungert/de Raet, Die Aktionärsrechterichtlinie im EU-Parlament: Die Auswirkungen der geplanten Regelungen zu Related Party Transactions auf das deutsche Konzernrecht, Der Konzern 2015, 289

Bungert/Wansleben, ARUG II: Say on Pay und Related Party Transactions im Regierungsentwurf aus Sicht der Praxis, BB 2019, 1026

Bungert/Wansleben, Umsetzung der überarbeiteten Aktionärsrechterichtlinie in das deutsche Recht: Say on Pay und Related Party Transactions, DB 2017, 1190

DAV-Handelsrechtsausschuss, Stellungnahme zum Vorschlag der Europäischen Kommission einer Richtlinie zur Änderung der RL 2007/36/ EG ("Aktionärsrechte-Richtlinie") - COM (2014) 213, NZG 2015, 54

Decher, Die Kontrolle der Verwaltung durch Sonderprüfer, besonderen Vertreter und Aktionärsklage, FS Baums, 2017, S. 279

Diekmann, „Say on Pay" - Wesentliche Änderungen bei der Vergütung von Vorständen und Aufsichtsräten aufgrund der geänderten Aktionärsrechterichtlinie, WM 2018, 796

Diekmann, Say on Pay – Umsetzung ins deutsche Recht nach dem ARUG II-Referentenentwurf, BB 2018, 3010

Drygala ,Europäisches Konzernrecht: Gruppeninteresse und Related Party Transactions, AG 2013, 198

Eggers/De Raet, Das Recht börsennotierter Gesellschaften zur Identifikation ihrer Aktionäre gem. der EU-Aktionärsrechterichtlinie, AG 2017, 464

Eisele/Oser, RegE ARUG II: Ausgewählte Anwendungsfragen der neuen Zustimmungs- und Publizitätspflichten für Geschäfte mit nahestehenden Personen, DB 2019, 1517

Engert/Florstedt, Geschäfte mit nahestehenden Personen aus empirischer Sicht, ZIP 2019, 493

Fleischer, „Geheime Kommandosache": Ist die Vertraulichkeit des Abhängigkeitsberichts (§ 312 AktG) noch zeitgemäß?, BB 2014, 835

Fleischer, Aktienrechtliche Sonderprüfung und Corporate Governance, RIW 2000, 809

Fleischer, Gestaltungsgrenzen für Zustimmungsvorbehalte des Aufsichtsrats nach § 111 Abs. 4 S. 2 AktG, BB 2013, 835

Fleischer, Related Party Transactions bei börsennotierten Gesellschaften: Deutsches Aktien(konzern)recht und europäische Reformvorschläge, BB 2014, 2691

Florstedt, Der Aktionärsschutz bei Geschäften mit nahestehenden Personen gem. § 107 AktG und §§ 111a-c AktG 10, ZHR 184 (2020), 10

Florstedt, Die neuen Aktionärsvoten zur Organvergütung, ZGR 2019, 630

Florstedt, Die wesentlichen Änderungen des ARUG II nach den Empfehlungen des Rechtsausschusses, ZIP 2020, 1

Flume, Transaktionstranzpararenz und Vermögensbindung in der AG, Related Transactions in Österreich, Der Gesellschafter 2019, 234

Foerster, Identifizierung der Aktionäre nach der Änderungsrichtlinie zur Aktionärsrechterichtlinie (2. ARRL) und dem Referentenentwurf ARUG II, AG 2019, 17

Gesellschaftsrechtliche Vereinigung (VGR), Stellungnahme der Gesellschaftsrechtlichen Vereinigung – Wissenschaftliche Vereinigung für Unternehmens- und Gesellschaftsrecht (VGR) e.V. zum Referentenentwurf des BMJV eines Gesetzes zur Umsetzung der zweiten Aktionärsrechterichtlinie (ARUG II), AG 2018, 920

Grigoleit, Regulierung von Related Party Transactions im Kontext des deutschen Konzernrechts, ZGR 2019, 412

Grobecker/Wagner, Der RefE eines Gesetzes zur Umsetzung der zweiten Aktionärsrechterichtlinie im Überblick, Der Konzern 2018, 419

Habersack, Aktienkonzernrecht – Bestandsaufnahme und Perspektiven, AG 2016, 691

Heldt, „Say on Pay" und „Related Party Transactions" im Referentenentwurf des ARUG II aus gesellschaftsrechtspolitischer Sicht, AG 2018, 905

Illner/Hoffmann, Regierungsentwurf zum ARUG II: Bußgeld- und Haftungsrisiken und Folgen für die Hauptversammlung, ZWH 2019, 81

Inci, Diskussionsbericht zum Berliner Kreis für Gesellschaftsrecht: Die reformierte Aktionärs-Richtlinie und ihre Umsetzbarkeit ins deutsche Recht, NZG 2017, 579

Jung, Transaktionen mit nahestehenden Unternehmen und Personen (Related Party Transactions), WM 2014, 2351

Kay/Klingenberg/Siepmann/Sinkular, Say on Pay zwischen Wunsch und Wirklichkeit, Der Aufsichtsrat 2019, 8

Kleinert/Mayer, Related-Party-Transactions nach dem Referentenentwurf zum ARUG II, EuZW 2019, 103

Kuntz, Kommunikation mit Aktionären nach ARUG II, AG 2020, 18

Lanfermann, Zustimmung des Aufsichtsrats zu Geschäften mit nahestehenden Personen nach dem ARUG II-RefE, BB 2018, 2859

Lanfermann/Maul, Maßnahmenpaket der Europäischen Kommission zum Gesellschaftsrecht und Corporate Governance, BB 2014, 1283

Lanfermann/Maul, Überarbeitete EU-Aktionärsrichtlinie – gesetzgeberischer Handlungsbedarf bei der Vorstandsvergütung, BB 2017, 1218

Lieder/Wernert, Related Party Transactions nach dem Referentenentwurf eines ARUG II, ZIP 2018, 2441

Löbbe/Fischbach, Die Neuregelungen des ARUG II zur Vergütung von Vorstand und Aufsichtsrat börsennotierter Aktiengesellschaften, AG 2019, 373

Lutter, Nochmal: Die geplante europäicshe Gesetzgebung zu "related party transactions", Ergänzung zu Schneider EuZW 2014, 641, EuZW 2014, 687

Martin, Europäische und nationale Regulierungsverschärfung und deren mögliche Auswirkungen auf deutsche Aktiengesellschaften, Der Konzern 2015, 112

Merkt, „Know your shareholder" oder: vom schleichenden Ende der Inhaberaktie, FS Vetter, 2019, S. 447

Mörsdorf/Piroth, Neue Aktionärsrechte-Richtlinie und Minderheitenschutz im deutschen Aktienrecht – Unlösbarer Konflikt oder friedliche Koexistenz?, ZIP 2018, 1469

Mülbert, Auf dem Weg zu einem europäischen Konzernrecht?, ZHR 179 (2015), 645

Müller, Die Angemessenheit von Related Party Transactions, FS Vetter 2019, S. 479

Müller, Related Party Transactions im Konzern, ZGR 2019, 97

Müller, Related Party Transactions nach dem ARUG II, ZIP 2019, 2429

Müller/Rieber/Tank, Legal bases and implementation of clawback clauses: A comparison between US and Germany, Working paper, University of Stuttgart, Chair for Management Accounting and Control, 22.10.2019

Noack, Identifikation der Aktionäre, neue Rolle der Intermediäre – zur Umsetzung der Aktionärsrechte-Richtlinie II, NZG 2017, 561

Noack/Zetzsche, Die Hauptversammlung der Aktiengesellschaft in Zeiten der Corona-Krise, DB 2020, 658

Noack/Zetzsche, Die virtuelle Hauptversammlung nach dem COVID-19-Pandemie-Gesetz, AG 2020, 265

Orth/Oser/Philippsen/Sultana, RefE ARUG II: zum neuen Vergütungsbericht und sonstige Änderungen im HGB, DB 2019, 230

Pälicke, Anregung zur Umsetzung der Aktionärsrichtlinie für Geschäfte börsennotierter Unternehmen mit Organmitgliedern oder ihnen nahestehenden Personen, AG 2018, 514

Paschos/Goslar, Der Referentenentwurf des Gesetzes zur Umsetzung der zweiten Aktionärsrechterichtlinie (ARUG II) aus Sicht der Praxis, AG 2018, 857

Paschos/Goslar, Der Regierungsentwurf des Gesetzes zur Umsetzung der zweiten Aktionärsrechterichtlinie (ARUG II), AG 2019, 365

Poelzig, Rückforderung der variablen Vorstandsvergütung (Clawback) in börsennotierten Gesellschaften, NZG 2020, 41

Redenius-Hövermann/Siemens, Zum aktuellen Stand betreffend Clawback-Klauseln, ZIP 2020, 145

Regierungskommmssion Deutscher Corporate Governance Kodex, 30. Januar 2015, Stellungnahme zum Vorschlag für eine Richtlinie des Europäischen Parlaments und des Rates zur Änderung der Richtlinie 2007/36/EG im Hinblick auf die Förderung der langfristigen Einbeziehung der Aktionäre sowie der Richtlinie 2013/34/EU in Bezug auf bestimmte Elemente der Erklärung zur Unternehmensführung

Roth, Related party transactions: board mebers and shareholders – The european commission proposal and beyond, 2./3.1.2016, SSRN, http://ssrn.com/ abstract=271012

Rubner/Fischer, Unabhängigkeit des Aufsichtsrats – Die Empfehlung des DCGK 2019, NZG 2019, 962

Schmidt, Die Umsetzung der Aktionärsrechte-Richtlinie 2017: der Referentenentwurf für das ARUG II, NZG 2018, 1201

Schmidt, Related Party Transactions nach dem RegE zum ARUG II, EuZW 2019, 261

Schockenhoff/Nußbaum, Die neuen Transparenzvorschriften für Stimmrechtsberater, ZGR 2019, 163

Seibert, ARUG II – Die Stellungnahmen, FS Vetter 2019, S. 749

Seibert, Das ARUG II liegt als Referentenentwurf vor! Umsetzung der Änderung der Aktionärsrichtlinie, DB 2018, M4

Seibt, Richtlinienvorschlag zur Weiterentwicklung des europäischen Corporate Governance-Rahmens, DB 2014, 1910

Seidel, Konzerninterne Related Party Transactions nach der Aktionärsrechte-Richtlinie II, AG 2018, 423

Selzner, Related Party Transactions – Fortschritt oder Bedrohung?, ZIP 2015, S. 753

Seulen, RefE für das ARUG II – Umsetzung der zweiten Aktionärsrichtlinie, DB 2018, 2915

Spindler, Die Neuregelung der Vorstands- und Aufsichtsratsvergütung im ARUG II, AG 2020, 61

Stiegler, Aktionärsidentifizierung nach ARUG II, WM 2019, 620

Tarde, Die verschleierte Konzernrichtlinie - Zu den neuen EU-Vorgaben für related party transactions und ihren Auswirkungen auf das deutsche Recht, ZGR 2017, 360

Tarde, Geschäfte mit nahestehenden Personen nach dem ARUG II-Regierungsentwurf, NZG 2019, 488

Tröger, Related Party Transaction mit Blockaktionären im europäischen Gesellschaftsrecht, AG 2015, 53

Tröger/Roth/Strenger, Effektiver Aktionärsschutz bei Related Party Transactions: wider die „weiße Salbe" des ARUG II-Referentenentwurfs, BB 2018, 2946

Veil, Transaktionen mit Related Parties im deutschen Aktien- und Konzernrecht – Grundsatzfragen der Umsetzung der Aktionärsrechte-Richtlinie, NZG 2017, 521

Velte, „Nachhaltige und langfristige" Vorstandsvergütung nach dem ARUG II, Erste Anmerkungen zur zwingenden Einbeziehung von Sozial- und Umweltaspekten nach § 87 I 2 AktG, NZG 2020, 12

Velte, „Nachhaltige" Vorstandsvergütung bei börsennotierten Aktiengesellschaften – Notwendige Einbeziehung von nichtfinanziellen Leistungsindikatoren? NZG 2016, 294

Vetter, Regelungsbedarf für Related Party Transactions?, ZHR 179 (2015), 273

Vetter, Zur Bewertung von Geschäften mit nahestehenden Personen, AG 2019, 853

Walden, Corporate Social Responsibilty: Rechte, Pflichten und Haftung von Vorstand und Aufsichtsrat, NZG 2020, 50

Wiersch, Der Richtlinienentwurf zu Transaktionen mit nahestehenden Unternehmen und Personen, NZG 2014, 1131

Winkelmann, Aktienrechtsreform in Permanenz – Aktionärsrechte-Richtlinie und Third Party Related Transactions, MittBayNot 2019, 308

Zetzsche, Aktionärsidentifikation, Aktionärslegitimation und das Hauptversammlungsverfahren nach ARUG II, AG 2020, 1

Zetzsche, Know Your Shareholder, der intermediärsgestützte Aktionärsbegriff und das Hauptversammlungsverfahren – zur Umsetzung des Kapitels Ia der reformierten AktionärsrechteRL, ZGR 2019, 1

Zetzsche, Langfristig im Aktienrecht? – Der Vorschlag der Europäischen Kommission zur Reform der Aktionärsrechterichtlinie, NZG 2014, 1121

Zipperle/Lingen, Das Gesetz zur Umsetzung der zweiten Aktionärsrichtlinie, BB 2020, 131

Allgemeines Abkürzungsverzeichnis

aA	anderer Ansicht/Auffassung
2. ARRL	Richtlinie (EU) 2017/828 des Europäischen Parlaments und des Rates vom 17. Mai 2017 zur Änderung der Richtlinie 2007/36/EG im Hinblick auf die Förderung der langfristigen Mitwirkung der Aktionäre, ABl. Nr. L 132 S. 11
aaO	am angegebenen Ort
Abb.	Abbildung
abgedr.	abgedruckt
Abh.	Abhandlungen
Abk.	Abkommen
ABl.	Amtsblatt
abl.	ablehnend
AbmilderungsG	Gesetz zur Abmilderung der Folgen der COVID-19-Pandemie im Zivil-, Insolvenz- und Strafverfahrensrecht vom 27. März 2020, BGBl. I 2020, 569
Abs.	Absatz
abschl.	abschließend
Abschn.	Abschnitt
Abt.	Abteilung
abw.	abweichend
abzgl.	abzüglich
AdR	Ausschuss der Regionen
aE	am Ende
aF	alte Fassung
AktR	Aktienrecht
allg.	allgemein
allgA	allgemeine Ansicht
allgM	allgemeine Meinung
Alt.	Alternative
aM	andere Meinung
amtl.	amtlich
Änd.	Änderung
ÄndG	Änderungsgesetz
Anh.	Anhang
Anl.	Anlage
Anm.	Anmerkung
ArbR	Arbeitsrecht
Arch.	Archiv
Arg.	Argumentation
ARRL	Richtlinie 2007/36/EG des Europäischen Parlaments und des Rates vom 11.7.2007 über die Ausübung bestimmter Rechte von Aktionären in börsennotierten Gesellschaften, ABl. Nr. L 184 S. 17)
Art.	Artikel
ARUG II BeschlussE	Beschlussempfehlung und Bericht des Ausschusses für Recht und Verbraucherschutz (6. Ausschuss) zu dem Gesetzentwurf der Bundesregierung – Drucksachen 19/9739,

	19/10507 –: Entwurf eines Gesetzes zur Umsetzung der zweiten Aktionärsrechterichtlinie vom 13. November 2019, BT-Drs. 19/15153
ARUG II RefE	Referentenentwurf des Bundesministeriums der Justiz und für Verbraucherschutz: Entwurf eines Gesetzes zur Umsetzung der zweiten Aktionärsrechterichtlinie (ARUG II)
ARUG II RegE	Gesetzentwurf der Bundesregierung: Entwurf eines Gesetzes zur Umsetzung der zweiten Aktionärsrechterichtlinie (ARUG II) vom 29. April 2019, BT-Drs. 19/9739
ARUG II Reg Stellungnahme	Unterrichtung durch die Bundesregierung: Entwurf eines Gesetzes zur Umsetzung der zweiten Aktionärsrechterichtlinie (ARUG II) – Drucksache 19/9739 – Stellungnahme des Bundesrates und Gegenäußerung der Bundesregierung vom 29. Mai 2019, BT-Drs. 19/10507
AsylR	Asylrecht
AT	Allgemeiner Teil
Auff.	Auffassung
aufgeh.	aufgehoben
Aufl.	Auflage
Aufs.	Aufsatz
ausdr.	ausdrücklich
ausf.	ausführlich
ausl.	ausländisch
AuslR	Ausländerrecht
ausschl.	ausschließlich
Az.	Aktenzeichen
BAnz.	**Bundesanzeiger**
Bad.	Baden
bad.	badisch
BArbBl.	Bundesarbeitsblatt
BankR	Bankrecht
BauR	Baurecht
Bay.	Bayern
bay.	bayerisch
Bbg.	Brandenburg
bbg.	brandenburgisch
Bd.	Band
Bde.	Bände
Bearb.	Bearbeiter
bearb.	bearbeitet
Begr.	Begründung
begr.	begründet
Beil.	Beilage
Bek.	Bekanntmachung
Bem.	Bemerkung
Ber.	Berichtigung
ber.	berichtigt
BerufsR	Berufsrecht

bes.	besonders
Beschl.	Beschluss
beschr.	beschränkt
Bespr.	Besprechung
bespr.	besprochen
bestr.	bestritten
Betr.	Betreff
betr.	betrifft, betreffend
BGBl.	Bundesgesetzblatt
Bl.	Blatt
Bln.	Berlin
bln.	berlinerisch
BilanzR	Bilanzrecht
BR	Bundesrat
BR-Drs.	Bundesrats-Drucksache
BR-Prot.	Bundesrats-Protokoll
BRD	Bundesrepublik Deutschland
Brem.	Bremen
brem.	bremisch
brit.	britisch
Bsp.	Beispiel
bspw.	beispielsweise
BStBl.	Bundessteuerblatt
BT	Bundestag; Besonderer Teil
BT-Drs.	Bundestags-Drucksache
BT-Prot.	Bundestags-Protokoll
Buchst.	Buchstabe
BürgerlR	Bürgerliches Recht
BW	Baden-Württemberg
bw.	baden-württembergisch
bzgl.	bezüglich
bzw.	beziehungsweise
ca.	circa
Corona GesetzE BT-Drucks 19/18110 (elektr. Vorabfassung)	Gesetzentwurf der Fraktionen der CDU/CSU und SPD, Entwurf eines Gesetzes zur Abmilderung der Folgen der COVID-19-Pandemie im Zivil-, Insolvenz- und Strafverfahrensrecht, Bundestags-Drucksache 19/1811019 vom 24.3.2020 (elektronische Vorabfassung)
Corona Bericht RAuss BT-Drucks 19/18158 (elektr. Vorabfassung)	Bericht des Ausschusses für Recht und Verbraucherschutz (6. Ausschuss) zu dem Gesetzentwurf der Fraktionen der CDU/CSU und SPD– Drucksache 19/18110 – Entwurf eines Gesetzes zur Abmilderung der Folgen der COVID-19-Pandemie im Zivil-, Insolvenz- und Strafverfahrensrecht, Bundestags-Drucksache 19/18158 vom 25.3.2020 (elektronische Vorabfassung)
d.	der, des, durch
Darst.	Darstellung

DDR	Deutsche Demokratische Republik
ders.	derselbe
dgl.	dergleichen, desgleichen
dh	das heißt
dies.	dieselbe
diesbzgl.	diesbezüglich
diff.	differenziert, differenzierend
Dig.	Digesten
Diss.	Dissertation
div.	diverse
Dok.	Dokument
Drs.	Drucksache
dt.	deutsch
E	**Entwurf**
ebd.	ebenda
Ed.	Edition
ehem.	ehemalig
Einf.	Einführung
einf.	einführend
eing.	eingehend
Einl.	Einleitung
einschl.	einschließlich
EL	Ergänzungslieferung
Empf.	Empfehlung
endg.	endgültig
engl.	englisch
Entsch.	Entscheidung
Entschl.	Entschluss
entspr.	entspricht, entsprechend
EP	Europäisches Parlament
ER	Europäischer Rat
ErbR	Erbrecht
Erg.	Ergebnis, Ergänzung
erg.	ergänzend
Ergbd.	Ergänzungsband
Erkl.	Erklärung
Erl.	Erlass, Erläuterung
EStR	Einkommensteuerrecht, Einkommensteuerrichtlinie
etc	et cetera (und so weiter)
europ.	europäisch
EuropaR	Europarecht
ev.	evangelisch
eV	eingetragener Verein
evtl.	eventuell
EZB	Europäische Zentralbank
f., ff.	**folgende Seite bzw. Seiten**
FamR	Familienrecht

Fn.	Fußnote
FG	Festgabe; Finanzgericht
frz.	französisch
FS	Festschrift
G	**Gesetz**
GBl.	Gesetzblatt
GE	Gesetzesentwurf
geänd.	geändert
geb.	geboren
gem.	gemäß
ges.	gesetzlich
GesCoronaG	Entwurf einer Formulierungshilfe der Bundesregierung,
Formulierungshilfe	Entwurf eines Gesetzes zur Abmilderung der Folgen der
Stand 20.3.2020	COVID-19-Pandemie im Zivil-, Insolvenz- und Strafverfahrensrecht, Bearbeitungsstand: 20.3.2020 21:12 Uhr, https://www.brak.de/w/files/newsletter_archiv/berlin/2020/2020_113anlage.pdf (zuletzt abgerufen am 02.04.2020)
GesCoronaG	Formulierungshilfe der Bundesregierung, Entwurf eines Ge-
Formulierungshilfe	setzes zur Abmilderung der Folgen der COVID-19-Pande-
Stand 23.3.2020	mie im Zivil-, Insolvenz- und Strafverfahrensrecht, Beschluss des Bundeskabinetts vom 23.3.2020, https://www.bmjv.de/SharedDocs/Gesetzgebungsverfahren/Dokumente/Corona-Pandemie.pdf;jsessionid=91B4C61466317E61098C872D9745601C.2_cid289?__blob=publicationFile&v=3 (zuletzt abgerufen am 02.04.2020)
GesR	Gesellschaftsrecht
GesundhR	Gesundheitsrecht
gewöhnl.	gewöhnlich
GewR	Gewerberecht
GewRS	Gewerblicher Rechtsschutz
ggf.	gegebenenfalls
ggü.	gegenüber
glA	gleicher Ansicht
GLE	Gleichlautende Ländererlasse
GMBl.	Gemeinsames Ministerialblatt
Grdl.	Grundlage
grdl.	grundlegend
grds.	grundsätzlich
GS	Gedenkschrift, Gedächtnisschrift
GVBl.	Gesetz- und Verordnungsblatt
GVOBl.	Gesetz- und Verordnungsblatt
hA	**herrschende Ansicht/Auffassung**
Halbbd.	Halbband
HandelsR	Handelsrecht
Hmb.	Hamburg
hmb.	hamburgisch
HdB	Handbuch

Hess.	Hessen
hess.	hessisch
hins.	hinsichtlich
hL	herrschende Lehre
hM	herrschende Meinung
Hrsg.	Herausgeber
hrsg.	herausgegeben
Hs.	Halbsatz
ic	**in concreto/in casu**
idF	in der Fassung
idR	in der Regel
idS	in diesem Sinne
iE	im Einzelnen
iErg	im Ergebnis
ieS	im engeren Sinne
iHd	in Höhe des/der
iHv	in Höhe von
iJ	im Jahre
Inf.	Information
insbes.	insbesondere
InsR	Insolvenzrecht
int.	international
IPR	Internationales Privatrecht
iRd	im Rahmen des/der
iS	im Sinne
iSd	im Sinne des/der
iSv	im Sinne von
it.	italienisch
iÜ	im Übrigen
iVm	in Verbindung mit
iW	im Wesentlichen
iwS	im weiteren Sinne
iZw	Im Zweifel
Jg.	**Jahrgang**
Jge.	Jahrgänge
Jh.	Jahrhundert
JMBl.	Justizministerialblatt
jur.	juristisch
Kap.	**Kapitel**
KapMarktR	Kapitalmarktrecht
KapMarktStrafR	Kapitalmarktstrafrecht
KartellR	Kartellrecht
kath.	katholisch
Kfz	Kraftfahrzeug
Kj.	Kalenderjahr
Kl.	Kläger
kl.	klagend

Kom.	Komitee, Kommission
Komm.	Kommentar
KommunalR	Kommunalrecht
KonzernR	Konzernrecht
krit.	kritisch
Ld.	**Land**
LebensmittelR	Lebensmittelrecht
lfd.	laufend
Lfg.	Lieferung
Lit.	Literatur
lit.	litera
Lkw	Lastkraftwagen
Ls.	Leitsatz
LSA	Sachsen-Anhalt
LStR	Lohnsteuerrecht
lt.	laut
LT-Drs.	Landtags-Drucksache
mÄnd	**mit Änderungen**
mAnm	mit Anmerkung
MarkenR	Markenrecht
maW	mit anderen Worten
Mat.	Materialien
max.	maximal
MBl.	Ministerialblatt
mE	meines Erachtens
MedienR	Medienrecht
MedR	Medizinrecht
MietR	Mietrecht
mind.	mindestens
Mio.	Million(en)
Mitt.	Mitteilung(en)
mN	mit Nachweisen
Mot.	Motive
Mrd.	Milliarde(n)
mspätÄnd	mit späteren Änderungen
mtl.	monatlich
MultimediaR	Multimediarecht
MV	Mecklenburg-Vorpommern
mv.	mecklenburg-vorpommerisch
mwH	mit weiteren Hinweisen
mwN	mit weiteren Nachweisen
mWv	mit Wirkung vom
nachf.	**nachfolgend**
Nachw.	Nachweise
Nds.	Niedersachsen
nds.	niedersächsisch
nF	neue Fassung

Nr.	Nummer
nrkr	nicht rechtskräftig
NRW	Nordrhein-Westfalen
nrw.	nordrhein-westfälisch
nv	nicht veröffentlicht
o.	**oben, oder**
oÄ	oder Ähnliche/s
OEuR	Osteuroparecht
ÖffBauR	Öffentliches Baurecht
öffentl.	öffentlich
ÖffR	Öffentliches Recht
ÖffTarifR	Öffentliches Tarifrecht
Öst.	Österreich
öst.	österreichisch
og	oben genannte(r, s)
oV	ohne Verfasser
PatentR	**Patentrecht**
PersGesR	Personengesellschaftsrecht
PharmaR	Pharmarecht
Pkw	Personenkraftwagen
POR	Polizei- und Ordnungsrecht
Preuß.	Preußen
preuß.	preußisch
PrivBauR	Privates Baurecht
PrivVersR	Privatversicherungsrecht
Prot.	Protokoll
RAnz.	**Reichsanzeiger**
rd.	rund
RdErl.	Runderlass
RdSchr.	Rundschreiben
RegE	Regierungsentwurf
RGBl.	Reichsgesetzblatt
RhPf.	Rheinland-Pfalz
rhpf.	rheinland-pfälzisch
rkr.	rechtskräftig
RL	Richtlinie
Rn.	Randnummer
Rs.	Rechtssache
Rspr.	Rechtsprechung
RVO	Rechtsverordnung; Reichsversicherungsordnung (SozR)
S.	**Seite(n), Satz**
s.	siehe
sa	siehe auch
Saarl.	Saarland
saarl.	saarländisch
SachenR	Sachenrecht

Sachs.	Sachsen
sächs.	sächsisch
sachsanh.	sachsen-anhaltinisch
SchlH	Schleswig-Holstein
schlh.	schleswig-holsteinisch
Schr.	Schrifttum, Schreiben
SchuldR	Schuldrecht
schweiz.	schweizerisch
Sen.	Senat
Slg.	Sammlung
s. o.	siehe oben
sog	so genannt
SozR	Sozialrecht
Sp.	Spalte
st.	ständig
StaatsR	Staatsrecht
Stellungn.	Stellungnahme
SteuerR	Steuerrecht
Stichw.	Stichwort
str.	streitig, strittig
StrafProzR	Strafprozessrecht
StrafR	Strafrecht
StrafVerfR	Strafverfahrensrecht
stRspr	ständige Rechtsprechung
StVR	Straßenverkehrsrecht
s. u.	siehe unten
Suppl.	Supplement
teilw.	**teilweise**
Thür.	Thüringen
thür.	thüringisch
Tz.	Textziffer
u.	**und**
ua	und andere, unter anderem
uÄ	und Ähnliches
uÄm	und Ähnliches mehr
UAbs.	Unterabsatz
UAbschn.	Unterabschnitt
uam	und anderes mehr
überarb.	überarbeitet
Überbl.	Überblick
überw.	überwiegend
Übk.	Übereinkommen
uE	unseres Erachtens
Umf.	Umfang
umfangr.	umfangreich
umstr.	umstritten
UmwR	Umweltrecht

unstr.	unstreitig
unv.	unverändert, unveränderte Auflage
unveröff.	unveröffentlicht
unzutr.	unzutreffend
UrhR	Urheberrecht
Urt.	Urteil
usw	und so weiter
uU	unter Umständen
uvam	und vieles anderes mehr
uvm	und viele mehr
v.	**vom, von**
va	vor allem
vAw	von Amts wegen
Var.	Variante
Verf.	Verfasser, Verfassung
VerfassungsR	Verfassungsrecht
VergR	Vergaberecht
Verh.	Verhandlung
VerkehrsR	Verkehrsrecht
Veröff.	Veröffentlichung
Vers.	Versicherung
VersR	Versicherungsrecht
VertrR	Vertragsrecht
Verw.	Verwaltung
VerwProzR	Verwaltungsprozessrecht
VerwR	Verwaltungsrecht
VerwVerfR	Verwaltungsverfahrensrecht
Vfg.	Verfügung
vgl.	vergleiche
vH	von Hundert
VO	Verordnung
VölkerR	Völkerrecht
Vol., vol.	volume (Band)
Voraufl.	Vorauflage
Vorb.	Vorbemerkung
vorl.	vorläufig
Vorschr.	Vorschrift
VorstandsR	Vorstandsrecht
vs.	versus
WEigR	**Wohnungseigentumsrecht**
WettbR	Wettbewerbsrecht
WirtschaftsR	Wirtschaftsrecht
Wiss.	Wissenschaft
wiss.	wissenschaftlich
Wj.	Wirtschaftsjahr
Württ.	Württemberg
württ.	württembergisch

zahlr.	zahlreich
zB	zum Beispiel
Ziff.	Ziffer
zit.	zitiert
ZivilProzR	Zivilprozessrecht
ZivilR	Zivilrecht
zT	zum Teil
zul.	zuletzt
zusf.	zusammenfassend
zust.	zustimmend
zutr.	zutreffend
zVb	zur Veröffentlichung bestimmt
ZVR	Zwangsvollstreckungsrecht
zw.	zweifelhaft
zzgl.	zuzüglich
zzt.	zurzeit

Erster Teil: ARUG II

Das ARUG II im parlamentarischen Prozess

Wenn man das ARUG II in seinem parlamentarischen Gang vorstellen möchte, könn- 1
te man es sich leicht machen und darauf verweisen, wann es als Regierungsentwurf
eingebracht wurde und wie es im parlamentarischen Verfahren auf der Grundlage des
Beschlussempfehlung des – wie er immer noch verkürzt bezeichnet wird – Rechtsausschusses[1] verändert wurde. Das aber wäre sicher nicht das, was von einem Parlamen-
tarier erwartet würde, der das Verfahren als zuständiger Berichterstatter[2] seiner Fraktion über Jahre begleitet hat. Deshalb soll an dieser Stelle etwas weiter ausgeholt, vor
allem aber anders angesetzt werden, und es soll auch der eine oder andere persönliche
Eindruck ergänzt werden.

1. Der europäische Hintergrund

Das ARUG II dient der Umsetzung einer europäischen Richtlinie, nämlich der Richtli- 2
nie (EU) 2017/828 des Europäischen Parlaments und des Rates vom 17. Mai 2017
zur Änderung der Richtlinie 2007/36/EG im Hinblick auf die Förderung der langfristigen Mitwirkung der Aktionäre.[3] Man könnte also schlicht darauf verweisen, dass
der deutsche Gesetzgeber hier – wie so oft (…) – an europäisches und quasi aus dem
Nichts aus dem Himmel fallendes Recht gebunden wäre – mit wenigen verbleibenden
Spielräumen.

Das Gegenteil ist der Fall: Denn (selbstverständlich) ist auch europäische Rechtset- 3
zung politisch in erheblichem Umfang von nationaler politischer Einflussnahme determiniert. Einfallstor ist insoweit der Ministerrat, in dem von deutscher Seite die Bundesregierung mitwirkt, die dabei ihrerseits der Kontrolle durch das Parlament unterliegt.

Das Parlament nimmt diese Kontrollaufgabe bei – wie hier – in die Zuständigkeit des 4
BMJV fallenden Rechtsakten im Unterausschuss Europarecht des Ausschusses für
Recht und Verbraucherschutz wahr, dem der Unterzeichner seit seiner Wahl in den
Deutschen Bundestag angehört, seit der jetzt laufenden Legislaturperiode als Vorsitzender. Dort war der (seinerzeitige) „Vorschlag für eine Richtlinie des Europäischen
Parlaments und des Rates zur Änderung der Richtlinie 2007/36/EG im Hinblick auf
die Förderung der langfristigen Einbeziehung der Aktionäre sowie der Richtlinie
2013/34/EU in Bezug auf bestimmte Elemente der Erklärung zur Unternehmensführung"[4] dementsprechend diverse Male Gegenstand entsprechender Berichterstattung
(und zwar am 23. Mai 2014 [nur im Hinblick auf die mögliche Erhebung einer Subsidiaritätsrüge nach Art. 23 Abs. 1 a Satz 1 GG], 4. Juli 2014 [mit ausführlicher Diskus-

---

1 Beschlussempfehlung und Bericht des Ausschusses für Recht und Verbraucherschutz, BT-
  Drs. 19/15153; zu den Änderungen im parlamentarischen Verfahren *Florstedt* ZIP 2020, 1;
  Zipperle/Lingen BB 2020, 131.
2 Zu dessen Funktion bereits ausführlich *Hirte*, in: Recht und Gesetz. Festschrift für Seibert,
  2019, S. 345, 355.
3 ABl. EU Nr. L 132 vom 20.5.2017, S. 1.
4 KOM(2014)213 endg.; Ratsdok.-Nr.: 8847/14.

sion in der Sache], 30. Januar 2015, 6. März 2015 und zuletzt – als Abschluss – am 23. Juni 2017). In kleiner morgendlicher Runde – der Unterausschuss tagt freitags morgens um 8.00 Uhr – nahm dort die Bundesregierung in Begleitung der fachlich zuständigen Beamten aus dem BMJV Stellung. Die auch im späteren nationalen Gesetzgebungsverfahren streitigen Fragen – insbesondere der Umfang der Hauptversammlungsbeteiligung bei der Festlegung der Vorstandsvergütung – zeichneten sich schon hier ab.

5   Von der – neben der hier bewusst nicht ergriffenen Option der Subsidiaritätsrüge stehenden – Möglichkeit, der Bundesregierung formale und konkrete Handlungsanweisungen für ihre Verhandlungen in Brüssel zu geben (wie dies Art. 23 Abs. 3 Satz 2 GG iVm § 8 EUZBBG[5] ausdrücklich erlaubt), wird dabei allerdings nur äußerst selten Gebrauch gemacht. Beispielhaft für einen solchen Fall sei aber auf die Einlegung des Parlamentsvorbehalts bei der Änderung der Verordnung (EG) Nr. 861/2007 des Europäischen Parlaments und des Rates vom 11. Juli 2007 zur Einführung eines europäischen Verfahrens für geringfügige Forderungen („Small-Claims-Verordnung") durch den Deutschen Bundestag verwiesen.[6] Dass solche (bindenden) Stellungnahmen nicht häufiger erfolgen, hat seinen einfachen Grund darin, dass die die Regierung tragenden (Koalitions-)Fraktionen in aller Regel nicht das formale Mittel der Stellungnahme benötigen, um ihre Vorstellung der Bundesregierung zu übermitteln. Und innerhalb der Regierungsfraktionen verspürt der Koalitionspartner, der das zuständige Ministerium trägt (im Falle des BMJV also derzeit die SPD), im Allgemeinen wenig Interesse, an Weisungsbeschlüssen „zu Lasten" des „eigenen Hauses" mitzuwirken. In solchen Fällen nutzt die CDU/CSU-Bundestagsfraktion dann etwa das Mittel, „Positionspapiere" zu verabschieden, die letztlich der Regierung signalisieren, an welcher Stelle inhaltliche Divergenzen zwischen den Regierungsfraktionen bestehen, die tunlichst auszuräumen sind (zu einem Beispiel → Rn. 13); im Verhandlungsprozess auf europäischer Ebene führen sie dazu, dass versucht wird, in den strittigen Bereichen entweder nationale Wahlrechte zu erhalten oder – wenn das nicht möglich ist – sich am Ende bei der Abstimmung über die Richtlinie im Ministerrat (in diesem Punkt) zu enthalten. Schon in der Sitzung vom 4. Juli 2014 hatte dort der Unterzeichner die Bundesregierung, vertreten durch den seinerzeitigen MR Prof. Dr. Seibert (BMJV), gefragt, ob es bereits Überlegungen zur Vergütung von leitenden Mitarbeitern unterhalb der Vorstandsebene gebe, da diese in der Praxis häufig mehr verdienten als die Vorstandsmitglieder. Hier könne das US-amerikanische Recht Hinweise geben. Zu der Einbeziehung nonmonetärer Ziele, wie der Nachhaltigkeit fragte er nach möglichen Konflikten mit der unternehmerischen Mitbestimmung. Zu Artikel 9 c des Vorschlags, der die „related party transactions" betreffe, erkundigte er sich nach möglichen Konflikten mit dem deutschen Konzernrecht. Vor allem aber erkundigte er sich, ob die Einbindung des Aufsichtsrats in die Abstimmung über die Vergütung in Einklang mit den Diskussionen im Deutschen Bundestag in der (inzwischen vor-)vergangenen Legislaturperiode stehe.

---

5   Etwas Gesetzessystematik: Im Gesetz über die Zusammenarbeit von Bundesregierung und Deutschem Bundestag in Angelegenheiten der EU (EUZBBG) ist die Mitwirkung des Deutschen Bundestages (§ 1) ebenso wie die Bestellung des Ausschusses für die Angelegenheiten der Europäischen Union (§ 2) geregelt. Die Pflicht zur Unterrichtung des Deutschen Bundestages trifft die Bundesregierung nach § 3 Abs. 1 und nach dessen Abs. 3 ausdrücklich auch im Hinblick auf den „Verlauf der Beratungen der informellen Ministertreffen". Vor der Mitwirkung an Vorhaben hat die Bundesregierung dem Deutschen Bundestag Gelegenheit zur *Stellungnahme* zu geben (§ 8). Diese *Stellungnahme* des Deutschen Bundestages nimmt eine bedeutende Rolle ein (vgl. nur § 8 Abs. 2): „Gibt der Bundestag eine Stellungnahme ab, legt die Bundesregierung diese ihren Verhandlungen zugrunde. Die Bundesregierung unterrichtet fortlaufend über die Berücksichtigung der Stellungnahme in den Verhandlungen."

6   Hierzu *Hirte* FS Vallender, 2015, S. 247 ff.

Viel wichtiger ist aber der informelle Dialog im – das ist wichtig – nicht nur rechtlich, 6
sondern auch faktisch nicht-öffentlichen Format. Denn er erlaubt es allen Beteiligten,
insbesondere auch den Oppositionsfraktionen, ihre Sichtweise der Regierung mit auf
den Weg zu geben. Und diese weiß dann jedenfalls, an welchen Stellen potenziell „Gegenwind" zu erwarten ist. Das ist im Übrigen durchaus nicht zwingend, bedenkt man,
dass einerseits auf europäischer Ebene ganz andere „Farbkombinationen" eine Rolle
spielen können, andererseits angesichts der Langwierigkeit des gesamten Reformprozesses durchaus auch Änderungen in der „Farbenlehre" möglich sind.

Jedenfalls ist der europäische Hintergrund des ARUG II ein Grund, die wesentlichen 7
Eckpunkte der zugrunde liegenden Richtlinie in diesem Band darzustellen (dazu *Kell*
unter → Die 2. Aktionärsrechterichtlinie).

2. Die Erstellung des Regierungsentwurfs durch die Bundesregierung

Im Allgemeinen findet die Erstellung eines Regierungsentwurfs ihre „Rechtsgrundla- 8
ge"[7] im Koalitionsvertrag[8] – oder jedenfalls in einer sonstigen Einigung zwischen den
die Regierung tragenden Parteien. Das ist beim ARUG II – auf den ersten Blick – nicht
der Fall gewesen. Und man könnte versucht sein zu sagen, dass dies eine Folge des
schon ausführlich angesprochenen europäischen Hintergrunds sein könnte. Das wäre
allerdings verkürzt: Denn ein Blick in den Koalitionsvertrag der letzten, 2017 zu Ende
gegangenen Legislaturperiode zeigt, dass sich die Koalitionsfraktionen früher bereits
eines zentralen Teils der Thematik der Richtlinie angenommen hatten; dort hieß es:

„*Um Transparenz bei der Feststellung von Managergehältern herzustellen, wird über
die Vorstandsvergütung künftig die Hauptversammlung auf Vorschlag des Aufsichtsrats entscheiden.*"[9]

Damit wird zugleich deutlich: Die Frage, wer über die Festlegung der Vorstandsvergü- 9
tung entscheiden soll (Aufsichtsrat oder Hauptversammlung), war die zentrale Konfliktlinie schon bei der zugrunde liegenden europäischen Richtlinie und sollte es auch
bei deren Umsetzung durch deutsches Gesetz werden.

a) Vorgeschichte in früheren Legislaturperioden. Deshalb sei in Erinnerung gerufen:[10] 10
Regelmäßig zum Ende einer Legislaturperiode tauchte in den letzten Jahren das Thema „Managervergütung" auf der Tagesordnung des Deutschen Bundestages auf, und
die Parteien bzw. Fraktionen überboten sich geradezu mit Vorschlägen. Am Ende passierte – nichts, oder jedenfalls wenig.

Weder das Vorstandsvergütungs-Offenlegungsgesetz (VorstOG)[11] am Ende der *15.* 11
Legislaturperiode (bis 2005) noch das Vorstandsvergütungs-Angemessenheitsgesetz
(VorstAG)[12] am Ende der *16. Legislaturperiode* (bis 2009) brachten allseitige Zufriedenheit. Zum Ende der *17. Legislaturperiode* (2013) führte die (schweizerische) „Abzocker-Initiative" erneut zu Aufregung:[13] Im Rahmen der Diskussion über den Regierungsentwurf eines Gesetzes zur Änderung des Aktiengesetzes („Aktienrechtsnovelle

---

7 Hierzu jüngst *Hirte* FS Seibert, 2019, S. 345, 347 und *Kloepfer* NJW 2018, 1799 ff. (mit
   allerdings insoweit abweichender Auffassung, als er von der rechtlichen „Unverbindlichkeit" von Koalitionsverträgen ausgeht).

8 Hierzu ausführlich *Hirte* FS Seibert, 2019, S. 345, 347 ff., 350 ff.

9 DEUTSCHLANDS ZUKUNFT GESTALTEN, Koalitionsvertrag zwischen CDU, CSU und
   SPD, 2013, S. 14.

10 Aktualisierte Fassung der Darstellung von *Hirte/Schüppen*, Begrenzung exzessiver Managervergütungen durch Steuerrecht?, in: Gedächtnisschrift für Schmehl, 2019, S. 419 ff.

11 Gesetz über die Offenlegung der Vorstandsvergütungen v. 3.8.2005, BGBl. I, S. 2267.

12 Gesetz zur Angemessenheit der Vorstandsvergütung v. 31.7.2009, BGBl. I, S. 2509; hierzu
   insbesondere zum (damals) neuen „Vergütungsvotum" (§ 120 Abs. 4 AktG), *Schüppen*
   ZIP 2010, 905.

13 Hierzu *Hirte* http://blog.handelsblatt.com/rechtsboard/2013/03/07/managervergutung-jetz
   t-in-die-hande-der-aktionare-legen/.

2012")[14] wurde der Gesetzentwurf um Vorschriften zur Begrenzung der Managervergütung erweitert und in „Gesetz zur Verbesserung der Kontrolle der Vorstandsvergütung und zur Änderung weiterer aktienrechtlicher Vorschriften (VorstKoG)" umbenannt.[15] Nachdem der Bundesrat in seiner Sitzung vom 20. September 2013 den Vermittlungsausschuss angerufen hatte,[16] verfiel der Gesetzentwurf der Diskontinuität (Art. 39 Abs. 1 Satz 1 GG).

12   Wenig überraschend fand der Problemkreis – wie bereits angesprochen – in der *18. Legislaturperiode* (ab 2013) Eingang in den Koalitionsvertrag, wurde dann aber auf nationaler Ebene in den vier Jahren der Legislaturperiode nicht vom federführenden Bundesministerium der Justiz und für Verbraucherschutz thematisiert. Wieder einmal am Ende der Periode, im Frühjahr 2017, kam Fahrt auf: Der damalige Kanzlerkandidat der SPD, *Martin Schulz*, polterte, nachdem bei vielmöglige Verfehlungen auch des Managements im Zusammenhang mit dem „Abgasskandal" zutage getreten waren: „Wenn ein Konzernchef verheerende Fehlentscheidungen trifft, dafür noch Millionen an Boni kassiert, eine Verkäuferin dagegen für eine kleine Verfehlung rausgeschmissen wird, dann geht es nicht gerecht zu".[17] „Die Unbelehrbaren" titelte im Februar 2017 die „Wirtschaftswoche" und fragte in einem längeren Artikel, ob „Gier, Maßlosigkeit, Opportunismus" bei Vorstandsvergütungen eine gesetzliche Regelung gegen „leistungslose Selbstbelohnung" erforderten.[18]

13   Der zeitgleich mit dem „Gerechtigkeitswahlkampf" des seinerzeitigen SPD-Kandidaten vorgelegte Entwurf eines „Gesetzes zur Angemessenheit von Vorstandsvergütungen und zur Beschränkung der steuerlichen Absetzbarkeit" der Fraktion der SPD[19] ist daher durchaus auch heute noch erwähnenswert. Auf der Grundlage von Anträgen von Bündnis 90/Die Grünen[20] und der Linken[21] debattierte der Deutsche Bundestag am 17. Februar 2017 über das Thema.[22] Ebenso wie die SPD-Fraktion machte auch die CDU/CSU-Fraktion ihre Überlegungen mit Blick auf die (damalige) bestehende große Koalition nicht zum Gegenstand eines formellen Parlamentsantrages. Ihre – vom Verfasser für die „Arbeitsgruppe Recht und Verbraucherschutz" der Fraktion ausgearbeiteten – Überlegungen, die dann auch Eingang in die Rede des Verfassers in der Plenardebatte gefunden haben,[23] seien aber hier gleichwohl wiedergegeben:

Positionspapier Managervergütung (Stand 7.3.2017)
I. Verlagerung der Zuständigkeit über die Festlegung der Höhe der Vorstandsvergütung in die Hauptversammlung entsprechend Beschlussempfehlung des Rechtsausschusses aus der letzten Legislaturperiode (BT-Drucks. 17/14214) / so auch KoaV
§ 120 Absatz 4 AktG wird wie folgt gefasst:
„(4) Die Hauptversammlung der börsennotierten Gesellschaft beschließt jährlich über die Billigung des vom Aufsichtsrat vorgelegten Systems zur Vergütung der Vorstandsmitglieder. Die Darstellung des Systems hat auch Angaben zu den höchstens erreichbaren Gesamtbezügen, aufgeschlüsselt nach dem Vorsitzenden des Vorstands, dessen Stellvertreter und einem einfachen Mitglied des Vorstands, zu enthalten. Der Be-

---

14   BR-Drs. 852/11; dazu *Hirte* NJW 2012, 581 (582); *Schüppen/Tretter* WPg 2012, 338; *Seibert/Böttticher* ZIP 2012, 12.
15   Beschlussempfehlung und Bericht des Rechtsausschusses, BT-Drs. 17/14214.
16   Bundesrat, Plen.-Prot. 914 v. 20.9.2013, S. 747A ff.; BT-Drucks. 17/14790.
17   Wirtschaftswoche Nr. 8 vom 17.2.2017, S. 22.
18   Wirtschaftswoche Nr. 8 vom 17.2.2017, S. 20/21.
19   https://www.spdfraktion.de/system/files/documents/gesetzentwurf_manager-verguetungen _spdbt_final.pdf.
20   Antrag „Mehr für das Gemeinwohl – Steuerabzug für Managergehälter deckeln", BT-Drs. 18/11176.
21   Antrag „Managergehälter wirksam begrenzen", BT-Drs. 18/11168.
22   Nachzulesen in Deutscher Bundestag, Plen.-Prot. 18/219, S. 21952 ff.
23   Deutscher Bundestag, Plen.-Prot. 18/219, S. 21960 (B) ff.

schluss berührt nicht die Wirksamkeit der Vergütungsverträge mit dem Vorstand; er ist nicht nach § 243 anfechtbar."

b) Erarbeitung des Entwurfs in der laufenden Legislaturperiode. Das alles war dem BMJV wohlbekannt, als es auf der Grundlage des zuvor umschriebenen „Arbeitsauftrages" zunächst einen Referentenentwurf erstellte, der unter dem 11. Oktober 2018 das Licht der Welt erblickte.[24] Zahlreiche Stellungnahmen[25] wurden gesichtet, um auf deren Grundlage den dann auch formal nach der Geschäftsordnung der Bundesregierung (GOBReg) in der „Ressortabstimmung"[26] interministeriell abgestimmten Regierungsentwurf vorzulegen, und zwar unter dem 5. April 2019.[27] An welchen Stellen es hier Kompromisse gab – innerhalb des federführenden Ministeriums oder im Rahmen der Ressortabstimmung – ist nicht öffentlich und auch dem Deutschen Bundestag nicht bekannt. Sicher aber ist: Die Frage der Hauptversammlungszuständigkeit für die Festlegung der Vorstandsvergütung war nicht entsprechend dem (früheren) Koalitionsvertrag entschieden.

14

Der – nach Art. 76 Abs. 2 Satz 1 GG – zunächst mit dem Entwurf zu befassende Bundesrat beriet darüber – ohne Aussprache – in seiner Sitzung vom 17. Mai 2019.[28] Er stimmte mehrheitlich den Ausschussempfehlungen des federführenden Rechtsausschusses, des Finanzausschusses und des Wirtschaftsausschusses[29] zu und nahm nach Art. 76 Abs. 2 Satz 2 GG zu fünf Punkten Stellung.[30]

15

3. Die Behandlung des Gesetzentwurfs im Deutschen Bundestag

Unter dem 29. April 2019 hatte die Bundesregierung den als besondere eilbedürftig gekennzeichneten Gesetzentwurf bereits dem Deutschen Bundestag zugeleitet.[31] Die – gerade erwähnte – Stellungnahme des Bundesrates und die Gegenäußerung der Bundesregierung hierzu wurden unter dem 29. Mai 2019 nachgereicht.[32]

16

Schon vor diesem Zeitpunkt – nämlich am 22. Februar 2019 – hatte der Unterzeichner auf der Grundlage des Referentenentwurfs in einer fraktionsinternen Runde verschiedene Interessenvertreter und Sachverständige eingeladen, um sich über den (zu erwartenden) Gesetzentwurf auszutauschen. Ergebnis war ein etwa zehn Punkte umfassender Katalog von Fragen und Änderungswünschen an das BMJV, der im Rahmen mehrerer „Berichterstattergespräche" abgearbeitet wurde (näher → Rn. 24). In diesen Gesprächen treffen sich – im Bereich der Rechtspolitik auf Einladung des zuständigen Ministeriums[33] – die für das Gesetz zuständigen Berichterstatter der Fraktionen (ggfls. in Begleitung ihrer rechtspolitischen Sprecher oder deren Mitarbeiter), um die Beschlussfassung zunächst für die Arbeitsgruppe und darauf aufbauend für die Fraktion

17

---

24 Abrufbar auf der Homepage des BMJV unter https://www.bmjv.de/SharedDocs/Gesetzgeb ungsverfahren/Dokumente/RefE_Aktionaersrechterichtlinie_II.pdf?__blob=publicationFi le&v.=2.

25 Abrufbar auf der Homepage des BMJV unter https://www.bmjv.de/SharedDocs/Gesetz gebungsverfahren/DE/Aktionaersrechterichtlinie_II.html. – Übersicht über die und Würdigung der im Ministerium eingegangenen Stellungnahmen bei *Seibert*, in: in: Festschrift für Vetter, 2019, S. 749 ff.

26 Hierzu ausführlich *Hirte*, in: Recht und Gesetz. Festschrift für Seibert, 2019, S. 345, 352 ff.

27 BR-Drs. 156/19; abrufbar auch auf der Homepage des BMJV unter https://www.bmjv.de/ SharedDocs/Gesetzgebungsverfahren/Dokumente/RegE_ARUG_II.pdf?__blob=publicati onFile&v.=1.

28 Bundesrat, Plen.-Prot. 977, S. 201.

29 BR-Drs. 156/1/19.

30 Siehe im Einzelnen BR-Drs. 156/19 (Beschluss).

31 BT-Drs. 19/9739.

32 BT-Drs. 19/10507.

33 Zu dieser durchaus hinterfragbaren Einladungspraxis *Hirte*, in: Recht und Gesetz. Festschrift für Seibert, 2019, S. 345, 355.

und damit für Ausschuss und Bundestag vorzubereiten.[34] Dass zu diesen Gesprächen derzeit nur die Vertreter der Regierungsfraktionen eingeladen werden, ist Gegenstand verständlicher Kritik seitens der Oppositionsfraktionen; freilich darf nicht übersehen werden, dass eine Teilnahme von Berichterstattern der Oppositionsfraktionen an der letztlich mit Mehrheitsentscheidung durchsetzbaren Linie der Regierungsfraktionen nichts ändern würde. Umgekehrt werden deren Sachargumente, die ja auch außerhalb von Berichterstattergesprächen bekannt sind (hier insbesondere aufgrund eigener Anträge der Oppositionsfraktionen) und werden, natürlich erwogen. Parlamentarisch bedenklicher ist demgegenüber, dass – anders als in anderen Geschäftsbereichen der Bundesregierung – im Rechtsbereich das federführende Ministerium die Koordination dieser Gespräche übernimmt.

18   **a) Erste Beratung am 9. Mai 2019.** In der ersten Beratung des Gesetzentwurfs wurden – erwartungsgemäß – die gerade hinsichtlich der Hauptversammlungsbeteiligung bei der Festlegung der Vorstandsvergütung unterschiedlichen Positionen deutlich:[35] Während der Parlamentarische Staatssekretär *Christian Lange* – ebenso erwartungsgemäß – die Position der Bundesregierung verteidigte, sprachen sich die (seinerzeitige) rechtspolitische Sprecherin der CDU/CSU-Bundestagsfraktion *Elisabeth Winkelmeier-Becker*, *Volker Ullrich* (ebenfalls CDU/CSU), *Manuela Rottmann* (BÜNDNIS90/DIE GRÜNEN) sowie *Fabian Jacobi* (AfD) klar für eine Stärkung der Hauptversammlung im Vergleich zum Regierungsentwurf aus. In den zu Protokoll gegebenen[36] Reden[37] begrüßte *Johannes Fechner* (SPD) zunächst, dass der „Gesetzentwurf der Bundesregierung dem Aufsichtsrat weiterhin die Zuständigkeit für die Festsetzung und Entwicklung eines Vergütungssystems für Vorstände belässt." *Marco Buschmann* (FDP) meinte: „Daher finden wir es gut, dass die umzusetzende Richtlinie den Einfluss der Hauptversammlung auf die Vergütungspolitik stärken möchte. Wir meinen aber, dass dieses Votum nicht nur unverbindlichen Charakter haben sollte, wie es Richtlinie und der vorliegende Gesetzentwurf vorsehen. Es sollte auch verbindlich sein." *Friedrich Straetmanns* (DIE LINKE) mahnte demgegenüber einen Ausbau der „Mitbestimmungsrechte in Unternehmen" an.

19   Seitens der CDU/CSU-Bundestagsfraktion war die Plenardebatte und die Veröffentlichung des Regierungsentwurfs von einer Pressemitteilung begleitet worden.[38] Darin hieß es:

Stärkung der Aktionärsrechte durch neue Kultur der Mitsprache

Umsetzung der zweiten Aktionärsrechterichtlinie im Deutschen Bundestag beraten

Am heutigen Donnerstag debattiert der Deutsche Bundestag in erster Lesung das zweite Gesetz zur Umsetzung der Aktionärsrechterichtlinie (ARUG II). Den vorliegenden Gesetzentwurf kommentieren die rechts- und verbraucherpolitische Sprecherin der CDU/CSU-Bundestagsfraktion Elisabeth Winkelmeier-Becker und der Berichterstatter der CDU/CSU-Bundestagsfraktion für das Gesellschaftsrecht Prof. Dr. Heribert Hirte wie folgt:

Elisabeth Winkelmeier-Becker: „Die CDU/CSU-Bundestagsfraktion begrüßt den vorliegenden Gesetzesentwurf, mit dem unser dualistisches System, mit Vorstand und Aufsichtsrat, der deutschen Aktiengesellschaft durch eine Kultur der Mitsprache modern ausgestaltet werden soll.

---

34 Zum Verfahrensgang *Hirte*, in: Recht und Gesetz. Festschrift für Seibert, 2019, S. 345, 354 f.

35 Deutscher Bundestag, Plen.-Prot. 19/98, S. 11902 (A) – 11905 (D).

36 Zu dieser durch § 78 Abs. 6 GOBT eingeräumten Möglichkeit *Hirte*, in: Recht und Gesetz. Festschrift für Seibert, 2019, S. 345, 356 f.

37 Deutscher Bundestag, Plen.-Prot. 19/98, S. 11946 (A) – 11947 (D), Anlage 11.

38 Pressemitteilung der CDU/CSU-Fraktion im Deutschen Bundestag vom 9.5.2019, Stärkung der Aktionärsrechte durch neue Kultur der Mitsprache (https://www.cducsu.de/presse/pressemitteilungen/staerkung-der-aktionaersrechte-durch-neue-kultur-der-mitsprache).

Mit Blick auf die großen, börsennotierten Unternehmen wird deutlich: Gesellschaftsrecht hat auch eine enorme gesellschaftspolitische Komponente. Deshalb möchten wir die Chancen nutzen, die uns die europäische Richtlinie einräumt.

Dieses Gesetz bietet zugleich die Gelegenheit, Gehaltsstrukturen von Vorständen in verantwortungsvoller Weise zu bestimmen und offensichtliche Fehlentwicklungen der letzten Jahre zu beenden. Hier möchten wir dafür werben, mutiger zu sein. Wir sollten der Hauptversammlung mehr verbindliche Rechte einräumen.

Deshalb müssen wir prüfen, ob wir das Votum der Aktionäre insgesamt oder zumindest für den Fall der Herabsetzung der vom Aufsichtsrat vorgeschlagenen Vergütung verbindlich ausgestalten. Das würde bedeuten, dass Vorstände künftig das verdienen, was sowohl der Aufsichtsrat einschließlich Arbeitnehmervertretern, als auch die Aktionäre für angemessen halten."

Heribert Hirte: „Durch konkrete Maßnahmen und neue Strukturen der Mitsprache stärken wir die Rolle der Aufsichtsräte und Aktionäre. Moderne Corporate Governance ist unser Leitgedanke – Langfristigkeit, Transparenz und Mitsprache sind nur in einem ausbalancierten System wirkungsmächtig. Diesen Weg gehen wir als Fraktion; als CDU/CSU-Fraktion lehnen wir willkürliche Verbote und symbolische Obergrenzen für die Vorstandsvergütung ab, sie wären schlicht wirkungslos.

Für uns als Parlament heißt es nun, den insgesamt gelungenen Gesetzesentwurf der Regierung in Detailpunkten zu verbessern. In diesem Sinne werden wir auch Ausnahmen von Offenlegungspflichten prüfen. Auch gilt es beispielsweise, sehr genau zu überlegen, ob die Schwellenwerte, von denen an Geschäfte mit nahestehenden Personen („Related Party Transactions") einem Zustimmungsvorbehalt des Aufsichtsrats unterliegen, ausreichend sind.

Mittelfristig wird man auch genauer zu erörtern haben, wie weit der Regelungsansatz des hergebrachten deutschen Konzernrechts durch die neuartigen europäischen und internationalen Regelungen überholt ist.

Des Weiteren benötigen Aktionäre belastbare Informationen über die Lage der Gesellschaft und die zu erwartende weitere Entwicklung. Daher wird auch weiter zu erörtern sein, wie ein schlüssiges Informationskonzept aussehen kann."

Seitens der SPD-Bundestagsfraktion war schon am 20. März 2019, anlässlich der Kabinettsentscheidung über den Regierungsentwurf, in einer Pressemitteilung verlautbart worden:[39]

Aktionärsrechte stärken und Mitbestimmungsrechte bestätigen

Johannes Fechner, *rechts- und verbraucherpolitischer Sprecher:*

Das Bundeskabinett hat heute den Gesetzentwurf von Katarina Barley zur Umsetzung der zweiten Aktionärsrechterichtlinie (ARUG II) verabschiedet. Das ist gut, weil damit die Rechte und Mitwirkungsmöglichkeiten der Aktionäre gestärkt werden.

„Mit der Umsetzung der zweiten Aktionärsrechterichtlinie werden die Rechte und Mitwirkungsmöglichkeiten der Aktionäre gestärkt. Wir wollen dabei alle Interessen in börsennotierten Unternehmen in einen angemessenen Ausgleich bringen.

Insbesondere wollen wir, dass zwar die Hauptversammlung über die Vergütung der Mitglieder der Unternehmensleitung (Vorstand und Aufsichtsrat) beschließen soll. Das Votum der Hauptversammlung soll aber nur beratend und nicht bindend für den Aufsichtsrat sein. Denn die abschließende Entscheidungsbefugnis über die Festsetzung der Vergütungen muss beim Aufsichtsrat sein, weil dort die Arbeitnehmervertreter beteiligt sind.

Darüber hinaus werden wir den Gesetzentwurf im Hinblick auf Transparenzregeln und Offenlegungspflichten prüfen, insbesondere ob der Schutz von Kleinaktionären, die Mitwirkungsmöglichkeiten von Aktionären sowie die Vermeidung von Steuerver-

20

---

39 Pressemitteilung der SPD-Fraktion im Deutschen Bundestag vom 20.3.2019, Aktionärsrechte stärken und Mitbestimmungsrechte bestätigen (https://www.spdfraktion.de/presse/pressemitteilungen/aktionaersrechte-staerken-mitbestimmungsrechte-bestaetigen).

meidungs-/Steuerhinterziehungstaktiken ausreichend berücksichtigt sind. Wichtig ist, dass die Interessen des Unternehmens und seiner Mitarbeiter im Fokus stehen und nicht die der Investoren und der Großaktionäre bevorzugt werden."

21 Mit diesen – mit Blick auf das formalisierte Verfahren, in dem sie zustande kommen, auch auslegungsrelevanten – Erklärungen und den begleitenden Reden[40] im Deutschen Bundestag war das Feld der parlamentarischen Auseinandersetzung zwischen den Regierungsfraktionen aus Sicht der CDU/CSU-Bundestagsfraktion abgesteckt: Eine stärkere Mitwirkung der Aktionäre bei der Festlegung der Vorstandsvergütung und geringere Grenzwerte für Related Party Transactions sollten erreicht werden.

22 **b) Sachverständigenanhörung im Rechtsausschuss am 5. Juni 2019.** Der Ausschuss für Recht und Verbraucherschutz hat die Vorlage auf Drucksache 19/9739 in seiner 48. Sitzung am 8. Mai 2019 beraten und beschlossen, eine öffentliche Anhörung durchzuführen, die er in seiner 54. Sitzung am 5. Juni 2019 durchgeführt hat. An dieser Anhörung haben folgende Sachverständige teilgenommen:

- Dr. *Tobias Brouwer*, Verband der Chemischen Industrie eV (VCI), Frankfurt am Main, Bereichsleiter Recht und Steuern, Rechtsanwalt (Syndikusrechtsanwalt);
- Prof. Dr. *Tim Drygala*, Universität Leipzig, Lehrstuhl für Bürgerliches Recht, Handels-, Gesellschafts- und Wirtschaftsrecht;
- Dr. *Klaus Gabriel*, Corporate Responsibility Interface Center (CRIC) eV, Frankfurt am Main, Geschäftsführer;
- Dr. *Hilke Herchen*, Deutscher Anwaltverein eV, Mitglied des DAV-Ausschusses Handelsrecht, Rechtsanwältin, Hamburg;
- *Kerstin Jerchel*, ver.di Bundesverwaltung, Berlin Bereichsleiterin Mitbestimmung;
- Dr. *Peer-Robin Paulus*, DIE FAMILIENUNTERNEHMER eV, Berlin, Leiter Abteilung Politik und Wirtschaft;
- Prof. *Christian Strenger*, HHL Leipzig Graduate School of ManagementAcademic, Co-Director – Center for Corporate Governance;
- *Rainald Thannisch*, Deutscher Gewerkschaftsbund – Bundesvorstand, Berlin, Referatsleiter Mitbestimmung, Corporate Governance und CSR.

23 Die schriftlichen Stellungnahmen der – jeweils nach Fraktionsstärke von den Fraktionen benannten – Sachverständigen ebenso wie ein Wortprotokoll der Anhörung können auf der Homepage des Rechtsausschusses heruntergeladen werden.[41] Sie spiegeln das auch schon vorher bekannte Spektrum der Ansichten wider. Im weiteren Verfahrensverlauf hat vor allem die Forderung des von der CDU/CSU-Fraktion vorgeschlagenen Sachverständigen *Strenger* eine Rolle gespielt, die relativen Schwellenwerte im Bereich der Related Party Transactions nicht nur deutlich zu senken, sondern auch durch absolute Betragsgrenzen (mindestens ab EUR 50.000) zu ergänzen.[42] Anlass zu Diskussionen gab auch die Antwort von *Hilke Herchen* vom Deutschen Anwaltverein auf die Frage des Verfassers dieser Zeilen, „was denn eigentlich – nur einmal so als Orientierungszahl – denn im Augenblick bei einer typischen durchschnittlichen börsennotierten Aktiengesellschaft die Erstellung dieses Vergütungspakets kostet? Was ist das Beratungsvolumen für so ein Vergütungspaket?",[43] die sie wie folgt beantwortete: „Ich bin tatsächlich ein bisschen blank, was das Thema der Kosten der Vergütungsberater des Aufsichtsrates angeht. Aber insgesamt sind wir in einem ganz deutlich sechs-

---

40 Zur (formalen) Auslegungsrelevanz von Reden in Plenardebatten und Presseerklärungen von Bundestagsfraktionen *Hirte*, in: Festschrift für Kayser, 2020, S. 351, 360 ff.; abw. *Fleischer* in: Fleischer, Mysterium „Gesetzesmaterialien", 2013, S. 1, 14.

41 https://www.bundestag.de/ausschuesse/a06_Recht/anhoerungen#url=L2F1c3NjaHVlc3Nl L2EwNl9SZWNodC9hbmhvZXJ1bmdlbl9hcmNoaXYvYXJ1Zy1paS02ODE1NTI=&mo d=mod559522.

42 Deutscher Bundestag, Ausschuss für Recht und Verbraucherschutz, Protokoll-Nr. 19/5419, S. 14.

43 Deutscher Bundestag, Ausschuss für Recht und Verbraucherschutz, Protokoll-Nr. 19/5419, S. 29.

stelligen Bereich. Das würde ich mal tippen."[44] Gerade auf eine solche, die eigentliche Vergütungshöhe teilweise verschleiernde Rechtsberatung glaubte man, (auch) mit der Möglichkeit des einfachen, allein eine Zahl nennenden Hauptversammlungsvotums reagieren zu müssen.

Die in der Folge stattfindenden Berichterstattergespräche und diversen weiteren Gespräche, ebenso wie der Austausch verschiedener Textentwürfe, zogen sich über verschiedene Monate, nicht zuletzt deshalb, weil die SPD mit der Wahl eines neuen Vorsitzenden (oder mehrerer …) beschäftigt war. Medial und im Plenum des Deutschen Bundestages war von dieser Arbeit hinter verschlossenen Türen und am Computer nichts zu sehen – parlamentarische Arbeit, von der bedauerlicherweise selbst Fachleute nicht viel wissen. Sicher kann man sagen, dass den Rechtspolitikern der Regierungsfraktionen an einer „Eskalation nach oben"[45] nicht gelegen war – also an einer kaum noch prognostizierbaren, eher politischen Entscheidung durch die Fraktionsvorsitzenden oder den Koalitionsausschuss.

Eine endgültige Einigung kam erst am Wochenende vor dem 11. November 2019 zustande, also – wie bei solchen kontroversen Fragen üblich – „auf den letzten Drücker" zu Beginn der Sitzungswoche. Da die europarechtlich vorgegebene Umsetzungsfrist für die Richtlinie bereits abgelaufen war, galt es vor allem auch, den Sitzungskalender des Bundesrates im Auge zu haben, um ein (grundsätzliches) Inkrafttreten des Gesetzes jedenfalls zum 1. Januar 2020 zu ermöglichen. Letzte Mails wurden noch am 11. November 2019 selbst ausgetauscht, um dann das Thema mit „Ergänzungsmitteilung" vom 12. November 2019 nachträglich auf die Tagesordnung des Rechtsausschusses am 13. November 2019 zu setzen. Dessen daraus folgende, schon erwähnte Beschlussempfehlung[46] bildete dann die Grundlage der abschließenden Plenardebatte über das Gesetz am 14. November 2019.

c) **Zweite und Dritte Beratung am 14. November 2019.** In der Debatte[47] betonte zunächst *Eva Högl* für die SPD-Fraktion die Schwierigkeiten der Einfügung des europäischen Rechts in deutsches Recht im Hinblick auf unsere herkömmlich dualistische Unternehmensverfassung. Zur Vorstandsvergütung sagte sie: „Diese unangemessen hohen Vorstandsgehälter sind auch ein Grund dafür, dass Bürgerinnen und Bürger kritische Fragen stellen." Und weiter: „Darüber, ob [der Aufsichtsrat] der richtige Ort [für ihre Festlegung] ist, haben wir hier ein bisschen gestritten. Aber wir haben aus guten Gründen gesagt – ich freue mich auch, dass wir das jetzt so beschließen werden; jedenfalls haben wir es vereinbart –, dass der Aufsichtsrat diese Maximalvergütung festsetzt; denn uns ist es sehr wichtig, dass es dasjenige Organ im Unternehmen tut, das mitbestimmt ist und in dem der Arbeitnehmerseite vertreten ist. In den Aufsichtsräten mitbestimmter Unternehmen hat die Arbeitnehmerseite damit auch ein Wörtchen mitzureden. Ich fand es sehr bemerkenswert, dass sowohl BDI als auch DGB sich in einer gemeinsamen Empfehlung an uns gewandt und gesagt haben: Lasst es bitte beim Aufsichtsrat; da liegt es richtig. (Beifall bei Abgeordneten der SPD – Dr. Heribert Hirte [CDU/CSU]: Aha! – Reinhard Houben [FDP]: Das wundert mich nicht!) Wir haben trotzdem die Hauptversammlung gestärkt, indem wir eine Möglichkeit geschaffen haben, dass auch die Hauptversammlung über die Vergütungen mitbestimmt; allerdings haben wir das auf die Möglichkeit der Absenkung beschränkt."

Fabian Jacobi (AfD) konzedierte in seiner einleitenden Oppositionsstellungnahme zunächst, dass die Regierungsfraktionen mit ihrem letztlich gefundenen Kompromiss die Hauptversammlungsbeteiligung auch den AfD-Vorstellungen entsprechend ausgebaut

---

44 Deutscher Bundestag, Ausschuss für Recht und Verbraucherschutz, Protokoll-Nr. 19/5419, S. 32.

45 Hierzu schon *Hirte*, in: Recht und Gesetz. Festschrift für Seibert, 2019, S. 345, 354 f.

46 Beschlussempfehlung und Bericht des Ausschusses für Recht und Verbraucherschutz, BT-Drs. 19/15153.

47 Deutscher Bundestag, Plen.-Prot. 19/127, S. 15896 (C) – 15903 (B).

hätten, dabei jedoch nicht weit genug gegangen seien. Vor allem aber setzte er sich mit dem parallel beratenen Entschließungsantrag der Grünen auseinander, dessen Ziel eines nachhaltigeren Wirtschaftens er so umschrieb: „Er [der Antrag] müffelt recht streng nach DDR."

28   Der Verfasser sprach in seinem Redebeitrag neben dem Neuen „Say on Pay" (und Hinweisen auf bestehende Vorstandsverträge) vor allem die Related Party Transactions an und sagte:

„Wir werden hier den Grenzwert von 2,5 Prozent des Anlage- und Umlaufvermögens, der im Regierungsentwurf vorgeschlagen war, noch etwas herabsetzen auf 1,5 Prozent und damit die Kontrolle verstärken. Ich sage dazu deutlich: Wir als Unionsfraktion hätten uns auch eine weitere Absenkung vorstellen können. Wir hätten uns außerdem vorstellen können, Geschäfte mit einzelnen Personen noch einmal einer individuellen Kontrolle zu unterwerfen. Aber trotz allem: Das ist ein guter Schritt in eine richtige Richtung.
Das alles kollidiert mit den klassischen Regelungen des Konzernrechts, die wir in Deutschland haben. Wir werden uns an der Stelle fragen müssen, ob diese Regelungen im internationalen Vergleich noch zukunftsfähig sind. Aber das ist eine lange Diskussion, die wir hier nicht führen können."

29   *Reinhard Houben* (FDP), selbst mittelständischer (Eigentümer-)Unternehmer, bezeichnete den Gesetzentwurf als „Misstrauensvotum gegenüber den Eigentümern in Deutschland", weil „SPD und die Linke [.] den Einfluss der Arbeitnehmervertreter in den Himmel reden [wollen] und [.] gleichzeitig den Aktionären [misstrauen]. Dies ist bedauerlich, aber es war erwartbar.

30   *Gökay Akbulut* (DIE LINKE) wies vor allem die SPD-Fraktion darauf hin, dass der Gesetzentwurf insoweit Etikettenschwindel sei, als der Aufsichtsrat nicht wirklich eine ernsthafte Beschränkung der Managergehälter durchsetzen werde. Ganz ähnlich argumentierte *Katja Keul* (BÜNDNIS 90/DIE GRÜNEN), räumte aber immerhin ein, dass der Hauptversammlung „zum Trost" jedenfalls eine gewisse Mitwirkungsmöglichkeit eingeräumt worden sei.

31   *Volker Ullrich* (CDU/CSU) verwies in seiner die Debatte abschließenden Rede zusätzlich darauf, dass – gerade mit Blick auf den aktuellen (aber nicht explizit namentlich genannten) Fall Bayer/Monsanto – die Einführung einer Hauptversammlungsbeteiligung auch für solche Unternehmenstransaktionen wünschenswert gewesen wäre, was den Verfasser dieser Zeilen zu dem Zwischenruf bewog, dass dies an der SPD gescheitert sei.

32   Das schlussendlich gefundene Ergebnis wurde seitens der CDU/CSU-Bundestagsfraktion in einer Pressemitteilung vom 14.11.2019 entsprechend begrüßt:[48]
Mehr Mitbestimmung für Aktionäre durch verantwortungsvolle Vergütungssysteme
Mut zu Transparenz und Vertrauen in die Hauptversammlung
Der Deutsche Bundestag hat heute das zweite Gesetz zur Umsetzung der Aktionärsrechterichtlinie (ARUG II) verabschiedet. Dazu können Sie die rechts- und verbraucherpolitische Sprecherin der CDU/CSU-Bundestagsfraktion, Elisabeth Winkelmeier-Becker, und den Berichterstatter der CDU/CSU-Bundestagsfraktion für das Gesellschaftsrecht, Heribert Hirte, wie folgt zitieren:
Elisabeth Winkelmeier-Becker: „Es war eine Bedingung der Union im parlamentarischen Verfahren, dass die Hauptversammlung verbindliche Obergrenzen für die Vorstandsvergütung setzen kann. Das entspricht dem zentralen Anliegen der Richtlinie, mit der die Aktionärsrechte gestärkt werden sollen. Die Vergütung der Vorstände

---

48   Pressemitteilung der CDU/CSU-Fraktion im Deutschen Bundestag vom 14.11.2019, Mehr Mitbestimmung für Aktionäre durch verantwortungsvolle Vergütungssysteme (https://www.cducsu.de/presse/pressemitteilungen/mehr-mitbestimmung-fuer-aktionaere-durch-verantwortungsvolle-verguetungssysteme).

kommt so auf die Tagesordnung der Hauptversammlung und muss sich der Diskussion der Aktionäre stellen. Zugleich sind unsere Maßnahmen derart abgestimmt, dass sie für die Unternehmen auch praktisch gut umsetzbar sind.

Wir legen die Schwelle für den Zustimmungsvorbehalt des Aufsichtsrats bei Geschäften mit nahestehenden Personen auf 1,5 Prozent der Summe aus Anlage- und Umlaufvermögen fest. Auf diese Weise geben wir dem Minderheitenschutz zusätzliches Gewicht. Insgesamt ist uns damit bei ARUG II ein guter Kompromiss gelungen – ein Erfolg für die CDU/CSU-Bundestagsfraktion."

Heribert Hirte: „Mit Mut zu Transparenz und mit Vertrauen in die Hauptversammlung – so setzen wir einen fortschrittlichen Mechanismus, der in Zukunft die Vergütung von Managern in Aktiengesellschaft bestimmen wird. Mit unserem Gesetzesentwurf gelingt uns zweierlei: Zum einen implementieren wir behutsam, aber entschlossen ein neues System. Die Rolle der Aktionäre und der Hauptversammlung wird gestärkt, denn in Zukunft können Aktionäre verbindlich auf die Vergütung der Vorstände einwirken. Zum anderen erhalten Unternehmen die Möglichkeit, ihrer gesellschaftspolitischen Verantwortung durch transparente und nachvollziehbare Vergütungssysteme nach innen wie nach außen gerecht zu werden.

Aufsichtsräte sind fortan verpflichtet, eine Maximalvergütung der Vorstandsmitglieder im Rahmen des Vergütungssystems zu bestimmen – entweder als festgelegten Wert oder im Verhältnis zur durchschnittlichen Arbeitnehmervergütung. Auf dieser transparenten Grundlage schaffen wir zusätzlich die Möglichkeit, dass die Eigentümer von Aktiengesellschaften, die Aktionäre, verbindlich und mit einfacher Mehrheit über eine Herabsetzung der vom Aufsichtsrat festgelegten Maximalvergütung entscheiden können. Aufsichtsräte müssen Vergütungssysteme damit ausführlich und in angemessener Weise rechtfertigen, die Aktionäre selbst stärken wir in ihren Rechten. Denn diese haben nunmehr ein Mittel der Mitbestimmung, auf die jeweilige Performance des Vorstandes zu reagieren – das stärkt die Aktienkultur in unserem Land ungemein."

Und seitens der SPD-Fraktion hieß es ebenfalls am 14. November 2019:[49]   33

Vorstandsgehälter werden gedeckelt

Rechte der Aktionäre werden gestärkt, Mitbestimmung gesichert

Von 2021 an müssen Vorstandsgehälter in börsennotierten Unternehmen verpflichtend gedeckelt werden. Einem neuen Gesetz der Koalition zufolge muss der Aufsichtsrat in Zukunft eine Maximalvergütung der Vorstandsmitglieder festlegen. Darüber hinaus wird der Aktionärsversammlung das Recht eingeräumt, diese Summe noch einmal herabzusetzen. Ausufernde Vorstandsgehälter sollten damit der Vergangenheit angehören.

Das Parlament hat am Donnerstag in 2./3. Lesung einen Gesetzentwurf zur Umsetzung der zweiten Aktionärsrechterichtlinie (ARUG II) verabschiedet. Zentrales Anliegen der Richtlinie ist es, die langfristige Mitwirkung der Aktionärinnen und Aktionäre börsennotierter Gesellschaften und eine höhere Transparenz zwischen Gesellschaften und Anlegern sicherzustellen.

Dazu erhalten unter anderem die Aktionäre bei der Vergütung von Aufsichtsrat und Vorstand und zu Geschäften mit der Gesellschaft nahestehenden Personen und Unternehmen, zur Verbesserung der Transparenz bei institutionellen Anlegern, Vermögensverwaltern und Stimmrechtsberatern weitergehende Rechte. Dennoch muss das ins deutsche, dualistische System integriert werden, so dass die Entwicklung und die Festlegung der Vergütungspolitik im Unternehmen weiterhin dem mitbestimmten Aufsichtsrat, in dem auch Arbeitnehmervertreter sitzen, obliegen.

Der Aufsichtsrat wird mit dem Umsetzungsgesetz nun verpflichtet ein klar und verständliches Vergütungssystem zu beschließen, das er der Hauptversammlung (Aktio-

---

49 Pressemitteilung der SPD-Fraktion im Deutschen Bundestag vom 14.11.2019, Vorstandsgehälter werden gedeckelt (https://www.spdfraktion.de/themen/vorstandsgehaelter-gedeckelt).

närsversammlung) vorlegen muss. Die Hauptversammlung gibt ein Votum dazu ab, das gegenüber dem Aufsichtsrat grundsätzlich beratenden Charakter besitzt.

Neu und zusätzlich zur Richtlinie haben die Koalitionsfraktionen vereinbart, dass der Aufsichtsrat im Rahmen dieses Vergütungssystems verpflichtet ist, eine Maximalvergütung für die Vorstandsmitglieder festzulegen. Das bedeutet, der Aufsichtsrat hat eine Begrenzung der Vorstandsvergütung in den Bericht zwingend aufzunehmen. Bei der konkreten Ausgestaltung ist der Aufsichtsrat aber frei. Es bleibt ihm überlassen, ob er eine Maximalvergütung für den gesamten Vorstand beschließt oder eine gesonderte Obergrenze für jedes einzelne Vorstandsmitglied. Die Kontrolleure können sich dabei zum Beispiel am Deutschen Corporate Governance Kodex orientieren, wie es bereits schon jetzt gemacht wird, oder konkrete Zahlen festlegen, die sich auch an einem Vielfachen der durchschnittlichen Belegschaftsvergütung orientieren können.

Maximalvergütung kann auch herabgesetzt werden

Neu ist außerdem, dass mit dem Gesetzentwurf der Hauptversammlung nunmehr das Recht eingeräumt wird, die Maximalvergütung des Vorstands durch einen Antrag zur Tagesordnung herabzusetzen. Das bedeutet, in diesem Punkt können die Aktionäre verbindlich eine geringere Maximalvergütung des Vorstands festlegen, als es gegenüber im Vergütungssystem des Aufsichtsrates beschlossen wurde. Notwendig ist, dass die Aktionäre ein Quorum von fünf Prozent des Grundkapitals (also Stimmenanteil) oder des anteiligen Betrages von 500.000 Euro erreichen, um diesen Antrag zu stellen. Damit sollen eine Belastung oder Verzögerung der Hauptversammlung, die oft nur einmal im Jahr stattfindet, vermieden werden.

Mit der Aufnahme der Maximalvergütung in das zu beschließende Vergütungssystem und dem Recht der Aktionäre, die Maximalvergütung durch Beschluss herabzusetzen, will die Koalition die ausufernden Managergehälter beschränken. Der SPD-Fraktion ist es wichtig, dass der mitbestimmte Aufsichtsrat nicht in seinen Kompetenzen begrenzt wird. Die Kompetenz über das Vergütungssystem liegt darum ganz klar beim Aufsichtsrat. Gleichwohl sehen die Koalitionsfraktionen aber auch die Rechte der Aktionärinnen und Aktionäre. Mit dem nun beschlossenen Gesetz sind beide Interessen in Einklang gebracht worden.

Mehr Transparenz geschaffen

Neben vielen weiteren Änderungen ist erwähnenswert, dass die Koalitionsfraktionen den Schwellenwert im Hinblick auf Geschäfte mit nahestehenden Personen und Unternehmen auf 1,5 Prozent des Anlage- und Umlaufvermögens herabgesetzt haben. Das bedeutet, dass Geschäfte, die diese Schwelle überschreiten, der Zustimmung des Aufsichtsrates bedürfen. Das sorgt neben der Veröffentlichungspflicht dieser Geschäfte für mehr Transparenz.

Darüber hinaus haben die Koalitionsfraktionen ebenfalls in die Vorlage aufgenommen, dass sich die Bezüge der Vorstandsmitglieder an einer nachhaltigen und langfristigen Entwicklung des Unternehmens zu orientieren haben.

Eva Högl, *stellvertretende SPD-Fraktionschefin, sagt: „Wir schaffen die gesetzliche Grundlage dafür, Vorstandsvergütungen wirksam begrenzen zu können. Die SPD-Bundestagsfraktion hat sich mit der Union im Rahmen der Umsetzung der zweiten EU-Aktionärsrechterichtlinie darauf verständigt, dass der Aufsichtsrat im Rahmen des Vergütungssystems gesetzlich dazu verpflichtet werden soll, eine Maximalvergütung (Cap) für die Vorstandsmitglieder festzulegen. Diese Einigung der Koalition ist ein großer Erfolg."*

Das Wichtigste zusammengefasst:

Von 2021 an müssen Vorstandsgehälter in börsennotierten Unternehmen verpflichtend gedeckelt werden. Einem neuen Gesetz der Koalition zufolge muss der Aufsichtsrat in Zukunft eine Maximalvergütung der Vorstandsmitglieder festlegen. Darüber hinaus wird der Aktionärsversammlung das Recht eingeräumt, diese Summe noch ein-

mal herabzusetzen. Ausufernde Vorstandsgehälter sollten damit der Vergangenheit angehören.

Zusammenfassend lässt sich festhalten: In der politischen Diskussion war die Frage der Hauptversammlungszuständigkeit für die Festlegung der Vorstandsvergütung das wichtigste, fast möchte man sagen das einzig wichtige Thema. Insoweit hat das ARUG II eine Neujustierung im Kräfteverhältnis zwischen Aktionären (also Eigentümern), (vor allem: mitbestimmtem) Aufsichtsrat und Vorstand jedenfalls eingeleitet. Daneben spielte der Schwellenwert für die Zustimmungspflicht des Aufsichtsrats bei Related Party Transactions eine bedeutende Rolle, womit natürlich indirekt ebenfalls eine Machtverschiebung innerhalb des aktienrechtlichen Gefüges verbunden ist; Detailfragen der Bezugsgrößen etc wurden dabei im Einvernehmen der Koalitionsfraktionen nicht mehr „aufgemacht". Von den weiteren knapp 20 anfangs zwischen den Koalitionsfraktionen bzw. der CDU/CSU-Fraktion und dem BMJV streitigen Punkten konnten die meisten einvernehmlich erledigt werden, teilweise durch Ansprache im Ausschussbericht. Mit Rücksicht auf den Vorbereitungsaufwand für die betroffenen Unternehmen und die insoweit teilweise erst im parlamentarischen Prozess eingefügten Neuregelungen einigten sich die Regierungsfraktionen zudem darauf, die materiellen Änderungen bezüglich der Vergütungsthemen (§§ 87 a Abs. 1, 113 Abs. 3, 120 a Abs. 1, 162 AktG nF) erst für Hauptversammlungen des Jahres 2021 für anwendbar zu erklären (§ 26 j Abs. 1, 2 EGAktG).

Neben dem gefundenen Ergebnis ist aber vor allem bemerkenswert, was nicht passiert ist:

Das ist erstens eine irgendwie geartete steuerliche Regelung, wie sie in den früheren Jahren vor allem von der linken Seite des politischen Spektrums immer wieder als Instrument der Begrenzung der Managervergütung ins Gespräch gebracht worden war.[50] Die vom Verfasser gemeinsam mit *Matthias Schüppen* auf der Grundlage dieser früheren Diskussionen entwickelten Ansätze[51] zu Bereichen, in denen tatsächlicher steuerlicher Handlungsbedarf bestehen könnte, haben daher keine Rolle mehr gespielt; sie sollen hier gleichwohl nicht unerwähnt bleiben.

Zweitens konnte die angesprochene „Eskalation nach oben" (→ Rn. 24) vermieden werden. Das war angesichts des gemeinsamen Drucks von BDI und DGB, wie er in dem durch *Eva Högl* in der Plenardebatte erwähnten gemeinsamen („Lobby"-)Schreiben von BDI und DGB an die Fraktionsvorsitzenden der Regierungsfraktionen zum Ausdruck kam, nicht zwingend zu erwarten. Zu Recht hat *Reinhard Houben* (FDP) die in dem Schreiben, das auch dem Verfasser vorlag, letztlich zum Ausdruck kommende Zusammenarbeit von Industrie (bzw. deren Vertretern) und Gewerkschaften (bzw. deren Vertretern) in der Plenardebatte mit der Bemerkung quittiert „Das [also die Allianz von BDI und DGB in diesem Punkt] wundert mich nicht!"

d) **Abschluss.** Im „2. Durchgang" beschloss der Bundesrat in seiner 983. Sitzung am 29. November 2019 mehrheitlich, im Hinblick auf den ihm übermittelten Bundestagsbeschluss zum ARUG II[52] nicht nach Art. 77 Abs. 2 GG den Vermittlungsausschuss anzurufen.[53] Damit konnte das Gesetz vom Bundespräsidenten ausgefertigt und im Bundesgesetzblatt verkündet werden (Art. 82 Abs. 1 Satz 1 GG).

4. Vor- und Nachspiel

Wie bei – jedenfalls größeren – Gesetzesprojekten üblich, hatte auch das ARUG II ein „parlamentarisches Vorspiel". Denn die Opposition lässt es sich nicht nehmen, bei

34

35

36

37

38

---

50 Dazu auch *Florstedt* ZIP 2020, 1 (4).
51 Siehe *Hirte/Schüppen*, Begrenzung exzessiver Managervergütungen durch Steuerrecht?, in: Gedächtnisschrift für Schmehl, 2019, S. 419, 422 ff.
52 BR-Drs. 605/19.
53 Bundesrat, Plen.-Prot. 983, S. 585 i.V.m.S. 604 f. (Beschlussvorschlag).

Projekten, deren Planung bekannt ist – etwa, wie auch hier, aufgrund des Koalitionsvertrages oder der Pflicht zu europäischer Rechtsangleichung – im Vorfeld eigenständige Anträge zu stellen oder eigene Gesetzesentwürfe vorzulegen. Ein (durchsichtiges) Ziel ist regelmäßig, der Regierung und den sie tragenden Fraktionen Handlungsunfähigkeit oder zumindest (zu) langsames Arbeiten vorzuwerfen. Dass eine Ressortabstimmung (→ Rn. 14) dauert und zudem nicht öffentlich ist, kann die Opposition dabei weidlich ausnutzen, zumal die Presse diesen Zusammenhang oft nicht durchschaut – oder durchschauen will.

39 Vor diesem Hintergrund hatte der Deutsche Bundestag bereits am 14. März 2019 über verschiedene Regelungen zur Begrenzung der Managervergütung debattiert.[54] Dazu hatte die Fraktion Die Linke einen Antrag mit dem Titel „Managergehälter gesetzlich beschränken"[55] vorgelegt. Darüber hinaus hatte die FDP-Fraktion einen Antrag mit dem Titel „Aktionärsrechte stärken und Vertragsfreiheit achten"[56] eingebracht und die Fraktion Bündnis 90/Die Grünen eine Vorlage mit dem Titel „Managergehälter am langfristigen Unternehmenserfolg orientieren".[57] Die AfD-Fraktion hatte einen Gesetzentwurf[58] vorgelegt, der eine persönliche Vorstandshaftung mit Managergehältern bei pflichtwidrigem Fehlverhalten verbindet. Alle Vorlagen wurden im Anschluss an die Debatte in den Ausschuss für Recht und Verbraucherschutz zur federführenden Beratung überwiesen.

40 In der Plenardebatte[59] kamen bereits die später auch im Gesetzgebungsverfahren zum ARUG II selbst vorgetragenen Positionen deutlich zum Ausdruck, seinerzeit freilich auf der linken Seite des politischen Spektrums noch ergänzt um die später nicht mehr weiter diskutierte steuerrechtliche Komponente.

41 Abschließend beraten (und abgelehnt) wurden auch diese Anträge – mit Ausnahme des insoweit noch unerledigten Antrags der Fraktion Die Linke – in der 2./3. Lesung des ARUG II[60] auf der Grundlage der entsprechenden Beschlussempfehlung des Rechtsausschusses.[61]

42 Und das Nachspiel? Offen ist noch die weitere Behandlung des AfD-Gesetzentwurfs. Hierzu wird – Stand Ende Februar 2020 – am 2. März 2020 eine öffentliche Anhörung durchgeführt, die auf Antrag der Oppositionsfraktionen zunächst dem Grunde nach beschlossen worden war, zeitlich durch Beschluss der Regierungsmehrheit aber auf einen Termin nach Verabschiedung des ARUG II gelegt wurde. Damit sollte sichergestellt werden, dass etwaige gleichgerichtete Effekte des ARUG II bei der Anhörung schon berücksichtigt werden können. Insoweit erscheint sicher, dass die Einflussnahme der Hauptversammlung auf die Vergütung der Vorstände durchaus eine Wirkung haben kann, die derjenigen der Geltendmachung (und Durchsetzung) von Schadenersatzansprüchen entspricht.

43 Und allgemein ist darauf hinzuweisen, dass die Europäische Kommission die Umsetzung von Richtlinien durch die Mitgliedstaaten in einem „Dialogprozess" begleitet. Workshops, in denen sich die zuständigen Fachbeamten aus den Mitgliedstaaten treffen und sich über Umsetzungsoptionen austauschen, ebenso wie Hinweise der Kom-

---

54 Deutscher Bundestag, Plen.-Prot. 19/86, S. 10166 (C) – 10176 (A) mit Debattenbeiträgen von *Alexander Ulrich* (DIE LINKE), *Heribert Hirte* (CDU/CSU), *Friedrich Straetmanns* (DIE LINKE), *Fabian Jacobi* (AfD), *Johannes Fechner* (SPD), *Reinhard Houben* (FDP), *Kerstin Andreae* (BÜNDNIS90/DIE GRÜNEN), *Alexander Hoffmann* (CDU/CSU) und *Michael Groß* (SPD).
55 BT-Drs. 19/7979.
56 BT-Drs. 19/8269.
57 BT-Drs. 19/8282.
58 BT-Drs. 19/8233.
59 Siehe oben Fn. 55.
60 Deutscher Bundestag, Plen.-Prot. 19/127, S. 15896 (C).
61 Beschlussempfehlung und Bericht des Ausschusses für Recht und Verbraucherschutz, BT-Drs. 19/9299.

mission, welche Umsetzungsvarianten einer Richtlinie sie möglicherweise als europa-rechtswidrig qualifizieren würde, gehören etwa dazu. Dass der Bundestag über die in diesem Zusammenhang von der Bundesregierung vorgetragenen Ansichten und erhal-tenen Informationen bislang nicht informiert wird, stellt eine Lücke bei den Beteili-gungsrechten des Deutschen Bundestages im Rahmen des EUZBBG dar, die es zu schließen gilt.

Die 2. Aktionärsrechterichtlinie

RICHTLINIE (EU) 2017/828 DES EUROPÄISCHEN PARLAMENTS UND DES RATES vom 17. Mai 2017 zur Änderung der Richtlinie 2007/36/EG im Hinblick auf die Förderung der langfristigen Mitwirkung der Aktionäre

(Text von Bedeutung für den EWR)

DAS EUROPÄISCHE PARLAMENT UND DER RAT DER EUROPÄISCHEN UNION – gestützt auf den Vertrag über die Arbeitsweise der Europäischen Union, insbesondere auf die Artikel 50 und 114, auf Vorschlag der Europäischen Kommission, nach Zuleitung des Entwurfs des Gesetzgebungsakts an die nationalen Parlamente, nach Stellungnahme des Europäischen Wirtschafts- und Sozialausschusses[1], gemäß dem ordentlichen Gesetzgebungsverfahren[2],

in Erwägung nachstehender Gründe:

(1) Die Richtlinie 2007/36/EG des Europäischen Parlaments und des Rates[3] legt die Anforderungen an die Ausübung bestimmter, mit Stimmrechtsaktien verbundener Rechte von Aktionären im Zusammenhang mit Hauptversammlungen von Gesellschaften fest, die ihren Sitz in einem Mitgliedstaat haben und deren Aktien zum Handel auf einem in einem Mitgliedstaat gelegenen oder dort betriebenen geregelten Markt zugelassen sind.

(2) Die Finanzkrise hat gezeigt, dass Aktionäre die übermäßige kurzfristige Risikobereitschaft von Managern in vielen Fällen unterstützt haben. Zudem liegen konkrete Anhaltspunkte dafür vor, dass die derzeitige „Überwachung" von Gesellschaften, in die investiert wurde, sowie das Engagement von institutionellen Anlegern und Vermögensverwaltern oft unzureichend und zu stark auf kurzfristige Gewinne ausgerichtet sind, was zu einer unzureichenden Corporate Governance und Wertentwicklung führen kann.

(3) In ihrer Mitteilung vom 12. Dezember 2012 mit dem Titel „Aktionsplan: Europäisches Gesellschaftsrecht und Corporate Governance – ein moderner Rechtsrahmen für engagiertere Aktionäre und dauerhaft überlebensfähige Unternehmen" kündigte die Kommission eine Reihe von Maßnahmen im Bereich Corporate Governance an, mit denen vor allem die langfristige Mitwirkung der Aktionäre und die Transparenz zwischen Gesellschaften und Anlegern gefördert werden sollen.

(4) Aktien börsennotierter Gesellschaften werden oft über komplexe Ketten von Intermediären gehalten, die die Ausübung von Aktionärsrechten erschweren und ein Hindernis für die Mitwirkung der Aktionäre darstellen können. Die Gesellschaften sind oft nicht in der Lage, ihre Aktionäre zu identifizieren. Die Identifizierung der Aktionäre ist eine Voraussetzung für die unmittelbare Kommunikation zwischen den Aktionären und der Gesellschaft und deshalb von wesentlicher Bedeutung dafür, dass die Ausübung von Aktionärsrechten und die Mitwirkung der Aktionäre erleichtert werden. Dies ist besonders in grenzüberschreitenden Situationen und bei der Verwendung elektronischer Mittel wichtig. Deshalb sollten börsennotierte Gesellschaften das Recht haben, ihre Aktionäre zu identifizieren, um direkt mit diesen kommunizieren zu können. Die Intermediäre sollten verpflichtet sein, der Gesellschaft auf deren Antrag hin die Informationen über die Identität von Aktionären zu übermitteln. Allerdings sollte es den Mitgliedstaaten freistehen, Aktionäre, die nur eine geringe Zahl von Aktien halten, von der Identifizierungsanforderung auszunehmen.

---

1 ABL. C 451 vom 16.12.2014, S. 87.
2 Standpunkt des Europäischen Parlaments vom14. März 2017 (noch nicht im Amtsblatt veröffentlicht) und Beschluss des Rates vom 3. April 2017.
3 Richtlinie 2007/36/EG des Europäischen Parlaments und des Rates vom 11. Juli 2007 über die Ausübung bestimmter Rechte von Aktionären in börsennotierten Gesellschaften (ABL. L 184 vom 14.7.2007, S. 17).

(5) Um dieses Ziel zu erreichen, müssen der Gesellschaft in einem bestimmten Umfang Informationen über die Identität der Aktionäre übermittelt werden. Diese Informationen sollten zumindest den Namen und die Kontaktdaten des Aktionärs und, falls es sich bei dem Aktionär um eine juristische Person handelt, deren Registernummer oder, falls keine Registriernummer verfügbar ist, eine eindeutige Kennung, wie etwa die Rechtsträgerkennung (Legal Entity Identifier – LEI-Code), sowie die Zahl der vom Aktionär gehaltenen Aktien und, falls dies von der Gesellschaft angefordert wird, die gehaltenen Aktienkategorien oder -gattungen sowie das Datum ihres Erwerbs umfassen. Die Übermittlung von weniger Informationen wäre nicht ausreichend, um die Gesellschaft in die Lage zu versetzen, ihre Aktionäre zu identifizieren, um mit diesen zu kommunizieren.

(6) Gemäß dieser Richtlinie sollten die personenbezogenen Daten der Aktionäre verarbeitet werden, um die Gesellschaft in die Lage zu versetzen, ihre derzeitigen Aktionäre zu identifizieren, um direkt mit diesen zu kommunizieren, damit die Ausübung von Aktionärsrechten und die Mitwirkung der Aktionäre an der Gesellschaft erleichtert werden. Rechtsvorschriften der Mitgliedstaaten, in denen die Verarbeitung der personenbezogenen Daten der Aktionäre für andere Zwecke vorgesehen ist, wie etwa die Ermöglichung der Zusammenarbeit von Aktionären untereinander, bleiben hiervon unberührt.

(7) Um die Gesellschaft in die Lage zu versetzen, mit ihren derzeitigen Aktionären direkt zu kommunizieren, damit die Ausübung von Aktionärsrechten und die Mitwirkung der Aktionäre erleichtert werden, sollte es der Gesellschaft und den Intermediären gestattet werden, personenbezogene Daten von Aktionären zu speichern, solange diese Aktionäre bleiben. Allerdings ist es Gesellschaften und Intermediären oft nicht bewusst, dass eine bestimmte Person nicht mehr Aktionär ist, es sei denn, sie wurden von der Person informiert oder sie haben diese Information durch einen neuen Vorgang der Aktionärsidentifizierung erhalten, der oft nur einmal pro Jahr im Zusammenhang mit der Jahreshauptversammlung oder anderen wichtigen Ereignissen, wie etwa Übernahmeangeboten oder Fusionen, stattfindet. Deshalb sollte es Gesellschaften und Intermediären gestattet werden, personenbezogene Daten bis zu dem Zeitpunkt zu speichern, ab dem sie Kenntnis von der Tatsache haben, dass eine Person nicht mehr Aktionär ist, sowie einen Zeitraum von höchstens zwölf Monaten, nachdem sie davon Kenntnis erhalten haben. Dies gilt unbeschadet der Tatsache, dass die Gesellschaft oder der Intermediär unter Umständen die personenbezogenen Daten von Personen, die nicht mehr Aktionär sind, für andere Zwecke speichern müssen, wie etwa zur Sicherstellung angemessener Aufzeichnungen für die Zwecke der Rückverfolgbarkeit der Rechtsnachfolge bei den Aktien einer Gesellschaft, zur Führung der notwendigen Aufzeichnungen hinsichtlich der Hauptversammlungen, einschließlich in Bezug auf die Gültigkeit ihrer Entschließungen, zur Erfüllung der Verpflichtungen der Gesellschaft im Zusammenhang mit der Zahlung von Dividenden und Zinsen im Zusammenhang mit Anteilen oder anderen Beträgen, die an ehemalige Aktionäre zu zahlen sind.

(8) Eine wirksame Ausübung von Aktionärsrechten hängt in erheblichem Maße von der Effizienz der Kette von Intermediären ab, die Depotkonten im Namen von Aktionären oder anderen Personen führen, insbesondere in einem grenzüberschreitenden Kontext. In der Kette von Intermediären werden die Informationen – vor allem bei Zwischenschaltung vieler Intermediäre – nicht immer von der Gesellschaft an ihre Aktionäre weitergegeben, und die Stimmabgabe der Aktionäre wird der Gesellschaft nicht immer ordnungsgemäß mitgeteilt. Mit dieser Richtlinie soll die Informationsübermittlung entlang der Kette von Intermediären verbessert werden, um die Ausübung von Aktionärsrechten zu erleichtern.

(9) Da die Intermediäre eine wichtige Rolle spielen, sollten sie verpflichtet sein, die Ausübung von Rechten durch die Aktionäre zu erleichtern, unabhängig davon, ob die Aktionäre diese Rechte selbst ausüben oder einen Dritten dafür benennen. Wenn die Aktionäre die Rechte nicht selbst ausüben möchten und den Intermediär hierfür benannt haben, sollte der Intermediär diese Rechte gemäß der ausdrücklichen Ermächtigung und Anweisung der Aktionäre und zu deren Gunsten ausüben.

(10) Es muss dafür gesorgt werden, dass Aktionäre, die sich durch Stimmabgabe in eine Gesellschaft einbringen, in die sie investiert haben, wissen, ob ihre Stimmabgabe ordnungs-

gemäß berücksichtigt wurde. Im Falle einer elektronischen Abstimmung sollte eine Bestätigung des Eingangs der Stimmen erteilt werden. Zusätzlich sollte jeder Aktionär, der in einer Hauptversammlung eine Stimme abgibt, zumindest die Möglichkeit haben, nach der Hauptversammlung zu überprüfen, ob die Stimme von der Gesellschaft wirksam aufgezeichnet und gezählt wurde.

(11) Um Aktieninvestitionen in der gesamten Union zu fördern und die Ausübung der mit Aktien verbundenen Rechte zu erleichtern, sollte mit dieser Richtlinie in Bezug auf Entgelte, einschließlich Preise und Gebühren, für die von den Intermediären erbrachten Dienstleistungen ein hohes Maß an Transparenz geschaffen werden. Eine Diskriminierung zwischen den für die Ausübung von Aktionärsrechten im Inland und in grenzüberschreitenden Fällen in Rechnung gestellten Entgelte behindert grenzüberschreitende Investitionen und das effiziente Funktionieren des Binnenmarktes, weswegen sie untersagt werden sollte. Unterschiede zwischen den für die Ausübung von Aktionärsrechten im Inland und in grenzüberschreitenden Fällen in Rechnung gestellten Entgelten sollten nur zulässig sein, wenn sie ordnungsgemäß begründet werden und die Unterschiede widerspiegeln, die bei den tatsächlichen Kosten für die Erbringung der Dienstleistungen durch Intermediäre anfallen.

(12) Die Kette von Intermediären kann Intermediäre umfassen, die weder ihren Sitz noch ihre Hauptverwaltung in der Union haben. Dennoch könnten die Tätigkeiten von Intermediären aus Drittländern Auswirkungen auf die langfristige Tragfähigkeit von Gesellschaften in der Union und auf die Corporate Governance in der Union haben. Darüber hinaus ist es zur Erreichung der mit dieser Richtlinie angestrebten Ziele notwendig, dafür zu sorgen, dass Informationen entlang der gesamten Kette von Intermediären übermittelt werden. Würden Intermediäre aus Drittländern nicht dieser Richtlinie unterworfen und hätten sie nicht dieselben Verpflichtungen im Zusammenhang mit der Übermittlung von Informationen wie Unions-Intermediäre, bestünde die Gefahr, dass der Informationsfluss unterbrochen wird. Deshalb sollten Intermediäre aus Drittländern, die Dienstleistungen im Zusammenhang mit Aktien von Gesellschaften erbringen, die ihren Sitz in der Union haben und deren Aktien zum Handel auf einem in der Union gelegenen oder dort betriebenen geregelten Markt zugelassen sind, den Vorschriften zur Identifizierung der Aktionäre, zur Informationsübermittlung, zur Erleichterung der Ausübung der Aktionärsrechte sowie zur Transparenz und Nichtdiskriminierung im Zusammenhang mit Kosten unterliegen, damit gewährleistet ist, dass die Bestimmungen mittels solcher Intermediäre gehaltene Aktien wirksam angewendet werden.

(13) Diese Richtlinie lässt die nationalen Rechtsvorschriften für die Wertpapierverwahrung und die Vorkehrungen zur Aufrechterhaltung der Integrität von Wertpapieren unberührt. Sie berührt auch nicht die wirtschaftlich Berechtigten oder andere Personen, die nach dem anwendbaren nationalen Recht keine Aktionäre sind.

(14) Eine wirksame und nachhaltige Mitwirkung der Aktionäre ist einer der Eckpfeiler des Corporate-Governance-Modells börsennotierter Gesellschaften, das von einem ausgewogenen System von Kontrollen der verschiedenen Organe und Interessenträger untereinander abhängt. Eine stärkere Einbindung der Aktionäre in die Corporate Governance ist eines der Instrumente, die dazu beitragen können, die finanzielle und nicht-finanzielle Leistung von Gesellschaften zu verbessern, einschließlich hinsichtlich ökologischer, sozialer und Governance-Faktoren, insbesondere nach Maßgabe der von den Vereinten Nationen unterstützten Grundsätze für verantwortungsvolle Investitionen. Zusätzlich ist eine stärkere Einbindung von allen Interessenträgern, insbesondere Arbeitnehmern, in die Corporate Governance ein wichtiger Faktor für die Sicherstellung eines stärker langfristig ausgerichteten Ansatzes börsennotierter Gesellschaften, der gefördert und berücksichtigt werden muss.

(15) Institutionelle Anleger und Vermögensverwalter sind oft bedeutende Aktionäre börsennotierter Gesellschaften in der Union und können daher eine wichtige Rolle bei der Corporate Governance dieser Gesellschaften sowie allgemein bei deren Strategie und dem langfristigen Unternehmenserfolg spielen. Die Erfahrung der letzten Jahre hat jedoch gezeigt, dass sich institutionelle Anleger und Vermögensverwalter oft nicht in die Gesellschaften einbringen, von denen sie Aktien halten; zudem gibt es klare Anhaltspunkte dafür, dass die Kapi-

talmärkte oft Druck auf Gesellschaften ausüben, damit diese kurzfristig Erfolge liefern, was die langfristige finanzielle und nicht-finanzielle Leistung von Gesellschaften gefährden und neben anderen negativen Auswirkungen auch suboptimale Investitionen, beispielsweise in Forschung und Entwicklung, zu Lasten des langfristigen Unternehmenserfolgs und der Anleger zur Folge haben kann.

(16) Institutionellen Anlegern und Vermögensverwaltern mangelt es oft an Transparenz bezüglich ihrer Anlagestrategien, ihrer Mitwirkungspolitik und deren Umsetzung. Die Offenlegung derartiger Informationen könnte sich positiv auf die Sensibilisierung der Anleger auswirken, Endbegünstigte wie künftige Rentner in die Lage versetzen, optimale Anlageentscheidungen zu treffen, den Dialog zwischen Gesellschaften und ihren Aktionären erleichtern, zur stärkeren Mitwirkung der Aktionäre führen und ihre Rechenschaftspflicht gegenüber Interessenträgern und der Zivilgesellschaft ausbauen.

(17) Deshalb sollten institutionelle Anleger und Vermögensverwalter hinsichtlich ihres Ansatzes zur Mitwirkung der Aktionäre transparenter sein. Sie sollten entweder eine Politik zur Mitwirkung der Aktionäre ausarbeiten und öffentlich bekannt machen oder erklären, warum sie sich dafür entschieden haben, dies nicht zu tun. In der Politik zur Mitwirkung der Aktionäre sollte beschrieben werden, wie institutionelle Anleger und Vermögensverwalter die Mitwirkung der Aktionäre in ihre Anlagestrategie integrieren, welche verschiedenen Mitwirkungstätigkeiten sie ausüben wollen und wie sie das tun. Die Mitwirkungspolitik sollte auch Maßnahmen zur Bewältigung tatsächlicher oder potenzieller Interessenkonflikte enthalten, die insbesondere dann auftreten können, wenn die institutionellen Anleger, die Vermögensverwalter oder mit diesen verbundene Unternehmen erhebliche Geschäftsbeziehungen zu der Gesellschaft unterhalten, in die investiert wurde. Die Mitwirkungspolitik bzw. die Erklärung sollte öffentlich online zugänglich sein.

(18) Institutionelle Anleger und Vermögensverwalter sollten Informationen über die Umsetzung ihrer Mitwirkungspolitik und insbesondere darüber öffentlich machen, wie sie ihre Stimmrechte ausgeübt haben. Allerdings sollten Anleger zur Verringerung eines möglichen bürokratischen Aufwands entscheiden können, nicht jede abgegebene Stimme zu veröffentlichen, wenn die Stimmabgabe wegen des Gegenstands der Abstimmung oder des Umfangs der Beteiligung an der Gesellschaft als unbedeutend zu betrachten ist. Zu solchen unbedeutenden Stimmabgaben können Stimmen zählen, die zu rein verfahrensrechtlichen Angelegenheiten abgegeben werden, oder Stimmen, die in Gesellschaften abgegeben werden, an denen der Anleger im Vergleich zu den Beteiligungen des Anlegers an anderen Gesellschaften, in die er investiert hat, eine sehr geringe Beteiligung hält. Anleger sollten ihre eigenen Kriterien dafür festlegen, welche Stimmabgaben aufgrund des Gegenstands der Abstimmung oder des Umfangs der Beteiligung an der Gesellschaft unbedeutend sind, und sie konsequent anwenden.

(19) Ein mittel- bis langfristiger Ansatz ist eine wichtige Voraussetzung für eine verantwortungsbewusste Vermögensverwaltung. Deshalb sollten die institutionellen Anleger jährlich Informationen darüber offenlegen, wie die Hauptelemente ihrer Aktienanlagestrategie dem Profil und der Laufzeit ihrer Verbindlichkeiten entsprechen und wie diese Elemente zur mittel- bis langfristigen Wertentwicklung ihrer Vermögenswerte beitragen. Nutzen sie die Dienste eines Vermögensverwalters – sei es im Rahmen von Verwaltungsmandaten, bei denen die Vermögenswerte individuell verwaltet werden, oder für die Vermögenswerte zusammengelegter Mittel –, sollten die institutionellen Anleger bestimmte Hauptelemente der Vereinbarung mit dem Vermögensverwalter offenlegen, insbesondere wie sie Anreize für den Vermögensverwalter schafft, dass er seine Anlagestrategie und Anlageentscheidungen auf das Profil und die Laufzeit der Verbindlichkeiten des institutionellen Anlegers, insbesondere langfristige Verbindlichkeiten, abstimmt, wie sie die Leistung des Vermögensverwalters, einschließlich seiner Vergütung, beurteilt, wie sie dem Vermögensverwalter entstandenen Portfoliioumsatzkosten überwacht und wie sie Anreize dafür schafft, dass sich der Vermögensverwalter im besten mittel- und langfristigen Interesse des institutionellen Anlegers engagiert. Dies würde zu einer angemessenen Abstimmung der Interessen der Endbegünstigten institutioneller Anleger, der Vermögensverwalter und der Gesellschaften, in die investiert wurde,

beitragen sowie möglicherweise zur Entwicklung längerfristiger Anlagestrategien und zu längerfristigen Beziehungen zu den Gesellschaften, in die investiert wurde, unter Mitwirkung der Aktionäre führen.

(20) Vermögensverwalter sollten den institutionellen Anleger ausreichend informieren, damit dieser beurteilen kann, ob und wie der Verwalter im besten langfristigen Interesse des Anlegers handelt und ob der Vermögensverwalter eine Strategie verfolgt, die eine effiziente Mitwirkung der Aktionäre beinhaltet. Im Grundsatz richtet sich die Beziehung zwischen dem Vermögensverwalter und dem institutionellen Anleger nach gegenseitigen vertraglichen Vereinbarungen. Allerdings ist es trotz der Tatsache, dass große institutionelle Anleger unter Umständen eine detaillierte Berichterstattung vom Vermögensverwalter anfordern können, insbesondere wenn die Vermögenswerte auf der Grundlage eines Verwaltungsmandats verwaltet werden, für kleinere und weniger erfahrene institutionelle Anleger von ausschlaggebender Bedeutung, einige rechtliche Mindestanforderungen aufzustellen, damit sie den Vermögensverwalter ordnungsgemäß beurteilen und ihn zur Rechenschaft ziehen können. Deshalb sollten Vermögensverwalter verpflichtet sein, institutionelle Anleger darüber zu informieren, wie ihre Anlagestrategie und deren Umsetzung zur mittel- bis langfristigen Wertentwicklung der Vermögenswerte des institutionellen Anlegers oder des Fonds beitragen. Diese Information sollte auch die mittel- und langfristigen wesentlichen Hauptrisiken abdecken, die mit den Portfolioinvestitionen verbunden sind, einschließlich Angelegenheiten der Corporate Governance sowie anderer mittel- bis langfristiger Risiken. Diese Information ist für den institutionellen Anleger unverzichtbar um zu beurteilen, ob der Vermögensverwalter eine mittel- bis langfristige Analyse der Anlagen und des Portfolios durchführt, was eine wichtige Voraussetzung für eine effiziente Mitwirkung der Aktionäre ist. Da diese mittel- bis langfristigen Risiken Auswirkungen auf die Rendite der Anleger haben, kann eine wirksamere Einbeziehung dieser Angelegenheiten in die Investitionsprozesse für institutionelle Anleger von ausschlaggebender Bedeutung sein.

(21) Die Vermögensverwalter sollten zudem gegenüber den institutionellen Anlegern die Zusammensetzung, die Umsätze und die Umsatzkosten ihres Portfolios sowie ihre Politik in Bezug auf die Wertpapierleihe offenlegen. Der Umfang des Portfolioumsatzes ist ein wichtiger Indikator dafür, ob die Prozesse des Vermögensverwalters in vollem Umfang an die identifizierte Strategie und die Interessen des institutionellen Anlegers angepasst sind, und er zeigt an, ob der Vermögensverwalter Wertpapiere für einen Zeitraum hält, der es ihm ermöglicht, sich wirksam in die Gesellschaft einzubringen. Hohe Portfolioumsätze können ein Anzeichen für eine mangelnde Überzeugung bei Investitionsentscheidungen und für ein impulsgetriebenes Verhalten sein. Beides ist wahrscheinlich nicht im besten langfristigen Interesse des institutionellen Anlegers, insbesondere da ein höherer Umsatz zu höheren Kosten führt, die dem Anleger entstehen, und Einfluss auf Systemrisiken haben kann. Andererseits kann ein unerwartet niedriger Umsatz auf mangelnde Aufmerksamkeit für das Risikomanagement oder eine Verlagerung in Richtung eines passiven Investitionsansatzes hindeuten. Die Wertpapierleihe, bei der die Aktien der Anleger tatsächlich unter Vereinbarung eines Rückkaufsrechts verkauft werden, kann im Hinblick auf die Mitwirkung der Aktionäre zu Kontroversen führen. Verkaufte Anteile müssen für die Zwecke der Mitwirkung, einschließlich der Stimmabgabe in Hauptversammlungen, zurückgerufen werden. Deshalb ist es wichtig, dass der Vermögensverwalter über seine Politik in Bezug auf die Wertpapierleihe und darüber Bericht erstattet, wie sie angewendet wird, um seine Mitwirkungstätigkeiten zu verwirklichen, insbesondere zum Zeitpunkt der Hauptversammlung der Gesellschaften, in die investiert wurde.

(22) Der Vermögensverwalter sollte den institutionellen Anleger auch darüber informieren, ob und gegebenenfalls wie er Anlageentscheidungen auf der Grundlage einer Beurteilung der mittel- bis langfristigen Entwicklung der Leistung, einschließlich der nicht-finanziellen Leistung, der Gesellschaft trifft, in die investiert wurde. Diese Informationen eignen sich besonders als Hinweis darauf, ob der Vermögensverwalter einen langfristig ausgerichteten und aktiven Ansatz in Bezug auf die Vermögensverwaltung verfolgt und ökologische, soziale und Governance-Faktoren berücksichtigt.

(23) Der Vermögensverwalter sollte dem institutionellen Anleger ordnungsgemäße Informationen darüber erteilen, ob und gegebenenfalls welche Interessenkonflikte es im Zusammenhang mit Mitwirkungstätigkeiten gab und wie der Vermögensverwalter mit diesen umgegangen ist. Interessenkonflikte können beispielsweise den Vermögensverwalter an der Stimmabgabe bzw. ihn daran hindern, überhaupt tätig zu werden. Alle diese Situationen sollten gegenüber dem institutionellen Anleger offengelegt werden.

(24) Die Mitgliedstaaten sollten vorsehen können, dass in dem Fall, dass Vermögenswerte eines institutionellen Anlegers nicht individuell verwaltet werden, sondern mit Vermögenswerten anderer Anleger zusammengelegt und über einen Fonds verwaltet werden, Informationen auch anderen Anlegern zumindest auf deren Anforderung erteilt werden, um zu ermöglichen, dass alle anderen Anleger desselben Fonds diese Informationen erhalten können, sofern sie dies wünschen.

(25) Viele institutionelle Anleger und Vermögensverwalter nutzen die Dienste von Stimmrechtsberatern, die für sie Recherchen durchführen, sie beraten und ihnen empfehlen, wie sie in Hauptversammlungen börsennotierter Gesellschaften abstimmen sollen. Diese Berater spielen zwar insofern eine wichtige Rolle für die Corporate Governance, als sie dazu beitragen, die Kosten für die Analyse von Unternehmensinformationen zu verringern, aber sie können auch das Stimmverhalten der Anleger in erheblichem Maße beeinflussen. Insbesondere Anleger mit stark diversifizierten Portfolios und viele ausländische Anteilseigner verlassen sich verstärkt auf Empfehlungen von Stimmrechtsberatern.

(26) Angesichts ihrer Bedeutung sollten Stimmrechtsberater Transparenzanforderungen unterliegen. Die Mitgliedstaaten sollten sicherstellen, dass Stimmrechtsberater, für die ein Verhaltenskodex gilt, über ihre Anwendung dieses Kodex wirksam Bericht erstatten. Sie sollten auch bestimmte wichtige Informationen im Zusammenhang mit der Vorbereitung ihrer Recherchen, Beratungen und Stimmempfehlungen offenlegen, sowie tatsächliche oder potenzielle Interessenkonflikte oder Geschäftsbeziehungen, die die Vorbereitung von Recherchen, Beratungen und Stimmempfehlungen beeinflussen könnten. Diese Informationen sollten für einen Zeitraum von mindestens drei Jahren öffentlich verfügbar bleiben, damit institutionelle Anleger die Dienste von Stimmrechtsberatern unter Berücksichtigung ihrer Leistung in der Vergangenheit auswählen können.

(27) Stimmrechtsberater aus Drittländern, die weder ihren Sitz noch ihre Hauptverwaltung in der Union haben, können Analysen in Bezug auf Unternehmen aus der Union zur Verfügung stellen. Um gleiche Wettbewerbsbedingungen zwischen Stimmrechtsberatern aus der Union und aus Drittländern zu gewährleisten, sollte diese Richtlinie auch für Stimmrechtsberater aus Drittländern gelten, die ihre Tätigkeiten über eine Niederlassung in der Union ausüben, unabhängig von der Rechtsform dieser Niederlassung.

(28) Die Mitglieder der Unternehmensleitung tragen zum langfristigen Erfolg der Gesellschaft bei. Die Form und Struktur der Vergütung der Mitglieder der Unternehmensleitung sind Angelegenheiten, die vorrangig in die Zuständigkeit der Gesellschaft, ihrer jeweiligen Organe, ihrer Aktionäre und gegebenenfalls ihrer Arbeitnehmervertreter fallen. Deshalb ist es wichtig, dass die Vielfalt der Corporate-Governance-Systeme in der Union, die die unterschiedlichen Ansichten der Mitgliedstaaten über die Rolle der Gesellschaften und der für die Vergütungspolitik sowie die Vergütung einzelner Mitglieder der Unternehmensleitung zuständigen Gremien widerspiegelt, respektiert wird. Da die Vergütung eines der Hauptinstrumente ist, mit dem Gesellschaften ihre Interessen mit denen der Mitglieder ihrer Unternehmensleitung in Einklang bringen können, und angesichts der zentralen Rolle, die Mitglieder der Unternehmensleitung in Gesellschaften spielen, ist es wichtig, dass die Vergütungspolitik von Gesellschaften angemessen von den zuständigen Gremien innerhalb der Gesellschaft festgelegt wird und dass die Aktionäre die Möglichkeit haben, ihre Ansichten zur Vergütungspolitik der Gesellschaft zu äußern.

(29) Um sicherzustellen, dass die Aktionäre auch tatsächlich Einfluss auf die Vergütungspolitik nehmen können, sollten sie das Recht erhalten, eine Abstimmung mit verbindlichem oder empfehlendem Charakter über die Vergütungspolitik auf der Grundlage einer klaren,

verständlichen und umfassenden Übersicht über die Vergütungspolitik der Gesellschaft durchzuführen. Die Vergütungspolitik sollte zu der Geschäftsstrategie, den langfristigen Interessen und der Tragfähigkeit der Gesellschaft beitragen und nicht gänzlich oder hauptsächlich an kurzfristige Ziele geknüpft sein. Die Leistung von Mitgliedern der Unternehmensleitung sollte anhand sowohl finanzieller als auch nicht-finanzieller Kriterien, gegebenenfalls einschließlich ökologischer, sozialer und Governance-Faktoren, bewertet werden. In der Vergütungspolitik sollten die verschiedenen Bestandteile der Vergütung der Mitglieder der Unternehmensleitung und die Bandbreite ihres jeweiligen Anteils beschrieben werden. Die Politik kann als Rahmen ausgestaltet sein, innerhalb dessen sich die Vergütung der Mitglieder der Unternehmensleitung halten muss. Die Vergütungspolitik sollte unverzüglich offengelegt werden, sobald die Aktionäre in der Hauptversammlung abgestimmt haben.

(30) Es ist denkbar, dass Gesellschaften unter außergewöhnlichen Umständen von bestimmten Regelungen der Vergütungspolitik abweichen müssen, wie etwa von Kriterien für die feste oder variable Vergütung. Deshalb sollten die Mitgliedstaaten Gesellschaften gestatten können, eine solche befristete Abweichung von der anwendbaren Vergütungspolitik zu praktizieren, wenn sie in ihrer Vergütungspolitik festlegen, wie sie unter bestimmten außergewöhnlichen Umständen angewendet würde. Als außergewöhnliche Umstände sollten nur Situationen gelten, in denen die Abweichung von der Vergütungspolitik notwendig ist, um den langfristigen Interessen und der Tragfähigkeit der Gesellschaft insgesamt zu dienen oder ihre Rentabilität zu gewährleisten. Der Vergütungsbericht sollte Informationen über eine Vergütung, die unter solchen außergewöhnlichen Umständen gewährt wurde, enthalten.

(31) Um sicherzustellen, dass die Umsetzung der Vergütungspolitik in Einklang mit dieser Politik steht, sollte den Aktionären das Recht eingeräumt werden, über den Vergütungsbericht der Gesellschaft abzustimmen. Um Unternehmenstransparenz zu gewährleisten und sicherzustellen, dass die Mitglieder der Unternehmensleitung ihrer Rechenschaftspflicht nachkommen, sollte der Vergütungsbericht klar und verständlich sein und einen umfassenden Überblick über die Vergütung von einzelnen Mitgliedern der Unternehmensleitung während des letzten Geschäftsjahres enthalten. Stimmen die Aktionäre gegen den Vergütungsbericht, sollte die Gesellschaft im nächsten Vergütungsbericht darlegen, wie der Abstimmung der Aktionäre Rechnung getragen wurde. Als Alternative zur Abstimmung über den Vergütungsbericht sollten die Mitgliedstaaten allerdings für kleine und mittlere Unternehmen vorsehen können, dass der Vergütungsbericht den Aktionären nur zur Erörterung in der Hauptversammlung als eigener Tagesordnungspunkt vorgelegt wird. Wenn ein Mitgliedstaat von dieser Möglichkeit Gebrauch macht, sollte die Gesellschaft im nächsten Vergütungsbericht darlegen, wie der Erörterung in der Hauptversammlung Rechnung getragen wurde.

(32) Damit die Aktionäre problemlos Zugang zum Vergütungsbericht haben und um es potenziellen Anlegern und an der Gesellschaft interessierten Akteuren zu ermöglichen, sich über die Vergütung von Mitgliedern der Unternehmensleitung zu informieren, sollte der Vergütungsbericht auf der Website der Gesellschaft veröffentlicht werden. Hiervon unberührt sollte die Möglichkeit der Mitgliedstaaten bleiben, die Veröffentlichung dieses Berichts auch über andere Mittel vorzuschreiben, beispielsweise als Teil der Erklärungen zur Unternehmensführung oder des Lageberichts.

(33) Die Offenlegung der Vergütung einzelner Mitglieder der Unternehmensleitung und die Veröffentlichung des Vergütungsberichts zielen darauf ab, für mehr Unternehmenstransparenz, eine verbesserte Rechenschaftspflicht der Mitglieder der Unternehmensleitung sowie eine bessere Überwachung der Vergütung von Mitgliedern der Unternehmensleitung durch die Aktionäre zu sorgen. Hierdurch wird eine notwendige Voraussetzung für die Ausübung der Aktionärsrechte und die Mitwirkung der Aktionäre im Bereich der Vergütung geschaffen. Insbesondere ist die Offenlegung solcher Informationen gegenüber den Aktionären notwendig, damit sie die Vergütung der Mitglieder der Unternehmensleitung beurteilen und ihre Ansichten zu den Modalitäten und der Höhe der Vergütung sowie zu der Verknüpfung von Vergütung und Leistung jedes einzelnen Mitglieds der Unternehmensleitung äußern

können, um potentielle Situationen zu korrigieren, in denen der Betrag der Vergütung eines einzelnen Mitglieds der Unternehmensleitung angesichts seiner individuellen Leistung und der Leistung der Gesellschaft nicht gerechtfertigt ist. Die Veröffentlichung des Vergütungsberichts ist notwendig, damit nicht nur die Aktionäre sondern auch potentielle Anleger und an der Gesellschaft interessierte Akteure die Vergütung der Mitglieder der Unternehmensleitung und die Frage beurteilen können, inwieweit diese Vergütung mit der Leistung der Gesellschaft korreliert und wie die Gesellschaft ihre Vergütungspolitik in der Praxis umsetzt. Die Offenlegung und Veröffentlichung anonymisierter Vergütungsberichte würde die Erreichung dieser Ziele nicht ermöglichen.

(34) Um für mehr Unternehmenstransparenz sowie dafür zu sorgen, dass die Mitglieder der Unternehmensleitung ihrer Rechenschaftspflicht besser nachkommen, und um Aktionären, potentiellen Anlegern und an der Gesellschaft interessierten Akteuren zu ermöglichen, sich ein vollständiges und verlässliches Bild von der Vergütung jedes einzelnen Mitglieds der Unternehmensleitung zu machen, ist es besonders wichtig, dass jedes Element und der Gesamtbetrag der Vergütung offengelegt werden.

(35) Insbesondere ist es zur Vermeidung einer Umgehung der Anforderungen nach dieser Richtlinie durch die Gesellschaft und zur Verhinderung von Interessenkonflikten sowie zur Gewährleistung der Loyalität der Mitglieder der Unternehmensleitung gegenüber der Gesellschaft notwendig, die Offenlegung und Veröffentlichung der Vergütung vorzusehen, die jedem einzelnen Mitglied der Unternehmensleitung nicht nur von der Gesellschaft selbst gewährt oder geschuldet wird, sondern auch von jedem Unternehmen, das zu der gleichen Unternehmensgruppe gehört. Wenn die Vergütung, die einzelnen Mitgliedern der Unternehmensleitung durch Unternehmen, die zu derselben Unternehmensgruppe wie die Gesellschaft gehören, gewährt oder geschuldet wird, vom Vergütungsbericht ausgenommen würde, bestünde das Risiko, dass Gesellschaften versuchen, die Anforderungen nach dieser Richtlinie dadurch zu umgehen, dass sie Mitgliedern der Unternehmensleitung verdeckte Vergütungen über kontrollierte Unternehmen zukommen lassen. In einem solchen Fall könnten sich die Aktionäre kein vollständiges und verlässliches Bild von der den Mitgliedern der Unternehmensleitung durch die Gesellschaft gewährten Vergütung machen, und die durch diese Richtlinie verfolgten Ziele würden nicht erreicht.

(36) Um eine vollständige Übersicht über die Vergütung der Mitglieder der Unternehmensleitung zu bieten, sollte in dem Vergütungsbericht gegebenenfalls auch der Betrag der Vergütung offengelegt werden, der auf der Grundlage der Familiensituation einzelner Mitglieder der Unternehmensleitung gewährt wird. Deshalb sollten aus dem Vergütungsbericht gegebenenfalls auch Vergütungsbestandteile hervorgehen, wie etwa Familien- oder Kinderzulagen. Allerdings sollte wegen der Tatsache, dass personenbezogene Daten, die sich auf die Familiensituation einzelner Mitglieder der Unternehmensleitung beziehen, oder besondere Kategorien von personenbezogenen Daten im Sinne der Verordnung (EU) 2016/679 des Europäischen Parlaments und des Rates[4] besonders sensibel sind und eines spezifischen Schutzes bedürfen, in dem Bericht nur der Betrag der gewährten Vergütung, jedoch nicht der Grund offengelegt werden, aus welchem sie gewährt wurde.

(37) Gemäß dieser Richtlinie sollten personenbezogene Daten, die in den Vergütungsbericht aufgenommen wurden, zu dem Zweck verarbeitet werden, die Transparenz der Gesellschaften hinsichtlich der Vergütung der Mitglieder der Unternehmensleitung zu steigern, um sicherzustellen, dass die Mitglieder der Unternehmensleitung ihrer Rechenschaftspflicht besser nachkommen und die Aktionäre die Vergütung der Mitglieder der Unternehmensleitung besser überwachen können. Das Recht der Mitgliedstaaten, in dem die Verarbeitung der personenbezogenen Daten von Mitgliedern der Unternehmensleitung für andere Zwecke vorgesehen ist, bleibt hiervon unberührt.

---

4 Verordnung (EU) 2016/679 des Europäischen Parlaments und des Rates vom 27. April 2016 zum Schutz natürlicher Personen bei der Verarbeitung personenbezogener Daten, zum freien Datenverkehr und zur Aufhebung der Richtlinie 95/46/EG (Datenschutz-Grundverordnung) (ABL. L 119 vom 4.5.2016, S. 1).

(38) Es ist unverzichtbar, die Vergütung und die Leistung der Mitglieder der Unternehmensleitung nicht nur jährlich sondern auch über einen angemessenen Zeitraum zu beurteilen, damit die Aktionäre, potenziellen Anleger und an der Gesellschaft interessierte Akteure zutreffend beurteilen können, ob durch die Vergütung die langfristige Leistung belohnt wird, und um die mittel- bis langfristige Leistungsentwicklung und die Vergütung der Mitglieder der Unternehmensleitung, insbesondere im Vergleich zur Leistung der Gesellschaft, zu messen. Vielfach ist es erst nach mehreren Jahren möglich einzuschätzen, ob die gewährte Vergütung den langfristigen Interessen der Gesellschaft entsprach. Insbesondere können bei der Gewährung langfristiger Anreize Zeiträume von bis zu sieben bis zehn Jahren – unter Umständen zusammen mit Aufschubzeiten von mehreren Jahren – maßgeblich sein.

(39) Es ist auch wichtig, die Vergütung eines Mitglieds der Unternehmensleitung über den gesamten Zeitraum seiner Zugehörigkeit zur Unternehmensleitung einer bestimmten Gesellschaft beurteilen zu können. In der Union verbleiben Mitglieder der Unternehmensleitung durchschnittlich für einen Zeitraum von sechs Jahren in der Unternehmensleitung, auch wenn dieser Zeitraum in einigen Mitgliedstaaten mehr als acht Jahre beträgt.

(40) Um den Eingriff in die Rechte auf Privatsphäre von Mitgliedern der Unternehmensleitung zu beschränken und ihre personenbezogenen Daten zu schützen, sollte die Veröffentlichung der im Vergütungsbericht enthaltenen personenbezogenen Daten von Mitgliedern der Unternehmensleitung durch die Gesellschaften auf zehn Jahre begrenzt sein. Dieser Zeitraum steht im Einklang mit anderen Zeiträumen, die durch das Unionsrecht im Zusammenhang mit der Veröffentlichung von Dokumenten zur Corporate Governance festgelegt sind. Beispielsweise bleiben nach Artikel 4 der Richtlinie 2004/109/EG des Europäischen Parlaments und des Rates[5] der Lagebericht und die Erklärungen zur Unternehmensführung als Teil des Jahresfinanzberichts mindestens zehn Jahre lang öffentlich zugänglich. Es besteht ein eindeutiges Interesse daran, dass diese verschiedenen Arten von Berichten zur Corporate Governance, einschließlich des Vergütungsberichts, zehn Jahre lang zur Verfügung stehen, damit die Aktionäre und Interessenträger über den allgemeinen Zustand der Gesellschaft im Bilde sind.

(41) Nach Ablauf des Zehnjahreszeitraums sollte die Gesellschaft alle personenbezogenen Daten aus dem Vergütungsbericht streichen oder den gesamten Vergütungsbericht nicht mehr öffentlich zugänglich machen. Nach diesem Zeitraum könnte der Zugang zu solchen personenbezogenen Daten für andere Zwecke notwendig sein, wie etwa zur Einleitung rechtlicher Schritte. Die uneingeschränkte Wahrnehmung der durch die Verträge, insbesondere durch Artikel 153 Absatz 5 des Vertrags über die Arbeitsweise der Europäischen Union, die allgemeinen Grundsätze des nationalen Vertrags- und Arbeitsrechts, Unionsrecht und nationales Recht im Bereich der Beteiligung von Aktionären und die allgemeinen Zuständigkeiten der Verwaltungs-, Leitungs- und Aufsichtsorgane der betreffenden Gesellschaft sowie gegebenenfalls bestehende Rechte der Sozialpartner, gemäß den einzelstaatlichen Gesetzen und Gepflogenheiten Tarifverträge abzuschließen und durchzusetzen, sollten von den Bestimmungen über die Vergütung unberührt bleiben. Ebenfalls von den Vergütungsregelungen unberührt bleiben sollten gegebenenfalls nationale Rechtsvorschriften über die Vertretung von Arbeitnehmern im Verwaltungs-, Leitungs- oder Aufsichtsorgan.

(42) Geschäfte mit nahestehenden Unternehmen und Personen können den Gesellschaften und ihren Aktionären abträglich sein, da sie dem nahestehenden Unternehmen oder der nahestehenden Person die Möglichkeit geben können, sich Werte der Gesellschaft anzueignen. Folglich sind angemessene Maßnahmen zum Schutz der Gesellschafts- und Aktionärsinteressen von Bedeutung. Die Mitgliedstaaten sollten deshalb sicherstellen, dass wesentliche Geschäfte mit nahestehenden Unternehmen und Personen zur Zustimmung durch die Aktionäre oder das Verwaltungs- oder Aufsichtsorgan gemäß Verfahren vorgelegt werden,

---

5 Richtlinie 2004/109/EG des Europäischen Parlaments und des Rates vom 15. Dezember 2004 zur Harmonisierung der Transparenzanforderungen in Bezug auf Informationen über Emittenten, deren Wertpapiere zum Handel auf einem geregelten Markt zugelassen sind, und zur Änderung der Richtlinie 2001/34/EG (ABL. L 390 vom 31.12.2004, S. 38).

durch die verhindert wird, dass das nahestehende Unternehmen oder die nahestehende Personen ihre Position ausnutzen, und die einen angemessenen Schutz der Interessen der Gesellschaft und der Aktionäre, die weder ein nahestehendes Unternehmen noch eine nahestehende Person sind, einschließlich Minderheitsaktionäre, bieten.

(43) Ist ein Mitglied der Unternehmensleitung oder ein Aktionär an dem Geschäft als nahestehendes Unternehmen oder nahestehende Personen beteiligt, sollte dieses Mitglied der Unternehmensleitung bzw. dieser Aktionär nicht an der Zustimmung oder der Abstimmung teilnehmen. Allerdings sollten die Mitgliedstaaten die Möglichkeit haben, dem Aktionär, der ein nahestehendes Unternehmen oder eine nahestehende Person ist, zu gestatten, an der Abstimmung teilzunehmen, vorausgesetzt, im nationalen Recht sind angemessene Schutzmechanismen hinsichtlich des Abstimmungsverfahrens vorgesehen, um die Interessen der Gesellschaft und der Aktionäre, die weder ein nahestehendes Unternehmen noch eine nahestehende Person sind, einschließlich Minderheitsaktionäre, zu schützen, wie beispielsweise eine höhere Mehrheitsschwelle für die Zustimmung von Geschäften.

(44) Gesellschaften sollten wesentliche Geschäfte spätestens zum Zeitpunkt ihres Abschlusses öffentlich bekannt machen und das nahestehende Unternehmen bzw. die nahestehende Person, das Datum und den Wert des Geschäfts angeben sowie etwaige weitere Informationen zur Verfügung stellen, die notwendig sind, um die Angemessenheit des Geschäfts zu beurteilen. Die öffentliche Bekanntmachung solcher Geschäfte, beispielsweise auf der Website einer Gesellschaft oder durch problemlos zugängige sonstige Mittel, ist notwendig, damit sich Aktionäre, Gläubiger, Arbeitnehmer und andere interessierte Parteien über potenzielle Auswirkungen informieren können, die solche Geschäfte unter Umständen auf den Wert der Gesellschaft haben. Die genaue Angabe des nahestehenden Unternehmens bzw. der nahestehenden Person ist erforderlich, um die durch das Geschäft geschaffenen Risiken besser zu bewerten und es zu ermöglichen, dass das Geschäft – auch auf dem Rechtsweg – angefochten werden kann.

(45) Durch diese Richtlinie werden Transparenzanforderungen in Bezug auf Gesellschaften, institutionelle Anleger, Vermögensverwalter und Stimmrechtsberater aufgestellt. Durch diese Transparenzanforderungen soll Gesellschaften, institutionellen Anlegern, Vermögensverwaltern und Stimmrechtsberatern nicht vorgeschrieben werden, bestimmte einzelne Informationen der Öffentlichkeit gegenüber offenzulegen, deren Offenlegung ihrer Geschäftsposition oder, wenn sie keine Unternehmen mit gewerblicher Zwecksetzung sind, den Interessen ihrer Mitglieder oder Begünstigten schwer schaden würde. Eine solche Nichtoffenlegung sollte die Ziele der Offenlegungspflichten gemäß dieser Richtlinie nicht beeinträchtigen.

(46) Damit für die Durchführung der Bestimmungen über die Identifizierung der Aktionäre, die Informationsübermittlung und die Erleichterung der Ausübung von Aktionärsrechten einheitliche Bedingungen gelten, sollten der Kommission Durchführungsbefugnisse übertragen werden. Diese Befugnisse sollten nach Maßgabe der Verordnung (EU) Nr. 182/2011 des Europäischen Parlaments und des Rates[6] ausgeübt werden.

(47) Insbesondere sollten in den Durchführungsrechtsakten der Kommission die Mindestanforderungen an die Standardisierung hinsichtlich des zu verwendenden Formats und der einzuhaltenden Fristen angegeben werden. Durch die Ermächtigung der Kommission, Durchführungsrechtsakte zu erlassen, kann dafür gesorgt werden, dass diese Bestimmungen mit der Entwicklung des Marktes und der Aufsichtspraktiken Schritt halten und dass eine unterschiedliche Umsetzung dieser Bestimmungen durch die Mitgliedstaaten verhindert wird. Eine solche unterschiedliche Umsetzung könnte zur Annahme unvereinbarer nationaler Standards führen, was zu einem erhöhten Risiko und höheren Kosten grenzübergreifen-

---

6 Verordnung (EU) Nr. 182/2011 des Europäischen Parlaments und des Rates vom 16. Februar 2011 zur Festlegung der allgemeinen Regeln und Grundsätze, nach denen die Mitgliedstaaten die Wahrnehmung der Durchführungsbefugnisse durch die Kommission kontrollieren (ABL. L 55 vom 28.2.2011, S. 13).

der Geschäfte führen und damit ihre Effektivität und Effizienz infrage stellen und was zu einer zusätzlichen Belastung der Intermediäre führen würde.

(48) Bei der Ausübung der Durchführungsbefugnisse gemäß dieser Richtlinie sollte die Kommission die einschlägigen Marktentwicklungen und insbesondere die bestehenden Selbstregulierungsinitiativen, wie etwa „Market Standards for Corporate Actions Processing" (Marktstandards für die Abwicklung von Kapitalmaßnahmen) und „Market Standards for General Meetings" (Marktstandards für Hauptversammlungen), berücksichtigen und den Einsatz moderner Techniken bei der Kommunikation zwischen Gesellschaften und ihren Aktionären, auch über Intermediäre sowie gegebenenfalls anderen Marktteilnehmern fördern.

(49) Um eine leichter vergleichbare und kohärentere Darstellung des Vergütungsberichts sicherzustellen, sollte die Kommission Leitlinien verabschieden, in denen seine standardisierte Darstellung festgelegt ist. Die bestehenden Praktiken in den Mitgliedstaaten hinsichtlich der Darstellung der im Vergütungsbericht enthaltenen Informationen unterscheiden sich erheblich voneinander, so dass ein ungleiches Maß an Transparenz sowie Aktionärs- und Anlegerschutz besteht. Die unterschiedlichen Praktiken führen dazu, dass Aktionäre und Anleger, insbesondere im Fall grenzüberschreitender Investitionen, vor Schwierigkeiten und Kosten stehen, wenn sie die Umsetzung der Vergütungspolitik verstehen und überwachen oder mit der Gesellschaft zu diesem speziellen Thema Kontakt aufnehmen wollen. Die Kommission sollte vor der Verabschiedung ihrer Leitlinien gegebenenfalls Konsultationen mit den Mitgliedstaaten durchführen.

(50) Um sicherzustellen, dass die Vorschriften dieser Richtlinie oder die Maßnahmen zur Umsetzung dieser Richtlinie auch tatsächlich angewendet werden, sollte jeder Verstoß gegen diese Vorschriften mit Sanktionen geahndet werden. Die Sanktionen sollten zu diesem Zweck hinreichend abschreckend und verhältnismäßig sein.

(51) Da die Ziele dieser Richtlinie aufgrund des internationalen Charakters des Aktienmarktes der Union auf Ebene der Mitgliedstaaten nicht ausreichend verwirklicht werden können und Maßnahmen der einzelnen Mitgliedstaaten wahrscheinlich zu unterschiedlichen Vorschriften führen würden, was das Funktionieren des Binnenmarktes untergraben oder behindern könnte, sondern vielmehr wegen ihres Umfangs und ihrer Wirkungen auf Unionsebene besser zu verwirklichen sind, kann die Union im Einklang mit dem in Artikel 5 des Vertrags über die Europäische Union verankerten Subsidiaritätsprinzip tätig werden. Entsprechend dem in demselben Artikel genannten Grundsatz der Verhältnismäßigkeit geht diese Richtlinie nicht über das für die Verwirklichung dieser Ziele erforderliche Maß hinaus.

(52) Diese Richtlinie sollte im Einklang mit dem Datenschutzrecht der Union und dem Schutz der Privatsphäre, wie er in der Charta der Grundrechte der Europäischen Union verankert ist, angewandt werden. Jede Verarbeitung der personenbezogenen Daten natürlicher Personen nach dieser Richtlinie sollte gemäß der Verordnung (EU) 2016/679 erfolgen. Insbesondere sollte dafür gesorgt werden, dass die Daten zutreffend und auf dem neuesten Stand sind und dass der Betroffene über die Verarbeitung personenbezogener Daten gemäß dieser Richtlinie ordnungsgemäß unterrichtet wird. Außerdem sollte der Betroffene ein Recht auf Berichtigung unvollständiger oder unzutreffende Daten sowie ein Recht auf die Löschung personenbezogener Daten haben. Darüber hinaus sollte die Übermittlung von Informationen hinsichtlich der Identität von Aktionären an Intermediäre aus Drittländern den in der Verordnung (EU) 2016/679 festgelegten Anforderungen entsprechen.

(53) Personenbezogene Daten nach dieser Richtlinie sollten für die besonderen, in dieser Richtlinie festgelegten Zwecke verarbeitet werden. Die Verarbeitung dieser personenbezogenen Daten zu anderen Zwecken als den Zwecken, zu denen sie ursprünglich erhoben wurden, sollte gemäß der Verordnung (EU) 2016/679 erfolgen.

(54) Diese Richtlinie berührt nicht die Bestimmungen, die in sektorspezifischen Rechtsakten der Union zur Regulierung bestimmter Arten von Gesellschaften oder bestimmter Arten von Einrichtungen, wie etwa Kreditinstitute, Wertpapierfirmen, Vermögensverwalter, Versi-

cherungsunternehmen und Pensionsfonds erlassen wurden. Die Bestimmungen sektorspezifischer Rechtsakte der Union sollten als lex specialis gegenüber dieser Richtlinie angesehen werden und dieser Richtlinie insofern vorgehen, als die in dieser Richtlinie vorgesehenen Anforderungen den Anforderungen widersprechen, die in einem sektorspezifischen Rechtsakt der Union festgelegt sind. Allerdings sollten die einzelnen Bestimmungen eines sektorspezifischen Rechtsakts der Union nicht in einer Weise ausgelegt werden, dass die wirksame Anwendung dieser Richtlinie oder die Erreichung ihres allgemeinen Ziels beeinträchtigt werden. Die Tatsache allein, dass es spezifische Unionsregelungen in einem bestimmten Sektor gibt, sollte die Anwendung dieser Richtlinie nicht ausschließen. Enthält diese Richtlinie speziellere Regelungen oder fügt sie Anforderungen gegenüber den Bestimmungen, die in sektorspezifischen Rechtsakten der Union festgelegt sind, hinzu, sollten die Bestimmungen, die in sektorspezifischen Rechtsakten der Union festgelegt sind, zusammen mit denjenigen dieser Richtlinie angewandt werden.

(55) Durch diese Richtlinie werden die Mitgliedstaaten nicht daran gehindert, strengere Bestimmungen in dem durch diese Richtlinie erfassten Bereich zu erlassen oder beizubehalten, um die Ausübung von Aktionärsrechten weiter zu erleichtern, die Mitwirkung der Aktionäre zu fördern und die Interessen von Minderheitsaktionären zu schützen sowie anderen Zwecken zu dienen, wie etwa der Sicherheit und Solidität von Kredit- und Finanzinstituten. Solche Bestimmungen sollten allerdings nicht die wirksame Anwendung dieser Richtlinie oder die Erreichung ihrer Ziele behindern, und sie sollten in jedem Fall im Einklang mit den durch die Verträge festgelegten Regelungen stehen.

(56) Gemäß der Gemeinsamen Politischen Erklärung vom 28. September 2011 der Mitgliedstaaten und der Kommission zu Erläuternde Dokumente[7] haben sich die Mitgliedstaaten verpflichtet, in begründeten Fällen zusätzlich zur Mitteilung ihrer Umsetzungsmaßnahmen ein oder mehrere Dokumente zu übermitteln, in denen der Zusammenhang zwischen den Bestandteilen einer Richtlinie und den entsprechenden Teilen nationaler Umsetzungsinstrumente erläutert wird. Bei dieser Richtlinie hält der Gesetzgeber die Übermittlung derartiger Dokumente für gerechtfertigt.

(57) Der Europäische Datenschutzbeauftragte wurde gemäß Artikel 28 Absatz 2 der Verordnung (EG) Nr. 45/2001 des Europäischen Parlaments und des Rates[8] angehört und hat am 28. Oktober 2014 eine Stellungnahme abgegeben.

HABEN FOLGENDE RICHTLINIE ERLASSEN:

Artikel 1   Änderung der Richtlinie 2007/36/EG

Richtlinie 2007/36/EG wird wie folgt geändert:

1. Artikel 1 wird wie folgt geändert:
   a) Absätze 1 und 2 erhalten folgende Fassung:
   „(1) Diese Richtlinie legt die Anforderungen an die Ausübung bestimmter, mit Stimmrechtsaktien verbundener Rechte von Aktionären im Zusammenhang mit Hauptversammlungen von Gesellschaften fest, die ihren Sitz in einem Mitgliedstaat haben und deren Aktien zum Handel an einem in einem Mitgliedstaat gelegenen oder dort betriebenen geregelten Markt zugelassen sind. Sie legt außerdem besondere Anforderungen fest, um die – insbesondere langfristige – Mitwirkung der Aktionäre zu fördern. Diese besonderen Anforderungen gelten für die Identifizierung der Aktionäre, die Informationsübermittlung, die Erleichterung der Ausübung der Aktionärsrechte, die Transparenz bei institutionellen Anlegern, Vermögensverwaltern und Stimmrechtsberatern, die Vergütung von Mitgliedern der Unternehmensleitung und Geschäfte mit nahestehenden Unternehmen und Personen.

---

7 ABl. C 369 vom 17.12.2011, S. 14.
8 Verordnung (EG) Nr. 45/2001 des Europäischen Parlaments und des Rates vom 18. Dezember 2000 zum Schutz natürlicher Personen bei der Verarbeitung personenbezogener Daten durch die Organe und Einrichtungen der Gemeinschaft

(2) Für die Regelung der in dieser Richtlinie erfassten Bereiche ist derjenige Mitgliedstaat zuständig, in dem die Gesellschaft ihren Sitz hat; Bezugnahmen auf ‚das anwendbare Recht‘ sind Bezugnahmen auf die Rechtsvorschriften dieses Mitgliedstaats.

Für die Zwecke der Anwendung des Kapitels Ib gilt der folgende Mitgliedstaat als zuständiger Mitgliedstaat:

a) für institutionelle Anleger und Vermögensverwalter der Herkunftsmitgliedstaat im Sinne eines anwendbaren sektorspezifischen Rechtsakts der Union;

b) für Stimmrechtsberater der Mitgliedstaat, in dem dieser seinen Sitz hat, oder, wenn er seinen Sitz nicht in einem Mitgliedstaat hat, der Mitgliedstaat, in dem der Stimmrechtsberater seine Hauptverwaltung hat, oder, wenn der Stimmrechtsberater weder seinen Sitz noch seine Hauptverwaltung in einem Mitgliedstaat hat, der Mitgliedstaat, in dem der Stimmrechtsberater eine Niederlassung hat."

b) Absatz 3 Buchstaben a und b erhalten folgende Fassung:

„a) Organismen für gemeinsame Anlagen in Wertpapieren (OGAW) im Sinne von Artikel 1 Absatz 2 der Richtlinie 2009/65/EG des Europäischen Parlaments und des Rates[9];

b) Organismen für gemeinsame Anlagen im Sinne von Artikel 4 Absatz 1 Buchstabe a der Richtlinie 2011/61/EU des Europäischen Parlaments und des Rates[10];"

c) Folgender Absatz wird eingefügt:

„(3a) Die in Absatz 3 genannten Gesellschaften dürfen nicht von den in Kapitel Ib festgelegten Bestimmungen ausgenommen werden."

d) Die folgenden Absätze werden angefügt:

„(5) Kapitel Ia gilt für Intermediäre insofern, als sie Aktionären und anderen Intermediären Dienstleistungen im Zusammenhang mit Aktien von Gesellschaften erbringen, die ihren Sitz in einem Mitgliedstaat haben und deren Aktien zum Handel auf einem in einem Mitgliedstaat gelegenen oder dort betriebenen geregelten Markt zugelassen sind.

(6) Kapitel Ib gilt für

a) institutionelle Anleger, soweit diese entweder direkt oder über einen Vermögensverwalter in Aktien investieren, die auf einem geregelten Markt gehandelt werden,

b) Vermögensverwalter, soweit diese im Namen von Anlegern in solche Aktien investieren, und

c) Stimmrechtsberater, soweit diese Aktionären Dienstleistungen im Zusammenhang mit Aktien von Gesellschaften erbringen, die ihren Sitz in einem Mitgliedstaat haben und deren Aktien zum Handel auf einem in einem Mitgliedstaat gelegenen oder dort betriebenen geregelten Markt zugelassen sind.

(7) Die Bestimmungen dieser Richtlinie gelten unbeschadet der Bestimmungen sektorspezifischer Rechtsakte der Union zur Regulierung bestimmter Arten von Gesellschaften oder bestimmter Arten von Rechtssubjekten. Enthält diese Richtlinie spezifischere Regelungen oder fügt sie Anforderungen gegenüber den Bestimmungen, die in sektorspezifischen Rechtsakten der Union festgelegt sind, hinzu, werden die betreffenden Bestimmungen zusammen mit den Bestimmungen dieser Richtlinie angewandt."

---

9 „Richtlinie 2009/65/EG des Europäischen Parlaments und des Rates vom 13. Juli 2009 zur Koordinierung der Rechts- und Verwaltungsvorschriften betreffend bestimmte Organismen für gemeinsame Anlagen in Wertpapieren (OGAW)(ABl. L 302 vom 17.11.2009, S. 32)."

10 „Richtlinie 2011/61/EU des Europäischen Parlaments und des Rates vom 8. Juni 2011 über die Verwalter alternativer Investmentfonds und zur Änderung der Richtlinien 2003/41/EG und 2009/65/EG und der Verordnungen (EG) Nr. 1060/2009 und (EU) Nr. 1095/2010 (ABl. L 174 vom 1.7.2011, S. 1)."

2. Artikel 2 wird wie folgt geändert:

    a) Buchstabe a erhält folgende Fassung:

        „a) ‚Geregelter Markt' bezeichnet einen geregelten Markt im Sinne von Artikel 4 Absatz 1 Nummer 21 der Richtlinie 2014/65/EU des Europäischen Parlaments und des Rates[11];"

    b) Folgende Buchstaben werden angefügt:

        „d) ‚Intermediär' bezeichnet eine Person, wie etwa eine Wertpapierfirma im Sinne von Artikel 4 Absatz 1 Nummer 1 der Richtlinie 2014/65/EU, ein Kreditinstitut im Sinne von Artikel 4 Absatz 1 Nummer 1 der Verordnung (EU) Nr. 575/2013 des Europäischen Parlaments und des Rates[12] und ein Zentralverwahrer im Sinne von Artikel 2 Absatz 1 Nummer 1 der Verordnung (EU) Nr. 909/2014 des Europäischen Parlaments und des Rates[13], die Dienstleistungen der Verwahrung von Wertpapieren, der Verwaltung von Wertpapieren oder der Führung von Depotkonten im Namen von Aktionären oder anderen Personen erbringt;

    e) ‚institutioneller Anleger' bezeichnet

        i) ein Unternehmen, das Tätigkeiten der Lebensversicherung im Sinne von Artikel 2 Absatz 3 Buchstaben a, b und c der Richtlinie 2009/138/EG des Europäischen Parlaments und des Rates[14] und der Rückversicherung im Sinne von Artikel 13 Nummer 7 der genannten Richtlinie ausübt, sofern diese Tätigkeiten sich auf Lebensversicherungsverpflichtungen beziehen, und das nicht nach der genannten Richtlinie ausgeschlossen ist;

        ii) eine Einrichtung der betrieblichen Altersversorgung, die gemäß Artikel 2 der Richtlinie (EU) 2016/2341 des Europäischen Parlaments und des Rates[15] in deren Anwendungsbereich fällt, es sei denn, ein Mitgliedstaat hat im Einklang mit Artikel 5 der genannten Richtlinie beschlossen, die genannte Richtlinie auf die betreffende Einrichtung nicht oder nur teilweise anzuwenden;

    f) ‚Vermögensverwalter' bezeichnet eine Wertpapierfirma gemäß Artikel 4 Absatz 1 Nummer 1 der Richtlinie 2014/65/EU, die Portfolioverwaltungsdienstleistungen für Anleger erbringt, einen AIFM (Verwalter alternativer Investmentfonds) im Sinne des Artikels 4 Absatz 1 Buchstabe b der Richtlinie 2011/61/EU, der die Bedingungen für eine Ausnahme gemäß Artikel 3 der genannten Richtlinie nicht erfüllt, oder eine Verwaltungsgesellschaft im Sinne des Artikels 2 Absatz 1 Buchstabe b der Richtlinie 2009/65/EG, oder eine gemäß der Richtlinie 2009/65/EG zugelassene Investmentgesellschaft, sofern diese keine gemäß der genannten Richtlinie für ihre Verwaltung zugelassene Verwaltungsgesellschaft benannt hat;

    g) ‚Stimmrechtsberater' bezeichnet eine juristische Person, die gewerbsmäßig und entgeltlich Offenlegungen durch Gesellschaften und gegebenenfalls andere Infor-

---

11 „Richtlinie 2014/65/EU des Europäischen Parlaments und des Rates vom 15. Mai 2014 über Märkte für Finanzinstrumente sowie zur Änderung der Richtlinien 2002/92/EG und 2011/61/EU (ABl. L 173 vom 12.6.2014, S. 349)."

12 „Verordnung (EU) Nr. 575/2013 des Europäischen Parlaments und des Rates vom 26. Juni 2013 über Aufsichtsanforderungen an Kreditinstitute und Wertpapierfirmen und zur Änderung der Verordnung (EU) Nr. 648/2012 (ABl. L 176 vom 27.6.2013, S. 1)."

13 „Verordnung (EU) Nr. 909/2014 des Europäischen Parlaments und des Rates vom 23. Juli 2014 zur Verbesserung der Wertpapierlieferungen und -abrechnungen in der Europäischen Union und über Zentralverwahrer sowie zur Änderung der Richtlinien 98/26/EG und 2014/65/EU und der Verordnung (EU) Nr. 236/2012 (ABl. L 257 vom 28.8.2014, S. 1)."

14 „Richtlinie 2009/138/EG des Europäischen Parlaments und des Rates vom 25. November 2009 betreffend die Aufnahme und Ausübung der Versicherungs- und der Rückversicherungstätigkeit (Solvabilität II) (ABl. L 335 vom 17.12.2009, S. 1)."

15 „Richtlinie (EU) 2016/2341 des Europäischen Parlaments und des Rates vom 14. Dezember 2016 über die Tätigkeiten und die Beaufsichtigung von Einrichtungen der betrieblichen Altersversorgung (EbAV) (ABl. L 354 vom 23.12.2016, S. 37)."

mationen börsennotierter Gesellschaften analysiert, um Anleger für ihre Abstimmungsentscheidungen zu informieren, indem sie Recherchen, Beratungen oder Stimmempfehlungen in Bezug auf die Ausübung von Stimmrechten erteilt;

h) der Begriff ‚nahestehende Unternehmen und Personen' hat dieselbe Bedeutung wie nach den internationalen Rechnungslegungsstandards, die gemäß der Verordnung (EG) Nr. 1606/2002 des Europäischen Parlaments und des Rates[16] übernommen wurden;

i) ‚Mitglied der Unternehmensleitung' bezeichnet

    i) jedes Mitglied des Verwaltungs-, Leitungs- oder Aufsichtsorgans einer Gesellschaft;

    ii) wenn sie nicht Mitglieder der Verwaltungs-, Leitungs- oder Aufsichtsorgane einer Gesellschaft sind, den Exekutivdirektor und, falls eine solche Funktion in einer Gesellschaft besteht, den stellvertretenden Exekutivdirektor;

    iii) sofern von einem Mitgliedstaat so festgelegt, andere Personen, die Funktionen wahrnehmen, die denjenigen ähneln, die nach den Ziffern i oder ii wahrgenommen werden;

j) ‚Informationen über die Identität von Aktionären' bezeichnet Informationen, die es ermöglichen, die Identität eines Aktionärs festzustellen, wozu zumindest Folgendes gehört:

    i) Name und Kontaktdaten (einschließlich vollständiger Anschrift und gegebenenfalls E-Mail-Adresse) des Aktionärs und, wenn es sich um eine juristische Person handelt, ihre Registernummer oder, wenn keine Registriernummer verfügbar ist, ihre eindeutige Kennung, wie etwa die Rechtsträgerkennung,

    ii) die Anzahl der gehaltenen Aktien und,

    iii) nur soweit dies von der Gesellschaft angefordert wird, eine oder mehrere der folgenden Angaben: die Kategorien oder Gattungen der gehaltenen Aktien oder das Datum, ab dem die Aktien gehalten werden."

3. Folgende Kapitel werden eingefügt:

„KAPITEL Ia IDENTIFIZIERUNG DER AKTIONÄRE, ÜBERMITTLUNG VON INFORMATIONEN UND ERLEICHTERUNG DER AUSÜBUNG VON AKTIONÄRSRECHTEN

Artikel 3 a Identifizierung der Aktionäre

(1) Die Mitgliedstaaten stellen sicher, dass Gesellschaften das Recht haben, ihre Aktionäre zu identifizieren. Die Mitgliedstaaten können vorsehen, dass Gesellschaften mit Sitz in ihrem Hoheitsgebiet Angaben zur Identität nur von solchen Aktionären einholen dürfen, die mehr als einen bestimmten Prozentsatz an Aktien oder Stimmrechten halten. Dieser Prozentsatz darf 0,5 % nicht überschreiten.

(2) Die Mitgliedstaaten stellen sicher, dass die Intermediäre der Gesellschaft auf deren Antrag oder auf Antrag eines von der Gesellschaft benannten Dritten hin unverzüglich die Informationen über die Identität von Aktionären übermitteln.

(3) Gibt es in einer Kette von Intermediären mehr als einen Intermediär, stellen die Mitgliedstaaten sicher, dass der Antrag der Gesellschaft oder eines von der Gesellschaft benannten Dritten zwischen den Intermediären unverzüglich übermittelt wird und dass die Informationen über die Identität von Aktionären direkt der Gesellschaft oder einem von der Gesellschaft benannten Dritten von demjenigen Intermediär unverzüglich übermittelt wird, der über die angeforderten Informationen verfügt. Die Mitgliedstaaten stellen sicher, dass die Gesellschaft Informationen über die Identität von Aktionären von jedem Intermediär in der Kette, der über die Informationen verfügt, erhalten kann.

---

16 „Verordnung (EG) Nr. 1606/2002 des Europäischen Parlaments und des Rates vom 19. Juli 2002 betreffend die Anwendung internationaler Rechnungslegungsstandards (ABl. L 243 vom 11.9.2002, S. 1)."

Die Mitgliedstaaten können vorsehen, dass die Gesellschaft von dem Zentralverwahrer oder einem anderen Intermediär oder Dienstleistungserbringer verlangen kann, die Informationen über die Identität von Aktionären, auch von Intermediären in der Kette von Intermediären, einzuholen und die Informationen der Gesellschaft zu übermitteln.

Die Mitgliedstaaten können darüber hinaus vorsehen, dass der Intermediär auf Verlangen der Gesellschaft oder eines von der Gesellschaft benannten Dritten der Gesellschaft unverzüglich die Angaben zu dem nächsten Intermediär in der Kette von Intermediären bekannt zu geben hat.

(4) Die personenbezogene Daten der Aktionäre werden gemäß diesem Artikel verarbeitet, um die Gesellschaft in die Lage zu versetzen, ihre derzeitigen Aktionäre zu identifizieren, um direkt mit diesen zu kommunizieren, damit die Ausübung von Aktionärsrechten und die Zusammenarbeit der Aktionäre mit der Gesellschaft erleichtert werden.

Unbeschadet längerer, in einem sektorspezifischen Rechtsakt der Union festgelegter Speicherfristen stellen die Mitgliedstaaten sicher, dass Gesellschaften und Intermediäre die personenbezogenen Daten der Aktionäre, die ihnen gemäß diesem Artikel für die in diesem Artikel angegebenen Zwecke übermittelt wurden, nicht länger als zwölf Monate, nachdem sie erfahren haben, dass die betreffende Person nicht mehr Aktionär ist, speichern.

Die Mitgliedstaaten können durch Rechtsvorschriften eine Verarbeitung der personenbezogenen Daten der Aktionäre zu anderen Zwecken vorsehen.

(5) Die Mitgliedstaaten stellen sicher, dass juristische Personen ein Recht auf Berichtigung unvollständiger oder unrichtiger Angaben zu ihrer Identität als Aktionäre haben.

(6) Die Mitgliedstaaten stellen sicher, dass die Offenlegung von Informationen über die Identität von Aktionären gemäß den Bestimmungen dieses Artikels durch einen Intermediär nicht als Verstoß gegen Verbote bezüglich der Offenlegung von Informationen, die sich aus einem Vertrag oder einer Rechts- oder Verwaltungsvorschrift ergeben, betrachtet wird.

(7) Bis zum 10. Juni 2019 informieren die Mitgliedstaaten die Europäische Aufsichtsbehörde (Europäische Wertpapier- und Marktaufsichtsbehörde) (ESMA), die mit der Verordnung (EU) Nr. 1095/2010 des Europäischen Parlaments und des Rates[17] eingerichtet wurde, darüber, ob sie die Identifizierung von Aktionären auf diejenigen Aktionäre beschränkt, die gemäß Absatz 1 mehr als einen bestimmten Prozentsatz der Aktien oder Stimmrechte halten, und, falls dies der Fall ist, über den anwendbaren Prozentsatz. Die ESMA veröffentlicht diese Angaben auf ihrer Website.

(8) Der Kommission wird die Befugnis übertragen, Durchführungsrechtsakte zur Präzisierung der Mindestanforderungen für die Übermittlung der in Absatz 2 genannten Informationen in Bezug auf das Format dieser zu übermittelnden Informationen, das Format des Antrags, einschließlich ihrer Sicherheit und Interoperabilität, sowie der einzuhaltenden Fristen zu erlassen. Diese Durchführungsrechtsakte werden nach dem in Artikel 14 a Absatz 2 genannten Prüfverfahren bis zum 10. September 2018 erlassen.

Artikel 3 b Übermittlung von Informationen

(1) Die Mitgliedstaaten stellen sicher, dass die Intermediäre verpflichtet sind, unverzüglich die folgenden Informationen seitens der Gesellschaft an den Aktionär oder an einen vom Aktionär benannten Dritten zu übermitteln:

a) die Informationen, die die Gesellschaft dem Aktionär erteilen muss, damit der Aktionär aus seinen Aktien erwachsende Rechte ausüben kann, und die für alle Aktionäre bestimmt sind, die Aktien der betreffenden Gattung halten, oder

---

17 „Verordnung (EU) Nr. 1095/2010 des Europäischen Parlaments und des Rates vom 24. November 2010 zur Errichtung einer Europäischen Aufsichtsbehörde (Europäische Wertpapier-und Marktaufsichtsbehörde), zur Änderung des Beschlusses Nr. 716/2009/EG und zur Aufhebung des Beschlusses 2009/77/EG der Kommission (ABl. L 331 vom 15.12.2010, S. 84)."

b) wenn die Informationen gemäß Buchstabe a den Aktionären auf der Website der Gesellschaft zur Verfügung stehen, eine Mitteilung, in der angegeben wird, wo diese Informationen auf der Website der Gesellschaft gefunden werden können.

(2) Die Mitgliedstaaten verpflichten die Gesellschaften, den Intermediären die Informationen nach Absatz 1 Buchstabe a oder die Mitteilung nach Absatz 1 Buchstabe b rechtzeitig und in standardisierter Form zu liefern.

(3) Die Mitgliedstaaten sehen nicht vor, dass Informationen nach Absatz 1 Buchstabe a oder die Mitteilung nach Absatz 1 Buchstabe b im Einklang mit den Absätzen 1 und 2 übermittelt oder weitergeleitet werden, wenn Gesellschaften diese Informationen oder diese Mitteilung direkt allen ihren Aktionären oder einem vom Aktionär benannten Dritten übermitteln.

(4) Die Mitgliedstaaten verpflichten Intermediäre, den Gesellschaften unverzüglich die von den Aktionären erhaltenen Informationen im Zusammenhang mit der Ausübung der mit den Aktien verbundenen Rechte zu übermitteln, im Einklang mit den Anweisungen der Aktionäre.

(5) Gibt es in einer Kette von Intermediären mehr als einen Intermediär, werden die Informationen gemäß den Absätzen 1 und 4 unverzüglich von einem Intermediär zum nächsten weitergeleitet, es sei denn, die Informationen können vom Intermediär direkt der Gesellschaft oder dem Aktionär oder einem vom Aktionär benannten Dritten übermittelt werden.

(6) Der Kommission wird die Befugnis übertragen, Durchführungsrechtsakte zur Präzisierung der Mindestanforderungen für die Übermittlung der Informationen gemäß den Absätzen 1 bis 5 in Bezug auf die Art und das Format der zu übermittelnden Informationen, einschließlich ihrer Sicherheit und Interoperabilität, sowie der einzuhaltenden Fristen zu erlassen. Diese Durchführungsrechtsakte werden nach dem in Artikel 14 a Absatz 2 genannten Prüfverfahren bis zum 10. September 2018 erlassen.

Artikel 3 c Erleichterung der Ausübung von Aktionärsrechten

(1) Die Mitgliedstaaten stellen sicher, dass die Intermediäre die Ausübung der Rechte durch den Aktionär, einschließlich des Rechts auf Teilnahme an und Stimmabgabe in Hauptversammlungen, durch mindestens eine der folgenden Maßnahmen erleichtern:

a) Der Intermediär trifft die erforderlichen Vorkehrungen, damit der Aktionär oder ein vom Aktionär benannter Dritter die Rechte selbst ausüben kann;

b) der Intermediär übt die mit den Aktien verbundenen Rechte mit ausdrücklicher Genehmigung und gemäß den Anweisungen des Aktionärs zu dessen Gunsten aus.

(2) Die Mitgliedstaaten stellen sicher, dass bei einer elektronischen Stimmabgabe eine elektronische Bestätigung des Eingangs der Stimmen der Person übermittelt wird, die die Stimme abgegeben hat.

Die Mitgliedstaaten stellen sicher, dass der Aktionär oder ein vom Aktionär benannter Dritter nach der Hauptversammlung zumindest auf Anforderung eine Bestätigung erhalten kann, dass seine Stimmen von der Gesellschaft wirksam aufgezeichnet und gezählt wurden, es sei denn, diese Informationen stehen ihm bereits zur Verfügung. Die Mitgliedstaaten können eine Frist für die Anforderung einer solchen Bestätigung festlegen. Diese Frist darf nicht länger als drei Monate ab dem Tag der Abstimmung betragen.

Erhält der Intermediär eine Bestätigung nach Unterabsatz 1 oder Unterabsatz 2, übermittelt er sie unverzüglich dem Aktionär oder einem vom Aktionär benannten Dritten. Gibt es in einer Kette von Intermediären mehr als einen Intermediär, wird die Bestätigung unverzüglich von einem Intermediär zum nächsten weitergeleitet, es sei denn, die Bestätigung kann direkt dem Aktionär oder einem vom Aktionär benannten Dritten übermittelt werden.

(3) Der Kommission wird die Befugnis übertragen, Durchführungsrechtsakte zur Präzisierung der Mindestanforderungen zur Erleichterung der Ausübung von Aktionärsrechten gemäß den Absätzen 1 und 2 dieses Artikels in Bezug auf die Arten der Erleichterung, das Format der elektronischen Bestätigung des Eingangs der Stimmen, das Format der Übermittlung der Bestätigung, dass die Stimmen über die Kette von Intermediären

wirksam aufgezeichnet und gezählt wurden, einschließlich ihrer Sicherheit und Interoperabilität, sowie die einzuhaltenden Fristen zu erlassen. Diese Durchführungsrechtsakte werden nach dem in Artikel 14 a Absatz 2 genannten Prüfverfahren bis zum 10. September 2018 erlassen.

Artikel 3 d Nichtdiskriminierung, Verhältnismäßigkeit und Transparenz der Kosten

(1) Die Mitgliedstaaten schreiben vor, dass Intermediäre jegliche für gemäß diesem Kapitel erbrachte Dienstleistungen einschlägigen Entgelte für jede Dienstleistung einzeln offenlegen.

(2) Die Mitgliedstaaten stellen sicher, dass jegliche Entgelte, die von einem Intermediär von den Aktionären, Gesellschaften oder von anderen Intermediären verlangt werden, diskriminierungsfrei und im Verhältnis zu den tatsächlichen Kosten, die für die Erbringung der Dienstleistungen entstanden sind, angemessen sind. Unterschiede zwischen den Entgelten für die Ausübung von Rechten im Inland und in grenzüberschreitenden Fällen sind nur zulässig, wenn sie entsprechend gerechtfertigt sind und den Unterschieden bei den tatsächlichen Kosten, die für die Erbringung der Dienstleistungen entstanden sind, entsprechen.

(3) Die Mitgliedstaaten können Intermediären untersagen, Entgelte für die gemäß diesem Kapitel erbrachten Dienstleistungen zu verlangen.

Artikel 3 e Intermediäre aus Drittländern

Dieses Kapitel gilt auch für Intermediäre, die weder ihren Sitz noch ihre Hauptverwaltung in der Union haben, wenn sie Dienstleistungen nach Artikel 1 Absatz 5 erbringen.

Artikel 3 f Informationen über die Durchführung

(1) Die zuständigen Behörden der Mitgliedstaaten unterrichten die Kommission über wesentliche praktische Schwierigkeiten bei der Durchsetzung der Bestimmungen dieses Kapitels oder Nichteinhaltung der Bestimmungen dieses Kapitels durch Intermediäre aus der Union oder aus Drittländern.

(2) Die Kommission legt in enger Zusammenarbeit mit der ESMA und der durch die Verordnung (EU) Nr. 1093/2010 des Europäischen Parlaments und des Rates[18] eingerichteten Europäischen Aufsichtsbehörde (Europäische Bankenaufsichtsbehörde) dem Europäischen Parlament und dem Rat einen Bericht über die Durchführung dieses Kapitels vor, einschließlich seiner Wirksamkeit sowie Schwierigkeiten bei der praktischen Anwendung und Durchsetzung. Dabei berücksichtigt sie einschlägige Marktentwicklungen auf der Ebene der Union und auf internationaler Ebene. Der Bericht befasst sich auch mit der Frage, ob der Anwendungsbereich dieses Kapitels in Bezug auf Intermediäre aus Drittländern angemessen ist. Die Kommission veröffentlicht den Bericht bis zum 10. Juni 2023.

KAPITEL Ib TRANSPARENZ BEI INSTITUTIONELLEN ANLEGERN, BEI VERMÖGENSVERWALTERN UND BEI STIMMRECHTSBERATERN

Artikel 3 g Mitwirkungspolitik

(1) Die Mitgliedstaaten stellen sicher, dass institutionelle Anleger und Vermögensverwalter entweder die Anforderungen nach den Buchstaben a und b erfüllen oder eine unmissverständliche und mit Gründen versehene Erklärung öffentlich bekannt geben, warum sie sich dafür entschieden haben, eine oder mehrere dieser Anforderungen nicht zu erfüllen.

a) Institutionelle Anleger und Vermögensverwalter arbeiten eine Mitwirkungspolitik aus und machen sie öffentlich bekannt, in der beschrieben wird, wie sie die Mitwir-

---

18 „Verordnung (EU) Nr. 1093/2010 des Europäischen Parlaments und des Rates vom 24. November 2010 zur Errichtung einer Europäischen Aufsichtsbehörde (Europäische Bankenaufsichtsbehörde), zur Änderung des Beschlusses Nr. 716/2009/EG und zur Aufhebung des Beschlusses 2009/78/EG der Kommission (ABl. L 331 vom 15.12.2010, S. 12).“

kung der Aktionäre in ihre Anlagestrategie integrieren. In der Politik wird beschrieben, wie sie die Gesellschaften, in die sie investiert haben, hinsichtlich wichtiger Angelegenheiten überwachen, auch in Bezug auf Strategie, finanzielle und nicht finanzielle Leistung und Risiko, Kapitalstruktur, soziale und ökologische Auswirkungen und Corporate Governance, wie sie Dialoge mit Gesellschaften führen, in die sie investiert haben, wie sie Stimmrechte und andere mit Aktien verbundene Rechte ausüben, wie sie mit anderen Aktionären zusammenarbeiten, wie sie mit einschlägigen Interessenträgern der Gesellschaften, in die sie investiert haben, kommunizieren und wie sie mit tatsächlichen und potenziellen Interessenkonflikten im Zusammenhang mit ihrem Engagement umgehen.

b) Institutionelle Anleger und Vermögensverwalter machen jährlich öffentlich bekannt, wie ihre Mitwirkungspolitik umgesetzt wurde, einschließlich einer allgemeinen Beschreibung ihres Abstimmungsverhaltens, einer Erläuterung der wichtigsten Abstimmungen und ihres Rückgriff auf die Dienste von Stimmrechtsberatern. Sie machen öffentlich bekannt, wie sie Stimmen in Hauptversammlungen von Gesellschaften abgegeben haben, an denen sie Aktien halten. Von einer solchen Bekanntmachung können Abstimmungen ausgenommen werden, die wegen des Gegenstands der Abstimmung oder wegen des Umfangs der Beteiligung an der Gesellschaft unbedeutend sind.

(2) Die in Absatz 1 genannten Informationen sind auf der Website des institutionellen Anlegers oder Vermögensverwalters kostenfrei verfügbar. Die Mitgliedstaaten können vorsehen, dass die Informationen kostenfrei über andere Mittel veröffentlicht werden, die online problemlos zugänglich sind.

Setzt ein Vermögensverwalter die Mitwirkungspolitik, einschließlich der Stimmabgabe, im Namen eines institutionellen Anlegers um, so verweist der institutionelle Anleger darauf, wo die betreffenden Informationen über die Stimmabgabe vom Vermögensverwalter veröffentlicht wurden.

(3) Die für institutionelle Anleger und Vermögensverwalter geltenden Bestimmungen zu Interessenkonflikten, einschließlich Artikel 14 der Richtlinie 2011/61/EU, Artikel 12 Absatz 1 Buchstabe b und Artikel 14 Absatz 1 Buchstabe d der Richtlinie 2009/65/EG und ihre jeweiligen Durchführungsbestimmungen sowie Artikel 23 der Richtlinie 2014/65/EU finden auch auf Mitwirkungstätigkeiten Anwendung.

Artikel 3 h Anlagestrategie institutioneller Anleger und Vereinbarungen mit Vermögensverwaltern

(1) Die Mitgliedstaaten stellen sicher, dass institutionelle Anleger öffentlich bekannt machen, inwieweit die Hauptelemente ihrer Anlagestrategie dem Profil und der Laufzeit ihrer Verbindlichkeiten, insbesondere langfristiger Verbindlichkeiten, entsprechen und wie sie zur mittel- bis langfristigen Wertentwicklung ihrer Vermögenswerte beitragen.

(2) Die Mitgliedstaaten stellen sicher, dass in dem Fall, dass ein Vermögensverwalter im Namen eines institutionellen Anlegers – sei es mit einem Ermessensspielraum im Rahmen eines Einzelkundenmandats oder im Rahmen eines Organismus für gemeinsame Anlagen – investiert, der institutionelle Anleger die folgenden Informationen über seine Vereinbarung mit dem Vermögensverwalter öffentlich bekannt macht:

a) Wie durch die Vereinbarung mit dem Vermögensverwalter Anreize dafür geschaffen werden, dass der Vermögensverwalter seine Anlagestrategie und Anlageentscheidungen auf das Profil und die Laufzeit der Verbindlichkeiten, insbesondere langfristiger Verbindlichkeiten, des institutionellen Anlegers abstimmt;

b) wie durch die Vereinbarung Anreize dafür geschaffen werden, dass der Vermögensverwalter Anlageentscheidungen auf der Grundlage einer Bewertung der mittel- bis langfristigen Entwicklung der finanziellen und nicht finanziellen Leistung der Gesellschaft, in die investiert werden soll, trifft und sich in die Gesellschaft einbringt, in die investiert wurde, um deren Leistung mittel- bis langfristig zu verbessern;

c) wie die Methode und der maßgebliche Zeitraum für die Bewertung der Leistung des Vermögensverwalters und die Vergütung für Vermögensverwaltungsdienste dem Profil und der Laufzeit der Verbindlichkeiten, insbesondere langfristiger Verbindlichkeiten, des institutionellen Anlegers entsprechen und wie diese die langfristige Gesamtleistung berücksichtigen;

d) wie der institutionelle Anleger die dem Vermögensverwalter entstandenen Portfolioumsatzkosten überwacht und wie er einen angestrebten Portfolioumsatz oder eine angestrebte Portfolio-Umsatzbandbreite festlegt und überwacht;

e) die Laufzeit der Vereinbarung mit dem Vermögensverwalter.

Sind eines oder mehrere dieser Elemente nicht in der Vereinbarung mit dem Vermögensverwalter enthalten, gibt der institutionelle Anleger eine unmissverständliche und mit Gründen versehene Erklärung, warum dies der Fall ist.

(3) Die Informationen nach den Absätzen 1 und 2 dieses Artikels stehen auf der Website des institutionellen Anlegers kostenfrei zur Verfügung und werden jährlich aktualisiert, es sei denn, es gibt keine wesentliche Änderung. Die Mitgliedstaaten können vorsehen, dass diese Informationen kostenfrei über andere Mittel zur Verfügung stehen, die online problemlos zugänglich sind.

Die Mitgliedstaaten stellen sicher, dass institutionellen Anlegern, die durch die Richtlinie 2009/138/EG reguliert werden, gestattet wird, diese Informationen in ihren Bericht über Solvabilität und Finanzlage nach Artikel 51 der genannten Richtlinie aufzunehmen.

Artikel 3 i Transparenz bei Vermögensverwaltern

(1) Die Mitgliedstaaten stellen sicher, dass Vermögensverwalter institutionellen Anlegern gegenüber, mit denen sie eine Vereinbarung gemäß Artikel 3 h geschlossen haben, jährlich offenlegen, wie ihre Anlagestrategie und deren Umsetzung mit dieser Vereinbarung in Einklang stehen und zur mittel- bis langfristigen Wertentwicklung der Vermögenswerte des institutionellen Anlegers oder des Fonds beitragen. Zu dieser Offenlegung gehört eine Berichterstattung über die mittel- bis langfristigen wesentlichen Hauptrisiken, die mit den Investitionen verbunden sind, über die Zusammensetzung des Portfolios, die Portfolioumsätze und die Portfolioumsatzkosten, über den Einsatz von Stimmrechtsberatern für die Zwecke von Mitwirkungstätigkeiten sowie über ihre Politik in Bezug auf die Wertpapierleihe und die Frage, wie sie gegebenenfalls angewendet wird, um ihre Mitwirkungstätigkeiten zu verwirklichen, insbesondere zur Zeit der Hauptversammlung der Gesellschaften, in die investiert wurde. Zu dieser Offenlegung gehören auch Informationen darüber, ob und gegebenenfalls wie sie Anlageentscheidungen auf der Grundlage einer Beurteilung der mittel- bis langfristigen Entwicklung der Leistung, einschließlich der nicht finanziellen Leistung, der Gesellschaft treffen, in die investiert wurde, und ob und gegebenenfalls welche Interessenskonflikte es im Zusammenhang mit den Mitwirkungstätigkeiten gab und wie die Vermögensverwalter mit diesen umgegangen sind.

(2) Die Mitgliedstaaten können vorsehen, dass die Informationen nach Absatz 1 zusammen mit dem Jahresbericht gemäß Artikel 68 der Richtlinie 2009/65/EG oder Artikel 22 der Richtlinie 2011/61/EU oder mit den regelmäßigen Mitteilungen gemäß Artikel 25 Absatz 6 der Richtlinie 2014/65/EU offengelegt werden.

Wenn die gemäß Absatz 1 offengelegten Informationen bereits öffentlich zugänglich sind, ist der Vermögensverwalter nicht verpflichtet, die Informationen institutionellen Anlegern direkt zur Verfügung zu stellen.

(3) Die Mitgliedstaaten können vorschreiben, dass in dem Fall, dass der Vermögensverwalter die Vermögenswerte nicht mit Ermessensspielraum im Rahmen eines Einzelkundenmandats verwaltet, die gemäß Absatz 1 offengelegten Informationen zumindest auf Anforderung auch anderen Anlegern desselben Fonds zur Verfügung gestellt werden.

Artikel 3 j Transparenz bei Stimmrechtsberatern

(1) Die Mitgliedstaaten stellen sicher, dass Stimmrechtsberater öffentlich auf einen Verhaltenskodex Bezug nehmen, den sie anwenden, und über die Anwendung dieses Verhaltenskodex Bericht erstatten.

Wenn Stimmrechtsberater keinen Verhaltenskodex anwenden, geben sie eine unmissverständliche und mit Gründen versehene Erklärung, warum dies der Fall ist. Wenn Stimmrechtsberater einen Verhaltenskodex anwenden, aber von einer seiner Empfehlungen abweichen, weisen sie darauf hin, von welchen Teilen sie abweichen, erläutern die Gründe hierfür und legen gegebenenfalls dar, welche Alternativmaßnahmen getroffen wurden.

Die Informationen nach diesem Absatz werden auf den Websites der Stimmrechtsberater kostenfrei öffentlich zugänglich gemacht und jährlich aktualisiert.

(2) Die Mitgliedstaaten stellen sicher, dass Stimmrechtsberater zur angemessenen Information ihrer Kunden über die Richtigkeit und Zuverlässigkeit ihrer Tätigkeiten jährlich zumindest alle folgenden Informationen im Zusammenhang mit der Vorbereitung ihrer Recherchen, Beratungen und Stimmempfehlungen öffentlich bekannt machen:

a) Die wesentlichen Merkmale der von ihnen verwendeten Methoden und Modelle;
b) ihre Hauptinformationsquellen;
c) die eingerichteten Verfahren zur Sicherstellung der Qualität der Recherchen, Beratungen und Stimmempfehlungen sowie Qualifikationen der beteiligten Mitarbeiter;
d) ob und gegebenenfalls wie sie nationale Marktbedingungen sowie rechtliche, regulatorische und unternehmensspezifische Bedingungen berücksichtigen;
e) die wesentlichen Merkmale der verfolgten Stimmrechtspolitik für die einzelnen Märkte;
f) ob sie einen Dialog mit den Gesellschaften, die ihre Recherchen, Beratungen und Stimmempfehlungen betreffen, und mit den Interessenträgern der Gesellschaft unterhalten und gegebenenfalls welchen Ausmaßes und welcher Art dieser Dialog ist;
g) die Vorgehensweise im Hinblick auf die Vermeidung und Behandlung potenzieller Interessenkonflikte.

Die Informationen nach diesem Absatz werden auf den Websites der Stimmrechtsberater öffentlich zugänglich gemacht und bleiben dort für mindestens drei Jahre ab Veröffentlichung kostenfrei zugänglich. Die Informationen müssen nicht gesondert offengelegt werden, wenn die Informationen als Teil der Offenlegung nach Absatz 1 zur Verfügung stehen.

(3) Die Mitgliedstaaten stellen sicher, dass Stimmrechtsberater tatsächliche oder potenzielle Interessenkonflikte oder Geschäftsbeziehungen, die die Vorbereitung ihrer Recherchen, Beratungen und Stimmempfehlungen beeinflussen könnten, identifizieren und ihre Kunden unverzüglich darüber sowie über die Schritte, die sie zur Ausräumung, Milderung oder Behandlung dieser tatsächlichen oder potenziellen Interessenkonflikte unternommen haben, informieren.

(4) Dieser Artikel gilt auch für Stimmrechtsberater, die weder ihren Sitz noch ihre Hauptverwaltung in der Union haben und ihre Tätigkeiten über eine Niederlassung in der Union ausüben.

Artikel 3 k Überprüfung

(1) Die Kommission legt dem Europäischen Parlament und dem Rat einen Bericht über die Durchführung der Artikel 3 g, 3 h und 3 i vor, einschließlich einer Beurteilung der Notwendigkeit, Vermögensverwaltern vorzuschreiben, bestimmte Informationen nach Artikel 3 i öffentlich bekannt zu machen. Dabei berücksichtigt sie einschlägige Entwicklungen auf den Märkten der Union und auf den internationalen Märkten. Der Bericht wird bis zum 10. Juni 2022 veröffentlicht und gegebenenfalls durch Gesetzgebungsvorschläge ergänzt.

(2) Die Kommission legt in enger Zusammenarbeit mit der ESMA dem Europäischen Parlament und dem Rat einen Bericht über die Durchführung von Artikel 3 j vor, in dem auch die Frage behandelt wird, ob sein Anwendungsbereich und seine Wirksamkeit angemessen sind und ob Regulierungsanforderungen für Stimmrechtsberater aufgestellt werden müssen. Dabei werden einschlägige Entwicklungen auf den Märkten der Union und auf den internationalen Märkten berücksichtigt. Der Bericht wird bis zum 10. Juni 2023 veröffentlicht und gegebenenfalls durch Gesetzgebungsvorschläge ergänzt."

4. Die folgenden Artikel werden eingefügt:

„Artikel 9a Recht auf Abstimmung über die Vergütungspolitik

(1) Die Mitgliedstaaten stellen sicher, dass Gesellschaften eine Vergütungspolitik in Bezug auf die Mitglieder der Unternehmensleitung erarbeiten und dass die Aktionäre das Recht haben, über die Vergütungspolitik in der Hauptversammlung abzustimmen.

(2) Die Mitgliedstaaten stellen sicher, dass die Abstimmung über die Vergütungspolitik durch die Aktionäre in der Hauptversammlung verbindlich ist. Gesellschaften entlohnen die Mitglieder der Unternehmensleitung nur entsprechend der von der Hauptversammlung genehmigten Vergütungspolitik.

Falls keine Vergütungspolitik genehmigt wurde und die Hauptversammlung die vorgeschlagene Politik nicht genehmigt, kann die Gesellschaft den Mitgliedern der Unternehmensleitung weiter eine Vergütung im Einklang mit der bestehenden Praxis zahlen und legt in der darauffolgenden Hauptversammlung eine überarbeitete Politik zur Genehmigung vor.

Falls es eine genehmigte Vergütungspolitik gibt und die Hauptversammlung die vorgeschlagene neue Politik nicht genehmigt, kann die Gesellschaft den Mitgliedern der Unternehmensleitung weiter eine Vergütung im Einklang mit der bestehenden genehmigten Politik zahlen und legt in der darauffolgenden Hauptversammlung eine überarbeitete Politik zur Genehmigung vor.

(3) Die Mitgliedstaaten können aber vorsehen, dass die Abstimmung in der Hauptversammlung über die Vergütungspolitik empfehlenden Charakter hat. In diesem Fall entlohnen die Gesellschaften die Mitglieder der Unternehmensleitung nur entsprechend einer Vergütungspolitik, die für eine solche Abstimmung in der Hauptversammlung vorgelegt wurde. Lehnt die Hauptversammlung die vorgeschlagene Vergütungspolitik ab, legt die Gesellschaft eine überarbeitete Politik für eine Abstimmung in der darauffolgenden Hauptversammlung vor.

(4) Die Mitgliedstaaten können Gesellschaften gestatten, unter außergewöhnlichen Umständen vorübergehend von ihrer Vergütungspolitik abzuweichen, vorausgesetzt, dass die Politik die Vorgehensweise für eine solche Abweichung beschreibt, und die Teile der Politik festlegt, von denen abgewichen werden darf.

Als außergewöhnliche Umstände gemäß Unterabsatz 1 gelten nur Situationen, in denen die Abweichung von der Vergütungspolitik notwendig ist, um den langfristigen Interessen und der Tragfähigkeit der Gesellschaft insgesamt zu dienen oder um ihre Rentabilität zu gewährleisten.

(5) Die Mitgliedstaaten stellen sicher, dass Gesellschaften ihre Vergütungspolitik bei jeder wesentlichen Änderung, mindestens jedoch alle vier Jahre der Hauptversammlung zur Abstimmung vorlegen.

(6) Die Vergütungspolitik fördert die Geschäftsstrategie, die langfristigen Interessen und die langfristige Tragfähigkeit der Gesellschaft und erläutert, wie sie das tut. Sie ist klar und verständlich und beschreibt die verschiedenen festen und variablen Vergütungsbestandteile, einschließlich sämtlicher Boni und anderer Vorteile in jeglicher Form, die Mitgliedern der Unternehmensleitung gewährt werden können; außerdem enthält sie Angaben über ihren jeweiligen relativen Anteil.

In der Vergütungspolitik wird erläutert, wie die Vergütungs- und Beschäftigungsbedingungen der Beschäftigten der Gesellschaft in die Festlegung der Vergütungspolitik eingeflossen sind.

Wenn die Gesellschaft variable Vergütungsbestandteile gewährt, werden in der Vergütungspolitik klare, umfassende und differenzierte Kriterien für die Gewährung der variablen Vergütungsbestandteile festgelegt. In der Politik werden die finanziellen und die nicht finanziellen Leistungskriterien, einschließlich gegebenenfalls der Kriterien im Zusammenhang mit der sozialen Verantwortung der Gesellschaften, angegeben, und es wird erläutert, inwiefern sie die Ziele nach Unterabsatz 1 fördern und mit welchen Methoden festgestellt werden soll, inwieweit die Leistungskriterien erfüllt wurden. Sie enthält Informationen zu etwaigen Aufschubzeiten und zur Möglichkeit der Gesellschaft, variable Vergütungsbestandteile zurückzufordern.

Gewährt die Gesellschaft eine aktienbezogene Vergütung, werden in der Politik Wartefristen und gegebenenfalls das Halten von Aktien nach dem Erwerb der damit verbundenen Rechte präzisiert und erläutert, inwiefern die aktienbezogene Vergütung die Ziele nach Unterabsatz 1 fördert.

In der Vergütungspolitik werden die Laufzeit der Verträge der Mitglieder der Unternehmensleitung oder Vereinbarungen mit ihnen, die geltenden Kündigungsfristen, die Hauptmerkmale von Zusatzrentensystemen und Vorruhestandsprogrammen sowie die Bedingungen für die Beendigung und die Zahlungen im Zusammenhang mit der Beendigung angegeben.

In der Vergütungspolitik wird das Entscheidungsverfahren erläutert, das für ihre Festlegung, Überprüfung und Umsetzung, einschließlich Maßnahmen zur Vermeidung und Behandlung von Interessenkonflikten, sowie gegebenenfalls die Rolle des Vergütungsausschusses oder anderer betroffener Ausschüsse durchgeführt wird. Bei Überarbeitung der Politik enthält diese eine Beschreibung und Erläuterung sämtlicher wesentlicher Änderungen sowie dazu, inwiefern die Abstimmungen und Ansichten der Aktionäre bezüglich der Politik und der Berichte seit der letzten Abstimmung über die Vergütungspolitik in der Hauptversammlung der Aktionäre berücksichtigt wurden.

(7) Die Mitgliedstaaten stellen sicher, dass die Vergütungspolitik nach der Abstimmung über sie in der Hauptversammlung zusammen mit dem Datum und den Ergebnissen der Abstimmung unverzüglich auf der Website der Gesellschaft veröffentlicht wird und dort mindestens für die Dauer ihrer Gültigkeit kostenfrei öffentlich zugänglich bleibt.

Artikel 9 b Im Vergütungsbericht anzugebende Informationen und Recht auf Abstimmung über den Vergütungsbericht

(1) Die Mitgliedstaaten stellen sicher, dass Gesellschaften einen klaren und verständlichen Vergütungsbericht erstellen, der einen umfassenden Überblick über die im Laufe des letzten Geschäftsjahrs den einzelnen Mitgliedern der Unternehmensleitung, einschließlich neu eingestellter oder ehemaliger Mitglieder der Unternehmensleitung, gemäß der in Artikel 9 a genannten Vergütungspolitik gewährte oder geschuldete Vergütung, einschließlich sämtlicher Vorteile in jeglicher Form, enthält.

Gegebenenfalls enthält der Vergütungsbericht die folgenden Informationen über die Vergütung der einzelnen Mitglieder der Unternehmensleitung:

a) Die Gesamtvergütung, aufgeschlüsselt nach Bestandteilen, der relative Anteil von festen und variablen Vergütungsbestandteilen sowie eine Erläuterung, wie die Gesamtvergütung der angenommenen Vergütungspolitik entspricht, einschließlich der Frage, wie sie die langfristige Leistung der Gesellschaft fördert, und Angaben dazu, wie die Leistungskriterien angewendet wurden;

b) die jährliche Veränderung der Vergütung, der Leistung der Gesellschaft und der durchschnittlichen Vergütung auf Vollzeitäquivalenzbasis von Beschäftigten der Gesellschaft, die nicht zur Unternehmensleitung gehören, mindestens in den letzten fünf Geschäftsjahren, zusammen in einer Weise dargestellt, die einen Vergleich ermöglicht;

c) jegliche Vergütung von Unternehmen derselben Gruppe im Sinne von Artikel 2 Nummer 11 der Richtlinie 2013/34/EU des Europäischen Parlaments und des Rates[19];

---

19 „Richtlinie 2013/34/EU des Europäischen Parlaments und des Rates vom 26. Juni 2013 über den Jahresabschluss, den konsolidierten Abschluss und damit verbundene Berichte von Unternehmen bestimmter Rechtsformen und zur Änderung der Richtlinie 2006/43/EG des Europäischen Parlaments und des Rates und zur Aufhebung der Richtlinien 78/660/EWG und 83/349/EWG des Rates (ABl. L 182 vom 29.6.2013, S. 19).“

d) die Anzahl der gewährten oder angebotenen Aktien und Aktienoptionen und die wichtigsten Bedingungen für die Ausübung der Rechte, einschließlich Ausübungspreis, Ausübungsdatum und etwaiger Änderungen dieser Bedingungen;

e) Informationen dazu, ob und wie von der Möglichkeit Gebrauch gemacht wurde, variable Vergütungsbestandteile zurückzufordern;

f) Informationen zu etwaigen Abweichungen von dem Verfahren zur Umsetzung der Vergütungspolitik nach Artikel 9 a Absatz 6 und zu etwaigen Abweichungen, die gemäß Artikel 9 a Absatz 4 praktiziert wurden, einschließlich einer Erläuterung der Art der außergewöhnlichen Umstände, und die Angabe der konkreten Teile, von denen abgewichen wurde.

(2) Die Mitgliedstaaten stellen sicher, dass Gesellschaften in den Vergütungsbericht keine besonderen Kategorien von personenbezogenen Daten einzelner Mitglieder der Unternehmensleitung im Sinne von Artikel 9 Absatz 1 der Verordnung (EU) 2016/679 des Europäischen Parlaments und des Rates[20] oder personenbezogene Daten aufnehmen, die sich auf die Familiensituation einzelner Mitglieder der Unternehmensleitung beziehen.

(3) Gesellschaften verarbeiten die personenbezogenen Daten von Mitgliedern der Unternehmensleitung, die gemäß diesem Artikel in den Vergütungsbericht aufgenommen wurden, zu dem Zweck, die Transparenz der Gesellschaften hinsichtlich der Vergütung der Mitglieder der Unternehmensleitung zu steigern, damit sichergestellt wird, dass die Mitglieder der Unternehmensleitung ihrer Rechenschaftspflicht besser nachkommen und die Aktionäre die Vergütung der Mitglieder der Unternehmensleitung besser überwachen können.

Unbeschadet längerer, in einem sektorspezifischen Rechtsakt der Union festgelegter Fristen stellen die Mitgliedstaaten sicher, dass Gesellschaften die personenbezogenen Daten von Mitgliedern der Unternehmensleitung, die in den Vergütungsbericht gemäß diesem Artikel aufgenommen wurden, nach zehn Jahren ab der Veröffentlichung des Vergütungsberichts nicht mehr gemäß Absatz 5 dieses Artikels öffentlich zugänglich machen.

Die Mitgliedstaaten können durch Rechtsvorschriften eine Verarbeitung der personenbezogenen Daten von Mitgliedern der Unternehmensleitung zu anderen Zwecken vorsehen.

(4) Die Mitgliedstaaten stellen sicher, dass die Jahreshauptversammlung das Recht hat, eine Abstimmung mit empfehlendem Charakter über den Vergütungsbericht für das letzte Geschäftsjahr abzuhalten. Die Gesellschaft legt im darauffolgenden Vergütungsbericht dar, wie der Abstimmung der Hauptversammlung Rechnung getragen wurde.

Als Alternative zur Abstimmung können die Mitgliedstaaten allerdings für kleine und mittlere Unternehmen im Sinne von Artikel 3 Absätze 2 bzw. 3 der Richtlinie 2013/34/EU vorsehen, dass der Vergütungsbericht des letzten Geschäftsjahrs zur Erörterung in der Hauptversammlung als eigener Tagesordnungspunkt vorgelegt wird. Die Gesellschaft legt im darauffolgenden Vergütungsbericht dar, wie der Erörterung in der Hauptversammlung Rechnung getragen wurde.

(5) Unbeschadet des Artikels 5 Absatz 4 machen die Gesellschaften den Vergütungsbericht nach der Hauptversammlung auf ihrer Website kostenfrei zehn Jahre lang öffentlich zugänglich und können entscheiden, dass er noch länger zugänglich bleibt, sofern er nicht mehr die personenbezogenen Daten von Mitgliedern der Unternehmensleitung enthält. Der Abschlussprüfer oder die Prüfungsgesellschaft überprüft, ob die nach diesem Artikel erforderlichen Informationen zur Verfügung gestellt wurden.

Die Mitgliedstaaten sorgen dafür, dass die Mitglieder der Unternehmensleitung im Rahmen der ihnen durch einzelstaatliche Rechtsvorschriften übertragenen Zuständigkeiten die gemeinsame Aufgabe haben sicherzustellen, dass der Vergütungsbericht entsprechend den Anforderungen dieser Richtlinie erstellt und veröffentlicht wird. Die Mit-

---

20 „Verordnung (EU) 2016/679 des Europäischen Parlaments und des Rates vom 27. April 2016 zum Schutz natürlicher Personen bei der Verarbeitung personenbezogener Daten, zum freien Datenverkehr und zur Aufhebung der Richtlinie 95/46/EG (Datenschutz-Grundverordnung) (ABl. L 119 vom 4.5.2016, S. 1)."

gliedstaaten stellen sicher, dass die Bestimmungen ihrer Rechts- und Verwaltungsvorschriften über die Haftung auf die Mitglieder der Unternehmensleitung der Gesellschaft Anwendung finden, zumindest was die Haftung gegenüber der Gesellschaft wegen Verletzung der in diesem Absatz genannten Pflichten betrifft.

(6) Zur Sicherstellung der Harmonisierung in Bezug auf diesen Artikel erlässt die Kommission Leitlinien zur Präzisierung der standardisierten Darstellung der Informationen gemäß Absatz 1.

Artikel 9 c Transparenz von und Zustimmung zu Geschäften mit nahestehenden Unternehmen oder Personen

(1) Die Mitgliedstaaten legen fest, was wesentliche Geschäfte für die Zwecke dieses Artikels sind, und berücksichtigen dabei Folgendes:

a) den Einfluss, den Informationen über das Geschäft auf die wirtschaftlichen Entscheidungen der Aktionäre der Gesellschaft haben können;

b) das Risiko, das für die Gesellschaft und ihre Aktionäre, die weder ein nahestehendes Unternehmen noch eine nahestehende Person sind, einschließlich der Minderheitsaktionäre, mit dem Geschäft verbunden ist.

Bei der Definition von wesentlichen Geschäften legen die Mitgliedstaaten eine oder mehrere quantitative Kennzahlen fest, die auf dem Einfluss des Geschäfts auf finanzielle Lage, Einnahmen, Vermögen, Kapitalisierung, einschließlich Eigenkapital, oder Umsatz der Gesellschaft basieren oder der Art des Geschäfts und der Position des nahestehenden Unternehmens oder der nahestehenden Person Rechnung tragen.

Die Mitgliedstaaten können für die Anwendung des Absatzes 4 eine andere Definition des wesentlichen Geschäfts als für die Anwendung der Absätze 2 und 3 festlegen, und können dabei je nach Größe der Gesellschaft unterschiedliche Definitionen festlegen.

(2) Die Mitgliedstaaten stellen sicher, dass Gesellschaften wesentliche Geschäfte mit nahestehenden Unternehmen oder Personen spätestens zum Zeitpunkt ihres Abschlusses öffentlich bekannt machen. Die Bekanntmachung muss mindestens Informationen zur Art des Verhältnisses zu den nahestehenden Unternehmen oder Personen, die Namen der nahestehenden Unternehmen oder Personen, das Datum und den Wert des Geschäfts und alle weiteren Informationen enthalten, die erforderlich sind, um zu bewerten, ob das Geschäft aus Sicht der Gesellschaft und der Aktionäre, die weder ein nahestehendes Unternehmen noch eine nahestehende Person sind, einschließlich der Minderheitsaktionäre, angemessen und vernünftig ist.

(3) Die Mitgliedstaaten können vorsehen, dass der öffentlichen Bekanntmachung gemäß Absatz 2 ein Bericht beigefügt wird, in dem bewertet wird, ob das Geschäft aus Sicht der Gesellschaft und der Aktionäre, die weder ein nahestehendes Unternehmen noch eine nahestehende Person sind, einschließlich Minderheitsaktionäre, angemessen und vernünftig ist, und in dem die Annahmen, auf denen diese Bewertung beruht, sowie die angewandten Methoden erklärt werden.

Der Bericht wird erstellt von

a) einem unabhängigen Dritten oder

b) dem Verwaltungs- oder Aufsichtsorgan der Gesellschaft oder

c) dem Prüfungsausschuss oder einem anderen Ausschuss, der mehrheitlich aus unabhängigen Mitgliedern der Unternehmensleitung besteht.

Die Mitgliedstaaten stellen sicher, dass die nahestehenden Unternehmen oder Personen nicht an der Ausarbeitung des Berichts teilnehmen.

(4) Die Mitgliedstaaten stellen sicher, dass den wesentlichen Geschäften mit nahestehenden Unternehmen und Personen durch die Hauptversammlung oder das Verwaltungs- oder Aufsichtsorgan der Gesellschaft gemäß Verfahren zugestimmt wird, durch die verhindert wird, dass das nahestehende Unternehmen oder die nahestehende Person seine bzw. ihre Position ausnutzt, und die einen angemessenen Schutz der Interessen der Gesellschaft und der Aktionäre, die weder ein nahestehendes Unternehmen noch eine nahestehende Person sind, einschließlich der Minderheitsaktionäre, bieten.

Die Mitgliedstaaten können vorsehen, dass Aktionäre in der Hauptversammlung das Recht haben, über wesentliche Geschäfte mit nahestehenden Unternehmen oder Personen abzustimmen, denen durch das Verwaltungs- oder Aufsichtsorgan der Gesellschaft zugestimmt wurde.

Ist ein Mitglied der Unternehmensleitung oder ein Aktionär an dem Geschäft als nahestehendes Unternehmen oder nahestehende Person beteiligt, darf dieses Mitglied der Unternehmensleitung bzw. dieser Aktionär nicht an der Zustimmung oder der Abstimmung teilnehmen.

Die Mitgliedstaaten können zulassen, dass der Aktionär, der ein nahestehendes Unternehmen oder eine nahestehende Person ist, an der Abstimmung teilnimmt, sofern das nationale Recht angemessene Schutzmechanismen enthält, die vor oder während des Abstimmungsverfahrens gelten, um die Interessen der Gesellschaft und der Aktionäre, die weder ein nahestehendes Unternehmen noch eine nahestehende Person sind, einschließlich Minderheitsaktionäre, zu schützen, indem das nahestehende Unternehmen oder die nahestehende Person daran gehindert wird, dem Geschäft zuzustimmen, obwohl die Mehrheit der Aktionäre, die weder ein nahestehendes Unternehmen noch eine nahestehende Person sind, bzw. die Mehrheit der unabhängigen Mitglieder der Unternehmensleitung gegenteiliger Meinung sind.

(5) Die Absätze 2, 3 und 4 gelten nicht für Geschäfte, die im ordentlichen Geschäftsgang und zu marktüblichen Bedingungen getätigt werden. Für solche Geschäfte richtet das Verwaltungs- oder Aufsichtsorgan der Gesellschaft ein internes Verfahren ein, um regelmäßig zu bewerten, ob diese Bedingungen erfüllt sind. Die nahestehenden Unternehmen und Personen nehmen an dieser Bewertung nicht teil.

Allerdings können die Mitgliedstaaten vorsehen, dass Gesellschaften die Anforderungen nach den Absätzen 2, 3 oder 4 auf Geschäfte anwenden, die im ordentlichen Geschäftsgang und zu marktüblichen Bedingungen getätigt werden.

(6) Die Mitgliedstaaten können von den Anforderungen gemäß den Absätzen 2, 3 und 4 ausnehmen oder den Gesellschaften gestatten, von diesen Anforderungen auszunehmen:

a) Geschäfte zwischen der Gesellschaft und ihren Tochtergesellschaften, sofern es sich um hundertprozentige Tochtergesellschaften handelt oder kein anderes der Gesellschaft nahestehendes Unternehmen oder keine andere der Gesellschaft nahestehende Person an der Tochtergesellschaft beteiligt ist oder im nationalen Recht Vorschriften zum angemessenen Schutz der Interessen der Gesellschaft, der Tochtergesellschaft, und ihrer Aktionäre, die weder ein nahestehendes Unternehmen noch eine nahestehende Person sind, einschließlich der Minderheitsaktionäre, bei derartigen Geschäften vorgesehen sind;

b) genau festgelegte Arten von Geschäften, für die nach nationalem Recht die Zustimmung durch die Hauptversammlung erforderlich ist, sofern in solchen Rechtsvorschriften die angemessene Behandlung aller Aktionäre und die Interessen der Gesellschaft und der Aktionäre, die weder ein nahestehendes Unternehmen noch eine nahestehende Person sind, einschließlich der Minderheitsaktionäre, ausdrücklich geregelt und angemessen geschützt sind;

c) Geschäfte, die die Vergütung der Mitglieder der Unternehmensleitung oder bestimmte Elemente der Vergütung von Mitgliedern der Unternehmensleitung betreffen, die gemäß Artikel 9 a gewährt oder geschuldet werden;

d) Geschäfte von Kreditinstituten auf der Grundlage von Maßnahmen, durch die ihre Stabilität geschützt werden soll und die von der zuständigen Behörde angenommen wurden, die gemäß Unionsrecht für die Aufsicht über die Kreditinstitute zuständig ist;

e) Geschäfte, die allen Aktionären unter den gleichen Bedingungen angeboten werden und bei denen die Gleichbehandlung aller Aktionäre und der Schutz der Interessen der Gesellschaft gewährleistet sind.

(7) Die Mitgliedstaaten stellen sicher, dass Gesellschaften wesentliche Geschäfte zwischen der Gesellschaft nahestehenden Unternehmen oder Personen und Tochtergesell-

schaften der Gesellschaft öffentlich bekannt geben. Die Mitgliedstaaten können auch vorsehen, dass der Bekanntmachung ein Bericht beigefügt werden muss, in dem bewertet wird, ob das Geschäft aus Sicht der Gesellschaft und der Aktionäre, die weder ein nahestehendes Unternehmen noch eine nahestehende Person sind, einschließlich der Minderheitsaktionäre, angemessen und vernünftig ist, und in dem die Annahmen, auf denen diese Bewertung beruht, sowie die angewandten Methoden erklärt werden. Die Ausnahmen nach den Absätzen 5 und 6 gelten auch für die in diesem Absatz genannten Geschäfte.

(8) Die Mitgliedstaaten stellen sicher, dass Geschäfte mit denselben nahestehenden Unternehmen und Personen, die in einem beliebigen Zeitraum von 12 Monaten oder in demselben Geschäftsjahr getätigt wurden und nicht den Verpflichtungen nach den Absätzen 2, 3 oder 4 unterliegen, für die Zwecke dieser Absätze zusammengerechnet werden.

(9) Dieser Artikel berührt nicht die Vorschriften zur öffentlichen Bekanntgabe von Insiderinformationen gemäß Artikel 17 der Verordnung (EU) Nr. 596/2014 des Europäischen Parlaments und des Rates[21]."

5. Folgendes Kapitel wird eingefügt:

„KAPITEL IIa DURCHFÜHRUNGSRECHTSAKTE UND SANKTIONEN

Artikel 14 a Ausschussverfahren

(1) Die Kommission wird von dem durch den Beschluss 2001/528/EG der Kommission[22] eingesetzten Europäischen Wertpapierausschuss unterstützt. Dieser Ausschuss ist ein Ausschuss im Sinne der Verordnung (EU) Nr. 182/2011[23].

(2) Wird auf diesen Absatz Bezug genommen, findet Artikel 5 der Verordnung (EU) Nr. 182/2011 Anwendung.

Artikel 14 b Maßnahmen und Sanktionen

Die Mitgliedstaaten legen Regeln für Maßnahmen und Sanktionen fest, die bei Verstößen gegen die gemäß dieser Richtlinie erlassenen nationalen Vorschriften zu verhängen sind, und ergreifen alle erforderlichen Maßnahmen um sicherzustellen, dass sie angewandt werden.

Die vorgesehenen Maßnahmen und Sanktionen müssen wirksam, verhältnismäßig und abschreckend sein. Die Mitgliedstaaten teilen der Kommission diese Regeln und diese Durchführungsmaßnahmen bis zum 10. Juni 2019 mit und melden ihr unverzüglich alle diesbezüglichen späteren Änderungen."

---

21 „Verordnung (EU) Nr. 596/2014 des Europäischen Parlaments und des Rates vom 16. April 2014 über Marktmissbrauch (Marktmissbrauchsverordnung) und zur Aufhebung der Richtlinie 2003/6/EG des Europäischen Parlaments und des Rates und der Richtlinien 2003/124/EG, 2003/125/EG und 2004/72/EG der Kommission (ABl. L 173 vom 12.6.2014, S. 1)."

22 „Beschluss 2001/528/EG der Kommission vom 6. Juni 2001 zur Einsetzung des Europäischen Wertpapierausschusses (ABl. L 191 vom 13.7.2001, S. 45)."

23 „Verordnung (EU) Nr. 182/2011 des Europäischen Parlaments und des Rates vom 16. Februar 2011 zur Festlegung der allgemeinen Regeln und Grundsätze, nach denen die Mitgliedstaaten die Wahrnehmung der Durchführungsbefugnisse durch die Kommission kontrollieren (ABl. L 55 vom 28.2.2011, S. 13)."

Artikel 2   Umsetzung

(1) Die Mitgliedstaaten setzen die Rechts- und Verwaltungsvorschriften in Kraft, die erforderlich sind, um dieser Richtlinie bis zum 10. Juni 2019 nachzukommen. Sie setzen die Kommission unverzüglich davon in Kenntnis.

Bei Erlass dieser Vorschriften nehmen die Mitgliedstaaten in den Vorschriften selbst oder durch einen Hinweis bei der amtlichen Veröffentlichung auf die vorliegende Richtlinie Bezug. Die Mitgliedstaaten regeln die Einzelheiten dieser Bezugnahme.

Unbeschadet des Unterabsatzes 1 setzen die Mitgliedstaaten bis spätestens 24 Monate nach der Annahme der Durchführungsrechtsakte nach Artikel 3 a Absatz 8, Artikel 3 b Absatz 6 und Artikel 3 c Absatz 3 der Richtlinie 2007/36/EG die Rechts- und Verwaltungsvorschriften in Kraft, die erforderlich sind, um den Artikeln 3 a, 3 b und 3 c der genannten Richtlinie nachzukommen.

(2) Die Mitgliedstaaten teilen der Kommission den Wortlaut der wichtigsten nationalen Vorschriften mit, die sie auf dem unter diese Richtlinie fallenden Gebiet erlassen.

Artikel 3   Inkrafttreten

Diese Richtlinie tritt am zwanzigsten Tag nach ihrer Veröffentlichung im Amtsblatt der Europäischen Union in Kraft.

Artikel 4   Adressaten

Diese Richtlinie ist an die Mitgliedstaaten gerichtet.

A. Von der ersten zur zweiten Aktionärsrechterichtlinie

Die „zweite Aktionärsrechterichtlinie" wie sie so griffig wie untechnisch genannt wird, ist eigentlich eine Änderungsrichtlinie zur (ersten) Aktionärsrechterichtlinie.[24] Die Erfahrungen der Finanzkrise mit kurzfristiger Gewinnorientierung in Unternehmensleitung und Aktionariat zeigten auf, dass die gesetzgeberische Entwicklung damit noch keinesfalls abgeschlossen war.[25] Auf der Basis zweier Grünbücher[26] fanden Überlegungen zur Verbesserung der Corporate Governance europäischer Gesellschaften Eingang in den Aktionsplan „Europäisches Gesellschaftsrecht und Corporate Governance" der Europäischen Kommission.[27] Der Aktionsplan zeichnet die Hauptziele der Richtlinie bereits vor: Die Transparenz zwischen Gesellschaft und Aktionariat soll, auch durch erleichterte grenzüberschreitende Kommunikationskanäle und transparentere Anlagestrategien der institutionellen Anleger, verbessert werden.[28] Das Aktionärsengagement soll, auch durch Einbeziehung institutioneller Anleger und Stimmrechtsberater, ausgeweitet werden.[29] Am 9.4.2014 legte die Europäische Kommission den ersten Richtlinienvorschlag vor.[30] Der Europäische Rat beschloss seinen Kompromissvorschlag zur Vorbereitung eines informellen Trilogs am 20.3.2015,[31] das Europäische Parlament am 8.7.2015.[32] Zentrale Fragen des Trilogverfahrens waren ua die Einbindung der Hauptversammlung im „Say-on-Pay" und bei „Related-Party-Transactions"–[33] oder auch die Rückführung des Primats des monistischen Systems auf ein erträgliches Maß. Der Richtlinienvorschlag enthielt zwischenzeitlich

1

---

24 Richtlinie 2007/36/EG des Europäischen Parlaments und des Rates vom 11. Juli 2007 über die Ausübung bestimmter Rechte von Aktionären in börsennotierten Gesellschaften (ABl. L 184 v. 14.7.2007, S. 17).
25 Vgl. Erwägungsgrund 2.
26 Grünbuch „Corporate Governance in Finanzinstituten", COM(2010) 284 final; Grünbuch „Europäischer Corporate-Governance-Rahmen", COM 72011) 164 final; Kritisch zum Grünbuch DAV-Handelsrechtsausschuss NZG 2011, 936 ff.
27 Mitteilung der Kommission vom 12.12.2012, Aktionsplan: Europäisches Gesellschaftsrecht und Corporate Governance – ein moderner Rechtsrahmen für engagiertere Aktionäre und besser überlebensfähige Unternehmen, COM(2012) 740 final.
28 Mitteilung der Kommission vom 12.12.2012, Aktionsplan: Europäisches Gesellschaftsrecht und Corporate Governance – ein moderner Rechtsrahmen für engagiertere Aktionäre und besser überlebensfähige Unternehmen, COM(2012) 740 final, S. 5.
29 Mitteilung der Kommission vom 12.12.2012, Aktionsplan: Europäisches Gesellschaftsrecht und Corporate Governance – ein moderner Rechtsrahmen für engagiertere Aktionäre und besser überlebensfähige Unternehmen, COM(2012) 740 final, S. 5
30 Vorschlag für eine Richtlinie des Europäischen Parlaments und des Rates zur Änderung der Richtlinie 2007/36/EG im Hinblick auf die Förderung der langfristigen Einbeziehung der Aktionäre sowie der Richtlinie 2013/34/EU in Bezug auf bestimmte Elemente der Erklärung zur Unternehmensführung, COM(2014) 213 final.
31 Proposal for a directive of the European parliament and of the council amending Directive 2007/36/EC as regards the encouragement of long-term shareholder engagement and Directive 2013/34/EU as regards certain elements of the corporate governance statement – Preparation of an informal trilogue, Dok. 7315/15 vom 20.3.2015.
32 Abänderungen des Europäischen Parlaments vom 08. Juli 2015 zu dem Vorschlag für eine Richtlinie des Europäischen Parlamentes und des Rates zur Änderung der Richtlinie 2007/36/EG im Hinblick auf die Förderung der langfristigen Einbeziehung der Aktionäre sowie der Richtlinie 2013/34/EU in Bezug auf bestimmte Elemente der Erklärung zur Unternehmensführung, COM(2014)2013 – C7–0147/2014–2014/0121(COD).
33 *Eggers/de Raet* AG 2017, 464.

auch eine bilanzrechtliche Komponente mit Regelungen zum Country-by-country-reporting, an denen sich im Trilog-Verfahren längere Zeit die Geister schieden.[34] Nachdem diese Blockade aufgelöst werden konnte, lag der endgültige Kompromisstext am 13.12.2016 vor.[35] Das europäische Parlament hat die Richtlinie am 14.3.2017,[36] der Europäische Rat Anfang April 2017[37] verabschiedet. Mit der Veröffentlichung der Richtlinie am 20.5.2017 im Amtsblatt der Europäischen Union[38] fand das Gesetzgebungsverfahren seinen Abschluss. Gleichzeitig fiel der Startschuss für die nationale Umsetzungsgesetzgebung.

B. Aktionärsidentifikation („Know-your-Shareholder")

2   Der Themenkomplex Aktionärsidentifikation (oder neudeutsch: „Know-your-shareholder", KYS) möchte die Kommunikation zwischen Aktionär und börsennotierter Gesellschaft verbessern.[39] KYS ist ein zentraler Baustein in der Strategie des europäischen Gesetzgebers, die langfristige und nachhaltige Unternehmensentwicklung durch verstärkte „Überwachung" der Gesellschaft durch die Aktionäre zu fördern.[40] Dabei entbehrt es nicht einer gewissen Widersprüchlichkeit, wenn mit Verweis auf das unzureichende und kurzfristig orientierte Engagement der institutionellen Investoren und Vermögensverwalter[41] ein verstärktes Aktionärsengagement zur Unterstützung langfristigeren und nachhaltigeren Unternehmenswachstums begründen werden soll.[42] Die „Verbesserung" soll also ua[43] in der Aktivierung der Kleinaktionäre bzw. Endanleger,[44] die sich auch hinter den institutionellen Investoren verbergen können, liegen. Ob dies die gewünschten Ziele erreichen wird, wird zu beobachten sein.[45]

---

34   *Gaul* AG 2017, 178 (180); vgl. *Bayer/J. Schmidt* BB 2016, 1923 f.; *Bremer* NZG 2016, 1020 (1021); *Jung/Stiegler* in Jung/Krebs/Stiegler, Gesellschaftsrecht in Europa § 30 Rn. 8 f., dazu zur Entwicklung der Richtlinie im Trilogverfahren an sich.

35   Proposal for a Directive of the European Parliament and of the Council on amending Directive 2007/36/EC as regards the encouragement of long-term shareholder engagement and Directive 2013/34/EU as regards certain elements of the corporate governance statement – Analysis of the final compromise text with a view to agreement, Document 15248/16 vom 13.12.2016.

36   Legislative Entschließung des Europäischen Parlaments vom 14.3.2017 zu dem Vorschlag für eine Richtlinie des Europäischen Parlaments und des Rates zur Änderung der Richtlinie 2007/36/EG im Hinblick auf die Förderung der langfristigen Einbeziehung der Aktionäre sowie der Richtlinie 2013/34/EU in Bezug auf bestimmte Elemente der Erklärung zur Unternehmensführung (COM(2014)0213 – C7–0147/2014–2014/0121(COD)), P8_TA-PROV(2017)0067.

37   *Eggers/de Raet* AG 2017, 464.

38   Amtsblatt der Europäischen Union vom 20. Mai 2017, L 132 S. 1 ff.

39   *Noack* NZG 2017, 561.

40   Erwägungsgrund 2: Die „derzeitige ‚Überwachung' von Gesellschaften (.) [durch institutionelle Investoren und Vermögensverwalter war] oft unzureichend und auf kurzfristige Gewinne ausgerichtet."; ähnlich auch Erwägungsgrund 14; *Velte* NZG 2017, 368 (368 f.).

41   Erwägungsgrund 4; *Freitag* AG 2014, 647 (648); *Tröger* ZGR 2019, 162 (133).

42   *Strenger/Zetzsche* AG 2013, 397; Kritisch auch *Freitag* AG 2014, 647 (648)

43   Daneben sollen rechtliche Maßnahmen institutionelle Anleger zu langfristigerer Ausrichtung anhalten, *Strenger/Zetzsche* AG 2013, 397 (398) unter Verweis auf Europäische Kommission, Aktionsplan: Europäisches Gesellschaftsrecht und Corporate Governance – ein moderner Rechtrahmen für engagiertere Aktionäre und besser überlebensfähige Unternehmen, KOM(2012) 740 final.

44   *Freitag* AG 2014, 647 (648); *Tröger* ZGR 2018, 126 (132).

45   So bezweifeln *Georgiev/Kolev* GWR 2018, 107 (109) sowie *Noack* NZG 2017, 561 (567) ob die Gesellschaft ihre Kleinaktionäre kennen möchte, wenn sie schon mit den Großaktionären nicht in Dialog treten möchte; Zur Incentivierung von institutionellen Anlegern und Vermögensverwaltern, insbesondere bei gleichgelagerten Investments *Tröger* ZGR 2019, 126 (135 f.).

Das verstärkte Aktionärsengagement widerspricht diametral dem Leitbild des deut- 3
schen Aktienrechts, das vom Aktionär als rational-desinteressiertem, passivem Kapitalgeber ausgeht.[46] Damit zeigt sich erstmals, was sich wie eine roter Faden durch die
gesamte Richtlinie zieht: Der Richtliniengeber hat sich bei der Ausarbeitung der
Richtlinie an Vorbildern aus der monistischen Aktienrechtstradition orientiert.[47] Not-
gedrungen führt dies zu Friktionen mit dem dualistischen System. Diese konnten zwar
durch mühsam verhandelte Staatenwahlrechte abgemildert werden; eine echte Gleichbehandlung konnte jedoch, trotz anderslautender Beteuerungen der Richtliniengeber,[48] nicht erreicht werden.[49] Es war folglich Aufgabe des Umsetzungsgesetzgebers
und wird weiterhin Aufgabe der Rechtsanwendung sein, diese beabsichtigte Gleichbehandlung trotz eines unvollkommenen Richtlinientexts in die Tat umzusetzen.

Trotzdem handelt es sich bei der Verbesserung der Informationsdurchleitung um ein 4
bedeutsames Anliegen. Sowohl das monistische als auch das dualistische System können nur gut funktionieren, wenn die Aktionäre überhaupt eine realistische Möglichkeit erhalten, die ihnen nach dem jeweiligen System zustehenden Rechte auszuüben.[50]
Vor Inkrafttreten und Umsetzung der Richtlinie bestand kein grenzüberschreitendes
System der Informationsübermittlung. Eine einfache elektronische Kommunikation
mit den Aktionären scheitert häufig daran, dass nur unglaubliche 20 % überhaupt
elektronische Banking-Postfächer vorhalten;[51] in vielen Fällen bleiben Informationen
an den Landesgrenzen „hängen".[52] Die Richtlinie verspricht nun zumindest für den
europäischen Markt Verbesserungen.

I. Anwendungsbereich

In einer globalen Finanzwelt ist eine der Herausforderungen, potenziell weltumspan- 5
nende Beteiligungsketten mit den beschränkten Mitteln nicht-globaler Gesetzgebung
zu erfassen. Die Kette an Intermediären, die Gesellschaft und Aktionär miteinander
verbindet, kann – und wird häufig – Intermediäre aus Drittländern wie zB den USA
umfassen.[53] Eine Informationskette ist jedoch nur so stark wie ihr schwächstes Glied.
Zur effizienten Weiterleitung müssen auch Drittstaatenintermediäre erfasst sein.

Art. 2 lit. b) enthält eine weite Definition: „‚Intermediär' bezeichnet eine Person, (...) 6
die Dienstleistungen der Verwahrung von Wertpapieren oder der Führung von Depotkonten im Namen von Aktionären oder anderen Personen erbringt." Den regionalen
Bezug regelt Art. 1 Abs. 5: Die Regelungen zu KYS gelten für alle Intermediäre, die
Dienstleistungen für Gesellschaften mit Europabezug erbringen. Die **Gesellschaften**
müssen ihren Sitz in einem Mitgliedstaat haben und ihre Aktien müssen zum Handel
auf einem im Mitgliedstaat gelegenen oder dort betriebenen geregelten Markt zugelas-

---

46 *Lanfermann/Maul* BB 2014, 1283 (1284).
47 *Gaul* AG 2017, 178 (181 f.); *Fleischer* BB 2014, 2691 (2697, 2699) ua zur Ähnlichkeit
    der RPT-Regelungen mit den britischen „listing rules".
48 S. 9 f. des Vorschlags für eine Richtlinie des Europäischen Parlaments und des Rates zur
    Änderung der Richtlinie 2007/36/EG im Hinblick auf die Förderung der langfristigen Ein-
    beziehung der Aktionäre sowie der Richtlinie 2013/34/EU in Bezug auf bestimmte Ele-
    mente der Erklärung zur Unternehmensführung vom 9.4.2014, COM(2014) 213 final;
    Fleischer BB 2014, 2691 (2699); *Seibt* DB 2014, 1910 (1912); *Lanfermann/Maul* BB
    2014, 1283 (1284 f.).
49 Appell für ex-ante Systemneutralität, *Hommelhoff* NZG 2015, 1329 (1333).
50 *Noack* NZG 2017, 561 (561 f.).
51 *Seibert* FS Vetter, 753.
52 DAV-Handelsrechtsausschuss NZG 2015, 54 (55); *Seibt* DB 2014, 1910 (1916); *Strenger/
    Zetzsche* AG 2013, 397 (399); First report of the Giovannini Group on Cross Border
    Clearing and Settlement Arrangements in the European Union (11.2001); Second report
    of the Giovannini Group on Clearing and Settlement Arrangements in the European Uni-
    on (4.2003).
53 Erwägungsgrund 12.

sen sein.[54] Ein Europabezug für den Intermediär sucht man hingegen vergeblich. Jeder Intermediär ist folglich erfasst, auch ein Drittstaatenintermediär, sobald er Leistungen im Zusammenhang mit den Aktien einer Gesellschaft mit Europabezug erbringt.[55]

7   Dies darf jedoch nicht vergessen lassen, dass der Drittstaatenintermediär nicht unmittelbar europäischem Sanktions- und Vollstreckungszugriff unterliegt, sollte er nicht selbst über zB eine Zweigniederlassung in der Europäischen Union verfügen.[56] In der praktischen Umsetzung der Richtlinienbestimmung sind Probleme mit der Durchsetzung zu befürchten.[57]

II. Identifizierung der Aktionäre, Art. 3 a

8   Art. 3 a gewährt der Gesellschaft ein **Recht** zur Identifikation ihrer Aktionäre.[58] Die Richtlinie nimmt damit neben den Rechten der Aktionäre auch die der Unternehmen in den Blick, denen hier ein Identifizierungsrecht gewährt wird.[59] Das Recht ist die Grundlage der weiteren Befugnisse zwischen Gesellschaft und Aktionär. Ohne Kenntnis über den Aktionär auch kein Informationsaustausch mit ihm.[60] Es handelt sich um eine bewusste Entscheidung des Richtliniengebers, nachdem in den ersten Richtlinienfassungen nur eine Identifikationsmöglichkeit, aber kein Recht, vorgesehen war.[61] Mitgliedstaaten mit Inhaberaktien stellt das Identifikationsrecht vor eine Herausforderung, nachdem diesen gerade die verstärkte Anonymität der Aktionäre inhärent ist.[62]

9   Es ist nicht erforderlich, dass sich das Identifikationsrecht auch auf solche Aktionäre bezieht, die einen bestimmten Prozentsatz an Aktien oder Stimmrechten halten, der 0,5 % nicht überschreitet (**de minimis-Regelung**). Diese **Staatenoption** mag auf den ersten Blick unter dem Gesichtspunkt der Entlastung der Intermediäre von der Identifikation des Kleinstaktionariats stimmig erscheinen. Nachdem kein einheitlicher Schwellenwert vorgegeben ist, sind unterschiedliche Schwellenwerte in unterschiedlichen Mitgliedstaaten wahrscheinlich. Intermediäre, die grenzüberschreitend handeln, sollten daher einen **schwellenwertunabhängigen Prozess** aufsetzen.[63] Der beabsichtigte Erleichterungseffekt dürfte sich folglich in Grenzen halten[64] bzw. durch die Transaktionskosten der Berücksichtigung ggf. 27 unterschiedlicher Schwellenwerte wieder zunichte gemacht werden.

10 Der Schwellenwert soll anhand von **Aktien oder Stimmrechten** berechnet werden. Der Bezugspunkt ist unklar,[65] nachdem eine vollständige Trennung von Stimmrecht und Aktionärsstellung nicht möglich ist.[66] Denkbar ist, dass eine Differenzierung zwischen

---

54 *Noack* NZG 2017, 561 (562).
55 *Noack* NZG 2017, 561 (563).
56 Vgl. *Noack* NZG 2017, 561 (563).
57 *Hippeli* jurisPR-HAGesR 1/2017 Anm. 1, S. 5; vgl. *Zetsche* NZG 2014, 1021.
58 „Novum", *Seibt* DB 2014, 1910 (1917).
59 *Eggers/de Raet* AG 2017, 464 (467).
60 Erwägungsgrund 4.
61 So Art. 3 a Abs. 1 des Vorschlags für eine Richtlinie des Europäischen Parlaments und des Rates zur Änderung der Richtlinie 2007/36/EG im Hinblick auf die Förderung der langfristigen Einbeziehung der Aktionäre sowie der Richtlinie 2013/34/EU in Bezug auf bestimmte Elemente der Erklärung zur Unternehmensführung vom 9.4.2014, COM(2014) 213 final.
62 Vgl. *Noack* NZG 2017, 561 (562).
63 *Inci* sieht die Gefahr eines „Flickwerks" bei Schwellenbestimmung durch die Intermediäre NZG 2017, 579 (580); vgl. auch *Noack* NZG 2017, 561 (563).
64 So auch der RegE ARUG II, BT-Drs. 19/9739, S. 73 f.
65 *Noack* NZG 2017, 561 (563).
66 BGH ZIP 1987, 165; Zum Abspaltungsverbot bei institutionellen Anlegern und Vermögensverwaltern auch *Tröger* ZGR 2019, 126 (127); KK-AktG/*Tröger* AktG § 133 Rn. 11 ff.

Kell

unterschiedlichen Aktiengattungen ermöglicht werden soll.[67] Andere nehmen an, dass eine Umgehung des Schwellenwerts bei von der Beteiligung am Grundkapital abweichenden Stimmrechten vermieden werden soll.[68] Zudem ergeben sich praktische Schwierigkeiten: Die Kreditinstitute kennen nur die Aktienanzahl in ihrem Depot, nicht aber die Gesamtaktienanzahl eines Aktionärs mit mehreren Depots.[69]

Welche Informationen der Gesellschaft übermittelt werden müssen, regelt die Richtlinie nicht abschließend. Art. 2 lit. j) verlangt als Mindestinhalt   **11**

- Name/Firma und Kontaktdaten (Anschrift und ggf. E-Mail), einschließlich Registernummer/Rechtsträgerkennung bei juristischen Personen,
- die Anzahl der gehaltenen Aktien, sowie
- ggf., sofern von der Gesellschaft angefordert, die gehaltenen Aktiengattungen und das Erwerbsdatum der Aktien.[70]

Spezifische „Mindestanforderung[en]" an das Format der Antwort" der Intermediäre finden sich in der Durchführungsverordnung:[71]

- Eindeutige Kennung:
  - Juristische Person: nationale Registrierungsnummer mit vorangestelltem Ländercode oder LEI; falls nicht verfügbar eine BIC mit vorangestelltem Ländercode oder eine Identifikationsziffer der jeweiligen Rechtsordnung mit vorangestelltem Ländercode
  - Natürliche Person: nationale Kennung wie zB die Steueridentifikationsnummer[72]
- Name: bei natürlicher Person alle Vor- und Nachnamen
- Anschrift mit Postleitzahl und Ort und ggf. Postleitzahl und Nummer eines Postfachs[73]
- Land, identifiziert mittels eines Ländercodes
- E-Mail, falls vorhanden
- Angaben zur Art der Beteiligung: Beteiligung auf eigene Rechnung, nominelle Beteiligung, wirtschaftliche Beteiligung oder unbekannt
- Anzahl der vom Aktionär beim beantworteten Intermediär gehaltenen Aktien
- Beginn der Beteiligung, falls Angabe erforderlich
- Name eines vom Aktionär benannten Dritten, der für ihn Anlageentscheidungen vornehmen kann, falls erforderlich
- Eindeutige Kennung des vom Aktionär benannten Dritten, falls erforderlich

Einen **bestimmten Aktionärsbegriff** gibt die Richtlinie nicht vor.[74] Die Durchführungsverordnung[75] nennt verschiedene Formen der Beteiligung, ohne aber auszuschließen, dass Mitgliedstaaten ein engeres Begriffsverständnis wählen. **Nominelle Beteiligung** im Sinne der Durchführungsverordnung entspricht dem Legitimationsaktionär im Sinne des § 67 Abs. 1 Satz 3 AktG. **Beteiligung auf eigene Rechnung** meint den „wahren Aktionär" ohne Hintermann. Für die Einordnung der „**wirtschaftlichen Be-**   **12**

---

67 *Eggers/de Raet* AG 2017, 464 (468);; Kritisch *Jung/Stiegler* in Jung/Krebs/Stiegler, Gesellschaftsrecht in Europa § 30 Rn. 42, die darauf verweisen, dass der Anwendungsbereich der Richtlinie auf stimmrechtslose Aktien beschränkt ist, Art. 1 Abs. 1.

68 *Jung/Stiegler* in Jung/Krebs/Stiegler, Gesellschaftsrecht in Europa § 30 Rn. 42.

69 *Noack* NZG 2017, 561 (563); *Eggers/de Raet* AG 2017, 464 (470).

70 Vgl. Erwägungsgrund 5.

71 Art. 3 Abs. 2 der Delegierten Verordnung (EU) 2018/1212.

72 Gem. Art. 6 der Delegierten Verordnung (EU) 2017/590 der Kommission.

73 Postleitzahl und Nummer eines Postfachs werden nicht als optionale Felder angegeben, sind aber als solche zu verstehen, nachdem nicht jeder Aktionär über diese neben einer Anschrift verfügen wird.

74 *Strenger/Zetzsche* AG 2013, 397 (399); Anders hingegen *Noack* NZG 2017, 561 (566) der in der Richtlinie den Aktionär als „wer bei einem intermediär ein Aktienkonto führt (und nicht selbst als Intermediär handelt)" definiert sieht.

75 Delegierte Verordnung (EU) 2018/1212.

teiligung" gibt der Wortlaut mit seiner Nähe zu „wirtschaftlicher Eigentümer"[76] ein Indiz. Es handelt sich um eine Erweiterung des Begriffs des „wahren Aktionärs": Die Durchführungsverordnung zielt damit auf Informationen über Dritte, die zB im Rahmen von Treuhandverhältnissen, als „Strippenzieher" hinter dem rechtlichen Aktionär aus wirtschaftlicher Sicht Chancen und Risiken des Investments tragen. Diese wirtschaftlichen Beteiligungsverhältnisse sollten Mitgliedstaaten jedoch eher in originär geldwäscherechtlichen Offenlegungen verorten. Im Aktienrecht dürften sie der Transparenz eher abträglich sein, da dem wirtschaftlich Berechtigten keine direkten aktienrechtlichen Befugnisse zukommen.[77]

13 Dieser konturenlos-weite Aktionärsbegriff mag angesichts verschiedener Traditionen in den Mitgliedstaaten verständlich sein, ist jedoch der Effizienz des verfolgten Ziels abträglich.[78] Die Intermediäre werden je nach „landestypischer Gepflogenheit" eine Vielzahl unterschiedlicher Informationen bereitzuhalten haben, wenn es ihnen überhaupt möglich ist. Häufig dürften sie den nominellen Aktionär, nicht einen etwaigen wirtschaftlichen Berechtigten kennen.[79] Bei der grenzüberschreitenden Identifizierung, die ja gerade durch die Richtlinie gefördert werden soll, werden die unterschiedlichen Standards Probleme bereiten.[80]

14 Die Regelung nimmt **die Intermediäre in die Pflicht.**[81] Der **Antrag** der Gesellschaft oder eines von der Gesellschaft benannten Dritten auf Aktionärsidentifikation muss unverzüglich durch die Kette der Intermediäre weitergegeben werden bis er den Intermediär erreicht, der über die angeforderten Informationen verfügt, Art. 3 a Abs. 2, 3 UAbs. 1 S. 1. Häufig wird es sich dabei um den Letztintermediär handeln, dh den Intermediär, dem der Aktionär tatsächlich bekannt ist, weil er zB sein Depotkunde ist.[82] „Unverzüglich" ist europarechtsautonom auszulegen, dürfte aber ebenso als „ohne schuldhaftes Zögern" zu verstehen sein, beschränkt durch die Maximalfristen der Durchführungsverordnung.[83] Der Gesellschaft kann zudem das Recht eingeräumt werden, auch Informationen über den nächsten Intermediär in der Kette vom jeweiligen Intermediär zu verlangen, Art. 3 a Abs. 3 UAbs. 3.[84] Das kann zB bei Problemen mit der Antragsweiterleitung Sinn machen.[85] Die **Rückleitung der Informationen** von dem Intermediär, der über die Informationen verfügt, hat direkt an die Gesellschaft bzw. den von der Gesellschaft benannten Dritten zu erfolgen, Art. 3 a Abs. 3 UAbs. 1 S. 2. Die Möglichkeit der direkten Informationsübermittlung an den Antragsteller wurde erst im Zuge der Richtlinienverhandlungen in den Regelungstext aufgenommen, steigert die Effizienz (und Fehlerresistenz) des Verfahrens beträchtlich und reduziert folglich auch die Transaktionskosten für die Intermediäre.[86] Nach Art. 3 a Abs. 3 UAbs. 2 kann zudem ein Zentralverwahrer oder Intermediär verpflichtet werden, die angeforderten Informationen einzuholen. Intermediäre dürften hierdurch überfordert

---

76 Art. 3 Nr. 6 der Richtlinie (EU) 2015/849, umgesetzt in § 3 GwG.
77 Ähnlich auch *Jung/Stiegler* in Jung/Krebs/Stiegler, Gesellschaftsrecht in Europa § 30 Rn. 31: Anknüpfung von Art. 3 a an die tatsächliche Aktionärsstellung.
78 Vgl. DAV-Handelsrechtsausschuss NZG 2015, 54 (54 f.).
79 *Eggers/de Raet* AG 2017, 464 (471); *Noack* NZG 2017, 561 (567).
80 *Hippeli* jurisPR-HAGesR 1/2017 Anm. 1, S. 4.
81 *Noack* NZG 2017, 561 (562).
82 *Noack* NZG 2017, 561 (562).
83 Art. 9 Abs. 6 der Verordnung (EU) 2018/1212; *Jung/Stiegler* in Jung/Krebs/Stiegler, Gesellschaftsrecht in Europa § 30 Rn. 46.
84 Zu den Vorteilen dieser für den vorherigen Intermediär sinnvoll zu erfüllenden Pflicht *Noack* NZG 2017, 561 (563); auch *Seibt* DB 2014, 1910 (1916); eingehend Schwarz, Globaler Effektenhandel. Eine rechtstatsächliche und rechtsvergleichende Studie zu Risiken, Dogmatik und Einzelfragen des Trading, Clearing und Settlement nationaler und internationaler Wertpapiertransaktionen, 2015, § 2 ff.
85 *Jung/Stiegler* in Jung/Krebs/Stiegler, Gesellschaftsrecht in Europa § 30 Rn. 59.
86 DAV-Handelsrechtsausschuss NZG 2015, 54 (55); Zu den Risiken der Informationsdurchleitung durch die Kette zudem *Strenger/Zetzsche* AG 2013, 397 (401).

Kell

sein.[87] Art. 3 a Abs. 6 stellt sicher, dass für die Übermittelung das „Bankgeheimnis" nicht eingreift.[88]

Datenschutzrechtlich wird der Gesellschaft eine weitgefasste Datenverarbeitung ermöglicht. So können die erhaltenen Identifikationsdaten nicht nur zur Ausübung von Aktionärsrechten[89] sondern auch zum Aktionärsdialog und zur Zusammenarbeit mit den Aktionären eingesetzt werden, Art. 3 a Abs. 4 UAbs 1. Diesen Anwendungsbereich können die Mitgliedstaaten noch erweitern, Art. 3 a Abs. 4 UAbs. 3. Die Daten dürfen bis **12 Monate,** nachdem die Gesellschaft erfahren hat, dass die betroffene Person nicht mehr Aktionär ist, gespeichert werden. Hierfür ist der Verlust aller nach der Richtlinie möglichen Aktionärsformen erforderlich. Eine Löschpflicht entsteht also nicht bereits bei einem reinen „Statuswechsel" des Aktionärs, zB von nominellem zu wahrem Aktionär. Unbeschadet bleibt das Recht der Gesellschaft, die Daten in einem solchen Fall trotzdem zu löschen und neu anzufordern. Mit dem Identifikationsrecht aus Art. 3 a ist keine Aufbewahrungspflicht verbunden. Im Einzelfall können sektorspezifische Rechtsakte längere Speicherfristen vorsehen, Art. 3 a Abs. 4 UAbs. 2, zB hinsichtlich geldwäscherechtlicher Sorgfaltspflichten[90].

III. Übermittlung von Informationen, Art. 3 b

Neben dem Recht der Gesellschaften auf Aktionärsidentifikation sieht Art. 3 b der Richtlinie für weitere Informationen **Weiterleitungspflichten** der Intermediäre[91] von der Gesellschaft an den Aktionär (Abs. 1) und zurück (Abs. 4) vor.[92] Dies soll das Engagement des Aktionärs in der Gesellschaft fördern. Den Intermediärspflichten korrespondiert eine Pflicht der Gesellschaft, Art. 3 b Abs. 2. Im Umkehrschluss zu Art. 3 a (Rechtseinräumung zugunsten der Gesellschaft) gewährt Art. 3 b kein subjektives Recht des Aktionärs. Ebenso wird kein Erfolg der Informationszuleitung verlangt.[93]

Art. 3 b Abs. 1 lit. a) und b) sowie Abs. 4 grenzt den **Umfang der zu übermittelnden Informationen** ein. Andernfalls würde die Gefahr bestehen, dass Intermediäre alles, was ein Aktionär oder die Gesellschaft immer schon einmal dem jeweils anderen mitteilen wollte, unverzüglich übermitteln müssten. Eine unverhältnismäßige und nicht mehr kalkulierbare Belastung der Intermediäre wäre die Folge. Daher sind lediglich die Informationen zu übermitteln, die die Gesellschaft dem Aktionär für die Ausübung der Aktionärsrechte aller Aktien einer Gattung zuleiten **muss.** Informationen des Aktionärs sind nur bei Zusammenhang mit der Rechtsausübung zu übermitteln, Abs. 4. Dieser Zusammenhang ist wie in Abs. 1 eng zu verstehen, dh es sind nur Informationen erfasst, die für die Rechtsausübung erforderlich sind.[94]

Eine Pflicht der Gesellschaft zur Informationszuleitung kann sich aus gesetzlichen Regelungen oder einer Selbstbindung durch Satzungsbestimmungen, Beschlüsse oder interne Kodizes ergeben. Nach der finalen Ausrichtung von Art. 3 b Abs. 1 lit. a) ist eine Verpflichtung immer dann vorzusehen, wenn das Fehlen der Information die Aus-

15

16

17

18

---

87 *Noack* NZG 2017, 561 (563).
88 *Noack* NZG 2017, 561 (562).
89 So aber noch Art. 3 a Abs. 3 S. 2 des Vorschlags für eine Richtlinie des Europäischen Parlaments und des Rates zur Änderung der Richtlinie 2007/36/EG im Hinblick auf die Förderung der langfristigen Einbeziehung der Aktionäre sowie der Richtlinie 2013/34/EU in Bezug auf bestimmte Elemente der Erklärung zur Unternehmensführung vom 9.4.2014, COM(2014) 213 final
90 Art. 40 Abs. 1 lit. a) der Richtlinie (EU) 2015/849 in der Fassung der Richtlinie (EU) 2018/843.
91 *Noack* NZG 2017, 561 (564).
92 *Noack* NZG 2017, 561 (564): Intermediäre als „Relaisstelle".
93 *Noack* NZG 2017, 561 (565); *Seibt* DB 2014, 1910 (1917).
94 Sonst verbleibt es bei einem schwer konturierbaren Umfang, vgl. *Noack* NZG 2018, 561 (565); anders *Jung/Stiegler* in Jung/Krebs/Stiegler, Gesellschaftsrecht in Europa § 30 Rn. 69: potentieller Bezug zur Wahrung von Aktionärsrechten ausreichend.

übung der Aktionärsrechte verhindern oder signifikant behindern würde. Sind die Informationen auf der Website der Gesellschaft verfügbar, reicht ein Hinweis hierauf, Art. 3 b Abs. 1 lit. b). Eine abschließende Aufzählung, welche Informationen erfasst sind, gibt es nicht,[95] die Regelung setzt vielmehr eine mitgliedstaatliche Regelung voraus.[96] Mindestens sind jedoch die Einladung zur Hauptversammlung,[97] Informationen zur Teilnahme und Durchführung der Hauptversammlung[98] und Informationen über „andere Unternehmensereignisse als Hauptversammlungen," wie zB Gewinnausschüttungen,[99] umfasst.

19   Die **Informationsleitung** erfolgt wie bei Art. 3 a durch die **Kette der Intermediäre**, es sei denn, sie können (und werden!)[100] direkt an die Gesellschaft (bei Informationsübermittlung auf Veranlassung des Aktionärs, Art. 3 b Abs. 4 und 5) oder direkt an den Aktionär bzw. einen vom Aktionär benannten Dritten übermittelt werden (bei Informationsübermittlung auf Veranlassung der Gesellschaft, Art. 3 b Abs. 3 und 5). Eine solche Direktübermittlung sollte angesichts des weiten europäischen Aktionärsbegriffs insbesondere Namensaktiengesellschaften möglich sein.[101] Eine Veröffentlichung auf der Internetseite wird dem Begriff der „unmittelbaren Übermittlung" nur gerecht wenn die Aktionäre hierauf hingewiesen werden.[102] Der **vom Aktionär benannte Dritte** kann zB ein vom Aktionär beauftragter Stimmrechtsvertreter oder sonstiger Dienstleister sein. Der Legitimationsaktionär bzw. „nominelle Aktionär" wie zB das depotführende Kreditinstitut kann hingegen kein „Dritter" im Sinne der Regelung sein, da er bereits von der Aktionärsdefinition an sich erfasst ist (→ Rn. 12 f.).

20   **Datenschutzrechtliche Regelungen** fehlen in Art. 3 b. In der Tat dürfte Art. 3 a mit der Übermittlung personenbezogener Daten zur Aktionärsidentifikation eine stärkere datenschutzrechtliche Relevanz haben, wohingegen Art. 3 b eher technische Daten wie die Einberufung der Hauptversammlung umfasst. Sollte doch die Verarbeitung eines personenbezogenen Datums erforderlich werden, ist aufgrund der Sachnähe Art. 3 a Abs. 4 analog anzuwenden.

IV. Erleichterung der Ausübung von Aktionärsrechten, Art. 3 c

21   Art. 3 c regelt eine weitere **originäre Verpflichtung der Intermediäre**. In Art. 3 b waren sie noch lediglich als Durchleitungsstelle hinsichtlich Informationen, die **die Gesellschaft** den Aktionären zuzuleiten hatte, vorgesehen. In Art. 3 c haben sie die Rechtsausübung der Aktionäre zu erleichtern, indem sie entweder – lit. a) – die „erforderlichen Vorkehrungen" für die Rechtsausübung durch den Aktionär bzw. einen von diesem benannten Dritten (zum Begriff → Rn. 19) treffen oder – lit. b) – die Rechtsausübung für den Aktionär vornehmen.

22   Zur Frage, was „erforderliche Vorkehrungen" sind, schweigt die Richtlinie. Nach den Durchführungsrechtsakten zählt hierzu eine Bestätigung des Intermediärs, dass der Aktionär zur Rechtsausübung in der Hauptversammlung berechtigt ist[103] sowie die Anmeldung des Aktionärs zur Hauptversammlung.[104] Ebenso können erleichternde Maßnahmen wie die Bereitstellung von Vordrucken, die Unterstützung des Aktionärs

---

95   Kritisch DAV-Handelsrechtsausschuss NZG 2015, 54 (55).
96   *Noack* NZG 2017, 561 (565).
97   Art. 4 Abs. 1 der Durchführungsverordnung (EU) 2018/1212; Kritisch zum hier verfolgten „Push"-Ansatz im Verhältnis zu Art. 5 Abs. 4 der Richtlinie 2007/36/EG, *Noack* NZG 2017, 561 (564).
98   *Jung/Stiegler* in Jung/Krebs/Stiegler, Gesellschaftsrecht in Europa § 30 Rn. 66.
99   Art. 8 Abs. 1 und Tabelle 8 der Durchführungsverordnung (EU) 2018/1212.
100 *Jung/Stiegler* in Jung/Krebs/Stiegler, Gesellschaftsrecht in Europa § 30 Rn. 71.
101 Vgl. auch *Noack* NZG 2017, 561 (564).
102 *Jung/Stiegler* Jung/Stiegler in Jung/Krebs/Stiegler, Gesellschaftsrecht in Europa § 30 Rn. 68.
103 Art. 5 Abs. 1 der Durchführungsverordnung (EU) 2018/1212.
104 Art. 6 Abs. 1 der Durchführungsverordnung (EU) 2018/1212.

bei der Bestellung von Eintrittskarten sowie ein Hinweis auf die Möglichkeit der Stimmrechtsvertretung durch den Intermediär unter Art. 3 c Abs. 1 lit. a) fallen.[105] Wie bei Art. 3 b ist jedoch zu berücksichtigen, dass die sanktionsbewehrte (!) Verpflichtung des Intermediärs klar umgrenzt sein muss: Die Verpflichtung ist an dem Ziel „Erforderlichkeit für die Rechtsausübung" zu messen. Eine Maßnahme ist nur dann eine erforderliche Vorkehrung, wenn ihr Fehlen die Rechtsausübung durch den Aktionär verhindern oder signifikant behindern würde. Selbstverständlich können darüber hinaus „weniger essentielle Maßnahmen" als freiwillige Zusatzleistung erbracht werden.

Art. 3 c Abs. 1 lit. b) nennt als weitere Erleichterungsmaßnahme die **Wahrnehmung** **der Aktionärsrechte durch den Intermediär** mit ausdrücklicher Genehmigung des Aktionärs, zu dessen Gunsten und gemäß dessen Anweisungen. Die Ausrichtung an einem typisierten Aktionärsinteresse muss angesichts des weiten Streubesitzes ausreichen.[106] Eine Pflicht zur Übernahme der **Stimmrechtsvertretung** besteht nicht.[107] Art. 3 c Abs. 1 („mindestens eine der folgenden Maßnahmen") verlangt lediglich die alternative, nicht die kumulative Durchführung. Der Wortlaut von lit. b) scheint ein konkludentes Einverständnis des Aktionärs mit der Stimmrechtsvertretung auszuschließen. Jedoch können Maßnahmen nach lit. b) vollständig unterbleiben, wenn solche nach lit. a) vorgesehen sind. Erst Recht muss in diesem Fall eine Stimmrechtsvertretung nach lit. b), wenn auch mit konkludentem Einverständnis, möglich sein. Im Sinne eines möglichst einfachen Zugangs zur Stimmrechtsvertretung reicht zB eine Genehmigung durch Anklicken einer Box in einem Onlineformular. Wünscht der Aktionär eine Stimmrechtsvertretung, gibt aber **keine Weisungen**, ist dem Intermediär die Stimmrechtsvertretung trotzdem möglich.[108] Er weicht damit zwar von Art. 3 c Abs. 1 lit. b) ab; er kann dies aber auch, nachdem dort kein verbindlicher Standard sondern eine Maßnahmeempfehlung geregelt ist.[109]

Art. 3 c Abs. 2 UAbs. 1 sieht bei elektronischer Abstimmung in der Hauptversammlung eine elektronische **Bestätigung** des Stimmeingangs an die Person, die die Stimme abgegeben hat vor. Das kann statt des Aktionärs auch ein Stimmrechtsvertreter sein.[110] Art. 3 c Abs. 2 UAbs. 2 weitet dies dahin gehend aus, dass zusätzlich stets der Aktionär oder ein von ihm benannter Dritter eine (nicht zwingend elektronische) Bestätigung über die wirksame Aufzeichnung und Zählung der Stimmen verlangen kann, sollten ihm diese Informationen noch nicht zur Verfügung stehen. Die Antragsberechtigung kann auf höchstens drei Monate, gerechnet ab der Abstimmung befristet werden, Art. 3 c Abs. 2 UAbs. 2 S. 2. Diese Bestätigung gilt für elektronische und nicht-elektronische Abstimmungen gleichermaßen. Erhalten Intermediäre die Bestätigungen nach UAbs. 1 oder 2, sind sie in der Kette der Intermediäre weiterzuleiten, es sei denn es kommt eine Direktübermittlung an den Aktionär oder einen benannten Dritten in Betracht, Art. 3 c Abs. 2 UAbs. 3 S. 2.

Aktionär iSd Art. 3 c Abs. 2 sollte nur der Aktionär sein, dem tatsächlich ein Stimmrecht zukommt. Das kann je nach nationalem Aktienrecht nur der nominelle oder der nominelle und der wahre Aktionär sein. Dem wirtschaftlichen Aktionär (zum Begriff → Rn. 12) sollte hingegen keinen Anspruch auf Bestätigung zukommen. Das könnte unterschiedliche Aktionärsbegriffe für Art. 3 a und Art. 3 c im nationalen Recht zur

23

24

25

105 DAV-Handelsrechtsausschuss NZG 2015, 54 (55 f.).
106 *Noack* NZG 2017, 561 (566).
107 Erwägungsgrund 9 („(…) sollte der Aktionär (…)"); DAV-Handelsrechtsausschuss NZG 2015, 54 (56).
108 Vgl. den Vorschlag des DAV-Handelsrechtsausschusses, eine verbindliche Weisung des Aktionärs nicht zur Voraussetzung der Stimmrechtsvertretung zu machen NZG 2015, 54 (56).
109 Ähnlich *Jung/Stiegler* in Jung/Krebs/Stiegler, Gesellschaftsrecht in Europa § 30 Rn. 77: keine Pflicht des Intermediärs, proaktiv Weisungen einzuholen.
110 *Jung/Stiegler* in Jung/Krebs/Stiegler, Gesellschaftsrecht in Europa § 30 Rn. 77 (fn 158).

Folge haben. Nachdem die Richtlinie den Aktionärsbegriff den Mitgliedstaaten überlässt und durch die Durchführungsverordnung nur Hinweise zur Ausgestaltung gibt,
ist ein solches Verständnis auch ohne Weiteres zulässig. Es sorgt für eine sachgerechte
Begrenzung des Bestätigungsrechts, da der Gesellschaft der „wirtschaftliche Aktionär" häufig nicht bekannt sein dürfte. Anderenfalls wäre sie zur Verifikation der Be-
stätigungsanforderung des Aktionärs verpflichtet, jedesmal eine Identifikationsabfrage
nach Art. 3 a durchzuführen. Dem wirtschaftlichen Aktionär entstehen hieraus keine
Nachteile, nachdem er die Bestätigung, die zB sein Treuhänder anfordern und ohne
Weiteres mittels Treuhandverhältnisses erhalten kann. Die Übermittlung der Bestätigung erfolgt durch die Kette der Intermediäre, es sei denn eine Direktübermittlung
an den Aktionär oder einen von diesem benannten Dritten ist möglich.

26 Zum **Datenschutz** gelten die Ausführungen in → Rn. 20 entsprechend.

V. Sanktionen

27 Einer Missachtung der Rechte und Pflichten, die die Richtlinie begründet, ist zu sank-
tionieren, Art. 14 b. Das Wie der Sanktionierung lässt die Richtlinie offen.[111] Ein
Stimmrechtsverlust des Aktionärs als Sanktion wäre fehlgeleitet.[112] Art. 3 a–3 c regeln
Verpflichtungen der Intermediäre und der Gesellschaft, nicht der Aktionäre. Denkbar
wäre die Anordnung eines Bußgelds zulasten der Intermediäre für Normverstöße.[113]
Auf Ebene der Gesellschaft kann zudem innergesellschaftliche Organhaftung in Frage
kommen.

C. Institutionelle Anleger, Vermögensverwalter und Stimmrechtsberater

28 Die Maßnahmen in Art. 3 g–Art. 3 j der Richtlinie sollen die Transparenz bei institutionellen Anlegern, Vermögensverwaltern und Stimmrechtsberatern stärken. So soll
den Endbegünstigten ermöglicht werden, Einflussnahmen zu erkennen[114] und bewuss-
tere Anlageentscheidungen zu treffen.[115] Damit folgt die Richtlinie einmal mehr dem
Ansatz des aktiven Aktionärsengagements, dem positive Effekte auf die langfristige
und nachhaltige Entwicklung der Gesellschaft zugeschrieben werden und der im Widerspruch zum Leitbild des Aktionärs als passivem Kapitalgeber steht (ausführlich
hierzu → Rn. 3 ff.).[116]

I. Mitwirkungspolitik, Art. 3 g
1. Anwendungsbereich

29 Art. 3 g verpflichtet institutionelle Anleger und Vermögensverwalter, sich eine Mitwirkungspolitik zu geben. Nicht erfasst sind Kreditinstitute, wenn sie nicht in einem Teil-
bereich die nachfolgenden Definitionen erfüllen.[117]

---

111 *Eggers/de Raet* AG 2017, 464 (472).
112 *Inci* NZG 2017, 579 (580); *Eggers/de Raet* AG 2017, 464 (472).
113 *Inci* NZG 2017, 579 (580).
114 Erwägungsgrund 26 zur Bedeutung von Stimmrechtsberatern.
115 Erwägungsgrund 15, 16, 17; *Tröger* ZGR 2019, 126 (132 ff.).
116 *Lanfermann/Maul* BB 2014, 1283 (1284); Kritisch *Tröger* ZGR 2019, 126 (132 ff.).
117 *Freitag* AG 2014, 647 (650).

Institutionelle Anleger im Sinne der Richtlinie sind 30
- Unternehmen, die Tätigkeiten der Lebensversicherung[118] oder der Rückversicherung[119] ausführen, sofern sich diese Tätigkeiten auf Lebensversicherungsverpflichtungen beziehen, Art. 2 lit. e) i)[120] sowie
- Einrichtungen der betrieblichen Altersversorgung,[121] Art. 2 lit. e) ii).

Vermögensverwalter im Sinne der Richtlinie sind 31
- Wertpapierfirmen,[122] die Portfolioverwaltungsdienstleistungen für Anleger erbringen,
- einige Verwalter alternativer Investmentfonds,[123]
- Verwaltungsgesellschaften[124] oder
- zugelassene Investmentgesellschaften,[125] die keine Verwaltungsgesellschaft benannt haben.

Zuständig für den jeweiligen institutionellen Anleger und Vermögensverwalter ist der 32
Herkunftsmitgliedstaat im Sinne des anwendbaren sektorspezifischen Rechtsakts der Union, Art. 1 Abs. 2 lit. a). Institutionelle Anleger und Vermögensverwalter unterfallen dem Anwendungsbereich der Richtlinie, wenn sie in Aktien investieren, die auf einem geregelten Markt gehandelt werden, Art. 1 Abs. 6 lit. a) und b). Institutionelle Anleger können ihre Investments direkt oder mittels eines Vermögensverwalters durchführen, Art. 1 Abs. 6 lit. a). Der **geregelte Markt** im Sinne der Art. 3g-3i muss nicht in Europa gelegen oder betrieben sein und ist auch nicht auf europäische börsennotierte Gesellschaften beschränkt. Die Regelungen für Institutionelle Anleger und Vermögensverwalter sind weiter gefasst als der übrige Anwendungsbereich der Richtlinie. Das ergibt sich aus einem Umkehrschluss aus Art. 1 Abs. 5 und Abs. 6 lit. c) der Richtlinie, die einen Bezug auf europäische börsennotierte Gesellschaften jeweils ausdrücklich regeln, während er in Art. 1 Abs. 6 lit. a) und b) fehlt.[126]

Anders als bei den Intermediären im Bereich „Know-your-Shareholder" werden hier 33
nur die institutionellen Anleger und Vermögensverwalter erfasst, deren Herkunftsstaat ein europäischer Mitgliedstaat ist.[127] Angesichts der weltumspannenden Dimension des Finanzmarktes ist dies misslich.[128] Zumindest die großen Investoren wie zB Blackrock Inc., die über ihre Produktgruppe iShares annähernd die Hälfte des europäischen ETF-Markts auf sich vereint,[129] dürften über eine europäische Tochter verfügen.[130] Die Ziele der Richtlinie können so nur unvollkommen erreicht werden. Der gewählte Ansatz wird mit der Macht des Faktischen zu erklären sein – die Regelungs- und Aufsichtsmacht des europäischen Gesetzgebers endet an den Grenzen Europas.[131]

Die Regulierung von Intermediären und Vermögensverwaltern in der **Aktionärsrechte-** 34
richtlinie verwundert, angesichts der unmittelbaren kapitalmarktrechtlichen Rele-

---

118 Im Sinne von Art. 2 Abs. 3 lit. a, b, und c der Richtlinie 2009/138/EG des Europäischen Parlaments und des Rates.
119 Im Sinne von Art. 13 Nummer 7 der Richtlinie 2009/138/EG des Europäischen Parlaments und des Rates.
120 Kritisch hierzu *Freitag* AG 2014, 647 (650 f.).
121 Wenn sie auch nach den Bestimmungen des jeweiligen Mitgliedstaats von Art. 2 der Richtlinie (EU) 2016/2341 des Europäischen Parlaments und des Rates erfasst ist.
122 Im Sinne von Art. 4 Abs. 1 Nummer 1 der Richtlinie 2014/65/EU.
123 Im Sinne von Art. 4 Abs. 1 lit. b) der Richtlinie 2011/61/EU.
124 Im Sinne von Art. 2 Abs. 1 lit. b) der Richtlinie 2009/65/EG.
125 Nach der Richtlinie 2009/65/EG.
126 So auch RegE ARUG II, BT-Drs. 19/9739, S. 114.
127 DAV-Handelsrechtsausschuss NZG 2015, 54 (57).
128 *Freitag* AG 2014, 647 (651).
129 https://finews.ch/new/banken/32212-ubs-blackrock-etf-gsam-exchange-traded-fonds (abgerufen am 24.1.2020).
130 Beispielsweise BlackRock Investment Management (Netherlands) BV.
131 *Freitag* AG 2014, 647 (651).

vanz.[132] Nur mittelbar besteht ein Einfluss auf die Aktionäre, denen (teilweise) bessere Informationsmöglichkeiten zur Verfügung stehen.[133]

2. Mitwirkungspolitik

35 Nach Art. 3 g Abs. 1 sollen sich institutionelle Anleger und Vermögensverwalter jeweils eine **Mitwirkungspolitik** geben, in der sie ihre Mitwirkung in den Gesellschaften, in die sie investieren, beschreiben. Nachdem es sich um einen sensiblen Bereich handelt, der auch Geschäftsgeheimnisse berühren kann,[134] ist Art. 3 g Abs. 1 als „comply-or-explain"-Regelung ausgestaltet.[135] Institutionelle Anleger und Vermögensverwalter können alternativ auch eine unmissverständliche und mit Gründen versehene Erklärung veröffentlichen, warum sie der Verpflichtung ganz oder in Teilen nicht nachkommen.[136] So könnte zB erläutert werden, dass Kleinstinvestments von der Mitwirkungspolitik ausgenommen werden.[137] Trotz der im „comply-or-explain" angelegten Freiwilligkeit darf jedoch nicht die Macht des faktischen Zwangs zur Compliance unterschätzt werden. Der Maßstab für die Erläuterung ist ein strenger: Blumige und unklare Begriffe aus PR-Broschüren stellen keine „unmissverständliche" begründete Erklärung dar.[138] Die Erklärung muss für den durchschnittlichen Aktionär klar und verständlich sein.

36 Die Mitwirkungspolitik soll **beschreibende Aussagen** treffen über:
- die Integration der Mitwirkung der Aktionäre in die Anlagestrategie,
- die Überwachung der Zielgesellschaften hinsichtlich wichtiger Angelegenheiten, zB hinsichtlich Strategie, Leistung und Risiko, Kapitalstruktur, Corporate Governance einschließlich sozialer und ökologischer Auswirkungen,
- den Dialog mit den Zielgesellschaften,
- die (Stimm-)Rechtsausübung,
- die Zusammenarbeit mit anderen Aktionären,
- die Kommunikation mit weiteren Interessenträgern der Zielgesellschaften,
- den Umgang mit tatsächlichen und potenziellen Interessenkonflikten.[139]

37 Ähnlich wie bei Art. 9 a und 9 b der Richtlinie ist die Mitwirkungspolitik eine ex-ante-Festlegung, wie die institutionellen Anleger und Vermögensverwalter ihr Engagement in den Zielgesellschaften planen.

38 Sie wird über Art. 3 g Abs. 1 lit. b) von einer **Berichtspflicht** flankiert, die nach Ablauf eines Jahres die Einhaltung der Mitwirkungspolitik überprüfbar machen soll.[140] Auch hier greift jedoch der „comply-or-explain"-Grundsatz, so dass von der Berichtspflicht, auch insgesamt, in begründeten Fällen abgewichen werden kann.[141] Institutionelle Anleger und Vermögensverwalter sollen veröffentlichen, wie sie ihre Mitwirkungspolitik umgesetzt haben. Das Abstimmungsverhalten ist in allgemeiner Natur zu erläu-

---

132 *Tröger* ZGR 2019, 126 (126, 129, 147 f.); *Georgiev/Kolev* GWR 2018, 107 (109); *Zetzsche* NZG 2014, 1121 (1125); *Baums* ZHR 183 (2019) 605 ff.
133 *Tröger* ZGR 2019, 126 (129).
134 *Georgiev/Kolev* GWR 2018, 107 (109); DAV-Handelsrechtsausschuss NZG 2015, 54 (57); *Freitag* AG 2014, 647 (652).
135 DAV-Handelsrechtsausschuss NZG 2015, 54 (56) begrüßt den comply-or-explain-Ansatz ausdrücklich; vgl. auch *Freitag* AG 2014, 647 (649); *Lutter/Bayer/Schmidt*, Europäisches Unternehmens- und Kapitalmarktrecht, 2017, Rn. 29.42.
136 *Freitag* AG 2014, 647 (649 f.).
137 *Freitag* AG 2014, 647 (651), der richtig drauf hinweist, dass die Richtlinie für Governance-Vorgaben an institutionelle Anleger und Vermögensverwalter keine de-minimis-Grenze vorsieht.
138 Zur nicht von der Hand zu weisenden Gefahr der nichtssagenden, wohlklingenden Prosa durch die Mitwirkungspolitik an sich, *Tröger* ZGR 2019, 126 (147).
139 Hierzu *Freitag* AG 2014, 647 (651).
140 *Kell/Barth* GmbHR 2020, R20 (R21).
141 *Freitag* AG 2014, 647 (649 f.)

tern.[142] Die Stimmabgabe in Zielgesellschaften muss grundsätzlich offengelegt werden, nur unbedeutende Stimmabgaben können ausgenommen werden. **Unbedeutende Stimmabgaben** können solche sein, an denen der Investor im Vergleich zu seinen anderen Beteiligungen eine sehr geringe Beteiligung hält.[143] Der Investor kann sich selbst Kriterien geben, welche Stimmabgaben unbedeutend sind.[144] Unklar ist zunächst, wie sich die Anforderung zur grundsätzlichen Veröffentlichung von Stimmabgaben mit dem Erfordernis, über die wichtigsten Abstimmungen zu berichten[145] verträgt, da dieses einen deutlich kleineren Kreis von Abstimmungen zu erfassen scheint. Es ist anzunehmen, dass die Erläuterung der wichtigsten Abstimmungen ein Mehr an Information als nur die Offenlegung des tatsächlichen Stimmverhaltens umfassen soll. Der Aktionär wird hierdurch für die wichtigsten Abstimmungen zusätzlich mit Hintergrundinformationen versorgt.[146]

Die **Veröffentlichung** soll **kostenfrei auf der Internetseite** des institutionellen Anlegers oder Vermögensverwalters erfolgen, wobei die Mitgliedstaaten auch andere, kostenfreie Veröffentlichungswege vorsehen können, Art. 3 g Abs. 2 UAbs. 2. Sind die Informationen auf der Internetseite des Vermögensverwalters verfügbar, kann der Institutionelle Anleger, der mit dem Vermögensverwalter eine vertragliche Beziehung unterhält, auf die Angaben zur Stimmabgabe **verweisen**, Art. 3 g Abs. 2. Der Verweis lediglich auf die Stimmabgabe greift zu kurz. Die Richtlinie ist **extensiv auszulegen**. Der Vermögensverwalter, der als Vertragspartner des institutionellen Anlegers auf dessen Mitwirkungspolitik verpflichtet ist, wird diese noch in weiteren Punkten umsetzen. Eine Verweismöglichkeit auch für diese Fälle ermöglicht Synergien. Nach Art. 3 g Abs. 2 UAbs. 1 S. 2 ist die Veröffentlichung nicht an ein bestimmtes Medium gebunden. Art. 3 g Abs. 2 UAbs. 2 lässt zudem die Veröffentlichung per Verweis grundsätzlich zu. Ziel der Vorschrift ist die Information der Aktionäre über verbesserte Transparenz; dies ist sowohl im Verweisfalle als auch bei doppelter Veröffentlichung der Informationen gegeben.   39

Angesichts des comply-or-explain-Ansatzes sollte Art. 3 g keine unüberwindliche Gefahr für sensible Geschäftsinformationen und **Geschäftsgeheimnisse** darstellen.[147] Jede Information kann auch vollständig weggelassen werden, solange dies begründet erläutert wird. Der Schutz von Geschäftsgeheimnissen wird von der Richtlinie ausdrücklich anerkannt.[148]   40

II. Anlagestrategie institutioneller Anleger und Vereinbarungen mit Vermögensverwaltern, Art. 3 h

Art. 3 h Abs. 1 verpflichtet institutionelle Anleger, zu veröffentlichen, wie die Hauptelemente ihrer Anlagestrategie auf Profil und Laufzeit ihrer Verbindlichkeiten passen und wie dies zur mittel- bis langfristigen Wertentwicklung ihrer Vermögenswerte beiträgt.   41

Anders als bei der Mitwirkungspolitik, die vollständig dem Gebot „comply-or-explain" unterliegt, können sich institutionelle Anleger von dieser Verpflichtung nicht lossagen. Lediglich soweit institutionelle Anleger bestimmte Elemente einer etwaigen Vereinbarung mit einem Vermögensverwalter veröffentlichen müssen (hierzu sogleich), greift wiederum ein „comply-or-explain"-Ansatz.   42

---

142 Kritisch *Freitag* AG 2014, 647 (652): „regulatorischer Overkill".
143 Erwägungsgrund 18.
144 Erwägungsgrund 18.
145 Art. 3 b Abs. 1 lit. b) S. 1.
146 *Freitag* AG 2014, 647 (650).
147 So aber DAV-Handelsrechtsausschuss NZG 2015, 54 (56); *Georgiev/Kolev* GWR 2018, 107 (109).
148 Erwägungsgrund 45.

43 Kritik regt sich hinsichtlich eines unzulänglichen Schutzes von **Geschäftsgeheimnissen**.[149] In der Tat wird durch die Veröffentlichungspflicht ohne Opt-Out-Möglichkeit die Gefahr eines Konflikts mit dem Geheimhaltungsinteresse des institutionellen Anlegers verstärkt. Abs. 1 ist jedoch weit gefasst: Es sind nur „die Hauptelemente" offenzulegen. In dem so eröffneten Auslegungsspielraum ist die von der Richtlinie selbst anerkannte Bedeutung von Geschäftsgeheimnissen zu berücksichtigen.[150] Ein vollständiges Absehen von der Veröffentlichung der Anlagestrategie ist nicht möglich.[151] Wohl aber ist eine angemessene Wahl des Detaillierungsgrades oder eine teilweise Nichtveröffentlichung bei überwiegenden Geheimhaltungsinteressen zulässig, solange die Gesamtaussagekraft der Veröffentlichung nicht wesentlich beeinträchtigt wird.

44 Nach Art. 3 h Abs. 1 muss der Beitrag der Anlagestrategie zur mittel- bis langfristigen **Wertentwicklung der Vermögenswerte** des institutionellen Anlegers offengelegt werden. Nimmt man die Regelung wörtlich, sind alle Anlagestrategien hinsichtlich aller Vermögenswerte weltweit[152] erfasst: Immobilien, Beteiligungen an nicht börsennotierten Gesellschaften, Rohstoffe, Bitcoin etc. Dieser weite Ansatz widerspricht der Fokussierung der Richtlinie auf informiertere Aktionärsentscheidungen durch Transparenz.[153] Der englische Wortlaut der Richtlinie spricht von „equity investment strategy", also „_Aktien_anlagestrategie". Die Definitionen in Art. 1 Abs. 6 lit. a) und b) beziehen sich bei aller Weite lediglich auf Investments in Aktien. Letztlich wird ein so breit angelegter Vergleich aller Anlagestrategien mit allen Vermögenswerten dem eigentlichen Transparenzziel abträglich sein. Abs. 1 ist daher **richtlinienkonform eng** auszulegen. Anderenfalls würden viele Informationen veröffentlicht werden, die von geringer oder keiner Relevanz für Aktionäre sind und den Blick auf die für den Aktionär relevanten Informationen verstellen könnten. **Vermögenswerte** im Sinne der Richtlinie sind daher alle unmittelbaren oder mittelbaren Investments in Aktien, einschließlich Investments in Fonds, die Aktien im Portfolio halten, und alle Investments, die mit Investments in Aktien in unmittelbarem oder mittelbarem Zusammenhang stehen.. Ein solcher Zusammenhang kann zB vorliegen, wenn Gewinne aus Aktieninvestitionen zum Ausgleich der Volatilität anderer Produkte herangezogen werden. Es sind lediglich **Anlagestrategien**, die einen Bezug zur Aktienanlage aufweisen, darzustellen. In der Regel dürfte das die Aktienanlagestrategie des institutionellen Anlegers sein, im Einzelfall kann diese auch in die Gesamtportfoliostrategie integriert sein. Zudem bleibt Mitgliedstaaten unbenommen, in überschießender Umsetzung einen weiteren Maßstab anzulegen.[154] Einige vertreten eine stärkere Einschränkung der Offenlegungspflichten nur auf Investments in europäische börsennotierte Gesellschaften.[155] Auch wenn dies wünschenswert sein dürfte, widerspricht es doch Art. 1 Abs. 6 lit. a) und b) der Richtlinie, die für institutionelle Investoren und Vermögensverwalter keine solche Beschränkung vorstehen.

45 Bedient sich der institutionelle Anleger eines **Vermögensverwalters** sieht Art. 3 h Abs. 2 die Veröffentlichung weiterer Informationen über die Vereinbarung mit dem Vermögensverwalter vor.

46 Die Veröffentlichungspflicht nach Abs. 2 umfasst die folgenden Bestandteile:

- ▪ Art. 3 h Abs. 2 UAbs. 2 lit. a): Die Incentivierung des Vermögensverwalters zur Abstimmung seiner Anlagestrategie auf das Profil und die Laufzeit der Verbindlichkeiten des institutionellen Anlegers.

---

149 DAV-Handelsrechtsausschuss NZG 2015, 54 (57); _Freitag_ AG 2014, 647 (652).
150 Erwägungsgrund 45.
151 Erwägungsgrund 45 S. 3: „Eine solche Nichtoffenlegung soll die Ziele der Offenlegungspflichten gemäß dieser Richtlinie nicht beeinträchtigen."
152 Kritisch hierzu DAV-Handelsrechtsausschuss NZG 2015, 54 (57); _Baums_ ZHR 183 (2019) 605 ff.
153 Erwägungsgrund 16, 17.
154 Erwägungsgrund 55; in diese Richtung der RegE ARUG II, BT-Drs. 19/9739, S. 118.
155 _Freitag_ AG 2014, 647 (651); DAV-Handelsrechtsausschuss NZG 2015, 54 (57).

Kell

- Art. 3 h Abs. 2 UAbs. 2 lit. b): Die Incentivierung des Vermögensverwalters zu einem mittel- bis langfristig orientierten Investment und Engagement in den Zielgesellschaften.
- Art. 3 h Abs. 2 UAbs. 2 lit. c): Das Verhältnis zwischen der Methodik zur Leistungsbewertung sowie der Vergütung des Vermögensverwalters und dem Profil und der Laufzeit der Verbindlichkeiten des institutionellen Anlegers, insbesondere unter dem Gesichtspunkt der langfristigen Gesamtleistung
- Art. 3 h Abs. 2 UAbs. 2 lit. d): Die Überwachung der Portfolioumsatzkosten und die Festlegung und Überwachung eines bestimmten Portfolioumsatzes oder einer bestimmten Portfolioumsatzbreite
- Art. 3 h Abs. 2 UAbs. 2 lit. e) Die Laufzeit der Vereinbarung mit dem Vermögensverwalter

Zu den **Angaben nach Art. 3 h Abs. 2 UAbs. 2 lit. a) und b)** zählen finanzielle Anreize zugunsten des Vermögensverwalters wie zB Leistungsprämien oder Erfolgsbeteiligungen. Zielen sie auf nachhaltige Performance, sollten sie mit einem langfristigen Bemessungszeitraum verbunden sein. Ebenso zählen hierzu nichtfinanzielle Kriterien wie eine regelmäßige Evaluierung der nachhaltigen Performance der Zielgesellschaft oder des Verhältnisses von Anlagestrategie und Verbindlichkeiten des institutionellen Anlegers. **47**

Art. 3 h Abs. 2 UAbs. 2 lit. c) setzt eine Methodik zur Leistungsbewertung voraus. Diese und der Einfluss der Vergütung des Vermögensverwalters sind darzustellen. Es ergeben sich verschiedene Überschneidungen mit Maßnahmen nach Art. 3 h Abs. 2 UAbs. 2 lit. a) und b) (zB Anreizsetzung über die Vergütung/Einfluss der Vergütung). Die Darstellung nach lit. c) kann in die Darstellung nach lit. a) und b) integriert werden. Doppelungen sind zu vermeiden. Eine Verpflichtung, eine Leistungsbewertung in die Vereinbarung mit dem Vermögensverwalter aufzunehmen, enthält lit. c) hingegen nicht. **48**

Die Veröffentlichungspflicht folgt einem **deskriptiven „comply-or-explain"-Ansatz**, Art. 3 h Abs. 2 UAbs. 2. Enthält die Vereinbarung mit dem Vermögensverwalter ein bestimmtes in der Richtlinie erwähntes Element nicht, ist begründet zu erläutern, warum dies nicht der Fall ist. Dem institutionellen Anleger steht folglich nur mittelbar – über die Aushandlung der Vereinbarung mit dem Vermögensverwalter – ein Einfluss auf den genauen Umfang der Veröffentlichung zu. Die Entscheidung „to comply or to explain" ist mit Abschluss der Vereinbarung bereits vorgegeben. Die Begründungspflicht kann also dazu führen, dass der institutionelle Anleger eine fremde Entscheidung im Rahmen seiner Veröffentlichungspflicht verteidigen muss, obwohl ihm die Beweggründe des Vertragspartners unbekannt sind.[156] Nach dem Grundsatz „impossibilium nulla obligatio" muss in diesen Fällen ein Verweis ausreichen, dass die fragliche Bestimmung auf Wunsch des Vermögensverwalters nicht in die Vereinbarung aufgenommen wurde. **49**

Die Veröffentlichung hat **kostenfrei** auf der **Internetseite** des institutionellen Anlegers zu erfolgen.[157] Andere Veröffentlichungsmittel, wie zB Bundesanzeiger und Unternehmensregister, sind ebenso zulässig, solange der Zugang kostenfrei bleibt, Art. 3 h Abs. 3 UAbs. 1.[158] Institutionelle Anleger, die dem Anwendungsbereich der Richtlinie 2009/138/EG unterfallen, können die Veröffentlichung zudem in den Bericht über Solvabilität und Finanzlage nach Art. 51 der Richtlinie 2009/138/EG aufnehmen, Art. 3 h Abs. 3 UAbs. 2. **50**

---

156 Ähnlich *Freitag* AG 2014, 647 (652); auch *Tröger* ZGR 2019, 126 (145).
157 Kritisch *Freitag* AG 2014, 647 (652) dahingehend, dass der institutionelle Anleger Informationen Dritter (der Vermögensverwalter) publizieren muss.
158 *Tröger* ZGR 2019, 126 (145).

III. Transparenz bei Vermögensverwaltern, Art. 3 i

51   Art. 3 i verpflichtet Vermögensverwalter zur Offenlegung von bestimmten Angaben gegenüber den institutionellen Anlegern, mit denen sie Vereinbarungen getroffen haben. Damit erfolgt die Veröffentlichung nur im vertraglichen Inter-partes-Verhältnis.

52   Einige kritisieren, dass die Informationsläufe im Vertragsinnenverhältnis nicht gesetzgeberisch zu überformen seien.[159] Aus der Logik der Richtlinie macht die Verpflichtung der Vermögensverwalter jedoch durchaus Sinn. Nachdem den institutionellen Anlegern in Art. 3 h Abs. 2 UAbs. 1 die Offenlegung verschiedener Informationen aus der Vereinbarung mit dem Vermögensverwalter aufgegeben ist, stellt Art. 3 i Abs. 1 sicher, dass der institutionelle Anleger diese Informationen – zumindest zum größten Teil und soweit sie beim Vermögensverwalter vorliegen – erhält. Anderenfalls wäre der institutionelle Anleger auf sein Verhandlungsgeschick angewiesen, um Offenlegungspflichten für all die erforderlichen Informationen zu vereinbaren. So wird das Risiko reduziert, dass den institutionellen Anleger nach dem „comply-or-explain" des Art. 3 i Abs. 2 UAbs. 2 der faktische malus einer non-compliance oder einer mangelhaften Begründung trifft, obwohl ihm die Information einfach nicht von seinem Vertragspartner zur Verfügung gestellt wurde.

53   Vor diesem Hintergrund ist kritisch zu sehen, dass der Richtliniengeber in Art. 3 i Abs. 1 davon absieht, auf Art. 3 h Abs. 2 ganz oder teilweise zu verweisen. Eine Verweisung hätte die Parallelführung zwischen Art. 3 i Abs. 1 und Art. 3 h Abs. 2 verdeutlicht, zu einer schlankeren und effizienteren Richtlinienfassung geführt und verhindert, dass zwischen Art. 3 i Abs. 1 und Art. 3 h Abs. 2 Inkonsistenzen auftreten.

54   Nach Art. 3 i Abs. 1 müssen Vermögensverwalter Angaben zu folgenden Sachverhalten machen:
- Art. 3 i Abs. 1 S. 1: Abstimmung ihrer Anlagestrategie mit der Vereinbarung mit dem institutionellen Anleger und der Beitrag der Anlagestrategie zur mittel- bis langfristigen Wertentwicklung der Vermögenswerte des institutionellen Anlegers oder des Fonds
- Art. 3 i Abs. 1 S. 2: mittel und langfristige wesentliche Hauptrisiken
- Art. 3 i Abs. 1 S. 2: Zusammensetzung des Portfolios, Portfolioumsätze und Portfolioumsatzkosten
- Art. 3 i Abs. 1 S. 2: Einsatz von Stimmrechtsberatern
- Art. 3 i Abs. 1 S. 2: Verhaltensregeln in Bezug auf die Wertpapierleihe und deren Einsatz zur Mitwirkung in der Gesellschaft, insbesondere im Zeitpunkt der Hauptversammlung
- Art. 3 i Abs. 1 S. 3: Auskunft, inwiefern Anlageentscheidungen in Bezug auf die mittel- bis langfristige Leistungsentwicklung der Gesellschaft auch im Hinblick auf nichtfinanzielle Kriterien getroffen werden
- Art. 3 i Abs. 1 S. 3: Information über Interessenkonflikte und den Umgang mit ihnen

55   **Art. 3 i Abs. 1 S. 1 und S. 3**, soweit sich Letzterer auf Anlageentscheidungen bezieht, liefern die erforderlichen Informationen sowohl für die Offenlegung des institutionellen Anlegers nach Art. 3 h Abs. 1 als auch nach Art. 3 h Abs. 2 UAbs. 1 lit. a) - c). Für Art. 3 h Abs. 1 erlangen die Informationen insbesondere dann Bedeutung, wenn der institutionelle Anleger nur über Vermögensverwalter investiert. Mit den Informationen aus Art. 3 i Abs. 1 S. 1 und S. 3 kann der institutionelle Anleger überprüfen, ob seine Incentivierungsmaßnahmen tatsächlich greifen.

56   Die Information zu den **mittel- und langfristigen Hauptrisiken** ermöglicht dem institutionellen Anleger das Matching mit seiner Mitwirkungspolitik. Diese soll nach Art. 3 g Abs. 1 lit. a) Aussagen ua zum Risiko treffen. Anhand der Information des Vermögensverwalters kann der institutionelle Anleger überprüfen, ob das Risikoprofil

---

159   DAV-Handelsrechtsausschuss NZG 2015, 54 (58).

des eingesetzten Vermögensverwalters seinem avisierten Risikoprofil entspricht. In Art. 3 h ist eine Offenlegung der Risiken hingegen nicht vorgesehen. Nachdem die Mitwirkungspolitik „non-compliance" erlaubt, lässt die Richtlinie eine Lücke, so dass die Risikooffenlegung an die Öffentlichkeit zwar mit Erläuterung, aber inhaltlich trotzdem komplett unterbleiben könnte.

Ähnliches gilt für die Information zum Einsatz von **Stimmrechtsberatern** und zu **Interessenkonflikten**. Auch hier fehlt das Pendant in Art. 3 h Abs. 2 UAbs. 1; lediglich in der comply-or-explain-basierten Mitwirkungspolitik wird die Thematik berührt. Angesichts dessen, dass die Richtlinie den Stimmrechtsberatern einen ganzen Artikel widmet, erscheint diese Lücke widersprüchlich. Es bestehen jedoch keine Anhaltspunkte für ein Redaktionsversehen, so dass die Entscheidung, diese Informationen nur auf Ebene der Mitwirkungspolitik zu verwerten, hinzunehmen ist. 57

Die Information über den Einsatz der **Wertpapierleihe** nach Art. 3 i Abs. 1 S. 2 findet sogar weder eine Entsprechung in der Mitwirkungspolitik, noch eine ausdrückliche Entsprechung in Art. 3 h Abs. 2 UAbs. 1. Art. 3 h Abs. 2 UAbs. 1, ist jedoch **richtlinienkonform** dahin gehend **auszulegen**, dass auch Angaben zur Wertpapierleihe vorzunehmen sind. So kann die Wertpapierleihe ohne Weiteres als Engagement des Vermögensverwalters in der Zielgesellschaft verstanden werden, Art. 3 h Abs. 2 UAbs. 1 lit. b). Anderenfalls könnte ein institutioneller Anleger diese Information bei strenger Auslegung am Wortlaut für sich behalten. Ein solches Verständnis stünde jedoch in direktem Widerspruch zum Transparenzziel der Richtlinie. 58

Vermögenswerte im Sinne von Art. 3 i Abs. 1 S. 1 ist einheitlich zu Art. 3 h Abs. 1 und somit eng zu verstehen (hierzu auch → Rn. 44). Ein Vermögensverwalter kann keine Aussage zur Entwicklung aller Vermögenswerte eines institutionellen Anlegers treffen. Diese werden in der Regel nicht bei einem einzigen Vermögensverwalter gehalten. Vermögenswerte im Sinne von Art. 3 i Abs. 1 S. 1 umfassen folglich jeweils über den betroffenen Vermögensverwalter getätigte unmittelbare oder mittelbare Investments in Aktien, einschließlich Investments in Fonds, die Aktien im Portfolio oder alle Investments, die mit Investments in Aktien in unmittelbarem oder mittelbarem Zusammenhang stehen . Ähnlich ist der Verweis auf **Fonds** zu verstehen: Es ist über die konkreten Fonds zu berichten, in denen der institutionelle Anleger investiert ist und die einen zumindest mittelbaren Bezug zu Aktieninvestments aufweisen. 59

Art. 3 h Abs. 2 UAbs. 1 lit. c und lit. e) finden keine, lit. d) teilweise keine Entsprechung in Art. 3 i. Das ist folgerichtig, da diese Angaben (Bewertung der Leistung des Vermögensverwalters durch den institutionellen Anleger, Laufzeit der Vereinbarung, Kostenüberwachung uÄ) nur oder nur mit geringem Aufwand vom institutionellen Anleger selbst gemacht werden können. 60

Der Vermögensverwalter ist grundsätzlich lediglich zur **Offenlegung gegenüber dem institutionellen Anleger**, mit dem er ein Vertragsverhältnis eingegangen ist, verpflichtet. Ein kostenfreier Zugang für jedermann über die Internetseite ist nicht vorgesehen. Eine direkte Information des institutionellen Anlegers ist nicht erforderlich, wenn die Informationen bereits öffentlich zugänglich sind, Art. 3 i Abs. 2 UAbs. 2. Wird der Vermögensverwalter nicht im Rahmen eines Einzelkundenmandats für den institutionellen Anleger tätig, kann eine Information auch der anderen Anleger im betroffenen Fonds vorgesehen werden. Dies vermeidet Informationsasymmetrien und ist zu begrüßen. 61

Verstoßen institutionelle Anleger oder Vermögensverwalter gegen Art. 3 g–i, sind **Sanktionen** vorzusehen. Das Aufsichtsrecht dürfte, angesichts des großen Ermessensspielraums bei der Umsetzung der Vorschriften, nur für klar gelagerte, zwingende Verpflichtungen in Betracht kommen.[160] Eine Einschränkung des Stimmrechts widerspräche dem Ziel des gesteigerten Aktionärsengagements.[161] Die vertraglichen Beziehun- 62

---

160 *Freitag* AG 2014, 647 (653); *Tröger* ZGR 2019, 126 (149 f.).
161 *Freitag* AG 2014, 647 (653).

gen zwischen Kunde und Vermögensverwalter/institutionellem Anleger können nutzbar gemacht werden, auch wenn es häufig wegen des Ermessensspielraums am konkreten Zugriffspunk fehlen dürfte.[162]

IV. Transparenz bei Stimmrechtsberatern, Art. 3 j
1. Anwendungsbereich

63   Stimmrechtsberater, die die Richtlinie in Art. 2 lit. g) definiert, sind in den letzten Jahren immer mehr zur „grauen Eminenz" hinter den Anlageentscheidungen in börsennotierten Aktiengesellschaften herangewachsen.[163] Diese wachsende Bedeutung und der damit verbundene Einfluss unternehmensexterner, privater Dritter auf die Lenkungsentscheidungen der Mehrzahl der Unternehmen eines Marktes,[164] ist natürlich auch dem Richtliniengeber nicht verborgen geblieben.[165]

64   Die beiden großen Namen der Stimmrechtsberatung,[166] ISS und Glass Lewis, haben ihren Hauptsitz in den USA und sind somit zunächst dem regulatorischen Zugriff des europäischen Gesetzgebers entzogen. Das damit verbundene Risiko der Wettbewerbsverzerrung und Ineffizienz der regulatorischen Maßnahme hat die Richtlinie erkannt. Art. 3 j erfasst auch **Stimmrechtsberater aus Drittländern**, solange sie ihre Tätigkeiten zumindest über eine Niederlassung in der Union ausüben und Dienstleistungen im Zusammenhang mit Aktien europäischer Gesellschaften, die zum Handeln auf einem in Europa gelegenen oder betriebenen Markt zugelassen sind, erbringen.[167] Der Anwendungsbereich der Vorschriften zu Stimmrechtsberatern ist enger gefasst als bei institutionellen Anlegern und Vermögensverwaltern (→ Rn. 32). Sowohl ISS als auch Glass Lewis verfügen jedoch über europäische Dependancen[168] und sind von der Richtlinie erfasst. Nachdem Art. 3 j zudem kostenfreie Internetpublizität vorsieht, erreicht er auch Kunden des außereuropäischen Geschäftsbereichs. Zuständig ist zunächst der Sitzmitgliedstaat, falls ein solcher nicht gegeben ist, der Mitgliedstaat der Hauptverwaltung oder, falls eine solche nicht gegeben ist, der Mitgliedstaat <u>einer</u> Niederlassung, Art. 1 Abs. 2 lit. b). Bei mehreren Niederlassungen besteht somit die Gefahr unterschiedlicher gesetzlicher Vorgaben.

2. Transparenzvorgaben für Stimmrechtsberater

65   Stimmrechtsberater sollen sich einen **Verhaltenskodex** geben und über dessen Anwendung berichten, Art. 3 j Abs. 1 UAbs. 1. Es gilt der „comply-or-explain"-Grundsatz. Ein Stimmrechtsberater kann auf den Verhaltenskodex verzichten, wenn er dies begründet erläutert.[169] Ebenso kann er von Teilen seines Verhaltenskodex unter diesen Voraussetzungen abweichen. Ein Mindestinhalt wird nicht vorgegeben, so dass die Stimmrechtsberater in der Wahl ihrer internen Leitlinien maximal frei sind. Allerdings kann die Mindestinformation nach Abs. 2 in den Verhaltenskodex integriert werden,

---

162   *Freitag* AG 2014, 647 (653 f.); kritisch auch *Tröger* ZGR 2019, 126 (149 f.).
163   *Seibt* DB 2014, 1910 (1915).
164   *Kell/Barth* GmbHR 2020, R20 (R22); *Velte* AG 2019, 893 (893, 895 ff.); zurückhaltender *Tröger* ZGR 2019, 126 (150 f.) mwN.
165   Erwägungsgrund 25; allgemein zur Gefahr gleichgelagerter Investments in einer Vielzahl von Wettbewerbern *Florstedt* ZIP 2019, 1693 ff.
166   *Velte* AG 2019, 893; *Tröger* warnt vor einer Zementierung dieses Oligopols durch Art. 3 j ZGR 2019, 126 (160).
167   Erwägungsgrund 27 S. 2, Art. 1 Abs. 6 lit. c), Art. 3 j Abs. 4; *Tröger* ZGR 2019, 126 (154), der das Erfordernis der europäischen Niederlassung kritisiert.
168   Institutional Shareholder Services Europe SA mit dem Sitz in Brüssel, Belgien, https://www.bloomberg.com/profile/company/0616098D:BB (abgerufen am 28. 1. 2020); Glass Lewis Europe Limited mit Sitz in Limerick, Irland, https://www.ripe.net/membership/indices/data/ie.glasslewis.html (abgerufen am 28. 1. 2020); *Velte* AG 2019, 893 (894).
169   *Tröger* ZGR 2019, 126 (155).

Art. 3 j Abs. 2 UAbs. 3 S. 2. Nachdem Stimmrechtsberater in der Regel bereits über interne Abstimmungsleitlinien verfügen, können auch diese offengelegt werden, um Abs. 1 zu entsprechen.[170]

Art. 3 j Abs. 2 verlangt neben dem freiwilligen Verhaltenskodex die Bekanntmachung bestimmter **Mindestinformationen**. Diese können in den Verhaltenskodex integriert werden, Art. 3 j Abs. 2 UAbs. 3 S. 2. Die Integration ist im Sinne einer einheitlichen, gebündelten Transparenzberichterstattung und zur Vermeidung zusätzlicher Bürokratiekosten zu empfehlen. So müssen keine zwei Veröffentlichungen ausgearbeitet werden. Ebenfalls wird vermieden, die „non-compliance" hinsichtlich des Verhaltenskodex an sich zu erläutern. Die Transparenzanforderungen sollen eine zuverlässige und neutrale Stimmrechtsberatung auf der Basis einer sachgerechten Informationsauswertung sicherstellen.[171]   66

Nach Art. 3 j Abs. 2 UAbs. 2 haben Stimmrechtsberater die **folgenden Angaben** zu veröffentlichen: 67

- Art. 3 j Abs. 2 UAbs. 2 lit. a): wesentliche Merkmale ihrer Methoden und Modelle
- Art. 3 j Abs. 2 UAbs. 2 lit. b): die Hauptinformationsquellen
- Art. 3 j Abs. 2 UAbs. 2 lit. c): Verfahren zur Qualitätssicherung bei Recherche, Beratung und Stimmempfehlung sowie die Qualifikation der Mitarbeiter
- Art. 3 j Abs. 2 UAbs. 2 lit. d): ob und wie nationale Marktbedingungen, rechtliche und unternehmensspezifische Bedingungen berücksichtigt werden
- Art. 3 j Abs. 2 UAbs. 2 lit. e): wesentliche Merkmale der Stimmrechtspolitik für die einzelnen Märkte
- Art. 3 j Abs. 2 UAbs. 2 lit. f): ob und wie, ggf. auch in welchem Ausmaß und welcher Art sie in Dialog mit den Gesellschaften und ihren Interessenträgern treten
- Art. 3 j Abs. 2 UAbs. 2 lit. g): Verfahren zur Vermeidung und Behandlung von Interessenkonflikten

Der Kreis der offenzulegenden Informationen ist wenig konturiert (zB Art. 3 j Abs. 2 UAbs. 2 lit. a) „Methoden und Modelle", Art. 3 j Abs. 2 UAbs. 2 lit. b) „Hauptinformationsquellen").[172] Es sind nicht nur Informationen im unmittelbaren Bezug zur Stimmrechtsberatung zu veröffentlichen, sondern auch solche die zur Vorbereitung der Recherchen und Beratungen dienen, Art. 3 j Abs. 2 UAbs. 1. Es wird sich zeigen, ob sich das gewünschte Transparenzziel so erreichen lässt. Angesichts dessen, dass auch hier im Einzelfall **Geschäftsgeheimnisse** berührt sein können, gibt der weite Ansatz den betroffenen Unternehmen den Spielraum, ihre schützenswerten Interessen im Detailgrad der Darstellung zu berücksichtigen.[173]   68

Die Informationen nach Abs. 1 UAbs. 1 und Abs. 2 UAbs. 2 sind jeweils kostenfrei auf der Internetseite der Stimmrechtsberater zu **veröffentlichen**. Sind sie bereits im Verhaltenskodex enthalten, müssen sie nicht neuerlich veröffentlicht werden, Abs. 2 UAbs. 2.   69

Stimmrechtsberater haben **Interessenkonflikte**, zB durch Unternehmensberatung,[174] sowie Geschäftsbeziehungen die die Vorbereitung ihrer Recherche, Beratungen und Stimmempfehlungen beeinflussen könnten zu identifizieren und ihre Kunden über ihre Behandlung zu informieren, Art. 3 j Abs. 3. Die Verpflichtung besteht nur gegenüber ihren Vertragspartnern, nicht gegenüber der Öffentlichkeit. Abs. 3 erfordert detaillierte Angaben, einschließlich eines Berichts über konkret aufgetretene Interessenkonflikte und deren konkrete Behandlung. Für die Offenlegung nach Abs. 2 sind abstrakt-generelle Angaben zur Behandlung potenzieller Interessenkonflikte ausreichend.   70

---

170 *Velte* AG 2019, 893 (897); Ähnlich auch der DAV-Handelsrechtsausschuss NZG 2015, 54 (58).
171 *Zetsche/Preiner* AG 2014, 685 (688); *Georgiev/Kolev* GWR 2018, 107 (109).
172 So auch DAV-Handelsrechtsausschuss NZG 2015, 54 (58).
173 Erwägungsgrund 45.
174 *Velte* AG 2019, 893 (897).

71 Für Zuwiderhandlungen der Stimmrechtsberater gegen Art. 3 j sind verhältnismäßige und abschreckende **Sanktionen** vorzusehen, Art. 14 b. Denkbar und möglich wäre die Anordnung von Bußgeldern zulasten der sich pflichtwidrig verhaltenden Stimmrechtsberater. Einen Anfechtungsgrund sollte die fehlerhafte Stimmrechtsberatung hingegen nicht darstellen.[175] Es handelt sich um Pflichtverletzungen gesellschaftsexterner Dritter, die als bloßer Motivirrtum nicht in den gesellschaftsinternen Bereich weitergeleitet werden sollten. Lediglich zivilrechtliche Ansprüche wegen Verletzung des Geschäftsbesorgungsvertrags zwischen Berater und Kunde, sind jedoch ebenfalls nicht ausreichend.[176] Die Richtlinie erlaubt nicht, die Sanktionierung der Parteidisposition zu überlassen.

D. Die Vergütung der Mitglieder der Unternehmensleitung („Say on Pay")

I. Art. 9 a – Vergütungspolitik der Mitglieder der Unternehmensleitung

1. Anwendungsbereich und Inhalt der Vergütungspolitik

72 a) **Anwendungsbereich.** Nach Art. 9 a Abs. 1 der Richtlinie haben die Gesellschaften eine Vergütungspolitik für die Mitglieder der Unternehmensleitung zu erarbeiten. Vorgaben zum zuständigen Gesellschaftsorgan macht die Richtlinie nicht.[177] Die Regelung richtet sich an **börsennotierte** Gesellschaften im Sinne des Art. 1 Abs. 1. **Mitglieder der Unternehmensleitung** sind die Mitglieder des Verwaltungs-, Leitungs- oder Aufsichtsorgans einer Gesellschaft, mithin alle Mitglieder des Vorstandes und des Aufsichtsrats Art. 2 lit. i) sublit. i). Ferner sind Exekutivdirektoren, dh die CEOs der monistischen Systeme, und ihre Stellvertreter erfasst, Art. 2 lit. i) sublit. ii) sowie alle Personen, die nach Festlegung des jeweiligen Mitgliedstaats ähnliche Funktionen ausführen, Art. 2 lit. i) sublit. iii). Dass für Aufsichtsratsmitglieder die gleichen Vorschriften wie für Vorstandsmitglieder gelten sollen, zeigt einmal mehr, dass die Richtlinie ihre Vorbilder in der monistischen Aktienrechtstradition genommen hat und dualistische Strukturen nur unzureichend berücksichtigt.[178] Viele der Detailvorschriften für den Inhalt der Vergütungspolitik werden beim Aufsichtsrat leergehen.[179] So ist es zB gar nicht zulässig, Aufsichtsratsmitglieder in Aktienoptionen zu vergüten.[180] Auch der Principal-Agent-Konflikt, die Entscheidungsbefugnis der Unternehmensleitung über fremde Vermögenswerte, ist beim Aufsichtsrat weniger stark ausgeprägt.[181] Trotzdem sieht die Richtlinie auch für den Aufsichtsrat eine Vergütungspolitik vor. Ein komplettes Ignorieren dieser Anforderung wäre nicht richtlinienkonform.[182]

73 b) **Inhalt.** Die Vergütungspolitik der börsennotierten Gesellschaften bildet den **abstrakten Rahmen**, in dem sich die konkrete Entlohnung der Mitglieder der Unterneh-

---

175 *Georgiev/Kolev* GWR 2018, 107 (109); *Zetsche/Preiner* AG 2014, 685 (688).
176 *Zetsche/Preiner* AG 2014, 685 (688).
177 *Jung/Stiegler* in Jung/Krebs/Stiegler, Gesellschaftsrecht in Europa § 30 Rn. 169.
178 *Leuering* NZG 2017, 646; *Verse* NZG 2013, 921 (924); *Needham/Müller* IRZ 2019, 79 (79 f.); *Seibt* DB 2014, 1910 (1911 f.); *Gaul* AG 2017, 178 (181 f.); *Hommelhoff* NZG 2015, 1329 (1333); auch *Kumpan/Pauschinger* EuZW 2017, 327 (330) zum Vergütungsbericht.
179 VCI-Empfehlungen zur Umsetzung der Vergütungsregelungen (Art. 9 a und b) und der Related-Party-Transaction-Regelungen (Art. 9 c) der geänderten Aktionärsrechterichtlinie, S. 14.
180 *Habersack* NZG 2018, 127 (130, 131); BGHZ 158, 122 (152 ff.) = NZG 2003, 376; GK-AktG/*Hopt/Roth* § 113 Rn. 41; Kölner Komm AktG/*Mertens/Cahn* § 113 Rn. 27; Hüffer/Koch AktG 113 Rn. 12; MüKoAktG/*Habersack* 113 Rn. 17
181 *Habersack* NZG 2018, 127 (128).
182 *Inci* NZG 2017, 579; VCI-Empfehlungen zur Umsetzung der Vergütungsregelungen (Art. 9 a und b) und der Related-Party-Transaction-Regelungen (Art. 9 c) der geänderten Aktionärsrechterichtlinie, S. 15; aA wohl *Seibt* DB 2014, 1910 (1912), der § 113 AktG aF für ausreichend erachtete.

Kell

mensleitung bewegt, Art. 9 a Abs. 2 UAbs. 1 S. 2, Art. 9 a Abs. 2 UAbs. 3 S. 2.[183] Die Gestaltungsfreiheit der mit der Entlohnung betrauten Organe wird eingeschränkt. Die Folgen eines Verstoßes gegen die Vergütungspolitik regelt die Richtlinie nicht ausdrücklich. Aus Rechtssicherheitsgründen empfiehlt sich, die Folgen auf **das Innenverhältnis** zu beschränken.[184] Die Vergütungsfestsetzung im Außenverhältnis gegenüber dem betroffenen Organmitglied bleibt wirksam. Dies entspricht dem beschreibenden und nicht materiell-anordnenden Charakter der Vergütungspolitik[185] und ist in Abs. 2 UAbs. 2 angedeutet.[186] Die Mitglieder des Aufsichtsrats können jedoch für den Verstoß gegen die Vergütungspolitik haften, §§ 116 S. 1, 93 AktG.[187]

Die Vergütungspolitik ist **klar und verständlich** abzufassen, Art. 9 a Abs. 6 UAbs. 1 S. 2. Den Maßstab für die Beurteilung der Klarheit und Verständlichkeit der Vergütungspolitik lässt die Richtlinie offen. Man wird sich an der Zielsetzung, die Aktionäre bei Vergütungsentscheidungen einzubeziehen,[188] orientieren müssen. Die Vergütungspolitik muss für den durchschnittlichen Aktionär, analog zum europäischen Verbraucherbegriff also dem durchschnittlich informierten, situationsadäquat aufmerksamen und verständigen Aktionär, klar und verständlich sein.[189] Beim durchschnittlichen Aktionär ist ein gewisses Grundverständnis des Aktienmarktes und der Unternehmensabläufe und -strategien vorauszusetzen. Die Vergütungspolitik muss nicht für jedermann verständlich sein. Gleichermaßen wäre aber der Maßstab der Richtlinie nicht erfüllt, wenn die Vergütungspolitik ihre Geheimnisse dem durchschnittlichen Aktionär nur unter Zuhilfenahme eines professionellen Vergütungsberaters verraten würde. — 74

Die Vergütungspolitik kann die folgenden Angaben enthalten: — 75

- Art. 9 a Abs. 6 UAbs. 1 S. 1: eine Erläuterung, wie die Vergütung die Geschäftsstrategie und die langfristigen Interessen der Gesellschaft, einschließlich ihrer langfristigen Tragfähigkeit, fördert,
- Art. 9 a Abs. 6 UAbs. 1 S. 2: Angaben zu allen festen und variablen Vergütungsbestandteilen und ihren relativen Anteil,
- Art. 9 a Abs. 6 UAbs. 2: eine Erläuterung, wie die Vergütungs- und Beschäftigungsbedingungen der Beschäftigten in der Festlegung der Vergütungspolitik berücksichtigt wurden,
- Art. 9 a Abs. 6 UAbs. 3: bei variablen Vergütungsbestandteilen
  - S. 1: klare, umfassende und differenzierte Kriterien für ihre Gewährung,
  - S. 2: alle finanziellen und nicht finanziellen Leistungskriterien, wie sie die Geschäftsstrategie und die langfristigen Interessen der Gesellschaft fördern und wie die Zielerreichung überprüft werden soll,
  - S. 3: Informationen zu Aufschubzeiten und Rückforderungsmöglichkeiten,
- Art. 9 a Abs. 6 UAbs. 4 S. 1: bei aktienbezogener Vergütung
  - Wartefristen und Haltefristen sowie
  - wie die aktienbasierte Vergütung die Geschäftsstrategie und langfristigen Interessen der Gesellschaft fördert.

---

183 Zum fehlenden Erfordernis dieser Beschränkung im dualistischen System, VCI-Empfehlungen zur Umsetzung der Vergütungsregelungen (Art. 9 a und b) und der Related-Party-Transaction-Regelungen (Art. 9 c der geänderten Aktionärsrechterichtlinie, S. 9 f.

184 In diese Richtung auch DAV-Handelsrechtsausschuss NZG 2015, 54 (60); auch *Seibt* DB 2014, 1910 (1912).

185 *Inci* NZG 2017, 579.

186 VCI-Empfehlungen zur Umsetzung der Vergütungsregelungen (Art. 9 a und b) und der Related-Party-Transaction-Regelungen (Art. 9 c) der geänderten Aktionärsrechterichtlinie, S. 12.

187 DAV-Handelsrechtsausschuss NZG 2015, 54 (60); *Inci* NZG 2017, 579.

188 Erwägungsgrund 28 und 29.

189 RegE ARUG II, BT-Drs. 19/9739, S. 81.

- Art. 9 a Abs. 6 UAbs. 5: zu den Verträgen oder sonstigen Vereinbarungen mit der Unternehmensleitung
  - Vertragslaufzeit,
  - Kündigungsfristen und Beendigungsbedingungen, einschließlich Beendigungszahlungen,
  - Hauptmerkmale von Zusatzrentensystemen und Vorruhestandsprogrammen,
- Art. 9 a Abs. 6 UAbs. 6 S. 1: eine Erläuterung des Verfahrens für die Festlegung, Überprüfung und Umsetzung der Vergütungspolitik, einschließlich der Vermeidung von Interessenkonflikten und die Rolle involvierter Ausschüsse,
- Art. 9 a Abs. 6 UAbs. 6 S. 2: eine Erläuterung der wesentlichen Änderungen bei Überarbeitung der Politik, einschließlich wie die Abstimmungen und Ansichten der Aktionäre bezüglich Vergütungspolitik und Vergütungsberichten seit der letzten Abstimmung über die Vergütungspolitik in der Hauptversammlung berücksichtigt wurde,
- Art. 9 a Abs. 4 UAbs. 1: wenn eine Abweichung von der Vergütungspolitik gewünscht ist, eine Beschreibung des Abweichungsverfahrens und der Teile der Politik, von denen abgewichen werden darf.

76 Der Charakter der Vergütungspolitik ist **beschreibend**.[190] Materielle Vorgaben in der Vergütungspolitik widersprächen dem Ansatz der Richtlinie und der Struktur des Europäischen Gesellschaftsrechts, Verbesserungen über ein Mehr an Information zu erreichen.[191] Die inhaltlichen Angaben zur Vergütungspolitik geben somit keinen Mindestinhalt vor. Sie regeln, welche Informationen in die Vergütungspolitik aufzunehmen sind, wenn ein bestimmter Vergütungsbestandteil für die Organvergütung nach dem Ermessen des vergütungsfestsetzenden Organs vorgesehen ist. Eine Gesellschaft, die ihren Vorstandsmitgliedern nur Festvergütung in Geld und nicht in Aktien gewährt, müsste folglich keine Angaben zu variablen Vergütungsbestandteilen und aktienbasierter Vergütung in die Vergütungspolitik aufnehmen.[192] Ein „comply-or-explain" ist nicht vorgesehen. Sehen Gesellschaften einen bestimmten Vergütungsbestandteil nicht vor, müssen sie dies nicht weiter begründen. Eine **faktische Angabepflicht** besteht jedoch, wenn Informationen nicht zu Vergütungsbestandteilen, sondern zu Verfahren erforderlich sind. Die Angaben nach Art. 9 a Abs. 6 UAbs. 6 S. 1 sind stets zu machen, da die Erarbeitung einer Vergütungspolitik für die betroffenen Gesellschaften verpflichtend ist und somit eine jede über ein solches Verfahren verfügen muss. Die Angaben über die Berücksichtigung der Vergütungs- und Beschäftigungsbedingungen der Arbeitnehmer[193] sind lediglich vergütungsbezogen und stets zu machen, wenn Vergütung gewährt wird. Aufgrund des beschreibenden Charakters der Vergütungspolitik reicht jedoch eine Angabe, dass die Vergütungs- und Beschäftigungsbedingungen nicht berücksichtigt werden,[194] aus. Angesichts der zu erwartenden negativen Reaktionen auf eine solche Ankündigung in Öffentlichkeit und Aktionariat dürfte es sich eher um eine theoretische Möglichkeit handeln.

77 Die Vergütungspolitik ist inhaltlich **sehr detailliert**. Die Vorgaben in Art. 9 a Abs. 6 UAbs. 1, 3 und 4 zeigen, wie die Richtlinie eine Verbindung zwischen Vergütungsstrategie und langfristigem und nachhaltigem Unternehmenserfolg herzustellen versucht. Es darf bezweifelt werden, ob alle Angaben in Art. 9 a Abs. 6 für diese Unternehmensausrichtung erforderlich sind.[195]

---

190 *Inci* NZG 2017, 579; aA zT *Jung/Stiegler* in Jung/Krebs/Stiegler, Gesellschaftsrecht in Europa § 30 Rn. 176.
191 *Leuering* NZG 2017, 646 (647); Bayer/Habersack/Grundmann/Möslein, Aktienrecht im Wandel, Kap. 2 Rn. 104.
192 *Kell/Barth* GmbHR 2020, R20.
193 Art. 9 a Abs. 1 UAbs. 1 S. 1 und Art. 9 a Abs. 1 UAbs. 1 S. 2.
194 So wohl auch *Leuering* NZG 2017, 646 (647).
195 Lanfermann/Mail BB 2014, 1283 (1285).

Art. 9 a Abs. 6 UAbs. 1 S. 2, der **Angaben** zu **allen festen und variablen Vergütungsbe-** 78
standteilen und ihrem relativen Anteil regelt, ist denkbar weit gefasst. Kritisch wird
eingewandt, dass dies auch Nebensächlichkeiten wie die Privatnutzung des Dienstwagens umfasst.[196] Nachdem die Vergütungspolitik jedoch **klar und verständlich** abzufassen ist, darf auch das Transparenzziel der Richtlinie nicht aus den Augen verloren
werden. Dieses würde gerade nicht erreicht werden, wenn über eine Vielzahl von unerheblichen Detailinformationen die Verständlichkeit der Vergütungspolitik für den
durchschnittlichen Aktionär vereitelt würde. Gleichzeitig ist sicherzustellen, dass die
Vergütungspolitik umfassend ist und sich nicht an wesentlichen Stellen Lücken auf-
tun. Eine Gewichtung der Darstellung durch die Wahl geeigneter Oberbegriffe und
Anpassung des Detailgrades der Information am Ziel der Klarheit und Verständlichkeit ist jedoch zulässig. Der **relative Anteil** zwischen fester und variabler Vergütung ist
anzugeben. Den Bezugspunkt benennt die Richtlinie jedoch nicht. Bei variabler Vergütung sind drei Kennzahlen zu unterscheiden: (a) die tatsächlich erreichte variable Vergütung, (b) die Zielvergütung, die das Organmitglied erreicht, wenn er das beabsichtigte „Soll" an Unternehmenserfolg liefert und (c) die Maimalvergütung, die höchst-
mögliche Vergütung, die bei Übertreffen der Erwartungen gezahlt wird.[197] (a) ist als
ex-post-Kriterium für die ex-ante aufzustellende Vergütungspolitik nicht weiter von
Belang. Zwischen (b) und (c) können die Gesellschaften **frei wählen**. Zulässig ist auch,
beide relativen Anteile zu nennen. Um klar und verständlich zu sein, muss zudem der
Bezugspunkt des relativen Anteils aufgeführt werden.[198]

Nach **Art. 9 a Abs. 6 UAbs. 2** ist zu erläutern, wie die Vergütungs- und Beschäfti- 79
gungsbedingungen der Beschäftigten in der Festlegung der Vergütungspolitik berücksichtigt wurden. Auffällig ist, dass die Richtlinie keine ausdrückliche Koppelung der
Vergütung an eine **Manager-to-worker-pay-ratio** vorsieht, wie es das Petitum der Ge-
werkschaftsseite ist.[199] Die Richtlinie entscheidet sich bewusst gegen die Empfehlung
von **Höchstgrenzen für die Organvergütung** in der Vergütungspolitik.[200] Ein entsprechender Vorschlag wurde im Gesetzgebungsverfahren verworfen.[201] Eine Untersagung
von Höchstgrenzen ist damit nicht verbunden, so dass es Mitgliedstaaten frei steht,
diese in überschießender Richtlinienumsetzung einzuführen.[202]

Art. 9 a Abs. 6 UAbs. 3 S. 3 erwähnt „Clawbacks", dh Rückforderungsmöglichkeiten 80
für die variable Vergütung. Damit wird die Frage nach ihrer grundsätzlichen Zulässigkeit en passant beantwortet.[203] Mitgliedstaaten müssen Clawbacks in ihrer nationalen
Umsetzungsgesetzgebung erwähnen, was eine vollständige Untersagung durch nationales Recht ausschließt. Es handelt sich angesichts des beschreibenden Charakters der
Vergütungspolitik jedoch nicht um ein zwingendes Erfordernis. Gesellschaften können
wählen, ob sie Rückforderungsregelungen in die Vergütungsverträge aufnehmen. In
der Ausgestaltung bleiben sie frei. Um Planungssicherheit für das betroffene Organmitglied zu schaffen, können Clawbacks zB nur Vorleistungen, nicht aber bereits endgültig gewährte und versteuerte Vergütungsbestandteile betreffen.[204]

---

196 DAV-Handelsrechtsausschuss NZG 2015, 54 (60).
197 RegE ARUG II, BT-Drs. 19/9739, S. 81.
198 RegE ARUG II, BT-Drs. 19/9739, S. 81.
199 Stellungnahme des DGB zum ARUG II vom 13.5.2019, S. 6, abrufbar unter https://www
     .bmjv.de/SharedDocs/Gesetzgebungsverfahren/DE/Aktionaersrechterichtlinie_II.html
     (abgerufen am 4.2.2020).
200 *Velte* NZG 2017, 368.
201 *Gaul* AG 2017, 178 (182).
202 Erwägungsgrund 55 sieht ausdrücklich die Einführung strengerer Bestimmungen durch
     die Mitgliedstaaten vor; *Kell/Barth* GmbHR 2020, R20 (R21).
203 *Gaul* AG 2017, 178 (183); *Needham/Müller* IRZ 2019, 79 (81) verweisen hingegen auf
     die arbeitsrechtliche Diskussion um die Zulässigkeit von „Clawback-Klauseln", so zB
     bei *Thum* NZA 2017, 1577 ff.
204 DAV-Handelsrechtsausschuss NZG 2015, 54 (61), der sich gegen die Rückforderungs-
     möglichkeit endgültig gewährter Vergütungsbestandteile ausgesprochen hat.

81 Art. 9 a Abs. 6 UAbs. 6 S. 2 erfasst das Vorgehen bei einer Überarbeitung der Vergütungspolitik. Es ist zu erläutern, wie die Äußerungen der Aktionäre zur Vergütungspolitik und zu den vergangenen Vergütungsberichten berücksichtigt wurden.[205] Das empfehlende Votum über den Vergütungsbericht erhält so mittelbaren Einfluss auf die Vergütungspolitik, ob auf den Rahmen der materiellen Vergütungsfestsetzung. Das „Wie" der Berücksichtigung umfasst auch die Frage nach dem „Ob". Auch eine Erläuterung, dass die Ansichten nicht berücksichtigt wurden, ist mithin zulässig. Das ergibt sich aus dem beschreibenden Charakter der Vergütungspolitik und dem (optional) empfehlenden Charakter der Voten zu Vergütungspolitik und -bericht. Nimmt man diese Befugnisverteilung ernst, muss sich das für die Erarbeitung der Vergütungspolitik zuständige Organ über die Ansichten der Aktionäre hinwegsetzen können. Die Erklärung sollte, schon wegen ihrer Außenwirkung, begründet werden. Nachdem eine solche Entscheidung dem Ziel verbesserten Aktionärsengagements[206] widerspricht, sollte sie sich auf die wenigen Fälle beschränken, in denen die langfristige und nachhaltige Entwicklung der Gesellschaft solches verlangt.

82 **Sanktionen** sind bei pflichtwidriger Erarbeitung der Vergütungspolitik oder pflichtwidriger Festsetzung der Vergütung vorzusehen, Art. 14 b. Ein Bußgeld kann für eine fehlende Vergütungspolitik angeordnet werden; inhaltliche Detailfragen sind angesichts ihrer Vielgestaltigkeit hierfür nicht geeignet. Eine zivilrechtliche Haftung der vergütungsfestsetzenden Organe, wie zB die Haftung nach §§ 116 S. 1, 93 AktG, kann hier ihre Vorzüge ausspielen.

2. Votum über die Vergütungspolitik

83 Die Mitgliedstaaten haben den Aktionären das **Recht** einzuräumen, über die **Vergütungspolitik in der Hauptversammlung abzustimmen,** Art. 9 a Abs. 1. Die **Durchführung** der Abstimmung ist **verpflichtend;**[207] kein Mitgliedstaat kann die Vergütungspolitik vollständig einem anderen Organ zuweisen. Das Initiativrecht kommt der Unternehmensleitung oder – im dualistischen System – dem Aufsichtsorgan zu, nicht aber den Aktionären.[208] Die Folgen der Abstimmung können nach Wahl der Mitgliedstaaten entweder verbindlich, Art. 9 a Abs. 1 UAbs. 1 S. 1 oder empfehlend sein, Art. 9 a Abs. 3 S. 1. Die Varianten sollen nach dem Willen des Richtliniengebers gleichberechtigt sein;[209] die Systematik von Art. 9 a zeigt jedoch eine starke Ausrichtung am verpflichtenden Votum. Das empfehlende Votum wurde erst im Rahmen der Richtlinienverhandlungen nach erheblicher Kritik[210] überhaupt in den Text aufgenommen.[211]

84 a) **Verpflichtendes Votum.** Entscheidet sich ein Mitgliedstaat für das **verpflichtende Votum,** dürfen die Mitglieder der Unternehmensleitung nur entsprechend einer Vergü-

---

205 Sehr weitgehend *Jung/Stiegler* in Jung/Krebs/Stiegler, Gesellschaftsrecht in Europa § 30 Rn. 196 die zB eine Diskussionsplattform auf der Internetseite des Unternehmens vorschlagen.
206 *Needham/Müller* IRZ 2019, 79.
207 *Gaul* AG 2017, 178 (182); *Hommelhoff* NZG 2015, 1329 (1332); *Lanfermann/Maul* BB 2014, 1283 (1284); *Velte* NZG 2017, 368 (369); allgemein zu den Vor- und Nachteilen der Corporate Governance durch Stimmzwang *Strenger/Zetzsche* AG 2013, 397 (399 ff.).
208 *Seibt* DB 2014, 1910 (1911).
209 Erwägungsgrund 29 („eine Abstimmung mit verbindlichem oder empfehlendem Charakter") gibt keiner der beiden Varianten einen Vorrang; s. hierzu auch *Fleischer* BB 2014, 2691 (2699).
210 DAV-Handelsrechtsausschuss NZG 2015, 54 (59); *Gaul* AG 2017, 178 (181); *Hommelhoff* NZG 2015, 1329 (1332 f.).
211 So findet sich kein empfehlendes Votum in Art. 9 a des Vorschlags für eine Richtlinie des Europäischen Parlaments und des Rates zur Änderung der Richtlinie 2007/36/EG im Hinblick auf die Förderung der langfristigen Einbeziehung der Aktionäre sowie der Richtlinie 2013/34/EU in Bezug auf bestimmte Elemente der Erklärung zur Unternehmensführung vom 9.4.2014, COM(2014) 213 final.

tungspolitik entlohnt werden, die von der Hauptversammlung genehmigt wurde, Art. 9 a Abs. 2 UAbs. 1 S. 2. Liegen mehrere genehmigte Vergütungspolitiken vor, ist stets die aktuellste genehmigte Vergütungspolitik, dh die, die zuletzt von der Hauptversammlung genehmigt wurde, zur Entlohnung heranzuziehen.[212]

Wird die Vergütungspolitik abgelehnt, trifft die Richtlinie – anders als für das empfehlende Votum – detaillierte Folgeregelungen: Gibt es noch überhaupt keine genehmigte Vergütungspolitik, darf die bisherige Vergütungspraxis weitergeführt werden, Art. 9 a Abs. 2 UAbs. 2. Die Regelung erstaunt, weil es sich technisch um eine Übergangsregelung handelt, deren Anwendungsbereich sich erschöpft, sobald alle Gesellschaften einmal eine genehmigte Vergütungspolitik haben. Für die meisten anderen Bereiche trifft die Richtlinie keine Übergangsbestimmungen. Besteht eine genehmigte Vergütungspolitik und fällt nur eine neue Vergütungspolitik bei der Hauptversammlung durch, darf die Entlohnung anhand der bisherigen genehmigten Vergütungspolitik fortgesetzt werden. Die Richtlinie spricht zwar etwas missverständlich davon, dass die bisherige Praxis fortgesetzt werden kann (statt fortzusetzen ist). Der verpflichtende Charakter des Hauptversammlungsvotums gebietet jedoch ein enges Verständnis: Gesellschaften können nicht plötzlich eine ältere genehmigte Vergütungspolitik heranziehen, sondern haben lediglich die Wahl zwischen der Nichtvergütung und der Fortführung der bisherigen Praxis. In beiden Fällen ist zudem in der nächsten Hauptversammlung eine überarbeitete Vergütungspolitik zur Genehmigung vorzulegen. 85

b) Empfehlendes Votum. Entscheidet sich ein Mitgliedstaat für das empfehlende Votum, dürfen die Mitglieder der Unternehmensleitung nur entsprechend einer Vergütungspolitik entlohnt werden, die der Hauptversammlung zur empfehlenden Abstimmung vorgelegt wurde, Art. 9 a Abs. 3 S. 2. Dies ist folgerichtig, nachdem sich das vergütungsfestsetzende Organ auch über den empfehlenden Beschluss der Hauptversammlung hinwegsetzen können muss. Dem mit der Ausarbeitung der Vergütungspolitik betrauten Organ und dem vergütungsfestsetzenden Organ kommt ein weiter Ermessensspielraum zu. Dies ist bei der Auslegung der sehr fragmentarischen Regelungen der Richtlinie zum empfehlenden Votum zu berücksichtigen. Es ist ausreichend, dass eine (irgendwann) vorgelegte Vergütungspolitik, nicht zwingend die letzte vorgelegte Vergütungspolitik, zur Basis der Vergütungsfestsetzung gemacht wird.[213] 86

Erfolgt ein ablehnendes empfehlendes Hauptversammlungsvotum, ist eine überarbeitete Vergütungspolitik in der darauffolgenden Hauptversammlung vorzulegen, Art. 9 a Abs. 3 S. 3. Überarbeitung ist dabei im Lichte des erweiterten Ermessensspielraums des zuständigen Organs als „Überprüfung" zu verstehen.[214] Dies deckt sich auch mit der englischen Sprachfassung, die von „Revision" (bzw. „revised") spricht.[215] Das Organ kann, aber muss die Vergütungspolitik nicht ändern. Es ist auch zulässig, die inhaltlich gleiche Vergütungspolitik lediglich mit einer neuen Erläuterung nach Art. 9 a Abs. 6 UAbs. 6 S. 2 zur Berücksichtigung der Ansichten der Aktionäre in der darauffolgenden Hauptversammlung vorzulegen. Anders als beim verpflichtenden Votum trifft Art. 9 a Abs. 3 keine Regelung, wie die Vergütungsgewährung nach empfehlender Ablehnung der Vergütungspolitik und vor Vorlage der überarbeiteten Vergütungspolitik in der nächsten Hauptversammlung zu erfolgen hat. Die Lücke ist durch eine entsprechende Anwendung der Art. 9 a Abs. 2 UAbs. 2 und 3 zu schließen. Besteht noch keine Vergütungspolitik muss die Unternehmensleitung nicht zwingend auf der Basis der vorgelegten, aber abgelehnten Vergütungspolitik entlohnt 87

---

212 Vgl. Art. 9 a Abs. 2 UAbs. 3 der bei Ablehnung einer neuen Politik die Heranziehung der bisherigen genehmigten Vergütungspolitik verlangt.

213 Strenger *Jung/Stiegler* in Jung/Krebs/Stiegler, Gesellschaftsrecht in Europa, § 30 Rn. 162: Geltung immer der zuletzt vorgelegten Vergütungspolitik, auch bei Ablehnung durch die Hauptversammlung.

214 In diese Richtung auch *Gaul* AG 2017, 178, der gerade die Pflicht zur Überarbeitung als Widerspruch zum empfehlenden Votum kritisiert.

215 So auch der RegE zum ARUG II, BT-Drs. 19/9739, S. 106.

werden;[216] es kann auch die bisherige Vergütungspraxis fortgeführt werden. Art. 9 a Abs. 2 UAbs. 2. Gibt es bereits mehrere vorgelegte Vergütungspolitiken, kann entsprechend dem Verständnis von Art. 9 a Abs. 3 S. 1 **irgendeine** dieser Vergütungspolitiken zur Grundlage der Vergütung der Unternehmensleitung gemacht werden.[217] Es bietet sich freilich an, die bisher als Grundlage verwandte Vergütungspolitik weiter anzuwenden; zwingend wäre dies jedoch nicht.

88 Zu den Vor- und Nachteilen von verpflichtendem und empfehlendem Votum lässt die Richtlinie eine normative Diskussion vermissen. Dies erklärt sich vor dem Hintergrund, dass sich die Frage des besser geeigneten Organs im monistischen System mangels Aufsichtsrats nicht in der Dringlichkeit stellt. Die zahlreiche Kritik,[218] die von einer Schmälerung der Arbeitnehmermitbestimmung[219] über die Vorteile eines Kleingruppengremiums zur Ausarbeitung der Vergütungspolitik[220] bis hin zur unterschiedlichen Professionalität und Fachkenntnis[221] reicht, fußt auf den Besonderheiten des dualistischen Systems.

89 **c) Abweichungen, gerichtlicher Angriff und Satzungsbestimmungen.** Die verpflichtende oder empfehlende Abstimmung der Hauptversammlung über die Vergütungspolitik ist bei **jeder wesentlichen Änderung** der Vergütungspolitik, mindestens aber **alle vier Jahre,** durchzuführen, Art. 9 a Abs. 5. Im Umkehrschluss können **geringfügige Änderungen** der Vergütungspolitik ohne neuerlichen Hauptversammlungsbeschluss vorgenommen werden. Neben der Regelung in Art. 9 a Abs. 4 UAbs. 1 besteht somit eine weitere Möglichkeit, ohne Durchführung einer Hauptversammlung von der Vergütungspolitik abzuweichen. Unüblich ist die vierjährige Abstimmungspflicht. Üblicherweise gilt ein Hauptversammlungsbeschluss so lange, wie er nicht durch einen anderen abgeändert, aufgehoben oder ersetzt oder durch gerichtliche Entscheidung für ungültig erklärt wird. Nunmehr ist verpflichtend alle vier Jahre auch hinsichtlich einer gleichbleibenden Vergütungspolitik bei der Hauptversammlung nachzufragen, ob sie denn inzwischen vielleicht anderer Meinung sei?[222] Eine anlassbezogene Abstimmung bei Unzufriedenheit mit der Vergütungspolitik wäre durch Einräumung eines Initiativrechts zugunsten der Hauptversammlung realisierbar gewesen.

90 Von großer Bedeutung ist die Möglichkeit zur **Abweichung von der Vergütungspolitik.** Geringfügige Änderungen an der Vergütungspolitik können ohne Hauptversammlung vorgenommen werden. Nach Art. 9 a Abs. 4 UAbs. 1 darf im Übrigen nur unter **außergewöhnlichen Umständen** und **vorübergehend** von der Vergütungspolitik abgewichen werden, wenn die Vergütungspolitik das Abweichungsverfahren beschreibt und die Teile der Politik benennt, von denen abgewichen werden darf. Ohne Vereinbarung keine Abweichung. Darauf ist bei der Ausarbeitung der Vergütungspolitik genau zu achten. **Außergewöhnliche Umstände** werden in Art. 9 a Abs. 4 UAbs. 2 näher erläutert. Es handelt sich zB um Notlagen der Gesellschaft, die eine Gefahr für den Fortbestand des Unternehmens darstellen können. In solchen Situationen kann es zB erfor-

---

216 VCI-Empfehlungen zur Umsetzung der Vergütungsregelungen (Art. 9 a und b) und der Related-Party-Transaction-Regelungen (Art. 9 c) der geänderten Aktionärsrechtrichtlinie, S. 12.

217 Anders VCI-Empfehlungen zur Umsetzung der Vergütungsregelungen (Art. 9 a und b) und der Related-Party-Transaction-Regelungen (Art. 9 c) der geänderten Aktionärsrechtrichtlinie, S. 11 f., die eine Entlohnung allein nach § 87 AktG empfehlen.

218 VCI-Empfehlungen zur Umsetzung der Vergütungsregelungen (Art. 9 a und b) und der Related-Party-Transaction-Regelungen (Art. 9 c) der geänderten Aktionärsrechtrichtlinie, S. 10.

219 *Leuering* NZG 2017, 646 (648); zur Schwächung der Kompetenz des Aufsichtsrats allgemein DAV-Handelsrechtsausschuss NZG 2015, 54 (59); *Hommelhoff* NZG 2015, 1329 (1333); *Habersack* NZG 2018, 127 (132).

220 *Gaul* AG 2017, 178 (181); *Hommelhoff* NZG 2015, 1329 (1332).

221 *Gaul* AG 2017, 178 (181); *Hommelhoff* NZG 2015, 1329 (1332); *Seibt* DB 2014, 1910 (1912); aA *Osterloh* GmbHR 2014, R 145.

222 Vgl. auch *Seibt* DB 2014, 1910 (1911).

Kell

derlich sein, dem gewünschten Kandidaten für eine anvisierte Unternehmenssanierung ein besonders incentivierendes Vergütungspaket zu schnüren. Eine Generalklausel in der Vergütungspolitik, die die Abweichung durch Aufsichtsratsbeschluss von **allen Bestandteilen der Vergütungspolitik** erlaubt, ist nicht zulässig. Teilweise wird empfohlen, auf jeden einzelnen Bestandteil der Vergütungspolitik zu verweisen, um eine insgesamte Abweichung zu ermöglichen,[223] was sich jedoch dem Vorauf einer Umgehungskonstellation ausgesetzt sehen könnte. Art. 9 a Abs. 4 ist eine Ausnahmevorschrift, die nach dem Willen des Richtliniengebers („außergewöhnliche Umstände")[224] eng zu verstehen ist. Dass dies zu einer schwerfälligen Vergütungspolitik führt, die sich in der Notsituation aufgrund einer nicht geregelten Abweichung als Hindernis erweisen kann, wurde offensichtlich in Kauf genommen. Zudem sind **Abweichungen** aufgrund **vorrangigen nationalen Gesetzesrechts** zulässig.[225] Die Vergütungspolitik eines Unternehmens ist eine untergesetzliche Regelung und kann sich nicht in Widerspruch zur vorrangig geltenden Rechtsordnung des jeweiligen Mitgliedstaates setzen. Gleichzeitig darf der Mitgliedstaat nicht durch die Hintertür seiner nationalen Rechtsordnung die Richtungsentscheidungen der Richtlinie aushöhlen und zB ausdrücklich Abweichungen für alle Bestandteile der Vergütungspolitik anordnen. Sieht aber zB eine Vergütungspolitik vor, variable Vergütungsbestandteile nur in Aktien auszuzahlen und ein Mitgliedstaat untersagt diese Praxis während der Dauer der Vergütungspolitik, muss die Gesellschaft nicht im Rechtsbruch verharren (oder die variable Vergütung komplett unterlassen), sondern kann die Vergütungsausgestaltung gesetzeskonform abändern. In der Regel dürfte ein solcher Fall auch einen **außergewöhnlichen Umstand** im Sinne von Art. 9 a Abs. 4 darstellen.

Die Richtlinie schweigt zu der Frage, wie die Mitgliedstaaten mit einem denkbaren **gerichtlichen Angriff**, zB durch eine Anfechtungsklage, auf das Hauptversammlungsvotum umzugehen haben. Es besteht die Gefahr langandauernder Rechtsunsicherheit über die korrekte Vergütungsgrundlage.[226] Es bleibt den Mitgliedstaaten überlassen, ob sie in diesem Fall die angegriffen (oder vorgelegte) Vergütungspolitik als Grundlage der Vergütungsfestsetzung zulassen oder nicht. In letzterem Fall können die Regelungen für den Fall der Ablehnung der Vergütungspolitik, Art. 9 a Abs. 2 UAbs. 2 und 3, in entsprechender Anwendung herangezogen werden. Ebenso könnte die Angriffsmöglichkeit vollständig ausgeschlossen werden. 91

Darf und kann die Vergütungspolitik in der **Satzung** festgesetzt werden? Eine ausdrückliche Festlegung trifft die Richtlinie nicht. Die Lücke ist anhand der Kompetenzzuweisung durch die Richtlinie zu lösen: Kommt dem Organ, das die Richtlinie mit einer bestimmten Maßnahme wie zB der Genehmigung der Vergütungspolitik betraut, nach dem nationalen Gesellschaftsrecht die Kompetenz zur Satzungsregelung zu, kann eine Satzungsregelung erfolgen. So ist ein Beschluss der Vergütungspolitik für den Aufsichtsrat durch die Hauptversammlung auch in der Satzung möglich (eine andere Frage ist freilich die der Sinnhaftigkeit einer solchen Überfrachtung der Satzung[227]).[228] Eine Ausübung des Wahlrechts zwischen empfehlendem und verpflichten- 92

---

223 *Jung/Stiegler* in Jung/Krebs/Stiegler, Gesellschaftsrecht in Europa § 30 Rn. 166.
224 Erwägungsgrund 30: Abweichung von „bestimmten Regelungen der Vergütungspolitik".
225 So auch RegE ARUG II, BT-Drs. 19/9739, S. 84, der die Gesetzeslage als ungeschriebenen Bestandteil der Vergütungspolitik versteht; zurückhaltender *Jung/Stiegler* in Jung/Krebs/Stiegler, Gesellschaftsrecht in Europa § 30 Rn. 168.
226 *Seibt* DB 2014, 1910 (1912).
227 Zu Widersprüchen bei den erforderlichen Mehrheiten *Leuering* NZG 2017, 646 (649).
228 So auch der RegE zum ARUG II, BT-Drs. 19/9739, S. 100; VCI-Empfehlungen zur Umsetzung der Vergütungsregelungen (Art. 9 a und b) und der Related-Party-Transaction-Regelungen (Art. 9 c der geänderten Aktionärsrichtlinie, S. 15; aA *Jung/Stiegler* in Jung/Krebs/Stiegler, Gesellschaftsrecht in Europa § 30 Rn. 191.

dem Votum auf Satzungsebene ist hingegen nicht zulässig,[229] da die Richtlinie es ausdrücklich den Mitgliedstaaten und nicht einem Organ mit Satzungskompetenz zuweist. Der Umkehrschluss aus Art. 9 c Abs. 6 dahingehend, dass jegliche Satzungsregelung im Bereich der Vergütungsregelungen der Richtlinie unzulässig ist, geht hingegen zu weit. Fehlt eine Kompetenzzuweisung, ist davon auszugehen, dass die Richtlinie den Punkt vollständig offenlassen möchte.

93 **d) Bewertung.** Die Vergütungspolitik und mit ihr die Vergütungsfestsetzung wird durch die Abstimmungsvorschriften schwerfälliger. Flexibles Reagieren ist nur noch in unwesentlichen Fällen, bei Gesetzesbrüchen oder bei Antizipation in der Politik (was mit Spontaneität nur noch wenig zu tun hat) möglich. In allen anderen Fällen muss stets die Hauptversammlung einberufen werden, mit dem bei börsennotierten Gesellschaften bekannten Kostenaufwand. Ob eine zwar eigentlich sinnvolle Abänderung diesen Aufwand wert ist, wird da schnell zu einer wirtschaftlichen Abwägung werden. Misslich ist insbesondere, dass bei Ablehnung der Vergütungspolitik und bei sinnvoller Kritik an einer akzeptierten Vergütungspolitik dem vergütungsfestsetzenden Organ häufig keine schnelle Reaktionsmöglichkeit gegeben ist. Selbst wenn sich alle einig sind, dass die Vergütungspolitik besser mit einer bestimmten Modifikation verwendet werden sollte, kann die Änderung erst nach Einberufung einer neuen Hauptversammlung der Vergütungsfestsetzung zugrunde gelegt werden.[230] Damit dürfte die stärkere Anbindung der Vergütung an den Willen der Aktionäre mit einer Versteinerung der Vergütungspraxis erkauft werden. Ob dies der langfristigen Tragfristigkeit der Gesellschaft förderlich ist, darf zu Recht bezweifelt werden.

3. Veröffentlichung

94 Die Vergütungspolitik ist nach der Abstimmung zusammen mit Datum und Ergebnissen der Abstimmung mindestens für die Dauer ihrer Gültigkeit unverzüglich kostenfrei öffentlich zugänglich zu machen, Art. 9 a Abs. 7.

II. Vergütungsbericht, Art. 9 b

1. Inhalt des Vergütungsberichts

95 Neben der ex-ante zu erarbeitenden Vergütungspolitik ist ex-post für jedes vorangegangene Geschäftsjahr ein **Vergütungsbericht** über die allen aktuellen und ehemaligen Mitgliedern der Unternehmensleitung **gewährte oder geschuldete** Vergütung zu erstellen, Art. 9 b Abs. 1. Im Einklang mit dem Ziel einer umfassenden Berichtspflicht[231] ist der Berichtsumfang **weit** zu verstehen.[232] Der Wortlaut von Art. 9 b Abs. 1 UAbs. 1 ist diesbezüglich etwas zu eng geraten und daher richtlinienkonform auszulegen: Der Vergütungsbericht beschränkt sich nicht auf die gemäß der Vergütungspolitik gewährte Vergütung. Im Sinne einer umfassenden Offenlegung wäre gerade auch eine in Verstoß gegen die Vergütungspolitik gewährte Vergütung offenzulegen.

96 Der Vergütungsbericht bezieht sich **auf alle aktuellen und ehemaligen Mitglieder** der Unternehmensleitung einzeln (zur Definition → Rn. 72). Damit sind alle aktuellen und ehemaligen Mitglieder des Aufsichtsrats unter Namensnennung (von der sie bisher verschont waren)[233] sowie alle aktuellen und ehemaligen Mitglieder des Vorstandes

---

229 Ähnlich auch *Inci* NZG 2017, 579; VCI-Empfehlungen zur Umsetzung der Vergütungsregelungen (Art. 9 a und b) und der Related-Party-Transaction-Regelungen (Art. 9 c) der geänderten Aktionärsrechterichtlinie, S. 11.

230 *Mense/Klie* GWR 2014, 232 (235).

231 Erwägungsgrund 36 („vollständige Übersicht"); ebenso Art. 9 b Abs. 1 UAbs. 1 („umfassender Überblick").

232 Vgl. Erwägungsgrund 34 („jedes Element und der Gesamtbetrag der Vergütung" offenzulegen).

233 *Habersack* NZG 2018, 127 (133); *Leuering* NZG 2017, 646 (650); *Needham/Müller* IRZ 2019, 79 (81).

mit Namensnennung (für die bisher ein Opt-Out bestand)[234] erfasst. Zwar erwähnt die Richtlinie die Namensnennung nicht ausdrücklich; ohne diese wird die Einzelberichterstattung jedoch nicht möglich sein. So setzt die Richtlinie auch in Art. 9 b Abs. 2 und 3 die Veröffentlichung personenbezogener Daten voraus. Ein Nebeneffekt der Vorschrift ist, dass so aus dem Vergütungsbericht ersichtlich werden würde, sollte ein Unternehmen zB weibliche und männliche Mitglieder der Unternehmensleitung unterschiedlich vergüten.[235]

Die **Befugnis zur Berichterstellung** weist die Richtlinie – anders als bei der Vergütungspolitik, bei der sie diesen Punkt offen lässt – den Mitgliedern der Unternehmensleitung als gemeinsame Aufgabe zu. Für das deutsche Recht bedeutet das eine etwas unübliche,[236] aber nicht gänzlich unbekannte (vgl. § 161 AktG) gemeinsame Zuständigkeit von Vorstand und Aufsichtsrat.[237] **97**

Das Begriffspaar **„gewährt und geschuldet"**, das in Art. 9 b Abs. 1 UAbs. 2 lit. d) noch durch **„angeboten"** ergänzt wird (→ Rn. 105) umgrenzt den Umfangs des Vergütungsberichts und der je Vergütungsbericht zu machenden Angaben. „Gewährt" ist als faktischer Vermögenszufluss unabhängig von einer vertraglichen Verpflichtung zu verstehen.[238] In der Regel wird dieser Zufluss der Erfüllung einer vertraglichen Verpflichtung dienen; erfolgt ein Zufluss jedoch rechtsgrundlos, ist er genauso in den Vergütungsbericht aufzunehmen. Dieses Verständnis ergibt sich aus dem Fehlen einer anderen Formulierung wie „gezahlt" oder „zufließt".[239] Es wäre widersinnig, angesichts dieses Befundes davon auszugehen, die Richtlinie wolle den Vermögenszufluss gerade nicht erfassen. „Geschuldet" ist als fällige Verpflichtung zu verstehen, die (noch) nicht erfüllt wurde (denn anderenfalls wäre ja „Gewährung" gegeben).[240] **98**

Der Vergütungsbericht hat die folgenden **Angaben** zu enthalten: **99**

- Art. 9 b Abs. 1 UAbs. 2 lit. a): die Gesamtvergütung, einschließlich aller Vergütungsbestandteile und dem relativen Anteil von festen und variablen Vergütungsbestandteilen
- Art. 9 b Abs. 1 UAbs. 2 lit. a): eine Erläuterung, wie die Gesamtvergütung der Vergütungspolitik entspricht, wie sie die langfristige Leistung der Gesellschaft fördert und wie die finanziellen und nichtfinanziellen Leistungskriterien angewandt wurden
- Art. 9 b Abs. 1 UAbs. 2 it. b): eine vergleichende Darstellung der jährlichen Veränderung der Vergütung, der Leistung der Gesellschaft und der durchschnittlichen

---

234 *Habersack* NZG 2018, 127 (133); *Leuering* NZG 2017, 646 (650); *Needham/Müller* IRZ 2019, 79 (81); *Lanfermann/Maul* BB 2014, 1283 (1286).
235 *Jung/Stiegler* in Jung/Krebs/Stiegler, Gesellschaftsrecht in Europa § 30 Rn. 225.
236 *Needham/Müller* IRZ 2019, 79 (80) zur alleinigen Vorstandszuständigkeit bei der Vergütungsberichterstattung nach HGB.
237 Strenger *Habersack* NZG 2018, 127 (133); zustimmend *Needham/Müller* IRZ 2019, 79 (80)
238 Beschlussempfehlung des Ausschusses für Recht und Verbraucherschutz des Deutschen Bundestages, BT-Drs. 19/15153 S. 60: "faktische[r] Zufluss des Vergütungsbestandteils, dh die Erfüllung einer Verbindlichkeit wie geschuldet und die sonstige Leistung, die rechtsgrundlos oder als Schlecht- oder Teilerfüllung erfolgt.
239 Anders hingegen noch Art. 9 b Abs. 1, UAbs. 2 lit. b) des Vorschlags für eine Richtlinie des Europäischen Parlaments und des Rates zur Änderung der Richtlinie 2007/36/EG im Hinblick auf die Förderung der langfristigen Einbeziehung der Aktionäre sowie der Richtlinie 2013/34/EU in Bezug auf bestimmte Elemente der Erklärung zur Unternehmensführung vom 9.4.2014, COM(2014) 213 final, der noch zwischen Gewährung und Auszahlung unterscheidet.
240 Vgl. Beschlussempfehlung des Ausschusses für Recht und Verbraucherschutz des Deutschen Bundestages, BT-DRs. 19/15153 S. 60: „alle rechtlich bestehenden Verbindlichkeiten über Vergütungsbestandteile, die fällig oder noch nicht fällig sind und noch nicht erfüllt sind."

Vergütung der nicht unternehmensleitenden Beschäftigten auf Vollzeitäquivalenzbasis über einen Zeitraum von fünf Jahren

- Art. 9 b Abs. 1 UAbs. 2 lit. c): die von Unternehmen desselben Konzerns[241] gewährte Vergütung
- Art. 9 b Abs. 1 UAbs. 2 lit. d): die Anzahl der gewährten oder angebotenen Aktien und Aktienoptionen sowie die wichtigsten Bedingungen für die Ausübung der Rechte, insbesondere Ausübungspreis, Ausübungsdatum sowie die Änderung dieser Bedingungen
- Art. 9 b Abs. 1 UAbs. 2 lit. e): eine Information, ob und wie variable Vergütungsbestandteile zurückgefordert wurden
- Art. 9 b Abs. 1 UAbs 2 lit. f): Informationen zu Abweichungen
  - vom Verfahren zur Umsetzung der Vergütungspolitik nach Art. 9 a Abs. 6 sowie
  - nach Art. 9 a Abs. 4, unter Erläuterung der außergewöhnlichen Umstände und der Teile der Vergütungspolitik von denen abgewichen wurde.
- Art. 9 b Abs. 4 UAbs. 1 S. 2: eine Erläuterung wie der Abstimmung über den vorangegangenen Vergütungsbericht Rechnung getragen wurde (hierzu auch → Rn. 108).

100 Der Vergütungsbericht hat, wie die Vergütungspolitik, **beschreibenden** Charakter und ist **klar und verständlich** abzufassen (ausführlich hierzu jeweils → Rn. 73ff.).

101 Die **Angaben zur Gesamtvergütung** in Art. 9 b Abs. 1 UAbs. 2 lit. a) sind als Spiegelbild der Rahmenangaben der Vergütungspolitik zu verstehen. Es sind alle festen und variablen Vergütungsbestandteile und ihr relativer Anteil anzugeben. Die Darstellung ist am Maßstab eines klaren und verständlichen Vergütungsberichts auszurichten, so dass auch eine Gewichtung und Anpassung des Detailgrades im Sinne des Transparenzzieles zulässig ist (hierzu auch → Rn. 78). Die Gesamtvergütung ist – auch als Schutz vor Umgehung[242] – unabhängig vom Subjekt der Gewährung einheitlich zu betrachten: Auch von Konzernunternehmen gewährte Vergütung ist miteinzubeziehen, Art. 9 b Abs. 1 UAbs. 2 lit. c). Der Bezugspunkt des relativen Anteils sollte stets die tatsächlich gewährte bzw. geschuldete variable Vergütung sein. Der Vergütungsbericht will gerade Transparenz hinsichtlich der tatsächlichen Vergütungsbedingungen eines bestimmten Geschäftsjahres schaffen. Eine Berechnung des Anteils im Verhältnis zu einer nicht erreichten Maximal- oder Zielvergütung würde diese Darstellung verfälschen.

102 Art. 9 b Abs. 1 UAbs. 2 lit. a) ermöglicht zudem eine **Überprüfung der Pflichtgemäßheit der Umsetzung** der Vergütungspolitik, einschließlich der Förderung der in der Vergütungspolitik festgelegten Ziele nach Art. 9 a Abs. 6 UAbs. 1. Die Ziele, die durch die Vergütung gefördert werden sollen, sind bei Vergütungspolitik und -bericht **einheitlich zu verstehen,** auch wenn die Richtlinie leicht unterschiedliche Terminologie gebraucht.[243] Die **Leistung** der Gesellschaft darf nicht nur durch Wiedergabe des Aktienkurses dargestellt werden. Im Richtlinienverfahren wurde der zuvor verwendete Begriff „Wertentwicklung"[244] verworfen.

---

241 Im Sinne von Art. 2 Nr. 11 der Richtlinie 2013/34/EU des Europäischen Parlaments und des Rates.

242 Erwägungsgrund 35.

243 Art. 9 b Abs. 1 UAbs. 2 lit. a) („langfristige Leistung (…) fördert") und Art. 9 a Abs. 6 UAbs. 1 („Förderung der Geschäftsstrategie, der langfristigen Interessen und langfristigen Tragfähigkeit der Gesellschaft")

244 So noch Art. 9 b Abs. 1 UAbs. 2 lit. b) des Vorschlags für eine Richtlinie des Europäischen Parlaments und des Rates zur Änderung der Richtlinie 2007/36/EG im Hinblick auf die Förderung der langfristigen Einbeziehung der Aktionäre sowie der Richtlinie 2013/34/EU in Bezug auf bestimmte Elemente der Erklärung zur Unternehmensführung vom 9.4.2014, COM(2014) 213 final.

Art. 9 b Abs. 1 UAbs. 2 it. b) verlangt eine vergleichende Darstellung der jährlichen   103
Veränderung der Vergütung, der Leistung der Gesellschaft und der durchschnittlichen
Vergütung der nicht unternehmensleitenden Beschäftigten auf Vollzeitäquivalenzbasis
über einen Zeitraum von fünf Jahren. Auffällig ist, dass auch hier keine ausdrückliche
manager-to-worker-pay-ratio berechnet werden muss; der Rezipient des Vergütungsberichts muss sich diese vielmehr aus den angebotenen Werten selbst erschließen. Den
Kreis der einzubeziehenden Beschäftigten lässt die Richtlinie ausdrücklich offen.[245] Er
ist im Rahmen pflichtgemäßen Ermessens und unter Berücksichtigung des Transpa-
renzziels des Vergütungsberichts zu bestimmen. Die noch nicht verabschiedeten, unverbindlichen Leitlinien zum Vergütungsbericht sind diesbezüglich ungenau. An einer
Stelle scheinen sie diesen Befund zu stützen,[246] an anderer stets eine Darstellung der
Vergütung der Beschäftigten der Gesellschaft und des Konzerns zu verlangen.[247] Damit würden sie die Richtlinie überschreiten. Mit Blick auf das Transparenzziel der
Richtlinie ist einer flexibleren Bestimmung des Beschäftigtenkreises der Vorzug zu geben. Ausgangspunkt sind die Beschäftigten der börsennotierten Gesellschaft selbst;
eine Untergruppierung nach Betriebsteilen ist nicht zulässig.[248] Je nach Branche, Un-
ternehmens- und Belegschaftsstruktur kann der Vergleich sehr unterschiedliche Ergeb-
nisse liefern. Diese können auch in unterschiedlichem Lohnniveau an gewählten Pro-
duktionsstandorten oder dem Produkt selbst (benötigt es hoch- oder durchschnittlich
qualifizierte Arbeit?) begründet sein und deshalb keine belastbaren Aussage zu Ver-
gütungsausreißern liefern. Wichtig ist auch der Bezugspunkt: Das (zu niedrige) Lohnniveau eines einfachen Arbeiters in einem Industrieland könnte für denselben einfachen Arbeiter in einer anderen Region der Erde erheblichen Reichtum darstellen.
Durch eine sachgerechte Auswahl des Beschäftigtenkreises kann sichergestellt werden
und ist sicherzustellen, dass der Vergütungsvergleich aussagekräftig ist und nicht
Branchen mit hochqualifizierter Produktion in Industrieländern systematisch bevorzugt werden.

Art. 9 b Abs. 1 UAbs. 2 lit. d) korrespondiert mit den Angaben nach Art. 9 a Abs. 6   104
UAbs. 4 S. 1 in der Vergütungspolitik. Leider unterscheidet sich der Wortlaut der Bestimmungen ohne Not im Detail, so dass die für das Transparenzziel sinnvolle Parallelführung von Vergütungspolitik und -bericht eher verschleiert als bestärkt wird. Zu
den **wichtigsten Bedingungen** im Sinne von Art. 9 b Abs. 1 UAbs. 2 lit. d) sind auch
Warte- und Haltefristen zu zählen, wenn die davon betroffenen Aktien/Aktienoptio-
nen Berichtsgegenstand sind. Ein Bericht, wie die aktienbasierte Vergütung die Geschäftsstrategie und die langfristigen Interessen der Gesellschaft fördert, ist bereits
über Art. 9 b Abs. 1 UAbs. 2 lit. a) abgedeckt (hierzu → Rn. 102) und muss hier nicht
neuerlich verlangt werden.

Das Begriffspaar „gewährt" oder „geschuldet" wird hier durch die weitere Begriff-   105
lichkeit „**angeboten**" ergänzt. Die Formulierung ist misslich, da so auch jedes nicht erfolgreiche Angebot im Rahmen von Gehaltsverhandlungen mit einem Vorstandsmitglied als Bestandteil der Vergütungspolitik angesehen werden könnte.[249] Dies würde

---

245 Ähnlich *Inci* NZG 2017, 579; VCI-Empfehlungen zur Umsetzung der Vergütungsrege-
     lungen (Art. 9 a und b) und der Related-Party-Transaction-Regelungen (Art. 9 c) der ge-
     änderten Aktionärsrechterichtlinie, S. 16 f.; etwas anders *Leuering* NZG 2017, 646
     (649).
246 Communication from the Commission, Guidelines on the standardised presentation of
     the remuneration report under Directive 2007/36/EC, as amended by Directive (EU)
     2017/828 as regards the encouragement of long-term shareholder engagement, S. 17.
247 Communication from the Commission, Guidelines on the standardised presentation of
     the remuneration report under Directive 2007/36/EC, as amended by Directive (EU)
     2017/828 as regards the encouragement of long-term shareholder engagement, S. 16
     (Table 5).
248 Art. 9 b Abs. 1 UAbs. 2 lit. b) „Beschäftigte der Gesellschaft".
249 So auch RegE ARUG II, BT-Drs. 19/9735, S. 130.

die **Klarheit und Verständlichkeit** des Berichts beeinträchtigen. Es spricht folglich einiges dafür, „angeboten" als **„zugesagt"**, dh als ein Mehr zu einem reinen (erfolgreichen oder nicht erfolgreichen) Angebot zu verstehen. Eine Zusage besteht bereits dann, wenn eine Verpflichtung zur Gewährung von Aktien/Aktienoptionen eingegangen wird, die aber aufgrund laufender Fristen erst zu einem späteren Zeitpunkt fällig wird (= dann ist sie auch „geschuldet") und erfüllt wird (= mit Erfüllung wäre sie auch „gewährt").[250] Bei **Aktienoptionen** ist besonders genau zu differenzieren: In diesem Fall wird die Aktienoption, nicht die Aktie, gewährt. Die Gewährung wird also meistens mit der Zusage zusammenfallen, da in diesem Fall die Einräumung der Aktienoption bereits Gewährung (= als Erfüllung der Verpflichtung, dh der Zusage zur Einräumung einer Option) ist.[251] Wird die Aktienoption später ausgeübt und gehen infolgedessen Aktien in das Vermögen des Organmitglieds über, ist das eine Gewährung von Aktien, nicht von Aktienoptionen.

106 Art. 9 b Abs. 1 UAbs. 2 lit. f) verlangt etwas umständlich **Angaben zu Abweichungen** vom Verfahren zur Umsetzung der Vergütungspolitik sowie zu Abweichungen unter außergewöhnlichen Umständen von der Vergütungspolitik. Nachdem das Verfahren zur Umsetzung der Vergütungspolitik in der Vergütungspolitik beschrieben wird, ist eine Abweichung von diesem Verfahren auch wiederum eine Abweichung von der Vergütungspolitik selbst. Für diese Abweichung gelten die Voraussetzungen des Art. 9 a Abs. 4 genauso wie für alle anderen Abweichungen. Anderenfalls hätte der Richtliniengeber für diesen Fall eine Abweichungserleichterung in Art. 9 a aufnehmen müssen. Ferner sind hier Angaben zu Abweichungen wegen vorrangigen nationalen Gesetzesrechts und zu geringfügigen Abänderungen der Vergütungspolitik selbst zu machen (→ Rn. 89 f.). Dem Transparenzziel der Richtlinie kann nur entsprochen werden, wenn ein umfassender Überblick über die Umsetzung der Vergütungspolitik geboten wird.

2. Prüfung durch den Abschlussprüfer

107 Der **Abschlussprüfer oder eine Prüfungsgesellschaft** hat zu überprüfen, ob die für den Vergütungsbericht vorgesehenen Informationen zur Verfügung gestellt wurde, Art. 9 b Abs. 5 UAbs. 1 S. 2. Der Vergütungsbericht sucht damit die Nähe zur Bilanzberichterstattung, muss aber nicht in diese integriert werden.[252] Die Prüfung hat durch den Abschlussprüfer, nicht einen beliebigen Wirtschaftsprüfer, zu erfolgen. Der Maßstab ist ein **rein formeller:**[253] Der Abschlussprüfer muss sicherstellen, dass die erforderlichen Beschreibungen der tatsächlichen Vergütungsstruktur enthalten sind. Er muss sie jedoch nicht auf inhaltliche Richtigkeit prüfen.[254] Die Richtlinie spricht den Organen, die den Vergütungsbericht ausarbeiten, großes Vertrauen aus. Inkorrekte und irreführende Daten im Vergütungsbericht könnten durch die Hauptversammlung nur schwer nachgeprüft werden und unterliegen keiner Überprüfung durch den Abschlussprüfer. Dieses Vertrauen ist jedoch aufgrund der Pflichtenbindung der zuständigen Organe nicht grundlos. Zudem verlangt die Richtlinie Sanktionsmöglichkeiten, die solchem Missbrauch Grenzen setzen. Der Weg ist nur eben nicht der einer (auch kostenintensiven) materiellen Wirtschaftsprüfung.

---

250 So auch die Beschlussempfehlung des Ausschusses für Recht und Verbraucherschutz des Deutschen Bundestages, BT-Drs. 19/15153 S. 60.

251 So auch die Beschlussempfehlung des Ausschusses für Recht und Verbraucherschutz des deutschen Bundestages, BT-Drs. 19/15153 S. 61.

252 Erwägungsgrund 32.

253 Anders *Leuering* NZG 2017, 646 (649).

254 *Needham/Müller* IRZ 2019, 79 (83); Zum gleichen Maßstab nach § 317 HGB BeckBil-Ko/*Schmidt/Ameling* § AktG 317 Rn. 72.

3. Votum zum Vergütungsbericht

Über den Vergütungsbericht ist durch die **Hauptversammlung mit empfehlendem Charakter** abzustimmen, Art. 9 b Abs. 4 UAbs. 1 S. 1. Eine Auswirkung eines negativen Votums auf die im Außenverhältnis bereits entrichtete Vergütung besteht nicht.[255] Im nächsten Vergütungsbericht ist darzulegen, **wie die Abstimmung berücksichtigt** wurde. Dabei besteht ein weiter Ermessensspielraum. Es reicht bereits aus, zu erläutern, dass die Abstimmung sachlich begründet nicht berücksichtigt wurde. Dem berichtserstellenden Organ muss die Befugnis verbleiben, sich in begründeten Ausnahmefällen über das nicht verbindliche Votum hinwegzusetzen (hierzu auch → Rn. 87). In der Regel wird es aber gut beraten sein und ggf. faktischem Zwang unterliegen, die Abstimmung in seine Vergütungs- und Berichtsentscheidung einfließen zu lassen.[256]

4. Veröffentlichung und Datenschutz

Der Bericht ist auf der Internetseite der Gesellschaft nach der Hauptversammlung für 10 Jahre lang **kostenfrei öffentlich zugänglich** zu machen, Art. 9 b Abs. 5 UAbs. 1 S. 1. Er kann auch länger auf der Internetseite veröffentlicht bleiben, wenn die personenbezogenen Daten nach 10 Jahren entfernt werden, Art. 9 b Abs. 3 UAbs. 2, 5 UAbs. 1 S. 1. Eine Vorgabe zur Veröffentlichung im Rahmen der bilanzrechtlichen Publizitätsinstrumente sieht die Richtlinie hingegen nicht zwingend vor, sie ist aber möglich.[257]

Art. 9 b Abs. 3 UAbs. 2 gibt dem **Datenschutz**bedürfnis des einzelnen Mitglieds der Unternehmensleitung nach 10 Jahren Vorrang vor dem Transparenzinteresse der Öffentlichkeit. Die Vergütung eines aktiven Mitglieds der Unternehmensleitung, die im Geschäftsjahr 2020 gewährt wurde und in einem Vergütungsbericht ab Mitte 2021 offengelegt wird, kann ab Mitte 2031 nur noch anonymisiert veröffentlicht werden. In späteren Vergütungsberichten wäre die Vergütung dieses Leitungsmitglieds hingegen weiter unter Einzelnennung ersichtlich. Ein Rückschluss auf die anonymisierten Daten vorheriger Jahre dürfte trotzdem erschwert sein, da sich die Vergütung aktiver Vorstandsmitglieder häufig von Jahr zu Jahr unterscheiden dürfte (zB wegen variabler Bestandteile oder Neuverhandlung). Erhält das Leitungsmitglied keine Ruhestandszahlung, ist die Offenlegung seiner personenbezogenen Daten ca. 10 Jahre nach seinem Ausscheiden aus dem Vorstand beendet.

Anders hingegen bei den **ehemaligen Mitgliedern** der Unternehmensleitung, die Ruhestandszahlungen erhalten. Hier eine Lücke in der Richtlinie zu schließen. Alle Vergütungsberichte sind zu **anonymisieren**, wenn seit der Veröffentlichung des ersten Vergütungsberichts nach dem Ausscheiden 10 Jahre vergangen sind. Anderenfalls würde, wenn Ruhestandszahlungen jährlich bis zum Lebensende in meist gleichbleibender Höhe gewährt werden, jedes Jahr ein neuer Berichtstatbestand begründet. Die Datenschutzregelungen würden hierdurch völlig ausgehebelt, da die Anonymisierung der früheren Berichte schnell und einfach durch Einsicht in die aktuelleren Berichte umgangen werden könnte.[258] Ein ehemaliges Mitglied der Unternehmensleitung kann unter Datenschutzgesichtspunkten jedoch nicht strenger behandelt werden als ein aktuelles.

Ferner sind in den Bericht keine besonderen Kategorien personenbezogener Daten iSv Art. 9 Abs. 1 der Verordnung (EU) 2016/679 des Europäischen Parlaments und des Rates (Datenschutzgrundverordnung), zB die Gewerkschaftszugehörigkeit und personenbezogene Daten, die sich auf die Familiensituation beziehen, aufzunehmen.

108

109

110

111

112

---

255 *Leuering* NZG 2017, 646 (649); *Gaul* AG 2017, 178 (184).
256 *Gaul* AG 2017, 178 (184); *Lanfermann/Maul* BB 2014, 1283 (1285).
257 Erwägungsgrund 32 S. 2; *Velte* NZG 2017, 368 (369); Zu der sich daraus ergebenden Gefahr der weiteren Zersplitterung der Corporate Governance Berichterstattung, *Needham/Müller* IRZ 2019, 79 (80); Arbeitskreis Corporate Governance Reporting der Schmalenbach-Gesellschaft für Betriebswirtschaft eV DB 2018, 2125 ff.
258 Vgl. auch RegE ARUG II, BT-Drs. 19/9739, S. 132.

113 Die Problematik eines **gerichtlichen Angriffs** auf das Beschlussvotum adressiert die Richtlinie nicht.[259] Ein gerichtlicher Angriff wäre weniger problematisch als bei der Vergütungspolitik, da es sich „nur" um eine reine Berichtsverpflichtung ohne direkten Einfluss auf die Entlohnung der Unternehmensleitung handelt.

E. Geschäfte der Gesellschaft mit nahestehenden Personen („Related-Party-Transactions")

I. Zielsetzung und Anwendungsbereich

114 Die Regelungen zu „Related-Party-Transactions" sollen in den Mitgliedstaaten ein System präventiven Minderheitenschutzes etablieren.[260] Sie zielen auf die Begrenzung des Einflusses von Nahestehenden, zumal von Mehrheitseinfluss zulasten der Gesellschaft,[261] der Minderheitsaktionäre und Gläubiger.[262] Damit verfolgen sie einen weiteren Ansatz als das deutsche Konzernrecht, das auf die Risiken von Fremd*beherrschung* zielt.[263] Art. 9c sieht für wesentliche Geschäfte mit nahestehenden Unternehmen oder Personen Zustimmungs-, Veröffentlichungs- und Berichtspflichten vor. Die Pflichten können aufgrund umfangreicher Mitgliedstaatenwahlrechte kombiniert, gestuft oder unter Weglassen der Berichtspflicht umgesetzt werden. Die ersten Entwürfe waren deutlich strenger und sahen ua eine verpflichtende ex-ante Hauptversammlungszustimmung vor.[264] Eine solche, offensichtlich (nur!) an monistischen Vorbildern orientierte[265] Ausgestaltung wäre mit dem deutschen Konzernrecht kaum vereinbar gewesen; ein „if it's not broken, don't fix it", schien der Richtliniengeber nicht zu erwägen.[266] Vor diesem Hintergrund sahen sich die Regelungen erheblicher Kritik ausgesetzt.[267] Nach umfangreichen Modifikationen weist die Regelung nur einen geringen Harmonisierungsgrad auf.[268] Dies verwundert angesichts der hier sehr unterschiedlichen mitgliedstaatlichen Rechtstraditionen nicht,[269] stellt jedoch die grundsätzliche Frage nach der Sinnhaftigkeit einer Regelung auf europäischer Ebene.

115 Die Regelungen gelten nur für **börsennotierte** Gesellschaften nach Art. 1 Abs. 1. Sie können aber auf weitere Gesellschaften ausgeweitet werden.[270]

---

259 DAV-Handelsrechtsausschuss NZG 2015, 54 (62).
260 Vgl. DAV-Handelsrechtsausschuss NZG 2015, 54 (63); *Hommelhoff* NZG 2015, 1329 (1333).
261 Erwägungsgrund 42 S. 1; *Grigoleit* ZGR 2019, 412 (415): Zielgerichtete Schädigung der Gesellschaft.
262 Erwägungsgrund 42; *Müller* ZGR 2019, 97 (99); *Selzner* ZIP 2015, 753; *Veil* NZG 2017, 521 (522); *Habersack* AG 2016, 691 (692) zum Konzernrecht.
263 *Grigoleit* ZGR 2019, 412 (416).
264 Art. 9c Abs. 2 des Vorschlags für eine Richtlinie des Europäischen Parlaments und des Rates zur Änderung der Richtlinie 2007/36/EG im Hinblick auf die Förderung der langfristigen Einbeziehung der Aktionäre sowie der Richtlinie 2013/34/EU in Bezug auf bestimmte Elemente der Erklärung zur Unternehmensführung vom 9.4.2014, COM(2014) 213 final.
265 *Fleischer* BB 2014, 2691 (2697); *Müller* ZGR 2019, 97 (99 f.); *Seibt* DB 2014, 1910 (1914); *Spindler/Seidel* AG 2017, 169.
266 DAV-Handelsrechtsausschuss NZG 2015, 54 (62, 63); *Bayer/Selentin* NZG 2015, 7 (11, 12); *Fleischer* BB 2014, 2691 (2691); *Grigoleit* ZGR 2019, 412 (414) verweist auf die Singularität des deutschen Konzernrechts, die eine Berücksichtigung im europäischen Kontext nicht wahrscheinlich macht; *Seibt* DB 2014, 1910 (1914 f.).
267 *Seibt* DB 2013, 1910 (1914); *Spindler/Seidel* AG 2017, 169 (170); vgl. auch *Drygala* AG 2013, 198 (206); *Selzner* ZIP 2015, 753 mwN.
268 *Jung* WM 2014, 2351 (2351).
269 Zum Zusammenhang zwischen Wirtschaftsstruktur, Gesellschaftsrecht und der Häufigkeit von Related-Party-Transactions, *Roth*, Related party transactions: board members and shareholders – The European Commission proposal and beyond, S. 2 ff., http://ssrn.com/abstract=2101128 (abgerufen am 22.2.2020).
270 Erwägungsgrund 55 erlaubt strengerer Bestimmungen durch die Mitgliedstaaten.

II. Wesentliche Geschäfte mit nahestehenden Personen

1. Wesentliche Geschäfte

Die Definition des Begriffs der **wesentlichen Geschäfte** überlässt die Richtlinie den Mitgliedstaaten.[271] Zur Bestimmung der **Wesentlichkeit** sind quantitative und qualitative Merkmale einzubeziehen. Es sind eine oder mehrere quantitative Kennzahlen festzulegen, Art. 9 c Abs. 1 UAbs. 2 S. 1. Neben quantitativen Kriterien können die Mitgliedstaaten qualitative Kriterien aufstellen oder diese als Grundlage für die Festlegung der quantitativen Kriterien heranziehen. Letzteres ist zur Vermeidung von Rechtsunsicherheit vorzuziehen.[272] Qualitative Kriterien berücksichtigen als zwingende Rahmenvorgabe eines sehr weitreichenden Mitgliedstaatenermessens[273] den Einfluss des Geschäfts auf die wirtschaftlichen Entscheidungen der Aktionäre und der Gesellschaft, Art. 9 c Abs. 1 UAbs. 1 lit. a) und das mit dem Geschäft verbundene Risiko für Gesellschaft und nicht nahestehende Aktionäre, Art. 9 c Abs. 1 UAbs. 1 lit. b). Untechnisch gesprochen muss es sich um Geschäfte handeln, die einen so erheblichen Einfluss auf die Gesellschaft haben, dass ein durchschnittlicher Aktionär nicht einfach desinteressiert an ihnen vorbeigehen würde.

116

Art. 9 c Abs. 1 UAbs. 2 enthält eine abschließende[274] Aufzählung qualitativer Regelbeispiele, die zwar der Ermittlung der quantitativen Kennzahlen dienen,[275] aber zunächst die qualitativen Merkmale aus UAbs. 1 näher erläutern. So kann der Einfluss des Geschäfts auf die Gesellschaft auch zB in einem Einfluss auf finanzielle Lage, Einnahme oder Vermögen bestehen. Das Risiko des Geschäfts für Gesellschaft und Aktionäre kann sich an der Art des Geschäfts oder der Position der nahestehenden Person/des nahestehenden Unternehmens entzünden.

117

Den Begriff des „Geschäfts" zu definieren wird ebenfalls den Mitgliedstaaten überlassen.[276] Er kann eng als „Rechtsgeschäft" oder weit im Sinne von „Transaktion" unter Einschluss von Realakten, rechtsgeschäftsähnlichen Handlungen und Rechtsgeschäften verstanden werden.[277] Ferner sollten sowohl entgeltliche als auch unentgeltliche „Transaktionen" unterschiedslos erfasst sein. Gerade die unentgeltliche Überlassung kann das Resultat der Ausnutzung der herausgehobenen Position der nahestehenden Person sein. Zur Ausgestaltung kann auch IAS 24.9 herangezogen werden, der eine Transaktion als „Übertragung von Ressourcen, Dienstleistungen und Verpflichtungen zwischen einem berichtenden Unternehmen und einem nahestehenden Unternehmen/

118

---

271 Positiv *Habersack* AG 2016, 691 (696); *Veil* NZG 2017, 512 (522); *Bayer/Selentin* NZG 2015, 7 (9); ähnlich *Selzner* ZIP 2015, 753 (754); VCI-Empfehlungen zur Umsetzung der Vergütungsregelungen (Art. 9 a und b) und der Related-Party-Transaction-Regelungen (Art. 9 c) der geänderten Aktionärsrechterichtlinie, S. 22; aA *Jung/Stiegler* in Jung/Krebs/Stiegler, Gesellschaftsrecht in Europa § 30 Rn. 262: europäisch-autonome Auslegung des Begriffs „Geschäft".

272 VCI-Empfehlungen zur Umsetzung der Vergütungsregelungen (Art. 9 a und b) und der Related-Party-Transaction-Regelungen (Art. 9 c) der geänderten Aktionärsrechterichtlinie, S. 22; Vgl. Auch *Tarde* ZGR 2017, 360 (374 f.); *Veil* NZG 2017, 521 (524) der auf die Betonung der Rechtssicherheitskomponente in ausländischen Rechtsordnungen hinweist.

273 *Jung* WM 2014, 2351 (2352).

274 *Jung* WM 2014, 2351 (2352).

275 VCI-Empfehlungen zur Umsetzung der Vergütungsregelungen (Art. 9 a und b) und der Related-Party-Transaction-Regelungen (Art. 9 c) der geänderten Aktionärsrechterichtlinie, S. 22.

276 VCI-Empfehlungen zur Umsetzung der Vergütungsregelungen (Art. 9 a und b) und der Related-Party-Transaction-Regelungen (Art. 9 c der geänderten Aktionärsrechterichtlinie, S. 19; *Bungert/Wansleben* DB 2017, 1190 (1194); aA *Tarde* ZGR 2017, 360 (364).

277 *Inci* NZG 2017, 579 (580); ebenfalls zum weiten Verständnis *Grigoleit* ZGR 2019, 412 (418).

einer nahestehenden Person" versteht.[278] Damit würde ein Gleichlauf mit der ebenfalls den IAS entnommenen Definition nahestehender Personen geschaffen. Gleichzeitig würden die nachteiligen Wirkungen der Übertragung breiter und rechtlich untechnischer bilanzrechtlicher Grundsätze in das materielle Gesellschaftsrecht ausgeweitet (hierzu → Rn. 128).

119 Art. 9c sieht Zustimmungs-, Veröffentlichungs- und optionale Berichtspflichten für wesentliche Geschäfte vor. Die Mitgliedstaaten können für all diese Pflichten eine einheitliche Definition der wesentlichen Geschäfte, mit einem einheitlichen Schwellenwert festlegen; sie können aber auch **mehrere Definitionen wählen** und diese sogar noch nach der Größe der Gesellschaft ausdifferenzieren, Art. 9c Abs. 1 UAbs. 3. Nach dem Wortlaut der Richtlinie ist diese Freiheit der Mitgliedstaaten in einem Punkt eingeschränkt: Für Veröffentlichungspflicht und etwaige Berichtspflicht muss die gleiche Definition gelten.[279] Dies spiegelt die materielle Verknüpfung von Veröffentlichungs- und Berichtspflicht, Art. 9c Abs. 3 UAbs. 1, und kann daher nicht mit einer sprachlichen Ungenauigkeit des Richtliniengebers in Art. 9c Abs. 1 UAbs. 3 erklärt werden. Bei der Entscheidung für oder gegen mehrere Definitionen sollte jedoch auch der damit ansteigende Komplexitätsgrad berücksichtigt werden.[280]

120 Erfüllt ein einzelnes Geschäft die Definition eines wesentlichen Geschäfts nicht, kann es trotzdem noch durch **Aggregation** unter die Pflichten des Art. 9c fallen. Binnen eines Zeitraums von 12 Monaten oder eines Geschäftsjahrs sind alle Geschäfte[281] mit denselben nahestehenden Unternehmen und Personen zusammenzufassen, die nicht bereits selbst wesentliche Geschäfte sind, Art. 9c Abs. 8. Ebenso sind Geschäfte, die den Ausnahmen nach Abs. 5 und 6 unterfallen, nicht in die Aggregierung einzubeziehen.[282] Die Regelung zielt auf die Verhinderung von Umgehungskonstellationen. Der umgangssprachlichen „Salamitaktik", dh der Aufspaltung einer wesentlichen Transaktion in verschiedene unverfängliche Teile, soll so ein Riegel vorgeschoben werden.[283] Alle denkbaren Lücken schließt die Regelung jedoch nicht.[284]

121 Die **Folgen einer Aggregation** nach Art. 9c Abs. 8 lässt die Richtlinie teilweise offen.[285] Aus dem Verweis auf die Pflichten des Art. 9c ist klar, dass diese eingreifen sollen. Welche Transaktionen erfasst werden – die vergangenen, die auslösende oder alle

---

278 *Lanfermann/Maul* BB 2014, 1283 (1287); VCI-Empfehlungen zur Umsetzung der Vergütungsregelungen (Art. 9a und b) und der Related-Party-Transaction-Regelungen (Art. 9c der geänderten Aktionärsrechterichtlinie), S. 19; *Bungert/Wansleben* DB 2017, 1190 (1194); Vetter ZHR 170 (2015) 273 (274 ff.); *Wiersch* NZG 2014, 1131 (1133); *Zetzsche* NZG 2014, 1121 (1128).

279 VCI-Empfehlungen zur Umsetzung der Vergütungsregelungen (Art. 9a und b) und der Related-Party-Transaction-Regelungen (Art. 9c) der geänderten Aktionärsrechterichtlinie, S. 22; Anders noch Art. 9c Abs. 1 UAbs. 2 des Vorschlags für eine Richtlinie des Europäischen Parlaments und des Rates zur Änderung der Richtlinie 2007/36/EG im Hinblick auf die Förderung der langfristigen Einbeziehung der Aktionäre sowie der Richtlinie 2013/34/EU in Bezug auf bestimmte Elemente der Erklärung zur Unternehmensführung vom 9.4.2014, COM(2014) 213 final, der noch eine Befreiung von der Berichtspflicht für bestimmte Transaktionen, dh insbesondere für Transaktionen bei unterschiedlichen Eingriffskriterien, bei gleichbleibender Veröffentlichungspflicht vorsah.

280 *Jung* WM 2014, 2351 (2352).

281 Vgl. *Tarde* ZGR 2017, 360 (377); aA VCI-Empfehlungen zur Umsetzung der Vergütungsregelungen (Art. 9a und b) und der Related-Party-Transaction-Regelungen (Art. 9c) der geänderten Aktionärsrechterichtlinie, S. 26: Zusammenfassung nur einheitlicher Geschäftsarten.

282 *Jung/Stiegler* in Jung/Krebs/Stiegler, Gesellschaftsrecht in Europa § 30 Rn. 290.

283 Lutter/Bayer/Schmidt, Europäisches Unternehmens- und Kapitalmarktrecht, 2017, Rn. 29.203.

284 Vgl. zu weiteren Umgehungskonstellationen *Grigoleit* ZGR 2019, 412 (425 f.).

285 VCI-Empfehlungen zur Umsetzung der Vergütungsregelungen (Art. 9a und b) und der Related-Party-Transaction-Regelungen (Art. 9c) der geänderten Aktionärsrechterichtlinie, S. 25 f.

Kell

zukünftigen – ist dem Ermessen der Mitgliedstaaten anheimgestellt.[286] Im Sinne der Richtlinie ist sicherlich eine umfassende Erfassung aller Transaktionen (dh der vergangenen, auslösenden und zukünftigen) für die Veröffentlichungs- und (optionalen) Berichtpflichten. Ein Zustimmungserfordernis für jede zukünftige Transaktion, ganz egal welchen Umfangs, könnte jedoch als zu weitgehend kritisiert werden;[287] die Richtlinie erlaubt aber auch unterschiedliche Verständnisse der Aggregierung für unterschiedliche Pflichten. So könnte das Zustimmungserfordernis nur für die gegenwärtige Transaktion, die Veröffentlichungspflichten aber auch für die vergangenen und ggf. zukünftigen eingreifen.[288] Bei zukunftsgerichtetem Eingreifen der Pflichten ist zudem klar abzugrenzen, ab welchem Zeitpunkt eine neue Aggregation beginnt, zB am Ende des Zeitraums des Abs. 8 oder nach Zustimmungserteilung.[289] Eine Erfassung nur der auslösenden[290] und/oder der zukünftigen Transaktionen ist hingegen abzulehnen, da so die Aufspaltung eines wesentlichen Geschäfts folgenlos bleiben würde.[291]

2. Nahestehende Personen und Unternehmen

Der Kreis der nahestehenden Personen und Unternehmen ist entsprechend IAS 24.9 zu definieren, Art. 2 lit. h). Die internationalen Rechnungslegungsstandards wurden gem. der Verordnung (EG) Nr. 1606/2002 des Europäischen Parlaments und des Rates übernommen. Den Mitgliedstaaten verbleibt hier kein Umsetzungsspielraum. 122

Die Begriffe der nahestehenden Personen sowie der nahestehenden Unternehmen sind denkbar weit gefasst.[292] 123

Nahestehende Personen sind 124

- Personen, die
  - beherrschenden oder maßgeblichen Einfluss auf das Unternehmen (im hiesigen Kontext also die Gesellschaft) ausüben,
  - an der gemeinschaftlichen Führung des Unternehmens beteiligt sind, oder
  - im Management des Unternehmens oder eines Mutterunternehmens eine Schlüsselrolle bekleiden.
- sowie nahe Familienangehörige dieser Personen

Maßgeblicher Einfluss wird konkretisiert durch IAS 28 Abs. 3 und 5 und besteht bereits bei einer unmittelbaren oder mittelbaren Beteiligung von 20 %. Damit liegt er deutlich unterhalb der Schwelle des § 17 AktG.[293] Beherrschung besteht ab einer Beteiligungsschwelle von 50 %.[294] 125

Nahe Familienangehörige umfassen Kinder und Ehegatten/Lebenspartner der nahestehenden Person, Kinder des Ehegatten/Lebenspartners der nahestehenden Person und abhängige Angehörige der nahestehenden Person oder ihres Ehegatten/Lebenspartners. 126

---

286 *Jung* WM 2014, 2351 (2354).
287 *Wiersch* NZG 2017, 1131 (1132).
288 VCI-Empfehlungen zur Umsetzung der Vergütungsregelungen (Art. 9 a und b) und der Related-Party-Transaction-Regelungen (Art. 9 c) der geänderten Aktionärsrechterichtlinie, S. 27; *Bungert/Wansleben* DB 2017, 1190 (1195).
289 VCI-Empfehlungen zur Umsetzung der Vergütungsregelungen (Art. 9 a und b) und der Related-Party-Transaction-Regelungen (Art. 9 c) der geänderten Aktionärsrechterichtlinie, S. 26; *Grigoleit* ZGR 2019, 412 (424).
290 Hierfür VCI-Empfehlungen zur Umsetzung der Vergütungsregelungen (Art. 9 a und b) und der Related-Party-Transaction-Regelungen (Art. 9 c) der geänderten Aktionärsrechterichtlinie, S. 27; *Bungert/Wansleben* DB 2017, 1190 (1195).
291 *Jung* WM 2014, 2351 (2355).
292 *Selzner* ZIP 2015, 753 (754).
293 *Wiersch* NZG 2017, 1131 (1133): *Müller* ZGR 2019, 97 (101); *Grigoleit* ZGR 2019, 412 (415, 428); *Seibt* DB 2014, 1910 (1913).
294 *Grigoleit* ZGR 2019, 412 (429) unter Verweis auf IFRS 10, Anhang A; IFRS 10, Anhang B35.

127 **Nahestehende Unternehmen** sind solche,

- die derselben Unternehmensgruppe angehören,
- die ein assoziiertes Unternehmen oder Gemeinschaftsunternehmen des jeweils anderen oder eines Unternehmens der Gruppe des jeweils anderen sind,
- die Gemeinschaftsunternehmen desselben Dritten sind,
- von denen eines Gemeinschaftsunternehmen und das andere assoziiertes Unternehmen eines Dritten ist,
- deren Gegenstand ein Plan für Leistungen nach Beendigung des Arbeitsverhältnisses zugunsten bestimmter Arbeitnehmer ist,
- die unter dem beherrschenden Einfluss oder unter der gemeinschaftlichen Führung einer nahestehenden Person stehen,
- auf die maßgeblicher Einfluss bestimmter nahestehender Personen besteht oder in denen nahestehende Personen eine Schlüsselposition im Management der Gesellschaft oder einer Muttergesellschaft bekleiden, oder
- bei denen ein Unternehmen oder ein Mitglied seiner Unternehmensgruppe für das andere Unternehmen oder dessen Mutterunternehmen Leistungen im Bereich des Managements in Schlüsselpositionen erbringt.

128 **Abhängige Angehörige** sind Angehörige, deren Bindung an die nahestehende Person über die reine Verwandtschaft hinausgeht. Im **Bilanzrecht** ist die genaue Reichweite des Begriffs umstritten.[295] Einige sehen nur unterhaltsberechtigte Angehörige,[296] andere alle wirtschaftlich abhängigen Angehörigen als erfasst an.[297] Nicht-Verwandte sind stets nicht erfasst.[298] Angesichts der größeren Pflichtenbindung der Richtlinienregelungen im Vergleich zum Bilanzrecht ist der Begriff hier restriktiv zu verstehen und klar zu konturieren: Eine Beschränkung auf unterhaltsberechtigte Angehörige würde dem genügen, ebenso eine Weiterung auf haushaltszugehörige Angehörige.[299] Zudem ist im Einzelfall zu prüfen, ob aufgrund einer zerrütteten Beziehung eine Einflussnahme konkret ausgeschlossen ist.[300]

129 Das höchst weite Begriffsverständnis der nahestehenden Person/des nahestehenden Unternehmens mag für Rechnungslegungsstandards, deren Zielrichtung eine reine Berichtstransparenz ist,[301] Sinn machen. Im Rahmen der Verpflichtungen des Art. 9 c wird es aber die betroffenen Unternehmen vor nur schwer und aufwändig lösbare Aufgaben stellen.[302] Das deutsche Konzernrecht erfasst nur unternehmerische Konstellationen, die Einbeziehung von Privatpersonen oder die Ausnutzung einer Organstellung ist abgesehen von § 117 AktG ein Novum.[303] Gerade Familienunternehmen werden sich benachteiligt sehen, da bei ihnen häufiger Familienangehörige herausgehobene Positionen an vielen Stellen im Unternehmen und Konzern bekleiden.[304]

---

295 MüKoHGB/*Poelzig* HGB § 285 Rn. 357.
296 MüKoHGB/*Poelzig* § AktG 285 Rn. 357; *Kütting/Gattung* WPg 2005, 1105 (1110); MüKoBilanzR/*Hennrichs/Schubert* IAS 24 Rn. 63.
297 MüKoHGB/*Poelzig* § AktG 285 Rn. 357; *Andrejewski/Böckem* KoR 2005, 170 (172); BeckHdB IFRS/*Wolff/Hamminger* § 20 Rn. 20.
298 MüKoHGB/*Poelzig* HGB § 285 Rn. 357; *Kütting/Gattung* WPg 2005, 1105 (1110); MüKoBilanzR/*Hennrichs/Schubert* IAS 24 Rn. 63.
299 *Grigoleit* ZGR 2019, 412 (429).
300 MüKoHGB/*Poelzig* HGB § 285 Rn. 357; MüKoBilanzR/*Hennrichs/Schubert* IAS 24 Rn. 64.
301 *Grigoleit* ZGR 2019, 412 (428): Die Vorschriften sind autonom auszulegen und nicht am deutschen Konzernrecht zu orientieren.
302 *Bayer/Selentin* NZG 2015, 7 (10); *Lutter* EuZW 2014, 687 (687); *Jung* WM 2014, 2351 (2351); *Müller* ZGR 2019, 97 (101); *Selzner* ZIP 2015, 753 (754, 757, 761); kritisch auch *Wiersch* NZG 2014, 1131 (1133, 1135); VCI-Empfehlungen zur Umsetzung der Vergütungsregelungen (Art. 9 a und b) und der Related-Party-Transaction-Regelungen (Art. 9 c) der geänderten Aktionärsrechterichtlinie, S. 19.
303 *Grigoleit* ZGR 2019, 412 (415 f.).
304 *Bayer/Selentin* NZG 2015, 7 (10).

Kell

III. Veröffentlichungs- und Berichtpflicht

Die wesentlichen Geschäfte sind von den Gesellschaften spätestens im Zeitpunkt ihres Abschlusses zu **veröffentlichen**, Art. 9 c Abs. 2. Der Zeitpunkt ist von der Richtlinie zu eng gefasst. Art. 9 c Abs. 2 ist erweiternd dahingehend zu verstehen, dass auch die Veröffentlichung unverzüglich nach Abschluss des Geschäfts ausreicht. Anderenfalls müsste die Veröffentlichung gleichzeitig mit dem Setzen der Unterschrift unter die Vereinbarung oder gleichzeitig mit der Zustimmung zu einem hiervon abhängigen Geschäft erfolgen. Solange Smart Contracts noch nicht flächendeckend verbreitet sind, ist diese Zeitgleichheit jedoch technisch nicht zu erreichen. Eine Veröffentlichung noch nicht wirksamer (und vielleicht nie wirksam werdender!) Geschäfte vor Abschluss dürfte eher Verwirrung stiften und ist nicht zu empfehlen. Das Medium der Veröffentlichung wird offengelassen, es reicht die Internetseite der Gesellschaft.[305] Damit zielt die Richtlinie auf Minderheitenschutz auch durch Transparenz gegenüber gesellschaftsexternen „Stakeholdern".[306] Die Veröffentlichungspflicht wird angesichts der Publizitätsdefizite des Abhängigkeitsberichts des deutschen Konzernrechts als erforderliche Weiterentwicklung begrüßt.[307] Wesentliche Geschäfte mit Kursrelevanz[308] fallen zusätzlich unter die Pflicht zur ad-hoc-Veröffentlichung von Insiderinformation.[309] Die Regelungen gem. Art. 17 der Marktmissbrauchsverordnung[310] bleiben unberührt, Art. 9 c Abs. 9. Das erstreckt sich auch auf die in die Art. 17 der Marktmissbrauchsverordnung enthaltenen Ausnahmen.

130

Die Veröffentlichung hat alle Informationen zu enthalten, die erforderlich sind, um die Angemessenheit und Vernünftigkeit des wesentlichen Geschäfts zu beurteilen. Sie hat zudem folgenden Mindestinhalt aufzuweisen:

131

- Informationen zur Art des Verhältnisses zwischen der Gesellschaft und den nahestehenden Unternehmen/Personen sowie
- das Datum und den Wert des Geschäfts.

Der Veröffentlichung kann als Mitgliedstaatenoption ein **Bericht** (sog. „fairness opinion")[311] beigefügt werden, der die Angemessenheit und Vernünftigkeit des Geschäfts aus Sicht der Gesellschaft und der Aktionäre, die keine nahestehende Person/Unternehmen sind, bewertet, Art. 9 c Abs. 3 UAbs. 1. Der **Bericht** kann durch einen unabhängigen Dritten, das Verwaltungs- oder Aufsichtsorgan der Gesellschaft oder einen Ausschuss, der mehrheitlich mit unabhängigen Mitgliedern der Unternehmensleitung besetzt ist, erstellt werden, Art. 9 c Abs. 3 UAbs. 2. Nahestehende Unternehmen/Personen sind ausgeschlossen, Art. 3 c Abs. 3 UAbs. 3. Der Bericht ist vor Veröffentlichung und somit vor Abschluss der Transaktion zu erstellen, damit er zeitgleich veröffentlicht werden kann.[312]

132

---

305 VCI-Empfehlungen zur Umsetzung der Vergütungsregelungen (Art. 9 a und b) und der Related-Party-Transaction-Regelungen (Art. 9 c) der geänderten Aktionärsrechterichtlinie, S. 34; Erwägungsgrund 44; *Veil* NZG 2017, 521 (523).

306 *Veil* NZG 2017, 521 (522).

307 *Fleischer* BB 2014, 835; BB 2014, 2691 (2698); *Bayer/Selentin* NZG 2015, 7 (13); *Selzner* ZIP 2015, 753 (757); ähnlich *Wiersch* NZG 2017, 1131 (1136); zur Diskussion um die Veröffentlichungspflicht des Abhängigkeitsberichts: *Kalss* ZHR 171 (2007) 146 (196 f.); *Vetter* ZHR 171 (2007), 342 (362 ff.).

308 *Selzner* ZIP 2015, 753; *Wiersch* NZG 2014, 1131; *Drygala* AG 2013, 198 (207).

309 *Grigoleit* ZGR 2019, 412 (448); Art. 17 der Verordnung (EU) 569/2014 des Europäischen Parlaments und des Rates; Art. 9 c Abs. 9; VCI-Empfehlungen zur Umsetzung der Vergütungsregelungen (Art. 9 a und b) und der Related-Party-Transaction-Regelungen (Art. 9 c) der geänderten Aktionärsrechterichtlinie, S. 23.

310 Verordnung (EU) Nr. 596/2014 des Europäischen Parlaments und des Rates vom 16. April 2014 über Marktmissbrauch (Marktmissbrauchsverordnung) und zur Aufhebung der Richtlinie 2003/6/EG des Europäischen Parlaments und des Rates und der Richtlinien 2003/124/EG, 2003/125/EG und 2004/72/EG der Kommission.

311 *Veil* NZG 2017, 521 (523).

312 *Jung* WM 2014, 2351 (2353).

133   Art. 9 c Abs. 7 erweitert die Veröffentlichungs- und (optionale) Berichtspflicht auf wesentliche Geschäfte zwischen **Tochtergesellschaften der Gesellschaft** und nahestehenden Personen/Unternehmen. Die Regelung ist knapper gefasst und enthält zB keine Bestimmungen zur Berichtserstellung oder zum Mindestinhalt der Veröffentlichung. Die Lücken sind durch entsprechende Anwendung der gleichgerichteten Art. 9 c Abs. 2 und 3 zu füllen.

134   **Die Angemessenheit und Vernünftigkeit** des wesentlichen Geschäfts ist ein unklarer Maßstab,[313] der näher konkretisiert werden muss. Als ein Kriterium kann die **Marktüblichkeit** herangezogen werden. Was marktüblich ist, wird auch angemessen und vernünftig sein. In früheren Richtlinienfassungen war „marktüblich" noch gemeinsam mit „fair und vernünftig" genannt[314] und wurde in der abschließenden Fassung in Abs. 5 zu einer eigenen Ausnahme erhoben. Wären Angemessenheit und Vernünftigkeit mit Marktüblichkeit gleichzusetzen, hätte Abs. 5 nur für außergewöhnliche Geschäfte Bedeutung.[315] **Bessere Konditionen** als Marktniveau sind ebenso angemessen und vernünftig. Im **seltenen Einzelfall**, wie zB einer Notlage, mögen bei guter sachlicher Begründung auch **schlechtere Konditionen als Marktniveau** angemessen und vernünftig sein. Zudem kann ein nachteiliges Geschäfts durch einen kompensierenden, konkreten Vorteil, zB nach § 311 AktG, angemessen werden.[316] Um die Angemessenheit bewerten zu können, ist der Nachteilsausgleich ex-ante verbindlich festzulegen;[317] andernfalls kann er die Angemessenheit im Sinne der Richtlinie nicht begründen.[318]

135   Der Begriff des **unabhängigen** Dritten oder der **unabhängigen Mitglieder der Unternehmensleitung** wird von der Richtlinie offengelassen.[319] Ein unabhängiger Dritter ist auf jeden Fall ein unabhängiger Abschlussprüfer.[320] Schwieriger wird die Bestimmung der Unabhängigkeit bei Mitgliedern der Unternehmensleitung. Der Begriff ist einheitlich zu verstehen: Es darf sich um keine nahestehende Person/Unternehmen handeln. Ebenso dürfen keine weiteren Loyalitätskonflikte bestehen. Ein pauschaler Ausschluss aller Anteilseignervertreter dürfte jedoch zu weit gehen.[321] Zur Eigenschaft als Anteilseignervertreter muss noch ein weiteres Umstandsmoment hinzutreten, das die abstrakte Gefahr eines Interessenkonflikts konkretisiert.[322] In diese Richtung gehen auch die Unterscheidungskriterien des DCGK, mit denen der Begriff der Unabhängigkeit ausgefüllt werden kann.[323] Das wird durch das hiesige, Stakeholder-orientierte Ver-

---

313   DAV-Handelsrechtsausschuss NZG 2015, 54 (63, 64).
314   Art. 9 c Abs. 1 UAbs. 1 des Vorschlags für eine Richtlinie des Europäischen Parlaments und des Rates zur Änderung der Richtlinie 2007/36/EG im Hinblick auf die Förderung der langfristigen Einbeziehung der Aktionäre sowie der Richtlinie 2013/34/EU in Bezug auf bestimmte Elemente der Erklärung zur Unternehmensführung vom 9.4.2014, COM(2014) 213 final.
315   *Grigoleit* ZGR 2019, 412 (435).
316   *Müller* ZGR 2019, 97 (122).
317   *Grigoleit* ZGR 2019, 412 (456 f.).
318   So auch → § 111 b Rn. 84; *Tarde* ZGR 2017, 360 (382); *Müller* ZIP 2019, 2429 (2435).
319   DAV-Handelsrechtsausschuss NZG 2015, 54 (63).
320   Art. 22 der Richtlinie 2006/43/EG des Europäischen Parlaments und des Rates; *Jung* WM 2014, 2351 (2353).
321   vgl. *Jung* WM 2014, 2351 (2353); VCI-Empfehlungen zur Umsetzung der Vergütungsregelungen (Art. 9 a und b) und der Related-Party-Transaction-Regelungen (Art. 9 c) der geänderten Aktionärsrechtrichtlinie, S. 30; *Tarde* ZGR 2017, 360 (379); *Veil* NZG 2017, 521 (527); anders wohl *Bayer/Selentin* NZG 2015, 7 (13).
322   Vgl. Hüffer/Koch § AktG 100 Rn. 24; Spindler/Stilz/*Spindler* § 100 Rn. 44; *Bayer* NZG 2013, 1 (10 f.); *Bayer/Selentin* NZG 2015, 7 (13); *Selzner* ZIP 2015, 753 (759); Kritisch angesichts der Gefahren für die Effektivität der RPT-Regelungen *Spindler/Seidel* AG 2017, 169 (172).
323   DCGK 2020, C.7.

              Kell

ständnis[324] des Unternehmensinteresses unterstrichen. Die Kommission benennt Abhängigkeit in einer unverbindlichen Empfehlung hingegen zu eng als „in einer persönlichen oder geschäftlichen Beziehung zu der Gesellschaft, deren Organen, einem kontrollierenden Aktionär oder einem mit diesem verbundenen Unternehmen [stehend], die einen wesentlichen und nicht nur vorübergehenden Interessenkonflikt begründen kann."[325]

IV. Zustimmungspflicht

Nach Art. 9 c Abs. 4 UAbs. 1 haben Mitgliedstaaten für wesentliche Geschäfte mit nahestehenden Unternehmen und Personen die **Zustimmung der Hauptversammlung oder des Verwaltungs- oder Aufsichtsorgans** der Gesellschaft vorzusehen. Die Zustimmung hat gemäß Verfahren zu erfolgen, die verhindern, dass die nahestehende Person/das Unternehmen ihre/seine Position ausnutzt, und die angemessenen Schutz der Interessen der Gesellschaft und der Aktionäre, die keine nahestehende Person/Unternehmen sind, bieten. Ursprünglich sah der Richtlinienentwurf der Kommission nur eine Hauptversammlungszustimmung vor.[326] Der Rechtsvergleich kann jedoch keinen eindeutigen Vorrang der Hauptversammlungszuständigkeit belegen.[327] Nach starker Kritik[328] umfasst die Zustimmungskompetenz nun auch weitere Organe und hat die Problematik eingedämmt.[329]   **136**

Die Zustimmungsbefugnis des Aufsichts- oder Verwaltungsorgans kann mit einer Hauptversammlungszustimmung verbunden werden, Art. 9 c Abs. 4 UAbs. 2. Diese kann die Entscheidung des anderen Organs bestätigen oder aber auch überstimmen. Letzteres ergibt sich aus der originären Zustimmungsbefugnis der Hauptversammlung. Ebenso wäre die Befassung eines Aufsichtsratsausschusses möglich, wenn er nach dem jeweiligen nationalen Recht als Teil des Aufsichtsorgans verstanden wird.[330]   **137**

Anders als bei der Veröffentlichungs- und (optionalen) Berichtspflicht sieht die Richtlinie bei der Zustimmungspflicht keine Erstreckung auf **Geschäfte von Tochterunternehmen** mit nahestehenden Personen oder Unternehmen der Muttergesellschaft   **138**

324 Vgl. *Selzner* ZIP 2015, 753 (759); Hüffer/Koch § AktG 76 Rn. 28; KK-AktG/*Merens/ Cahn* § AktG 76 Rn. 15 ff.; Spindler/Stilz/*Fleischer* § AktG 76 Rn. 37.
325 Empfehlung 2005/192/EG der Kommission vom 15. Februar 2005, Abl. EU, L 52, S. 51; *Bayer/Selentin* NZG 2015, 7 (12, 13); *Spindler/Seidel* AG 2017, 169 (172).
326 Art. 9 c Abs. 2 des Vorschlags für eine Richtlinie des Europäischen Parlaments und des Rates zur Änderung der Richtlinie 2007/36/EG im Hinblick auf die Förderung der langfristigen Einbeziehung der Aktionäre sowie der Richtlinie 2013/34/EU in Bezug auf bestimmte Elemente der Erklärung zur Unternehmensführung vom 9.4.2014, COM(2014) 213 final.
327 *Fleischer* BB 2014, 2691 (2699); Generell zur Angemessenheit der „shareholder primacy" *Roth*, Related party transactions: board members and shareholders – The European Commission proposal and beyond, S. 11 ff., http://ssrn.com/abstract=2101128 (abgerufen am 22.2.2020).
328 DAV-Handelsrechtsausschuss NZG 2015, 54 (64) zeigt richtig auf, dass der Hauptversammlung kein Mitwirkungsrecht bei Geschäftsführungsmaßnahmen, außer in gravierenden Ausnahmefällen zugewiesen ist; *Lanfermann/Maul* BB 2014, 1283 (1287); *Bayer/Selentin* NZG 2015, 7 (8 f.); *Fleischer* BB 2014, 2691 (2698 f.); *Seibt* DB 2014, 1910 (1914); *Jung* WM 2014, 2351 (2354); *Selzner* ZIP 2015, 753 (758).
329 *Selzner* ZIP 2015, 753 (754).
330 VCI-Empfehlungen zur Umsetzung der Vergütungsregelungen (Art. 9 a und b) und der Related-Party-Transaction-Regelungen (Art. 9 c) der geänderten Aktionärsrechterichtlinie, S. 31; *Tarde* ZGR 2017, 360 (380); zweifelnd *Tröger* AG 2015, 53 (71).

vor.[331] Es ist anzunehmen, dass der Richtliniengeber hier bewusst mit Blick auf organisationsrechtliche Probleme Umgehungsgefahren (→ Rn. 148) in Kauf nimmt.[332]

139   Zu Vor- und Nachteilen einer Zustimmung durch die jeweiligen Organe nach dem Grundsatz der Organadäquanz[333] lässt die Richtlinie eine normative Diskussion vermissen. Dies erklärt sich vor dem Hintergrund, dass sich die Frage des besser geeigneten Organs im monistischen System nicht in der Dringlichkeit stellt. Die Kritik, die von der Schwerfälligkeit der Hauptversammlung, die Gefahren räuberischer Aktionäre,[334] über die Vorteile eines Kleingruppengremiums[335] zur Beurteilung komplexer Transaktionen[336] bis hin zur unterschiedlichen Professionalität und Fachkenntnis[337] reicht, fußt auf den Besonderheiten des dualistischen Systems. Zudem ist auch eine Zustimmungsbefugnis des Aufsichtsrats nicht ohne Herausforderungen, zB bei der Frage der Unabhängigkeit der Aufsichtsratsmitglieder.[338]

140   **Nahestehende Personen/Unternehmen** sind von der Zustimmungsentscheidung **auszuschließen**.[339] Mitgliedstaaten können jedoch von einem Stimmrechtsausschluss absehen, wenn angemessene Schutzmechanismen zugunsten der Gesellschaft und der nicht nahestehenden Aktionäre vorhanden sind, Art. 9 c Abs. 4 UAbs. 4.[340] Hierdurch kann sichergestellt werden, dass nicht überwiegend die Minderheitsaktionäre über den Kopf des Mehrheitsaktionärs hinweg entscheiden.[341] Gleichzeitig ist zu verhindern, dass die nahestehende Person/das nahestehende Unternehmen der Transaktion gegen die Stimmen der nicht nahestehenden Aktionäre oder unabhängigen Mitglieder der Unternehmensleitung zustimmt. Die Pflichtenbindung des Aufsichtsrats an das Unternehmensinteresse zählt sicherlich zu den angemessenen Schutzmechanismen.[342] Zum Begriff der Unabhängigkeit → Rn. 135.

141   Die **Rechtsfolgen einer versagten Zustimmung** überlässt die Richtlinie den Mitgliedstaaten.[343] Anders noch der Vorschlag der Kommission, der die Durchführung der Transaktion von der (vorherigen) Genehmigung der Hauptversammlung abhängig gemacht hatte.[344] Dieser schwerfällige Mechanismus wurde in der endgültigen Richtlini-

---

331   *Grigoleit* ZGR 2019, 412 (421).
332   Problematisch ist die Frage, ob ein Geschäft auf Ebene der Tochtergesellschaft unter Zustimmungsvorbehalt auf Ebene der Muttergesellschaft gestellt werden kann, *Grigoleit* ZGR 2019, 412 (421).
333   *Spindler/Seidel* AG 2017, 169 (170).
334   *Tröger* AG 2015, 53 (66); *Veil* NZG 2017, 521 (526); *Fleischer* BB 2014, 2691 (2699); *Selzner* ZIP 2015, 753 (758); *Bayer/Selentin* NZG 2015, 7 (8, 9); *Spindler/Seidel* AG 2017, 169 (171); *Poelzig/Meixner* AG 2008, 196 (198); *Baums/Keinath/Gajek* ZIP 2007, 1629; *Baums/Drinhausen/Keinath* ZIP 2011, 2329.
335   *Veil* NZG 2017, 521 (526).
336   *Fleischer* BB 2014, 2691 (2699); *Selzner* ZIP 2015, 753 (758); zur Vergütungspolitik *Gaul* AG 2017, 178 (181); *Hommelhoff* NZG 2015, 1329 (1332).
337   *Selzner* ZIP 2015, 753 (758); VCI-Empfehlungen zur Umsetzung der Vergütungsregelungen (Art. 9 a und b) und der Related-Party-Transaction-Regelungen (Art. 9 c) der geänderten Aktionärsrechterichtlinie, S. 28; Vgl. zur Vergütungspolitik *Gaul* AG 2017, 178 (181); *Hommelhoff* NZG 2015, 1329 (1332).
338   *Fleischer* BB 2014, 2691 (2699).
339   Kritisch *Wiersch* NZG 2017, 1131 (1136).
340   *Veil* NZG 2017, 521 (523); mit einer Darstellung, wie ein angemessener Schutz aussehen könnte *Spindler/Seidel* AG 2017, 169 (173).
341   *Spindler/Seidel* AG 2017, 169 (171 ff.); *Vetter* ZHR 179 (2015) 273 (306 f.).
342   VCI-Empfehlungen zur Umsetzung der Vergütungsregelungen (Art. 9 a und b) und der Related-Party-Transaction-Regelungen (Art. 9 c) der geänderten Aktionärsrechterichtlinie, S. 2629; *Veil* NZG 2017, 521 (527); *Bungert/Wansleben* DB 2017, 1190 (1199 f.).
343   *Jung* WM 2014, 2351 (2354)
344   Art. 9 c Abs. 2 UBbs. 1 S. 3 des Vorschlags für eine Richtlinie des Europäischen Parlaments und des Rates zur Änderung der Richtlinie 2007/36/EG im Hinblick auf die Förderung der langfristigen Einbeziehung der Aktionäre sowie der Richtlinie 2013/34/EU in

         Kell

enfassung bewusst gestrichen.[345] Bei der Wahl zwischen Rechtsfolgen im Außen- oder „lediglich" im Innenverhältnis ist eine Auswirkung im Innenverhältnis verbunden mit einer haftungsrechtlichen Sanktionierung vorzuziehen.[346] Damit würden sich Regelungen zu Related-Party-Transactions an anderen Richtungsentscheidungen des deutschen Rechts orientieren: Um Rechtssicherheit zu schaffen, wirkt sich zB im Vertretungsrecht der Mangel der Vertretungsmacht idR nur im Innenverhältnis aus.[347] Auch im Rahmen der Holzmüller-Fälle bleibt die Vertretungsmacht der Unternehmensleitung unberührt.[348]

V. Ausnahmen

Art. 9 c Abs. 5 und Abs. 6 sehen umfangreiche Ausnahmen vor. Abs. 5 nimmt Geschäfte, die im **ordentlichen Geschäftsgang und zu marktüblichen Bedingungen** getätigt werden von den Pflichten des Art. 9 c aus. Die Ausnahme ist jedoch nicht zwingend: Mitgliedstaaten können die Pflichten des Art. 9 c auch auf diese Geschäfte erstrecken, Art. 9 c Abs. 5 UAbs. 2. Abs. 6 gewährt eine Mitgliedstaatenoption auf weitere Ausnahmen. Beide Ausnahmeregelungen wurden trotz ihrer einheitlichen Optionalität in getrennten Absätzen und systematisch unterschiedlich geregelt: Abs. 5 enthält eine Ausnahme mit optionalem Opt-out, Abs. 6 enthält lediglich optionale Ausnahmen. Das lässt den Schluss zu, dass die Richtlinie eine Ausnahme für marktübliche Geschäfte empfiehlt, während hinsichtlich der Ausnahmen des Abs. 6 keine Präferenz besteht. | 142

Das gesonderte Erfordernis des **ordentlichen Geschäftsgangs** zeigt, dass auch marktübliche, aber außergewöhnliche Geschäfte den RPT-Vorschriften unterliegen sollen.[349] Welche Geschäfte im **ordentlichen Geschäftsgang** getätigt werden, ist individuell für jede Gesellschaft anhand ihres Geschäftszuschnitts, ihrer Umsatzstruktur und ihrer internen Abläufe zu bewerten. Alltagsgeschäfte, wie ständige Liefer- und Leistungsbeziehungen,[350] die aufgrund ihrer Häufigkeit[351] zur Routine zu zählen sind und aufgrund ihres (Einzel-)Geschäftsumfangs keine besondere Bedeutung für die Gesellschaft haben,[352] sind zum ordentlichen Geschäftsgang zu zählen. | 143

Marktüblich sind Geschäfte, die einem Drittvergleich standhalten. Diese Geschäfte könnten und würden zu diesen Konditionen auch zwischen unverbundenen Dritten bei funktionierendem Marktumfeld abgeschlossen und sind durch Gleichwertigkeit von Leistung und Gegenleistung bzw. die Vereinbarung von Marktpreisen gekennzeichnet.[353] | 144

Bezug auf bestimmte Elemente der Erklärung zur Unternehmensführung vom 9.4.2014, COM(2014) 213 final.

345 *Lanfermann/Maul* BB 2014, 1283 (1287); *Jung* WM 2014, 2351 (2354) kommt jedoch zu dem Ergebnis, dass die Voraussetzungen des Richtlinienvorschlags in die endgültige Richtlinie hineinzulesen seien, was eine Auswirkung im Außenverhältnis zur Folge hätte.

346 *Fleischer* BB 2014, 2691 (2693) zur Behandlung in nationalen Related-Party-Regularien anderer Jurisdiktionen; VCI-Empfehlungen zur Umsetzung der Vergütungsregelungen (Art. 9 a und b) und der Related-Party-Transaction-Regelungen (Art. 9 c) der geänderten Aktionärsrechterichtlinie, S. 31; DAV-Handelsrechtsausschuss NZG 2015, 54 (65) zu den Nachteilen eines Durchschlagens im Außenverhältnis; ähnlich auch *Seibt* DB 2013, 1910 (1914).

347 *Fleischer* BB 2014, 2691 (2693).

348 BGHZ 83, 112 (118 ff.); 159, 39 (42 f.).

349 *Grigoleit* ZGR 2019, 41 (413).

350 *Jung* WM 2014, 2351 (2355); *Veil* NZG 2017, 521 (528).

351 *Grigoleit* ZGR 2019, 412 (431): Häufigkeit als einzig ausschlaggebendes Kriterium.

352 *Veil* NZG 2017, 521 (528) weist richtigerweise darauf hin, dass das deswegen auch häufig die Wesentlichkeit des betroffenen Geschäftes fehlen könnte.

353 *Grigoleit* ZGR 2019, 412 (431); RegE ARUG II, BT-Drs. 19/9739, S. 91.

145 Das Verwaltungs- oder Aufsichtsorgan der Gesellschaft muss, wenn die (optionale) Ausnahme angewandt werden soll, ein **internes Verfahren** einrichten, das regelmäßig bewertet, ob die Bedingungen der Marktüblichkeit und des ordentlichen Geschäftsgangs erfüllt sind, Art. 9 c Abs. 5 UAbs. 1 S. 2.[354] Ist eine nahestehende Person Mitglied des Aufsichts- oder Verwaltungsorgans, darf sie in die Bewertung nicht eingebunden werden. Die genaue Ausgestaltung des Verfahrens kann den Unternehmen überlassen werden.[355] Im dualistischen System sollte die Verfahrensausgestaltung dem Aufsichtsrat als dem originären Überwachungsorgan überlassen werden.[356] Ebenso kann der Aufsichtsrat selbst die Bewertung durchführen. Es ist jedoch auch ausreichend, ein Compliance-System mit auf die Gesellschaft maßgeschneiderten Kriterien für den ordentlichen Geschäftsgang und die Marktüblichkeit zu etablieren, das stichprobenartige Überprüfungen vorsieht.[357] Nach der Richtlinie wäre auch eine Überprüfung durch eine unternehmensinterne Compliance-Abteilung, die dem Vorstand unterstellt ist, möglich.[358]

146 Art. 9 c Abs. 6 erlaubt den Mitgliedstaaten, weitere Konstellationen von den Regelungen auszunehmen. Hierzu zählen:

- Art. 9 c Abs. 6 lit. a) Geschäfte zwischen der Gesellschaft und ihren Tochtergesellschaften,
  - bei 100 %-Töchtern
  - bei Beteiligungen < 100 %
  - wenn neben dieser Beteiligung keine weitere nahestehende Person/Unternehmen an der Tochtergesellschaft beteiligt ist,
  - oder das nationale Recht den angemessenen Schutz der Interessen der Gesellschaft und der nicht nahestehenden Aktionäre vorsieht
- Art. 9 c Abs. 6 lit. b): genau festgelegte Arten von Geschäften, die der Zustimmung der Hauptversammlung unterliegen, sofern das nationale Recht die angemessene Behandlung aller Aktionäre und den angemessenen Schutz der Interessen der Gesellschaft und der nicht nahestehenden Aktionäre vorsieht,
- Art. 9 c Abs. 6 lit. c): Vergütungsgeschäfte gemäß der Vergütungspolitik,
- Art. 9 c Abs. 6 lit. d): Geschäfte von Kreditinstituten, die von der zuständigen Aufsichtsbehörde als stabilitätsschützende Maßnahme angeordnet wurden,
- Art. 9 c Abs. 6 lit. e): Geschäfte, die allen Aktionären unter den gleichen Bedingungen angeboten werden, die Gleichbehandlung der Aktionäre und der Schutz der Interessen der Gesellschaft gesichert ist.

Die Ausnahmen ermöglichen eine weitestgehende, aber nicht vollständige Befreiung von Konzernsachverhalten (→ Rn. 147).

147 Tochtergesellschaft iSv **Art. 9 c Abs. 6 lit. a)** ist weit zu verstehen und umfasst auch weitere Untergliederungen wie Enkel- und Urenkelgesellschaften etc.[359] Damit ähnelt die Regelung der Definition des § 290 HGB; auszulegen ist sie angesichts des Bezugs der Richtlinie auf IFRS jedoch orientiert an diesen.[360] Die Vorschrift fokussiert auf die

---

354 *Veil* NZG 2017, 521 (528); wird die Ausnahme des Art. 9 c Abs. 5 nicht genutzt, ist ein solches Verfahren natürlich nicht erforderlich, RegE ARUG II, BT-Drs. 19/9739, S. 92.
355 *Veil* NZG 2017, 521 (528); *Bungert/Wansleben* DB 2017, 1190 (1197 f.); VCI-Empfehlungen zur Umsetzung der Vergütungsregelungen (Art. 9 a und b) und der Related-Party-Transaction-Regelungen (Art. 9 c) der geänderten Aktionärsrechterichtlinie, S. 37.
356 → § 111 a Rn. 34.
357 *Jung* WM 2014, 2351 (2355)
358 Ähnlich *Müller* ZGR 2019, 97 (121): Clearing-Stelle; *Jung* WM 2014, 2351 (2356).
359 So auch die Definition von Tochtergesellschaft in Art. 2 Nr. 10 der Richtlinie 2013/34/EU; *Veil* NZG 2017, 521 (528); *Wiersch* NZG 2017, 1131 (1132 f.); VCI-Empfehlungen zur Umsetzung der Vergütungsregelungen (Art. 9 a und b) und der Related-Party-Transaction-Regelungen (Art. 9 c) der geänderten Aktionärsrechterichtlinie, S. 38.
360 *Grigoleit* ZGR 2019, 412 (441); Beteiligungsschwelle von 50 % der Stimmrechte, IFRS 10 Anhang A, IFRS 10, Anhang B35.

börsennotierte Muttergesellschaft, börsennotierte Töchter sind von der Ausnahme nicht erfasst.[361] Anders als noch in früheren Richtlinienentwürfen sind neben 100 %-Beteiligungen nunmehr auch geringere Beteiligungen erfasst. Eine Unterscheidung zwischen Beteiligungen < 100 % an denen keine weitere nahestehende Person/Unternehmen mitbeteiligt ist und solchen, an denen schon, ist bei angemessenen Schutzmechanismen nicht erforderlich. Die Schutzvorkehrungen des Vertragskonzerns können als solche Mechanismen verstanden werden.[362] Beim faktischen Konzern hingegen zweifeln einige, ob das vorhandene Schutzsystem und dabei insbesondere der Abhängigkeitsbericht aufgrund seiner fehlenden Publizität den Anforderungen des lit. a) gerecht wird;[363] letztlich dürfte dies aber mit Blick auf das ausdifferenzierte System des faktischen Konzerns zu bejahen sein.[364] Trotzdem sind Konzernsachverhalte nicht vollständig von lit. a) erfasst: lit. a) bezieht sich nur auf Geschäfte der börsennotierten Mutter mit den Töchtern („downstream"-Situation), nicht jedoch von der börsennotierten Tochter mit der Mutter („upstream"-Situation).[365] Während der Vertragskonzern in Art. 9 c Abs. 6 lit. b) vollständig verortet werden kann, ist das in lit. a) nicht der Fall.[366] Auch für den faktischen Konzern bleibt es nicht beim status quo.[367] Nachdem „upstream"-Transaktionen nicht in lit. a) erfasst sind, kann die Ausnahme nicht für den gesamte Geschäftsverkehr des faktischen Konzerns eingreifen.[368] Die börsennotierte abhängige Gesellschaft treffen zukünftig neben den Regelungen des faktischen Konzerns, insbesondere nach §§ 311 ff. AktG, auch die der Related-Party-Transactions.[369]

Die Regelung beinhaltet **Umgehungspotential,** indem ohne Anwendung der RPT-Regelungen Vermögen auf eine zwischengeschaltete, nicht börsennotierte[370] 100 %-Tochter übertragen werden kann, die dann – ohne dem Zustimmungserfordernis zu unterliegen – das Vermögen an die nahestehende Person/Unternehmen übertragen kann.[371] Allerdings greift auch in diesen Fällen die Veröffentlichungspflicht gemäß Art. 9 c Abs. 7. Angesichts der Differenzierung zwischen Veröffentlichungs- und Zustimmungspflicht ist anzunehmen, dass die Lücke bei der Zustimmungspflicht bewusst in Kauf genommen wurde (hierzu auch → Rn. 138). 148

Art. 9 c Abs. 6 lit. b) ermöglicht die weitere Ausnahme klar festgelegter Geschäfte, die der Zustimmung der Hauptversammlung der börsennotierten Gesellschaft unterliegen, wenn angemessene (nicht gleichwertige!)[372] Schutzmechanismen gegeben sind. Die Vorschrift kann als Grundlage einer Bereichsausnahme für den **Vertragskonzern** verstanden werden.[373] Abschluss und Änderung von Unternehmensverträgen sind von 149

---

361 *Grigoleit* ZGR 2019, 412 (440).
362 aA *Inci* NZG 2017, 579 (580): Vertragskonzern nicht von lit. a) erfasst.
363 *Bayer/Selentin* NZG 2015, 7 (12); *Klene* GWR 2018, 210 (211 f.); *Lieder/Wernert* ZIP 2018, 2441 (2447); *Seidel* AG 2018, 423 (426 f.); *Spindler/Seidel* AG 2017, 169 (170); *Müller* ZGR 2019, 87 (116).
364 *Müller* ZGR 2019, 97 (117); *Tarde*, Related Party Transactions, 2018, S. 75 ff.
365 *Inci* NZG 2017, 579 (580); *Müller* ZGR 2019, 97 (118); *Grigoleit* ZGR 2019, 312 (436); *Lieder/Wernert* ZIP 2018, 2441 (2446); *Mörsdorf/Piroth* ZIP 2018, 1469 (1478); *J. Schmidt* NZG 2018, 1201 (1211); *Veil* NZG 2017, 521 (528); in Richtung eines weiteren Verständnisses VCI-Empfehlungen zur Umsetzung der Vergütungsregelungen (Art. 9 a und b) und der Related-Party-Transaction-Regelungen (Art. 9 c) der geänderten Aktionärsrechterichtlinie, S. 37 f.
366 *Grigoleit* ZGR 2019, 412 (437).
367 *Müller* ZGR 2019, 97 (118).
368 *Müller* ZGR 2019, 97 (119, 124); etwas weitgehender *Veil* NZG 2017, 521 (529), der faktischeKonzernbeziehungen unter lit. a) Var. 3 fassen möchte.
369 *Müller* ZGR 2019, 97 (119).
370 *Grigoleit* ZGR 2019, 412 (439): Kein Streubesitz.
371 *Grigoleit* ZGR 2019, 412 (439); *Veil* NZG 2017, 521 (528).
372 *Müller* ZGR 2019, 97 (107).
373 *Grigoleit* ZGR 2019, 312 (436).

der Ausnahme erfasst.[374] Zweifel könnten bei der Aufhebung bzw. Kündigung bestehen, da diese nicht der Zustimmung der Hauptversammlung unterliegt.[375] Es ist jedoch ein Sonderbeschluss der Aktionäre, in deren Rechte eingegriffen wird, vorgesehen, §§ 296 Abs. 2, 297 Abs. 2 AktG.[376] Dies verhindert die Ausnutzung von Mehrheitsmacht in der Vertragsbeendigung, so dass die Ausnahme, die den Abschluss des Unternehmensvertrags selbst erfasst, im Wege des Erst-recht-Schlusses erweiternd auszulegen ist.[377] Zudem kann die Aufhebung bzw. Kündigung als eines der klar umgrenzten Geschäfte verstanden werden, die infolge des Abschlusses des Unternehmensvertrages erforderlich werden. Letztlich erfolgen Abschluss, Beendigung und die einzelnen Geschäfte alle auf einer einheitlichen Legitimationsgrundlage durch die Hauptversammlung.[378] Bei den erfassten **Unternehmensverträgen** ist zu differenzieren: Anders als Gewinnabführungs- und Beherrschungsverträge unterliegen Teilgewinnabführungs-, Betriebspacht- und Betriebsüberlassungsverträge nicht der Zustimmung der Hauptversammlung der Gesellschaft. Bei Abschluss und Änderung dieser Verträge greift die Ausnahme nicht.[379] Die in Umsetzung des jeweiligen, von der Ausnahme erfassten Unternehmensvertrags getätigten Geschäfte sind erst recht von der Ausnahme erfasst.[380] So sind die Geschäfte innerhalb des Vertragskonzerns durch diesen klar umgrenzt, wenn auch im Einzelnen zumindest nicht ex-ante bestimmbar.[381] Eine klare Umgrenzung im Sinne der Regelung kann auch einen großen, bestimmten Kreis von im Einzelnen noch unbestimmten Geschäften umfassen.[382] Es reicht die merkmalbezogene Typisierung.[383] Das Erfordernis, jedes Geschäft bereits namentlich vorab bezeichnen zu können, geht mit Blick auf das schnelllebige globalisierte Wirtschaftsumfeld, in dem besonders börsennotierte Gesellschaften operieren, zu weit.

150 Art. 9 c Abs. 6 lit. c) stellt sicher, dass unterschiedliche Richtlinienbereiche sich nicht gegenseitig überlagern und ggf. negativ beeinflussen. Art. 9 c Abs. 6 lit. d) unternimmt die gleiche Abgrenzung für bestimmte aufsichtsrechtliche Maßnahmen gegenüber Kreditinstituten.

151 Art. 9 c Abs. 6 lit. e) nimmt Geschäfte mit mangelndem Risikopotential aus. Ist ein Geschäft nicht marktüblich, ist eine Ausnützung der Mehrheitsmacht des Hauptaktionärs trotzdem ausgeschlossen, wenn alle Aktionäre in den Genuss der gleichen Vorteile kommen. Damit es sich nicht um ein kollusives Zusammenwirken zulasten der Gesellschaft handelt, ist zudem der Schutz der Interessen der Gesellschaft festgeschrieben.

152 **Sanktionen** nach Art. 14 b können vielfältig sein. Die Richtlinie billigt den Mitgliedstaaten mit Blick auf ihre unterschiedlichen Rechtstraditionen ein weites Umsetzungs-

---

374 *Müller* ZGR 2019, 97 (107); *Tarde* ZGR 2017, 360 (365); VCI-Empfehlungen zur Umsetzung der Vergütungsregelungen (Art. 9 a und b) und der Related-Party-Transaction-Regelungen (Art. 9 c) der geänderten Aktionärsrechterichtlinie, S. 21, 40; andere lassen eine teleologische Reduktion der Richtlinienvorschriften ausreichen: *Seibt*, BDI/FBD, Erforderliche Harmonisierung oder unnötiger Systembruch – Der Vorschlag der EU-Kommission zu Related-Party-Transactions, https://bdi.eu/media/presse/publikationen/2015_Related_Party_Transactions.pdf, S. 9 (abgerufen am 23.2.2020).
375 Spindler/Stilz/*Veil* § AktG 296 Rn. 9; KK-AktG/*Koppensteiner* AktG § 296 Rn. 9.
376 *Müller* ZGR 2019, 97 (108).
377 *Müller* ZGR 2019, 97 (108); *Veil* NZG 2017, 521 (530).
378 *Müller* ZGR 2019, 97 (111); *Veil* NZG 2017, 521 (530).
379 *Grigoleit* ZGR 2019, 412 (438); *Müller* ZGR 2019, 97 (108).
380 *Veil* NZG 2017, 521 (530).
381 *Bungert/Wansleben* DB 2017, 1190 (1196); bei kritischer Auseinandersetzung auch *Müller* ZGR 2019, 97 (111); *Grigoleit* ZGR 2019, 412 (437); *Mörsdorf/Pieroth* ZIP 2018, 1469 (1479); aA *Inci* NZG 2017, 579 (580).
382 So spricht die englische Fassung auch von „clearly defined types of transactions"; *Müller* ZGR 2019, 87 (112).
383 Vgl. K. Schmidt/Lutter/*Drygala* § AktG 111 Rn. 58; Spindler/Stilz/*Spindler* § AktG 111 Rn. 65.

ermessen zu.[384] Soweit die Verwaltungs- und Aufsichtsorgane in die Pflicht genommen werden, insbesondere bei der Zustimmungspflicht, sollte eine Sanktion an ihre interne Pflichtenbindung an das Gesellschaftsinteresse anknüpfen.[385] Ferner kann einer gravierenden, vorsätzlichen Missachtung der Vorschriften auch strafrechtliche Relevanz auf Grundlage der Untreuestrafbarkeit haben. Die Anordnung von Bußgeldern ist für komplexe Verpflichtungen weniger geeignet, da sie einer standardisierten Verfolgung wenig zugänglich sind. Bei klar überprüfbaren Anknüpfungspunkten wie der Veröffentlichungs- oder der (optionalen) Berichtspflicht ist hingegen die Anordnung ordnungsrechtlicher Sanktionen zur Ergänzung der gesellschaftsrechtlichen Pflichtenbindung möglich und zu erwägen.

VI. Bewertung

Durch die Einführung der umfangreichen Ausnahmen in Abs. 5 und 6 wurde in den Richtlinienverhandlungen der befürchtete Todesstoß für das deutsche Konzernrecht abgewendet. Die Umsetzung der Richtlinie wurde dadurch aber keinesfalls einfach und problemfrei, sondern bleibt eine Herausforderung für den nationalen Gesetzgeber. 153

---

384 *Grigoleit* ZGR 2019, 42 (450).
385 *Grigoleit* ZGR 2019, 412 (450).

Aktiengesetz

Vom 6. September 1965 (BGBl. I S. 1089) FNA 4121-1

Zuletzt geändert durch Art. 1 G zur Umsetzung der zweiten AktionärsrechteRL vom 12.12.2019 BGBl. I S. 2637

Erstes Buch Aktiengesellschaft

Dritter Teil
Rechtsverhältnisse der Gesellschaft und der Gesellschafter

§ 67 Eintragung im Aktienregister

(1) [1]Namensaktien sind unabhängig von einer Verbriefung unter Angabe des Namens, Geburtsdatums *und einer Postanschrift sowie einer elektronischen Adresse* des Aktionärs sowie der Stückzahl oder der Aktiennummer und bei Nennbetragsaktien des Betrags in das Aktienregister der Gesellschaft einzutragen. [2]Der Aktionär ist verpflichtet, der Gesellschaft die Angaben nach Satz 1 mitzuteilen. [3]Die Satzung kann Näheres dazu bestimmen, unter welchen Voraussetzungen Eintragungen im eigenen Namen für Aktien, die einem anderen gehören, zulässig sind. [4]Aktien, die zu einem inländischen, EU- oder ausländischen Investmentvermögen nach dem Kapitalanlagegesetzbuch gehören, dessen Anteile oder Aktien nicht ausschließlich von professionellen und semiprofessionellen Anlegern gehalten werden, gelten als Aktien des inländischen, EU- oder ausländischen Investmentvermögens, auch wenn sie im Miteigentum der Anleger stehen; verfügt das Investmentvermögen über keine eigene Rechtspersönlichkeit, gelten sie als Aktien der Verwaltungsgesellschaft des Investmentvermögens.

(2) *[1]Im Verhältnis zur Gesellschaft bestehen Rechte und Pflichten aus Aktien nur für und gegen den im Aktienregister Eingetragenen.* [2]Jedoch bestehen Stimmrechte aus Eintragungen nicht, die eine nach Absatz 1 Satz 3 bestimmte satzungsmäßige Höchstgrenze überschreiten oder hinsichtlich derer eine satzungsmäßige Pflicht zur Offenlegung, dass die Aktien einem anderen gehören, nicht erfüllt wird. [3]Ferner bestehen Stimmrechte aus Aktien nicht, solange ein Auskunftsverlangen gemäß Absatz 4 Satz 2 *nach Fristablauf und Androhung des Stimmrechtsverlustes* nicht erfüllt ist.

(3) *[1]Löschung und Neueintragung im Aktienregister erfolgen auf Mitteilung und Nachweis. [2]Die Gesellschaft kann eine Eintragung auch auf Mitteilung nach § 67 d Absatz 4 vornehmen.*

(4) [1]Die bei Übertragung oder Verwahrung von Namensaktien mitwirkenden *Intermediäre* sind verpflichtet, der Gesellschaft die für die Führung des Aktienregisters erforderlichen Angaben gegen Erstattung der notwendigen Kosten zu übermitteln. [2]Der Eingetragene hat der Gesellschaft auf ihr Verlangen *unverzüglich* mitzuteilen, inwieweit ihm die Aktien, *für die* er im Aktienregister eingetragen ist, auch *gehören;* soweit dies nicht der Fall ist, hat er die in Absatz 1 Satz 1 genannten Angaben zu demjenigen zu übermitteln, für den er die Aktien hält. [3]Dies gilt entsprechend für denjenigen, dessen Daten nach Satz 2 oder diesem Satz übermittelt werden. [4]Absatz 1 Satz 4 gilt entsprechend; für die Kostentragung gilt Satz 1. [5]Wird der Inhaber von Namensaktien nicht in das Aktienregister eingetragen, so ist *der depotführende Intermediär* auf Verlangen der Gesellschaft verpflichtet, sich gegen Erstattung der notwendigen Kosten durch die Gesellschaft an dessen Stelle gesondert in das Aktienregister eintragen zu lassen. [6]Wird ein *Intermediär* im Rahmen eines Übertragungsvorgangs von Namensaktien nur vorübergehend gesondert in das Aktienregister eingetragen, so löst diese Eintragung keine Pflichten infolge des Absatzes 2 aus und führt nicht zur Anwendung von satzungsmäßigen Beschränkungen nach Absatz 1 Satz 3. [7]*§ 67 d bleibt unberührt.*

(5) [1]Ist jemand nach Ansicht der Gesellschaft zu Unrecht als Aktionär in das Aktienregister eingetragen worden, so kann die Gesellschaft die Eintragung nur löschen, wenn sie vorher die Beteiligten von der beabsichtigten Löschung benachrichtigt und ihnen eine angemessene Frist zur Geltendmachung eines Widerspruchs gesetzt hat. [2]Widerspricht ein Beteiligter innerhalb der Frist, so hat die Löschung zu unterbleiben.

(6) [1]Der Aktionär kann von der Gesellschaft Auskunft über die zu seiner Person in das Aktienregister eingetragenen Daten verlangen. [2]Bei nichtbörsennotierten Gesellschaften kann die Satzung Weiteres bestimmen. [3]Die Gesellschaft darf die Registerdaten sowie die nach Absatz 4 Satz 2 und 3 mitgeteilten Daten für ihre Aufgaben im Verhältnis zu den Aktionären verwenden. [4]Zur Werbung für das Unternehmen darf sie die Daten nur verwenden, soweit der Aktionär nicht widerspricht. [5]Die Aktionäre sind in angemessener Weise über ihr Widerspruchsrecht zu informieren.

(7) Diese Vorschriften gelten sinngemäß für Zwischenscheine.

A. Regelungsgehalt

1   § 67 regelt die Eintragung der Inhaber von Namensaktien und Zwischenscheinen in das Aktienregister. Die Regelung verfolgt im Wesentlichen zwei Ziele: Sie soll sowohl der Rechtsklarheit über die Person des Aktionärs (**Transparenz der Aktionärsstruktur**) als auch der Steigerung der **Verwaltungseffizienz der AG** dienen.[1] Die Vorschrift wurde punktuell angepasst im Rahmen der Umsetzung der 2. ARRL durch das Gesetz zur Umsetzung der zweiten Aktionärsrechtrichtlinie (ARUG II). Die Neuerungen sind gem. § 26 j Abs. 4 EGAktG ab dem 3. September 2020 anzuwenden und gelten erstmals für Hauptversammlungen, die nach dem 3. September 2020 einberufen werden. Die wesentlichen Änderungen sind bedingt durch die Einführung der §§ 67 a bis f AktG, die neue Vorgaben zur Aktionärsidentifikation und -information enthalten („Know Your Shareholder").[2] Sie sollen eine größere Transparenz des Aktionariats schaffen.[3] Der Gesetzgeber hat sie wegen der inhaltlichen Nähe zu § 67 unmittelbar anschließend verortet.[4]

---

1 *Heinrich* in Heidel Aktienrecht AktG § 67 Rn. 1.
2 Vgl. *Bork* NZG 2019, 738; *Illner/Hoffmann* ZWH 2019, 81 (87).
3 *Bork* NZG 2019, 738; *Eggers/de Raet* AG 2017, 464 (465 ff.); *Noack* NZG 2017, 561 (562); *Stiegler* WM 2019, 620 f.
4 BT-Drs. 19/9739, S. 60; *Wentz* WM 2019, 906 (907).

B. Die Regelungen im Einzelnen

I. Anschrift des Aktionärs (Abs. 1 S. 1)

Abs. 1 S. 1 hat nur geringfügige Änderungen im Vergleich zur früheren Fassung erfahren, nach der lediglich *die Adresse* des Aktionärs einzutragen war. Es genügte die Büroadresse oder die E-Mail-Adresse.[5] Die Ergänzung soll die Kommunikation mit den Aktionären erleichtern und stellt klar, dass neben der postalischen auch eine **elektronische Adresse** im Namensregister einzutragen ist. Aktionäre sind nicht verpflichtet, eine elektronische Adresse anzulegen.[6] Die Gesellschaft ist zur Eintragung nur verpflichtet, soweit der Aktionär eine elektronische Adresse hat und diese der Gesellschaft bekannt ist.[7] Das Ziel ist die Stärkung der elektronischen Kommunikation.[8] Hat der Aktionär eine elektronische Adresse, hat die Gesellschaft gegen ihn einen klagbaren Auskunftsanspruch gem. § 67 Abs. 1 S. 2.[9] Der Gesetzgeber will dadurch die Vollständigkeit des Aktienregisters gewährleisten und „Leerstellen" vermeiden.[10]

2

II. Eintragungswirkungen (Abs. 2)

1. Klarstellung der unwiderleglichen Vermutung (Abs. 2 S. 1)

Die Vorschrift modifiziert die bestehende unwiderlegliche Vermutung des Abs. 2 S. 1, die bislang lautete: *„Im Verhältnis zur Gesellschaft gilt als Aktionär nur, wer als solcher im Aktienregister eingetragen ist."* Die Neufassung stellt klar, dass die Eintragung nur maßgeblich ist für die Ausübung der Rechte und Pflichten aus den Aktien; dies entspricht der bisherigen Rechtslage.[11] Der Eingetragene wird durch die Eintragung aber nicht Aktionär.[12] Die Neuformulierung ändert inhaltlich nichts, sondern verhindert Fehlinterpretationen, da sie den Informationsanspruch börsennotierter Gesellschaften gem. § 67 d berücksichtigt, wonach diese vom Intermediär Informationen über den wirklichen Aktionär erlangen kann.[13] Nach dem Gesetz ist der eingetragene Intermediär nicht „Aktionär"; ansonsten liefe der Informationsanspruch des § 67 d leer.[14] Das Interesse der Gesellschaft ist darauf gerichtet, zu erfahren, wer der wirkliche Aktionär ist.

3

---

5 BT-Drs. 14/4051, S. 11; *Hüffer/Koch* AktG § 67 Rn. 7.
6 BT-Drs. 19/9739, S. 57 unter Berufung auf den Grundsatz „impossibilium nulla est obligatio".
7 BT-Drs. 19/9739, S. 57.
8 BT-Drs. 19/9739, S. 57.
9 Streitig: für einen Anspruch nunmehr ausdrücklich BT-Drs. 19/9739, S. 57; GK-AktG/*Merkt* AktG § 67 Rn. 44; Hüffer/*Koch* AktG § 67 Rn. 8; KölnKommAktG/*Lutter/Drygala* AktG § 67 Rn. 14; wohl auch *Foerster* AG 2019, 17 (20); aA für eine bloße Eintragungsobliegenheit Grigoleit/*Grigoleit/Rachlitz* AktG § 67 Rn. 14; *dies.* ZHR 174 (2010),12, 37 ff.; *Noack* NZG 2008, 721; offen lassend Spindler/Stilz/*Cahn* AktG § 67 Rn. 24; MüKoAktG/*Bayer* AktG § 67 Rn. 39 f. Der Informationsanspruch der börsennotierten Gesellschaft zur Identifikation der Aktionäre gegenüber den Intermediären findet sich in § 67 d Abs. 1 S. 1.
10 BT-Drs. 19/9739, S. 57 spricht ausdrücklich von einem „klagbaren Anspruch" der Gesellschaft gegen den Aktionär hinsichtlich der Mitteilung der Daten. Der Gesetzgeber hat somit seine Intention noch einmal bekräftigt, die Mitteilungspflicht des Aktionärs durch einen Anspruch der Gesellschaft zu sichern.
11 Vgl. *Heinrich* in Heidel Aktienrecht AktG § 67 Rn. 28.
12 BT-Drs. 19/9739, S. 57; die 2. ARRL enthält keine unionseinheitliche Definition des Begriffs „Aktionär", sondern verweist auf das nationale Recht, *Schmidt* NZG 2018, 1201 (1216); *Foerster* AG 2019, 17 (19).
13 BT-Drs. 19/9739, S. 58; vgl. zu den Informationsansprüchen *Zetzsche* AG 2020, 1 ff.
14 Vgl. auch *Schmidt* NZG 2018, 1201 (1216); *Paschos/Goslar* AG 2018, 857 (860); *Bork* NZG 2019, 738 (740); *Paschos/Goslar* AG 2019, 857 (860).

2. Androhung des Stimmrechtsverlusts (Abs. 2 S. 3)

4   Abs. 2 S. 3 hat nur geringfügige Änderungen im Vergleich zur früheren Fassung erfahren, in der es hieß: „*Ferner bestehen Stimmrechte aus Aktien nicht, solange ein Auskunftsverlangen gemäß Absatz 4 Satz 2 oder Satz 3 nach Fristablauf nicht erfüllt ist.*" Der Verweis auf Abs. 4 S. 3 wurde ersatzlos gestrichen. Laut Regierungsbegründung ist die Streichung eine Folgeänderung zur Änderung von Abs. 4. Die Neuregelungen in Abs. 4 (dazu sogleich unter Rn. 7 ff.) lassen jedoch nicht erkennen, inwieweit die Bezugnahme auf Abs. 4 S. 3 obsolet geworden sein soll; für nicht-börsennotierte Gesellschaften droht damit eine Rechtsverkürzung, da das Informationsrecht nach § 67 d nur für börsennotierte AGs gilt.

5   Beantwortet ein Eingetragener das Auskunftsverlangen der Gesellschaft nicht unverzüglich, so trat nach Abs. 2 S. 3 aF grundsätzlich ohne weitere Voraussetzungen ein **Stimmrechtsverlust** ein. Nach der Neuregelung ist neben der Nichtbeantwortung des Auskunftsverlangens eine **Androhung** der Gesellschaft erforderlich, um den Stimmrechtsverlust auszulösen. Dies soll der Gesellschaft die Möglichkeit eröffnen, stets Auskunft verlangen und die scharfe Sanktion des Stimmrechtsverlusts gezielt einsetzen zu können.[15] Die Gesellschaft kann die Androhung auch mit erneuter Fristsetzung nachschieben bzw. die gesetzte Frist nachträglich verlängern.[16] Damit einher geht freilich die Gefahr, dass die Gesellschaft, vertreten durch den Vorstand, pflichtwidrig den Stimmrechtsverlust nicht herbeiführt. Sollte das Handeln des Vorstands der Gesellschaft schaden, haften die Vorstandsmitglieder gem. § 93.

III. Löschung und Eintragung im Aktienregister (Abs. 3)

6   Abs. 3 wurde vollständig neu gefasst. Die bisherige Regelung lautete: „*Geht die Namensaktie auf einen anderen über, so erfolgen Löschung und Neueintragung im Aktienregister auf Mitteilung und Nachweis.*" Die Neufassung des bisherigen Abs. 3 bringt keine wesentlichen inhaltlichen Neuerungen mit sich. Durch Streichen der bisherigen Beschränkung auf den Übergang der Aktie wird bekräftigt, dass **Löschung und Eintragung stets auf Mitteilung und Nachweis erfolgen können**.[17] Eine inhaltliche Änderung der Vorschrift ist nicht bezweckt.[18] Der neu eingefügte Abs. 3 S. 2 eröffnet die Möglichkeit, die Eintragung eines Aktionärs im Aktienregister auch aufgrund einer Identifikationsmitteilung gemäß § 67 d Abs. 4 zu ändern.[19] Die Gesellschaft ist hierzu nicht verpflichtet.[20] Eine solche Informationsabfrage enthalte laut Gesetzesbegründung nicht das gem. Abs. 1 S. 1 erforderliche Geburtsdatum des Aktionärs.[21] Dem kann nicht gefolgt werden. § 67 d Abs. 1 S. 2 nimmt Bezug auf Art. 3 Abs. 2 iVm Tabelle 2 Buchstabe c) ARRL-DVO.[22] Dieser verweist unter 1(b) auf Art. 6 der Delegierten Verordnung (EU) 2017/590. Aus Art. 6 Abs. 1 iVm Anhang II iVm Abs. 4 lit. a) (EU) 2017/590 ergibt sich, dass auch das Geburtsdatum der Person zu übermit-

---

15 BT-Drs. 19/9739, S. 58.
16 BT-Drs. 19/9739, S. 58.
17 BT-Drs. 19/9739, S. 58.
18 BT-Drs. 19/9739, S. 58.
19 Vgl. *Wentz* WM 2019, 906 (907).
20 BT-Drs. 19/9739, S. 58; *Bork* NZG 2019, 738; *Paschos/Goslar* AG 2019, 365 (366).
21 BT-Drs. 19/9739, S. 59 („Zu Doppelbuchstabe ff."); ebenfalls *Bork* NZG 2019, 738 und *Paschos/Goslar* AG 2019, 365 (366).
22 Durchführungsverordnung (EU) 2018/1212 zur Festlegung von Mindestanforderungen zur Umsetzung der Bestimmungen der 2. ARRL, ABl. 2018, Nr. L 223, S. 1 ff. (ARRL-DVO). Vgl. auch die Darstellung bei *Zetzsche* AG 2020, 1 (5). Die ARRL-DVO legt Mindestanforderungen für die Umsetzung der 2. ARRL fest, die verhindern sollen, dass die Richtlinie in den Mitgliedstaaten so unterschiedlich umgesetzt wird, dass nicht miteinander kompatible nationale Regelungen entstehen, vgl. auch *Paschos/Goslar* AG 2019, 365 (366).

teln ist. Insofern besteht ein informationeller Gleichlauf zwischen Mitteilungen nach § 67 Abs. 1 S. 1 und § 67 Abs. 4.

IV. Mitteilungspflichten (Abs. 4)

1. Einführung des Begriffs des Intermediärs (Abs. 4 S. 1)

In Abs. 4 S. 1 wird der bisher verwendete Begriff des „Kreditinstituts" durch den im Rahmen der 2. ARRL eingeführten Begriff des **Intermediärs** ersetzt. Dieser wird in § 67a Abs. 4 legaldefiniert. Der Anwendungsbereich wird durch die Neufassung erweitert.[23] Der Begriff umfasst auch Kreditinstitute, die die für Abs. 4 S. 1 relevanten Leistungen bei Übertragung oder Verwahrung von Namensaktien erbringen.[24]   7

2. Auskunftsanspruch gegenüber Eingetragenem (Abs. 4 S. 2)

Abs. 4 S. 2 hat nur geringfügige Änderungen im Vergleich zur früheren Fassung erfahren, in der es hieß: *„Der Eingetragene hat der Gesellschaft auf ihr Verlangen innerhalb einer angemessenen Frist mitzuteilen, inwieweit ihm die Aktien, als deren Inhaber er im Aktienregister eingetragen ist, auch gehören; soweit dies nicht der Fall ist, hat er die in Absatz 1 Satz 1 genannten Angaben zu demjenigen zu übermitteln, für den er die Aktien hält."* Die bisherige Regelung bleibt im Wesentlichen bestehen.[25] Sie tritt allerdings neben das neue Recht börsennotierter Gesellschaften zur Identifikation der Aktionäre gem. § 67d. Jede Gesellschaft kann gem. Abs. 4 S. 2 von dem im Aktienregister Eingetragenen Mitteilung darüber verlangen, ob ihm die Aktien, für die er eingetragen ist, auch gehören; ggf. hat der Eingetragene zudem die Daten desjenigen zu übermitteln, für den er die Aktien hält. Die Kosten hat die Gesellschaft gemäß Abs. 4 S. 1 zu erstatten. Die Anfrage muss der Eingetragene nunmehr „unverzüglich", also ohne schuldhaftes Zögern iSv § 121 Abs. 1 BGB, beantworten. Die kurze Frist ist insbesondere relevant für den gem. Abs. 2 S. 3 drohenden **Stimmrechtsverlust**. Die Gesellschaft kann auch nach der Neufassung des Abs. 4 S. 2 keine Auskunft verlangen über Treuhandverhältnisse oder sonstige schuldrechtliche Vereinbarungen desjenigen, dem die Aktien „gehören", mit einem Dritten.[26]   8

3. Platzhalterregelung (Abs. 4 S. 5)

Die sog. „Platzhalterregelung" bleibt bestehen; im ARUG II RefE war noch die Streichung der Vorschrift vorgesehen.[27] Lediglich wird anstelle des Begriffs „depotführendes Institut" nunmehr der Begriff „depotführender Intermediär" verwendet, wie es die 2. ARRL vorgibt. Sie regelt eine Ersatzeintragungspflicht, wonach sich der depotführende Intermediär gegen Erstattung der notwendigen Kosten gesondert, also „kenntlich" als Platzhalter, in das Aktienregister eintragen lassen kann, wenn der Inhaber von Namensaktien nicht in das Aktienregister eingetragen wird und die Gesellschaft die Eintragung des Intermediärs verlangt.[28]   9

---

23 *Wentz* WM 2019, 906 (907).

24 BT-Drs. 19/9739, S. 58.

25 Anders noch im ARUG II RefE, S. 3 f., wonach der Eingetragene nur verpflichtet gewesen wäre mitzuteilen, ob ihm die Aktien, für die er eingetragen ist, gehören.

26 BT-Drs. 16/7438, S. 14; *Paschos/Goslar* AG 2018, 857 (860); zur bisherigen Rechtslage Hüffer/*Koch* AktG § 67 Rn. 21 a.

27 Sie wurde eingeführt durch das Gesetz zur Unternehmensintegrität und Modernisierung des Anfechtungsrechts (UMAG) vom 22.9.2005, BGBl. I, Nr. 60, S. 2802. Zum ARUG II RefE *Paschos/Goslar* AG 2018, 857 (860).

28 Zur Rechtslage vor Inkrafttreten des ARUG II *Heinrich* in Heidel Aktienrecht AktG § 67 Rn. 56.

4. Verweis zum persönlichen Anwendungsbereich (Abs. 4 S. 6 aF)

10 Der bisherige Abs. 4 S. 6 wurde gestrichen. Er lautete: *„§ 125 Abs. 5 gilt entsprechend.*" Die Streichung ist eine Folgeänderung zur Streichung des bisherigen § 125 Abs. 5 AktG, der die „Gleichstellung von Instituten" betraf. Die Vorschrift wurde gegenstandslos, da der Begriff der „Intermediäre" in § 67 a Abs. 4 eingeführt wurde und nunmehr Intermediäre insgesamt erfasst werden.

5. Wirkung einer vorübergehenden Eintragung (Abs. 4 S. 6 nF)

11 Abs. 4 S. 6 enthält die Regelung des Abs. 4 S. 7 aF. Es wurde „Kreditinstitut" durch „Intermediär" ersetzt, was aufgrund der einheitlichen Begriffsverwendung der 2. ARRL notwendig wurde.

Der Verweis auf § 128 AktG wurde gegenstandslos, da § 128 AktG gestrichen wurde.[29] Auch als Platzhalter eingetragene Intermediäre unterliegen den Verpflichtungen zur Informationsweiterleitung aus den §§ 67 ff. Eine Ausnahme von der Informationspflicht gemäß § 67 b, wie bisher in § 128 AktG aF enthalten, lässt die 2. ARRL nicht zu.[30]

6. Parallelität von Identifikationsrechten (Abs. 4 S. 7 nF)

12 Abs. 4 S. 7 wurde neu eingefügt und stellt klar, dass das Identifikationsrecht der Gesellschaft gem. § 67 Abs. 4 neben das Recht für börsennotierte Gesellschaften gem. § 67 d tritt.

§ 67 a Übermittlung von Informationen über Unternehmensereignisse; Begriffsbestimmungen

(1) [1]Börsennotierte Gesellschaften haben Informationen über Unternehmensereignisse gemäß Absatz 6, die den Aktionären nicht direkt oder von anderer Seite mitgeteilt werden, zur Weiterleitung an die Aktionäre wie folgt zu übermitteln:
1. an die im Aktienregister Eingetragenen, soweit die Gesellschaft Namensaktien ausgegeben hat,
2. im Übrigen an die Intermediäre, die Aktien der Gesellschaft verwahren.
[2]Für Informationen zur Einberufung der Hauptversammlung gilt § 125.

(2) [1]Die Informationen können durch beauftragte Dritte übermittelt werden. [2]Die Informationen sind den Intermediären elektronisch zu übermitteln. [3]Format, Inhalt und Frist der Informationsübermittlung nach Absatz 1 richten sich nach der Durchführungsverordnung (EU) 2018/1212 der Kommission vom 3. September 2018 zur Festlegung von Mindestanforderungen zur Umsetzung der Bestimmungen der Richtlinie 2007/36/EG des Europäischen Parlaments und des Rates in Bezug auf die Identifizierung der Aktionäre, die Informationsübermittlung und die Erleichterung der Ausübung der Aktionärsrechte (ABl. L 223 vom 4.9.2018, S. 1) in der jeweils geltenden Fassung. [4]Die Übermittlung der Informationen kann gemäß den Anforderungen nach Artikel 8 Absatz 4 in Verbindung mit Tabelle 8 der Durchführungsverordnung (EU) 2018/1212 beschränkt werden.

(3) [1]Ein Intermediär in der Kette hat Informationen nach Absatz 1 Satz 1, die er von einem anderen Intermediär oder der Gesellschaft erhält, innerhalb der Fristen nach Artikel 9 Absatz 2 Unterabsatz 2 oder 3 und Absatz 7 der Durchführungsverordnung (EU) 2018/1212 dem nächsten Intermediär weiterzuleiten, es sei denn, ihm ist bekannt, dass der nächste Intermediär sie von anderer Seite erhält. [2]Dies gilt auch für

---

29 BT-Drs. 19/9739, S. 17.
30 BT-Drs. 19/9739, S. 59.

Informationen einer börsennotierten Gesellschaft mit Sitz in einem anderen Mitgliedstaat der Europäischen Union. [3]Absatz 2 Satz 1 gilt entsprechend.

(4) Intermediär ist eine Person, die Dienstleistungen der Verwahrung oder der Verwaltung von Wertpapieren oder der Führung von Depotkonten für Aktionäre oder andere Personen erbringt, wenn die Dienstleistungen im Zusammenhang mit Aktien von Gesellschaften stehen, die ihren Sitz in einem Mitgliedstaat der Europäischen Union oder in einem anderen Vertragsstaat des Abkommens über den Europäischen Wirtschaftsraum haben.

(5) [1]Intermediär in der Kette ist ein Intermediär, der Aktien der Gesellschaft für einen anderen Intermediär verwahrt. [2] Letztintermediär ist, wer als Intermediär für einen Aktionär Aktien einer Gesellschaft verwahrt.

(6) Unternehmensereignisse sind Ereignisse gemäß Artikel 1 Nummer 3 der Durchführungsverordnung (EU) 2018/1212.

A. Grundlagen

I. Regelungsgegenstand

§ 67 a stellt die Zentralnorm zur Identifikation und Information der Aktionäre außerhalb der Hauptversammlung dar. Nach Abs. 1 sind börsennotierte Aktiengesellschaften verpflichtet, Informationen über Unternehmensereignisse an die Aktionäre weiterzuleiten (→ Rn. 17 ff.). Dazu können sich die Aktiengesellschaften nach Abs. 2 auch Dritter bedienen. Die Verpflichtung zur Information erstreckt sich nach Abs. 3 auch auf **Intermediäre** (→ Rn. 32 ff.), die in Abs. 4 und Abs. 5 definiert werden (→ Rn. 38 ff. und 41). Schließlich verweist Abs. 6 für die **Definition der Unterneh-**

mensereignisse auf die europäische Durchführungsverordnung (EU/2018/1212) (→ Rn. 42 f.).

II. Bedeutung und Zweck

2   Zweck der durch § 67 a aufgestellten Informationspflichten ist eine bessere Unterrichtung der Aktionäre und damit die **Förderung von deren Mitwirkung in der Aktiengesellschaft**.[1] Ausführlich zum Gesamtregelungskonzept des *Know-your-Shareholder* → Rn. 6 ff.

III. Rechtsentwicklung

3   Die Vorschrift wurde durch das **ARUG II**[2] neu geschaffen und hat keinerlei Vorgängerregelung.

IV. Europarechtlicher Hintergrund

4   Die Regelung des § 67 a geht auf Art. 3 b Abs. 1–3 **2. ARRL** zurück.[3] Zum regulatorischen Gesamtkonzept der §§ 67 a ff. → Rn. 6 ff.

V. Übergangsrecht

5   Die Regelung des § 67 a sind erst **ab dem 3.9.2020** anzuwenden und gilt erstmals für Hauptversammlungen, die nach dem 3.9.2020 einberufen werden (Art. 26 j Abs. 4 EGAktG).

B. Konzept des Know-your-Shareholder

6   Das Konzept des *Know-your-Shareholder* wird in den §§ 67a-67 f umgesetzt und besteht aus **verschiedenen Übermittlungs-, Weiterleitungs- und Auskunftspflichten und -rechten** im Verhältnis der Aktiengesellschaft – Intermediäre – Aktionäre. Ihren Ursprung haben diese Regelungen in den Art. 3 a ff. **2. ARRL**. Dabei handelt es sich im Überblick um folgende Ansprüche und Pflichten:

---

1   Begr. ARUG II RegE, BT-Drs. 19/9739, S. 32.
2   Gesetz zur Umsetzung der zweiten Aktionärsrechterichtlinie (ARUG II) vom 12.12.2019, BGBl. I, S. 2637.
3   Zu dieser ausführlich *Diekmann* FS Marsch-Barner, 2018, S. 145 ff.; *Merkt* FS Vetter, 2019, S. 447, 451 ff.; *Noack* NZG 2017, 561 ff.; Lutter/Bayer/Schmidt EurUnternehmensR § 29; *Zetzsche* ZGR 2019, 1 ff.

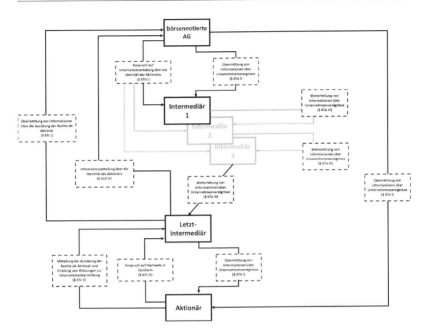

I. Rechtspolitischer Hintergrund

Hintergrund dieses Regelungskomplexes ist der Umstand, dass die Aktiengesellschaften oftmals nicht in der Lage sind, ihre Aktionäre zu identifizieren, da die Aktien oftmals über mehrere Intermediäre in der sogenannten Verwahrungskette gehalten werden. Dies gilt nicht nur für die Inhaber-, sondern auch für die Namensaktien, da bei Letzteren oftmals auch nur ein Intermediär im Aktienregister eingetragen wird. Aufgrund dieser Verwahrkette ist es für Aktionäre oftmals nur unter erschwerten Voraussetzungen möglich, ihre **Aktionärsrechte auszuüben.**[4] Diese Problematik wird offenbar auch nicht durch den (Kapital-)Markt selbst bereinigt, da weder die Anlagevermittler noch die Aktionäre anscheinend ein Interesse an der Erlangung einer unmittelbaren Aktionärsstellung haben oder Letztere auf einer solchen bestehen. Diese Problematik ist vor allem bei Inhaberaktien auch nicht in deren grundlegender Struktur als Inhaberpapier angelegt. Mit Inhaberaktien ist grundsätzlich nur eine Anonymität für die Aktionäre verbunden, ohne dass zugleich eine Verwahrkette bestehen muss. Allerdings muss richtigerweise eingeräumt werden, dass eine Erleichterung der Ausübung der Aktionärsrechte in oder über die Verwahrkette nur um den Preis der Aufgabe der Anonymität der Aktionäre – jedenfalls gegenüber der Aktiengesellschaft – verbunden ist.[5] Dabei stellen der Regelungskomplex *Know-your-Shareholder* aber nur einen weiteren Schritt zur Relativierung dieser anonymen Mitgliedschaft dar.[6] Damit werden Inhaber- und Namensaktie jedenfalls bei börsennotierten Aktiengesellschaften weiter

7

---

4 Mit dieser Feststellung Erwägungsgrund Nr. 42 2. ARRL.
5 Ebenso *Bork* NZG 2019, 738 (739); *Noack* NZG 2017, 561 (567); *Schmidt* NZG 2018, 1201 (1214); weitergehender noch *Foerster* AG 2019, 17 (18), der schon keinen Grund für das Bestehen einer Anonymität sieht.
6 Zur bereits im Rahmen der Aktienrechtsnovelle erfolgten Einschränkung der Nutzungsmöglichkeit von Inhaberaktien ausführlich GK-AktG/*Mock* AktG § 10 Rn. 24 ff.

angenähert,[7] worin teilweise auch schon das Ende der Inhaberaktie gesehen wird.[8] Daraus erklärt sich auch – bei der deutschen Umsetzung – der Regelungsstandort in direkter Nähe zu den Namensaktien.[9]

8   Mit der Schaffung des Regelungskomplexes *Know-your-Shareholder* erhofft sich jedenfalls der Gesetzgeber eine **langfristig stabile positive Entwicklung der Aktiengesellschaft**.[10] Ob Letzteres allerdings durch die durch § 67 a aufgestellten Informationspflichten erreicht wird, darf angezweifelt werden und bleibt abzuwarten. Dies gilt insbesondere vor dem Hintergrund der vor allem bei Kleinanlegern bestehenden rationalen Apathie, die durch die Informationsflüsse im Rahmen des Regelungskomplexes *Know-your-Shareholder* kaum durchbrochen werden dürfte.[11] Bedeutung dürften die §§ 67 a ff. daher vor allem für Aktionäre mit größeren Aktienpaketen haben, zumal bei diesen auch die Mitteilungspflichten der §§ 33 ff. WpHG nicht weiterhelfen, da dort der *wahre* Aktionär im Rahmen der Zurechnung (§ 34 WpHG) nur bedingt gemeldet werden muss. Problematisch ist zudem, dass der ganze Regelungskomplex *Know-your-Shareholder* nicht ein Angebot an die Aktionäre zur Mitwirkung in der Aktiengesellschaft darstellt, sondern verpflichtend ist. Selbst die Aktionäre, die sich diesem Angebot entziehen wollen, müssen es aber mitfinanzieren, da im Wesentlichen die Aktiengesellschaft die Kosten trägt (§ 67 f).[12] Schließlich adressieren die §§ 67a-67 f nicht hinreichend, ob es nicht ein Interesse von Aktionären an einer Anonymität gibt, womit möglicherweise die rechtspolitisch nicht gewollte Frage der negativen Beeinträchtigung der Attraktivität der Aktie verbunden ist.[13]

9   Zur Verwirklichung des in → Rn. 2 genannten Ziels soll durch die §§ 67 a ff. die **direkte Kommunikation zwischen der Aktiengesellschaft und den Aktionären** erleichtert werden, indem die Aktiengesellschaft auch bei Einschaltung von Intermediären die Möglichkeit hat, die Identität der Aktionäre auch in der sogenannten Verwahrkette aufzuklären (Konzept des *Know-your-Shareholder*, → Rn. 6 ff.).[14]

10   Die Sinnhaftigkeit des Konzepts des *Know-your-Shareholder* dürfte sich erst in der Praxis zeigen. Insofern bestehen **nicht unerhebliche Zweifel**, dass die in den §§ 67 a ff. zahlreich vorgesehenen Übermittlungs-, Weiterleitungs- und Auskunftsrechte im grenzüberschreitenden Verkehr tatsächlich durchsetzbar sind und kein Ausweichen auf Drittstaaten stattfindet.

II. Historische Entwicklung

11   Das Regelungskonzept des *Know-your-Shareholder* geht auf EU-Ebene im Wesentlichen[15] auf den *Aktionsplan Europäisches Gesellschaftsrecht und Corporate Governance* aus dem Jahr 2012 zurück.[16] Auf dieser Basis legte die Kommission 2014 einen ersten Entwurf[17] vor, der lediglich vorsah, dass Finanzintermediäre Unterneh-

---

7   Begr. ARUG II RegE, BT-Drs. 19/9739, S. 32.
8   So etwa *Eggers/de Raet* AG 2017, 464 (469) mit der abschließenden Feststellung, dass der Regelungskomplex *Know-your-Shareholder* wohl nicht der Dolchstoß für die Inhaberaktie sein wird. Ähnlich *Merkt* FS Vetter, 2019, S. 447, 458 f.
9   Dies betonend Begr. ARUG II RegE, BT-Drs. 19/9739, S. 60.
10 So ausdrücklich Begr. ARUG II RegE, BT-Drs. 19/9739, S. 32.
11 Ebenso *Merkt* FS Vetter, 2019, S. 447, 458.
12 Dahin gehend kritisch *Merkt* FS Vetter, 2019, S. 447, 458.
13 Dazu etwa *Merkt* FS Vetter, 2019, S. 447, 458.
14 Begr. ARUG II RegE, BT-Drs. 19/9739, 60; vgl. auch Erwägungsgrund Nr. 4 2. ARRL.
15 Zu vorherigen Regelungsansätzen vgl. etwa *Eggers/de Raet* AG 2017, 464 (465 f.)
16 *Europäische Kommission* Mitteilung der Kommission an das Europäische Parlament, den Rat, den Europäischen Wirtschafts- und Sozialausschuss und den Ausschuss der Regionen – Aktionsplan Europäisches Gesellschaftsrecht und Corporate Governance, KOM(2012), 740 final endg.
17 Vorschlag für eine Richtlinie des Europäischen Parlaments und des Rates zur Änderung der Richtlinie 2007/36/EG im Hinblick auf die Förderung der langfristigen Einbeziehung

men die Möglichkeit einer Identifizierung ihrer Aktionäre anbieten können. Der 2015 vorgelegte Kompromissvorschlag[18] sah hingegen das Recht auf Identifizierung vor. Schließlich wurde im Rahmen des Trilogverfahrens ein Kompromisstext erarbeitet, auf dessen Basis die 2. ARRL schließlich verabschiedet wurde.[19]

III. Regelungstechnik

Der Regelungskomplex *Know-your-Shareholder* zeichnet sich insgesamt durch eine   12
gewisse **Techniklastigkeit** aus, die sich aus der Natur der Sache ergibt. Sowohl der europäische als auch der deutsche Gesetzgeber haben sich dabei richtigerweise dazu entschlossen, keiner bestimmten Technologie oder einem Verfahren den Vorzug zu geben.[20] Damit wird sichergestellt, dass künftige technische Entwicklungen nicht verbaut werden.

IV. Anwendungsbereich

Bei diesem Gesamtregelungssystem muss grundlegend zwischen **Inhaber- und Na-**   13
mensaktien unterschieden werden. Bei Inhaberaktien ist der wahre Aktionär
(→ Rn. 8) auch tatsächlich Aktionär und übt seine Rechte als Aktionär über die Intermediäre aus, die die entsprechenden Willenserklärungen an die Aktiengesellschaft weiterleiten. Bei Namensaktien ist hingegen tatsächlich nur derjenige wahrer Aktionär, der im Aktienregister eingetragen ist, so dass dies bei Einschaltung von Intermediären sozusagen der Erstintermediär ist. Dies bedeutet, dass es bei der Ausübung der Aktionärsrechte zu einer Durchleitung von Weisungen des Aktionärs in der Verwahrkette kommt. Mit anderen Worten geht es bei Inhaberaktien um eine Weiterleitung der Rechte, während es bei Namensaktien um eine weisungsgemäße Rechtsausübung geht.[21]

Der deutsche Gesetzgeber hat sich bei der Umsetzung der Art. 3 a ff. 2. ARRL letztlich   14
für eine Beschränkung des **Anwendungsbereichs auf die börsennotierte Aktiengesell-**
schaft entschieden, obwohl der Referentenentwurf eine dahin gehende Einschränkung
noch nicht enthalten hat.[22] Diese Beschränkung auf börsennotierte Aktiengesellschaften kommt in Abs. 1 S. 1 (→ Rn. 17 ff.), Abs. 3 S. 2 (→ Rn. 35 f.), § 67 b Abs. 2
(→ § 67 b Rn. 12 f.), § 67 c Abs. 1 S. 1 (→ § 67 c Rn. 6 f.) und S. 2 (→ § 67 c Rn. 10 f.)
sowie Abs. 2 S. 5 (→ § 67 c Rn. 18) und § 67 d Abs. 1 S. 1 (→ § 67 d Rn. 6 ff.) und
Abs. 5 (→ § 67 d Rn. 28 f.) zum Ausdruck. Rechtspolitisch dürfte dies zu begrüßen
sein,[23] da Aktionäre nicht börsennotierter Aktiengesellschaften in der Regel nicht auf
Verwahrketten zurückgreifen.

Das Regelungskonzept der §§ 67a-67 f ist ebenso wie die Art. 3 a ff. 2. ARRL von   15
vornherein für **grenzüberschreitende Sachverhalte** ausgelegt.[24] Allerdings unterscheiden sich die §§ 67a-67 f in der konkreten Ausgestaltung dahin gehend nicht unwe-

der Aktionäre sowie der Richtlinie 2013/34/EU in Bezug auf bestimmte Elemente der Erklärung zur Unternehmensführung, KOM(2014), 213 endg.

18 Abänderungen des Europäischen Parlaments vom 8.7.2015 zu dem Vorschlag für eine
Richtlinie des Europäischen Parlaments und des Rates zur Änderung der Richtlinie
2007/36/EG im Hinblick auf die Förderung der langfristigen Einbeziehung der Aktionäre
sowie der Richtlinie 2013/34/EU in Bezug auf bestimmte Elemente der Erklärung zur Unternehmensführung, ABl. C 265 v. 11.8.2017, S. 177.

19 Konkret zur 2. ARRL vgl. *Eggers/de Raet* AG 2017, 464 (467 ff.); *Noack* NZG 2017, 561
(561 ff.)

20 Dazu *Seibert* FS Vetter, 2019, S. 749, 752.

21 So ausdrücklich Begr. ARUG II RegE, BT-Drs. 19/9739, S. 65.

22 Das Erfordernis der Börsennotierung hervorhebend *Bundesrat*, Stellungnahme, BT-Drs.
19/10507, S. 2. Kritisch zum erweiterten Anwendungsbereich des Referentenentwurfs
Seulen DB 2018, 2915 (2919); vgl. insgesamt *Zetzsche* ZGR 2019, 1 (12 f.)

23 Ebenso *Bork* NZG 2019, 738 (741); *Schmidt* NZG 2018, 1201 (1216).

24 Dazu *Zetzsche* ZGR 2019, 1 (9 ff.)

sentlich von den Art. 3 a ff. 2. ARRL. Letztere gehen davon aus, dass die Information der Aktionäre ein Aspekt des Gesellschaftsrechts des Mitgliedstaates ist, wo die börsennotierte Aktiengesellschaft ihren Sitz hat (Art. 1 Abs. 2 und 5 2. ARRL). Somit kommt es nicht auf den Sitz der Intermediäre an, was vor allem durch Art. 3 e 2. ARRL zum Ausdruck kommt, da für diese die Verpflichtungen unabhängig davon gelten, ob diese ihren Sitz in einem Mitgliedstaat oder einem Drittstaat haben. Dieses Prinzip wird in der Umsetzung im deutschen Recht freilich nicht eingehalten, da die §§ 67 a Abs. 3 S. 2, 67 b Abs. 2, 67 c Abs. 2 S. 5, 67 d Abs. 5 die Intermediäre auch zur Weiterleitung von Informationen über Aktiengesellschaften aus anderen Mitgliedstaaten verpflichten (→ Rn. 35 f.). Zur Begründung wird auf die Vermeidung von Lücken und Unsicherheiten verwiesen,[25] die bei einer konsequenten Anwendung von Art. 1 Abs. 2 und 5, Art. 3 e 2. ARRL schon nicht auftreten können, da die Intermediäre nach dem auf die Aktiengesellschaften in anderen Mitgliedstaaten anwendbaren Aktienrecht schon zur Übermittlung verpflichtet sind.[26] Diese überschießende Umsetzung im Anwendungsbereich dürfte auch nicht folgenlos bleiben, da sie für die Intermediäre bei einer unterschiedlichen Richtlinienumsetzung in den verschiedenen Mitgliedstaaten durchaus zu Konflikten zwischen dem deutschen Umsetzungsrecht und demjenigen eines anderen Mitgliedstaates führen kann.

V. Rechtsfolgen von Verstößen

16   Die 2. ARRL lässt offen, wie die Mitgliedstaaten mit Verstößen im Rahmen des Regelungskomplexes *Know-your-Shareholder* umgehen sollen. Konzeptionell ist neben der Schaffung entsprechender Bußgeld- und Straftatbestände auch eine Übertragung des Sanktionsrahmens der Mitteilungspflichten in Form des **Rechtsverlusts** (§ 44 WpHG) denkbar, was im Ergebnis aber abzulehnen ist, da weder der Aktiengesellschaft noch dem Aktionär in der Regel ein Fehlverhalten der Intermediäre zuzurechnen ist.[27] Zudem würde das dem Regelungsziel des gesamten Regelungskomplexes *Know-your-Shareholder* entgegenstehen, da dieser doch gerade die Ausübung von Aktionärsrechten erleichtern soll (→ Rn. 2).[28] Eine öffentlich-rechtliche Überwachung ist im Regelungskomplex *Know-your-Shareholder* nicht vorgesehen, was aufgrund der Schwächen im privatrechtlichen Sanktionenregime nicht unproblematisch ist.[29]

C. Pflicht zur Übermittlung von Unternehmensereignissen an die Aktionäre (Abs. 1)

I. Übermittlungsverpflichtete

17   Als Übermittlungsverpflichtete kommen nach § 67 a nur **börsennotierte Aktiengesellschaften** in Betracht, die in § 3 Abs. 2 legaldefiniert werden.[30] Dabei macht es keinen Unterschied, ob die Aktiengesellschaft im In- oder im Ausland börsennotiert ist.[31] Nicht ausreichend ist hingegen eine Notierung im Freiverkehr.[32] Für alle anderen Aktiengesellschaften ist Abs. 1 nicht anwendbar. Auch für eine analoge Anwendung fehlt es an einer entsprechend vergleichbaren Interessenlage.

---

25 Begr. ARUG II RegE, BT-Drs. 19/9739, S. 62.
26 Ebenso *Bork* NZG 2019, 738 (740); *Stiegler* WM 2019, 620 (621); weniger kritisch *Zetzsche* ZGR 2019, 1 (10) mit dem Hinweis auf die umstrittene international-privatrechtliche Qualifikation der Verwahrkette zwischen Intermediären und Aktionären.
27 Im Ergebnis ebenso *Eggers/de Raet* AG 2017, 464 (472); *Kuntz* AG 2020, 18 (34).
28 Ebenso *Eggers/de Raet* AG 2017, 464 (472).
29 Sich daher *de lege ferenda* für eine Erfassung durch § 89 WpHG einsetzend *Kuntz* AG 2020, 18 (34).
30 Zur Maßgeblichkeit von § 3 Abs. 2 Begr. ARUG II RegE, BT-Drs. 19/9739, S. 59.
31 Begr. ARUG II RegE, BT-Drs. 19/9739, S. 60.
32 Begr. ARUG II RegE, BT-Drs. 19/9739, S. 60 unter Verweis auf Begr. RegE KonTraG BT-Drs. 13/9712, S. 12.

Die Übermittlungspflicht besteht nach Abs. 1 auch nur für die Aktiengesellschaft   18
selbst, so dass die **Organmitglieder** nicht direkt selbst verpflichtet werden. Der Vorstand muss allerdings im Rahmen einer Legalitätspflicht die Übermittlungspflicht des
§ 67a erfüllen. Der Aufsichtsrat ist in die Übermittlung der Unternehmensereignisse
nicht einbezogen.

II. Inhalt der Übermittlungspflicht

Die Übermittlungspflicht nach Abs. 1 beinhaltet, dass die Informationen über die in   19
Abs. 6 definierten **Unternehmensereignisse** (→ Rn. 42 f.) an die Aktionäre übermittelt
werden. Aktionär ist der wahre Aktionär,[33] bei dem es sich um denjenigen handelt,
der selbst eine Berechtigung an der Aktie und ein eigenes wirtschaftliches Interesse
hat. Daher ist vor allem bei Namensaktien nicht zwangsläufig der im Aktienbuch eingetragene Aktionär der Aktionär im Sinne von Abs. 1.[34]

Die Übermittlungspflicht nach Abs. 1 S. 1 ist **suspendiert**, wenn den Aktionären die   20
entsprechenden Informationen über Unternehmensereignisse direkt oder von anderer
Seite mitgeteilt werden. Auch wenn damit eine unnötige Unterrichtung der Aktionäre
durch die Aktiengesellschaft verhindert werden soll, dürfte dieser Einschränkung in
der Praxis nur eine untergeordnete Rolle zukommen bzw. sie sich auf den Fall der
Einschaltung von Dienstleistern durch die Aktiengesellschaft (→ Rn. 26 ff.) beschränken. Dies ergibt sich vor allem aus dem Umstand, dass es für die Aktiengesellschaft
bei vielen der Unternehmensereignisse nicht möglich ist, hinreichend zu bestimmen,
ob alle Aktionäre schon unterrichtet werden. Zwar greift die Subsidiaritätsklausel des
Abs. 1 S. 1 nicht erst bei einer tatsächlich erfolgten (konkreten), sondern schon bei
einer **abstrakten Unterrichtung der Aktion**äre. Allerdings kann die Aktiengesellschaft
als Übermittlungsverpflichtete in der Regel nicht bestimmen, ob eine anderweitige Unterrichtung (abstrakt) durchgeführt wird.

III. Zeitpunkt und Art und Weise der Übermittlung

Keine ausdrückliche Regelung enthält § 67a zu der Frage, wann genau der Vorstand   21
als Übermittlungsverpflichteter (→ Rn. 17 f.) dieser Verpflichtung nachkommen muss.
Der **Zeitpunkt der Übermittlung** wird nach Abs. 2 S. 2 aber durch die Durchführungsverordnung (EU/2018/1212) geregelt.

Ebenso werden die **Art und Weise der Übermittlung** durch die Durchführungsverord-   22
nung (EU)2018/1212 näher bestimmt.

IV. Übermittlung an die im Aktienregister eingetragenen Namensaktionäre (Abs. 1 S. 1 Nr. 1)

Die Pflicht zur Übermittlung von Unternehmensereignissen besteht nach Abs. 1 S. 1   23
Nr. 1 zunächst gegenüber den im Aktienregister eingetragenen Namensaktionären.
Dabei kommt es nicht darauf an, ob die Aktionäre zum **Zeitpunkt des Eintritts des
Unternehmensereignisses** im Aktienregister eingetragen waren. Vielmehr kommt es
auf den Zeitpunkt an, zu dem der Vorstand der Übermittlungspflicht nachkommen
muss (→ Rn. 21).

V. Übermittlung an Intermediäre (Abs. 1 S. 1 Nr. 2)

Darüber hinaus muss die Aktiengesellschaft die Informationen nach Abs. 1 S. 1 Nr. 2   24
an die Intermediäre weiterleiten, die die Aktien der Aktiengesellschaft verwahren. Der
Begriff des Intermediärs wird in Abs. 3 definiert. Für den Zeitpunkt der Übermittlung
gelten die in → Rn. 21 dargestellten Grundsätze entsprechend.

---

33 Mit diesem nicht näher definierten Begriff Begr. ARUG II RegE, BT-Drs. 19/9739, S. 60.
34 So ausdrücklich Begr. ARUG II RegE, BT-Drs. 19/9739, S. 60.

VI. Keine Erstreckung auf Informationen zur Einberufung der Hauptversammlung (Abs. 1 S. 2)

25   Schließlich sind nach S. 2 alle Informationen von der Übermittlungspflicht ausgenommen, die die Einberufung zur Hauptversammlung betreffen, da für diese mit § 125 eine **Spezialregelung** vorgesehen ist.[35] Der Begriff der Informationen zur Einberufung der Hauptversammlung wird in den §§ 67 a ff. allerdings selbst nicht definiert. Damit dürften aber wohl alle Informationen gemeint sein, die unter § 125 fallen.

D. Übermittlung durch Dienstleister (Abs. 2)

I. Zulässigkeit der Delegation auf Dienstleister (Abs. 2 S. 1)

26   Bei der Übermittlungspflicht nach Abs. 1 handelt es sich **nicht um eine höchstpersönliche Pflicht**, da die Aktiengesellschaft diese nach Abs. 2 S. 1 auch durch Dritte erfüllen kann. Die Regelung des Abs. 2 ist grundsätzlich weit zu verstehen, um die bereits etablierten Prozesse nicht zu behindern.[36] Für diese Delegation macht Abs. 2 nur wenige Vorgaben, setzt allerdings zur Erfüllung der nach Abs. 1 bestehenden Pflicht voraus, dass tatsächlich alle Berechtigten und Intermediäre erreicht werden, weswegen der Einsatz von entsprechenden Medienangeboten unter diesem Vorbehalt steht.[37] Der Gesetzgeber scheint[38] dahin gehend eine zurückhaltende Einstellung einzunehmen, da der Referentenentwurf die Verbreitung über Medienbündel noch ausdrücklich zuließ.[39]

27   Vor allem im Hinblick auf den Dienstleister, der die Übermittlungspflicht für die Aktiengesellschaft übernimmt, enthält Abs. 2 keinerlei Vorgaben.[40] Daher kommt für diese Aufgabenwahrnehmung **jede natürliche oder juristische Person** in Betracht. Diese muss auch keine besonderen Unabhängigkeitsanforderungen erfüllen, da diese von Abs. 2 nicht aufgestellt und auch sonst nicht aus diesem Regelungskontext abgeleitet werden können. Auch Intermediäre selbst kommen als Dienstleister in Betracht.[41] Die Einschaltung der Dienstleister kann zudem durch die Aktiengesellschaft selbst oder durch einen Intermediär erfolgen.[42]

II. Elektronische Übermittlung an die Intermediäre (Abs. 2 S. 2)

28   Nach Abs. 2 S. 2 sind die Informationen den Intermediären elektronisch zu übermitteln. Diese **Formvorgabe der Informationsübermittlung** betrifft allerdings nur die Informationsweitergabe der Aktiengesellschaft und/oder des Dienstleisters an die Intermediäre. Eine elektronische Kommunikation zwischen der Aktiengesellschaft und den Aktionären ist wegen der engen Voraussetzungen des § 49 Abs. 3 WpHG nach Abs. 2 S. 2 nicht möglich.[43] Die Aktiengesellschaft kann den Dienstleistern die erforderlichen Informationen auch auf andere Weise übermitteln. Ebenso wird die Kommunikation der Intermediäre mit den Aktionären durch Abs. 2 S. 2 nicht beeinträchtigt.

---

35   Insofern betonend, dass bereits ein eingespieltes und bewährtes Verfahren mit besonderen Fristerfordernissen existiert *Bork* NZG 2019, 738 (741).
36   Begr. ARUG II RegE, BT-Drs. 19/9739, S. 60 f.
37   Dies betonend Begr. ARUG II RegE, BT-Drs. 19/9739, S. 61.
38   Insofern unklar Begr. ARUG II RegE, BT-Drs. 19/9739, S. 61, wonach die Regelung zu den Medienbündel im Referentenentwurf in der Regelung des Abs. 2 Satz 1 aufgegangen sein soll, obwohl diese im Wortlaut abweichend ist.
39   Großzügiger *Paschos/Goslar* AG 2019, 365 (367); insofern von einer fehlenden Richtlinienumsetzung ausgehend *Kuntz* AG 2020, 18 (30 ff.) Offenlassend *Seibert* FS Vetter, 2019, S. 749, 752.
40   Die Regierungsbegründung nennt dahin gehend beispielhaft einige Anbieter, Begr. ARUG II RegE, BT-Drs. 19/9739, S. 61.
41   Begr. ARUG II RegE, BT-Drs. 19/9739, S. 61.
42   Begr. ARUG II RegE, BT-Drs. 19/9739, S. 61.
43   So audrücklich Begr. ARUG II RegE, BT-Drs. 19/9739, S. 61.

III. Art und Weise der Informationsübermittlung (Abs. 2 S. 3)

Weiterhin regelt Abs. 2 S. 3 die Art und Weise der Informationsübermittlung. Dabei   29
werden **Format, Inhalt und Frist** der Informationsübermittlung durch die EU-DurchführungsVO (EU/2018/1212) bestimmt. Einen eigenständigen Regelungsgehalt von
Abs. 2 S. 3 gibt es nicht, da die Vorgaben der EU-DurchführungsVO (EU/2018/1212)
unmittelbar geltendes Europarecht (Art. 288 Abs. 2 AEUV) sind und es daher keiner
Anwendungsanordnung bedarf.[44]

IV. Beschränkung der Informationsübermittlung (Abs. 2 S. 4)

Schließlich kann die Informationsübermittlung auch nach den Anforderungen von   30
Art. 8 Abs. 4 in Verbindung mit **Tabelle 8** EU-DurchführungsVO (EU/2018/1212) beschränkt werden, sofern die anderen Elemente auf der Homepage der Aktiengesellschaft zugänglich gemacht werden. In diesem Fall muss den Intermediären und Berechtigten der URL-Hyperlink zur Verfügung gestellt werden. Dieser muss hinreichend konkret sein, so dass es für jeden Aktionär möglich ist, diese Informationen ohne Weiteres abzurufen.[45]

Die Möglichkeit der Beschränkung der Informationsübermittlung nach Abs. 2 S. 4 be-   31
grenzt in keiner Weise die Erteilung **weiterer freiwilliger Informationen** auf der Internetseite der Aktiengesellschaft.[46]

E. Weiterleitungspflicht für Intermediäre (Abs. 3)

Neben die Übermittlungspflicht des Abs. 1 tritt nach Abs. 3 die Weiterleitungspflicht,   32
die für die Intermediäre in der Kette besteht. Damit wird sichergestellt, dass die Kommunikation zwischen der Aktiengesellschaft und den Aktionären auch für den Fall
sichergestellt wird, dass mehrere Intermediäre eingeschaltet werden.[47] Der Begriff des
Intermediärs wird in Abs. 4 definiert (→ Rn. 38 ff.). Die Weiterleitungspflicht ist ein
weiterer Baustein des Gesamtregelungskonzepts des *Know-your-Shareholder*
(→ Rn. 6 ff.) und beschränkt auf den Informationsaustausch zwischen Intermediären.[48] Die Information des Aktionärs durch den Letztintermediär erfolgt nach § 67b.

I. Grundlagen der Weiterleitungspflicht (Abs. 3 S. 1)

Die Weiterleitung muss nach Abs. 3 S. 1 iVm Art. 9 Abs. 2 UAbs. 2,3, Abs. 7 EU-   33
DurchführungsVO (EU/2018/1212) **unverzüglich** und spätestens bis zum Ende des
Geschäftstages bzw. bei Erhalt nach 16 Uhr bis 10 Uhr am folgenden Geschäftstag an
den nächsten Intermediär vorgenommen werden. Der Verweis auf die EU-DurchführungsVO (EU/2018/1212) ist überflüssig, da für diese der europarechtliche Anwendungsvorrang gilt (Art. 288 Abs. 2 AEUV).[49]

Ähnlich wie bei der Übermittlungspflicht nach Abs. 1 steht auch die Weiterleitungs-   34
pflicht nach Abs. 3 unter dem **Vorbehalt**, dass dem Intermediär bekannt ist, dass der
nächste Intermediär die Informationen schon von anderer Seite erhalten hat. Dabei
kommt es ausweislich des eindeutigen Wortlauts von Abs. 3 S. 1 darauf an, ob der Intermediär Kenntnis von der Unterrichtung durch eine andere Seite hat. Die Weiterleitungspflicht wird zudem suspendiert, wenn die Informationen von der Aktiengesell-

---

44 Dies ebenfalls einräumend Begr. ARUG II RegE, BT-Drs. 19/9739, S. 61.
45 Die Gesetzesbegründung verlangt insofern, dass es jedem Aktionär mit allgemein üblichen
     technischen Mitteln möglich sein muss, diese zu erreichen (Begr. ARUG II RegE, BT-Drs.
     19/9739, S. 61).
46 So ausdrücklich Begr. ARUG II RegE, BT-Drs. 19/9739, S. 61.
47 Begr. ARUG II RegE, BT-Drs. 19/9739, S. 62.
48 So ausdrücklich Begr. ARUG II RegE, BT-Drs. 19/9739, S. 62.
49 Daher von einer deklaratorischen Wirkung ausgehend Begr. ARUG II RegE, BT-Drs.
     19/9739, S. 62.

schaft selbst erteilt werden. Die genauen Einzelheiten dieses Vorbehalts sind unklar und wurden vom Gesetzgeber auch bewusst nicht näher konkretisiert, um künftige Entwicklungen nicht zu verbauen.[50] Für das tatsächliche Eingreifen des Vorbehalts dürfte es erforderlich sein, dass der Intermediär und die Aktionäre gleichzeitig informiert werden, was etwa die Aktiengesellschaft für alle Intermediäre – auch zur Minderung des Kostenumfangs (§ 67 f) – erledigen kann.

II. Anwendung auf Aktiengesellschaften aus anderen Mitgliedstaaten (Abs. 3 S. 2)

35   Die Weiterleitungspflicht gilt auch dann, wenn sich die **Informationen auf Aktiengesellschaften** bezieht, die ihren Sitz in einem Mitgliedstaat der EU haben, da nur dann eine hinreichende Sanktionierung aufgrund der Umsetzung der 2. ARRL sichergestellt ist. Dies ist trotz der überschießenden Umsetzung im Hinblick auf Art. 3 e 2. ARRL europarechtlich unbedenklich, dürfte aber in der praktischen Anwendung nicht ganz unproblematisch sein, da damit ein Regelungskonflikt mit anderen Mitgliedstaaten bestehen kann.[51] Mit dem Sitz ist der Satzungs- und nicht der Verwaltungssitz gemeint. Allgemein zum internationalen Anwendungsbereich → Rn. 15.

36   Im Umkehrschluss gilt die Weiterleitungspflicht nach Abs. 3 nicht für **Aktiengesellschaften aus Drittstaaten.** Allerdings können die Intermediäre nach dem Gesellschaftsrecht dieser Drittstaaten entsprechend verpflichtet sein.

III. Nutzung von Dienstleistern (Abs. 3 S. 3)

37   Schließlich können sich sowohl die Aktiengesellschaft als auch die Intermediäre nach Abs. 3 S. 3 in Verbindung mit Abs. 2 S. 1 für die Übermittlung bzw. Weiterleitung eines **Dienstleisters** bedienen.

F. Definition des Intermediärs (Abs. 4)

38   Abs. 4 enthält die Legaldefinition eines Intermediärs. Dabei werden aber nur Intermediäre erfasst, die ihre entsprechenden **Dienstleistungen für Aktiengesellschaften** erbringen, die ihren Sitz[52] in einem EU-Mitgliedstaat oder Vertragsstaat des EWR haben. Daher werden von Abs. 4 keine entsprechenden Dienstleister erfasst, die für andere Aktiengesellschaften tätig sind. Auf den Sitz des Intermediärs kommt es nach Abs. 4 nicht an, was durch Art. 3 e 2. ARRL ausdrücklich vorgegeben wird.[53]

39   Unter die Definition des Abs. 4 fallen insbesondere **Wertpapierfirmen** (Art. 4 Abs. 1 Nr. 1 Richtlinie 2014/65/EU), **Kreditinstitute** (Art. 4 Abs. 1 Nr. 1 VO EU/575/2013) und **Zentralverwahrer** (Art. 2 Abs. 1 Nr. 1 VO EU/909/2014).[54]

40   Nicht erfasst werden hingegen **Notare,** da diese hoheitlich tätig werden. Auch **Stimmrechtsberater** oder artverwandte Dienstleister fallen nicht unter Abs. 4.[55] Allerdings können diese als Dienstleister im Sinne von Abs. 2 S. 1 fungieren.[56]

G. Definition des Intermediärs in der Kette und des Letztintermediärs (Abs. 5)

41   In Abs. 5 wird der Begriff des Intermediärs in der Kette und des Letztintermediärs legaldefiniert. Dabei soll der Letztintermediär selbst kein Intermediär sein,[57] da für die-

---

50   Die Regelung als zukunftsoffen bezeichnend Begr. ARUG II RegE, BT-Drs. 19/9739, S. 62; insgesamt zur Technologieoffenheit → Rn. 12.
51   Darin kein Problem sehend Begr. ARUG II RegE, BT-Drs. 19/9739, S. 62.
52   Mit dem Sitz ist der Satzungs- und der Verwaltungssitz gemeint.
53   Begr. ARUG II RegE, BT-Drs. 19/9739, S. 62 f.
54   Begr. ARUG II RegE, BT-Drs. 19/9739, S. 62.
55   Begr. ARUG II RegE, BT-Drs. 19/9739, S. 62.
56   Begr. ARUG II RegE, BT-Drs. 19/9739, S. 62.
57   Begr. ARUG II RegE, BT-Drs. 19/9739, S. 63.

sen in § 67 b besondere Pflichten bestehen. Der Regelungsgehalt von Abs. 5 S. 2 ist überschaubar, da Art. 1 Nr. 6 EU-DurchführungsVO (EU/2018/1212) die gleiche Definition enthält.

H. Definition von Unternehmensereignissen (Abs. 6)

Schließlich verweist Abs. 6 für die Definition des Begriffs der Unternehmensereignisse 42 auf Art. 1 Nr. 3 EU-DurchführungsVO (EU/2018/1212), wonach ein Unternehmensereignis eine vom Emittenten oder einem Dritten initiierte Maßnahme darstellt, die die **Ausübung der mit den Aktien verbundenen Rechte** beinhaltet und die zugrunde liegende Aktie beeinflussen kann. Beispielhaft wird dort die Gewinnausschüttung und die Hauptversammlung genannt. In der Gesetzesbegründung werden auch Umtausch-, Bezugs-, Einziehungs-, Zeichnungs- und Wahlrechte bei Dividenden genannt.[58] Sowohl diese beispielhafte Aufzählung als auch die allgemeine Definition sind für die Entwicklung allgemeiner Kriterien kaum geeignet, so dass die Definition der Unternehmensereignisse in Abs. 6 künftig ein großes Problempotential haben dürfte.[59]

Bisher weitgehend unklar ist zudem, ob sich der Begriff des Unternehmensereignisses 43 auch auf **Konzernsachverhalte** erstreckt.

I. Rechtsfolgen eines Verstoßes

Zu den Rechtsfolgen eines Verstoßes gegen die Übermittlungspflicht verhält sich 44 § 67 a selbst nicht, so dass sich dahin gehend vielfältige Fragen stellen. Für deren Beantwortung muss grundlegend zwischen der **Übermittlungspflicht der Aktiengesellschaften** (→ Rn. 23 ff.) und der **Weiterleitungspflicht der Intermediäre** (→ Rn. 32 ff.) unterschieden werden.

I. Übermittlungspflicht der Aktiengesellschaft

1. Ordnungswidrigkeitsrecht

Die Verletzung der Übermittlungspflicht durch die Aktiengesellschaft kann zunächst 45 eine **Ordnungswidrigkeit** (§ 405 Abs. 2 a Nr. 2) darstellen. Ein Straftatbestand ist nicht vorgesehen.

2. Zivilrecht

In **zivilrechtlichen Zusammenhängen** kommen Auswirkungen auf das Beschlussmän- 46 gelrecht (→ Rn. 47) und die Haftung der Verwaltungsmitglieder in Betracht. Darüber hinaus sind auch vor allem schuldrechtliche Ansprüche innerhalb der Verwahrkette denkbar. Insofern sprechen gute Gründe für die Annahme einer Schutzgesetzeigenschaft (§ 823 Abs. 2 BGB) von Abs. 1,[60] wobei die Einzelheiten vor allem im Hinblick auf den zu ersetzenden (kausalen) Schaden noch nicht abschließend geklärt sind. Abzulehnen ist die Zurechnung eines Fehlverhaltens der Intermediäre zulasten der Aktiengesellschaft.[61]

Auch wenn die Verletzung der Weiterleitungspflicht durch die Intermediäre keinen zur 47 Anfechtbarkeit führenden **Beschlussmangel** begründen kann (§ 243 Abs. 3 Nr. 2), ist nicht eindeutig, ob dies auch bei einer Verletzung der Übermittlungspflicht durch die Aktiengesellschaft selbst zutrifft. Zwar scheint § 243 Abs. 3 Nr. 2 auch in diesem Fall die Anfechtbarkeit auszuschließen. Allerdings verweist die Gesetzesbegründung eindeutig nur auf die Verletzung der Übermittlungs- und Weiterleitungspflichten durch

---

58 Begr. ARUG II RegE, BT-Drs. 19/9739, S. 63.
59 Zum Begriff der Unternehmensereignisse etwa *Kuntz* AG 2020, 18 (22).
60 *Kuntz* AG 2020, 18 (32 f.); aA wohl *Zetzsche* ZGR 2019, 1 (35).
61 Ebenfalls eine Haftung für Fehler der Intermediäre ablehnend *Kuntz* AG 2020, 18 (33); *Zetzsche* ZGR 2019, 1 (35).

die Intermediäre und bezieht die Aktiengesellschaft gerade nicht mit ein.[62] Gegen eine Anfechtbarkeit oder gar Nichtigkeit scheint zudem der Umstand zu sprechen, dass durch Abs. 1 S. 2 Informationen mit Bezug zur Hauptversammlung von der Übermittlungs- und Weiterleitungspflicht ausgenommen sind, so dass man insofern von einer klaren sachlichen Trennung der Übermittlungs- und Weiterleitungspflicht und der Beschlussfassung auf der Hauptversammlung ausgehen könnte. Auch dies ist aufgrund des beschränkten Anwendungsbereichs von Abs. 1 S. 2 (→ Rn. 25) aber nicht überzeugend.

II. Weiterleitungspflicht der Intermediäre

48 Das Ordnungswidrigkeitsrecht sieht für eine Verletzung der Weiterleitungspflicht durch die Intermediäre keinen gesonderten Tatbestand vor. Ebenso wenig gibt es einen entsprechenden Straftatbestand.

49 Die Verletzung der Weiterleitungspflicht durch die Intermediäre kann zudem keinen Beschlussmangel mit der Folge der Nichtigkeit (§ 241) oder Anfechtbarkeit (§ 243) begründen, da die Gesetzgebungsmaterialien dies eindeutig ausschließen.

§ 67 b Übermittlung von Informationen durch Intermediäre an die Aktionäre

(1) ¹Der Letztintermediär hat dem Aktionär die nach § 67 a Absatz 1 Satz 1 erhaltenen Informationen nach Artikel 2 Absatz 1 und 4, Artikel 9 Absatz 2 Unterabsatz 1 sowie Absatz 3 und 4 Unterabsatz 3 sowie Artikel 10 der Durchführungsverordnung (EU) 2018/1212 zu übermitteln. ²§ 67 a Absatz 2 Satz 1 und 4 gilt entsprechend.

(2) Absatz 1 gilt auch für Informationen einer börsennotierten Gesellschaft mit Sitz in einem anderen Mitgliedstaat der Europäischen Union.

A. Grundlagen

I. Regelungsgegenstand

1 Durch § 67 b wird die in § 67 a generell statuierte Übermittlungspflicht für den Letztintermediär gegenüber den Aktionären begründet, so dass diese Pflicht selbstständig neben § 67 a steht. Für die Pflicht ordnet § 67 b weitgehend die Anwendung des § 67 a an.

II. Bedeutung und Zweck

2 Der Zweck von § 67 b liegt in der Sicherstellung der Unterrichtung der Aktionäre von den Unternehmensereignissen und entspricht somit dem des § 67 a (→ § 67 a Rn. 2).

---

62 Begr. ARUG II RegE, BT-Drs. 19/9739, S. 115.

III. Rechtsentwicklung

Die Vorschrift wurde durch das **ARUG II**[1] neu geschaffen und hat keinerlei Vorgän-   3
gerregelung.

IV. Europarechtlicher Hintergrund

Die Regelung des § 67 b geht auf Art. 3 b Abs. 1 **2. ARRL**[2] zurück. Zum regulatori-   4
schen Gesamtkonzept der §§ 67 a ff. → § 67 a Rn. 6 ff.

V. Übergangsrecht

Die Regelung des § 67 b ist erst **ab dem 3.9.2020** anzuwenden und gilt erstmals für   5
Hauptversammlungen, die nach dem 3.9.2020 einberufen werden (Art. 26 j Abs. 4
EGAktG).

B. Übermittlungspflicht des Letztintermediärs (Abs. 1)

I. Bestehen der Übermittlungspflicht (Abs. 1 S. 1)

Nach Abs. 1 S. 1 muss der Letztintermediär (§ 67 a Abs. 5 S. 2, → § 67 a Rn. 41) dem   6
Aktionär die Informationen über Unternehmensereignisse weiterleiten. Damit besteht
für den Letztintermediär im Grundsatz die gleiche Übermittlungspflicht wie für die
Aktiengesellschaft nach § 67 a. In Übereinstimmung mit dem Anwendungsbereich von
§ 67 a gilt auch Abs. 1 nur bei börsennotierten Aktiengesellschaften.[3]

Die Übermittlungspflicht besteht allerdings nur dann, wenn der Letztintermediär die   7
dafür erforderlichen Informationen auch **selbst erhalten** hat. Unklar ist dabei der Verweis in Abs. 1 S. 1 auf § 67 a Abs. 1 S. 1, da dieser nur die Übermittlungspflicht der
Aktiengesellschaft und gerade nicht die Weiterleitungspflicht der Intermediäre betrifft.

Die **Form der Erfüllung** der Übermittlungspflicht durch den Letztintermediär gegen-   8
über den Aktionären wird durch § 67 b nicht adressiert. Insofern gelten die Vorgaben
von Art. 2 Abs. 1 und 4, Art. 9 Abs. 2 UAbs. 1, 3 und 4 UAbs. 3, Art. 10 EU-Durchführungsverordnung EU/2018/1212. Der Verweis auf diese Vorgaben in Abs. 1 ist aufgrund von Art. 288 Abs. 2 AEUV rein deklaratorisch.[4] Aus praktischen Gründen
empfiehlt sich eine elektronische Übermittlung, da die Zwischenschaltung einer
schriftlichen Informationserteilung einen hohen Kostenaufwand begründen dürfte.[5]
Dies setzt freilich voraus, dass alle Aktionäre diese elektronische Informationserteilung auch verarbeiten können, was nicht immer gegeben ist.[6] Daher dürfte jedenfalls
für einen Übergangszeitraum eine Unterrichtung durch den Letztintermediär auf elektronischen und schriftlichem Wege bestehen bleiben.[7] Die insofern entstehenden
Mehrkosten werden durch § 67 f Abs. 1 S. 1 und 2 adressiert (→ § 67 f Rn. 6 ff.). Keine Bedeutung bei der Erfüllung der Übermittlungspflicht kommt § 49 WpHG zu, da
dieser nur das Verhältnis von Intermediär und Aktionär betrifft.

Für die **Frist** gilt Art. 9 EU-Durchführungsverordnung EU/2018/1212, so dass die   9
Übermittlung unverzüglich und spätestens bis zum Ende des Geschäftstages bzw. bei
Erhalt nach 16 Uhr bis 10 Uhr am folgenden Geschäftstag an den nächsten Intermedi-
är vorgenommen werden muss. Mit einer schriftlichen Informationserteilung dürften

---

1   Gesetz zur Umsetzung der zweiten Aktionärsrechterichtlinie (ARUG II) vom 12.12.2019,
    BGBl. I, S. 2637.
2   ABl. EG Nr. L 132 v. 20.5.2017, S. 1.
3   Begr. ARUG II RegE, BT-Drs. 19/9739, S. 63.
4   Begr. ARUG II RegE, BT-Drs. 19/9739, S. 63.
5   Ebenso Begr. ARUG II RegE, BT-Drs. 19/9739, S. 63; ebenso *Seibert* FS Vetter, 2019,
    S. 749, 753.
6   *Seibert* FS Vetter, 2019, S. 749, 753 führt insofern aus, dass nur ca. 20 % der Aktionäre
    von Banken per E-Mail erreicht werden.
7   So auch Begr. ARUG II RegE, BT-Drs. 19/9739, S. 63.

diese Vorgaben kaum einzuhalten sein, was an der Geltung der Frist aber nichts ändert.[8] Sofern die Notwendigkeit besteht, die von den Intermediären erhaltenen Informationen aufzubereiten, kann dem dadurch entsprochen werden, dass die Basisinformationen innerhalb der Fristvorgaben übermittelt werden und weitere oder aufbereitete Informationen seitens der Intermediäre im Nachhinein ergänzend übermittelt werden.[9] Zudem kann von der zusätzlichen und im Zeitablauf ergänzten Information über den URL-Hyperlink auf die Internetseite der Aktiengesellschaft Gebrauch gemacht werden.[10]

II. Entsprechende Geltung von § 67 a (Abs. 1 S. 2)

10 Aufgrund des Verweises in Abs. 1 S. 2 auf § 67 a Abs. 2 S. 1 gelten für die **Einschaltung von Dienstleistern** die gleichen Voraussetzungen wie für die Übermittlungspflicht der Aktiengesellschaft nach § 67 a.

11 Zudem stellt der Verweis auf § 67 a Abs. 2 S. 4 klar, dass bei der Informationsübermittlung auf die **beschränkte Übermittlung durch Verweis auf die Internetseite** zurückgegriffen werden kann. In diesem Fall unterliegt schon der Intermediär einer eingeschränkten Übermittlungspflicht.[11]

C. Anwendung auf börsennotierte Aktiengesellschaften aus Mitgliedstaaten (Abs. 2)

12 Der Anwendungsbereich der Übermittlungspflicht des Letztintermediärs erstreckt sich auch auf börsennotierte Aktiengesellschaften mit **Sitz in einem anderen Mitgliedstaat**, womit die Regelung des § 67 a Abs. 3 S. 2 (→ Rn. 35 f.) auch für den Letztintermediär nachgezogen wird. Allgemein zum internationalen Anwendungsbereich → § 67 a Rn. 15.

13 Für **Aktiengesellschaften aus Drittstaaten** gilt die Übermittlungspflicht im Umkehrschluss daher nicht.

D. Rechtsfolgen bei Verstößen

I. Ordnungswidrigkeitsrecht

14 Die Verletzung der Übermittlungspflicht nach Abs. 1 (→ Rn. 6 ff.) durch den Letztintermediär kann eine **Ordnungswidrigkeit** (§ 405 Abs. 2 a Nr. 3) darstellen. Ein Straftatbestand ist nicht vorgesehen.

II. Zivilrecht

15 In zivilrechtlichen Zusammenhängen kommen vor allem schuldrechtliche Ansprüche der Aktionäre gegen den (Letzt-)Intermediär in Betracht. Anspruchsgrundlage ist § 823 Abs. 2 BGB, da jedenfalls Abs. 1 ein Schutzgesetz darstellt.[12] Voraussetzung dafür ist freilich, dass er die Informationen überhaupt selbst erhalten hat.

16 Hinsichtlich der **Anfechtbarkeit von Hauptversammlungsbeschlüssen** sieht § 243 Abs. 3 Nr. 2 vor, dass eine Anfechtung nicht auf eine Verletzung von § 67 b gestützt werden kann. Da § 67 b nur die Informationsübermittlung des Letztintermediärs an den Aktionär regelt, kommt – im Gegensatz zu den Pflichten nach § 67 a (→ § 67 a Rn. 47) – eine Anfechtung tatsächlich umfassend nicht in Betracht, da der Aktienge-

---

8 AA Begr. ARUG II RegE, BT-Drs. 19/9739, S. 63 f. mit einer Einschränkung der Frist kraft Natur der Sache.
9 Begr. ARUG II RegE, BT-Drs. 19/9739, S. 64.
10 So ausdrücklich Begr. ARUG II RegE, BT-Drs. 19/9739, S. 64.
11 Begr. ARUG II RegE, BT-Drs. 19/9739, S. 64.
12 *Kuntz* AG 2020, 18 (33).

sellschaft ein Fehler des Letztintermediärs grundsätzlich nicht zugerechnet werden kann.

§ 67 c Übermittlung von Informationen durch Intermediäre an die Gesellschaft; Nachweis des Anteilsbesitzes

(1) [1]Der Letztintermediär hat die vom Aktionär einer börsennotierten Gesellschaft erhaltenen Informationen über die Ausübung seiner Rechte als Aktionär entweder direkt an die Gesellschaft oder an einen Intermediär in der Kette zu übermitteln. [2]Intermediäre haben die nach Satz 1 erhaltenen Informationen entweder direkt an die Gesellschaft oder an den jeweils nächsten Intermediär weiterzuleiten. [3]Die Sätze 1 und 2 gelten entsprechend für die Weiterleitung von Weisungen des Aktionärs zur Ausübung von Rechten aus Namensaktien börsennotierter Gesellschaften an den im Aktienregister eingetragenen Intermediär.

(2) [1]Der Aktionär kann Anweisungen zur Informationsübermittlung nach Absatz 1 erteilen. [2]§ 67 a Absatz 2 Satz 1 gilt entsprechend. [3]Format, Inhalt und Frist der Informationsübermittlung nach Absatz 1 richten sich nach den Anforderungen in Artikel 2 Absatz 1 und 3, Artikel 8 und 9 Absatz 4 der Durchführungsverordnung (EU) 2018/1212. [4]Eine rechtzeitige gesammelte Informationsübermittlung und -weiterleitung ist möglich. [5]Die Absätze 1 und 2 gelten auch für Informationen einer börsennotierten Gesellschaft mit Sitz in einem anderen Mitgliedstaat der Europäischen Union.

(3) Der Letztintermediär hat dem Aktionär für die Ausübung seiner Rechte in der Hauptversammlung auf Verlangen über dessen Anteilsbesitz unverzüglich einen Nachweis in Textform gemäß den Anforderungen nach Artikel 5 der Durchführungsverordnung (EU) 2018/1212 auszustellen oder diesen nach Absatz 1 der Gesellschaft zu übermitteln.

A. Grundlagen

I. Regelungsgegenstand

Durch § 67 c wird die Informationskette zwischen Aktiengesellschaft und Aktionär bei Einschaltung von Intermediären geschlossen, indem der Letztintermediär die vom Aktionär einer börsennotierten Aktiengesellschaft erhaltenen Informationen über die Ausübung seiner Rechte als Aktionär an die Aktiengesellschaft oder einen anderen Intermediär übermitteln muss (→ Rn. 6 ff.). Damit tritt die Übermittlungspflicht des   1

Letztintermediärs neben diejenige des § 67 b. Für die Übermittlung kann der Aktionär nach Abs. 2 Weisungen erteilen (→ Rn. 13 ff.). Die Übermittlungspflicht wird schließlich durch Abs. 3 dahin gehend flankiert, dass der Letztintermediär einen Nachweis in Textform übermitteln muss (→ Rn. 19 ff.).

II. Bedeutung und Zweck

2   Mit der Übermittlungspflicht wird der **Informationsfluss** vom Aktionär auch in Richtung Aktiengesellschaft sichergestellt.

III. Rechtsentwicklung

3   Die Vorschrift wurde durch das **ARUG II**[1] neu geschaffen und hat keinerlei Vorgängerregelung. Zum regulatorischen Gesamtkonzept der §§ 67 a ff. → § 67 a Rn. 6 ff.

IV. Europarechtlicher Hintergrund

4   Die Regelung des § 67 c geht auf Art. 3 b Abs. 4 **2. ARRL**[2] zurück.

V. Übergangsrecht

5   Die Regelung des § 67 c ist erst **ab dem 3.9.2020** anzuwenden und gilt daher erstmals für Hauptversammlungen, die nach dem 3.9.2020 einberufen werden (Art. 26 j Abs. 4 EGAktG).

B. Übermittlungspflicht des Letztintermediärs (Abs. 1)

I. Bestehen der Übermittlungspflicht (Abs. 1 S. 1)

6   Der Letztintermediär (→ § 67 a Rn. 41) muss nach Abs. 1 S. 1 die vom Aktionär einer börsennotierten Aktiengesellschaft erhaltenen Informationen über die Ausübung seiner Rechte als Aktionär entweder direkt an die Aktiengesellschaft oder an einen Intermediär in der Kette übermitteln. Damit wird für den Letztintermediär eine **weitere Übermittlungspflicht** statuiert, die neben diejenige des § 67 a tritt. Der Begriff des Letztintermediärs wird in § 67 a Abs. 5 S. 2 definiert.

7   Bei der Übermittlung kommt es darauf an, ob der Letztintermediär zugleich auch der **einzige Intermediär** ist. Soweit das der Fall ist, muss er die Informationen nach Abs. 1 direkt an die Aktiengesellschaft übermitteln. Sind weitere Intermediäre vorhanden, kommt ihm ein Wahlrecht zu, ob er die Übermittlungspflicht gegenüber diesen oder gegenüber der Aktiengesellschaft erfüllen möchte.[3] Insofern ist die Regelung bewusst offen gestaltet, um die Nutzung technischer Entwicklungen nicht zu erschweren oder zu verhindern.[4]

8   Bei den **Rechten des Aktionärs** handelt es sich insbesondere um das Bezugsrecht sowie um die Rechte aus §§ 122, 126 f. und das Stimmrecht in der Hauptversammlung.[5] Nicht erfasst dürften Vollmachten zur Stimmrechtsausübung auf der Hauptversammlung sein.[6]

---

1   Gesetz zur Umsetzung der zweiten Aktionärsrechterichtlinie (ARUG II) vom 12.12.2019, BGBl. I, S. 2637.
2   ABl. EG Nr. L 132 v. 20.5.2017, S. 1.
3   Ebenfalls von einem Wahlrecht ausgehend („*können*") Begr. ARUG II RegE, BT-Drs. 19/9739, S. 64.
4   Begr. ARUG II RegE, BT-Drs. 19/9739, S. 64 f.
5   Begr. ARUG II RegE, BT-Drs. 19/9739, S. 64.
6   *Bork* NZG 2019, 738 (742); *Paschos/Goslar* AG 2018, 857 (861); *Zetzsche* ZGR 2019, 1 (28 f.)

Der Anwendungsbereich des § 67 c erstreckt sich sowohl auf **Namens- als auch auf Inhaberaktien.**[7] Bei Namensaktien kommt Abs. 1 aber nur dann zur Anwendung, wenn der Aktionär tatsächlich selbst im Aktienregister eingetragen ist und er die Informationen über die Ausübung seiner Rechte nicht direkt an die Aktiengesellschaft übermittelt, sondern dazu einen Letztintermediär einschaltet.[8]

II. Weiterleitungspflicht (Abs. 1 S. 2)

Neben die Übermittlungspflicht der Letztintermediäre tritt nach Abs. 1 S. 2 die Weiterleitungspflicht der Intermediäre, die somit das **Informationsglied zwischen Aktiengesellschaft und Letztintermediär** darstellen. Der Intermediär hat ein Wahlrecht, dieser Weiterleitungspflicht direkt gegenüber der Aktiengesellschaft oder gegenüber dem nächsten Intermediär nachzukommen. Auch diese Regelung findet sowohl auf Inhaber- als auch auf Namensaktien Anwendung, was aber voraussetzt, dass der Aktionär auch selbst im Aktienregister eingetragen ist.[9]

Für die **Art und Weise der Erfüllung der Weiterleitungspflicht** gelten trotz fehlenden Verweises auf § 67 a Abs. 3 die dort angeführten Grundsätze (→ § 67 a Rn. 32 ff.).

III. Entsprechende Anwendung auf Namensaktien (Abs. 1 S. 3)

Schließlich enthält Abs. 1 S. 3 eine Sonderregelung für Namensaktien, bei denen die Übermittlungs- und Weiterleitungspflicht nach Abs. 1 S. 1 und 2 entsprechend angewendet wird. Diese Regelung ist erforderlich, wenn ein Intermediär im Aktienregister eingetragen ist, da es für den wahren Aktionär gegenüber diesem dann um eine weisungsgemäße Rechteausübung geht (→ § 67 a Rn. 8). Die Regelung lässt etwaige vertraglichen Vereinbarungen zwischen den Intermediären und den wahren Aktionären hinsichtlich der Stimmrechtsausübung unberührt.[10]

C. Anweisungen des Aktionärs zur Informationsübermittlung (Abs. 2)

Auf die Informationsübermittlung des Letztintermediärs an die Aktiengesellschaft oder einen anderen Intermediär kann der Aktionär nach Abs. 2 umfassend **Einfluss** nehmen.

I. Möglichkeit der Informationsübermittlung (Abs. 2 S. 1)

Dazu kann der Aktionär nach Abs. 2 S. 1 zunächst **Anweisungen** erteilen, die vom Letztintermediär zu beachten sind. Dies gilt vor allem für die Frage, ob eine Übermittlung direkt an die Aktiengesellschaft oder über weitere Intermediäre in der Kette erfolgen soll.[11] Darüber hinaus kann der Aktionär über Abs. 2 S. 1 Einfluss auf das Ob und den Umfang der Informationsübermittlung nehmen.[12]

II. Entsprechende Anwendung von § 67 a Abs. 2 S. 1 (Abs. 2 S. 2)

Für die Erteilung der Weisung können auch **externe Dienstleister** eingeschaltet werden, da Abs. 2 S. 2 auf § 67 a Abs. 2 S. 1 verweist (→ § 67 a Rn. 26 f.).

III. Art und Weise der Informationsübermittlung (Abs. 2 S. 3)

Das **Format, der Inhalt und die Frist** für die Informationsübermittlung des Letztintermediärs richtet sich entsprechend Abs. 2 S. 3 nach den Anforderungen, die durch

9

10

11

12

13

14

15

16

---

7 Begr. ARUG II RegE, BT-Drs. 19/9739, S. 64.
8 Begr. ARUG II RegE, BT-Drs. 19/9739, S. 64.
9 Begr. ARUG II RegE, BT-Drs. 19/9739, S. 65.
10 Begr. ARUG II RegE, BT-Drs. 19/9739, S. 65.
11 Begr. ARUG II RegE, BT-Drs. 19/9739, S. 65.
12 Begr. ARUG II RegE, BT-Drs. 19/9739, S. 65.

Art. 2 Abs. 1 und 3, Art. 8 und Art. 9 Abs. 4 EU-DurchführungsVO (EU/2018/1212) aufgestellt werden. Der Verweis ist deklaratorisch, da die EU-DurchführungsVO (EU/2018/1212) unmittelbar geltendes Europarecht (Art. 288 Abs. 2 AEUV) ist.

IV. Zulässigkeit der gesammelten Informationsübermittlung (Abs. 2 S. 4)

17   Nach Abs. 2 S. 4 kann die Informationsübermittlung und -weiterleitung auch gesammelt erfolgen, so dass es insbesondere **keiner Einzelübermittlung** bedarf. Da Abs. 2 S. 4 nur die Möglichkeit einer gesammelten Informationsübermittlung einräumt, bleibt es dem Letztintermediär überlassen, auch die Einzelinformationsübermittlung vorzunehmen. Diese Regelung wirkt sich insbesondere auf die Frist aus.[13]

V. Anwendbarkeit auf Aktiengesellschaften mit Sitz in einem anderen Mitgliedstaat (Abs. 2 S. 5)

18   Durch Abs. 2 S. 5 wird der Anwendungsbereich der Informationsübermittlungspflicht des Letztintermediärs auf Aktiengesellschaften ausgedehnt, die ihren Sitz in einem anderen Mitgliedstaat haben. Bei Aktiengesellschaften aus Drittstaaten besteht die Informationsübermittlungspflicht des Letztintermediärs somit im Umkehrschluss nicht. Allgemein zum internationalen Anwendungsbereich → § 67 a Rn. 15.

D. Nachweis über die Ausübung von Aktionärsrechten (Abs. 3)

19   Der Letztintermediär ist nach Abs. 3 verpflichtet, dem **Aktionär** für die Ausübung seiner Rechte in der Hauptversammlung auf Verlangen über dessen Anteilsbesitz unverzüglich einen Nachweis zu übermitteln. Für diesen Nachweis gelten die Anforderungen nach Art. 5 EU-DurchführungsVO (EU/2018/1212). Die Regelung findet sowohl auf Namens- als auch auf Inhaberaktien Anwendung, auch wenn der praktische Anwendungsfall eher bei den Namensaktien zu suchen ist.[14]

20   Keine Anwendung findet Abs. 3 auf **nicht-börsennotierte Aktiengesellschaften**. Dies ergibt sich aus der Bezugnahme auf die börsennotierte Aktiengesellschaft in Abs. 1, auch wenn Abs. 3 selbst dieses Kriterium nicht aufstellt. Allerdings steht es dem Intermediär bei nicht-börsennotierten Aktiengesellschaften frei, einen entsprechenden Nachweis zu erteilen, auf den der Aktionär dann aber keinen Anspruch hat.

21   Alternativ kann der Letztintermediär den Nachweis auch der **Aktiengesellschaft** übermitteln, womit die Pflicht zur Erstellung eines Nachweises in Textform gegenüber dem Aktionär entfällt.

E. Rechtsfolgen bei Verstößen

I. Ordnungswidrigkeitsrecht

22   Die Verletzung der Übermittlungspflicht nach Abs. 1 S. 1 (→ Rn. 6 ff.) durch einen Intermediär kann eine **Ordnungswidrigkeit** (§ 405 Abs. 2 a Nr. 3) darstellen. Das gleiche gilt für die Verletzung der Weiterleitungspflicht nach Abs. 1 S. 2 (→ Rn. 10 f., § 405 Abs. 2 a Nr. 2) und die Verletzung der Nachweispflicht nach Abs. 3 (→ Rn. 19 ff., § 405 Abs. 2 a Nr. 4). Ein Straftatbestand ist nicht vorgesehen.

II. Zivilrecht

23   In **zivilrechtlichen Zusammenhängen** kommen vor allem schuldrechtliche Ansprüche des Aktionärs gegen den Letztintermediär in Betracht.

---

13   Begr. ARUG II RegE, BT-Drs. 19/9739, S. 65 f.
14   Begr. ARUG II RegE, BT-Drs. 19/9739, S. 66.

§ 67 d Informationsanspruch der Gesellschaft gegenüber Intermediären

(1) [1]Die börsennotierte Gesellschaft kann von einem Intermediär, der Aktien der Gesellschaft verwahrt, Informationen über die Identität der Aktionäre und über den nächsten Intermediär verlangen. [2]Format und Inhalt dieses Verlangens richten sich nach der Durchführungsverordnung (EU) 2018/1212.

(2) [1]Informationen über die Identität der Aktionäre sind die Daten nach Artikel 3 Absatz 2 in Verbindung mit Tabelle 2 Buchstabe C der Durchführungsverordnung (EU) 2018/1212. [2]Bei nicht eingetragenen Gesellschaften sind deren Gesellschafter mit den Informationen nach Satz 1 zu nennen. [3]Steht eine Aktie mehreren Berechtigten zu, sind diese mit den Informationen nach Satz 1 zu nennen.

(3) Das Informationsverlangen der Gesellschaft ist von einem Intermediär innerhalb der Frist nach Artikel 9 Absatz 6 Unterabsatz 1, 2 oder 3 Satz 3 und Absatz 7 der Durchführungsverordnung (EU) 2018/1212 an den jeweils nächsten Intermediär weiterzuleiten, bis der Letztintermediär erreicht ist.

(4) [1]Der Letztintermediär hat die Informationen zur Beantwortung des Informationsverlangens der Gesellschaft zu übermitteln. [2]Das gilt nicht, wenn die Gesellschaft die Übermittlung von einem anderen Intermediär in der Kette verlangt; in diesem Fall sind Intermediäre verpflichtet, die Informationen unverzüglich diesem Intermediär oder dem jeweils nächsten Intermediär weiterzuleiten. [3]Der Intermediär, von dem die Gesellschaft die Übermittlung verlangt, ist verpflichtet, der Gesellschaft die erhaltenen Informationen unverzüglich zu übermitteln. [4]Format, Inhalt und Frist der Antwort auf das Informationsverlangen richten sich nach den Artikeln 2, 3, 9 Absatz 6 Unterabsatz 2 und 3 und Absatz 7 der Durchführungsverordnung (EU) 2018/1212.

(5) [1]Die Absätze 1 bis 4 gelten auch für das Informationsverlangen einer börsennotierten Gesellschaft mit Sitz in einem anderen Mitgliedstaat der Europäischen Union. [2]§ 67 a Absatz 2 Satz 1 gilt für die Absätze 1 bis 5 Satz 1 entsprechend.

A. Grundlagen

I. Regelungsgegenstand

1   Nach Abs. 1 hat die Aktiengesellschaft einen Informationsanspruch gegen den Intermediär auf **Mitteilung der Identität der Aktionäre** und der nächsten Intermediäre (→ Rn. 6 ff.). Der Inhalt dieser Informationspflicht wird in Abs. 2 definiert (→ Rn. 15 ff.). Diese Informationspflicht muss der Intermediär unverzüglich nachkommen (Abs. 3, → Rn. 21 f.). Der Informationsanspruch der Aktiengesellschaft wird durch eine Informationspflicht des Intermediärs nach Abs. 4 flankiert (→ Rn. 23 ff.). Schließlich wird der Anwendungsbereich nach Abs. 5 auf börsennotierte Aktiengesellschaften mit Sitz in einem anderen Mitgliedstaat ausgedehnt (→ Rn. 28 f.).

II. Bedeutung und Zweck

2   Zur **Absicherung des Informationsflusses zwischen Aktiengesellschaft und Aktionär** statuiert § 67 d einen Informationsanspruch der Aktiengesellschaft gegenüber den Intermediären. Ein solcher ist für Namensaktien bereits in § 67 Abs. 1 S. 2 und Abs. 4 enthalten, existierte für Inhaberaktien bisher aber nicht,[1] auch wenn der Eigentümer einer Inhaberaktie seine Identität gegenüber der Aktiengesellschaft bei seiner Teilnahme an der Hauptversammlung oder der Geltendmachung von Rechten außerhalb der Hauptversammlung preisgeben muss.[2] Damit ist für die Inhaberaktie mit § 67 d konzeptionell eine erhebliche Änderung eingetreten,[3] so dass im Ergebnis Inhaber- und Namensaktien weiter angeglichen werden, auch wenn die §§ 67 a ff. insgesamt an verschiedenen Stellen formal an einer Trennung festhalten.[4] Keineswegs folgt aus § 67 d aber, dass nun auch die Aktiengesellschaft einen Anspruch gegenüber den Inhaberaktionären auf Identitätsfeststellung hat.[5] Zwar sieht Art. 3 a Abs. 1 2. ARRL dies vor.[6] Jedoch bleibt für eine dahin gehende richtlinienkonforme Auslegung kein Raum, da mit einer solchen eindeutig die Wortlautgrenze von § 67 d überschritten wäre.

III. Rechtsentwicklung

3   Die Vorschrift wurde durch das **ARUG II**[7] neu geschaffen und hat keinerlei Vorgängerregelung. Im Vergleich zum Referentenentwurf wurde der Informationsanspruch der Aktiengesellschaft im Regierungsentwurf auf den jeweils nächsten Intermediär in der Kette erweitert. Zum regulatorischen Gesamtkonzept der §§ 67 a ff. → § 67 a Rn. 6 ff.

IV. Europarechtlicher Hintergrund

4   Die Regelung des § 67 d geht auf Art. 3 a **2. ARRL**[8] zurück.

---

1   *Noack* NZG 2017, 561 (562); *ders.* FS Wiedemann, 2002, S. 1141, 1156 ff.
2   Insofern nur von einer Neuerung und keiner Revolution sprechend
3   *Foerster* AG 2019, 17 (20) (*Neuerung, aber keine Revolution*); weitergehender *Bayer/Schmidt* BB 2018, 2562 (2576); *Schmidt* NZG 2018, 1201 (1214), die von einer Revolution ausgehen.
4   *Bork* NZG 2019, 738 (739).
5   Ebenso *Kuntz* AG 2020, 18 (27); anders aber *Foerster* AG 2019, 17 (20), der anderenfalls einen Widerspruch erkennen will, den Weg der Entwicklung eines entsprechenden Anspruchs *de lege lata* aber scheut.
6   Darauf vor allem hinweisend *Foerster* AG 2019, 17 (21); zweifelnd *Kuntz* AG 2020, 18 (27).
7   Gesetz zur Umsetzung der zweiten Aktionärsrechtsrichtlinie (ARUG II) vom 12.12.2019, BGBl. I, S. 2637.
8   ABl. EG Nr. L 132 v. 20.5.2017, S. 1.

V. Übergangsrecht

Die Regelung des § 67 d ist erst **ab dem 3.9.2020** anzuwenden und gilt erstmals für   5
Hauptversammlungen, die nach dem 3.9.2020 einberufen werden (Art. 26 j Abs. 4
EGAktG).

B. Informationsanspruch der Aktiengesellschaft gegen den Intermediär (Abs. 1)

I. Informationsanspruch (Abs. 1 S. 1)

Die börsennotierte Aktiengesellschaft hat nach Abs. 1 S. 1 einen Informationsan-   6
spruch gegen jeden Intermediär (inklusive des Letztintermediärs) auf **Mitteilung der
Informationen über die Identität der Aktionäre** und des nächsten Intermediärs. Dieser
Informationsanspruch gilt ausweislich des eindeutigen Wortlauts von Abs. 1 S. 1 nur
für die börsennotierte Aktiengesellschaft. Keine Bedeutung für die Anwendung von
Abs. 1 hat der Aspekt der (fehlenden) Verbriefung der Mitgliedschaft.[9] Für den Begriff
der Börsennotierung → § 67 a Rn. 14.

Die im Referentenentwurf noch vorgesehene *Opt-in*-Regelung für nicht-börsennotier-   7
te Aktiengesellschaften wurde im Laufe des Gesetzgebungsverfahrens aufgegeben.[10]
Die Schaffung eines solchen Informationsanspruchs ist nach geltendem Recht auch
nicht durch Schaffung einer entsprechenden Satzungsregelung möglich, da diese die
Intermediäre nicht zur Auskunft verpflichten kann.

Die für Abs. 1 zentrale Frage, wer eigentlich **Aktionär** ist, wird von diesem nicht be-   8
antwortet.[11] Auch Art. 2 lit. b) 2. ARRL macht insofern keine Vorgaben, sondern verweist auf nationales Recht. Die Frage ist von nicht zu unterschätzender Bedeutung, da
mit ihr verbunden ist, welche juristische oder wirtschaftliche Verbindung der Aktionär mit der Mitgliedschaft an der Aktiengesellschaft haben muss, um von § 67 d erfasst zu werden. Insofern stellen sich vor allem Abgrenzungsfragen zu allen Formen
der mittelbaren Beteiligung an einer Aktiengesellschaft wie etwa der Treuhand, der
Unterbeteiligung oder des Nießbrauchs.[12] Aufgrund des beschränkten Anwendungsbereichs von § 67 d und der in §§ 67 a ff. fortlaufend in Bezug genommenen Inhaber-
und Namensaktien dürften als Aktionär nur diejenigen Personen erfasst werden, deren Mitgliedschaft als solche – sei es auch nur durch eine Globalurkunde (§ 10 Abs. 5)
– verbrieft ist und die formell als Aktionär gelten, so dass insbesondere Treuhandverhältnisse nicht erfasst werden.[13] Ebenfalls kein Aktionäre sind die Intermediäre, da
§§ 67 a ff. eindeutig zwischen diesen differenzieren.[14]

Bei der **Auswahl, welchen Intermediär die Aktiengesellschaft für die Informationser-**   9
teilung in Anspruch nimmt, unterliegt diese keinen Beschränkungen.[15] Die Aktiengesellschaft kann bei Bedarf auch die gesamte Verwahrkette aufklären,[16] woran meist
kein Interesse bestehen wird.[17] Zu den Beschränkungen bei der Verwendung der Informationen → Rn. 30 f.

---

9   *Foerster* AG 2019, 17 (20).
10 Insofern auch nur ein geringes praktisches Bedürfnis ausmachend *Stiegler* WM 2019, 620
    (621); aA *Seulen* DB 2018, 2915 (2919) unter Bezugnahme auf Aktiengesellschaften mit
    Notierung im Freiverkehr oder nach einem Delisting.
11 Dazu ausführlich *Foerster* AG 2019, 17 ff.; *Zetzsche* ZGR 2019, 1 (6 f.); *ders.* AG 2020, 1
    (2).
12 Umfassend zu den verschiedenen Formen der mittelbaren Beteiligung am Unternehmen
    MüKoHGB/*K. Schmidt* HGB Vor § 230 Rn. 1 ff.
13 *Foerster* AG 2019, 17 (19), 23.
14 Ebenso *Foerster* AG 2019, 17 (21).
15 Begr. ARUG II RegE, BT-Drs. 19/9739, S. 66.
16 Begr. ARUG II RegE, BT-Drs. 19/9739, S. 66.
17 Ebenso *Paschos/Goslar* AG 2019, 365 (366).

10 Die Geltendmachung des Informationsanspruchs bedarf keines Überschreitens einer **Bagatellschwelle oder eines generellen Schwellenwertes**, da der deutsche Gesetzgeber ausdrücklich[18] nicht von der entsprechenden Regelungsoption des Art. 3 a Abs. 1 S. 2 2. ARRL Gebrauch gemacht hat.[19] Es bleibt freilich der Aktiengesellschaft selbst überlassen, eine Abfrage erst ab dem Überschreiten einer bestimmten Schwelle vorzunehmen.[20]

11 Bei dem Informationsanspruch handelt es sich um ein Recht und **nicht um eine Informationspflicht**,[21] so dass es letztlich Aufgabe des Vorstands der Aktiengesellschaft ist, nach pflichtgemäßem Ermessen (§ 93 Abs. 1) zu entscheiden, von diesem Informationsanspruch Gebrauch zu machen. Etwas anderes ergibt sich auch nicht aus dem Gleichbehandlungsgebot des § 53 a.[22] Daher kann sich die Aktiengesellschaft beim Abrufen der Informationen auch an Anteilsschwellen oder Aktienstückzahlen oder anderen Kriterien orientieren.[23]

12 Der Informationsanspruch nach Abs. 1 steht in keinem Konkurrenzverhältnis zu dem **Informationsanspruch nach § 67 Abs. 4**, so dass diese parallel ausgeübt werden können.[24] Unberührt bleiben zudem auch die **Vorschriften des GwG** zur Bestimmung des wirtschaftlich Berechtigten, was aber nicht ausschließt, dass zu deren Bestimmung auf § 67 d zurückgegriffen werden kann.[25]

II. Art und Weise der Durchsetzung des Anspruchs (Abs. 1 S. 2)

13 Die Art und Weise der Durchsetzung des Anspruchs richtet sich nach Abs. 1 S. 2 nach den Vorgaben der **EU-DurchführungsVO** (EU/2018(1212). Der Verweis ist deklaratorisch, da die EU-DurchführungsVO (EU/2018/1212) unmittelbar geltendes Europarecht (Art. 288 Abs. 2 AEUV) ist.

14 Der Aktiengesellschaft bleibt es überlassen, ein **Aufzeichnungsdatum** bzw. einen Nachweisstichtag festzulegen, um die Aktionärsidentität zu einem bestimmten Tag abzufragen.[26] Dies ergibt sich schon daraus, dass die Aktiengesellschaft bei der Ausübung ihres Informationsanspruchs nach Abs. 1 insgesamt keinen Beschränkungen unterliegt.[27] Eine solche Beschränkung könnte sich – wenn überhaupt – aus § 242 BGB ergeben, was jedoch aufgrund der Kostentragungslast der Aktiengesellschaft (§ 67 f Abs. 1) keine praktische Bedeutung bekommen dürfte.[28]

---

18 Eine solche allerdings erwägend der Bundesrat in seiner Stellungnahme, BT-Drs. 19/10507, S. 1. Dagegen Gegenäußerung der Bundesregierung, BT-Drs. 19/10507, S. 5. Ebenfalls ablehnend gegenüber einem Schwellenwert *Eggers/de Raet* AG 2017, 464 (470); *Schmidt* NZG 2018, 1201 (1215); *Stiegler* WM 2019, 620 (623); *Zetzsche* ZGR 2019, 1 (16 f.); positiv hingegen etwa *Merkt* FS Vetter, 2019, S. 447, 459; offenlassend *Noack* NZG 2017, 561 (562 f.); *Seibert* FS Vetter, 2019, S. 749, 755.
19 Ausdrücklich Begr. ARUG II RegE, BT-Drs. 19/9739, S. 66.
20 Weitergehender wohl *Bork* NZG 2019, 738 (739) mit der Annahme, dass die Aktiengesellschaften eine solche Schwelle vorsehen können.
21 Begr. ARUG II RegE, BT-Drs. 19/9739, S. 66; *Seibert* FS Vetter, 2019, S. 749, 756.
22 *Kuntz* AG 2020, 18 (27 f.); *Paschos/Goslar* AG 2018, 857 (858 f.)
23 Ebenso *Kuntz* AG 2020, 18 (27 f.)
24 Begr. ARUG II RegE, BT-Drs. 19/9739, S. 66.
25 Begr. ARUG II RegE, BT-Drs. 19/9739, S. 66.
26 Begr. ARUG II RegE, BT-Drs. 19/9739, S. 67.
27 Ebenso *Bork* NZG 2019, 738 (739).
28 Ähnlich *Bork* NZG 2019, 738 (739); *Noack* NZG 2017, 561 (564) (*Vermeidung von Daueranfragen*); *Paschos/Goslar* AG 2019, 857 (859).

C. Identität der Aktionäre (Abs. 2)

I. Inhalt der Information (Abs. 2 S. 1)

Durch Abs. 2 S. 1 wird der Begriff der Identität der Aktionäre definiert und insofern auf Art. 3 Abs. 2, Tabelle 2 Buchstabe C EU-DurchführungsVO (EU/2018(1212) verwiesen.[29] Soweit dem Letztintermediär diese Daten selbst nicht vorliegen, besteht für ihn auch keine Verpflichtung, diese zu übermitteln oder **Nachforschungen** anzustellen.[30] Wenn der Aktionär der Weitergabe seiner E-Mail-Adresse widersprochen hat, beschränkt sich der Informationsanspruch der Aktiengesellschaft, zumal der Aktionär gegenüber den Intermediären nicht zur Auskunft verpflichtet ist.[31] Folglich besteht lediglich eine Verpflichtung bei Namensaktionären nach § 67 Abs. 2 S. 2, die sich auf die unmittelbar eingetragene Person beschränkt, die selbst auch ein Verwahrer sein kann. Der Aktiengesellschaft steht es aber frei, die Intermediäre mit der Ermittlung der E-Mail-Adresse bei den Aktionären zu beauftragen.[32]   15

II. Nicht eingetragene Gesellschaften (Abs. 2 S. 2)

Bei nicht eingetragenen Gesellschaften als Aktionär stellt sich – in Abhängigkeit von dem auf diese **anwendbaren Gesellschaftsrecht** – häufig das Problem der fehlenden Rechtsfähigkeit. So fehlt etwa der österreichischen Gesellschaft bürgerlichen Rechts die Rechtsfähigkeit (§ 1175 Abs. 2 ABGB). Aus diesem Grund sieht Abs. 2 S. 2 vor, dass die Gesellschafter mit den Informationen nach S. 1 zu nennen sind. Dies gilt unabhängig davon, ob die nicht eingetragene Gesellschaft – wie etwa die deutsche (Außen-)Gesellschaft bürgerlichen Rechts – selbst rechtsfähig ist oder nicht.   16

Bei **mehrstöckigen Gesellschaften** – also nicht eingetragenen Gesellschaften, bei denen wiederum nicht eingetragene Gesellschaften Gesellschafter sind – müssen deren Gesellschafter eingetragen werden.[33] Dies ist solange fortzuführen, bis entweder eine natürliche Person oder eine eingetragene Gesellschaft Gesellschafter ist.   17

Soweit dem Intermediär **keine Informationen über die Gesellschafter** vorliegen, reicht die Angabe der Firma bzw. des Namens der nicht eingetragenen Gesellschaft.[34]   18

Bei mitgliederlosen Verbänden wie etwa **Stiftungen** muss Name, Sitz, Postanschrift und elektronische Adresse angegeben werden, um eine Identifikation zu ermöglichen.[35]   19

III. Berechtigung mehrerer Personen an der Aktie (Abs. 2 S. 3)

Sofern es nicht nur einen Berechtigten der Aktie gibt, muss diese Information und die Identität (→ Rn. 15) aller Berechtigten mitgeteilt werden.   20

D. Weiterleitung des Informationsverlangens (Abs. 3)

Das Informationsverlangen der Aktiengesellschaft muss nach Abs. 3 von dem in Anspruch genommenen Intermediär an den **nächsten Intermediär** in der Kette weitergeleitet werden. Diesen Intermediär trifft dann die gleiche Verpflichtung, bis der Letztintermediär erreicht ist. Damit wird sichergestellt, dass letztlich der Intermediär erreicht wird, der tatsächlich über die entsprechenden Informationen verfügt.   21

---

29 Zu den inhaltlichen Anforderungen *Stiegler* WM 2019, 620 (624).
30 Begr. ARUG II RegE, BT-Drs. 19/9739, S. 67.
31 Begr. ARUG II RegE, BT-Drs. 19/9739, S. 67; vgl. auch *Bork* NZG 2019, 738 (739); *Zetzsche* ZGR 2019, 1 (19).
32 Begr. ARUG II RegE, BT-Drs. 19/9739, S. 67.
33 Begr. ARUG II RegE, BT-Drs. 19/9739, S. 67.
34 Begr. ARUG II RegE, BT-Drs. 19/9739, S. 67.
35 Begr. ARUG II RegE, BT-Drs. 19/9739, S. 67.

22   Die Weiterleitung muss nach Abs. 3 S. 1 iVm Art. 9 Abs. 2 UAbs. 1, 2 oder 3, Abs. 7 EU-DurchführungsVO (EU/2018/1212) **unverzüglich** und spätestens bis zum Ende des Geschäftstages bzw. bei Erhalt nach 16 Uhr bis 10 Uhr am folgenden Geschäftstag an den nächsten Intermediär vorgenommen werden. Der Verweis auf die EU-DurchführungsVO (EU/2018/1212) ist deklaratorisch, da diese unmittelbar geltendes Europarecht (Art. 288 Abs. 2 AEUV) ist.

E. Übermittlungspflicht des Letztintermediärs (Abs. 4)

23   Durch Abs. 4 wird die **Erfüllung des Informationsanspruchs** der Aktiengesellschaft geregelt, der eigentlich in Abs. 1 angelegt ist. Dies ist inkonsequent, da nicht ersichtlich ist, warum die Aktiengesellschaft die Informationen nicht direkt durch den von ihr angesprochenen Intermediär erhalten, sondern die Information erst den Weg über die Intermediärskette bis zum Letztintermediär gehen soll.[36]

I. Übermittlungspflicht (Abs. 4 S. 1)

24   Der Letztintermediär muss die Informationen über die Identität der Aktionäre nach Abs. 4 S. 1 direkt an die Aktiengesellschaft übermitteln, damit es gerade nicht zu einer bloßen Informationsweitergabe in der Kette kommt. Dabei handelt es sich um eine **eigenständige Verpflichtung** des Letztintermediärs, die sozusagen das Gegenstück zum Informationsanspruch der Aktiengesellschaft nach Abs. 1 (→ Rn. 6 ff.) darstellt. Voraussetzung ist dafür freilich, dass der Letztintermediär diese Informationen (vollständig) hat, so dass in diesem Zusammenhang § 275 Abs. 1 BGB Anwendung findet.

II. Subsidiarität der Übermittlungspflicht (Abs. 4 S. 2)

25   Die Übermittlungspflicht steht nach Abs. 4 S. 2 unter dem **Vorbehalt**, dass die Aktiengesellschaft die Information bereits von einem anderen (bestimmten) Intermediär verlangt. In diesem Fall sind Intermediäre nach Abs. 4 S. 2 Hs. 2 verpflichtet, die Informationen unverzüglich diesem Intermediär oder dem jeweils nächsten Intermediär weiterzuleiten. Somit wird der Intermediär in diesen Fällen nicht von der entsprechenden Verpflichtung freigestellt, sondern kann die anderen Intermediäre in Anspruch nehmen.[37] Für den Fall, dass die Aktiengesellschaft direkte Auskunft von einem Intermediär verlangt, sieht Abs. 4 S. 3 eine unmittelbare Auskunftspflicht des adressierten Intermediärs vor (→ Rn. 26).

III. Unmittelbare Inanspruchnahme eines Intermediärs durch die Aktiengesellschaft (Abs. 4 S. 3)

26   Der Übermittlungspflicht des Intermediärs gegenüber der Aktiengesellschaft muss dieser **unverzüglich** genügen.

IV. Art und Weise der Übermittlung (Abs. 4 S. 4)

27   Das Format, der Inhalt und die Frist der Antwort auf das Informationsverlangen richtet sich nach Art. 2, 3, 9 Abs. 6 UAbs. 2 und 3, Abs. 7 DurchführungsVO (EU/ 2018(1212).

---

36 Kritisch dazu auch *Merkt* FS Vetter, 2019, S. 447, 459 mit der Forderung nach einer Pflicht zur Informationsübermittlung des Intermediärs gegenüber der Aktiengesellschaft.
37 Kritisch zu dieser Informationsabwicklung in der Kette *Kuntz* AG 2020, 18 (28).

F. Anwendung auf Aktiengesellschaften aus anderen Mitgliedstaaten, Einschaltung von Dienstleistern (Abs. 5)

Der Anwendungsbereich für das Informationsverlangen wird nach Abs. 5 auf alle börsennotierten Aktiengesellschaften mit Sitz in einem EU-Mitgliedstaat ausgedehnt. **Aktiengesellschaften aus Drittstaaten** sind daher im Umkehrschluss nicht erfasst. Allgemein zum internationalen Anwendungsbereich → § 67 a Rn. 15. 28

Schließlich können die Intermediäre für die Erfüllung der Übermittlungspflicht auch **Dienstleister** in Anspruch nehmen, da Abs. 5 S. 2 auf § 67 a Abs. 2 S. 1 (→ § 67 a Rn. 26 f.) verweist. 29

G. Nutzung der Informationen über die Identität der Aktionäre durch die Aktiengesellschaft

Keine umfassende Regelung enthält § 67 d zu der Frage, zu welchen Zwecken die Aktiengesellschaft die Informationen über die Identität der Aktionäre überhaupt nutzen darf. Im Grundsatz wird man hier eine Beschränkung dahin gehend annehmen müssen, dass diese Informationen nur für **Zwecke der Kommunikation von Gesellschaftsangelegenheiten** genutzt werden dürfen. Andere Zwecke wie etwa die Zusendung von Werbung sind unzulässig. 30

Bei **Namensaktien** darf die Aktiengesellschaft die Informationen über die Identität der Aktionäre dazu nutzen, um diese dann im Aktienregister einzutragen (§ 67 Abs. 3 S. 2), was im Rahmen des Gesetzgebungsverfahrens durchaus kontrovers diskutiert wurde.[38] 31

H. Rechtsfolgen bei Verstößen

I. Ordnungswidrigkeitsrecht

Die Verletzung der Weiterleitungspflicht nach Abs. 3 (→ Rn. 21 ff.) durch einen Intermediär kann eine **Ordnungswidrigkeit** (§ 405 Abs. 2 a Nr. 5) darstellen. Das Gleiche gilt für eine Verletzung der Übermittlungspflicht nach Abs. 4 S. 1 und 3 (→ Rn. 24 f., § 405 Abs. 2 a Nr. 3) und die Verletzung der Weiterleitungspflicht nach Abs. 4 S. 2 Hs. 2 (→ Rn. 25, § 405 Abs. 2 a Nr. 2). Ein Straftatbestand ist nicht vorgesehen. 32

II. Zivilrecht

In zivilrechtlichen Zusammenhängen kommen vor allem schuldrechtliche Ansprüche innerhalb der Verwahrkette in Betracht, die bisher jedoch noch nicht untersucht wurden. 33

§ 67 e Verarbeitung und Berichtigung personenbezogener Daten der Aktionäre

(1) Gesellschaften und Intermediäre dürfen personenbezogene Daten der Aktionäre für die Zwecke der Identifikation, der Kommunikation mit den Aktionären, den Gesellschaften und den Intermediären, der Ausübung der Rechte der Aktionäre, der Führung des Aktienregisters und für die Zusammenarbeit mit den Aktionären verarbeiten.

(2) ¹Erlangen Gesellschaften oder Intermediäre Kenntnis davon, dass ein Aktionär nicht mehr Aktionär der Gesellschaft ist, dürfen sie dessen personenbezogene Daten vorbehaltlich anderer gesetzlicher Regelungen nur noch für höchstens zwölf Monate

---

38 Dazu *Seibert* FS Vetter, 2019, S. 749, 755.

speichern. [2]Eine längere Speicherung durch die Gesellschaft ist zudem zulässig, solange dies für Rechtsverfahren erforderlich ist.

(3) Mit der Offenlegung von Informationen über die Identität von Aktionären gegenüber der Gesellschaft oder weiterleitungspflichtigen Intermediären nach § 67 d verstoßen Intermediäre nicht gegen vertragliche oder gesetzliche Verbote.

(4) Wer mit unvollständigen oder unrichtigen Informationen als Aktionär identifiziert wurde, kann von der Gesellschaft und von dem Intermediär, der diese Informationen erteilt hat, die unverzügliche Berichtigung verlangen.

A. Grundlagen

I. Regelungsgegenstand

1 Personenbezogene Daten der Aktionäre dürfen nach Abs. 1 im Rahmen der Pflichten der §§ 67 a ff. verarbeitet werden (→ Rn. 6 ff.). Bei Beendigung der Aktionärsstellung müssen die Daten bei der Aktiengesellschaft und den Intermediären innerhalb von zwölf Monaten gelöscht werden (Abs. 2, → Rn. 11 ff.). Eine Offenlegung von Informationen über die Identität der Aktionäre gegenüber der Aktiengesellschaft oder anderen Intermediären stellt nach Abs. 3 **keinen Verstoß gegen** vertragliche oder gesetzliche Verbote dar (→ Rn. 15 f.). Schließlich normiert Abs. 4 einen **Berichtigungsanspruch des Aktionärs** bei unvollständigen oder unrichtigen Informationen (→ Rn. 17).

II. Bedeutung und Zweck

2 Durch § 67 e werden die **datenschutzrechtlichen Aspekte** des den §§ 67 a ff. zugrundeliegenden Regelungskonzepts des *Know-your-Shareholder* adressiert.

III. Rechtsentwicklung

3 Die Vorschrift wurde durch das **ARUG II**[1] neu geschaffen und hat keinerlei Vorgängerregelung. Zum regulatorischen Gesamtkonzept der §§ 67 a ff. → § 67 a Rn. 6 ff.

IV. Europarechtlicher Hintergrund

4 Die Regelung des § 67 e geht auf Art. 3 a Abs. 4 UAbs. 1 **2. ARRL**[2] zurück.

V. Übergangsrecht

5 Die Regelung des § 67 e ist erst **ab dem 3.9.2020** anzuwenden sowie auf Hauptversammlungen, die nach dem 3.9.2020 einberufen werden (Art. 26 j Abs. 4 EGAktG).

---

1 Gesetz zur Umsetzung der zweiten Aktionärsrechterichtlinie (ARUG II) vom 12.12.2019, BGBl. I, S. 2637.
2 ABl. EG Nr. L 132 v. 20.5.2017, S. 1.

B. Zulässigkeit der Verarbeitung von Informationen

I. Generelle datenschutzrechtliche Zulässigkeit des Regelungssystems Know-your-Shareholder (Abs. 1)

Durch Abs. 1 wird klargestellt, dass eine Verarbeitung der **personenbezogenen Daten** 6 der Aktionäre durch die Aktiengesellschaft und die Intermediäre zulässig ist. Voraussetzung dafür ist allerdings, dass die Verarbeitung im Rahmen der Identifikation der Aktionäre, der Kommunikation mit den Aktionären, den Aktiengesellschaften und den Intermediären, der Ausübung der Rechte der Aktionäre, der Führung des Aktienregisters und für die Zusammenarbeit mit den Aktionären genutzt wird. Für die Verarbeitung zu allen anderen Zwecke gilt das allgemeine Datenschutzrecht.

Der **Begriff der Verarbeitung** richtet sich nach Art. 4 Nr. 2 DSGVO.[3] Daher erfasst 7 dieser die Erhebung und die Speicherung von personenbezogenen Daten.

Die Regelung des § 67 e findet auf **alle Aktiengesellschaften** Anwendung, so dass es 8 auf eine etwaige Börsennotierung nicht ankommt.[4]

II. Sonstige Vorgaben des Datenschutzrechts (DSGVO)

Trotz der in Abs. 1 angeordneten Zulässigkeit der Verarbeitung personenbezogener 9 Daten der Aktionäre folgt daraus nicht die fehlende Anwendbarkeit des sonstigen Datenschutzrechts. Vielmehr muss die Verarbeitung personenbezogener Daten im Einklang mit den **Vorgaben der DSGVO** erfolgen.[5] Dies gilt insbesondere für Art. 13 DSGVO (*Informationspflicht bei Erhebung von personenbezogenen Daten bei der betroffenen Person*) und Art. 14 DSGVO (*Informationspflicht, wenn die personenbezogenen Daten nicht bei der betroffenen Person erhoben wurden*). Nach Art. 13 f. DSGVO muss der betroffenen Person, über die Daten erhoben werden, dies mitgeteilt werden. Diese Informationspflicht besteht für die Aktiengesellschaft und die Intermediäre aber dann nicht, wenn der Aktionär bereits über diese Informationen verfügt (Art. 13 Abs. 4, 14 Abs. 5 DSGVO). Dies ist vor allem dann der Fall, wenn die Aktiengesellschaft oder etwa die Depotbank eine **entsprechende Vereinbarung mit dem Aktionär** abgeschlossen hat.[6]

Zudem ist insgesamt im Zusammenhang mit dem Datenschutzrecht zu berücksichtigen, dass das Ziel des gesamten Regelungskomplexes *Know-your-Shareholder* gerade 10 in einer **Stärkung der Mitwirkung der Aktionäre und der Kommunikation mit den Aktionären** (→ § 67 a Rn. 2) besteht, womit eine wiederholte Information der Aktionäre durch sämtliche Intermediäre und die Aktiengesellschaft bei einem Informationsverlagen oder einer Informationsweiterleitung in der Kette nicht vereinbar wäre.

C. Speicherung für maximal zwölf Monate (Abs. 2)

I. Pflicht zur Datenlöschung (Abs. 2 S. 1)

Mit Abs. 2 S. 1 wird das Konzept des *Rechts auf Vergessen* auch für die §§ 67 a ff. 11 normiert, indem die Aktiengesellschaft und die Intermediäre die personenbezogenen Daten der Aktionäre maximal zwölf Monate speichern dürfen, wenn sie Kenntnis davon haben, dass eine Person kein Aktionär mehr ist. Damit wird für den ehemaligen Aktionär ein Anspruch auf Löschung geschaffen, der auch klagweise durchgesetzt werden kann.

Die Anknüpfung der **Frist** an die Kenntnis der Aktiengesellschaft oder des Intermediärs von dem Fortfall der Aktionärseigenschaft ist unglücklich gewählt, da dies für den 12

---

3 Begr. ARUG II RegE, BT-Drs. 19/9739, S. 69.
4 Begr. ARUG II RegE, BT-Drs. 19/9739, S. 68.
5 So ausdrücklich Erwägungsgrund Nr. 52 DS-GVO; ebenso Begr. ARUG II RegE, BT-Drs. 19/9739, S. 69 f.
6 Begr. ARUG II RegE, BT-Drs. 19/9739, S. 70.

(ehemaligen) Aktionär als zu schützende Person nicht einsehbar ist. Dies wird noch dadurch verschärft, dass für die Aktiengesellschaft und die Intermediäre keine Nachforschungspflicht besteht.[7] Die Frist läuft aber in jedem Fall, wenn der Aktionär die Aktiengesellschaft oder den Intermediär den Umstand der Veräußerung seiner Aktien mitteilt, ohne dass er dabei zugleich die Löschung verlangen muss.[8] Die Frist von zwölf Monaten steht zudem unter dem Vorbehalt anderer gesetzlicher Vorschriften, die sich vor allem aus dem Steuer- und dem Handelsbilanzrecht (§§ 239 Abs. 1, 257 HGB) ergeben können.[9]

II. Ausnahmen von der Löschungspflicht (Abs. 2 S. 2)

13   Eine Ausnahme von dieser Löschungspflicht besteht nach Abs. 2 S. 2, wenn die Speicherung für ein **Rechtsverfahren**[10] erforderlich ist. Dabei ist es erforderlich, dass dieses Rechtsverfahren innerhalb des Zeitraums nach Abs. 2 S. 1 anhängig gemacht wurde. Davon erfasst werden – wie der Begriff des Rechtsverfahrens zum Ausdruck bringt – alle Arten von Rechtsverfahren, so dass vor allem auch Verwaltungsverfahren in den Anwendungsbereich fallen. Mit finaler – in der Regel in der Form des Eintritts der Rechtskraft – Beendigung des Rechtsverfahrens sind die Daten unverzüglich zu löschen, wenn die Frist nach Abs. 2 S. 1 bereits abgelaufen ist. Daher führt ein Rechtsverfahren nur zur Unterbrechung oder Hemmung der Frist nach Abs. 2 S. 1 und beginnt nicht nach Beendigung des Rechtsverfahrens neu zu laufen.

14   Schließlich soll Abs. 2 S. 2 ausweislich der Gesetzesbegründung auch dann Anwendung finden, wenn dies zur Sicherstellung angemessener Aufzeichnungen für die Zwecke der **Rückverfolgbarkeit der Rechtsnachfolge** hinsichtlich der Aktien der Aktiengesellschaft, zur Führung der **notwendigen Aufzeichnungen hinsichtlich der Hauptversammlungen** (einschließlich in Bezug auf die Gültigkeit ihrer Entschließungen)und zur Erfüllung der Verpflichtungen der Aktiengesellschaft im Zusammenhang mit der **Zahlung von Dividenden und Zinsen** im Zusammenhang mit Anteilen oder anderen Beträgen, die an ehemalige Aktionäre zu zahlen sind, erforderlich ist.[11] Mit dem Wortlaut von Abs. 2 S. 2 (*Rechtsverfahren*) dürfte dies allerdings kaum vereinbar sein, weil diese Aspekte schon durch Abs. 2 S. 1 (*Vorbehalt anderer gesetzlicher Regelungen*) adressiert werden.[12] Voraussetzung ist aber in jedem Fall die Erforderlichkeit der Speicherung für die genannten Zwecke (Art. 17 Abs. 3 DSGVO).

D. Fehlende Bedeutung vertraglicher oder gesetzlicher Verbote (Abs. 3)

15   Die datenschutzrechtliche Absicherung des den §§ 67 a ff. zugrundeliegenden Regelungskonzepts des *Know-your-Shareholder* wird durch Abs. 3 dahin gehend flankiert, dass die Offenlegung von Informationen über die Identität von Aktionären gegenüber der Aktiengesellschaft oder weiterleitungspflichtigen Intermediären nicht gegen ein vertragliches oder gesetzliches Verbot verstoßen kann. Damit wird den §§ 67 a ff. ein **ausdrücklicher Anwendungsvorrang** eingeräumt. Für entgegenstehende vertragliche Regelungen folgt daraus deren Unwirksamkeit.[13] Ein Anspruch auf Offenlegung in verschlüsselter Form kann daraus nicht abgeleitet werden.[14]

---

7   Begr. ARUG II RegE, BT-Drs. 19/9739, S. 69.
8   Letzteres aber ohne nähere Ausführungen verlangend Begr. ARUG II RegE, BT-Drs. 19/9739, S. 69.
9   Darauf ausdrücklich hinweisend Begr. ARUG II RegE, BT-Drs. 19/9739, S. 69.
10   Als Rechtsverfahren nennt die Gesetzesbegründung beispielhaft Spruchverfahren und Beschlussmängelklagen (Begr. ARUG II RegE, BT-Drs. 19/9739, S. 69).
11   Mit dieser Aufzählung Begr. ARUG II RegE, BT-Drs. 19/9739, S. 69.
12   In diese Richtung auch Begr. ARUG II RegE, BT-Drs. 19/9739, S. 69.
13   Begr. ARUG II RegE, BT-Drs. 19/9739, S. 69.
14   Begr. ARUG II RegE, BT-Drs. 19/9739, S. 69.

Die Regelung des Abs. 3 kann sich im Grundsatz nur auf Verbotsgesetze des deut- 16
schen Rechts und vertragliche Verbote beziehen, die sich aus dem deutschen Recht
unterliegenden Verträgen ergeben. Gegenüber ausländischen Verbotsgesetzen kommt
Abs. 3 keine Wirkung zu. Unterliegt hingegen ein Vertrag ausländischem Recht und
statuiert dieser ein entsprechendes Verbot, kommt Abs. 3 als international zwingende
Vorschrift (*Eingriffsnorm*) im Sinne von Art. 9 Rom I-VO dennoch zur Anwendung.

E. Berichtigungsanspruch (Abs. 4)

Schließlich hat jeder Aktionär nach Abs. 4 einen Berichtigungsanspruch, wenn er mit 17
unvollständigen oder unrichtigen Informationen als Aktionär identifiziert wurde. Dieser Anspruch richtet sich gegen die Aktiengesellschaft und jeden Intermediär, der diese Information erteilt hat. Dem Berichtigungsverlangen des Aktionärs ist unverzüglich
nachzukommen. Dieser Anspruch steht neben dem entsprechenden Anspruch aus
Art. 16 DSGVO,[15] geht inhaltlich aber über diesen hinaus, da nach Abs. 4 auch juristische Personen Inhaber dieses Anspruchs sind.

F. Rechtsfolgen bei Verstößen

Die Verletzung der datenschutzrechtlichen Bestimmungen kann die entsprechenden, 18
im Datenschutzrecht geregelten Sanktionen nach sich ziehen.

§ 67 f Kosten; Verordnungsermächtigung

(1) [1]Vorbehaltlich der Regelungen in Satz 2 trägt die Gesellschaft die Kosten für die
nach den §§ 67 a bis 67 d, auch in Verbindung mit § 125 Absatz 1, 2 und 5, und nach
§ 118 Absatz 1 Satz 3 bis 5 sowie Absatz 2 Satz 2 notwendigen Aufwendungen der Intermediäre, soweit diese auf Methoden beruhen, die dem jeweiligen Stand der Technik
entsprechen. [2]Die folgenden Kosten sind hiervon ausgenommen:
1. die Kosten für die notwendigen Aufwendungen der Letztintermediäre für die nicht-
   elektronische Übermittlung von Informationen an den Aktionär gemäß § 67 b
   Absatz 1 Satz 1 und
2. bei der Gesellschaft, die Namensaktien ausgegeben hat, die Kosten für die notwendigen Aufwendungen der Intermediäre für die Übermittlung und Weiterleitung von Informationen vom im Aktienregister eingetragenen Intermediär an den
   Aktionär nach § 125 Absatz 2 und 5 in Verbindung mit den §§ 67 a und 67 b.
[3]Die Intermediäre legen die Entgelte für die Aufwendungen für jede Dienstleistung,
die nach den §§ 67 a bis 67 e, § 118 Absatz 1 Satz 3 bis 5 sowie Absatz 2 Satz 2, § 125
Absatz 1 Satz 1, Absatz 2 und 5 und § 129 Absatz 5 erbracht wird, offen. [4]Die Offenlegung erfolgt getrennt gegenüber der Gesellschaft und denjenigen Aktionären, für die
sie die Dienstleistung erbringen. [5]Unterschiede zwischen den Entgelten für die Ausübung von Rechten im Inland und in grenzüberschreitenden Fällen sind nur zulässig,
wenn sie gerechtfertigt sind und den Unterschieden bei den tatsächlichen Kosten, die
für die Erbringung der Dienstleistungen entstanden sind, entsprechen.

(2) Unbeschadet sonstiger Regelungen nach diesem Gesetz sind für die Pflichten nach
den §§ 67 a bis 67 e, 125 Absatz 1 Satz 1, Absatz 2 und 5 sowie für die Bestätigungen
nach § 118 Absatz 1 Satz 3 bis 5 sowie Absatz 2 Satz 2 und § 129 Absatz 5 die Anforderungen der Durchführungsverordnung (EU) 2018/1212 zu beachten.

(3) [1]Das Bundesministerium der Justiz und für Verbraucherschutz wird ermächtigt, im
Einvernehmen mit dem Bundesministerium für Wirtschaft und Energie und dem Bundesministerium der Finanzen durch Rechtsverordnung die Einzelheiten für den Ersatz

---

15 Begr. ARUG II RegE, BT-Drs. 19/9739, S. 70.

von Aufwendungen der Intermediäre durch die Gesellschaft für die folgenden Handlungen zu regeln:

1. die Übermittlung der Angaben gemäß § 67 Absatz 4,
2. die Übermittlung und Weiterleitung von Informationen und Mitteilungen gemäß den §§ 67 a bis 67 d, 118 Absatz 1 Satz 3 bis 5 sowie Absatz 2 Satz 2 und § 129 Absatz 5 und
3. die Vervielfältigung, Übermittlung und Weiterleitung der Mitteilungen gemäß § 125 Absatz 1, 2 und 5 in Verbindung mit den §§ 67 a und 67 b.

[2]Es können Pauschbeträge festgesetzt werden. [3]Die Rechtsverordnung bedarf nicht der Zustimmung des Bundesrates.

A. Grundlagen

I. Regelungsgegenstand

1   Mit Abs. 1 werden die **Kostenfragen** des den §§ 67 a ff. zugrundeliegenden Regelungskonzepts des *Know-your-Shareholder* adressiert (→ Rn. 6 ff.). Zudem sieht Abs. 2 einen **Anwendungsvorrang** der EU-DurchführungsVO (EU/2018/1212) vor (→ Rn. 13). Schließlich enthält Abs. 3 eine **Verordnungsermächtigung** (→ Rn. 14).

II. Bedeutung und Zweck

2   Durch § 67 f werden verschiedene **Annexkomplexe** im Zusammenhang mit dem §§ 67 a ff. zugrundeliegenden Regelungskonzepts des *Know-your-Shareholder* geregelt. Die grundlegende Kostenregelung zulasten der Aktiengesellschaft in Abs. 1 dient vor allem der Vermeidung einer ausufernden Nutzung des Informationsrechts der Aktiengesellschaft gegenüber den Intermediären.[1] Zum regulatorischen Gesamtkonzept der §§ 67 a ff. → § 67 a Rn. 6 ff.

III. Rechtsentwicklung

3   Die Vorschrift wurde durch das **ARUG II**[2] neu geschaffen und hat keinerlei Vorgängerregelung.

IV. Europarechtlicher Hintergrund

4   Die Regelung des § 67 f geht auf Art. 3 d **2. ARRL**[3] zurück.

---

1 *Bork* NZG 2019, 738 (739); *Noack* NZG 2017, 561 (564).
2 Gesetz zur Umsetzung der zweiten Aktionärsrichtlinie (ARUG II) vom 12.12.2019, BGBl. I, S. 2637.
3 ABl. EG Nr. L 132 v. 20.5.2017, S. 1.

V. Übergangsrecht

Die Regelung des § 67 f ist erst **ab dem 3.9.2020** und erstmals auf Hauptversammlun- 5
gen anzuwenden, die nach dem 3.9.2020 einberufen werden (Art. 26 j Abs. 4
EGAktG).

B. Kostentragung durch die Aktiengesellschaft (Abs. 1)

I. Grundsatz der Kostentragung durch die Aktiengesellschaft (Abs. 1 S. 1)

Durch Abs. 1 S. 1 wird die allgemeine Kostentragungslast der Aktiengesellschaft für 6
die Verpflichtungen der §§ 67a-67 d normiert. Dazu zählen auch die **Kosten für die Intermediäre**, die die Erstattung dieser als Aufwendungen von der Aktiengesellschaft
verlangen können. Insofern normiert Abs. 1 einen eigenständigen Aufwendungsersatz-
anspruch der Intermediäre gegen die Aktiengesellschaft.

Mit der Bezugnahme auf die **Methoden, die dem jeweiligen Stand der Technik ent-** 7
sprechen, versucht der Gesetzgeber scheinbar einen gewissen Modernisierungsdruck
aufzubauen oder jedenfalls Technologieoffenheit zu sichern,[4] was allerdings im Hinblick auf die Bestimmtheit von Abs. 1 nicht unproblematisch ist.[5]

II. Ausnahmen von der Kostentragungspflicht der Aktiengesellschaft (Abs. 1 S. 2)

Für die generelle Kostentragungspflicht der Aktiengesellschaft enthält Abs. 1 S. 2 **zwei** 8
Ausnahmen, so dass sie die Erstattung dieser Kosten von den Intermediären nicht
nach Abs. 1 S. 1 verlangen können.

Die Letztintermediäre müssen die **Kosten für die nichtelektronische Übermittlung** von 9
Informationen an den Aktionär nach § 67 b Abs. 1 S. 1 selbst tragen (Abs. 1 S. 2
Nr. 1). Damit soll der Anreiz geschaffen werden, auf eine schriftliche Unterrichtung zu
verzichten, da diese Mehrkosten vom Aktionär selbst getragen werden müssen.[6]

Zudem können die Intermediäre von der Aktiengesellschaft nicht die Kosten für die 10
**Übermittlung und Weiterleitung von Informationen des im Aktienregister eingetrage-
nen Intermediärs an den Aktionär** ersetzt verlangen (Abs. 1 S. 2 Nr. 2) und zwar unabhängig davon, ob Übermittlung und Weiterleitung elektronisch oder schriftlich erfolgen.[7] Dies begründet sich damit, dass der im Aktienregister eingetragene Aktionär im
aktienrechtlichen Sinne als Aktionär gilt.[8] Aufgrund der Bezugnahme des Abs. 1 S. 2
Nr. 2 auf § 125 Abs. 2 und 5 gilt diese Ausnahme auch nur für diese Informationen,
so dass die Kosten für die Übermittlung aller anderen Informationen unter die Grundregel des Abs. 1 fallen.[9] Die Beteiligten können die Kostenlast durch Eintragung des
wahren Aktionärs minimieren.

III. Offenlegungspflicht hinsichtlich der Entgelte (Abs. 1 S. 3 bis 5)

Nach Abs. 1 S. 3 sind die Intermediäre zur **Offenlegung der Entgelte** für jede erbrach- 11
te Dienstleistung verpflichtet. Die Offenlegung muss **getrennt** gegenüber der Aktiengesellschaft und denjenigen Aktionären erfolgen, für die sie die Dienstleistungen erbringen (Abs. 1 S. 4). Durch die Vorgaben soll sichergestellt werden, dass keine unnötigen
oder überhöhten Aufwendungen in Rechnung gestellt werden können.[10]

---

4 Zu Letzterem Gegenäußerung der Bundesregierung, BT-Drs. 19/10507, S. 6.
5 Kritisch vor allem *Bundesrat*, Stellungnahme, BT-Drs. 19/10507, S. 2 mit konkreten Ge-
   genvorschlägen.
6 Begr. ARUG II RegE, BT-Drs. 19/9739, S. 63.
7 So ausdrücklich Begr. ARUG II RegE, BT-Drs. 19/9739, S. 70.
8 Begr. ARUG II RegE, BT-Drs. 19/9739, S. 70.
9 Begr. ARUG II RegE, BT-Drs. 19/9739, S. 70.
10 Begr. ARUG II RegE, BT-Drs. 19/9739, S. 71.

12 Bei der Erbringung von **Dienstleistungen im Rahmen von Auslandssachverhalten** dürfen erhöhte Entgelte nach Abs. 1 S. 5 nur verlangt werden, wenn tatsächlich erhöhte Kosten angefallen sind. Damit soll sichergestellt werden, dass die Kosten *diskriminierungsfrei* erhoben werden.[11] Der Verweis auf die tatsächlich entstandenen Kosten ist dabei missverständlich, da es ausweislich der Gesetzesbegründung[12] insofern auf die Kosten für den Einsatz der Kommunikations- und Übermittlungsmethoden nach dem aktuellen Stand der Technik ankommen soll.[13]

C. Maßgeblichkeit der Durchführungsverordnung EU/2018/1212 (Abs. 2)

13 Durch Abs. 2 wird ein genereller Anwendungsvorrang der EU-DurchführungsVO (EU/2018/1212) angeordnet. Der genaue Regelungsgehalt von Abs. 2 ist dabei unklar, da sich dieser **Anwendungsvorrang** für die EU-DurchführungsVO (EU/2018/1212) schon aus Art. 288 Abs. 2 AEUV ergibt.[14]

D. Verordnungsermächtigung (Abs. 3)

14 Schließlich enthält Abs. 3 eine Verordnungsermächtigung für das Bundesministerium der Justiz und für Verbraucherschutz. Von dieser Ermächtigung hat das BMJV **bisher keinen Gebrauch** gemacht, obwohl im Gesetzgebungsverfahren zur Eile gedrängt wurde.[15] Ausweislich der Gesetzesbegründung soll vor einem Verordnungserlass erst die Praxis abgewartet werden.[16] Bis zum Erlass einer neuen Verordnung ist die – inzwischen aufgehobene[17] – Verordnung über den Ersatz von Aufwendungen der Kreditinstitute (KredInstAufwV 2003)[18] sinngemäß längstens bis einschließlich 3.9.2025 anzuwenden (Art. 26 j Abs. 5 EGAktG).[19]

Vierter Teil
Verfassung der Aktiengesellschaft
Erster Abschnitt Vorstand
§ 87 Grundsätze für die Bezüge der Vorstandsmitglieder

(1) ¹Der Aufsichtsrat hat bei der Festsetzung der Gesamtbezüge des einzelnen Vorstandsmitglieds (Gehalt, Gewinnbeteiligungen, Aufwandsentschädigungen, Versicherungsentgelte, Provisionen, anreizorientierte Vergütungszusagen wie zum Beispiel Aktienbezugsrechte und Nebenleistungen jeder Art) dafür zu sorgen, dass diese in einem angemessenen Verhältnis zu den Aufgaben und Leistungen des Vorstandsmitglieds sowie zur Lage der Gesellschaft stehen und die übliche Vergütung nicht ohne besondere Gründe übersteigen. ²Die Vergütungsstruktur ist bei börsennotierten Gesellschaften

---

11 Begr. ARUG II RegE, BT-Drs. 19/9739, S. 71.
12 Begr. ARUG II RegE, BT-Drs. 19/9739, S. 71.
13 *Bork* NZG 2019, 738 (739); *Schmidt* NZG 2018, 1201 (1217).
14 Insofern von einem deklaratorischen Verweis ausgehend Begr. ARUG II RegE, BT-Drs. 19/9739, S. 71.
15 So vor allem *Bundesrat*, Stellungnahme, BT-Drs. 19/10507, S. 2.
16 Begr. ARUG II RegE, BT-Drs. 19/9739, S. 71 f.; vgl. auch *Zetzsche* ZGR 2019, 1 (20) mit dem Hinweis darauf, dass die vergleichbaren Verhandlungen zur Datenübertragung bei Namensaktien fast ein Jahr gedauert haben.
17 Aufgehoben durch Art. 7 Gesetz zur Umsetzung der zweiten Aktionärsrechtlinie (ARUG II) vom 12.12.2019, BGBl. I, S. 2637.
18 Verordnung über den Ersatz von Aufwendungen der Kreditinstitute vom 17.6.2003 (BGBl. I S. 885), zuletzt geändert durch Artikel 15 des Gesetzes vom 30.7.2009 (BGBl. I S. 2479).
19 Begr. ARUG II RegE, BT-Drs. 19/9739, S. 71.

auf eine *nachhaltige und langfristige Entwicklung der Gesellschaft* auszurichten. [3]Variable Vergütungsbestandteile sollen daher eine mehrjährige Bemessungsgrundlage haben; für außerordentliche Entwicklungen soll der Aufsichtsrat eine Begrenzungsmöglichkeit vereinbaren. [4]Satz 1 gilt sinngemäß für Ruhegehalt, Hinterbliebenenbezüge und Leistungen verwandter Art.

(2) [1]Verschlechtert sich die Lage der Gesellschaft nach der Festsetzung so, dass die Weitergewährung der Bezüge nach Absatz 1 unbillig für die Gesellschaft wäre, so soll der Aufsichtsrat oder im Falle des § 85 Absatz 3 das Gericht auf Antrag des Aufsichtsrats die Bezüge auf die angemessene Höhe herabsetzen. [2]Ruhegehalt, Hinterbliebenenbezüge und Leistungen verwandter Art können nur in den ersten drei Jahren nach Ausscheiden aus der Gesellschaft nach Satz 1 herabgesetzt werden. [3]Durch eine Herabsetzung wird der Anstellungsvertrag im übrigen nicht berührt. [4]Das Vorstandsmitglied kann jedoch seinen Anstellungsvertrag für den Schluß des nächsten Kalendervierteljahrs mit einer Kündigungsfrist von sechs Wochen kündigen.

(3) Wird über das Vermögen der Gesellschaft das Insolvenzverfahren eröffnet und kündigt der Insolvenzverwalter den Anstellungsvertrag eines Vorstandsmitglieds, so kann es Ersatz für den Schaden, der ihm durch die Aufhebung des Dienstverhältnisses entsteht, nur für zwei Jahre seit dem Ablauf des Dienstverhältnisses verlangen.

(4) Die Hauptversammlung kann auf Antrag nach § 122 Absatz 2 Satz 1 die nach § 87 a Absatz 1 Satz 2 Nummer 1 festgelegte Maximalvergütung herabsetzen.

A. Regelungsgehalt

§ 87 bezweckt den Schutz der AG, ihrer Aktionäre und Gläubiger vor übermäßigen bzw. nicht den Gesellschaftsinteressen entsprechenden Bezügen der Vorstandsmitglieder. Die Änderungen in Abs. 1 S. 2 und der neu eingeführte Abs. 4 basieren auf der 2. ARRL.[1]   **1**

Durch die 2. ARRL wurden eine Vielzahl neuer Regelungen bezüglich der Vergütung von Vorstand und Aufsichtsrat eingeführt. Gem. § 87 a Abs. 1 hat der Aufsichtsrat ein abstraktes Vergütungssystem zu erstellen. Nach § 113 Abs. 3 Satz 3 gilt dies entsprechend auch für die Aufsichtsratsvergütung (→ § 113 Rn. 3). Das Vergütungssystem für den Vorstand hat er Aufsichtsrat der Hauptversammlung nach § 120 a Abs. 1 S. 1 zur Billigung vorzulegen (Say on Pay I); eine Nichtbilligung führt jedoch nur dazu, dass der Aufsichtsrat gem. § 120 a Abs. 3 in der nächsten HV ein überarbeitetes Vergütungssystem zur Billigung vorzulegen hat. Das Vergütungssystem beschreibt gem. § 87 a Abs. 2 S. 1, in welchem Rahmen der Aufsichtsrat die konkrete Vergütung nach Abs. 1 festlegen kann. Das bedeutet, dass § 87 a das formelle Korsett darstellt, § 87 aber weiterhin materiell-rechtlicher Maßstab für die Vorstandsvergütung bleibt.[2] Ex post hat der Vergütungsbericht von Vorstand und Aufsichtsrat gem. § 162 darzustellen, welche Vergütung die einzelnen Mitglieder im letzten Geschäftsjahr erhalten haben (→ § 162 Rn. 2 ff.). Auch dieser Bericht unterliegt der Billigung der HV nach § 120 a Abs. 4 Satz 1 (Say on Pay II) und ist mitsamt Votum und Vermerk des Ab-   **2**

---

1 Richtlinie (EU) 2017/828 des europäischen Parlaments und des Rates vom 17. Mai 2017 zur Änderung der Richtlinie 2007/36/EG im Hinblick auf die Förderung der langfristigen Mitwirkung der Aktionäre, veröffentlicht im Amtsblatt der Europäischen Union, L 132/1.

2 Ebenso *Spindler*, AG 2020, 61, 62.

schlussprüfers gem. § 162 Abs. 4 für mindestens zehn Jahre kostenfrei auf der Internetseite der Gesellschaft zu veröffentlichen.

B. Die Regelungen im Einzelnen

I. Nachhaltige und langfristige Entwicklung der Gesellschaft (Abs. 1 S. 2)

3   § 87 Abs. 1 S. 2 aF regelte bisher, dass die Vergütungsstruktur börsennotierter Gesellschaften auf eine *nachhaltige Unternehmensentwicklung* auszurichten ist. Der Oberbegriff „Vergütungsstruktur" umfasst sowohl die konkrete Vergütungsfestsetzung nach § 87 als auch das abstrakte Vergütungssystem (in der Richtlinie „Vergütungspolitik" genannt), das im neuen § 87 a geregelt ist.[3] Die europäische Richtlinie verwendet nicht wie § 87 Abs. 1 S. 2 AktG aF den Begriff der Nachhaltigkeit, sondern den der Langfristigkeit.[4] Der nationale Gesetzgeber hat dies aufgegriffen und beide Formulierungen zusammengefasst zum Begriff der **„nachhaltigen und langfristigen Entwicklung der Gesellschaft"**.[5] Dieser findet sich auch in den Vorschriften zum Vergütungssystem nach § 87 a Abs. 1 S. 2 Nr. 2 und zum Vergütungsbericht nach § 162 Abs. 1 S. 2 Nr. 1. Um klarzustellen, dass sich die Vergütungsstruktur nach denselben Kriterien wie im Vergütungssystem und Vergütungsbericht bemisst, wird sie an den Wortlaut der richtlinienbasierten Vorschriften des ARUG II angeglichen.[6] Nach dem Willen des Gesetzgebers soll es sich lediglich um eine redaktionelle Anpassung handeln, die mit keinerlei inhaltlicher Änderung einhergeht.[7] Der Aufsichtsrat war bisher verpflichtet, bei der Festsetzung der Vorstandsvergütung auf eine „nachhaltige Entwicklung" der Gesellschaft zu achten. Die Literatur hat dies im Sinne einer „langfristigen Entwicklung" verstanden.[8] Mit der Doppelung der Begriffe „nachhaltig" und „langfristig" möchte der Gesetzgeber verdeutlichen, dass der Aufsichtsrat neben der zeitlichen Komponente auch soziale und ökologische Aspekte zu berücksichtigen hat (→ § 87 a Rn. 12).[9] Einer sprachlichen Änderung hätte es aber dafür nicht bedurft.

4   Die Begriffe **„Gesellschaft"** und **„Unternehmen"** sind synonym zu verstehen, da der Begriff „nachhaltige und langfristige Entwicklung der Gesellschaft" die Terminologie der EU-Richtlinie aufgreift, aber den Sinn der bisherigen Auslegung des § 87 Abs. 1 S. 2 beibehält, ändert sich an der vorgegeben Ausrichtung der Vergütungsziele letztlich nichts.[10]

II. Verbindliche Herabsetzung der Maximalvergütung durch die HV (Abs. 4)

5   Der Aufsichtsrat einer börsennotierten Gesellschaft hat nach § 87 a Abs. 1 S. 2 Nr. 1 im Rahmen des Vergütungssystems die Maximalvergütung der Vorstandsmitglieder festzulegen. Zudem müssen Vorstand und Aufsichtsrat im Vergütungsbericht nach § 162 Abs. 1 S. 2 Nr. 7 erläutern, wie die festgelegte Maximalvergütung der Vorstandsmitglieder eingehalten wurde (→ § 162 Rn. 20 f.). Nach Abs. 4 kann die Hauptversammlung **verbindlich** die durch den Aufsichtsrat im Vergütungssystem festgelegte Maximalvergütung herabsetzen. Das ist eine punktuelle Durchbrechung des Grundsatzes, dass Hauptversammlungsbeschlüsse bezogen auf die Vorstandsvergütung (say

---

3 BT-Drs. 19/9739, S. 72.
4 Vgl. nur Art. 9 a Abs. 6 2. ARRL.
5 BT-Drs. 19/9739, S. 72; BT-Drs. 19/15153, S. 62.
6 BT-Drs. 19/9739, S. 72.
7 BT-Drs. 19/9739, S. 72; vgl. aber auch BT-Drs. 15153, S. 62. A.A. *Walden*, NZG 2020, 50, 57 f., der in der Gesetzesänderung auch eine materielle Änderung des Normgehalts sieht.
8 MüKoAktG/*Spindler* AktG § 87 Rn. 79 f. m.w.N.
9 BT-Drs. 19/15153, S. 62.
10 Zu dem Versuch der Bestimmung des Begriffs Nachhaltigkeit vgl. MüKoAktG/*Spindler* AktG § 87 Rn. 79 ff.

on pay) unverbindlich sind (§ 120 a).[11] Abs. 4 ist nicht auf börsennotierte Gesellschaften beschränkt. Zwar nimmt dieser Bezug auf eine Beschlussfassung des Aufsichtsrats nach § 87 a Absatz ein S. 1, der nur für börsennotierte Gesellschaften gilt; entspricht der Aufsichtsrat einer nicht börsennotierten Gesellschaft freiwillig § 87 a Abs. 1, so kann dies auch Grundlage für die Beschlussfassung nach Abs. 4 sein.

Bei Festlegung der Maximalvergütung gemäß § 87 a Abs. 1 S. 2 Nr. 1 kann der Aufsichtsrat eine Gesamt-Maximalvergütung für alle Vorstandsmitglieder oder aber eine Maximalvergütung für jedes einzelne Vorstandsmitglied festlegen. Der **DCGK 2020** empfiehlt hingegen gemäß Ziff. 6.1, die Maximalvergütung für jedes Vorstandsmitglied einzeln festzulegen. Die Hauptversammlung kann nach Abs. 4 diese Maximalvergütung im vom Aufsichtsrat geschaffenen Vergütungssystem herabsetzen. Für künftige Vergütungssysteme gilt ein solcher Beschluss nicht, es sei denn, das Vergütungssystem wird gem. § 120 a Abs. 3 durch einen weiteren Hauptversammlungsbeschluss bestätigt. Ebenso bleibt das Recht des Aufsichtsrats zur vorübergehenden Abweichung vom Vergütungssystem gemäß § 87 a Abs. 2 S. 2 unter den dort genannten Voraussetzungen bestehen. Laufende Verträge bleiben von dem Herabsetzungsbeschluss grundsätzlich unberührt,[12] was die Wirkung der Herabsetzungsbefugnis der Hauptversammlung entwertet.[13] Dies lässt sich verhindern, indem der Aufsichtsrat in der Vergütungsvereinbarung mit dem Vorstand eine dynamische Maximalvergütung vereinbart, die eine Herabsetzungsmöglichkeit durch die Hauptversammlung vorsieht.[14] Die Wirkungen der Herabsetzung treten jedoch dann ein, wenn sich ein Anstellungsvertrag lediglich aufgrund einer Wiederbestellung gemäß § 84 Abs. 1 S. 5 Hs. 2 automatisch verlängert. Ggf. kann der Aufsichtsrat die Vorstandsvergütung nach Abs. 2 S. 1 herabsetzen.[15] Darüber hinaus sollte der Aufsichtsrat bei der Ausgestaltung der konkreten Vorstandsvergütung in die Anstellungsverträge eine Klausel aufnehmen, dass eine verbindliche Herabsetzung der Maximalvergütung auch für den laufenden Vertrag verbindlich ist.[16]

6

Unterlässt es der Aufsichtsrat, die Maximalvergütung festzusetzen, besteht *de lege lata* kein Raum für einen Hauptversammlungsbeschluss. *De lege ferenda* ist die Regelung daher dahin gehend anzupassen, dass die Hauptversammlung die Maximalvergütung nicht nur herabsetzen, sondern auch festsetzen kann.

7

Ein Herabsetzungsbeschluss ist nicht ankündigungsfrei, er kann grundsätzlich nur nach vorheriger **Ergänzung der Tagesordnung** bzw. aufgrund eines entsprechenden Tagesordnungspunkts gefasst werden; das ergibt sich unmittelbar aus Abs. 4, der auf § 122 Abs. 2 S. 1 verweist. Das soll nach dem Willen des Gesetzgebers dazu führen, dass über die Herabsetzung der Maximalvergütung nicht unter dem Tagesordnungspunkt „Votum zum Vergütungssystem und zum Vergütungsbericht" (§ 120 a) abgestimmt werden kann; die Hauptversammlung solle vor aussichtslosen Ergänzungsanträgen geschützt werden.[17]

8

Ob ein solcher Schutz der Hauptversammlung notwendig ist, ist jedoch fraglich. § 124 Abs. 4 S. 1 bestimmt, dass über Gegenstände der Tagesordnung, die nicht ordnungsgemäß bekanntgemacht sind, keine Beschlüsse gefasst werden dürfen. Aktionäre können unter dem Tagesordnungspunkt „Votum zum Vergütungssystem und zum Vergütungsbericht" beantragen, die Maximalvergütung im Vergütungssystem herabzusetzen (§ 124 Abs. 4 S. 2).[18] Eine Beschlussfassung nach Abs. 4 ist kein *aliud* im Vergleich zum Beschluss nach § 120 a Abs. 1, da in beiden Beschlüssen (u.a.) eine

9

---

11 BT-Drs. 19/15153, S. 62 f.
12 BT-Drs. 19/15153, S. 63.
13 Kritisch auch *Böcking/Bundle*, Der Konzern 2020, 15, 23.
14 So auch Mutter, Der Aufsichtsrat, 2020, 10.
15 Ebenso *Zipperle/Lingen*, BB 2020, 131, 133.
16 Zweifelnd dagegen Dieckmann, WM 2018, 796, 798.
17 BT-Drs. 19/15153, S. 63.
18 AA Zipperle/Lingen, BB 2020, 131, 133.

Meinungsbildung der Aktionäre zur vom Aufsichtsrat festgelegten Maximalvergütung liegt. Diese Handhabung ist der einfachste Weg, wenn das Vergütungssystem dem Grunde nach Zustimmung findet, aber die Maximalvergütung nach Ansicht der Aktionäre zu hoch ist.[19] Der Wortlaut von Abs. 4 („… **kann** auf Antrag nach § 122 Absatz 1 Satz 2 …") sperrt diese Möglichkeit nicht. Ebenso kann eine qualifizierte Minderheit auch eine außerordentliche Hauptversammlung gem. § 122 Abs. 1 mit dem Tagesordnungspunkt „Herabsetzung der Maximalvergütung" einberufen lassen.

10　　Nach dem klaren Gesetzeswortlaut setzt die Beschlussfassung der Hauptversammlung über die Herabsetzung der Maximalvergütung voraus, dass diese zuvor vom Aufsichtsrat in einem Vergütungssystem nach § 87 a Abs. 1 festgelegt wurde. Eine solche Beschlussfassung ist nach § 26 j Abs. 1 S. 1 EGAktG erst im Hauptversammlungsjahr 2021 verpflichtend.[20] Eine zuvor auf Grundlage von Ziff. 4.2.5 DCGK 2017 festgelegte Maximalvergütung kann keine Grundlage für einen Herabsetzungsbeschluss nach Abs. 4 sein. Ein darauf gerichtetes Aktionärsverlangen nach § 122 kann der Vorstand als gesetzwidrig zurückweisen.[21]

§ 87 a　Vergütungssystem börsennotierter Gesellschaften

(1) [1]Der Aufsichtsrat der börsennotierten Gesellschaft beschließt ein klares und verständliches System zur Vergütung der Vorstandsmitglieder. [2]Dieses Vergütungssystem enthält mindestens die folgenden Angaben, in Bezug auf Vergütungsbestandteile jedoch nur, soweit diese tatsächlich vorgesehen sind:
1.　die Festlegung einer Maximalvergütung der Vorstandsmitglieder;
2.　den Beitrag der Vergütung zur Förderung der Geschäftsstrategie und zur langfristigen Entwicklung der Gesellschaft;
3.　alle festen und variablen Vergütungsbestandteile und ihren jeweiligen relativen Anteil an der Vergütung;
4.　alle finanziellen und nichtfinanziellen Leistungskriterien für die Gewährung variabler Vergütungsbestandteile einschließlich
　　a)　einer Erläuterung, wie diese Kriterien zur Förderung der Ziele gemäß Nummer 2 beitragen, und
　　b)　einer Darstellung der Methoden, mit denen die Erreichung der Leistungskriterien festgestellt wird;
5.　Aufschubzeiten für die Auszahlung von Vergütungsbestandteilen;
6.　Möglichkeiten der Gesellschaft, variable Vergütungsbestandteile zurückzufordern;
7.　im Falle aktienbasierter Vergütung:
　　a)　Fristen,
　　b)　die Bedingungen für das Halten von Aktien nach dem Erwerb und
　　c)　eine Erläuterung, wie diese Vergütung zur Förderung der Ziele gemäß Nummer 2 beiträgt;
8.　hinsichtlich vergütungsbezogener Rechtsgeschäfte:
　　a)　die Laufzeiten und die Voraussetzungen ihrer Beendigung, einschließlich der jeweiligen Kündigungsfristen,
　　b)　etwaige Zusagen von Entlassungsentschädigungen und
　　c)　die Hauptmerkmale der Ruhegehalts- und Vorruhestandsregelungen;
9.　eine Erläuterung, wie die Vergütungs- und Beschäftigungsbedingungen der Arbeitnehmer bei der Festsetzung des Vergütungssystems berücksichtigt wurden,

---

19　Ähnlich *Dörrwächter/Leuering*, NJW-Spezial 2020, 15 (16).
20　Vgl. zum darin liegenden Verstoß gegen Unionsrecht § 87 a Rn. 2.
21　Vgl. Hüffer/*Koch* AktG § 122 Rn. 6; MüKoAktG/*Kubis* AktG § 122 Rn. 17.

einschließlich einer Erläuterung, welcher Kreis von Arbeitnehmern einbezogen wurde;

10. eine Darstellung des Verfahrens zur Fest- und zur Umsetzung sowie zur Überprüfung des Vergütungssystems, einschließlich der Rolle eventuell betroffener Ausschüsse und der Maßnahmen zur Vermeidung und zur Behandlung von Interessenkonflikten;

11. im Fall der Vorlage eines gemäß § 120 a Absatz 3 überprüften Vergütungssystems:
    a) eine Erläuterung aller wesentlichen Änderungen und
    b) eine Übersicht, inwieweit Abstimmung und Äußerungen der Aktionäre in Bezug auf das Vergütungssystem und die Vergütungsberichte berücksichtigt wurden.

(2) [1]Der Aufsichtsrat der börsennotierten Gesellschaft hat die Vergütung der Vorstandsmitglieder in Übereinstimmung mit einem der Hauptversammlung nach § 120 a Absatz 1 zur Billigung vorgelegten Vergütungssystem festzusetzen. [2]Der Aufsichtsrat kann vorübergehend von dem Vergütungssystem abweichen, wenn dies im Interesse des langfristigen Wohlergehens der Gesellschaft notwendig ist und das Vergütungssystem das Verfahren des Abweichens sowie die Bestandteile des Vergütungssystems, von denen abgewichen werden kann, benennt.

A. Regelungsgehalt

Der neu eingefügte § 87 a soll die Vorgaben von Art. 9 a 2. ARRL umsetzen. Die Pflicht zur Erstellung eines Vergütungssystems gilt nur für den Aufsichtsrat einer börsennotierten Gesellschaft; insoweit setzte der Gesetzgeber die Richtlinie um, die gemäß Art. 1 Abs. 1 und Erwägungsgrund 1 2. ARRL nur Anwendung findet auf Gesellschaften, „deren Aktien zum Handel auf einem in einem Mitgliedstaat gelegenen oder dort betriebenen geregelten Markt zugelassen sind." Wünschenswert wäre es gewesen, die Regelungen zum Vergütungssystem und dem Vergütungsbericht nach § 162 würden im Sinne guter Corporate Governance für alle AGs gelten.[1] Auch bei nicht

1

---

1 AA *Löbbe/Fischbach* AG 2019, 373 (375).

börsennotierten kann der Aufsichtsrat jedoch freiwillig § 87 a entsprechen; in diesem Fall findet auch § 87 Abs. 4 Anwendung (→ § 87 Rn. 5). Der Gesetzgeber war insgesamt sehr zurückhaltend und hat eine Ausgestaltung gewählt, die möglichst geringfügig in die Kompetenzordnung des AktG eingreift bzw. diese weitgehend unberührt lässt. Art. 9 a Abs. 2 S. 1 2. ARRL sieht grundsätzlich vor, dass die Aktionäre „verbindlich" über die Vergütungspolitik abstimmen können sollen. Der Gesetzgeber machte aber von der Variante Gebrauch, der nach § 120 a Abs. 1 vorgesehenen Abstimmung nur **empfehlenden Charakter** zu geben, was die Harmonisierung innerhalb der Mitgliedstaaten aber erheblich entwertet.[2] Die nach § 87 a Abs. 1 vorgesehenen Pflichtangaben zum Vergütungssystem sollen den Aktionären für ihre Abstimmung die notwendige Transparenz liefern. Gemäß § 87 a muss der Aufsichtsrat einer börsennotierten AG ein abstraktes Vergütungssystem für die Vergütung des Vorstands entwickeln. Über dieses System hat die HV gem. § 120 a zwingend abzustimmen. Das Gesetz ordnet damit nunmehr an, was bisher gemäß § 120 Abs. 4 aF fakultativ möglich war[3] und auch teilweise schon von Gesellschaften angewendet wurde.[4] Ein ablehnendes Votum der HV führt gem. § 120 a Abs. 3 nur dazu, dass die HV im nächsten Jahr über ein überarbeitetes Vergütungssystem abzustimmen hat – darin zeigt sich der nur empfehlende Charakter der Beschlussfassung der HV.[5] Es hat keine unmittelbare Auswirkung auf die bereits mit den Vorstandsmitgliedern vereinbarte Vergütung.[6] Dennoch führt das Vergütungssystem gem. Abs. 2 S. 1 zu einer Selbstbindung des Aufsichtsrats bei der Festlegung der konkreten Vorstandsvergütung gem. § 87 Abs. 1, von der er nur gemäß Abs. 2 S. 2 abweichen darf.[7] Über § 113 Abs. 3 S. 3 ist § 87 a Abs. 1 S. 2 auch auf den Aufsichtsrat einer börsennotierten AG sinngemäß anwendbar. Neben dieser gesetzlichen Regelung gibt der neue **DCGK 2020** unter Ziff. G.1 Empfehlungen zur Festlegung des Vergütungssystems und unter Ziff. G.2 ff. Empfehlungen zur Festlegung der konkreten Vorstandsvergütung.[8]

2   Nach der **Übergangsregelung** in § 26 j Abs. 1 EGAktG muss die HV erstmalig nach § 87 a Abs. 1, § 113 Abs. 3 und § 120 a Abs. 1 bis zum Ablauf der ersten ordentlichen Hauptversammlung, die auf den 31.12.2020 folgt, über die Billigung des Vergütungssystems beschließen. Die erstmalige Beschlussfassung des Aufsichtsrats nach § 87 a Abs. 2 S. 1 hat bis zum Ablauf von zwei Monaten nach erstmaliger Billigung des Vergütungssystems durch die Hauptversammlung zu erfolgen. Nach § 26 j Abs. 1 S. 3 EGAktG kann den gegenwärtigen und hinzutretenden Vorstands- oder Aufsichtsratsmitgliedern bis zu dem in S. 2 zuletzt geregelten Zeitpunkt eine Vergütung nach der bestehenden Vergütungspraxis gewährt werden; die vor diesem Zeitpunkt mit ihnen geschlossenen Verträge bleiben unberührt. Diese Übergangsregelung verstößt gegen die 2. ARRL, die bis zum 10.6.2019 umzusetzen war. Auch wenn das ARUG II zum 1.1.2020 in Kraft getreten ist, führt die Übergangsregelung in § 26 j EGAktG dazu, dass die Richtlinie insoweit erst 2021 wirkt. Der von der Richtlinie vorgesehene Rechtszustand war jedoch zu dem in der Richtlinie vorgesehenen Zeitpunkt herzustellen.[9] Damit müssten die Regelungen zum Vergütungssystem und Vergütungsbericht grundsätzlich schon ab Juni 2019 Anwendung finden. Dieser Richtlinienverstoß ist je-

---

2   Ebenfalls *Lutter/Bayer/Schmidt* Europäisches Unternehmens- und Kapitalmarktrecht § 29 Rn. 29.133.
3   BT-Drs. 19/9739, S. 72.
4   Vgl. dazu *Kay/Klingenberg/Siepmann/Sinkular*, Der Aufsichtsrat 2019, 8 über Zustimmungsraten und Kritikpunkte an bisherigen Vergütungssystemen.
5   Kritisch VGR AG 2018, 920 (921).
6   Unberührt bleibt freilich die Pflicht des Aufsichtsrats, eine unangemessen hohe Vergütung zu verhindern, §§ 87, 116 S. 3.
7   Ebenso *Spindler* AG 2020, 61 (63); *Stöber* DStR 2020, 391 (395); *Bachmann/Pauschinger* ZIP 2019, 1 (4); VGR AG 2018, 920 (921); *Lutter/Bayer/Schmidt* Europäisches Unternehmens- und Kapitalmarktrecht § 29 Rn. 29.139.
8   Früher fanden sich Regelungen zum Vergütungssystem in Ziff. 4.2.3 DCGK 2017.
9   Grabitz/Hilf/Nettesheim/*Nettesheim*, AEUV, Art. 288 Rn. 116.

doch faktisch folgenlos, da eine Richtlinie zwischen Privaten nach ständiger EuGH-Rechtsprechung keine unmittelbare Wirkung entfaltet[10] und eine richtlinienkonforme Auslegung am klaren Wortlaut von § 26 j EGAktG scheitert.[11]

Bislang hatten Gesellschaften gem. § 289 a Abs. 2 HGB aF die Grundzüge des Vergütungssystems im Lagebericht darzustellen. Die galt jedoch nicht für kleine bzw. Kleinstkapitalgesellschaften gem. §§ 264 Abs. 1 S. 4, 5, 267 HGB. Diese Vorgabe wurde gestrichen, da dies nun § 162 regelt.   3

B. Die Regelungen im Einzelnen

I. Mindestinhalt der Angaben zum Vergütungssystem (Abs. 1)

Die neuen Regelungen zum Vergütungssystem sind sehr detailliert. Das war notwendig, da Art. 9 a Abs. 6 2. ARRL eine Vielzahl von Informationen vorschreibt und bislang **formale Vorgaben** für die Pflicht zur Aufstellung und Entwicklung eines Vergütungssystems vollständig fehlten. Diese Regelungen sind aber nicht (jedenfalls nicht vollumfänglich, → Rn. 5) als materielle Vorgaben zur Ausgestaltung des konkretes Vergütungssystems zu verstehen; solche Vorgaben sind weder § 87 a noch der Richtlinie zu entnehmen.[12] Dies stellt Abs. 1 S. 2 dadurch klar, dass die nachfolgenden Angaben nur zu machen sind, soweit die betreffenden Vergütungsbestandteile tatsächlich vorgesehen sind.[13] Daraus folgt zB, dass es keine Verpflichtung zur Schaffung variabler Vergütungsbestandteile gibt. Materielle Vorgaben für die Vorstandsvergütung enthält weiterhin § 87; daher kann das Vergütungssystem zB die Herabsetzungsmöglichkeit nach § 87 Abs. 2 nicht ausschließen.   4

1. Allgemeine Anforderung an die Angaben zum Vergütungssystem (Abs. 1 S. 1)

Das Vergütungssystem soll dazu dienen, die Geschäftsstrategie, die langfristigen Interessen und die langfristige Tragfähigkeit der Gesellschaft zu fördern, vgl. auch § 87 Abs. 1 S. 2. Der Begriff „System" greift die bisherige Terminologie des § 120 Abs. 4 aF auf und soll gleichbedeutend sein mit „**Vergütungspolitik**" im Sinne der Richtlinie.[14] Der Aufsichtsrat hat zu erläutern, wie das gewählte Vergütungssystem diesen Zielen dient. Für die Praxis ist daher von besonderer Bedeutung, das System klar und verständlich zu formulieren, damit es tatsächlich geeignet ist, Aktionären eine informierte Entscheidung über die Billigung nach § 120 a Abs. 1 oder die Beschlussfassung nach § 87 Abs. 4 zu ermöglichen.[15] Maßgeblich ist der **Empfängerhorizont** eines durchschnittlich informierten, situationsadäquat aufmerksamen und verständigen Aktionärs.[16] Alle festen und variablen Vergütungsbestandteile, einschließlich sämtlicher Boni und anderer Vorteile in jeglicher Form, die Vorstandsmitgliedern gewährt werden können, sind zu beschreiben. Bei den erforderlichen Angaben handelt es sich um Mindestangaben; die Aufzählung ist damit nicht abschließend. Angaben zu **Vergütungsbe-**   5

10 Vgl. nur EuGH, NJW 1998, 129 – Daihatsu; Streinz/*Schroeder*, EUV/AEUV, Art. 288 AEUV Rn. 101 m.w.N.

11 Grabitz/Hilf/Nettesheim/*Nettesheim*, AEUV, Art. 288 Rn. 134. Ein Schadensersatzanspruch gegen die Bundesrepublik Deutschland wegen der verspäteten Umsetzung (vgl. EuGH NJW 1996 1267) scheitert spätestens an einem bezifferbaren Schaden. Im Verhältnis zwischen EU und Mitgliedsstaat bleibt ein Vertragsverletzungsverfahren gem. Art. 258 AEUV theoretisch möglich.

12 BT-Drs. 19/9739, S. 72; *Löbbe/Fischbach* AG 2019, 373 (377).

13 Kritisch insofern *Redenius-Hövermann/Siemens* ZIP 2020, 145 (148), die zu Recht feststellen, dass dies einen „explain, if you apply"-Ansatz darstellt, dessen Erklärungspflicht durch einfache Nichtanwendung umgangen werden kann.

14 BT-Drs. 19/9739, S. 72.

15 BT-Drs. 19/9739, S. 72.

16 BT-Drs. 19/9739, S. 72.

standteilen sind gemäß Abs. 1 S. 2 Hs. 2 nur zu machen, soweit diese tatsächlich vorgesehen sind. Damit kommt es darauf an, Vergütungsbestandteile von sonstigen Bestandteilen zu unterscheiden. Die Abgrenzung ist im Einzelnen umstritten; so ist zB unklar, ob es sich bei Rückforderungsklauseln von variabler Vergütung um Vergütungsbestandteile handelt (vgl. dazu → Rn. 16 f.). Die Unterscheidung ist wichtig für die Frage, ob diese Bestandteile zwingend in ein Vergütungssystem aufgenommen werden müssen oder ob sie bei Einstufung als Vergütungsbestandteile freiwilliger Natur sind.

2. Festlegung Maximalvergütung (Abs. 1 S. 2 Nr. 1)

6   Die **Angabepflicht** zur Maximalvergütung wurde erst kurz vor Abschluss des Gesetzgebungsverfahrens durch die ARUG II BeschlussE in den Gesetzestext aufgenommen.[17] Sie steht im Zusammenhang mit § 87 Abs. 4, wonach die Hauptversammlung die im Vergütungssystem festgelegte Maximalvergütung herabsetzen kann. Die Festlegung der Maximalvergütung ist gemäß Abs. 1 S. 2 zwingend, da es sich nicht um einen Vergütungsbestandteil, sondern um eine Vergütungsbeschränkung handelt, → Rn. 5.

7   Verstößt der Aufsichtsrat gegen die Pflicht zur Festlegung einer Maximalvergütung, so vereitelt er damit zugleich, dass die Hauptversammlung über die Höhe der Maximalvergütung beschließen kann (→ § 87 Rn. 7). Damit begeht er eine **Pflichtverletzung** und haftet der Gesellschaft dem Grunde nach gem. §§ 93, 116 S. 1. Problematisch ist, ob sich ein Schaden der Gesellschaft beziffern lässt. Theoretisch bemisst sich der Schaden anhand der Differenz einer hypothetischen Maximalvergütung und der tatsächlich gewährten Vergütung.[18]

8   In der inhaltlichen **Ausgestaltung der Maximalvergütung** ist der Aufsichtsrat frei. Er kann entweder eine Maximalvergütung für jedes einzelne Vorstandsmitglied festlegen oder aber eine Maximalvergütung für den gesamten Vorstand.[19] Der DCGK 2020 empfiehlt jedoch in Ziff. G.1, die Maximalvergütung für jedes einzelne Vorstandsmitglied festzulegen.[20] Die Maximalvergütung kann konkret beziffert werden, sich aber auch zB an einem Vielfachen der durchschnittlichen Belegschaftsvergütung orientieren.[21] Letzteres setzt voraus, dass die Bezugsgröße eindeutig bestimmbar definiert wird. Eine dynamische Bestimmung der Maximalvergütung auf ein Vielfaches der Belegschaftsvergütung ist problematisch; denn ändert sich die Bezugsgröße zB durch Verkauf von Unternehmensteilen, kann dies dazu führen, dass eine ursprünglich im Einklang mit der Maximalvergütung vereinbarte Vorstandsvergütung nicht mehr von dieser gedeckt ist.

9   Der **DCGK 2020** geht über die Vorgaben nach §§ 87, 87 a hinaus und empfiehlt unter Ziff. G.1, dass das Vergütungssystem Angaben dazu enthält, „wie für die einzelnen Vorstandsmitglieder die **Ziel-Gesamtvergütung** bestimmt wird und welche Höhe die Gesamtvergütung nicht übersteigen darf (**Maximalvergütung**).“[22] Laut Begründung des DCGK 2020 zu Ziff. G.1 Abs. 1 ist die Gesamtvergütung „die Summe aller für

---

17 BT-Drs. 19/15153, S. 13.
18 Ob ein Gericht die hypothetische Maximalvergütung selbst bestimmen kann, erscheint indes fraglich. Der Aufsichtsrat hat ein weiteres Ermessen bei der Bestimmung der Maximalvergütung; seine gerichtlich überprüfbare Grenze findet diese erst bei einer unangemessenen Vergütung gem. §§ 116 S. 3, 87 Abs. 1. Möglich erscheint jedoch, dass ein Gericht die hypothetische Maximalvergütung anhand früher festgelegter Maximalvergütungen schätzt (§ 287 Abs. 2 ZPO) oder anhand eines Vergleichs mit Unternehmen der gleichen Branche und/oder Größe.
19 BT-Drs. 19/15153, S. 63.
20 Kritisch bezüglich der detaillierten DCGK-Vorgaben *Wilsing/Winkler* BB 2019, 1603 (1605 f.).
21 BT-Drs. 19/15153, S. 64; vgl. auch *Böcking/Bundle* Der Konzern 2020, 15, 18.
22 Vgl. dazu auch *Spindler* AG 2020, 61 (62).

das betreffende Jahr aufgewendeten Vergütungsbeträge einschließlich eines Dienstzeitaufwandes nach IAS 19." Die Ziel-Gesamtvergütung „ist die Gesamtvergütung für den Fall einer hundertprozentigen Zielerreichung."[23]

3. Förderung und langfristige Entwicklung der Gesellschaft (Abs. 1 S. 2 Nr. 2)

Abs. 1 S. 2 Nr. 2 erklärt die Förderung der Geschäftsstrategie und der langfristigen Entwicklung der Gesellschaft zu den notwendigen Zielsetzungen bei Ausgestaltung des Vergütungssystems. Welchen Beitrag das Vergütungssystem dazu leistet, ist daher anzugeben. Die Regelung beruht auf Art. 9 a Abs. 6 UAbs. 1 S. 1 2. ARRL, wonach zu erläutern ist, inwiefern die Vergütungspolitik die Geschäftsstrategie, die langfristigen Interessen und die langfristige Tragfähigkeit der Gesellschaft fördert. Alle Vergütungsbestandteile und Aspekte des Vergütungssystems sollen diesem Ziel dienen. Dies ist nach dem Willen des Richtliniengebers eine direkte **Antwort auf die Finanzkrise** der Jahre 2008/2009, die gezeigt habe, dass es ungesunde Anreize zu kurzfristigen Gewinnen gab.[24] Der Begriff „langfristige Entwicklung" setzt sich demnach aus dem „langfristigen Interesse" und der „langfristigen Tragfähigkeit" der Gesellschaft zusammen. 10

4. Feste und variable Vergütungsbestandteile (Abs. 1 S. 2 Nr. 3)

Abs. 1 S. 2 betrifft die **Gesamtzusammensetzung** der Vergütung. Grundlage ist Art. 9 a Abs. 6 UAbs. 1 S. 2 2. ARRL. Die Nennung aller festen und variablen Vergütungsbestandteile zeichnet ein Grobraster des Vergütungssystems. Zudem ist jeweils der „relative Anteil" an der Vergütung anzugeben. Folgte man dem unglücklich formulierten Wortlaut des Gesetzes, so wäre diese Vorgabe unmöglich zu erfüllen: Zum einen ist das Vergütungssystem lediglich der zwangsläufig abstrakte Rahmen für die konkret zu treffenden Vergütungsvereinbarungen, so dass der tatsächliche relative Anteil variabler Vergütungsbestandteile noch nicht bestimmbar ist. Zum anderen versteht es sich bei Gewährung variabler Vergütungsbestandteile von selbst, dass der tatsächliche Anteil an der Vergütung bzw. ihr Verhältnis zur Festvergütung noch nicht feststeht. Die Regelung ist daher geltungserhaltend dahin gehend auszulegen, dass der **angestrebte Rahmen** insbesondere der variablen Vergütungsbestandteile an der Gesamtvergütung anzugeben ist. Der Gesetzgeber spricht von einer „festen Kennziffer" für den variablen Vergütungsanteil und verlangt eine klare und verständliche Regelung; was er damit meint, bleibt jedoch unklar.[25] Sinnvoll erscheint es, einen Rahmen als Zielgröße vorzugeben, diesen im Verhältnis zur Festvergütung abzuleiten und dadurch eine Ober- und ggf. auch eine Untergrenze zu beschreiben. Da der Regierungsentwurf in der Begründung von einer „zu erreichenden Ziel- oder Maximalvergütung" spricht, bestätigt dies letztlich, dass es auch dem Gesetzgeber nicht um den relativen Anteil an der Vergütung, sondern um die angestrebte Zielgröße geht.[26] 11

5. Finanzielle und nicht finanzielle Leistungskriterien (Abs. 1 S. 2 Nr. 4)

Nach Nr. 4 hat das Vergütungssystem anzugeben, welche finanziellen und nicht finanziellen Leistungskriterien die variable Vergütung bestimmen, wie diese zur Förderung der Vergütungsziele beitragen und wie die Erreichung der Leistungskriterien überwacht wird. Die Angaben nach Nr. 4 konkretisieren diejenigen nach Nr. 2 zum Beitrag der Vergütung zu den zu verfolgenden Unternehmenszielen. Da es sich bei der variablen Vergütung um „Vergütungsbestandteile" im Sinne von Abs. 1 S. 2 handelt, muss das Vergütungssystem nur dann Angaben nach Nr. 4 machen, soweit auch eine variable Vergütung vorgesehen ist, → Rn. 5. Nach Nr. 4 lit. a) muss das Vergütungssystem 12

---

23 Begr. DCGK in der Fassung vom 16.12.2019, S. 15.
24 Vgl. Erwägungsgründe 2, 28 f. 2. ARRL.
25 BT-Drs. 19/9739, S. 73.
26 BT-Drs. 19/9739, S. 73.

erläutern, wie die Leistungskriterien die Geschäftsstrategie und die langfristige Entwicklung der Gesellschaft fördern. Der Verweis stellt klar, dass die finanziellen und nicht-finanziellen Leistungskriterien der Förderung der Geschäftsstrategie und der langfristigen Unternehmensentwicklung zu dienen haben. **Nicht-finanzielle Leistungskriterien** können sich beispielsweise am Volumen des CO2-Ausstoßes oder des Umfangs der CO2-Reduktion im abgelaufenen Geschäftsjahr bemessen.[27] Das ist kein neuer Gedanke, der in der Diskussion um das ARUG II aufgekommen ist, sondern wird in der Literatur schon seit Jahren besprochen.[28] Auch der **DCGK 2020** findet in Abs. 2 seiner Präambel deutliche Worte, wonach im Interesse der Gesellschaft Vorstand und Aufsichtsrat sicherstellen, dass die potenziellen Auswirkungen von Sozial- und Umweltfaktoren auf die Unternehmensstrategie und die operativen Entscheidungen erkannt und adressiert werden. Auch die **BaFin** hält „eine strategische Befassung mit Nachhaltigkeitsrisiken und eine entsprechende Umsetzung in den von ihr beaufsichtigten Unternehmen für erforderlich."[29]

Für kapitalmarktorientierte Gesellschaften mit mehr als 500 Arbeitnehmern, die gemäß § 289 b HGB der Pflicht zur Aufstellung einer nicht-finanziellen Erklärung (sog. Corporate-Social-Responsibility-Erklärung)[30] mit dem Inhalt des § 289 c HGB unterliegen, bietet es sich an, unter Bezugnahme auf die **CSR-Erklärung** dem Vorstand nicht-finanzielle Ziele zu setzen und daraus Vergütungsbestandteile abzuleiten.[31] Nach Nr. 4 b) muss das Vergütungssystem Methoden beschreiben, mit denen der Aufsichtsrat die Erreichung der Leistungskriterien feststellt. Sind die angegebenen Methoden ungeeignet, die Erreichung der Leistungskriterien effektiv zu kontrollieren, ist dies kein Verstoß gegen Nr. 4 b), da danach lediglich klare, verständliche und wahrheitsgemäße Angaben zu machen sind; ungeeignete Methoden können jedoch nach §§ 113, 93 Abs. 1 S. 2 eine Haftung des Aufsichtsrats begründen, wenn er aufgrund solcher Methoden ohne angemessene Informationsgrundlage für die Gewährung variabler Vergütungsbestandteile gesorgt hat.

13　Die Festlegung von **finanziellen Leistungskriterien** durch den Aufsichtsrat kann zu einem Konflikt mit der weisungsfreien Leitungsbefugnis des Vorstands nach § 76 Abs. 1 führen, wenn der Aufsichtsrat Erfolgsparameter definiert, die im Widerspruch zu der vom Vorstand gewählt Unternehmensstrategie stehen. Der Aufsichtsrat ist nicht berechtigt, dem Vorstand mittelbar über sein Vergütungssystem eine Geschäftsstrategie aufzuzwingen. Andererseits ist die Vergütung des Vorstands die Kernkompetenz des Aufsichtsrats. Der Aufsichtsrat darf aber nicht derart enge Leistungskriterien setzen, die dem Vorstand eine unternehmerische strategische Entscheidung abnimmt; er muss dem Vorstand den Raum lassen, seine gesetzlichen Leitungsbefugnisse auszuüben.[32]

14　Finanzielle Leistungskriterien knüpfen häufig an den **Unternehmenserfolg** an. Dieser wird regelmäßig an vorab definierten operativen Zielen gemessen. Eine zu **detaillierte**

27　*Zipperle/Lingen* BB 2020, 131 (133); *Mutter* AG 2019, R340. Umweltverträglichkeit zu einem Leistungskriterium zu machen, hat durchaus auch finanziellen Charakter, da die EU über ihren Europäischen Fonds für strategische Investitionen (EFSI) gezielt in klimafreundliche Projekte investiert und Gesellschaften somit auch pekuniäre Anreize haben, solche Projekte zu forcieren. Vgl. dazu auch die Mitteilung der Europäischen Kommission zum Aktionsplan: Finanzierung nachhaltigen Wachstums, abrufbar unter https://eur-lex.europa.eu/legal-content/DE/TXT/PDF/?uri=CELEX:52018DC0097&from=EN.
28　Vgl. nur *Velte* NZG 2016, 294 (295 f.); Lutter/Krieger/*Verse* Aufsichtsrat § 7 Rn. 402; ausführlich *Ihrig/Wandt/Wittgens* ZIP 2012, Beilage zu Heft 40, 1, 10.
29　BaFin, Merkblatt zum Umgang nachhaltig als Risiken (Konsultationsfassung), S. 6, 7. Dabei erweitert oder beschränkt das Merkblatt weder gesetzliche noch aufsichtsrechtliche Vorgaben. Dazu und mögliche Haftungsrisiken von Vorstand und Aufsichtsrat *Walden* NZG 2020, 50 (51 ff.).
30　Die Vorschrift basiert auf der Richtlinie 2014/95/EU.
31　*Zipperle/Lingen* BB 2020, 131 (133).
32　Ebenfalls *Spindler* AG 2020, 61 (63) mwN.

Offenlegung dieser Ziele könnte Wettbewerbern Rückschlüsse auf die strategische Planung und Ausrichtung der Gesellschaft ermöglichen.[33] Dies ist im Interesse der Gesellschaft zu verhindern.[34] Damit die Transparenz des Vergütungssystems gewahrt bleibt, müssen die Leistungskriterien aber derart bestimmt sein, dass das Leistungskriterium für außenstehende Dritte erkennbar und nachvollziehbar ist. Eine entsprechende Regelung findet sich zum retrospektiven Vergütungsbericht in § 162 Abs. 6 S. 1, wonach im Bericht keine Angaben aufgenommen werden müssen, die nach vernünftiger kaufmännischer Beurteilung geeignet sind, der Gesellschaft einen nicht unerheblichen Nachteil zuzufügen. Sobald jedoch der Grund für die Geheimhaltung weggefallen ist, sind die Angaben gem. § 162 Abs. 6 S. 2 nachzuholen (vgl. dazu → § 162 Rn. 47).

6. Aufschubzeiten (Abs. 1 S. 2 Nr. 5)

Nr. 5 beruht ebenso wie Nr. 6 auf Art. 9 a Abs. 6 UAbs. 3 S. 3 2. ARRL. Unter Aufschubzeiten versteht man die Zeit zwischen Entstehung des Anspruchs auf den Vergütungsbestandteil und den Zeitpunkt der Fälligkeit. Nr. 5 ist extensiv auszulegen; obwohl sich der Wortlaut auf Aufschubzeiten von Auszahlungen bezieht, sind auch Aufschubzeiten von Vergütungsbestandteilen erfasst, die nicht ausgezahlt, sondern in anderer Form gewährt werden (zB Sachleistungen, Rechte). Nach Ziff. G.10 S. 2 **DCGK 2020** soll das Vorstandsmitglied über langfristige variable Vergütungsbestandteile erst nach vier Jahren verfügen können. 15

7. Rückforderung variabler Vergütungsbestandteile/Clawback (Abs. 1 S. 2 Nr. 6)

Nach Nr. 6 besteht die **Angabepflicht** zu Möglichkeiten der Rückforderung variabler Vergütungsbestandteile (sog. „Clawback-Klauseln").[35] Diese dienen dazu, bereits gezahlte oder schon zugesagte, aber noch nicht ausbezahlte variable Vergütungsbestandteile im Nachhinein zurückzufordern bzw. einzubehalten, wenn sich die Gesellschaft zB schlechter entwickelt als erwartet.[36] Daneben besteht grundsätzlich die Möglichkeit, zu viel gezahlte variable Vergütung für nicht eingetretene Erfolge bereicherungsrechtlich zu kondizieren.[37] Clawback-Klauseln gehen über § 87 Abs. 2 S. 1 hinaus, da sie für bereits bezahlte Vergütungen greifen, § 87 Abs. 2 S. 1 aber nur für zukünftige Vergütungen gilt.[38] Die Literatur kennt vier Varianten von Clawback-Klauseln: Rückforderungsklauseln bei Fehlverhalten, bei fehlerhafter Berechnung der variablen Vergütung, bei nachträglich nicht eintretender Zielerreichung oder bei wirtschaftlicher Verschlechterung nach Ende der vergütungsrelevanten Periode.[39] Schon seit 2017 sind vornehmlich Banken und Versicherungen aufsichtsrechtlich nach §§ 20 **Abs. 6, 18 Abs. 5 InstitutsVergV** verpflichtet, Clawback-Klauseln in Vorstandsverträge aufzunehmen.[40] Knapp die Hälfte der DAX30-Unternehmen nutzten solche Klauseln bereits im 16

---

33 BT-Drs. 19/9739, S. 73.
34 Vgl. auch Erwägungsgrund 45 2. ARRL.
35 Zu den AGB- und aktienrechtlichen Problemen *Poelzig* NZG 2020, 41 (46 ff.); *Redenius-Hövermann/Siemens* ZIP 2020, 145 (147 f.).
36 *Poelzig* NGZ 2020, 41, 42, *Seyfarth* WM 2019, 569.
37 *Poelzig* NGZ 2020, 41, 45 f.
38 Hüffer/Koch AktG § 87 Rn. 27; *Redenius-Hövermann/Siemens* ZIP 2020, 145 (147).
39 *Redenius-Hövermann/Siemens* ZIP 2020, 145 unter Hinweis auf *Schockenhoff/Nußbaum* AG 2018, 813; siehe auch Mutter, AG 2020, R4 f, der das Verhältnis von Compliance-Clawbacks zu Schadensersatzforderungen betrachtet. Vgl. aus der Praxis zB BASF SE Geschäftsbericht 2018, S. 151.
40 Dies gilt nach § 1 Abs. 3 InstitutsVergV nur für bedeutende Institute gemäß § 25 n KWG. Vgl. *Poelzig* NGZ 2020, 41; ausführlich *Schirrmacher* ZBB 2017, 281.

Geschäftsjahr 2018.[41] Es stellt sich die Frage, ob Clawback-Klauseln nach § 87 a nunmehr auch in den übrigen Gesellschaften stets in ein Vergütungssystem aufgenommen werden müssen. Die Frage beantwortet sich danach, ob es sich bei solchen Klauseln um Vergütungsbestandteile im Sinne von Abs. 1 S. 2 handelt, → Rn. 5; nur diesem Fall ist die Angabe nicht zwingend. Dies wird unter Verweis auf die Gesetzesbegründung teilweise bejaht.[42] Auch der DCGK 2020 empfiehlt unter Ziff. G.11 lediglich, dass der Aufsichtsrat die Möglichkeit haben soll, in bestimmten Fällen die Vergütung zurückzufordern.

17   Richtigerweise sind Clawback-Klauseln selbst keine Vergütungsbestandteile, sondern entziehen solche. Sie sind „Rückforderungsbestandteile" und damit **zwingender Bestandteil eines Vergütungssystems** (soweit variable Vergütungsbestandteile gewährt werden).[43] Bestätigt wird dies durch Art. 9 a Abs. 6 UAbs. 3 S. 3 2. ARRL: „Sie [die Vergütungspolitik = das Vergütungssystem] enthält Informationen zu etwaigen Aufschubzeiten und zur Möglichkeit der Gesellschaft, variable Vergütungsbestandteile zurückzufordern." Nach der Richtlinie muss die AG somit in der Lage sein, variable Vergütungsbestandteile zurückfordern zu können.[44] Das ergibt sich auch aus den Vergütungsleitlinien der Europäischen Kommission zur Struktur des Vergütungsberichts nach § 162, der ex post über die Vergütung des letzten Geschäftsjahres berichtet.[45] In den Leitlinien stellt die Kommission fest: „companies are required to provide information on the use of the possibility to reclaim variable remuneration […]." Letztendlich muss der Aufsichtsrat Clawback-Klauseln zwingend einsetzen, um eine eigene Haftung wegen überhöhter Vorstandsvergütungen gemäß § 116 S. 3 zu verhindern.[46]

8. Aktienbasierte Vergütung (Abs. 1 S. 2 Nr. 7)

18   Nr. 7 beruht auf Art. 9 Abs. 6 UAbs. 4 2. ARRL. Eine „aktienbasierte Vergütung" umfasst Aktien, Aktienoptionen sowie virtuelle Aktienoptionsprogramme, wie zB phantom stocks und stock appreciation rights.[47] Nach Ziff. G.10 S. 1 DCGK 2020 soll die dem Vorstandsmitglied gewährte variable Vergütung überwiegend in Aktien der Gesellschaft oder entsprechend aktienbasiert gewährt werden, über die das Vorstandsmitglied ggfs. Ziff. G.10 S. 2 DCGK 2020 Vergütungsbestandteile erst nach vier Jahren verfügen können soll.[48] Laut Richtlinie sind im Vergütungsbericht „Wartefristen" anzugeben. Abs. 1 S. 2 Nr. 7 a) spricht nunmehr allgemein von „Fristen" und geht da-

---

41 *Müller/Rieber/Tank* Legal bases and implementation of clawback clauses: A comparison between US and Germany, KoR – Zeitschrift für internationale und kapitalmarktorientierte Rechnungslegung (forthcoming), Vol. 20, 2019 (3), S. 132-137, auch abrufbar unter https://papers.ssrn.com/sol3/papers.cfm?abstract_id=3473896; *Redenius-Hövermann/Siemens* ZIP 2020, 145 (147).

42 *Poelzig* NZG 2020, 41, 44; *Löbbe/Fischbach* AG 2019, 373 (377); ebenso, aber kritisch *Redenius-Hövermann/Siemens* ZIP 2020, 145 (148), die fordern, dass auch die Nichtanwendung von Clawback-Klauseln im Vergütungsbericht im Sinne guter Corporate Governance darzustellen sei.

43 Ähnlich auch *Bayer* DB 2018, 3034 (3037), der ebenfalls eine Angabepflicht für Rückforderungsmöglichkeiten von Vergütungsbestandteilen postuliert.

44 AA *Lutter/Bayer/Schmidt* Europäisches Unternehmens- und Kapitalmarktrecht § 29 Rn. 29.125.

45 Guidelines on the standardised presentation of the remuneration report under Directive 2007/36/EC, as amended by Directive (EU) 2017/828 as regards the encouragement of long-term shareholder engagement (DG JUST/A.3) vom 12. Juli 2019. Abrufbar unter https://www.corporategovernancecommittee.be/sites/default/files/generated/files/news/standardised_representation_of_the_remuneration_report_-_draft_12072019.pdf.

46 Ebenso *Spindler* AG 2020, 61 (66).

47 Vgl. auch *Lutter/Bayer/Schmidt* Europäisches Unternehmens- und Kapitalmarktrecht § 29 Rn. 29.126; *Diekmann* WM 2018, 796 (797).

48 In der Praxis wird dies häufig im Rahmen von *Share Ownership Guidelines* umgesetzt, vgl. dazu *Diekmann* WM 2018, 796 (797).

mit über die europarechtlichen Vorgaben hinaus.[49] Erfasst sind Wartefristen (Zeitraum bis zur Ausübbarkeit), Ausübungsfristen (Zeitraum ab potenzieller Ausübbarkeit bis zur tatsächlichen Ausübungsmöglichkeit) und Halte- bzw. Sperrfristen (Zeitraum zwischen Erwerb und Veräußerung, in dem die Aktien nicht veräußert werden dürfen). Teilweise überschneiden sich daher die Fristen iSv Nr. 7 mit den Aufschubzeiten iSv Nr. 5. Gemäß Nr. 7 b) sind Bedingungen für das Halten von Aktien nach dem Erwerb anzugeben. Gemäß Nr. 7 c) ist zu erläutern, wie die aktienbasierte Vergütung die Ziele gemäß Nr. 2 fordert. Daher ist insbesondere darauf einzugehen, inwiefern die Fristen nach Nr. 7 a) Bedingungen für das Halten der Aktien nach Nr. 7 b) der Förderung der Geschäftsstrategie und der langfristigen Gesellschaftsentwicklung dienen.

9. Vergütungsbezogene Rechtsgeschäfte (Abs. 1 S. 2 Nr. 8)

Nr. 8 beruht auf Art. 9 a Abs. 6 UAbs. 5 2. ARRL. „Vergütungsbezogene Rechtsgeschäfte" sind alle Rechtsgeschäfte, die die Begründung, Änderung oder Aufhebung der Vergütung oder von Vergütungsbestandteilen betreffen, also insbesondere Anstellungsverträge, Optionsvereinbarungen sowie Ruhestands- und Vorruhestandsvereinbarungen. Der Begriff „Entlassungsentschädigung" in Nr. 8 b) ist § 158 Abs. 1 SGB III entlehnt, um die weite Begrifflichkeit der 2. ARRL abzubilden.[50] § 158 Abs. 1 SGB III legaldefiniert ihn als „Abfindung, Entschädigung oder ähnliche Leistung" wegen der Beendigung des Arbeitsverhältnisses. Der Begriff ist weit auszulegen.[51] Er umfasst auch Entschädigungszahlungen für das Ausscheiden aus dem Vorstand bei Wechsel des Anteilseigners („Change of Control"). Als Voraussetzungen der Beendigung braucht das Vergütungssystem nach der Gesetzesbegründung nur die vertraglich vereinbarten, und nicht auch die allgemeinen gesetzlichen Beendigungsgründe zu nennen.[52] Dem ist zuzustimmen, da eine Wiederholung der gesetzlichen Beendigungsgründe keinen Aufschluss über das vom Aufsichtsrat geschaffene Vergütungssystem bietet. 19

10. Arbeitnehmerberücksichtigung (Abs. 1 S. 2 Nr. 9)

Nr. 9 beruht auf Art. 9 a Abs. 6 UAbs. 2 2. ARRL. Daher ist **zwingend** zu erläutern, wie die Vergütung der Arbeitnehmer bei der Vorstandsvergütung berücksichtigt wurde. Der **Begriff des Arbeitnehmers** ist weit gefasst und wie in § 96 dem Arbeitnehmerbegriff des § 3 Abs. 1 MitbestG iVm § 5 Abs. 1, 2 BetrVG nachgebildet; er umfasst alle Arbeitnehmer im Konzern und insbesondere auch die nach § 5 Abs. 3 BetrVG von der Anwendung des BetrVG ausgeschlossenen leitenden Angestellten.[53] Gemäß Nr. 9 kann der Aufsichtsrat den Kreis der zu berücksichtigenden Arbeitnehmer frei ziehen. Das schränkt den Horizontalvergleich der Unternehmen ohne sachlichen Grund ein, muss aber aufgrund des eindeutigen Wortlauts so hingenommen werden.[54] 20

Nach der Gesetzesbegründung hat der Aufsichtsrat ein **Ermessen**, ob er die Vergütung der Arbeitnehmer bei der Festsetzung des Vergütungssystems berücksichtigt, da es sich insofern um einen „Vergütungsbestandteil" im Sinne von Abs. 1 S. 2 handelt.[55] Falls er sich für die Berücksichtigung entscheide, müsse das Vergütungssystem Angaben zum „Wie" machen. Das überzeugt nicht.[56] Die Frage, ob und ggf. wie die Vergütung der Arbeitnehmer berücksichtigt wurde, ist selbst kein Vergütungsbestandteil, → Rn. 5; sie dient ggf. nur der Berechnung und Legitimierung eines Vergütungsbe- 21

---

49 BT-Drs. 19/9739, S. 73.
50 BT-Drs. 19/9739, S. 73 f.
51 Vgl. auch Knickrehm/Kreikebohm/Waltermann/*Mutschler* § 158 Rn. 5.
52 BT-Drs. 19/9739, S. 74.
53 BT-Drs. 19/9739, S. 74.
54 Ebenso VGR AG 2018, 920 (921); *Bachmann/Pauschinger* ZIP 2019, 1 (3).
55 BT-Drs. 19/9739, S. 74.
56 Ebenfalls *Spindler* AG 2020, 61 (67).

standteils. Die Berücksichtigung der Arbeitnehmervergütung kann sowohl bei der Festvergütung, als auch der variablen Vergütung oder der Maximalvergütung zum Tragen kommen. Daraus folgt zwingend, dass das Vergütungssystem stets erläutern muss, wie die Vergütung der übrigen Arbeitnehmer berücksichtigt wurde – also auch, wenn keine Berücksichtigung erfolgte. Denn auch diese Feststellung dient der Transparenz.

11. Festsetzung und Überprüfung des Vergütungssystems (Abs. 1 S. 2 Nr. 10)

22   Nr. 10 beruht auf Art. 9 a Abs. 6 UAbs. 6 S. 1 2. ARRL. Die Angabe zum Verfahren zu Fest- und Umsetzung sowie zur Überprüfung des Vergütungssystems ist **zwingend**. Im Verfahren ist darzustellen, wie die konkrete Vorstandsvergütung aufgrund des Vergütungssystems fest- bzw. umgesetzt wird. Darüber hinaus muss der Aufsichtsrat aus Transparenzgründen offenlegen, wie er das Vergütungssystem selbst überprüft. Insbesondere muss offengelegt werden, ob und welche Ausschüsse zuständig sind und wie Interessenkonflikte behandelt und vermieden werden; eine Angabe, die besonders in (faktischen) Konzernverhältnissen von besonderer Relevanz ist.

12. Änderungen eines abgelehnten Vergütungssystems (Abs. 1 S. 2 Nr. 11)

23   Nr. 11 beruht auf Art. 9 a Abs. 6 UAbs. 6 S. 2 2. ARRL. Hat die Hauptversammlung das vom Aufsichtsrat vorgelegte Vergütungssystem nicht gebilligt, ist gemäß § 120 a Abs. 3 spätestens der folgenden ordentlichen Hauptversammlung ein überprüftes Vergütungssystem zum Beschluss vorzulegen. Für diesen Fall hat das Vergütungssystem gemäß Nr. 11 a) alle wesentlichen Änderungen anzugeben sowie gemäß Nr. 11 b) eine Übersicht zu gewähren, inwieweit Abstimmungen und Äußerungen der Aktionäre berücksichtigt wurden. Da es sich bei Nr. 11 nicht um einen Vergütungsbestandteil handelt, sind die Angaben bei der Vorlage eines überprüften Vergütungssystems **zwingend** zu machen. „Vergütungsberichte" umfasst in richtlinienkonformer Auslegung des Art. 9 a Abs. 6 UAbs. 6 S. 2 2. ARRL alle Vergütungsberichte seit der letzten Abstimmung über das Vergütungssystem durch die Hauptversammlung.[57]

24   Wann eine „**wesentliche Änderung**" iSv Nr. 11 a) vorliegt, wird weder im Richtlinientext, noch in den Erwägungsgründen der 2. ARRL spezifiziert. Ausgehend vom Telos der Norm, ein transparentes Vergütungssystem darzustellen, darf an die Wesentlichkeit kein überhöhter Anspruch gestellt werden. Als wesentlich anzusehen sind zB deutliche Änderungen der Fixvergütung, Änderungen bei den maximalen variablen Vergütungsbestandteilen und Änderungen der Wartefristen für aktienbezogene Vergütungsbestandteile (vgl. auch → § 120 a Rn. 12).[58]

13. Weitere Angaben (Abs. 1 S. 2)

25   § 87 a regelt die Angaben im Vergütungssystem umfassend, aber nicht abschließend. Das Gesetz schreibt nur **Mindestangaben** vor, so dass es möglich ist, dass die Gesellschaft auch weitere Angaben aufnimmt. Es sollten aber nicht unnötig viele Angaben gemacht werden, da dies das Verständnis und die Übersichtlichkeit beeinträchtigt; denn das Vergütungssystem muss gemäß Abs. 1 S. 1 klar und verständlich sein und bleiben.

II. Festsetzung nach Votum der HV über Vergütungssystem (Abs. 2 S. 1)

26   Abs. 2 S. 1 normiert, dass die konkrete Vergütung eines Vorstandsmitglieds in Übereinstimmung mit einem Vergütungssystem zu geschehen hat, das der HV zur Billigung

---

57   BT-Drs. 19/9739, S. 74.
58   *Lutter/Bayer/Schmidt* Europäisches Unternehmens- und Kapitalmarktrecht   § 29 Rn. 29.136.

vorgelegt worden ist. Eine Einschränkung ist jedoch für das **erste Vergütungssystem** zu machen, das nach Inkrafttreten von § 87 a Abs. 2 S. 1 beschlossen wird. Hier wird das Vergütungssystem Grundlage der Vorstandsvergütung sein unabhängig vom Votum der Hauptversammlung, da es im Regelfall das einzige Vergütungssystem ist, das den Vorgaben von § 87 a entspricht.[59]

Der Wortlaut von Abs. 2 S. 1 ist sehr weit. Notwendig ist allein, dass über das Vergü- 27 tungssystem zu irgendeinem Zeitpunkt abgestimmt worden ist; es ist nicht notwendig, dass das Vergütungssystem auch gebilligt wurde. Darüber hinaus lässt der Wortlaut zu, dass sich die Vergütung nicht nach dem aktuellsten, sondern nach irgendeinem Vergütungssystem bemisst. Der weite Wortlaut lässt dem Aufsichtsrat den Spielraum, bei einem abgelehnten Vergütungssystem die Vergütung nach dem letzten gebilligten System zu bemessen.[60] Rechtspolitisch wäre es wünschenswert gewesen, eine konkrete Vergütung könne sich nur nach einem gebilligten System bemessen. Der Richtliniengeber hat dies in Art. 9 a Abs. 2 UAbs. 1 S. 2 2. ARRL auch so vorgesehen („Gesellschaften entlohnen die Mitglieder der Unternehmensleitung nur entsprechend der von der Hauptversammlung genehmigten Vergütungspolitik"). Der deutsche Gesetzgeber hat jedoch die Ausnahme gem. Art. 9 a Abs. 3 S. 2 2. ARRL genutzt, nach dem ein nur **zur Abstimmung vorgelegtes Vergütungssystem** als Grundlage der konkreten Vergütungsvereinbarung ausreicht. Die Auswahl des zugrunde zu legenden Vergütungssystems trifft der Aufsichtsrat im Rahmen seiner Sorgfaltspflichten nach pflichtgemäßem Ermessen.[61] Der Aufsichtsrat haftet gem. §§ 116 S. 3, 93 iVm § 87 Abs. 1 für die Festsetzung einer unangemessen hohen Vergütung.

III. Außergewöhnliche Abweichungen vom Vergütungssystem (Abs. 2 S. 2)

Abs. 2 S. 2 beruht auf Art. 9 a Abs. 4 2. ARRL. Der Gesetzgeber hat von der Option 28 der Richtlinie Gebrauch gemacht, Ausnahmen von der Selbstbindungswirkung des Vergütungssystems zuzulassen. Nach Abs. 2 S. 2 kann der Aufsichtsrat ausnahmsweise von dem Vergütungssystem abweichen, wenn dies **im Interesse des langfristigen Wohlergehens der Gesellschaft** notwendig ist. Die Regelung besteht neben § 87 Abs. 2, der den Aufsichtsrat berechtigt und ggf. verpflichtet, die Bezüge bei schlechter wirtschaftlicher Lage herabzusetzen. Abs. 2 S. 2 ist flexibler, da er eine Abweichung nach oben und unten ermöglicht. Konstitutiv ist, dass diese Abweichungsmöglichkeit im Vergütungssystem verankert sein muss; es hat das Verfahren sowie die Bestandteile des Vergütungssystems von denen abgewichen werden kann, zu benennen. Wie das „langfristige Wohlergehen der Gesellschaft" zu bestimmen ist, regelt Erwägungsgrund 30 der 2. ARRL; demnach muss die Abweichung den langfristigen Interessen der Tragfähigkeit der Gesellschaft insgesamt dienen oder Rentabilität gewährleisten. Die Abweichung ist auf absolute Ausnahmesituationen beschränkt; nach ARUG II RegE sind damit außergewöhnlich Situationen gemeint, wie die Finanzkrise 2008/2009 oder eine außergewöhnlich schwere Unternehmenskrise.[62]

Zweiter Abschnitt Aufsichtsrat

§ 107 Innere Ordnung des Aufsichtsrats

(1) [1]Der Aufsichtsrat hat nach näherer Bestimmung der Satzung aus seiner Mitte einen Vorsitzenden und mindestens einen Stellvertreter zu wählen. [2]Der Vorstand hat zum Handelsregister anzumelden, wer gewählt ist. [3]Der Stellvertreter hat nur dann die Rechte und Pflichten des Vorsitzenden, wenn dieser verhindert ist.

---

59 Vgl. auch ARUG II RegE BT-Drs. 19/9739, S. 75.
60 BT-Drucks 19/9739, S. 74 f.
61 BT-Drucks 19/9739, S. 75.
62 BT-Drucks 19/9739, S. 75; ebenfalls *Bayer* DB 2018, 3034 (3039).

(2) ¹Über die Sitzungen des Aufsichtsrats ist eine Niederschrift anzufertigen, die der Vorsitzende zu unterzeichnen hat. ²In der Niederschrift sind der Ort und der Tag der Sitzung, die Teilnehmer, die Gegenstände der Tagesordnung, der wesentliche Inhalt der Verhandlungen und die Beschlüsse des Aufsichtsrats anzugeben. ³Ein Verstoß gegen Satz 1 oder Satz 2 macht einen Beschluß nicht unwirksam. ⁴Jedem Mitglied des Aufsichtsrats ist auf Verlangen eine Abschrift der Sitzungsniederschrift auszuhändigen.

(3) ¹Der Aufsichtsrat kann aus seiner Mitte einen oder mehrere Ausschüsse bestellen, namentlich, um seine Verhandlungen und Beschlüsse vorzubereiten oder die Ausführung seiner Beschlüsse zu überwachen. ²Er kann insbesondere einen Prüfungsausschuss bestellen, der sich mit der Überwachung des Rechnungslegungsprozesses, der Wirksamkeit des internen Kontrollsystems, des Risikomanagementsystems und des internen Revisionssystems sowie der Abschlussprüfung, hier insbesondere der Auswahl und der Unabhängigkeit des Abschlussprüfers und der vom Abschlussprüfer zusätzlich erbrachten Leistungen, befasst. ³Der Prüfungsausschuss kann Empfehlungen oder Vorschläge zur Gewährleistung der Integrität des Rechnungslegungsprozesses unterbreiten. *⁴Der Aufsichtsrat der börsennotierten Gesellschaft kann außerdem einen Ausschuss bestellen, der über die Zustimmung nach § 111 b Absatz 1 beschließt. ⁵An dem Geschäft beteiligte nahestehende Personen im Sinne des § 111 a Absatz 1 Satz 2 können nicht Mitglieder des Ausschusses sein. ⁶Er muss mehrheitlich aus Mitgliedern zusammengesetzt sein, bei denen keine Besorgnis eines Interessenkonfliktes auf Grund ihrer Beziehungen zu einer nahestehenden Person besteht.* ⁷Die Aufgaben nach Absatz 1 Satz 1, § 59 Abs. 3, § 77 Abs. 2 Satz 1, § 84 Abs. 1 Satz 1 und 3, Abs. 2 und Abs. 3 Satz 1, § 87 Abs. 1 und Abs. 2 Satz 1 und 2, § 111 Abs. 3, §§ 171, 314 Abs. 2 und 3 sowie Beschlüsse, daß bestimmte Arten von Geschäften nur mit Zustimmung des Aufsichtsrats vorgenommen werden dürfen, können einem Ausschuß nicht an Stelle des Aufsichtsrats zur Beschlußfassung überwiesen werden. ⁸Dem Aufsichtsrat ist regelmäßig über die Arbeit der Ausschüsse zu berichten.

(4) Richtet der Aufsichtsrat einer Gesellschaft, die kapitalmarktorientiert im Sinne des § 264 d des Handelsgesetzbuchs, die CRR-Kreditinstitut im Sinne des § 1 Absatz 3 d Satz 1 des Kreditwesengesetzes, mit Ausnahme der in § 2 Absatz 1 Nummer 1 und 2 des Kreditwesengesetzes genannten Institute, oder die Versicherungsunternehmen im Sinne des Artikels 2 Absatz 1 der Richtlinie 91/674/EWG ist, einen Prüfungsausschuss im Sinn des Absatzes 3 Satz 2 ein, so müssen die Voraussetzungen des § 100 Absatz 5 erfüllt sein.

A. Regelungsgehalt der Neuregelung

1   Die Änderungen des § 107 ergänzen § 111 b Abs. 1, der die Zustimmungsvorbehalte des Aufsichtsrats für Geschäfte mit nahestehenden Personen regelt. Der Aufsichtsrat kann gemäß Abs. 3 S. 1 Ausschüsse bilden und diesen bis zu den Grenzen des Abs. 3 S. 4 Kompetenzen übertragen. Die auf der Grundlage der 2. ARRL eingefügten Abs. 3 S. 4–6 enthalten Verfahrensvorgaben für den in § 111 b Abs. 1 in Bezug genommenen Ausschuss für Geschäfte mit nahestehenden Personen. Anders als noch im ARUG II

RefE[1] vorgesehen, kann der Aufsichtsrat dem Ausschuss gem. Abs. 3 S. 4 die **Kompetenz zur Beschlussfassung übertragen**.[2] Die 2. ARRL behandelt nicht die Frage, ob das Aufsichtsorgan seine Kompetenz an einen Ausschuss abgeben darf. Nach deutschem Recht ist uE die Möglichkeit des beschließenden Ausschusses gänzlich unsystematisch für Geschäfte mit Nahestehenden, da die vergleichbare Aufgabe der Überprüfung des Abhängigkeitsberichts nach §§ 107 Abs. 3 S. 7 iVm 314 Abs. 2 und Abs. 3 einem Ausschuss nicht übertragen werden darf. Die Konstruktion der Übertragung der Entscheidung auf einen Ausschuss ist auch europarechtlich zweifelhaft: Die 2. ARRL eröffnet nämlich in Hinblick auf die Fairness Opinion zum Geschäft mit Nahestehenden in Art. 9 c Abs. 3 UAbs. 2 lit c) die Möglichkeit der Befassung in einem mehrheitlich aus unabhängigen Mitgliedern bestehenden Ausschuss; Solches sieht die 2. ARRL in Hinblick auf die Zustimmung zum Geschäft gerade nicht vor, sondern verlangt in Art. 9 c Abs. 4 UAbs. 1 die Entscheidung des Aufsichtsorgans der Gesellschaft als solches, ohne die Möglichkeit einer Ausschussentscheidung anzusprechen; daraus folgt uE *e contrario*, dass das Gesamtgremium entscheiden muss.[3]

B. Die Neuregelungen im Einzelnen

I. Ausschussbildung (Abs. 3 S. 4)

Der Ausschuss wird durch Beschluss des Gesamtaufsichtsrats mit Mitgliedern aus der Mitte des Aufsichtsrats gebildet. Die **Einrichtung eines solchen Ausschusses ist nicht verpflichtend**.[4] Der Aufsichtsrat muss ein Geschäft mit Nahestehenden überhaupt nicht dem Ausschuss vorlegen, auch wenn dieser gebildet ist; er kann auch einen Ausschuss nur zur Vorbereitung des Beschlusses einrichten.[5] (→ § 111 b Rn. 80) Der Ausschuss muss über die Zustimmung beschließen, sofern ihm der Aufsichtsrat ein Geschäft zur Entscheidung vorlegt. Es braucht kein Ausschuss gebildet zu werden, der sich exklusiv mit Geschäften mit Nahestehenden befasst.[6] Erfüllt ein bestehender Ausschuss die Anforderungen des Abs. 3 S. 4–6, kann diesem die Beschlussfassung über das Geschäft übertragen werden.[7] Die Delegation der Zustimmung durch den Ausschuss an einen Unterausschuss scheidet aus.[8] Vgl. zur Möglichkeit des Aufsichtsrats, dem Ausschuss die Entscheidungsbefugnis jederzeit zu entziehen, → § 111 b Rn. 81.

2

---

1 Vgl. ARUG II RefE, S. 8 f., 11; zum ansonsten umständlichen und komplexen Regelungsvorschlag des ARUG II RefE vgl. *Illner/Hoffmann* ZWH 2019, 81 (86); *Schmidt* EuZW 2019, 261 (263); *Tarde* NZG 2019, 488 (492).

2 Im Gesetzgebungsverfahren gab es Zweifel an der Sinnhaftigkeit der Übertragung der Entscheidungsmöglichkeit auf einen Ausschuss, zB der Sachverständigen *Kerstin Jerchel* (Bereichsleiterin Mitbestimmung bei der verdi-Bundesverwaltung), „weil wir ja hier nicht über kleine Geschäfte sprechen, sondern eher über große Geschäfte" (Wortprotokoll der 54. Sitzung des Ausschusses für Recht und Verbraucherschutz am 5. Juni 2019, Protokoll Nr. 19/54, S. 12; demgegenüber meinte die Sprecherin des Deutschen Anwaltvereins DAV, *Hilke Herchen*, in ihrer dem Ausschuss zur og Sitzung vorgelegten schriftlichen Stellungnahme, S. 8, die Übertragung der Beschlusskompetenz „überzeugt: Bei der Zustimmung zu Geschäften mit nahestehenden Personen geht es … unter einen Kernbereich der Überwachungsaufgaben des Aufsichtsrats, der zwingend dem Plenum zugewiesen werden müsste." Im Ergebnis ebenso *Strenger*, Wortprotokoll der 54. Sitzung des Ausschusses für Recht und Verbraucherschutz am 5. Juni 2019, Protokoll Nr. 19/54, S. 14 („Dass das Ganze durch einen Ausschuss geregelt werden kann, macht wirklich schon viel Sinn … Und bei mitbestimmten Unternehmen sind die Arbeitnehmer ja auch dabei, dann mögen sie dann auch bitte ihren Einfluss geltend machen.").

3 Vgl. *Jung/Stiegler* in Jung/Krebs/Stiegler Gesellschaftsrecht in Europa, § 30 Rn. 323.

4 *Kleinert/Mayer* EuWZ 2019, 103 (106); *Schmidt* EuZW 2019, 261 (263).

5 *Schmidt* EuZW 2019, 261 (263).

6 *Lieder/Wernert* ZIP 2019, 989 (994); *Paschos/Goslar* AG 2019, 365 (371); *Schmidt* EuZW 2019, 261 (263).

7 ARUG II RegE, S. 76; *Lieder/Wernert* ZIP 2019, 989 (994).

8 ARUG II RegE, S. 76.

3   Es ist sowohl möglich, einen **ständigen Ausschuss oder ad hoc für ein bestimmtes Geschäft** einzurichten (oder die Entscheidung auf **bestehenden anderen Ausschuss zu
übertragen** (→Rn. 2; → § 111 b Rn. 81 zur Möglichkeit des Gesamtaufsichtsrats, die
Entscheidung jederzeit wieder an sich zu ziehen).[9] Besteht ein (besonderer oder anderer mit der Aufgabe betrauter) ständiger Ausschuss, muss er vor jeder Beschlussfassung prüfen, ob die Besetzungsanforderungen der Abs. 3 S. 5 und 6 gewahrt sind. Der
Aufsichtsrat kann Ersatzmitglieder bestellen.[10] Ausschussmitglieder dürfen nicht am
Geschäft als nahestehende Person beteiligt sein, wozu ua auch Organmitglieder des
Nahestehenden gehören (→ § 111 b Rn. 93 ff.). Zudem darf die Mehrheit der Ausschussmitglieder nicht der Besorgnis eines Interessenkonflikts unterliegen (→ Rn. 6).
Falls die Besorgnis besteht, sind die Betroffenen zu ersetzen, ggf. rücken etwaige Ersatzmitglieder nach. Die Beurteilung der Besorgnis obliegt dem Gesamtaufsichtsrat;
sie ist eine gebundene Entscheidung, auf die die Business Judgment Rule nicht anwendbar ist.[11] Sie ist gerichtlich voll überprüfbar.[12] Maßstab ist die Sicht eines verständigen, vernünftig und objektiv urteilenden Dritten, der mit den potenziell schädli-
chen Beziehungen zwischen dem Aufsichtsratsmitglied und der nahestehenden Person
vertraut ist. Es muss bei Würdigung der Umstände des Einzelfalls die begründete Besorgnis bestehen, dass das Aufsichtsratsmitglied nicht in der Lage sein wird, die Abstimmung über die Zustimmung zu dem Geschäft mit dem Nahestehenden unbefan-
gen, unparteiisch und unbeeinflusst von jeder Rücksichtnahme auf dessen Interessen
wahrzunehmen.[13]

4   Nach Ansicht des ARUG II RegE führt eine **fehlerhafte Besetzung** „zur Nichtigkeit
der Beschlüsse des Ausschusses".[14] Diese Aussage ist so pauschal falsch, vielmehr ist
zu differenzieren: Für beschließende Aufsichtsratsausschüsse gelten grundsätzlich die
gleichen Grundsätze wie bei der Beschlussfassung im Aufsichtsratsplenum.[15] Ein Aus-
schuss-Beschluss ist insbes. wegen der Stimmabgabe eines Nichtberechtigten (zB infolge eines Teilnahmeverbots gem. Abs. 3 S. 4) unwirksam, wenn der Ausschuss ohne
das betroffene Aufsichtsratsmitglied nicht beschlussfähig oder die Stimmabgabe für
das Beschlussergebnis kausal war.[16] Ein beschließender Ausschuss ist bei Anwesenheit
von mindestens drei Mitgliedern beschlussfähig (§ 108 Abs. 2 S. 2). Der Gesamtaufsichtsrat muss im Fall der drohenden Unwirksamkeit eines Ausschuss-Beschlusses die
Entscheidung über das Geschäft an sich ziehen und selbst entscheiden. Neben den
Folgen für den Aufsichtsratsbeschluss kommt auch die Haftung der Aufsichtsratsmitglieder in Betracht, die nicht hätten mitstimmen dürfen (§§ 116, 93, → Rn. 9).[17]

---

9 *Bungert/Wansleben* BB 2019, 1026 (1028); *DAV-Handelsrechtsausschuss* NZG 2019, 12
   (16); *Lieder/Wernert* ZIP 2019, 989 (994); *Müller* ZIP 2019, 2429 (2434). Vgl. zur Prak-
   tikabilität eines ständigen Ausschusses: *Tarde* NZG 2019, 488 (492). Zur Übertragung
   auf einen bestehenden Ausschuss: ARUG II RegE, S. 76.
10 ARUG II RegE, S. 76; *Bungert/Wansleben* BB 2019, 1026 (1029).
11 *Lieder/Wernert* ZIP 2019, 989 (994); *Tarde* NZG 2019, 488 (492).
12 ARUG II RegE, S. 88; zustimmend *Lieder/Werner* ZIP 2019, 989 (994); *Tarde* NZG
   2019, 488 (492); im ARUG II RefE (S. 71) sollte dem Gesamtaufsichtsrat noch ein Beurteilungsspielraum eingeräumt werden, vgl. hierzu kritisch *DAV-Handelsrechtsausschuss*
   NZG 2019, 12 (16); *Lieder/Wernert* ZIP 2018, 2441 (2450). Nunmehr besteht ein
   Gleichlauf zwischen Abs. 4 S. 6 und § 111 b Abs. 2.
13 ARUG II RegE, S. 76 f.
14 ARUG II RegE, S. 76.
15 GK-AktG/*Hopt/Roth* AktG § 108 Rn. 21 mwN.
16 BGHZ 196, 195, Rn. 17; GK-AktG/*Hopt*/Roth AktG § 107 Rn. 444; vgl. *Illner*, Die fehlerhafte Bestellung von Aufsichtsratsmitgliedern in der Aktiengesellschaft, 2017, S. 79 f.
17 ARUG II RegE, S. 88; *Illner/Hoffmann* ZWH 2019, 81 (86); *Lieder/Wernert* ZIP 2018,
   2441 (2450); *Schmidt* NZG 2018, 1201 (1213); *dies* EuZW 2019, 261 (263).

II. Ausschluss von an Geschäften beteiligten Nahestehenden (Abs. 3 S. 5)

Aufsichtsratsmitglieder, die als nahestehende Person an einem Geschäft beteiligt sind, können nicht Mitglied des Ausschusses gemäß Abs. 4 S. 4 sein (→ Rn. 3).[18] Die Beurteilung obliegt dem Gesamtaufsichtsrat. Er hat keinen Beurteilungsspielraum; er hat die Voraussetzungen objektiv zu prüfen.[19] Die Entscheidung des Aufsichtsrats ist gerichtlich voll überprüfbar.[20]

5

III. Zusammensetzung (Abs. 3 S. 6)

Der Ausschuss muss **mehrheitlich** mit Aufsichtsratsmitgliedern besetzt sein, bei denen **keine Besorgnis eines Interessenkonflikts** aufgrund ihrer Beziehung zu einer nahestehenden Person besteht; hinzu kommen können allgemeine mitbestimmungsrechtliche Besonderheiten.[21] Der Gesamtaufsichtsrat hat dies nach objektiven Kriterien zu beurteilen.[22] (→ § 111 b Rn. 102) Zur Besorgnis eines Interessenkonflikts → § 111 b Rn. 95 ff. Die Besorgnis ist nach dem deutschen Recht unschädlich, solange nicht die Mehrheit der Ausschussmitglieder einem Interessenkonflikt unterliegt. Anders als nach § 111 b Abs. 2 greift kein Stimmverbot im Fall eines Interessenkonflikts (→ § 111 b Rn. 95, 104); das soll nach dem ARUG II RegE einen Anreiz schaffen, einen Ausschuss gem. Abs. 4 S. 4 einzurichten. Ziel ist es, einen offenen Austausch von Argumenten aller Seiten zu ermöglichen.[23] In der Literatur ist die Vorgabe der Zusammensetzung kritisiert worden: In einem derart besetzten Ausschuss sei den „von der nahestehenden Person abhängigen Mitgliedern nur dann die Durchsetzung der RPT[24] verwehrt, wenn die unbefangenen Mitglieder einheitlich dagegen stimmen. Sind sich Letztere hingegen uneinig, so bilden die befangenen Mitglieder das Zünglein an der Waage. Ein Zustimmungsverfahren ohne die ausschlaggebende Einflussnahme der nahestehenden Personen, wie es Art. 9 c Abs. 4 UAbs. 1 2. ARRL fordert, ist damit nicht gewährleistet."[25] Diese Erwägungen überzeugen vor dem Hintergrund der

6

---

18 Die Norm setzt die Vorgabe von Art. 9 c Abs. 4 UAbs. 3 2. ARRL um.

19 ARUG II RegE, S. 76; *Lieder/Wernert* ZIP 2019, 989 (994).

20 ARUG II RegE, S. 76.

21 Kritisch *Tarde* NZG 2019, 488 (492); *Tröger/Roth/Strenger* BB 2018, 2946 (2949 f.); zu paritätisch mitbestimmten Gesellschaften vgl. *Heldt* AG 2018, 905 (916 f.); *Tarde* ZGR 2017, 360 (379); *ders.* NZG 2019, 488 (492); *Tröger* AG 2015, 53 (70); *Vetter* ZHR 179 (2015), 273 (308 f.). Mitbestimmungsrechtlich halten wir es nach der st. Rspr. für ausgeschlossen, Arbeitnehmervertreter auszuschließen, da es um den Schutz der Gesellschaft vor der Entziehung von Vermögenswerten geht und damit auch den Arbeitnehmerinteressen nicht geschadet werden darf; daher ist die Zustimmung keineswegs eine mitbestimmungsferne Thematik, vgl. allgemein BGHZ 83, 144, 149; BGHZ 122, 355 ff.; BGHZ 142, 342, 357 f.; OLG München AG 1995, 466, sowie die Darstellung bei *Wichert* in Heidel, Aktienrecht, § 27 MitbestG Rn. 10 m.w.N.: Strittig ist, ob sich aus dem MitbestG Vorgaben für die Zusammensetzung von Ausschüssen ableiten lassen; mit der hM ist dies insofern zu verneinen, als andere als der in § 27 Abs. 3 MitbestG ausdrücklich geregelte Vermittlungsausschuss nicht zwingend paritätisch zusammengesetzt zu sein brauchen, sondern der AR in eigener Organisationsautonomie über die Zusammensetzung der Ausschüsse entscheidet, dabei aber das Gleichbehandlungsgebot beachten muss und nicht willkürlich entscheiden darf; eine unterparitätische Besetzung eines Ausschusses ist zwar zulässig, bedarf aber einer sachlichen Rechtfertigung; das können etwa fehlende Qualifikation oder Erfahrung für den Finanz- oder Prüfungsausschuss sein, wogegen sich eine unterparitätische Besetzung des Personalausschusses schwerlich rechtfertigen lassen wird; in Ausschuss ganz ohne Beteiligung auch nur eines Arbeitnehmervertreters ist in der Regel unzulässig sein.

22 *Lieder/Wernert* ZIP 2019, 989 (994).

23 ARUG II RegE, S. 76; *Paschos/Goslar* AG 2019, 365 (371).

24 Related Party Transaction = Geschäft mit dem Nahestehenden.

25 *Tarde* NZG 2019, 488 (492); vgl. auch *Jung/Stiegler* in Jung/Krebs/Stiegler Gesellschaftsrecht in Europa § 30 Rn. 325 (diese sind der Auffassung, dass ein Mitgliedstaat von der in Art. 9 c Abs. 4 UAbs. 1 2. ARRL gewährten Ausnahmemöglichkeit „wohl" keinen Ge-

Vorgabe von Art. 9 c Abs. 4 UAbs. 1 und Erwägungsgrund 42, 2. ARRL. Denn § 107 Abs. 3 S. 6 verhindert nicht per se entsprechend der Richtlinienvorgabe, dass der Nahestehende seine Position ausnutzt. Dieses Ausnutzen ist möglich, wenn wie nach dem Gesetzeswortlaut möglich, sich die Minderheit der Nahestehenden gegen die Mehrheit der Unabhängigen durchsetzen kann. Das ist zB der Fall, wenn die Unabhängigen nicht einheitlich abstimmen. Voraussetzung für eine wirksame AR-Zustimmung ist daher uE in europarechtskonformer Auslegung des § 107 Abs. 3 S. 6, dass der Zustimmungsbeschluss **mehrheitlich auf Stimmen unabhängiger Mitglieder beruhen muss.**

7   Ist ein Ausschuss entgegen den gesetzlichen Vorgaben **mehrheitlich aus Mitgliedern zusammengesetzt, bei denen die Besorgnis eines Interessenkonflikts besteht,** ist uE der Ausschussbeschluss grundsätzlich fehlerhaft und somit nichtig, wenn er nicht im Einzelfall (zB aufgrund von Enthaltungen) mehrheitlich von nicht konfligierten Ausschussmitgliedern getragen wurde; deren Stimmabgabe darf nicht kausal für das Beschlussergebnis geworden sein.

IV. Allgemeine Verfahrensfragen

8   Gem. Abs. 3 S. 8 ist dem Aufsichtsrat **regelmäßig über die Arbeit der Ausschüsse zu berichten,** was dem Gesamtaufsichtsrat die Kontrolle über die Ausschussarbeit ermöglichen soll.[26] Der Gesetzgeber ist allgemein der Ansicht, dass ein knapper Ergebnisbericht genügt.[27] Bereitet der Ausschuss die Entscheidung des Aufsichtsrats lediglich vor, muss der diesem alle entscheidungsrelevanten und sonstigen wesentlichen tatsächlichen Grundlagen mitteilen, damit das Gesamtgremium auf informierter Grundlage seine eigene Entscheidung treffen kann.[28] Ist der Ausschuss beschließend, kann die Information weniger dicht sein; er muss zB nach hM nicht ohne entsprechenden AR-Beschluss ihm erstattete Vorstandsberichte nach § 90 von sich aus an das Plenum weiterleiten oder detaillierte Berichte über die Ausschussarbeit erstatten; Informationen müssen aber umso umfangreicher sein, je weniger Informationsrechte den übrigen Aufsichtsratsmitgliedern noch zustehen, da sie zB keine weiteren Berichte vom Vorstand nach § 90 verlangen können sollen, wenn der Ausschuss diese bereits angefordert hatte.[29] Das AR-Plenum darf von seinen Ausschüssen umfassende Informationen verlangen; denn es kann jederzeit die delegierten Aufgaben wieder an sich ziehen (→ § 111 b Rn. 95). **Berichtspflichtig sind die Ausschussmitglieder;** sie können sich zur Erfüllung ihrer Pflicht des Ausschussvorsitzenden bedienen.[30] **Vertrauliche Details**

---

brauch machen könne, wenn er dem Aufsichtsrat die Zustimmung überträgt, aber gleichzeitig für diesen keine unabhängigen Mitglieder vorschreibe; denn die Vorschrift sehe nicht vor, dass ein angemessener Schutz auf andere Weise erreicht werden könne); *Tarde* ZGR 2017, 360 (368 f.); *Tröger/Roth/Strenger* BB 2018, 2946 (2949 f.); *Tröger* AG 2015, 53 (70). Vgl. auch *Habersack* AG 2016, 691 (696), der zwar zurückhaltend formuliert, aber den entscheidenden Punkt trifft: Bei Übertragung an einen Ausschuss sei sicherzustellen, dass der Nahestehende seinen Einfluss nicht zu Lasten der Gesellschaft und der außenstehenden Aktionäre ausüben könne; bei Übertragung der Entscheidung auf einen Ausschuss „wäre dann daran zu denken", diesen mit unabhängigen Mitgliedern zu besetzen. Auch *Lutter/Bayer/Schmidt* Europäisches Unternehmens- und Kapitalmarktrecht 2017 Rn. 29.186 legen die 2. ARRL so aus, dass die Mitgliedstaaten sicherstellen müssen, dass die Related Party daran gehindert ist, dem Geschäft zuzustimmen und das Geschäft durchzusetzen, obwohl die Mehrheit der Aktionäre, die nicht nahestehend sind bzw. die Mehrheit der unabhängigen Mitglieder gegenteiliger Meinung sind.

26 Vgl. *Breuer/Fraune* in Heidel, Aktienrecht, § 107 AktG Rn. 50.
27 *Breuer/Fraune* in Heidel, Aktienrecht, § 107 AktG Rn. 50; RegBegründung des TransPuG, BT-Drs. 14/8769 („Die Berichterstattung kann zusammenfassend, auf das Wesentliche bezogen werden und als Ergebnisbericht erfolgen.")
28 MüKoAktG/*Habersack* AktG § 107 Rn. 171; Spindler/Stilz/*Spindler* AktG § 107 Rn. 119.
29 Spindler/Stilz/*Spindler* AktG § 107 Rn. 119
30 MüKoAktG/*Habersack* AktG § 107 Rn. 170.

sollen die Ausschussmitglieder nicht von sich aus offenlegen müssen, nach mitunter vertretener Sicht sollen sie gegenüber dem Gesamtaufsichtsrat grundsätzlich sogar zur Verschwiegenheit berechtigt und sogar verpflichtet sein, soweit es das Gesellschaftsinteresse erfordere; das ist uE falsch, da der Ausschuss nur eine delegierte Kompetenz hat und das Gesamtorgan diese jederzeit wieder an sich ziehen kann, was eine vollständige Information erfordert.[31] Abs. 3 S. 8 berührt nicht das Recht, durch **Beschluss vom Ausschuss weitergehende Informationen** über die Ausschussarbeit und konkrete Entscheidungen zu verlangen.[32] Ein solcher Beschluss kann sich entgegen mitunter vertretener Sicht auch auf nach Sicht des Ausschusses geheimhaltungsbedürftige Tatsachen beziehen.[33] Hat der Ausschuss das Geschäft mit einem Nahestehenden genehmigt, verbieten sich Geheimhaltungserwägungen von selbst, da nach § 111 c das Geschäft in all seinen Details offenzulegen ist.

Alle AR-Mitglieder haben aber das **Informationsrecht**, von vom Vorstand dem Ausschuss nach § 90 erstatteten Berichten Kenntnis zu nehmen.[34] Nach verbreiteter, uE unrichtiger Sicht soll das einzelne Aufsichtsratsmitglied keine **Auskunftsrechte gegenüber dem Ausschuss** haben, und § 90 Abs. 3 S. 2 nicht entsprechend anwendbar sein.[35]   9

Das **Teilnahmerecht von AR-Mitgliedern** an Sitzungen des Ausschusses richtet sich nach § 109 Abs. 2. Darüber befindet danach im Grundsatz der AR-Vorsitzende. Er darf die Teilnahmebeschränkung nicht in diskriminierender Weise ausüben, es müssen sachliche Gründe für die Verweigerung der Teilnahme vorliegen.[36] UE wird er regelmäßig die Teilnahme von Mitgliedern zu verweigern haben, die Nahestehende sind bzw. bei denen die Beziehung zum Nahestehenden die Besorgnis eines Interessenkonflikts begründet. Denn Abs. 3 S. 5 verbietet die Mitgliedschaft von an dem Geschäft beteiligten Nahestehenden im Ausschuss, und nach Abs. 3 S. 6 muss die Ausschussbesetzung so austariert sein, dass bei der Mehrheit der Mitglieder keine Besorgnis eines Interessenkonfliktes auf Grund ihrer Beziehungen zum Nahestehenden besteht. Diese Grundsätze würden ausgehebelt, wenn AR-Mitglieder, die Nahestehende (bzw. in Ausmaße eines Interessenkonflikts mit ihnen verbunden) sind, durch ihre Präsenz im Aufsichtsrat in Ausschusssitzungen die Möglichkeit hätten, den unbefangenen Entscheidungsprozess des Ausschusses zu beeinflussen.   10

§ 90 Abs. 3 S. 1 gewährt zwar nur dem Aufsichtsrat einen Berichtsanspruch gegenüber dem Vorstand. In entsprechender Anwendung der Vorschrift steht jedoch dem Ausschuss im Rahmen seiner Zuständigkeit das gleiche Recht zu. Will er einen Bericht vom Vorstand verlangen, muss er hierüber einen Beschluss fassen, was Beschlussfähigkeit voraussetzt. Davon unberührt bleibt allerdings das Recht eines jeden Ausschussmitglieds, entsprechend § 90 Abs. 3 S. 2 Berichterstattung an den Ausschuss zu verlangen. Der Vorstandsbericht kann unmittelbar den Mitgliedern oder dem Ausschussvorsitzenden übermittelt werden, der sie sodann an die Ausschussmitglieder weiterleitet; dem Aufsichtsratsvorsitzenden ist aber mit Blick auf § 109 Abs. 2 entweder durch den Vorstand oder durch den Ausschussvorsitzenden eine Abschrift zu überlassen. Das Einsichts- und Prüfungsrecht nach § 111 Abs. 2 S. 1 steht dem Ausschuss nach hM   11

---

31 MüKoAktG/*Habersack* AktG § 107 Rn. 170; aA Großkomm AktG/*Hopt/Roth* § 107 Rn. 442.

32 MüKoAktG/*Habersack* AktG § 107 Rn. 171; MHdB AG/*Hoffmann-Becking* § 32 Rn. 43; *Drygala* in Schmidt/Lutter § 107 Rn. 56.

33 MüKoAktG/*Habersack* AktG § 107 Rn. 171; aA Großkomm AktG/*Hopt/Roth* § 107 Rn. 442.

34 *Oltmanns* in Heidel Aktienrecht § 90 AktG Rn. 20; Spindler/Stilz/*Spindler* AktG § 90 Rn. 45.

35 MüKoAktG/*Habersack* AktG § 107 Rn. 171; aA LG Frankfurt ZIP 1996, 1661 (1664).

36 Vgl. statt aller *Breuer/Fraune* in Heidel Aktienrecht § 90 AktG Rn. 9.

nicht zu.[37] Der Aufsichtsrat kann aber den Ausschuss durch Beschluss zur Geltendmachung des Rechts ermächtigen. Informationsrechte der Ausschussmitglieder bestehen ferner nach Maßgabe von § 170 Abs. 3 S. 2, § 171 Abs. 1 S. 2, § 318 Abs. 7 S. 4 HGB.

V. Haftung

12 Vgl. zu Haftungsfolgen zB bei nicht-ordnungsgemäßer Zusammensetzung → Rn. 4 sowie → § 111 b Rn. 119.

§ 111 a Geschäfte mit nahestehenden Personen

(1) [1]Geschäfte mit nahestehenden Personen sind Rechtsgeschäfte oder Maßnahmen,
1.   durch die ein Gegenstand oder ein anderer Vermögenswert entgeltlich oder unentgeltlich übertragen oder zur Nutzung überlassen wird und
2.   die mit nahestehenden Personen gemäß Satz 2 getätigt werden.
[2]Nahestehende Personen sind nahestehende Unternehmen oder Personen im Sinne der internationalen Rechnungslegungsstandards, die durch die Verordnung (EG) Nr. 1126/2008 der Kommission vom 3. November 2008 zur Übernahme bestimmter internationaler Rechnungslegungsstandards gemäß der Verordnung (EG) Nr. 1606/2002 des Europäischen Parlaments und des Rates (ABl. L 320 vom 29.11.2008, S. 1; L 29 vom 2.2.2010, S. 34), die zuletzt durch die Verordnung (EU) 2019/412 (ABl. L 73 vom 15.3.2019, S. 93) geändert worden ist, in der jeweils geltenden Fassung übernommen wurden. [3]Ein Unterlassen ist kein Geschäft im Sinne des Satzes 1.

(2) [1]Geschäfte, die im ordentlichen Geschäftsgang und zu marktüblichen Bedingungen mit nahestehenden Personen getätigt werden, gelten nicht als Geschäfte mit nahestehenden Personen im Sinne der §§ 107 und 111 a bis 111 c. [2]Um regelmäßig zu bewerten, ob die Voraussetzungen nach Satz 1 vorliegen, richtet die börsennotierte Gesellschaft ein internes Verfahren ein, von dem die an dem Geschäft beteiligten nahestehenden Personen ausgeschlossen sind. [3]Die Satzung kann jedoch bestimmen, dass Satz 1 nicht anzuwenden ist.

(3) Nicht als Geschäfte mit nahestehenden Personen im Sinne der §§ 107 und 111 a bis 111 c gelten ferner
1.   Geschäfte mit Tochterunternehmen im Sinne der internationalen Rechnungslegungsstandards, die durch die Verordnung (EG) Nr. 1126/2008 übernommen wurden, die unmittelbar oder mittelbar in 100-prozentigem Anteilsbesitz der Gesellschaft stehen oder an denen keine andere der Gesellschaft nahestehende Person beteiligt ist oder die ihren Sitz in einem Mitgliedstaat der Europäischen Union haben und deren Aktien zum Handel an einem in einem Mitgliedstaat gelegenen oder dort betriebenen geregelten Markt im Sinne des Artikels 4 Absatz 1 Nummer 21 der Richtlinie 2014/65/EU des Europäischen Parlaments und des Rates vom 15. Mai 2014 über Märkte für Finanzinstrumente sowie zur Änderung der Richtlinien 2002/92/EG und 2011/61/EU (ABl. L 173 vom 12.6.2014, S. 349; L 74 vom 18.3.2015, S. 38; L 188 vom 13.7.2016, S. 28; L 273 vom 8.10.2016, S. 35; L 64 vom 10.3.2017, S. 116; L 278 vom 27.10.2017, S. 56), die zuletzt durch die Richtlinie (EU) 2016/1034 (ABl. L 175 vom 30.6.2016, S. 8) geändert worden ist, zugelassen sind;
2.   Geschäfte, die einer Zustimmung oder Ermächtigung der Hauptversammlung bedürfen;

---

37 Hüffer/Koch AktG § 111 Rn. 22; MüKoAktG/*Habersack* AktG § 111 Rn. 83; Spindler/ Stilz/*Spindler* AktG § 111 Rn. 39.

3. alle in Umsetzung der Hauptversammlungszustimmung oder -ermächtigung vorgenommenen Geschäfte und Maßnahmen, insbesondere
   a) Maßnahmen der Kapitalbeschaffung oder Kapitalherabsetzung (§§ 182 bis 240), Unternehmensverträge (§§ 291 bis 307) und Geschäfte auf Grundlage eines solchen Vertrages,
   b) die Übertragung des ganzen Gesellschaftsvermögens gemäß § 179 a,
   c) der Erwerb eigener Aktien nach § 71 Absatz 1 Nummer 7 und 8 Satzteil vor Satz 2,
   d) Verträge der Gesellschaft mit Gründern im Sinne des § 52 Absatz 1 Satz 1,
   e) der Ausschluss von Minderheitsaktionären nach den §§ 327 a bis 327 f sowie
   f) Geschäfte im Rahmen einer Umwandlung im Sinne des Umwandlungsgesetzes;
4. Geschäfte, die die Vergütung betreffen, die den Mitgliedern des Vorstands oder Aufsichtsrats im Einklang mit § 113 Absatz 3 oder § 87 a Absatz 2 gewährt oder geschuldet wird;
5. Geschäfte von Kreditinstituten, die zur Sicherung ihrer Stabilität durch die zuständige Behörde angeordnet oder gebilligt wurden;
6. Geschäfte, die allen Aktionären unter den gleichen Bedingungen angeboten werden.

A. Grundlagen

I. Regelungszweck

1 Die ursprüngliche ARRL hatte auf Basis der Erkenntnisse der Finanzkrise darauf abgezielt, die Corporate Governance insgesamt zu verbessern. Die Mitwirkung der Aktionäre sollte erleichtert werden, indem Hindernisse bei der grenzüberschreitenden Stimmrechtsausübung in börsennotierten Gesellschaften ausgeräumt wurden.[1] Die EU-Kommission erkannte darüber hinausgehend in dem **mangelhaften Schutz von Gesellschaften und ihren (Minderheits-)Aktionären vor schädlicher Einflussnahme durch nahestehende Personen bzw. Unternehmen ein Corporate Governance-Defizit**. Das lag auf der Linie von Feststellungen der OECD bzw. der Weltbank, wonach Geschäfte mit Nahestehenden weltweit eines der größten Probleme der Unternehmensführung sind bzw. Deutschland im Hinblick auf Geschäfte mit Nahestehenden im Hinblick auf die Kriterien Transparenz, Geschäftsleiterhaftung und Aktionärsklagen unter 189 Staaten den 89. Rang belegte.[2] Die Kommission legte nach Vorarbeiten 2011 des European Corporate Governance Forum[3] sowie in ihrem Grünbuch 2011[4] und ihrem Aktionsplan 2012[5] zur Behebung dieses Missstands einen Änderungsvorschlag zur ARRL vor.[6] Nach jahrelangen Diskussionen mit diversen Zwischenentwürfen[7] wurde schließlich am 17. Mai 2017 die 2. ARRL verabschiedet, die in Art. 9 c sowie den Er-

---

1 ErwG 3, 5 und 9 ARRL.
2 *OECD*, Related Party Transactions and Minority Shareholder Rights, OECD Publishing v. 29.3.2012, S. 20; Weltbank: http://doingbusiness.org/data/exploreeconomies/germany#protecting-investors.
3 Statement of the European Corporate Governance Forum on Related Party Transactions for Listed Entities vom 10.3.2011, http://ec.europa.eu/internal_market/company/docs/ecgforum/ecgf_related_party_transactions_en.pdf.
4 Ziff. 2.7.2., KOM(2011) 164 endgültig, https://eur-lex.europa.eu/legal-content/DE/TXT/PDF/?uri=CELEX:52011DC0164&from=DE.
5 Europäische Kommission, Aktionsplan: Europäisches Gesellschaftsrecht und Corporate Governance – ein moderner Rechtsrahmen für engagiertere Aktionäre und besser überlebensfähige Unternehmen, COM (2012) 740 final, S. 11, Ziff. 3.2., COM(2012) 740 final, https://eur-lex.europa.eu/legal-content/DE/TXT/PDF/?uri=CELEX:52012DC0740&from=DE.
6 Vorschlag für eine Richtlinie des Europäischen Parlaments und des Rates zur Änderung der Richtlinie 2007/36/EG im Hinblick auf die Förderung der langfristigen Einbeziehung der Aktionäre sowie der Richtlinie 2013/34/EU in Bezug auf bestimmte Elemente der Erklärung zur Unternehmensführung, COM (2014) 213 final. Vgl. *Bayer/Selentin* NZG 2015, 7 (8); *BDA/BDI/DIHK* Stellungnahme v. 31.7.2014, S. 17 ff.; *BDI/Freshfields Bruckhaus Deringer* Erforderliche Harmonisierung oder unnötiger Systembruch? Der Vorschlag der EU-Kommission zu Related Party Transactions, 2015, S. 23 f.; *BRAK* Stellungnahme 39/2014;

wägungsgründen 42-44 Vorgaben für Regelungen zu Related Party Transactions (RPT, Geschäfte mit Nahestehenden) enthält. Sie sollen die börsennotierten Gesellschaften und ihre (Minderheits-)Aktionäre vor schädigender Einflussnahme durch nahestehende Personen bzw. Unternehmen schützen.[8] §§ 107, 111 a ff. sollen das ins deutsche Recht umsetzen.

II. Regelungsgegenstand

1. Allgemeines

Die Vorgaben der 2. ARRL für Geschäfte mit Nahestehenden hat der deutsche Ge-   2
setzgeber in §§ 107 Abs. 3, 111a-111 c AktG umgesetzt. Den Kern des europarechtlich fundierten Regelungskonzepts bilden zwei Schutzmechanismen: (1) Der **Aufsichtsrat muss bestimmten (wesentlichen) Geschäften mit** Nahestehenden **zustimmen** (§ 111 b), → § 111 b Rn. 6 ff. Dies dient vornehmlich dem Schutz der Gesellschaft und der (Minderheits-)Aktionäre. (2) Darüber hinaus besteht für die zustimmungspflichtigen Geschäfte entsprechend den kapitalmarktrechtlichen Publikationspflichten zu Insidergeschäften[9] **eine Bekanntmachungspflicht** (§ 111 c). Diese soll nicht nur (gegenwärtige und künftige) Aktionäre schützen, sondern nach Erwägungsgrund 44 2. ARRL auch Gläubiger, Arbeitnehmer und andere Interessierte Parteien.[10]

S. 8; *Bremer* NZG 2014, 415; *DNotV* Stellungnahme v. 24.7.2014, Ziff. 5; *Drygala* AG 2013, 198, (206 ff.); *Fleischer* BB 2014, 2691 (2698 f.); *Jung* WM 2014, 2351 (2354); *Lanfermann/Maul* BB 2014, 1283 (1287); *Lieder/Wernert* ZIP 2018, 2441; *Osterloh* AG 2014, R 75 (R 76), *Regierungskommission DCGK* Stellungnahme v. 30.1.2015, S. 15 ff.; *Schmidt* Gesellschaftsrecht in der Diskussion 2014, 2015, S. 25 (32 ff.); *Schneider* EuZW 2014, 641 (642); *Seibt* DB 2014, 1910 (1914 f.); *Selzner* ZIP 2015, 753 (758 f.); *Veil* NZG 2017, 521 (526); *Vetter* ZHR 179 (2015) 273 (304 ff.); *Wiersch* NZG 2014, 1131 (1136 f.); *Zetzsche* NZG 2014, 1121 (1127 f.). Den Regelungsvorschlag lehnte auch der *DAV-Handelsrechtsausschluss: Stellungnahme zum Vorschlag der europäischen Kommission*, NZG 2015, 54 (62) nachhaltig ab: Aus „der Sicht des deutschen Aktienrechts" seien die Regelungen „nicht erforderlich und kollidieren mit dem existierenden Minderheitenschutz, insbes. mit dem deutschen Konzernrecht ... die nötige Transparenz wird bei börsennotierten Gesellschaften, die einen Konzernabschluss erstellen müssen, durch die internationalen Rechnungslegungsstandards sichergestellt." – Wobei „vergessen" wird zu erwähnen, dass der Konzernabschluss gerade keine Transparenz über Geschäfte mit Nahestehenden herstellt; gleichfalls kritisch die *Regierungskommission Deutscher Corporate Governance Kodex* in der Stellungnahme vom 30. Januar 2015: Art. 9 c des Entwurfs der 2. ARRL sei „überflüssig und schädlich".

7   Vgl. zur Entwicklung *Lutter/Bayer/Schmidt* Europäisches Unternehmens- und Kapitalmarktrecht, 2017, Rn. 29.163 ff.; *Bungert/de Raet* Der Konzern 2015, 289 (290 ff.); *Roth* „Related party transactions: board members and shareholders: The European Commission proposal and beyond, https://ssrn.com/abstract=2710128". Vgl. auch *Drygala* AG 2013, 198 (206 ff.). Vgl. auch die Übersicht https://oeil.secure.europarl.europa.eu/oeil/popups/ficheprocedure.do?lang=en&reference=2014/0121(OLP), dabei ua den Vorschlag der Präsidentschaft vom 10.11.2014, 2014/0121 (COD).

8   Erwägungsgrund 42 2. ARRL; vgl. *Grigoleit* ZGR 2019, 412 (415); im wirtschaftswissenschaftlichen Schrifttum wird das Phänomen als „Tunneling" umschrieben, vgl. *Lieder/Wernert* ZIP 2018, 2441 (2442) mwN.

9   Art. 17 der Verordnung (EU) Nr. 596/2014 des Europäischen Parlaments und des Rates vom 16. April 2014 über Marktmissbrauch und zur Aufhebung der Richtlinie 2003/6/EG des Europäischen Parlaments und des Rates und der Richtlinien 2003/124/EG, 2003/125/EG und 2004/72/EG der Kommission (Marktmissbrauchsverordnung, „MAR").

10 *Lieder/Wernert* ZIP 2018, 2441 (2442); vgl. auch *Veil* NZG 2017, 521 (522), der die Frage problematisiert, ob die Stakeholder nicht nur reflexartig geschützt sind.

2. Geltung nur für börsennotierte Gesellschaften

3   § 111 b greift wie die anderen Regelungen der §§ 111 a ff. nur bei **börsennotierten Gesellschaften**.[11] Als börsennotiert gelten im Einklang mit § 3 Abs. 2 Gesellschaften, deren Aktien an einem amtlich regulierten Markt (§§ 32 ff. BörsG) zugelassen sind; die
Notierung im Freiverkehr (§ 48 BörsG) oder KMU-Wachstumsmarkt (§ 48 a BörsG)
ist nicht ausreichend.[12] Dies entspricht der Vorgabe in Art. 1 Abs. 1 2. ARRL, der Regelungen für Gesellschaften fordert, deren Aktien an einem „geregelten Markt" zugelassen sind. Nach dem Verständnis des deutschen Aktienrechts ist es unerheblich, ob
die Börse im In- oder Ausland angesiedelt ist.[13] Zwar verlangt die 2. ARRL nur die
Einbeziehung von organisierten Märkten innerhalb der EU (Art. 1 Abs. 1 2. ARRL).
Unternehmen, die nach deutschem Recht als börsennotiert gelten, aber nicht an einem
in der EU organisierten Markt gelistet sind, sollten nicht privilegiert werden, indem
sie von den Pflichten für Geschäfte mit Nahestehenden ausgenommen werden.

3. Zeitlicher Anwendungsbereich

4   Sonderregelungen zum **zeitlichen Anwendungsbereich** der Neuregelung nach
§§ 111 a–111 c gibt es nicht. Daher ist das Datum des allgemeinen Inkrafttretens der
Regelungen des ARUG II maßgebend, mithin der 1.1.2020.[14] Da das Gesetz keine
Übergangsregeln enthält, gelten die Pflichten der §§ 111 a ff. unmittelbar für das neue
Geschäftsjahr.[15] Die Regelungen sind uE auch anzuwenden, wenn die §§ 111 a ff. innerhalb eines laufenden Geschäftsjahrs in Kraft treten, wenn bei Gesellschaften also
Kalender- und Geschäftsjahr auseinanderfallen. Zwar können Geschäfte, die vor dem
1.1.2020 abgeschlossen wurden, keine isolierte Zustimmungs- bzw. Publizitätspflicht
gemäß §§ 111 b, 111 c auslösen. Sie sind aber **im Rahmen der Aggregation von Geschäften mit Nahestehenden innerhalb des laufenden Geschäftsjahres nach § 111 b
Abs. 1 zu berücksichtigen.** In der Literatur wird vertreten, dass in diesem Fall eine einschränkende Auslegung geboten sei und für die Aggregation nur Geschäfte maßgeblich sein sollen, die ab dem 1.1.2020 abgeschlossen werden; denn die Rückwirkung
sei nicht ausdrücklich angeordnet; die Aggregation habe zudem organisatorische Vorkehrungen im Hinblick auf Bewertung und Dokumentation der Geschäfte erfordert,
deren Nachholung rückwirkend kaum möglich sei.[16] Dem ist uE nicht zu folgen.
Nach dem Gesetzeswortlaut kommt es auf das laufende Geschäftsjahr an; es ist gerade keine ausdrückliche Ausnahme für Fälle von Gesellschaften mit vom Kalenderjahr
abweichendem Geschäftsjahr vorgesehen. Die Anwendung gebietet auch der Schutzzweck der Regelungen für Geschäfte mit Nahestehenden, um die durch diese Geschäfte geschaffenen Risiken besser bewerten und sie gegebenenfalls anfechten zu können.[17] Es ist ohnehin nicht ersichtlich, warum Gesellschaften im laufenden Geschäftsjahr abgeschlossene Geschäfte nicht unter Berücksichtigung der §§ 111 a ff. bewerten
können sollen.

---

11   In Deutschland gibt es ca. 450 iSd § 3 Abs. 2 AktG börsennotierte AG, SE sowie KGaA,
     vgl. *Bayer/Hoffmann* AG Report 2018, 116.
12   *Müller* ZIP 2019, 2429; zur Legaldefinition der Börsennotierung im AktG *Fischer/
     Ammon* in Heidel, Aktienrecht AktG § 3 Rn. 5 f.; MüKoAktG/*Heider* AktG § 3 Rn. 38;
     Spindler/Stilz/*Drescher* AktG § 3 Rn. 5. Vgl. *Kleinert/Mayer* EuZW 2019, 103, 104 dazu,
     dass diese Definition über die Anforderungen der 2. ARRL hinausgeht.
13   *Müller* ZIP 2019, 2429 (2430); Spindler/Stilz/*Drescher* AktG § 3 Rn. 5.
14   Art. 16 Gesetz zur Umsetzung der zweiten Aktionärsrechterichtlinie vom 12. Dezember
     2019, BGBl. I S. 2637.
15   *Vetter* AG 2019, 853 (861).
16   *Eisele/Oser* DB 2019, 1517 (1524); *Vetter* AG 2019, 853 (861).
17   Vgl. Erwägungsgrund 44 2. ARRL.

III. Bisheriger und fortbestehender Regelungsrahmen für Geschäfte mit Nahestehenden

Das deutsche Aktien- bzw. Konzernrecht kennt eine Vielzahl von Schutzinstrumenten 5
gegen schädigende Eingriffe zulasten der Gesellschaft und der Aktionäre. Hervorzuheben sind insbes. Kompetenzen des Aufsichtsrats in Form von Zustimmungsvorbehalten (§ 111 Abs. 4 S. 2–4) sowie Vertretungskompetenz bei Geschäften mit dem Vorstand (§ 112), die Zustimmungspflicht bei Darlehensgewährungen an Vorstandsmitglieder (§ 89), Organhaftungsvorschriften (§§ 93, 116, §§ 317 Abs. 3, 318 Abs. 1 und 2) sowie die Haftung von Aktionären/herrschenden Unternehmen und Organmitgliedern (§§ 117, 311, 317 Abs. 1, 318 Abs. 1 und Abs. 2).[18] Auch Bekanntmachungspflichten für bestimmte Arten von Geschäften sind keine Neuheit für börsennotierte Unternehmen: Relevant ist insbes. die Ad hoc-Publizitätspflicht für Insiderinformationen (Art. 17 MAR). Fraglich ist, ob die neuen Regelungen der Geschäfte mit Nahestehenden einen wesentlich über die bisherigen Instrumente hinausgehenden Schutz bieten.[19] Das gilt insbes. im Hinblick auf die fragwürdig hohen und uE europarechtswidrigen Schwellenwerte nach § 111 b (→ § 111 b Rn. 55 ff., 73 ff.). Jedenfalls kann keine Rede davon sein, dass die neue Regelung ein „Fremdkörper" im Aktienrecht wäre;[20] das sieht man schon daran, dass Zustimmungsvorbehalte des Aufsichtsrats in § 111 Abs. 4 vorgeschrieben sind und es eine intensive Diskussion gibt zur Offenlegung des Abhängigkeitsberichts (→ § 111 c Rn. 4), in deren Rahmen niemand ernsthaft die Auffassung vertreten hat, dass die Offenlegung ein Fremdkörper wäre. Die neuen Vorschriften gelten parallel zu den anderen gesetzlichen Vorschriften; sie taugen insbes. auch nicht zu einer einschränkenden Interpretation bisheriger Vorschriften, da der Gesetzgeber seine ausdrücklich als „behutsam" bezeichnete Umsetzung der 2. ARRL damit begründete, dass es in Deutschland bereits einen hohen Schutzstandard gibt.[21] Für das Zustimmungserfordernis und die erhöhte Transparenz von Geschäften mit Nahestehenden sprechen uE sehr gute Gründe; Vorstand und Aufsichtsrat werden schon durch die Transparenzpflichten zu noch sorgfältigerem Umgang mit Geschäften mit Nahestehenden angehalten, und sie können die Geltendmachung von Ersatzansprüchen erleichtern.[22]

B. Die Regelungen im Einzelnen

I. Geschäfte mit nahestehenden Personen (Abs. 1)

Abs. 1 definiert die für die Anwendbarkeit der §§ 111 b und 111 c zentralen Begriffe 6
der Geschäfte (sachlicher Anwendungsbereich) mit nahestehenden Personen (persönlicher Anwendungsbereich).

---

18 Ebenfalls relevant sind hier das Verbot der Einlagenrückgewähr (§§ 57, 62) und die allgemeine gesellschafterliche bzw. organschaftliche Treuepflicht, vgl. *Lieder/Wernert* ZIP 2018, 2441 (2442).
19 Weitere Publizitätspflichten für Geschäfte mit nahestehenden Personen bestehen bereits im Bilanzrecht und im faktischen Konzern (Abhängigkeitsbericht): *Engert/Florstedt* ZIP 2019, 493; *Grigoleit* ZGR 2019, 412 ff.; vgl. etwa auch *Seibt* DB 2014, 1910 (1914 f.); *Drygala* AG 2013, 198 (210).
20 So aber zB *Stöber* DStR 2020, 391 (396).
21 Vgl. ARUG II RegE, S. 36, 91.
22 *Lutter/Bayer/Schmidt* Europäisches Unternehmens- und Kapitalmarktrecht, 2017, Rn. 29.206. Dem Ansatz zu den RTPS im Hinblick auf Transparenz und Zustimmung durch Aufsichtsgremien/Hauptversammlung grundsätzlich zustimmend, da das deutsche Schutzsystem im Aktienrecht und in der Rechnungslegung mangelhaft sei, *Wiersch* NZG 2014, 1131 (1134 f.).

1. Begriff des Geschäfts (Abs. 1 S. 1 Nr. 1, S. 3)

7   **a) Allgemeines.** Geschäfte sind **Rechtsgeschäfte oder Maßnahmen**, durch die ein Gegenstand oder ein Vermögenswert entgeltlich oder unentgeltlich übertragen oder zur Nutzung überlassen wird. Art. 9 c 2. ARRL definiert den Begriff des Geschäfts nicht. Der ARUG II RefE verwies zur Auslegung noch auf die Definition der Transaktion bzw. des Geschäftsvorfalls in IAS 24.9.[23] Die Begründung im ARUG II RegE verweist auf die zu § 285 Nr. 21 HGB entwickelten Grundsätze.[24] Der Begriff des Geschäfts ist **weit und funktional auszulegen**, was bereits der Wortlaut nahelegt, der mit Maßnahmen auch rein tatsächliches Verhalten erfasst.[25] Die Grundsätze zur Auslegung gem. IAS 24.9 und § 285 Nr. 21 HGB decken sich im Wesentlichen; soweit die zu § 285 Nr. 21 HGB entwickelte Begriffsdefinition weitergehend ist, ist dies vor dem Hintergrund der gebotenen weiten Auslegung unschädlich.[26] Vgl. zum Unterlassen → Rn. 25.

8   **b) Rechtsgeschäfte.** Der Begriff des Rechtsgeschäfts deckt sich mit dem **allgemeinen zivilrechtlichen Verständnis** und ist weit auszulegen. Er umfasst also neben gegenseitigen oder mehrseitigen Verträgen und Beschlüssen[27] auch einseitige Rechtsgeschäfte bzw. Gestaltungsrechte (zB Optionsrechte, Anfechtung, Aufrechnung, Rücktritt, Kündigung). Erfasst sind zB:[28]

- Käufe und Verkäufe von Grundstücken/Waren/Erzeugnissen
- Bezug und Erbringung von Dienstleistungen
- Nutzungsüberlassung von Vermögensgegenständen
- Finanzierungen/Investitionen
- Gewährung von Sicherheiten (zB Bürgschaften)
- Übernahme der Erfüllung von Verbindlichkeiten

9   **c) Maßnahmen.** Der Begriff der „Maßnahme" hat Auffangcharakter und ist ebenfalls weit auszulegen. Er erfasst **jedes Tun nicht-rechtsgeschäftlichen Charakters**, das sich auf die Vermögens- oder Ertragslage der Gesellschaft auswirken kann.[29] Ausgehend vom Wortlaut wäre auch Unterlassen erfasst; dieses stellt gem. Abs. 1 S. 3 aber kein Geschäft iSv Abs. 1 S. 1 dar (→ Rn. 21, 25). Maßnahmen sind alle zweckgerichteten wirtschaftlichen Handlungen.[30] Erfasst sind zB:[31]

- Produktionsverlagerungen
- Produktionsänderungen
- Stilllegungen von Betriebsteilen
- Abstimmungen im Ein- oder Verkauf

10   **d) Übertragung/Überlassung.** Durch das Rechtsgeschäft oder die Maßnahme muss ein „Gegenstand oder ein anderer Vermögenswert entgeltlich oder unentgeltlich über-

---

23 ARUG II RefE, S. 74; zustimmend *Tarde* ZGR 2017, 360 (364); *Vetter* AG 2019, 853 (854).

24 ARUG II RegE, S. 79, unter Bezugnahme auf die RegBegr. zum Bilanzrechtsmodernisierungsgesetz (BilMoG), BT-Drs. 16/10067, S. 72; die Literatur zu § 285 Nr. 21 HGB greift zur Konkretisierung der Begriffe des Geschäfts bzw. der Maßnahme auf die zu § 312 AktG entwickelten Grundsätze zurück, MüKoHGB/*Poelzig* HGB § 285 Rn. 362.

25 ARUG II RegE, S. 79; ebenso *Vetter* AG 2019, 853 (854).

26 Auf den weitergehenden Anwendungsbereich weisen hin *Kleinert/Mayer* EuZW 2019, 103 (104); *Vetter* AG 2019, 853 (854); MüKoHGB/*Poelzig* § 285, Rn. 362.

27 Vgl. *Schatz/Schödel* in Heidel, Aktienrecht AktG § 312 Rn. 28; *Kleinert/Mayer* EuZW 2019, 103 (105).

28 Vgl. ARUG II RegE, S. 79.

29 Vgl. *Schatz/Schödel* in Heidel, Aktienrecht AktG § 312 Rn. 28; Maßnahmen iSv § 285 Nr. 21 HGB werden verbreitet definiert als: „Dispositionen, die sich auf die Vermögens- oder Ertragslage des Unternehmens auswirken können, ohne rechtsgeschäftlichen Charakter zu haben".

30 *Vetter* AG 2019, 853 (855).

31 Vgl. ARUG II RegE, S. 79.

tragen oder zur Nutzung überlassen" werden (Nr. 1). Das Gesetz definiert diese Begriffe nicht. Sie sind weit auszulegen und in Anlehnung an § 285 Nr. 21 HGB zu bestimmen.[32] Die Regelung bezweckt, Schäden von der Gesellschaft und ihren (Minderheits-)Aktionären abzuwenden. Sie soll daher **alle Transaktionen** erfassen, **die für die Gesellschaft und ihre (Minderheits-)Aktionäre potenziell nachteilig sein können**.[33] Unter den Begriff iSd § 285 Nr. 21 HGB sind Transaktionen rechtlicher und wirtschaftlicher Art zu erfassen, die sich auf die Finanzlage eines Unternehmens auswirken können.[34] Der Wortlaut von Nr. 1 ist insoweit nicht gelungen, enthält er doch mit dem Erfordernis der „Übertragung" eine von der 2. ARRL nicht vorgegebene, offenbar nicht beabsichtigte Einschränkung, die auch mit der vom ARUG II RegE geforderten möglichst weiten Auslegung nicht zusammenpasst.[35] Nicht ohne Weiteres vom Wortlaut erfasst sind zB bloße unternehmerische Absprachen, die vom Sinn und Zweck her unter den Begriff fallen sollen. UE ist daher Nr. 1 erweiternd nach Sinn und Zweck europarechtskonform dahin gehend auszulegen, dass **alle Geschäfte erfasst sind, die zu einer Vermögensverschiebung führen**, egal auf welche Weise.

Zweifelhaft ist vor dem Hintergrund des Wortlauts (Vermögensübertragung) zB auch die Ausübung von **Gestaltungsrechten** (Aufrechnung, Anfechtung, Kündigung, Rücktritt). Diese Rechte sind jedenfalls vom Wortlaut erfasst, wenn die Ausübung Rückgewährverpflichtungen begründet.[36] Darüber hinaus fallen sie auch sonst unter Nr. 1, wenn damit potenziell Vermögensverschiebungen oder schon die bloße Aufgabe von Vermögenspositionen verbunden sind.[37] Da der Gesetzgeber mit Recht von einem weiten Begriff des Geschäfts ausgegangen ist, zählt dazu zB auch die (ggf. rein tatsächliche) Überlassung von Personal oder Informationen.[38] 11

Mehrere Rechtsgeschäfte, die wirtschaftlich betrachtet ein Geschäft sind, sind auch nur ein Geschäft iSv Abs. 1.[39] Der Geschäftsbegriff umfasst das **schuldrechtliche und das dingliche Rechtsgeschäft**. Aufgrund des funktionalen Begriffsverständnisses des Geschäfts (→ Rn. 7) ist regelmäßig nur eine einheitliche Zustimmung für das schuldrechtliche Verpflichtungsgeschäft einschließlich des dinglichen Verfügungsgeschäfts erforderlich.[40] Eine erneute Zustimmung bzw. Bekanntmachung wäre regelmäßig eine unnötige administrative Förmelei, da das Verpflichtungsgeschäft den Gehalt des dinglichen Geschäfts verbindlich vorgibt. Eine erneute Bekanntmachung hätte keinen wesentlichen Informationswert für die Zielgruppe.[41] Dies gilt grundsätzlich auch für Dauerschuldverhältnisse.[42] Etwas anderes muss aber gelten, wenn sich – zumal bei gestreckten Vorgängen, bei denen der dingliche Vollzug nicht unmittelbar auf das obligatorische Geschäft folgt – in der Zwischenzeit die maßgeblichen Parameter der Beur- 12

---

32 ARUG II RegE, S. 79.
33 *Grigoleit* ZGR 2019, 412 (418); ähnlich *Vetter* AG 2019, 853 (855).
34 *Vetter* AG 2019, 853 (855) zutreffend unter Verweis auf die Regierungsbegründung zu § 285 Nr. 21 HGB, BT-Drs. 16/10067, S. 72.
35 Kritisch daher *Grigoleit* ZGR 2019, 412 (418).
36 Der Wortlaut unterscheidet sich insbes. vom Anwendungsbereich des § 312 Abs. 1 S. 2, wonach „Rechtsgeschäfte, welche die Gesellschaft [...] vorgenommen" hat, erfasst werden. Soweit auf eine Parallele zu § 312 abgestellt wird, sollte dieser Unterschied in der Konzeption berücksichtigt werden.
37 *Vetter* AG 2019, 853 (855).
38 *Vetter* AG 2019, 853 (855).
39 ARUG II RegE, S. 79; *Grigoleit* ZGR 2019, 412 (420); GK-AktG/*Hopt/Roth* AktG §§ 95–116, Anhang RefE ARUG II Rn. 19; *Lieder/Wernert* ZIP 2018, 2441 (2443); *Schmidt* NZG 2018, 1201 (1209); *Tarde* NZG 2019, 488 (489); *Vetter* AG 2019, 853 (855).
40 ARUG II RegE, S. 79; *Grigoleit* ZGR 2019, 412 (420); *Lieder/Wernert* ZIP 2018, 2441 (2443); *Schmidt* NZG 2018, 1201 (1209).
41 ARUG II RegE, S. 79.
42 ARUG II RegE, S. 79.

teilung des Geschäfts verändert haben. Hierunter fallen nicht nur rein tatsächliche Änderungen, sondern auch neue Erkenntnisse oder Möglichkeiten der Erkenntnis. Insoweit ist der Literatursicht nicht zu folgen, eine erneute AR-Zustimmung zum Vollzug liefe ins Leere, da nach dem Verpflichtungsgeschäft eine Rechtspflicht zur Erfüllung bestehe.[43] Die Zustimmung reicht nur so weit, wie die ihr zugrunde liegenden Umstände gleich bleiben. Lassen veränderte Umstände ihre Grundlage entfallen, ist eine erneute Zustimmung notwendig; das muss auch der Nahestehende gegen sich gelten lassen, der nicht schutzwürdig ist. Auch der ARUG II RegE sieht, dass sich auf der Zeitschiene unterschiedliche Bewertungen zur Frage des Geschäfts mit Nahestehenden ergeben können, wenn sie für das Näheverhältnis nicht lediglich auf den formalen Zeitpunkt des Geschäfts abstellt (→ Rn. 20); es ist nicht ersichtlich, warum Anderes bei der Beurteilung der Parameter eines Geschäfts gelten sollte, da die Interessenlage vergleichbar ist.

13   **Unwesentliche Änderungen von Geschäften** sind kein neues Geschäft, sie begründen also insbes. keine erneute Zustimmungs- bzw. Bekanntmachungspflicht.[44] Mehr als unwesentliche Änderungen sind ein neues Geschäft. Dies gilt insbes. für Dauerschuldverhältnisse. In solchen Fällen sind schutzwürdig sowohl die Gesellschaft bzw. ihre (Minderheits-)Aktionäre als auch der Adressatenkreis der Bekanntmachungspflicht (→ Rn. 2, → § 111 c Rn. 1), der neuer Information bedarf, wenn ein bereits bekanntgemachtes Geschäft nicht bloß unwesentlich geändert wird. Die Verwaltung könnte ansonsten das Geschäft mit dem Nahestehenden zunächst quasi zum Schein zu angemessenen Bedingungen abschließen und nachträglich ohne das vorgeschriebene weitere Procedere unangemessene Änderungen vornehmen.

2. Begriff der nahestehenden Person (Abs. 1 S. 1 Nr. 2, S. 2)

14   Den Begriff der nahestehenden Person definiert Abs. 1 S. 2 unter Verweis auf den Begriff „**nahestehende Unternehmen oder Personen**" der internationalen Rechnungslegungsstandards.[45] Nahestehende Personen sind unter Bezugnahme auf IAS 24.9 natürliche sowie juristische Personen und Personenhandelsgesellschaften.[46] Das Begriffsverständnis ist sehr weit.[47] Die Weite des Anwendungsbereichs zwingt die Gesellschaften dazu, entsprechend Art. 18 MAR Listen mit Nahestehenden zu führen (was sie ohnehin im Hinblick auf die entsprechenden Vorschriften von § 285 Nr. 21 sowie

---

43   *Vetter* AG 2019, 853 (855).

44   ARUG II RegE, S. 79, wonach „unwesentliche Änderungen von Geschäften" kein eigenes Geschäft darstellen; ebenso *Grigoleit* ZGR 2019, 412 (420); *Florstedt* ZHR 184 (2020), 10 (28). Vgl. demgegenüber *Vetter* AG 2019, 853 (855), der entgegen der RegBegründung darauf abstellt, ob die Änderung „eine wesentliche Änderung des ursprünglichen Geschäfts zur Folge haben" würde; der Unterschied ist indes nicht lediglich semantisch, sondern verschiebt die Darlegungs- und Beweislast: Richtigerweise ist die Änderung im Grundsatz immer ein neues Geschäft – es sei denn, derjenige, der sich darauf beruft, dass die ursprüngliche Zustimmung etc fortwirkt, belegt, dass die Änderung unwesentlich ist.

45   Dies regte bereits der *DAV-Handelsrechtsausschuss* NZG 2019, 12 (17) an.

46   *Tarde* NZG 2019, 488.

47   So auch *Kleinert/Mayer* EuZW 2019, 103 (104); *Lieder/Wernert* ZIP 2018, 2441 (2443). Wenn man sich empirisch der Frage nähert, wie viele Nahestehende es bei den deutschen börsennotierten Gesellschaften gibt, darf man nicht bei der Ermittlung von Mehrheitsbeteiligungen stehenbleiben, worauf aber *Florstedt* ZHR 184 (2020), 10 (15) hinweist; nach der Zählung von *Bayer/Hoffmann* AG Report 2018, 116 f. sind von den werbenden 412 börsennotierten Gesellschaften im Jahr 2017 ca. 40% durch einen Aktionär beherrscht gewesen, weitere 32% hatten einen Blockaktionär mit einer mindestens 20%igen Beteiligung; *Lutter* EuZW 2014, 2014 formuliert plastisch: Schaue man in die von der Richtlinie in Bezug genommene Definition der Nahestehenden, „bekommen wir einen Schreck", wie weit das gehe.

§ 314 Nr. 13 HGB im Blick haben müssen.[48] Der Vollzug der Vorschriften zu den Nahestehenden ist allerdings dadurch erschwert, dass es in der 2. ARRL keine Möglichkeit für die Mitgliedstaaten gibt, Nahestehenden die Pflicht aufzuerlegen, dem Vorstand oder Aufsichtsrat eine Mitteilung zu machen, sofern sie ein erhebliches Interesse an einer Transaktion haben;[49] daher müssen die Geschäftsleitungsorgane bei Verhandlungen über Verträge etc., bei denen sich Fragen der Geschäfte mit Nahestehenden stellen können, dezidiert klären und sich nachweisen lassen, ob ein Näheverhältnis besteht.

a) **Regelungstechnik.** Regelungstechnisch hat das Gesetz die **IAS-Verordnung**[50] „in   15
der jeweils geltenden Fassung" in Bezug genommen, die den Begriff enthält; es handelt sich also ausdrücklich um eine dynamische Verweisung.[51] Für die Auslegung sind nach jetzigem Stand IAS 24.9 (iVm IAS 28.3 und 28.5) sowie IAS 24.11 heranzuziehen, zur weiteren Konkretisierung von Definitionselementen ggf. auch IFRS 10 und 11. Den IAS-Verweis hat Art. 2 h 2. ARRL vorgegeben. Er hat zwar den Vorteil, dass er eine EU-weit einheitliche Auslegung erleichtert und eine unübersichtliche Übertragung in nationales Recht vermeidet.[52] Auslegung und Arbeit mit der Begriffsdefinition bergen allerdings Schwierigkeiten, da die IAS-Definitionen weder präzise noch auf die Regelungsmaterie der Geschäfte mit nahestehenden Personen zugeschnitten sind.[53] Verfehlt ist es allerdings, den Verweis auf das IAS-Regelwerk wegen dessen Komplexität als Verstoß gegen den Bestimmtheitsgrundsatz brandmarken zu wollen.[54] Die deutschen Aktiengesellschaften, die dem internationalen Rechnungslegungswerk unterliegen, arbeiten mit diesem problemlos; Auslegungsschwierigkeiten im Einzelfall können nicht indizieren, dass ein Verweis nicht bestimmt genug wäre. Der Begriff der nahestehenden Person ist autonom auszulegen.[55] Eine Auslegung in enger

---

48 Da die Unternehmen den Pflichten zur Aufstellung und ständigen Aktualisierung von Insiderlisten umzugehen verstehen, bedeutet es für sie entgegen *Bungert/De Raet* Der Konzern 2015, 289 (292) auch keinen „praktisch kaum zu bewältigenden Verwaltungsaufwand", Transaktionen mit Nahestehenden laufend zu überwachen. *Lutter* EuZW 2014, 641 bemerkt (freilich kritisch) dass im Hinblick auf Art. 9 c 2. ARRL jedes Unternehmen einen Related Party -Beauftragten brauche, der bei allen größeren Geschäften nachforsche, ob in dieses vielleicht Kinder des Ehegatten/Lebenspartners eines Vorstandsmitglieds involviert sind oder andere abhängige Angehörige desselben – was in der Tat zutrifft: Unternehmen müssen prüfen, ob sie Geschäfte mit Nahestehenden schließen.
49 Anders noch der von der italienischen Präsidentschaft vorgelegte Entwurf von Art. 9 c Abs. 8 ARRL vom 12.11.2014, wonach die Mitgliedstaaten Vorstands- und Aufsichtsratsmitgliedern sowie bedeutenden Aktionären die Pflicht auferlegen konnten, dem Vorstand oder Aufsichtsrat eine Mitteilung zu machen, sofern sie ein erhebliches Interesse an einer Transaktion haben, vgl. *Jung* WM 2014, 2351 (2357).
50 Verordnung (EG) Nr. 1606/2002 des europäischen Parlaments und des Rates vom 19.7.2002 betreffend die Anwendung internationaler Rechnungslegungsstandards.
51 Vgl. *Grigoleit* ZGR 2019, 412 (427); das BVerfG erachtet dynamische Verweisungen auf Normen eines anderen Gesetzgebers grundsätzlich für verfassungsgemäß, soweit das Verweisungsobjekt seinem Inhalt nach im Wesentlichen feststeht und hinreichend bestimmt ist BVerfGE 26, 338, 366 f.; vertiefend Maunz/Schmidt-Bleibtreu/Klein/Bethge/*von Coelln* BVerfGG § 17 a Rn. 167 ff. Dies dürfte hier unproblematisch sein, da der IAS-Verweis bereits von der 2. ARRL vorgegeben wurde und der Gesetzgeber damit nicht eigenmächtig Normen eines fremden Normgebers für anwendbar erklärt hat. Die Dynamik setzt der deutsche Gesetzgeber nur als Mittel ein, um die Anwendung des von der Richtlinie vorgegebenen Regelwerks aktuell zu halten.
52 Vgl. ARUG II RegE, S. 80; *Lieder/Wernert* ZIP 2018, 2441 (2444); *Schmidt* NZG 2018, 1201 (1208).
53 Vgl. *Grigoleit* ZGR 2019, 412 (428); *Tarde* NZG 2019, 488.
54 So aber *Stöber* DStR 2020, 391 (396). Mit Recht bezeichnen *Bayer/Sellenthin* NZG 2015, 7 (10) die Definition als *sehr detailliert*, was gerade gegen Unbestimmtheit spricht.
55 *Grigoleit* ZGR 2019, 412 (428); *Lieder/Wernert* ZIP 2018, 2441 (2444); *dies.* ZIP 2019, 989 (991); *Schmidt* NZG 2018, 1201 (1208); kritisch *Paschos/Goslar* AG 2018, 857 (866).

Anlehnung an konzernrechtliche Definitionen des deutschen Rechts (insbes. §§ 15 ff. AktG) verbietet sich.[56]

16   b) **Einzelfälle.** Die ARUG II RegE gibt **Anhaltspunkte für eine einheitliche Auslegung.**[57] Anhand dieser sollen wesentliche Fallgruppen dargestellt werden:

17   Nahestehende Personen bzw. Unternehmen sind insbes. solche mit **gesellschaftsrechtlichen Verbindungen** zur Gesellschaft. Nach IAS 24.9 wird eine Person vor diesem Hintergrund als nahestehend angesehen, wenn sie

(1)   das Unternehmen direkt oder indirekt über eine oder mehrere Zwischenstufen **beherrscht,** oder

(2)   **maßgeblichen Einfluss** ausüben kann.

Nach IAS 24.9 steht ein Unternehmen einem anderen Unternehmen vor diesem Hintergrund nahe:

(1)   Das Unternehmen gehört einer **Unternehmensgruppe** an.[58]

(2)   Eines der beiden Unternehmen ist ein **assoziiertes Unternehmen** oder ein **Gemeinschaftsunternehmen** des anderen (oder ein assoziiertes Unternehmen oder Gemeinschaftsunternehmen eines Unternehmens einer Gruppe, der auch das andere Unternehmen angehört).

(3)   Beide Unternehmen sind **Gemeinschaftsunternehmen desselben Dritten.**[59]

(4)   Eines der beiden Unternehmen ist ein Gemeinschaftsunternehmen eines dritten Unternehmens und das andere ist **assoziiertes Unternehmen dieses dritten Unternehmens.**

18   Ausreichend für die Annahme des Nahestehens ist bereits ein „maßgeblicher Einfluss". IAS 28.3 beschreibt diesen als „Möglichkeit, an den finanz- und geschäftspolitischen Entscheidungen des Beteiligungsunternehmens mitzuwirken". Hat ein Unternehmen auf ein anderes Unternehmen einen solchen maßgeblichen Einfluss, wird es als „assoziiertes Unternehmen" bezeichnet.[60] Es wird widerleglich vermutet, dass ab einer unmittelbaren oder mittelbaren Beteiligung von 20 % der Stimmrechte dieser Einfluss besteht (IAS 28.5). Mit dem Erreichen dieses Schwellenwerts liegt regelmäßig ein Nahestehen vor. Die Vermutung kann durch Tatsachen widerlegt werden. Es geht nur um die **„Möglichkeit" der Ausübung maßgeblichen Einflusses**; dass der Einfluss nicht ausgeübt wird, widerlegt nicht die Vermutung.[61] Hingegen kann die rechtliche oder tatsächliche Unmöglichkeit der Einflussausübung die Vermutung widerlegen.

19   Darüber hinaus ist das Kriterium der **„Beherrschung"** relevant. „Beherrschung" wird insbes. angenommen bei einer Überschreitung der Beteiligungsschwelle von 50 % der Stimmrechte (IFRS 10, Anh. A; IFRS 10, Anhang B35). Demnach begründet die **Zugehörigkeit zu einer Unternehmensgruppe** ein Nahestehen: „Alle Mutterunternehmen, Tochterunternehmen und Schwestergesellschaften stehen einander nahe".[62] Aktienrechtlich lässt sich dieser Grundsatz auch parallel zu den Kapitalerhaltungsregeln herleiten: Wie Leistungen an Aktionäre sind Leistungen an Dritte zu behandeln, wenn der Leistungsempfang dem Aktionär zurechenbar ist.[63]

---

56   ARUG II RegE, S. 80; *Lieder/Wernert* ZIP 2019, 989 (991).

57   *Grigoleit* ZGR 2019, 412 (428).

58   → Rn. 19.

59   Nach IAS 24.11 sind zwei Unternehmen, die ein Gemeinschaftsunternehmen betreiben, hingegen nicht ohne Weiteres Nahestehende. Nahestehend kann demnach nur das Gemeinschaftsunternehmen im Verhältnis zu den jeweiligen beteiligten Unternehmen sein.

60   *Grigoleit* ZGR 2019, 412 (430).

61   *Grigoleit* ZGR 2019, 412 (428).

62   IAS 24.9, vgl. *Grigoleit* ZGR 2019, 421 (429).

63   Vgl. *Florstedt* ZHR 184 (2020), 10 (26); *Drinhausen* in Heidel, Aktienrecht AktG § 57 AktG Rn. 40 ff.; *Hüffer/Koch* § 57 Rn. 19 (der selbst allerdings nicht auf diesen Grundsatz abstellt, sondern – im Ergebnis allerdings wohl ähnlich – auf Umgehungssachverhalte nach Fallgruppen.

Natürliche Personen können auch aufgrund **dienstvertraglicher oder organschaftlicher** 20
Verbindungen Nahestehende sein. Dies erfasst Fallgestaltungen, in denen die Person
eine Schlüsselposition in der Gesellschaft oder ihrem Mutterunternehmen bekleidet.[64]
Nach IAS 24.9 sind dies Personen, die direkt oder indirekt für die Planung, Leitung
und Überwachung der Tätigkeiten des Unternehmens zuständig und verantwortlich
sind, einschließlich Mitgliedern der Geschäftsführung und des Aufsichtsorgans; in
Teilbereichen ist streitig, wann eine Position noch als Schlüsselposition zu betrachten
ist, das gilt etwa für die Behandlung unterer Führungsebenen.[65] Nach dem Negativka-
talog des IAS 24.11 sind Unternehmen nicht nahestehend, die lediglich ein Mitglied
des Managements in Schlüsselposition gemeinsam haben.[66]

Nahestehend sind auch **nahe Familienangehörige** von Personen, die eine der bei 21
→ Rn. 15 f. dargestellten Verbindungen zur Gesellschaft aufweisen.[67] IAS 24.9 stellt
darauf ab, ob von den Familienmitgliedern „angenommen werden kann, dass sie bei
ihren Transaktionen mit dem Unternehmen auf die Person Einfluss nehmen oder von
ihr beeinflusst werden können." Dazu zählen insbes. Ehegatten, Lebenspartner und
Kinder der Nahestehenden oder ihrer Ehegatten oder Lebenspartner. Weiterhin kommen als abhängige Angehörige insbes. Unterhaltsberechtigte oder haushaltszugehörige
Verwandte in Betracht.

Personen, Unternehmen oder Institutionen (Kapitalgeber, Gewerkschaften, öffentliche 22
Versorgungsunternehmen, Behörden und Institutionen einer öffentlichen Stelle) sind
nicht schon aufgrund **gewöhnlicher Geschäftsbeziehungen** nahestehend.[68] Dies soll
selbst dann gelten, „wenn sie den Handlungsspielraum eines Unternehmens einengen
oder am Entscheidungsprozess mitwirken können".[69] Eine abweichende Beurteilung
ist nur angezeigt, wenn sie **faktisch gesellschaftergleichen Einfluss** auf die Gesellschaft
ausüben können.[70] Dies ergibt sich aus allgemeinen Grundsätzen und nicht aus IAS
24.11.[71]

c) Wirtschaftliche Betrachtung („substance over form") – Umgehung. Ob ein Nahe- 23
stehen vorliegt, ist nicht allein unter Berücksichtigung der **formalrechtlichen Gestaltung** der Beziehungen zu beurteilen, sondern auch aufgrund ihres **wirtschaftlichen Ge-
halts** („substance over form").[72] Für ein Nahestehen reicht zB, wenn mehrere Personen eine langfristig ausgerichtete Stimmrechtsvereinbarung getroffen haben und auf
dieser Grundlage konzertiert zusammenwirken in Bezug auf die Stimmrechtsausübung bei der Gesellschaft.[73] Die Ausweitung des Nahestehens birgt für betroffene
Gesellschaften erhebliche Risiken. Mangels konkreter rechtlicher Grundlage für die
Einbeziehung eines „acting in concert" fällt die Konturierung des Anwendungsbereichs der Regelungen zu Nahestehenden schwer; betroffene Gesellschaften müssen
im Zweifel vom Vorliegen eines Geschäfts mit Nahestehenden ausgehen. Mit dem
Prinzip, dass es auf den wirtschaftlichen Gehalt ankommt, beantwortet sich auch die
Frage, wie Umgehungen zu beurteilen sind: Schließt die Gesellschaft das Geschäft
nicht unmittelbar mit dem Nahestehenden, sondern zunächst mit einem Dritten, der
anschließend das praktisch identische Geschäft mit dem Nahestehenden abschließt,
dann spricht der wirtschaftliche Gehalt der Geschäfte dafür, dass von vornerein ein
Geschäft mit dem Nahestehenden beabsichtigt war; u.E. gilt auch insofern die Vermu-

---

64 Vgl. ARUG II RegE, S. 80; *Grigoleit* ZGR 2019, 412 (429).
65 Vgl. *Florstedt* ZHR 184 (2020), 10 (22).
66 *Grigoleit* ZGR 2019, 412 (430); BeckBilKo/*Grottel* HGB § 285 Rn. 611.
67 Vgl. ARUG II RegE, S. 80; *Grigoleit* ZGR 2019, 412 (429).
68 Vgl. ARUG II RegE, S. 80.
69 Vgl. IAS 24.11.
70 ARUG II RegE, S. 80; *Grigoleit* ZGR 2019, 412 (430).
71 ARUG II RegE, S. 80. AA (im Hinblick auf Aggregation nach § 111 b Abs. 1 *Florstedt*
ZHR 184 (2020), 10 (39 f.).
72 ARUG II RegE, S. 80; *Florstedt* ZHR 184 (2020), 10 (23).
73 ARUG II RegE, S. 80.

tung, dass von vornherein das Geschäft mit dem Nahestehenden unmittelbar beabsichtigt war (→ Rn. 39). Darüber hinaus gelten auch insoweit die Rechtsgrundsätze des Rechtsmissbrauchs sowie des Umgehungsverbots.[74]

24   Es gilt auch im Hinblick auf den Zeitpunkt des Nahestehens ein wirtschaftliches Begriffsverständnis: Für die Beurteilung des Nahestehens kommt es nicht bloß auf den Zeitpunkt des Abschlusses des Geschäfts an; vielmehr sind auch **Vor- und Nachwirkungen des Näheverhältnisses einzubeziehen**, wenn im Zeitpunkt des Geschäftsabschlusses faktisch noch oder schon ein dem Nahestehen entsprechendes Beeinflussungspotential besteht.[75] Dies ist dem ARUG II RegE idR anzunehmen, wenn ein das Nahestehen begründende Verhältnis in einem kurzen Zeitraum, etwa bis zu 6 Monate, vor oder nach Abschluss des Geschäfts bestand oder aufgrund begründeter Erwartungen bestehen wird. Dieses weite Verständnis soll Umgehungsgestaltungen entgegenwirken. Es beschert den Gesellschaften aber Mehraufwand, da die Kriterien für die Beurteilung des Nahestehens weiter ausgedehnt werden und kein einheitlicher Beurteilungszeitpunkt gegeben ist.[76] Dies greift mit Recht über den Begriff der nahestehenden Person hinaus, wie er in der Rechnungslegung verstanden wird. Dort wird gefordert, dass die Parteien zum Zeitpunkt des Geschäfts nahestehend sind.[77] Das nach dem ARUG II weitere Verständnis ist wegen des gegenüber der Rechnungslegung weitergehenden Schutzzwecks geboten: Denn dieser dient nicht nur der Rückschau auf ein abgeschlossenes Geschäft zu einem Zeitpunkt, zu dem alle Fakten auf dem Tisch liegen; die Beurteilung des Nahestehens dient der Prophylaxe und muss daher auch künftige Entwicklungen in den Blick nehmen. Dabei muss wegen des Schutzzwecks der Grundsatz gelten, dass das Geschäft im Zweifel ein solches mit einem Nahestehenden ist.

3. Unterlassen kein Geschäft (Abs. 1 S. 3)

25   Abs. 1 S. 3 normiert, dass Unterlassen kein Geschäft iSv § 111a „ist".[78] Dies ist im Ergebnis uE sachgerecht. Zwar erfasst der Begriff des Geschäfts gem. § 311 ausdrücklich sowohl aktives Tun als auch Unterlassen[79] und können das Unterlassen eines Geschäfts und Untätigkeit der Geschäftsleitung der Gesellschaft ebenso großen Nachteil zufügen wie positives Tun (und daher zB die Abberufung nach § 84 oder Schadensersatzansprüche nach §§ 93 Abs. 2, 317 Abs. 3 begründen).[80] Würde der Geschäftsbegriff des § 111a aber ein Unterlassen erfassen, begründete dies idR ein **unzulässiges Weisungsrecht** des Aufsichtsrats gegenüber dem Vorstand.[81] Verweigerte der Aufsichtsrat zB seine Zustimmung zum Abbruch von Vertragsverhandlungen, könnte der Vorstand seinen Pflichten nur nachkommen, indem er weiterverhandelt und ggf. zu einem Vertragsabschluss kommt. Diese Auslegung stimmt auch mit dem herrschenden

---

74   *Florstedt* ZHR 184 (2020), 10 (39) verweist u.a. auf die STRABAG-Rechtsprechung des OLG Köln NZG 2018, 459 (462); vgl. auch S. 40 mit dem berechtigten Hinweis, dass es teleologisch keinen Unterschied machen kann, ob eine Gesellschaft Vermögen direkt oder durch Mittelsleute an Nahestehende übertrage.

75   Vgl. ARUG II RegE, S. 80.

76   So auch *Kleinert/Mayer* EuZW 2019, 103 (104).

77   IDW RS HFA 33, Rn. 10; vgl. statt aller MüKoHGB/*Poelzig* HGB § 285 Rn. 359 mwN.

78   Ohne Begründung („stellt klar") auch ARUG II RegE, S. 79.

79   *Grigoleit* ZGR 2019, 412 (419).

80   Vgl. im ARUG II-Kontext *Müller* ZIP 2019, 2429 (2430).

81   So auch *Lieder/Wernert* ZIP 2018, 2441 (2443); *Schmidt* NZG 2018, 1201 (1209); *Vetter* AG 2019, 853 (855); *Müller* ZIP 2019, 2429 (2430) (jeweils oft unter Berufung auf IAS 24). Kritisch insoweit *Grigoleit* ZGR 2019, 412 (419), dessen Erwägung, es komme im Anwendungsbereich der Geschäfte mit nahestehenden Personen nicht zu einem Initiativrecht des Aufsichtsrats: bei verweigerter Zustimmung müsse der Vorstand handeln. Der Anwendungsbereich des § 111b und § 111 Abs. 4 S. 2 kann sich ohne Weiteres überschneiden; es sind keine Gründe ersichtlich, weshalb jeweils ein unterschiedlicher Maßstab gelten soll.

Verständnis des § 285 Nr. 21 HGB überein[82] sowie damit, dass Unterlassungen keine Geschäfte iSv § 111 Abs. 4 S. 2 sind.[83] S. 3 ist uE nicht einschränkend dahingehend auszulegen bzw. nicht anzuwenden, „wenn dem Unterlassen eine konkrete Meinungsbildung auf Vorstandsebene zugrunde liegt, weil dann ein kontrollfähiger Verhaltensbezug vorliegt, der (auch) als positives Tun qualifiziert werden kann".[84] Ein Handeln der Geschäftsleitung setzt indessen immer eine Vorstandsentscheidung voraus, so dass damit die klare Gesetzesregel zur Herausnahme des Unterlassens aus dem Anwendungsbereich inhaltsleer würde. Diese bedeutet im Übrigen nicht etwa, dass Geschäftsleiter folgenlos gegenüber Nahestehenden die wirtschaftlich gebotenen und rechtlich möglichen Handlungen unterlassen dürften: So müssen sie zB ungünstig gewordene Geschäfte mit Nahestehenden soweit möglich kündigen (zB einen Unternehmensvertrag[85]); das Unterlassen begründet ggf. die Geschäftsleiter- und Überwacherhaftung, ggf. auch Abberufung aus wichtigem Grund nach allgemeinen Grundsätzen.

II. Ausnahmen bei Geschäften im ordentlichen Geschäftsgang und zu marktüblichen Konditionen (Abs. 2)

Das Gesetz enthält in Abs. 2 sowie Abs. 3 auf der Grundlage der Optionen von Art. 9 c Abs. 5 und Abs. 6 2. ARRL zahlreiche Ausnahmen vom Anwendungsbereich der Regeln zu den Geschäften mit Nahestehenden. Der ARUG II RegE begründet die (dort beschönigend als „Umsetzung der … Ausnahmeoptionen" bezeichneten) Ausnahmen mit dem angeblich schon vor der Novelle hohen Schutzniveau für Geschäfte mit Nahestehenden; von den Optionen mache der Gesetzentwurf „im Interesse einer größtmöglichen Entlastung der Unternehmen umfassend Gebrauch".[86] Freilich widerspricht diese „Entlastung" dem Zweck der 2. ARRL und dem ARUG II – dem effektiven präventiven Schutz der Gesellschaften und ihrer Mitglieder gegen die typischerweise mit Geschäften mit Nahestehenden verbundenen Nachteile (→ Rn. 1). Die Ausnahmeregeln sind nach dem Schutzzweck des Gesetzes jedenfalls eng auszulegen, die „Entlastung" der Gesellschaften darf den bezweckten Schutz nicht unterminieren.[87] 26

1. Geschäfte im ordentlichen Geschäftsgang und zu marktüblichen Konditionen (Abs. 2 S. 1)

Von den Regelungen über Geschäfte mit Nahestehenden sind solche Geschäfte ausgenommen, die im ordentlichen Geschäftsgang und zu marktüblichen Bedingungen mit Nahestehenden getätigt werden; das Gesetz schreibt, solche Geschäfte „gelten nicht" als Geschäfte mit Nahestehenden. UE ist dies eine widerlegliche Vermutung. Die Widerleglichkeit gebietet der Schutzzweck der Regelungen zu den Geschäften mit den Nahestehenden, da ansonsten der Gesetzgeber – der zu der Frage nichts sagt – ohne Absicht ein allzu großes Schlupfloch gegen den Schutz vor Geschäfte mit Nahestehenden normiert hätte. Die Voraussetzungen Marktüblichkeit und ordentlicher Geschäftsgang müssen kumulativ vorliegen.[88] Die Ausnahme findet sich nahezu wort- 27

---

82 Die dortige Regierungsbegründung stellt ausdrücklich klar, dass unterlassene Rechtsgeschäfte und Maßnahmen nicht von der Angabepflicht umfasst sind, Begr. RegE BilMoG, BT-Drs. 16/10067, S. 72.

83 Hüffer/Koch AktG § 111, Rn. 37; *Lieder* DB 2004, 2251 (2254); *ders.* ZGR 2018, 523 (537); Spindler/Stilz/*Spindler* AktG § 111 Rn. 68; aA *Lange* DStR 2003, 376 (377); kritisch *Grigoleit* ZGR 2019, 412 (419).

84 So aber *Grigoleit* ZGR 2019, 412 (420).

85 Vgl. *Meilicke/Kleinertz* in Heidel, Aktienrecht AktG Vor § 291 Rn. 70.

86 ARUG II RegE, S. 81.

87 Der ARUG II RefE hatte auf S. 76 noch ausdrücklich die enge Auslegung gefordert, an der entsprechenden Stelle in ARUG II RegE, S. 81 findet sich nichts Entsprechendes. Demgegenüber favorisieren weite Auslegung der Ausnahmen *Bungert/Berger* DB 2018, 2860 (2861 f.) sowie *Heldt* AG 2018, 905 (915 f.).

88 ARUG II RegE, S. 81.

gleich in Art. 9 c Abs. 5 2. ARRL; deren UAbs. 2 ermöglicht den Mitgliedstaaten vorzusehen, dass Gesellschaften die Anforderungen für Geschäfte mit Nahestehenden auch auf solche Geschäfte anwenden können. Auf dieser Grundlage hat der deutsche Gesetzgeber die Anwendung des Ausnahmetatbestands satzungsdispositiv ausgestaltet (Abs. 2 S. 3, → Rn. 34). Die Grenzen, innerhalb derer die Gesellschaft ein Geschäft „im ordentlichen Geschäftsgang und zu marktüblichen Konditionen" tätigt, sind unklar; eine Verwaltung wird sich typischerweise auf den Standpunkt stellen, dass diese Voraussetzungen vorliegen. **Die Ausnahme darf nicht Grundlage für eine Verwaltungspraxis sein nach dem Grundsatz: „Wasch mir den Pelz, aber mach mich nicht nass",**[89] mit der die Verwaltung alle oder eine Vielzahl der Geschäfte mit Nahestehenden als unter die Ausnahmeregel fallend etikettiert. Um die Regelungen zu Geschäften mit Nahestehenden über den Pfad des ordentlichen, marktüblichen Geschäftsgangs nicht vollends auszuhöhlen, kommt es entscheidend an auf die Wirksamkeit des internen Verfahrens gem. Abs. 2 S. 2, seine minutiöse Bestimmung und Umsetzung durch den AR sowie eine wirksame Kontrolle dieser Mechanismen durch den Abschlussprüfer; last but not least erfordert die Sicherstellung der effektiven Anwendung der Vorgaben der 2. ARRL sowie der nur ausnahmsweisen Nicht-Anwendung des Prinzips von AR-Zustimmung und Publizität nach § 111 b und 111 c die detaillierte Offenlegung aller unter der Ausnahme verbuchten Geschäfte jedenfalls auf Nachfragen nach § 131 in der Hauptversammlung.[90]

28   a) **Marktüblichkeit.** Marktüblich sind Geschäfte, deren Bedingungen einem **Drittvergleich** standhalten – marktunüblich, wenn sie mit einem Dritten so nicht zustande gekommen wären. Entscheidend ist die Sicht der Gesellschaft. UE muss der Begriff der Marktüblichkeit dem allgemeinen Erfordernis von §§ 111 a ff. sowie Art. 9 c Abs. 2 sowie Erwägungsgrund 42 2. ARRL entsprechen, dass solche Geschäfte nicht nur aus Sicht der Gesellschaft marktüblich sind, sondern dabei auch auf die Sicht der Aktionäre einschließlich der Minderheitsaktionäre abgestellt wird.[91] Maßgeblich für den Drittvergleich sind zunächst die tatsächlichen Marktbedingungen, die ggf. unter Zuhilfenahme von Marktinformationen zu ermitteln sind. Regelmäßig ist es unerlässlich, dass die Gesellschaft neben dem Angebot des Nahestehenden drei weitere unabhängige Angebote einholt, um tatsächlich hinreichend sorgfältig zu prüfen (und zu dokumentieren), ob die Konditionen des Geschäfts mit dem Nahestehenden tatsächlich marktüblich sind.[92] Dabei muss die Gesellschaft im Grundsatz die Aufforderung zum Angebot so gestalten, dass typischerweise auch ein fremder Dritter bieten kann; die Leistungsbeschreibung darf also nicht so ausgestaltet werden, dass einzig und allein der Nahestehende als Bieter in Betracht kommt; als Richtschnur hierfür kommt § 122 GWB in Betracht (vgl. zu ähnlichen Fragen → Rn. 62 f.). Wenn ein Marktpreis zu ermitteln ist, muss dieser der Beurteilung zugrunde gelegt werden. Ist ein solcher nicht zu ermitteln, soll das nach dem ARUG II RegE nicht bedeuten, dass kein Geschäft iSd Abs. 2 vorliegt; vielmehr sollen **Schätzwerte und branchenübliche Gegebenheiten** herangezogen und dabei die zu § 285 Nr. 21 HGB entwickelten Grundsätze fruchtbar ge-

---

89   *Grigoleit* ZGR 2019, 412 (435) formuliert die Kritik weniger plastisch, aber der Sache nach ebenso: Die Ausnahme für reguläre Geschäfte sei „deswegen funktional etwas undurchsichtig", da sie den zentralen Aspekt der Regulierung der Geschäfte mit Nahestehenden – nämlich die Angemessenheit der Transaktion zu marktüblichen Bedingungen sicherzustellen – der Überprüfung durch den Aufsichtsrat und der allgemeinen Transparenz entziehe. Kritik wegen der *notorischen Missbrauchsanfälligkeit* der Ausnahme auch bei *Stenger/Tröger* Börsenzeitung vom 16.10.2018 S. 10; kritisch auch *Müller* ZIP 2019, 2429 (2432), sowie *Tröger/Roth/Strenger* BB 2018, 2946 (2950).

90   Vgl. zu den mit Recht strengen Anforderungen der Rechtsprechung an hinreichende Auskünfte in der Hauptversammlung über Geschäfte mit Nahestehenden schon vor dem Inkrafttreten der §§ 111 a ff. LG Frankfurt AG 2020, 106 (107 f.).

91   Vgl. *Jung* WM 2014, 2351 (2356).

92   *Zipperle/Lingen* DB 2020, 131 (135).

macht werden können.[93] Eine gänzlich andere Position bezog mit Recht noch der ARUG II RefE:[94] Dort hieß es, die eng auszulegende Ausnahmevorschrift erfasse nur solche Geschäfte, bei denen sich tatsächlich ein Marktpreis zur Überprüfung der Angemessenheit ermitteln lasse. Ein Schätzwert genüge nicht. Typische konzerninterne Geschäfte, etwa Verrechnungspreise, Veräußerungen von Beteiligungen, Nutzungsüberlassungen oder Konzernumlagen seien in der Regel nicht von der Vorschrift erfasst.[95] Nach Sicht des ARUG II RegE können demgegenüber sogar konzerninterne Geschäfte Marktüblichkeit belegen, was nicht mit dem Gesetzeszweck vereinbar ist.[96] Relevant soll dies für alltägliche Geschäfte im Rahmen des konzerninternen Liefer- und Leistungsverkehrs sein, die regelmäßig aus dem Anwendungsbereich der Vorschriften für Geschäfte mit nahestehenden Person herausfallen sollen.[97] UE ist zur Realisierung des Schutzzwecks der §§ 111 a ff. und in Hinblick auf den Grundsatz der engen Auslegung der Ausnahme (→ Rn. 26) an der Auslegungsmaxime des ARUG II RefE festzuhalten, zumal die davon abweichende Sichtweise des ARUG II RegE im Wortlaut des Gesetzes keinen Niederschlag gefunden hat.

b) Ordentlicher Geschäftsgang. Wann ein Geschäft im „ordentlichen Geschäftsgang" 29 abgewickelt ist, definiert das Gesetz nicht. Das Kriterium hat im deutschen Recht[98] bislang „keine hinreichend deutlichen Konturen":[99] Der ARUG II RegE stellt darauf ab, dass das Geschäft für die Gesellschaft nach Inhalt, Umfang, Häufigkeit und Üblichkeit der Konditionen gewöhnlich ist; das Erfordernis „ordentlicher Geschäftsgang" solle außergewöhnliche Geschäfte ausnehmen.[100] Erfasst sind jedenfalls die typischen, sich wiederholenden Alltagsgeschäfte.[101] Mit Blick auf den Schutzzweck des Gesetzes und dem Grundsatz der engen Auslegung der Ausnahme (→ Rn. 26) ist uE entgegen dem ARUG II RegE maßgeblich (nur) **auf die Häufigkeit der betreffenden Geschäftsart** abzustellen;[102] die bloße Ausgrenzung außergewöhnlicher Geschäfte nach der Intention der Regierungsbegründung wäre angesichts der exzeptionellen

---

93 ARUG II RegE, S. 81; *Lieder/Wernert* ZIP 2019, 989 (992); *Müller* ZIP 2019, 2429 (2431).

94 Im Ergebnis ebenso und in der Argumentation ähnlich wie hier *Flume* Der Gesellschafter 2019, 230 (237); mit aber griffigen Formel, der nationale Gesetzgeber dürfe nicht deklarieren, das „non market transactions" „market transactions" gleichzustellen seien. Auch *Zetzsche* NZG 2014, 1121 (1126) geht davon im Hinblick auf den damaligen und soweit unverändertem Entwurf der 2. ARRL davon aus, wenn „für ein Wirtschaftsgut kein aussagekräftiger Marktvergleich zu ermitteln (ist), muss der derzeitige Entwurfswortlaut wohl so verstanden werden, dass die Transaktion zu unterbleiben hat, da Marktüblichkeit und Fairness in solchen Fällen nicht bestätigt werden kann.".

95 ARUG II RefE, S. 76; Kritik daran bei *Bungert/Berger* DB 2018, 2860 (2861 f.); *Heldt* AG 2018, 905 (914 f.) Vgl. lediglich referierend *DAV-Handelsrechtsausschuss* NZG 2019, 12 (17).

96 ARUG II RegE, S. 81. Vgl. demgegenüber den ARUG II RefE, S. 76; vgl. *Lieder/Wernert* ZIP 2019, 989 (992).

97 *Tarde* NZG 2019, 488 (490).

98 Vgl. aber in den USA im Uniform Commercial Code § 1–201. General Definitions (9) des "Buyer in ordinary course of business".

99 *Grigoleit* ZGR 2019, 412 (431).

100 ARUG II RegE, S. 81; *Tarde* NZG 2019, 488 (490).

101 ARUG II RegE, S. 81; *Lieder/Wernert* ZIP 2018, 2441 (2445); *dies.* ZIP 2019, 989 (992); *Grigoleit* ZGR 2019, 412 (435), sieht diese Geschäfte, bei denen der Vergleich mit Markttransaktionen ohne Weiteres möglich ist, gewissermaßen als alleinig denkbaren Typus der Geschäfte im ordentlichen Geschäftsgang, da das besondere Prüfungsbedürfnis entfalle, „wenn ein Geschäft schon nach seinen äußeren Rahmenbedingungen so unauffällig ist, dass die Risiken gering und die Prüfung trivial ist".

102 So auch *Grigoleit* ZGR 2019, 412 (432); *Eisele/Oser* DB 2019, 1517 (1519) (zu den Fällen des Erwerbs eines Grundstücks, um darauf eine Produktionshalle zu errichten [= einmaliger Vorgang] sowie Gewährung eines langfristigen Finanzierungsdarlehens zur Finanzierung des Grundstückserwerbs).

Charakters eines außergewöhnlichen Geschäfts im juristischen Sprachgebrauch etwa im Handelsrecht, wo diese Geschäfte den Gesellschaftern vorbehalten sind (vgl. § 116 Abs. 1 und 2 HGB), eine zu weite Definition.[103] Gewöhnlich ist nach § 116 HGB nämlich alles, was in einem Handelsgewerbe normalerweise vorkommen kann; gewöhnlich sind im Zweifel alle Geschäfte im Handelszweig, der den Gegenstand des Unternehmens bildet. Außergewöhnlich sind nur Geschäfte mit Ausnahmecharakter nach Art, Inhalt, Umfang, Risiko oder Zweck unter Berücksichtigung der besonderen Verhältnisse der Gesellschaft und der Zeitumstände wie zB einschneidende Änderung von Organisation oder Vertrieb oder grundlegende Neuausrichtung des Geschäfts, Beteiligung an anderen Unternehmen, Großkredit, Spekulationsgeschäft, Errichtung neuer Produktionsstätten oder Zweigniederlassungen.[104] Diese Grundsätze und Beispiele zu § 116 HGB zeigen, dass aus dem Anwendungsbereich der Related Party-Transaktionen alles ausgenommen würde, was in einem Handelsgewerbe „normalerweise" vorkommt. Damit wäre die eng auszulegende Ausnahmevorschrift völlig konturlos. Dies widerspricht ihrem Zweck. Ohnehin erscheint ausgeschlossen, Geschäfte noch im „ordentlichen Geschäftsgang" zu verorten, wenn diese ein höheres Volumen als 1,5 % iSd § 111 b Abs. 1 ausmachen.[105]

30 Konzerninterne **Cash Pooling-Systeme** sollen nach dem ARUG II RegE unter die Ausnahme des Abs. 2 fallen können, wenn deren Konditionen „marktüblich" sind, also den allgemein üblichen Konditionen bei Cash Pooling-Systemen entsprächen.[106] Dieser Sicht ist nicht zu folgen: Es genügt nämlich nicht die Feststellung, dass Cash Pooling-Systeme in Konzernen – dh im Verhältnis zu Nahestehenden – allgemein marktüblich sind; denn es geht bei den §§ 111 a ff. in Umsetzung der 2. ARRL[107] gerade darum, „den konzerntypischen und potenziell schadensbringenden Einfluss zu kontrollieren";[108] eine Bereichsausnahme für konzernintern übliche Geschäfte wie die Cash Pools minimiert entscheidend die intendierte Wirkung der §§ 111 a ff. Rechtsprechung und Literatur akzeptieren Cash Pools schon dann, wenn die beteiligten Unternehmen adäquat an den mit der Zentralisierung verbundenen Synergieeffekten partizipieren, bereitgestellte Mittel angemessen zu verzinsen sind (wobei zu berücksichtigen sei, dass die Gesellschaft selbst im Bedarfsfall günstigen Kredit erhalte) und auf eine Besicherung regelmäßig verzichtet werden könne, da das Cash Pooling sonst unattraktiv würde.[109] Eine solche Gestaltung, die für die Cash Pools typisch ist, weicht aber derart weit von dem ab, was einem Drittvergleich standhält und wie sich sonst ein ordentlicher Kaufmann, ein Geschäftsleiter einer nicht beherrschten Gesellschaft

---

103 Ähnlich wie hier („wiederholende Alltagsgeschäfte") *Florstedt* ZHR 184 (2020), 10 (34); demgegenüber votiert *Müller* ZIP 2019, 2429 (2431), gerade für die Orientierung an der Abgrenzung nach § 116 HGB; ähnlich *Lieder/Wernert* ZIP 2018, 2441 (2445).
104 HK-HGB/*Psaroudakis* HGB § 119 Rn. 1; Staub/*Schäfer* HGB § 116 Rn. 12 f.; Baumbach/Hopt/*Roth* HGB § 116 Rn. 1 ff.
105 Vgl. *Grigoleit* ZGR 2019, 412 (435), der mit Recht von einem „auffälligen Spannungsverhältnis" spricht.
106 ARUG II RegE, S. 81; ebenso ARUG II RefE S. 78. Zustimmend zB *Müller* ZIP 2019, 2429 (2432) (allerdings offenbar selbst etwas ungläubig hinsichtlich dieser Sichtweise des ARUG II RegE, da er schreibt, „sogar" die Einbindung in den Cash Pool falle nach der dem ARUG II RegE unter die Ausnahme. Mit Recht aA bzw. kritisch *Grigoleit* ZGR 2019, 412 (432 f.); *Tarde* NZG 2019, 488 (491).
107 Vgl. deren Erwägungsgrund 42, wonach „Geschäfte mit nahestehenden Unternehmen und Personen … den Gesellschaften und ihren Aktionären abträglich sein (können), da sie dem nahestehenden Unternehmen oder der nahestehenden Person die Möglichkeit geben können, sich Werte der Gesellschaft anzueignen. Folglich sind angemessene Maßnahmen zum Schutz der Gesellschafts- und Aktionärsinteressen von Bedeutung."
108 *Grigoleit* ZGR 2019, 412 (433).
109 Vgl. zu den allg. Anforderungen an Cash-Pooling *Müller* ZIP 2019, 2429 (2432) unter Verweis ua auf MüKoAktG/*Altmeppen* AktG § 311 Rn. 266 ff.; Emmerich/Habersack/ *Habersack* AktG § 311 Rn. 47 ff.; *Altmeppen* NZG 2010, 401 (403); BeckHdB Holding/ *Metz* C Rn. 274 ff.

(§ 317 Abs. 2) verhalten würde, dass das Geschäft typischerweise iSd Abs. 2 weder marktüblich noch gewöhnlich ist. Die Voraussetzungen des Abs. 2 (Marktüblichkeit und Geschäft im ordentlichen Geschäftsgang außerhalb von Konstellationen wie Konzernen oder sonst unter Nahestehenden) müssen vielmehr gerade für das konkrete Cash Pooling der jeweiligen Gesellschaft vorliegen, dh das Geschäft muss seiner Art nach gewöhnlich sein und seinen Bedingungen nach einem Drittvergleich standhalten.[110] Die Marktüblichkeit im Einzelfall erfordert demgegenüber nach dem ARUG II RegE lediglich, dass das Geschäft den für Cash Pooling-Systeme üblichen Konditionen entspricht,[111] was indessen nicht dem Zweck des §§ 111 a ff. und der Ausnahme nach Abs. 2 entspricht. Ob Cash Pools im Einzelfall die Voraussetzungen des Abs. 2 erfüllen können, ist daher typischerweise fraglich und bedarf besonderer Sorgfalt bei der Prüfung im Einzelfall, ob das Geschäft auch fremde Dritte, also nicht Nahestehende ebenso geschlossen hätten. Die Einrichtung eines solchen Systems wird typischerweise ein grundlegendes und außergewöhnliches Geschäft sein, das sich nach § 116 Abs. 2 HGB regelmäßig die Gesellschafter vorbehalten würden, und somit nicht unter Abs. 2 fallen.[112] Denn es kann erhebliche, einschränkende Auswirkungen auf die Finanzlage, die Liquidität und die Verfügbarkeit des Vermögens der eingebundenen Gesellschaften haben. Geschäfte im Rahmen eines eingerichteten Cash Pooling-Systems können hingegen unter Abs. 2 fallen. Ähnlich zu beantwortende Fragen wie bei Cash Pools stellen sich im Zusammenhang mit **Service Level Agreements**.[113]

Die Voraussetzung des ordentlichen Geschäftsgangs muss **kumulativ** mit der Marktüblichkeit vorliegen. (→ Rn. 23) Es ist daher möglich, dass ein Geschäft zwar dem Grunde nach einem Drittvergleich standhält, aber aufgrund seines Umfangs oder seiner besonderen Bedeutung für die Gesellschaft aus dem ordentlichen Geschäftsgang herausfällt; dann ist Abs. 2 nicht anwendbar.   31

2. Verfahren zur Bestimmung des Vorliegens der Voraussetzungen des Abs. 2 S. 1 (Abs. 2 S. 2)

Die börsennotierte Gesellschaft (→ Rn. 3, → § 111 b Rn. 5) muss nach Abs. 2 S. 2 ein internes Verfahren einrichten, durch das sie die Einhaltung der Bedingungen des Abs. 2 S. 1 prüft. Der ARUG II RegE schreibt, das Verfahren diene zur Bestimmung, ob die Bedingungen der Ausnahme eingehalten „wurden", was dem Wortlaut der Regelung entspricht, wonach es darum geht, „zu bewerten", ob die Voraussetzungen nach S. 1 vorliegen; davon müssen jedenfalls die an dem Geschäft beteiligten Nahestehenden ausgeschlossen sein.[114] Ausweislich des Wortlauts „an dem Geschäft beteiligt" können Nahestehende im Grundsatz von Geschäft zu Geschäft, dh bezogen auf die jeweilige Transaktion ausgeschlossen werden.[115] Ein genereller **Ausschluss Nahestehender** ist geboten, wenn diese häufig oder in nennenswertem Umfang mit der Gesellschaft kontrahieren; dann sind „Interessenkonflikte vorprogrammiert"[116] und ein solcher Nahestehender ist nicht geeignet, genau hinzuschauen, ob die Gesellschaft bei Geschäften mit Nahestehenden die Grenzen der Ausnahmeregel akribisch einhält. Der Ausschluss bedeutet bei Unternehmen als Nahestehenden in Hinblick auf den gebote-   32

---

110 Vgl. *Grigoleit* ZGR 2019, 412 (432 f.); ähnlich *Tarde* NZG 2019, 488 (491).
111 ARUG II RegE, S. 81.
112 *Grigoleit* ZGR 2019, 412 (432 f.); *Tarde* NZG 2019, 488 (490); *ders.* ZGR 2017, 360 (369).
113 *Eisele/Oser* DB 2019, 1517 (1519 f.), die allerdings (uE zu Unrecht) ohne Weiteres von der Konzernüblichkeit solcher Dienstleistungsverträge in Bezug auf typische Holding- und Verwaltungsfunktionen auf die Marktüblichkeit schließen; außerhalb von Konzernen sind solche Vereinbarungen mit immer wieder denselben Unternehmen gerade nicht marktüblich.
114 ARUG II RegE, S. 81; *Lieder/Wernert* ZIP 2019, 989 (992).
115 Vgl. ARUG II RegE, S. 81; *Grigoleit* ZGR 2019, 412 (433).
116 *Müller* ZIP 2019, 2429 (2431).

nen jedweden Ausschluss der Einflussnahme der Nahestehenden auf das Verfahren, dass nicht nur die jeweilige Gesellschaft etc ausgeschlossen ist, sondern auch alle Unternehmensangehörigen sowie Mitinhaber des Unternehmens typischerweise einschließlich aller Mitglieder der Verwaltungsorgane.[117] Das Verfahren ist „**regelmäßig**" durchzuführen, da anderenfalls keine regelmäßige Bewertung i.S.d. S. 2 möglich ist. Einen festen Prüfungsturnus gibt das Gesetz nicht vor; der Wortsinn „regelmäßig" verlangt, dass die Prüfung so engmaschig sein muss, dass kein maßgebliches Geschäft durch das Raster hindurchfällt. Die nähere Ausgestaltung obliegt den Verwaltungen der Gesellschaften. Die Anforderungen bemessen sich nach dem Einzelfall unter Berücksichtigung der Verhältnisse der Gesellschaft. Die Festlegung eines zu weitmaschigen Turnus ist pflichtwidrig. Weitere konkrete Voraussetzungen sieht weder das Gesetz noch der der ARUG II RegE vor. Letzterer stellt in den Raum, dass Geschäfte im Rahmen des **faktischen Konzerns** bereits heute für den Abhängigkeitsbericht erfasst, aufgezeichnet und bewertet werden; für „diese Gesellschaften sollte hier nichts wesentlich Neues kommen. Bereits bestehende Verfahren, die den Anforderungen entsprechen, können daher genutzt werden."[118] Die Prinzipien solcher Verfahren bestimmen jedenfalls den Mindeststandard, den das Procedere nach S. 2 generell erfüllen muss.[119] In die Prüfung einzubeziehen sind uE nicht nur die Geschäfte der Gesellschaft, vielmehr ist eine **konzernweite Prüfung** erforderlich; das folgt daraus, dass auch für die Pflichten nach § 111 b und § 111 c eine konzernweite Pflicht gilt → Rn. 40, → § 111 c Rn. 17 f.), so dass die Ausnahme nach Abs. 2 kein Schlupfloch eröffnen darf für die Gesellschaft schädigende Geschäfte durch verbundene Unternehmen. UE ist eine **umfassende Einzelfallprüfung** geboten – wie dies auch für die Abhängigkeitsberichterstattung und -prüfung nach §§ 312-314 gilt; denn auch dort ist zu gewährleisten, dass die Gesellschaft bei „jedem Rechtsgeschäft" eine angemessene Gegenleistung erhielt und bzw. durch eine Maßnahme „nicht benachteiligt wurde". Das bedingt eine minutiöse Befassung mit den einzelnen Geschäften. Bloße Stichproben genügen zur Sicherstellung des bezweckten Schutzstandards nicht: Das beruht auch darauf, dass die Regelungen zu den Geschäften mit Nahestehenden nach den Vorgaben der 2. ARRL bezwecken, den solchen Geschäften typischerweise innewohnenden Gefahren vorzubeugen und zu Gunsten der Gesellschaft und ihrer (Minderheit-) Aktionäre einen hinreichenden und effektiven verfahrensmäßigen Schutz gegen solche Geschäfte zu errichten (→ Rn. 1, 5).: Den gebotenen Schutzstandard kann eine stichprobenweise Kontrolle von einzelnen Geschäften nicht realisieren. Richtete die Gesellschaft überhaupt kein internes Verfahren ein oder ist dieses generell oder im Einzelfall suboptimal, hat das keine unmittelbaren **Rechtsfolgen** für die Frage, ob das Geschäft unter die Ausnahme fällt. Das gilt schon systematisch wegen der Vermutung in Abs. 2 S. 1 („gelten") und dem davon getrennt geregelten internen Verfahren nach S. 2; zudem enthielt der Entwurf der EU-Präsidentschaft zum Entwurf der einschlägigen europäischen Vorgabe des Art. 9 c Abs. 4 lit. a vom 10.11.2014 (→ Rn. 1) ausdrücklich eine Regelung, dass die Ausnahme nur unter der Voraussetzung gelten sollte („provided that"), dass ein solches internes Verfahren stattgefunden hatte. Die Endfassung des Art. 9 c Abs. 5 UAbs. 1 2. ARRL sah dies nicht mehr vor. Das Unterlassen der Einhaltung des internen Verfahrens hat uE aber Indizwirkung dafür, dass die Voraussetzungen der Ausnahme nicht greifen (vgl. zur Frage der Widerlegung der Fiktion nach S. 1 → Rn. 27).

---

117 Vgl. *Grigoleit* ZGR 2019, 412 (434) (dieser bezeichnet den Ausschluss allerdings unklar lediglich als „naheliegend").

118 ARUG II RegE, S. 81.

119 Vgl. zu den typischen Verfahrensgestaltungen im Rahmen der Abhängigkeitsberichterstattung (formalisiertes Monitoring durch Clearing-Stelle) *Vetter* in Fleischer/Koch/Kropff/Lutter, 50 Jahre Aktiengesetz, 2015, S. 231, 252 ff.; K. Schmidt/Lutter/*Vetter* AktG § 312 Rn. 60 ff.

Bei der Gestaltung des Verfahrens ist uE (über das Procedere für den Abhängigkeits-bericht hinausgehend)[120] jedenfalls eine **maßgebliche Beteiligung des Aufsichtsrats** vorzusehen.[121] Die Ausnahme ist nämlich geeignet, die Aufsichtsratskompetenzen gem. § 111 b und Pflichten des § 111 c auszuhöhlen. Wäre allein der Vorstand zuständig, hätte er es in der Hand, das Kontrollinstrument zur Überprüfung der Geschäftsleitung bei Geschäften mit Nahestehenden zu seinen Gunsten auszugestalten und den Anwendungsbereich einzuschränken. Solches widerspräche den Checks and Balances der aktienrechtlichen Corporate Governance. Für das interne Prüfungsverfahren genügt nicht, dass es ein internes Papier des AR gibt. Dieses muss jedenfalls Gegenstand der Abschlussprüfung sein; darüber hinaus muss der **Bericht des AR an die Hauptversammlung** gem. § 171 Abs. 2 die Überwachung des AR in dem internen Verfahren nach Abs. 2 S. 2 dokumentieren; der AR muss dabei klare und nachvollziehbare Angaben zur Angemessenheit der Geschäfte und zu seiner kontrollierenden Tätigkeit enthalten; dazu gehört, dass der AR nachvollziehbar Häufigkeit, Gegenstand und Methoden seiner Kontrolle darstellt; er darf sich nicht mit kurzen oder formal gehaltenen Formulierungen ohne nachvollziehbare Angaben begnügen.[122] Der AR wird bei der Erfüllung seiner Pflichten nicht umhin kommen, sich **externen Sachverständigenrats** zu vergewissern. Er kann die Aufgabe nicht der Compliance-Abteilung der Gesellschaft zuweisen, da diese dem Vorstand untersteht;[123] uE erscheint es zweifelhaft, dass für die externe Unterstützung der Abschlussprüfer in Betracht kommt,[124] da dieser in zahlreichen Fällen der Geschäfte mit Nahestehenden zB einen Abhängigkeitsbericht nach § 313 prüfen muss und damit in diesem Rahmen letztlich noch einmal (scheinbar) das prüfen würde, was er schon als Gehilfe des AR im Rahmen des Abs. 2 S. 2 zu prüfen hat; schon aus diesem Grunde läge Befangenheit des Abschlussprüfers nahe (vgl. § 319 Abs. 3 Nr. 3 lit. b HGB).

3. Öffnungsklausel (Abs. 2 S. 3)

Der Ausnahmetatbestand des Abs. 2 S. 1 steht auf der Grundlage der Option nach Art. 9 c Abs. 5 UAbs. 2 der 2. ARRL gem. Abs. 2 S. 3 zur Disposition der Aktionäre durch Satzungsregelung. Im Hinblick auf den Zweck von Richtlinie und deutscher Umsetzung – Schutz der Gesellschaft und ihrer Aktionäre vor typischerweise nachteiligen Folgen von Geschäften mit Nahestehenden (→ Rn. 1) – liegt es nahe, von dieser Möglichkeit Gebrauch zu machen: Der offene und weit gefasste Ausnahmetatbestand birgt ein massives **Missbrauchspotential**; die Ausnahmevorschrift ist dazu angetan, missbräuchlich tatsächlich problematische Geschäfte mit Nahestehenden unter der Ausnahmeregel zu verstecken (→ Rn. 27).[125] Darüber hinaus empfiehlt sich das Gebrauchmachen von Abs. 2 S. 3 und wird Zustimmung im Aktionariat finden, wenn

33

34

---

120 Vgl. *Lanfermann/Maul* BB 2017, 1218 (1222).
121 Der ARUG II RegE sagt an der maßgebenden Stelle (ARUG II RegE, S. 81) nichts dazu, welches Verwaltungsorgan gesellschaftsintern für das Verfahren zuständig sein soll. *Florstedt* ZHR 184 (2020), 10 (35) geht noch etwas weiter als wir: Für das interne Kontrollverfahren sei bei der deutschen AG (allein) der Aufsichtsrat zuständig; das schließt *Florstedt* aus Art. 9 c Abs. 5 2. ARRL, wo es heißt, für solche Geschäfte, die im ordentlichen Geschäftsgang und zu marktüblichen Bedingungen getätigt würden, richte „das Verwaltungs- oder Aufsichtsorgan" der Gesellschaft das interne Verfahren ein. Im Erg. ebenso *Koppensteiner* RdW 2019, 220, 224. § 95 a Abs. 6 S. 2 öAktG weist die Aufgabe ausdrücklich dem Aufsichtsrat zu. Vgl. auch *Jung* WM 2014, 2351 (2356) zu den europäischen Vorgaben an das interne Prüfungsverfahren.
122 Vgl. *Florstedt* ZHR 184 (2020), 10 (38).
123 Vgl. exemplarisch zur Kapitalmarkt-Compliance *Wagner* in Szcsny/Kuthe Kapitalmarkt Compliance 2. Aufl., 15. Kap. Rn. 58 ff. Großzügiger *Jung/Stiegler* in Jung/Krebs/Stiegler Gesellschaftsrecht in Europa § 30 Rn. 288.
124 So aber *Lanfermann/Maul* BB 2017, 1218 (1222).
125 Vgl. die in dieser Richtung gehenden Bedenken bei *Tröger/Roth/Strenger* BB 2018, 2946 (2950).

sich absehen lässt, dass die Wesentlichkeitsschwelle des § 111 b Abs. 1 trotz Aggregation von (kleinen) Einzelgeschäften nicht überschritten wird. In diesem Fall wird die Gesellschaft von der zusätzlichen Belastung eines internen Überwachungssystems entlastet.[126]

III. Ausnahmekatalog (Abs. 3)

35   Abs. 3 enthält Ausnahmen, bei denen nach den Vorstellungen des Gesetzgebers[127] für die dort bezeichneten Geschäfte ein besonderer Schutz der Minderheit nach den konkreten Umständen nicht erforderlich oder bereits auf andere Weise sichergestellt sein soll. Darüber hinaus werden in Abs. 3 Nr. 5 solche Geschäfte von der Regelung der Geschäfte mit Nahestehenden ausgenommen, die „einem übergeordneten Ziel dienen".[128] **Der Katalog des Abs. 3** ist abschließend,[129] aber nach allgemeinen Regeln auslegungsfähig. Grundlage für den Katalog ist Art. 9 c Abs. 6 2. ARRL; der deutsche Gesetzgeber hat die Möglichkeiten der Richtlinie voll ausgeschöpft, von den Anforderungen der 2. ARRL abzusehen. Die Ausnahmeregeln sind nach dem Schutzzweck des Gesetzes jedenfalls eng auszulegen, die „Entlastung" der Gesellschaften darf den bezweckten Schutz nicht unterminieren (→ Rn. 26).

1. Geschäfte mit Tochtergesellschaften (Abs. 3 Nr. 1)

36   Die Nr. 1 enthält sehr weitgehende Ausnahmen für Geschäfte mit Tochtergesellschaften. Sie dient der Umsetzung der Option des Art. 9 c Abs. 6 lit. a 2. ARRL[130] in vier Varianten (→ Rn. 37 ff.). Die Ausnahme betrifft Geschäfte mit Tochterunternehmen. Die **Gefahren durch Vermögenstransfers** sind nach Sicht des Gesetzgebers „geringer, soweit das Vermögen im Konsolidierungskreis" der Gesellschaft verbleibt und jedenfalls der besondere Schutz des § 111 c Abs. 4 AktG-E einen Mindestschutz für den Fall sicherstellt, dass das Vermögen die Konzernsphäre verlässt".[131] Bei der Auslegung ist der Grundsatz zu beachten, dass es „teleologisch gesehen keinen Unterschied machen kann, ob das Vermögen direkt oder durch einen Mittelsmann oder mehrere Mittelsleute an die nahestehende Person übertragen wird".[132] Den **Begriff des Tochterunternehmens** definiert das Gesetz unter Bezugnahme auf die internationalen Rechnungslegungsstandards. Es nimmt insbes. Bezug auf die VO (EG) Nr. 1126/2008, um ein einheitliches Begriffsverständnis sicherzustellen.[133] Maßgeblich für den Begriff des Tochterunternehmens ist derzeit IFRS 10 (Anhang A Konzernabschlüsse).[134] Anders als bei der Definition der Nahestehenden (→ Rn. 13) nimmt das Gesetz nicht ausdrücklich auf die jeweils aktuelle Fassung dieser Vorschrift Bezug; der Verweis in Abs. 3 Nr. 1 wird aber unter systematischen Erwägungen ebenso auszulegen sein wie der Verweis in Abs. 1.[135] Zu den vier Varianten der Ausnahme ist Folgendes zu sagen:

---

126   *Lieder/Wernert* ZIP 2019, 989 (992).
127   ARUG II RegE, S. 91.
128   ARUG II RegE, S. 93 f.
129   Ebenso ARUG II RegE, S. 91.
130   Die deutsche Bundesregierung hat laut *Jung/Stiegler* in Jung/Krebs/Stiegler Gesellschaftsrecht in Europa § 30 Rn. 295, sowie *Lutter/Bayer/Schmidt* Europäisches Unternehmens- und Kapitalmarktrecht 2017, Rn. 29.195, erfolglos versucht, in die Regelungen der 2. ARRL hinein zu verhandeln, dass auch Geschäfte der Gesellschaft mit ihrer Muttergesellschaft ausgenommen werden – soweit diese Information stimmen sollte, würde dass ein sehr negatives Licht auf das Interesse werfen, effektiven Aktionärs-und Gesellschaftsschutz gegen unangemessene Geschäfte mit Nahestehenden zu realisieren.
131   ARUG II RegE, S. 82.
132   *Florstedt* ZHR 184 (2020), 10 (40).
133   ARUG II RegE, S. 82.
134   ARUG II RegE, S. 82.
135   Ebenso *Müller* ZIP 2019, 2429 (2432), der die Verweisung in Abs. 3 Nr. 1 als „dynamisch" bezeichnet, und damit ersichtlich an die Definition aus Abs. 1 S. 2 anknüpft.

a) Variante 1: 100-prozentiger Anteilsbesitz der Gesellschaft. Die erste Variante betrifft Geschäfte mit Tochtergesellschaften, die unmittelbar in 100-prozentigem Anteilsbesitz der Gesellschaft stehen. Der **wirtschaftliche Hintergrund der Ausnahme** scheint auf den ersten Blick ohne Weiteres einzuleuchten: Bei Verlagerung von Vermögen auf eine 100-prozentige Tochtergesellschaft verändert sich der wirtschaftliche Wert der Beteiligung der Aktionäre an der Gesellschaft und deren Wert auch dann nicht, wenn das Geschäft für die Mutter ungünstig ist.[136] Verschiebungen der Tochtergesellschaften berühren allerdings die Mitwirkungsbefugnisse der Organe der Gesellschaft; die Fragen stehen indessen nicht im Blickfeld der europäischen und deutschen Regeln zu den Geschäften mit Nahestehenden.[137] Allerdings wird unternehmensintern der AR dafür zu sorgen haben, dass er seine Überwachungspflicht auch dann umsetzen kann, wenn Vermögen der Gesellschaft auf eine Tochter übertragen ist. Typischerweise sehen Zustimmungsvorbehalte nach § 111 Abs. 4 S. 2 AktG zulässigerweise[138] vor, dass der AR Geschäften auch zustimmen muss, wenn sie bei Tochtergesellschaften stattfinden. Gerade die Gefährdung von Vermögensinteressen der Mutter gebietet, solche Zustimmungserfordernisse dem AR auch nach der Übertragung im Hinblick auf Geschäfte mit Nahestehenden vorzubehalten. Nr. 1 **reißt nämlich eine Lücke in den Schutz gegen Gefahren aus Geschäften mit Nahestehenden:** Die Übertragung an das Tochterunternehmen kann den Vermögensgegenstand, der Gegenstand des Geschäfts mit dem Nahestehenden ist, den Regelungen für Geschäfte mit Nahestehenden entziehen (sieht man einmal vom bereits erwähnten § 111 c Abs. 4 ab). Eine nicht-börsennotierte Tochtergesellschaft unterliegt nach dem Gesetz keinem ausdrücklichen Zustimmungsvorbehalt, wenn sie Geschäfte mit einem ihr bzw. dem Mutterunternehmen Nahestehenden abschließt.[139]

37

Bei Lichte betrachtet relativieren sich aber die wirtschaftlichen Gefahren der Übertragung auf die Tochtergesellschaft in zweierlei Hinsicht: Die Regelungen zu Geschäften mit Nahestehenden, insbes. der Aspekte der AR-Zustimmung nach § 111 b, verbieten **missbräuchliche Umgehungen.** Hat also der Vorstand zB ein Geschäft mit Nahestehenden vor und überträgt dazu zunächst den Vermögensgegenstand an die Tochtergesellschaft, um bald darauf für die Weiterverfügung an den Nahestehenden zu sorgen, ist dies eine missbräuchliche Gestaltung. Bei einem solchen Konzept müsste der Vorstand schon bei der Übertragung etc auf die Tochtergesellschaft die Zustimmung des AR unter Aufdeckung seiner Absichten einholen. Unterlässt er dies, ist sein Verhalten gem. § 93 Abs. 2 AktG haftungsbewährt (→ § 111 b Rn. 87). **Die Umgehungsabsicht ist widerleglich zu vermuten,** wenn die Tochtergesellschaft zB die Vermögenswerte in engem zeitlichem Zusammenhang mit dem Erwerb weiterleitet, Rn. 23. Anhaltspunkt

38

---

136 *Müller* ZIP 2019, 2429 (2432); *Grigoleit* ZGR 2019, 412 (439); *Mörsdorf/Pieroth* ZIP 2018, 1469 (1478); *Müller* ZGR 2019, 97 (112).
137 *Grigoleit* ZGR 2019, 412 (439); *Müller* ZGR 2019, 97 (113); *Vetter* ZHR 179 (2015), 273, 320.
138 Vgl. GK-AktG/*Hopt/Roth* AktG § 111 Rn. 667, dort findet sich auch ein Musterkatalog.
139 *Grigoleit* ZGR 2019, 412 (439 f.) stellt zutreffend folgendes fest: „Wird … ein Gegenstand auf das Tochterunternehmen und dann weiter auf ein dem Mutterunternehmen nahestehendes Unternehmen übertragen, ist der Zustimmungsvorbehalt auf Seiten des Mutterunternehmens ausgehebelt." *Tröger/Roth/Strenger* (BB 2018, 2946 (2951)) konstatieren ebenfalls kritisch: Es entstehe eine „… empfindliche Schutzlücke, die der Kontrollaktionär zum Abzug von Vermögenswerten aus der Gesellschaft zulasten der Minderheitsaktionäre nutzen kann. Hierzu muss er lediglich seinen Einfluss auf die Unternehmensleitung der Gesellschaft nutzen, um diese zu einer Vermögensverschiebung auf eine nicht-börsennotierte Tochtergesellschaft zu veranlassen … da sich der Anwendungsbereich des Related Party Transaction-Regimes auf börsennotierte Gesellschaften beschränkt, kann er sodann in einem zweiten Schritt der Tochtergesellschaft den Vermögenswert im Wege eines zustimmungsfreien Geschäfts entziehen. Für ein solches Geschäft wäre lediglich eine Bekanntmachung … erforderlich, die … für sich alleine keinen adäquaten Minderheitsschutz bewirken kann".

mag die Jahresfrist gem. § 111 b Abs. 1 sein (→ § 111 b Rn. 12). Schon wegen dieses effektiven Schutzmechanismus' vertritt *Müller*, dass eine spezielle Regelung durch den Gesetzgeber nicht geboten sei, sondern der über die Veröffentlichungspflicht nach § 111 c Abs. 4 hinausgehende Umgehungsschutz „nach allgemeinen Grundsätzen getrost Judikatur und Wissenschaft überlassen" werden könne.[140] Der Gesetzgeber trägt diesem Grundsatz im ARUG II RegE ausdrücklich Rechnung. Er stellt zu § 111 c Abs. 4 klar, dass dessen spezialgesetzlicher Umgehungsschutz „von beispielhafter, nicht von abschließender Art" sei und ein darüber hinausgehender Schutz davon „nach allgemeinen Grundsätzen … unberührt (bleibt), etwa einem Gesamtplan zur Umgehung des Zustimmungserfordernisses bei einem Geschäft mit einer nahestehenden Person".[141]

39   Darüber hinaus sind nach allgemeinen Grundsätzen **Zustimmungsvorbehalte des AR nach § 111 Abs. 4 S. 2 grundsätzlich konzernweit auszulegen**, da sich die Überwachungsaufgabe des AR in gleicher Weise auf die Leitungsaufgabe des Vorstands im Konzern wie auf die Obergesellschaft erstreckt; daher gilt der Grundsatz, dass im Zweifel bei objektiver Auslegung von einem konzernweiten Zweck des Zustimmungsvorbehalts auszugehen ist.[142] Von diesem allgemeinen Grundsatz des § 111 Abs. 4 macht die Literatur zwar diverse Ausnahmen, die aber allesamt nicht einschlägig sind. Denn die Risiken des Geschäfts mit den Nahestehenden realisieren sich in gleicher Weise, ob das Geschäft nun bei der Tochter- oder der Muttergesellschaft vorgenommen wird; für die Aktionäre der Gesellschaft macht es nämlich keinen Unterschied, ob die Gesellschaft selbst oder eine ihrer Tochtergesellschaften Vermögen oder Chancen auf Nahestehende verlagert.[143] Daher gilt für die Zustimmung nach § 111 b Abs. 1 der Grundsatz der konzernweiten Anwendung nach ihrem Zweck entsprechend. Gegen diese Sichtweise lässt sich nicht anführen, dass die italienische Ratspräsidentschaft im Zuge des Gesetzgebungsverfahrens für die 2. ARRL präzisierend vorgeschlagen hatte, dass Transaktionen von Tochtergesellschaften als Transaktion der Gesellschaft selbst gelten.[144] Diesen Vorschlag hat der Richtliniengesetzgeber zwar nicht aufgegriffen. Das spielt nach deutschem Recht aber keine Rolle und kann nicht etwa gegen vorstehende Interpretation angewendet werden. Denn Art. 9 c Abs. 6 2. ARRL öffnet den Mitgliedstaaten lediglich die Option, von europäischen Anforderungen Ausnahmen vorzusehen. Daher kann das deutsche Recht ohne Weiteres vorsehen, dass zwar grundsätzlich die Geschäfte mit Tochterunternehmen nicht in den Anwendungsbereich der Regelung zu den Geschäften mit Nahestehenden fallen. Es kann von diesem Grundsatz aber auch abweichen, also ein Geschäft der Tochter mit einem Nahestehenden der Mutter gem. § 111 b für zustimmungspflichtig erklären. UE ist dies insbes. zu bejahen, wenn das Geschäft zustimmungspflichtig gewesen wäre, hätte anstelle der Tochter die Mutter das Geschäft abgeschlossen.

40   **b) Variante 2: Geschäfte mit Enkel- und Urenkelgesellschaften.** Unter die zweite Variante fallen Geschäfte mit Enkel- und Urenkelgesellschaften. Das Gesetz bezeichnet diese als „mittelbar in 100-prozentigem Anteilsbesitz" der Gesellschaft stehend. Er-

---

140 *Müller* ZGR 2019, 97 (114).
141 ARUG II RegE, S. 99.
142 Vgl. statt aller GK-AktG/*Hopt/Roth* AktG § 111, 736; Hüffer/Koch AktG § 111 Rn. 53 f.; *Breuer/Fraune* in Heidel, Aktienrecht AktG § 111 Rn. 39 f.
143 So mit Recht *Vetter* ZHR 179 (2015), 273, 321, unter Verweis auf *Tröger* AG 2015, 53 (62 f.); *Wiersch* NZG 2014, 1131 (1132); *Zetzsche* NZG 2014, 1121 (1127). Dieser Grundsatz zu § 111 Abs. 4 S. 2 ist ohne Weiteres auf §§ 111 a ff. übertragbar.
144 Vgl. dazu *Vetter* ZHR 179 (2015) 273 (321) der eine solche Präzisierung als „unabdingbar" bezeichnet. Dem gegenüber verlangte der *DAV-Handelsrechtsausschuss* NZG 2015, 54 (65), dass die Regelung der Richtlinie zu den Geschäften mit den Nahestehenden „nur auf Transaktionen Anwendung findet, an denen das börsennotierte Unternehmen direkt beteiligt ist, nicht jedoch auf Transaktionen zwischen gruppenangehörigen Unternehmen ohne Beteiligung des börsennotierten Unternehmens".

fasst werden zB Konstellationen, in denen Gesellschafter der Enkelgesellschaft nur die Gesellschaft und ihre 100-prozentige Tochtergesellschaft sind.[145] Da sich die Geschäfte mit diesen Unterbeteiligungsgesellschaften im 100-prozentigen Konsolidierungskreis der Gesellschaft abspielen, gibt es keine Besonderheiten gegenüber Geschäften der Gesellschaft mit 100-prozentigen Töchtern; auch die Fragen der Umgehung der Schutzvorschriften der §§ 111 a ff. sind identisch (→ Rn. 37 ff.)

c) Variante 3: Geschäfte mit Tochterunternehmen ohne Beteiligung Nahestehender. Variante 3 betrifft Geschäfte mit einem Tochterunternehmen, an denen die Gesellschaft (ggf. mittelbar) und kein anderer der Gesellschaft Nahestehender beteiligt sind. Die Ausnahme geht zurück auf Art. 9 c Abs. 6 lit.a) 2. ARRL. Sie beruht darauf, dass bei Downstream-Geschäften dieser Art die Gefahr der negativen Einflussnahme durch Nahestehende typischerweise nur besteht, **wenn ein Nahestehender mit Möglichkeiten der Einwirkung auf die Muttergesellschaft auch an der Tochtergesellschaft beteiligt ist** und so von einer Verschiebung von Vermögen auf die Tochter profitieren kann; die Organe der Muttergesellschaft haben typischerweise keinen Anreiz, außenstehenden Dritten unangemessene Vorteile zuzuwenden, so dass insoweit kein besonderes Schutzbedürfnis der Muttergesellschaft besteht bzw. dieses derart reduziert ist, dass kein dringendes Bedürfnis für die Aufnahme dieser Geschäfte in den Regelungsbereich der Transaktionen mit Nahestehenden gesehen wurde.[146] Will die Gesellschaft die Ausnahme nutzen, muss sie tatsächlich rechtssicher feststellen, dass an dem Tochterunternehmen keine nahestehende Person „beteiligt" ist, wobei es auf die Höhe der Beteiligung des Nahestehenden an der Tochtergesellschaft nicht ankommt.[147]

41

d) Variante 4: Geschäfte mit in der EU notierten Tochterunternehmen. Der ARUG II RegE rechtfertigt die Ausnahme der Variante 4 gestützt auf Art. 9 c Abs. 6 lit. a) Var. 3 2. ARRL. Diese ermöglicht eine Ausnahme, wenn das nationale Recht bei derartigen Geschäften Vorschriften vorsieht zum angemessenen Schutz der Interessen der Gesellschaft, der Tochtergesellschaft und ihrer nicht nahestehenden Aktionäre.[148] Da die Umsetzung der 2. ARRL EU-weit vorgeschrieben ist, sei von einem „solchen Schutz bei börsennotierten Gesellschaften mit Sitz in der EU auszugehen".[149] Die Literatur hält die Ausnahme ganz überwiegend für berechtigt, der deutsche Gesetzgeber dürfe unterstellen, **dass in den EU-Mitgliedstaaten** aufgrund der Umsetzung der 2. ARRL und anderer kapital- und gesellschaftsrechtlicher Vorgaben ein **angemesse-**

42

---

145 ARUG II RegE, S. 82.
146 *Grigoleit* ZGR 2019, 412 (440); *Müller* ZGR 2019, 97 (113); *ders.* ZIP 2019, 2429 (2433); *Vetter* ZHR 179 (2015, 273, 321).*Tröger/Roth/Strenger* BB 2018, 2946 (2951), bezeichnen die Gefahr von Vermögensverschiebungen zulasten der Minderheit mit Recht lediglich als „weniger brisant" unter Verweis ua auf European Corporate Governance Institute (ECGI) – Law Working Paper No. 410/2018, S. 11. Beides sind Beispiele im Hinblick auf Geschäfte mit Nahestehenden. Der Vergleich hinkt aber, da im dortigen Beispiel das Unternehmen B, an dem der herrschende Aktionär des Unternehmens A eine Minderheitsbeteiligung hält, zwar aus Sicht von A Nahestehender ist, nicht aber aus B's Sicht und die Gremien von A keine Veranlassung haben, überhöhte Zuwendungen von B nicht entgegenzunehmen, da diese nicht nur dem beherrschenden Aktionär, sondern der gesamten Gesellschaft zugutekommen.
147 *Müller* ZGR 2019, 97 (115), weist darauf hin, dass sich bei Tochtergesellschaften mit weitem Aktionärskreis derartige Beteiligungen von nahestehenden Personen „kaum zuverlässig feststellen" lassen.
148 *Florstedt* ZHR 184 (2020), 10 (59) bezeichnet die Richtlinienregelung als „ersichtlich konzeptionswidrig" im Hinblick darauf, dass es um den Schutz der Gesellschaft gehe, nicht aber ihrer Tochtergesellschaft sowie deren Aktionären; das verkennt aber die Regelungserwägung des EU-Gesetzgebers, dass ein ausreichender Schutz der Tochtergesellschaft und ihrer Aktionäre vor unangemessenen Geschäften mit Nahestehenden mittelbar auch dem Schutz der Mutter vor derartigen Geschäften mit Nahestehenden dient.
149 ARUG II RegE, S. 82.

nes Schutzniveau gewährleistet sei.[150] *Tarde* weist mit Recht darauf hin, dass „nach der unionsweiten Umsetzung der [2.] ARRL ... von einem hinreichenden Schutz der erfassten Tochtergesellschaften ausgegangen werden" könne – was gleichzeitig ein Fingerzeig dafür sei, dass in Ausnahmefällen, wenn nämlich in dem betreffenden EU-Staat die Richtlinie nicht hinreichend umgesetzt ist, die Gesellschaft nicht ohne Weiteres von dem entsprechenden Schutzniveau ausgehen darf.[151]

Grigoleit bezeichnet demgegenüber die **Ausnahme** als **fragwürdig**: Eine nahestehende Person bzw. eine Person mit relevantem Einfluss auf das Mutterunternehmen könne von einer Begünstigung der Tochtergesellschaft uU stärker profitieren als es durch die Benachteiligung des Mutterunternehmens betroffen werde, etwa wenn ein Organmitglied keine Beteiligung am Mutterunternehmen, aber 40 % Kapital am Tochterunternehmen halte oder wenn ein mit 20 % am Mutterunternehmen beteiligter Anteilseigner zugleich 40 % am Tochterunternehmen halte; der Gesetzgeber habe das mit Geschäften und Einfluss Nahestehender verbundene Risiko „nicht konsequent berücksichtigt".[152] Auch *Müller* räumt ein, dass trotz Schutzmechanismen auf der Basis der Tochtergesellschaft für Einflussträger der Mutter der Anreiz besteht, Vermögenswerte auf die Tochtergesellschaft zu verlagern, „wenn sie durch eine Beteiligung an der Tochter davon mittelbar profitieren können".[153] Den mit Recht gesehenen Risiken müssen die Aufsichtsgremien der Muttergesellschaft uE dadurch Rechnung tragen, dass sie unabhängig vom durch die 2. ARRL geschaffenen Schutzstandards nach § 111 Abs. 4 Zustimmungsvorbehalte für solche Transaktionen mit börsennotierten Tochtergesellschaften schaffen, soweit Risikolagen bestehen oder drohen.

2. Erfordernis von HV-Zustimmung (Abs. 3 Nr. 2)

43 Ausgenommen von den Regelungen über Geschäfte mit Nahestehenden sind Geschäfte, die einer Zustimmung der Hauptversammlung bedürfen. Das gilt nach dem Wortlaut in bedenklicher Weise bereits für solche Geschäfte, die einer Zustimmung bedürfen, diese aber von der Hauptversammlung noch nicht erteilt wurde. Der Gesetzgeber setzte offenbar voraus, dass stets pflichtgemäß eine Hauptversammlungszustimmung eingeholt wird. UE greift die Ausnahme jedenfalls nur, wenn **tatsächlich die HV-Zustimmung vorliegt.** Abs. 3 Nr. 3 lit. a) bis f) enthält Beispiele solcher Geschäfte. Europarechtliche Grundlage der Ausnahme ist Art. 9 c Abs. 6 lit. a) 2. ARRL: Danach können die Mitgliedstaaten Geschäfte von den Anforderungen für Nahestehende ausnehmen in Hinblick auf „genau festgelegte Arten von Geschäften, für die nach nationalem Recht die Zustimmung durch die Hauptversammlung erforderlich ist, sofern in solchen Rechtsvorschriften die angemessene Behandlung aller Aktionäre und die Interessen der Gesellschaft und der Aktionäre, die weder ein nahestehendes Unternehmen noch eine nahestehende Person sind, einschließlich der Minderheitsaktionäre, ausdrücklich geregelt und angemessen geschützt sind". Abs. 3 Nr. 2 enthält zwar keine solche Bestimmung von „genau festgelegten Arten von Geschäften", aber ein solcher **Katalog wird ersetzt durch die ausdrücklichen „deutschen Rechtsvorschriften"** – also in erster Line AktG und UmwG, die das Erfordernis der Zustimmung der Hauptversammlung festlegen. Der ARUG II RegE verweist auf den weiteren Fall der HV-

---

150 *Müller* ZIP 2019, 2429 (2433); *Engert/Florstedt* ZIP 2019, 493 (502) (die darauf hinweisen, dass in 2017 nur 17 Fälle einer Börsennotierung einer deutschen Mutter wie auch einer deutschen Tochter feststellbar waren); *Lieder/Wernert* ZIP 2019, 989 (993); *Schmidt* EuZW 2019, 261 (262) (mit dem Hinweis, sobald die 2. ARRL in das EWR-Abkommen aufgenommen und von den EWR-Staaten umgesetzt worden sei, werde man die Variante unionsrechtskonform „dahin auslegen müssen, dass auch entsprechende EWR-Töchter erfasst sind"); *Paschos/Goslar* AG 2019, 365 (370 f.).
151 *Tarde* NZG 2019, 488 (491).
152 *Grigoleit* ZGR 2019, 412 (441).
153 *Müller* ZIP 2019, 2429 (2433).

Zustimmung für in der Satzung festgesetzte Sondervorteile gem. § 26 AktG.[154] Die europäische Rechtsgrundlage für die Ausnahmevorschrift hat zwei öffentlich kaum angesprochene Folgewirkungen: (1) Zum einen die **Erweiterung der Rechtsschutzmöglichkeiten** in Deutschland in Hinblick darauf, dass nun der EuGH die deutschen Vorschriften überprüfen kann, ob diese hinreichende Schutzmechanismen i.S.d. Art. 9 c Abs. 6 lit. a 2. ARRL zu Gunsten der Aktionäre enthalten;[155] dabei müssen uE auch die Transparenzvorschriften einen den Anforderungen von § 111 c adäquaten Schutz bieten.[156] (2) Zum anderen die Frage, ob der Nahestehende in der HV einem Stimmverbot unterliegt. Im Gesetzgebungsverfahren votierte die *VGR* in Frageform dafür, das **Stimmverbot nach § 111 b Abs. 4 S. 2** auch auf Beschlüsse nach § 111 a Abs. 3 Nr. 2 zu erstrecken.[157] Die Frage ist mit Blick auf die europäische Ermächtigungsnorm für die Ausnahmeregelung zu beantworten, nämlich Art. 9 c Abs. 6 lit. a) 2. ARRL, da der deutsche Gesetzgeber den darin gewährten Regelungsspielraum genutzt hat: Voraussetzung für die Ausnahme ist u.a. der angemessene Schutz der Interessen der nicht nahestehenden (Minderheits-) Aktionäre. Dem europäischen Gesetzgeber war insoweit von Bedeutung, dass der Nahestehende seine Position im Entscheidungsprozess nicht ausnutzen kann.[158] Zwar thematisiert Art. 9 c Abs. 6 lit. a) 2. ARRL anders als deren Abs. 4 UAbs. 1 2. ARRL als Voraussetzung für den nationalen Regelungsspielraum ein Verbot, dass der Nahestehende seine Position ausnutzt. Es erscheint aber schwer vorstellbar, dass die nationalen Vorschriften i.S.d. Abs. 6 lit. a) tatsächlich einen hinreichenden Schutz der Interessen der (Minderheits-) Aktionäre sicherstellen können, wenn der Nahestehende in der Hauptversammlung seine Position ausnutzen kann. UE ist daher aufgrund der europäischen Vorgaben der Stimmverbot des Nahestehenden zu bejahen.

Die Bundesregierung stellt im ARUG II RegE mit Recht klar, dass Geschäfte, die auf der **Zustimmung der Hauptversammlung nach § 119 Abs. 2 AktG** beruhen, von der Ausnahme nach Nr. 2 nicht erfasst sind, da andernfalls die Regelungen der §§ 111 a ff. umgangen werden könnten; § 111 b Abs. 4 enthalte insoweit eine Sonderregelung, die eine Zustimmung der Hauptversammlung in Fällen erlaube, in denen der AR die Zustimmung versagt habe; dann gelte jedoch entsprechend den Vorgaben der 2. ARRL auch das Stimmverbot für an dem Geschäft als nahestehende Person beteiligte Aktionäre.[159] Diese gesetzgeberische Entscheidung ist auch von Bedeutung für Fälle ungeschriebener Hauptversammlungszuständigkeiten nach der *Holzmüller/* **44**

---

154 ARUG II RegE, S. 82.

155 *Jung/Stiegler* in Jung/Krebs/Stiegler Gesellschaftsrecht in Europa, § 30 Rn. 300

156 Vgl. *Jung/Stiegler* in Jung/Krebs/Stiegler Gesellschaftsrecht in Europa, § 30 Rn. 331 zur Transparenz bei der Nachgründung.

157 *Gesellschaftsrechtliche Vereinigung (VGR)* AG 2018, 920 (923).

158 Vgl. *Jung/Stiegler* in Jung/Krebs/Stiegler Gesellschaftsrecht in Europa § 30 Rn. 300. Vgl. auch (recht verklausuliert) *Mülbert* ZHR 179 (2015), 645 (656 f.), zur „tendenziell wohl zu bejahende(n) Frage", dass der Abschluss eines Beherrschungs- oder eines anderen Unternehmensvertrags eine wesentliche Transaktion mit Nahestehenden ist; das sei von Bedeutung, weil Art. 9 c Abs. 2 a des EU-Parlaments-Entwurfs zur Novelle der ARRL (vom 8.7.2015, https://www.europarl.europa.eu/doceo/document/TA-8-2015-0257_DE.html) – entspricht im Wesentlichen Art. 9 c Abs. 4 UAbs. 1, 3, 4 2. ARRL) vorgebe, dass Nahestehende von der Abstimmung über eine solche Transaktionen ausgeschlossen sind; Mitgliedstaaten könnten hiervon zwar abweichen, doch nur unter der Voraussetzung der Sicherstellung, dass die Nahestehende keinen positiven Zustimmungsbeschluss durchsetzen könne, wenn die Mehrheit der Außenstehenden gegenteiliger Meinung sei; das Sonderbeschluss-Erfordernis des § 295 Abs. 2 würde diesem Ausnahmetatbestand zwar genügen, „wäre aber andererseits auch schon auf den erstmaligen Vertragsschluss auszudehnen, was das Unternehmensvertragsrecht der §§ 291 ff. AktG im Kern träfe". Vgl. unter Verweis hierauf *Habersack* AG 2016, 691 (696).

159 ARUG II RegE, S. 82; dagegen ohne jede Begründung *DAV-Handelsrechtsausschuss* NZG 2019, 12 (17), wonach die Ausnahme bei Geschäften, die der Zustimmung der Hauptversammlung bedürften, sinnvoll sei, da in Fällen, in denen die Hauptversamm-

Gelatine-Rechtsprechung des BGH.[160] Für diese gilt Nr. 2 nicht. Denn es fehlt schon an einer Ermächtigung der Richtlinie zur Ausnahme von den zwingenden Regelungen der Geschäfte mit Nahestehenden: Selbst wenn man noch akzeptieren mag, dass es sich bei den *Holzmüller/Gelatine*-Fällen um „genau festgelegte Arten von Geschäften" nach Art. 9 c Abs. 6 lit. a) 2. ARRL handelt, so fehlt es doch an den in der Richtlinie vorgegebenen „Rechtsvorschriften" zur angemessenen Behandlung aller Aktionäre etc. Alle wesentlichen Aspekte der Vorlagepflicht an die Hauptversammlung beruhen auf Richterrecht, Gewohnheitsrecht etc. – jedenfalls nicht auf „Rechtsvorschriften" im Sinne der Richtlinie. Die Hauptversammlungspflichtigkeit solcher Geschäfte hebelt die Regelungen zu den Geschäften mit Nahestehenden nicht aus. Im Gegenteil: Es gilt ein sowohl als auch der HV-Zustimmung und der Einhaltung der Regelungen nach §§ 111 a ff.

3. Umsetzung von Geschäften mit HV-Zustimmung oder -ermächtigung (Abs. 3 Nr. 3)

45   Abs. 3 Nr. 1 nimmt „alle" Geschäfte und Maßnahmen von den Regelungen der §§ 111 a ff. aus, die in Umsetzung einer Hauptversammlungszustimmung oder -ermächtigung vorgenommen wurden. In diesem Fall sichern nach der Sicht des Gesetzgebers den **ausreichenden Minderheitenschutz** die Mitwirkung der Hauptversammlung und die Einhaltung der Regelungen zumal des AktG, insbes. Mehrheitserfordernisse, Informationspflichten und Beschlussmängelrechts.[161] Vgl. zum Stimmverbot analog § 111 b Abs. 4 S. 2 → Rn. 43. Abs. 3 Nr. 3 zählt beispielhaft Anwendungsfälle auf; er erfasst darüber hinaus sämtliche Geschäfte, die mit Zustimmung oder aufgrund einer Ermächtigung der Hauptversammlung abgeschlossen werden. So fällt ua die Umsetzung von in der Satzung festgelegten Sondervorteilen gem. § 26 unter die Ausnahme.[162] Der Ausnahmetatbestand beruht wie die ähnliche Regel von Abs. 3 Nr. 2 auf der Option nach Art. 9 c Abs. 6 lit. b) 2. ARRL (→ Rn. 39). Abs. 3 Nr. 3 nennt folgende Beispiele („insb. ") von Geschäften und Maßnahmen:

46   a) **Kapitalmaßnahmen (lit. a) 1. Var.) und Vertragskonzern Abs. 3 Nr. 3 lit. a). aa) Kapitalmaßnahmen.** Abs. 3 Nr. 3 lit. a) umfasst Maßnahmen der Kapitalbeschaffung oder Herabsetzung, die in den §§ 182 bis 240 geregelt sind. Sämtliche dieser Maßnahmen müssen unter Beteiligung der Hauptversammlung beschlossen bzw. durchgeführt werden. Da Kapitalmaßnahmen stets Satzungsänderungen sind, folgt dies bereits aus § 179 Abs. 1 S. 1. Im Hinblick auf die europäische Ermächtigungsgrundlage für diese Ausnahmevorschrift in Art. 9 c Abs. 6 lit. b) 2. ARRL, auf die sich auch der ARUG II RegE beruft,[163] muss man **Zweifel haben**, ob tatsächlich alle in Umsetzung einer Hauptversammlungszustimmung vorgenommenen Geschäfte und Maßnahmen (etwa

---

lung ohnehin befasst werde, ein zusätzlich zwingendes Zustimmungserfordernis nicht nur überflüssig, sondern systemfremd wäre; auch wenn in der Hauptversammlung nach dem deutschen Aktienrecht grundsätzlich ein Stimmrecht nahestehender Personen bestehe, gewährleistet das geltende Recht eine informierte Entscheidung der Aktionäre und insbes. durch die Möglichkeit von Unwirksamkeitsklagen ausreichend Schutz für die Gesellschaft und ihre Minderheitsaktionäre; „Richtigerweise muss die Regelung auch Geschäfte erfassen, die nicht gesetzlich zwingend eine Zustimmung dafür bedürfen, sondern die der Vorstand nach § 119 Abs. 2 AktG in der Hauptversammlung zur Zustimmung vorlegt:" Demgegenüber dem Entwurf zustimmend: *Lieder/Wernert* ZIP 2019, 989 (993 f.).

160 BGHZ 83, 122 = NJW 1982, 1703 (*Holzmüller*); BGHZ 159, 30 = NJW 2004, 1860 (*Gelatine*); vgl. dazu statt aller *Krenek* in Heidel, Aktienrecht AktG § 119 Rn. 37 ff.; Hüffer/Koch AktG § 119 Rn. 16 ff.
161 ARUG II RegE, S. 82.
162 Vgl. auch die Ergänzung zu Abs. 3 Nr. 3 lit. c), wonach neben den erfassten Tatbeständen des Erwerbs eigener Aktien auch die Veräußerung eigener Aktien erfasst wird (→ Rn. 55).
163 ARUG II RegE, S. 82.

der Kapitalherabsetzung) **tatsächlich von der 2. ARRL gedeckt** sind. Denn sie verlangt, wie auch an anderer Stelle erörtert (→ Rn. 43, 49) „genau festgelegte Arten von Geschäften", für die nach nationalem Recht die Zustimmung durch die Hauptversammlung erforderlich sei, soweit darin die angemessene Behandlung aller Aktionäre und Interessen der Gesellschaft einschließlich der Minderheitsaktionäre ausdrücklich geregelt und angemessen geschützt sind. Insbes. Geschäfte in der Umsetzung einer Ermächtigung zur Erhöhung des Grundkapitals nach §§ 202 ff. unter Ausschluss des Bezugsrechts der Aktionäre gegen Sacheinlage kann die Gesellschaft mit sehr verschiedenen Inhalten abschließen; die Rechtsschutzmöglichkeiten der Aktionäre sind zudem nur eingeschränkt sowie insbes. nicht in Rechtsvorschriften „ausdrücklich geregelt". Ob die in Anspruch genommene Ermächtigungsgrundlage für die Ausnahme einschlägig ist, ist in zweierlei Hinsicht zweifelhaft und uE zu verneinen:[164] Es fehlt das Erfordernis „genau festgelegte Arten von Geschäften" sowie dass in Rechtsvorschriften „ausdrücklich geregelt" ist, dass die Aktionäre angemessen geschützt sind.[165] Daher wird man trotz der Blankett-Ermächtigung des Gesetzes für Geschäfte und Maßnahmen in Umsetzung von Kapitalmaßnahmen sehr genau hinschauen müssen, ob die konkrete Maßnahme tatsächlich von der (ohnehin eng auszulegenden, → Rn. 26) Ausnahmevorschrift umfasst ist und diese in concreto auch europarechtskonform dahin gehend auszulegen haben, dass es doch der Einhaltung der Vorschriften der §§ 111 a ff. bedarf. → Rn. 43 zur Frage des Stimmverbots des Nahestehenden sowie zur Rechtsfolge, dass der EuGH nunmehr die Europarechtstauglichkeit der nationalen Schutzvorschriften überprüfen kann, auf denen die Ausnahmevorschrift beruht.

bb) Vertragskonzern – nicht aber faktischer Konzern (lit. a) 2. und 3. Var.). Abs. 3 Nr. 3 lit. a) Var. 2 und 3 regeln eine umfassende Ausnahme für den Vertragskonzern..[166] Die Bundesregierung begründet diese damit, dass ein Unternehmensvertrag einen fusionsähnlichen Rechtszustand schaffe, der eine **Gleichbehandlung** mit umwandlungsrechtlichen Sachverhalten rechtfertige.[167] Nach dem ARUG II RegE stützt sich die Ausnahme auf Art. 9 c Abs. 6 lit. b) 2. ARRL[168] – nicht aber, wie in der Literatur teilweise favorisiert,[169] auf Art. 9 c Abs. 6 lit. a) Var. 3 2. ARRL.[170] → Rn. 43 zur Frage des Stimmverbots des Nahestehenden sowie zur Rechtsfolge, dass der EuGH nunmehr die Europarechtstauglichkeit der nationalen Schutzvorschriften überprüfen kann, auf denen die Ausnahmevorschrift beruht. 47

Die Ausnahme betrifft unproblematisch **Unternehmensverträge** gem. §§ 291 bis 307 (Abs. 3 Nr. 3 lit. a) 2. Var.). Das sind zumal der Beherrschungs- und der Gewinnab- 48

---

164 Insoweit mit Recht *Bayer/Sellenthin* NZG 2015, 7 (12), wonach Kapitalerhöhungen mit Bezugsrechtsausschluss sowohl im Rahmen der ordentlichen Kapitalerhöhung als auch genehmigten Kapitals von den EU-Regelungen erfasst sind; durch das europäische Recht werde somit eine aktuell noch defizitäre aktienrechtliche Regelung in Deutschland nachgebessert, was uneingeschränkten Beifall finde; Hintergrund ist die Diskussion zur Ausnutzung des genehmigten Kapitals und der Frage zur Pflicht der vorherigen Berichterstattung, vgl. BGHZ 164, 241, 244 f. (*Mangusta-Commerzbank I*), vgl. *Groß/Fischer* in Heidel, Aktienrecht § 203 AktG, Rn. 95 ff. sowie aus der reichhaltigen Literatur *Meilicke/Heidel* DB 2000, 2358 (2359); *Hüffer* Aktiengesetz 4. Aufl. Rn. 36 (anders ab der 5. Auflage nach einem Parteigutachten für die Commerzbank); aA *Krieger* FS Wiedemann 2002, S. 1081, 1087 ff.
165 *Paschos/Goslar* AG 2018, 857 (869).
166 Vertiefend *Grigoleit* ZGR 2019, 412 (435 ff.).
167 ARUG II RegE, S. 82.
168 ARUG II RegE, S. 82.
169 *Schmidt* AG 2016, 713 (717); *Seidel* AG 2018, 423 (426); *Spindler/Seidel* AG 2017, 169 (170); *Veil* NZG 2017, 521 (529).
170 Danach wäre eine Ausnahme möglich, wenn das nationale Recht Vorschriften zum angemessenen Schutz der Interessen der Gesellschaft, der Tochtergesellschaft und ihrer Aktionäre, die weder ein nahestehendes Unternehmen noch eine nahestehende Person sind, einschließlich der Minderheitsaktionäre, bei derartigen Geschäften vorsieht.

führungsvertrag (§ 291 f.). Nach Ansicht des ARUG II RegE bildet der kombinierte Beherrschungs- und Gewinnabführungsvertrag einen von der Hauptversammlung abgesicherten und transparent beschlossenen Handlungsrahmen, innerhalb dessen für den Abschluss der einzelnen Geschäfte kein Entscheidungsspielraum der abhängigen Gesellschaft verbleibe;[171] die Schutzmechanismen des deutschen Vertragskonzernrechts erfüllen „allemal" die von der 2. ARRL geforderten Schutzstandards (Art. 9 a und 9 b 2. ARRL).[172]

49   Abs. 3 Nr. 3 lit. a) 3. Var. nimmt auch „**Geschäfte auf Grundlage eines (Unternehmens-)Vertrags**" von den Regelungen über Geschäfte mit Nahestehenden aus. Der Umfang dieser Ausnahme ist von Fall zu Fall zu klären. Das Gesetz nimmt (mit Recht) nicht „alle" Geschäfte auf Grundlage eines solchen Vertrags von den Regeln der §§ 111 a ff. aus. Nach Ansicht des ARUG II RegE ist die Ausnahme unter Berücksichtigung des jeweiligen Unternehmensvertrags auszulegen. Der Umfang der Ausnahme sei im Anwendungsbereich eines Beherrschungsvertrags größer als bei einem isolierten Gewinnabführungsvertrag.[173] Bei einem Beherrschungsvertrag sollen grundsätzlich alle konzerninternen Transaktionen als auf „Grundlage von Unternehmensverträgen" geschlossene Geschäfte gelten; eine ausdrückliche Weisung nach § 308 Abs. 1 S. 1 hält der Gesetzgeber nicht für erforderlich. Bei einem Gewinnabführungsvertrag hält der ARUG II RegE die Reichweite der Ausnahme hingegen für „sehr beschränkt".[174] Allerdings bestehen **erhebliche Bedenken gegen die Richtlinienkonformität** hinsichtlich der Geschäfte auf Grundlage eines Unternehmensvertrages: Art. 9 c Abs. 6 lit. b) 2. ARRL räumt den Mitgliedstaaten den Handlungsspielraum zur Befreiung von den Anforderungen an die Transaktionen mit den Nahestehenden nur ein für „genau festgelegte Arten von Geschäften, für die nach nationalem Recht die Zustimmung durch die Hauptversammlung erforderlich ist" (→ Rn. 43, 46). Für die einzelnen Geschäfte nach der Begründung der vertraglichen Beherrschung gibt es aber gerade keine Hauptversammlungszustimmung. Der Beherrschungsvertrag ermächtigt auch nicht zu „genau festgelegten Arten von Geschäften", sondern enthält sozusagen eine Blankettermächtigung zu allen möglichen Geschäften.[175]

---

171   ARUG II RegE, S. 82.
172   Zustimmend zB *Müller* ZGR 2019, 97 (112).
173   ARUG II RegE, S. 82.
174   ARUG II RegE, S. 82.
175   Vgl. *Tröger/Roth/Strenger* BB 2018, 2946 (2951) („die Ausnahme aller innerhalb eines Vertragskonzerns stattfindenden Geschäfte geht jedoch über den von Art. 9 c Abs. 6 lit. g) eröffneten Umsetzungsspielraum hinaus. Bei der Vielzahl unterschiedlicher Geschäfte, die in der alltäglichen Konzernpraxis geschlossen werden, kann man schwerlich von Geschäften einer genau festgelegten Art sprechen; auch ein Abstellen auf den Unternehmensvertrag sozusagen als Rahmenvertrag erscheint nicht zulässig"); *Tarde* NZG 2019, 488 (491) („… Doch so wirksam der Schutz der Tochtergesellschaft im Vertragskonzern auch ist, bleibt festzuhalten: der Beherrschungsvertrag regelt gerade nicht, welche genauen Arten von Geschäften die Parteien während seines Bestehens tätigen. Vor diesem Hintergrund steht die rechtspolitisch zu begrüßende Ausnahme des Vertragskonzerns … unionsrechtlich auf tönernen Füßen."); *Vetter* ZHR 179, 2015, 273, 317 f. („die von der italienischen Ratspräsidentschaft vorgeschlagene Ausnahmeregelung für klar umrissene Typen von Transaktionen erfasste Transaktionen unter Beherrschungsverträgen mit der wünschenswerten Klarheit"); Vgl. auch den Diskussionsbericht über den sog. Berliner Kreis für Gesellschaftsrecht von *Inci* NZG 2017, 579 (580): Offenbar waren alle Teilnehmer (die Mitglieder dieses Kreises gehörten alle zum Expertenteam des BMVJ für die Umsetzung der 2. ARRL) der Auffassung, dass die Richtlinie keine Ausnahme trägt für alle Geschäfte im Vertragskonzern. Allerdings thematisieren alle Autoren, die sich mit der Frage befassen, nicht die Frage des Verstoßes gegen die Richtlinie bzw. sehen keinen Verstoß gegen die Richtlinie, so zB *Veil* NZG 2017, 521 (530) (wenn der Beherrschungsvertrag ausgenommen werden könne, weil die Minderheitsaktionäre bis zum Ende des Vertrages durch verschiedene Instrumente angemessen geschützt seien, „so muss dies erst recht für die Geschäfte gelten, die die abhängige Gesellschaft auf-

Dem ARUG II RegE ist hinsichtlich des Beherrschungsvertrags zwar im Ansatz zuzu- 50
stimmen. Die Ausnahme verfolgt ein an sich sinnvolles Ziel: Die Obergesellschaft
kann nicht durch die Instrumentalisierung der Untergesellschaft geschädigt werden,
indem Vermögenswerte der Obergesellschaft entzogen werden. Denn die Obergesellschaft hat eine umfassende Weisungs- und Vermögensentzugsmacht.[176] Die Untergesellschaft wird hinreichend geschützt durch den pauschalen Ausgleich gem. §§ 302 ff.
und die Haftung der Obergesellschaft bzw. ihrer Organe.[177] Eine Durchsetzung nach-
teiliger Weisungen auf Ebene der Untergesellschaft würde zudem wesentlich erschwert.[178]

Zutreffend ist auch der Anwendungsbereich der Ausnahme für Geschäfte aufgrund ei- 51
nes Unternehmensvertrags ohne Beherrschungselement sehr beschränkt, insbes. eines
isolierten Gewinnabführungsvertrags und erst recht bei den anderen Verträgen nach
§§ 291 f.[179] Das gilt schon deshalb, da solche Verträge **kein Weisungsrecht** des herrschenden Unternehmens nach dem Muster von § 308 Abs. 1 S. 1 enthalten; es kann
daher keine Rede davon sein, dass alle Geschäfte zwischen den beteiligten Unternehmen im Sinne des Gesetzes „auf Grundlage" des Unternehmensvertrages geschlossen
sind; die Unternehmensleitungen bleiben vielmehr jeweils autonom und eigenverant-
wortlich. Bei den Verträgen außerhalb von Gewinnabführungsverträgen kann auch
keine Rede davon sein, dass nach dem Sinn der Ausnahmeermächtigung von Art. 9 c
Abs. 6 lit. b) 2. ARRL (→ Rn. 43) die Interessen der Minderheitsaktionäre ausdrücklich geregelt und angemessen geschützt wären.

Die Regelungen zu Geschäften mit Nahestehenden gelten demgegenüber ohne Ein- 52
schränkung für **faktische Konzernverhältnisse**. Dies stellt § 311 Abs. 3 klar (→ § 311
Rn. 1).[180] Voraussetzung für die Anwendbarkeit ist, dass das Unternehmen börsennotiert ist und keine der in § 111 a Abs. 3 Nr. 1 vorgesehenen Ausnahmen für Geschäfte
„mit Tochterunternehmen" vorliegen.[181] Eine Bereichsausnahme für faktische Konzernverhältnisse hat der Gesetzgeber mit Recht nicht normiert,[182] es fehlt für eine sol-

grund der Leitungsunterstellung mit dem herrschenden Unternehmen schließt. Das nationale Recht sieht gerade wegen dieser Geschäfte einen Schutz der Gesellschaft und
ihrer Minderheitsaktionäre vor.") – was aber nicht daran vorbeikommt, dass die Richtlinie nun mal genau festgelegte Arten von Geschäften" verlangt; vgl. auch *Müller* ZGR
2019, 97 (110 f f.), der zwar im Ergebnis aA als vorliegend vertreten ist, doch zutreffend
zweierlei einräumt: jedenfalls bei Abschluss eines Beherrschungsvertrages sei offen, in
welcher Art und Weise er umgesetzt werde. § 308 gebe dem herrschenden Unternehmen
gerade nicht vor, wie es seine Leitungsmacht ausübe, sondern räume ihm weites Ermessen ein, was sich auf eine unbestimmte Anzahl von Geschäften beziehe, die Argumenta-
tionen für die Bereichsausnahme im Hinblick auf alle Geschäfte werde „ganz offensichtlich vom (wünschenswerten) Ergebnis her bestimmt", erscheine jedoch „methodisch jedenfalls vertretbar", ohne die „erweiternde Auslegung … wäre eine sinnvolle Norman-
wendung nicht gewährleistet" – was aber verkennt, dass es durchaus sinnvoll sein kann,
trotz des Weisungsrechts des herrschenden Unternehmens dem AR der abhängigen Gesellschaft grundsätzlich eigene Kompetenzen zu belassen, wie der Regelungsmechanismus
des § 308 Abs. 3 S. 3 zeigt.
176 *Grigoleit* ZGR 2019, 412 (437 f.); *Seidel* AG 2018, 423 (425); kritisch *Tarde* NZG
    2019, 488 (491).
177 *Müller* ZGR 2019, 97 (108 f.).
178 *Müller* ZGR 2019, 97 (109).
179 Vgl. (zT differenzierend) *Grigoleit* ZGR 2019, 412 (437 f.).
180 § 311 Abs. 3 lautet: „Die §§ 111 a bis 111 c bleiben unberührt."
181 Ausführlich zum verbleibenden Anwendungsbereich *Grigoleit* ZGR 2019, 412 (441).
182 Zustimmend *Paschos/Goslar* AG 2018, 857 (867); *dies.* AG 2019, 365 (371); *Schmidt*
    EuZW 2019, 261 (262 f.); differenzierend *Müller* ZGR 2019, 97 (115 ff.), Ausnahme für
    faktischen Konzern zwar nach der 2. ARRL nicht möglich, der deutsche Gesetzgeber
    nutze aber ihre Spielräume nicht ausreichend; vgl. zur Diskussion *Mörsdorf/Pieroth* ZIP
    2018, 1469 (1474); *Seidel* AG 2018, 423 (426 f.). Demgegenüber *Bayer/Schmidt* DB

che schon die für eine derartige Freistellung erforderliche Ermächtigung in der 2. ARRL.

53   b) **§ 179 a AktG (Abs. 3 Nr. 3 lit. b))**. § 179 a betrifft Verträge, durch die sich eine Aktiengesellschaft zur Übertragung ihres ganzen Gesellschaftsvermögens verpflichtet, ohne dass die Übertragung unter die Vorschriften des UmwG fällt. Solche nach § 124 Abs. 2 S. 3 bekanntzumachenden Verträge bedürfen zwingend der Zustimmung der Hauptversammlung nach den Grundsätzen des § 179. Diese Geschäfte unterfallen regelmäßig auch der Ad hoc-Publizitätspflicht gem. Art. 17 MAR, so dass der Gesetzgeber keine Notwendigkeit für eine weitere Mitteilung gem. § 111 c und eine AR-Zustimmung nach § 111 b sah. Vgl. zum Stimmverbot in der Hauptversammlung (→ Rn. 43). Grundlage der Ausnahmeregel ist Art. 9 c Abs. 6 lit. b 2. ARRL.[183] → Rn. 43 zur Frage des Stimmverbots des Nahestehenden sowie zur Rechtsfolge, dass der EuGH nunmehr die Europarechtstauglichkeit der nationalen Schutzvorschriften überprüfen kann, auf denen die Ausnahmevorschrift beruht.

54   c) **Erwerb eigener Aktien (Abs. 3 Nr. 3 lit. c))** – auch Veräußerung? Die Ausnahme (deren Grundlage Art. 9 c Abs. 6 lit. b 2. ARRL ist,[184] → Rn. 43 zur Frage des Stimmverbots des Nahestehenden sowie zur Rechtsfolge, dass der EuGH nunmehr die Europarechtstauglichkeit der nationalen Schutzvorschriften überprüfen kann, auf denen die Ausnahme beruht) umfasst die Varianten des **Erwerbs eigener Aktien**, bei denen die Beteiligung der Hauptversammlung notwendig ist: Dies betrifft zum einen § 71 Abs. 1 Nr. 7. Danach darf eine Gesellschaft eigene Aktien erwerben, wenn sie ein Kreditinstitut, Finanzdienstleistungsinstitut oder Finanzunternehmen ist und der Erwerb aufgrund eines Beschlusses der Hauptversammlung zum Zweck des Wertpapierhandels erfolgt. § 71 Abs. 1 Nr. 8 S. 1 regelt den Ankauf eigener Aktien bis zu 10 % des Grundkapitals aufgrund einer Ermächtigung der Hauptversammlung. Vgl. zum Stimmverbot in der Hauptversammlung → Rn. 43.

55   Nach dem ARUG II RegE soll neben dem Erwerb eigener Aktien auch die **Veräußerung eigener Aktien** erfasst sein, „wenn und soweit diese auf einer Zustimmung oder Ermächtigung der Hauptversammlung beruht".[185] Der Wortlaut des Abs. 3 Nr. 3 lit. c) erfasst die Veräußerung nicht unmittelbar; die Norm spricht nur vom „Erwerb". Die Ausnahmetatbestände sind abschließend; Abs. 3 Nr. 3 umfasst aber als Generalklausel auch „alle in Umsetzung der Hauptversammlungszustimmung oder -ermächtigung vorgenommenen Geschäfte und Maßnahmen"; der Katalog der Nr. 3 enthält ausdrücklich nur Beispiele solcher Geschäfte und Maßnahmen („insbesondere"). Daher unterfällt die Veräußerung eigener Aktien dann der Generalklausel, wenn und soweit sie auf der Zustimmung oder Ermächtigung der Hauptversammlung beruht.

56   d) **Verträge der Gesellschaft mit Gründern iSv § 52 Abs. 1 S. 1 AktG (Abs. 3 Nr. 3 lit. d))**. Unter § 52 Abs. 1 S. 1 fallen Verträge der Gesellschaft

- mit Gründern oder mit Aktionären, die mit mehr als 10 % des Grundkapitals an der Gesellschaft beteiligt sind,
- die den Erwerb vorhandener oder herzustellender Anlagen oder anderer Vermögensgegenstände für eine 10 % des Grundkapitals übersteigende Vergütung betreffen, und
- in den ersten zwei Jahren seit der Eintragung der Gesellschaft in das Handelsregister geschlossen werden.

Diese benötigen gem. § 52 Abs. 1 zu ihrer Wirksamkeit zwingend die Zustimmung der Hauptversammlung. Grundlage der Regelung ist Art. 9 c Abs. 6 lit. b 2. ARRL[186];

2017, 2114 (2118) sowie *Lutter/Bayer/Schmidt* Europäisches Unternehmens- und Kapitalmarktrecht, 2017, Rn. 29.194.

183   ARUG II RegE, S. 82.
184   ARUG II RegE, S. 82.
185   ARUG II RegE, S. 83.
186   ARUG II RegE, S. 82.

→ Rn. 43 zur Frage des Stimmverbots des Nahestehenden sowie zur Rechtsfolge, dass der EuGH nunmehr die Europarechtstauglichkeit der nationalen Schutzvorschriften überprüfen kann, auf denen die Ausnahme beruht.

e) **Squeeze-Out (Abs. 3 Nr. 3 lit. e)).** §§ 327 a ff. regeln den aktienrechtlichen Squeeze-Out. Gem. § 327 a Abs. 1 ist ein Beschluss der Hauptversammlung Voraussetzung für die Durchführung der Maßnahme. Daher sind aufgrund der Entscheidung des Gesetzgebers die nach Art. 9 c Abs. 6 lit. b 2. ARRL[187] sonst einschlägigen Vorgaben der 2. ARRL nicht einschlägig. Vgl. → Rn. 43 zur Frage des Stimmverbots des Nahestehenden sowie zur Rechtsfolge, dass der EuGH nunmehr die Europarechtstauglichkeit der nationalen Schutzvorschriften überprüfen kann, auf denen die Ausnahme beruht. 57

f) **Geschäfte im Rahmen einer Umwandlung nach dem UmwG (Abs. 3 Nr. 3 lit. f)).** Geschäfte im Rahmen einer Umwandlung nach dem UmwG benötigen stets die Zustimmung der Anteilseigner, bei der AG somit der Hauptversammlung (zB bei der Verschmelzung gem. § 13 Abs. 1 UmwG), weshalb die Einbeziehung der HV nach Vorstellung des deutschen Gesetzgebers ein angemessenes Schutzniveau gewährleistet. Grundlage der Ausnahme von den sonst nach der 2. ARRL einschlägigen Vorgaben ist deren Art. 9 c Abs. 6 lit. b 2. ARRL.[188] Vgl. → Rn. 43 zur Frage des Stimmverbots des Nahestehenden sowie zur Rechtsfolge, dass der EuGH nunmehr die Europarechtstauglichkeit der nationalen Schutzvorschriften überprüfen kann, auf denen die Ausnahme beruht. 58

4. Geschäfte über die Vergütung (Abs. 3 Nr. 4)

Geschäfte über die Vergütung von Vorstands- und Aufsichtsratsmitgliedern fallen nach Abs. 3 Nr. 4 nicht in den Anwendungsbereich der Regeln zu den Geschäften mit Nahestehenden, soweit sie im Einklang mit § 113 Abs. 3 oder § 87 a Abs. 2 gewährt oder geschuldet werden. Das beruht auf der den Mitgliedstaaten eingeräumten Option des Art. 9 c Abs. 6 lit. c 2. ARRL. Hintergrund der Ausnahme ist nach der Sicht des deutschen Gesetzgebers, dass die Umsetzung der Vergütungsregeln der Art. 9 a und 9 b 2. ARRL einen alternativen Schutzmechanismus schafft.[189] § 113 Abs. 3 nF betrifft die Vergütung von AR-Mitgliedern. Voraussetzung der Gewährung einer Vergütung an diese ist eine Festsetzung in der Satzung oder eine Bewilligung durch Beschluss der Hauptversammlung. Die gesetzlichen Anforderungen an die Rechtmäßigkeit von Hauptversammlungsbeschlüssen und der damit gewährleistete Minderheitenschutz machen eine weitere Regulierung unter dem Aspekt der Geschäfte mit Nahestehenden entbehrlich. § 87 a Abs. 2 betrifft die Vorstandsvergütung. Diese wird zwar grundsätzlich vom Aufsichtsrat festgesetzt; nach den durch die Umsetzung der 2. ARRL geschaffenen Grundsätzen zum „Say on Pay" muss die Festsetzung im Einklang mit dem Votum der Hauptversammlung geschehen (→ § 87 a Rn. 26 ff.). Auch hier strahlen die Schutzmechanismen für die Rechtmäßigkeit von Hauptversammlungsbeschlüssen jedenfalls mittelbar auf die Festsetzung der Vorstandsvergütung aus und rechtfertigen so die Ausnahme. 59

5. Besondere Geschäfte von Kreditinstituten (Abs. 3 Nr. 5)

Abs. 3 Nr. 5 nutzt die Option von Art. 9 c Abs. 6 lit. d. Er schafft eine Ausnahme von den Regeln der §§ 111 a ff. für Geschäfte von Kreditinstituten, die zur Sicherung ihrer Stabilität durch die zuständige Behörde angeordnet oder gebilligt wurden. Diese Geschäfte dienen übergeordneten Zielen der Finanzmarktstabilität, was die Ausnahme rechtfertigen soll.[190] Unter diese Ausnahme fallen insbes. folgende Geschäfte: 60

---

187 ARUG II RegE, S. 82.
188 ARUG II RegE, S. 82.
189 ARUG II RegE, S. 83.
190 ARUG II RegE, S. 83.

- Geschäfte auf Grundlage von Art. 458 Verordnung (EU) Nr. 575/2013 (Kapitaladäquanzverordnung);
- Allgemeinverfügungen gemäß § 48 t KWG;
- Geschäfte auf Grundlage von Maßnahmen gem. §§ 45 ff. KWG;
- Geschäfte aufgrund einer Maßnahme gemäß Verordnung (EU) Nr. 806/2014 (SRM-Verordnung);
- Geschäfte nach dem Gesetz zur Sanierung und Abwicklung von Instituten und Finanzgruppen (SAG) oder
- Geschäfte nach dem Gesetz zur Reorganisation von Kreditinstituten (KredReorgG)

6. Aktionären unter Wahrung des Gleichbehandlungsgrundsatzes angebotene Geschäfte (Abs. 3 Nr. 6)

61   Abs. 3 Nr. 6 nimmt Geschäfte von den Regelungen über Geschäfte mit nahestehenden Personen aus, die allen Aktionären unter den gleichen Bedingungen angeboten werden. Diese Ausnahme ist gestützt auf den Handlungsspielraum der Mitgliedstaaten in Art. 9 c. Abs. 6 lit. e 2. ARRL. Der Blick auf diese Ermächtigungsnorm für die deutsche Regelung zeigt noch mehr als deren puren Wortlaut, worum es dem europäischen Gesetzgeber ging und wogegen die deutsche Umsetzung nicht verstoßen darf: Die Geschäfte müssen allen Aktionären nicht lediglich (wie es im Deutschen heißt) „unter den gleichen Bedingungen angeboten" werden, sondern das Geschäft muss neben der Gewährleistung des Schutzes der Interessen der Gesellschaft[191] auch die „Gleichbehandlung aller Aktionäre" gewährleisten. Damit sind solche Maßnahmen nur unter Beachtung der strengen Regeln des § 53 a richtlinien- und gesetzeskonform.

62   Der ARUG II RegE begründet die Ausnahme damit, dass keine **Benachteiligung einer Minderheit** drohe.[192] Dies verkennt jedoch, dass die Ausnahme Missbrauchspotential birgt. Angebote können formal an alle Aktionäre gerichtet, aber inhaltlich zugeschnitten sein auf einen Aktionär, einen Aktionärskreis oder einzelne Aktionäre. UE kann die Ausnahme daher nur einschlägig sein, wenn das Angebot von einem typischen Aktionär tatsächlich erfüllbar ist; denn es geht der 2. ARRL darum, dass allen Aktionären tatsächlich „die gleiche Chance auf ein vorteilhaftes Geschäft gewährt wird"[193] Für ein derart enges Verständnis der ohnehin eng auszulegenden Ausnahmeregel (→ Rn. 26) spricht auch deren gängiges Verständnis in der Literatur: Diese nennt als Anwendungsfälle Bezugsrechtsemissionen mit Bezugsrecht der Aktionäre, Dividendenzahlungen und Übernahmeangebote.[194]

C. Anwendbarkeit auf KGaA und SE

I. KGaA

63   Die Regelungen zu Geschäften mit Nahestehenden sollen auch auf die KGaA Anwendung finden. Der ARUG II RegE stützt die Anwendbarkeit auf § 278 Abs. 3, der bestimmte Vorschriften des AktG (die des ersten Buches) für anwendbar erklärt.[195] Hierunter fallen auch die §§ 107 Abs. 3 S. 4–6, 111 a–111 c.

---

191 Solches wird zB wegen der strengen Kapitalerhaltungsvorschriften jeweils ohne Weiteres erfüllt sein, vgl. *Müller* ZIP 2019, 2429 (2434).
192 ARUG II RegE, S. 83.
193 *Lutter/Bayer/Schmidt* Europäisches Unternehmens- und Kapitalmarktrecht, 2017, Rn. 29.200.
194 *Tarde* NZG 2019, 488 (491); *Bungert/Wansleben* DB 2017, 1190 (1197).
195 ARUG II RegE, S. 79; zustimmend *Lieder/Wernert* ZIP 2019, 989 (990); aA *Backhaus/Brouwer* AG 2019, 287, die für die Subsumtion unter §§ 278 Abs. 2 iVm § 164 Abs. 1 HGB plädieren und somit die aktienrechtlichen Vorschriften für nicht (unmittelbar) anwendbar halten; vgl. dazu auch ARUG II BeschlussE, S. 61. Der Ausschuss nehme zur Kenntnis, dass „ernsthafte Stimmen in der Literatur" annehmen, dass das in § 111 b

II. SE

Die Regelungen zu Geschäften mit nahestehenden Personen finden gem. Art. 9 Abs. 1   64
lit. c) (ii), Art. 10 SE-VO,[196] § 34 Abs. 4 SE-AG auch auf börsennotierte SE Anwendung.[197]

§ 111 b Zustimmungsvorbehalt des Aufsichtsrats bei Geschäften mit nahestehenden Personen

(1) Ein Geschäft der börsennotierten Gesellschaft mit nahestehenden Personen, dessen wirtschaftlicher Wert allein oder zusammen mit den innerhalb des laufenden Geschäftsjahres vor Abschluss des Geschäfts mit derselben Person getätigten Geschäften 1,5 Prozent der Summe aus dem Anlage- und Umlaufvermögen der Gesellschaft gemäß § 266 Absatz 2 Buchstabe A und B des Handelsgesetzbuchs nach Maßgabe des zuletzt festgestellten Jahresabschlusses übersteigt, bedarf der vorherigen Zustimmung des Aufsichtsrats oder eines gemäß § 107 Absatz 3 Satz 4 bis 6 bestellten Ausschusses.

(2) Bei der Beschlussfassung des Aufsichtsrats nach Absatz 1 können diejenigen Mitglieder des Aufsichtsrats ihr Stimmrecht nicht ausüben, die an dem Geschäft als nahestehende Personen beteiligt sind oder bei denen die Besorgnis eines Interessenkonfliktes auf Grund ihrer Beziehungen zu der nahestehenden Person besteht.

(3) Ist die Gesellschaft Mutterunternehmen (§ 290 Absatz 1 und 2 des Handelsgesetzbuchs) und nicht gemäß § 290 Absatz 5 oder den §§ 291 bis 293 des Handelsgesetzbuchs von der Konzernrechnungslegungspflicht befreit, so tritt an die Stelle der Summe des Anlage- und Umlaufvermögens der Gesellschaft die Summe aus dem Anlage- und Umlaufvermögen des Konzerns gemäß § 298 Absatz 1 in Verbindung mit § 266 Absatz 2 Buchstabe A und B des Handelsgesetzbuchs nach Maßgabe des zuletzt gebilligten Konzernabschlusses oder in den Fällen des § 315 e des Handelsgesetzbuchs die Summe aus den entsprechenden Vermögenswerten des Konzernabschlusses nach den internationalen Rechnungslegungsstandards.

(4) [1]Verweigert der Aufsichtsrat seine Zustimmung, so kann der Vorstand verlangen, dass die Hauptversammlung über die Zustimmung beschließt. [2]Die an dem Geschäft beteiligten nahestehenden Personen dürfen ihr Stimmrecht bei der Beschlussfassung der Hauptversammlung weder für sich noch für einen anderen ausüben.

AktG geregelte Kompetenzverhältnis zwischen Vorstand und Aufsichtsrat unter § 278 Abs. 2 falle, so dass für die KGaA die HGB-Vorschriften über die KGaA zur Anwendung gelangen würden: Danach wären nach § 164 S. 1 Hs. 2 HGB grundsätzlich die Kommanditaktionäre für die Zustimmungsentscheidung nach § 111 b zuständig, es sei denn, die Satzung übertrage diese auf ein fakultatives Organ oder räume sie dem Aufsichtsrat der KGaA ein. Alle Varianten entsprächen den in Artikel 9 c Abs. 4 der 2. ARRL eingeräumten Zustimmigkeitsoptionen. Allein für den Fall, dass die Satzung das Widerspruchsrecht der Kommanditaktionäre nach § 164 S. 1 Hs. 2 HGB ersatzlos gestrichen habe, ergäbe sich aus einer richtlinienkonformen Anwendung der § 164 S. 1 HGB, § 278 Abs. 3 AktG eine Auffangzuständigkeit des Aufsichtsrats der KGaA für die Zustimmungsentscheidung nach § 111 b. Auch im Übrigen bliebe es nach dieser Rechtsauffassung bei der Anwendbarkeit der §§ 107 Abs. 3 und §§ 111 a bis 111 c, da das HGB insoweit keine besonderen Regelungen für die KGaA vorsehe.

196 Verordnung (EG) Nr. 1257/2001 des Rates vom 8.10.2001 über das Statut der Europäischen Gesellschaft (SE), ABl. EU v. 10.11.2001 – L 294/1.
197 ARUG II RegE, S. 79; *Backhaus/Brouwer* AG 2019, 287 (289).

Heidel/Illner

A. Regelungsgehalt

§ 111 b dient wie §§ 111 a ff. insgesamt der Umsetzung der 2. ARRL. Nach deren Erwägungsgrund 42 und Art. 9 c Abs. 4 müssen die Mitgliedstaaten sicherstellen, dass wesentliche Geschäfte mit Nahestehenden den Aktionären oder dem Aufsichtsorgan[1] gemäß Verfahren vorgelegt werden, die verhindern, dass Nahestehende ihre Position ausnutzen, und die einen angemessenen **Schutz der Interessen der Gesellschaft und der nicht nahestehenden Aktionäre einschließlich der Minderheitsaktionäre** bieten.

1

Die Richtlinie gibt den Mitgliedstaaten Spielräume[2] zur Umsetzung der Richtlinie: Diese können nach Art. 9 c Abs. 1 2. ARRL grundsätzlich selbst festlegen, **welche Geschäfte wesentlich** sind und damit den Vorgaben der Richtlinie entsprechen müssen; sie haben dabei aber die Vorgaben der Richtlinie zu beachten.

2

Sie können nach Art. 9 c Abs. 4 2. ARRL auch bestimmen, ob die Hauptversammlung oder das Aufsichtsorgan die Kompetenz der Zustimmung hat. Der deutsche Gesetzgeber hat sich für den **Aufsichtsrat** entschieden.[3] Der ARUG II RegE begründet das so: Der die Geschäftsführung kontrollierende Aufsichtsrat sei im Deutschen Corporate Governance System das richtige Organ für die Entscheidung; die „schwerfällige und nur in großen Abständen tagende Hauptversammlung" solle nur in besonderen Ausnahmefällen subsidiär mit der Zustimmung betraut sein – auch wegen „der hierbei drohenden Verzögerungen aufgrund von Anfechtungsklagen".[4]

3

§ 111 b enthält zudem die deutsche Umsetzung des von der 2. ARRL angemahnten **Verfahrens zur Überprüfung des jeweiligen Geschäfts** mit den Nahestehenden im Aufsichtsrat: Das muss unabhängig sein von den an dem Geschäft beteiligten Nahestehenden und ihren Sonderinteressen; es hat den Schutz der Interessen der Gesellschaft sowie ihrer (zumal Minderheits-)Aktionäre zu realisieren.[5] Der deutsche Gesetzgeber gibt den Gesellschaften hierfür zwei Optionen: die Einrichtung eines besonderen Aus-

4

---

1 Die in der Richtlinie auch angesprochene Möglichkeit der Vorlage an das Verwaltungsorgan betrifft nur monistisch strukturierte Gesellschaften.

2 ARUG II RegE, S. 35 spricht von großen Spielräumen.

3 Vgl. kritisch zur Regelung, die Entscheidung dem Aufsichtsrat zu überlassen, im Gesetzgebungsverfahren den FDP-Abgeordnete Huben, der meinte, die Bundesregierung nenne ihren Gesetzentwurf „behutsam", er nenne „ihn ein Misstrauensvotum gegenüber den Eigentümern in Deutschland", Deutscher Bundestag, Stenografischer Bericht,127. Sitzung 14. November 2019, Plenarprotokoll 19/127, S. 15901. Sehr kritisch äußerte sich auch in der Anhörung des BT-Ausschusses für Recht und Verbraucherschutz am 15. Juni 2019, BT-Ausschuss für Recht und Verbraucherschutz Protokoll Nr. 19/54, S. 8 f. der Sachverständige *Tim Drygala*, der meinte: Der Entwurf werde als behutsame Weiterentwicklung, als minimal-invasiv, als schonend beschrieben; er habe den Eindruck, dass die 2. ARRL mehr möchte, die Aktionäre stärker in die Corporate Governance einbinden und insgesamt den Minderheitenschutz stärken; er habe den Eindruck, dass die Hauptversammlung nicht den Entwurf erhalte, den sie brauche, in der Aktiengesellschaft gebe es ein System von drei Organen, das System sei für ihn „ein wenig aus dem Gleichgewicht geraten"; vgl. auch dessen schriftliche Stellungnahme gegenüber dem BT-Ausschuss vom 30. Mai 2019, wo es heißt, die gewählte Umsetzung sei „übermäßig restriktiv", der Gesetzentwurf übe die zahlreichen Wahlrechte, die die Richtlinie den Mitgliedstaaten einräume, durchgehend dahin gehend aus, dass eine Stärkung von Aktionärsrechten möglichst vermieden werde, das sei keine Umsetzung „Eins zu Eins", das sei eine nach dem Motto „So restriktiv wie möglich". Andere Sachverständige äußerten sich positiv, so etwa die Vertreterin des Deutschen Anwaltvereins *Hilke Herchen*, die als Sachverständige in der Sitzung des BT-Ausschusses begrüßte, dass der Gesetzentwurf alle durch die 2. ARRL zugelassenen Ausnahmen genutzt habe und die Kontrolle „sachgerecht" im Aufsichtsrat verortet habe; demgegenüber sei die Hauptversammlung schon aufgrund des Aufwands ihrer Befassung und dem damit verbundenen zeitlichen Aufwand sowie der Anfechtbarkeit von Beschlüssen nicht das geeignete Organ für eine Entscheidung, Protokoll Nr. 9/54 S. 10 ff. sowie Schriftliche Stellungnahme Rn. 21 und 23.

4 ARUG II RegE, S. 35 f., 78.

5 ARUG II RegE, S. 36.

schusses sowie den Ausschluss der Aufsichtsratsmitglieder von der Abstimmung, bei denen die Besorgnis eines Interessenkonflikts besteht oder die an dem Geschäft als Nahestehende beteiligt sind.[6]

5　Die §§ 111 b und c gelten nur für börsennotierte Gesellschaften (börsennotierte AG, SE und KGaA, → § 111 a Rn. 3, 63 f.; zur KGaA auch → § 111 a Rn. 63).

B. Die Regelungen im Einzelnen

I. AR-Zustimmungsvorbehalt bei wesentlichen Geschäften (Abs. 1)

1. Bedeutung der Zustimmungspflicht

6　Abs. 1 normiert unter Berufung auf den Regelungsspielraum der 2. ARRL (→ Rn. 3) die Zustimmungspflicht des Aufsichtsrats börsennotierter Gesellschaften (→ Rn. 5) bei wesentlichen Geschäften mit Nahestehenden und definiert die wesentlichen Geschäfte. Erforderlich ist also nicht etwa die AR-Zustimmung zu allen Geschäften mit Nahestehenden (→ § 111 a Rn. 3), sondern nur die **Zustimmung zu den in Abs. 1** definierten wesentlichen Geschäften. Ggf. tritt an die Stelle der AR-Zustimmung die des gemäß § 107 Abs. 3 S. 4–6 bestellten Ausschusses (→ Rn. 80; → § 107 Rn. 1). Durch Zustimmungsvorbehalte bindet das Gesetz den Aufsichtsrat in die Geschäftsleitungstätigkeit der Gesellschaft ein; sie ist eine präventive Überwachung iSd § 111 Abs. 1.[7] Eine effektive Wahrnehmung von Zustimmungsvorbehalten kann gebieten, den Aufsichtsrat bereits frühzeitig in die Anbahnung von Geschäften und Vertragsverhandlungen einzubeziehen, damit die Kontrolle wirklich effektiv sein kann – wobei allerdings eine zu starke Einbindung die Gefahr mit sich bringt, dass der Aufsichtsrat bei der Zustimmungsentscheidung nicht wirklich als Außenstehender nachträglich ein Geschäft prüft und ihm ggf. zustimmt[8] (vgl. zu den Kriterien und dem Verfahren der AR-Entscheidung → Rn. 79 ff.).

7　Die Beschränkung der Zustimmungspflicht in Abs. 1 hat **keine Auswirkung auf Regelungen zu Geschäften mit Nahestehenden** in anderen gesetzlichen Regelungen außer § 111 c (→ § 111 c Rn. 5);[9] insbes. bleiben die bilanzrechtlichen Regelungen nach § 285 Nr. 21, § 314 Abs. 1 Nr. 13 HGB hiervon unberührt.[10] Abs. 1 wird angesichts des in der Praxis wirtschaftlich typischerweise sehr hohen Volumens, ab dem Wesentlichkeit erst einschlägig ist, (→ Rn. 9 ff., 55 ff.) regelmäßig auch nicht als Auslegungskriterium herangezogen werden können, wenn zB objektiv auszulegende Satzungen oder Gesellschaftsverträge Regeln für Geschäfte mit Nahestehenden enthalten. Die Regel des § 111 b Abs. 1 (und Abs. 3) mit dem wirtschaftlich sehr hohen Schwellenwert erklärt sich nur aus den **Besonderheiten börsennotierter Gesellschaften** und der Absicht des deutschen Gesetzgebers, die Komplexität zulasten börsennotierter Unternehmen nicht zu erhöhen, sondern eine möglichst einfach verständliche und handhabbare Regelung zu schaffen und die börsennotierten Gesellschaften nicht mit zu hohen zusätzlichen Bürokratielasten zu beschweren.[11]

2. Europarechtliche Vorgaben für die nationale Festlegung der wesentlichen Geschäfte

8　Art. 9 c Abs. 1 2. ARRL macht den Mitgliedstaaten Vorgaben für die Festlegung der wesentlichen Geschäfte, die der Zustimmung des Aufsichtsorgans (bzw. nach Entscheidung der Mitgliedstaaten der Hauptversammlung, → Rn. 3) sowie den Publizi-

---

6　ARUG II RegE, S. 36.
7　Vgl. *Breuer/Fraune* in Heidel Aktienrecht AktG § 111 Rn. 28; Hüffer/Koch AktG § 111 Rn. 33.
8　Vgl. *Tarde* NZG 2019, 488 (492).
9　ARUG II BeschlussE, S. 64.
10　Vgl. *Grigoleit* ZGR 2019, 412 (448).
11　ARUG II RegE, S. 83; ARUG II BeschlussE, S. 64.

tätspflichten unterliegen: Berücksichtigen[12] müssen die Mitgliedstaaten dabei nach Art. 9 c Abs. 1 UAbs. 1 2. ARRL den **möglichen Einfluss von Informationen über das Geschäft auf die wirtschaftlichen Entscheidungen** der Aktionäre und das **Risiko des Geschäfts für die Gesellschaft und ihre Aktionäre** (einschließlich der Minderheitsaktionäre), die keine Nahestehenden sind. Bei der Definition von wesentlichen Geschäften haben die Mitgliedstaaten gem. Art. 9 c Abs. 1 UAbs. 2 2. ARRL zwei Regelungsalternativen: Sie können in der Alt. 1 eine oder mehrere quantitative Kennzahlen festlegen, die auf dem Einfluss des Geschäfts auf finanzielle Lage, Einnahmen, Vermögen, Kapitalisierung (einschließlich Eigenkapital) oder Umsatz der Gesellschaft basieren, oder in der Alt. 2 der Art des Geschäfts und der Position des Nahestehenden Rechnung tragen.

3. Deutsche Definition des Schwellenwerts für Zustimmungspflicht – Grundlagen

Abs. 1 definiert gestützt auf Art. 9 c Abs. 1 der 2. ARRL (→ Rn. 8) den Schwellen- 9
wert, dessen Überschreitung maßgeblich ist für das Eingreifen des AR-Zustimmungsvorbehalts. Die deutsche Definition stützt sich auf den Entscheidungsspielraum der 2. ARRL im Sinne der dortigen Regelungsalternative 1 (→ Rn. 8).[13] Sie setzt **zwei Bezugsgrößen** ins Verhältnis: den wirtschaftlichen Wert des Geschäfts (→ Rn. 26 ff.) und die Summe aus Anlage- und Umlaufvermögen iSv § 266 Abs. 2 Buchstabe A und B HGB der Gesellschaft (→ Rn. 55 ff.). Das Geschäft ist zustimmungspflichtig, wenn es 1,5 % dieser Summe übersteigt. Ist die Gesellschaft Mutterunternehmen, gelten entsprechende Bezugsgrößen nach Abs. 3 aus dem Konzernbilanzrecht (→ Rn. 108 ff.).

Der Schwellenwert kann auf zweierlei Weise überschritten werden: durch den Wert 10
übersteigende **Einzelgeschäfte** sowie durch **Aggregation** mehrerer Geschäfte:

a) **Schwellenwert bei Einzelgeschäften der Gesellschaft.** Der Schwellenwert ist ein- 11
schlägig, wenn der Wert eines Einzelgeschäfts die Schwelle übersteigt. Ob das zutrifft, bejaht sich relativ einfach, wenn die (börsennotierte) **AG A mit dem Nahestehenden N** das Geschäft schließt. Vgl. zur Auslegung bei Geschäften der **Tochtergesellschaft** der Gesellschaft und **Geschäften mit dem Nahestehenden des Nahestehenden der Gesellschaft** (→ Rn. 20 ff., 25).

b) **Aggregation – Alle Geschäfte des Geschäftsjahrs.** Der Schwellenwert ist auch ein- 12
schlägig bei seiner Überschreitung durch den Wert eines Geschäfts mit dem Nahestehenden „zusammen mit den innerhalb des laufenden Geschäftsjahres vor Abschluss des Geschäfts mit derselben Person getätigten Geschäften". Diese mehreren Einzelgeschäfte mit demselben Nahestehenden werden entsprechend der Vorgabe von Art. 9 c Abs. 8 2. ARRL[14] zusammengerechnet („**Aggregation**"). Zusammenzurechnen sind sämtliche Geschäfte, die **innerhalb des laufenden Geschäftsjahres** vor Abschluss des Geschäfts mit demselben Nahestehenden abgeschlossen wurden.[15] Geschäftsjahr ist auch ein Rumpfgeschäftsjahr.[16] Teleologisch ist das nicht zu korrigieren; denn dies ist Konsequenz der bewussten Abweichung der gesetzlichen Regelung von dem nach dem ARUG II RefE angedachten Zwölf-Monats-Zeitraum auf das Geschäftsjahr auf der Grundlage des ARUG II RegE (→ Rn. 12); in Ausnahmefällen kann die Umstellung

---

12 Im Englischen heißt es „taking into account", im Französischen „en tenant compte".

13 Eine Begründung für die Entscheidung des Gesetzgebers ist nicht ersichtlich.

14 „Die Mitgliedstaaten stellen sicher, dass Geschäfte mit denselben nahestehenden Unternehmen und Personen, die in einem beliebigen Zeitraum von 12 Monaten oder in demselben Geschäftsjahr getätigt wurden und nicht den Verpflichtungen nach Absatz 2, 3 oder 4 unterliegen, für die Zwecke dieser Absätze zusammengerechnet werden."

15 Abweichend davon stellte der ARUG II RefE, S. 10, 11 auf den Zeitraum der „letzten 12 Monate" ab, vgl. demgegenüber ARUG II RegE, S. 84, wonach das Abstellen auf das laufende Geschäftsjahr den Gleichlauf mit den Rechnungslegungspflichten ermöglichen soll.

16 *Vetter* AG 2019, 853 (861).

des Geschäftsjahrs zur Umgehung der Zustimmungspflicht missbräuchlich sein. Die Aggregation erfordert Vorkehrungen der Gesellschaft (Compliance → § 111 c Rn. 17), alle, auch kleinvolumige Geschäfte mit Nahestehenden minutiös zu erfassen.[17]

13 **Zustimmungspflichtig** ist nur das jeweils letzte, **die Schwelle überschreitende Geschäft**; andernfalls hätte die Pflicht ein nach Sicht des Gesetzgebers nicht praktikables rückwirkendes Zustimmungserfordernis zur Folge[18] (vgl. zur Frage, ob die vorhergehenden Geschäfte eine Rolle bei der Beurteilung Angemessenheit des Geschäfts spielen → Rn. 84). Die Veröffentlichung erfordert gem. § 111 c Abs. 1 S. 2 Angaben zu sämtlichen Geschäften, die bei der Aggregation zu berücksichtigen waren (→ § 111 c Rn. 3).

14 Welche Geschäfte bei der **Aggregation nicht zu berücksichtigen** sind, wird zT verschieden beantwortet:

15 Nicht zu berücksichtigen sind die Geschäfte, die **den Ausnahmen gem. § 111 a Abs. 2 und Abs. 3** unterfallen; diese gelten nach der ausdrücklichen Anordnung des Gesetzes bereits nicht als Geschäfte mit Nahestehenden iSd § 111 a Abs. 1 AktG und sind daher auch nicht gem. § 111 b Abs. 1 zu aggregieren.[19]

16 Streitig ist die Behandlung von **Geschäften, denen der Aufsichtsrat bereits zugestimmt hatte**: Sie sollen nach dem ARUG II RegE nicht mitgezählt werden; die Aggregation beginnt nach seiner Sicht in diesem Fall von neuem bis zum Ablauf des Geschäftsjahres[20] (sog. **Neustart/„fresh start"**). Überzeugen kann diese Sicht weder nach dem Wortlaut noch nach dem Sinn und Zweck von § 111 b sowie der diesem zugrunde liegenden Regel der 2. ARRL:[21] Im Wortlaut von Abs. 1 heißt es nämlich, ein Geschäft erfordert die Zustimmung des Aufsichtsrats, „dessen wirtschaftlicher Wert ... zusam-

---

17 Vgl. *Müller* ZIP 2019, 2429 (2431).
18 ARUG II RegE, S. 84; *Vetter* AG 2019, 853 (862); demgegenüber meinten *Bungert/De Raet* Der Konzern 2015, 289 (293), durch die Vorschriften zur Aggregation würden Transaktionen, die für sich genommen nicht wesentlich waren, den Anforderungen an die Related Party Transactions unterstellt, was „weder praktikabel noch sinnvoll" sei: UE ist es demgegenüber zwar durchaus sinnvoll, auch die aggregierten Geschäfte einer Angemessenheitsprüfung zu unterwerfen: der klare Wortlaut sowohl der 2. ARRL als auch des deutschen Gesetzes sehen aber hinreichend klar vor, dass nur das die Schwelle überschreitende Geschäft dem Zustimmungserfordernis unterliegt und von einem „Schwebezustand und damit Rechtsunsicherheit" für vor Schwellenüberschreitung getätigte Geschäfte keine Rede sein kann.
19 Zustimmung zB bei *Müller* ZIP 2019, 2429 (2431).
20 ARUG II RegE, S. 84; ebenso ohne wirkliche Begründung („Alles andere wäre aus teleologischen Gründen nicht nachvollziehbar") *Vetter* AG 2019, 853 (862); im Ergebnis ebenso *Florstedt* ZHR 184 (2020), 10 (39) und *Müller* ZIP 2019, 2429 (2431).
21 Wie hier *Eisele/Oser* DB 2019, 1517 (1522). Ebenso wie hier, allerdings kritisch gegenüber der Rechtslage, die *Regierungskommission Deutscher Corporate Governance Kodex* Stellungnahme vom 30. Januar 2015 zum Vorschlag der Kommission für die 2. ARRL im Hinblick auf die damals vorgesehene Hauptversammlungszuständigkeit bei Transaktionen über 5% des Vermögens; trotz der nunmehr anderen Regelung hat sich der entscheidende Aspekt nicht geändert. In der Stellungnahme der *Regierungskommission* heißt es insoweit: „Ergibt der Gesamtwert der aggregierten Transaktionen mehr als 5% des Vermögens des Unternehmens, wird die Transaktion, mit der dieser Wert überschritten wird, sowie jede spätere Transaktion mit derselben Related Party zur Abstimmung vorgelegt und darf erst nach Genehmigung durch die Aktionäre ohne Bedingung abgeschlossen werden. So kann nach Erreichung des Schwellenwerts jede noch so kleine Transaktion dem Hauptversammlungsvorbehalt unterliegen. ‚Jede weitere Transaktion' lässt hier auch kein Ende der Vorlagepflicht erkennen."(S. 15 der Stellungnahme). Im damaligen Kommissionsvorschlag COM/2014/213 final hieß es in Art. 9 c Abs. 3 2. ARRL-E, dass bei Überschreiten des Gesamtwerts der aggregierten Transaktionen „die Transaktion, mit der dieser Wert überschritten wird, sowie jede spätere Transaktion mit demselben nahestehenden Unternehmen bzw. derselben nahestehenden Person" zur Zustimmung vorzulegen ist; diese ausdrückliche Regelung fehlt zwar im endgültigen Richtlinientext, dieser überlässt die Festle-

men mit den innerhalb des laufenden Geschäftsjahres vor Abschluss des Geschäfts mit derselben Person getätigten Geschäften 1,5 Prozent der Summe … übersteigt". Daraus ergibt sich nichts dafür,[22] dass Geschäfte, denen der Aufsichtsrat bereits zugestimmt hat, nicht zu berücksichtigen wären. Der Wortlaut ist insoweit nicht einmal offen. Das Aussondern solcher Geschäfte, denen der Aufsichtsrat bereits zugestimmt hatte, aus der Zusammenrechnung widerspräche auch dem Zweck der Regelung von Geschäften mit den Nahestehenden. Der Aufsichtsrat soll solchen Geschäften zustimmen müssen, die über das vom Gesetz bestimmte (ohnehin sehr hohe, vgl. die 1,5 %-Grenze des Abs. 1 → Rn. 55 ff.) Volumen hinausgehen. Das definiert § 111 a Abs. 1 mit der Grenze von über 1,5 % der Summe von Anlage- und Umlaufvermögen. Alle über das Volumen hinausgehenden und damit „wesentlichen" Geschäfte sollen nach der 2. ARRL der Zustimmung des Aufsichtsrats unterworfen und vom autonomen Bereich der Geschäftsleitung ausgenommen sein.[23] Die Erwägung des ARUG II RegE vom Neustart hat im Wortlaut des Gesetzes keinen Niederschlag gefunden, sie ist daher bei der Auslegung nicht zu berücksichtigen.[24] Daher ist nicht nur das eine Geschäft zustimmungspflichtig, das gerade eben die Schwelle überschreitet, sondern sämtliche Geschäfte ab Überschreiten der Zustimmungsschwelle.

Gegen unsere Sicht sprechen keine durchgreifenden Gegenargumente: Ein und dasselbe Geschäft wird gerade nicht **mehrfach berücksichtigt**. Denn der Gesetzgeber hat die Schwelle festgelegt, ab der alle Geschäfte des Geschäftsjahres zustimmungspflichtig sind. Der Neustart der Aggregation würde den Zweck des Zustimmungsvorbehalts zu Geschäften mit den Nahestehenden wesentlich entleeren und den Zweck der Grenze in das Gegenteil verkehren. Solche Geschäfte wären nämlich weder zustimmungs- und noch nicht einmal publizitätspflichtig nach § 111 c (→ § 111 c Rn. 3), obgleich nach der 2. ARRL der Aufsichtsrat allen Geschäften mit dem Nahestehenden oberhalb der von den Mitgliedstaaten nach Art. 9 c Abs. 1 UA 2 zu definierenden Wesentlichkeitsgrenze zustimmen soll. Die Gesellschaft und ihr Nahestehende könnten sonst den Zustimmungsvorbehalt nämlich ganz einfach dadurch aushebeln, dass sie ein großes Geschäft bis ganz knapp oberhalb der Wesentlichkeitsgrenze (und damit Zustimmungspflichtigkeit) des Aufsichtsrats eingehen (zB ein Darlehen oberhalb der Grenze von 1,5 % der Summe des Umlauf- und Anlagevermögens zu marktüblichen Konditionen abschließen) – schon wären alle weiteren Geschäfte mit diesem Nahestehenden nicht mehr genehmigungspflichtig, so unangemessen diese auch sein mögen.[25] Unsere Auslegung entspricht auch dem vom Bundestag in Abweichung von der Bundesregierung verfolgten Regelungskonzept, die Regelungen zu den Geschäften mit Nahestehenden wirkungsvoller zu machen.[26] Gegen unsere Sicht spricht auch nicht etwa, dass die **Veröffentlichungspflicht** ausdrücklich sämtliche aggregierten Geschäfte einschließt (§ 111 c Abs. 1 S. 2, → § 111 c Rn. 3): Zum einen stehen die Veröffentlichungspflichten schon nach den Regelungsintentionen der 2. ARRL selbstständig neben den Zu-

17

---

gung der konkreten Grenze, ab der die Transaktion zur Zustimmung vorzulegen ist, den Mitgliedstaaten; wenn die Schwelle aber einmal überschritten ist, ist iSd Argumentation der *Regierungskommission* auch jedes weitere Geschäft zustimmungspflichtig.

22 *Vetter* AG 2019, 853 (862), räumt das ein.

23 Der Kommissionsentwurf aus dem Jahr 2014 (COM 2014), 213 sah in dem Entwurf von Art. 9 c Abs. 3 S. 2 ausdrücklich vor, dass bei Aggregation sowohl die Transaktion, mit der der maßgebende Wert des Vermögens überschritten wird, als auch jede spätere Transaktion mit denselben Nahestehenden zur Zustimmung vorzulegen war und erst danach bedingungslos abgeschlossen werden durfte, vgl. dazu *Jung* WM 2014, 2351 (2355).

24 Vgl. zu diesem Grundsatz BGH AG 2009, 624.

25 Vgl. zutreffend zur Richtlinie *Jung/Stiegler* in Jung/Krebs/Stiegler Gesellschaftsrecht in Europa § 30 Rn. 292 („Es könnte lediglich das Geschäft, welches die Schwelle überschreitet, den Anforderungen der Absätze 2, ggf. 3 und 4 (von Art. 9 c 2. ARRL) unterfallen. Dies ist jedoch mit dem Blick auf die Anreizwirkung problematisch, da dann dafür extra ein unproblematisches Geschäft abgeschlossen werden könnte.")

26 Vgl. ARUG II BeschlussE, S. 64.

stimmungspflichten (vgl. Erwägungsgründe 42 und 44 sowie Art. 9 c 2. ARRL, dessen Titel lautet „Transparenz von und Zustimmung zu Geschäften" mit Nahestehenden, sowie dessen Abs. 2 und 4); Veröffentlichungspflichten taugen daher nicht zur Beschränkung der Reichweite von Zustimmungspflichten. Zum anderen ist § 111 c Abs. 1 S. 2 erforderlich, da es zahlreiche Geschäfte mit Nahestehenden gibt, die nicht als solche der Zustimmung des Aufsichtsrats unterfallen, sondern nur infolge der Aggregation und daher nicht selbstständig iSd § 111 c Abs. 1 S. 1 der AR-Zustimmung bedürfen; daher musste § 111 c Abs. 1 S. 2 die Veröffentlichung aller aggregierten Geschäft vorschreiben.

18 Vgl. zu Geschäften mit **Nahestehenden des Nahestehenden** (→ Rn. 25), zu solchen der **Tochter- und Enkelgesellschaften** der Gesellschaft (→ Rn. 20 ff.). Vgl. zur Frage, ob in die Aggregation auch Geschäfte einzubeziehen sind, wenn die Nähe nicht während des gesamten Geschäftsjahrs bestanden hat, (→ § 111 c Rn. 24).

19 **c) Relevanz von Geschäften der Tochtergesellschaften der Gesellschaft und von Geschäften mit dem nahestehenden Nahestehenden.** Interpretationsprobleme bei der Frage der Überschreitung der Schwelle tauchen auf, wenn zB bei einem Einzelgeschäft (1) nicht die börsennotierte AG A Vertragspartner ist, sondern eine Tochtergesellschaft von A (die T) oder wenn (2) A das Geschäft nicht mit dem Nahestehenden N schließt, sondern mit einem Nahestehenden von N (NN).

20 **aa) Geschäfte von Tochtergesellschaften der Gesellschaft mit dem Nahestehenden.** Zur Konstellation (1) schreibt der ARUG II RegE, Geschäfte einer Tochtergesellschaft mit Nahestehenden der Muttergesellschaft blieben für die Berechnung der Zustimmungsschwelle außer Betracht; diese würden erst im Rahmen der Veröffentlichungspflicht nach § 111 c berücksichtigt (dazu → § 111 c Rn. 17), da Art. 9 c Abs. 7 2. ARRL nur eine Ausdehnung für die Veröffentlichungspflicht vorsehe.[27] Das trifft uE nicht zu (→ § 111 a Rn. 38 f.). Die **Zustimmung des Aufsichtsrats ist auch erforderlich zu Geschäften von Tochtergesellschaften der börsennotierten Gesellschaft mit dem Nahestehenden.** Für die Gesellschaft und ihre Aktionäre macht es nämlich wirtschaftlich betrachtet keinen Unterschied, ob die Gesellschaft selbst oder die Tochtergesellschaft das Geschäft abschließt; angesichts der identischen Gefährdungslage ist die Frage der Zustimmungspflichtigkeit unabhängig davon, wer das Geschäft formal abschließt.[28] Besonders deutlich wird das Zustimmungserfordernis bei einer von vornherein bestehenden Absicht, einen Vermögensgegenstand zunächst auf die Tochter und dann dem Nahestehenden zu übertragen. Nichts anderes kann gelten, wenn es dafür keinen vorgefassten Plan gibt. Das folgt aus der identischen Gefährdungslage, vor die die 2. ARRL und §§ 111 a ff. schützen sollen; diese ist nämlich bei Geschäft mit Nahestehenden vollständig identisch und unabhängig davon, ob die Mutter- oder die Tochtergesellschaft das Geschäft schließen. Die lediglich formaljuristische Betrachtung der unterschiedlichen Rechtspersönlichkeiten von Mutter und Tochter verkennt den wirtschaftlichen Gehalt. Dass nicht diese maßgebend sein kann, sondern der wirtschaftliche Gehalt entscheidet, folgt auch aus Abs. 3, wonach es auf die Bilanzzahlen des Konzerns ankommt.

21 Die vorstehende Auslegung steht nicht nur im Einklang mit der 2. ARRL, sie gebietet die (**europarechtskonforme**) **Auslegung** sogar; mit deren Vorgaben steht nur die hier vertretene Auslegung im Einklang:

22 So heißt es nämlich im Erwägungsgrund 42: „Geschäfte mit nahestehenden Unternehmen und Personen" könnten den Gesellschaften und ihren Aktionären abträglich sein, da sie den Nahestehenden die Möglichkeit gäben, sich „Werte der Gesellschaft" anzu-

---

27 ARUG II RegE, S. 84; Zustimmung bei *Vetter* AG 2019, 853 (861) (zu Unrecht unter Berufung auf den „klaren Wortlaut").
28 AA anscheinend *Florstedt* ZHR 184 (2020), 10 (41), wonach zB ein Konzern in eine Vielzahl „bipolarer Aggregationsrechnungen" zerfalle und eine konzernweite Aggregation zu vermeiden sei.

eignen. In der Richtlinie heißt es nicht etwa formaljuristisch, Geschäfte der Gesellschaft mit Nahestehenden könnten dieser abträglich sein. Die 2. ARRL stellt vielmehr ab auf die **Geschäfte mit den Nahestehenden als solchen**, die der Gesellschaft und ihren Aktionäre (einschließlich der Minderheit) abträglich sein können. Sie schränkt dies (mit Recht) nicht dahin gehend ein, dass nur Geschäfte *der Gesellschaft* mit Nahestehenden für die Gesellschaft abträglich sein könnten. Wovor die Richtlinie nach dem Erwägungsgrund 42 schützen will – nämlich dass die Nahestehenden sich Vermögen der Gesellschaft aneignen –, ist losgelöst davon, ob sich die Nahestehenden Werte der Gesellschaft als solcher aneignen oder einer Tochtergesellschaft.

Unsere Interpretation beachtet auch die für den nationalen Gesetzgeber maßgebenden 23 Regelungsvorgaben von Art. 9 c Abs. 1 2. ARRL (→ Rn. 1): Diese müssen nämlich bei ihrer Definition dem **möglichen Einfluss von Informationen über das Geschäft auf die wirtschaftlichen Entscheidungen der Aktionäre und das Risiko des Geschäfts** für die Gesellschaft und ihre Aktionäre (einschließlich der Minderheitsaktionäre), die keine Nahestehenden sind, Rechnung tragen. Informationsbedürfnis und Risikolage sind jeweils völlig unabhängig davon, ob die Gesellschaft oder eine Tochtergesellschaft das Geschäft abschließt.

Gleiches folgt aus Art. 9 c Abs. 4 2. ARRL: Der schreibt vor, dass das **Aufsichtsorgan** 24 (oder die Hauptversammlung, → Rn. 3) „den wesentlichen Geschäften mit nahestehenden Unternehmen **und Personen"** zustimmen muss – nicht etwa bloß den Geschäften der Gesellschaft mit Nahestehenden.

bb) **Geschäften mit den Nahestehenden des Nahestehenden.** Im Grundsatz ist es 25 klar: Schließt die Gesellschaft Geschäfte mit **verschiedenen Nahestehenden**, ist die Überschreitung der Schwelle jeweils getrennt zu prüfen.[29] Dabei gilt nach der Definition von § 111 a Abs. 1 S. 2, dass **ein dem Nahestehenden Nahestehender auch ein der Gesellschaft Nahestehender** sein kann; dies bedarf einer Beurteilung im konkreten Einzelfall (→ § 111 a Rn. 14 ff.). Nach IAS 24.9 gilt dies beispielsweise für nahe Familienangehörige einer einflussreichen natürlichen Person, die der Gesellschaft nahesteht.[30] Als Beispiel kann auch die Zugehörigkeit zu einer Unternehmensgruppe dienen, wonach „alle Mutterunternehmen, Tochterunternehmen und Schwestergesellschaften einander nahestehen".[31] Maßgeblich für die Einordnung, ob ein Mutter- oder Tochterunternehmen vorliegt, ist insbesondere das Kriterium der „Beherrschung". Prägend hierfür ist eine Überschreitung der Beteiligungsschwelle von 50 % der Stimmrechte:[32] Wird die AG A zB beherrscht durch die AG B (60 % der Stimmrechte) und diese beherrscht durch die AG C (90 % der Stimmrechte), ist die C Nahestehende der A.

4. Die Ermittlung des Werts des Geschäfts mit dem Nahestehenden

Das Gesetz legt nicht fest, wie der Wert des Geschäfts mit dem Nahestehenden zu ermitteln ist. Daher ist **vieles streitig.** 26

a) **Was sagt die Regierungsbegründung?** Maßgeblich für den Wert ist nach dem 27 ARUG II RegE „**der am Markt zu erzielende Zeitwert des zu übertragenden Gegenstands".**[33] Der Aufsichtsrat brauche keine Gutachten einzuholen, um den Wert zu ermitteln; er könne sich auf eine realistische Schätzung verlassen.[34] Eine solche ist nach Sicht der Regierungsbegründung insbes. bedeutsam, „wenn der Gegenstand des Geschäfts mit der nahestehenden Person zu einem unangemessen niedrigen Wert ange-

---

29 ARUG II RegE, S. 84.
30 *Grigoleit* ZGR 2019, 421 (429).
31 IAS 24.9, vgl. *Grigoleit* ZGR 2019, 421 (429).
32 IFRS 10, Anhang A; IFRS 10, Anhang B 35.
33 ARUG II RegE, S. 83.
34 ARUG II RegE, S. 83.

setzt ist, wodurch die Schwelle unterschritten würde".[35] Im Zweifelsfall sei zu empfehlen, den Zustimmungsmechanismus wirken zu lassen.[36] Die Gesellschaften könnten diesen und die Veröffentlichung auch für Geschäfte unterhalb der gesetzlichen
Wesentlichkeitsschwelle vorsehen.[37]

28   **b) Wie der Wert richtigerweise zu ermitteln ist.** Der Auslegungshinweis des ARUG II
RegE (→ Rn. 27) auf den „am Markt zu erzielenden Zeitwert" des zu übertragenden
Gegenstands hilft nur bei klassischen **Austauschverträgen** wie zB dem Kaufvertrag.
Schon bei bloßer Nutzungsüberlassung und Finanzierungsgeschäften (jedenfalls Bürg-
schaften) ist er keine große Hilfe,[38] ähnlich zB bei Dienstleistungen und sonst, wenn
nichts übertragen wird. Maßgeblich ist uE Folgendes:

29   **aa) Grundsätze eher formaler Natur.** Zunächst sind einige eher formale, doch theoretisch und in der Praxis wichtige Aspekte festzuhalten:

30   Bewertung und Entscheidung, was der wirtschaftliche Wert eines Geschäfts ist, sind
juristische, letztlich durch die Gerichte zu entscheidende Fragen – nicht aber ökono-
mische Fragen.[39] Dabei handelt es sich auch um keine unternehmerische Ermessensentscheidung, für die die Business Judgment Rule einschlägig ist.[40] Bei synallagmati-
schen Verträgen gibt es **keine Saldierung** der Werte von Leistung und Gegenleistung;
(angemessene) Austauschverträge hätten sonst keinen wirtschaftlichen Wert:[41] Veräußert zB die AG A einen Vermögensgegenstand für 1 Mio. EUR an den Nahestehenden
N, ist der Wert des Geschäfts 1 Mio. EUR; das ändert sich nicht, wenn A den Vermögensgegenstand für 0,9 Mio. EUR veräußert. Veräußert A den Gegenstand für
1,1 Mio. EUR, ist dies der Wert.

31   Ein weiteres Feld ist die Berücksichtigung und ggf. Bewertung von **Folgerisiken** aus Geschäften, die zB durch Gewährleistungen der Gesellschaft abgesichert werden. Grundsätzlich erhöhen uE übliche Gewährleistungen (zB Gewährleistung der Inhaberschaft
von Geschäftsanteilen oder des Eigentums an einem Grundstück, das Vorliegen öf-
fentlich-rechtlicher Genehmigungen, das Fehlen von Mängeln etc) den Wert nicht, soweit ihr Umfang zum Zeitpunkt des Geschäftsabschlusses überschaubar ist und die
Gesellschaft davon ausgehen kann, dass die Gewährleistungen folgenlos bleiben – dh
dass sich das gesicherte Risiko nicht realisieren wird.[42] Anderes gilt typischerweise,
wenn die Gesellschaft bestehende **Risiken kennt** oder kennen muss und sie sich zur
Beseitigung verpflichtet hat oder damit rechnen muss, wegen der Risiken in Anspruch
genommen zu werden; ähnliche Themen gibt es bei Gewährleistungen und Freistel-
lungen, die **ungewisse Risiken** absichern, wie (zukünftige) Mängel des Kaufobjekts.
Vetter meint, aus dem gesetzlichen Begriff des wirtschaftlichen Werts folge, dass es
nicht auf das theoretische Maximalrisiko aus dem Geschäft ankomme, vielmehr will
er die Grundsätze der Rechnungslegung hinsichtlich des Umgangs mit ungewissen
Verbindlichkeiten entsprechend heranziehen. Bei der Bilanzerstellung seien hierfür
Rückstellungen zu bilden, § 249 Abs. 1 S. 1 HGB.[43]

32   UE ist demgegenüber auf das **realistisch abzuschätzende wirtschaftliche Maximalrisiko** abzustellen. Alleine auf eine rechtliche Risikoabschirmung zB aus einer Haftungs-
beschränkung abzustellen, kann insbes. dann nicht einschlägig sein, wenn die rechtliche Abschirmung aufgrund faktischer Zwänge unwirksam ist. Das gebietet der
Grundsatz, dass die Regelungen zu den Geschäften mit den Nahestehenden die Ge-

---

35   ARUG II RegE, S. 83.
36   ARUG II RegE, S. 83 f.
37   ARUG II RegE, S. 84.
38   *Eisele/Oeser* DB 2019, 1517 (1520); *Vetter* AG 2019, 853 (856).
39   *Vetter* AG 2019, 853 (856).
40   *Vetter* AG 2019, 853 (860).
41   *Vetter* AG 2019, 853 (856).
42   Vgl. ausführlich *Vetter* AG 2019, 853 (856).
43   Vertiefend *Vetter* AG 2019, 853 (857) mit näheren Erläuterungen und weiteren Nachwei-
      sen.

sellschaft und ihre (Minderheits-) Aktionäre vor den Risiken von Geschäften schützen sollen, die typischerweise mit Geschäften mit Nahestehenden verbunden sind. Dieser Grundsatz kann zB auch bedeuten, dass die Gesellschaft, die im Konzern von oder auf Veranlassung ihrer Muttergesellschaft eine risikobehaftete (zB nachhaltig verlust-trächtige) Beteiligungsgesellschaft in der Rechtsform einer GmbH für 1 EUR erwirbt, sich nicht auf den Standpunkt stellen kann, das Maximalrisiko aus dem Geschäft sei die Abschreibung der Anschaffungskosten bzw. der Kosten, die sie auf jeden Fall im Rahmen eines Konkurses tragen muss. Vielmehr ist das Risiko auch dadurch be-stimmt, dass man innerhalb von Konzernen typischerweise Gesellschaften aus Kon-zerninteresse nicht pleite gehen lässt (zB wegen negativer Folgewirkungen auf Finan-zierungen anderer Konzerngesellschaften). Ein unabhängiger Dritter als Erwerber würde die Geschäftsanteile an einer solchen Krisen-Gesellschaft typischerweise nicht für 1 EUR erwerben, wenn zum Erwerbszeitpunkt die Gefahr absehbar ist, wirt-schaftlich Lasten tragen zu müssen, die sich zB durch fortlaufende Verluste der Beteili-gungsgesellschaft hinsichtlich Finanzierungsbedarfs und absehbar erforderlicher Ver-lustübernahme ergeben. Dann ist das maßgebende Risiko (und damit der Wert des Geschäfts iSd § 111 a) das, was man innerhalb eines Konzerns typischerweise in eine solche Gesellschaft noch hineinstecken wird, um sie zu erhalten.

Unterschiedliche Sichtweisen gibt es auch dazu, ob Werte auf Grundlage einer (**steuer-lichen**) **Nettobetrachtung** zu ermitteln sind. Vertreten wird, mit dem Geschäft oder der Leistung der Gesellschaft unmittelbar verbundene Steuern, die nicht an den Nahe-stehenden, sondern den Staat zu zahlen sind, erhöhten nicht den Wert des Geschäfts; das gelte zB für Umsatzsteuer oder Grunderwerbsteuer. Solche Steuern begründeten keine Gefahr der Vermögensverlagerung zugunsten des Nahestehenden; zudem werde die Bewertung durch solche Parameter noch komplexer. Umgekehrt minderten positi-ve, zumal ertragsteuerliche Effekte nicht den Wert der Leistung der Gesellschaft – so im Grundsatz wie *Vetter*.[44] Der macht davon (aus seiner Perspektive inkon-sequent) eine Ausnahme, die uE der allgemeine Grundsatz ist und zum richtigen Ver-ständnis leitet: Anders sei es in dem Fall, dass solche Geschäfte für die Gesellschaft besondere, nicht mit derartigen Geschäften typischerweise verbundene Ertragsteuern auslösten, wie zB der Verkauf von Anteilen an einer Tochtergesellschaft innerhalb steuerlicher Haltefristen.[45] **Solche Folgen des Geschäfts muss man uE in jedem Falle dem des Geschäfts hinzuzurechnen.** Denn bei § 111 a Abs. 1 geht es um die Aufgriffs-schwelle für den Aufsichtsrat, nicht um die Frage der Angemessenheit des Werts der Gegenleistung.

Veranschaulicht an zwei anderen **Beispielen:**

▪ Wenn die AG A1 von ihrem nahestehenden herrschenden Unternehmen N1 eine Immobilie erwirbt und das Nebenkosten auslöst von zB 10 %, dann erhöhen die-se Nebenkosten unabhängig davon, wem die Kosten zu zahlen sind, den Wert des Geschäfts, da A1 die Nebenkosten als Anschaffungsnebenkosten aktivieren muss (§ 255 Abs. 1 S. 2 HGB) und das den Wert des Geschäfts für A1 ausmacht (vgl. auch → Rn. 36).

▪ Veranlasst N2 die AG A2, ihr einen wichtigen, wertvollen Teil des Geschäftsbe-reichs G von A2 für zB 1 Mio. EUR zu veräußern, was für A2 weitere Kosten von zB EUR 2 Mio. mit sich bringt (die A2 etwa für Abfindungen an Arbeitnehmer zahlen muss, die nach der Transaktion mit N2 nicht mehr einsetzen kann), ist der Wert des Geschäfts 3 Mio EUR. Denn das ist der Wert des Geschäfts aus der Per-spektive von A2. Unrichtig wäre zu meinen, solche weiteren Kosten müsse der Aufsichtsrat im Rahmen seiner Angemessenheitsentscheidung nicht berücksichti-gen. Denn es geht um die Festlegung der Aufgriffsschwelle für den Aufsichtsrat: Es soll sich nach den Grundsätzen der 2. ARRL und des § 111 b zum Schutz der

33

34

---

44 *Vetter* AG 2019, 853 (857).
45 *Vetter* AG 2019, 853 (857).

Gesellschaft und der (Minderheits-)Aktionäre mit den für die Gesellschaft wesentlichen Geschäften mit Nahestehenden befassen; wesentlich für die Lage der Gesellschaft ist aber nicht nur das, was diese im Rahmen eines solchen Geschäfts an den Nahestehenden überträgt etc, sondern welche Wirkungen das Geschäft wirtschaftlich betrachtet **insgesamt** für die Gesellschaft hat. Daher sind alle mit dem Geschäft mit dem Nahestehenden typischerweise verbundenen Kosten und Folgen bei der Wertermittlung zu berücksichtigen, damit der Aufsichtsrat seiner ihm von Gesetz und Richtlinie auferlegten Pflicht gerecht werden kann, sich mit solchen Geschäften zu befassen (vgl. zur ähnlichen Frage der Berücksichtigung von Risiken von Geschäften bei der Wertermittlung → Rn. 31 f.).

35   Die **Angemessenheit von Leistung und Gegenleistung** (→ Rn. 83 f.) ist irrelevant für die Bestimmung der Aufgriffsschwelle; die Angemessenheit hat nur Bedeutung als Kontrollmaßstab für die Entscheidung des Aufsichtsrats (→ Rn. 82).[46]

36   **bb) Grundsätze wirtschaftlicher Natur.** Wie angesprochen (→ Rn. 27) stellt der ARUG II RegE auf den „am Markt zu erzielenden Zeitwert des zu übertragenden Gegenstands" ab. Es kommt also grundsätzlich auf den **Verkehrswert des übertragenen Gegenstands** an;[47] allgemeiner und über die Übertragung hinausgehend kommt es also nach dem Willen des Gesetzgebers auf den **Verkehrswert des Geschäfts mit dem Nahestehenden** an. Hierbei kann man aber unserer Meinung nach nicht stehenbleiben.[48] Denn die Bezugsgröße des Verkehrswerts ist nach § 111 b Abs. 1 der bilanzielle Begriff der Summe aus dem Anlage- und Umlaufvermögen der Gesellschaft nach Maßgabe des zuletzt festgestellten Jahresabschlusses. *Eisele/Oser* haben mit Recht herausgearbeitet, dass die beiden Bezugsgrößen des Schwellenwerts (der wirtschaftliche Wert des Geschäfts im Zähler und die Summe von Anlage- und Umlaufvermögen im Nenner) in einem „sachlogischen Zusammenhang" stehen müssen; da der Wert im Nenner eine (bilanzielle) Bestandsgröße verwende, müsse auch im Zähler eine Bestandsgröße stehen (die Autoren nennen das „Äquivalenzprinzip"); andernfalls „bildet der Schwellenwert die Relation der beiden Bezugsgrößen nicht verlässlich ab und gerät schief".[49] Nicht zu folgen ist der Sichtweise, das (Äquivalenz-)Prinzip sei aus dem Gesetz nicht abzuleiten.[50] Ob man den Grundsatz Äquivalenzprinzip nennt oder ihm einen anderen Namen gibt, muss bei juristischer Betrachtung jedenfalls klar sein. Es müssen Größen zueinander in Relation gesetzt werden, die sinnhaft für die Beurteilung der Wesentlichkeit eines Geschäfts in Bezug auf die Bilanzgröße der Summe von Anlage- und Umlaufvermögen sind. Was in dieser Summe addiert wird, muss jedenfalls auch der maßgebende (Mindest-)Wert des Geschäfts sein.

37   **cc) Maßgebende Perspektive.** Zweifelsfragen gibt es auch dazu, aus wessen Perspektive der Wert eines Geschäfts zu bestimmen ist.[51] Dabei ist zunächst auf die **Relativität der Bewertung** hinzuweisen: Ein und dasselbe Rechtsgeschäft kann für die Parteien einen unterschiedlichen Wert haben. Folgendes Beispiel veranschaulicht das: Veräußert die AG A ihr Grundstück im Verkehrswert von 10 Mio. EUR für 9 Mio. EUR an den Nahestehenden N, beträgt der tatsächliche Vermögensabgang und damit der wirtschaftliche Wert des Geschäfts für A 10 Mio. EUR, für N dagegen nur 9 Mio. EUR.[52] Für § 111 b Abs. 1 maßgeblich ist grundsätzlich der aus **Sicht der Gesellschaft bestimmte Wert des Geschäfts.**[53] Das gilt aber nicht undifferenziert: Wenn zB die AG A2 einen Vermögensstand G2 hält, den sie für ihr eigenes Geschäft nicht mehr benötigt

---

46   *Grigoleit* ZGR 2019, 412 (423).
47   *Vetter* AG 2019, 853 (856).
48   Die Frage ist streitig – vgl. einerseits *Vetter* AG 2019, 853 (856) und andererseits *Eisele/Oser* DB 2019, 1517 (1520 f.).
49   *Eisele/Oser* DB 2019, 1517 (1520 f.).
50   *Vetter* AG 2019, 853 (856).
51   Vertiefend *Eisele/Oser* DB 2019, 1517 (1520 f.); *Vetter* AG 2019, 853 (856 f.).
52   *Vetter* AG 2019, 853 (857).
53   *Vetter* AG 2019, 853 (857); *Eisele/Oser* DB 2019, 1517 (1520 f.).

und den sie in der Bilanz zB mangels bisheriger Veräußerbarkeit abgewertet hat, sich aber zu einem späteren Zeitpunkt ergibt, dass A2 zwar nach wie vor mit G2 selbst nichts anfangen kann, sich aber auf dem Markt günstige Veräußerungsmöglichkeiten ergeben, ist auch aus Sicht von A2 der Gegenstand G2 bei Beurteilung des Geschäfts mit dem Nahestehenden N2 das wert, was A2 dafür auf dem Markt erzielen kann. Wenn die AG A3 von ihrer Muttergesellschaft N3 eine Immobilie für zB 10 Jahre zu einem Zins unter Marktwert pachtet, dann ist nicht der tatsächliche Zins für die Berechnung maßgebend, sondern der Marktwert des Erwerbs des Nutzungsrechts (Pacht); das folgt aus den Risikoerwägungen, die maßgebend für die Einführung der Regelungen für die Geschäfte mit den Nahestehenden in der 2. ARRL und den §§ 111a ff. waren; der AR soll danach auf die Geschäfte einen Blick werfen und diejenigen sollen veröffentlicht werden, die ein erhebliches Volumen haben; dabei kommt es nicht darauf an, dass im Einzelfall das Geschäft mit dem Nahestehenden ein Schnäppchen sein mag.[54] Das kann der Aufsichtsrat bei seiner Entscheidung zur Angemessenheit des Geschäfts (→ Rn. 82 ff.) berücksichtigen.

dd) Verfahrensmäßige Anforderungen. Der Aufsichtsrat braucht sich nach Ansicht des ARUG II RegE für die Beurteilung des wirtschaftlichen Werts keine Gutachten einzuholen und kann sich auf eine realistische Schätzung verlassen (→ Rn. 27). Angesichts der erheblichen Volumina der zu beurteilenden Geschäfte und der ohnehin bestehenden Sorgfaltspflichten der Organe zur Entscheidung aufgrund angemessener Informationsbasis (vgl. §§ 116 S. 2, 93 Abs. 1 S. 2) ist diese Sichtweise nicht nur praxisfern, sondern uE unrichtig.[55] Die Entscheidung des Aufsichtsrats ist nicht geschützt durch die Business Judgment Rule (→ Rn. 30). Konsens besteht darüber, dass bei verschiedenen unsicheren Bewertungsparametern der Aufsichtsrat bei der Wertermittlung nicht die einzelnen Parameter jeweils mit dem gerade noch vertretbaren Wert ansetzen darf; es ist vielmehr eine großzügige Festlegung des Werts geboten, so dass der angenommene Betrag mit großer Wahrscheinlichkeit über demjenigen liegt, der sich bei einer ganz richtigen Bewertung ergeben würde.[56] Im Zweifel ist der Mechanismus des § 111b Abs. 1 einzuhalten (vgl. zum ARUG II RegE → Rn. 27).[57]

ee) Anwendung auf typische Geschäfte. Angewendet auf einzelne Geschäfte bzw. Maßnahmen, bedeuten die vorstehenden Grundsätze Folgendes:

Kaufverträge: Für diese ist unmittelbar der ARUG II RegE (→ Rn. 27) einschlägig, wonach es entscheidend auf den „am Markt zu erzielenden Zeitwert" des zu übertragenden Gegenstands, also dessen Verkehrswert, ankommt.[58] Anderes kann aber gelten, wenn der vor der Veräußerung oder nach dem Erwerb zu bilanzierende Wert des Gegenstands höher liegt (→ Rn. 27) oder mit dem Geschäft Zusatzrisiken verbunden sind, die nicht durch dessen Wert abgebildet werden (→ Rn. 32).

Miete/Pacht: Diese Geschäfte führen nicht zur Übertragung eines Gegenstands. Vielmehr überlässt der eine Vertragspartner dem anderen den Gegenstand zur bloßen Nutzung. Wirtschaftlich erwirbt der Mieter/Pächter ein Nutzungsrecht (vgl. IFRS 16.22). Im Sinne des ARUG II RegE ist der übertragene Gegenstand nicht dieser als solcher, sondern die **Nutzungsmöglichkeit**. Diese ist mit dem Verkehrswert für die Dauer der vereinbarten Nutzung zu ermitteln.[59] Der anzusetzende Mindestwert ist die Summe der Miet-/Pachtzahlungen und sonstigen zu erbringenden Leistungen grund-

38

39

40

41

---

54 So im Erg. auch *Eisele/Oser* DB 2019, 1517 (1520 f.); demgegenüber hält *Vetter* AG 2019, 853 (857) den niedrigeren Wert des tatsächlichen Geschäfts für maßgebend.

55 Vgl. ähnlich wie hier *Grigoleit* ZGR 2019, 412 (423 f.); kritisch auch *Grobecker/Wagner* Der Konzern 2018, 419 (422); *Heldt* AG 2018, 905 (914); *Paschos/Goslar* AG 2018, 857 (867). Vgl. demgegenüber *Vetter* AG 2019, 853 (860) sowie *Lieder/Wernert* ZIP 2019, 989 (991 f.).

56 *Vetter* AG 2019, 853 (860 f.).

57 *Vetter* AG 2019, 853 (861); *Lieder/Wernert* ZIP 2019, 989 (990).

58 *Vetter* AG 2019, 853 (857).

59 *Vetter* AG 2019, 853 (857).

sätzlich für die gesamte vereinbarte Vertragsdauer; das gilt allerdings nicht, wenn eine Vertragsdauer nur rechtlich sozusagen zum Schein begrenzt, aber wirtschaftlich nicht gewollt ist. Dann ist ebenso wie sonst, wenn die Vertragsdauer nicht bestimmt ist, maßgeblich die nach dem Zweck des Vertrages realistischerweise zu erwartende Mietdauer.[60] Diese stimmt typischerweise weder mit dem nächstmöglichen Kündigungszeitpunkt, noch mit dem marktüblichen überein, da es Geschäfte mit Nahestehenden gerade ausmacht, regelmäßig auch vom marktüblichen Standard abweichende Gestaltungen zu enthalten. Entgegen mitunter vertretener Ansicht[61] ist die betriebsgewöhnliche Nutzungsdauer kein maßgebendes Kriterium für die Dauer; sonst gewöhnliche Abläufe sind nämlich in Beziehungen mit Geschäften mit Nahestehenden typischerweise nicht einschlägig. Daher muss der Aufsichtsrat von Fall zu Fall ermitteln, welche Vertragsdauer realistisch ist. Kann er dazu nichts feststellen, ist nicht etwa nach Regelungsmodellen von §§ 26 Abs. 1, 160 S. 1 HGB oder § 327 Abs. 4 ein Fünf-Jahres-Zeitraum einschlägig.[62] Das gebietet der Grundsatz, bei der Beurteilung der Dauer aus Sicht der Gesellschaft wegen des Gebots, ihre und ihrer (Minderheits-)Aktionäre Vermögensinteressen effektiv zu schützen, auf ein Worst case-Szenario abzustellen und das maximale Risiko der Gesellschaft aus einem Geschäft in den Blick zu nehmen (→ Rn. 31 f.). Das gilt auch bei der Ermittlung der Dauer.

42 Kann der Aufsichtsrat die Dauer trotz aller ernsthaften Bemühungen partout nicht ermitteln, muss er seine Zustimmung auf die ermittelte Dauer beschränken. Nach den Regelungsmotiven des Gesetzgebers in der Regierungsbegründung soll bei Dauerschuldverhältnissen (wie Miete/Pacht) eine einmalige Zustimmung (und Bekanntgabe nach § 111 c) bei Abschluss des Geschäfts genügen; **unwesentliche Änderungen** von Geschäften seien kein eigenes neues Geschäft.[63] Jedenfalls bei wesentlichen Änderungen und bei einer erneuten Zustimmung nach der ursprünglich ermittelten Dauer muss das gesamte Geschäft als neues, schwellenrelevantes Geschäft berücksichtigt werden. Da es für die Anwendbarkeit des § 111 b auf den Zeitpunkt des Abschlusses des Geschäfts ankommt und der Aufsichtsrat uE das Maximalrisiko bei seiner Entscheidung zu berücksichtigen hat, sind Dauerschuldverhältnisse im Übrigen nur im Jahr ihres Abschlusses im Rahmen der Aggregation zu berücksichtigen.

43 Vgl. zur **Abzinsung** → Rn. 49.

44 **Lizenzen.** Für deren Überlassung gelten die Grundsätze von Miete und Pacht (→ Rn. 41 ff.). Der Wert einer zur Nutzung überlassenen Lizenz kann je nach den Umständen an den gesamten Verkehrswert der Lizenz heranreichen[64] und diesen sogar überschreiten, wenn realistisch unter den Umständen eines Geschäfts mit Nahestehenden zu erwarten ist, dass die Lizenz noch länger genutzt wird als ihr Wert pro rata temporis der Lizenzdauer umgerechnet wird.

45 **Darlehen/Kredite.** Die Behandlung von Darlehen/Krediten ist **streitig.** Die eine Sichtweise argumentiert folgendermaßen:[65] Für Darlehen würden die Grundsätze der Miete gelten (→ Rn. 41 ff.). Im Ausgangspunkt maßgeblich sei der **Barwert der künftigen Zinszahlungen**, nicht der Nominalbetrag des Darlehensbetrages. Zwar übertrage der Darlehensgeber beim Darlehen wie bei einer Veräußerung (→ Rn. 40) das Eigentum am Darlehensgegenstand seinem Vertragspartner. Das ändere aber nichts daran, dass er wirtschaftlich die Darlehensvaluta zur Nutzung lediglich auf Zeit übertrage; die endgültige Weggabe eines Gegenstandes bei der Veräußerung habe für Veräußerer und Erwerber einen anderen Wert als die nur zeitweise Überlassung der Nutzungsmöglich-

---

60 So auch *Vetter* AG 2019, 853 (858), vgl. diesen auch zur abweichenden Sicht, es wäre auf den nächstmöglichen Kündigungstermin abzustellen, und allg. zum Folgenden.
61 *Vetter* AG 2019, 853 (858).
62 So die Erwägung von *Vetter* AG 2019, 853 (858) (der aber einräumt, es könne keine generelle Begrenzung auf fünf Jahre angenommen werden).
63 ARUG II RegE, S. 79.
64 *Vetter* AG 2019, 853 (860).
65 Exemplarisch *Vetter* AG 2019, 853 (858 f.).

keit des Eigentums beim Darlehen. Der Berücksichtigung der Rückzahlungspflicht lasse sich nicht entgegenhalten, dass bei Veräußerung eines Gegenstands der Kaufpreis nicht im Wege der Saldierung wertmindernd berücksichtigt werde (→ Rn. 35). Beim Darlehen stünden nämlich Überlassung der Darlehensvaluta und Verpflichtung zur Zahlung des Zinses (oder sonstigen Darlehensentgelts) im Gegenseitigkeitsverhältnis; demgegenüber sei die Rückerstattungspflicht des Darlehensnehmers zwar Hauptpflicht, stehe aber nicht im Gegenseitigkeitsverhältnis. Für den Ansatz des Nominalbetrags spreche auch nicht die wirtschaftliche Bedeutung einer Darlehensgewährung, die sich nicht in der entgangenen eigenen Nutzungsmöglichkeit der Valuta erschöpfe, sondern dem praktisch mit jeder Darlehensgewährung verbundenen (ggf. vollständigen) Ausfallrisiko; dieses sei nicht mit dem Wert des Geschäfts gleichzusetzen, sondern sei nur bei der Beurteilung seiner Angemessenheit zu berücksichtigen.

Die andere – uE überzeugende – Sicht argumentiert so:[66] Der Wert des Geschäfts ist **der durch die Kreditgewährung hingegebene Nominalbetrag**, der zur Rückzahlungspflicht führt. Entscheidend ist die potenzielle maximale Forderung bzw. **Maximalbelastung inklusive der Zinsen**. Hierfür sprechen auch die an anderer Stelle dargestellten Erwägungen (→ Rn. 36), dass im Zähler und Nenner bei der Ermittlung des Schwellenwerts grundsätzlich gleiche bilanzielle Größen anzusetzen sind. Beim Kredit ist das augenfällig. Er fließt auf Seiten der Gesellschaft, die einen Kredit gewährt, ohne Abzinsung eins zu eins in den Betrag des Anlage- bzw. Umlaufvermögens ein; die Kreditgewährung erhöht im Umfang des Kreditbetrages die Forderungen der Gesellschaft. Dann muss auch die volle Valuta maßgebender Wert des Geschäfts sein. Da zur Pflicht zur Rückzahlung des Kredits die zur Zahlung des Zinses hinzukommt, erhöhen diese Pflichten entsprechend der Grundsätze von Miete und Pacht (→ Rn. 41 ff.) den Wert des Geschäfts. Verpflichtungen des Darlehensnehmers zur Besicherung führen uE zu einer Erhöhung des Werts des Geschäfts, da diese Sicherungen potenziell das Risiko erhöhen (→ Rn. 50).

Cash Pooling. Cash Pooling mit Nahestehenden ist grundsätzlich kein marktübliches Geschäft iSd § 111 a Abs. 2 (→ § 111 a Rn. 31), so dass dessen Wert nach § 111 b Abs. 1 zu ermitteln ist. Dafür gelten die Prinzipien des Kredits (→ Rn. 45 f.), da das Cash Pooling zu einer fortlaufenden wechselseitigen Gewährung von Krediten führt. Vertreten wird, dass es hierbei nicht auf eine Addition der einzelnen Geschäfte der Darlehensausreichung innerhalb des Pooling ankomme, sondern auf den **durch den Poolvertrag gesetzten Rahmen**; enthalte der Poolvertrag keinen Rahmen, sei der Schwellenwert überschritten.[67] Dem wird entgegengehalten, der Wert eines Geschäfts könne nicht „pauschal" mit dem damit verbundenen wirtschaftlichen Risiko gleichgesetzt werden.[68] Das verkennt aber, dass es den Regelungen der Geschäfte mit den Nahestehenden um den Schutz der Gesellschaft und ihrer (Minderheits-)Aktionäre vor Geschäften mit Nahestehenden und deren Risiken geht; Risiko ist nicht bloß die Summe von Zinsaufwendungen und Erträgen (ggf. sogar deren Saldo), sondern das mit dem Geschäft verbundene Risiko für den Erhalt des Vermögens der Gesellschaft. Dabei darf man nicht aus dem Blick verlieren, dass im vorliegenden Zusammenhang nur zu entscheiden ist, was der Wert von solchen Geschäften mit Nahestehenden ist, als Vorfrage für die Bestimmung desjenigen Organs, das unternehmensintern für solche Geschäfte entscheidungsbefugt ist.

Unserer Meinung nach bestimmt nicht der Kreditrahmen die maßgebende Höhe der Geschäfte, vielmehr ist darüber hinausgehend auf eine **Addition des Werts der einzelnen Geschäfte** abzustellen, die die Beteiligten innerhalb des Pools abwickeln. Das folgt

46

47

48

---

66 *Eisele/Oser* DB 2019, 1517 (1521); *Florstedt* ZHR 184 (2020), 10 (29); vgl. auch ähnlich *Grigoleit* ZGR 2019, 412 (424).
67 *Grigoleit* ZGR 2019, 412 (424).
68 So aber zB *Vetter* AG 2019, 853 (858), und *Eisele/Oser* DB 2019, 1517 (1520 f.) (maßgebend sei ein risiko- und fristenadäquater Zinssatz).

aus dem Grundsatz der Aggregation (→ Rn. 12). Das Risiko der Geschäfte mit Nahestehenden kann sich mit jedem einzelnen Geschäft innerhalb des Rahmens des Cash Pools realisieren; es wird nicht etwa dadurch minimiert, dass zuvor Geschäfte problemlos gelaufen sind. Das Abstellen auf die Addition der einzelnen Geschäfte bedeutet für die Gesellschaften keine besondere Belastung, da sie ohnehin das Volumen der wechselseitigen Kreditgewährung im Rahmen des Cash Pools ermitteln müssen. Dem Aufsichtsrat ist es auch unbenommen, im Rahmen seiner Zustimmung zum Cash Poolen einen bestimmten Rahmen für die Summe der Geschäfte festzulegen, die die Gesellschaft innerhalb des Cash Pools vornehmen darf, ohne erneut seine Zustimmung einholen zu müssen.

49 **Andere Dauerschuldverhältnisse – Die Frage von Abzinsungen.** Für andere Dauerschuldverhältnisse gelten im Grundsatz die Prinzipien für Miete und Pacht (→ Rn. 41 f.). Unserer Meinung nach kommt auch bei längerfristigen Dauerschuldverhältnissen eine Abzinsung des Barwerts für zukünftige Verpflichtungen nicht in Betracht.[69] Denn maßgebend ist die Risikobetrachtung aus Sicht der Gesellschaft und ihrer (Minderheits-)Aktionäre.

50 **Sicherheiten** (Bürgschaften, Garantien, Sicherungsübereignungen, Verpfändungen etc). Für diese gelten im Ansatz die gleichen Grundsätze wie für Darlehen/Kredite (→ Rn. 45 f.). Demgegenüber wird vertreten, der Wert von Sicherheiten entspreche dem Zeitwert der Besicherung bzw. der das Ausfallrisiko angemessen berücksichtigenden Avalprovision, die für eine solche Sicherheit am Markt zu zahlen wäre; es dürfe nicht grundsätzlich pauschal ein vollständiges Ausfallrisiko zB in Höhe von 100 % des Nominalbetrags eines gesicherten Darlehens angesetzt werden.[70] Anderes gilt nach dieser Sichtweise nur im Sonderfall, dass zB eine Tochtergesellschaft ihrer Konzernmutter Sicherheiten gewähre, die ein Dritter unabhängig von der Höhe der Provision so nicht gewähren und das Risiko nicht ohne Weiteres übernehmen würde; dann könne der Nominalbetrag der Sicherheit anzusetzen sein.[71] Unserer Meinung nach gilt das, was vorstehend als Sonderfall in besonderen Konstellationen apostrophiert wird, nicht nur in der Konstellation eines Sonderfalls, sondern generell: Typischerweise kennzeichnen nämlich Geschäfte mit Nahestehenden die Gefahr, dass ein Dritter diese nicht eingehen würde; daher ist generell davon auszugehen, dass es zu der Gewährung der Sicherheit nur aufgrund des Verhältnisses zu dem Nahestehenden kommt. Damit ist der **gesamte Betrag des Ausfallrisikos** einschlägige Bemessungsgrundlage für den Wert des Geschäfts. Entgegen mitunter vertretener Sicht[72] kommt es nicht entscheidend darauf an, ob die Gesellschaft zugunsten des Nahestehenden Vermögenswerte bereits übertragen hat, die der Besicherung des Geschäfts mit dem Nahestehenden dienen; denn dazu kommt es jedenfalls dann, wenn der Sicherungsfall eintritt. Bei der Bewertung unter Risikogesichtspunkten für die Gesellschaft und ihre (Minderheits-)Aktionäre macht es keinen Unterschied, ob die Gesellschaft die der Besicherung dienenden Vermögensgegenstände bereits aus der Hand gegeben hat oder ob es dazu erst vereinbarungsgemäß kommt, wenn der Sicherungsfall eingetreten ist.

51 **Hedge-Geschäfte.** Solche Sicherungsgeschäfte dienen der Absicherung gegen Risiken aus Preis- oder Wechselkursschwankungen. *Vetter* nennt als Beispiel die Vereinbarung, ein in sechs Monaten in US$ zu zahlenden Betrag mit einem heutigen Gegenwert von 1 Mio. EUR zum heutigen Kurs abzusichern.[73] Die Frage ist, welchen Wert ein solches Geschäft hat. *Vetter* meint, dies sei nicht 1 Mio. EUR, vielmehr sei finanzmathematisch zu bewerten, welchen Wert das Geschäft für Zwecke des § 111 b habe.

---

69 So aber *Vetter* AG 2019, 853 (859).
70 *Vetter* AG 2019, 853 (859); *Eisele/Oser* DB 2019, 1517 (1521).
71 *Vetter* AG 2019, 853 (859).
72 *Eisele/Oser* DB 2019, 1517 (1521).
73 *Vetter* AG 2019, 853 (860).

UE gelten demgegenüber die für Darlehen/Kredite entwickelten Grundsätze entsprechend (→ Rn. 45 ff., vgl. zu Sicherheiten → Rn. 50).[74]

Rahmenvereinbarungen. Bestimmen Rahmenvereinbarungen mit Nahestehenden zB   52
nur Fragen von Gewährleistung und Vertragsmanagement, ohne Pflichten zur Eingehung einzelner Geschäfte vorzusehen, fallen sie typischerweise nicht unter § 111 b Abs. 1. Vielmehr müssen die einzelnen, auf der Grundlage der Rahmenvereinbarung vorgenommenen Geschäfte den Anforderungen nach §§ 111 a ff. standhalten.[75] Anders ist es, wenn die Rahmenvereinbarung Pflichten zur Eingehung einzelner Geschäfte vorsieht oder ggf. auch nur wirtschaftlich in Aussicht nimmt. Dann kann bereits die Rahmenvereinbarung an §§ 111 a ff. zu messen sein, wofür typischerweise eine Kombination der Grundsätze für Kaufverträge und Dauerschuldverhältnisse einschlägig sein wird.[76]

Joint Ventures, Business Combination Agreements. Typischerweise werden alle Leis-   53
tungen zu ermitteln und zu bewerten sein, die auf Basis eines solchen Vertrages nach seinem wahrscheinlichen Ablauf unter dem Gesichtspunkt des maximalen Risikos für die Gesellschaft und ihre (Minderheits-)Aktionäre zu erbringen sind.[77]

Vertragsbeendigung. Im Grundsatz sind bei der Vertragsbeendigung durch Aufhe-   54
bungsvereinbarung oder einseitige Gestaltungserklärungen zur Beendigung eines Vertragsverhältnisses die durch die Beendigung des Vertragsverhältnisses wegfallenden Vorteile für die Gesellschaft und eventuelle Rückgewährpflichten maßgebend.[78]

5. Die Bezugsgröße des Werts des Geschäfts, die Summe von Anlage- und Umlaufvermögen

a) Inhalt und Begründung der Regelung. Der Zustimmungsvorbehalt greift nach   55
Abs. 1 ein, wenn der Wert des Geschäfts (→ Rn. 40 ff.) den Schwellenwert von **1,5 %** der Summe aus Anlage- und Umlaufvermögen iSv § 266 Abs. 2 Buchstabe A und B HGB[79] übersteigt; maßgeblich für die Summe ist nach der Norm der zuletzt festgestellte Jahresabschluss.

Der ARUG II RegE erläutert sein Regelungskonzept so: Die grundsätzliche Struktur   56
der Regelungen, insbes. die Anknüpfung an bilanzielle Kennzahlen für den Schwellenwert, entspreche „soweit ersichtlich" im Wesentlichen dem Regelungskonzept einer Mehrheit anderer Mitgliedstaaten.[80] Der Entwurf ergänze die bilanziellen Kennzahlen bewusst nicht um weitere Bezugsgrößen, wie dies ausländische Regelungen zT vorsehen; insbes. stelle er nicht auf das Vermögen der Gesellschaft ab. Eine Anbindung auch an Eigenkapital oder Marktkapitalisierung stellten zwar eine „gewisse Gleichbehandlung zwischen verschiedenen Unternehmenstypen her", erhöhten aber die Komplexität der Regelung zulasten der Unternehmen, was vermieden werden solle; demgegenüber strebe das Gesetz eine „**möglichst einfach verständliche und handhabbare Regelung**" an; die neuen auf der 2. ARRL beruhenden Regelungen seien in ein „dichtes

---

74 *Eisele/Oser* DB 2019, 1517 (1520) vertreten, dass derartige Geschäfte typischerweise keine Geschäfte mit Nahestehenden sind, sondern unter die Ausnahme des § 111 a Abs. 2 fallen.
75 *Vetter* AG 2019, 853 (860).
76 *Vetter* AG 2019, 853 (860).
77 *Vetter* AG 2019, 853 (860).
78 Vgl. *Vetter* AG 2019, 853 (860).
79 Demgegenüber stellt § 95 a des österreichischen AktG auf fünf Prozent der Bilanzsumme der Gesellschaft ab; demgegenüber auf die Summe von Anlage- und Umlaufvermögen abzustellen, ist plausibel; wenn man auf die Bilanzsumme abgestellt hätte, wären darin zB auch die aktive Rechnungsabgrenzungsposten (der kein Vermögensgegenstand ist) oder der nicht durch Eigenkapital gedeckte Fehlbetrag (der offensichtlich kein Vermögensgegenstand ist) enthalten; dies wollte der deutsche Gesetzgeber offensichtlich nicht, sondern Bemessungsgrundlage sollte die Summe des „echten" Aktivvermögens sein.
80 ARUG II RegE, S. 79.

Feld bereits bestehender Regelungen" zu Geschäften mit Nahestehenden eingebettet.[81] Deren Gesamtgefüge errichte einen „sehr hohen Schutzstandard zugunsten der Gesellschaft und der Minderheitsaktionäre".[82] Der ARUG II-Berichterstatter der SPD-Fraktion im Bundestag, *Fechner*, erläuterte bei der 1. Beratung des Gesetzentwurfs im Bundestag dessen Regelungskonzept so: Minderheitsaktionäre würden stärker geschützt; zukünftig müsse der Aufsichtsrat zustimmen, wenn „Gegenstände des Unternehmens im Wert von mehr als **2,5 Prozent des Unternehmenswertes** veräußert werden. Das schütze Minderheitsaktionäre davor, dass „etwa Tochterunternehmen ausgeplündert werden, also Unternehmenswerte auf andere Gesellschaften in einem Konzern übertragen werden und damit der Wert des ausgeplünderten Unternehmens deutlich sinkt".[83]

57 Die Schwelle von **1,5 %** der Summe beruht auf einer Initiative des BT-Ausschusses für Recht und Verbraucherschutz im Gesetzgebungsverfahren. Der ARUG II RegE hatte noch einen Anteil entsprechend 2,5 % der Summe vorgesehen.[84] Der BT-Ausschuss begründet die Absenkung des Prozentsatzes damit, die Regelung werde „dadurch wirkungsvoller, ohne die Unternehmen mit zu hohen zusätzlichen Bürokratielasten zu beschweren".[85]

---

81 ARUG II RegE, S. 83, wo verwiesen wird auf den allgemeinen Teil der Begründung, S. 35; dort heißt es, besondere Zustimmungserfordernisse zu solchen Geschäften bestünden bislang nur in Ausnahmesituationen, wie etwa bei Verträgen der Gesellschaft mit Gründern (§ 52 AktG); funktionsähnliche Schutzmechanismen seien die Verlagerung der Vertretungszuständigkeit bei Geschäften mit Vorstandsmitgliedern (§ 112 AktG), im Recht der Kapitalerhaltung (§§ 57 ff.) sowie dem Konzernrecht (§§ 291 ff., 311 ff. AktG) vorgesehen; die Veröffentlichung der Geschäfte mit Nahestehenden sei in den Jahresabschlussunterlagen vorgesehen (§ 285 Nr. 21 und § 314 Abs. 1 Nr. 13 HGB – wobei der Gesetzgeber offensichtlich „übersieht", dass dort nicht die Geschäfte mit Nahestehenden offenzulegen sind, sondern nur „zumindest" die nicht zu marktüblichen Bedingungen zustande gekommenen wesentlichen Geschäfte mit Nahestehenden; zudem können Angaben über Geschäfte nach Geschäftsarten zusammengefasst werden, sofern die getrennte Angabe für die Beurteilung der Auswirkungen auf die Finanzlage nicht notwendig ist; der ARUG II RegE nennt als Vorkehrungen außerdem das Verbot verdeckter Gewinnausschüttung, den Gleichbehandlungsgrundsatz, Treuepflicht, Verbot schädigender Einflussnahmen, Haftung der Organe mit Beweislastumkehr sowie Untreuestrafbarkeit; der ARUG II RegE meint, würde man die Einzelregelungen nicht aufgeben wollen (zB das deutsche Konzernrecht), sei „umgekehrt einsichtig", dass die Vorgaben der 2. ARRL „nur behutsam und möglichst unbürokratisch umzusetzen sind, da eine Überregulierung und Doppelregulierung derselben Sachverhalte zu vermeiden ist und gesamtwirtschaftlich schädlich wäre".

82 ARUG II RegE, S. 83; vgl. zum insoweit dem Regierungsentwurf entsprechenden ARUG II RefE (der zuständige Referatsleiter im BMJV) *Seibert* FS Vetter, 2019, S. 749, 760, wonach die „recht hohe Schwelle ... mit nichts begründbar ist, es ist eine rein gegriffene Größe. Man hätte auch 2 Prozent oder 3 Prozent sagen können. Aber wir müssen hier dezisionistisch einen Wert angegeben und dieser sollte hoch sein. ... Man hätte die Schwelle natürlich ausdifferenzieren können ... Das hätte uns aber nicht pünktlicher gemacht. Gerechtigkeit besteht nicht nur aus Einzelfallgerechtigkeit, sondern auch aus Rechtsklarheit und Rechtshandhabbarkeit. Die jetzt vorgeschlagene Regelung ist simpel. In einigen wenigen Fällen führt sie möglicherweise zu wenig überzeugenden Ergebnissen, dies ist hinzunehmen."

83 *Fechner* Deutscher Bundestag 98. Sitzung 9. Mai 2019 Plenarprotokoll Nr. 19/98 S. 11.946.

84 ARUG II RegE, S. 13.

85 ARUG II BeschlussE, S. 64. Der Berichterstatter der CDU/CSU *Hirte* erklärte, die Unionsfraktion hätte sich „auch eine weitere Absenkung vorstellen können. Wir hätten uns außerdem vorstellen können, Geschäfte mit einzelnen Personen noch einmal einer individuellen Kontrolle zu unterwerfen. Aber trotz allem: Das ist ein guter Schritt in eine richtige Richtung.", Deutscher Bundestag, 127. Sitzung am 14. November 2019, Plenarprotokoll Nr. 19/127, S. 15899.

Obgleich es dem Gesetzgeber um eine möglichst unbürokratische Umsetzung der 58 2. ARRL geht (→ Rn. 56), wird der **Referenzwert des „zuletzt festgestellten" Jahres-abschlusses** (§ 172 f.) in der Praxis schwierig zu handhaben sein: Innerhalb eines Geschäftsjahres gelten nämlich idR mindestens zwei unterschiedliche Referenzwerte. Daher kann ein und dasselbe Geschäft je nachdem, ob es im Laufe des Geschäftsjahrs vor oder nach der letzten Feststellung des Jahresabschlusses (idR für das vorige Geschäftsjahr – nicht nur theoretisch denkbar ist auch, dass die letzte Feststellung noch ältere Geschäftsjahre betrifft) abgeschlossen ist, (ggf. zusammen mit vorher abgeschlossenen und zu aggregierenden Geschäften (→ Rn. 12) dazu führen, dass die Schwelle der Zustimmungspflicht über- oder unterschritten wird. Angesichts der konzernweiten Bedeutung der Zustimmungsvorbehalte (→ § 111 a Rn. 40) ist also peinlich darauf zu achten, wie hoch die Summe von Umlauf- und Anlagevermögen bei Abschluss eines Geschäfts jeweils ist. Da das Gesetz auf den Zeitpunkt des Abschlusses des Geschäfts abstellt, ist ausgeschlossen, dass in der Vergangenheit liegende und zu aggregierende Geschäfte nachträglich der Zustimmungspflicht unterfallen (vgl. dazu allg. → Rn. 13).

Der Gesetzgeber hat Manipulationsmöglichkeiten ermöglicht, da alleine der zufällige 59 und jedenfalls **leicht steuerbare Zeitpunkt der Feststellung des Jahresabschlusses** (bei Abs. 3 der Billigung des Konzernabschlusses) im Laufe des Geschäftsjahrs über die Frage des Erfordernisses der Zustimmung des Aufsichtsrats entscheidet.

Beispiel: Die Gesellschaft schließt im März 2020 das in Rede stehende Geschäft mit 60 dem Nahestehenden im Wert von 2 Mio. EUR ab. Der zuletzt festgestellte Jahresabschluss ist der des Geschäftsjahres 2018. Bei dem betrug die Summe von Anlage- und Umlaufvermögen 100 Mio EUR. Das Geschäft macht also 2 % der Summe aus. Es liegt damit klar oberhalb der Schwelle der AR-Zustimmung. Das Geschäft mit dem Nahestehenden erfordert also die Zustimmung des Aufsichtsrats.

Abwandlung: Die Gesellschaft geht dasselbe Geschäft mit demselben Nahestehenden erst zwei Monate später ein, im *Mai 2020*. Im April 2020 hat der Aufsichtsrat den Jahresabschluss für 2019 festgestellt, der einen vollständig kreditfinanzierten Erwerb eines Vermögensgegenstands (ohne jegliche stille Reserven) im Jahr 2019 für 50 Mio. EUR reflektiert. Daher beträgt im Mai 2020 nach dem zu dem Zeitpunkt maßgebenden Jahresabschluss 2019 die Summe von Anlage- und Umlaufvermögen 150 Mio. EUR. Dasselbe Geschäft mit dem Nahestehenden über 2 Mio. EUR macht davon nur 1,333 % aus. Es erfordert zu dem Zeitpunkt also keine AR-Zustimmung – und zwar ohne dass sich an der Frage der Nachteiligkeit des Geschäfts, seinem Volumen etc irgendetwas geändert hätte und ohne dass sich zB am Marktwert der Gesellschaft, ihrem Vermögen oder ihren Gewinnaussichten etc irgendetwas im Verhältnis zum März 2020 geändert hätte, sondern nur, weil der Vorstand das Geschäft mit dem Nahestehenden so gesteuert hat, dass es nicht schon im März, sondern erst im Mai geschlossen und mittlerweile der Jahresabschluss festgestellt wurde.

b) Kritik der Regelung. Der nach dem ARUG II RegE anzustrebende „**hohe Schutz-** 61 **standard" ist geboten,** da (formuliert in den Worten der 2. ARRL im Erwägungsgrund 42) Geschäfte mit Nahestehenden „den Gesellschaften und ihren Aktionären abträglich sein (können), da sie dem (Nahestehenden) die Möglichkeit geben können, sich Werte der Gesellschaft anzueignen" (→ Rn. 1, 22). Davor sollen die Regelungen von §§ 111 a ff. durch Transparenz wesentlicher Geschäfte und Zustimmung des Aufsichtsorgans zu diesen schützen. Ausländische Rechtsordnung enthalten daher zT schon seit langem und zT sehr engmaschige Beschränkungen zu Geschäften mit Nahestehenden inkl. einer entsprechenden Beschränkung der Geschäftsführungs- und zT Vertretungsbefugnis der Geschäftsleitung (vgl. zu Transparenzpflichten → § 111 c Rn. 12, 15).[86]

---

86 Vgl. die Überblicke bei *Fleischer* BB 2014, 2691 (2692); *Veil* NZG 2017, 521 (524 ff.).

62   Die gesetzliche Schwelle des Werts des Geschäfts mit dem Nahestehenden in Relation zur Summe von Anlage- und Umlaufvermögen ist (auch nach der Reduktion auf 1,5 %) ungenügend zur Erreichung des Zwecks der 2. ARRL, den gebotenen hohen Schutzstandard zugunsten der Gesellschaft und der Minderheit bei wesentlichen Geschäften mit Nahestehenden zu erreichen: Diese **Relation ist nämlich keine geeignete Referenz** für die wirtschaftliche Bedeutung eines Geschäfts (ihre Wesentlichkeit), ab der die präventive AR-Kontrolle einsetzen muss.[87] Die Beziehung des Werts des Geschäfts mit dem Nahestehenden zur Summe von Anlage- und Umlaufvermögen sagt nämlich nichts aus für die Bedeutung eines Geschäfts. Es gibt deutliche Anzeichen dafür, dass der parlamentarische Gesetzgeber mehrheitlich überhaupt nicht wusste (und vielleicht auch nicht wollte), was er tat (vgl. die Aussage des Berichterstatters der SPD-Fraktion, Bezugsgröße sei der Anteil am Unternehmenswert, → Rn. 56).[88]

63   **aa) Summe von Anlage- und Umlaufvermögen aus bilanztechnischen Gründen kein geeigneter Referenzwert.** Dass die Summe von Anlage- und Umlaufvermögen bereits aus bilanztechnischen Gründen kein geeigneter Referenzwert ist, zeigt schon das Beispiel bei → Rn. 60. Vom **geringfügig verschobenen (manipulierbaren) Zeitpunkt des Geschäfts** (bzw. der Feststellung des Jahresabschlusses) hängt ab, ob dieses im Sinne der §§ 111 a ff. und Art. 9 c Abs. 1 2. ARRL so wesentlich ist, dass sich mit ihm der Aufsichtsrat befassen muss. Das folgende **Beispiel** verdeutlicht die mangelnde Eignung des Referenzwerts noch weiter:

- Das in Rede stehende Geschäft mit dem Nahestehenden hat einen Wert von 2 Mio. EUR bei einer Summe von Anlage- und Umlaufvermögen im (zuletzt festgestellten) Jahresabschluss der Gesellschaft von 100 Mio EUR. Es macht also 2 % der Summe aus. Es liegt damit klar oberhalb der Schwelle von 1,5 % der Summe von Anlage- und Umlaufvermögen. Das Geschäft mit dem Nahestehenden erforderte also die Zustimmung des Aufsichtsrats.
- Wenn die Gesellschaft im Geschäftsjahr des maßgebenden Jahresabschlusses zB einen Vermögensgegenstand (ohne stille Reserven) für 50 Mio. EUR vollständig auf Kreditbasis erworben hätte, dann betrüge die Summe von Anlage- und Umlaufvermögen 150 Mio EUR. Dasselbe Geschäft mit dem Nahestehenden über 2 Mio. EUR machte davon nur 1,333 % aus. Es erforderte dann also nicht die Zustimmung des Aufsichtsrats – und zwar ohne dass sich an der Nachteiligkeit des Geschäfts, seinem Volumen etc irgendetwas geändert hätte und ohne dass sich zB am Wert der Gesellschaft, ihrem Vermögen oder ihren Gewinnaussichten etc irgendetwas geändert hätte.

64   Der Grund für die mangelnde Aussagekraft der Summe von Anlage- und Umlaufvermögen ist leicht ausgemacht: **Man darf nicht nur auf die linke Seite der Bilanz schauen**, will man die Bedeutung von deren Werten einordnen. Oder, anders formuliert: Der Blick auf ein einzelnes Bankkonto sagt nichts darüber aus, wie vermögend sein Inhaber tatsächlich ist.

65   **bb) Massiv unterschiedliche und häufig geradezu absurd hohe Eingriffsschwelle illustriert Ungeeignetheit.** Die Grenze von 1,5 % der Summe von Anlage- und Umlaufvermögen bedeutet bei den deutschen börsennotierten Gesellschaften ganz unterschiedli-

---

87   Vgl. *Grigoleit* ZGR 2019, 412 (422) stellt fest, der Maßstab des bilanziellen Aktivvermögens sei „nur eingeschränkt aussagekräftig für die unternehmensspezifische Relevanz des Geschäfts".

88   Augenscheinlich haben auch tendenziöse Darstellungen zB bei der Bundestagsanhörung eine Rolle gespielt, wo behauptet wurde, der Schwellenwert von 2,5 % sei ein Kompromiss zwischen den ursprünglich diskutierten Schwellenwerten zwischen 1 % und mehr als 5 %, vgl. die Sprecherin des Deutschen Anwaltvereins *Herchen* Wortprotokoll der 54. Sitzung des Ausschusses für Recht und Verbraucherschutz am 5. Juni 2019, Protokoll Nr. 19/54, S. 10, sowie ihre dort in Bezug genommene schriftliche Stellungnahme S. 9 Rn. 30; die Schwellenwerte von 1 bzw. 5 % bezogen sich indessen nicht auf die Summe von Anlage- und Umlaufvermögen, vgl. auch → Rn. 78.

che Eingriffsschwellen für die erforderliche AR-Zustimmung, und zwar sowohl in absoluten Zahlen (von einigen zehntausend Euro bis zu mehreren Milliarden Euro) als auch relativ, zB im Verhältnis zum durchschnittlichen (ggf. mehrjährigen) Jahresüberschuss/-fehlbetrag/Gewinn, der Marktkapitalisierung, den Aufwendungen, mit deutlichen Schwankungen zwischen einzelnen Jahren.

Zu welch **willkürlichen Ergebnissen** die Bezugsgröße Summe von Anlage- und Umlaufvermögen führt, zeigt der folgende exemplarische Überblick dazu, was der Betrag entsprechend 1,5 Prozent der Summe in absoluten Euro-Beträgen bedeutet und in welchem Verhältnis dieser Betrag jeweils zur Marktkapitalisierung einer Gesellschaft und ihrem letzten ausgewiesenen Jahresüberschuss steht – und zwar für die nach dem ABC ersten und letzten in den vier deutschen Börsen-Indexen gelisteten Gesellschaften (jeweils Ca.-Werte aufgrund der zuletzt veröffentlichten Zahlen); bei den (börsennotierten) Gesellschaften schwankt das Verhältnis von Aktivvermögen und Unternehmenswert bzw. Marktkapitalisierung massiv:[89]

66

Name der AG / SE	1,5 % der Summe entspricht EUR Mio.	das entspricht Anteil am Jahresüberschuss von ... %	das entspricht ... % der Marktkapitalisierung
Dax: Adidas	141,0	10	0,3
Dax: Wirecard	87,0	185	0,6
MDax: 1&1 Drillisch	75,0	21	1,7
MDax: Zalando	50,0	152	0,5
SDax: Adler Real Estate	89,0	mehr als doppelter Jahresfehlbetrag	11,0
SDax: Zooplus	4,5	1,3-facher Jahresfehlbetrag	0,6

---

89 Vgl. *Grigoleit* ZGR 2019, 412 (422), der ähnliche Daten zum Beleg dafür nennt, dass die Summe nach § 111 b Abs. 1 wenig aussagekräftig für die unternehmensspezifische Relevanz des Geschäfts sei; das relative Gewicht und damit die Wahrscheinlichkeit der Überschreitung des Schwellenwerts seien bei den Gesellschaften unterschiedlich ausgeprägt, was ein Blick auf das Verhältnis des Aktivvermögens zum Unternehmenswert bzw. zur Marktkapitalisierung verdeutliche (auf der Basis der Bilanzen und der Marktkapitalisierung zum 31.12.2018): Bei der Deutschen Bank betrage der Schwellenwert 33,5 Mrd. EUR, die Marktkapitalisierung 14,4 Mrd. EUR, so dass die Schwelle für Geschäfte mit Nahestehenden 233 % der Marktkapitalisierung betrage. Bei WireCard betrage der Schwellenwert 146,4 Mio. EUR (an anderer Stelle nennt er 136,4 Mio. EUR) bei Marktkapitalisierung von 16,4 Mrd. EUR, so dass die Schwelle nur 8,9 % der Marktkapitalisierung betrage. *Grigoleit* nennt weitere Beispiele der Schwellenwerte: Allianz 22,4 Mrd. EUR, BMW 5,2 Mrd. EUR, SAP 1,3 Mrd. EUR, Siemens 3,4 Mrd. EUR, Telekom 3,6 Mrd. EUR. Vgl. auch die Aufbereitung der Daten bei *Engert/Florstedt* ZIP 2019, 493 (495 ff.), 498 ff.

Name der AG / SE	1,5 % der Summe entspricht EUR Mio.	das entspricht Anteil am Jahresüberschuss von ... %	das entspricht ... % der Marktkapitalisierung
TecDax: Aixtron	7,8	22	0,8
Tec Dax: United Internet	121,5	60	2,0

(jeweils eigene überschlägige Berechnungen)

67 Zwei weitere Fakten zur Relation belegen die Unzulänglichkeit der Regeln:

68 Zum Teil sind die 1,5 % der Summe von Anlage- und Umlaufvermögen **derartig absurd hoch,**[90] dass auf den ersten Blick einleuchtet, dass das keine sinnvolle Grenze der Wesentlichkeit der Geschäfte mit Nahestehenden sein kann, ab der die AR-Kontrolle einsetzt. So betragen bei der Deutschen Bank die 1,5 % ca. 20 Mrd. EUR, bei VW und SAP jeweils ca. 750 Mio. EUR.

69 Die **Schwankungen** der Summe von Anlage- und Umlaufvermögen zwischen aufeinanderfolgenden oder nahe beieinander liegenden Geschäftsjahren (→ Rn. 60) können derartig hoch sein, dass geradezu jedermann einleuchten muss, dass das keine sinnvolle gesetzliche Grenze für die AR-Kontrolle sein kann. So betrug bei der SAP im Geschäftsjahr 2017 die Summe ca. 40 Mrd. EUR, 2018 aber ca. 50 Mrd. EUR – dh auf Basis der 2017er Zahlen griffe die Aufgriffspflicht bei Geschäften mit ein und demselben Nahestehenden ab 600 Mio. EUR, auf Basis der 2017er Zahlen aber erst bei 750 Mio. EUR.

70 Das gewählte Kriterium ist daher **willkürlich.** Es entwertet neben der präventiven Kontrollaufgabe des Aufsichtsrats auch die unternehmerische Mitbestimmung im Aufsichtsrat durch Aufgriffsschwellen, die nichts mit der ökonomischen und für die Unternehmen potenziell nachteiligen Bedeutung des Geschäfts mit dem Nahestehenden zu tun haben.

71 Nicht zu folgen ist Erwägungen, die Definition der Wesentlichkeit in Bezugnahme zum bilanziellen Aktivvermögen zwar nachhaltig zu kritisieren, doch die **Unzulänglichkeit geradezu achselzuckend hinzunehmen,** da auch andere Maßstäbe (angeblich) problembehaftet seien.[91] So hätte der Gesetzgeber etwa absolute Werte festlegen[92]

---

90 So auch die Stellungnahme der „Initiative Minderheitsaktionäre" gegenüber dem BMJV vom 26. April 2018, S. 4.

91 So etwa *Grigoleit* ZGR 2019, 413 (422 f.).

92 Im Gesetzgebungsverfahren war es *Strenger,* der mit Recht auch feste Werte forderte, vgl. seine Darstellung als Sachverständiger, Wortprotokoll der 54. Sitzung des Ausschusses für Recht und Verbraucherschutz am 5. Juni 2019, Protokoll Nr. 19/54, S. 14: „Die vorgeschlagene Aufgriffsschwelle von 2,5 Prozent der Bilanzsumme de facto halten wir, ohne einen Höchstbetrag, für deutlich zu hoch. Das würde im Falle von Bayer oder VW Milliardengeschäfte freistellen. Das kann doch hier nicht gewünscht sein. Deswegen hier der Vorschlag, eine Grenze von 50 Millionen einzuziehen. ... Bei den natürlichen Personen, bisher überhaupt nicht erfasst ... Das sind doch die Geschäfte, um die es geht, die auch im Unternehmen Schwierigkeiten machen, wenn die bekannt werden. Bitte eine Grenze einführen und spätestens ab 50.000 Euro. Ich habe in meinem kleinen Exzerpt geschrieben, dass es auch 25.000 Euro sein können, aber ab dann... – wenn der Wagen des Vorstandsvorsitzenden beim Auslaufen des Leasingvertrages günstig an die Familie abgegeben wird – solche Dinge und mehr können wir uns gut vorstellen." *Florstedt* ZHR 184 (2020), 10 (31 f.) schreibt mit seiner intimen Kenntnis der Beweggründe der Verfasser des ARUG II RegE als Mitglied der vom BMJV eingesetzten Expertenkommission, dass das „Ver-

oder sich auf das Angebot der Referenzwerte von Art. 9 c Abs. 1 UAbs. 2 2. ARRL beziehen können (→ Rn. 8).

Der Gesetzgeber hat den **Schwellenwert zudem bewusst derart hoch angesetzt,** dass er den Anwendungsbereich der Regelungen zu Geschäften mit Nahestehenden erheblich begrenzt und er nur sehr selten einschlägig sein wird.[93] Das vom Gesetzgeber aufgestellte Raster ist löchrig. Ein effektiver Schutz gegen die Nachteile von Geschäften mit Nahestehenden ist vom Gesetzgeber also augenscheinlich gar nicht beabsichtigt – trotz der Bekundung maßgebender Vertreter der Regierungskoalition im Parlament, mit dem Gesetz gehe man gegen Ausplünderung der Gesellschaften zulasten der Minderheitsaktionäre vor (→ Rn. 56); wenn man die entsprechenden Aussagen der Regierungsvertreter ernst nehmen will, muss man davon ausgehen, dass sie völlig falsche Vorstellungen hatten, was die von ihnen gezogene Grenze in der Praxis bedeutet. Hinzu kommt noch ein pikanter Befund, den erstmals *Flume* hinsichtlich der Berichterstattung nach § 285 Nr. 21, § 314 Nr. 13 HGB über Geschäfte mit Nahestehenden im (Konzern-) Abschluss herausgearbeitet hat: Bei der Mehrheit der Gesellschaften wird der Anwendungsbereich der neuen Regelungen äußerst gering sein, ja gegen null tendieren, da sie nach ihrem eigenen Bekunden in ihren Abschlüssen mit Nahestehenden nur Geschäfte zu Marktpreisen abschließen, die aber gemäß § 111 a Abs. 2 nicht unter das neue Regelungsregime fallen, wenn die Gesellschaft sie im ordentlichen Geschäftsgang vornimmt.[94]

cc) Europarechtswidrigkeit der Regelung. UE ist die deutsche Umsetzung aus vielerlei Gründen nicht europarechtskonform. Der europäische Gesetzgeber hat den Mitgliedstaaten zwar die **Möglichkeit gegeben, festzulegen, welches die „wesentlichen Geschäfte"** mit Nahestehenden sind, die die Zustimmung (der Hauptversammlung oder) des Aufsichtsorgans der Gesellschaft erfordern. Art. 9 c Abs. 1 2. ARRL lässt den Mitgliedstaaten dabei aber keineswegs freie Hand, sondern gibt zweierlei vor: (1) Zum einen müssen die Mitgliedstaaten gem. Abs. 1 UAbs. 1 berücksichtigen (lit. a) **den Einfluss, den die Informationen über das Geschäft „auf die wirtschaftlichen Entscheidungen der Aktionäre** der Gesellschaft haben können", sowie außerdem (lit. b) das **Risiko des Geschäfts** für die Gesellschaft und ihre Aktionäre, die nicht nahestehen, einschließlich der Minderheitsaktionäre". Aus Lit. a ist zu schließen, dass der Schwellenwert nicht zu hoch sein darf, da Märkte generell sensibel auf Informationen reagie-

72

73

---

einfachungsstreben" Grund der Entscheidung gewesen sei, keine Grenze für Geschäfte von natürlichen Personen (u.a. von Organ- und Familienmitgliedern) zB mit einer Pauschalgröße von € 100.000 vorzunehmen; es sei klar, dass Zahlungen an Einzelpersonen die jetzt verbindliche Wertgrenze kaum je erreichen würden; aber die „wünschenswerte Erschwerung" solcher Geschäfte legitimiere für sich besehen eine „volle Ausdifferenzierung der neuen Schutzart, ohne das Kosten und Belastung einer (konzernweiten) ständigen Überprüfung auch kleinerer Geschäfte mitgedacht werden. Die Durchsicht der Jahresrechnungsunterlagen ließ es jedenfalls nicht erkennen, dass es sich um ein gewichtiges Ordnungsproblem handelt." Damit räumt der nahestehende Interpret des Entwurfsverfassers geradezu ein, dass man um die Löchrigkeit der Regelung wusste und diese aus Vereinfachungsgründen eingeführt hat. Wie sich aus den „Jahresrechnungsunterlagen", die man angeblich durchgesehen haben will, ergeben soll, dass insoweit kein „gewichtiges Ordnungsproblem" vorliege, ist nicht nachvollziehbar.

93 Vgl. *Grigoleit* ZGR 2019, 412 (424); *Tarde* NZG 2019, 488 (489). Vgl. *Engert/Florstedt* ZIP 2019, 493 (495 ff.), 498 ff., die nach ihren Berechnungen davon ausgehen, dass der von der Bundesregierung vorgesehene Schwellenwert von 2,5 % bei nur zwischen 10 und 20 % der deutschen börsennotierten Gesellschaften eine Offenlegungs- und Zustimmungspflicht ausgelöst hätte. Der Gesetzentwurf der Bundesregierung ging (an etwas versteckter Stelle der Berechnung von Bürokratiekosten durch die Neuregelung) davon aus, dass die von ihm als wesentlich angesehenen Geschäfte insg. bei 10 % der börsennotierten Gesellschaften einmal pro Jahr vorkommen, vgl. ARUG II RegE, S. 51.

94 *Flume* Der Gesellschafter 2019, 230 (234); vgl. auch das Zahlenmaterial bei *von Keitz* DB 2013, 185 (190 f.) sowie *Kütting/Seel* KoR 2008, 227 (234).

ren;[95] da die Richtlinie auf den potentiellen Einfluss auf die Entscheidung der Aktionäre abstellt, hilft für die Auslegung des Erfordernisses auch ein Blick auf Art. 7 MAR und das Kursbeeinflussungspotential; das stellt zwar auf die Kursauswirkung einer Tatsache ab, die das potentielle Anlegerverhalten beeinflusst; der Begriff der „wirtschaftlichen Entscheidungen der Aktionäre" ist denkbar weit und umfasst nicht nur HV-Stimmverhalten, sondern zB auch Entscheidungen zu Halten und Veräußern von Aktien.[96] **Lit. b** gebietet, Transaktionen mit erhöhtem Risiko für die (Minderheits-) Aktionäre wegen der Gefahr nicht unerheblicher Vermögensverschiebungen zu Gunsten des Nahestehenden in den Anwendungsbereich von Art. 9c 2. ARRL aufzunehmen. Dabei kommt es nicht auf ein eventuell in Mitgliedstaaten bestehendes sonstiges Schutzsystem an: (→ Rn. 74) Denn Art. 9c 2. ARAR verlangt ein spezifisches Schutzsystem für Geschäfte mit Nahestehenden. Er gewährt den Mitgliedstaaten nicht etwa pauschal die Möglichkeit, andersartige Schutzmechanismen als die nach der 2. ARRL vorgesehenen zu installieren. Eventuell bestehende weitere Schutzmechanismen ändern nichts an der Pflicht zur Umsetzung von Art. 9c 2. ARRL. Dabei ist ein eventuell existierender nationaler Schutzstandard bei der Bewertung des typischen Risikos des Geschäfts mit Nahestehenden auszublenden.[97] (2) Zum anderen müssen die Mitgliedstaaten gem. Abs. 1 UAbs. 2 **die wesentlichen Geschäfte definieren** und dabei „eine oder mehrere quantitative(...) Kennzahlen fest(legen), die auf dem Einfluss des Geschäfts auf finanzielle Lage, Einnahmen, Vermögen, Kapitalisierung, einschließlich Eigenkapital oder Umsatz der Gesellschaft basieren, oder der Art des Geschäfts und der Position des nahestehenden Unternehmens oder der nahestehenden Person Rechnung tragen." (→ Rn. 8)

74 Die deutsche Regelung berücksichtigt überhaupt nicht die **Anforderungen von Art. 9c Abs. 1 UAbs. 1 2. ARRL** (→ Rn. 73). Die Regierungsbegründung gibt nicht einmal vor, dass sie den Maßstab beachtet. Sie erwähnt die Vorgabe mit keinem Wort.[98]

75 Auch dem **abschließenden Maßstab zu Art. 9c Abs. 1 UAbs. 2 2. ARRL** (→ Einf. 2. Aktionärsrechterichtlinie Rn. 117 ff.[99]) hält die deutsche Umsetzung nicht stand. Bei der Beurteilung der Europarechtskonformität ist uE nur auf die durch das ARUG II geschaffenen Regeln zu den Geschäften mit den Nahestehenden abzustellen; auf den in Deutschland denkbaren sonstigen Schutz gegen unangemessene Geschäfte mit Nahestehenden, die andere Regeln bieten mögen und auf die der deutsche Gesetzgeber zur Legitimation seiner zögerlichen Umsetzung der europäischen Regelung hinweist (→ Rn. 56, 73), kommt es nicht an. Der europäische Gesetzgeber will nämlich den **Schutz vor unangemessenen wesentlichen Geschäften mit Nahestehenden auf zweierlei Wegen** erreichen: zum einen mit dem **Zustimmungserfordernis** durch (Aktionäre oder) das Aufsichtsorgan sowie zum anderen mit der **Transparenz** der Geschäfte (→ Rn. 2 ff.; → § 111a Rn. 1 f., → § 111c Rn. 1). Die Umsetzung dieser von der Richtlinie zwingend vorgegebenen Wege muss den von der Richtlinie bezweckten Schutz sicherstellen – unabhängig davon, ob in den Mitgliedstaaten auch sonstige Schutzmechanismen einschlägig sind. Nach Europarecht müssen die nationalen Gesetzgeber die **Vorgaben der Richtlinie effektiv umsetzen**, damit eine Umsetzung euro-

---

95 *Jung/Stiegler* in Jung/Krebs/Stiegler Gesellschaftsrecht in Europa, § 30 Rn. 270.
96 *Jung/Stiegler* in Jung/Krebs/Stiegler Gesellschaftsrecht in Europa, § 30 Rn. 270.
97 Ähnlich wie vorstehend *Jung/Stiegler* in Jung/Krebs/Stiegler Gesellschaftsrecht in Europa, § 30 Rn. 271.
98 Vgl. ARUG II RegE, S. 35, wo nur der vermeintlich große Spielraum der Umsetzung angesprochen und behauptet wird, die Mitgliedstaaten könnten „grundsätzlich" selbst festlegen, welche Geschäfte als wesentlich anzusehen sind – ohne die Vorgaben der Richtlinie zu erwähnen.
99 *Jung* WM 2014, 2351 (2352).

parechtskonform ist.[100] Nach Auffassung des EuGH ist es erforderlich, dass die in der Richtlinie angelegten Pflichten „so bestimmt und klar" gewährleistet werden, „dass die Rechtssicherheit garantiert ist".[101] Demgemäß ist die Umsetzung **nicht europa-rechtskonform.**

Dass sie **keineswegs effektiv** ist, zeigt schon die Zielrichtung des Gesetzgebers, dass seine Regelungen nur bei 10 % der in Betracht kommenden börsennotierten Unternehmen einschlägig sein werden (→ Rn. 72). Das kann keine wirksame Umsetzung sein. Denn Geschäfte mit Nahestehenden können tagtäglich bei allen Unternehmen in Betracht kommen. Der europäische Richtliniengeber will einen Schutz bei allen börsennotierten Gesellschaften realisieren – nicht lediglich bei 10 % davon. Insoweit schafft die Umsetzung keinen nach der 2. ARRL geforderten hinreichenden Schutz gegen das Risiko, das Geschäfte mit Nahestehenden für das Unternehmen und die (Minderheits-)Aktionäre bedeuten (→ Rn. 1); zu hohe Schwellenwerte verbieten sich damit.[102]   76

Gegen die wirksame Umsetzung sprechen auch die vom deutschen Gesetzgeber festgesetzten **Schwellenwerte, die ohne jede Aussagekraft für die wirtschaftliche Bedeutung von Geschäften** mit Nahestehenden sind (→ Rn. 63 ff.).   77

Die **Summe von Anlage- und Umlaufvermögen** ist zudem auch keine Kennzahl nach dem abschließenden Katalog von Bezugsgrößen für die quantitativen Kennzahlen der Richtlinie[103]; nur unter Bezugnahme darauf gibt der europäische Richtliniengeber den Mitgliedstaaten die Möglichkeit, die Wesentlichkeit zu definieren (→ Rn. 73, 75).[104] Denn sie sagt rein gar nichts aus über „finanzielle Lage, Einnahmen, Vermögen, Kapitalisierung, einschließlich Eigenkapital, oder Umsatz der Gesellschaft". Insbesondere ist auch nicht die Bezugsgröße Vermögen der Gesellschaft einschlägig.[105] Die deutsche Definition trägt auch nicht der Art des Geschäfts Rechnung, was gleichfalls ein von   78

---

100 St. Rspr. EuGH, Rs.C-16/95 (*Kommission/Spanien*), Slg 1995, I-4883; vgl. Grabitz/Hilf/Nettesheim/*Nettesheim* AEUV Art. 288 Rn. 119 ff.; hierbei muss nicht der Wortlaut der Richtlinie übernommen werden, den Mitgliedschaften bleibt die Wahl der Formulierung, solange sich die Rechtsgehalt der Rechte im nationalen Recht inhaltsgleich wiederfinden, vgl. EuGH, Rs. C-360/87 (*Kommission/Italien*), Slg 1991, I-791.

101 EuGH, Rs.C-217/97 (*Kommission/Deutschland*), Slg 1999, I-5087; vgl. auch vgl. Grabitz/Hilf/Nettesheim/*Nettesheim* AEUV Art. 288 Rn. 120.

102 *Jung* WM 2014, 2351 (2351 f.).

103 *Jung/Stiegler* in Jung/Krebs/Stiegler Gesellschaftsrecht in Europa, § 30 Rn. 275; *Jung* WM 2014, 2351 (2352).

104 Möglicherweise war sich die Bundesregierung bei ihrem Entwurf gar nicht bewusst darüber, dass der europäische Gesetzgeber in der 2. ARRL einen Bezugsrahmen für die Festlegung der Wesentlichkeit der Geschäfte vorgab: Dafür spricht das Zitat des zuständigen Referatsleiters im BMJV, *Seibert* FS Vetter, 2019, S. 749, 760, wonach die „Schwelle … mit nichts begründbar ist, es ist eine rein gegriffene Größe". Möglicherweise ist der Bundestag sogar einer Täuschung aufgesessen, da ihm seitens der Sprecherin des Deutschen Anwaltvereins *Herchen* in der Anhörung zum ARUG II sicherlich nicht infolge Unkenntnis erklärt wurde, der deutsche Regelungsvorschlag knüpfe an „an die in der 2. ARRL erwähnte Bezugsgröße des Anlage- und Umlaufvermögens", BT-Ausschuss für Recht und Verbraucherschutz, Anhörung am 15. Juni 2019, Protokoll Nr. 19/54, S. 10 ff., in der dort in Bezug genommenen schriftlichen Stellungnahme an den Ausschuss S. 9 Rn. 31; die 2. ARRL erwähnt indes an keiner Stelle das Anlage- und Umlaufvermögen als Bezugsgröße.

105 Was *Vermögen* ist, definiert oder erläutert die 2. ARRL nicht. Diese Größe tauchte in einem anderen Regelungskontext bereits auf in dem Kommissionsentwurf der Richtlinie aus dem Jahr 2014 (COM/2014/213 Final Art. 9 c Abs. 1 und Abs. 2, wonach die Mitgliedstaaten sicherstellen sollten, dass Transaktionen mit Nahestehenden, die „mehr als 1% ihres Vermögens betreffen", öffentlich bekannt zu machen sind, und Transaktionen mit Nahestehenden, „die mehr als 5% des Vermögens des Unternehmens betreffen", den Aktionären in der HV zur Abstimmung vorgelegt werden mussten. Dazu schrieben *Lanfermann/Maul* BB 2014, 1283 (1287), der Begriff des Vermögens sei nicht vollständig

der 2. ARRL eröffneter Bezugsmaßstab für die Definition der Wesentlichkeit hätte sein können (→ Rn. 8).

6. Die Zustimmungsentscheidung des Aufsichtsrats und ihr Angemessenheitskriterium

79 a) **Verfahrensfragen.** Es gibt zwei Möglichkeiten des Verfahrens der Erteilung der Zustimmung durch den Aufsichtsrat:

80 Der Aufsichtsrat kann ad hoc oder permanent einen **Ausschuss nach § 107 Abs. 3 S. 4** einrichten (→ § 107 Rn. 1, 3 zur Kritik, auch an der Übertragung auf einen entscheidenden Ausschuss). Ist der Ausschuss eingerichtet, entscheidet er selbstständig über die Zustimmung.[106] Der ARUG II RegE geht mit Recht davon aus, dass neben der Einrichtung des Ausschusses das AR-Plenum im Einzelfall über die **Vorlage einer Zustimmungsentscheidung gem. § 111 b an den Ausschuss** entscheidet.[107] Dem ist uE zuzustimmen. § 107 Abs. 3 S. 4 sieht lediglich vor, dass der Aufsichtsrat einen solchen Ausschluss bestellen „kann" und dieser über die Zustimmung beschließt. Das sagt nichts darüber aus, ob der Aufsichtsrat beim Ausschuss mit seiner Einrichtung auch gleichzeitig die automatische permanente Befugnis zur Beschlussfassung über alle potenziellen Geschäfte mit Nahestehenden übertragen hat. Das mag nach allgemeinen Grundsätzen anders sein, wenn der Aufsichtsrat einen Ausschuss einrichtet.[108] Angesichts der Bedeutung der Entscheidung über Geschäfte mit Nahestehenden genügt dem Überwachungserfordernis des Aufsichtsrats nicht, (→ Rn. 81) dass dieser nur in regelmäßigen Abständen über Entscheidungen des Ausschusses unterrichtet wird, wie dies § 107 Abs. 3 S. 8 vorschreibt; vielmehr gebietet der durch die AR-Zustimmung bezweckte Schutz der Gesellschaft und ihrer (Minderheits-)Aktionäre das aktive Übertragung der Zustimmungsentscheidung auf den Ausschuss im Einzelfall. Die Kompetenzzuweisung durch den Übertragungsbeschluss ist so lange wirksam, wie sie der Aufsichtsrat nicht wieder an sich zieht; dies ist jederzeit möglich.[109]

81 Hat der Aufsichtsrat keinen solchen Ausschuss eingerichtet, kann er **selbst entscheiden.** Es gelten dann die Stimmverbote gem. Abs. 2. Der Aufsichtsrat kann eine zunächst dem Ausschuss überlassene Entscheidung über die Zustimmung **jederzeit wieder an sich ziehen**, unabhängig davon, ob er einen permanenten Ausschuss gebildet oder er die Beurteilung des Geschäfts an einen Ad hoc-Ausschuss delegiert hatte.[110]

---

klar und könne zB die Aktivseite der Bilanz erfassen; *Seibt* meinte gar (zu Unrecht unter Verweis auf *Lanfermann/Maul*, aaO) mit Vermögen sei „wohl" das bilanzielle Aktivvermögen gemeint, DB 2014, 1910 (1914); Börsenzeitung vom 28. Juni 2014, S. 9), was er auf die Vorbildnorm der englischen Listing Rules zurückführen wollte. Deren Inhalt verzerrt er allerdings. Denn diese stellen nicht auf das Vermögen als solches ab, sondern maßgebend waren nach den sog. Class Tests nach LR 10 (1) der Gross Asset Test, (2) der Profits Test, (3) der Consideration Test und (4) der Gross Capital Test; es genügt, wenn der Schwellenwert nach nur einem dieser Tests überschritten wird, vgl. *Fleischer* BB 2014, 2691 (2694). Es ist nichts dafür ersichtlich, dass die Entwurfsverfasser in der Kommission aus dem differenzierten englischen System einen Aspekt herausgreifen wollten; vielmehr ist davon auszugehen, dass sie einen Begriff einführen wollten, der wirklich etwas über die Bedeutung einer Transaktion für die Gesellschaft aussagt – und das ist nicht der Blick auf eine Seite der Bilanz (das Aktivvermögen), sondern das Gesamtvermögen in der Gesellschaft – so wie zB nach Erwägungsgrund 9 der Bilanzrichtlinie 2013/34/EU vom 26. Januar 2013 der Jahresabschluss ein den tatsächlichen Verhältnissen entsprechendes Bild (u.a.) der Vermögenslage des Unternehmens vermitteln soll. Das ist beim Aktivvermögen gerade nicht der Fall → Rn. 61 ff.

106 ARUG II RegE, S. 84.
107 ARUG II RegE, S. 84.
108 GK-AktG/*Hopt/Roth* AktG § 107 Rn. 318, 377.
109 BGHZ 89, 48, 55 f.; GK-AktG/*Hopt/Roth* AktG § 107 Rn. 377 mwN.
110 ARUG II RegE, S. 84; *Müller* ZIP 2019, 2429 (2435); vgl. allg. BGHZ 89, 48, 55 f. = juris Rn. 14; GK-AktG/*Hopt/Roth* AktG § 107 Rn. 377.

Heidel/Illner

Dabei kann sich der Aufsichtsrat in seinem Plenum auch **über ein ablehnendes oder befürwortendes Votum des Ausschusses hinwegsetzen.**[111] Dies folgt aus dem Grundsatz der vorrangigen Entscheidungskompetenz des Gesamtaufsichtsrats, denn durch die Delegation an einen Ausschuss wird keine endgültige Zuständigkeitsübertragung bewirkt.[112] Zeitliche Grenzen können sich allerdings aus dem Gesichtspunkt des Verkehrsschutzes ergeben, zumal nach Vollzug eines Geschäfts.[113] Der Gesamtaufsichtsrat muss dies mit einfacher Mehrheit beschließen; kommt die Mehrheit nicht zustande, bleibt es bei der Entscheidungskompetenz bzw. Entscheidung des Ausschusses.[114]

Der Aufsichtsrat (bzw. der Ausschuss) muss eine **eigene Entscheidung zur Angemessenheit** fällen; das folgt aus der Bedeutung des Zustimmungsvorbehalts nach den allgemeinen Grundsätzen von § 111 Abs. 4 S. 2. Der Aufsichtsrat gestaltet bei Zustimmungsvorbehalten die unternehmerische Tätigkeit des Vorstands begleitend mit; er hat in Geschäftsführungsaufgaben einen Mitgestaltungsspielraum mit einem **eigenen unternehmerischen Handlungsspielraum** bei der Erteilung der Einwilligung zu einem Geschäft, soweit für dieses der Vorstand Handlungsspielraum hat.[115] Aufsichtsrat und Vorstand können unterschiedliche Geschäftsauffassungen vertreten; daher können die jeweiligen Entscheidungen über das Geschäft unterschiedlich ausfallen.[116] Da der Aufsichtsrat über die Geschäfte mit Nahestehenden das letzte Wort hat, **darf Vorstand die AR-Entscheidungsfreiheit nicht präjudizieren** oder sonst mit Wirkung zulasten der Gesellschaft beeinträchtigen – etwa indem er ein Geschäft mit einem Nahestehenden unter Vorbehalt der Zustimmung des Aufsichtsrats abschließt, aber für den Fall einer Zustimmungsverweigerung eine Konventionalstrafe oder sonstige Entschädigungsleistungen verspricht, zB eine sog. Break Fee-Vereinbarung eingeht (vgl. § 82 Abs. 2); verstößt der Vorstand gegen diese Pflicht, machen sich seine Mitglieder nach § 93 Abs. 2 schadensersatzpflichtig. Die bei Zustimmungsvorbehalten nach § 111 Abs. 4 diskutierte Möglichkeit einer **nachträglichen Entscheidung** des Aufsichtsrats in Eilfällen[117] scheidet bei Zustimmungspflichten nach § 111 b angesichts des klaren Wortlauts von

82

---

111 *Müller* ZIP 2019, 2429 (2435).
112 GK-AktG/*Hopt/Roth* AktG § 107 Rn. 377.
113 GK-AktG/*Hopt/Roth* AktG § 107 Rn. 377 mwN.
114 GK-AktG/*Hopt/Roth* AktG § 107 Rn. 377; KK-AktG/*Mertens/Cahn* AktG § 107 Rn. 140; MüKoAktG/*Semler* AktG § 107 Rn. 322.
115 Vgl. BGHZ 219, 193 = NJW 2018, 3574 Rn. 50, wonach der Aufsichtsrat die unternehmerische Tätigkeit des Vorstands im Sinne einer präventiven Kontrolle begleitend mitgestalten soll; die Norm übertrage dem Aufsichtsrat in Geschäftsführungsaufgaben einen Mitgestaltungsspielraum, bei dem dem Aufsichtsrat eigener unternehmerischer Handlungsspielraum zustehe, wenn er über die Erteilung der Einwilligung zu einem Geschäft entscheidet, für das ein unternehmerischer Handlungsspielraum des Vorstands bestehe; für die AR-Entscheidung des Aufsichtsrats gelte über § 116 S. 1 § 93 Abs. 1 S. 2; der BGH verweist ua auf BGHZ 135, 244, 254 f. = juris Rn. 25 sowie *Cahn* WM 2013, 1293 (1294); *Grigoleit/Tomasic* in Grigoleit, AktG § 111 Rn. 51; *Habersack* in Münch-Komm AktG § 111 Rn. 100, 127; *Mertens/Cahn* in KK-AktG § 111 Rn. 111; GK-AktG/*Hopt/Roth* AktG § 111 Rn. 667; vgl. *Breuer/Fraune* in Heidel Aktienrecht AktG § 111 Rn. 35.
116 Vgl. BGHZ 219, 193 = NJW 2018, 3574 Rn. 50; vgl. *Breuer/Fraune* in Heidel Aktienrecht AktG § 111 Rn. 35; *Müller* in FS Vetter 2019, S. 479, 486; *Tarde* ZGR 2017, 360 (369). Ähnlich *Jung/Stiegler* in Jung/Krebs/Stiegler Gesellschaftsrecht in Europa, § 30 Rn. 286 zu ständigen Liefer- und Leistungsbeziehungen aus langfristigen Vereinbarungen: Die einzelnen Geschäfte könnten zwar in dem Bereich des ordentlichen Geschäftsgangs aus marktüblichen Bedingungen fallen, nicht aber der Abschluss der diesbezüglichen Rahmenvereinbarung.
117 Vgl. Hüffer/Koch AktG § 111 Rn. 47; MüKoAktG/*Habersack* AktG § 111 Rn. 141; *Breuer/Fraune* in Heidel Aktienrecht AktG § 111 Rn. 35; BGHZ 219, 193 = ZIP 2018, 1923 Rn. 16 hat die Frage zwar angesprochen, aber brauchte sie nicht zu entscheiden, da in seinem Fall kein Eilfall vorlag, vgl. Rn. 19.

Abs. 1 aus, wonach die Geschäfte mit den Nahestehenden „der vorherigen Zustimmung des Aufsichtsrats" bedürfen.[118]

83 **b) Die inhaltlichen Kriterien der Entscheidung.** § 111 b regelt (ebenso wie § 107 Abs. 3 S. 4 ff.) nur das Verfahren der Entscheidung über die Zustimmung. Er sagt nichts zu deren materiellen Kriterien. Diese folgen aus § 111 c Abs. 2 S. 3 iVm Art. 9 c Abs. 2 2. ARRL (→ § 111 c Rn. 11 f.): Danach muss die Bekanntmachung des Geschäfts mit dem Nahestehenden die Informationen zur Bewertung enthalten, ob das **Geschäft aus Sicht der Gesellschaft und der nicht nahestehenden (Minderheits-)Aktionäre „angemessen und vernünftig"** (so die Richtlinie) bzw. „angemessen" (§ 111 c Abs. 2 S. 3) ist. Anders gewendet: Die AR-Entscheidung muss der Gefahr begegnen, die die 2. ARRL aufzeigt. Geschäfte mit Nahenstehenden bergen die Gefahr, dass sich die Nahestehenden Werte der Gesellschaft aneignen; dagegen sind angemessene Maßnahmen zum Schutze der Gesellschafts- und (Minderheits-)Aktionärsinteressen erforderlich (Erwägungsgrund 42 2. ARRL), die die Mitgliedstaaten institutionalisieren müssen. Daher darf der Aufsichtsrat nur solchen Transaktionen zustimmen, die angemessen sind.[119]

84 **Angemessen** ist ein Geschäft, wenn ein sorgfältig und gewissenhaft handelnder Vorstand es mit einem unabhängigen, nicht nahestehenden Dritten zu gleichen Bedingungen wie mit dem Nahestehenden geschlossen hätte. Die Organmitglieder müssen sicherstellen, dass die Transaktion im Interesse der Gesellschaft ist. Nur solchen Geschäften darf der Aufsichtsrat zustimmen. Insoweit können die Grundsätze zu § 57 und §§ 311 Abs. 1, 317 Abs. 2 fruchtbar gemacht werden.[120] Anders als im Recht des faktischen Konzerns genügt ein gestreckter Nachteilsausgleich nach § 311 Abs. 2 nicht den Anforderungen an ein angemessenes Geschäft.[121] UE muss der AR bei seiner Zustimmungsentscheidung **sämtliche Geschäfte mit dem Nahestehenden in den Blick nehmen**: Das folgt daraus, dass der Zustimmungsvorbehalt nach Abs. 1 sowohl eingreift, wenn ein Einzelgeschäft die maßgebende Schwelle überschreitet, als auch wenn mehrere aggregierte Geschäfte den Bezugswert überschreiten. Es geht um die Beurteilung der wesentlichen Geschäfte mit dem Nahestehenden. Wenn zB die Gesell-

---

118 *Müller* ZIP 2019, 2424 (2434). Dies folgt auch aus Erwägungsgrund 42 sowie Art. 9 c Abs. 4 UA 1 der Richtlinie, vgl. *Jung* WM 2014, 2351 (2354), ohne dass es darauf ankommt, dass die Richtlinie eine ausdrückliche vorherige Zustimmungspflicht des nach der Richtlinie zuständigen Organs vorschreibt, wie dies noch nach dem Kommissionsvorschlag aus dem Jahr 2014 vorgesehen war, vgl. dessen Art. 9 c Abs. 2 UAbs. 1 S. 3 f. vorgesehen war („Das Unternehmen tätigt die Transaktion erst dann, wenn sie von den Aktionären genehmigt wurde. Das Unternehmen darf diese Transaktion jedoch vorbehaltlich der Genehmigung durch die Aktionäre tätigen.", COM 2014 (2014) 213 final.

119 *Bungert/Berger* DB 2018, 2860 (2864); *Grigoleit* ZGR 2019, 412 (450); *Lanfermann* BB 2018, 2859 (2860); *Müller* ZIP 2019, 2429 (2435); *Müller* FS Vetter, 2019, S. 479, 482; *Tarde* NZG 2019, 488 (492). Etwas unklar *Heldt* AG 2018, 905 (918 f.), die im Gesetzgebungsverfahren eine klare Definition der Entscheidungskriterien durch den Gesetzgeber anmahnte.

120 Vgl. statt aller *Flume* Der Gesellschafter 2019, 230 (235 ff.); *Grigoleit* ZGR 2019, 412 (450); *Müller* ZIP 2019, 2429 (2435); *Müller* in FS E. Vetter, 2019, S. 479, 482 ff. Vgl. auch zum Kriterium der Marktunüblichkeit, ab dem Geschäfte nach § 285 Nr. 21 HGB anzugeben sind, BeckBilKo/*Grottel* HGB § 285 Rn. 620 ff.; HK-HGB/*Thomas* HGB § 285 Rn. 137.

121 *Tarde* ZGR 2017, 360 (382); *Müller* ZIP 2019, 2429 (2435); *Müller* FS Vetter 2019, S. 479, 487, vgl. aber *Vetter* ZHR 179 (2015), 273, 312 f. (er meint allerdings lediglich, „es sprechen gute Argumente dafür", dass zum Zeitpunkt der Transaktion noch keine Nachteilsausgleichsvereinbarung getroffen werden müsse; das ist aber unvereinbar mit der ausdrücklichen gesetzlichen Vorgabe, dass die Veröffentlichung nach § 111 c Abs. 2 S. 3 Informationen enthalten muss, die erforderlich sind, um zu bewerten, ob das Geschäft „angemessen ist"; diese Beurteilung ist indes nur möglich, wenn zum Zeitpunkt des Abschlusses des Geschäfts bzw. der Veröffentlichung nach § 111 c die Vereinbarung tatsächlich geschlossen ist.

schaft mit dem Nahestehenden 99 Geschäfte bis gerade unterhalb der Wesentlichkeitsgrenze schließt und alle diese Geschäfte unangemessen waren, dann kann es nicht auf die isolierte Betrachtung des einzigen Geschäfts im Zweifel von einem minimal wirtschaftlichen Volumen ankommen, das angemessen ist. § 111 b und die 2. ARRL wollen die Angemessenheit der Geschäftsbeziehung zum Nahestehenden bei den wesentlichen Geschäften insgesamt sicherstellen; dann muss die den Schwellenwert überschreitende Gesamtheit der Geschäfte mit den Nahestehenden angemessen sein, damit auch das eine, den Schwellenwert gerade überschreitende Geschäft angemessen ist.

7. Folgen von Fehlen oder Rechtswidrigkeit der Zustimmung des Aufsichtsrats

Das Gesetz befasst sich seinem Wortlaut nach nicht mit den Folgen des **Fehlens oder der Rechtswidrigkeit der Zustimmung** des Aufsichtsrats zu dem Geschäft mit Nahestehenden. Angesichts der in Deutschland einhelligen Auffassung dazu, dass rechtswidrige AR-Beschlüsse nichtig sind,[122] sind uE beide Konstellationen gleich zu behandeln.   85

a) **HM: Grundsätzliche Wirksamkeit des Geschäfts im Außenverhältnis, aber Schadensersatzansprüche.** Nach ganz hM soll ein ohne Zustimmung des Aufsichtsrats mit einem Nahestehenden abgeschlossenes **Geschäft im Außenverhältnis wirksam** sein. Nach außen sollten Unsicherheiten nicht durchschlagen, die auf einer Fehleinschätzung hinsichtlich der Definition des Begriffs der Nahestehenden, des Geschäfts, der Bewertung der Schwelle oder der aggregierten Geschäfte beruhten; Rückgewähransprüche würden nicht begründet, sofern das Geschäft nicht als Einlagenrückgewähr unter §§ 52, 57, 62 falle oder eine Rückabwicklung aufgrund von § 826 BGB oder ähnlicher Vorschriften erforderlich werde.[123] Die Sinnhaftigkeit der Sicht zur Wirksamkeit des Geschäfts im Außerverhältnis wird im Wesentlichen mit dem gebotenen Verkehrsschutz begründet sowie damit, dass Mängel im Innenverhältnis die Vertretungsbefugnis im Außenverhältnis typischerweise unberührt lassen (mit Ausnahme von Fällen des Missbrauchs der Vertretungsmacht und Kollusion). Auch das Fehlen der AR-Zustimmung zum Vorstandshandeln nach § 111 Abs. 4 S. 2 berührt nach ganz hM abgesehen von Fällen evidenter Verstöße nicht die Vertretungsmacht des Vorstands im Außenverhältnis.[124]   86

Für die Sichtweise der Wirksamkeit des Geschäfts im Außenverhältnis werden auch die **Haftungsfolgen bei Verstoß** gegen die Zustimmungspflicht angeführt: Der ARUG II RegE stellt insoweit mit Recht fest, der **Vorstand** handle sorgfaltspflichtwidrig und könne sich schadensersatzpflichtig machen, wenn er ohne die erforderliche Zustimmung handle; dies stellt nach Ansicht des ARUG II RegE angesichts der Höhe der wirtschaftlichen Schwelle mit entsprechend hohen Schadenssummen und der (so die Sicht des ARUG II RegE) „scharfen, höhenmäßig unbegrenzten Haftung der Organe und der weiten Untreuestrafbarkeit eine ausreichend wirkungsvolle Sanktion   87

---

122   Vgl. BGHZ 122, 342, 346 f. = NJW 1993, 2307 = juris Rn. 16; BGHZ 124, 111, 115 = NJW 1994, 520 = juris Rn. 15; BGHZ 164, 249, 252 = NJW 2006, 374 = juris Rn. 9; BGH AG 2012, 677, Rn. 10; vgl. zur Reformdiskussion die Abteilung Wirtschaftsrecht des 72. DJT, einerseits das Gutachten von *Koch* Gutachten F, S. 95 ff.; dagegen *Heidel* Verhandlung des 72. DJT Band II/1 O 85.

123   ARUG II RegE, S. 84; dem Regierungsentwurf zustimmend *Müller* FS Vetter 2019, 479, 481; *Müller* ZGR 2019, 97 (105 f.), *Heldt* AG 2018, 905 (919); *Lieder/Werner* ZIP 2019, 989 (995); so auch schon zu Vorentwürfen der 2. ARRL *Bungert/de Raet* Der Konzern 2015, 289 (297).

124   BGHZ 219, 193 = NJW 2018, 3574 Rn. 17; MüKoAktG/*Habersack* AktG § 111 Rn. 129; *Breuer/Fraune* in Heidel Aktienrecht AktG § 111 Rn. 38.

dar".[125] Vgl. → Rn. 82 zur Pflicht des Vorstands, auch im Außenverhältnis die Entscheidungsfreiheit des Aufsichtsrats zu wahren.

88 Neben dem Vorstand haften auch die **Aufsichtsratsmitglieder**, wenn sie pflichtwidrig materiell unangemessenen Geschäften zustimmen oder Geschäfte, die die Gesellschaft benachteiligen ohne sich damit wie geboten zu befassen, durchgehen lassen, §§ 116 S. 1, 93 Abs. 2.[126]

89 Angesichts des Schutzzwecks der Regelungen von § 111 b iVm Art. 9 c Abs. 2 2. ARRL auch zugunsten der nicht nahestehenden (insbes. Minderheits-)Aktionäre und des gem. Art. 14 b Abs. 2 2. ARRL gebotenen Schutzes der Regelungen zu den Geschäften mit Nahestehenden durch wirksame, verhältnismäßige und abschreckende Sanktionen sind die deutschen Regelungen zu Schadensersatzansprüchen so auszulegen, dass **Aktionäre unmittelbare Ersatzansprüche** bei nicht den §§ 111 a ff. entsprechenden Geschäften mit Nahestehenden haben, insbes. bei solchen zu unangemessenen Konditionen ohne die erforderliche Zustimmung des Aufsichtsrats.

90 b) **Stellungnahme.** In der Literatur gibt es nur wenig Kritik an der hM (→ Rn. 86) zur Wirksamkeit von Transaktionen trotz unangemessener Konditionen oder fehlender AR-Zustimmung. Solche stützt sich im Wesentlichen auf Art. 9 c Abs. 4 UAbs. 1 2. ARRL, wonach die Mitgliedstaaten sicherstellen, dass (die Hauptversammlung oder) das Aufsichtsorgan den Geschäften mit den Nahestehenden in einer Weise zugestimmt hat,[127] die **verhindert, dass Nahestehende ihre Position ausnutzen können und die Gesellschaft oder die (Minderheits-)Aktionäre schädigen.** Ähnlich heißt es im Erwägungsgrund 42 2. ARRL, dass die Geschäfte (den Aktionären oder) dem Aufsichtsorgan nach Verfahren vorgelegt werden müssen, die verhindern, dass die Nahestehenden ihre Position ausnutzen, und die einen angemessenen Schutz der Interessen der Gesellschaft garantieren. Das spricht deutlich dafür, dass die vorherige rechtmäßige Zustimmung durch das Aufsichtsorgan tatsächlich Wirksamkeitsvoraussetzung ist.[128] Für diese Lesart spricht auch § 111 b Abs. 1, wonach das Geschäft der „**vorherigen** Zustimmung des Aufsichtsrats" bedarf, wozu es in dem ARUG II RegE heißt, die Zustimmung des Aufsichtsrats müsse „vor dem Abschluss des Geschäfts erteilt werden".[129]

91 Für die Sichtweise Unwirksamkeit spricht auch, dass es sich bei den von der hM angeführten Schutzinstrumenten um solche handelt, die zwar als solche Sanktionen iSv Art. 14 b Abs. 2 2. ARRL sein mögen. Die von der 2. ARRL geforderten effektiven Sanktionen bei Verletzungen der Vorgaben zu den Geschäften mit Nahestehenden betreffen aber andere Fragen als die, ob die von der Richtlinie gebotenen Schutzmechanismen durch vorherige Zustimmung des Aufsichtsorgans eine Unwirksamkeit des Geschäfts bei dessen fehlender bzw. nichtiger Zustimmung gebieten. Das ist nämlich ein anderer Aspekt als der, ob die Richtlinie den Mitgliedstaaten die Rechtsfolge vorschreibt, dass ein Geschäft mit Nahestehenden unwirksam ist, das den Zustimmungs-

---

125 ARUG II RegE, S. 84; *Müller* FS Vetter 2019, 479, 481; *Bungert/Wansleben* DB 2017, 1190 (1200), *Tarde* NZG 2019, 488 (493).

126 Vgl. *Müller* FS Vetter 2019, 479, 481 f. (der diese Vorschriften auch als Rechtsgrundlage für Ansprüche nennt, wenn die Transaktion die außenstehenden Gesellschafter benachteiligt).

127 Im Englischen heißt es, dass die Transaktionen „are approved" sein müssen.

128 *Tröger* AG 2015, 53 (67); *Tröger/Roth/Strenger* BB 2018, 2946 (2952); Frage offengelassen bei *Fleischer* BB 2014, 2691 (2700). Vgl. auch *Seibt*, DB 2014, 1910 (1914), der zum Kommissionsentwurf COM(2014) 213 final (der vorschrieb, dass das Unternehmen die Transaktion erst dann tätigt, wenn die Aktionäre sie genehmigt haben) meint, der Wortlaut könne zwar „auch gut" gegen die Außenwirksamkeit des Beschlusserfordernisses herangezogen werden, aber die Kommission könne auch inspiriert gewesen sein von der englischen *ultra vires*-Doktrin, nach der die Rechtshandlungen im Außenverhältnis mangels *capacity* unwirksam wären.

129 ARUG II RegE, S. 83.

anforderungen der Richtlinie nicht entspricht. Denn **Sanktionen verhindern nicht den Verstoß gegen Vorgaben der Richtlinie.** Sie bieten nur eine gewisse Sanktion bei Verstößen gegen die Richtlinie – nämlich einen gewissen vermögensmäßigen oder ggf. straf- oder ordnungswidrigkeitenrechtlichen Schutz; dieser kann aber schon angesichts des hohen Volumens, ab dem Regelungen zu den Geschäften mit den Nahestehenden nach der deutschen Umsetzung der Richtlinie erst einschlägig sind, typischerweise keinen Ausgleich für unangemessene Geschäfte schaffen. Das drängt sich auf, wenn man sich vor Augen führt, dass bei einer Vielzahl von Unternehmen die Geschäfte erst dann den Regeln zu den Nahestehenden unterfallen, wenn sie hohe Millionen- und zum Teil erhebliche Milliarden-Euro-Beträge ausmachen (→ Rn. 68). Solche Ersatzbeträge kann typischerweise kein Organmitglied leisten, und die D&O-Versicherer decken derartig hochvoluminöse Risiken typischerweise nicht ab. Kein maßgebendes Argument zu Gunsten der hM ist auch der Verkehrsschutz; denn die Nahestehenden sind nach dem Zweck der Vorschriften nicht schutzbedürftig, da Geschäfte mit diesen zu unangemessenen Bedingungen gerade verhindert werden sollen.

Dennoch stimmen wir der hM im Ansatz zu, da es ein uE entscheidendes Argument gegen die Unwirksamkeit gibt; dieses folgt aus Erwägungsgrund 44 2. ARRL. Danach soll die Veröffentlichung der Geschäfte mit den Nahestehenden ermöglichen, „dass das **Geschäft – auch auf dem Rechtsweg – angefochten** werden kann" (vgl. dazu auch → § 111 c Rn. 1, 25). Wenn es nicht zu einer solchen gerichtlichen Anfechtung oder nicht zur rechtskräftigen Nichtigkeitserklärung etwa nach dem Modell von § 246 AktG oder §§ 29 ff. InsO kommt, bleibt das unangemessene Geschäft mit dem Nahestehenden wirksam. Die Sanktionen wegen Verletzung der Pflichten nach § 111 b Abs. 1 (→ Rn. 114 ff.) können aber ungeachtet der Wirksamkeit des Geschäfts eingreifen. 92

II. Stimmverbot (Abs. 2)

Abs. 2 regelt auf Basis von Art. 9 c Abs. 4 UAbs. 1 und UAbs. 3 2. ARRL Stimmverbote bei der Entscheidung des **Aufsichtsratsplenums** für Aufsichtsratsmitglieder, die Nahestehende sind, und solche, die der Besorgnis eines Interessenkonflikts unterliegen. Die Norm hat auch Bedeutung für den **beschlussfassenden Ausschuss** nach § 107 Abs. 3 S. 4 (→ § 107 Rn. 6). In der Literatur wird gefordert, aus den Stimmverboten im Aufsichtsrat Folgerungen für die **Pflichten von Vorstandsmitgliedern** zur Stimmenthaltung zu ziehen.[130] Die neuen Vorschriften bringen eine Pflicht der Aufsichtsratsmitglieder mit sich, noch stärker als zuvor **mögliche Beziehungen zu Nahestehenden kritisch zu hinterfragen.**[131] 93

1. Nahestehende Personen (Abs. 2 Alt. 1)

Den Begriff der nahestehenden Person definiert § 111 a Abs. 1. Auf unsere dortigen Ausführungen verweisen wir (→ § 111 a Rn. 14 ff.). Von der Beschlussfassung sind nur die Nahestehenden ausgeschlossen, die an dem jeweils **konkret zur Abstimmung stehenden Geschäft** beteiligt sind. 94

2. Besorgnis eines Interessenkonflikts (Abs. 2 Alt. 2)

a) **Grundsätze.** Von der Beschlussfassung sind auch Aufsichtsratsmitglieder ausgeschlossen, bei denen aufgrund der Beziehung zum Nahestehenden ein **Interessenkonflikt zu besorgen** ist. Ein solcher besteht, wenn Gründe vorliegen, aufgrund derer das 95

---

130 Vgl. *Winkelmann* MittBayNot 2019, 308 (309) unter Verweis auf ein Referat von *Rieder*: Für Interessenkonflikte von Vorstandsmitgliedern fehle eine ausdrückliche Regelung; in Zweifelsfällen könne es für Vorstandsmitglieder vorzugswürdig sein, an Beratung und Beschlussfassung über ein Geschäft mit Nahestehenden nicht teilzunehmen.

131 *Lanfermann* BB 2018, 2859 (2862).

Aufsichtsratsmitglied seine Entscheidung nicht allein am Unternehmensinteresse, sondern auch am Interesse des Nahestehenden orientieren könnte.[132] Das können insbes. Beziehungen geschäftlicher, finanzieller oder persönlicher Art sein.[133] Die Besorgnis liegt bereits vor, wenn **nicht ausgeschlossen werden kann, dass der Interessenkonflikt die Entscheidung des Mitglieds beeinflussen könnte**.[134] Die Wahrscheinlichkeit oder das tatsächliche Vorliegen einer Beeinflussung sind nicht erforderlich; schon den bloßen Anschein oder die Möglichkeit der Beeinflussung will das Gesetz verhindern.[135]

96 **b) Voraussetzung eines Interessenkonflikts.** Für einen Interessenkonflikt genügt typischerweise nicht, dass ein Aufsichtsratsmitglied **mit den Stimmen des Mehrheitsaktionärs gewählt** wurde; dies wird bei AR-Mitgliedern der Anteilseignerseite weit überwiegend der Fall sein.[136] Anders kann es aber sein, wenn Anhaltspunkte nahelegen, dass der Gewählte als Interessenwalter des Nahestehenden in den Aufsichtsrat gekommen ist; solches liegt insbes. bei gerichtlicher Bestellung auf Antrag des Nahestehenden gem. § 104 sowie Entsendung nach § 101 Abs. 2 nahe.

97 Eine einen Interessenkonflikt auslösende **geschäftliche Beziehung** mit dem Nahestehenden liegt regelmäßig vor, wenn die Parteien in geschäftlichem Kontakt stehen und **Leistungen von erheblichem Wert austauschen**. Relevante Bezugsgrößen sind die Bedeutung für die Geschäftstätigkeit und die Vermögensverhältnisse des Aufsichtsratsmitglieds. Nicht erforderlich sind finanzielle oder geschäftliche Abhängigkeit oder Weisungsgebundenheit. Eine Beziehung ist in der Regel schädlich, wenn die Entscheidung über das zustimmungspflichtige Geschäft Auswirkung auf die Geschäftsbeziehung haben kann.[137]

98 Indizien für **schädliche finanzielle Beziehungen** sind insbes. mitgliedschaftliche Beteiligung eines Aufsichtsratsmitglieds an einer der Gesellschaft nahestehenden Person, Kreditverhältnisse oder sonstige finanzielle Verpflichtungen von nicht nur geringer Bedeutung sowie Erhalt oder Zusage erheblicher finanzieller oder geldwerter Leistungen vom Nahestehenden, insbes. Vergütung, Bezüge oder Versorgungsleistungen oder die Position des Aufsichtsratsmitglieds in der Unternehmensleitung oder dem Überwachungsorgan des Nahestehenden.[138]

---

132 ARUG II RegE, S. 77. Im faktischen Konzern ordnen die §§ 313 f. schematisch eine externe Kontrolle an. Diese Regelung erfolgte vor dem Hintergrund, dass sich der Aufsichtsrat der abhängigen Gesellschaft typischerweise ganz oder zum Teil aus Repräsentanten des herrschenden Unternehmens zusammensetzt, von denen nicht ohne Weiteres eine unbefangene, ausschließlich am Interesse der abhängigen Gesellschaft orientierte Prüfung des Abhängigkeitsberichts erwartet werden könne, *Kropff* Begr. RegE AktG 1965, 413; vgl. *Schatz/Schödel* in Heidel Aktienrecht AktG § 313 Rn. 1.
133 ARUG II RegE, S. 77.
134 ARUG II RegE, S. 77.
135 ARUG II RegE, S. 77.
136 Vgl. aber Fn. 106.
137 ARUG II RegE, S. 78.
138 Vgl. Empfehlung der Kommission vom 15. Februar 2005 zu den Aufgaben von nichtgeschäftsführenden Direktoren/Aufsichtsratsmitgliedern börsennotierter Gesellschaften sowie zu den Ausschüssen des Verwaltung/Aufsichtsrats – 2005/162/EG, Anhang II, Nr. 1 lit. c) und e). Vgl. zu Organmitgliedern des Nahestehenden ARUG II RegE, S. 85 iVm S. 78: „Ist das Aufsichtsratsmitglied hingegen Mitglied der Geschäftsleitung oder des Aufsichtsorgans bei der nahestehenden (juristischen) Person oder steht mit ihr in einem Verwandtschaftsverhältnis, kann es bereits selbst als nahestehend im Sinne der durch die Verordnung (EG) Nr. 1606/2002 des Europäischen Parlaments und des Rates vom 19. Juli 2002 betreffend die Anwendung internationaler Rechnungslegungsstandards (IAS-Verordnung) übernommenen internationalen Rechnungslegungsstandards (IAS) anzusehen sein.".

Heidel/Illner

Auch **familiäre oder emotionale Beziehungen**, beispielsweise mit Vorstandsmitglie-   99
dern, können den Interessenkonflikt begründen.[139] Dies gilt auch für langjährige
freundschaftliche Beziehungen, die über eine alltägliche Bekanntschaft hinausgehen
und aufgrund derer eine Beeinflussung der Entscheidung nicht ausgeschlossen werden
kann.

Ein besonders starkes Indiz für einen Interessenkonflikt ist, dass **das Aufsichtsratsmit-**   100
glied im Verhältnis zum der Gesellschaft Nahestehenden selbst nahestehend iSv
§ 111 a Abs. 1 S. 3 ist.[140] In solchen Konstellationen besteht nur in begründeten Ausnahmefällen keine Besorgnis eines Interessenkonflikts. Ein Interessenkonflikt ist idR
zB anzunehmen, wenn das Aufsichtsratsmitglied Mitglied der Geschäftsleitung oder
des Aufsichtsorgans des Nahestehenden ist oder mit ihm in einem verwandtschaftli-
chen Verhältnis steht.[141]

c) Verfahrensfragen. Ob die Besorgnis eines Interessenkonflikts vorliegt, hat der **Ge-**   101
samtaufsichtsrat nach objektiven Kriterien zu beurteilen.[142]

Der Aufsichtsrat muss in **jedem Einzelfall** die konkreten Beziehungen des einzelnen   102
Aufsichtsratsmitglieds zu Nahestehenden untersuchen. Er muss das Vorliegen eines
Interessenkonflikts rein objektiv beurteilen.[143] Aufgrund der Pflicht zur einzelfallbezo-
genen Prüfung darf es **keine an rein schematischen Kriterien** orientierte Bewertung geben. Das jeweilige Aufsichtsratsmitglied muss, schon aufgrund seiner Treuepflicht, **po-**
tenziell schädliche Beziehungen aufdecken – gegenüber dem Aufsichtsrat bzw. dem
Ausschuss nach § 107.[144] Der Aufsichtsrat muss zwar nicht grundsätzlich einzelne Beziehungen erforschen; er darf sich Anhaltspunkten aber nicht verschließen. Bei konkreten Anhaltspunkten für schädliche Beziehungen hat er die Tatsachengrundlage
sorgfältig zu ermitteln. Liegen konkrete Gründe (zumal finanzieller oder persönlicher
Art) für einen Konflikt vor, muss der Aufsichtsrat bei der gebotenen verständigen
Würdigung der Umstände des Einzelfalls das Mitglied im Zweifel als befangen betrachten. Dies gebietet der Schutzzweck der Regelungen zu Geschäften mit Nahestehenden (→ Rn. 1).[145] Nach dem ARUG II RegE soll der AR die Neutralität des betroffenen Mitglieds annehmen können, wenn dafür „gute Gründe in Ansehung einer
bestimmten Beziehung oder eines konkreten Geschäfts sprechen".[146] Richtigerweise
müssen gewichtige Indizien vorliegen, die weit überwiegend dafür sprechen, dass für
die Beurteilung des konkreten Geschäfts kein Interessenkonflikt gegeben ist; das und
die Pflicht zu ordnungsgemäßer Sachaufklärung durch den Aufsichtsrat gebietet die
richtlinienkonforme Auslegung nach Art. 9 c Abs. 4 UAbs. 1 2. ARRL: Danach muss
nämlich sichergestellt werden, dass die Nähebeziehung bei der Entscheidung über die
Geschäfte mit den Nahestehenden nicht ausgenutzt werden kann. Der Aufsichtsrat

---

139 Vgl. Empfehlung der Kommission vom 15. Februar 2005 zu den Aufgaben von nichtgeschäftsführenden Direktoren/Aufsichtsratsmitgliedern börsennotierter Gesellschaften sowie zu den Ausschüssen des Verwaltung/Aufsichtsrats – 2005/162/EG, Anhang II, Nr. 1
   lit. i).
140 ARUG II RegE, S. 78; vgl. auch Empfehlung der Kommission vom 15. Februar 2005 zu
   den Aufgaben von nichtgeschäftsführenden Direktoren/Aufsichtsratsmitgliedern börsennotierter Gesellschaften sowie zu den Ausschüssen des Verwaltung/Aufsichtsrats –
   2005/162/EG, Anhang II, Nr. 1 lit. a) und e).
141 Durch die zutreffende Auslegung des Begriffs der Nahestehenden löst sich auch das in
   der Literatur problematisierte Thema, ob Vertreter von nahestehenden Personen einem
   Interessenkonflikt unterliegen, vgl. *Tarde* ZGR 2017, 360 (368).
142 ARUG II RegE, S. 77.
143 ARUG II RegE, S. 76; anders noch zuvor ARUG II RefE, S. 71, der dem Aufsichtsrat
   eine Einschätzungsprärogative geben wollte; vgl. *DAV-Handelsrechtsausschuss* NZG
   2019, 12 (16) Rn. 48.
144 ARUG II RegE, S. 86; *Lieder/Wernert* ZIP 2019, 989 (994); vgl. auch Ziff. 5.5.2 DCGK
   2019 sowie E1 DCGK 2019/20.
145 Vgl. auch Art. 9 c Abs. 4 UAbs. 1 2. ARRL.
146 ARUG II RegE, S. 77.

hat bei der Entscheidung, ob ein Interessenkonflikt vorliegt, **kein unternehmerisches Ermessen** iSd Business Judgement Rule, es ist auch kein Beurteilungsspielraum eröffnet.[147] Die Entscheidung des Aufsichtsrats zur Frage der Interessenkollision ist **gerichtlich vollständig überprüfbar**.[148]

103 Der Aufsichtsrat kann die für einen Interessenkonflikt sprechenden **Kriterien selbst präzisieren**; er kann sich dabei insbesondere an den EU-Empfehlungen zur Unabhängigkeit von Aufsichtsratsmitgliedern[149] des Abschlussprüfers[150] orientieren.[151]

3. Folge von Nahestehen oder Besorgnis der Befangenheit: Stimmverbot

104 Abs. 2 sieht ausdrücklich nur vor, dass die Mitglieder „ihr Stimmrecht nicht ausüben dürfen". Man kann sich fragen, ob das eine hinreichende Sicherung iSd Art. 9 c Abs. 4 sowie Erwägungsgrund 42 2. ARRL ist; denn die Richtlinie verlangt Verfahren, die die Ausnutzung ihrer Position durch die Nahestehenden auf die Entscheidung verhindern.[152] Besser als mit dem Stimmverbot gedient wäre dem Regelungsziel mit dem **vollständigen Ausschluss vom Entscheidungsprozess** durch ein Verbot der Teilnahme an allen entsprechenden Beratungen.[153] Nach dem Gedanken von Art. 9 c Abs. 4 UAbs. 3, 4 2. ARRL genügt aber auch das bloße Stimmverbot der Vorgabe der Richtlinie.[154]

4. Folgen der Stimmabgabe trotz Stimmverbots

105 Nehmen Aufsichtsratsmitglieder teil, die an der Abstimmung nicht teilnehmen durften, können sie und die anderen AR-Mitglieder sich nach allgemeinen Grundsätzen **schadensersatzpflichtig** machen (§§ 116 S. 1, 93 Abs. 2).[155]

106 Hinsichtlich der **Folgen der Stimmabgabe eines einem Stimmverbot unterliegenden Aufsichtsratsmitglieds** und deren Folgen für den **Zustimmungsbeschluss** ist zu differenzieren: Die Stimmabgabe eines einem Stimmverbot Unterliegenden ist nach allgemeinen Prinzipien nichtig.[156] Dies hat jedoch nicht automatisch die Nichtigkeit des Zustimmungsbeschlusses zur Folge: Der Beschluss ist nur nichtig, wenn die Stimme des einem Stimmverbot Unterliegenden ursächlich für dessen Zustandekommen war.[157]

---

147 *Lieder*/*Wernert* ZIP 2019, 989 (995).
148 ARUG II RegE, S. 78.
149 Empfehlung der Kommission vom 15. Februar 2005 zu den Aufgaben von nichtgeschäftsführenden Direktoren/Aufsichtsratsmitgliedern börsennotierte Gesellschaften sowie zu den Ausschüssen des Verwaltung-/Aufsichtsrats, 2005/162/EG.
150 Empfehlung der Kommission vom 16. Mai 2002 – Unabhängigkeit des Abschlussprüfers in der EU – Grundprinzipien – 2002/590/EG.
151 ARUG II RegE, S. 77.
152 Vgl. Art. 9 c Abs. 3, 4 UAbs. 4 2. ARRL.
153 Vgl. allg. aus der Lit.: Gem. § 109 Abs. 2 unterliegt das Recht zum Ausschluss von (Nicht-)Ausschussmitgliedern dem Vorbehalt eines wichtigen Grundes. Ein solcher wird zur Möglichkeit des Schutz vor Interessenkonflikten als aktienrechtlicher Organisationsgrundsatz anerkannt, vgl. GK-AktG/*Hopt*/*Roth* AktG § 109 Rn. 82; zum Erfordernis eines sachlichen Grundes MüKoAktG/*Habersack* AktG § 109 Rn. 26.
154 Vgl. allgemein zum Stimmrechtsausschluss aufgrund von Interessenkonflikten GK-AktG/ *Hopt*/*Roth* AktG § 108 Rn. 70 ff. mwN.
155 ARUG II RegE, S. 85; vgl. *Kleinert*/*Mayer* EuWZ 103, 107 f.; *Tarde* NZG 2019, 488 (493).
156 GK-AktG/*Hopt*/*Roth* AktG § 108 Rn. 163.
157 Vgl. die Grundsätze des BGH im Fall der fehlerhaften Aufsichtsratsbestellung BGHZ 196, 195, Rn. 20 ff. Vgl. dazu *Heidel* in Heidel Aktienrecht AktG § 250 Rn. 10 ff.; *Illner*, Die fehlerhafte Bestellung von Aufsichtsratsmitgliedern in der Aktiengesellschaft, S. 59 f.

Vgl. zur Frage der Auswirkung der Nichtigkeit des Zustimmungsbeschlusses auf das Außenverhältnis → Rn. 85 ff. 107

III. Bezugsgröße für Zustimmungspflicht bei Konzernsachverhalten (Abs. 3)

Abs. 3 regelt einen von Abs. 1 abweichenden Maßstab für den Schwellenwert bei Konzernsachverhalten. Das Gesetz sieht zwei unterschiedliche Maßstäbe vor, je nach dem, nach welchen gesetzlichen Vorschriften die Gesellschaft ihren Konzernabschluss aufzustellen hat. Bilanziert eine Gesellschaft gem. § 298 Abs. 1 iVm § 266 Abs. 2 Buchstabe A und B HGB, kommt es auf die Summe aus dem Anlage- und Umlaufvermögen des Konzerns auf der Grundlage des zuletzt gebilligten Konzernabschlusses an. Muss eine Gesellschaft ihren Konzernabschluss nach internationalen Rechnungslegungsstandards aufstellen (§ 315 e HGB), ist maßgebend „die Summe aus den entsprechenden Vermögenswerten des Konzernabschlusses nach den internationalen Rechnungslegungsstandards". 108

Vgl. zur allg. Kritik an der Bezugnahme auf die Summe von Anlage- und Umlaufvermögen → Rn. 55 ff., was entsprechend für Abschlüsse nach § 298 und nach § 315 e HGB gilt, da das jeweils die der Summe entsprechenden Vermögenswerte des Konzerns sind. 109

In der Anwendung unproblematisch sind die Regelungen für Konzernabschlüsse nach § 298 HGB, da diese die Summe des Anlage- und Umlaufvermögens ausweisen. 110

Problematisch ist die Auslegung, was bei Konzernabschlüssen nach internationalen Rechnungslegungsstandards nach § 315 e HGB die „Summe aus den entsprechenden Vermögenswerten des Konzernabschlusses"[158] darstellt. Direkt den nach HGB maßgeblichen Werten entsprechende Werte gibt es nach den internationalen Rechnungslegungsstandards nicht; IFRS kennen keine Aktivierung von Sachverhalten, denen keine „Assets" im Sinne des Framework zugrunde liegen: Auf der Aktivseite stehen lediglich „Assets" iSd IFRS – wobei ein „Asset" nach IFRS im Deutschen als „Vermögenswert" (nicht „Vermögensgegenstand") bezeichnet wird und die beiden Rechnungslegungssysteme bei dieser grundlegenden Frage nicht nur begrifflich (Wert versus Gegenstand), sondern auch inhaltlich voneinander abweichen. Vor diesem Hintergrund kann man ohne unverhältnismäßigen Überleitungsaufwand aus einem IFRS-Konzernabschluss keine Kennzahl ableiten, die vollkommen deckungsgleich ist mit der Summe aus Anlage- und Umlaufvermögen. Der ARUG II RegE gibt der Not gehorchend beispielhafte Auslegungsmöglichkeiten: Es könne „beispielsweise auf die Summe aus den langfristigen und den kurzfristigen Vermögenswerten oder die Bilanzsumme" abgestellt werden[159] (denkbar ist auch ein Bezug auf die Total Assets nach IFRS). Der ARUG II RegE bezeichnet aus den unterschiedlichen Bilanzierungsprinzipien nach HGB und den internationalen Standards resultierende unterschiedliche Beträge und dementsprechend unterschiedliche Schwellenwerte abhängig von dem jeweils anwendbaren Standards als „unvermeidlich".[160] Dies führt zu erheblichen Manipulationsmöglichkeiten, da es die Verwaltung der Gesellschaft selbst in der Hand hat festzulegen, auf welche Vermögenswerte sie abstellt. Indem die Grundlagen zur Bestimmung des zentralen Kriteriums der §§ 111 a ff. nicht klar bestimmt sind, wird der Schutzzweck der Regelung zu Geschäften mit Nahestehenden (→ Rn. 1) verwässert. Der EuGH fordert für die Umsetzung von Richtlinien, dass die darin angelegten Pflichten „so bestimmt und klar" gewährleistet sein müssen, „dass die Rechtssicherheit garan- 111

---

158 Eine entsprechende Formulierung wählte für Mutterunternehmen auch der österreichische Gesetzgeber für den dortigen § 95 a Abs. 3 S. 3.
159 ARUG II RegE, S. 85.
160 ARUG II RegE, S. 85.

tiert ist".[161] Diesen Vorgaben entspricht die deutsche Umsetzung der 2. ARRL uE nicht.

IV. Ersetzung der AR-Zustimmung durch Hauptversammlung (Abs. 4)

112 Abs. 4 bestimmt eine subsidiäre Zuständigkeit der Hauptversammlung für die Zustimmung zu Geschäften mit Nahestehenden (sog. „Whitewash Option"). Voraussetzungen der Zuständigkeit sind nach S. 1 **kumulativ** die **Versagung der Zustimmung durch den Aufsichtsrat(sausschusses)** und **das Verlangen des Vorstands**, die Hauptversammlung über den Abschluss des Geschäfts abstimmen zu lassen. Die Norm entspricht dem Vorbild von § 111 Abs. 4 S. 3. Dessen S. 4 soll aber nicht (analog) anzuwenden sein, vielmehr soll für den HV-Beschluss entsprechend der allgemeinen Regel des § 133 Abs. 1 die **einfache Mehrheit** der abgegebenen Stimmen genügen.[162]

113 S. 2 normiert einen **Stimmrechtsausschluss** der Nahestehenden (nicht aber nach dem Vorbild von nach Abs. 2 befangener AR-Mitglieder).[163]

C. Rechtsfolge von Verstößen

I. Europarechtliche Vorgaben

114 Art. 14 b 2. ARRL verpflichtet die Mitgliedstaaten, Regeln für Maßnahmen und Sanktionen festzulegen, die bei Verstößen gegen die gemäß der Richtlinie erlassenen nationalen Vorschriften zu verhängen sind; zudem müssen sie alle erforderlichen Maßnahmen zur Sicherstellung ergreifen, dass die Regeln angewandt werden (Abs. 1). Die vorgesehenen Maßnahmen und **Sanktionen** „müssen wirksam, verhältnismäßig und abschreckend sein" (Abs. 2). Der deutsche Gesetzgeber hält die haftungsrechtlichen Folgen bei Verstößen gegen die Vorgaben des § 111 b für eine hinreichende Sanktion iSd Art. 14 b Abs. 2 2. ARRL, um die Organmitglieder zur sorgfältigen Beachtung der Regeln des § 111 b anzuhalten, weist dabei auch auf die strafrechtliche Sanktion nach § 266 StGB hin.[164]

II. Folgen für die Wirksamkeit des Geschäfts und Ansprüche gegen Nahestehenden

115 Die Folgen von Verstößen gegen die Pflichten nach § 111 b für das Geschäft mit dem Nahestehenden und Ansprüche gegen diesen haben wir an anderer Stelle erörtert (→ Rn. 85 ff.).

III. Ordnungswidrigkeiten und strafrechtliche Folgen

116 Anders als der Verstoß gegen § 111 c (→ § 111 c Rn. 20 f.) ist derjenige gegen § 111 b nicht bußgeldbewehrt.

---

161 EuGH, Rs. C-217/97 (*Kommission/Deutschland*), Slg 1999, I-5087; Grabitz/Hilf/Nettesheim/*Nettesheim* AEUV Art. 288 Rn. 120.
162 ARUG II RegE, S. 85.
163 Vgl. ARUG II RegE, S. 85 – die Begründung bezeichnet das geradezu in populistischer Diktion dennoch als „die konsequente Fortsetzung des Stimmrechtsausschlusses gemäß § 111 b Abs. 2" und Umsetzung von Art. 9 c Abs. 4 UAbs. 3 2. ARRL", „sie „vergisst" aber zu erwähnen, das Art. 9 c Abs. 4 UAbs. 3 nicht nur das Stimmverbot des am Geschäft beteiligten Nahestehendenden vorschreibt, sondern UAbs. 1 die allgemeine Regel aufstellt, dass das Zustimmungsverfahren generell die Ausnutzung der Position des Nahestehenden verhindern muss, wozu auch der Ausschluss befangener Aktionäre gehört.
164 Vgl. ARUG II RegE, S. 84.

Möglich ist eine **Strafbarkeit nach § 266 StGB**, wenn der Vorstand trotz fehlender (wirksamer) AR-Zustimmung handelt oder der Aufsichtsrat bei seiner Entscheidung gegen die ihm durch das Gesetz vorgegebenen Grenzen verstößt.[165]   117

IV. Folgen für Organstellung

Vorstandsmitglieder, die entgegen einer verweigerten Zustimmung bzw. ohne eine Zustimmung einzuholen ein zustimmungspflichtiges Geschäft abschließen, kann der Aufsichtsrat unter den Voraussetzungen des § 84 Abs. 3 S. 1 **abberufen**. Das setzt einen wichtigen Grund voraus. Der Gesellschaft muss die Fortsetzung des Organverhältnisses mit dem Vorstandsmitglied bis zum Ende seiner Amtszeit unzumutbar sein.[166] Es reicht nicht jeder Verstoß gegen die Pflichten; in Betracht kommt eine Abberufung insbes. bei grob fahrlässigem/vorsätzlichem Handeln oder wiederholter Verletzung der Pflichten.[167] Angesichts der hohen Schwelle des § 111 b Abs. 1, 3 wird bei einem bewussten Verstoß die Abberufung idR geboten sein, ebenso wie die Kündigung des Vorstands-Anstellungsvertrages.   118

V. Haftung von Organmitgliedern gegenüber der Gesellschaft

Eine Haftung gegenüber der Gesellschaft kommt für pflichtvergessene Vorstands- und Aufsichtsratsmitglieder auf der Grundlage von §§ 93 Abs. 2 und 116 S. 2 in Betracht (→ Rn. 85 f.). Der Vorstand verletzt seine Pflichten, wenn er den Zustimmungsvorbehalt (erst recht die Verweigerung der Zustimmung) missachtet, § 82 Abs. 2, und haftet auf Ersatz des durch die Missachtung des Zustimmungsvorbehalts verursachten Schadens.[168] Die Haftungsfolge greift auch ein, wenn die Gesellschaft für sie nachteilige Geschäfte mit Nahestehenden abschließt, denen der Aufsichtsrat, wäre er ordnungsgemäß eingebunden worden, nicht hätte zustimmen dürfen.[169] Einschlägig kann auch die Haftung nach § 823 Abs. 2 BGB iVm § 266 StGB sein.[170] Der Aufsichtsrat muss dafür sorgen, dass das Zustimmungsverfahren ordnungsgemäß abläuft (zB ordnungsgemäße Besetzung des Ausschusses gem. § 107 Abs. 3 S. 4, → § 107 Rn. 3 f., 6 f.). So kommt z.B. eine Haftung eines Aufsichtsratsmitglieds in Betracht, wenn es einen Interessenkonflikt nicht offenlegt; die anderen Aufsichtsratsmitglieder werden in einem solchen Fall typischerweise nur haften, wenn sie Anhaltspunkte dafür haben konnten, dass das Mitglied einem Konflikt unterliegt (→ Rn. 102). Aufsichtsratsmitglieder können auch haftbar sein, wenn sie einem unangemessenen Geschäft zustimmen.   119

VI. Außenhaftung

Eine unmittelbare Haftung **gegenüber (auch ehemaligen) Aktionären** bei Vornahme von Geschäften mit Nahestehenden ohne die erforderliche AR-Zustimmung oder bei deren rechtswidriger Erteilung scheidet uE idR (abgesehen von den Fällen nach § 826 BGB, §§ 117, 317) aus (vgl. demgegenüber zur Folge von pflichtwidrig vorgenommenen oder unterlassenen Veröffentlichungen nach § 111 c, → § 111 c Rn. 25 ff.). Dafür halten wir zwei Gründe für maßgebend: Zum einen geht das Aktiengesetz als allge-   120

---

165 ARUG II RegE S. 84 spricht den Untreuetatbestand in Hinblick auf Verletzungen des Zustimmungsvorbehalts ausdrücklich an; vgl. allg. *Fischer* StGB § 266 Rn. 69.
166 BGH ZIP 2007, 119; Spindler/Stilz/*Fleischer* AktG § 84 Rn. 100.
167 Vgl. zu Folgen des Verstoßes des Vorstands gegen den Zustimmungsvorbehalt nach § 111 Abs. 4 S. 2 GK-AktG/*Hopt/Roth* AktG § 111 Rn. 761; *Breuer/Fraune* in Heidel Aktienrecht AktG § 111 Rn. 38.
168 Vgl. zum Parallelfall des Verstoßes gegen Zustimmungsvorbehalte nach § 111 Abs. 4 MüKoAktG/*Habersack* AktG § 111 Rn. 147, MüKoAktG/*Spindler* AktG § 82 Rn. 46; *Oltmanns* in Heidel Aktienrecht AktG § 82 Rn. 12; *Breuer/Fraune* in Heidel Aktienrecht AktG § 111 Rn. 38.
169 *Kleinert/Mayer* EuZW 2019, 103 (107).
170 Vgl. ARUG II RegE, S. 84; *Seidel* AG 2018, 423 (429).

meinen Grundsatz aus diversen Vorschriften (§§ 117 Abs. 1 S. 2, 317 Abs. 1 S. 2) davon aus, dass Aktionäre eigene Ersatzansprüche nur bei Schäden haben, die über die Schädigung der Gesellschaft hinausgehen.[171] Nachteilige Geschäfte mit Nahestehenden schädigen zunächst einmal die Gesellschaft. Der Schaden der Aktionäre ist typischerweise ein mittelbarer Schaden, der ein Reflex zur Schädigung der Gesellschaft ist.[172] Zum anderen gehen rechtsähnliche Materien wie § 57 von bloßer Innenhaftung aus,[173] so dass eine Außenhaftung ein Systembruch wäre, den die 2. ARRL nicht gebietet.

121   **Außenstehenden Dritten** (zB Gläubigern der Gesellschaft oder solchen, die die Gesellschaft zugunsten eines unangemessenen Geschäfts mit einem Nahestehenden übergangen hat) können uE keine Ersatzansprüche zustehen, da die Regeln der §§ 111 a ff. den Schutz der Gesellschaft und ihrer (Minderheits-)Aktionäre bezwecken, nicht aber den Schutz Dritter (vgl. allg. zum Schutzzweck der §§ 111 a ff. und der 2. ARRL → § 111 a Rn. 1).

§ 111 c Veröffentlichung von Geschäften mit nahestehenden Personen

(1) [1]Die börsennotierte Gesellschaft hat Angaben zu solchen Geschäften mit nahestehenden Personen, die gemäß § 111 b Absatz 1 der Zustimmung bedürfen, unverzüglich gemäß Absatz 2 zu veröffentlichen. [2]Ist die Zustimmungsbedürftigkeit eines Geschäfts nach § 111 b Absatz 1 durch Zusammenrechnung mehrerer Geschäfte ausgelöst worden, so sind auch diese Geschäfte zu veröffentlichen.

(2) [1]Die Veröffentlichung hat in einer Art und Weise zu erfolgen, die der Öffentlichkeit einen leichten Zugang zu den Angaben ermöglicht. [2]Die Veröffentlichung hat entsprechend den Regelungen in § 3 a Absatz 1 bis 4 der Wertpapierhandelsanzeigeverordnung vom 13. Dezember 2004 (BGBl. I S. 3376), die zuletzt durch Artikel 1 der Verordnung vom 19. Oktober 2018 (BGBl. I S. 1758) geändert worden ist, zu erfolgen. [3]Die Veröffentlichung muss alle wesentlichen Informationen enthalten, die erforderlich sind, um zu bewerten, ob das Geschäft aus Sicht der Gesellschaft und der Aktionäre, die keine nahestehenden Personen sind, angemessen ist. [4]Dies umfasst mindestens Informationen zur Art des Verhältnisses zu den nahestehenden Personen, die Namen der nahestehenden Personen sowie das Datum und den Wert des Geschäfts. [5]Die Angaben sind zudem auf der Internetseite der Gesellschaft für einen Zeitraum von mindestens fünf Jahren öffentlich zugänglich zu machen.

(3) [1]Handelt es sich bei dem Geschäft mit einer nahestehenden Person um eine Insiderinformation gemäß Artikel 17 der Verordnung (EU) Nr. 596/2014 des Europäischen Parlaments und des Rates vom 16. April 2014 über Marktmissbrauch (Marktmissbrauchsverordnung) und zur Aufhebung der Richtlinie 2003/6/EG des Europäischen Parlaments und des Rates und der Richtlinien 2003/124/EG, 2003/125/EG und 2004/72/EG der Kommission (ABl. L 173 vom 12.6.2014, S. 1; L 287 vom 21.10.2016, S. 320; L 348 vom 21.12.2016, S. 83), die zuletzt durch die Verordnung (EU) 2016/1033 (ABl. L 175 vom 30.6.2016, S. 1) geändert worden ist, sind die nach Absatz 2 erforderlichen Angaben in die Mitteilung gemäß Artikel 17 der Verordnung (EU) Nr. 596/2014 aufzunehmen. [2]In diesem Fall entfällt die Verpflichtung nach Absatz 1. [3]Artikel 17 Absatz 4 und 5 der Verordnung (EU) Nr. 596/2014 gilt sinngemäß.

---

171 Vgl. *Kleinertz/Walchner* in Heidel Aktienrecht AktG § 117 Rn. 13; *Schatz/Schödel* in Heidel Aktienrecht AktG § 317 Rn. 7; Hüffer/Koch AktG § 117 Rn. 9 und AktG § 317 Rn. 8.

172 BGHZ 197, 75 = NJW 2013, 1434 Rn. 35 unter Verweis auf die st. Rspr. des II. Zivilsenats NJW 1987, 1077 (1079); NJW 1988, 413 (414) und BGHZ 105, 121, 130 f.

173 Hüffer/Koch AktG § 57 Rn. 32.

(4) Ist die Gesellschaft Mutterunternehmen im Sinne der internationalen Rechnungslegungsstandards, die durch die Verordnung (EG) Nr. 1126/2008 übernommen wurden, gelten Absatz 1 Satz 1 sowie die Absätze 2 und 3 entsprechend für ein Geschäft eines Tochterunternehmens mit der Gesellschaft nahestehenden Personen, sofern dieses Geschäft, wenn es von der Gesellschaft vorgenommen worden wäre, nach § 111 b Absatz 1 und 3 einer Zustimmung bedürfte.

A. Regelungsgehalt

§ 111 c verpflichtet zur öffentlichen Bekanntmachung der wesentlichen Geschäfte börsennotierter Gesellschaften mit Nahestehenden spätestens zum Zeitpunkt ihres Abschlusses. Aktionäre, Gläubiger, Arbeitnehmer und andere Interessierte sollen mit der zeitgleichen Offenlegung der Geschäfte **über potenziell unternehmenswertrelevante Vorgänge** informiert werden.[1] Zudem soll die Bekanntmachung es ermöglichen, das Geschäft **anzufechten** – auch auf dem Rechtsweg (vgl. Erwägungsgrund 44 der 2. ARRL)[2] – was der ARUG II RegE als Sinn der Regelung wohl nicht zufällig übergeht.[3] Dieser ausdrückliche Zweck der Veröffentlichungspflicht bedingt, dass das deutsche Recht europarechtskonform auszulegen ist und effektive Rechtsschutzmöglichkeiten für die Adressaten der Informationspflicht bereithalten muss, um gegen Geschäfte mit Nahestehenden zu unangemessenen Konditionen vorgehen zu können (→ § 111 b Rn. 1, 114). Die Norm ist das Ergebnis der gesetzgeberischen Entscheidungen zur Umsetzung von Art. 9 c Abs. 2 2. ARRL in deutsches Recht.[4] Der

1

---

1 ARUG II RegE, S. 86.
2 „Gesellschaften sollten wesentliche Geschäfte spätestens zum Zeitpunkt ihres Abschlusses öffentlich bekannt machen und das nahestehende Unternehmen bzw. die nahestehende Person, das Datum und den Wert des Geschäfts angeben sowie etwaige weitere Informationen zur Verfügung stellen, die notwendig sind, um die Angemessenheit des Geschäfts zu beurteilen. Die öffentliche Bekanntmachung solcher Geschäfte, beispielsweise auf der Website einer Gesellschaft oder durch problemlos zugängliche sonstige Mittel, ist erforderlich, damit sich Aktionäre, Gläubiger, Arbeitnehmer und andere interessierte Parteien über potenzielle Auswirkungen informieren können, die solche Geschäfte unter Umständen auf den Wert der Gesellschaft haben. Die genaue Angabe des nahestehenden Unternehmens bzw. der nahestehenden Person ist erforderlich, um die durch das Geschäft geschaffenen Risiken besser zu bewerten und es zu ermöglichen, dass das Geschäft – auch auf dem Rechtsweg – angefochten werden kann." Im Englischen heißt es insoweit „to enable challenges to the transaction, including by means of legal action", im Französischen „et de permettre de la contester, notamment par une action en justice".
3 ARUG II RegE, S. 86, wo nur die Information über unternehmenswertrelevante Vorgänge angesprochen ist. Ebenso zuvor ARUG II RefE, S. 110.
4 Dort heißt es: „Die Mitgliedstaaten stellen sicher, dass Gesellschaften wesentliche Geschäfte mit nahestehenden Unternehmen oder Personen spätestens zum Zeitpunkt ihres Abschlusses öffentlich bekannt machen. Die Bekanntmachung muss mindestens Informationen zur

ARUG II RefE wollte die Veröffentlichungspflicht noch im WpHG vorsehen.[5] Die Pflicht ist trotz Verortung im AktG **kapitalmarktrechtlich**.[6] Sie ist der zur Veröffentlichung von Insiderinformationen gem. Art. 17 MAR[7] angeglichen. Hiermit beabsichtigt der Gesetzgeber, die Rechtsanwendung für die Gesellschaften zu erleichtern; gleichartige Informationen sollen im Interesse ihrer Adressaten über gleiche Kanäle transportiert werden.[8] Die Pflicht erfasst die börsennotierte AG, KGaA und SE.[9] (→ § 111 a Rn. 3; → § 111 b Rn. 5)

B. Die Regelungen im Einzelnen

I. Veröffentlichungspflicht (Abs. 1)

2 Die börsennotierte Gesellschaft (→ § 111 a Rn. 3, → § 111 b Rn. 5) hat **Angaben zu Geschäften** mit Nahestehenden, die gemäß § 111 b Abs. 1 der AR-Zustimmung bedürfen, **unverzüglich gemäß Abs. 2 zu veröffentlichen**. Sie muss alle Geschäfte veröffentlichen, die tatsächlich dem Zustimmungsvorbehalt des § 111 b Abs. 1 unterliegen; ausgenommen sind daher insbes. die gem. § 111 a Abs. 2 und 3 vom Vorbehalt ausgenommenen Geschäfte.[10]

3 Da der Schwellenwert des § 111 b Abs. 1 auf zwei Wegen erreicht werden kann, (→ § 111 b Rn. 10 ff.) gibt es korrespondierend **zwei Konstellationen, die die Veröffentlichungspflicht auslösen**:[11] Zum einen kann **ein Geschäft für sich genommen** die Schwelle erreichen (§ 111 b Abs. 1 Hs. 1 Alt. 1, ggf. iVm § 111 b Abs. 3).[12] Es ist dann als solches zu veröffentlichen. Zum anderen sind die **Geschäfte zusammenzurechnen** (zu aggregieren), die die Gesellschaft mit demselben Nahestehenden innerhalb desselben Geschäftsjahrs vor dem jeweiligen Geschäft vorgenommen hat (§ 111 b Abs. 1 Hs. 1 Alt. 2, ggf. iVm § 111 b Abs. 3,[13] → § 111 b Rn. 12 ff.).[14] Bei Überschreitung des Schwellenwerts aufgrund Aggregation sind gem. Abs. 1 S. 1 alle Geschäfte zu veröf-

---

Art des Verhältnisses zu den nahestehenden Unternehmen oder Personen, die Namen der nahestehenden Unternehmen oder Personen, das Datum und den Wert des Geschäfts und alle weiteren Informationen enthalten, die erforderlich sind, um zu bewerten, ob das Geschäft aus Sicht der Gesellschaft und der Aktionäre, die weder ein nahestehendes Unternehmen noch nahestehende Person sind, einschließlich der Minderheitsaktionäre, angemessen und vernünftig ist."

5 ARUG II RefE, S. 24 f.
6 Vgl. ARUG II RegE, S. 97; *Lieder/Wernert* ZIP 2019, 989 (996).
7 Verordnung (EG) Nr. 596/2014 des europäischen Parlaments und des Rates vom 16. April 2014 über Marktmissbrauch und zur Aufhebung der Richtlinie 2003/6/EG des europäischen Parlaments und des Rates und der Richtlinie 2003/124/EG, 2003/125/EG und 2004/72/EG der Kommission.
8 ARUG II RegE, S. 86.
9 ARUG II RegE, S. 86.
10 ARUG II RegE, S. 86.
11 ARUG II RegE, S. 86; *Müller* ZIP 2019, 2429 (2436).
12 Der ARUG II RegE, S. 86 (wo es zutreffend heißt, für die Schwellenwertberechnung komme § 111 b Abs. 3 zur Anwendung, da der darin geregelte Wert an die Stelle des Schwellenwerts nach § 111 b Abs. 1 trete, was sich bereits durch den Verweis auf § 111 b Abs. 1 ergebe).
13 ARUG II RegE, S. 86.
14 In dem ARUG II RegE, S. 86, heißt es auch häufig fälschlich, es finde „eine Aggregation der innerhalb der letzten zwölf Monate mit derselben Person vorgenommenen Geschäft statt". Der identische Inhalt fand sich auch im ARUG II RefE S. 110 zur damaligen Fassung des § 111 b Abs. 1, vgl. ARUG II RefE, S. 10, wonach tatsächlich die in der die letzten zwölf Monate vor Abschluss des Geschäfts mit derselben Person getätigten Geschäfte zusammengefasst werden sollten. Offenbar war den Verfassern des ARUG II RegE entgangen, dass der Regierungsentwurf in § 111 b Abs. 1 wie in der endgültigen Gesetzesfassung nicht mehr auf den Zwölf-Monats-Zeitraum abstellte, sondern auf die im laufenden Geschäftsjahr vor Abschluss des Geschäfts mit demselben Nahestehenden getätigten Geschäfte.

fentlichen, die dabei zu berücksichtigen (→ § 111 b Rn. 12 ff.) sind.[15] Nicht zu veröffentlichen sind die Geschäfte, die den Ausnahmen von § 111 a Abs. 2 und Abs. 3 unterfallen oder schon früher nach § 111 c veröffentlicht wurden.[16] Zu veröffentlichen sind aber zB die Geschäfte eines Tochterunternehmens mit einem Nahestehenden, die bei der Aggregation zu berücksichtigen sind.[17] Die im laufenden Geschäftsjahr vorgenommenen früheren Geschäfte mit demselben Nahestehenden bleiben zwar zustimmungsfrei (→ § 111 b Rn. 13), unterfallen aber der nachträglichen Bekanntmachungspflicht.[18] Maßgeblicher Zeitpunkt für die Veröffentlichung bei Überschreiten des Schwellenwertes infolge Zusammenfassung ist der Abschluss des zustimmungspflichtigen Geschäfts, das zusammen mit den vorherigen zur Schwellenüberschreitung führt.[19] Die Veröffentlichung aller bei der Aggregation zu berücksichtigenden Geschäfte soll insbes. eine künstliche Aufspaltung von Transaktionen aufdecken.[20] Da es für die Frage der Veröffentlichungspflicht nach § 111 c auf die Zustimmungspflicht nach § 111 b ankommt, gilt sie uE auch für alle nach Überschreiten der Schwelle des § 111 b Abs. 1 bzw. Abs. 3 geschlossenen Geschäfte[21] (→ § 111 b Rn. 16 f.).

Sonstige Geschäfte mit Nahestehenden können bei Vorliegen von dessen Voraussetzungen **ad hoc-pflichtig** nach Art. 17 MAR sein. Eine beschränkte nachträgliche Offenlegung gibt es im Rahmen der **Bilanzpublizität**, § 8 b Abs. 2 Nr. 4, Abs. 3 S. 1 Nr. 1, § 325 HGB iVm §§ 285, Nr. 21, 314 Nr. 13 HGB bzw. IAS 24.[22] Die Pflichten nach § 111 c gehen deutlich über die Bilanzpublizitätspflichten hinaus; im Vordergrund stehen dort die „nicht zu marktüblichen Konditionen zustande gekommenen Geschäfte". Keine Offenlegung ergibt sich durch die Regeln zum **Abhängigkeitsbericht** im faktischen Konzern. Zwar ist die Abhängigkeitsberichterstattung unabhängig von Schwellenwerten, sie unterliegt aber nicht der Bilanzpublizität und ist prinzipiell bislang lediglich intern,[23] sieht man von den lediglich summarischen Schlusserklärungen und der Berichterstattung des Vorstands und des Aufsichtsrats an die Hauptversammlung sowie einer etwaigen Sonderprüfung ab (vgl. §§ 312 Abs. 3 S. 3, 314 Abs. 2 S. 1, 315). Wegen den erheblichen Gefährdungspotenzials zulasten der Gesellschaft, ihrer Aktionäre und zumal ihrer Minderheitsaktionäre unterfallen Geschäfte mit Nahestehenden typischerweise **umfassenden Auskunftspflichten in der Hauptversammlung** nach § 131 Abs. 1.[24] Sie können auch Gegenstand von **Sonderprüfungen** gemäß §§ 145, 315 sein.

Die Gesellschaft muss nach Abs. 1 S. 1 **zustimmungsbedürftige Geschäfte** „unverzüglich" veröffentlichen. S. 1 lässt sich allerdings nicht näher dazu aus, was konkreter **Anknüpfungspunkt für die Veröffentlichungspflicht** ist; es heißt lediglich, dass Angaben zu solchen Geschäften, die der AR-Zustimmung bedürfen, unverzüglich gem. Abs. 2 zu veröffentlichen sind.

4

5

---

15 *Lieder/Wernert* ZIP 2019, 989 (996); *Müller* ZIP 2019, 2429 (2436). Undeutlich, möglicherweise sogar falsch, *Eisele/Oser* DB 2019, 1517 (1522 f.).
16 ARUG II. RegE, S. 86.
17 AA *Florstedt* ZHR 184 (2020), 10 (41).
18 *Müller* ZIP 2019, 2429 (2436).
19 ARUG II RegE, S. 86.
20 *Müller* ZIP 2019, 2429 (2436).
21 *Eisele/Oser* DB 2019, 1517 (1518), 1522.
22 Vgl. *Schmidt* EuZW 2019, 261 (264).
23 Im Schrifttum wird mit allem Recht häufig eine Novelle zur Offenlegung oder jedenfalls mehr Transparenz verlangt, mit Unterschieden im Einzelnen, vgl. *Bayer/Selentin* NZG 2015, 7,11 f.; *Fleischer* BB 2014, 835 (839 ff.); GK-AktG/*Fleischer* AktG § 312 Rn. 15 ff.; *Habersack* AG 2016, 691 (694 ff.); Hüffer/Koch AktG § 312 Rn. 38; *Schatz/Schödel* in Heidel Aktienrecht AktG § 312 Rn. 5; *Schmidt* NZG 2018, 1201 (1214); *Vetter* in 50 Jahre Aktiengesetz (2015), S. 231, 253 ff.; dagegen *Hommelhoff* Gutachten G 59, DJT S. 59; Spindler/Stilz/*Müller* AktG § 312 Rn. 4.
24 Vgl. LG Frankfurt AG 2020, 106 (107 f.).

6   Der ARUG II RegE problematisiert demgegenüber den Zeitpunkt in zweierlei Hinsicht: Zum einen geht es (zutreffend) um den Fall der **pflichtwidrigen Nicht-Befassung des Aufsichtsrats** mit dem Geschäft: Werde ein zustimmungspflichtiges Geschäft entgegen § 111 b Abs. 1 AktG ohne vorherige Zustimmung und ohne Vorbehalt der AR-Zustimmung abgeschlossen, bleibe es im Außenverhältnis wirksam (→ § 111 b Rn. 86). Dann sei dem Schutzzweck der Veröffentlichungspflicht durch ihr Fortbestehen Rechnung zu tragen. Diese folge aus der Zustimmungspflichtigkeit des Geschäfts, nicht der Erteilung der Zustimmung.[25]

7   Zum anderen geht es um den (komplizierter zu beurteilenden) Fall, dass der Vorstand **bei einem Geschäft die vorherige AR-Zustimmung vorbehält** (vgl. → § 111 b Rn. 82 zur dabei bestehenden Pflicht des Vorstands, auch im Außenverhältnis die Entscheidungsfreiheit des Aufsichtsrats zu wahren): Gem. § 111 b Abs. 1 sei die vorherige AR-Zustimmung zu dem Geschäft erforderlich; daher komme auch eine Veröffentlichung regelmäßig erst nach Erteilung der Zustimmung in Betracht. Eine Veröffentlichung von Geschäften vor Erteilung der Zustimmung sei nicht erforderlich.[26] Dieser Gesetzesauslegung des ARUG II RegE ist indessen nicht zu folgen. Sie hat im Wortlaut des Gesetzes keinen Niederschlag gefunden und ist daher auch nicht maßgeblich bei der Interpretation heranzuziehen.[27] Abs. 1 S. 1 stellt nämlich klipp und klar darauf ab, dass die Angaben zu den Geschäften unverzüglich zu veröffentlichen sind. Dh, **maßgebender Auslöser der Pflicht ist das Geschäft** – nicht aber erst die dem Geschäft folgende **AR-Zustimmung**. Das Geschäft iSd S. 1 ist der Abschluss des Geschäfts – nicht erst die Zustimmung zu dem Geschäft. Möglicherweise haben die Entwurfsverfasser die Fehlvorstellung gehabt, dass ein Geschäft erst wirksam zustande gekommen ist, wenn der AR zugestimmt hat. Zustimmungspflichtige Geschäfte mit Nahestehenden werden aber auch ohne die Zustimmung des AR im Außenverhältnis mit dem Abschluss durch den Vorstand wirksam (→ § 111 b Rn. 86 ff.). Auch § 158 Abs. 1 BGB streitet für eine Veröffentlichung bereits mit Abschluss des Geschäfts: Wird ein Rechtsgeschäft unter einer aufschiebenden Bedingung vorgenommen (m.a.W. wird ein Geschäft aufschiebend bedingt abgeschlossen), so tritt zwar die von der Bedingung abhängig gemachte Wirkung erst mit dem Eintritt der Bedingung ein. Die Parteien eines bedingt abgeschlossenen Geschäfts sind aber bereits durch dessen Abschluss gebunden und können die Beziehung nicht einseitig lösen.[28] Dies gilt gerade im Fall der fehlenden AR-Zustimmung, da das Geschäft im Außenverhältnis schon wirksam ist. Vorstehendes folgt auch im Wege richtlinienkonformer Auslegung: Art. 9 c Abs. 2 S. 1 2. ARRL verlangt die Veröffentlichung „spätestens zum Zeitpunkt des Abschlusses" des Geschäfts – nicht aber etwa „spätestens zum Zeitpunkt der AR-Zustimmung zum Abschluss"; auf den Abschluss des Geschäfts folgt später die Zustimmung nach Art. 9 c Abs. 4 2. ARRL (vgl. zu deren Inhalt → § 111 b Rn. 79 ff.).

8   Das Geschäft ist nach dem Wortlaut des Gesetzes „**unverzüglich**" zu veröffentlichen. Im allgemein juristischen Sprachgebrauch bedeutet „unverzüglich", dass etwas ohne schuldhaftes Zögern zu erfolgen hat (vgl. § 121 Abs. 1 S. 1 BGB); der kapitalmarktrechtliche Unverzüglichkeitsbegriff (§ 15 Abs. 1 WpHG aF, Art. 17 Abs. 1 MAR) ist deutlich strenger, insbes. kommt es nicht auf die Kenntnis des Emittenten an.[29] Art. 9 c Abs. 2 S. 1 2. ARRL verlangt anders als § 111 c Abs. 1 die Veröffentlichung spätestens zum Zeitpunkt des Abschlusses des Geschäfts (ebenso Erwägungsgrund 44 2. ARRL). Der deutsche Gesetzgeber hat sich erklärtermaßen aufgrund technischer Umstände und damit zusammenhängender Besorgnis einer vielfach faktischen Unmöglichkeit der Veröffentlichung zu diesem Zeitpunkt demgegenüber für die lediglich

---

25   ARUG II. RegE, S. 86.
26   ARUG II RegE, S. 86.
27   Vgl. zu diesem Grundsatz BGH AG 2009, 624.
28   Vgl. MüKoBGB *Westermann* BGB § 158 Rn. 39.
29   Vgl. ARUG II RegE, S. 86; JVRB/*Voß* WpHG § 15 Rn. 92 ff.; *Klöhn* Art. 17 MAR Rn. 105; Assmann/Schneider/Mülbert WpHG/*Assmann* Art. 17 MAR Rn. 63 ff.

unverzügliche Veröffentlichungspflicht entschieden.[30] Unverzüglich im Sinne von Abs. 1 S. 2 soll eine Veröffentlichung idR noch innerhalb einer Frist von vier Handelstagen sein;[31] mache die Gesellschaft von der Möglichkeit einer einheitlichen Veröffentlichung gemäß Abs. 3 Gebrauch, gelte der strengere Unverzüglichkeitsmaßstab von Art. 17 Abs. 1 MAR.[32] Nach Ansicht einiger Veröffentlichungen ist **die gesetzliche Regel europarechtswidrig**, da Art. 9 c Abs. 2 S. 1 2. ARRL ausdrücklich eine Bekanntgabe „spätestens zum Zeitpunkt des Abschlusses" verlange.[33]

Wir meinen demgegenüber, man braucht nicht so weit zu gehen, die Regelung als europarechtswidrig zu bezeichnen; das Wörtchen „unverzüglich" ist nämlich der **europarechtskonformen Auslegung** im Sinne der 2. ARRL[34] ohne Weiteres zugänglich, zumal die Vorstellung der Bundesregierung im ARUG II RegE von der regelmäßig 4-tägigen Frist zur Veröffentlichung im Wortlaut des Gesetzes keinen Niederschlag gefunden hat. Unverzüglich ist danach bei europarechtskonformer Auslegung eine Information, die die nach § 111 c **erforderlichen Informationen dem Kapitalmarkt spätestens bei Abschluss des Geschäfts, dh zeitgleich mit diesem** präsentiert. Das bedeutet für die betroffenen Gesellschaften keine sonderliche Erschwerung; denn sie wissen (oder müssen es wissen) im Vorfeld eines Geschäftsabschlusses selbstverständlich, dass die Veröffentlichungs- und AR-Zustimmungspflicht nach § 111 b f. einschlägig sind. Dann müssen und können sie bis zum Abschluss des Geschäfts alles dafür vorbereiten, den Kapitalmarkt zeitgleich mit dem Abschluss des Geschäfts gesetzeskonform zu informieren. 9

II. Modalitäten und Inhalt der Veröffentlichung (Abs. 2)

Abs. 2 regelt die **Modalitäten** der in Abs. 1 vorgeschriebenen Veröffentlichung. Diese bezweckt die **aktive Information** der Adressaten durch die Veröffentlichung;[35] die Gesellschaften müssen dabei Medien wählen, die zu einer aktiven Information der Adressaten führen.[36] Die Veröffentlichung hat nach Abs. 2 S. 1 „in einer Art und Weise zu erfolgen, die der Öffentlichkeit einen leichten Zugang zu den Angaben ermöglicht". Eine bloß passive Anzeige der Geschäfte allein auf der Internetseite genügt nach dem klaren Wortlaut des Gesetzes und den Motiven des Gesetzgebers nicht.[37] Die Pflichten sind näher definiert in der nach Abs. 2 S. 2 entsprechend anwendbaren 10

---

30 ARUG II RegE, S. 86; zustimmend *Bungert/Berger* DB 2018, 2860 (2866 f.); *DAV-Handelsrechtsausschuss* NZG 2019, 12; *Heldt* AG 2018, 905 (919); *Lieder/Wernert* ZIP 2019, 989 (996 f.) (die meinen, die deutsche Regelung trage dem „Anliegen der Richtlinie … auch durch eine geringfügig verzögerte Bekanntmachung der Transaktion Genüge", denn auch sie stelle die notwendigen Informationen zur Verfügung – was aber verkennt, dass die Richtlinie schlicht und einfach ein konkretes Ereignis als Zeitpunkt der spätesten Veröffentlichung festlegt, nämlich den Abschluss des Geschäfts, nicht aber einen ggf. auch nur geringfügig späteren Zeitpunkt); *Müller* ZGR 2019, 97 (104 f.).

31 ARUG II RegE, S. 86 unter Bezugnahme auf wertpapierhandelsrechtliche Regelungen wie § 33 WpHG; vgl. *Bungert/Wansleben* BB 2019, 1026 (1029); *Müller* ZIP 2019, 2429 (2436).

32 ARUG II RegE, S. 86.

33 *Tröger/Roth/Strenger* BB 2018, 2946 (2949) (zum inhaltlich identischen Referentenentwurf: „Anvisierte Umsetzung wäre damit schlichtweg europarechtswidrig und widerspricht dem Grundgedanken des angestrebten Aktionärsschutzes."); kritisch auch *Gesellschaftsrechtliche Vereinigung (VGR)* AG 2018, 920 (924); *Paschos/Goslar* AG 2019, 365 (372) („nicht überzeugend"; in der Fn. 77 heißt es dazu erläuternd, „ebenfalls eine Europarechtswidrigkeit bejahend", was dafür spricht, dass *Paschos/Goslar* diese annehmen; *Paschos/Goslar* AG 2018, 857 (871) („dürfte … nicht richtlinienkonform sein").

34 Vgl. allg. zu diesem Auslegungsgrundsatz NK-BGB/*Looschelders* BGB Anh. zu § 133 Rn. 30 ff.

35 *Bungert/Wansleben* BB 2019, 1026 (1029).

36 ARUG II RegE, S. 86.

37 ARUG II RegE, S. 86.

Regelung von § 3 Abs. 1- 4 WpAV,[38] womit sinnvollerweise eine Bekanntmachung über die üblichen Kanäle für kapitalmarktrechtliche Veröffentlichungen erfolgt.[39] Die Veröffentlichungen sind gem. Abs. 2 S. 5 für mindestens 5 Jahre auf der Internetseite der Gesellschaft öffentlich zugänglich zu machen.

11   **Inhaltlich** muss die Veröffentlichung gem. Abs. 2 S. 3 daher alle erforderlichen wesentlichen Informationen enthalten, um zu bewerten, ob das Geschäft aus Sicht der Gesellschaft und der nicht nahestehenden Aktionäre einschließlich der Minderheitsaktionäre (Art. 9 c Abs. 2 S. 1 2. ARRL) „angemessen" ist (vgl. zum Begriff der Angemessenheit → § 111 b Rn. 83 f.). Das beruht auf Art. 9 c Abs. 2 S. 2 sowie Erwägungsgrund 44 2. ARRL; diese geht zwar dem Wortlaut nach, nicht aber inhaltlich insoweit über die deutsche Regelung hinaus, als sie auch Informationen dazu verlangt, ob das Geschäft „vernünftig"[40] ist. Insoweit besteht Konsens, dass die Beurteilung, ob das Geschäft „vernünftig" ist, in der Angemessenheitsprüfung aufgeht: Eine angemessene Transaktion ist stets auch vernünftig Sinne der europarechtlichen Vorgaben.[41] Keine Grundlage für eine Beschränkung der Informationspflichten ist, dass die Zustimmungskompetenz für die Geschäfte mit den Nahestehenden in Händen des AR liegt. Das begründet keinen geringeren Informationsbedarf der Aktionäre – nicht zuletzt um ihnen, die kein Veto-Recht haben, die „Abstimmung mit den Füßen" zu ermöglichen; **sämtliche für die Beurteilung der Angemessenheit des Geschäfts nötigen Informationen sind daher zu veröffentlichen.**[42] Keine beachtliche Grenze gegen den Inhalt des zu Veröffentlichenden ist der Umfang der Informationen; das deutsche Recht mutet Vertragspartnern auch sonst zu, umfangreiche Vertragswerke zur Kenntnis zu nehmen;[43] das Gesetz stellt vielmehr auf den mündigen Aktionär ab, der es versteht, auch umfangreiche Informationen zu selektieren und zu beurteilen.

12   **Offenzulegen** sind gem. Abs. 2 S. 3 mindestens die Namen der an dem Geschäft (inkl. der Maßnahme iSd § 111 a Abs. 1) beteiligten nahestehenden Person, die Art des Verhältnisses zu ihnen sowie Datum und Wert des Geschäfts. Die Aufzählung ist nur beispielhaft und nicht abschließend („mindestens"). Regelmäßig erforderlich sind **weitergehende Informationen, um die Angemessenheit beurteilen zu können.**[44] Die Veröffentlichung muss den Anlegern eine **Selbstbeurteilung der Transaktion einschließlich ihrer Vor- und Nachteile** ermöglichen, nicht lediglich eine Plausibilitätskontrolle.[45] Dazu gehört eine Beschreibung des Geschäfts einschließlich seiner darin vereinbarten Leistung und Gegenleistung sowie Vor- und Nachteilen des Geschäfts, seines Werts und des Werts der Gegenleistung, der Auswirkungen des Geschäfts auf die Gesellschaft, Angaben zur Verwendung eines Verkaufserlöses und wie zB ein veräußerter

---

38 Verordnung zur Konkretisierung von Anzeige-, Mitteilungs- und Veröffentlichungspflichten nach dem Wertpapierhandelsgesetz (Wertpapierhandelsanzeigenverordnung – WpAV) vom 13.12.2004, BGBl. I S. 3376, geändert durch Artikel 1 der Verordnung vom 19.10.2018, BGBl. I S. 1758.
39 *Müller* ZIP 2019, 2429 (2436).
40 Im englischen Text der 2. ARRL heißt es „fair and reasonable", im französischen „juste et raisonnable".
41 ARUG II RefE S. 80.
42 So mit Recht *Tarde* NZG 2017, 377 f. gegen ein Petitum des *DAV-Handelsrechtsausschusses* NZG 2015, 54 (64).
43 Vgl. zB die *Pay Pal*-Entscheidung des OLG Köln vom 19.2.2020 – 6 U 184/19 noch n.v.: 80 eng bedruckte AGB-Seiten seien nicht bereits deshalb unwirksam, weil sie zu lang sind. Daher kann keine Rede davon sein, dass die vermeintliche Überschüttung von Aktionären mit Informationen den Transparenzgedanken in das Gegenteil verkehren würde, da es angeblich Aktionären kaum möglich sei, aus einer Fülle von Informationen die für sie wesentlichen Aspekte herauszufiltern; so aber *Bungert/de Raet* Der Konzern 2015, 289 (294).
44 *Müller* ZIP 2019, 2429 (2436); *Tarde* NZG 2019, 488 (494).
45 *Florstedt* ZHR 184 (2020), 10 (53).

Gegenstand zuvor im Unternehmen eingesetzt war.[46] Zum Pflichteninhalt der Darstellung gehört auch die Darlegung der Einhaltung der verfahrensmäßigen Verpflichtungen im Hinblick auf Geschäfte mit Nahestehenden.[47] Im Ausland übliche Pflichten können insoweit einen Anhaltspunkt dafür bieten, was der gebotene Standard der Information ist.[48] Gleiches gilt für das nach § 131 Abs. 1 gebotene Maß an Informationen über Geschäfte mit Nahestehenden.[49] IdR werden zum nach Abs. 2 Offenzulegenden auch die Publikation von vor dem Geschäft und der AR-Zustimmung schriftlich zu dokumentierenden Angemessenheitsprüfungen gehören, die jedenfalls ihrem wesentlichen Inhalt nach zugänglichzumachen sind.[50] Maßstab für die gebotenen Informationen ist der Zweck der Transparenzpflichten. Mit Recht wird beobachtet, dass selbst die theoretisch schärfsten Regelungsmechanismen stumpf bleiben, wenn sie in der Rechtspraxis aufgrund von Informationsdefiziten nicht durchgesetzt werden können: Schadensersatzklagen können nicht erhoben werden, wenn geschädigte Aktionäre und Anleger keine Kenntnis von den anspruchsbegründenden Tatsachen haben.[51] Da der europäische und der deutsche Gesetzgeber den Transparenzmängeln bei Geschäften mit Nahestehenden entgegenwirken wollten, ist es geboten, die Transparenzpflichten so auszulegen, dass sie einen möglichst weitgehenden Schutz erreichen können und dafür sorgen, dass die Regelungsmechanismen gegen nachteilige Geschäfte mit Nahestehenden tatsächlich effektiv werden, was eine volle Offenlegung der zur Beurteilung der Transaktionen erforderlichen Informationen verlangt.

---

46 ARUG II RegE, S. 87; *Müller* ZIP 2019, 2429 (2436); *Florstedt* ZHR 184 (2020), 10 (53).
47 *Florstedt* ZHR 184 (2020), 10 (53).
48 Vgl. *Tarde* ZGR 2017, 360 (378) zu Vorbildern in Großbritannien und Italien; vgl. zu Italien und zu Frankreich auch *Fleischer* BB 2014, 835 (838 f.) (umfassende Information des Abschlussprüfers, der einen detaillierten Bericht über das Geschäft erstattet, der den Aktionären zugänglich zu machen ist, die darüber in der nächsten HV abstimmen); vgl. zu den US-Publizitätspflichten, Section 229.404. (Item 404) Regulation S-K, dazu → Rn. 15 sowie *Pälicke* AG 2018, 514 (518) zum Delaware Corporation Law, auch allg. zu den dortigen Regelungen der Geschäfte mit Nahestehenden.
49 Die Rechtsprechung verlangt dafür schon beim TOP Entlastung detaillierte Angaben ua zu folgenden Aspekten: Abschlussdatum, vereinbarter Laufzeit, Kündigungsmöglichkeiten, Folgen der Kündigung, Unterzeichner der Vereinbarung, exakte Angabe des Inhalts der Vereinbarung zB hinsichtlich vereinbarter Aufgaben sowie zur Vergütung (insoweit auch detaillierte Angaben zur Vergütungsart, Stundenhonorars, Tagessatz, Pauschale, absolute Höhe, Vergleich der an andere Unternehmen für entsprechende Leistungen gezahlten Vergütungen – ungenügend ist die Angabe, dass ein Honorar dem Marktüblichen für komplexe Geschäfte der in Rede stehenden Art entspreche); Auskunft ist auch dazu zu geben, ob die Leistungen statt durch einen Dritten durch eignes Personal hätten erbracht werden können, vgl. LG Frankfurt AG 2020, 106,107 f.
50 Vgl. *Vetter* ZHR 179 (2015), 273, 315 für Geschäfte mit herrschenden Aktionären.
51 So die treffenden Bemerkung zum deutschen Aktienrecht vor ARUG II *Bayer/Selenthin* NZG 2015, 7 (11), ähnlich *Selzner* ZIP 2015, 753 (757); dieser weist mit Recht darauf hin, dass die gegenüber dem vorherigen Rechtszustand gebotene Transparenz es in der Praxis erst ermöglicht, Ansprüche wegen Nichteinhaltung der materiellrechtlichen Vorgaben effektiv zu verfolgen und geltend zu machen; besondere Bedeutung habe insoweit die mit Transparenzanforderungen typischerweise einhergehende Präventionswirkung und Verhaltenssteuerung. Symptomatisch für die fehlende Effektivität der oftmals nur auf den Papier stehenden materiellen Pflichten ist die Rechtsprechung der Münchener Gerichte, wonach die Informationsansprüche des Sonderprüfers nach § 145 nicht klagbar sein sollen (LG München I AG 2019, 848 und OLG München ZIP 2019); das OLG rechtfertig seine Entscheidung damit, der Gesetzgeber habe die Rechte des Sonderprüfers als stumpfes Schwert ausgestaltet; demgegenüber mit Recht für Klagbarkeit *Harnos* AG 2019, 824; *Harnos* in FS Seibert, 2019, S. 309, 322 ff.; *Mock* NZG 2019, 1161 ff.; *Hüffer/Koch* § 145 Rn. 5 a.

13   Entgegen zumal in der Literatur aufgestellten Forderungen[52] enthalten weder die 2. ARRL noch (folgerichtig) das deutsche Gesetz die Möglichkeit, unter Berufung auf Schutz für **Betriebs- und Geschäftsgeheimnisse** nach dem Muster von §§ 131 Abs. 1 Abs. 3 Nr. 1, 145 Abs. 4, 293 Abs. 2 S. 1 AktG, § 8 Abs. 2 S. 1 UmwG zur Beurteilung des Geschäfts erforderliche Informationen vorzuenthalten. Es muss vielmehr vollständig alles offengelegt werden, was zur Beurteilung des Geschäfts und seiner Angemessenheit erforderlich ist. Insoweit gelten die Gedanken entsprechend, die § 145 Abs. 6 S. 2 für die Sonderprüfung normiert: Auch wenn das Bekanntwerden von Tatsachen geeignet ist, Beteiligten erhebliche Nachteile zuzufügen, müssen die Informationen gegeben werden, wenn ihre Kenntnis zur Beurteilung des zu prüfenden Vorgangs erforderlich ist. Das gilt entsprechend auch für die Beurteilung der Angemessenheit des Geschäfts mit dem Nahestehenden, wenn anders das Geschäft und seine Angemessenheit aus Sicht eines objektiven Dritten nicht beurteilt werden können. So kann etwa die Angemessenheit der Zahlung für bestimmte Leistungen des Nahestehenden, auch wenn sie dessen Geschäftsinterna ist, nur beurteilt werden, wenn die Leistungen konkret offengelegt werden. Da sich der deutsche und der europäische Gesetzgeber entgegen den vorherigen öffentlichen Forderungen zur Nominierung von Geheimnisschutz gegen solche Schutzvorkehrungen entschieden haben, scheidet auch aus, eine Lücke im Gesetz anzunehmen und diese analog der Vorschriften zu parallelen Sachverhalten zugunsten von Geheimnisschutz zu schließen. Für unsere Sichtweise sprechen mindestens die folgenden zwei weiteren Erwägungen: Geschäfte mit Nahestehenden halten der europäische und deutsche Gesetzgeber regelmäßig für derart potenziell nachteilig für die Gesellschaft und ihre (Minderheits-)Aktionäre, dass die Informationen geboten sind, um die naheliegende Vermutung der Benachteiligung zugunsten des Nahestehenden auszuräumen. Zudem belegt das hohe Volumen, das erst die Zustimmungspflicht auslöst (vgl. § 111 b Abs. 1 und Abs. 3), dass es sich bei den Transaktionen um höchst bedeutsame Geschäfte für die Lage der Gesellschaft handeln muss, so dass detaillierte Informationen geboten sind.

III. Verhältnis zur Veröffentlichung von Insiderinformationen gem. Art. 17 MAR (Abs. 3)

14   Abs. 3 regelt die Konstellation, dass nach Abs. 1 zu veröffentlichende **Geschäfte gleichzeitig unter die Pflicht zur Veröffentlichung einer Insiderinformation** gemäß Art. 17 MAR fallen. Angesichts der sehr hohen Grenze von § 111 b Abs. 1 bzw. Abs. 3 von 1,5 % der Summe von Anlage- und Umlaufvermögen wird für ein zustimmungsbedürftiges Geschäft regelmäßig die Pflicht nach Art. 17 MAR eingreifen.[53] Dann sind gem. Abs. 3 S. 1 die für die Veröffentlichung nach Abs. 1 gem. Abs. 2 erforderlichen Angaben zwingend in die Veröffentlichung gem. Art. 17 MAR aufzunehmen.[54] Dies soll unnötigen Mehraufwand vermeiden.[55] Beide Veröffentlichungen sind zu einer einzigen zu verbinden und über dieselben Medien zu verbreiten, wenn die Vorgaben der Ad hoc-Publizität gewahrt bleiben.[56] Gem. Abs. S. 2 S. 2 ist die gesonderte Veröffent-

---

52   *Wiersch* NZG 2014. 1131; *Fleischer* BB 2014, 2691 (2698); *Bayer/Selentin* NZG 2015, 7 (12); *Vetter* ZHR 179 (2015), 273, 315, *Bungert/Wansleben* DB 2017, 1190 (1198) räumen ein, dass die Richtlinie nichts zum Geheimhaltungsinteresse sagt. Die *Regierungskommission Deutscher Corporate Governance Kodex* merkt in der Stellungnahme vom 30. Januar 2015 zum insoweit unveränderten Richtlinienvorschlag an, Transaktionen müssten also künftig offengelegt werden, so dass regelmäßig Geschäftsgeheimnisse offenbart werden müssten – die *Regierungskommission* sieht also gerade keine Ausnahmemöglichkeit.

53   So mit Recht *Grigoleit* ZGR 2019, 412 (448).

54   Im ARUG II RefE war noch keine zwingende Aufnahme in die ad hoc-Mitteilung gem. Art. 17 MAR vorgesehen, vgl. ARUG II RefE S. 25; *Paschos/Goslar* AG 2019, 365 (372).

55   ARUG II RegE, S. 87.

56   ARUG II RegE, S. 87.

lichung nach Abs. 1 entbehrlich, wenn die MAR-Veröffentlichung alle nach Abs. 2 erforderlichen Angaben enthält. Die Veröffentlichung ist auch an das Unternehmensregister zu übermitteln, wenn die Informationen als Insiderinformation gelten; dies ergibt sich aus Art. 17 Abs. 1 UAbs. 2 MAR iVm § 26 Abs. 1 WpHG.[57]

Zumal bei sog. gestreckten Vorgängen und **Plänen eines Geschäfts mit Nahestehenden** können diese (auch unabhängig von den Wertgrenzen des § 111 b) als **Insiderinformationen** häufig ad hoc bekanntzumachen sein, bevor die Bekanntmachungspflicht gem. § 111 c Abs. 1 greift.[58] Im Ausland (zumal den USA) sieht der Gesetzgeber klarer als hierzulande die Nachteile davon, dass die Publizitätspflicht wie nach dem deutschen Gesetz erst bei Abschluss der Transaktion einsetzt; dort besteht die Offenlegungspflicht regelmäßig schon für „proposed transactions".[59] Die spätere Pflicht, den Abschluss eines solchen insiderrechtlich relevanten Geschäfts nach § 111 c zu veröffentlichen, befreit nicht von den vorherigen Pflichten nach Art. 17 MAR.[60] 15

Abs. 3 S. 3 erklärt **Art. 17 Abs. 4 und 5 MAR für sinngemäß anwendbar**. Dabei geht es um den Aufschub der Ad hoc-Veröffentlichung einer Insiderinformation wegen Gefährdung berechtigter Interessen des Emittenten bzw. der Finanzstabilität; der Emittent hat die Möglichkeit der Selbstbefreiung.[61] Nach dem ARUG II RegE zu Abs. 3 S. 3 bezweckt dieser den Schutz sensibler Informationen: Die Veröffentlichung der zustimmungsbedürftigen Geschäfte soll demnach entbehrlich sein, solange die Voraussetzung einer Selbstbefreiung nach den MAR-Regeln vorliegen.[62] Der ARUG II RegE geht noch einen Schritt weiter und dehnt den Anwendungsbereich darüber hinaus aus: Die Möglichkeit des Aufschubs bestehe unabhängig davon, ob zugleich eine Veröffentlichung von Insiderinformationen gemäß Art. 17 MAR erforderlich sei; sie soll für alle Fälle des § 111 c Abs. 1 gelten, also auch, wenn nur eine Veröffentlichungspflicht nach § 111 c besteht, nicht aber auch eine solche, die eine Ad hoc-Pflichtigkeit auslöst.[63] UE ist Abs. 3 S. 3 **europarechtswidrig**. Der deutsche Gesetzgeber bemüht sich noch nicht einmal, eine Erläuterung, dass die (2.) ARRL oder sonst Europarecht ihm Regelungsspielraum zur Ausnahme von der Veröffentlichungspflicht gewährt. Die 16

---

57 Vgl. *Schmidt* EuZW 2019, 261 (264); *Tarde* NZG 2019, 488 (494).
58 *Grigoleit* ZGR 2019, 412 (448). Vgl. allg. zur Ad hoc-Pflicht nach der MAR *Klöhn* Art. 17 MAR Rn. 66 ff.
59 Vgl. *Veil* NZG 2017, 521 (526); vgl. die detaillierten US-Publizitätspflichten, Section 229.404. (Item 404) Regulation S-K zu „Transactions with related persons, promoters and current control persons", die sich beziehen auf „any transaction, since the beginning of the registrant's. last fiscal year, or any currently proposed transaction, in which the registrant was or is to be a participant and the amount involved exceeds $120,000, in which any related person had or will have a direct or indirect material interest." Vgl. zu den US-Publizitätspflichten *Fleischer* BB 2014, 835 (838 f.). Vgl. auch *Vetter* ZHR 179 (2015), 273, 315, der mit Recht für das Prinzip präventiver Publizität zur gebotenen Verbesserung des Schutzes der Anleger vor Geschäften mit Nahestehen plädiert: Zum einen könne präventive Transparenz mäßigend auf Vorstand und Aufsichtsrat wirken und diese zu besonders sorgfältigem Verhalten beim Abschluss von Geschäften mit Nahestehenden anhalten und den Aktionären die Geltendmachung von Ersatzansprüchen bei sorgfaltswidrigem Verhaltens erleichtern; zum anderen beschränke sich Anlegerschutz nicht auf die Ausübung von Aktionärsrechten der Hauptversammlung, dem Anleger solle auch die „Abstimmung mit den Füßen" möglich sein; wer Sorge vor Kungelei und Vetternwirtschaft habe, müsse sich zeitnah von seinem Investment trennen können; das sei nur bei zeitnaher Information möglich.
60 Nach Art. 9 c Abs. 9 2. ARRL bestehen die Pflicht zur Veröffentlichung von Geschäften mit Nahestehenden und die ad hoc-Publizitätspflicht nebeneinander. *Schmidt* EuZW 2019, 261 (264) zieht jedoch den Schluss, dass eine doppelte Veröffentlichung sinnlos sei, wenn bereits die ad hoc-Mitteilung alle erforderlichen Angaben über das Geschäft mit Nahestehenden enthalte.
61 Vgl. dazu allg. *Klöhn* Art. 17 MAR Rn. 134 ff., 311 ff.
62 ARUG II RegE, S. 87.
63 ARUG II RegE, S. 87; vgl. *Müller* ZIP 2019, 2429 (2436).

2. ARRL erlaubt nach ihrem Erwägungsgrund 55 den Mitgliedstaaten lediglich, strengere Bestimmungen in dem durch die Richtlinie erfassten Bereich zu erlassen oder beizubehalten. Die Richtlinie lässt keine dort nicht vorgesehene Ausnahme von den Publizitätspflichten zu. Folge der Europarechtswidrigkeit ist, dass die Vorschrift im Wege der richtlinienkonformen Reduktion jedenfalls insoweit nicht anzuwenden ist, als sich Abs. 3 S. 3 auch auf Fälle des Abs. 1 erstrecken soll.[64] Nichts anderes folgt auch aus dem Erwägungsgrund 45 der 2. ARRL; danach sollen die Transparenzanforderungen der 2. ARRL den Gesellschaften nicht vorschreiben, einzelne Informationen offenzulegen, die ihrer Geschäftsposition „schwer schaden würde"; eine Nichtoffenlegung darf aber „die Ziele der Offenlegungspflichten gemäß dieser Richtlinie nicht beeinträchtigen". Da Ziel der Offenlegungspflichten der 2. ARRL und des § 111 c im Hinblick auf die Geschäfte mit dem Nahestehenden die Möglichkeit der Adressaten der Offenlegung ist, die Angemessenheit der Geschäfte zu beurteilen und dagegen klageweise vorzugehen (→ Rn. 1), ist regelmäßig die Offenlegung aller Details dieser Geschäfte erforderlich – und zwar mindestens in dem Maße, wie dies für eine substantiierte Klage gegen die Transaktion erforderlich ist; denn ohne vollständige Offenlegung erscheint die Beurteilung typischerweise ausgeschlossen, ob ein Geschäft tatsächlich angemessen ist,[65] und die von der 2. ARRL vorausgesetzte Klagemöglichkeit gegen die Transaktion wäre von vornherein zum Scheitern verurteilt, wenn die Gesellschaft über sie nicht hinreichend substantiiert informieren müsste.

IV. Bekanntmachungspflicht für Geschäfte von Tochterunternehmen mit Nahestehenden (Abs. 4)

17   Abs. 4 regelt die eigene Veröffentlichungspflicht der Gesellschaft für Geschäfte von Tochter- und Enkelunternehmen mit der Gesellschaft Nahestehenden, wenn die Gesellschaft **Mutterunternehmen** iSd europäischen Rechnungslegungsstandards ist (derzeit IFRS 10 Anhang A Konzernabschlüsse).[66] Die Pflicht besteht, wenn das Geschäft, hätte es die Gesellschaft vorgenommen, einer Zustimmung gem. § 111 b bedurft hätte.[67] Ein solches Geschäft der Tochter ist nach der Vorstellung des Gesetzgebers zwar bei der Gesellschaft nicht zustimmungspflichtig gem. § 111 b Abs. 1 (vgl. aber → § 111 b Rn. 20). Sie muss das Geschäft aber publizieren. Das setzt die zwingende Vorgabe von Art. 9 c Abs. 7 und Abs. 8 2. ARRL um. Die Pflicht bedeutet, dass die Gesellschaft Geschäfte mit Nahestehenden weltweit erfassen muss, also auch Geschäfte von Tochter- und Enkelgesellschaften im außereuropäischen Ausland.[68] Das bedingt eine entsprechende Organisation und Überwachung (Compliance)[69] (→ § 111 b Rn. 12). Wir haben an anderer Stelle belegt, dass die Zustimmung des Aufsichtsrats auch zu Geschäften von Tochtergesellschaften der börsennotierten Gesellschaft mit Nahestehenden erforderlich ist (→ § 111 a Rn. 38 f., → § 111 b Rn. 20 ff.).

18   Der Verweis auf die Zustimmungspflicht in § 111 b erfasst **beide Varianten der Zustimmungspflicht** – dh sowohl Geschäfte, die für sich genommen den Schwellenwert überschreiten, als auch die Überschreitung infolge einer Aggregation von Geschäften im selben Geschäftsjahr. Es muss keine „Gruppenaggregation" vorgenommen wer-

---

64   Der Anwendungsvorrang des EU-Rechts (Art. 4 Abs. 3 EUV) greift nur ein, soweit nationales Recht gegen unmittelbar anwendbares EU-Recht verstößt (insbes. Verordnungen), BVerfG NJW 2009, 2267 (2286), Tz. 342 f. (Vertrag von Lissabon). Im Anwendungsbereich einer Richtlinie müssen innerstaatliche Vorschriften aber möglichst im Einklang mit der Richtlinie ausgelegt werden, vgl. NK-BGB/*Looschelders* BGB Anhang zu § 133 Rn. 30 und Rn. 33 zur richtlinienkonformen Reduktion als Unterform der richtlinienkonformen Rechtsfortbildung (vgl. auch BGH NJW 2009, 427 (430)).
65   Insoweit aA *Florstedt* ZHR 184 (2020), 10 (52 f.).
66   ARUG II RegE, S. 87.
67   Vgl. *Lieder/Wernert* ZIP 2019, 989 (996); *Paschos/Goslar* AG 2019, 365 (372).
68   So mit Recht *Paschos/Goslar* AG 2019, 365 (370 f.).
69   *Zipperle/Lingen* BB 2020, 131 (135 f.); *Kuthe/Lingen* CB 2019, 378 (382).

den, dh eine Zusammenfassung der Geschäfte zwischen den Tochterunternehmen untereinander oder mit dem Mutterunternehmen ist nicht erforderlich; zu aggregieren sind aber neben den Geschäften des Mutterunternehmens mit einem Nahestehenden zB auch die Geschäfte von Tochterunternehmen mit demselben Nahestehenden.[70] Die Regelung soll die Umgehung des Zustimmungserfordernisses durch Verlagerung von Geschäften auf ein Tochterunternehmen und dessen künstliche Aufspaltung in einzelne Geschäfte verhindern; ein nach allgemeinen Grundsätzen bestehender Umgehungsschutz bleibt durch die Regelung unberührt (→ § 111 b Rn. 39).[71]

C. Die Rechtsfolge von Verstößen gegen die Bekanntmachungspflicht

Art. 14 b 2. ARRL verpflichtet die Mitgliedstaaten, Maßnahmen und Sanktionen festzulegen, die bei Verstößen gegen die gemäß der 2. ARRL erlassenen nationalen Vorschriften zu verhängen sind. Die Staaten müssen alle erforderlichen Maßnahmen zur Sicherstellung ergreifen, dass die nationalen Maßnahmen angewandt werden (Abs. 1); die Maßnahmen und Sanktionen „müssen **wirksam, verhältnismäßig und abschreckend** sein" (Abs. 2).   19

I. Bußgeld

§ 405 Abs. 2 a Nr. 6, Abs. 4 sieht als staatliche Sanktion einen **Bußgeldtatbestand** vor.[72] Ordnungswidrig handelt, wer entgegen § 111 c Abs. 1 S. 1 eine Veröffentlichung nicht, nicht richtig, nicht vollständig oder nicht rechtzeitig vornimmt; der Bußgeldrahmen beträgt 500.000 EUR. (→ § 405 Rn. 12, 21) Adressaten der Bußgeldtatbestände sind die Vorstandsmitglieder der Gesellschaft; ihnen wird die Veröffentlichungspflicht der Gesellschaft gem. § 9 OWiG zugerechnet. Das Bußgeld kann gem. § 30 OWiG auch gegen die Gesellschaften verhängt werden, obwohl diese im Ordnungswidrigkeitenrecht nicht deliktsfähig sind.[73] § 405 Abs. 2 a Nr. 6 erfasst grundsätzlich nur die vorsätzliche Begehung (→ § 405 Rn. 12).[74] Betrifft das Geschäft mit dem Nahestehenden **zugleich eine Insiderinformation**, kann schon leichtfertiges Verhalten ein Bußgeld auslösen (§ 120 Abs. 15, Nr. 6 ff. WpHG). In diesem Falle gelten die sehr viel schärferen Bußgelder gem. § 120 Abs. 18 WpHG.   20

Zuständig für die Ahndung ist grundsätzlich **das Bundesamt für Justiz**; die **BaFin** hat eine Spezialzuständigkeit, wenn Informationen zu einem Geschäft mit Nahestehenden unter Berufung auf Abs. 3 S. 1 in einer Ad hoc-Mitteilung gem. Art. 17 MAR veröffentlicht werden (§ 405 Abs. 5 Nr. 1 und Nr. 2, → § 405 Rn. 22).   21

II. Strafrechtliche Ahndung

Die Verletzung der Pflicht gem. § 111 c ist nicht selbst mit Strafe bedroht. Sie kann aber aus anderen Gründen strafbewehrt sein. Eine Strafbarkeit gem. § 400 **Abs. 1 Nr. 1** kommt in Betracht, wenn ein Vorstandsmitglied die Verhältnisse der Gesellschaft einschließlich ihrer Beziehungen zu verbundenen Unternehmen in Darstellungen oder Übersichten über den Vermögensstand unrichtig wiedergibt oder verschleiert. Höchst streitig ist, ob unter Darstellungen und Übersichten nur solche zu verstehen sind, die (vergleichbar einer Bilanz) eine Gesamtübersicht über die wirtschaftliche Situation der Gesellschaft geben.[75] UE können auch Bekanntmachungen gem. § 111 c   22

---

70 ARUG II RegE, S. 87.
71 ARUG II RegE, S. 87.
72 *Bungert* DB 2017, 1190 (1200), hält ohne nähere Begründung Bußgelder für „überschießend", Schadensersatzansprüche sollen genügen.
73 *Kleinert/Mayer* EuZW 2019, 103 (108); vgl. zu Art. 17 MAR *Klöhn* Art. 17, Rn. 587.
74 Vgl. § 10 OWiG.
75 Zwei Zivilsenate des BGH haben Schadensersatzansprüche gem. § 823 Abs. 2 BGB abgelehnt, weil eine Übersicht erforderlich sei, die ein Gesamtbild über die wirtschaftliche Lage der AG ermögliche und den Eindruck der Vollständigkeit erwecken müsse (11. Zivil-

in Ausnahmefällen die Voraussetzungen des § 400 erfüllen, wenn aus der Mitteilung jedenfalls eine Wiedergabe von wesentlichen Teilausschnitten der gesamten Vermögenslage ersichtlich ist. Eine Strafbarkeit wegen **Kapitalanlagebetrugs** gem. § 264 a StGB scheidet regelmäßig aus, da (falsche) Veröffentlichungen gem. § 111 c keine Prospekte sind; hinsichtlich der Darstellungen bzw. Übersichten über den Vermögensgegenstand gilt das zu § 400 AktG Gesagte entsprechend. In krassen Fällen fehlender oder falscher Veröffentlichung kann auch **Untreue nach § 266 StGB** einschlägig sein.[76]

III. Sanktionen gegenüber Vorstandsmitgliedern – zumal Abberufung

23 Vorstandsmitglieder, die ihre Pflichten zur Veröffentlichung verletzen, kann der Aufsichtsrat unter den Voraussetzungen des § 84 Abs. 3 S. 1 abberufen. Das setzt einen wichtigen Grund voraus. Der Gesellschaft muss die Fortsetzung des Organverhältnisses mit dem Vorstandsmitglied bis zum Ende seiner Amtszeit unzumutbar sein.[77] Es reicht somit nicht jeder beliebige Verstoß gegen die Publizitätspflichten; in Betracht kommt eine Abberufung vielmehr bei grob fahrlässigem/vorsätzlichem Handeln oder wiederholter Verletzung der Pflichten.[78] Diese Fälle sind geeignet, eine grobe Pflichtverletzung iSv § 84 Abs. 3 S. 2 darzustellen.

IV. Haftung

1. Haftung von Organmitgliedern gegenüber der Gesellschaft

24 Eine **Haftung** pflichtvergessener Organmitgliedern gegenüber der Gesellschaft kommt auf der Grundlage von § 93 Abs. 2 und ggf. § 116 S. 2 in Betracht. Ansprüche sind insbes. gegen Vorstandsmitglieder denkbar. Mögliche Pflichtverletzungen sind in Anlehnung an § 405 Abs. 2 a Nr. 6 die fehlende, nicht rechtzeitige, nicht ordnungsgemäße bzw. verspätete Erfüllung der Veröffentlichungspflicht. Die Business Judgment Rule greift nicht ein, da es sich nicht um eine unternehmerische Entscheidung handelt.[79] Die Organe erfüllen vielmehr die ihnen von Gesetzes wegen obliegende Pflicht; das prägende Element unternehmerischer Entscheidungen der „mehreren Handlungsoptionen" besteht nicht.[80] Nach zutreffender hM kann die Gesellschaft Organmitglieder insbes. für gegen sie verhängte Bußgelder (→ Rn. 20) in Regress nehmen.[81]

---

senat: BGHZ 192, 90 = NJW 2012, 1800 ff. = juris Rn. 14, 18 – IKB); wohl auch der 2. Zivilsenat (BGHZ 160, 134 = NJW 2004, 2664 (2665) = juris Rn. 23, 26 – Infomatec); der 1. Strafsenat ließ es hingegen genügen, dass eine in sich abgeschlossene Wiedergabe von Teilausschnitten aus der gesamten Vermögenslage vorliegt, worunter auch Ad hoc-Mitteilungen fallen könnten (BGHSt 49, 381 = BGH NJW 2005, 445 (447 f.) = juris Rn. 46 ff., 50 – EM.TV); vgl. vertiefend Spindler/Stilz/*Hefendehl* AktG § 400 Rn. 81 ff.; MüKoStGB/*Ceffinato* StGB § 264 a, Rn. 68.

76 Vgl. MüKoStGB/*Dierlamm* StGB § 266 Rn. 178 zu gravierenden Pflichtverletzungen durch Verletzung von Informations- und Mitteilungspflichten in Hinblick auf den Treuebruchtatbestand des § 266 StGB.

77 BGH ZIP 2007, 119; Spindler/Stilz/*Fleischer* AktG § 84, Rn. 100.

78 Vgl. zu § 111 GK-AktG/*Hopt/Roth* AktG § 111 Rn. 761.

79 Vgl. zu § 111 GK-AktG/*Hopt/Roth* AktG § 111 Rn. 760.

80 *U. Schmidt* in Heidel Aktienrecht AktG § 93 Rn. 83.

81 Hüffer/Koch § 93, Rn. 48; Spindler/Stilz/*Fleischer* AktG § 93 Rn. 213 b jeweils mwN und unter Verweis auf die BGH-Rechtsprechung zum Bußgeldrückgriff in Fällen der zivilrechtlichen Beraterhaftung BGH NJW 1997, 518; den Regress ablehnend LAG Düsseldorf ZIP 2015, 829 (830 ff.); *Grunewald* NZG 2016, 1121 ff. mwN; vgl. auch *Thomale* NZG 2018, 1007.

2. Haftung der Gesellschaft und von Organmitgliedern nach außen

Kaum diskutiert ist die Haftung im Außenverhältnis wegen Verstoßes gegen § 111 c.[82] 25
UE ist die Norm kein Schutzgesetz iSd § 823 Abs. 2 BGB. Die der Publizitätspflicht
zugrunde liegende Regel von Art. 9 c Abs. 2 2. ARRL bezweckt nach deren Erwägungsgrund 44, dass „sich Aktionäre, Gläubiger, Arbeitnehmer und andere interessierte Parteien über potenzielle Auswirkungen informieren können, die solche Geschäfte [mit Nahestehenden] unter Umständen auf den Wert der Gesellschaft haben.
Die genaue Angabe des nahestehenden Unternehmens bzw. der nahestehenden Person
ist erforderlich, um die durch das Geschäft geschaffenen Risiken besser zu bewerten
und es zu ermöglichen, dass das Geschäft - auch auf dem Rechtsweg - angefochten
werden kann". Das zeigt, dass es der 2. ARRL um den Schutz der einzelnen Betroffenen vor unangemessenen Geschäften mit Nahestehenden geht. Diese sollen die Möglichkeit von auch gerichtlichem Rechtschutz haben. Diese Vorgabe ist bei der europarechtskonformen Auslegung des nationalen Rechts zu berücksichtigen. Insoweit unterscheidet sich die Lage bei der parallelen Frage zur Ad hoc-Pflicht nach § 15 WpHG
aF (jetzt Art. 17 MAR): Bei dem lehnte der BGH die Einordnung als Schutzgesetz ab.
Die Norm diene nach den Gesetzesmaterialien nämlich nicht dem Schutz der Indivi-
dualinteressen der Anleger, sondern ausschließlich der im öffentlichen Interesse liegenden Sicherung der Funktionsfähigkeit des Kapitalmarktes; zudem normiere § 15
Abs. 6 S. 1 WpHG aF, dass Verstöße gegen § 15 Abs. 1 bis 3 WpHG aF keine Schadensersatzpflicht des Emittenten auslösen.[83] Eine ähnlich Regelung enthält nunmehr
§ 26 Abs. 3 WpHG, wonach der Emittent bei Verstoß gegen die Verpflichtungen nach
Art. 17 Abs. 1, 7 oder 8 MAR einem anderen nur unter den Voraussetzungen der
§§ 97 und 98 WpHG zum Ersatz des daraus entstehenden Schadens verpflichtet ist.
Eine vergleichbare gesetzgeberische Motivation oder Regelung gibt es für die Geschäfte mit Nahestehenden nicht. UE dient daher die mit der Publizität bezweckte schnelle
und verlässliche Information über die Geschäfte mit den Nahestehenden den Indivi-
dualinteressen zumal der einzelnen Anleger.

Anspruchsgegner ist regelmäßig die Gesellschaft (§§ 823 Abs. 2, 31 BGB iVm § 111 c 26
AktG). Werden die gem. § 111 c Abs. 1 zu veröffentlichenden Informationen im Rahmen einer Ad hoc-Mitteilung gem. Art. 17 MAR veröffentlicht (§ 111 c Abs. 3;
→ Rn. 14 ff.), ist eine Haftung der Gesellschaft gemäß § 823 Abs. 2 BGB iVm Art. 17
MAR durch § 26 Abs. 3 S. 1 WpHG grundsätzlich ausgeschlossen; Anspruchsgrundlage für eine Haftung der Gesellschaft sind vielmehr §§ 97, 98 WpHG (→ Rn. 25).[84]
Klöhn weist darauf hin, dass es nur in begrenztem Maße Sache des nationalen Gesetzgebers sei, ob europarechtliche Normen mit den Mitteln des nationalen Deliktsrechts
durchgesetzt werden können; er plädiert dafür, aus Effet utile-Gründen § 823 Abs. 2
trotz § 26 Abs. 3 S. 1 WpHG als Schutzgesetz zu interpretieren.[85] UE ist in den Fällen
des § 111 c Abs. 3 eine europarechtskonforme Auslegung geboten. Verstöße gegen die
Mitteilungspflichten gem. § 111 c im soeben skizzierten Umfang müssen mit den Mitteln des deutschen Deliktsrechts geahndet werden können, um eine wirksame, ver-

---

82 Einer der wenigen Ausnahmen ist *Seidel* AG 2018, 423 (429), dessen Erörterung aller-
    dings fragwürdig erscheint: Er meint, ein Anspruch aus § 823 Abs. 2 iVm den aufgrund
    des Art. 9 c 2. ARRL erlassenen Normen sei ausgeschlossen, da diese Vorschriften zwar
    „die Aktionäre in ihrer Gesamtheit schützen sollen, nicht aber einen Individualschutz für
    die einzelnen Aktionäre darstellen"; zum scheinbaren Beleg stützt er sich hierfür auf Er-
    wägungsgrund 49 2. ARRL, der angeblich „von den Aktionären in ihrer Gesamtheit
    spricht" – tatsächlich betrifft der Erwägungsgrund 49 aber gar nicht Geschäfte mit Nahe-
    stehenden, und er spricht auch nicht von der Gesamtheit der Aktionäre; Gleiches gilt für
    den Erwägungsgrund 42 2. ARRL.
83 BGHZ 160, 134 = NJW 2004, 2664 = juris Rn. 18 (Infomatec).
84 Zu Schadensersatzansprüchen wegen fehlerhafter ad hoc-Mitteilung Assmann/Schneider/
    Mülbert/*Hellgardt* WpHG §§ 97, 98, Rn. 172; *Klöhn* Art. 17 MAR Rn. 589.
85 *Klöhn* Art. 17 MAR Rn. 589 mwN.

hältnismäßige und abschreckende Sanktionierung iSd Art. 14 b 2. ARRL sicherzustellen.

27 **Organ-, insbes. Vorstandsmitglieder,** haften grundsätzlich nicht im Außenverhältnis für unterlassene oder falsche Mitteilungen gem. § 111 c. Dessen Veröffentlichungspflicht ist eine Pflicht der Gesellschaft, und keine persönliche Pflicht ihrer Organmitglieder.[86] Ausnahmsweise kommt uE eine persönliche Haftung aber in Betracht, wenn ein Vorstandsmitglied durch eine falsche oder unterlassene Veröffentlichung persönliche Vorteile zu erlangen oder Nachteile für sich oder ihm Nahestehende abzuwenden sucht.[87] Dies ist insbes. denkbar, wenn es bewusst Geschäfte mit Nahestehenden verschleiern will. Eine persönliche Haftung ist in diesen Fällen geboten angesichts des Erwägungsgrunds 44 der 2. ARRL und Art. 14 b 2. ARRL. Die Mitteilungspflicht zu Geschäften mit Nahestehenden dient insbes. dem Schutz einzelner Anleger. Sanktionen für Verstöße gegen die gemäß der 2. ARRL erlassenen nationalen Vorschriften sollen „abschreckend" sein. Der deutsche Gesetzgeber hat keinen spezialgesetzlichen Haftungstatbestand geschaffen, daher ist auf die allgemeine deliktsrechtliche Haftung zurückzugreifen, um die Vorgaben der 2. ARRL wirksam umzusetzen. §§ 97, 98 WpHG und § 26 Abs. 3 S. 1 WpHG betreffen nur die Haftung der Gesellschaft und finden keine Anwendung auf Organwalter.[88] Sie schließen Ansprüche gegen Organmitglieder aber nicht aus, da sie nur die Voraussetzungen der Emittentenhaftung betreffen, und nicht die Haftung Dritter.[89]

28 Soweit die Voraussetzungen vorliegen, kommt auch ein Anspruch wegen **vorsätzlicher sittenwidriger Schädigung** gem. § 826 BGB in Betracht. Auch sind Schadensersatzansprüche gem. § 823 Abs. 2 BGB iVm § 400 denkbar (→ Rn. 22).

29 Ersatzansprüche können auch (**Minderheits-) Aktionäre** haben, wenn ihnen durch unterlassene oder unrichtige Bekanntmachung von Geschäften mit Nahestehenden ersatzfähige Schäden entstehen.[90] Dabei ist nicht nur an den Fall zu denken, dass Geschäfte unangemessen sind und dadurch der Gesellschaft ein Schaden entsteht, sondern auch an Fälle, in denen zustimmungsbedürftige Geschäfte nicht veröffentlicht werden. Denn es kann ohne Weiteres in Betracht kommen, dass ein Aktionär sich an einer Gesellschaft, die in genehmigungspflichtigem Umfang mit Nachstehende Geschäfte vornimmt, nicht beteiligt hätte, hätte er dies zuvor gewusst.

30 Schließlich kann man auch daran denken, dass **Konkurrenten des Nahestehenden** Ersatzansprüche haben. Der europäische Richtliniengesetzgeber verlangt, dass auch in Betracht kommenden Dritten effektive Rechtsschutzmöglichkeiten gegen unangemessene Geschäfte mit Nahestehenden zustehen (→ Rn. 1). Zugunsten eines Nahestehenden übergangene Konkurrenten des Nahestehenden können uE aber allenfalls Ersatzansprüche haben, wenn sie durch die Umgehung vorsätzlich und sittenwidrig geschädigt werden (§ 826 BGB).

---

86 Mit einer entsprechenden Argumentation lehnt Assmann/Schneider/Mülbert WpHG/*Hellgardt* WpHG §§ 97, 98, Rn. 172 die Haftung von Organmitglieder ab für eine unterlassene oder fehlerhafte ad hoc-Mitteilung gemäß Art. 17 MAR iVm § 823 Abs. 2 BGB. Er verweist darauf, dass der BGH in der Entscheidung Kirch/Breuer (BGHZ 166, 84, 111 ff. Rn. 125) eine persönliche Außenhaftung bei einem Verstoß gegen rein vertragliche Pflichten der Gesellschaft bejaht habe.
87 Ebenso für Ansprüche gegen Organmitglieder gem. § 823 Abs. 2 BGB iVm Art. 17 MAR Assmann/Schneider/Mülbert/*Hellgardt* Wertpapierhandelsrecht §§ 97, 98, Rn. 172.
88 OLG Braunschweig NZG 2016, 465 = juris Rn. 41 zu WpHG aF.
89 Assmann/Schneider/Mülbert/*Hellgardt* Wertpapierhandelsrecht §§ 97, 98, Rn. 172.
90 Das Thema wird angesprochen bei *Müller* ZGR 2019, 97 (105), der mit Recht darauf abhebt, dass ex post nach § 111 c zur Verfügung gestellten Informationen die Erhebung einer Schadensersatzklage der Aktionäre erleichtern und für potenzielle Investoren Grundlage ihrer Anlage Entscheidung sein können.

§ 113 Vergütung der Aufsichtsratsmitglieder

(1) [1]Den Aufsichtsratsmitgliedern kann für ihre Tätigkeit eine Vergütung gewährt werden. [2]Sie kann in der Satzung festgesetzt oder von der Hauptversammlung bewilligt werden. [3]Sie soll in einem angemessenen Verhältnis zu den Aufgaben der Aufsichtsratsmitglieder und zur Lage der Gesellschaft stehen. *[Satz 4 aufgehoben]*

(2) [1]Den Mitgliedern des ersten Aufsichtsrats kann nur die Hauptversammlung eine Vergütung für ihre Tätigkeit bewilligen. [2]Der Beschluß kann erst in der Hauptversammlung gefaßt werden, die über die Entlastung der Mitglieder des ersten Aufsichtsrats beschließt.

(3) *[1]Bei börsennotierten Gesellschaften ist mindestens alle vier Jahre über die Vergütung der Aufsichtsratsmitglieder Beschluss zu fassen. [2]Ein die Vergütung bestätigender Beschluss ist zulässig; im Übrigen gilt Absatz 1 Satz 2. [3]In dem Beschluss sind die nach § 87a Absatz 1 Satz 2 erforderlichen Angaben sinngemäß und in klarer und verständlicher Form zu machen oder in Bezug zu nehmen. [4]Die Angaben können in der Satzung unterbleiben, wenn die Vergütung in der Satzung festgesetzt wird. [5]Der Beschluss ist wegen eines Verstoßes gegen Satz 3 nicht anfechtbar. [6]§ 120a Absatz 2 und 3 ist sinngemäß anzuwenden.*

A. Regelungsgehalt

§ 113 bezweckt den Schutz der Gesellschaftsgläubiger und der Aktionäre vor überhöhten Bezügen der Aufsichtsratsmitglieder. Gleichzeitig dient er der inneren Ordnung der Gesellschaft, indem er eine Selbstbedienung der Aufsichtsratsmitglieder, aber auch die Kompetenz des Vorstands ausschließt, über die Vergütung seines Überwachungsorgans zu befinden.[1] Abs. 3 gilt nur für börsennotierte Gesellschaften und musste vollständig neu gefasst werden, da die Regelungen in Art. 9a und 9b 2. ARRL[2] nicht nur auf den Vorstand, sondern auf alle Mitglieder der Unternehmensleitung anzuwenden sind. Mitglieder der Unternehmensleitung sind nach Art. 2i) 2. ARRL alle Mitglieder des Verwaltungs-, Leistungs- oder Aufsichtsratsorgans einer Gesellschaft, und damit auch die Mitglieder des Aufsichtsrats. Nach § 26j **EGAktG** hat die erstmalige Beschlussfassung nach § 113 Abs. 3 bis zum Ablauf der ersten ordentlichen Hauptversammlung zu erfolgen, die auf den 31.12.2020 folgt. Die Streichung von Abs. 1 S. 4 und Abs. 3 aF hat keine europarechtliche Grundlage.

1

B. Die Regelungen im Einzelnen

I. Aufhebung der einfachen Mehrheit bei Vergütungsherabsetzung (Abs. 1 S. 4 aF)

Im ehemaligen Abs. 1 S. 4 war geregelt, dass die Hauptversammlung eine in der Satzung festgelegte Vergütung des Aufsichtsrats mit einfacher Stimmenmehrheit herabsetzen konnte. Hierdurch sollte eine rasche Anpassung an veränderte Umstände ermöglicht und überhöhte Aufsichtsratsvergütungen verhindert werden.[3] Diese Rege-

2

---

1 NK-AktKapMarktR/*Breuer/Fraune* AktG § 133 Rn. 1; *Hüffer/Koch* AktG § 113 Rn. 1.
2 Richtlinie (EU) 2017/828 des Europäischen Parlaments und des Rates vom 17. Mai 2017 zur Änderung der Richtlinie 2007/36/EG im Hinblick auf die Förderung der langfristigen Mitwirkung der Aktionäre, ABl. Nr. L 132 S. 11.
3 MüKoAktG/*Habersack* AktG § 113 Rn. 37, 45.

lung wurde ersatzlos gestrichen. Damit gilt nun das allgemeine satzungsändernde **Mehrheitserfordernis des § 179 Abs. 2** (Dreiviertelmehrheit des vertretenen Grundkapitals). Dies begründet der Gesetzgeber damit, dass die ehemalige Regelung ein Fremdkörper im System der satzungsändernden Stimmrechtserfordernisse gewesen sei und historische Erwägungen bei Schaffung der Norm keine Gültigkeit mehr beanspruchen könnten.[4] Die gesetzliche Änderung überzeugt jedoch nicht. Eine notwendige Anpassung der satzungsmäßigen Vergütung an eine veränderte Situation ist mit einfacher Stimmenmehrheit deutlich einfacher zu erreichen als bei Erfordernis einer qualifizierten Kapitalmehrheit. Auch systematisch passt die Streichung nicht, da die Hauptversammlung gemäß § 87 Abs. 4 die Maximalvergütung des Vorstands mit einfacher Mehrheit herabsetzen kann, die (satzungsgemäße) Aufsichtsratsvergütung aber nun nur noch mit Dreiviertelmehrheit.

II. Vergütungssystem und Vergütungsbericht für Aufsichtsratsvergütung (Abs. 3)

3 Abs. 3 wurde vollständig neu gefasst. Abs. 3 aF betraf eine Sonderregelung für die **Vergütung des ersten Aufsichtsrats**, die ersatzlos weggefallen ist. Gemäß der Neufassung von Abs. 3 S. 3 i.V. m. 87 a Abs. 1 S. 2 ist auch für Aufsichtsräte in börsennotierten Gesellschaften nunmehr ein Vergütungssystem vorzusehen. Gemäß Abs. 3 S. 1 hat die HV mindestens alle vier Jahre über die Vergütung der Aufsichtsratsmitglieder Beschluss zu fassen. Die Regelung entspricht § 120 a Abs. 1 S. 1 zur Vorstandsvergütung mit dem Unterschied, dass dort zusätzlich bei jeder **wesentlichen Änderung** des Vergütungssystems ein HV-Beschluss erforderlich wird; einer entsprechenden Regelung bedurfte es für wesentliche Änderungen der Aufsichtsratsvergütung nicht, da ohnehin jede Änderung der Aufsichtsratsvergütung einen Hauptversammlungsbeschluss erfordert, worin zugleich auch eine Billigung des damit geänderten Vergütungssystems liegt. Ebenso wie bezogen auf die Vorstandsvergütung trifft die Gesellschaft die Pflicht, einen klaren und verständlichen Vergütungsbericht für die Vergütung des Aufsichtsrats vorzulegen, § 162 Abs. 1 S. 1. Grund dafür ist, dass Aufsichtsratsmitglieder in den Anwendungsbereich der 2. ARRL fallen.[5] Damit war es notwendig, auch die Vorgaben zur Aufsichtsratsvergütung anzupassen. Zwar obliegt die Entscheidung über das konkrete „Ob" und „Wie" einer Aufsichtsratsvergütung schon nach bisheriger Rechtslage der Hauptversammlung, jedoch war bislang nicht vorgesehen, dass die Hauptversammlung auch über ein abstraktes Vergütungssystem abstimmt. Dies ist auch verständlich, da der konkreten Vergütung regelmäßig konkludent ein abstraktes System zugrunde gelegt wird.[6] Der neue **DCGK 2020** regt unter Ziff. G.18 S. 1 an, dass dem Aufsichtsrat eine Festvergütung gewährt werden sollte. Im Falle einer erfolgsorientierten Vergütung empfiehlt er nach Ziff. G.18 S. 2, dass die Vergütung auf eine langfristige Entwicklung der Gesellschaft ausgerichtet sein soll. Der Beschluss über das Vergütungssystem wird nach Abs. 3 S. 3 zusammen mit dem Beschluss über die konkrete Vergütung gefasst. Diese Regelung ist zu begrüßen, da sie uE dazu führt, dass die Höhe der Aufsichtsratsvergütung transparenter wird und damit mutmaßlich auch auf höhere Akzeptanz bei Aktionären stößt. Institutionelle Investoren werden künftig beobachten, nach welchen Maßstäben sich die Höhe von Aufsichtsratsvergütungen bemisst.

4 Auch nach der Neufassung von Abs. 3 besteht weiterhin **keine Vergütungspflicht**. Wie Abs. 1 S. 1 klarstellt, *kann* eine Vergütung gezahlt werden. Auch aus allgemeinen Grundsätzen besteht kein gesetzlicher Vergütungsanspruch.[7] Jedoch bedarf es in dem

---

4 BT-Drs. 19/9739, S. 88.
5 Vgl. dazu → Rn. 1.
6 BT-Drs. 19/9739, S. 88.
7 *Hüffer/Koch* AktG § 113 Rn. 2. Es verbleibt lediglich ein Anspruch auf Ersatz angemessener Auslagen, analog § 675, 670 BGB.

seltenen Fall, dass der Aufsichtsrat einer börsennotierten Gesellschaft keine Vergütung erhält, einer Beschlussfassung nach Abs. 3 S. 3; denn Art. 9 a Abs. 5 2. ARRL schreibt vor, dass die Aktionäre mindestens alle vier Jahre über die Vergütungspolitik abzustimmen haben;[8] dies kann ggf. auch durch Bekräftigung des Willens geschehen, keine Aufsichtsratsvergütung zu zahlen.

Abs. 3 S. 2 Hs. 1 normiert, dass es zulässig ist, eine bestehende Vergütungsregelung 5 beizubehalten, indem lediglich ein die Vergütung bestätigender Beschluss gefasst wird. Das setzt aber voraus, dass es sich um eine Vergütungsregelung nach § 113 Abs. 3 nF handelt.[9] Hs. 2 bestimmt, dass auch die börsennotierte Gesellschaft die Vergütung in der Satzung oder durch Hauptversammlungsbeschluss festlegen kann.[10] Nach Abs. 3 S. 3 kann in einem bestätigenden Beschluss auf das bereits geltende Vergütungssystem verwiesen werden, so dass der Beschluss die konkrete Vergütung und das zugrunde liegende Vergütungssystem bestätigt. Der Verweis selbst muss ebenfalls klar und verständlich sein, so dass die Bezugsquelle eindeutig identifizierbar und auch einsehbar ist.[11] Der Bestätigungsbeschluss bedarf stets einer einfachen Mehrheit nach § 133 Abs. 1 - auch dann, wenn die Vergütung in der Satzung geregelt ist; § 179 greift nur bei Satzungs*änderungen*. Damit kann es zu Situationen kommen, in denen sich weder eine **einfache Mehrheit** zur Bestätigung noch eine qualifizierte Mehrheit zur Änderung findet. Auch dies zeigt, dass die Streichung des Abs. 1 S. 4 ein gesetzgeberischer Fehler war (→ Rn. 2). Abs. 3 S. 4 regelt eine Besonderheit für die **Vergütungsfestsetzung in der Satzung**. In diesem Fall ist das Vergütungssystem im satzungsändernden HV-Beschluss darzustellen; es muss jedoch nicht in den Satzungstext aufgenommen werden. Das Wahlrecht wird damit begründet, dass die Satzung nicht unnötig mit abstrakten Ausführungen ohne Regelungscharakter „aufgebläht" werden solle.[12] Da der Vergütungsbericht nach § 120 a Abs. 4 zehn Jahre lang kostenfrei auf der Internetseite der Gesellschaft öffentlich zugänglich zu machen ist, ist uE auch aus Transparenzgesichtspunkten eine Darstellung in der Satzung entbehrlich.[13]

Abs. 3 S. 5 regelt einen (**teilweisen**) **Anfechtungsausschluss** hinsichtlich des nach S. 3 6 vorgesehenen Hauptversammlungsbeschlusses zum Vergütungssystem der Aufsichtsratsvergütung. Damit wird ein Gleichlauf bei der Anfechtbarkeit der Beschlussfassung über das abstrakte Vergütungssystem des Vorstands hergestellt, ohne die Anfechtbarkeit der konkreten Vergütungsfestsetzung für den Aufsichtsrat aufzugeben. Folglich enthält der einheitliche Beschluss über die Aufsichtsratsvergütung nur einzelne Beschlussteile, die angefochten werden können[14] - bzw. der Beschluss nach Abs. 3 ist nicht mit der Begründung anfechtbar, dass das abstrakte Vergütungssystem für den Aufsichtsrat nicht gesetzmäßig sei oder dass die Angabepflichten entsprechend § 87 a Abs. 1 S. 2 nicht erfüllt seien. Abs. 3 S. 6 ordnet die sinngemäße Anwendung von § 120 a Abs. 2 und 3 an. Der Verweis auf § 120 a Abs. 2 bedeutet, dass sich die dort geregelte Internetpublizität im Falle der Aufsichtsratsvergütung auf den das Vergütungssystem und die konkrete Vergütungsfestsetzung umfassenden Einheitsbeschluss bezieht. Der Verweis auf § 120 a Abs. 3 stellt klar, dass bei einem das Vergütungssystem ablehnenden Beschluss spätestens in der nächsten ordentlichen Hauptversamm-

---

8 Vgl. auch BT-Drs. 19/9739, S. 89.
9 Vgl. BT-Drs. 19/9739, S. 89.
10 Nach allgemeinen Grundsätzen gelten somit unterschiedliche Mehrheitserfordernisse für die Beschlüsse, je nachdem ob sich die Gesellschaft zur Festsetzung in der Satzung (satzungsändernde Mehrheit nach § 179 Absatz 2 AktG) oder zur Bewilligung per Hauptversammlungsbeschluss (Mehrheitsgrundsätze nach § 133 AktG) entschließt.
11 BT-Drs. 19/9739, S. 90.
12 BT-Drs. 19/9739, S. 91.
13 Die Bestätigung der vorhandenen Vergütung mitsamt Vergütungssystem nach Abs. 3 S. 2 Hs. 1 setzt die Zehn-Jahres-Frist neu in Gang.
14 BT-Drs. 19/9739, S. 91.

lung erneut Beschluss zu fassen ist; es bleibt der Hauptversammlung unbenommen, dem durch Beschlussfassung über einen zulässigen Gegenantrag abzuhelfen.[15]

Vierter Abschnitt Hauptversammlung
Erster Unterabschnitt Rechte der Hauptversammlung

§ 118 Allgemeines

(1) [1]Die Aktionäre üben ihre Rechte in den Angelegenheiten der Gesellschaft in der Hauptversammlung aus, soweit das Gesetz nichts anderes bestimmt. [2]Die Satzung kann vorsehen oder den Vorstand dazu ermächtigen vorzusehen, dass die Aktionäre an der Hauptversammlung auch ohne Anwesenheit an deren Ort und ohne einen Bevollmächtigten teilnehmen und sämtliche oder einzelne ihrer Rechte ganz oder teilweise im Wege elektronischer Kommunikation ausüben können. [3]*Bei elektronischer Ausübung des Stimmrechts ist dem Abgebenden der Zugang der elektronisch abgegebenen Stimme nach den Anforderungen gemäß Artikel 7 Absatz 1 und Artikel 9 Absatz 5 Unterabsatz 1 der Durchführungsverordnung (EU) 2018/1212 von der Gesellschaft elektronisch zu bestätigen. [4]Sofern die Bestätigung einem Intermediär erteilt wird, hat dieser die Bestätigung unverzüglich dem Aktionär zu übermitteln. [5]§ 67 a Absatz 2 Satz 1 und Absatz 3 gilt entsprechend.*

(2) [1]Die Satzung kann vorsehen oder den Vorstand dazu ermächtigen vorzusehen, dass Aktionäre ihre Stimmen, auch ohne an der Versammlung teilzunehmen, schriftlich oder im Wege elektronischer Kommunikation abgeben dürfen (Briefwahl). [2]*Absatz 1 Satz 3 bis 5 gilt entsprechend.*

(3) [1]Die Mitglieder des Vorstands und des Aufsichtsrats sollen an der Hauptversammlung teilnehmen. [2]Die Satzung kann jedoch bestimmte Fälle vorsehen, in denen die Teilnahme von Mitgliedern des Aufsichtsrats im Wege der Bild- und Tonübertragung erfolgen darf.

(4) Die Satzung oder die Geschäftsordnung gemäß § 129 Abs. 1 kann vorsehen oder den Vorstand oder den Versammlungsleiter dazu ermächtigen vorzusehen, die Bild- und Tonübertragung der Versammlung zuzulassen.

A. Neuregelung

1   § 118 legt in Abs. 1 S. 1 den Grundsatz fest, dass die Aktionäre ihre Mitwirkungsrechte, vor allem das Stimmrecht, ausschließlich – soweit das Gesetz nichts anderes bestimmt – im Rahmen der Hauptversammlung wahrzunehmen haben. Die Vorschrift installiert damit die Hauptversammlung als zentrales, alle Aktionäre vertretendes Organ der Aktiengesellschaft, das mindestens einmal jährlich im Rahmen seiner gesetzlich zugewiesenen Kompetenz zu entscheiden hat.[1]

2   Durch das ARUG II kommt es zu einer Ergänzung in Abs. 1 um eine Regelung im Zusammenhang mit der elektronischen Stimmabgabe. Damit wird Art. 3 c Abs. 2 UAbs. 1 2. ARRL in innerstaatliches Recht umgesetzt. Danach müssen die Mitgliedstaaten sicherstellen, dass bei einer elektronischen Stimmabgabe die elektronische Bestätigung des Eingangs der Stimmen der Person übermittelt wird, die die Stimme abgegeben hat. Damit soll eine Information des Aktionärs über seine Stimmabgabe auch in den Fällen erfolgen, in denen die Stimmabgabe ohne Anwesenheit vor Ort elektronisch erfolgt. Die Aktionäre erfahren somit, ob ihre Stimme bei einer Abstimmung

---

15 BT-Drs. 19/9739, S. 91.
 1 Vgl. *Krenek/Pluta* in Heidel Aktienrecht AktG 118 Rn. 1; *Hüffer/Koch* AktG 118 Rn. 2 mwN.

ordnungsgemäß berücksichtigt wurde. Zudem erhalten sie das Recht, im Falle der elektronischen Stimmabgabe eine Bestätigung über den Eingang der Stimmabgabe zu erhalten, sowie zusätzlich das Recht, eine Bestätigung darüber zu verlangen, ob und wie die Stimme gezählt wurde.[2]

Die Anforderungen an Format, Inhalt und Frist der Information bestimmen sich nach der Durchführungsverordnung (EU) 2010/1212 der Kommission vom 3. September 2018 zur Festlegung von Mindestanforderungen zur Umsetzung der Bestimmungen der Richtlinie 2007/36/EG des Europäischen Parlaments und des Rates in Bezug auf die Identifizierung der Aktionäre, die Informationsübermittlung und die Erleichterung der Ausübung der Aktionärsrechte.[3] Die nach Art. 7 Abs. 1 dieser Verordnung maßgebliche Tabelle 6 schreibt den Inhalt der Bestätigung vor. Aufgrund von Art. 9 Abs. 5 1. UAbs. dieser Verordnung wird die Bestätigung des Eingangs der elektronisch abgegebenen Stimmen gem. Art. 7 Abs. 1 der Verordnung der Person, die die Stimmen abgegeben hat, unmittelbar nach Stimmabgabe übermittelt. 3

Abs. 1 S. 4 und S. 5 nehmen Bezug zu den Neureglungen über Intermediäre. Sie sollen durch die Verweisung auf § 67a Abs. 2 S. 1 sicherstellen, dass auch hier die Einschaltung beauftragter Dritter möglich ist.[4] Sind mehrere Intermediäre eingeschaltet, so wird durch die Verweisung auf § 67a Abs. 3 erreicht, dass jeder Intermediär und dann auch der Aktionär über § 67b Abs. 1 die entsprechenden Informationen erhält. 4

Bei der Briefwahl im Sinne des Abs. 2 S. 1 ist eine elektronische Bestätigung nur dann erforderlich, sofern die Stimmabgabe gleichfalls elektronisch erfolgt. Allerdings steht es der Gesellschaft frei, eine elektronische Stimmabgabe auch im Falle einer schriftlichen Stimmabgabe per Briefwahl zu ermöglichen, auch wenn dies deutlich aufwändiger ist.[5] 5

B. Übergangsvorschrift

Die Neuregelungen in Abs. 1 und Abs. 2 sind aufgrund der Überleitungsvorschrift des § 26j Abs. 4 erst ab dem 3.9.2020 anzuwenden und sind erstmals auf Hauptversammlungen anzuwenden, die nach dem 3.9.2020 einberufen werden. Hintergrund dieser Regelung ist die Gültigkeit der 2. ARRL Durchführungsverordnung ab dem 3.9.2020. All die Vorschriften, die Bezug zur Aktionärsinformation und -identifikation haben, wie § 118, sollen ab dem gleichen Zeitpunkt gelten wie die 2. ARRL-Durchführungsverordnung. Zur Vermeidung von Widersprüchen wird der in Ausübung der durch Art. 2 Abs. 1 UAbs. 2 2. ARRL eingeräumte Spielraum genutzt.[6] 6

§ 119 Rechte der Hauptversammlung

(1) Die Hauptversammlung beschließt in den im Gesetz und in der Satzung ausdrücklich bestimmten Fällen, namentlich über

1. die Bestellung der Mitglieder des Aufsichtsrats, soweit sie nicht in den Aufsichtsrat zu entsenden oder als Aufsichtsratsmitglieder der Arbeitnehmer nach dem Mitbestimmungsgesetz, dem Mitbestimmungsergänzungsgesetz, dem Drittelbeteiligungsgesetz oder dem Gesetz über die Mitbestimmung der Arbeitnehmer bei einer grenzüberschreitenden Verschmelzung zu wählen sind;

2. die Verwendung des Bilanzgewinns;

---

2 So BT-Drs. 19/9739 S. 33 und 91.
3 ABl. L 223/1 vom 4.9.2018; auch BT-Drs. 19/9739 S. 91.
4 BT-Drs. 19/9739 S. 91.
5 BT-Drs. 19/9739 S. 91.
6 So BT-Drs. 19/9739 S. 118.

3. das Vergütungssystem und den Vergütungsbericht für Mitglieder des Vorstands und des Aufsichtsrats der börsennotierten Gesellschaft;
4. die Entlastung der Mitglieder des Vorstands und des Aufsichtsrats;
5. die Bestellung des Abschlußprüfers;
6. Satzungsänderungen;
7. Maßnahmen der Kapitalbeschaffung und der Kapitalherabsetzung;
8. die Bestellung von Prüfern zur Prüfung von Vorgängen bei der Gründung oder der Geschäftsführung;
9. die Auflösung der Gesellschaft.

(2) Über Fragen der Geschäftsführung kann die Hauptversammlung nur entscheiden, wenn der Vorstand es verlangt.

A. Neuregelung

1   Die Vorschrift weist der Hauptversammlung ihre Beschlusskompetenzen zu, von denen sie die landläufigsten und regelmäßig wiederkehrenden beispielhaft und daher nicht abschließend auflistet, wodurch die Machtbalance zwischen den Gesellschaftsorganen etabliert werden soll.[1]

2   Mit der Neuregelung durch die Ergänzung um Nr. 3 wird konsequent auf die die Rechte der Hauptversammlung erweiternde Vorschrift des § 120 a reagiert. Da die Befassung mit Vergütungssystem und Vergütungsbericht der börsennotierten Gesellschaft nunmehr zu den turnusgemäß durchzuführenden Aufgaben gehört, wird § 119 entsprechend angepasst.[2]

B. Überleitungsvorschrift

3   Auf eine ausdrückliche Regelung in § 26 j EGAktG konnte verzichtet werden, weil § 119 Nr. 3 nur dann eingreift, wenn die Hauptversammlung über das Vergütungssystem und den Vergütungsbericht zu entscheiden hat; die zeitliche Anwendbarkeit ist in § 26 j Abs. 1, 2 EGAktG geregelt.

§ 120 Entlastung

(1) ¹Die Hauptversammlung beschließt alljährlich in den ersten acht Monaten des Geschäftsjahrs über die Entlastung der Mitglieder des Vorstands und über die Entlastung der Mitglieder des Aufsichtsrats. ²Über die Entlastung eines einzelnen Mitglieds ist gesondert abzustimmen, wenn die Hauptversammlung es beschließt oder eine Minderheit es verlangt, deren Anteile zusammen den zehnten Teil des Grundkapitals oder den anteiligen Betrag von einer Million Euro erreichen.

(2) ¹Durch die Entlastung billigt die Hauptversammlung die Verwaltung der Gesellschaft durch die Mitglieder des Vorstands und des Aufsichtsrats. ²Die Entlastung enthält keinen Verzicht auf Ersatzansprüche.

(3) Die Verhandlung über die Entlastung soll mit der Verhandlung über die Verwendung des Bilanzgewinns verbunden werden.

(4) ¹Die Hauptversammlung der börsennotierten Gesellschaft kann über die Billigung des Systems zur Vergütung der Vorstandsmitglieder beschließen. ²Der Beschluss begründet weder Rechte noch Pflichten; insbesondere lässt er die Verpflichtungen des Aufsichtsrats nach § 87 unberührt. ³Der Beschluss ist nicht nach § 243 anfechtbar.

---

1   Vgl. *Krenek/Pluta* in Heidel, Aktienrecht AktG § 119 Rn. 1; *Hüffer/Koch* AktG § 119 Rn. 2 mwN.
2   BT-Drs. 19/9739, S. 92.

Die Änderungen in § 120 sind rein redaktioneller Natur und sind die Konsequenz der   1
Einführung von § 120 a über das Votum der Hauptversammlung zum Vergütungssystem und zum Vergütungsbericht. Dadurch konnte der bisherige Abs. 4 gestrichen werden; zudem wurde die Überschrift angepasst.[1]

§ 120 a   Votum zum Vergütungssystem und zum Vergütungsbericht

(1) [1]Die Hauptversammlung der börsennotierten Gesellschaft beschließt über die Billigung des vom Aufsichtsrat vorgelegten Vergütungssystems für die Vorstandsmitglieder
bei jeder wesentlichen Änderung des Vergütungssystems, mindestens jedoch alle vier
Jahre. [2]Der Beschluss begründet weder Rechte noch Pflichten. [3]Er ist nicht nach § 243
anfechtbar. [4]Ein das Vergütungssystem bestätigender Beschluss ist zulässig.

(2) Beschluss und Vergütungssystem sind unverzüglich auf der Internetseite der Gesellschaft zu veröffentlichen und für die Dauer der Gültigkeit des Vergütungssystems,
mindestens jedoch für zehn Jahre, kostenfrei öffentlich zugänglich zu halten.

(3) Hat die Hauptversammlung das Vergütungssystem nicht gebilligt, so ist spätestens
in der darauf folgenden ordentlichen Hauptversammlung ein überprüftes Vergütungssystem zum Beschluss vorzulegen.

(4) [1]Die Hauptversammlung der börsennotierten Gesellschaft beschließt über die Billigung des nach § 162 erstellten und geprüften Vergütungsberichts für das vorausgegan-
gene Geschäftsjahr. [2]Absatz 1 Satz 2 und 3 ist anzuwenden.

(5) Bei börsennotierten kleinen und mittelgroßen Gesellschaften im Sinne des § 267
Absatz 1 und 2 des Handelsgesetzbuchs bedarf es keiner Beschlussfassung nach Absatz 4, wenn der Vergütungsbericht des letzten Geschäftsjahres als eigener Tagesordnungspunkt in der Hauptversammlung zur Erörterung vorgelegt wird.

A. Allgemeines

Die bisherige Regelung in § 120 Abs. 4 AktG sah für börsennotierte Aktiengesell-   1
schaften vor, dass die Hauptversammlung entweder auf Beschlussvorschlag der Verwaltung (Vorstand und Aufsichtsrat, § 124 Abs. 3 S. 1) oder aufgrund eines Verlangens von Minderheitsaktionären nach § 122 Abs. 2 zulässigerweise darüber entscheiden konnte, ob sie das bestehende System zur Vorstandsvergütung billigt. Es bestand
weder eine Verpflichtung der Verwaltung, den Gegenstand auf die Tagesordnung zu
setzen, noch handelte es sich um einen wiederkehrenden Beschlussgegenstand, der
jährlich in der ordentlichen Hauptversammlung aufgerufen werden müsste.[1] Unter
der Geltung dieser Vorschrift hatten indes alle im DAX notierten Unternehmen ebenso wie viele andere Gesellschaften Vergütungssysteme entwickelt und ihren Hauptversammlungen jeweils zur Billigung vorgelegt.[2]

---

1 Vgl. BT-Drs. 19/9739, S. 92.
1 Siehe Begr. Rechtsausschuss, BT-Drs. 16/13433, S. 12; auch Begr. ARUG II RegE BT-Drs.
   19/9739, S. 92; näher hierzu *Krenek/Pluta* in Heidel, Aktienrecht AktG § 120 Rn. 40 ff.
2 Darauf weist der ARUG II RegE BT-Drs. 19/9739, S. 92 ausdrücklich hin.

2   Die Neuregelung in § 120 a setzt die Vorgaben aus der 2. ARRL in innerstaatliches Recht um. Aufgrund von deren Art. 9 a Abs. 1 stellen die Mitgliedstaaten sicher, dass Gesellschaften eine Vergütungspolitik in Bezug auf die Mitglieder der Unternehmensleitung erarbeiten und die Aktionäre das Recht haben, über die Vergütungspolitik in der Hauptversammlung abzustimmen. Ausweislich des Erwägungsgrundes 28 zu dieser Richtlinie steht dahinter zum einen der Gedanke, dass die Vergütung eines der Hauptinstrumente ist, mit dessen Hilfe Gesellschaften ihre Interessen mit denen der Mitglieder ihrer Unternehmensleitung in Einklang bringen können. Zum anderen wird es angesichts der zentralen Rolle der Mitglieder der Unternehmensleitung als wichtig bezeichnet, die Vergütungspolitik angemessen von den zuständigen Gremien innerhalb der Gesellschaft festzulegen und den Aktionären die Möglichkeit zu geben, ihre Ansichten zur Vergütungspolitik der Gesellschaft zu äußern. Dies bedeutet eine erhebliche Stärkung der Rechte der Aktionäre im Vergleich zum bisherigen Rechtszustand, nachdem deren Beteiligung nunmehr verbindlich festgeschrieben ist. Dabei steht § 120 a in untrennbarem Zusammenhang mit den inhaltlichen Vorgaben für das Vergütungssystem, wie sie von § 87 a nunmehr festgelegt werden.

Die von der 2. ARRL intendierte Stärkung der Aktionärsrechte soll dazu beitragen, falsche Vergütungsanreize zu vermeiden und dadurch nach den Erfahrungen der Finanzkrise auch krisenpräventiv wirken.[3] Der dem monistischen System entspringende Gedanke der nunmehr erfolgten stärkeren Beteiligung der Aktionäre an der Ausgestaltung der Vergütung und deren Verantwortung für die Vergütung war dem deutschen Recht bisher fremd mit dem dualistischen System der Aufgabenverteilung von Vorstand und Aufsichtsrat.[4]

3   Die Richtlinie ließ aber bei der Ausgestaltung im Einzelnen in ihrem Art. 9 a Abs. 3 dem nationalen Gesetzgeber einen Spielraum dahin gehend, dass er vorsehen kann, der Abstimmung in der HV über die Vergütungspolitik nur einen empfehlenden Charakter beizumessen. Zur Wahrung des austarierten Systems der Zuständigkeiten innerhalb der Aktiengesellschaft zwischen Vorstand, Aufsichtsrat und Hauptversammlung hat der deutsche Gesetzgeber davon Gebrauch gemacht und der in Art. 9 a Abs. 2 1. UAbs. S. 1 2. ARRL als Grundsatz geregelten Verbindlichkeit der Abstimmung über die Vergütungspolitik eine Absage erteilt.[5] Diese Entscheidung des Gesetzgebers muss als sachgerecht bezeichnet werden, weil anderenfalls schlüssig nicht zu erklären wäre, warum der Aufsichtsrat über einen Teil des zentralen Inhalts des Vorstandsvertrags – die Gegenleistung für die durch das Vorstandsmitglied erbrachten Dienstleistungen – nicht autonom soll entscheiden können, sondern an ein bindendes Votum gebunden sein soll, das ohne jeden Zweifel Einfluss auf die Vergütung des einzelnen Vorstandsmitglieds hat. Über die in § 120 a Abs. 3 enthaltene Verpflichtung, ein überprüftes Vergütungssystem zum Beschluss vorzulegen, wird dem Votum der Aktionäre in der Hauptversammlung hinreichend Gewicht eingeräumt, ohne dass es zu einer Umgestaltung der Zuständigkeiten kommen müsste.[6]

B. Die Neuregelungen

I. Grundsatz, § 120 a Abs. 1

4   § 120 a Abs. 1 S. 1 setzt die Vorgabe aus Art. 9 a Abs. 1 und Abs. 5 der Richtlinie um, wonach die Hauptversammlung der börsennotierten Gesellschaft über die Billigung des vom Aufsichtsrat vorgelegten Vergütungssystem für die Vorstandsmitglieder bei

---

3 Hierzu ausführlich *Florstedt* ZGR 2019, 630 (632 ff.).
4 BT-Drs. 19/9739, S. 34 f.
5 Hierzu *Schmidt* NZG 2018, 1201 (1202 ff.); *Löbbe/Fischbach* AG 2019, 373 (375); Kritisch zu dieser Entscheidung des Gesetzgebers unter Hinweis auf zu beobachtende Exzesse bei der Festlegung der Verfügung *Bayer* DB 2019, 3034 (3038); *Bachmann/Pauschinger* ZIP 2019, 1 (4 f.).
6 Ähnlich auch ARUG II RegE BT-Drs. 19/9739 S. 92.

jeder wesentlichen Änderung des Vergütungssystems, mindestens jedoch alle vier Jahre, beschließt. Im Vergleich zum bisherigen Recht wird die Befassung der Hauptversammlung somit obligatorisch, wie sich sowohl aus dem Wortlaut im Zusammenspiel mit der Neuregelung in § 119 Abs. 1 Nr. 3 als auch dem Vergleich mit der bisherigen Regelung in § 120 Abs. 4 aF ergibt, wo es statt beschließt „kann … beschließen" hieß.

Der Anwendungsbereich beschränkt sich auf börsennotierte Gesellschaften im Sinne 5
des § 3 Abs. 2, also solche, deren Aktien im regulierten Markt im Sinne der §§ 32 ff.
Börsengesetz gehandelt werden. Damit unterliegen aber alle Gesellschaften im Freiverkehr einschließlich beispielsweise des M:access in München oder des Entry Standard in Frankfurt nicht diesen Vorgaben.[7]

Die Vorlagepflicht an die Hauptversammlung trifft den Aufsichtsrat, wie dem Wort- 6
laut wie auch der Entstehungsgeschichte zu entnehmen ist. Der Beschlussvorschlag zur Billigung ist nur vom Aufsichtsrat zu unterbreiten. Dies ergibt sich aus dem Zusammenspiel mit der Neuregelung in § 124 Abs. 3 S. 1, wo die alleinige Vorschlagskompetenz für die Beschlussfassung nach § 120 a Abs. 1 S. 1 beim Aufsichtsrat liegt.[8] Dies ist auch konsequent, weil die inhaltliche Verantwortung für die Vergütungspolitik aufgrund von § 87 a Abs. 1 beim Aufsichtsrat liegt. Damit weicht die Neuregelung aber vom bisherigen Rechtszustand mit dem freiwilligen Vergütungsvotum ab, bei dem davon ausgegangen wurde, der Vorschlag werde von Vorstand und Aufsichtsrat entsprechend der Grundregel in § 124 Abs. 2 S. 1 unterbreitet.[9]

Im Vorfeld der Hauptversammlung muss aufgrund der Neuregelung in § 124 Abs. 3 7
S. 3 das vollständige Vergütungssystem mit der Einberufung bekanntgemacht werden. Anderenfalls könnten sich die Aktionäre im Vorfeld der Hauptversammlung keine Klarheit darüber verschaffen, ob sie von ihrem Teilnahmerecht oder Rede- und Fragerecht in der Hauptversammlung Gebrauch machen wollen, wenn ihnen der Inhalt des Vergütungssystems nicht bekannt ist.[10]

Aus der allein beim Aufsichtsrat liegenden Vorschlagskompetenz zur Billigung resul- 8
tiert, dass Gegenanträge von Aktionären unzulässig sind,[11] weil dieses Recht nach dem eindeutigen Wortlaut von § 126 Abs. 1 sich nur auf Vorschläge von Vorstand und Aufsichtsrat bezieht. Allerdings bleibt es einer das Quorum des § 122 Abs. 2 erfüllenden Aktionärsminderheit unbenommen, ein eigenes Vergütungssystem zur Abstimmung auf der Hauptversammlung zu stellen.[12] Auch in anderen Konstellationen wie der Wahl des Aufsichtsrats mit dem eigenständigen Vorschlagsrecht des Aufsichtsrats besteht die Möglichkeit des Antrags nach § 122 AktG – allein der Umstand, dass nur der Aufsichtsrat über die Vergütungspolitik entscheidet, steht dem nicht entgegen.

Das Fragerecht in der Hauptversammlung aus § 131 Abs. 1 S. 1 bezieht sich auch auf 9
das Vergütungssystem, das zur Beschlussfassung vorgelegt wird. Dabei trifft die Pflicht zur Beantwortung den Vorstand, obwohl der Aufsichtsrat dafür verantwortlich ist.[13] Die Praxis wird sich wie bei vergleichbaren, in die Zuständigkeit des Aufsichts-

---

7 Ebenso *Florstedt* ZGR 2019, 630 (643 f.), der auch überzeugend darauf verweist, dass die Einbeziehung von Segmenten des Freiverkehrs in die Marktmissbrauchsverordnung keine andere Beurteilung rechtfertigt.
8 BT-Drs. 19/9739, S. 92 und 95; *Löbbe/Fischbach* AG 2019, 373 (378).
9 Vgl. hierzu *Krenek/Pluta* in Heidel, Aktienrecht AktG § 120 Rn. 41; Spindler/Stilz/*Hoffmann* AktG § 120 Rn. 53; *Hüffer/Koch* AktG § 120 Rn. 22.
10 Vgl. BT-Drs. 19/9739, S. 95; *Paschos/Goslar*AG 2019, 365 (370); allgemein zum Normzweck des § 124 Abs. 2 Spindler/Stilz/*Rieckers* AktG § 124 Rn. 1; MüKoAktG/*Kubis* AktG § 124 Rn. 1.
11 So ausdrücklich BT-Drs. 19/9739, S. 92; ebenso *Bachmann/Pauschinger* ZIP 2019, 1(4); *Löbbe/Fischbach*AG 2019, 373 (378); *Paschos/Goslar* AG 2018, 857 (863); *Florstedt* ZGR 2019, 630 (644); aA wohl *Diekmann* WM 2018, 796 (797)).
12 Ebenso *Diekmann* WM 2018, 796 (797); aA *Paschos/Goslar* AG 2018, 857 (863); *Florstedt* ZGR 2019, 630 (645).
13 Vgl. *Diekmann* WM 2018, 796 (799); *Vetter* ZIP 2009, 2136 (2140).

rates fallenden Themen damit behelfen, dass ein Mitglied des Aufsichtsrats, regelmäßig der Vorsitzende, die Fragen beantwortet und sich der Vorstand diese Antworten zu eigen macht. Bestehende Anfechtungsrisiken unter Hinweis darauf, dass gegebenenfalls die „falsche" Person geantwortet hat, spielen indes wegen der Regelung des Abs. 1 S. 3 über den Anfechtungsausschluss keine Rolle.

10 Die Hauptversammlung kann den Vorschlag des Aufsichtsrats nur billigen oder nicht billigen.

11 Die Vorlagepflicht für den Aufsichtsrat besteht hinsichtlich des Vergütungssystems bei wesentlichen Änderungen, zumindest alle vier Jahre. Damit werden die Vorgaben aus Art. 9 a Abs. 5 2. ARRL unverändert umgesetzt. Allerdings ergibt sich weder aus der Richtlinie noch aus der Gesetzesbegründung zum ARUG II hinreichend deutlich, wann von einer wesentlichen Änderung gesprochen werden kann. Mit Blick auf den Normzweck, die Aktionärsrechte bei der Vergütungspolitik zu stärken, dürfen die Anforderungen an eine wesentliche Änderung nicht zu hoch angesetzt werden, auch wenn eine geringfügige Änderung nicht ausreichend sein kann. Allgemein wird man sagen dürfen, dass eine Änderung dann als wesentlich einzustufen ist, wenn sie zu einer qualitativen oder quantitativen Änderung führt. In der Literatur wird demgemäß zutreffend darauf verwiesen, dass Änderungen gerade bei der Fixvergütung, den maximalen kurz- und langfristigen variablen Vergütungsbestandteilen oder Änderungen der Wartefristen als wesentlich einzustufen sind.[14] Vor allem die Aufnahme oder das Streichen eines der Vergütungsbestandteile entsprechend § 87 a Abs. 1 ist als wesentliche Änderung anzusehen. Im quantitiven Bereich wird bei der Vergütungshöhe eine Veränderung ab 10 % bereits als wesentlich eingestuft werden müssen.

12 Der Normzweck des § 120 a Abs. 1 S. 2, wonach der Beschluss weder Rechte noch Pflichten begründet, stellt ausweislich der Begründung des ARUG II RegE[15] klar, dass das verpflichtende Votum nur beratenden Charakter hat. Es wird indes auch darauf hingewiesen, dass sich der Aufsichtsrat an den Wünschen der Anteilseigner orientieren und ein deutliches Votum der Aktionäre berücksichtigen wird.

Ein das Vergütungssystem ablehnender Beschluss kann keine Auswirkungen auf den Inhalt abgeschlossener Vorstandsdienstverträge haben. Die Hauptversammlung hat nämlich keine Kompetenz für die Ausgestaltung des konkreten Inhalts des Vertrags der Gesellschaft mit dem Vorstand; diese liegt gem. § 112 AktG ausschließlich beim Aufsichtsrat.[16] Auch bei Neuverträgen spricht viel dafür, dass ein Verstoß gegen das System im Außenverhältnis im Grundsatz unbeachtlich ist. Angesichts der Offenlegung des Vergütungssystems nach § 120 a Abs. 2 kann im Einzelfall durchaus ein außenwirksamer Missbrauch der Vertretungsmacht vorliegen.[17] Ein Verstoß gegen ein gesetzliches Verbot gem. § 134 BGB kommt nicht in Betracht;[18] dies erscheint mit dem Charakter des Votums der Hauptversammlung als nur empfehlend nicht vereinbar.

13 Die Vorschrift des § 120 a Abs. 1 S. 3 entspricht inhaltlich der Vorschrift in § 120 Abs. 4 S. 3 aF über den Anfechtungsausschluss und beruht auf denselben Erwägungen.[19] Da aber der Beschluss nach Abs. 1 S. 3 keine rechtliche, sondern nur eine tatsächliche Wirkung hat, bedarf es auch keiner Beschlussmängelkontrolle durch ein Anfechtungsrecht. Abs. 1 S. 3 stellt daher den Beschluss über die Billigung des Vergütungssystems von Anfechtungsverfahren nach § 243 frei. Weder dem Vorstand, noch Aktionären steht mithin eine Anfechtungsmöglichkeit gegen diesen Beschluss zur Ver-

---

14 So *Lutter/Bayer/Schmidt* EurUnternehmensR § 29.136.
15 BT-Drs. 19/9739, S. 92.
16 Ebenso *Florstedt* ZGR 2019, 603 (648 f.); auch *Verse* NZG 2013, 921 (928); *Ziemons* GWR 2013, 283 (284 f.) jeweils zu § 120 Abs. 4 aF.
17 Ebenso *Florstedt* ZGR 2019, 603 (648 f.).
18 In diese Richtung aber wohl *Zetzsche* NZG 2014, 1121 (1130).
19 BT-Drs. 19/9739, S. 93.

fügung.[20] Etwas anderes ergibt sich ausweislich der Gesetzgebungsmaterialien auch nicht aus der Erwägung heraus, dass sich die konkret bezahlte Vergütung im Rahmen des Vergütungssystems bewegen muss. Der ARUG II RegE bezeichnet dies als Selbstverständlichkeit.[21] Möglich bleibt aber die Klage auf Feststellung der Nichtigkeit des Beschlusses, wobei nur die Nichtigkeitsgründe der § 241 Nr. 1 und Nr. 2 Bedeutung erlangen.[22] Ebenso bleibt unberührt die Anfechtbarkeit der Entlastung des Aufsichtsrats wegen schwerwiegender Pflichtenverstöße im Zusammenhang mit der Festsetzung der Vergütung, wobei aber zu beachten ist, dass sich der Aufsichtsrat auf die Business Judgement Rule berufen kann.[23]

Unterbleibt allerdings die Aufstellung und Vorlage eines derartigen Vergütungssystems im Sinne des § 87 a AktG, ist der Beschluss über eine dennoch erteilte Entlastung der Mitglieder des Aufsichtsrats nach allgemeinen Grundsätzen der Anfechtbarkeit von Entlastungsbeschlüssen nach § 120[24] anfechtbar. Angesichts der Verpflichtung zur Aufstellung und Vorlage bedeutet das Unterlassen eine eindeutige und schwere Gesetzesverletzung. 14

In Abs. 1 S. 4 wird in gleicher Weise wie zu § 113 Abs. 3 S. 2 klargestellt, dass ein das Vergütungssystem der Vorstandsmitglieder bestätigender Beschuss zulässig ist. Danach kann der Aufsichtsrat auch das bereits bestehende Vergütungssystem dem Votum der Aktionäre zuführen. Dies geschieht entweder durch eine Wiederholung des bereits geltenden Vergütungssystems oder durch Bezugnahmen.[25] Wird dabei aber ein in der Vergangenheit gebilligtes Vergütungssystem bei neuerlicher Vorlage durch die Hauptversammlung abgelehnt, löst dies die Folgen aus Abs. 3 aus.[26]

II. Veröffentlichungspflicht, § 120 a Abs. 2

Abs. 2 über die Veröffentlichungspflicht des Beschlusses und des Vergütungssystems stellt sich als Umsetzung von Art. 9 a Abs. 7 2. ARRL dar, wonach die Mitgliedstaaten sicherstellen, dass die Vergütungspolitik nach der Abstimmung in der Hauptversammlung zusammen mit dem Datum und den Ergebnissen der Abstimmung unverzüglich auf der Website der Gesellschaft veröffentlicht wird und dort mindestens für die Dauer ihrer Gültigkeit kostenfrei öffentlich zugänglich bleibt. Nach § 130 Abs. 6 sind börsennotierte Aktiengesellschaften zur Veröffentlichung ua der festgestellten Abstimmungsergebnisse innerhalb sieben Tagen angehalten. Mit der Einhaltung dieses Fristerfordernisses ist auch dem Erfordernis der unverzüglichen Veröffentlichung in Abs. 2 Genüge getan. Die in Abs. 2 genannten Unterlagen sind ab Veröffentlichung für einen Zeitraum von mindestens zehn (Zeit-)Jahren zu veröffentlichen. Die Länge des Zeitraums ist von der ARRL nicht vorgegeben, steht aber in Einklang mit dem entsprechend langen Zeitraum zur Publizität des Vergütungsberichts in § 162 Abs. 4.[27] 15

Aufgrund der Regelungen in den §§ 124 Abs. 2 S. 3 in Verbindung mit § 124 a Nr. 1 ist häufig keine Veröffentlichung des Vergütungssystems auf der Internetseite mehr erforderlich, da es bereits als Teil der Einberufungsunterlagen zur Hauptversammlung

---

20 Zu § 120 Abs. 4 aF *Krenek/Pluta* in Heidel, Aktienrecht AktG § 120 Rn. 46; auch *Löbbe/Fischbach* AG 2019, 373 (378).
21 BT-Drs. 19/9739, S. 93.
22 Vgl. *Krenek/Pluta* in Heidel, Aktienrecht AktG § 120 Rn. 46; Schmidt/Lutter/*Spindler* Rn. 65; Wachter/*Mayrhofer* Rn. 14; *v. Falkenhausen/Kocher* AG 2010, 623 (628).
23 So zutreffend *v. Falkenhausen/Kocher* AG 2010, 623 (628); zum Pflichtenverstoß bei der Festsetzung der Vorstandsvergütung vgl. LG München I NZG 2007, 477 f. = AG 2007, 458 f.
24 Hierzu *Krenek/Pluta* in Heidel, Aktienrecht AktG § 120 Rn. 27 mwN.
25 BT-Drs. 19/9739, S. 93.
26 BT-Drs. 19/9739, S. 93.
27 Vgl. *Bachmann/Pauschinger* ZIP 2019, 1 (6).

auf der Internetseite eingestellt sein wird. Etwas anderes könnte sich nur bei redaktionellen Änderungen ergeben.[28]

III. Ablehnendes Votum, § 120 a Abs. 3

16   In Abs. 3 sind die Rechtsfolgen geregelt, wenn die Hauptversammlung ein ablehnendes Votum abgibt. Ein überprüftes Vergütungssystem ist dann spätestens in der darauffolgenden ordentlichen Hauptversammlung zum Beschluss vorzulegen; dabei geht der ARUG II RegE davon aus, dass das Vergütungssystem nicht zwingend überarbeitet werden muss. Der Grund für die Beschränkung auf die nächste ordentliche Hauptversammlung liegt darin, dass es den zuständigen Organen der Gesellschaft möglich sein soll, eine außerordentliche Hauptversammlung zu einem bestimmten Thema einzuberufen, ohne diese mit themenfremden und unter Umständen aufwändigen Erörterungen wie über das Vergütungssystem zu belasten. Dies wird zu Recht als richtlinienkonform angesehen. Aus dem Gesamtkonzept der Art. 9 a, 9 b 2. ARRL sowie speziell auch aus der inneren Systematik des Art. 9 b Abs. 4 2. ARRL ergibt sich, dass die 2. ARRL ersichtlich davon ausgeht, dass jeweils auf der „Jahreshauptversammlung", dh auf der ordentlichen Hauptversammlung, über die Vergütungspolitik (bzw. in der deutschen Terminologie nun das „Vergütungssystem") und den Vergütungsbericht abgestimmt wird.[29] Andererseits zeigt die Formulierung „spätestens" auch, dass es der Gesellschaft unbenommen bleibt, eine außerordentliche Hauptversammlung zu diesem Thema abzuhalten.[30]

17   Sollte sich eine Gesellschaft weigern, eine ordentliche Hauptversammlung einzuberufen oder einen derartigen Beschlussvorschlag auf die Tagesordnung zu setzen, bleibt für eine das Quorum des § 122 AktG erfüllende Minderheit die Möglichkeit, die Beschlussfassung über § 122 AktG zu erzwingen.

IV. Vergütungsbericht, § 120 a Abs. 4

18   Mit dieser Regelung setzt der Gesetzgeber die Vorgaben aus Art. 9 b Abs. 4 UAbs. 1 S. 1 2. ARRL um, wonach die Hauptversammlung mittels verpflichtenden jährlichen Votums das Recht haben muss, mit empfehlendem Charakter auch über den Vergütungsbericht abzustimmen. Damit nimmt Abs. 4 Bezug auf § 162, in dem die Pflicht zur Erstellung eines jährlichen Vergütungsberichts mit dem aufzunehmenden Inhalt neu geregelt wurde.

19   Die Bezugnahme auf § 162 erhellt auch, dass der Vergütungsbericht nach seiner Ausarbeitung durch den Vorstand und den Aufsichtsrat in seiner nach § 162 AktG durch den Abschlussprüfer in formeller Hinsicht geprüften Fassung der Hauptversammlung vorgelegt werden muss.[31] Aus § 124 Abs. 3 S. 3 ergibt sich im Wege der Klarstellung, dass auch der Vergütungsbericht vollständig ab der Einberufung bekanntzumachen ist;[32] nur durch diese im Vergleich zum ARUG II RefE vorgenommene sachgerechte Ergänzung erhalten die Aktionäre die erforderlichen Informationen, um über ihre Teilnahme, die Ausübung des Fragerechts und die Abstimmung Klarheit zu erhalten.

20   Der Beschlussvorschlag ist hier sowohl vom Vorstand als auch vom Aufsichtsrat zu unterbreiten, weil der Vergütungsbericht auch von beiden Organen erarbeitet wurde. Daher ist die im Vergleich zum Vergütungssystem abweichende Regelung sachgerecht. Auch beim Vergütungsbericht sind wie bei der Abstimmung über das Vergütungssystem Gegenanträge von Aktionären ausgeschlossen; → Rn. 8.[33]

---

28 So ausdrücklich BT-Drs. 19/9739, S. 93 f.
29 Vgl. *Bayer/Schmidt* BB 2019, 2178 (2179).
30 Vgl. BT-Drs. 19/9739, S. 94.
31 So BT-Drs. 19/9739, S. 94.
32 So v.a. *Paschos/Goslar* AG 2019, 365 (370).
33 So BT-Drs. 19/9739, S. 126; ebenso *Löbbe/Fischbach* AG 2019, 373 (384).

Durch die in Abs. 4 S. 2 erfolgte Anordnung der entsprechenden Anwendung von 21
Abs. 1 S. 2 wird klargestellt, dass der Beschluss keine Rechte und Pflichten begründet und somit nur empfehlenden Charakter hat. Anders als beim Vergütungssystem sind indes auch keine mittelbaren Rechtsfolgen vorgesehen; der Vergütungsbericht muss bei einem ablehnenden Votum nicht überarbeitet werden. Es ist lediglich § 162 Abs. 1 Nr. 6 zu beachten, wonach der nächstfolgende Vergütungsbericht darauf einzugehen hat, wie das Votum der Hauptversammlung berücksichtigt wurde.[34]

Ebenso wie beim Beschluss über das Vergütungssystem ist aufgrund der Verweisung 22
in Abs. 4 S. 2 auf Abs. 1 S. 3 die Anfechtung des Beschlusses über den Vergütungsbericht ausgeschlossen. Der Gesetzgeber begründet dies neben der Parallele zum Vergütungssystem mit der Erwägung, dass auch bei anderen Publizitätsinstrumenten der Aktiengesellschaft wie der Feststellung des Jahresabschlusses keine Anfechtung durch Aktionäre erfolge.[35] Möglich bleibt aber auch hier die Klage auf Feststellung der Nichtigkeit.

Bei einer Verletzung der Pflichten zur Erstellung und Vorlage des Vergütungsberichts 23
können die Beschlüsse über die Entlastung von Vorstand und Aufsichtsrat wie beim Vergütungssystem wegen schwerer und eindeutiger Gesetzesverletzung angefochten werden.[36]

V. Erleichterungen, § 120 a Abs. 5

Die 2. ARRL sieht in ihrem Art. 9 b Abs. 4 UAbs. 2 größenabhängige Erleichterungen 24
für kleine und mittelgroße börsennotierte Unternehmen bzw. Gesellschaften (KMU) vor, anstelle einer Beschlussfassung über den Vergütungsbericht diesen der Hauptversammlung als eigenen Tagesordnungspunkt zur bloßen Erörterung vorzulegen. Von dieser Möglichkeit hat der Gesetzgeber im ARUG II Gebrauch gemacht. Börsennotierte Unternehmen, die die Vorgaben aus § 267 Abs. 1 und Abs. 2 HGB mit den dort genannten Schwellenwerten erfüllen, müssen dann keinen Beschluss im Sinne des Abs. 4 fassen, wenn der Vergütungsbericht des letzten Geschäftsjahres als eigener Tagesordnungspunkt in der Hauptversammlung zur Erörterung vorgelegt wird. Der Zweck dieser Erleichterung für KMU liegt in der Reduktion des Verwaltungsaufwands. Die Regelung wird auch als sachgerecht bezeichnet, weil die Frage der Vorstands- und Aufsichtsratsvergütung bei KMU sowohl für deren Aktionäre als auch für die Öffentlichkeit regelmäßig weniger virulent ist als bei großen börsennotierten Gesellschaften im Sinne des § 267 Abs. 3 HGB, auf die Abs. 5 bereits nach seinem eindeutigen Wortlaut keine Anwendung finden kann.[37]

VI. Übergangsvorschrift

Das ARUG II ist nach seinem Art. 16 am 1.1.2020 in Kraft getreten. Die Übergangs- 25
vorschrift für das Vergütungssystem ist in § 26 j Abs. 1 EGAktG enthalten. Danach hat die erste Beschlussfassung der Hauptversammlung über das vorgelegte Vergütungssystem nach § 120 a Abs. 1 bis zum Ablauf der ersten ordentlichen Hauptversammlung, die auf den 31.12.202 folgt, zu erfolgen – mithin im Jahre 2021. Dies gilt unabhängig davon, wann das Geschäftsjahr beginnt. Dies verhindert nach dem Willen des Gesetzgebers den Zwang zu einer sofortigen Beschlussfassung, der, wenn er nicht sogar hinsichtlich der Abhaltung einer Hauptversammlung binnen kurzer Frist unerfüllbar wäre, zumindest zu erheblichen Belastungen der betroffenen Gesellschaften führen würde. Der Vier-Jahres-Zeitraum des § 120 a Abs. 1 S. 1 berechnet sich sodann jeweils ab der erstmaligen Beschlussfassung. Aufgrund des Wortlauts der Vorschrift

---

34 Vgl. *Löbbe/Fischbach* AG 2019, 373 (384).
35 BT-Drs. 19/9739, S. 94; zustimmend v.a. im Vergleich zum ARUG II RefE *Löbbe/Fischbach* AG 2019, 373 (384), auch *Paschos/Goslar* AG 2019, 365 (370).
36 Ebenso *Paschos/Goslar* AG 2019, 365 (370).
37 So BT-Drs. 19/9739, S. 94.

ist eine frühere Beschlussfassung selbstverständlich ebenfalls zulässig. Die Anknüpfung an die ordentliche Hauptversammlung in Abs. 1 S. 1 stellt eine Parallele zu § 120 a Abs. 3 her, indem verhindert wird, dass eine außerordentliche Hauptversammlung zusätzlich zu ihrem eigentlichen Einberufungsgrund die neuen Vergütungsbeschlüsse zu fassen hat.[38]

26   Aus § 26 j Abs. 1 S. 3 EGAktG ergibt sich, dass bis zum Ablauf der Frist des S. 2 eine Vergütung nach der bestehenden Vergütungspraxis gewährt werden kann. Dadurch wird verhindert, dass Aufsichtsräte gezwungen sind, das erste der Hauptversammlung vorgelegte Vergütungssystem bei dessen Nichtbilligung durch die Hauptversammlung zwingend für die Vergütungsfestsetzung nach § 87 a Abs. 2 S. 1 heranzuziehen. Gleichzeitig stellt die Formulierung jedoch wiederum klar, dass auch ein solches Vorgehen, sollte es aufgrund der Besonderheiten des Einzelfalls sinnvoll erscheinen, trotzdem zulässig wäre. Bis zur erstmaligen Vergütungsfestsetzung auf Basis eines Vergütungssystems nach § 87 a Abs. 1 ist sowohl den aktuellen als auch solchen Vorstands- oder Aufsichtsratsmitgliedern, die in diesem Übergangszeitraum zum jeweiligen Gremium hinzutreten, eine Vergütung nach der bestehenden Vergütungspraxis zu gewähren. S. 3 Hs. 2 stellt zudem klar, dass die im Übergangszeitraum laufenden oder begründeten Verträge unberührt bleiben.[39]

27   Für den Vergütungsbericht enthält § 26 j Abs. 2 S. 2 EGAktG die maßgeblichen Bestimmungen. Die erstmalige Beschlussfassung nach Abs. 4 hat ab Beginn des zweiten Geschäftsjahres, das auf den 31.12.2020 folgt, mithin in der ersten ordentlichen Hauptversammlung des Jahres 2022 zu erfolgen. Eine frühere Beschlussfassung ist auch hier möglich.[40]

Zweiter Unterabschnitt Einberufung der Hauptversammlung

§ 121 Allgemeines

(1) Die Hauptversammlung ist in den durch Gesetz oder Satzung bestimmten Fällen sowie dann einzuberufen, wenn das Wohl der Gesellschaft es fordert.

(2) [1]Die Hauptversammlung wird durch den Vorstand einberufen, der darüber mit einfacher Mehrheit beschließt. [2]Personen, die in das Handelsregister als Vorstand eingetragen sind, gelten als befugt. [3]Das auf Gesetz oder Satzung beruhende Recht anderer Personen, die Hauptversammlung einzuberufen, bleibt unberührt.

(3) [1]Die Einberufung muss die Firma, den Sitz der Gesellschaft sowie Zeit und Ort der Hauptversammlung enthalten. [2]Zudem ist die Tagesordnung anzugeben. [3]Bei börsennotierten Gesellschaften hat der Vorstand oder, wenn der Aufsichtsrat die Versammlung einberuft, der Aufsichtsrat in der Einberufung ferner anzugeben:

1.   die Voraussetzungen für die Teilnahme an der Versammlung und die Ausübung des Stimmrechts sowie gegebenenfalls den Nachweisstichtag nach § 123 Absatz 4 Satz 2 und dessen Bedeutung;
2.   das Verfahren für die Stimmabgabe
     a)   durch einen Bevollmächtigten unter Hinweis auf die Formulare, die für die Erteilung einer Stimmrechtsvollmacht zu verwenden sind, und auf die Art und Weise, wie der Gesellschaft ein Nachweis über die Bestellung eines Bevollmächtigten elektronisch übermittelt werden kann sowie
     b)   durch Briefwahl oder im Wege der elektronischen Kommunikation gemäß § 118 Abs. 1 Satz 2, soweit die Satzung eine entsprechende Form der Stimmrechtsausübung vorsieht;

---

38 BT-Drs. 19/7939, S. 117.
39 So BT-Drs. 19/7939, S. 117.
40 So BT-Drs. 19/7939, S. 117.

3. die Rechte der Aktionäre nach § 122 Abs. 2, § 126 Abs. 1, den §§ 127, 131 Abs. 1; die Angaben können sich auf die Fristen für die Ausübung der Rechte beschränken, wenn in der Einberufung im Übrigen auf weitergehende Erläuterungen auf der Internetseite der Gesellschaft hingewiesen wird;

4. die Internetseite der Gesellschaft, über die die Informationen nach § 124 a zugänglich sind.

(4) ¹Die Einberufung ist in den Gesellschaftsblättern bekannt zu machen. ²Sind die Aktionäre der Gesellschaft namentlich bekannt, so kann die Hauptversammlung mit eingeschriebenem Brief einberufen werden, wenn die Satzung nichts anderes bestimmt; der Tag der Absendung gilt als Tag der Bekanntmachung. ³*Die Mitteilung an die im Aktienregister Eingetragenen genügt.*

(4 a) Bei börsennotierten Gesellschaften, die nicht ausschließlich Namensaktien ausgegeben haben oder welche die Einberufung den Aktionären nicht unmittelbar nach Absatz 4 Satz 2 übersenden, ist die Einberufung spätestens zum Zeitpunkt der Bekanntmachung solchen Medien zur Veröffentlichung zuzuleiten, bei denen davon ausgegangen werden kann, dass sie die Information in der gesamten Europäischen Union verbreiten.

(5) ¹Wenn die Satzung nichts anderes bestimmt, soll die Hauptversammlung am Sitz der Gesellschaft stattfinden. ²Sind die Aktien der Gesellschaft an einer deutschen Börse zum Handel im regulierten Markt zugelassen, so kann, wenn die Satzung nichts anderes bestimmt, die Hauptversammlung auch am Sitz der Börse stattfinden.

(6) Sind alle Aktionäre erschienen oder vertreten, kann die Hauptversammlung Beschlüsse ohne Einhaltung der Bestimmungen dieses Unterabschnitts fassen, soweit kein Aktionär der Beschlußfassung widerspricht.

(7) ¹Bei Fristen und Terminen, die von der Versammlung zurückberechnet werden, ist der Tag der Versammlung nicht mitzurechnen. ²Eine Verlegung von einem Sonntag, einem Sonnabend oder einem Feiertag auf einen zeitlich vorausgehenden oder nachfolgenden Werktag kommt nicht in Betracht. ³Die §§ 187 bis 193 des Bürgerlichen Gesetzbuchs sind nicht entsprechend anzuwenden. ⁴Bei nichtbörsennotierten Gesellschaften kann die Satzung eine andere Berechnung der Frist bestimmen.

A. Grundlagen

Durch das ARUG II wurde dem Abs. 4 der Satz 3 hinzugefügt. Dies dient der Klarstellung, dass es bei Namensaktiengesellschaften für die Adressaten der Einberufung der Hauptversammlung weiterhin auf die Eintragung im Aktienregister ankommt und nicht etwa stets der „wahre" Aktionär zu adressieren ist.[1]   1

I. Gegenstand der Norm

§ 121 regelt die Grundsätze für den Zusammentritt der Hauptversammlung als nicht ständigem Organ durch Einberufung, der Einberufungsberechtigung, Inhalt und Bekanntmachung der Einberufung, den Ort der Hauptversammlung und den möglichen Verzicht auf alle Formalien bei der Vollversammlung. Abs. 7 enthält eine für das ge-   2

---

1 Vgl. ARUG II RegE BT-Drs. 19/9737, 94.

samte Aktienrecht verbindliche Festlegung von Fristen und Terminen, die teilweise von dem Fristregime des BGB abweicht.

II. Zweck der Norm

3   § 121 gibt den gesetzlichen und nur durch Satzung veränderbaren Rahmen für die Einberufung und die Bekanntmachung der Hauptversammlung. Formenstrenge und Vorgaben dienen der Verlässlichkeit der Aktionärsinformation und der Sicherung des Vertrauens in die Richtigkeit der Einberufung. § 121 ist zwingend, soweit nicht die Satzung selbst Änderungen treffen kann (Abs. 5 S. 1) und soweit es sich nicht um eine Vollversammlung handelt (Abs. 6).[2]

B. Einzelheiten

I. Einberufungsgründe

4   Besondere Gründe für die Einberufung der Hauptversammlung werden ausdrücklich in § 92 Abs. 1 (Verlust des halben Grundkapitals), § 122 Abs. 1 (Minderheitsverlangen), § 175 Abs. 1 (ordentliche Hauptversammlung) sowie in § 44 Abs. 1 Nr. 3 KWG, § 3 Abs. 1 BauSparkG, § 83 Abs. 1 S. 1 Nr. 6 und § 147 VAG[3] genannt. In anderen Fällen[4] wird die Einberufung als selbstverständlich vorausgesetzt.

5   Die Satzung kann weitere Einberufungsgründe festlegen, darf dabei jedoch nicht von der Kompetenzordnung des Aktiengesetzes abweichen. Von Bedeutung sind Strukturänderungsvorhaben des Vorstands. Berühren diese das materielle und ideelle Interesse der Aktionäre und damit das Wohl der Gesellschaft, so hat der Vorstand eine Einberufungspflicht nach Abs. 1.[5]

6   Nicht erforderlich ist es, dass die Tagesordnung der Hauptversammlung Beschlussfassungen vorsieht. Auch reine Information oder die Einholung eines Meinungsbildes der Hauptversammlung reichen aus. Eine Genehmigung der Tagesordnung durch die Hauptversammlung scheidet aufgrund der Bindungswirkung der mit der Ladung mitgeteilten Tagesordnung in der Regel aus.[6]

7   Bei Vorliegen von Einberufungsgründen ist der Vorstand zur Einberufung verpflichtet.

8   Es kann aber wegen § 122 Abs. 1 keine allgemeine Leistungsklage des Aktionärs auf Einberufung einer Hauptversammlung erhoben werden.

II. Einberufungsberechtigte

9   Der Vorstand ist nach Abs. 2 S. 1 einberufungsberechtigt, der Aufsichtsrat nach § 111 Abs. 3 nur, wenn das Gesellschaftswohl im Sinne des Aktionärsinteresses dies erfordert. Der Vorstand behält seine Befugnis auch im Insolvenzfall.[7]

---

2   Zu beachten sind weiter ggf. §§ 48 ff. WpHG bei Gesellschaften, deren Aktien zum Handel an einen deutschen Börse zugelassen sind, sowie § 16 WpÜG für Hauptversammlungen bei einem Wertpapiererwerbs- und Übernahmeangebot.

3   Letztere sind sämtlich aufsichtsrechtliche Maßnahmen.

4   ZB: in §§ 19, 174, 175, 179, 274, 293, 327a AktG.

5   Ebenso im Erg., auf § 119 Abs. 2 abstellend BGH NJW 1982, 1703; BGH BB 2001, 483; und im Erg. auch LG Frankfurt aM BeckRS 2010, 07252 (Erwerb der Dresdner Bank durch die Commerzbank); aA im Rechtszug OLG Frankfurt aM NZG 2011, 62 – offengelassen BGH NJW-RR 2012, 558. Im Zuge der Gesetzgebung zum ARUG II wurde auch eine Hauptversammlungszuständigkeit für die Zustimmung zu bedeutenden Unternehmenstransaktionen erörtert; dies soll jedoch einer späteren Reform vorbehalten sein, vgl. Beschlussempfehlung Rechtsausschuss BT-Drucks 19/15153, 60.

6   Vgl. LG Frankfurt aM 21.11.2019 – 3–05 O 66/19.

7   Dem Insolvenzverwalter steht in der Insolvenz der Gesellschaft aber kein eigenes Einberufungsrecht zu, der Insolvenzverwalter, muss aber eine Einberufung des Vorstandes wegen der Kosten der Hauptversammlung ggf. genehmigen.

Die Einberufungsentscheidung ist Gesamtaufgabe des Vorstands,[8] der hierüber durch 10 Beschluss entscheidet.[9] Im Rahmen einer Kompetenzzuweisung kann jedoch einem einzelnen Vorstandsmitglied die Durchführung der Einberufung übertragen werden.

Auch andere können kraft Gesetzes die Einberufung veranlassen, so zB der Aufsichts- 11 rat (§ 111 Abs. 3), gerichtlich ermächtigte Minderheitsaktionäre (§ 122 Abs. 3) sowie Liquidator und Abwickler (§ 268 Abs. 2 S. 1). Auch kann die Satzung Einberufungsbefugnisse verleihen (Abs. 2 S. 3 Alt. 2).

Fehlt die Einberufungsbefugnis nach Gesetz oder Satzung, so sind die Beschlüsse einer 12 derartigen Hauptversammlung gemäß §§ 124 Abs. 4, 241 Nr. 1 nichtig.[10]

III. Inhalt und Bekanntmachung

Die Einberufung ist mit der Frist des § 123 Abs. 1 im Bundesanzeiger[11] bekanntzuma- 13 chen,[12] soweit nicht die Einberufung nach Abs. 4 S. 2 mittel eingeschriebenen Briefs erfolgt,[13] wobei nach der Neufassung mit Satz 3 nun klargestellt ist, dass bei Namensaktien die Mitteilung an die im Aktienregister Eingetragenen genügt, selbst wenn der Gesellschaft bekannt ist, wer ggf. die tatsächlichen Aktionäre sind.

Der Mindestinhalt der Bekanntmachung ist die Tagesordnung, die Firma, der Sitz der 14 Gesellschaft sowie Zeit und Ort der Hauptversammlung.

Weiter sind bei börsennotierten Gesellschaften anzugeben: die Voraussetzungen für 15 die Teilnahme an der Versammlung, die Ausübung des Stimmrechts sowie gegebenenfalls der nach § 123 Abs. 4 geregelte Nachweisstichtag (record date)[14] sowie dessen Bedeutung (§ 121 Abs. 3 Nr. 1).[15]

Bei Namensaktien ist es geboten, auf das Datum des Umschreibestopps hinzuwei- 16 sen.[16]

Nicht (iSd § 3 Abs. 2) börsennotierte Gesellschaften können sich auf den Kurzinhalt 17 gemäß § 121 Abs. 3 S. 1 und 2 beschränken.

Nach Abs. 3 S. 2 Nr. 3 sind in die Einladung erläuternde Angaben zu Rechten der Ak- 18 tionäre aufzunehmen. Die Gesellschaft kann sich auf die Angabe der konkreten Daten in der Einladung beschränken, wenn sie auf ihrer Internetseite allgemein verständliche Darstellungen des jeweiligen Regelungsgehalts der einschlägigen Rechtsvorschrift, ergänzt um gesellschaftsspezifische Angaben, wie etwa Adressangaben, aufgenommen

---

8 Zur Einberufung sind zum Zeitpunkt der Bekanntmachung im Handelsregister eingetragenen Vorstandsmitglieder befugt.
9 Nach OLG Frankfurt aM 26.6.2019 – 5 U 132/18 stellt ein Verfahrensverstoß bei den Beschlussvorschlägen des Vorstandes bei wertender Betrachtung keine relevante Information dar.
10 Näher zum Vorstehenden *Müller* in Heidel Aktienrecht AktG § 121 Rn. 10 ff. mwN.
11 Es ist nur maßgeblich die elektronische Veröffentlichung im Bundesanzeiger nach § 25 AktG. Bestehende Satzungsregelungen bleiben aber als Übergangsregelung gem. § 26 h Abs. 3 EGAktG weiter wirksam, so dass auch die Einberufung in den in der Satzung genannten Medien trotz Regelung in § 25 AktG geboten ist.
12 Nach Abs. 4 a müssen börsennotierte Gesellschaften die Einberufung spätestens zum Zeitpunkt der Bekanntmachung in den Gesellschaftsblättern (Abs. 4) solchen Medien zur Veröffentlichung zuzuleiten, bei denen davon ausgegangen werden kann, dass sie die Information in der gesamten Europäischen Union verbreiten. Einer europaweiten Veröffentlichung bedarf es nicht, wenn alle Aktionäre bereits unmittelbar über die Einberufung informiert werden.
13 Die Satzungen treffen hier abweichende Regelungen, so dass auch eine Einberufung per Telefax oder E-Mail möglich ist.
14 Nach der Neufassung des § 123 Abs. 4 AktG reicht bei Inhaberaktien ein Nachweis gem. § 67 c Abs. 3 AktG.
15 Näher zum Vorstehenden *Müller* in Heidel Aktienrecht AktG § 121 Rn. 25 ff. mwN.
16 Vgl. OLG Köln AG 2009, 448; offengelassen in BGH NZG 2009, 1290.

hat, ggf. ergänzt um die im Vorfeld der Hauptversammlung zu gebenden Informationen.

19 Wird nur ein Aktionär nicht geladen, führt dies zu einem Nichtigkeitsgrund nach § 241 Nr. 1. Allerdings kann der nicht geladene Aktionär die Beschlussfassungen gem. § 242 Abs. 4 S. 2 genehmigen. Nach § 241 Nr. 1 stellt jedoch der Verstoß gegen die die börsennotierte Gesellschaft betreffende Informationspflicht des § 121 Abs. 3 S. 2 und 3 keinen Nichtigkeitsgrund dar; ein Verstoß berechtigt aber ggf. zur Anfechtung.[17]

IV. Verlegung einer Hauptversammlung

20 Die Verlegung der Hauptversammlung auf einen neuen Termin oder an einen anderen Versammlungsort (nicht nur Tagungslokal) ist als neue Einberufung mit der entsprechenden gesetzlichen Vorlauffrist des § 123 anzusehen. Eine Absage ist nicht mehr möglich, wenn sich die Aktionäre zu dem in der Einladung bestimmten Zeitpunkt am angegebenen Ort eingefunden haben und kann vorher nur durch denjenigen erfolgen, der einberufen hat.[18]

21 Auch ein Absetzen von Tagesordnungspunkten ist grundsätzlich unter den gleichen Voraussetzungen wie eine Absage möglich. Ist die Hauptversammlung bereits eröffnet, kann jedoch nur noch diese durch Mehrheitsbeschluss über eine Absetzung oder Vertagung von Tagesordnungspunkten entscheiden.[19]

V. Ort der Hauptversammlung

22 Abs. 5 S. 1 schreibt vor, dass die Hauptversammlung am Sitz der AG stattfinden soll; die Satzung kann aber anderes festlegen. Es ist bei Abweichung von Satzungs- oder Sitzort Vorsicht geboten, weil ein unzulässiger Tagungsort einen Anfechtungsgrund darstellt.[20] Abs. 5 S. 2 lässt bei börsennotierten Aktiengesellschaften auch den Börsensitz zu.[21]

23 Die Bestimmung des Hauptversammlungsorts durch den Einberufungsberechtigten infolge Satzungsregelung ist möglich, muss aber eine sachgerechte, am Teilnahmeinteresse der Aktionäre ausgerichtete Vorgabe enthalten, die das Ermessen des Einberufungsberechtigten bindet.[22]

24 Die Satzungsregelung eines Auslandsorts für die Hauptversammlung ist statthaft; bei beurkundungspflichtigen Beschlussgegenständen ist aber das Erfordernis der Gleichwertigkeit des ausländischen Notars mit dem inländischen Notar zu beachten.

VI. Vollversammlung

25 Abs. 6 befreit – unter der Voraussetzung, dass kein Aktionär widerspricht – von der Einhaltung aller Vorschriften des Zweiten Unterabschnitts (§§ 121–128).

26 Dies setzt vollständige Präsenz der Aktionäre oder ihrer Vertreter voraus. Nach der Regelung des § 118 Abs. 1 S. 2 sind ggf. online teilnehmende Aktionäre präsente Teil-

---

17 Vgl. BGH NZG 2012, 1222; NZG 2011, 1105.
18 BGH NZG 2015, 1227, auch wenn die Einberufung auf Verlangen einer Aktionärsminderheit nach Maßgabe des § 122 Abs. 1 AktG erfolgt ist.
19 Näher zum Vorstehenden *Müller* in Heidel Aktienrecht AktG § 121 Rn. 32 ff. mwN.
20 Vgl. BGH AG 1985, 188 wonach eine eindeutig günstigere Erreichbarkeit für alle Aktionäre, als dies der Sitzort bieten könnte, verlangt wird.
21 Bei einer Hauptversammlung in Zusammenhang mit einem Übernahmeangebot ist gem. § 16 Abs. 4 S. 2 WpÜG die Bindung an die aktienrechtliche oder satzungsmäßige Regelung zu Frist und Ort nicht gegeben.
22 Vgl. BGH NJW 2015, 336.

nehmer der Hauptversammlung, nicht hingegen die Briefwahlaktionäre (§ 118 Abs. 2).[23]

VII. Berechnung von Fristen und Terminen

In Abs. 7 wird ein vom BGB abweichendes Fristenregime bestimmt, welches für sämtliche Fristen und Termine, die von der Versammlung zurück berechnet werden, Geltung hat. Dies soll die Praxis entlasten und die bisherigen Auslegungsspielräume über Fristenberechnung oder die Anwendung der §§ 187 bis 193 BGB auf die Berechnung von Anmelde- und Nachweisfristen beseitigen. Das Gesetz stellt ausdrücklich klar, dass einheitlich weder der Tag der Versammlung noch der Tag mitzurechnen ist, indem ein Erfolg bewirkt wird (zum Beispiel Zugang der Anmeldung) oder eine Handlung (zum Beispiel Veröffentlichung) vorgenommen werden muss. Weiterhin führt das Gesetz den Begriff des Termins im Sinne des Aktienrechts ein. Es handelt sich um die juristische Sekunde, die auf den Beginn des errechneten Tages fällt.

27

Ein Schutz von Sonn- und Feiertagen findet nicht statt.[24] Die Fristenberechnung erfolgt am Ort der Gesellschaft, so dass der „Sprung über die Datumsgrenze" keinen Einfluss hat.

28

§ 123   Frist, Anmeldung zur Hauptversammlung, Nachweis

(1) ¹Die Hauptversammlung ist mindestens dreißig Tage vor dem Tage der Versammlung einzuberufen. ²Der Tag der Einberufung ist nicht mitzurechnen.

(2) ¹Die Satzung kann die Teilnahme an der Hauptversammlung oder die Ausübung des Stimmrechts davon abhängig machen, dass die Aktionäre sich vor der Versammlung anmelden. ²Die Anmeldung muss der Gesellschaft unter der in der Einberufung hierfür mitgeteilten Adresse mindestens sechs Tage vor der Versammlung zugehen. ³In der Satzung oder in der Einberufung auf Grund einer Ermächtigung durch die Satzung kann eine kürzere, in Tagen zu bemessende Frist vorgesehen werden. ⁴Der Tag des Zugangs ist nicht mitzurechnen. ⁵Die Mindestfrist des Absatzes 1 verlängert sich um die Tage der Anmeldefrist.

(3) Die Satzung kann bestimmen, wie die Berechtigung zur Teilnahme an der Versammlung oder zur Ausübung des Stimmrechts nachzuweisen ist; Absatz 2 Satz 5 gilt in diesem Fall entsprechend.

(4) ¹*Bei Inhaberaktien börsennotierter Gesellschaften reicht ein Nachweis gemäß § 67 c Absatz 3 aus.* ²Der Nachweis *des Anteilsbesitzes nach § 67 c Absatz 3* hat sich bei börsennotierten Gesellschaften auf den Beginn des 21. Tages vor der Versammlung zu beziehen und muss der Gesellschaft unter der in der Einberufung hierfür mitgeteilten Adresse mindestens sechs Tage vor der Versammlung zugehen. ³In der Satzung oder in der Einberufung auf Grund einer Ermächtigung durch die Satzung kann eine kürzere, in Tagen zu bemessende Frist vorgesehen werden. ⁴Der Tag des Zugangs ist nicht mitzurechnen. ⁵Im Verhältnis zur Gesellschaft gilt für die Teilnahme an der Versammlung oder für die Ausübung des Stimmrechts als Aktionär nur, wer den Nachweis erbracht hat.

(5) Bei Namensaktien börsennotierter Gesellschaften folgt die Berechtigung zur Teilnahme an der Versammlung oder zur Ausübung des Stimmrechts gemäß § 67 Absatz 2 Satz 1 aus der Eintragung im Aktienregister.

---

23 Näher hierzu *Müller* in Heidel Aktienrecht AktG § 121 Rn. 48 ff. mwN.
24 Abs. 7 S. 4 lässt jedoch für nicht börsennotierte Gesellschaften durch die Satzung eine andere Berechnung der Fristen, unter Einschluss des Schutzes der Feiertagsruhe, zu.

A. Grundlagen und Gegenstand der Norm

1 Die Norm regelt die Einberufungsfrist (Abs. 1) sowie die durch Satzung zu schaffende Anmeldung als Voraussetzung für die Teilnahme und die Stimmrechtsausübung (Abs. 2) und den Berechtigungsnachweis als Regelform der Legitimation und ihrer Wirkung (Abs. 3–5). Bei der Neufassung von Abs. 4 S. 1 und 2 durch das ARUG II handelt es sich um eine Folgeänderung zu § 67 c Abs. 3 AktG. Der darin vorgesehene Nachweis des Anteilsbesitzes genügt für die Berechtigung zur Teilnahme an der Hauptversammlung und zur Stimmausübung.

B. Einzelheiten

I. Einberufungsfrist

2 Für die in Abs. 1 S. 1 festgelegte Mindesteinberufungsfrist[1] sind die Berechnungsvorschriften des § 121 Abs. 7 anzuwenden. Die Tagesanzahlen sind jeweils voll zwischen den beiden Ereignistagen und ohne Rücksicht auf Sonn- oder Feiertage zu berechnen. Bei mehrtägigen Hauptversammlungen ist der erste Versammlungstag für die Berechnung des Fristbeginns maßgeblich. Gesetzlich wird die Frist des § 123 verlängert durch die Anmeldefrist (Abs. 2 S. 2). Jede Frist im Rahmen des § 123 ist eigenständig nach § 121 Abs. 7 zu berechnen. Eine Ausdehnung der Mindesteinberufungsfrist ist statthaft, wobei diese jedoch nicht zu lang ausgedehnt werden kann, um der Gefahr des Vergessens bei den Aktionären zu begegnen.[2]

II. Anmeldung

3 Abs. 2 S. 1 gewährt Satzungsautonomie für das Anmeldeerfordernis. Sie kann die Form der Anmeldung (§ 126 BGB [Schriftform], § 126 b BGB [Textform, Fax, E-Mail]) vorgeben. Sie hat entsprechend dem von ihr gewählten Medium die dazu passende Adresse in der Hauptversammlungseinladung anzugeben (§ 123 Abs. 2 S. 2). Sieht die Satzung ein Anmeldeerfordernis ohne weitere Detaillierung vor, so genügt die Mitteilung des Aktionärs, an der Hauptversammlung teilnehmen zu wollen.[3]

4 Die Übersendung eines Legitimationsnachweises nach Abs. 3 kann in der Regel als konkludente Anmeldung gewertet werden. Sieht die Satzung das Anmeldeerfordernis vor, so gilt es für Inhaber- und Namensaktionäre, für die als erschienen gewerteten Online-Teilnehmer und – als Voraussetzung der Stimmabgabe – gleichermaßen für die Briefwahlberechtigten. Für die Anmeldung kann eine Frist gesetzt werden, die kürzer – aber nicht länger – als sechs Tage vor der Hauptversammlung sein kann.[4]

III. Legitimation durch Anteilsnachweis, record date

5 Abs. 3 S. 1 weist grundsätzlich den Gesellschaften Satzungsautonomie zu, wie Inhaberaktionäre ihre Berechtigung zur Hauptversammlungsteilnahme oder zur Stimmrechtsausübung nachzuweisen haben.[5] Dies kann bei nicht börsennotierten Gesell-

---

1 Soweit die Satzung einer Aktiengesellschaft eine abweichende kürzere Frist enthält, ist dies nach § 23 Abs. 5 S. 1 unzulässig. Eine Abweichung ist nur bei Übernahmesachverhalten gem. § 16 Abs. 3 WpÜG möglich.
2 Vgl. MüKoAktG/*Kubis* Rn. 6 mwN.
3 OLG Stuttgart AG 2009, 204 (211).
4 Wegen weiterer Einzelheiten vgl. *Müller* in Heidel Aktienrecht AktG § 123 Rn. 14 mwN.
5 Hat die Satzung Regelungen zum Nachweis der Inhaberaktionäre getroffen, so gilt die Verlängerung der Einberufungsfrist um die satzungsmäßige Nachweisfrist für alle Aktionäre.

schaften völlig der Satzung überlassen bleiben, ebenso wie der Stichtag des Nachweises (record date).

Gesetzliche Vorgaben macht das Gesetz für Inhaberaktionäre börsennotierter AGs. **6** Hier genügt als der in Textform zu erstellende Nachweis nach § 67c Abs. 3 durch den Letztintermediär. Dieser Nachweis muss sich auf einen Stichtag (record date), nämlich Beginn (0.00 Uhr) des 21. Tages vor der Hauptversammlung beziehen. Dieser Stichtag ist für börsennotierte Gesellschaften nicht satzungsdispositiv. Die Berechnungsregeln des § 121 Abs. 7 gelten auch hier. Der Berechtigungsnachweis muss der Gesellschaft spätestens am 6. Tag vor der Hauptversammlung zugehen, soweit die Satzung keine kürzere Frist vorsieht. Auch kann nicht nur die Satzung selbst, sondern auch aufgrund einer Ermächtigung durch die Satzung die Verwaltung in der Einberufung eine kürzere Frist zur Mitteilung des Nachweises für den Aktienbesitz festlegen.

Derjenige, der den Berechtigungsnachweis vorlegt, gilt gegenüber der Gesellschaft als **7** teilnahme- und stimmberechtigter Aktionär, gleich ob er es materiellrechtlich ist oder nicht. Die Vermutung ist unwiderleglich. Inhaberaktionäre, die ihre Aktien nach dem record date erworben haben, sind weder zur Teilnahme noch zur Stimmabgabe berechtigt.[6]

Für Namensaktien gilt nach Abs. 5 die Regelung des § 67 Abs. 2 dh auch nicht die 21- **8** Tage-Frist; jedoch können Gesellschaften einen Umschreibestopp vor der Hauptversammlung für das Aktienregister vorsehen. Nicht eingetragene Erwerber von Namensaktien nach diesem Termin gelten dann ebenfalls nicht als Aktionäre.

IV. Rechtsfolgen

Es ist davon auszugehen, dass bei Zweifeln über die Teilnahmeberechtigung aufgrund **9** der Aktionärslegitimation dem Versammlungsleiter die Prüfungs- und Entscheidungskompetenz zukommt, er diese aber ggf. an Personen übertragen kann, die Einlasskontrollen vornehmen. Ein einstweiliger Rechtsschutz ist hier zwar grundsätzlich denkbar, scheidet aber aus praktischen Gründen regelmäßig aus. Regelmäßig findet die Prüfung der Rechtmäßigkeit der Nichtzulassung erst im Beschlussanfechtungsverfahren statt, wobei die Nichtzulassung von Aktionären zur Hauptversammlung trotz Erfüllung der Teilnahmevoraussetzungen und trotz ausreichender Legitimation zur Anfechtbarkeit der in der Versammlung gefassten Beschlüsse führt. Anderseits ist das Gleichbehandlungsgebot verletzt, wenn Aktionäre nach Ablauf der Anmelde- und Nachweisfrist zugelassen werden, obwohl die Einladung ausdrücklich darauf hinweist, dass sich ein Aktionär in der Anmeldefrist anmelden und in der Nachweisfrist legitimieren muss.[7]

§ 124 Bekanntmachung von Ergänzungsverlangen; Vorschläge zur Beschlussfassung

(1) [1]Hat die Minderheit nach § 122 Abs. 2 verlangt, dass Gegenstände auf die Tagesordnung gesetzt werden, so sind diese entweder bereits mit der Einberufung oder andernfalls unverzüglich nach Zugang des Verlangens bekannt zu machen. [2]§ 121 Abs. 4 gilt sinngemäß; zudem gilt bei börsennotierten Gesellschaften § 121 Abs. 4a entsprechend. [3]Bekanntmachung und Zuleitung haben dabei in gleicher Weise wie bei der Einberufung zu erfolgen.

(2) [1]Steht die Wahl von Aufsichtsratmitgliedern auf der Tagesordnung, so ist in der Bekanntmachung anzugeben, nach welchen gesetzlichen Vorschriften sich der Aufsichtsrat zusammensetzt; ist die Hauptversammlung an Wahlvorschläge gebunden, so

---

6 Näher zum Vorstehenden *Müller* in Heidel Aktienrecht AktG § 123 Rn. 30 ff. mwN.
7 BGH NJW 2019, 262.

ist auch dies anzugeben. [2]Die Bekanntmachung muss bei einer Wahl von Aufsichtsratsmitgliedern börsennotierter Gesellschaften, für die das Mitbestimmungsgesetz, das Montan-Mitbestimmungsgesetz oder das Mitbestimmungsergänzungsgesetz gilt, ferner enthalten:

1. Angabe, ob der Gesamterfüllung nach § 96 Absatz 2 Satz 3 widersprochen wurde, und
2. Angabe, wie viele der Sitze im Aufsichtsrat mindestens jeweils von Frauen und Männern besetzt sein müssen, um das Mindestanteilsgebot nach § 96 Absatz 2 Satz 1 zu erfüllen.

[3]*Soll die Hauptversammlung über eine Satzungsänderung, das Vergütungssystem für die Vorstandsmitglieder, die Vergütung des Aufsichtsrats nach § 113 Absatz 3, den Vergütungsbericht oder über einen Vertrag beschließen, der nur mit Zustimmung der Hauptversammlung wirksam wird, so ist bei einer Satzungsänderung der Wortlaut der Satzungsänderung, bei einem vorbezeichneten Vertrag dessen wesentlicher Inhalt, im Übrigen der vollständige Inhalt der Unterlagen zu den jeweiligen Beschlussgegenständen bekanntzumachen. [4]Satz 3 gilt auch im Fall des § 120 a Absatz 5.*

(3) [1]Zu jedem Gegenstand der Tagesordnung, über den die Hauptversammlung beschließen soll, haben der Vorstand und der Aufsichtsrat, *zur Beschlussfassung nach § 120 a Absatz 1 Satz 1 und* zur Wahl von Aufsichtsratsmitgliedern und Prüfern nur der Aufsichtsrat, in der Bekanntmachung Vorschläge zur Beschlußfassung zu machen. [2]Bei Gesellschaften, die kapitalmarktorientiert im Sinne des § 264 d des Handelsgesetzbuchs, die CRR-Kreditinstitute im Sinne des § 1 Absatz 3 d Satz 1 des Kreditwesengesetzes, mit Ausnahme der in § 2 Absatz 1 Nummer 1 und 2 des Kreditwesengesetzes genannten Institute, oder die Versicherungsunternehmen im Sinne des Artikels 2 Absatz 1 der Richtlinie 91/674/EWG sind, ist der Vorschlag des Aufsichtsrats zur Wahl des Abschlussprüfers auf die Empfehlung des Prüfungsausschusses zu stützen. [3]Satz 1 findet keine Anwendung, wenn die Hauptversammlung bei der Wahl von Aufsichtsratsmitgliedern nach § 6 des Montan-Mitbestimmungsgesetzes an Wahlvorschläge gebunden ist, oder wenn der Gegenstand der Beschlußfassung auf Verlangen einer Minderheit auf die Tagesordnung gesetzt worden ist. [4]Der Vorschlag zur Wahl von Aufsichtsratsmitgliedern oder Prüfern hat deren Namen, ausgeübten Beruf und Wohnort anzugeben. [5]Hat der Aufsichtsrat auch aus Aufsichtsratsmitgliedern der Arbeitnehmer zu bestehen, so bedürfen Beschlüsse des Aufsichtsrats über Vorschläge zur Wahl von Aufsichtsratsmitgliedern nur der Mehrheit der Stimmen der Aufsichtsratsmitglieder der Aktionäre; § 8 des Montan-Mitbestimmungsgesetzes bleibt unberührt.

(4) [1]Über Gegenstände der Tagesordnung, die nicht ordnungsgemäß bekanntgemacht sind, dürfen keine Beschlüsse gefaßt werden. [2]Zur Beschlußfassung über den in der Versammlung gestellten Antrag auf Einberufung einer Hauptversammlung, zu Anträgen, die zu Gegenständen der Tagesordnung gestellt werden, und zu Verhandlungen ohne Beschlußfassung bedarf es keiner Bekanntmachung.

A. Grundlagen

Die Neufassung von Abs. 2 S. 3 bezweckt zum einen die Straffung der existierenden 1
Vorschriften. Zum anderen führt die Neufassung von Abs. 2 S. 3 zu einer Erweiterung
der bisherigen Vorschriften zur Bekanntmachung um das Vergütungssystem des Vorstands, das im Vergütungsbeschluss des Aufsichtsrats enthaltene Vergütungssystem
des Aufsichtsrats und den Vergütungsbericht.

I. Gegenstand der Norm

§ 124 regelt die Bekanntmachung von Ergänzungsverlangen von Aktionären (Abs. 1) 2
und die Erfordernisse zur Vorlage von Beschlussvorschlägen durch die Verwaltung.
Die Vorschrift ergänzt die in § 121 geregelte Einberufung der Hauptversammlung und
Bekanntgabe der Tagesordnung und die Aktionärsrechte des § 122 Abs. 1.

II. Regelungszweck

Die Norm will die rechtzeitige Information der Aktionäre, auch über Minderheitsan- 3
träge, sicherstellen und sie vor überraschenden Tagesordnungspunkten und Beschlussvorschlägen bewahren. Zugleich wird ihnen damit eine ausreichende Frist für die Vorbereitung auf die Hauptversammlung gegeben. In gleicher Weise gilt dies auch als
Vorbereitungszeit für Intermediäre und Aktionärsvereinigungen. Streitig ist, ob die
Bekanntmachung des wesentlichen Inhalts eines Beschlussgegenstands ausreichend ist
oder der Aktionär Anspruch auf die vollständige Information hat. Zutreffend ist, dass
bei allen Beschlussgegenständen, deren Inhalt nicht vom Gesetz vorgegeben oder ab-
leitbar ist, den Aktionären der Inhalt der Informationen, ggf. mit zusätzlichen Erläuterungen der Verwaltung, in vollem Umfang zugänglich zu machen sind.[1]

B. Einzelheiten

I. Bekanntmachung von Ergänzungsverlangen (Abs. 1)

Abs. 1 ergänzt die Bekanntgabe der Tagesordnung in § 121 Abs. 3 S. 2 im Hinblick 4
auf Aktionärsverlangen nach § 122 Abs. 2. Aufgrund des dort niedergelegten Fristen-
regimes[2] dürfte in aller Regel erreichbar sein, dass diese Ergänzungsanträge bereits
mit der Einberufung oder anderenfalls unverzüglich (§ 121 BGB) nach Zugang des Er-
gänzungsverlangens bekanntgemacht werden. § 121 Abs. 4 gilt entsprechend, so dass
auch das Ergänzungsverlangen im Bundesanzeiger und ggf. im europäischen Medienbündel oder mit eingeschriebenem Brief bekanntzumachen und bei börsennotierten
Gesellschaften auch nach § 124a zu veröffentlichen ist.

II. Informationspflichten bei Aufsichtsratswahlen (Abs. 2 S. 1 u. 2)

Bei Wahlen zum Aufsichtsrat (§ 101 Abs. 1 S. 1) sind in der Bekanntmachung die für 5
die Zusammensetzung des Gesamtaufsichtsrats geltenden Vorschriften zu nennen, dh
die nach § 96 geltenden Normen. An Wahlvorschläge ist die Hauptversammlung nur
gemäß §§ 6 und 8 des Montan-Mitbestimmungsgesetzes gebunden (§ 101 Abs. 1 S. 2).
Wenn bei der Europäischen Gesellschaft (SE) eine Bindung an Wahlvorschläge gemäß
§ 36 Abs. 4 des Gesetzes über die Beteiligung der Arbeitnehmer in einer Europäischen
Gesellschaft (SEBG) besteht, ist auch die SE verpflichtet, dies bei Bekanntmachung
der Tagesordnung anzugeben. Eine Abweichung des Wahlvorschlags von den Empfehlungen des Deutschen Corporate Governance Kodex beeinflusst nicht die Wirksamkeit der Wahl eines Aufsichtsratsmitglieds.[3]

---

1 Vgl. zum Streitstand *Müller* in Heidel Aktienrecht AktG AktG § 124 Rn. 4 mwN.
2 Bei börsennotierten Gesellschaften Zugang mindestens 30 Tage vor der Versammlung, bei
 anderen Gesellschaften mindestens 24 Tage vor der Versammlung, § 122 Abs. 2 S. 3.
3 BGH NJW 2019, 669.

III. Informationspflichten bei Satzungsänderungen, Vergütungssystem und zustimmungspflichtige Verträge (Abs. 2 S. 3)

1. Satzungsänderungen

6   Der Wortlaut der vorgeschlagenen Satzungsänderung ist bekanntzumachen. Bei Vorschlägen der Verwaltung zu Grundkapitalerhöhungen muss der Höchstbetrag und der vorgeschlagene Wortlaut der hieraus resultierenden Satzungsänderung genannt werden; ein Bericht zum Bezugsrecht-Ausschluss (§ 186 Abs. 4, § 202 Abs. 2 S. 2) ist ebenfalls in der Einladung und Tagesordnung vollständig bekannt zu machen.[4] Eine vergleichende Darstellung der alten wie auch der neu vorgeschlagenen Satzung in der Bekanntmachung wird nicht verlangt, sollte jedoch in der Hauptversammlung ausliegen.

2. Vergütungssystem

7   Die Regelung bezweckt die Information der Aktionäre im Vorfeld der Hauptversammlung, um ihnen ein informiertes Votum nach § 120 a Abs. 1 zum Vergütungssystem des Vorstands, der Vergütungsfestsetzung des Aufsichtsrats und zum Vergütungsbericht zu ermöglichen. Das Vergütungssystem bzw. der Vergütungsbericht sind ihrem vollständigen Inhalt nach bekanntzumachen. Dies ist notwendig, da die Publizitätsvorschriften §§ 113 Abs. 3 S. 6, 120 a Abs. 2 und 4 S. 2 AktG nur die Phase nach der Hauptversammlung abdecken. Durch die Regelung in § 124 a Nummer 1 AktG wird zudem ein Gleichlauf mit der Internetpublizität der §§ 113 Abs. 3 S. 6, 120 a Abs. 2 und 4 S. 2 AktG hergestellt. Der neu angefügte S. 4 dient der Klarstellung, dass, auch wenn nach § 120 a Abs. 5 AktG keine Beschlussfassung über den Vergütungsbericht erforderlich ist, die Vorschriften zur Bekanntmachung gleichermaßen greifen.[5]

3. Zustimmungspflichtige Verträge

8   Betroffen sind hiervon Unternehmensverträge und deren Änderungen (§§ 293 ff.), Verschmelzungsverträge (§§ 13, 60 ff. UmwG), Vermögensübertragungsverträge (§§ 174 ff., 179 a UmwG), Nachgründungsverträge (§ 52), Verzichtserklärungen/ Vergleichsverträge über Ersatzansprüche der Gesellschaft (§§ 50 S. 1, 53, 93 Abs. 4, 116, 117 Abs. 4, 309 Abs. 3, 310 Abs. 4, 317 Abs. 4, 318 Abs. 4), Ausschlussvorhaben (Squeeze-out, § 327 c Abs. 1) sowie Maßnahmen, die nach den „Holzmüller"-/ „Gelatine"-Grundsätzen der Zustimmung der Hauptversammlung bedürfen bzw. die vom Vorstand nach § 119 Abs. 2 der Hauptversammlung zur Entscheidung vorgelegt werden.[6]

9   Es wird die Bekanntgabe des wesentlichen Inhalts, nicht des Wortlauts verlangt. Dies bedeutet, dass alles bekanntzugeben ist, was den Aktionären die Beurteilung der wirtschaftlichen und rechtlichen Bedeutung des Beschlusses ermöglicht. Bei Verträgen sind daher jedenfalls die Vertragsparteien, Haupt- und Nebenleistungspflichten, Gewährleistungen, Rücktritts- und Kündigungsrechte, für die Gesellschaft nachteilige Klauseln (zB Wettbewerbsverbote) zu nennen.[7]

IV. Vorschläge zur Beschlussfassung (Abs. 3)

10   Grundsätzlich haben Vorstand und Aufsichtsrat zu jedem Tagesordnungspunkt, über den die Hauptversammlung beschließen soll, einen eigenen Beschlussvorschlag bei der

---

4   Dies ergibt sich nunmehr aus Abs. 2 S. 3 letzter Halbsatz, so dass der Streit, ob der wesentliche Inhalt genügt, nunmehr obsolet sein dürfte; zum Streitstand vgl. *Müller* in Heidel Aktienrecht AktG § 124 Rn. 9 mwN.
5   Vgl. ARUG II RegE BT-Drs. 19/9739, S. 95.
6   OLG Schleswig NZG 2006, 95.
7   LG Frankfurt aM ZIP 2006, 579; *Müller* in Heidel Aktienrecht AktG § 124 Rn. 11 mwN.

Einberufung bekanntzumachen, es sei denn, der Tagesordnungspunkt stammt nicht von der Verwaltung, sondern von Aktionären. Daher muss erkennbar sein, ob hier ein Beschlussvorschlag der Verwaltung vorliegt.[8] Bei einzelnen Ergänzungsanträgen (§ 122 Abs. 2 S. 3) muss entweder eine Begründung oder ein Beschlussvorschlag der Antragsteller beigefügt werden. In der Regel liegt ein einheitlicher Vorschlag vor, der jedoch von jedem Organ nach seinen Zuständigkeitsregeln gefasst werden muss. Bei inhaltlicher Abweichung zwischen den Vorschlägen von Vorstand und Aufsichtsrat muss, soweit nicht § 111 Abs. 4 S. 3 greift, jedes Gremium seinen eigenen Vorschlag unterbreiten.

Die vorschlagenden Gremien sind an ihre Vorschläge im Wesentlichen gebunden, 11 wenn sie zur Abstimmung gestellt werden. Zulässig ist es jedoch, die Vorschläge und damit den Tagesordnungspunkt insgesamt zurückzuziehen und nicht zur Abstimmung zu bringen. Auch die Modifizierung von Vorschlägen in der Hauptversammlung ist zulässig, solange der Wesensgehalt nicht verändert wird. Der Aktionär darf jedoch nicht durch völlig neue Vorschläge überrascht werden, auf die er sich nicht vorbereiten konnte. Die Korrektur offensichtlicher und redaktioneller Fehler ist jederzeit möglich.

Bei vorgesehener Beschlussfassung zu Vergütungsbericht und Vergütungssystem für 12 den Vorstand ist kein Vorschlag des Vorstands statthaft. Der Vorstand soll hier keinen Einfluss auf die Hauptversammlung haben. Für die Vergütung des Aufsichtsrats und den Vergütungsbericht ist eine solche Anpassung unterblieben, da in beiden Fällen der Grundsatz des Vorlagerechts von Vorstand und Aufsichtsrat (jeweils gesondert, gegebenenfalls aber auch gemeinsam) greifen soll. Bei der Aufsichtsratsvergütung ergibt sich dies aus der Überlegung, dass der Aufsichtsrat nicht alleine in eigener Sache tätig werden soll; beim Vergütungsbericht folgt die Vorlagekompetenz der Ausarbeitungskompetenz, die ebenfalls bei Vorstand und Aufsichtsrat gemeinsam liegt.[9]

Auch bei Aufsichtsrats- und Prüferwahlen[10] ist kein Vorschlag des Vorstands statt- 13 haft.[11] Der Vorstand soll keinen Einfluss auf die Wahl derjenigen Personen haben, die zu seiner Beaufsichtigung und Kontrolle bestellt werden. Ein gleichwohl vom Vorstand gemachter Vorschlag führt zur Anfechtbarkeit des Beschlusses, wenn nach diesem Beschlussvorschlag beschlossen wurde.[12]

Durch die Vorgabe in Abs. 3 S, 2, wonach Gesellschaften im Sinne von § 264 d HGB 14 und die anderen genannten den Vorschlag des Aufsichtsrats auf eine Empfehlung des Prüfungsausschusses zu stützen haben, wird deutlich, dass der Gesetzgeber in diesem Fall einen Vorschlag des gesamten Aufsichtsrats für geboten erachtet. Kapitalmarktorientierte Kapitalgesellschaften haben nach § 324 S. 1 HGB einen solchen Ausschuss einzurichten. Der Aufsichtsrat ist auch nicht an den Vorschlag des Prüfungsausschusses gebunden, dürfte dies aber zu begründen haben.

Abs. 3 S. 4 verlangt weiter, dass neben dem Namen des Vorgeschlagenen und dem 15 ausgeübten, dh aktuellen Beruf, auch der Wohnort, nicht Geschäftssitz, des zu Wählenden anzugeben ist. Dies soll die Eignungsbeurteilung und ggf. auch die Beurteilung

---

8 LG Frankfurt aM 22.2.2018 – 3–05 O 84/17.
9 Vgl. ARUG II RegE BT-Drs. 19/9739, S. 95.
10 Prüfer im Sinne dieses Vorschlagsrechts sind sowohl die Abschlussprüfer (§ 318 HGB) als auch die Sonderprüfer (§ 142).
11 Dies gilt auch für Bestätigungsbeschlüsse nach § 244 für diese Wahlen, LG Frankfurt aM BeckRS 2013, 19504.
12 Ob der in § 120 a Abs. 1 S. 3 geregelte Anfechtungsausschluss für einen Beschluss zum Vergütungssystem für den Vorstand auch bei Missachtung einer nicht gegebenen Vorschlagskompetenz greift, erscheint fraglich, zumal nach § 87 Abs. 4 die Hauptversammlung die vom Aufsichtsrat festgelegte Maximalvergütung für den Vorstand nunmehr durch verbindliches Votum herabsetzen kann, mithin diesem Beschluss unmittelbare Rechtswirkung zukommt, was aber zu der Möglichkeit einer gerichtlichen Überprüfung führt.

von Interessenkonflikten durch die Hauptversammlung ermöglichen. Bei einem Vorgeschlagenen, der iSv § 100 Abs. 5 als unabhängiges Aufsichtsratsmitglied mit Sachverstand auf den Gebieten Rechnungslegung und Abschlussprüfung gelten soll, sind zusätzliche Angaben geboten, wenn sich dies nicht bereits aus dem Beruf des Vorgeschlagenen ohne Weiteres ergibt. Doch im Hinblick auf die Möglichkeit der Nachfrage in der Hauptversammlung sind derartige Verletzungen des § 124 Abs. 3 häufig so marginal, dass aus der Sicht eines verständigen Aktionärs dies für die Entscheidung über seine Teilnahme und Abstimmung bei der Wahl ohne Relevanz ist.

16   Keine Vorschlagspflicht, weder für den Vorstand noch für den Aufsichtsrat, besteht bei einer Bindung der Hauptversammlung für die Wahl von Aufsichtsratsmitgliedern nach § 6 Montan-MitbestG oder bei der SE nach § 36 Abs. 4 SEBG, weil der Hauptversammlung insoweit kein Ermessensspielraum eingeräumt ist. Hingegen ist ein Vorschlag für die Wahl des neutralen Mannes nach § 8 Montan-Mitbestimmungsgesetz erforderlich, weil insoweit keine Bindung der Hauptversammlung besteht; wird der Aussichtsrat nach dem DrittelbG oder dem MitbestG gebildet, so entscheiden im Wege des Sonderbeschlusses nur die von den Aktionären gewählten Mitglieder über den Wahlvorschlag an die Hauptversammlung (Abs. 3 S. 5).

17   Eine Verpflichtung zu Verwaltungsvorschlägen besteht nicht bei Minderheitsverlangen im Sinne von § 122 Abs. 1 und 2 (§ 124 Abs. 3 S. 2 Alt. 2), gleich, ob die Hauptversammlung vom Vorstand (§ 122 Abs. 1) oder von der Minderheit (§ 122 Abs. 3) einberufen wird. Es steht dem Vorstand und dem Aufsichtsrat jedoch frei, freiwillig zu den entsprechenden Aktionärsanträgen Stellung zu nehmen.

V. Unzulässige Beschlussfassung und bekanntmachungsfreie Anträge (Abs. 4)

18   Es dürfen über Gegenstände der Tagesordnung, die nicht ordnungsgemäß bekanntgemacht wurden, keine Beschlüsse gefasst werden. Verstöße führen daher zur Anfechtbarkeit, soweit keine Vollversammlung vorliegt. Denn die Norm gilt auch dem Schutz der nicht erschienenen Aktionäre.

19   Abändernde Beschlussfassungen sind im Einzelfall möglich.[13] Im Übrigen weist auch das Gesetz in Abs. 4 S. 2 darauf hin, dass Beschlussfassungen überhaupt keiner Bekanntmachung bedürfen, wenn sie aus der Mitte der Hauptversammlung zu Gegenständen der Tagesordnung gestellt werden, was im Übrigen selbst für Anträge des Großaktionärs gilt. Dann muss es aber auch der Verwaltung möglich sein, in der Hauptversammlung zu Gegenständen der Tagesordnung einen anderen, jedoch wesensgleichen Vorschlag zu unterbreiten.[14] Zur Befassung der Hauptversammlung mit der Herabsetzung der Maximalvergütung nach § 87 Abs. 4 ist ein Antrag zur Ergänzung der Tagesordnung gemäß § 122 Abs. 2 S. 1 AktG vor der Hauptversammlung erforderlich. Wie sich durch die ausdrückliche Bezugnahme in § 87 Abs. 4 auf die Notwendigkeit eines Ergänzungsantrags ergibt, soll dieser nicht als Antrag in der Hauptversammlung zu einem vorhandenen Gegenstand der Tagesordnung, zB dem beratenden Vergütungsvotum (§ 120 a Abs. 1 AktG), angesehen werden.

20   Umstritten ist, ob über einen Antrag auf Abwahl des satzungsmäßig berufenen Versammlungsleiters abgestimmt werden kann bzw. muss. Während ein erheblicher Teil der Literatur dies als Satzungsänderung ablehnt, wird dies in der Instanzrechtsprechung überwiegend bejaht.[15]

---

13   ZB: andere Thesaurierung bei Gewinnverwendung, anderer als der vorgeschlagene Abschlussprüfer.
14   Näher hierzu *Müller* in Heidel Aktienrecht AktG § 124 Rn. 21 ff. mwN.
15   Vgl. *Müller* in Heidel Aktienrecht AktG § 124 Rn. 27 aE mwN zum Streitstand.

§ 125 Mitteilungen für die Aktionäre und an Aufsichtsratsmitglieder

(1) [1]*Der Vorstand einer Gesellschaft, die nicht ausschließlich Namensaktien ausgegeben hat, hat die Einberufung der Hauptversammlung mindestens 21 Tage vor derselben wie folgt mitzuteilen:*
1. *den Intermediären, die Aktien der Gesellschaft verwahren,*
2. *den Aktionären und Intermediären, die die Mitteilung verlangt haben, und*
3. *den Vereinigungen von Aktionären, die die Mitteilung verlangt haben oder die in der letzten Hauptversammlung Stimmrechte ausgeübt haben.*

[2]*Der Tag der Mitteilung ist nicht mitzurechnen.* [3]*Ist die Tagesordnung nach § 122 Abs. 2 zu ändern, so ist bei börsennotierten Gesellschaften die geänderte Tagesordnung mitzuteilen.* [4]*In der Mitteilung ist auf die Möglichkeiten der Ausübung des Stimmrechts durch einen Bevollmächtigten, auch durch eine Vereinigung von Aktionären, hinzuweisen.* [5]*Bei börsennotierten Gesellschaften sind einem Vorschlag zur Wahl von Aufsichtsratsmitgliedern Angaben zu deren Mitgliedschaft in anderen gesetzlich zu bildenden Aufsichtsräten beizufügen; Angaben zu ihrer Mitgliedschaft in vergleichbaren in- und ausländischen Kontrollgremien von Wirtschaftsunternehmen sollen beigefügt werden.*

(2) *Die gleiche Mitteilung hat der Vorstand einer Gesellschaft, die Namensaktien ausgegeben hat, den zu Beginn des 21. Tages vor der Hauptversammlung im Aktienregister Eingetragenen zu machen sowie den Aktionären und Intermediären, die die Mitteilung verlangt haben, und den Vereinigungen von Aktionären, die die Mitteilung verlangt oder die in der letzten Hauptversammlung Stimmrechte ausgeübt haben.*

(3) *Jedes Aufsichtsratsmitglied kann verlangen, daß ihm der Vorstand die gleichen Mitteilungen übersendet.*

(4) *Jedem Aufsichtsratmitglied und jedem Aktionär sind auf Verlangen die in der Hauptversammlung gefassten Beschlüsse mitzuteilen.*

(5) [1]*Für Inhalt und Format eines Mindestgehaltes an Informationen in den Mitteilungen gemäß Absatz 1 Satz 1 und Absatz 2 gelten die Anforderungen der Durchführungsverordnung (EU) 2018/1212.* [2]*§ 67 a Absatz 2 Satz 1 gilt für die Absätze 1 und 2 entsprechend.* [3]*Bei börsennotierten Gesellschaften sind die Intermediäre, die Aktien der Gesellschaft verwahren, entsprechend den §§ 67 a und 67 b zur Weiterleitung und Übermittlung der Informationen nach den Absätzen 1 und 2 verpflichtet, es sei denn, dem Intermediär ist bekannt, dass der Aktionär sie von anderer Seite erhält.* [4]*Das Gleiche gilt für nichtbörsennotierte Gesellschaften mit der Maßgabe, dass die Bestimmungen der Durchführungsverordnung (EU) 2018/1212 nicht anzuwenden sind.*

A. Grundlagen

§ 125 AktG regelt die Übermittlung der Einberufung der Hauptversammlung und trifft für diese speziellen Mitteilungen eine eigenständige Regelung gegenüber der allgemeinen Regelung in § 67 a AktG.   1

Abs. 1, 2 und 5 regeln Fragen der Information der Aktionäre. Abs. 1 gibt dem Vorstand zwingend auf, Intermediäre und Aktionärsvereinigungen rechtzeitig vor der   2

Hauptversammlung über die Einberufung und die Tagesordnung zu informieren. Abs. 3 gibt jedem Aufsichtsratsmitglied ein Individualrecht auf Zusendung der Einberufungsinformation und § 124 Abs. 4 verpflichtet an systematisch unzutreffender Stelle[1] zur Mitteilung der auf der Hauptversammlung gefassten Beschlüsse an Aufsichtsratsmitglieder und Aktionäre, falls sie dies verlangen. Die Norm ist nicht zulasten der Aktionärsinformation abänderbar (§ 23 Abs. 5), aber durch Satzung oder tatsächliche Handhabung der Gesellschaft erweiterbar.

B. Einzelheiten

I. Mitteilungspflichten vor der Hauptversammlung bei Inhaberaktien

3   § 125 Abs. 1 S. 1 regelt die Übermittlung der Einberufung der Hauptversammlung bei Gesellschaften mit Inhaberaktien.[2] Die Mitteilung hat an alle Intermediäre zu erfolgen, die Aktien der Gesellschaft verwahren.[3] Es steht der Gesellschaft und den Intermediären jedoch gemäß Abs. 5 S. 2 die Möglichkeit der Einschaltung beauftragter Dritter entsprechend § 67a Abs. 2 S. 1 zur Verfügung. Zudem besteht für die Gesellschaft auch die Möglichkeit einer Übermittlung der Informationen über die Intermediärskette durch Übermittlung an den Zentralverwahrer oder die ersten Intermediäre.

4   Bei den Vereinigungen von Aktionären verblieb es bei der Regelung, dass nur solche eine Mitteilung erhalten, die darum gebeten haben oder die in der letzten Hauptversammlung Stimmrechte ausgeübt haben.

5   Die Mitteilung hat mindestens 21 Tage[4] vor der Hauptversammlung zu erfolgen.[5]

6   Mitteilungsinhalt sind die Einladung, die Tagesordnung mit den Beschlussvorschlägen (121 Abs. 3 iVm § 124 Abs. 3), die nach § 124 Abs. 2 S. 3 zu machenden Mitteilungen einschließlich bereits eingegangener sowie auch evtl. nachträglicher Minderheitsverlangen (§ 125 Abs. 1 S. 3), wobei zwischen börsennotierten und nicht börsennotierten Gesellschaften differenziert wird. Die Erteilung eines Hinweises nach § 125 Abs. 1 S. 4 AktG ist aber bei allen Aktiengesellschaften erforderlich.[6]

7   Bei Wahlvorschlägen für den Aufsichtsrat (Abs. 1 S. 3) sind bei börsennotierten Aktiengesellschaften anderweitige Mandate der vorgeschlagenen Aufsichtsratsmitglieder bekanntzumachen.[7]

8   Der Begriff der Mitteilung lässt jede Textform iSd § 126b BGB zu, mit der ein Zugang bei den Kreditinstituten und Aktionärsvereinigungen erwartet werden kann und die eine Vervielfältigung zur Weitergabe an Aktionäre ermöglicht.[8]

II. Mitteilungspflichten vor der Hauptversammlung bei Namensaktien

9   Abs. 2 enthält eine Regelung entsprechend Abs. 1 für Gesellschaften, die (auch) Namensaktien ausgegeben haben. Die Aufteilung nach Aktiengattungen ist erforderlich,

---

1   Es geht nicht um die Einberufung der Hauptversammlung.
2   Ausgabe ausschließlich von Inhaberaktien oder Inhaber- und Namensaktien.
3   Die bisherige Beschränkung auf die, die Stimmrechte in der Hauptversammlung ausgeübt haben, würde den Anforderungen der 2. ARRL nicht genügen, vgl. ARUG II RegE BT-Drs. 19/9739, S. 96.
4   Bei Übernahmesachverhalten verkürzt sich die Mitteilungsfrist für den Vorstand auf vier Tage (§ 16 Abs. 4 S. 3 WpÜG); auch kann die Mitteilung nach § 16 Abs. 4 S. 6 WpÜG ganz entfallen, wenn die Weiterleitung an die Aktionäre zeitlich nicht mehr möglich ist.
5   Es gilt das Fristenregime des § 121 Abs. 7.
6   OLG München AG 2019, 266.
7   Dies soll den Aktionären die Einschätzung von Konkurrenzverhältnissen und Interessenkonflikten ermöglichen (gehört aber nicht zur Bekanntmachung nach § 124 Abs. 3 S. 3) und einen Überblick über die Wählbarkeitsvoraussetzungen nach § 100 Abs. 2; vgl. näher hierzu *Müller* in Heidel Aktienrecht AktG 125 Rn. 11 f. mwN.
8   Bei börsennotierten Gesellschaften ist § 49 Abs. 3 WpHG und europarechtlich Art. 17 Abs. 3 lit. c der Transparenzrichtlinie zu beachten.

um eine doppelte Mitteilung zu vermeiden. Zur Vereinheitlichung wird in Abs. 2 auch auf den 21. Tag vor der Hauptversammlung abgestellt. Es kommt hier jedoch auf die Eintragung im Aktienregister zum Stichtag am 21. Tag vor der Hauptversammlung an. Die Mitteilung kann somit erst nach diesem Datum durchgeführt werden. Eine Mitteilung hat an die an diesem

Tag Eingetragenen zu erfolgen, unabhängig davon, ob sie als Aktionär oder Interme-   10
diär eingetragen sind. Bei Gesellschaften, die sowohl Inhaberaktien als auch Namens-
aktien ausgegeben haben, bedarf es jedoch keiner erneuten Mitteilung an eingetragene Intermediäre, die bereits aufgrund der Verpflichtung aus Abs. 1 S. 1 eine Mitteilung erhalten haben. Darüber hinaus sind zudem auch diejenigen Intermediäre, Aktionäre und Aktionärsvereinigungen zu benachrichtigen, die eine Mitteilung verlangt haben und zusätzlich diejenigen Aktionärsvereinigungen, die in der letzten Hauptversammlung Stimmrechte ausgeübt haben. Der Begriff der Intermediäre ist an dieser Stelle nicht beschränkt auf Intermediäre, die Aktien der Gesellschaft verwahren, sondern umfasst auch sonstige Intermediäre, etwa solche die für einen Aktionär Stimmrechte in der Hauptversammlung ausüben.[9]

Aktionäre, die Namensaktien der Gesellschaft halten, die aber nicht im Aktienregister   11
eingetragen sind, erhalten die Informationen zwar bereits aufgrund der Weiterleitung durch den eingetragenen Intermediär gemäß Abs. 5 in Verbindung mit §§ 67 a und 67 b AktG. Sie können jedoch auch selbst die Mitteilung von der Gesellschaft verlangen. Dann entfällt gem. Abs. 5 S. 3 die Weiterleitungspflicht des Intermediärs.

III. Mitteilungen an Aufsichtsratsmitglieder

Jedes Aufsichtsratsmitglied ist berechtigt, die gleiche Mitteilung wie die Aktionäre zu   12
erhalten.

Einer besonderen Form oder der Einhaltung einer Frist bedarf es nicht. Der Vorstand   13
hat ein geäußertes Verlangen unverzüglich zu erfüllen. Das Individualrecht kann nicht durch Aufsichtsratsbeschluss entzogen werden; es kann aber durch Aufsichtsratsbeschluss das Verlangen für alle Mitglieder des Aufsichtsrats geäußert werden.

IV. Mitteilungen von Beschlüssen

Berechtigt sind jedes Aufsichtsratsmitglied und jeder Aktionär, aber nur bis zu seinem   14
Ausscheiden durch Aufgabe der Aktionärsstellung, bzw. aus dem Aufsichtsrat.

Die Mitteilung von Beschlüssen hat unverzüglich (§ 121 Abs. 1 S. 1 BGB) zu erfolgen,   15
weil die Kenntnisnahme auch zur Prüfung von Anfechtungsgründen dienen kann und die Monatsfrist des § 246 Abs. 1 zu beachten ist.[10] Nach § 130 Abs. 6 haben börsennotierten Gesellschaften binnen sieben Tagen die Abstimmungsergebnisse zu veröf-
fentlichen.

Der Inhalt der Beschlussfassung ist so mitzuteilen, wie er – ggf. nach Änderungen in   16
der Hauptversammlung – tatsächlich beschlossen wurden, wozu auch das Abstimmungsergebnis gehört.[11]

---

9 Vgl. ARUG II RegE BT-Drs. 19/9739, S. 96.
10 Hierzu gehört auch die Mitteilung abgelehnter Beschlussanträge, da auch diesen Beschluss-
    charakter zukommt, sowie Beschlüsse zu Geschäftsordnungsfragen, da gesetzlich keine
    Einschränkungen auf Sachbeschlüsse gemacht wird.
11 Streitig, zum Streitstand *Müller* in Heidel Aktienrecht AktG § 125 Rn. 29 mwN.

V. Form und Format der Informationen

17   Die Aufhebung des bisherigen § 125 Abs. 5 AktG[12] ist eine Folgeänderung zur Neudefinition der Intermediäre in § 67 a Abs. 4 AktG, da Intermediäre insgesamt erfasst werden.

18   Die Neufassung des Abs. 5 an dieser Stelle ergänzt die Regelungen in Abs. 1 und 2.

19   Zur Klarstellung wird auf die ohnehin geltenden Anforderungen für die Übermittlung der Hauptversammlungseinberufung aus Durchführungsverordnung zur RL 2017/828/EU[13] verwiesen. Dies sind hier im Wesentlichen Art. 2 Abs. 2 und Art. 4 dieser Durchführungsverordnung.

20   Auch hier ist eine beschränkte Informationsübermittlung unter Mitteilung der Internetseite der Gesellschaft möglich. Maßgeblich sind insoweit die Anforderungen aus Artikel 4 Abs. 1 in Verbindung mit Tabelle 3 der Durchführungsverordnung. Die Anforderungen der Durchführungsverordnung gelten jedoch nur für die Mindestinformationen die nach den Bestimmungen der Durchführungsverordnung zu übermitteln sind. Es steht der Gesellschaft frei, zusätzliche Informationen zur Hauptversammlung zu übermitteln. Insoweit finden die Bestimmungen der Durchführungsverordnung jedoch keine Anwendung.[14]

21   Der Verweis auf § 67 a Abs. 2 S. 1 AktG stellt klar, dass auch für die Weiterleitung und Übermittlung der Informationen zur Einberufung der Hauptversammlung beauftragte Dritte, dh insbesondere entsprechende Medien oder (Medien-)Dienstleister, herangezogen werden können.

22   Durch den Verweis auf die §§ 67 a und 67 b AktG wird eine Informationsübermittlung und -weiterleitung durch die Kette an den Aktionär sichergestellt. Eine Ausnahme zur Vermeidung von Kosten besteht, wenn dem Intermediär bekannt ist, dass der Aktionär die Informationen von anderer Seite erhält, etwa von der Gesellschaft selbst, einem anderen Intermediär oder einem beauftragten Dritten.

23   Für nichtbörsennotierte Gesellschaften besteht die Erleichterung, dass die Anforderungen der 2. ARRL Durchführungsverordnung entfallen.

VI. Sanktionen

24   Verstöße gegen Abs. 1 S. 1 bis 4, und Abs. 2 iVm Abs. 5 machen Hauptversammlungsbeschlüsse anfechtbar (§ 243 Abs. 1), nicht jedoch Verstöße gegen die Soll-Vorschrift des Abs. 1 S. 5 Hs. 2,[15] da die Verletzung von Einberufungsvorschriften die Rechtmäßigkeit der Hauptversammlungsbeschlüsse betrifft.

25   Ein Verstoß gegen Abs. 3 kann das Aufsichtsratsmitglied zur Anfechtung berechtigen, wobei aber regelmäßig die erforderliche Relevanz der Verletzung für das Zustandekommen der Hauptversammlungsbeschlüsse fehlen dürfte.

26   Ein Verstoß gegen Abs. 4 gibt kein Anfechtungsrecht, weil Vorgänge nach der Hauptversammlung den Bestand von Beschlüssen generell nicht berühren können. Eine zunächst wirksame Beschlussfassung kann nicht nachträglich nichtig oder anfechtbar werden.

---

12   Als Folgeregelung wurde auch § 128 Abs. 4 aufgehoben, was insgesamt zur Aufhebung des § 128 geführt hat, da die Regelungen in § 128 Abs. 1–3 durch die Neuregelungen in §§ 67 a, 67 b obsolet wurden.

13   Durchführungs-VO (EU) Nr. 2018/1212 der Kommission v. 3.9.2018 zur Festlegung von Mindestanforderungen zur Umsetzung der Bestimmungen der RL 2007/36/EU des EP und des Rates in Bezug auf die Identifizierung der Aktionäre, die Informationsübermittlung und die Erleichterung der Ausübung der Aktionärsrechte, ABl. 2018 L 223.

14   Vgl. ARUG II RegE BT-Drs. 19/9739, S. 97.

15   Vorstand und Gesellschaft sollen das Risiko der schwierigen Abgrenzung von vergleichbaren Gremien und der rechtlichen Einordnung, insbes. bei ausländischen Kontrollgremien, nicht tragen müssen, vgl. *Müller* in Heidel Aktienrecht AktG § 125 Rn. 32 mwN.

Dritter Unterabschnitt Verhandlungsniederschrift. Auskunftsrecht

§ 129 Geschäftsordnung; Verzeichnis der Teilnehmer; *Nachweis der Stimmzählung*

(1) ¹Die Hauptversammlung kann sich mit einer Mehrheit, die mindestens drei Viertel des bei der Beschlußfassung vertretenen Grundkapitals umfaßt, eine Geschäftsordnung mit Regeln für die Vorbereitung und Durchführung der Hauptversammlung geben. ²In der Hauptversammlung ist ein Verzeichnis der erschienenen oder vertretenen Aktionäre und der Vertreter von Aktionären mit Angabe ihres Namens und Wohnorts sowie bei Nennbetragsaktien des Betrags, bei Stückaktien der Zahl der von jedem vertretenen Aktien unter Angabe ihrer Gattung aufzustellen.

(2) ¹Sind einem *Intermediär* oder einer in § 135 Abs. 8 bezeichneten Person Vollmachten zur Ausübung des Stimmrechts erteilt worden und übt der Bevollmächtigte das Stimmrecht im Namen dessen, den es angeht, aus, so sind bei Nennbetragsaktien der Betrag, bei Stückaktien die Zahl und die Gattung der Aktien, für die ihm Vollmachten erteilt worden sind, zur Aufnahme in das Verzeichnis gesondert anzugeben. ²Die Namen der Aktionäre, welche Vollmachten erteilt haben, brauchen nicht angegeben zu werden.

(3) ¹Wer von einem Aktionär ermächtigt ist, im eigenen Namen das Stimmrecht für Aktien auszuüben, die ihm nicht gehören, hat bei Nennbetragsaktien den Betrag, bei Stückaktien die Zahl und die Gattung dieser Aktien zur Aufnahme in das Verzeichnis gesondert anzugeben. ²Dies gilt auch für Namensaktien, als deren Aktionär der Ermächtigte im Aktienregister eingetragen ist.

(4) ¹Das Verzeichnis ist vor der ersten Abstimmung allen Teilnehmern zugänglich zu machen. ²Jedem Aktionär ist auf Verlangen bis zu zwei Jahren nach der Hauptversammlung Einsicht in das Teilnehmerverzeichnis zu gewähren.

(5) ¹Der Abstimmende kann von der Gesellschaft innerhalb eines Monats nach dem Tag der Hauptversammlung eine Bestätigung darüber verlangen, ob und wie seine Stimme gezählt wurde. ²Die Gesellschaft hat die Bestätigung gemäß den Anforderungen in Artikel 7 Absatz 2 und Artikel 9 Absatz 5 Unterabsatz 2 der Durchführungsverordnung (EU) 2018/1212 zu erteilen. ³Sofern die Bestätigung einem Intermediär erteilt wird, hat dieser die Bestätigung unverzüglich dem Aktionär zu übermitteln. ⁴§ 67 a Absatz 2 Satz 1 und Absatz 3 gilt entsprechend.

I. Redaktionelle Änderungen

Die durch das ARUG II in § 129 einziehenden Änderungen sind zum einen rein **redaktionelle:**   1

- In die Überschrift des § 129 wird die nachstehend erläuterte Neuerung des Nachweises der Stimmzählung textlich aufgenommen.
- In Abs. 2 S. 1 wird das bisherige Wort „Kreditinstitut" durch den neu eingeführten und in § 67 a Abs. 4 legaldefinierten Begriff „Intermediär" ersetzt.

II. Inhaltliche Neuregelungen

Völlig **neu gefasst** ist hingegen Abs. 5. Er ist im Wortlaut gegenüber der Version des Referentenentwurfs wesentlich abweichend, um Unklarheiten (→ Rn. 4) und wohl auch einer überbordenden Umsetzung der EU-Richtlinie vorzubeugen (→ Rn. 5).   2

Sinn und Zweck des neuen Abs. 5 ist es, dem Aktionär die Möglichkeit zur Überprüfung zu geben, ob die Gesellschaft seine Stimme wirksam aufgezeichnet und gezählt hat. Dazu muss die Gesellschaft zum einen auf Nachfrage erklären, **ob** die Stimme im entsprechenden Abstimmungsvorgang berücksichtigt wurde, und zum andern, **wie** sie dort gewertet wurde (also als „Ja", „Nein" oder „Enthaltung").   3

4   Zu diesem Zweck kann nach Abs. 5 S. 1 jeder **Abstimmende** eine entsprechende Bestätigung verlangen. Der Inhalt der Bestätigung umfasst nicht nur die Angaben, ob und wie die Stimme gezählt wurde, sondern auch die Informationen, wann die Stimme der Gesellschaft übermittelt wurde, dh vor oder in der Hauptversammlung; sofern sie vorher abgegeben wurde, sind Datum und ggfs. Uhrzeit des Eingangs bei der Gesellschaft anzugeben (vgl. § 67 f Abs. 2 iVm Art. 7 Abs. 2 der DurchführungsVO (EU) 2018/1212) nebst Tabelle 7 des Anhangs hierzu). Im Referentenentwurf war noch davon die Rede, dass **jeder Aktionär** eine solche Auskunft verlangen könne, was Sorgen schürte, dass nunmehr auch Aktionäre, die gar nicht in der Hauptversammlung abgestimmt haben, derartige Auskünfte verlangen könnten. Durch die nunmehr gewählte Formulierung ist klargestellt, dass die Auskunftsrechte die **Stimmabgabe** des betreffenden Aktionärs, sei es unmittelbar oder über einen Intermediär, **voraussetzen**. Somit können bei **Inhaberaktien** Aktionäre, die an der betreffenden Abstimmung der Hauptversammlung selbst oder durch eine offengelegte Stellvertretung oder per Briefwahl teilnehmen, die entsprechenden Auskünfte von der Gesellschaft verlangen. Bei **Namensaktien** sind der Gesellschaft nur die im Aktienregister Eingetragenen bekannt; insoweit können im Falle von Namensaktien nur die im Aktienregister eingetragenen Aktionäre bzw. deren offene Vertreter oder Briefwähler die entsprechenden Auskünfte einfordern. Sofern die Bestätigung von der Gesellschaft an einen Intermediär erteilt wird, hat dieser die Bestätigung unverzüglich dem Aktionär zu übermitteln (Abs. 5 S. 3); § 67 a Abs. 2 S. 1 und Abs. 3 gelten entsprechend,

5   In **zeitlicher Hinsicht** sind die geforderten Auskünfte durch den Verweis in Abs. 5 S. 2 gemäß den Anforderungen an die EU-DurchführungsVO 2018/1212 vom 3.9.2018 (dort Art. 9 Abs. 5 S. 2) **zeitnah** und **spätestens 15 Tage nach dem Antrag oder der Hauptversammlung** zu übermitteln sind, je nachdem, welches Ereignis später eintritt. Liegen die Informationen dem Aktionär auf andere Weise bereits vor, entfällt die Informationspflicht der Gesellschaft. Im Referentenentwurf war vorgesehen, dass die Auskünfte unverzüglich, also innerhalb kürzerer Frist als nach der EU-DurchführungsVO vorgesehen, erteilt werden müssen. Zudem war nach den Formulierungen des Referentenentwurfs unklar, ob bereits bei dem Aktionär diesbezüglich vorliegende Auskünfte das Auskunftsrecht beschränken oder nicht. Diese Unklarheiten sind nunmehr durch den Gesetztext beseitigt.

6   In der Praxis betrifft die Neuregelung jegliche Aktiengesellschaft. Bei den größeren und großen werden die Stimmabgaben regelmäßig ohnehin elektronisch erfasst und ausgewertet; hier ist die Abgabe der vorgeschriebenen Bestätigung durch die Gesellschaft praktisch kein Problem. Bei kleineren Gesellschaften, die bislang häufig allein durch Handaufheben oder gar Zuruf die Abstimmungen durchgeführt haben, wird eine abweichende Handhabung notwendig werden. Hier wird künftig stets namentlich abgestimmt werden müssen, um für etwaige Anfragen nach § 129 Abs. 5 gewappnet zu sein. Gerade bei Gesellschaften, die die Hauptversammlung ohne professionelle Hilfe eines Notars durchführen und dem Aufsichtsratsvorsitzenden die Protokollierung überlassen, ist eine erhöhte Fehlerhäufigkeit in diesem Punkte zu erwarten.

III. Rechtsfolgen

7   Wird die in § 129 Abs. 5 genannte Bestätigung durch die Gesellschaft nicht richtig, nicht vollständig, nicht in der vorgeschriebenen Weise oder nicht rechtzeitig erteilt bzw. weitergeleitet, so stellt dies eine **Ordnungswidrigkeit** nach § 405 Abs. 2 a Ziff. 7 dar.

Terbrack

Vierter Unterabschnitt Stimmrecht

§ 134 a Begriffsbestimmungen; Anwendungsbereich

(1) Im Sinne der §§ 134 b bis 135 ist
1. institutioneller Anleger:
   a) ein Unternehmen mit Erlaubnis zum Betrieb der Lebensversicherung im Sinne des § 8 Absatz 1 in Verbindung mit Anlage 1 Nummer 19 bis 24 des Versicherungsaufsichtsgesetzes,
   b) ein Unternehmen mit Erlaubnis zum Betrieb der Rückversicherung im Sinne des § 8 Absatz 1 und 4 des Versicherungsaufsichtsgesetzes, sofern sich diese Tätigkeiten auf Lebensversicherungsverpflichtungen beziehen,
   c) eine Einrichtung der betrieblichen Altersversorgung gemäß den §§ 232 bis 244 d des Versicherungsaufsichtsgesetzes;
2. Vermögensverwalter:
   a) ein Finanzdienstleistungsinstitut mit Erlaubnis zur Erbringung der Finanzportfolioverwaltung im Sinne des § 1 Absatz 1 a Satz 2 Nummer 3 des Kreditwesengesetzes,
   b) eine Kapitalverwaltungsgesellschaft mit Erlaubnis gemäß § 20 Absatz 1 des Kapitalanlagegesetzbuchs;
3. Stimmrechtsberater:
   ein Unternehmen, das gewerbsmäßig und entgeltlich Offenlegungen und andere Informationen von börsennotierten Gesellschaften analysiert, um Anleger zu Zwecken der Stimmausübung durch Recherchen, Beratungen oder Stimmempfehlungen zu informieren.

(2) Für institutionelle Anleger, Vermögensverwalter und Stimmrechtsberater sind die §§ 134 b bis 135 nur anwendbar, soweit sie den folgenden Bestimmungen der Richtlinie 2007/36/EG des Europäischen Parlaments und des Rates vom 11. Juli 2007 über die Ausübung bestimmter Rechte von Aktionären in börsennotierten Gesellschaften (ABl. L 184 vom 14.7.2007, S. 17), die zuletzt durch die Richtlinie (EU) 2017/828 (ABl. L 132 vom 20.5.2017, S. 1) geändert worden ist, unterfallen:
1. für institutionelle Anleger: Artikel 1 Absatz 2 Buchstabe a und Absatz 6 Buchstabe a,
2. für Vermögensverwalter: Artikel 1 Absatz 2 Buchstabe a und Absatz 6 Buchstabe b, und
3. für Stimmrechtsberater: Artikel 1 Absatz 2 Buchstabe b und Absatz 6 Buchstabe c sowie Artikel 3 j Absatz 4.

A. Einleitung

I. Gegenstand der Norm

§ 134 a AktG enthält vor die Klammer gezogen die Definitionen für die Begriffe institutionelle Anleger, Vermögensverwalter und Stimmrechtsberater sowie Regelungen betreffend den Anwendungsbereich. Da die neuen Regelungen im Zusammenhang mit der Ausübung des Stimmrechts in börsennotierten Aktiengesellschaften stehen, ist eine Aufnahme im für das Stimmrecht maßgeblichen vierten Unterabschnitt des vierten Abschnitts, zweiter Teil des AktG sinnvoll. Die neuen §§ 134 a bis 134 d AktG-E enthalten vor allem die maßgeblichen Regelungen betreffend die institutionellen Anleger und Vermögensverwalter.

1

II. Inhalt und Zweck

2   In Abs. 1 wird Art. 2 lit. e–g und in Abs. 2 Art. 1 Abs. 2 und 6 der 2. ARRL umgesetzt.

B. Einzelheiten

I. Institutionelle Anleger

3   Nach Nr. 1 lit. a) und b) sind institutionelle Anleger bestimmte Unternehmen, wie sie in § 8 Abs. 1 und 4 VAG definiert sind, dh Voraussetzung ist eine erteilte Erlaubnis zum Betrieb einer Lebensversicherung oder eine Tätigkeit als zugelassener Rückversicherer,[1] die Lebensversicherungsrisiken betrifft.

4   Unter lit. 3) fallen weiter die Einrichtung der betrieblichen Altersversorgung, nämlich Pensionskassen,[2] Pensionsfonds[3] und grenzüberschreitende Einrichtungen der betrieblichen Altersversorgung.[4]

II. Vermögensverwalter

5   Ein Vermögensverwalter nach Nr. 2 lit. a) als Finanzportfolioverwaltung iSd in Bezug genommen Vorschrift des KWG liegt nur vor, soweit es um Wertpapiere geht, die der Verwalter auf dem Depotkonto eines Instituts verwahren lässt, das zum Betreiben des Depotgeschäfts befugt ist.

6   Der bankaufsichtsrechtliche Begriff der Finanzportfolioverwaltung fällt mit dem zivilrechtlichen Begriff der Vermögensverwaltung für Dritte zusammen.[5]

7   Bei der Definition Vermögensverwalter in Sinne der Nr. 2 lit. b) unter Bezugnahme auf § 20 KAGB ist zu beachten, dass die in Art. 2 Buchst. f. 2. ARRL genannten Formen der Fondsverwaltung aufgrund des Prinzips der Einheitserlaubnis des KAGB von einer Erlaubnis nach § 20 Abs. 1 KAGB gedeckt sind.

8   Die genannten Formen der Fondsverwaltung umfassen einen Verwalter alternativer Investmentfonds im Sinne des Art. 4 Abs. 1 Buchst. b der Richtlinie 2011/61/EU, der die Bedingungen für eine Ausnahme gemäß Art. 3 der genannten Richtlinie nicht erfüllt, eine Verwaltungsgesellschaft im Sinne des Art. 2 Abs. 1 Buchst. b der Richtlinie 2009/65/EG oder eine gemäß der Richtlinie 2009/65/EG zugelassene Investmentgesellschaft, sofern diese keine gemäß der genannten Richtlinie für ihre Verwaltung zugelassene Verwaltungsgesellschaft benannt hat. Durch Bezugnahme in Nummer 2 Buchst. b auf § 20 Abs. 1 KAGB gilt die Regelung auch für sogenannte intern verwaltete Investmentgesellschaften, da es sich auch dabei gemäß § 17 Abs. 2 KAGB um Kapitalverwaltungsgesellschaften handelt.[6]

III. Stimmrechtsberater

9   Stimmrechtsberater nach Nr. 3 können sowohl natürliche Personen und Personengesellschaften, soweit sie als Unternehmen tätig sind, als auch juristische Personen sein; der Begriff Unternehmen ist rechtsformneutral.[7]

10 Durch die Bezugnahme auf Entgeltlichkeit sind Kreditinstitute bzw. Intermediäre, die sich nach § 135 AktG zur Stimmrechtsausübung für ihre Depotkunden erbieten, nicht

---

1   § 8 Abs. 4 VAG ordnet an, dass das Rückversicherungsgeschäft separat zu betreiben ist.
2   §§ 232 ff. VAG.
3   §§ 236 ff. VAG.
4   §§ 241 ff. VAG.
5   Schwennicke/Auerbach/*Schwennicke* KWG § 1 Rn. 110–111.
6   ARUG II RegE BT-Drs. 19/9739, 98 f.
7   Vgl. ARUG II RegE BT-Drs. 19/9739, 99; zur Rechtsformneutralität vgl. *Peres/Walden* in Heidel Aktienrecht AktG § 15 Rn. 2 mwN.

als Stimmrechtsberater anzusehen, wenn sie dieses als freiwillige Zusatzdienstleistung zum Depotvertrag erbringen und kein gesondertes Entgelt dafür verlangen.

IV. Anwendungsbereich

Abs. 2 beschränkt die Definitionen des Abs. 1. Bei institutionellen Anlegern und Vermögensverwaltern (Nr. 1 und 2) richtet sich der Anwendungsbereich nach dem sektoralen europäischen Wirtschaftsrecht, wodurch grundsätzlich der Zulassungsort des institutionellen Anlegers bzw. Vermögensverwalters maßgeblich ist. 11

Bei Kapitalverwaltungsgesellschaften als Vermögensverwaltern verlangt die Schutzrichtung der Art. 3 g, 3 h 2. ARRL, dass die Anwendung der §§ 134 a bis 135 AktG auch auf solche Kapitalverwaltungsgesellschaften erstreckt wird, bei denen nur der Fonds oder nur der Verwalter seinen Zulassungsort in der Bundesrepublik Deutschland hat.[8] Darüber hinaus kommt es für den Anwendungsbereich für institutionelle Anleger und Vermögensverwalter darauf an, dass sie in Aktien investieren, die auf einem geregelten Markt gehandelt werden. Dieser ist gemäß Art. 2 Buchst. a 2. ARRL im Sinne von Art. 4 Abs. 1 Nr. 21 der RL 2014/65/EU des Europäischen Parlaments und des Rates vom 15. Mai 2014 über Märkte definiert.[9] 12

Art. 1 Abs. 6 2. ARRL erfasst sämtliche geregelten Märkte im oben genannten Sinn, unabhängig davon, ob diese in der EU oder dem EWR gelegen sind und unabhängig davon, ob es sich um Aktien von Gesellschaften mit Sitz in der EU oder dem EWR handelt. Daraus folgt, dass die Bestimmungen auch auf in der Bundesrepublik Deutschland zugelassene und gegebenenfalls deutschem Recht unterstellte, ausländische institutionelle Anleger und Vermögensverwalter anzuwenden sind, die in Aktien investieren, die an einem geregelten Markt im Sinne von Art. 4 Abs. 1 Nr. 21 RL 2014/65/EU gehandelt werden. 13

Nicht vom Anwendungsbereich der Regelungen für Vermögensverwalter erfasst werden hingegen Kreditinstitute, soweit sie im Zusammenhang mit individueller Vermögensverwaltung für Kunden, die keine institutionellen Anleger sind, die Stimmrechtsvertretung oder -ausübung nach § 135 AktG anbieten. In diesen Fällen steht das individuelle Vertragsverhältnis zwischen Endanleger, der selbst Inhaber der erworbenen Anteile wird, und Kreditinstitut im Vordergrund. Im Falle institutioneller Anleger kommt es auf den Einzelfall und die Abreden zur Stimmrechtsausübung an.[10] 14

Für den in Nr. 3 geregelt den Anwendungsbereich für Stimmrechtsberater im Sinne des § 134 a Abs. 1 Nr. 3 wird auf die entsprechenden Regelungen der RL 2017/828/EU verwiesen. 15

Aus dem angeführten Anwendungsbereich der RL 2017/828/EU folgt, dass die die §§ 134 a bis 135, insbesondere § 134 d für Stimmrechtsberater nur gelten, wenn sie entweder 16

- ihren Satzungssitz im Inland haben oder
- sofern ihr Satzungssitz sich nicht in einem Mitgliedstaat der Europäischen Union oder einem Vertragsstaat des Abkommens über den Europäischen Wirtschaftsraum befindet, sie ihre Hauptverwaltung im Inland haben oder
- sofern sich weder ihr Satzungssitz noch ihre Hauptverwaltung in einem Mitgliedstaat der Europäischen Union oder einem Vertragsstaat des Abkommens über den

---

8 Vgl. ARUG II RegE BT-Drs. 19/9739, 99.
9 Danach ist „geregelter Markt" ein von einem Marktbetreiber betriebenes oder verwaltetes multilaterales System, das die Interessen einer Vielzahl Dritter am Kauf und Verkauf von Finanzinstrumenten innerhalb des Systems und nach seinen nichtdiskretionären Regeln in einer Weise zusammenführt oder das Zusammenführen fördert, die zu einem Vertrag in Bezug auf Finanzinstrumente führt, die gemäß den Regeln oder den Systemen des Marktes zum Handel zugelassen wurden, sowie eine Zulassung erhalten hat und ordnungsgemäß und gemäß Titel III der MiFID II funktioniert.
10 Vgl. ARUG II RegE BT-Drs. 19/9739, 99.

Europäischen Wirtschaftsraum befindet, sie eine Niederlassung im Inland haben, über die sie ihre Tätigkeiten ausüben.[11]

§ 134 b Mitwirkungspolitik, Mitwirkungsbericht, Abstimmungsverhalten

(1) Institutionelle Anleger und Vermögensverwalter haben eine Politik, in der sie ihre Mitwirkung in den Portfoliogesellschaften beschreiben (Mitwirkungspolitik), und in der insbesondere folgende Punkte behandelt werden, zu veröffentlichen:
1. die Ausübung von Aktionärsrechten, insbesondere im Rahmen ihrer Anlagestrategie,
2. die Überwachung wichtiger Angelegenheiten der Portfoliogesellschaften,
3. der Meinungsaustausch mit den Gesellschaftsorganen und den Interessenträgern der Gesellschaft,
4. die Zusammenarbeit mit anderen Aktionären sowie
5. der Umgang mit Interessenkonflikten.

(2) [1]Institutionelle Anleger und Vermögensverwalter haben jährlich über die Umsetzung der Mitwirkungspolitik zu berichten. [2]Der Bericht enthält Erläuterungen allgemeiner Art zum Abstimmungsverhalten, zu den wichtigsten Abstimmungen und zum Einsatz von Stimmrechtsberatern.

(3) Institutionelle Anleger und Vermögensverwalter haben ihr Abstimmungsverhalten zu veröffentlichen, es sei denn, die Stimmabgabe war wegen des Gegenstands der Abstimmung oder des Umfangs der Beteiligung unbedeutend.

(4) Erfüllen institutionelle Anleger und Vermögensverwalter eine oder mehrere der Vorgaben der Absätze 1 bis 3 nicht oder nicht vollständig, haben sie zu erklären, warum sie dies nicht tun.

(5) [1]Die Informationen nach den Absätzen 1 bis 4 sind für mindestens drei Jahre auf der Internetseite der institutionellen Anleger und der Vermögensverwalter öffentlich zugänglich zu machen und mindestens jährlich zu aktualisieren. [2]Davon abweichend können institutionelle Anleger auf die Internetseite der Vermögensverwalter oder andere kostenfrei und öffentlich zugängliche Internetseiten verweisen, wenn dort die Informationen nach den Absätzen 1 bis 4 verfügbar sind.

A. Einleitung

I. Gegenstand der Norm

1 § 134 b AktG setzt Art. 3 g 2. ARRL um und ist damit die zentrale Bestimmung zur Mitwirkungspolitik von institutionellen Anlegern und Vermögensverwaltern.[1] Dabei geht es nicht um die Mitwirkung oder Einbeziehung der hinter den institutionellen Anlegern oder Vermögensverwaltern stehenden Endbegünstigten bzw. Anleger, sondern um das eigene Engagement der institutionellen Anleger oder Vermögensverwalter in ihrer Eigenschaft als Aktionäre in den sog. „Portfoliogesellschaften". Dies sind

---

11 Vgl. ARUG II RegE BT-Drs. 19/9739, 100.
 1 Umgesetzt werden nur Art. 3 g Abs. 2 und 3; bei Abs. 3 handelt sich um eine Klarstellung zum Geltungsbereich bereits umgesetzten europäischen Rechts, was in Deutschland über § 26 Abs. 2 Nr. 2, 3 und § 27 KAGB, § 63 Abs. 2 WpHG bereits erfolgt ist.

Gesellschaften, in die institutionelle Anleger oder Vermögensverwalter investiert haben.

II. Inhalt und Zweck

Nach dem Grundsatz „comply-or-explain" werden institutionelle Anleger und Vermögensverwalter verpflichtet, eine Mitwirkungspolitik zu veröffentlichen, oder zu erklären, warum sie dies nicht tun bzw. diese nicht umsetzen. Durch diese öffentlich bekannt- und kostenfrei zugänglichzumachenden Informationen soll die Transparenz von Entscheidungen der institutionellen Anleger und Vermögensverwalter verstärkt werden. Endbegünstigte und andere Anleger sollen kontrollieren können, ob dieses Verhalten auch ihren Interessen entspricht, und können ihre Anlageentscheidungen daran ausrichten. Ziel ist auch, durch die verstärkte Information der Endbegünstigten und der Anleger institutionelle Anleger und Vermögensverwalter anzuhalten, sich stärker an den Interessen der Endbegünstigten und der Anleger auszurichten.

B. Einzelheiten

I. Mitwirkungspolitik

Mit Abs. 1 wird Art. 3 g Abs. 1 Buchst. a 2. ARRL zur Ausübung von Aktionärsrechten umgesetzt. Der Oberbegriff „Mitwirkung" ist hier weit zu verstehen[2] wobei die Verwendung des Begriffs „insbesondere" deutlich gemacht, dass die in den nachfolgenden Nummern aufgeführten Ausprägungen nur als Beispiele eines Engagements als Anleger und Aktionäre zu verstehen sind.

Nr. 1 fasst zwei Anforderungen an die Mitwirkungspolitik aus Art. 3 g Abs. 1 Buchst. a 2. ARRL ohne inhaltliche Abweichungen von der Richtlinie zusammen.

Die Überwachung wichtiger Angelegenheiten der Portfoliogesellschaften im Sinne der Nr. 2 gemäß Art. 3 g Abs. 1 Buchst. a 2. ARRL richtet sich zumindest auf solche „in Bezug auf Strategie, finanzielle und nicht finanzielle Leitung und Risiko, Kapitalstruktur, soziale und ökologische Auswirkungen und Corporate-Governance".

Bei dem in Nr. 3 angesprochenen Meinungsaustausch soll der verwendete Begriff der Interessenträger der Gesellschaft denn in der Praxis allgemein üblichen Ausdruck der sogenannten „Stakeholder" entsprechen und insbesondere die Aktionäre und Organe der Gesellschaft, die Beschäftigten, die Kunden sowie Lieferanten und Kapitalverwaltungsgesellschaften, die dem Anwendungsbereich der Kapitalanlage-Verhaltens- und -Organisationsverordnung (KAVerOV) unterfallen, umfassen.[3]

II. Mitwirkungsbericht, Abstimmungsverhalten

Mit den Abs. 2 und 3 wird Art. 3 g Abs. 1 Buchst. b 2. ARRL umgesetzt. Die jährliche Berichtspflicht bezieht sich dabei auf einen Zwölfmonatszeitraum, so dass ein neuer Bericht spätestens innerhalb von zwölf Monaten zu veröffentlichen ist. Abs. 3 sieht eine Ausnahme von der Veröffentlichung der Stimmabgabe dann vor, wenn Stimmabgaben zu rein verfahrensrechtlichen Angelegenheiten als unbedeutend anzusehen sind. Die Befreiung greift auch, wenn der Umfang der Beteiligung im Verhältnis zu den übrigen Beteiligungen dieses Anlegers sehr gering ist.[4] Unbefriedigend ist, dass der Gesetzgeber[5] die Kriterien nicht selbst benennt, wann Stimmabgaben aufgrund des Ge-

---

2 Vgl. ARUG II RegE BT-Drs. 19/9737, 101.
3 Vgl. ARUG II RegE BT-Drs. 19/9737, 101; sind allerdings ohnehin bereits gemäß § 3 KA-VerOV in Verbindung mit Art. 30 bis 37 der VO (EU) Nr. 231/2013 der Kommission vom 19. Dezember 2012 zur Ergänzung der RL 2011/61/EU im Hinblick auf Ausnahmen, die Bedingungen für die Ausübung der Tätigkeit, Verwahrstellen, Hebelfinanzierung, Transparenz und zur Erfüllung verschiedener Informationspflichten verpflichtet.
4 Vgl. Erwägungsgrund 18 2. ARRL.
5 Vgl. ARUG II RegE BT-Drs. 19/9737, 101.

genstands der Abstimmung oder des Umfangs der Beteiligung an der Gesellschaft unbedeutend sein sollen, sondern dies den institutionellen Anlegern und Vermögensverwaltern überlässt. Mangels Transparenz und Überprüfbarkeit der vom angesprochenen Personenkreis verwendeten Kriterien ist zu befürchten, dass die Regelung der Veröffentlichung zum Abstimmungsverhalten im Einzelfall leerlaufen wird. Dass im Einklang mit Erwägungsgrund 18 der Richtlinie die hier angewendeten Kriterien von den institutionellen Anlegern und Vermögensverwaltern konsequent angewendet werden sollen, führt nicht weiter, wenn diese nicht transparent sind.

III. Comply-or-explain

8   § 134 b Abs. 4 setzt Art. 3 g Abs. 1 Einleitungssatz 2. ARRL um und enthält die Grundregel, wonach die institutionellen Anleger und Vermögensverwalter verpflichtet werden, sollten sie die Anforderungen der Absätze 1 bis 3 nicht erfüllen, zu erklären, warum sie dies nicht tun. Entsprechend den Vorgaben der Richtlinie ist die Erklärung mit Gründen zu versehen und klar und verständlich zu formulieren. Der Detailgrad der Erklärung kann jedoch, solange diese Anforderungen berücksichtigt werden, variieren, um beispielsweise Betriebsgeheimnisse zu schützen oder Vertraulichkeitsvereinbarungen einzuhalten.[6] Bei indirekten Investments unter Zuhilfenahme eines Vermögensverwalters, dh keine eigene Mitwirkung iSd Abs. 1, genügt eine kurze Erklärung, dass aufgrund der ausschließlichen Beauftragung eines oder mehrerer Vermögensverwalter keine eigene Mitwirkung erfolgt (oder die Mitwirkung mithilfe eines Vermögensverwalters erfolgt), verbunden mit der nach Abs. 5 S. 2 zulässigen Verweisung auf die Mitwirkungspolitik des Vermögensverwalters.

IV. Informationszugänglichmachung

9   Mit Abs. 5 wird Art. 3 g Abs. 2 2. ARRL umgesetzt. Es wird die in der Richtlinie vorgeschriebene Verpflichtung zur Veröffentlichung dahingehend einheitlich geregelt, dass die Informationen für mindestens drei Jahre auf der Internetseite der Gesellschaft öffentlich zugänglichzumachen und zumindest jährlich zu aktualisieren sind. Für die jährliche Aktualisierung kommt es auf eine Aktualisierung innerhalb von zwölf Monaten an.[7] Die vom deutschen Gesetzgeber getroffene Regelung der Veröffentlichungsdauer von drei Jahren ist gerade noch sachgerecht. Jedenfalls nach dieser Zeit dürfte die Relevanz der Informationen nicht mehr gegeben sein, da es im Wesentlichen um die Aktivität im abgelaufenen Geschäftsjahr geht. Sachgerecht ist jedenfalls der Zeitraum im Gleichlauf mit anderen Pflichten im Kontext der Stimmrechtsausübung und Aktionärsrechte, namentlich mit den Pflichten der Vermögensverwalter[8] und den Pflichten der Stimmrechtsberater,[9] zu regeln.

10   Es wird das in der Richtlinie zugelassene Wahlrecht ermöglicht, wonach eine öffentlich zugängliche Publikation an anderer Stelle die Publikation institutioneller Anleger ersetzen kann. Durch die Formulierung der beiden Alternativen wird verdeutlicht, dass bei einer Veröffentlichung auf der eigenen Internetseite des Vermögensverwalters immer von einer kostenfreien Veröffentlichung im Sinne der Richtlinie ausgegangen wird. Dem Transparenzziel der Richtlinie wird durch die Verweisung auf die Veröffentlichung durch den Vermögensverwalter hinreichend Rechnung getragen, soweit dieser der deutschen Regelung oder einer Regelung in Umsetzung der Richtlinie ergangenen Publizitätsvorschriften eines anderen europäischen Mitgliedstaates Rechnung trägt. Hier kann die Verweisung auch auf die Veröffentlichung des Vermögensverwalters nach dem jeweiligen Mitgliedstaatenrecht erfolgen.[10]

---

6 Vgl. *Georgiev/Kolev* GWR 2018, 107.
7 Vgl. ARUG II RegE BT-Drs. 19/9737, 102.
8 § 134 c Abs. 3 AktG.
9 § 134 d Abs. 3.
10 Vgl. ARUG II RegE BT-Drs. 19/9737, 102.

§ 134 c Offenlegungspflichten von institutionellen Anlegern und Vermögensverwaltern

(1) Institutionelle Anleger haben offenzulegen, inwieweit die Hauptelemente ihrer Anlagestrategie dem Profil und der Laufzeit ihrer Verbindlichkeiten entsprechen und wie sie zur mittel- bis langfristigen Wertentwicklung ihrer Vermögenswerte beitragen.

(2) [1]Handelt ein Vermögensverwalter für einen institutionellen Anleger, hat der institutionelle Anleger solche Angaben über die Vereinbarungen mit dem Vermögensverwalter offenzulegen, die erläutern, wie der Vermögensverwalter seine Anlagestrategie und Anlageentscheidungen auf das Profil und die Laufzeit der Verbindlichkeiten des institutionellen Anlegers abstimmt. [2]Die Offenlegung umfasst insbesondere Angaben
1. zur Berücksichtigung der mittel- bis langfristigen Entwicklung der Gesellschaft bei der Anlageentscheidung,
2. zur Mitwirkung in der Gesellschaft, insbesondere durch Ausübung der Aktionärsrechte, einschließlich der Wertpapierleihe,
3. zu Methode, Leistungsbewertung und Vergütung des Vermögensverwalters,
4. zur Überwachung des vereinbarten Portfolioumsatzes und der angestrebten Portfolioumsatzkosten durch den institutionellen Anleger,
5. zur Laufzeit der Vereinbarung mit dem Vermögensverwalter.
[3]Wurde zu einzelnen Angaben keine Vereinbarung getroffen, hat der institutionelle Anleger zu erklären, warum dies nicht geschehen ist.

(3) [1]Institutionelle Anleger haben die Informationen nach den Absätzen 1 und 2 im Bundesanzeiger oder auf ihrer Internetseite für einen Zeitraum von mindestens drei Jahren öffentlich zugänglich zu machen und mindestens jährlich zu aktualisieren. [2]Die Veröffentlichung kann auch durch den Vermögensverwalter auf dessen Internetseite oder auf einer anderen kostenfrei und öffentlich zugänglichen Internetseite erfolgen; in diesem Fall genügt die Angabe der Internetseite, auf der die Informationen zu finden sind.

(4) [1]Vermögensverwalter, die eine Vereinbarung nach Absatz 2 geschlossen haben, haben den institutionellen Anlegern jährlich zu berichten, wie ihre Anlagestrategie und deren Umsetzung mit dieser Vereinbarung im Einklang stehen und zur mittel- bis langfristigen Wertentwicklung der Vermögenswerte beitragen. [2]Statt des Berichts an den institutionellen Anleger kann auch eine Veröffentlichung des Berichts entsprechend Absatz 3 Satz 2 erfolgen. [3]Der Bericht enthält Angaben
1. über die wesentlichen mittel- bis langfristigen Risiken,
2. über die Zusammensetzung des Portfolios, die Portfolioumsätze und die Portfolioumsatzkosten,
3. zur Berücksichtigung der mittel- bis langfristigen Entwicklung der Gesellschaft bei der Anlageentscheidung,
4. zum Einsatz von Stimmrechtsberatern,
5. zur Handhabung der Wertpapierleihe und zum Umgang mit Interessenkonflikten im Rahmen der Mitwirkung in den Gesellschaften, insbesondere durch Ausübung von Aktionärsrechten.

A. Gegenstand der Norm

Die Vorschrift setzt Art. 3 h RL 2017/828/EU in Abs. 1 bis 3 und Art. 3 i ARRL in Abs. 4 um. Es soll gewährleistet werden, dass die mittel- bis langfristigen Interessen der institutionellen Anleger bei der Umsetzung der Anlagestrategie berücksichtigt werden.

B. Einzelheiten

I. Institutioneller Anleger

2 Abs. 1 regelt die Grundpflicht der institutionellen Anleger zur Veröffentlichung der genannten Informationen ihrer Anlagestrategie. Ziel ist eine verstärkte Berücksichtigung der Interessen der Endbegünstigten. Sie soll zu einer besseren Abstimmung bzw. Angleichung der Interessen der Endbegünstigten, der institutionellen Anleger, der Vermögensverwalter und der Gesellschaften führen, um schließlich zu einer Entwicklung längerfristiger Anlagestrategien und Beziehungen zur Gesellschaft beizutragen. Die genaue Darstellung der Anlagestrategie wird dabei in das Ermessen der Offenlegungsverpflichteten gestellt. Es soll zulässig sein, die Anlagestrategie als Aktienanlagestrategie oder als Gesamtportfolioanlagestrategie darzustellen,[1] der institutionelle Anleger hat lediglich zu kennzeichnen, welche Form der Anlagestrategie er zur Darstellung auswählt. Die Grundpflicht zur Veröffentlichung trifft alle institutionellen Anleger, dh auch solche, die ausschließlich mittels Vermögensverwaltern[2] investieren, wobei lediglich der Angabe, wie diese Anlagestrategie zur mittel- bis langfristigen Wertentwicklung der Vermögenswerte des institutionellen Anlegers beiträgt, ein eigenständiger Inhalt zukommt.[3]

II. Vermögensverwalter

3 In § 134 c Abs. 2 AktG wird Art. 3 h Abs. 2 2. ARRL umgesetzt. Erfasst werden sämtliche Verwaltungsformen der Vermögensverwaltung, also sowohl die Verwaltung mit Ermessensspielraum im Rahmen eines Einzelkundenmandats als auch die Verwaltung eines Organismus für gemeinsame Anlagen, an dem der institutionelle Anleger beteiligt ist.[4] Sowohl institutionelle Anleger, die sich neben eigenen Aktivitäten eines Vermögensverwalters bedienen, als auch solche, die ausschließlich Vermögensverwalter beauftragen, haben die Offenlegungspflicht zu erfüllen, gegebenenfalls durch Verweisung nach Abs. 3 S. 2.

4 Abs. 2 S. 2 setzt die in der Richtlinie enthaltenen Vorgaben einheitlich um und sieht gegenüber dem Richtlinienwortlaut sprachliche Vereinfachungen vor, ohne dass damit inhaltliche Abweichungen einhergehen. Da in Abs. 2 ausdrücklich auf die Vereinbarungen mit dem Vermögensverwalter abgestellt wird, sind bei einem gestuften Investment lediglich solche Angaben zu machen, die auf den vertraglichen Vereinbarungen zwischen dem institutionellen Anleger und dem ihm vertraglich verbundenen ersten Vermögensverwalter beruhen. Vereinbarungen zwischen Vermögensverwaltern innerhalb einer Kette sind damit nicht von der Offenlegungspflicht des Abs. 2 erfasst, so dass hier die gewünschte Transparenz fehlt.

5 In Abs. 2 S. 2 Nr. 1 wird klargestellt, dass die Offenlegung der Mitwirkung in der Gesellschaft auch die Offenlegung etwaiger Aktivitäten in der Wertpapierleihe umfasst. Durch die in Abs. 2 S. 2 Nr. 3 zu machende Angabe über die Vergütung des Vermögensverwalters sollen etwaige durch die Vergütung für den Vermögensverwalter ge-

---

1 Vgl. ARUG II RegE BT-Drs. 19/9737, 103.
2 Hier dürfte nahezu immer eine Vereinbarung der Anlagestrategie mit dem Vermögensverwalter gegeben sein.
3 Bei ausschließlich indirekten Investments ist jedoch anzunehmen, dass die Angaben nach Abs. 1 durch die Offenlegungen nach Abs. 2 erfüllt werden.
4 Vgl. ARUG II RegE BT-Drs. 19/9737, 103.

setzte Anreize transparent werden. Zu bedauern ist, dass abstrakte Angaben zB ohne die Bekanntgabe der genauen Vergütungshöhe ggf. ausreichen sollen.[5]

In Abs. 2 S. 2 Nr. 4 wird in Umsetzung der Richtlinie der Begriff der Portfolioumsatzkosten eingeführt, den es bislang im deutschen Recht nicht gab.[6] Die Übernahme der europäischen Terminologie soll sicherstellen, dass sämtliche bezifferbaren nachteiligen Folgen eines häufigen, gegebenenfalls aus Sicht der institutionellen Anleger und der Endbegünstigten interessewidrigen Portfolioumschlags im Bericht aufgeführt werden.[7] Dabei soll es einstweilen Wissenschaft und Rechtsprechung überlassen werden, die jeweiligen Fallgruppen herauszuarbeiten.[8] 6

Abs. 2 S. 3 regelt in Umsetzung von Art. 3 h Abs. 2 Unterabs. 2 a 2. ARRL die Verpflichtung zur Veröffentlichung einer Erklärung mit Gründen für den Fall, dass zu einzelnen Angaben keine Vereinbarung mit dem Vermögensverwalter getroffen wurde. Die Richtlinie verlangt eine unmissverständliche begründete Erklärung, deren Detailgrad jedoch letztlich offenbleibt. Auch hier wäre es wünschenswert gewesen, wenn der Gesetzgeber im Zuge der geforderten Transparenz weitere Vorgaben gemacht hätte. 7

III. Veröffentlichung

§ 134 c Abs. 3 AktG sieht eine mindestens dreijährige Veröffentlichung der Informationen im Bundesanzeiger[9] oder der Internetseite des institutionellen Anlegers mit jährlicher Aktualisierung vor, wobei eine Aktualisierung nur dann erforderlich sein dürfte, wenn wesentliche Änderungen aufgetreten sind, wobei aber im Hinblick auf den Gesetzeswortlaut kenntlichzumachen sein dürfte, dass die Aktualisierung aus diesem Grund nicht erfolgt. 8

Es werden für die Veröffentlichung entsprechend der Vorgabe der Richtlinie neben der Veröffentlichung im Bundesanzeiger oder der Internetseite des institutionellen Anlegers mehrere Optionen eröffnet, da die Informationen auch durch den Vermögensverwalter für den institutionellen Anleger veröffentlicht werden dürfen. Dies können Publikationsmittel, die Internetseite des Vermögensverwalters oder andere kostenfrei und öffentlich zugängliche Stellen im Internet sein, soweit der Vermögensverwalter deutschem Recht oder einem Recht, welches in Umsetzung der Publizitätsvorschriften der Richtlinie ergangen ist, unterliegt. Keine näheren Vorgaben macht das Gesetz zu kleinen Versicherungsunternehmen sowie zu Pensionskassen und Pensionsfonds. Auf diese ist die Vorschrift des ebenfalls geänderten § 40 VAG[10] nicht anzuwenden, so dass es hier allein bei § 134 c AktG bleibt. 9

---

5 Vgl. ARUG II RegE BT-Drs. 19/9737, 103; soweit hier darauf abgestellt wird, dass Details der Vergütungsvereinbarung ggf. Vertraulichkeitsvereinbarungen unterliegen oder mit Blick auf den Wettbewerb schädlich wären, ist es wenig überzeugend anhand der Vorgabe Transparenz schaffen zu wollen. Die Mitteilung von abstrakten Vergütungsrahmen etc schafft diese Transparenz im Hinblick auf die Anreize nicht.

6 In § 165 Abs. 3 Nr. 3 KAGB wird der Begriff „Transaktionskosten" verwendet, der in nicht allen Fällen deckungsgleich sein dürfte.

7 Vgl. ARUG II RegE BT-Drs. 19/9737, 104.

8 Vgl. ARUG II RegE BT-Drs. 19/9737, 104.

9 Versicherungsunternehmen als institutionelle Anleger sind nach Handelsrecht zur Offenlegung im Bundesanzeiger verpflichtet (vergleiche § 341 a Abs. 1 in Verbindung mit §§ 325 ff. HGB). Die Aufnahme in dem veröffentlichten Jahresabschluss soll genügen, um die Zusatzpflichten zu erfüllen, vgl. ARUG II RegE BT-Drs. 19/9737, 104.

10 In Ergänzung zu § 134 c AktG wurde § 40 VAG wie folgt ergänzt:
„Haben Versicherungsunternehmen die nach § 134 c Absatz 1 bis 3 des Aktiengesetzes erforderlichen Informationen offenzulegen, so können diese im Solvabilitäts- und Finanzbericht bei den Angaben zum Liquiditätsrisiko unter Punkt C.4 des Anhangs XX der Delegierten Verordnung (EU) 2015/35 der Kommission vom 10. Oktober 2014 zur Ergänzung der Richtlinie 2009/138/EG des Europäischen Parlaments und des Rates betreffend die Aufnahme und Ausübung der Versicherungs- und der Rückversicherungstätigkeit (Solva-

IV. Transparenz bei Vermögenverwaltern

10   Mit Abs. 4 wird Art. 3 i 2. ARRL umgesetzt. Die Regelung soll eine bessere Information der institutionellen Anleger durch den Vermögensverwalter bewirken. Zwar richtet
sich deren Verhältnis nach den jeweiligen vertraglichen Vereinbarungen; es ist jedoch[11] von Bedeutung, dass rechtliche Mindestanforderungen geschaffen werden, um
den Vermögensverwalter ordnungsgemäß zu beurteilen und gegebenenfalls zur Rechenschaft ziehen zu können,[12] und auch zu verhindern, dass die Strategien und Anreize, nach denen der Vermögensverwalter handelt, und die Interessen der Endbegünstigten auseinanderfallen.

11   Der in Art. 3 i Abs. 1 2. ARRL enthaltene Katalog wird sprachlich ohne inhaltliche
Abweichungen zusammengefasst. Dabei ist die Angabe der Umsätze und der Umsatzkosten[13] der Portfolios gemäß Abs. 4 S. 2 insbesondere von Bedeutung für die Beurteilung, ob die Strategie des Vermögensverwalters den Interessen des institutionellen Anlegers und der Endbegünstigten angepasst ist. Es wird entsprechend der Option in
Art. 3 i Abs. 2 Unterabs. 2 2. ARRL dem Vermögensverwalter freigestellt, die Offenlegung privat an die institutionellen Anleger oder entsprechend der Regelung in Abs. 3
S. 2 öffentlich auf der Internetseite des Vermögensverwalters oder einer anderen kostenfrei zugänglichen Internetseite vorzunehmen.

12   Die Berichterstattung zusammen mit dem Jahresbericht nach Art. 3 i Abs. 2 Unterabs.
1 2. ARRL wird nur dem KAGB unterstellten Kapitalverwaltungsgesellschaften ermöglicht, nicht aber Wertpapierfirmen nach dem WpHG. Für die individuelle Vermögensverwaltung durch Wertpapierfirmen werden keine näheren Vorgaben zur Berichterstattung geregelt. Die Berichterstattung kann demgemäß etwa durch ein separates
Dokument oder durch Aufnahme in die regelmäßigen Mitteilungen gemäß § 63
Abs. 12 WpHG erfolgen. Der Bericht kann dem institutionellen Anleger zugesandt
oder einmalig für alle Kunden im Internet publiziert werden.[14]

§ 134 d Offenlegungspflichten der Stimmrechtsberater

(1) [1]Stimmrechtsberater haben jährlich zu erklären, dass sie den Vorgaben eines näher
bezeichneten Verhaltenskodex entsprochen haben und entsprechen oder welche Vorgaben des Verhaltenskodex sie nicht eingehalten haben und einhalten und welche
Maßnahmen sie stattdessen getroffen haben. [2]Wenn Stimmrechtsberater keinen Verhaltenskodex einhalten, haben sie zu erklären, warum nicht.

(2) Stimmrechtsberater veröffentlichen jährlich Informationen

1. zu den wesentlichen Merkmalen der eingesetzten Methoden und Modelle sowie
   ihren Hauptinformationsquellen,
2. zu den zur Qualitätssicherung sowie zur Vermeidung und zur Behandlung von potentiellen Interessenkonflikten eingesetzten Verfahren,
3. zur Qualifikation der an der Stimmrechtsberatung beteiligten Mitarbeiter,
4. zur Art und Weise, wie nationale Marktbedingungen sowie rechtliche, regulatorische und unternehmensspezifische Bedingungen berücksichtigt werden,

---

bilität II) (ABl. L 12 vom 17.1.2015, S. 1; L 195 vom 1.8.2018, S. 27), die zuletzt durch
die Delegierte Verordnung (EU) 2018/1221 (ABl. L 227 vom 10.9.2018, S. 1) geändert
worden ist, offengelegt werden. Den Informationen ist die Überschrift „Informationen
nach § 134 c Absatz 1 bis 3 des Aktiengesetzes" voranzustellen.
11 Zumindest für kleinere und weniger erfahrenere institutionelle Anleger.
12 Vgl. Erwägungsgrund 20 2. ARRL.
13 Höhere Umsätze können zu höheren Kosten für den institutionellen Anleger führen, was
    sich auch negativ auf die langfristigen Interessen der Endbegünstigten auswirken kann.
14 ARUG II RegE BT-Drs. 19/9737, 105.

5. zu den wesentlichen Merkmalen der verfolgten Stimmrechtspolitik für die einzelnen Märkte,

6. dazu, wie und wie oft das Gespräch mit den betroffenen Gesellschaften und deren Interessenträgern gesucht wird.

(3) Die Informationen nach den Absätzen 1 und 2 sind gesondert oder gebündelt auf der Internetseite des Stimmrechtsberaters für mindestens drei Jahre öffentlich zugänglich zu machen und jährlich zu aktualisieren.

(4) Stimmrechtsberater haben ihre Kunden unverzüglich über Interessenkonflikte sowie über diesbezügliche Gegenmaßnahmen zu informieren.

A. Gegenstand der Norm

§ 134 d AktG setzt die in Art. 1 Abs. 1, 2 Buchst. b, Abs. 6 Buchst. c, Art. 2 Buchst. g und Art. 3 j 2. ARRL enthaltenen Bestimmungen zu Stimmrechtsberatern um. Die Bestimmungen zur Definition der Stimmrechtsberater und zum Anwendungsbereich sind in § 134 a Abs. 1 Nr. 3 und Abs. 2 Nr. 3 AktG enthalten.   1

B. Einzelheiten

I. Transparenz bei Stimmrechtsberatern

Durch Abs. 1 wird Art. 3 j Abs. 1 2. ARRL umgesetzt. Es wird eine Kodexpflicht für Stimmrechtsberater eingeführt. Den Stimmrechtsberatern steht es nach der gesetzlichen Regelung frei, einen eigenen Verhaltenskodex zu entwickeln und sich zu dessen Einhaltung zu verpflichten.[1] Der Kodex ist mit Blick auf das Transparenzziel näher zu bezeichnen, so dass der geltende Kodex mitsamt seinen Bestimmungen identifiziert und aufgefunden werden kann.[2] Art. 3 j Abs. 1 Unterabs. 3 2. ARRL verlangt eine jährliche Aktualisierung der Erklärung, dem in Abs. 1 entsprochen wird. Nach Abs. 3 genügt hier die Aktualisierung der veröffentlichten Erklärung.   2

II. Offenlegungspflichten von Stimmrechtsberatern

Abs. 2 normiert im Umsetzung von Art. 3 j Abs. 2 2. ARRL umfangreiche Offenlegungspflichten für Stimmrechtsberater. Zweck dieser Offenlegungspflichten ist es, eine angemessene Information der Kunden der Stimmrechtsberater über die Professionalität und Zuverlässigkeit ihrer Tätigkeiten sicherzustellen.[3] Die Information hat nicht nur gegenüber den Kunden, sondern öffentlich zu erfolgen, da durch gesteigerte Transparenz auch gegenüber Emittenten und deren Dienstleistern eine größere Gewähr für die Richtigkeit und Zuverlässigkeit der Informationen besteht.   3

Die nach Abs. 2 von den Stimmrechtsberatern jährlich zu veröffentlichenden Informationen sind nach dem Wortlaut in Art. 3 j Abs. 1 2. ARRL im Zusammenhang mit der Vorbereitung der Recherchen, Beratungen und Stimmempfehlungen zu sehen. Durch   4

---

1   Ein Verhaltenskodex für Stimmrechtsberater wurde bereits auf Initiative der Europäischen Wertpapier- und Marktaufsichtsbehörde ESMA von einer Industriearbeitsgruppe erarbeitet. Die sogenannten „Best Practice Principles for Shareholder Voting Research" könnten eine Möglichkeit sein, der Kodexpflicht zu entsprechen.

2   Vgl. ARUG II RegE BT-Drs. 19/9737, 105.

3   Vgl. ARUG II RegE BT-Drs. 19/9737, 106.

die in § 134 d Abs. 2 AktG vorgenommene Auflistung soll keine inhaltliche Änderung der Vorgaben der Richtlinie erfolgen.[4]

5   Mit der Beschränkung in Nr. 1 auf die „wesentlichen Merkmale" und ihre „Hauptinformationsquellen" soll sichergestellt werden, dass die für die Beurteilung der Tätigkeit durch die Kunden erforderlichen Informationen bereitgestellt werden, ohne dass die Stimmrechtsberater zu einer Offenlegung sensibler oder für sie schädlicher Informationen gezwungen werden. Problematisch ist auch hier, dass der Gesetzgeber hier unbestimmte Rechtsbegriffe verwendet, ohne Anhaltspunkte für eine Begrenzung zu geben.

6   Nr. 2 regelt die Informationen zu Qualitätssicherungsverfahren und Vorgehensweisen zur Vermeidung von Interessenkonflikten. Die Qualitätssicherungsverfahren beziehen sich ebenfalls auf die Recherchen, Beratungen und Stimmempfehlungen der Stimmrechtsberater, ohne dass dies ausdrücklich im Wortlaut aufgenommen wird. Die Informationspflichten zur Bewältigung von Interessenkonflikten sind auf Informationen zur Vermeidung und Behandlung potenzieller Interessenkonflikte gerichtet.[5] Die Information zur Qualifikation beteiligter Mitarbeiter wird in Nr. 3 separat geregelt. Der Wortlaut stellt klar, dass es um die an der Stimmrechtsberatung beteiligten Mitarbeiter geht.[6]

7   Nr. 4 und 5 setzen Art. 3 j Abs. 2 Buchst. d und e 2. ARRL um. Der Begriff „Interessenträger der Gesellschaft" in Nr. 6 entspricht dem Begriff „Stakeholder".[7]

III. Veröffentlichung und Aktualisierung

8   In Abs. 3 werden der Veröffentlichungsmodus sowie die Aktualisierungspflicht in Bezug auf die Pflichten nach Abs. 1 und 2 geregelt. Es wird vorausgesetzt, dass eine Veröffentlichung nur dann über die Internetseite öffentlich zugänglich ist, wenn der Zugang kostenlos möglich ist und die Information über den gesamten Zeitraum hinweg abrufbar ist. Entsprechend der Regelung in der Richtlinie ist die Kodexerklärung jährlich zu aktualisieren und es sind die Informationen der Stimmrechtsberater zumindest jährlich bekanntzumachen. In Ausübung des Umsetzungsermessens wird festgelegt, dass die Kodexerklärungen für drei Jahre zu speichern sind und abrufbar sein müssen. Dies schafft Transparenz in Bezug auf die Verhaltensweise vergangener Jahre und erleichtert die Kodexdurchsetzung auf privatrechtlichem Weg.[8]

9   Die Vorschriften zur Stimmrechtsberatung sind bußgeldbewehrt.[9] Der Gesetzgeber hat offengelassen, ob und in welchem Umfang daneben eine zivilrechtliche Haftung in Betracht kommt. Grundsätzlich wird man dies als Pflichtverletzung des Vertrages bejahen müssen, wobei jedoch bei Darlegung von Kausalität und Schaden erhebliche Schwierigkeiten bestehen dürften. Eine Beschlussmängelklage kann hingegen nicht auf fehlerhafte Stimmrechtsberatung gestützt werden, da die Stimmrechtsberatung aufgrund vertraglicher Vereinbarungen im Innen-Verhältnis zwischen Stimmrechtsberater und Auftraggeber erbracht wird und daher keinen Beschlussmangel im (Außen-)Verhältnis zur Gesellschaft begründen kann.

IV. Informationspflicht

10 Die in Abs. 4 geregelte Informationspflicht ist in Zusammenhang mit § 135 Abs. 8 AktG zu sehen, aus dem die Verpflichtung der Stimmrechtsberater auf das Aktionärs-

---

4   Vgl. ARUG II RegE BT-Drs. 19/9737, 106.
5   Vgl. ARUG II RegE BT-Drs. 19/9737, 106.
6   Welche Qualifikation sonstige Mitarbeiter haben, die daran nicht beteiligt sind etwa Bürokräfte, ist für die Beurteilung der Qualität der Empfehlung nicht entscheidend.
7   Siehe hierzu die Kommentierung zu § 134 b Anm. B I.
8   Vgl. ARUG II RegE BT-Drs. 19/9737, 106.
9   Nunmehr § 405 Abs. 2 a AktG.

interesse folgt. Abs. 4 weicht gegenüber der Richtlinie sprachlich ab; eine inhaltliche Abweichung, wonach die Kunden der Stimmrechtsberater generell über Interessenkonflikte[10] zu informieren sind, wurde jedoch nicht beabsichtigt,.[11] Entgegen der Gesetzesbegründung eröffnet der Verzicht auf die von der Richtlinie verwendeten Adjektive und des Beispiels einer besonderen Form eines Interessenkonflikts einen weiteren Anwendungsbereich; dies ist jedoch im Sinne der beabsichtigten Transparenz sachgerecht.

Dieser erweiterte Anwendungsbereich besteht auch, daabweichend von der Formulierung der Richtlinie über die Information zu Gegenmaßnahmen, die Unterrichtung über die vorgenommenen Gegenmaßnahmen weiter gefasst ist.

11

§ 135 Ausübung des Stimmrechts durch *Intermediäre* und geschäftsmäßig Handelnde

(1) [1]Ein *Intermediär* darf das Stimmrecht für Aktien, die ihm nicht gehören und als deren Inhaber er nicht im Aktienregister eingetragen ist, nur ausüben, wenn er bevollmächtigt ist. [2]Die Vollmacht darf nur einem bestimmten *Intermediär* erteilt werden und ist von diesem nachprüfbar festzuhalten. [3]Die Vollmachtserklärung muss vollständig sein und darf nur mit der Stimmrechtsausübung verbundene Erklärungen enthalten. [4]Erteilt der Aktionär keine ausdrücklichen Weisungen, so kann eine generelle Vollmacht nur die Berechtigung des *Intermediärs* zur Stimmrechtsausübung
1. entsprechend eigenen Abstimmungsvorschlägen (Absätze 2 und 3) oder
2. entsprechend den Vorschlägen des Vorstands oder des Aufsichtsrats oder für den Fall voneinander abweichender Vorschläge den Vorschlägen des Aufsichtsrats (Absatz 4)
vorsehen. [5]Bietet *der Intermediär* die Stimmrechtsausübung gemäß Satz 4 Nr. 1 oder Nr. 2 an, so hat er sich zugleich zu erbieten, im Rahmen des Zumutbaren und bis auf Widerruf einer Aktionärsvereinigung oder einem sonstigen Vertreter nach Wahl des Aktionärs die zur Stimmrechtsausübung erforderlichen Unterlagen zuzuleiten. [6]*Der Intermediär* hat den Aktionär jährlich und deutlich hervorgehoben auf die Möglichkeiten des jederzeitigen Widerrufs der Vollmacht und der Änderung des Bevollmächtigten hinzuweisen. [7]Die Erteilung von Weisungen zu den einzelnen Tagesordnungspunkten, die Erteilung und der Widerruf einer generellen Vollmacht nach Satz 4 und eines Auftrags nach Satz 5 einschließlich seiner Änderung sind dem Aktionär durch ein Formblatt oder Bildschirmformular zu erleichtern.

(2) [1]Ein *Intermediär*, der das Stimmrecht auf Grund einer Vollmacht nach Absatz 1 Satz 4 Nr. 1 ausüben will, hat dem Aktionär rechtzeitig eigene Vorschläge für die Ausübung des Stimmrechts zu den einzelnen Gegenständen der Tagesordnung zugänglich zu machen. [2]Bei diesen Vorschlägen hat sich *der Intermediär* vom Interesse des Aktionärs leiten zu lassen und organisatorische Vorkehrungen dafür zu treffen, dass Eigeninteressen aus anderen Geschäftsbereichen nicht einfließen; er hat ein Mitglied der Geschäftsleitung zu benennen, das die Einhaltung dieser Pflichten sowie die ordnungsgemäße Ausübung des Stimmrechts und deren Dokumentation zu überwachen hat. [3]Zusammen mit seinen Vorschlägen hat *der Intermediär* darauf hinzuweisen, dass er das Stimmrecht entsprechend den eigenen Vorschlägen ausüben werde, wenn der Aktionär

---

10 Art. 3 j Abs. 3 2. ARRL hat folgenden Wortlaut: Die Mitgliedstaaten stellen sicher, dass Stimmrechtsberater tatsächliche oder potenzielle Interessenkonflikte oder Geschäftsbeziehungen, die die Vorbereitung ihrer Recherchen, Beratungen und Stimmempfehlungen beeinflussen könnten, identifizieren und ihre Kunden unverzüglich darüber sowie über die Schritte, die sie zur Ausräumung, Milderung oder Behandlung dieser tatsächlichen oder potenziellen Interessenkonflikte unternommen haben, informieren.
11 Vgl. ARUG II RegE BT-Drs. 19/9737 S. 107.

nicht rechtzeitig eine andere Weisung erteilt. [4]Gehört ein Vorstandsmitglied oder ein Mitarbeiter des *Intermediärs* dem Aufsichtsrat der Gesellschaft oder ein Vorstandsmitglied oder ein Mitarbeiter der Gesellschaft dem Aufsichtsrat des Intermediärs an, so hat *der Intermediär* hierauf hinzuweisen. [5]Gleiches gilt, wenn der Intermediär an der Gesellschaft eine Beteiligung hält, die nach § 33 des Wertpapierhandelsgesetzes meldepflichtig ist, oder einem Konsortium angehörte, das die innerhalb von fünf Jahren zeitlich letzte Emission von Wertpapieren der Gesellschaft übernommen hat.

(3) [1]Hat der Aktionär dem Intermediär keine Weisung für die Ausübung des Stimmrechts erteilt, so hat der Intermediär im Falle des Absatzes 1 Satz 4 Nr. 1 das Stimmrecht entsprechend seinen eigenen Vorschlägen auszuüben, es sei denn, dass er den Umständen nach annehmen darf, dass der Aktionär bei Kenntnis der Sachlage die abweichende Ausübung des Stimmrechts billigen würde. [2]Ist der Intermediär bei der Ausübung des Stimmrechts von einer Weisung des Aktionärs oder, wenn der Aktionär keine Weisung erteilt hat, von seinem eigenen Vorschlag abgewichen, so hat es dies dem Aktionär mitzuteilen und die Gründe anzugeben. [3]In der eigenen Hauptversammlung darf der bevollmächtigte Intermediär das Stimmrecht auf Grund der Vollmacht nur ausüben, soweit der Aktionär eine ausdrückliche Weisung zu den einzelnen Gegenständen der Tagesordnung erteilt hat. [4]Gleiches gilt in der Versammlung einer Gesellschaft, an der er mit mehr als 20 Prozent des Grundkapitals unmittelbar oder mittelbar beteiligt ist; für die Berechnung der Beteiligungsschwelle bleiben mittelbare Beteiligungen im Sinne des § 35 Absatz 3 bis 6 des Wertpapierhandelsgesetzes außer Betracht.

(4) [1]Ein Intermediär, der in der Hauptversammlung das Stimmrecht auf Grund einer Vollmacht nach Absatz 1 Satz 4 Nr. 2 ausüben will, hat den Aktionären die Vorschläge des Vorstands und des Aufsichtsrats zugänglich zu machen, sofern dies nicht anderweitig erfolgt. [2]Absatz 2 Satz 3 sowie Absatz 3 Satz 1 bis 3 gelten entsprechend.

(5) [1]Wenn die Vollmacht dies gestattet, darf *der Intermediär* Personen, die nicht seine Angestellten sind, unterbevollmächtigen. [2]Wenn es die Vollmacht nicht anders bestimmt, übt der Intermediär das Stimmrecht im Namen dessen aus, den es angeht. [3]Ist die Briefwahl bei der Gesellschaft zugelassen, so darf *der* bevollmächtigte *Intermediär* sich ihrer bedienen. [4]Zum Nachweis seiner Stimmberechtigung gegenüber der Gesellschaft genügt bei börsennotierten Gesellschaften die Vorlegung eines Berechtigungsnachweises gemäß § 123 Abs. 3; im Übrigen sind die in der Satzung für die Ausübung des Stimmrechts vorgesehenen Erfordernisse zu erfüllen.

(6) [1]Ein *Intermediär* darf das Stimmrecht für Namensaktien, die ihm nicht gehören, als deren Inhaber er aber im Aktienregister eingetragen ist, nur auf Grund einer Ermächtigung ausüben. [2]Auf die Ermächtigung sind die Absätze 1 bis 5 entsprechend anzuwenden.

(7) Die Wirksamkeit der Stimmabgabe wird durch einen Verstoß gegen Absatz 1 Satz 2 bis 7, die Absätze 2 bis 6 nicht beeinträchtigt.

(8) Die Absätze 1 bis 7 gelten sinngemäß für Aktionärsvereinigungen, *für Stimmrechtsberater sowie* für Personen, die sich geschäftsmäßig gegenüber Aktionären zur Ausübung des Stimmrechts in der Hauptversammlung erbieten; dies gilt nicht, wenn derjenige, der das Stimmrecht ausüben will, gesetzlicher Vertreter, Ehegatte oder Lebenspartner des Aktionärs oder mit ihm bis zum vierten Grad verwandt oder verschwägert ist.

(9) Die Verpflichtung des *Intermediärs, der Stimmrechtsberater sowie der Personen, die sich geschäftsmäßig gegenüber Aktionären zur Ausübung des Stimmrechts in der Hauptversammlung erbieten,* zum Ersatz eines aus der Verletzung der Absätze 1 bis 6 entstehenden Schadens kann im Voraus weder ausgeschlossen noch beschränkt werden.

A. Einleitung

Bei der Anpassung des § 135 AktG an die Neuregelungen zu Stimmrechtsberatern in § 134 d AktG wurde in allen Fällen der Begriff „Kreditinstitut" durch den in § 67 a Abs. 4 AktG definierten Begriff „Intermediär" ersetzt und in Abs. 8 die Regelung auch auf Stimmrechtsberater und in Abs. 9 der Personenkreis des Verbots eines vorherigen Haftungsausschlusses ausgedehnt. **1**

Durch die Änderung des § 125 Abs. 5 AktG und die Ausdehnung des Anwendungsbereichs auf Intermediäre wurde die im früheren Abs. 10 ausgesprochene Gleichstellung überflüssig und aufgehoben. **2**

Zweck der Norm ist die Verstärkung der Kontrollfunktionen der Aktionäre, die sie in der Hauptversammlung mit ihrem Stimmrecht wahrnehmen, und ihnen einen unbürokratischen und einfachen Weg für die Ausübung ihrer Stimmrechte zu geben. Zugleich kommt darin der Wille des Gesetzgebers zum Ausdruck, Intermediäre und andere für den Aktionär bei der Hauptversammlungswahrnehmung tätige in ihrer zur Präsenzerhöhung notwendigen Aufgabe stärker unter die Kontrolle der Aktionäre zu stellen, sie zugleich jedoch von Formal- und Finanzaufwand zu entlasten. Es wird die Weisungsbefugnis der Aktionäre verstärkt, aber bei Ausbleiben von Weisungen die Handlungsfähigkeit des Intermediärs gewahrt. **3**

B. Einzelheiten

I. Vollmachterfordernis

Intermediäre dürfen das Stimmrecht aus fremden Aktien nur aufgrund einer Vollmacht in Textform des § 126 b BGB (§ 134 Abs. 3 S. 2) [1] ausüben. Die Vollmacht darf nur einem bestimmten Intermediär erteilt werden; sie muss sich auf die Aktien der betroffenen Gesellschaft beziehen, kann aber auch eine generelle Vollmacht für das Depot insgesamt sein. Der Intermediär kann aufgrund dieser Vollmacht den Aktionär zur jeweiligen Versammlung anmelden, die Eintrittskarten bestellen und diese dem vom Aktionär ggf. gewählten Hauptversammlungsvertreter weiterleiten. Die Vollmacht für den Intermediär ist eine Dauervollmacht, der Intermediär hat jedoch jährlich und deutlich einen Hinweis auf die jederzeitige Widerrufsmöglichkeit und auf andere Vertretungsmöglichkeiten zu geben. **4**

In Abs. 1 S. 7 wird klarstellend angeordnet, dass den Aktionären sowohl für die Erteilung von einzelnen Weisungen als auch für Erteilung und Widerruf genereller Vollmachten oder von Aufträgen zur Beauftragung von sonstigen Vertretern Erleichterungen zu gewähren sind, wozu auch gehört, dass der Aktionär über ein Bildschirmformular die entsprechenden Aufträge erteilen kann. In gleicher Weise können sich daher auch Intermediäre der elektronischen Kommunikationsform bedienen, zB für die in § 134 d Abs. 3 AktG angeordneten Veröffentlichungspflicht. **5**

II. Stimmrechtsausübung

Intermediäre haben den Aktionären nach Abs. 2 S. 1 eigene Vorschläge für die Ausübung des Stimmrechts zu sämtlichen Gegenständen der Tagesordnung mitzuteilen, dh zu allen Tagesordnungspunkten, zu denen Beschlüsse zu fassen sind. Diese Vorschlagspflicht besteht auch bei den von einer Aktionärsminderheit initiierten Tages- **6**

---

1 Vgl. zum Streitstand *Müller* in Heidel Aktienrecht AktG § 135 Rn. 6 mwN.

ordnungspunkten. Die institutionellen Stimmrechtsvertreter müssen „eigene" Vorschläge unterbreiten. Ein Vorschlag, dem Verwaltungsvorschlag[2] zu folgen, muss daher auf einer eigenständigen inhaltlichen Prüfung beruhen. Zwar bedarf der Vorschlag keiner Begründung, dies ist jedoch im Hinblick auf die durch § 134 d angesprochenen Pflichten sachdienlich. Eine ausdrückliche Verpflichtung zur Übersendung der eigenen Vorschläge in Papierform, sei es freiwillig oder auf Wunsch des Aktionärs, ist gesetzlich nicht vorgesehen; dies bleibt den Parteien des der Stimmrechtsausübung zugrunde liegenden Vertrages überlassen, jedoch muss das Zugänglichmachen rechtzeitig vor der Hauptversammlung erfolgen, um den Aktionären noch die Möglichkeit der Kenntnisnahme und gegebenenfalls die Zuleitung von Weisungen zu ermöglichen.

7   Der Aktionär ist darüber zu informieren, dass der Intermediär das Stimmrecht entsprechend den eigenen Vorschlägen ausüben wird, wenn dieser nicht rechtzeitig eine andere Weisung erteilt. Hier kann eine Frist für die Hereingabe der Aktionärsweisung gesetzt werden. Eigene Abstimmungsvorschläge zu Tagesordnungspunkten der Gesellschaft haben sich nach § 135 Abs. 2 S. 2 an den Interessen des Aktionärs zu orientieren. Dazu hat der Intermediär organisatorische Voraussetzungen für die Abgrenzung der eigenen Interessensphäre zu treffen und ein Mitglied der Geschäftsleitung zu ernennen, dass die Einhaltung dieser Pflichten sowie die ordnungsgemäße Ausübung des Stimmrechts und deren Dokumentation zu überwachen hat (§ 135 Abs. 2 S. 3). Zur Organisation gehört auch eine entsprechende Dokumentation, mit der die Entwicklung der Abstimmungsvorschläge und die eingeflossenen Argumente nachvollzogen werden können.[3]

8   Personelle und gesellschaftsrechtliche Verflechtungen zwischen Intermediär und Gesellschaft oder zwischen Gesellschafter und Intermediärsind aufzudecken; Gleiches gilt für das Aufdecken einer Beteiligung nach § 33 WpHG.

III. Berücksichtigung von Weisungen

9   An Weisungen ist der Intermediär gebunden, soweit nicht Abs. 3 S. 2 hiervon Abweichungen zulässt. Darüber hinaus kann es jedoch geboten sein, sich von ausdrücklichen Weisungen zu lösen, wenn sich aufgrund einer Veränderung der Sach- oder Antragslage in der Hauptversammlung herausstellt, dass die Stimmabgabe gemäß der Weisung evident gesellschaftsschädlich ist.[4] Der Intermediär ist nach Abs. 3 S. 2 zur nachträglichen Berichterstattung und zur Angabe der Gründe verpflichtet, wenn er entweder von einer erteilten Weisung des Aktionärs abgewichen ist oder seinen eigenen, dem Aktionär nach Abs. 2 S. 1 mitgeteilten Vorschlag nicht befolgt hat. Damit soll der Aktionär in die Lage versetzt werden, die Gründe für die Abweichung von seiner Weisung oder den von ihm akzeptierten Empfehlungen des Intermediärs nachzuvollziehen.

10 Für die Vertretung fremder Aktien in der Hauptversammlung der eigenen Gesellschaft bedarf der Intermediär einer ausdrücklichen Weisung zu den einzelnen Tagesordnungspunkten. Gleiches gilt bei einer Beteiligung des Intermediärs von mindestens 20 % an der Gesellschaft, wobei die Zurechnungstatbestände der §§ 16 ff. AktG gelten, mit Ausnahme der angesprochenen mittelbaren Beteiligungen iSd § 35 Abs. 3–6 WpHG.

---

2   Es muss in der Einberufung deutlich werden, ob ein Verwaltungsvorschlag vorliegt oder nicht, vgl. LG Frankfurt aM 22.2.2018 – 3–05 O 84/17.
3   Vgl. *Müller* in Heidel Aktienrecht AktG § 135 Rn. 12 mwN.
4   LG Düsseldorf AG 1991, 409 (Girmes); offenlassend: OLG Düsseldorf AG 1994, 421; Henssler/Strohn/*Liebscher* Gesellschaftsrecht AktG § 135 Rn. 8 mwN.

IV. Stimmrechtsausübung im Sinne der Verwaltung

Hat der Intermediär angeboten, das Stimmrecht nach den Vorschlägen von Vorstand und/oder Aufsichtsrat auszuüben, so hat er die Vorschläge dieser Gremien dem Aktionär zugänglichzumachen, wenn dies nicht bereits anderweitig erfolgt ist. **11**

Die Hinweispflichten des Abs. 2 S. 3, sowie die Rechenschaftspflicht nach Abs. 3 S. 1– 3, gelten entsprechend. Die Pflicht, die zur Vertretung und Abstimmung erforderlichen Unterlagen an einen vom Aktionär ausgewählten Vertreter weiterzuleiten (Abs. 1 S. 5 u. 6) und dies anzubieten, bleibt bestehen. **12**

V. Vollmachtsausübung

Nach Abs. 5 S. 1 darf der ursprünglich bevollmächtigte Intermediär nur dann Untervollmachten an Personen, ggf. auch an andere Intermediäre, die nicht seine Angestellten sind, erteilen, wenn die Vollmacht des Kunden dies ausdrücklich gestattet. Damit soll sichergestellt werden, dass für die Unterbevollmächtigung an fremde Dritte, die nicht der direkten Kontrolle unterliegen, eine ausdrückliche Ermächtigung des Aktionärs vorliegt. **13**

Ob der Intermediär nach Abs. 5 S. 2 künftig auch ohne Benennung des Aktionärs in allen Fällen, dh anonym, abstimmen kann,[5] erscheint fraglich, nachdem § 67 d AktG in Umsetzung von Art. 3 a 2. ARRL börsennotierten Gesellschaften das Recht zur Identifizierung von Aktionären gibt. **14**

Ist der Intermediär im Falle von Namensaktien nicht im Register eingetragen, will er aber den eingetragenen Aktionär vertreten, muss er dies unter Benennung des Aktionärs tun und bedarf einer Vollmacht des Eingetragenen, die vorgelegt werden muss. **15**

Bei Namensaktien, die dem Intermediär nicht gehören, bei denen er aber trotzdem im Aktienregister eingetragen ist, weil der Depotkunde seine eigene Eintragung nicht wünscht, gilt der Intermediär gemäß § 67 Abs. 2 AktG gegenüber der Gesellschaft als Aktionär, darf aber gem. Abs. 6 S. 1 das Stimmrecht nur ausüben, wenn er dazu von seinem Kunden ermächtigt wurde.[6] **16**

VI. Gleichstellung

Die in Abs. 8 vorgenommene Gleichstellung von Aktionärsvereinigungen, Stimmrechtsberatern sowie Personen, die sich geschäftsmäßig gegenüber Aktionären zur Ausübung des Stimmrechts in der Hauptversammlung erbieten, mit Intermediären ist sachgerecht, weil auch diese nur aufgrund einer Vollmacht und im Interesse der Aktionäre tätig werden dürfen. Entscheidende Merkmale der Geschäftsmäßigkeit sind Wiederholungsabsicht und Entgeltlichkeit. In Betracht kommen hier insbesondere Rechtsanwälte sowie Herausgeber von Börsendiensten und entsprechenden Presseerzeugnissen.[7] **17**

VII. Rechtsfolgen

Zutreffend wird in Abs. 7 angeordnet, dass die Wirksamkeit der Stimmabgabe bei Verstößen gegen Abs. 1 S. 2 bis 7 und die Absätze 2 bis 6 nicht beeinträchtigt wird. Derartige Verstöße wirken nur im Innenverhältnis zwischen Aktionär und Intermediär, nicht aber im Außenverhältnis zur Gesellschaft, womit auch Beschlussmängelklagen nicht auf derartige Verstöße gestützt werden können. Es schlägt danach nur ein Verstoß gegen Abs. 1 S. 1 auf die Wirksamkeit der Stimmabgabe durch, dh wenn der **18**

---

5 So zB zur alten Rechtslage *Müller* in Heidel Aktienrecht AktG § 135 Rn. 24 mwN.
6 Nach LG Frankfurt aM 19.1.2017 – 3–05 O 172/16 ist ein Kreditinstitut an eine Weisung nicht gebunden gewesen bei Fehlen einer wirksamen Eigentumsübertragung der Aktien an den Kunden.
7 Vgl. näher hierzu *Müller* in Heidel Aktienrecht AktG § 135 Rn. 28 mwN.

Intermediär ohne eine (wirksame) Bevollmächtigung abstimmt. Es kommt dann auf die Relevanz dieser unwirksamen Stimmen für das gesamte Abstimmungsergebnis an.

19 Nach Abs. 9 kann eine Schadensersatzpflicht der dort Genannten wegen einer Verletzung der aus Abs. 1–7 folgende Pflichten im Voraus weder ausgeschlossen noch beschränkt werden. Abs. 9 spricht Aktionärsvereinigungen nicht an, obwohl sie nach Abs. 8 für die Anwendung der Abs. 1–7 den Kreditinstituten gleichgestellt sind.[8]

20 Nachträgliche Vereinbarungen (Vergleich, Erlass) sind möglich. Eine entsprechende Schadensersatzverpflichtung ergibt sich entweder aus der Verletzung des Vertrags (§ 280 Abs. 1 BGB), aus § 826 BGB oder aus § 823 Abs. 2 BGB iVm § 135. Bei § 135 handelt es sich um ein Schutzgesetz im Sinne dieser Vorschrift. Allerdings ist die praktische Auswirkung gering. Ein Schadensersatzanspruch scheidet nämlich insoweit aus, als der Schaden des Aktionärs in einer Minderung des Werts seiner Aktien aufgrund einer Schädigung der Gesellschaft liegt und die Gesellschaft einen eigenen Anspruch auf Schadensersatz hat.[9]

Siebenter Unterabschnitt Sonderprüfung. Geltendmachung von Ersatzansprüchen

§ 142 Bestellung der Sonderprüfer

(1) [1]Zur Prüfung von Vorgängen bei der Gründung oder der Geschäftsführung, namentlich auch bei Maßnahmen der Kapitalbeschaffung und Kapitalherabsetzung, kann die Hauptversammlung mit einfacher Stimmenmehrheit Prüfer (Sonderprüfer) bestellen. [2]Bei der Beschlußfassung kann ein Mitglied des Vorstands oder des Aufsichtsrats weder für sich noch für einen anderen mitstimmen, wenn die Prüfung sich auf Vorgänge erstrecken soll, die mit der Entlastung eines Mitglieds des Vorstands oder des Aufsichtsrats oder der Einleitung eines Rechtsstreits zwischen der Gesellschaft und einem Mitglied des Vorstands oder des Aufsichtsrats zusammenhängen. [3]Für ein Mitglied des Vorstands oder des Aufsichtsrats, das nach Satz 2 nicht mitstimmen kann, kann das Stimmrecht auch nicht durch einen anderen ausgeübt werden.

(2) [1]Lehnt die Hauptversammlung einen Antrag auf Bestellung von Sonderprüfern zur Prüfung eines Vorgangs bei der Gründung oder eines nicht über fünf Jahre zurückliegenden Vorgangs bei der Geschäftsführung ab, so hat das Gericht auf Antrag von Aktionären, deren Anteile bei Antragstellung zusammen den hundertsten Teil des Grundkapitals oder einen anteiligen Betrag von 100 000 Euro erreichen, Sonderprüfer zu bestellen, wenn Tatsachen vorliegen, die den Verdacht rechtfertigen, dass bei dem Vorgang Unredlichkeiten oder grobe Verletzungen des Gesetzes oder der Satzung vorgekommen sind; dies gilt auch für nicht über zehn Jahre zurückliegende Vorgänge, sofern die Gesellschaft zur Zeit des Vorgangs börsennotiert war. [2]Die Antragsteller haben nachzuweisen, dass sie seit mindestens drei Monaten vor dem Tag der Hauptversammlung Inhaber der Aktien sind und dass sie die Aktien bis zur Entscheidung über den Antrag halten. [3]Für eine Vereinbarung zur Vermeidung einer solchen Sonderprüfung gilt § 149 entsprechend.

(3) Die Absätze 1 und 2 gelten nicht für Vorgänge, die Gegenstand einer Sonderprüfung nach § 258 sein können.

(4) [1]Hat die Hauptversammlung Sonderprüfer bestellt, so hat das Gericht auf Antrag von Aktionären, deren Anteile bei Antragstellung zusammen den hundertsten Teil des Grundkapitals oder einen anteiligen Betrag von 100 000 Euro erreichen, einen ande-

---

8 Es dürfte nunmehr feststehen, dass insoweit ein Redaktionsversehen bei der Fassung durch das ARUG G v. 30.7.2009 (BGBl. I 2479) nicht vorliegt, da nun auch nach der Neufassung die Aktionärsvereinigung hier nicht genannt wird.
9 Vgl. hierzu *Müller* in Heidel Aktienrecht AktG § 135 Rn. 30 mwN.

ren Sonderprüfer zu bestellen, wenn dies aus einem in der Person des bestellten Sonderprüfers liegenden Grund geboten erscheint, insbesondere, wenn der bestellte Sonderprüfer nicht die für den Gegenstand der Sonderprüfung erforderlichen Kenntnisse hat, seine Befangenheit zu besorgen ist oder Bedenken wegen seiner Zuverlässigkeit bestehen. [2]Der Antrag ist binnen zwei Wochen seit dem Tage der Hauptversammlung zu stellen.

(5) [1]Das Gericht hat außer den Beteiligten auch den Aufsichtsrat und im Fall des Absatzes 4 den von der Hauptversammlung bestellten Sonderprüfer zu hören. [2]Gegen die Entscheidung ist die Beschwerde zulässig. [3]Über den Antrag gemäß den Absätzen 2 und 4 entscheidet das Landgericht, in dessen Bezirk die Gesellschaft ihren Sitz hat.

(6) [1]Die vom Gericht bestellten Sonderprüfer haben Anspruch auf Ersatz angemessener barer Auslagen und auf Vergütung für ihre Tätigkeit. [2]Die Auslagen und die Vergütung setzt das Gericht fest. [3]Gegen die Entscheidung ist die Beschwerde zulässig; die Rechtsbeschwerde ist ausgeschlossen. [4]Aus der rechtskräftigen Entscheidung findet die Zwangsvollstreckung nach der Zivilprozeßordnung statt.

(7) *Ist für die Gesellschaft als Emittentin von zugelassenen Wertpapieren im Sinne des $\S$ 2 Absatz 1 des Wertpapierhandelsgesetzes mit Ausnahme von Anteilen und Aktien an offenen Investmentvermögen im Sinne des $\S$ 1 Absatz 4 des Kapitalanlagegesetzbuchs die Bundesrepublik Deutschland der Herkunftsstaat ($\S$ 2 Absatz 13 des Wertpapierhandelsgesetzes), so hat im Falle des Absatzes 1 Satz 1 der Vorstand und im Falle des Absatzes 2 Satz 1 das Gericht der Bundesanstalt für Finanzdienstleistungsaufsicht die Bestellung des Sonderprüfers und dessen Prüfungsbericht mitzuteilen; darüber hinaus hat das Gericht den Eingang eines Antrags auf Bestellung eines Sonderprüfers mitzuteilen.*

(8) Auf das gerichtliche Verfahren nach den Absätzen 2 bis 6 sind die Vorschriften des Gesetzes über das Verfahren in Familiensachen und in den Angelegenheiten der freiwilligen Gerichtsbarkeit anzuwenden, soweit in diesem Gesetz nichts anderes bestimmt ist.

1. Grundlagen

Regelungsgegenstand der $\S\S$ 142 ff. ist die Bestellung von Sonderprüfern, und zwar zur Prüfung von Vorgängen bei der Gründung oder bei der Geschäftsführung. Diese allg. Sonderprüfung ist von mehreren verwandten Instituten abzugrenzen. Zum einen von der bilanzrechtlichen Sonderprüfung nach $\S\S$ 258 ff.: Mit ihr lassen sich bestimmte Posten des Jahresabschlusses auf Unterbewertung sowie der Anhang auf Vollständigkeit überprüfen ($\rightarrow$ $\S$ 261 a Rn. 1). Sie ist das speziellere Instrument. Dies mit der Folge, dass eine allg. Sonderprüfung ausgeschlossen ist (Abs. 3). Zum anderen ermöglicht $\S$ 315 eine konzernrechtliche Sonderprüfung. Dabei handelt es sich um eine ergänzende Vorschrift; die $\S\S$ 142 ff. bleiben also weitgehend anwendbar.[1] Daneben kommen in der Praxis sog. **informelle Sonderprüfungen** vor. Diese werden weder von der HV noch gerichtlich veranlasst. Vielmehr beruhen sie auf einer (mehr oder weniger) freiwilligen Initiative von Vorstand oder AR.[2] So etwa, wenn intern die Verantwortung für bestimmte Missstände im Unternehmen untersucht werden soll. Gerade in börsennotierten Gesellschaften sind solche *Internal Investigations* heute eine wichtige Komponente des Compliance-Managements. Vermehrt ist auch zu beobachten, dass Gesellschaften sich gegenüber (einzelnen) Aktionären vertraglich zu einer informellen Sonderprüfung verpflichten.[3] Dies zumeist mit dem Ziel, eine „echte" Sonderprüfung oder schon die Auseinandersetzung darüber zu vermeiden. Die $\S\S$ 142 ff.,

1

---

1 *Hüffer/Koch* AktG $\S$ 142 Rn. 1.
2 GK-AktG/*Bezzenberger* AktG $\S$ 142 Rn. 25; Schmidt/Lutter/*Spindler* AktG $\S$ 142 Rn. 11.
3 Dazu *Marsch/Barner* FS Baums, 775; *Wilsing/von der Linden* AG 2017, 568.

258 ff., 315 sind auf informelle Sonderprüfungen weder direkt noch analog anzuwenden.[4] Gleiches gilt für die Vorschriften über die Abschlussprüfung.[5] Bei Kreditinstituten und anderen Unternehmen im Anwendungsbereich des KWG kann die BaFin aufsichtsrechtliche Sonderprüfungen nach §§ 44 ff. KWG anordnen.

2   Die **praktische Bedeutung** von Sonderprüfungen gem. §§ 142 ff. wächst kontinuierlich.[6] Ihr **Zweck** ist in erster Linie, die **tatsächlichen Grundlagen** (dh Sachverhalte) für mögliche Schritte gegen Gründer oder Verwaltungsmitglieder oder gegen deren Rechtsnachfolger aufzuhellen – nämlich entweder für Schadensersatzansprüche[7] oder für personelle Konsequenzen (zB Verweigerung der Entlastung, Vertrauensentzug durch die HV, Abberufung aus dem Amt, Beendigung des Anstellungsverhältnisses).[8] Außerdem entfalten Sonderprüfungen eine nicht zu unterschätzende präventive Wirkung.[9] Sie dienen aber nicht dazu, etwaige offene oder umstrittene Rechtsfragen zu klären.[10]

2. Änderungen im Überblick

3   Das **ARUG II** vom 12.12.2019[11] hat die Vorschriften über die Bestellung von Sonderprüfern nur punktuell reformiert, nämlich nur in Abs. 7. Dort geht es um bestimmte **Mitteilungspflichten** des Vorstands bzw. des Gerichts gegenüber der BaFin (→ Rn. 4). Mit der Änderung von Abs. 7 setzt der Gesetzgeber keine Vorgaben der 2. ARRL[12] um. Es geht vielmehr darum, die Vorschrift an den Wortlaut von § 106 WpHG und § 342 b Abs. 2 S. 2 HGB anzugleichen, den diese bereits durch das TRL-ÄndRL-UG vom 20.11.2015[13] erhalten haben – sprich: um redaktionelles Beiwerk (→ Rn. 4). Das geänderte Recht ist insoweit seit Inkrafttreten des ARUG II mWv 1.1.2020 anzuwenden, dh ohne Übergangsregelung. IÜ lässt das ARUG II die §§ 142 ff. unberührt. Das gilt namentlich für die Bestellung von Sonderprüfern durch die HV (Abs. 1) und

---

4   MüKoAktG/*Arnold* AktG § 142 Rn. 33 f.; Bürgers/Körber/*Holzborn/Jänig* AktG § 142 Rn. 2; Spindler/Stilz/*Mock* AktG § 142 Rn. 27; *Wilsing/von der Linden* AG 2017, 568 (569).

5   Schmidt/Lutter/*Spindler* AktG § 142 Rn. 11.

6   *Hüffer/Koch* AktG § 142 Rn. 1; KölnKommAktG/*Rieckers/Vetter* AktG § 142 Rn. 44; Schmidt/Lutter/*Spindler* AktG § 142 Rn. 7; *Bayer/Hoffmann* AG 2012, R272; *Bungert/ Rothfuchs* DB 2011, 1677; *Decher* FS Baums, 279 (281); *Wilsing/von der Linden* AG 2017, 568.

7   KG AG 2012, 412 (413); MüKoAktG/*Arnold* AktG § 142 Rn. 5; GK-AktG/*Bezzenberger* AktG § 142 Rn. 8; Küting/Weber/*Fleischer* AktG § 142 Rn. 1; *Hüffer/Koch* AktG § 142 Rn. 1; Hölters/*Hirschmann* AktG § 142 Rn. 3; KölnKommAktG/*Rieckers/Vetter* AktG § 142 Rn. 16 ff.; Schmidt/Lutter/*Spindler* AktG § 142 Rn. 2; *Bungert/Rothfuchs* DB 2011, 1677; *Habersack* FS Wiedemann, 888 (893).

8   KG AG 2012, 412 (413); OLG München AG 2010, 598 (600); MüKoAktG/*Arnold* AktG § 142 Rn. 6; *Hüffer/Koch* AktG § 142 Rn. 2; KölnKommAktG/*Rieckers/Vetter* AktG § 142 Rn. 22; Schmidt/Lutter/*Spindler* AktG § 142 Rn. 2; *von der Linden/Ogorek* EWiR 2010, 629 (630).

9   Adler/Düring/Schmaltz Rechnungslegung §§ 142–146 AktG Rn. 3; MüKoAktG/*Arnold* AktG § 142 Rn. 5; Hölters/*Hirschmann* AktG § 142 Rn. 5; Bürgers/Körber/*Holzborn/ Jänig* AktG § 142 Rn. 1; KölnKommAktG/*Rieckers/Vetter* AktG § 142 Rn. 23; Schmidt/ Lutter/*Spindler* AktG § 142 Rn. 2; *Fleischer* RIW 2000, 809 (910); *Seibt* WM 2004, 2137.

10 KG AG 2012, 412 (413); OLG Stuttgart AG 2009, 169 (171); MüKoAktG/*Arnold* AktG § 142 Rn. 8; *Hüffer/Koch* AktG § 142 Rn. 2; KölnKommAktG/*Rieckers/Vetter* AktG § 142 Rn. 24; *Wilsing/von der Linden* AG 2017, 568 (570); näher zu alldem *von der Linden* in Heidel Aktienrecht AktG § 142 Rn. 2 ff.

11 BGBl. 2019 I 2637.

12 RL (EU) 2017/828 des Europäischen Parlaments und des Rates vom 17.5.2017 zur Änderung der RL 2007/36/EG im Hinblick auf die Förderung der langfristigen Mitwirkung der Aktionäre, ABl. Nr. L 132 S. 11.

13 BGBl. 2015 I 2029.

durch das Gericht (Abs. 2), für den Vorrang der bilanzrechtlichen Sonderprüfung (Abs. 3, → Rn. 1), für den gerichtlichen Austausch eines Sonderprüfers (Abs. 4), für Anhörung, Zuständigkeit und Rechtsmittel im gerichtlichen Verfahren (Abs. 5), für Auslagenersatz und Vergütung der Sonderprüfer (Abs. 6) sowie für die Geltung des FamFG (Abs. 8), ebenso für die Vorschriften betreffend die Auswahl der Sonderprüfer (§ 143), die Verantwortlichkeit der Sonderprüfer (§ 144 iVm § 323 HGB), die Rechte der Sonderprüfer und den Prüfungsbericht (§ 145) sowie die Kosten der gerichtlichen Bestellung und der Sonderprüfung als solcher (§ 146).[14]

3. Mitteilungspflichten (Abs. 7)

Auf **Rechtsfolgenseite** ist Abs. 7 unverändert. Er regelt also weiterhin die bekannten   4
Mitteilungspflichten des Vorstands bzw. des Gerichts gegenüber der BaFin. Diese umfassen drei Punkte: (1) die Bestellung eines Sonderprüfers, (2) den Prüfungsbericht sowie (3) den zeitlich vorgelagerten Eingang eines Bestellungsantrags – Letzteres aber nur im gerichtlichen Verfahren. Auch der **Regelungszweck** von Abs. 7 bleibt: Er liegt unverändert darin, den Vorrang der aktienrechtlichen Sonderprüfung vor einer Enforcement-Prüfung bzw. Bilanzkontrolle abzusichern – sei es durch die BaFin oder durch die DPR. Angeordnet wird dieser Vorrang in § 107 Abs. 2 S. 2 WpHG und § 342 b Abs. 3 S. 2 HGB. Dort heißt es jeweils, dass die BaFin bzw. die DPR den Jahresabschluss und den zugehörigen Lagebericht nicht prüft, wenn eine aktienrechtliche Sonderprüfung beschlossen ist und soweit deren Gegenstand oder der Prüfungsbericht reicht. Die Mitteilungspflichten nach Abs. 7 stellen sicher, dass die BaFin davon auch Kenntnis erhält – ebenso die DPR über den „Umweg" des § 108 Abs. 3 WpHG.[15] Geändert wurden allein die **Voraussetzungen** der Mitteilungspflichten. Dies vor dem Hintergrund, dass eine Enforcement-Prüfung bzw. Bilanzkontrolle nur bei bestimmten Gesellschaften in Betracht kommt. Seit dem TRL-ÄndRL-UG (→ Rn. 3) sind dies solche Gesellschaften, die als Emittenten zugelassener Wertpapiere die Bundesrepublik Deutschland als Herkunftsstaat haben – Stichwort: Herkunftsstaatsprinzip (§ 106 WpHG, § 342 b Abs. 2 S. 2 HGB). Es gelten dabei die Legaldefinitionen des WpHG: **Wertpapiere** iSv § 2 Abs. 1 WpHG, allerdings mit **Ausnahme** von Anteilen und Aktien an offenen Investmentvermögen iSv § 1 Abs. 4 KAGB; **Emittent** mit der Bundesrepublik Deutschland als Herkunftsstaat iSv § 2 Abs. 13 WpHG. Derselbe Maßstab findet sich nunmehr in Abs. 7, außerdem in § 256 Abs. 7 S. 2 (→ § 256 Rn. 5) und in § 261 a (→ § 261 a Rn. 2 f.). **Regelungsziel** des Gesetzgebers war es, einen Gleichlauf all dieser Vorschriften herzustellen, den Amtsermittlungsaufwand für BaFin und DPR zu reduzieren und eine einheitliche Rechtsanwendung zu ermöglichen.[16]

Erster Abschnitt Jahresabschluss und Lagebericht; Entsprechenserklärung und Vergütungsbericht

§ 162 Vergütungsbericht

(1) [1]Vorstand und Aufsichtsrat der börsennotierten Gesellschaft erstellen jährlich einen klaren und verständlichen Bericht über die im letzten Geschäftsjahr jedem einzelnen gegenwärtigen oder früheren Mitglied des Vorstands und des Aufsichtsrats von der Gesellschaft und von Unternehmen desselben Konzerns (§ 290 des Handelsgesetzbuchs) gewährte und geschuldete Vergütung. [2]Der Vergütungsbericht hat unter Na-

---

14 S. zu alldem iE *von der Linden* in Heidel Aktienrecht AktG §§ 142 ff.
15 BilKoG RegE BT-Drs. 15/3421, 21; *Hüffer/Koch* AktG § 142 Rn. 35; Schmidt/Lutter/ *Spindler* AktG § 142 Rn. 73; *Wilsing/Neumann* DB 2006, 31 (34).
16 ARUG II RegE BT-Drs. 19/9739, 36, 108.

mensnennung der in Satz 1 genannten Personen die folgenden Angaben zu enthalten, soweit sie inhaltlich tatsächlich vorliegen:

1. alle festen und variablen Vergütungsbestandteile, deren jeweiliger relativer Anteil sowie eine Erläuterung, wie sie dem maßgeblichen Vergütungssystem entsprechen, wie die Vergütung die langfristige Entwicklung der Gesellschaft fördert und wie die Leistungskriterien angewendet wurden;

2. eine vergleichende Darstellung der jährlichen Veränderung der Vergütung, der Ertragsentwicklung der Gesellschaft sowie der über die letzten fünf Geschäftsjahre betrachteten durchschnittlichen Vergütung von Arbeitnehmern auf Vollzeitäquivalenzbasis, einschließlich einer Erläuterung, welcher Kreis von Arbeitnehmern einbezogen wurde;

3. die Anzahl der gewährten oder zugesagten Aktien und Aktienoptionen und die wichtigsten Bedingungen für die Ausübung der Rechte, einschließlich Ausübungspreis, Ausübungsdatum und etwaiger Änderungen dieser Bedingungen;

4. Angaben dazu, ob und wie von der Möglichkeit Gebrauch gemacht wurde, variable Vergütungsbestandteile zurückzufordern;

5. Angaben zu etwaigen Abweichungen vom Vergütungssystem des Vorstands, einschließlich einer Erläuterung der Notwendigkeit der Abweichungen, und der Angabe der konkreten Bestandteile des Vergütungssystems, von denen abgewichen wurde;

6. eine Erläuterung, wie der Beschluss der Hauptversammlung nach § 120 a Absatz 4 oder die Erörterung nach § 120 a Absatz 5 berücksichtigt wurde;

7. eine Erläuterung, wie die festgelegte Maximalvergütung der Vorstandsmitglieder eingehalten wurde.

(2) Hinsichtlich der Vergütung jedes einzelnen Mitglieds des Vorstands hat der Vergütungsbericht ferner Angaben zu solchen Leistungen zu enthalten, die

1. einem Vorstandsmitglied von einem Dritten im Hinblick auf seine Tätigkeit als Vorstandsmitglied zugesagt oder im Geschäftsjahr gewährt worden sind,

2. einem Vorstandsmitglied für den Fall der vorzeitigen Beendigung seiner Tätigkeit zugesagt worden sind, einschließlich während des letzten Geschäftsjahres vereinbarter Änderungen dieser Zusagen,

3. einem Vorstandsmitglied für den Fall der regulären Beendigung seiner Tätigkeit zugesagt worden sind, mit ihrem Barwert und dem von der Gesellschaft während des letzten Geschäftsjahres hierfür aufgewandten oder zurückgestellten Betrag, einschließlich während des letzten Geschäftsjahres vereinbarter Änderungen dieser Zusagen,

4. einem früheren Vorstandsmitglied, das seine Tätigkeit im Laufe des letzten Geschäftsjahres beendet hat, in diesem Zusammenhang zugesagt und im Laufe des letzten Geschäftsjahres gewährt worden sind.

(3) [1]Der Vergütungsbericht ist durch den Abschlussprüfer zu prüfen. [2]Er hat zu prüfen, ob die Angaben nach den Absätzen 1 und 2 gemacht wurden. [3]Er hat einen Vermerk über die Prüfung des Vergütungsberichts zu erstellen. [4]Dieser ist dem Vergütungsbericht beizufügen. [5]§ 323 des Handelsgesetzbuchs gilt entsprechend.

(4) Der Vergütungsbericht und der Vermerk nach Absatz 3 Satz 3 sind nach dem Beschluss gemäß § 120 a Absatz 4 Satz 1 oder nach der Vorlage gemäß § 120 a Absatz 5 von der Gesellschaft zehn Jahre lang auf ihrer Internetseite kostenfrei öffentlich zugänglich zu machen.

(5) [1]Der Vergütungsbericht darf keine Daten enthalten, die sich auf die Familiensituation einzelner Mitglieder des Vorstands oder des Aufsichtsrats beziehen. [2]Personenbezogene Angaben zu früheren Mitgliedern des Vorstands oder des Aufsichtsrats sind in allen Vergütungsberichten, die nach Ablauf von zehn Jahren nach Ablauf des Geschäftsjahres, in dem das jeweilige Mitglied seine Tätigkeit beendet hat, zu erstellen sind, zu unterlassen. [3]Im Übrigen sind personenbezogene Daten nach Ablauf der Frist

des Absatzes 4 aus Vergütungsberichten zu entfernen, die über die Internetseite zugänglich sind.

(6) [1]In den Vergütungsbericht brauchen keine Angaben aufgenommen zu werden, die nach vernünftiger kaufmännischer Beurteilung geeignet sind, der Gesellschaft einen nicht unerheblichen Nachteil zuzufügen. [2]Macht die Gesellschaft von der Möglichkeit nach Satz 1 Gebrauch und entfallen die Gründe für die Nichtaufnahme der Angaben nach der Veröffentlichung des Vergütungsberichts, sind die Angaben in den darauf folgenden Vergütungsbericht aufzunehmen.

A. Regelungsgehalt

§ 162 regelt die Verpflichtung (nur) der börsennotierten Gesellschaft, jährlich einen Vergütungsbericht aufzustellen und zu veröffentlichen. Europarechtliche Grundlage dafür ist Art. 9 b 2. ARRL. Der Vergütungsbericht ist von der Gesellschaft selbst und nicht von einem etwaigen Konzern, in den sie eingegliedert ist, zu erstellen.[1] § 162 steht im **systematischen Zusammenhang** zu §§ 87 a, 113 Abs. 3 und § 120 a. Nach § 87 a hat der Aufsichtsrat ein Vergütungssystem für den Vorstand aufzustellen, an das er sich bei der Vereinbarung der konkreten Vergütung halten muss. Über § 113 Abs. 3 S. 3 gelten die Angabepflichten für das Vergütungssystem sinngemäß auch für die Aufsichtsratsvergütung. Nach § 120 a Abs. 1 S. 1 stimmt die Hauptversammlung unverbindlich über die Billigung des Systems der Vorstandsvergütung ab; gem. § 113 Abs. 3 S. 1 muss die Hauptversammlung auch mindestens alle vier Jahre über die Vergütung des Aufsichtsrats beschließen.

Der Vergütungsbericht nach Abs. 1 S. 1 ist vergangenheitsbezogen und gibt jährlich Aufschluss darüber, wie sich die Vergütung von Vorstand und Aufsichtsrat im letzten

1

2

---

1 Vgl. BT-Drs. 19/9739, S. 110.

Geschäftsjahr zusammengesetzt hat. Der Vergütungsbericht soll ausweislich der Erwägungsgründe 31 und 33 2. ARRL zur Information der Aktionäre und zur Förderung der Unternehmens- und **Vergütungstransparenz** einschließlich der **Überwachung der Vergütung** der Vorstands- und Aufsichtsratsmitglieder dienen. Zudem soll er die **Rechenschaftspflicht** von Vorstand und Aufsichtsrat sicherstellen.[2] Mit den Informationen des Vergütungsberichtes soll es den Aktionären ermöglicht werden, sich ein Bild von den Modalitäten und der Höhe der Vergütung sowie der Verknüpfung von Vergütung und Leistung jedes einzelnen Vorstands- oder Aufsichtsratsmitglieds zu machen. Der Vergütungsbericht ist zu veröffentlichen, so dass neben den Aktionären auch potenzielle Anleger und sonstige Dritte die Vergütung beurteilen können. Vor Einführung des ARUG II hatten börsennotierte Gesellschaften nach HGB (vgl. § 285 Nr. 9 und § 314 Abs. 1 Nr. 6 HGB aF) Angaben zur Vergütung zu machen. Diese Vorschriften wurden teilweise in § 162 überführt, teilweise finden sich aber auch noch Regelungen im HGB (vgl. dazu ausführlich → Rn. 22 ff.).

3   Die Vorschrift über den Vergütungsbericht ist gemäß der **Übergangsregelung** des § 26 j Abs. 2 S. 1 EGAktG erstmals für das nach dem 31.21.2020 beginnende Geschäftsjahr anzuwenden. Abs. 1 S. 2 Nr. 2 ist gemäß § 26 j Abs. 2 S. 2 EGAktG bis zum Ablauf des fünften Geschäftsjahres, gerechnet ab dem Geschäftsjahr nach S. 1, mit der Maßgabe anzuwenden, dass nicht die durchschnittliche Vergütung der letzten fünf Geschäftsjahre in die vergleichende Betrachtung einbezogen wird, sondern lediglich die durchschnittliche Vergütung über den Zeitraum seit dem Geschäftsjahr nach S. 1. Die erstmalige Beschlussfassung der Hauptversammlung nach § 120 a Abs. 4 hat gemäß § 26 j Abs. 2 S. 3 EGAktG bis zum Ablauf der ersten ordentlichen Hauptversammlung, gerechnet ab Beginn des zweiten Geschäftsjahres, das auf den 31.12.2020 folgt, zu erfolgen. Daher beschließt die Hauptversammlung über das dann zu veröffentlichte Vergütungssystem erstmals in der Hauptversammlungssaison 2022.[3] Diese Übergangsregelung ist europarechtswidrig; eine Umsetzung hätte gem. Art. 2 Abs. 1 UAbs. 1 2. ARRL bis zum 10.6.2019 erfolgen müssen. Vgl. zu möglichen Rechtsfolgen verspäteter Richtlinienumsetzungen → § 87 a Rn. 2.

B. Die Regelungen im Einzelnen

I. Pflicht zur Aufstellung eines verständlichen Vergütungsberichts (Abs. 1 S. 1)

4   Abs. 1 S. 1 verpflichtet Vorstand und Aufsichtsrat einer börsennotierten Gesellschaft, jährlich einen Vergütungsbericht zu erstatten. Der Bericht hat die Vergütung aller derzeitigen und ehemaligen Vorstands- und Aufsichtsratsmitglieder einzeln aufzuschlüsseln. Vorstand und Aufsichtsrat haben einen **gemeinsamen Bericht** zu erstatten. Der gesetzgeberische Gedanke dahinter ist, dass sich Vorstand und Aufsichtsrat dadurch gegenseitig kontrollieren sollen.[4] Im Ergebnis führt dies dazu, dass jedes aktive Organmitglied ua überprüfen muss, ob die zu seiner Vergütung gemachten Angaben auch richtig sind. Der Bericht muss „klar und verständlich" sein. Insofern gilt derselbe Maßstab wie für das Vergütungssystem nach § 87 a (→ § 87 a Rn. 5). **Adressat** ist ein durchschnittlich informierter, situationsadäquat aufmerksamer und verständiger Aktionär.[5] Eine verständliche Darstellung kann auch durch Beispielsrechnungen und Grafiken gefördert werden.[6]

5   Der Vergütungsbericht hat nicht nur die von der Gesellschaft gewährte Vergütung aufzuführen, sondern ausdrücklich auch die den Organmitgliedern von anderen **Konzerngesellschaften** iSv § 290 HGB „gewährte" oder „geschuldete" Vergütung. Diese

---

2   Vgl. BT-Drs. 19/9739, S. 109.
3   Vgl. auch *Böcking/Bundle* Der Konzern 2020, 15, 19.
4   BT-Drs. 19/9739, S. 109.
5   BT-Drs. 19/9739, S. 109.
6   BT-Drs. 19/9739, S. 109.

Einbeziehung des Konzerns basiert auf Art. 9 b Abs. 1 UA 2 lit. c) 2. ARRL und soll gewährleisten, dass Interessenkonflikte verhindert oder jedenfalls aufgedeckt werden und die Loyalität der Vorstands- und Aufsichtsratsmitglieder gegenüber der Gesellschaft gewährleistet wird.[7] Diese umfassende Einbeziehung ist zu begrüßen, da ansonsten das Risiko bestünde, dass in Konzernsachverhalten die Vorschriften über den Vergütungsbericht durch von anderen Gesellschaften gewährte, verdeckt bleibende Vergütung umgangen werden könnte. Über Konzernsachverhalte hinaus ist nach Abs. 2 Nr. 1 für Vorstandsmitglieder jede Vergütung durch Dritte anzugeben, vgl. Rn. 23 f. *De lege ferenda* sollte dies auch für die Aufsichtsratsvergütung entsprechend gelten, um insbesondere die Vergütung durch Aktionäre oder andere Interessengruppen transparent zu machen.

„Vergütung" ist sehr weit zu verstehen. Sie umfasst sowohl die Gesamtbezüge für die 6 Tätigkeit in der Gesellschaft nach § 285 Nr. 9 lit. a) S. 1–3 HGB als auch die Gesamtbezüge für die Wahrnehmung der Aufgaben im Konzern nach § 314 Nr. 6 lit. a) S. 1–3 HGB.[8] Neben Fixbezügen und variabler Vergütung sind insbesondere auch Aufwandsentschädigungen, Provisionen, Nebenleistungen (zB Zurverfügungstellung von Wohnraum, Kfz, Energie oder Personal, Versicherungsentgelte und Abfindungen) anzugeben.[9] „Gewährte" Vergütung umfasst sämtliche zugeflossene Vergütung, also auch auf nichtiger oder rechtlich non-existenter Grundlage ausgezahlte Vergütung. „Geschuldet" ist die Vergütung, wenn sie zwar nach rechtlichen Kategorien fällig, aber bisher nicht zugeflossen ist.[10] Durch den weiten Anwendungsbereich soll sichergestellt werden, dass jeder finanzielle Anreiz und Vorteil im Vergütungsbericht zu veröffentlichen ist. Variable Vergütungsbestandteile, die mangels Fälligkeit noch nicht „geschuldet", aber bereits zugesagt sind, sind ggf. gemäß Abs. 1 S. 2 Nr. 3 und Abs. 2 anzugeben.

II. Inhalt und Darstellung des Vergütungsberichts (Abs. 1 S. 2)

Die Angabepflicht nach Abs. 1 S. 2 gilt bezogen auf alle Mitglieder des Vorstands und 7 Aufsichtsrats. Die Angaben sind aber nur zu machen, soweit die Vergütungsbestandteile/Regelungen inhaltlich tatsächlich vorliegen. Dies entspricht den Vorgaben zu Vergütungsbestandteilen im Vergütungssystem nach § 87 a Abs. 1; auch diese sind nur aufzuführen, soweit sie vorgesehen werden. Die Bestimmung dient dazu, dass der Vergütungsbericht „klar und verständlich" bleibt und nicht durch Negativtestate unnötig aufgebläht und dadurch unübersichtlich wird; der Vergütungsbericht soll sich auf das Wesentliche beschränken.[11]

Wie genau der Vergütungsbericht auszusehen hat, ist gesetzlich nicht geregelt. Der 8 DCGK 2017 sah nach Nr. 4.2.5 Abs. 3 noch Mustertabellen vor, die zur Darstellung der Vorstandsvergütung nach dem Comply-or-explain-Prinzip verwendet werden sollten. Diese Mustertabellen wurden in den DCGK 2020 nicht übernommen, sondern ersatzlos gestrichen. Nach Art. 9 b Abs. 6 2. ARRL soll die Europäische Kommission **Leitlinien zur Präzisierung der standardisierten Darstellung der Informationen** erstellen, um die Harmonisierung des Vergütungsberichts unter den Mitgliedstaaten sicherzustellen. Am 1.3.2019 stellte die Kommission einen Entwurf vor, der eine standardisierte Darstellung des Berichts vorsieht.[12] Am 12.7.2019 veröffentlichte sie einen

---

7 Vgl. auch Erwägungsgrund 35 2. ARRL.
8 BT-Drs. 19/9739, S. 111.
9 *Lutter/Bayer/Schmidt* Europäisches Unternehmens- und Kapitalmarktrecht §29 Rn. 29.141.
10 BT-Drs. 19/9739, S. 111.
11 BT-Drs. 19/9739, S. 109.
12 Guidelines on the standardised presentation of the remuneration report under Directive 2007/36/EC, as amended by Directive (EU) 2017/828 as regards the encouragement of long-term shareholder engagement (DG JUST/A.3) vom 1.3.2019. Abrufbar unter https://ec.europa.eu/info/sites/info/files/rrg_draft_21012019.pdf.

überarbeiteten Entwurf der Leitlinien (im Folgenden: EU-Vergütungsleitlinien).[13] Der Entwurf geht über das hinaus, was Richtlinie und Gesetzgeber vorgeben, und stellt eine Vielzahl von Vergütungstabellen zur Verfügung. Die Leitlinie ist jedoch ausweislich ihrer Präambel für die Gesellschaften unverbindlich und kein technischer Standard.[14] Das bedeutet, dass Unternehmen die Anwendung freigestellt und auch eine abweichende Darstellung möglich ist. Mangels Comply-or-explain-Ansatzes wird jede Gesellschaft ihren Vergütungsbericht anders darstellen, so dass die Berichte kaum vergleichbar sein werden.[15]

9   Nach Ziff. 6.1.1 der EU-Vergütungsleitlinien soll es vor der Darstellung der einzelnen Positionen eine Einleitung geben, in der Informationen über die generelle Entwicklung der Gesellschaft während des Berichtszeitraums mitsamt relevanten Ereignissen erteilt werden. Nach Ziff. 6.1.2 kann diese Einleitung auch genutzt werden, um die Vergütung von Vorstand und Aufsichtsrat in einen Gesamtzusammenhang mit der Entwicklung der Gesellschaft, dem Geschäftsumfeld und den wichtigen Geschäftsentscheidungen des letzten Geschäftsjahres zu setzen.[16]

1. Anteil fester und variabler Vergütungsbestandteile (Abs. 1 S. 2 Nr. 1)

10   Nr. 1 beruht auf Art. 9 b Abs. 1 UA 2 lit. a) 2. ARRL. Die Vorschrift korrespondiert mit § 87 a Abs. 1 S. 2 Nr. 2, 3 und 4. Zunächst sind alle festen und variablen Vergütungsbestandteile aufzuführen. Da die Angaben im Vergütungssystem zukunftsgerichtet sind, ist dort ein exakter relativer Anteil zwischen fester und variabler Vergütung nicht möglich. Daher ist im Vergütungssystem nur eine feste Kenngrößen für den variablen Vergütungsbestandteil zu bestimmen (→ § 87 a Rn. 11). Der Vergütungsbericht stellt hingegen *ex post* einen bereits vergangenen Sachverhalt dar. Daher ist eine genauere Aussage über relative Anteile an der Vergütung als im Vergütungssystem zu treffen. Ausnahmen kann es bei den variablen Bestandteilen geben, die aufgrund einer mehrjährigen und noch nicht abgeschlossenen Bemessungsgrundlage ermittelt werden. Die für die Angabe eines relativen Anteils notwendige feste Kenngröße für den variablen Vergütungsbestandteil dürfen Gesellschaften in diesen Fällen wie auch beim Vergütungssystem (→ § 87 a Rn. 11) über einen ihnen geeignet erscheinenden, frei wählbaren Bezugspunkt (zB Zielvergütung) ermitteln. Damit der Vergütungsbericht klar und verständlich ist, ist der Bezugspunkt offenzulegen.[17]

11   Darüber hinaus ist zu erläutern, wie die Vergütungsbestandteile dem Vergütungssystem, das Grundlage der tatsächlichen Vergütung ist und der Hauptversammlung nach § 120 a Abs. 1 zur Billigung vorgelegt wurde, entsprechen. Der Vergütungsbericht hat folglich den **Soll- mit dem Ist-Zustand** zu vergleichen. Zudem ist darzustellen, wie die Vergütung die **langfristige Entwicklung** der Gesellschaft fördert. Der Begriff der „langfristigen Entwicklung" ist identisch mit demjenigen in § 87 Abs. 1 S. 2 (→ § 87 Rn. 3) und § 87 a Abs. 1 S. 2 Nr. 1 (→ § 87 a Rn. 5).[18]

12   Bei der Angabe, wie die im Vergütungssystem definierten **Leistungskriterien** angewendet wurden, ist der in § 87 a Abs. 1 S. 2 Nr. 4 niedergelegte abstrakte Maßstab zu beachten (→ § 87 a Rn. 12 ff.). Wenn auf Ebene des Vergütungssystems zum Schutz von Geschäftsgeheimnissen nur in abstrakter Form über Leistungskriterien berichtet wer-

---

13   Guidelines on the standardised presentation of the remuneration report under Directive 2007/36/EC, as amended by Directive (EU) 2017/828 as regards the encouragement of long-term shareholder engagement (DG JUST/A.3) vom 12.7.2019. Abrufbar unter https://www.corporategovernancecommittee.be/sites/default/files/generated/files/news/standardised_representation_of_the_remuneration_report_-_draft_12072019.pdf.

14   EU-Vergütungsleitlinie, Einleitung, S. 2.

15   Ebenfalls *Böcking/Bundle* Der Konzern 2020, 15, 23.

16   EU-Vergütungsleitlinie, Einleitung, S. 5 f.

17   BT-Drs. 19/9739, S. 111.

18   BT-Drs. 19/9739, S. 111 f.

den kann, gilt das auch für den auf diese Leistungskriterien bezugnehmenden Vergütungsbericht.[19]

2. Vergleich mit Gesellschaftsentwicklung und Arbeitnehmervergütung (Abs. 1 S. 2 Nr. 2)

Nr. 2 beruht auf Art. 9 b Abs. 1 UA 2 lit. b) 2. ARRL. Danach ist die Entwicklung der Vorstands- und Aufsichtsratsvergütung sowohl ins Verhältnis zur Entwicklung der „Leistung" der Gesellschaft zu setzen als auch zur Arbeitnehmervergütung. Der Gesetzgeber verwendet in Nr. 2 statt des Richtlinien-Begriffs „Leistung" den Begriff „Ertrag", definiert diesen aber nicht; auch die Gesetzesbegründung erläutert nicht, was der Gesetzgeber darunter versteht. Der Ertrag der Gesellschaft bemisst sich nach allgemeinen Rechtsgrundsätzen (vgl. auch § 99 BGB) nach den erwirtschafteten Gewinnen.[20] Das Verhältnis zur Ertragsentwicklung kann einen Hinweis geben, ob die Vergütung der langfristigen Entwicklung der Gesellschaft dient oder angepasst werden muss. Neben der Ertragsentwicklung sollte die Vergütung auch ins Verhältnis zum Börsenwert (ggf. unter Berücksichtigung der ausgezahlten Dividende – sog. Total-return-on-investment) gesetzt werden. 13

Bei der Ermittlung der **durchschnittlichen Arbeitnehmervergütung** hat die Gesellschaft einen weiten Ermessensspielraum. Sie kann frei bestimmen, welche Arbeitnehmer sie berücksichtigt (zB nur eigene Arbeitnehmer, solche des gesamten Konzerns oder zB Mitarbeiter aller inländischen Gesellschaften). Um eine sinnvolle Auswahl der Vergleichsgruppe sicherzustellen, hat die Gesellschaft zu erläutern, warum welcher Kreis von Arbeitnehmern einbezogen wurde. Bei der Darstellung haben Vorstand und Aufsichtsrat zu berücksichtigen, dass nach Art. 9 b Abs. 1 UA 2 lit. b) 2. ARRL ein aussagekräftiger Vergleich möglich sein muss. Dabei geht es insbesondere um die öffentlich viel beachtete Frage, ob die Vergütung von Vorstand und Aufsichtsrat deutlich stärker gestiegen bzw. gesunken ist als diejenige der Beschäftigten.[21] 14

Das weite Ermessen bei der Bildung der Arbeitnehmervergleichsgruppe birgt das Risiko, dass die Aussagekraft verzerrt wird und verhindert, dass ein Vergleich des Verhältnisses zwischen Mitarbeiter und Vorstandsvergütung bei verschiedenen börsennotierten Gesellschaften aussagekräftig ist. Wenn sich die Gesellschaft für eine Vergleichsgruppe entschieden hat, ist sie grundsätzlich auch für den im nächsten Jahr folgenden Bericht daran gebunden; ansonsten verliert die Darstellung ihre Vergleichbarkeit. Wollen Vorstand und Aufsichtsrat (zB aufgrund geänderter Verhältnisse) die Vergleichsgruppe ändern, so haben sie aus Transparenzgründen den Grund dafür anzugeben und müssen im nächsten Vergütungsbericht sowohl die alte als auch die neue Vergleichsgruppe darstellen. 15

3. Aktien und Aktienoptionen (Abs. 1 S. 2 Nr. 3)

Nr. 3 beruht auf Art. 9 b Abs. 1 UA 2 lit. d) 2. ARRL und regelt Angaben zu gewährten und zugesagten Aktien und Aktienoptionen. Die Angabepflicht korrespondiert mit der entsprechenden Verpflichtung beim abstrakten Vergütungssystem gemäß § 87 a Abs. 1 S. 2 Nr. 7. „Gewährt" ist jeder faktische Zufluss ohne Rücksicht auf die rechtliche Einordnung wie bei Nr. 1 (→ Rn. 6). „Zugesagt" sind Aktien und Aktienoptionen, für die eine Verpflichtung rechtlich besteht, die fällig sein können, aber nicht 16

---

19 BT-Drs. 19/9739, S. 112.
20 Dem Aufsichtsrat ist anheimgestellt, den Gewinn vor oder nach Steuern als Ertragsgröße zu wählen.
21 *Lutter/Bayer/Schmidt* Europäisches Unternehmens- und Kapitalmarktrecht § 29 Rn. 29.144.

müssen, und die noch nicht erfüllt wurden.[22] Weitere Angaben zur Darstellung von aktienbasierter Vergütung finden sich auf S. 11 der EU-Vergütungsrichtlinien.

4. Ausnutzung von Clawback-Klauseln (Abs. 1 S. 2 Nr. 4)

17 Nr. 4 beruht auf Art. 9 b Abs. 1 UA 2 lit. e) 2. ARRL. Danach müssen Vorstand und Aufsichtsrat berichten, ob und wie variable Vergütungsbestandteile zurückgefordert worden sind. Die Vorschrift korrespondiert mit der Pflicht (vgl. dazu → § 87 a Rn. 17) des Aufsichtsrats, in Vorstandsverträge sog. Clawback-Klauseln zu implementieren, über die zu Unrecht ausgezahlte variable Vergütung (zB wegen Leistungsverfehlung oder schwerwiegender Pflichtverletzungen)[23] zurückgefordert werden können. Damit die Angaben transparent, klar und verständlich sind, muss der Bericht die Höhe der Rückforderung, deren Art und Weise (zB Verrechnung mit noch nicht ausgezahlter Vergütung), das Jahr, in dem die zurückgeforderte Vergütung gewährt wurde, und den Rechtsgrund der Rückforderung darstellen.[24] So kann ein durchschnittlich informierter Aktionär die Durchsetzung von Clawback-Klauseln nachvollziehen.

5. Abweichungen vom Vergütungssystem (Abs. 1 S. 2 Nr. 5)

18 Nr. 5 beruht auf Art. 9 b Abs. 1 UA 2 lit. f) 2. ARRL. Es sind alle Abweichungen vom Vergütungssystem, einschließlich etwaiger Abweichungen vom Verfahren nach § 87 a Abs. 1 S. 2 Nr. 10 (→ § 87 a Rn. 22), darzustellen.[25] Zu vorübergehenden Abweichungen vom abstrakten Vergütungssystem ist der Aufsichtsrat nur unter den strengen Voraussetzungen von § 87 a Abs. 2 S. 2 berechtigt (→ § 87 a Rn. 28).

6. Berücksichtigung des Hauptversammlungsvotums bzw. der -erörterung (Abs. 1 S. 2 Nr. 6)

19 Nr. 6 setzt Art. 9 b Abs. 4 S. 2 2. ARRL um. Nach § 120 a Abs. 4 beschließt die Hauptversammlung jährlich über die Billigung des Vergütungsberichts. Bei börsennotierten kleinen und mittelgroßen Gesellschaften im Sinne des § 267 Abs. 1 und 2 HGB reicht die Erörterung des Berichts im Rahmen eines eigenen Tagesordnungspunkts. Sollte der Vergütungsbericht nicht gebilligt worden sein bzw. ergibt die Erörterung, dass die Aktionäre nicht zufrieden sind, ist im nächsten Vergütungsbericht darzustellen, wie dem Aktionärswillen Rechnung getragen wurde. Das kann zB durch die Anpassung des Vergütungssystems, die Nutzung von Clawback-Klauseln oder die Herabsetzung der Vorstandsvergütung nach § 87 Abs. 2 geschehen.

7. Maximalvergütung der Vorstandsmitglieder (Abs. 1 S. 2 Nr. 7)

20 Nach Nr. 7 soll der Vergütungsbericht erläutern, wie die festgelegte Maximalvergütung der Vorstandsmitglieder eingehalten wurde. Diese Vorschrift korrespondiert mit § 87 a Abs. 1 S. 2 Nr. 1 und wurde erst durch die ARUG II BeschlussE in den Gesetzestext aufgenommen.[26] Der Vergütungsbericht muss nicht nur darstellen, dass die festgelegte Maximalvergütung nicht überschritten wird, sondern auch die **Differenz zwischen Maximalvergütung und tatsächlicher Vergütung** aufzeigen.

---

22 BT-Drs. 19/9739, S. 112. Die 2. ARRL spricht in Art. 9 b Abs. 1 UA 2 lit. d) von „angebotenen" Aktien und Aktienoptionen. Um Missverständnisse im deutschen Recht auszuschließen (es geht nicht um „Angebote" im Sinne der Rechtsgeschäftslehre), hat der deutsche Gesetzgeber das Wort „zugesagt" verwendet.

23 Zu den verschiedenen Arten von Clawback-Klauseln vgl. *Poelzig* NZG 2020, 41 (42 f.).

24 Vgl. auch Nr. 5.4 Leitlinienentwurf der Europäischen Kommission vom 1.3.2019 (DG JUST/A.3).

25 BT-Drs. 19/9739, S. 112.

26 BT-Drs. 19/15153, S. 35.

Die Regelung ist in zweierlei Hinsicht nicht gelungen: Zum einen ist nur über die Ma- 21
ximalvergütung der Vorstandsmitglieder zu berichten, obwohl § 87a Abs. 1 S. 2 Nr. 1
über § 113 Abs. 3 S. 3 auch für die Vergütung der Aufsichtsratsmitglieder Anwendung
findet. Aus Transparenzgesichtspunkten ist Nr. 7 de lege ferenda daher auch auf die
Maximalvergütung der Aufsichtsratsmitglieder zu erstrecken. Darüber hinaus ist die
Berichtpflicht über die Maximalvergütung systemwidrig in Abs. 1 geregelt, obwohl in
Abs. 2 die weiteren Angaben (nur) zur Vorstandsvergütung geregelt sind.[27]

III. Weitere Angaben zur Vorstandsvergütung (Abs. 2)

Abs. 2 findet nur Anwendung auf die Vergütung der Vorstandsmitglieder. Auch hier 22
gilt der in Abs. 1 niedergelegte deskriptive Maßstab sowie die Anforderung, einen klaren und verständlichen Bericht zu erstellen.[28] Soweit Angaben, die auch von Abs. 2
gefordert werden, bereits nach Abs. 1 gemacht wurden, sind diese im Interesse eines
klaren und verständlichen Berichts nicht noch einmal zu wiederholen. Die Angaben in
Abs. 2 basieren auf dem VorstAG,[29] waren vor der Gesetzesänderung nach § 285
Nr. 9 lit. a) S. 5–7 HGB aF im Anhang sowie nach § 314 Abs. 1 Nr. 6 lit. a) S. 5–7
HGB aF im Konzernanhang zu machen und galten dort ebenfalls lediglich für Vorstandsmitglieder börsennotierter Gesellschaften. Mit Einführung von § 162 wurden
die handelsrechtlichen Berichtspflichten zur individuellen Vorstandsvergütung in das
Aktienrecht überführt und im HGB gestrichen, um doppelte Angaben zu vermeiden.[30]
Abs. 2 setzt somit nicht primär Bestimmungen der 2. ARRL um, sondern soll verhin-
dern, dass das vormalige Transparenzniveau partiell unterschritten wird.[31]

Ersatzlos gestrichen wurden §§ 285 Nr. 9 lit. a) S. 8, 314 Abs. 1 Nr. 6 lit. a) S. 8 HGB. 23
Diese normierten, dass zusätzliche Vergütungsangaben im Anhang zum Jahresabschluss und im Konzernbericht auch im jeweils anderen Bericht anzugeben waren.
Laut des ARUG II RegE soll durch die Streichung die Pflicht vermieden werden, die
bereits im Jahres- bzw. Konzernabschluss anzuführenden Angaben auch im Vergütungsbericht zu machen.[32] Das überzeugt nicht, untergräbt dies doch den Telos des
Vergütungsberichts: Dieser ist das zentrale Transparenzinstrument bezüglich der Vergütung von Organmitgliedern einer börsennotierten Gesellschaft. Wenn die Gesellschaft im Jahresabschluss oder Konzernbericht weitergehende Angaben zur Vergütung
macht, die nicht zwingender Bestandteil eines Vergütungsberichts sind, verhindert dies
eine in sich geschlossene Darstellung der gesamten Vergütungsangaben. UE folgt aus
der Prämisse, dass der Vergütungsbericht klar und verständlich sein muss, zwingend,
dass sich sämtliche Angaben zur Vergütung (auch) im Vergütungsbericht wiederfinden
müssen.[33]

Anders als in Abs. 1, der sich auf die „Vergütung" bezieht (zum Begriff → Rn. 6), sind 24
in Abs. 2 alle „**Leistungen**" an Vorstandsmitglieder anzugeben. Der Begriff „Leistung" ist noch weiter gefasst als „Vergütung" und umfasst neben der Vergütung auch
alle sonstigen Zuwendungen.[34]

1. Drittleistungen (Abs. 2 Nr. 1)

Nach Nr. 1 sind alle gewährten und zugesagten Leistungen von Dritten aufzuführen. 25
Die Begriffe „gewährt" und „zugesagt" sind gleichbedeutend denen in Abs. 1 S. 2

---

27 Unverständlich ist insofern die Erläuterung in BT-Drucks 19/15153, S. 65.
28 BT-Drs. 19/9739, S. 112.
29 BT-Drs. 15/5577.
30 BT-Drs. 19/9739, S. 110.
31 BT-Drs. 19/9739, S. 110.
32 BT-Drs. 19/9739, S. 113.
33 Ebenfalls *Paschos/Goslar* AG 2019, 365 (370).
34 BT-Drs. 19/9739, S. 113.

Nr. 3 (→ Rn. 6). Sowohl legale als auch illegale Leistungen sind zu veröffentlichen.[35] „Dritter" ist neben den übrigen Konzerngesellschaften jeder Weitere, insbesondere auch Aktionäre und Vertragspartner. Dabei gilt als Leistender sowohl derjenige, der unmittelbar die Leistung gewährt, als auch derjenige, dem diese wirtschaftlich zuzuordnen ist. Die Identität des leistenden Dritten muss sich eindeutig aus dem Vergütungsbericht ergeben. Die Pflicht zur Angabe von Leistungen durch Dritte ist ein wichtiger Baustein, Interessenkonflikte von Vorstandsmitgliedern zu offenbaren. Dies ist besonders von Bedeutung im Rahmen von Related-Party-Transactions (§§ 111 a ff.), bei denen Interessenkonflikte besonders virulent sind (vgl. dazu → § 111 a Abs. 37 ff. und § 111 b Rn. 8).

26 Angesichts des Interessenskonfliktpotentials bei Related-Party-Transactions und der Tatsache, dass der Aufsichtsrat bei solchen Geschäften ab einer gewissen Schwelle nach § 111 b Abs. 1 zustimmen muss, ist es unverständlich, wieso der Gesetzgeber nicht auch für **Aufsichtsratsmitglieder** eine Pflicht zur Angabe von Drittleistungen normiert hat. Für die Aufsichtsratsmitglieder gilt nur die Angabepflicht betreffend Vergütungen durch Konzerngesellschaften nach Abs. 1. *De lege ferenda* sollte die Transparenzpflicht auch auf Aufsichtsratsmitglieder erstreckt werden, um auch außerhalb von Konzernverhältnissen den Einfluss Dritter auf Aufsichtsratsmitglieder sichtbar zu machen.

2. Abfindungsklauseln für vorzeitiges Ausscheiden (Abs. 2 Nr. 2)

27 Nach Nr. 2 sind alle zugesagten Leistungen für den Fall des vorzeitigen Ausscheidens anzugeben einschließlich geänderter Zusagen im letzten Geschäftsjahr. Nr. 2 und Nr. 3 korrespondieren mit den Angaben nach § 87 a Abs. 1 S. 2 Nr. 8. Auf den Grund des Ausscheidens kommt es nicht an (zB Aufhebungsvertrag wegen Kontrollwechsels nach Übernahme). Anzugeben hat der Bericht, in welchen Fällen ein Vorstandsmitglied vorzeitig ausscheiden kann. Der DCGK 2020 empfiehlt unter Ziff. G.13, dass Zahlungen an ein Vorstandsmitglied bei vorzeitiger Beendigung der Tätigkeit den Wert von zwei Jahresvergütungen nicht überschreiten (**Abfindungs-Cap**) und nicht mehr als die Restlaufzeit des Anstellungsvertrags vergüten sollen; im Fall eines nachträglichen Wettbewerbsverbots soll die Abfindungszahlung auf die Karenzentschädigung angerechnet werden. Darüber hinaus regt der DCGK 2020 unter Ziff. G.14 an, dass Leistungszusagen wegen Kontrollwechsels (**Change-of-Control-Klauseln**) nach Übernahmen nicht vereinbart werden sollten. Neben Geld- und Sachleistungen sind insbesondere **alle weiteren Absprachen** im Zusammenhang mit dem Ausscheiden offenzulegen, zB wenn dem Vorstandsmitglied ein anderer Posten angeboten wird. Der Bericht muss auch angeben, ob und in welchem Umfang die Bezüge für die Restlaufzeit weiter zu zahlen sind, ob diese abgezinst werden, ob anderweitige Vergütungen anzurechnen sind, wie mit entgehenden Boni verfahren wird.[36] Im Bericht muss nach den einzelnen Beendigungsgründen differenziert werden, wenn dies auch vertraglich so geregelt ist.

28 Sollten sich im letzten Geschäftsjahr **Änderungen** ergeben haben, müssen auch diese angegeben werden. Im Sinne einer klaren und verständlichen Angabe müssen die inhaltliche Änderung und die daraus folgende Wertänderung ersichtlich sein. Daher ist die ursprüngliche Vereinbarung der neuen gegenüberzustellen und der ursprünglich vereinbarte Barwert der Vereinbarung dem neuen.[37] So wird ersichtlich, ob die Änderung zugunsten der Gesellschaft oder des Vorstandsmitglieds erfolgte.

---

35 Vgl. zu der Frage der Zulässigkeit von Drittleistungen *Heidel* FS Mehle, 2009, S. 247.
36 MüKoBilanzR/*Kessler*, 1. Aufl. 2013, HGB § 285 Rn. 110.
37 Vgl. auch MüKoBilanzR/*Kessler*, 1. Aufl. 2013, HGB § 285 Rn. 110 mwN.

3. Abfindungsklauseln für reguläres Ausscheiden (Abs. 2 Nr. 3)

Nach Nr. 3 sind alle zugesagten Leistungen für den Fall des regulären Ausscheidens 29
anzugeben einschließlich geänderter Zusagen im letzten Geschäftsjahr. Die Leistungen
sind mit ihrem Barwert anzugeben; zudem muss der Bericht den von der Gesellschaft
während des Geschäftsjahrs hierfür aufgewandten oder zurückgestellten Betrag nennen. **Beispiele für Geldleistungen** sind: Abfindungszahlung für nicht erfolgte Wiederbestellung, Zahlung von Übergangs- oder Überbrückungsgeld bis zur Erreichung der
vereinbarten Ruhegehaltsaltersgrenze, Karenzentschädigungen für ein anstellungsver-
tragliches Wettbewerbsverbot und Versorgungszusagen.[38] Der DCGK 2020 empfiehlt
unter Ziff. G.12, dass die Auszahlung noch offener variabler Vergütungsbestandteile
nach dem im Vertrag festgelegten Fälligkeitszeitpunkt oder Haltedauern erfolgen und
nicht nachträglich angepasst werden soll. Die Angaben müssen so detailliert, klar und
verständlich sein, dass der Adressatenkreis den Umfang der Leistungen über den Leis-
tungszeitraum auch nachvollziehen kann. **Beispiele für Sachleistungen**, die zu Vollkos-
ten zu bewerten und anzugeben sind: Möglichkeit der Weiternutzung eines Büros, Se-
kretariats, Dienstwagens, Dienstwohnung usw.[39] Zu § 285 Nr. 9 lit. a) S. 5–8 aF wurde vertreten, dass die Barwerte der gewährten Leistungen sowie der von der Gesellschaft während des Geschäftsjahrs hierfür aufgewandte oder zurückgestellte Betrag
zusammengefasst werden dürften, so dass eine Aufgliederung nach Einzelleistungen
nicht erforderlich sei.[40] Das lässt sich auf Nr. 3 nicht übertragen, denn es widerspricht
der Vorgabe in Abs. 1 S. 1, einen klaren und verständlichen Bericht zu verfassen; die
einzelnen Posten müssen erkennbar bleiben. Bezüglich der Änderungsangaben gilt das
zu → Rn. 18 Gesagte.

4. Leistungen aufgrund Ausscheidens im letzten Geschäftsjahr (Abs. 2 Nr. 4)

Nach Nr. 4 ist anzugeben, ob und welche Leistungen einem Vorstandsmitglied, das im 30
letzten Geschäftsjahr ausgeschieden ist, zugesagt und im Laufe des letzten Geschäftsjahres gewährt worden sind. Zu der Definition von „zugesagt" und „gewährt"
→ Rn. 6.

Anzugeben sind **alle Leistungen**, die auf im Zusammenhang mit dem Ausscheiden ge- 31
troffenen Vereinbarungen beruhen (zB Vereinbarungen über die Fortzahlung der Vergütung einschließlich Nebenleistungen, Abfindungen zur Abgeltung von Ansprüchen
wegen vorzeitiger Beendigung des Anstellungsvertrags und für ggf. darüber hinausgehende Leistungen, Entschädigungen für ein nachvertragliches Wettbewerbsverbot,
Zahlungen zur Ablösung von (un-)verfallbaren Versorgungsanwartschaften).[41] Sollte
das ehemalige Vorstandsmitglied in diesem Zusammenhang auf andere Ansprüche
verzichtet oder Gegenleistungen erbracht haben, sind diese ebenfalls darzustellen und
in Abzug zu bringen. Anzugeben sind nur Leistungen, für die im Geschäftsjahr (oder
danach bis zum Zeitpunkt der Erstellung des Jahresabschlusses) eine Vereinbarung getroffen wurde. Bei länger dauernden Verhandlungen erfolgt die Angabe in dem Vergütungsbericht, der dem Geschäftsjahr der Einigung nachgeht. In diesem Fall hat der
Vergütungsbericht, der auf das Ausscheiden folgt, auf die andauernden Verhandlungen hinzuweisen und der Vergütungsbericht, der auf die Einigung folgt, das Ergebnis
anzugeben.

IV. Prüfung des Vergütungsberichts (Abs. 3)

Nach Abs. 3 hat der Abschlussprüfer den Vergütungsbericht zu prüfen. Abs. 3 basiert 32
auf Art. 9b Abs. 5 UA 1 S. 2 2. ARRL; der Abschlussprüfer hat zu überprüfen, ob

---

38 MüKoBilanzR/*Kessler*, 1. Aufl. 2013, HGB § 285 Rn. 110.
39 MüKoBilanzR/*Kessler*, 1. Aufl. 2013, HGB § 285 Rn. 110.
40 MüKoBilanzR/*Kessler*, 1. Aufl. 2013, HGB § 285 Rn. 110.
41 MüKoBilanzR/*Kessler*, 1. Aufl. 2013, HGB § 285 Rn. 110.

durch den Bericht die erforderlichen Informationen zur Verfügung gestellt wurden. Dagegen prüft er nicht, ob die Informationen auch korrekt sind. Dem folgend hat auch der Gesetzgeber in Abs. 3 S. 2 nur eine **formelle Prüfpflicht des Abschlussprüfers** normiert; der Abschlussprüfer prüft also nur, dass vom Bericht bestimmte Angaben gemacht wurden sind, nicht, ob sie auch korrekt sind.[42]

33   Nach S. 3 hat der Abschlussprüfer einen **Vermerk über die Prüfung** zu erstellen, der nach S. 4 dem Vergütungsbericht beizufügen ist. Im Vermerk stellt der Abschlussprüfer fest, ob die Formalien eingehalten worden und, falls nicht, gegen welche Formalien verstoßen wurde. Dadurch, dass der Vermerk den Vergütungsbericht beigefügt wird, soll verhindert werden, dass die formelle Prüfung mit einer materiellen Prüfung (dem Prüfungsbericht des Abschlussprüfers nach handelsrechtlichen Vorschriften) verwechselt wird.[43] Nach Abs. 3 S. 5 findet die Verantwortlichkeit und Haftung des Abschlussprüfers nach § 323 HGB entsprechende Anwendung. Der Verweis war erforderlich, da die formelle Prüfung des Vergütungsberichts nicht der handelsrechtlichen Abschlussprüfung nach den §§ 316 ff. HGB unterliegt und somit die dortigen Vorschriften nicht auf den Vergütungsbericht anwendbar sind.[44]

34   Nach §§ 285 Nr. 9, 314 Abs. 1 Nr. 6 HGB sind die Gesamtbezüge von Vorstand und Aufsichtsrat weiterhin auch im **Anhang zum Jahres- bzw. Konzernabschluss** zu veröffentlichen. Der Anhang ist gemäß § 316 Abs. 1, 2 HGB auch inhaltlich vom Abschlussprüfer zu prüfen, so dass die Richtigkeit und Vollständigkeit der Gesamtvergütung von Vorstand und Aufsichtsrat einer **materiellen Kontrolle** durch den Abschlussprüfer unterliegt, die Angaben zu den einzelnen Mitgliedern im Vergütungsbericht jedoch nur formell geprüft werden.

V. Veröffentlichung des Vergütungsberichts (Abs. 4)

35   Nach Abs. 4, der auf Art. 9 b Abs. 5 S. 1 2. ARRL basiert, ist der Vergütungsbericht mitsamt Vermerk des Abschlussprüfers nach dem Hauptversammlungsvotum nach § 120 a Abs. 4 S. 1 bzw. der Erörterung nach § 120 a Abs. 5 auf der **Internetseite der Gesellschaft** zehn Jahre lang kostenfrei öffentlich zugänglich zu machen. Darüber hinaus ist in der Erklärung zur Unternehmensführung nach § 289 f Abs. 2 Nr. 1 a HGB die Internetseite der Gesellschaft anzugeben, auf der sich das Vergütungssystem und der Vergütungsbericht befinden.[45] Der Verstoß gegen die Pflicht zur Veröffentlichung und zehnjährigen Zugänglichmachung ist gem. § 405 Abs. 1 Nr. 6 eine **Ordnungswidrigkeit**, die nach § 405 Abs. 4 Hs. 2 mit einem Bußgeld von bis zu 25.000 EUR geahndet wird.

36   Der Vergütungsbericht ist auf der Internetseite der Gesellschaft zugänglich zu machen. Ebenso wie der Vergütungsbericht selbst klar und verständlich zu sein hat, muss auch der Vergütungsbericht auf der Internetseite **ohne Probleme auffindbar** sein. Es reicht uE nicht aus, dass der Vergütungsbericht nach §§ 124 Abs. 2 S. 3 iVm § 124 a Nr. 1 nur im Rahmen der Einberufungsunterlagen der aktuellen Hauptversammlung bekanntgemacht wird.[46] Notwendig ist eine eigene Rubrik, in der alle Vergütungsberichte der mindestens letzten zehn Jahre auffindbar sind.[47]

37   Laut Gesetzesbegründung hat die Veröffentlichung „unverzüglich" zu verfolgen.[48] Diese Vorgabe findet sich im Gesetzestext selbst nicht. Auch die 2. ARRL spricht le-

---

42 *Zwirner/Vodermeier* BC 2020, 25 (27) fordern, dass Gesellschaften in Erwägung ziehen
    sollten, freiwillig eine materielle Prüfung durch den Abschlussprüfer zu beauftragen.
43 BT-Drs. 19/9739, S. 113.
44 BT-Drs. 19/9739, S. 113.
45 Vgl. auch *Heldt* AG 2018, 905 (912).
46 So aber anscheinend die ARUG II RegE BT-Drs. 19/9739, S. 113.
47 Ebenso *Lutter/Bayer/Schmidt* Europäisches Unternehmens- und Kapitalmarktrecht § 29
    Rn. 29.157.
48 BT-Drs. 19/9739, S. 113.

diglich davon, dass der Vergütungsbericht nach der Hauptversammlung veröffentlicht werden soll, ohne einen Zeitpunkt zu nennen. Ebenso wenig ist der Bußgeldtatbestand in § 405 Abs. 1 Nr. 6 an eine nicht „unverzügliche" Mitteilung geknüpft. Dort wird nur geahndet, wenn der Bericht mitsamt Vermerk gar nicht oder nicht mindestens zehn Jahre zugänglich gemacht wird. Im Ergebnis fehlt der vom Gesetzgeber vertretenen Pflicht zu unverzüglichen Veröffentlichung die gesetzliche Grundlage. Eine solche Pflicht zur „unverzüglichen" Veröffentlichung ist aber sinnvoll; der Gesetzgeber muss hier *de lege ferenda* noch nachbessern.

VI. Datenschutz (Abs. 5)

Abs. 5 dient dem Interessenausgleich zwischen dem Schutz personenbezogener Daten von Organmitgliedern und dem ebenso schützenswerten Interesse der Aktionäre und interessierter Dritter, sich ein vollständiges und verlässliches Bild von der Vergütung des einzelnen Organmitglieds zu machen.[49] Abs. 5 basiert überwiegend auf Art. 9 Abs. 2, 3 und 5 S. 1 2. ARRL mitsamt den Erwägungsgründen 36, 40, 41. **Personenbezogene Daten** sind in Art. 4 Nr. 1 DSGVO[50] definiert als „alle Informationen, die sich auf eine identifizierte oder identifizierbare natürliche Person (im Folgenden „betroffene Person") beziehen; als identifizierbar wird eine natürliche Person angesehen, die direkt oder indirekt, insbesondere mittels Zuordnung zu einer Kennung wie einem Namen, einer Kennnummer, Standortdaten, einer Online-Kennung oder einem oder mehreren besonderen Merkmalen, die Ausdruck der physischen, physiologischen, genetischen, psychischen, wirtschaftlichen, kulturellen oder sozialen Identität dieser natürlichen Person sind, identifiziert werden kann". **38**

Abs. 5 differenziert nach drei Kriterien: S. 1 schützt die Familie des Organmitglieds, indem der Bericht keine Daten zur Familiensituation der Organmitglieder enthalten darf. Nach S. 2 dürfen personenbezogene Daten ausgeschiedener Organmitglieder zehn Jahren nach ihrem Ausscheiden nicht mehr in den Vergütungsberichten genannt werden. S. 3 postuliert schließlich, dass Vergütungsberichte nur dann länger als zehn Jahre auf der Internetseite des Unternehmens verbleiben dürfen, wenn alle personenbezogenen Daten in dem Bericht entfernt wurden. **39**

1. Schutz der Familie (Abs. 5 S. 1)

Nach S. 1 darf der Vergütungsbericht keine Daten zur **Familiensituation der Organmitglieder** enthalten. Sollte das Organmitglied zB Familien- oder Kinderzulagen erhalten, führt das Verbot nach S. 1 lediglich dazu, dass im Vergütungsbericht nicht anzugeben ist, ob und mit wem das Organmitglied verheiratet ist und ob und wie viele Kinder es hat. Dagegen ist der Betrag der gewährten Vergütung stets offenzulegen, um Transparenz zu gewährleisten.[51] Dies kann in der Weise erfolgen, dass der Vergütungsbericht unter der Überschrift „gewährte Vergütung aufgrund Familiensituation" einen Gesamtbetrag angibt. **40**

2. Keine personenbezogenen Daten ehemaliger Organmitglieder zehn Jahre nach Ausscheiden (Abs. 5 S. 2)

Nach Abs. 5 S. 2 sind personenbezogene Angaben zu früheren Organmitgliedern in allen Vergütungsberichten zu unterlassen, die später als zehn Jahre nach Ablauf des Geschäftsjahres, in dem das jeweilige Mitglied seine Tätigkeit beendet hat, zu erstellen **41**

---

49 Vgl. Erwägungsgrund 34 2. ARRL; BT-Drs. 19/9739, S. 113.
50 VO (EU) 2016/679.
51 Vgl. Erwägungsgrund 36 2. ARRL; *Lutter/Bayer/Schmidt* Europäisches Unternehmens- und Kapitalmarktrecht § 29 Rn. 29.152.

sind.[52] Auf den ersten Blick scheint Abs. 5 S. 2 die gleiche Aussage zu treffen wie Abs. 5 S. 3 (→ Rn. 45). Dem ist aber nicht so. Wenn ehemaligen Organmitgliedern lebenslang Altersbezüge ausgezahlt werden, wird dadurch jedes Jahr ein Vergütungstatbestand ausgelöst, der im Vergütungsbericht darzustellen ist.[53] Ggf. müsste also ein Vergütungsbericht die Vergütung auch eines schon vor Jahrzehnten ausgeschiedenen Organmitglieds unter Angabe seines Namens und der gewährten Vergütung offenlegen.

42 Nach dem ARUG II RegE soll vorstehender Umstand im vermeintlichen Widerspruch zur absoluten Löschfrist nach zehn Jahren (S. 3) stehen: Personenbezogene Daten müssten aus einem mehr als zehn Jahre alten Vergütungsbericht gelöscht werden, während die Vergütung ehemaliger Organmitglieder lebenslang zu veröffentlichen sei.[54] Dieser vermeintliche Widerspruch ist bei Lichte betrachtet gar keiner. Bei S. 3 geht es darum, dass einem Organmitglied vor zehn Jahren eine bestimmte Vergütung gewährt worden ist. Nunmehr sollen diesbezügliche personenbezogene Daten gelöscht werden. In S. 2 wird das Gegenteil geregelt: Einem vor mehr als zehn Jahren ausgeschiedenen Organmitglied wird im aktuellen Berichtsjahr eine Vergütung gewährt. Es geht also nicht um frühere, sondern um aktuell gezahlte Vergütungen.

43 S. 2 findet in der Richtlinie keine Stütze. Der Gesetzgeber möchte mit Blick auf das Gebot der Datensparsamkeit eine vermeintliche Lücke schließen. Es ist zwar zuzugeben, dass das Interesse von Aktionären und Investoren grundsätzlich immer geringer wird, je länger das Organmitglied ausgeschieden ist. Andererseits können auch Informationen über Vergütungen längst ausgeschiedener Organmitglieder durchaus von Interesse sein zur Beantwortung der Frage, ob das Vergütungssystem anzupassen ist oder Clawback-Klauseln zu nutzen sind.

44 Die vorstehende Problematik wirft die Frage auf, ob Abs. 5 S. 2 EU-rechtswidrig ist. Nach Erwägungsgrund 39 kommt es dem europäischen Richtliniengeber darauf an, dass die Vergütung eines Mitglieds der Unternehmensleitung über den gesamten Zeitraum seiner Zugehörigkeit zur Leitungsebene in der Gesellschaft beurteilbar ist. „Mitglied der Unternehmensleitung" ist gemäß Art. 2 Nr. 2 lit. i) jedes Mitglied des Verwaltungs-, Leistungs- oder Aufsichtsorgans einer Gesellschaft. Nicht davon erfasst sind ehemalige Mitglieder der Unternehmensleitung. Daher macht die Richtlinie keine Vorgaben, inwieweit und wie lange personenbezogene Daten zu ehemaligen Mitgliedern von Vorstand und Aufsichtsrat zu veröffentlichen sind. UE ist die Begründung des Gesetzgebers zwar nicht überzeugend, verstößt aber auch nicht gegen Richtlinienvorgaben. Daher ist zu akzeptieren, dass ehemalige Organmitglieder zehn Jahre nach ihrem Ausscheiden nicht mehr namentlich im Vergütungsbericht genannt werden. Dies entbindet die Gesellschaft jedoch nicht von der Pflicht, die diesen Personen gewährte **Gesamtbezüge anonymisiert offenzulegen**.

3. Absolute Löschfrist nach zehn Jahren (Abs. 5 S. 3)

45 Abs. 5 S. 3 setzt die Löschvorgabe des Art. 9 b Abs. 3 UA 2 und Abs. 5 S. 1 2. ARRL um. Um den Eingriff in die Privatsphäre von Organmitgliedern zu beschränken und ihre personenbezogenen Daten zu schützen, wird die Veröffentlichung der personenbezogenen Daten im Bericht auf zehn Jahre begrenzt. Die **Zehn-Jahres-Frist** deckt sich mit der Auslegungsfrist von Lagebericht und Erklärung zur Unternehmensführung im Finanzbericht; auch dieser ist gem. §§ 289 b Abs. 3 S. 1 Nr. 2 lit. b), 315 Abs. 3 S. 1 Nr. 2 lit. b) zehn Jahre lang öffentlich zugänglich zu machen. Nach der 2. ARRL „besteht ein eindeutiges Interesse daran, dass diese verschiedenen Arten von

---

52 Beispiel (Geschäftsjahr = Kalenderjahr): Ende der Tätigkeit in 2020; nachlaufende Veröffentlichungspflicht in Vergütungsberichten 2023–2032; Verbot weiterer personenbezogener Angaben in Vergütungsberichten ab 2033.

53 Ebenso BT-Drs. 19/9739, S. 114.

54 So BT-Drs. 19/9739, S. 114.

Berichten zur Corporate Governance, einschließlich des Vergütungsberichts, zehn Jahre lang zur Verfügung stehen, damit die Aktionäre und Interessenträger über den Allgemeinzustand der Gesellschaft im Bilde sind."[55]

Die Löschvorgabe greift nur für die Berichte, die auch auf der **Internetseite** der Gesellschaft abrufbar sind.[56] Andere Berichte sind davon ausdrücklich nicht betroffen; eine endgültige Löschung ist auch nicht erwünscht, da die Daten unter Umständen noch zu anderen Zwecken gebraucht werden (zB zur Einleitung rechtlicher Schritte).[57] Die Gesellschaft trifft keine Pflicht, auf die Löschung der Daten aus anderen Berichten oder sonstigen eigenen Veröffentlichungen (zB Finanzberichte, HV-Einberufungen) oder bei Dritten (zB Bundesanzeiger, Börseninformationsdienste) hinzuwirken, selbst wenn sie inhaltlich gleiche oder ähnliche Daten enthalten.[58]

46

VII. Drohende Nachteile (Abs. 6)

Nach Abs. 6 S. 1 müssen in den Vergütungsbericht keine Angaben aufgenommen werden, die nach vernünftiger kaufmännischer Beurteilung geeignet sind, der Gesellschaft einen nicht unerheblichen Nachteil zuzufügen (zur korrespondierenden Vorschrift im Vergütungssystem → § 87 a Rn. 14). Die Vorschrift basiert auf Erwägungsgrund 45 2. ARRL, nach dem die Transparenzanforderungen nicht dazu führen sollen, dass Informationen der Öffentlichkeit zugänglich zu machen sind, deren Offenlegung ihrer Geschäftsposition schwer schaden würde. Die Vorschrift ist § 131 Abs. 3 S. 1 Nr. 1 und § 289 e Abs. 1 Nr. 1 HGB nachempfunden. Danach ist **Nachteil** nicht nur ein Schaden im Sinne der §§ 249 ff. BGB, sondern **jede gewichtige Beeinträchtigung des Gesellschaftsinteresses.**[59] Von der Befugnis kann jedoch nur punktuell und nur so weit erforderlich Gebrauch gemacht werden, da jede Beschränkung gleichzeitig die eigentlich zu erreichende Transparenz schmälert. Die Abweichung kann, wenn Gründe für diese über mehrere Jahre bestehen bleiben, auch in mehreren aufeinanderfolgenden Vergütungsberichten erfolgen. Fällt der Grund nachträglich weg, hat die Gesellschaft nach Abs. 6 S. 2 die Angaben in den darauffolgenden Vergütungsbericht aufzunehmen.

47

§ 176 Vorlagen. Anwesenheit des Abschlußprüfers

(1) ¹Der Vorstand hat der Hauptversammlung die in § 175 Abs. 2 genannten Vorlagen sowie bei börsennotierten Gesellschaften einen erläuternden Bericht zu den Angaben nach den §§ 289 a ~~Absatz 1~~ und 315 a ~~Absatz 1~~ des Handelsgesetzbuchs zugänglich zu machen. ²Zu Beginn der Verhandlung soll der Vorstand seine Vorlagen, der Vorsitzende des Aufsichtsrats den Bericht des Aufsichtsrats erläutern. ³Der Vorstand soll dabei auch zu einem Jahresfehlbetrag oder einem Verlust Stellung nehmen, der das Jahresergebnis wesentlich beeinträchtigt hat. ⁴Satz 3 ist auf Kreditinstitute nicht anzuwenden.

(2) ¹Ist der Jahresabschluß von einem Abschlußprüfer zu prüfen, so hat der Abschlußprüfer an den Verhandlungen über die Feststellung des Jahresabschlusses teilzunehmen. ²Satz 1 gilt entsprechend für die Verhandlungen über die Billigung eines Konzernabschlusses. ³Der Abschlußprüfer ist nicht verpflichtet, einem Aktionär Auskunft zu erteilen.

---

55 Erwägungsgrund 40 2. ARRL.
56 Vgl. Art. 9 b Abs. 3 UA 2 und Erwägungsgrund 41 2. ARRL.
57 Erwägungsgrund 41 2. ARRL; *Lutter/Bayer/Schmidt* Europäisches Unternehmens- und Kapitalmarktrecht § 29 Rn. 29.153.
58 BT-Drs. 19/9739, S. 114.
59 MüKoAktG/*Kubis* AktG § 131 Rn. 115 mwN.

A. Regelungsgehalt

1   Die Norm wurde nur in Abs. 1 S. 1 geändert. Statt „§§ 289 a Absatz 1 und 315 a Absatz 1" heißt es nun nur noch „§§ 289 a und 315a". Die Löschung von „Absatz 1" ist eine **Folgeänderung** zur Änderung der §§ 289 a und 315 a HGB.[1] In diesen Paragrafen wurde jeweils Abs. 2 ersatzlos gestrichen, so dass sie nur noch aus einem Absatz bestehen. Nach § 289 a Abs. 2 HGB aF waren im Lagebericht einer börsennotierten AG auch Angaben zum Vergütungssystem zu machen, das den Gesamtbezügen für die einzelnen Vorstandsmitglieder und dem Aufsichtsrat zugrunde lag.[2] § 315 a Abs. 2 HGB aF normierte dies entsprechend für den Konzernlagebericht.[3] Beide Vorschriften basierten größtenteils auf der BilanzRL.[4] Die Angabepflicht galt jedoch zB nicht für kleine bzw. Kleinstkapitalgesellschaften gem. §§ 264 Abs. 1 S. 4, 5, 267 HGB. Die Änderung trat zum 1. Januar 2020 in Kraft.

2   Da die 2. ARRL für alle börsennotierten Gesellschaften gilt und in ihrer deutschen Umsetzung im AktG weitergehende inhaltliche Anforderungen stellt, wurden diese bilanzrechtlichen Regelungen im Rahmen von ARUG II in das Aktienrecht überführt.[5] Die Angaben zum **Vergütungssystem** finden sich nunmehr in § 87 a und die Pflicht zur Aufstellung eines **Vergütungsberichts** in § 162. Die Streichung im HGB und Neuordnung im AktG sollen verhindern, dass die Gesellschaft an unterschiedlichen Stellen Aussagen zur Vergütung treffen muss; dabei soll das bisher bestehende Transparenzniveau nicht unterschritten werden.[6]

3   Die bilanzrechtlichen Vorschriften zur Vergütungstransparenz wurden aber nicht vollständig in das AktG überführt. Denn die BilanzRL und das deutsche Bilanzrecht erfassen alle AGs (also auch solche, die nicht börsennotiert sind), sie gehen damit über den Anwendungsbereich der 2. ARRL hinaus. Daher gelten für alle Aktiengesellschaften weiterhin § 285 Nr. 9 lit. a) S. 1–4 HGB und § 314 Abs. 1 Nr. 6 lit. a) S. 1–4 HGB für den (Konzern-)Anhang (→ § 162 Rn. 6, 22); börsennotierte Gesellschaften sind darüber hinaus dem Regime des § 162 unterworfen.

Sechster Teil
Satzungsänderung. Maßnahmen der Kapitalbeschaffung und Kapitalherabsetzung

Zweiter Abschnitt Maßnahmen der Kapitalbeschaffung

Erster Unterabschnitt Kapitalerhöhung gegen Einlagen

§ 186 Bezugsrecht

(1) [1]Jedem Aktionär muß auf sein Verlangen ein seinem Anteil an dem bisherigen Grundkapital entsprechender Teil der neuen Aktien zugeteilt werden. [2]Für die Ausübung des Bezugsrechts ist eine Frist von mindestens zwei Wochen zu bestimmen.

(2) [1]Der Vorstand hat den Ausgabebetrag oder die Grundlagen für seine Festlegung und zugleich eine Bezugsfrist gemäß Absatz 1 in den Gesellschaftsblättern bekannt zu machen *und gemäß § 67 a zu übermitteln.* [2]Sind nur die Grundlagen der Festlegung

---

1   ARUG II RegE BT-Drs. 19/9739, S. 115.
2   Vgl. zum bisherigen Regelungsgehalt HK-HGB/*Deckers/Scholz* HGB § 289 a Rn. 14 f.
3   Vgl. zum bisherigen Regelungsgehalt HK-HGB/*Illner* HGB § 315 a Rn. 11 ff.
4   Richtlinie 2013/34/EU des Europäischen Parlament und des Rates vom 26. Juni 2013, L 182/19.
5   Vgl. auch BT-Drs. 19/9739 S. 110.
6   ARUG II RegE BT-Drs. 19/9739, S. 110, 119 f.

angegeben, so hat er spätestens drei Tage vor Ablauf der Bezugsfrist den Ausgabebetrag in den Gesellschaftsblättern und über ein elektronisches Informationsmedium bekannt zu machen.

(3) [1]Das Bezugsrecht kann ganz oder zum Teil nur im Beschluß über die Erhöhung des Grundkapitals ausgeschlossen werden. [2]In diesem Fall bedarf der Beschluß neben den in Gesetz oder Satzung für die Kapitalerhöhung aufgestellten Erfordernissen einer Mehrheit, die mindestens drei Viertel des bei der Beschlußfassung vertretenen Grundkapitals umfaßt. [3]Die Satzung kann eine größere Kapitalmehrheit und weitere Erfordernisse bestimmen. [4]Ein Ausschluß des Bezugsrechts ist insbesondere dann zulässig, wenn die Kapitalerhöhung gegen Bareinlagen zehn vom Hundert des Grundkapitals nicht übersteigt und der Ausgabebetrag den Börsenpreis nicht wesentlich unterschreitet.

(4) [1]Ein Beschluß, durch den das Bezugsrecht ganz oder zum Teil ausgeschlossen wird, darf nur gefaßt werden, wenn die Ausschließung ausdrücklich und ordnungsgemäß bekanntgemacht worden ist. [2]Der Vorstand hat der Hauptversammlung einen schriftlichen Bericht über den Grund für den teilweisen oder vollständigen Ausschluß des Bezugsrechts zugänglich zu machen; in dem Bericht ist der vorgeschlagene Ausgabebetrag zu begründen.

(5) [1]Als Ausschluß des Bezugsrechts ist es nicht anzusehen, wenn nach dem Beschluß die neuen Aktien von einem Kreditinstitut oder einem nach § 53 Abs. 1 Satz 1 oder § 53 b Abs. 1 Satz 1 oder Abs. 7 des Gesetzes über das Kreditwesen tätigen Unternehmen mit der Verpflichtung übernommen werden sollen, sie den Aktionären zum Bezug anzubieten. [2]Der Vorstand hat dieses Bezugsangebot mit den Angaben gemäß Absatz 2 Satz 1 und einen endgültigen Ausgabebetrag gemäß Absatz 2 Satz 2 bekannt zu machen; gleiches gilt, wenn die neuen Aktien von einem anderen als einem Kreditinstitut oder Unternehmen im Sinne des Satzes 1 mit der Verpflichtung übernommen werden sollen, sie den Aktionären zum Bezug anzubieten.

A. Regelungsgehalt

Die Novelle erweitert geringfügig die **Bekanntmachungspflichten der Gesellschaft für die Ausübung des Bezugsrechts.**[1] Sie ist gem. § 26 j Abs. 4 EGAktG ab dem 3. September 2020 anzuwenden (vgl. zur ratio legis des vom allgemeinen Inkrafttreten des ARUG II abweichenden Zeitpunkts → § 243 Rn. 4). Die Erweiterung betrifft nur **Abs. 2 S. 1**: Der Ausgabebetrag nach § 185 Abs. 1 Nr. 2 (bzw. die Grundlagen für seine Festlegung) sowie die Bezugsfrist sind bislang nur in den Gesellschaftsblättern (dh im Bundesanzeiger, § 25) bekannt zu machen. Zukünftig sind diese Information auch „gemäß § 67 a zu übermitteln". Der Regierungsentwurf begründet den Verweis auf § 67 a damit, dass „es hier um die konkrete Ausübung der Aktionärsrechte geht".[2]   1

Im Aktiengesetz gilt die Pflicht nach Abs. 2 S. 1 gemäß § 203 Abs. 1 S. 1 **sinngemäß für Kapitalerhöhungen aus genehmigtem Kapital** (§ 203 Abs. 1) sowie **Wandelschuldverschreibungen** (§ 221 Abs. 4 S. 2). Beim bedingten Kapital gibt es kein Bezugsrecht der Alt-Aktionäre, so dass die entsprechende aktiengesetzliche Mitteilung entfällt. Für Kapitalerhöhungen aus Gesellschaftsmitteln enthält § 214 Abs. 1 eine selbstständige Bekanntmachungsvorschrift.   2

Inkonsequent und im Gesetzgebungsverfahren nicht erläutert ist das Fehlen der Abs. 1 entsprechenden Pflicht in **Abs. 2 S. 2** über die Höhe des Ausgabebetrags, soweit in der ersten Bekanntmachung nach Abs. S. 1 nur die **Grundlagen der Festlegung des Ausgabebetrags**, nicht aber dieser selbst angegeben sind; insoweit genügt die für die Entscheidung zur Ausübung des Bezugsrechts vielfach deutlich zu kurzfristige und ohne-   3

---

1 Vgl. zum bisherigen Rechtszustand und den Angabepflichten im Einzelnen *Rebmann* in Heidel, Aktienrecht AktG § 186 Rn. 23 ff.
2 ARUG II RegE S. 115; ebenso zuvor ARUG II RefE S. 104.

hin europarechtlich bedenkliche[3] Bekanntmachung nur drei Tage vor Ablauf der Bezugsfrist (kumulativ) im Bundesanzeiger und einem elektronischen Informationsmedium. Eine unmittelbare Information nach § 67 a wäre auch insoweit angezeigt. Angesichts der klaren gesetzgeberischen Entscheidung, die Pflicht nach § 67 a nur für Abs. 1 S. 1 vorzusehen, begründet die Mangelhaftigkeit der Information über den Ausgabebetrag in Fällen des Abs. 2 S. 2 keine analoge Anwendung der Pflicht nach § 67 a.

Vierter Unterabschnitt Kapitalerhöhung aus Gesellschaftsmitteln

§ 214 Aufforderung an die Aktionäre

(1) [1]Nach der Eintragung des Beschlusses über die Erhöhung des Grundkapitals durch Ausgabe neuer Aktien hat der Vorstand unverzüglich die Aktionäre aufzufordern, die neuen Aktien abzuholen. [2]Die Aufforderung ist in den Gesellschaftsblättern bekanntzumachen *und gemäß § 67 a zu übermitteln.* [3]In der Bekanntmachung ist anzugeben,
1. um welchen Betrag das Grundkapital erhöht worden ist,
2. in welchem Verhältnis auf die alten Aktien neue Aktien entfallen.
[4]In der Bekanntmachung ist ferner darauf hinzuweisen, daß die Gesellschaft berechtigt ist, Aktien, die nicht innerhalb eines Jahres seit der Bekanntmachung der Aufforderung abgeholt werden, nach dreimaliger Androhung für Rechnung der Beteiligten zu verkaufen.

(2) [1]Nach Ablauf eines Jahres seit der Bekanntmachung der Aufforderung hat die Gesellschaft den Verkauf der nicht abgeholten Aktien anzudrohen. [2]Die Androhung ist dreimal in Abständen von mindestens einem Monat in den Gesellschaftsblättern bekanntzumachen. [3]Die letzte Bekanntmachung muß vor dem Ablauf von achtzehn Monaten seit der Bekanntmachung der Aufforderung ergehen.

(3) [1]Nach Ablauf eines Jahres seit der letzten Bekanntmachung der Androhung hat die Gesellschaft die nicht abgeholten Aktien für Rechnung der Beteiligten zum Börsenpreis und beim Fehlen eines Börsenpreises durch öffentliche Versteigerung zu verkaufen. [2]§ 226 Abs. 3 Satz 2 bis 6 gilt sinngemäß.

(4) [1]Die Absätze 1 bis 3 gelten sinngemäß für Gesellschaften, die keine Aktienurkunden ausgegeben haben. [2]Die Gesellschaften haben die Aktionäre aufzufordern, sich die neuen Aktien zuteilen zu lassen.

A. Regelungsgehalt

1   § 214 regelt den technischen Vollzug der bereits vorher durch Registereintragung (§ 211) wirksam gewordenen **Kapitalerhöhung aus Gesellschaftsmitteln durch Ausgabe neuer Aktien** – und zwar sowohl für die Fälle der Einzelverbriefung als auch (Abs. 4) für Fälle, in denen die Gesellschaft keine Aktienurkunden ausgegeben hat.[1]

---

3   Die kurze Frist kann dazu führen, dass sie Frist über Feiertage läuft und faktisch nicht mal einen Börsentag beträgt, vgl. *Ekkenga* in Kölner Kommentar § 186 Rn. 57, was für eine fundierte Entscheidung und die Ausübung einer Zeichnung des Anleger zu kurz sein kann – zB bei Bekanntgabe am Freitag bis 24 Uhr und Ablauf der Frist am Montag. Vgl. zur europarechtlichen Bedenklichkeit vor dem Hintergrund von Art. 29 Kapitalrichtlinie (nunmehr Art. 72 Abs. 3 S. 2 Gesellschaftsrechtsrichtlinie) *Bezzenberger* ZIP 2002, 1917 (1922); kritisch auch *Busch* AG 2002, 230 (234); aA *Schlitt/Seiler* WM 2003, 2175 (2181) vgl. auch BT-Drucks 14/8769 S. 23 mit dem geradezu banalen Versuch der Rechtfertigung der Abweichung von der Richtlinie, den Aktionären könne „durchaus zugemutet werden", sich binnen drei Tagen hinsichtlich der Ausübung ihres Bezugsrechts zu entscheiden, wenn ihnen das Drei-Tages-Fenster vorher mitgeteilt worden sei.

1   Vgl. zur bisherigen Regelung im Einzelnen zB *Wagner* in Heidel, Aktienrecht AktG § 214 Rn. 2, 3 ff., 7

Die ARUG II-Novelle enthält eine **geringfügige Erweiterung der Veröffentlichungs-pflichten**. Die Novelle ist gem. § 26 j Abs. 4 EGAktG ab dem 3. September 2020 **an-zuwenden** (vgl. zur ratio legis des vom allgemeinen Inkrafttreten des ARUG II abweichenden Zeitpunkts → § 243 Rn. 4).

Der Vorstand brauchte bislang die (unverzügliche) **Aufforderung an die Aktionäre,** 2
die neuen Aktien abzuholen, gemäß Abs. 1 Satz 2 nur in den Gesellschaftsblättern (gemäß § 25 Bundesanzeiger) bekannt zu machen. Nunmehr muss er die Aufforderung ebenso wie die ähnliche Mitteilung bei regulären Kapitalerhöhung, § 186 Abs. 2 S. 1) „auch **gemäß § 67 a** übermitteln". Der Regierungsentwurf begründet ebenso wie bei § 186 den Verweis auf § 67 a damit, dass „es hier um die konkrete Ausübung der Aktionärsrechte geht".[2]

Inkonsequent und im Gesetzgebungsverfahren nicht erläutert ist das Fehlen der Pflicht 3
zur Übermittlung nach § 67 a in **Abs. 2 S. 2 zur Androhung des Verkaufs von nicht ab-geholten Aktien;** diese ist auch nach der ARUG II-Novelle gem. Abs. 2 S. 2 lediglich (dreimal in mindestens monatlichen Abständen) „in den Gesellschaftsblättern bekannt zu machen" – nicht aber wie nach Abs. 1 S. 2 auch gem. § 67 a zu übermitteln. Eine unmittelbare Information nach § 67 a wäre auch insoweit angezeigt und für die Praxis sowie den Schutz der Aktionärsrechte noch dringlicher als bei der bloßen Aufforderung zur Abholung der Aktien nach Abs. 1. Angesichts der klaren gesetzgeberischen Entscheidung, die Pflicht nach § 67 a nur für die Aufforderung nach Abs. 1 vorzusehen, nicht aber für die Androhung nach Abs. 2, begründet die mangelhafte Verbreitung der Androhung keine analoge Anwendung der Pflicht nach § 67 a auch für die Androhung.

Siebenter Teil
Nichtigkeit von Hauptversammlungsbeschlüssen und des festgestellten Jahresabschlusses. Sonderprüfung wegen unzulässiger Unterbewertung

Erster Abschnitt Nichtigkeit von Hauptversammlungsbeschlüssen

Erster Unterabschnitt Allgemeines

§ 243 Anfechtungsgründe

(1) Ein Beschluß der Hauptversammlung kann wegen Verletzung des Gesetzes oder der Satzung durch Klage angefochten werden.

(2) [1]Die Anfechtung kann auch darauf gestützt werden, daß ein Aktionär mit der Ausübung des Stimmrechts für sich oder einen Dritten Sondervorteile zum Schaden der Gesellschaft oder der anderen Aktionäre zu erlangen suchte und der Beschluß geeignet ist, diesem Zweck zu dienen. [2]Dies gilt nicht, wenn der Beschluß den anderen Aktionären einen angemessenen Ausgleich für ihren Schaden gewährt.

(3) Die Anfechtung kann nicht gestützt werden:

1. auf die durch eine technische Störung verursachte Verletzung von Rechten, die nach § 118 Abs. 1 Satz 2, *Abs. 2 Satz 1* und § 134 Abs. 3 auf elektronischem Wege wahrgenommen worden sind, es sei denn, der Gesellschaft ist grobe Fahrlässigkeit oder Vorsatz vorzuwerfen; in der Satzung kann ein strengerer Verschuldensmaßstab bestimmt werden,

---

2 ARUG II RegE S. 115; ebenso zuvor ARUG II RefE S. 104.

2. auf eine Verletzung *der §§ 67 a, 67 b*, 121 Absatz 4 a *oder des § 124 a des § 128*,

3. auf Gründe, die ein Verfahren nach § 318 Abs. 3 des Handelsgesetzbuchs rechtfertigen.

(4) [1]Wegen unrichtiger, unvollständiger oder verweigerter Erteilung von Informationen kann nur angefochten werden, wenn ein objektiv urteilender Aktionär die Erteilung der Information als wesentliche Voraussetzung für die sachgerechte Wahrnehmung seiner Teilnahme- und Mitgliedschaftsrechte angesehen hätte. [2]Auf unrichtige, unvollständige oder unzureichende Informationen in der Hauptversammlung über die Ermittlung, Höhe oder Angemessenheit von Ausgleich, Abfindung, Zuzahlung oder über sonstige Kompensationen kann eine Anfechtungsklage nicht gestützt werden, wenn das Gesetz für Bewertungsrügen ein Spruchverfahren vorsieht.

A. Regelungsgehalt

1 § 243 ist die zentrale Vorschrift zur Festlegung der Anfechtungsgründe. Grundsätzlich kann jeder Beschluss einer Hauptversammlung wegen Verletzung des Gesetzes oder der Satzung durch Klage angefochten werden (Abs. 1), insbes. wegen des Versuchs zur Erlangung von Sondervorteilen durch einen Beschluss (Abs. 2) sowie wegen Verletzung von Informationspflichten, wozu Abs. 4 den Abs. 1 ergänzende Regelungen enthält. Seit langem enthält das Gesetz in Abs. 3 eine Reihe von **Rechtsverstößen, die kein Anfechtungsgrund sein sollen,** obwohl sie dem Grunde nach eine Rechtsverletzung nach Abs. 1 sind. In dem Katalog des Abs. 3 hat der Gesetzgeber im Zuge des ARUG II einige Änderungen vorgenommen, die Folgeänderungen aus der Änderung anderer Vorschriften sind.

2 **Weitere neue Anfechtungsausschlüsse**[1] enthält § 120 a Abs. 1 S. 3 (→ § 120 a Rn. 9, 13) im Hinblick auf das Votum der Hauptversammlung zum **Vergütungssystem;** eine entsprechende Regelung enthielt zuvor § 120 Abs. 4 S. 3 AktG aF. Nicht anfechtbar ist gem. § 120 a Abs. 4 S. 2 auch der HV-Beschluss zur Entscheidung über die **Billigung des Vergütungsberichts** nach § 162 (→ § 120 a Rn. 18 ff.). Einen teilweisen Ausschluss der Anfechtbarkeit des Beschlusses über die **Vergütung der Aufsichtsratsmitglieder** normiert § 113 Abs. 3 S. 5 hinsichtlich des in § 113 Abs. 3 S. 3 geregelten Erfordernisses von Angaben nach § 87 a S. 5 S. 2; daher enthält der einheitliche Beschluss über die Aufsichtsratsvergütung anfechtbare und nicht anfechtbare Beschlussteile (→ § 113 Abs. 3 Rn. 2 ff.).

3 Einen weiteren neuen Anfechtungsausschluss enthält zwar nicht der Gesetzeswortlaut, aber spricht die Regierungsbegründung zu § 134 d Abs. 3 an: Eine **Anfechtung von HV-Beschlüssen aufgrund fehlerhafter Stimmrechtsberatung** komme nicht in Betracht; denn der Berater erbringe seine Leistungen aufgrund vertraglicher Vereinbarungen im Innenverhältnis zu seinem Auftraggeber, dem Aktionär; Fehler in diesem Verhältnis könnten keinen Anfechtungsgrund im Verhältnis zur Gesellschaft begründen.[2]

4 Den **zeitlichen Anwendungsbereich** der Neuregelung des § 243 Abs. 3 bestimmt § 26 j Abs. 4 EGAktG: Diese ist (ebenso wie die darin in Bezug genommenen Änderungen von §§ 67 a, 67 b, 128) in der neuen Fassung des Gesetzes entgegen dem allgemeinen

---

1 Vgl. zu bisherigen und fortbestehenden Anfechtungsausschlüssen außerhalb § 243 Abs. 3 NK-AktKapMarktR/*Heidel* AktG § 243 Rn. 53 ff.
2 Begr. RegE BT-Drs. 19/9739, S. 106 f.

Datum des Inkrafttreten des Gesetzes (1.1.2020)[3] generell erst ab dem 3.9.2020 anzuwenden – insbes. erstmals auf Klagen hinsichtlich Hauptversammlungen, die nach diesem Datum einberufen werden. Der Gesetzgeber beruft sich zur Begründung der verzögerten Anwendung abweichend von der Vorgabe der 2. ARRL[4] darauf, dass die Vorschriften der §§ 67 a ff. zur Aktionärsinformation eng mit der 2. ARRL Durchführungsverordnung[5] verknüpft seien, die erst ab dem 3.9.2020 gilt.[6]

B. Die Regelungen im Einzelnen

I. Einfügung der Bezeichnung § 118 Abs. 2 S. 1 (Abs. 3 Nr. 1)

Nach Abs. 3 Nr. 1 aF konnte (soweit für die Novelle einschlägig) eine Anfechtung grundsätzlich nicht auf die durch eine **technische Störung** verursachte Verletzung von Rechten gestützt werden, die nach § 118 Abs. 2 aF auf elektronischem Wege wahrgenommen wurde – es sei denn, der Gesellschaft war grobe Fahrlässigkeit oder Vorsatz vorzuwerfen.[7] § 118 Abs. 2 betrifft die **Briefwahl:** Dieser enthielt in seiner bisherigen Fassung nur den S. 1 zur Möglichkeit der Briefwahl: Danach kann die Satzung vorsehen oder den Vorstand ermächtigen vorzusehen, dass die Aktionäre ihre Stimmen per Briefwahl abgeben dürfen. Ist eine solche vorgesehen, gehen technische Störungen also grundsätzlich nicht zulasten der Gesellschaft; sie begründen grundsätzlich keine Anfechtung.   5

Das ARUG II hat § 118 Abs. 2 um S. 2 ergänzt; der verweist nunmehr auf die neuen Regelungen von § 118 Abs. 1 S. 3–5 (→ § 118 Rn. 4). Die Regierungsbegründung des Entwurfs des § 243 Abs. 3 Nr. 1 erläutert die Hinzufügung der Angabe S. 1 bei dem Verweis auf § 118 Abs. 2 damit, das sei eine **Folgeänderung** zur Ergänzung des § 118 Abs. 2.[8] **Materiell hat sich mE am Anfechtungsausschluss nichts geändert. Dem Wortlaut des § 243 Abs. 3 Nr. 1 nach ist der Verstoß gegen Pflichten nach § 118 Abs. 2 S. 2 iVm Abs. 1 S. 3–5 ein Anfechtungsgrund.** Allerdings sind in der Praxis keine Konstellationen erkennbar, in denen entsprechende Verfahrensfehler einmal relevant für die HV-Beschlussfassung sein können.[9]   6

II. Anfechtungsausschluss bei Verletzung von Pflichten im Hinblick auf Informationen über Unternehmensereignisse sowie durch Intermediäre an die Aktionäre (Abs. 3 Nr. 2)

Abs. 3 Nr. 2 nimmt Bezug auf die Einfügung der §§ 67 a f. in das AktG durch das ARUG II, womit der deutsche Gesetzgeber die entsprechenden Vorgaben der **2. ARRL umsetzen wollte** (→ § 67 a Rn. 4 , → § 67 b Rn. 4); **die Anfechtung kann nach dem Wortlaut von Abs. 3 Nr. 2 „nicht gestützt werden auf eine Verletzung der §§ 67 a, 67 b."**   7

Der Regierungsentwurf des ARUG[10] begründet die Novelle pauschal und ohne Erläuterung damit, eine „Verletzung der Übermittlung- und Weiterleitungspflichten der Intermediäre gem. §§ 67 a, 67 b … darf nicht zulasten der Gesellschaft gehen". Sonstige   8

---

3 Art. 16 Gesetz zur Umsetzung der zweiten Aktionärsrechterichtlinie vom 12. Dezember 2019, BGBl. I S. 2637.
4 Deren Art. 2 verpflichtet die Mitgliedstaaten zur Umsetzung bis zum 10.6.2019.
5 Durchführungsverordnung (EU) 2018/1212 der Kommission vom 3. September 2018 zur Festlegung von Mindestanforderungen zur Umsetzung der Bestimmungen der Richtlinie 2007/36/EG des Europäischen Parlaments und des Rates in Bezug auf die Identifizierung der Aktionäre, die Informationsübermittlung und die Erleichterung der Ausübung der Aktionärsrechte, Amtsblatt der Europäischen Union vom 4.9.2018, L 123/1.
6 Begr. RegE BT-Drs. 19/9739, S. 118.
7 Vgl., auch zur Kritik an der Regelung NK-AktKapMarktR/*Heidel* AktG § 243 Rn. 49.
8 Begr. RegE, BT-Drs. 19/9739, S. 115.
9 Vgl. zu diesem Grundsatz *Heidel* in Heidel, Aktienrecht AktG § 243 Rn. 15 ff.
10 Begr. RegE, BT-Drs. 19/9739, S. 115.

Erläuterungen im Gesetzgebungsverfahren zum Inhalt des Anfechtungsausschlusses sind nicht ersichtlich.

9   Die Regierungsbegründung passt indessen nicht zum Wortlaut der Neuregelung: Es leuchtet ein, dass ein Verstoß der Intermediäre gegen ihre Pflichten nach den §§ 67 a f. „nicht zulasten der Gesellschaft gehen (darf)", wie es in der Regierungsbegründung heißt. §§ 67 a f. enthalten aber nicht lediglich Pflichten der Intermediäre, sondern auch der Gesellschaften: § 67 a Abs. 1 verpflichtet die börsennotierten Gesellschaften (§ 3 Abs. 2, → § 67 a Rn. 17 ff.), (Nr. 1) den im Aktienregister (§ 67) Eingetragenen (typischerweise also Namensaktionär)[11] sowie (Nr. 2) bei Inhaberaktien die Intermediäre, die Aktien der Gesellschaft verwahren, Informationen über Unternehmensereignisse gem. § 67 a Abs. 6 zu übermitteln; er setzt damit Art. 3 b Abs. 2 2. ARRL in deutsches Recht um. Nirgends gibt es einen Hinweis dafür, dass der Gesetzgeber hinsichtlich der in Umsetzung europarechtlicher Vorgaben gerade neu geschaffenen Pflichten der Gesellschaften einen Anfechtungsausschluss vorsehen wollte.

10   Daher ist zu klären, wie der dem Wortlaut nach weit über den Regelungszweck hinausgehende umfassende Anfechtungsausschluss zu verstehen ist.

11   Dafür ist mE zunächst der Regelungshintergrund der 2. ARRL in den Blick zu nehmen, deren Art. 3 b Abs. 2 Deutschland zu einer Regelung etwa in der Art von § 67 a Abs. 1 verpflichtet; die Regierungsbegründung stützt sich insoweit ausdrücklich auf die europäische Pflicht zur Umsetzung der Richtlinie.[12] Art. 14 b 2. ARRL verpflichtet die Mitgliedstaaten zu wirksamen und abschreckenden Sanktionen. Solche sind für die Pflichten nach § 67 a Abs. 1 indessen nirgends normiert. Hinzu kommt, dass der Gesetzgeber nach der Regierungsbegründung den Anfechtungsausschluss nur in Hinblick auf die Verletzung von Pflichten der Intermediäre vorsehen wollte, die nicht auf den HV-Beschluss durchschlagen sollen, → Rn. 8. ME folgt daraus, dass Abs. 3 Nr. 2 im Hinblick auf § 67 a gegen den Wortlaut wegen des offenbaren Versehens des Gesetzgebers, den gesamten § 67 a als Anfechtungsgrund auszunehmen, nicht aber auf Fehler der Intermediäre zu beschränken, im Wege der teleologischen Reduktion[13] einschränkend auszulegen ist: Der Anfechtungsausschluss gilt damit lediglich bei Verletzung der Pflichten der Intermediäre nach § 67 a Abs. 2 ff.; er **beschränkt nicht die Anfechtung beim Verstoß der Gesellschaft gegen § 67 a** .

12   Das Ergebnis wird bestätigt durch eine **europarechtskonforme Auslegung** des § 243 Abs. 3 Nr. 2 iVm § 67 a Abs. 1.[14] Die Anfechtbarkeit von unter Verletzung der Pflichten der Gesellschaft nach § 67 a zustande gekommenen Beschlüssen ist nämlich die einzige nach nationalem Recht einschlägige effektive Sanktion.

13   Soweit bei der Informationsübermittlung durch von der Gesellschaft **beauftragte Dritte** nach § 67 a Abs. 2 S. 1 Fehler vorkommen, muss sich die Gesellschaft diese zurechnen lassen; daher können grundsätzlich auch solche Fehler die Anfechtung begründen.

14   Voraussetzung der Anfechtbarkeit wegen Verletzung der Informationspflichten der Gesellschaft nach § 67 a Abs. 1 ist nach allgemeinen Grundsätzen, dass für die Be-

---

11   Begr. RegE, BT-Drs. 19/9739, S. 60, weist auf die Möglichkeit hin, dass auch Intermediäre eingetragen sein können.

12   Begr. RegE, BT-Drs. 19/9739, S. 60.

13   Vgl. zu diesem Auslegungsprinzip *Larenz*, Methodenlehre der Rechtswissenschaft, S. 391 ff.; BGH NJW 2012, 1073 (1076 f.) Rn. 30 f.; BGHZ 179, 27 = NJW 2009, 427 (429) Rn. 21 ff.; BGHZ 59, 236 = NJW 1972, 2262 (2263) = juris Rn. 11; BVerfG NJW 2012, 669 (670 ff.) Rn. 43 ff., 55 ff.; BVerfGE 88, 145 = NJW 1993, 2861 (2863) = juris Rn. 68; BVerfGE 35, 263 = NJW 1973, 1491 (1494) = juris Rn. 49.

14   Vgl. zu diesem Auslegungsprinzip auch im Zusammenhang mit einer teleologischen Reduktion und Rechtsfortbildung BGHZ 179, 27 = NJW 2009, 427 Rn. 21; BGH NJW 2012, 1073 (1076 f.) Rn. 30 f.; BVerfG NJW 2012, 669 (670 ff.) Rn. 43 ff., 50 ff.

schlussfassung Pflichten nach § 67 a Abs. 1 oder danach zu übermittelnde Informationen beschlussrelevant, aber nicht auf andere Weise mitgeteilt sind.[15]

III. Streichung des Verweises auf § 128 aF in Abs. 3 Nr. 2

Die Streichung des Verweises auf § 128 ist Folge von dessen Aufhebung; die dortigen Pflichten sind in §§ 67 a f. aufgegangen.   15

§ 246 a Freigabeverfahren

(1) [1]Wird gegen einen Hauptversammlungsbeschluss über eine Maßnahme der Kapitalbeschaffung, der Kapitalherabsetzung (§§ 182 bis 240) oder einen Unternehmensvertrag (§§ 291 bis 307) Klage erhoben, so kann das Gericht auf Antrag der Gesellschaft durch Beschluss feststellen, dass die Erhebung der Klage der Eintragung nicht entgegensteht und Mängel des Hauptversammlungsbeschlusses die Wirkung der Eintragung unberührt lassen. [2]Auf das Verfahren sind § 247, die §§ 82, 83 Abs. 1 und § 84 der Zivilprozessordnung sowie die im ersten Rechtszug für das Verfahren vor den Landgerichten geltenden Vorschriften der Zivilprozessordnung entsprechend anzuwenden, soweit nichts Abweichendes bestimmt ist. [3]Über den Antrag entscheidet ein Senat des Oberlandesgerichts, in dessen Bezirk die Gesellschaft ihren Sitz hat.

(2) Ein Beschluss nach Absatz 1 ergeht, wenn
1. die Klage unzulässig oder offensichtlich unbegründet ist,
2. der Kläger nicht binnen einer Woche nach Zustellung des Antrags durch Urkunden oder durch einen Nachweis nach § 67 c Absatz 3 belegt hat, dass er seit Bekanntmachung der Einberufung einen anteiligen Betrag von mindestens 1 000 Euro hält oder
3. das alsbaldige Wirksamwerden des Hauptversammlungsbeschlusses vorrangig erscheint, weil die vom Antragsteller dargelegten wesentlichen Nachteile für die Gesellschaft und ihre Aktionäre nach freier Überzeugung des Gerichts die Nachteile für den Antragsgegner überwiegen, es sei denn, es liegt eine besondere Schwere des Rechtsverstoßes vor.

(3) [1]Eine Übertragung auf den Einzelrichter ist ausgeschlossen; einer Güteverhandlung bedarf es nicht. [2]In dringenden Fällen kann auf eine mündliche Verhandlung verzichtet werden. [3]Die vorgebrachten Tatsachen, auf Grund deren der Beschluss ergehen kann, sind glaubhaft zu machen. [4]Der Beschluss ist unanfechtbar. [5]Er ist für das Registergericht bindend; die Feststellung der Bestandskraft der Eintragung wirkt für und gegen jedermann. [6]Der Beschluss soll spätestens drei Monate nach Antragstellung ergehen; Verzögerungen der Entscheidung sind durch unanfechtbaren Beschluss zu begründen.

(4) [1]Erweist sich die Klage als begründet, so ist die Gesellschaft, die den Beschluss erwirkt hat, verpflichtet, dem Antragsgegner den Schaden zu ersetzen, der ihm aus einer auf dem Beschluss beruhenden Eintragung des Hauptversammlungsbeschlusses entstanden ist. [2]Nach der Eintragung lassen Mängel des Beschlusses seine Durchführung unberührt; die Beseitigung dieser Wirkung der Eintragung kann auch nicht als Schadensersatz verlangt werden.

---

15 Vgl. zum Kriterium der Relevanz bei der Beschlussanfechtung wegen Informationspflichtverletzungen *Heidel* in Heidel, Aktienrecht AktG § 243 Rn. 15 ff.; zu Informationspflichten Rn. 23 ff.

I. Neuerung

1 § 246 a Abs. 2 Nr. 2, der das sog. Bagatellquorum im Freigabeverfahren regelt, sieht nunmehr vor, dass der Kläger den erforderlichen Anteilsbesitz auch durch einen vom Letztintermediär (vgl. § 67 a Abs. 5 S. 2) ausgestellten standardisierten (vgl. Art. 2 Abs. 1 der Durchführungsverordnung (EU) 2018/1212 der Kommission) **textförmigen Nachweis** (Intermediärbescheinigung) erbringen kann. Durch die ausdrückliche Erwähnung in § 246 a Abs. 2 Nr. 2 wird klargestellt, dass der nach dem Wortlaut des § 67 c Abs. 3 dem Aktionär „für die Ausübung seiner Rechte in der Hauptversammlung" auszustellende Nachweis über seinen Anteilsbesitz nach der gesetzgeberischen Vorstellung auch zum Beleg des Erreichens des Bagatellquorums im Freigabeverfahren taugt. Ausweislich der Gesetzesbegründung soll damit zugleich eine in der Rechtsprechung der Oberlandesgerichte ungeklärte Rechtslage hinsichtlich der Frage, welche Anforderungen i.R.d. § 246 a Abs. 2 Nr. 2 an eine „Urkunde" zu stellen sind, beseitigt werden.[1]

II. Anwendungsbereich

1. Sachlicher Anwendungsbereich

2 Der sachliche Anwendungsbereich der Verweisung wird durch den sachlichen Anwendungsbereich der in Bezug genommenen Norm des § 67 c Abs. 3 determiniert. Diese Norm findet Anwendung bei EU-/EWR-**börsennotierten**[2] **Gesellschaften** mit Satzungssitz in Deutschland,[3] unabhängig vom Gesellschaftsstatut und vom Sitz des Intermediärs sowie des Aktionärs und von dessen Nationalität[4] (§ 67). Für nicht von § 67 c Abs. 3 erfasste Gesellschaften verbleibt es im Rahmen des § 246 a Abs. 2 Nr. 2 beim Erfordernis eines Nachweises des Anteilsbesitzes durch (sonstige) Urkunden, etwa einen Depotauszug.

2. Zeitlicher Anwendungsbereich

3 Nach § 26 j Abs. 4 EGAktG sind sowohl § 67 c Abs. 3 als auch § 246 a Abs. 2 Nr. 2 des durch das ARUG II geänderten Aktiengesetzes erst ab dem 3.9.2020 und auf nach diesem Tag einberufene Hauptversammlungen anzuwenden. Das bedeutet, dass die Intermediärbescheinigung nur bei solchen Freigabeverfahren eine Rolle spielen kann, welche eintragungspflichtige Beschlüsse zum Gegenstand haben, die in **ab dem 4.9.2020** einberufenen Hauptversammlungen gefasst wurden. Nennenswerte praktische Auswirkungen wird die Neuregelung somit erstmals in der Hauptversammlungssaison 2021 entfalten.

---

1 Vgl. Begr. ARUG II RegE BT-Drs. 19/9739, S. 115.
2 *Zetzsche* ZGR 2019, 1 (12); auch wenn der Wortlaut in § 67 c Abs. 1 nicht so eng ist, ergibt sich die Beschränkung auf Börsennotierungen im EU-/EWR-Raum aus § 67 a Abs. 4.
3 *Zetzsche* ZGR 2019, 1 (9).
4 *Zetzsche* ZGR 2019, 1 (10 f.).

III. Nachweis des Anteilsbesitzes durch Intermediärbescheinigung

1. Form

Nach § 67 c Abs. 3 ist die Intermediärbescheinigung in **Textform** zu erteilen. Somit genügt auch für den Nachweis des erforderlichen Anteilsbesitzes i.R.d. § 246 a Abs. 2 Nr. 2 die Übermittlung dieses Nachweises in Textform. Der Begriff der Textform richtet sich nach § 126 b BGB. Ausreichend sind danach insbesondere die Übermittlung der Intermediärbescheinigung durch Telefax oder als Scan sowie die Vorlage eines Scan-Ausdrucks. Für den Fall des Nachweises des erforderlichen Anteilsbesitzes durch Intermediärbescheinigung sind daher die bislang umstrittenen Anforderungen an die Form des Nachweises[5] geklärt. 4

Richtigerweise muss die getroffene gesetzgeberische Wertung, dass ein in Textform erbrachter Nachweis für den Beleg des von § 246 a Abs. 2 Nr. 2 geforderten Anteilsbesitzes ausreicht, auch bei der Festlegung der – gesetzlich nicht explizit geregelten – Formanforderungen an den Nachweis des Anteilsbesitzes durch (sonstige) Urkunden Berücksichtigung finden. Es ist kein sachlicher Grund ersichtlich, warum insoweit strengere Anforderungen gelten sollten. Entgegen einer in der oberlandesgerichtlichen Rechtsprechung vereinzelt vertretenen[6] – freilich schon bislang nicht überzeugenden[7] – Ansicht muss daher auch in diesen Fällen nicht das Original der Urkunde binnen Wochenfrist bei Gericht eingehen, sondern es genügt auch hier der Zugang in Textform (Kopie, Telefax, E-Mail, Scan per E-Mail etc). 5

2. Inhaltliche Anforderungen

Die inhaltlichen Anforderungen an den zu führenden Nachweis des Anteilsbesitzes ergeben sich auch beim Nachweis durch Intermediärbescheinigung aus § 246 Abs. 2 Nr. 2, nicht aus § 67 c Abs. 3. 6

Es muss ersichtlich sein, dass der Kläger Anteile mit einem **anteiligen Betrag von mindestens 1.000 EUR** hält. Nach § 67 c Abs. 3 iVm Art. 5 Durchführungsverordnung (EU) 2018/1212 hat die standardisierte Intermediärbescheinigung unter anderem die „berechtigte Position" iSd Art. 1 Nr. 8 der Verordnung anzugeben. Das umfasst jedenfalls die Anzahl der vom Intermediär für den Aktionär verwahrten Anteile.[8] Hinsichtlich des anteiligen Betrags reicht es aus, wenn dieser sich aus einer Zusammenschau der Intermediärbescheinigung mit anderen fristgerecht eingereichten Urkunden ergibt.[9] 7

Nach § 246 a Abs. 2 Nr. 2 erforderlich ist zudem der Nachweis, dass der Kläger den relevanten anteiligen Betrag **„seit Bekanntmachung"** der Einberufung hält. Es geht also nicht um einen lediglich auf den Stichtag der Einberufung beschränkten, sondern um einen auf den gesamten **Zeitraum** zwischen Einberufung und Klageerhebung bzw. Zustellung des Freigabeantrages[10] bezogenen Nachweis. Das ist zu hervorzuheben, weil die Intermediärbescheinigung gemäß Art. 5 Abs. 1, Art. 2 Abs. 1 iVm Anhang, Tabelle 4 B. 1. der Durchführungsverordnung (EU) 2018/1212 als standardisierte Mindestangabe lediglich eine stichtagsbezogene („Aufzeichnungsdatum") Angabe über die berechtigte Position enthält. 8

Dass der Gesetzgeber durch die Klarstellung, dass der Anteilsbesitz durch eine Intermediärbescheinigung nachgewiesen werden kann, i.R.d. § 246 a Abs. 2 Nr. 2 zu einem 9

---

5 Siehe hierzu NK-AktKapMarktR/*Schatz* AktG § 246 a Rn. 46.
6 OLG Bamberg NZG 2014, 306 f.; wohl auch OLG Frankfurt/M. ZIP 2010, 986 (989).
7 Siehe hierzu NK-AktKapMarktR/*Schatz* AktG § 246 a Rn. 46.
8 *Zetzsche* AG 2020, 1 (7).
9 So bereits bislang hinsichtlich des Nachweises durch (sonstige) Urkunden, vgl. NK-AktKapMarktR/Schatz AktG § 246 a Rn. 40.
10 Einzelheiten zum Ende des Nachweiszeitraums sind streitig, vgl. NK-AktKapMarktR/ Schatz AktG § 246 a Rn. 43.

stichtagsbezogenen Nachweis übergehen wollte, ist nicht anzunehmen. Erforderlich sein dürfte daher, dass der Kläger entweder sicherstellt, dass die Bescheinigung seines Letztintermediärs über die stichtagsbezogene Mindestangabe hinaus eine zeitraumbezogene – dh auf Anfangsstichtag und Endstichtag bezogene – Angabe des Mindestbesitzes enthält.

3. Adressat der Bescheinigung, Frist

10   § 67 c Abs. 3 sieht vor, dass der Letztintermediär den Nachweis über den Anteilsbesitz entweder dem Aktionär auszustellen oder an die Gesellschaft zu übermitteln hat.

11   Demgegenüber entspricht es i.R.d. § 246 a Abs. 2 Nr. 2 einhelliger Auffassung, dass der Nachweis **innerhalb der Wochenfrist bei Gericht eingehen muss.**[11] Dabei hat es mit Blick auf den Zweck des Nachweiserfordernisses und der kurzen Ausschlussfrist – das Gericht soll schnell Klarheit über die Möglichkeit einer Freigabe nach § 246 Abs. 2 Nr. 2 haben – zu bleiben. Es reicht also für den Nachweis des Anteilsbesitzes i.R.d. § 246 a Abs. 2 Nr. 2 nicht aus, wenn die Intermediärbescheinigung gemäß § 67 c Abs. 3, 2. Alt. binnen Wochenfrist der beklagten Gesellschaft zugeht.

IV. Entsprechende Anwendung

12   Aufgrund der Verweisung in § 20 Abs. 3 S. 4 2. Hs. SchVG gilt die Neufassung des § 246 a und der Verweis auf § 67 Abs. 3 auch für das Freigabeverfahren nach dem Schuldverschreibungsgesetz.[12]

13   In den Vorschriften betreffend das Freigabeverfahren bei Eingliederung und Squeeze-Out (§§ 319 Abs. 5, 327 e Abs. 2) sowie in denjenigen betreffend die umwandlungsrechtlichen Freigabeverfahren (§§ 16 Abs. 3 UmwG und hierauf verweisende Normen des UmwG) wurde die Möglichkeit des Nachweises des Anteilsbesitzes durch Intermediärbescheinigung nicht explizit klargestellt. Das scheint nicht auf einer bewussten Entscheidung des Gesetzgebers, sondern vielmehr darauf zu beruhen, dass die Parallelthematik in diesen Vorschriften im Gesetzgebungsverfahren schlicht übersehen wurde. Ein sachlicher Grund für die unterschiedliche Ausgestaltung der Freigabeverfahren in diesem Punkt ist indessen nicht ersichtlich. Das mag dafür sprechen, § 246 a Abs. 2 Nr. 2, 2. Alt. auf diese Freigabeverfahren analog anzuwenden oder jedenfalls die gesetzgeberische Wertung, dass für den Nachweis des Anteilsbesitzes Textform ausreicht, auch bei der Auslegung dieser Vorschriften zu berücksichtigen.

Zweiter Abschnitt Nichtigkeit des festgestellten Jahresabschlusses

§ 256 Nichtigkeit

(1) Ein festgestellter Jahresabschluß ist außer in den Fällen des § 173 Abs. 3, § 234 Abs. 3 und § 235 Abs. 2 nichtig, wenn
1. er durch seinen Inhalt Vorschriften verletzt, die ausschließlich oder überwiegend zum Schutze der Gläubiger der Gesellschaft gegeben sind,
2. er im Falle einer gesetzlichen Prüfungspflicht nicht nach § 316 Abs. 1 und 3 des Handelsgesetzbuchs geprüft worden ist,
3. er im Falle einer gesetzlichen Prüfungspflicht von Personen geprüft worden ist, die nach § 319 Absatz 1 des Handelsgesetzbuchs oder nach Artikel 25 des Einfüh-

---

11 NK-AktKapMarktR/Schatz AktG § 246 a Rn. 47.
12 Zur Verweisung generell LBS/*Bliesener/Schneider* SchVG § 20 Rn. 60, 64.

rungsgesetzes zum Handelsgesetzbuch nicht Abschlussprüfer sind oder aus anderen Gründen als den folgenden nicht zum Abschlussprüfer bestellt sind:

a) Verstoß gegen § 319 Absatz 2, 3 oder 4 des Handelsgesetzbuchs,
b) Verstoß gegen § 319a Absatz 1 oder 3 des Handelsgesetzbuchs,
c) Verstoß gegen § 319b Absatz 1 des Handelsgesetzbuchs,
d) Verstoß gegen die Verordnung (EU) Nr. 537/2014 des Europäischen Parlaments und des Rates vom 16. April 2014 über spezifische Anforderungen an die Abschlussprüfung bei Unternehmen von öffentlichem Interesse und zur Aufhebung des Beschlusses 2005/909/EG der Kommission (ABl. L 158 vom 27.5.2014, S. 77, L 170 vom 11.6.2014, S. 66),

4. bei seiner Feststellung die Bestimmungen des Gesetzes oder der Satzung über die Einstellung von Beträgen in Kapital- oder Gewinnrücklagen oder über die Entnahme von Beträgen aus Kapital- oder Gewinnrücklagen verletzt worden sind.

(2) Ein von Vorstand und Aufsichtsrat festgestellter Jahresabschluß ist außer nach Absatz 1 nur nichtig, wenn der Vorstand oder der Aufsichtsrat bei seiner Feststellung nicht ordnungsgemäß mitgewirkt hat.

(3) Ein von der Hauptversammlung festgestellter Jahresabschluß ist außer nach Absatz 1 nur nichtig, wenn die Feststellung

1. in einer Hauptversammlung beschlossen worden ist, die unter Verstoß gegen § 121 Abs. 2 und 3 Satz 1 oder Abs. 4 einberufen war,
2. nicht nach § 130 Abs. 1 und 2 Satz 1 und Abs. 4 beurkundet ist,
3. auf Anfechtungsklage durch Urteil rechtskräftig für nichtig erklärt worden ist.

(4) Wegen Verstoßes gegen die Vorschriften über die Gliederung des Jahresabschlusses sowie wegen der Nichtbeachtung von Formblättern, nach denen der Jahresabschluß zu gliedern ist, ist der Jahresabschluß nur nichtig, wenn seine Klarheit und Übersichtlichkeit dadurch wesentlich beeinträchtigt sind.

(5) ¹Wegen Verstoßes gegen die Bewertungsvorschriften ist der Jahresabschluß nur nichtig, wenn

1. Posten überbewertet oder
2. Posten unterbewertet sind und dadurch die Vermögens- und Ertragslage der Gesellschaft vorsätzlich unrichtig wiedergegeben oder verschleiert wird.

²Überbewertet sind Aktivposten, wenn sie mit einem höheren Wert, Passivposten, wenn sie mit einem niedrigeren Betrag angesetzt sind, als nach §§ 253 bis 256a des Handelsgesetzbuchs zulässig ist. ³Unterbewertet sind Aktivposten, wenn sie mit einem niedrigeren Wert, Passivposten, wenn sie mit einem höheren Betrag angesetzt sind, als nach §§ 253 bis 256a des Handelsgesetzbuchs zulässig ist. ⁴Bei Kreditinstituten oder Finanzdienstleistungsinstituten sowie bei Kapitalverwaltungsgesellschaften im Sinn des § 17 des Kapitalanlagegesetzbuchs liegt ein Verstoß gegen die Bewertungsvorschriften nicht vor, soweit die Abweichung nach den für sie geltenden Vorschriften, insbesondere den §§ 340e bis 340g des Handelsgesetzbuchs, zulässig ist; dies gilt entsprechend für Versicherungsunternehmen nach Maßgabe der für sie geltenden Vorschriften, insbesondere der §§ 341b bis 341h des Handelsgesetzbuchs.

(6) ¹Die Nichtigkeit nach Absatz 1 Nr. 1, 3 und 4, Absatz 2, Absatz 3 Nr. 1 und 2, Absatz 4 und 5 kann nicht mehr geltend gemacht werden, wenn seit der Bekanntmachung nach § 325 Abs. 2 des Handelsgesetzbuchs in den Fällen des Absatzes 1 Nr. 3 und 4, des Absatzes 2 und des Absatzes 3 Nr. 1 und 2 sechs Monate, in den anderen Fällen drei Jahre verstrichen sind. ²Ist bei Ablauf der Frist eine Klage auf Feststellung der Nichtigkeit des Jahresabschlusses rechtshängig, so verlängert sich die Frist, bis über die Klage rechtskräftig entschieden ist oder sie sich auf andere Weise endgültig erledigt hat.

(7) ¹Für die Klage auf Feststellung der Nichtigkeit gegen die Gesellschaft gilt § 249 sinngemäß. ²*Hat die Gesellschaft Wertpapiere im Sinne des § 2 Absatz 1 des Wertpapierhandelsgesetzes ausgegeben, die an einer inländischen Börse zum Handel im re-*

gulierten Markt zugelassen sind, Ist für die Gesellschaft als Emittentin von zugelas-
senen Wertpapieren im Sinne des § 2 Absatz 1 des Wertpapierhandelsgesetzes mit
Ausnahme von Anteilen und Aktien an offenen Investmentvermögen im Sinne des
§ 1 Absatz 4 des Kapitalanlagegesetzbuchs die Bundesrepublik Deutschland der Her-
kunftsstaat (§ 2 Absatz 13 des Wertpapierhandelsgesetzes), so hat das Gericht der
Bundesanstalt für Finanzdienstleistungsaufsicht den Eingang einer Klage auf Feststellung der Nichtigkeit sowie jede rechtskräftige Entscheidung über diese Klage mitzuteilen.

A. Regelungsgehalt

1   § 256 regelt die Nichtigkeit des festgestellten Jahresabschlusses. § 256 Abs. 7 S. 1 erklärt für die Klage gegen die Gesellschaft auf Feststellung der Nichtigkeit des Abschlusses § 249 für sinngemäß anwendbar. Der durch das ARUG II geänderte § 256
Abs. 7 S. 2 betrifft **Mitteilungspflichten des Gerichts**; dieses muss der BaFin den Eingang einer Klage auf Feststellung der Nichtigkeit des Jahresabschlusses sowie jede
rechtskräftige Entscheidung über diese mitteilen.[1] Die BaFin benötigt diese Information, da sie während der Anhängigkeit der Klage kein Enforcement-Verfahren betreiben
darf.

2   Die Novelle **harmonisiert den Anwendungsbereich der aktienrechtlichen Mitteilungspflichten** nach Abs. 7 S. 1 mit den Aussetzungspflichten der BaFin nach § 107 Abs. 3
WpHG sowie der DPR nach § 342 b Abs. 3 HGB im Bilanzkontrollverfahren. Parallele Neuregelungen wie in Abs. 7 S. 2 gibt es in § 142 Abs. 7 (→ § 142 Rn. 1 ff,
Rn. 4) sowie § 261 a (→ § 261 a Rn. 2). Die Anpassung erreicht durch Anknüpfung an
das wertpapierhandelsrechtliche Herkunftsstaatsprinzip einen Gleichlauf der Pflichten
nach Abs. 7 S. 2 (und der parallelen Pflichten nach § 142 Abs. 7 sowie § 261 a) mit
den Aussetzungspflichten der BaFin. Auf diese Weise erhalten BaFin und DPR die Informationen über sämtliche Fälle notwendiger Verfahrensaussetzungen. Das soll den
Amtsermittlungsaufwand reduzieren und eine einheitliche Rechtsanwendung ermöglichen.[2]

3   Sonderregelungen zum **zeitlichen Anwendungsbereich** der Neuregelung gibt es nicht.
Daher ist das Datum des allgemeinen Inkrafttretens der Regelungen des ARUG II
maßgebend, mithin der 1.1.2020.[3] Da das Gesetz keine Übergangsregeln enthält, gelten die Pflichten der Gerichte nach Abs. 7 S. 2 für alle ab dem Inkrafttreten neu eingegangene Nichtigkeitsklagen; die Pflichten zur Information über rechtskräftige Entscheidungen gelten darüber hinaus auch für alle bereits zum Zeitpunkt des Inkrafttretens anhängigen Klagen.

B. Die Neuregelung des § 256 Abs. 7 S. 2

4   Bislang verpflichtete Abs. 7 S. 2 die Gerichte zur Information der BaFin in den Fällen,
in denen die beklagte Gesellschaft Wertpapiere iSd § 2 Abs. 1 WpHG ausgab, die an
einer inländischen Börse zum Handel im regulierten Markt zugelassen sind. Das war
nicht vollständig im Gleichklang mit den Aussetzungspflichten der BaFin nach § 107
Abs. 3 WpHG und der DPR nach § 342 b Abs. 3 HGB.

5   Die Novelle stellt diesen Gleichklang her, indem sie den **Kreis der die Pflicht nach
Abs. 7 S. 2 auslösenden beklagten Gesellschaften** neu festlegt: Das sind nunmehr die
Gesellschaften, die Emittent von zugelassenen Wertpapieren iSd § 2 Abs. 1 WpHG
sind – mit der Ausnahme von Anteilen und Aktien an offenen Investmentvermögen

---

1   Vgl. zum Inhalt der bisherigen Norm, auch zum Verhältnis der Nichtigkeitsklage zum En-
forcement Verfahren *Heidel* in Heidel, Aktienrecht AktG § 256 Rn. 42.
2   RegE BT-Drs. 19/9739, S. 36.
3   Art. 16 Gesetz zur Umsetzung der zweiten Aktionärsrechterichtlinie vom 12. Dezember
2019, BGBl. I S. 2637.

iSd § 1 Abs. 4 KAGB –, für die die Bundesrepublik Deutschland Herkunftsstaat ist (§ 2 Abs. 13 WpHG); die Ausnahme zum KGAB erklärt sich dadurch, dass Gesellschaften, die nur solche Wertpapiere emittieren, nicht dem Bilanzkontrollverfahren unterliegen.

Dritter Abschnitt　Sonderprüfung wegen unzulässiger Unterbewertung

§ 261a　Mitteilungen an die Bundesanstalt für Finanzdienstleistungsaufsicht

Das Gericht hat der Bundesanstalt für Finanzdienstleistungsaufsicht den Eingang eines Antrags auf Bestellung eines Sonderprüfers, jede rechtskräftige Entscheidung über die Bestellung von Sonderprüfern, den Prüfungsbericht sowie eine rechtskräftige gerichtliche Entscheidung über abschließende Feststellungen der Sonderprüfer nach § 260 mitzuteilen, *wenn für die Gesellschaft als Emittentin von zugelassenen Wertpapieren im Sinne des § 2 Absatz 1 des Wertpapierhandelsgesetzes mit Ausnahme von Anteilen und Aktien an offenen Investmentvermögen im Sinne des § 1 Absatz 4 des Kapitalanlagegesetzbuchs die Bundesrepublik Deutschland der Herkunftsstaat (§ 2 Absatz 13 des Wertpapierhandelsgesetzes) ist.*

1. Grundlagen

Die Norm gehört in den Kontext der **bilanzrechtlichen Sonderprüfung** (§§ 258 ff.).　1
Eine solche Sonderprüfung kontrolliert bestimmte Posten des Jahresabschlusses auf unzulässige Unterbewertung, außerdem den Anhang auf Vollständigkeit (§ 258 Abs. 1, 1 a). Zweck ist es, die **Einhaltung der bilanzrechtlichen Bewertungsvorschriften** durchzusetzen, soweit diese eine Unterbewertung verbieten (§ 258 Abs. 1 S. 1 Nr. 1).[1] Dabei geht es nicht nur um die nachträgliche Aufdeckung etwaiger Bewertungsmängel. Beabsichtigt ist auch eine **präventive Wirkung**. Das bedeutet, die schiere Möglichkeit einer Sonderprüfung soll die Unternehmensleitung von vornherein zur Aufstellung eines sachgerechten Jahresabschlusses anhalten.[2] Vor diesem Hintergrund bezwecken die §§ 258 ff. zugleich den Schutz der HV-Kompetenz, über die Gewinnverwendung zu beschließen (§ 119 Abs. 1 Nr. 2, § 174).[3] Denn unzulässige Unterbewertungen schmälern den Bilanzgewinn und entziehen den Unterschiedsbetrag der Entscheidungshoheit der HV. Schließlich soll eine vollständige und wahrheitsgemäße Berichterstattung im Anhang des Jahresabschlusses sichergestellt werden (§ 258 Abs. 1 S. 1 Nr. 2).[4] Nicht geschützt ist hingegen das Individualinteresse des Aktionärs an einer höheren Dividende. Dies umso weniger, als die Verwendung eines etwaigen Ertrags aus höherer Bewertung in die freie Entscheidungskompetenz der HV fällt (§ 261 Abs. 3 S. 2 Hs. 1). Es steht der HV also frei, anstelle einer Gewinnausschüttung einen Gewinnvortrag oder die Einstellung in Gewinnrücklagen zu beschließen – jedenfalls bis zur Grenze des § 254 AktG.

1　GK-AktG/*Bezzenberger* AktG § 261a Rn. 2; KölnKommAktG/*Claussen* AktG § 261a Rn. 3; Spindler/Stilz/*Euler/Sabel* AktG § 261a Rn. 2; MüKoAktG/*Koch* AktG § 261a Rn. 2; *Claussen* FS Barz, 317 (318 ff.).

2　Adler/Düring/Schmaltz Rechnungslegung § 261a AktG Rn. 7; Schmidt/Lutter/*Kleindiek* AktG § 261a Rn. 3; Hölters/*Waclawik* AktG § 261a Rn. 4.

3　Schmidt/Lutter/*Kleindiek* AktG § 261a Rn. 3; MüKoAktG/*Koch* AktG § 261a Rn. 3; *Voß* FS Münstermann, 443 (446).

4　*Hüffer/Koch* AktG § 261a Rn. 1; MüKoAktG/*Koch* AktG § 261a Rn. 4; Küting/Weber/*Rodewald* AktG § 261a Rn. 14.

2. Änderungen im Überblick

2   § 261 a regelt bestimmte **Mitteilungspflichten** gegenüber der BaFin (→ Rn. 3). Er ist das Seitenstück zu § 142 Abs. 7, der Basis- bzw. Vorbildnorm aus dem Recht der allg. Sonderprüfung. Vor diesem Hintergrund ist zu sehen, dass das **ARUG II** vom 12.12.2019[5] beide Vorschriften einer gleichförmigen Änderung unterzieht – ebenso iÜ § 256 Abs. 7 S. 2 als Parallelnorm betreffend die Klage auf Feststellung der Nichtigkeit des Jahresabschlusses (→ § 142 Rn. 3 f., → § 256 Rn. 1). Es geht jeweils darum, das Aktienrecht an den Wortlaut von § 106 WpHG einerseits und § 342 b Abs. 2 S. 2 HGB andererseits anzugleichen.[6] Dies dient nicht etwa der Umsetzung der 2. ARRL.[7] Vielmehr handelt es sich um (verspätetes) redaktionelles Beiwerk im „Kielwasser" des TRL-ÄndRL-UG vom 20.11.2015[8] (→ § 142 Rn. 3). § 261 a ist in seiner geänderten Fassung seit Inkrafttreten des ARUG II mWv 1.1.2020 anzuwenden, dh wie § 142 Abs. 7 ohne eine Übergangsregelung. IÜ lässt das ARUG II die §§ 258 ff. unberührt, namentlich die Vorschriften über die Bestellung des Sonderprüfers (§ 258), über den Prüfungsbericht (§ 259), über die gerichtliche Kontrolle der abschließenden Feststellungen (§ 260) und über die Korrektur etwaiger Unterbewertungen in laufender Rechnung (§ 261).[9]

3. Mitteilungspflichten

3   Die Mitteilungspflichten des § 261 a entsprechen im Wesentlichen denen, die § 142 Abs. 7 im Kontext der allg. Sonderprüfung vorsieht (→ § 142 Rn. 4). Der **Unterschied** liegt darin, dass eine bilanzrechtliche Sonderprüfung nur gerichtlich angeordnet werden kann – nicht also auch durch HV-Beschluss (§ 258 Abs. 1 S. 1). Dem entspricht es, dass unter § 261 a **allein das Gericht** mitteilungspflichtig ist, nicht die Gesellschaft bzw. deren Vorstand. Mitzuteilen sind: (1) der Eingang eines Bestellungsantrags bei Gericht, (2) die rechtskräftige Bestellung eines Sonderprüfers sowie (3) der Prüfungsbericht, außerdem (4) eine etwaige rechtskräftige gerichtliche Entscheidung über abschließende Feststellungen der Sonderprüfer nach § 260. Seit dem ARUG II (→ Rn. 2) setzen alle diese Mitteilungspflichten voraus, dass für die betroffene Gesellschaft als Emittent zugelassener Wertpapiere die Bundesrepublik Deutschland der Herkunftsstaat ist – Stichwort: Herkunftsstaatsprinzip. Die Begrifflichkeiten richten sich nach dem WpHG: **Wertpapiere** iSv § 2 Abs. 1 WpHG, jedoch mit **Ausnahme** von Anteilen und Aktien an offenen Investmentvermögen iSv § 1 Abs. 4 KAGB; **Emittent** mit der Bundesrepublik Deutschland als Herkunftsstaat iSv § 2 Abs. 13 WpHG. Hintergrund ist, dass bei solchen Gesellschaften eine Enforcement-Prüfung bzw. Bilanzkontrolle durch die BaFin oder die DPR in Betracht kommt, welche aber hinter einer bilanzrechtlichen Sonderprüfung zurücktreten muss (§ 107 Abs. 2 S. 2 WpHG, § 342 b Abs. 3 S. 2 HGB). **Empfänger** der gerichtlichen Mitteilungen ist allein die BaFin; die DPR wird erst über den „Umweg" des § 108 Abs. 3 WpHG informiert – ebenso wie bei § 142 Abs. 7 (→ § 142 Rn. 4).

---

5   BGBl. 2019 I 2637.
6   ARUG II RegE BT-Drs. 19/9739, 36, 108, 115.
7   RL (EU) 2017/828 des Europäischen Parlaments und des Rates vom 17.5.2017 zur Änderung der RL 2007/36/EG im Hinblick auf die Förderung der langfristigen Mitwirkung der Aktionäre, ABl. Nr. L 132 S. 11.
8   BGBl. 2015 I 2029.
9   S. zu alldem iE *von der Linden* in Heidel Aktienrecht AktG §§ 258 ff.

Drittes Buch Verbundene Unternehmen

Zweiter Teil Leitungsmacht und Verantwortlichkeit bei Abhängigkeit von Unternehmen

Zweiter Abschnitt Verantwortlichkeit bei Fehlen eines Beherrschungsvertrags

§ 311 Schranken des Einflusses

(1) Besteht kein Beherrschungsvertrag, so darf ein herrschendes Unternehmen seinen Einfluß nicht dazu benutzen, eine abhängige Aktiengesellschaft oder Kommanditgesellschaft auf Aktien zu veranlassen, ein für sie nachteiliges Rechtsgeschäft vorzunehmen oder Maßnahmen zu ihrem Nachteil zu treffen oder zu unterlassen, es sei denn, daß die Nachteile ausgeglichen werden.

(2) ¹Ist der Ausgleich nicht während des Geschäftsjahrs tatsächlich erfolgt, so muß spätestens am Ende des Geschäftsjahrs, in dem der abhängigen Gesellschaft der Nachteil zugefügt worden ist, bestimmt werden, wann und durch welche Vorteile der Nachteil ausgeglichen werden soll. ²Auf die zum Ausgleich bestimmten Vorteile ist der abhängigen Gesellschaft ein Rechtsanspruch zu gewähren.

(3) Die §§ 111 a bis 111 c bleiben unberührt.

Der neu angefügte Abs. 3 des § 311 betrifft das Verhältnis der mit dem ARUG II in Umsetzung von Art. 9 c der 2. ARRL neu in das AktG eingefügten Vorschriften der §§ 111 a–111 c über Zustimmungs- und Veröffentlichungspflichten bei bestimmten Geschäften börsennotierter Unternehmen in der Rechtsform der AG, KGaA oder SE mit nahestehenden Personen (auch bezeichnet als „Related Party Transactions" oder „RPT") zum faktischen Aktienkonzernrecht der §§ 311 ff. Nach Abs. 3 bleibt die RPT-Regulierung von den § 311 ff. „unberührt". Die RPT-Regulierung tritt also *neben* die §§ 311 ff. und gelangt folglich auch im Rahmen (vertragsloser) Abhängigkeitsverhältnisse zur Anwendung, die bereits von §§ 311 ff. erfasst sind.[1] Umgekehrt gelten auch die §§ 311 ff. im Anwendungsbereich der RPT-Regulierung grundsätzlich uneingeschränkt (vgl. aber auch → Rn. 3).[2] Zur Vermeidung eines solchen Nebeneinanders wäre die Integration der Richtlinienvorgaben und der §§ 311 ff. in ein einheitliches Konzept erforderlich gewesen, was jedoch einen erheblichen Eingriff in den Bestand des nationalen Aktienrechts bedeutet hätte. Darauf hat der Gesetzgeber unter Zustimmung weiter Teile des Schrifttums sowie der beteiligten Kreise verzichtet.[3] Die nicht zu vermeidende Kehrseite dessen sind (weitere) Abstriche bei der systematischen Geschlossenheit des deutschen Aktienrechts.[4] 1

Folge des gesetzgeberischen Umsetzungskonzepts ist die Möglichkeit einer „**Doppelregulierung**" durch die §§ 111 a ff. einerseits und die §§ 311 ff. andererseits, wenn ein und derselbe Sachverhalt die Anwendungsvoraussetzungen beider Normenkomplexe erfüllt.[5] Dies ist möglich, aber nicht zwingend der Fall. Die Schutzrichtung und die daraus abgeleiteten Aufgreifkriterien der §§ 111 a ff. einerseits und der §§ 311 ff. andererseits überschneiden sich zwar, sind aber nicht miteinander identisch, so dass 2

---

1 Vgl. ARUG II RegE, BT-Drs. 19/9739, S. 115.
2 Vgl. ARUG II RegE, BT-Drs. 19/9739, S. 115; *Grigoleit* ZGR 2019, 412 (441).
3 Vgl. ARUG II RegE, BT-Drs. 19/9739, S. 35; *Seibert*, in: Festschrift E. Vetter, 2019, 749, 759 f.; *H.-F. Müller* ZIP 2019, 2429; *Lieder/Wernert* ZIP 2019, 989 (997); *Bungert/Wansleben* BB 2019, 1026 (1027 ff.); kritisch *Tröger/Roth/Strenger* BB 2018, 2946 (2947).
4 Siehe *Grigoleit* ZGR 2019, 412 (458); vgl. auch *Florstedt* ZHR 184 (2020), 10, 56 ff. zu möglichen Folgerungen de lege ferenda.
5 Vgl. dazu *H.-F. Müller* ZGR 2019, 97 (119 ff.); *Grigoleit* ZGR 2019, 412 (435 ff.).

auch die erfassten Sachverhaltskreise zwar eine Schnittmenge bilden, aber nicht kongruent sind.[6] So zielt Art. 9 c der ARRL II auf die Gefahr, dass der Gesellschaft nahestehende Personen ihr Einflusspotential dazu nutzen, Vorteile für sich bzw. ihre Interessensphäre zu ziehen – zum Schaden der Gesellschaft und ihrer Aktionäre.[7] Insoweit wird der RPT-Regulierung zutreffend eine „konzernrechtliche Dimension" zugemessen,[8] weil sich dieses Schutzanliegen mit dem Normzweck der §§ 311 ff. überschneidet, die den Schutz der Gesellschaft und der Außenseiter (Minderheitsaktionäre und Gläubiger) vor dem nachteiligen Einfluss des herrschenden Unternehmens im Auge haben (→ § 311 Rn. 4). In der Detailbetrachtung greifen die Anwendungsvoraussetzungen der RPT-Regulierung teils weiter aus als das faktische Aktienkonzernrecht, teils bleiben sie dahinter zurück.[9] Während die §§ 311 ff. gesellschaftsrechtlich vermittelte „Beherrschung" und damit idR eine Mehrheitsbeteiligung fordern (→ Rn. § 311 Rn. 28 ff.) und zudem nur Unternehmensaktionäre erfassen (→ § 311 Rn. 23 ff.), ist die RPT-Regulierung bei der Definition der Akteure, die die Interessen der Gesellschaft und ihrer Aktionäre gefährden können, deutlich offener: Ein tatbestandsrelevantes gesellschaftsrechtliches Einflusspotential wird hier bereits ab einer Beteiligungsschwelle von 20 % und zudem auch unabhängig von der Unternehmenseigenschaft des Anteilseigners bejaht (→ § 111 a Rn. 14 ff.). Zu den nahestehenden Personen rechnet außerdem ein relativ großer Kreis von Personen, die (ohne an der Gesellschaft beteiligt sein zu müssen) in einer Sonderbeziehung zu dieser stehen (neben Vorstands- und Aufsichtsratsmitgliedern auch Angestellte der zweiten Führungsebene mit Schlüsselfunktionen) sowie nahe Familienangehörige dieser Personen (→ § 111 a Rn. 21).[10] Restriktiver als das faktische Konzernrecht ist die RPT-Regulierung dagegen insoweit, als sie nur für börsennotierte Unternehmen gilt (→ § 111 a Rn. 3), nur „Geschäfte" und nicht auch Unterlassungen (→ § 111 a Rn. 25) erfasst und jene auch nur oberhalb eines substantiellen Schwellenwertes (→ § 111 b Rn. 11 ff.). Im Ergebnis dürften sich daher die Fälle der gleichzeitigen Erfassung von Sachverhalten sowohl durch die §§ 111 a ff. als auch das faktische Konzernrecht[11] der §§ 311 ff. in Grenzen halten. Dies deckt sich mit der Absicht des Gesetzgebers, die Vorgaben aus Art. 9 c der 2. ARRL mit Rücksicht auf den grundsätzlich bereits als ausreichend erachteten Normenbestand des deutschen Rechts[12] tendenziell restriktiv umzusetzen und die Doppelregulierung dadurch möglichst gering zu halten.[13]

3   Auch wenn die RPT-Regulierung und §§ 311 ff. grundsätzlich im Sinne selbstständiger Normkomplexe nebeneinanderstehen, schließt dies **Wechselwirkungen** nicht aus. So hat die Privilegierung des § 311 Abs. 2, wonach das herrschende Unternehmen den Nachteilsausgleich bis zum Ende des Geschäftsjahres aufschieben kann (→ § 311 Rn. 4, 69), in den §§ 111 a ff. keine Entsprechung. Sofern nach § 111 b Abs. 1 ein Geschäft der Gesellschaft mit nahestehenden Personen der Zustimmung des Aufsichtsrats bedarf, kann dieser daher seine Zustimmung nur erteilen, wenn bereits bei Ab-

---

6   Vgl. dazu *Grigoleit* ZGR 2019, 412 (414 ff.).
7   Vgl. dazu *Grigoleit* ZGR 2019, 412 (414 ff.).
8   Vgl. etwa *H.-F. Müller* ZGR 2019, 97 (98 f.); s. a. Emmerich/Habersack/*Habersack* § 311 Rn. 95: „enger Sachzusammenhang".
9   Vgl. dazu *Grigoleit* ZGR 2019, 412 (414 ff.).
10 Siehe *H.-F. Müller* ZIP 2019, 2429 (2430); *ders.*, ZGR 2019, 97 (101); *Grigoleit* ZGR 2019, 412 (427 ff.); Emmerich/Habersack/*Habersack* § 311 Rn. 99.
11 Für den Vertragskonzern ist in § 111 a Abs. 3 Nr. 3 lit. a eine Bereichsausnahme vorgesehen, vgl. zu deren Anwendungsbereich *Grigoleit* ZGR 2019, 412 (436 f.); *H.-F. Müller* ZIP 2019, 2429 (2433); Emmerich/Habersack/*Habersack* § 311 Rn. 96.
12 Neben den §§ 311 ff. berücksichtigt die Gesetzesbegründung insbesondere noch §§ 52, 57 ff., 112, § 117 sowie die Treuepflicht, den Gleichbehandlungsgrundsatz und die Vorschriften über die Organhaftung: vgl. ARUG II RegE, BT-Drs. 19/9739, S. 35.
13 Vgl. ARUG II RegE, BT-Drs. 19/9739, S. 35 f.; *Seibert*, in: Festschrift E. Vetter, 2019, S. 749, 759 f.

schluss des Geschäfts ein angemessener Ausgleich gewährleistet ist.[14] Die Privilegierung des § 311 Abs. 2 läuft damit in derartigen Fällen faktisch leer.[15]

Viertes Buch Sonder-, Straf- und Schlußvorschriften

Dritter Teil
Straf- und Bußgeldvorschriften. Schlußvorschriften

§ 400 Unrichtige Darstellung

(1) Mit Freiheitsstrafe bis zu drei Jahren oder mit Geldstrafe wird bestraft, wer als Mitglied des Vorstands oder des Aufsichtsrats oder als Abwickler

1. die Verhältnisse der Gesellschaft einschließlich ihrer Beziehungen zu verbundenen Unternehmen *im Vergütungsbericht nach § 162 Absatz 1 oder 2*, in Darstellungen oder Übersichten über den Vermögensstand *oder* in Vorträgen oder Auskünften in der Hauptversammlung unrichtig wiedergibt oder verschleiert, wenn die Tat nicht in § 331 Nr. 1 oder 1 a des Handelsgesetzbuchs mit Strafe bedroht ist, oder

2. in Aufklärungen oder Nachweisen, die nach den Vorschriften dieses Gesetzes einem Prüfer der Gesellschaft oder eines verbundenen Unternehmens zu geben sind, falsche Angaben macht oder die Verhältnisse der Gesellschaft unrichtig wiedergibt oder verschleiert, wenn die Tat nicht in § 331 Nr. 4 des Handelsgesetzbuchs mit Strafe bedroht ist.

(2) Ebenso wird bestraft, wer als Gründer oder Aktionär in Aufklärungen oder Nachweisen, die nach den Vorschriften dieses Gesetzes einem Gründungsprüfer oder sonstigen Prüfer zu geben sind, falsche Angaben macht oder erhebliche Umstände verschweigt.

I. Änderungen

Eine Änderung ist lediglich in Abs. 1 Nr. 1 durch die Einfügung der Worte „im Vergütungsbericht nach § 162 Absatz 1 oder 2" erfolgt. Der entsprechende Regelungsvorschlag war bereits im Regierungsentwurf so enthalten,[1] jedoch noch nicht im Referentenentwurf, der lediglich eine Ergänzung des § 405 vorgesehen hatte.[2]

II. Inhalt der Änderung

Nach bisheriger Rechtslage waren für börsennotierte Gesellschaften Angaben zur Vergütung von Vorstands- und Aufsichtsratsmitgliedern in den Anhang zum Jahresabschluss (§ 285 Nr. 9 Buchst. a S. 5–8 HGB) bzw. in den Konzernanhang (§ 314 Abs. 1 Nr. 6 Buchst. a S. 3–7) aufzunehmen. Damit erstreckte sich die Strafnorm des § 331 HGB auf falsche Angaben in diesen Berichten. Mit der Verlagerung der Berichtspflicht aus dem im HGB geregelten Anhang zum Jahresabschluss (§§ 284 ff. HGB) bzw. Konzernanhang (§§ 313 f. HGB) in den Vergütungsbericht gemäß § 162 musste auch die Regelung zur Ahndung falscher Angaben in das AktG übernommen werden. Es handelt sich damit um eine reine Folgeänderung, ohne dass damit eine inhaltliche Änderung einhergeht.[3]

---

14 Siehe Emmerich/Habersack/*Habersack* § 311 Rn. 107; *H.-F. Müller* ZIP 2019, 2429 (2435); *ders.*, ZGR 2019, 97 (122); *Tarde* NZG 2019, 488 (495); *Florstedt* ZHR 184 (2020), 10, 55.

15 Vgl. zur ähnlichen Situation bei der Veranlassung zu einer nachteiligen Maßnahme durch Hauptversammlungsbeschluss → § 311 Rn. 18.

1 BT-Drs. 19/9739, 22.

2 Vgl. *Orth/Oser/Philippsen/Sultana* DB 2019, 230 (235).

3 BT-Drs. 19/9739, 113; ebenso *Illner/Hoffmann* ZWH 2019, 81 (84).

3   Tathandlung ist die unrichtige oder verschleiernde Darstellung der **Verhältnisse der Gesellschaft** ua im Vergütungsbericht. Dies ist weit zu verstehen, denn Verhältnisse der Gesellschaft sind alle Tatsachen, Vorgänge, Umstände und Daten, die für die Beurteilung der gegenwärtigen Situation der Gesellschaft oder ihre künftige Entwicklung von Bedeutung sind oder sein können.[4] Verfassungsrechtlich ist dies unter dem Gesichtspunkt der hinreichenden Bestimmtheit (Art. 103 Abs. 2 GG) unbedenklich.[5] Zu den Verhältnissen der Gesellschaft in diesem weit verstandenen Sinn gehören auch die Angaben zur Vergütung von Mitgliedern des Vorstands oder des Aufsichtsrats.

4   Die Pflicht zur Veröffentlichung dürfte in entsprechender Anwendung des § 130 Abs. 5 den Vorstand treffen, so dass auch nur dieser Täter sein kann.[6]

§ 405 Ordnungswidrigkeiten

(1) Ordnungswidrig handelt, wer als Mitglied des Vorstands oder des Aufsichtsrats oder als Abwickler

1. Namensaktien ausgibt, in denen der Betrag der Teilleistung nicht angegeben ist, oder Inhaberaktien ausgibt, bevor auf sie der Ausgabebetrag voll geleistet ist,
2. Aktien oder Zwischenscheine ausgibt, bevor die Gesellschaft oder im Fall einer Kapitalerhöhung die Durchführung der Erhöhung des Grundkapitals oder im Fall einer bedingten Kapitalerhöhung oder einer Kapitalerhöhung aus Gesellschaftsmitteln der Beschluß über die bedingte Kapitalerhöhung oder die Kapitalerhöhung aus Gesellschaftsmitteln eingetragen ist,
3. Aktien oder Zwischenscheine ausgibt, die auf einen geringeren als den nach § 8 Abs. 2 Satz 1 zulässigen Mindestnennbetrag lauten oder auf die bei einer Gesellschaft mit Stückaktien ein geringerer anteiliger Betrag des Grundkapitals als der nach § 8 Abs. 3 Satz 3 zulässige Mindestbetrag entfällt, ~~oder~~
4. a) entgegen § 71 Abs. 1 Nr. 1 bis 4 oder Abs. 2 eigene Aktien der Gesellschaft erwirbt oder, in Verbindung mit § 71 e Abs. 1, als Pfand nimmt,
    b) zu veräußernde eigene Aktien (§ 71 c Abs. 1 und 2) nicht anbietet oder
    c) die zur Vorbereitung der Beschlußfassung über die Einziehung eigener Aktien (§ 71 c Abs. 3) erforderlichen Maßnahmen nicht trifft,
5. *entgegen § 120 a Absatz 2 eine Veröffentlichung nicht, nicht richtig, nicht vollständig oder nicht rechtzeitig vornimmt oder*
6. *entgegen § 162 Absatz 4 einen dort genannten Bericht oder Vermerk nicht oder nicht mindestens zehn Jahre zugänglich macht.*

(2) Ordnungswidrig handelt auch, wer als Aktionär oder als Vertreter eines Aktionärs die nach § 129 in das Verzeichnis aufzunehmenden Angaben nicht oder nicht richtig macht.

(2 a) Ordnungswidrig handelt, wer

1. *entgegen § 67 Absatz 4 Satz 2 erster Halbsatz, auch in Verbindung mit Satz 3, eine Mitteilung nicht, nicht richtig, nicht vollständig oder nicht rechtzeitig macht,*
2. *entgegen § 67 a Absatz 3 Satz 1, auch in Verbindung mit Satz 2, jeweils auch in Verbindung mit § 125 Absatz 5 Satz 3, oder entgegen § 67 c Absatz 1 Satz 2 oder § 67 d Absatz 4 Satz 2 zweiter Halbsatz eine dort genannte Information nicht, nicht richtig, nicht vollständig oder nicht rechtzeitig weiterleitet,*
3. *entgegen § 67 b Absatz 1 Satz 1, auch in Verbindung mit Absatz 2, jeweils auch in Verbindung mit § 125 Absatz 5 Satz 3, oder entgegen § 67 c Absatz 1 Satz 1*

---

4   MüKoHGB/*Quedenfeld* AktG § 331 Rn. 48; HK-HGB/*Stork* AktG § 311 Rn. 1.
5   BVerfG NZG 2006, 825.
6   Zu undifferenziert deshalb *Illner/Hoffmann* ZWH 2019, 81 (83), die gem. dem Einleitungssatz auf Mitglieder des Vorstands, des Aufsichtsrats und Abwickler abstellen.

oder § 67 d Absatz 4 Satz 1 oder 3 eine dort genannte Information nicht, nicht richtig, nicht vollständig oder nicht rechtzeitig übermittelt,

4. entgegen § 67 c Absatz 3 einen dort genannten Nachweis nicht, nicht richtig, nicht vollständig oder nicht rechtzeitig ausstellt,

5. entgegen § 67 d Absatz 3 ein dort genanntes Informationsverlangen nicht, nicht richtig, nicht vollständig oder nicht rechtzeitig weiterleitet,

6. entgegen § 111 c Absatz 1 Satz 1 eine Veröffentlichung nicht, nicht richtig, nicht vollständig oder nicht rechtzeitig vornimmt,

7. entgegen § 118 Absatz 1 Satz 3 oder 4, jeweils auch in Verbindung mit Absatz 2 Satz 2, oder entgegen § 129 Absatz 5 Satz 2 oder 3 eine dort genannte Bestätigung nicht, nicht richtig, nicht vollständig, nicht in der vorgeschriebenen Weise oder nicht rechtzeitig erteilt oder nicht, nicht richtig, nicht vollständig oder nicht rechtzeitig übermittelt,

8. entgegen § 134 b Absatz 5 Satz 1 eine Information nach § 134 b Absatz 1, 2 oder 4 nicht oder nicht mindestens drei Jahre zugänglich macht,

9. entgegen § 134 c Absatz 3 Satz 1 eine Information nach § 134 c Absatz 1 oder 2 Satz 1 oder 3 nicht oder nicht mindestens drei Jahre zugänglich macht,

10. entgegen § 134 d Absatz 3 eine dort genannte Information nicht oder nicht mindestens drei Jahre zugänglich macht,

11. entgegen § 134 d Absatz 4 eine Information nicht, nicht richtig, nicht vollständig oder nicht rechtzeitig gibt oder

12. entgegen § 135 Absatz 9 eine dort genannte Verpflichtung ausschließt oder beschränkt.

(3) Ordnungswidrig handelt ferner, wer

1. Aktien eines anderen, zu dessen Vertretung er nicht befugt ist, ohne dessen Einwilligung zur Ausübung von Rechten in der Hauptversammlung oder in einer gesonderten Versammlung benutzt,

2. zur Ausübung von Rechten in der Hauptversammlung oder in einer gesonderten Versammlung Aktien eines anderen benutzt, die er sich zu diesem Zweck durch Gewähren oder Versprechen besonderer Vorteile verschafft hat,

3. Aktien zu dem in Nummer 2 bezeichneten Zweck gegen Gewähren oder Versprechen besonderer Vorteile einem anderen überläßt,

4. Aktien eines anderen, für die er oder der von ihm Vertretene das Stimmrecht nach § 135 nicht ausüben darf, zur Ausübung des Stimmrechts benutzt,

5. Aktien, für die er oder der von ihm Vertretene das Stimmrecht nach § 20 Abs. 7, § 21 Abs. 4, §§ 71 b, 71 d Satz 4, § 134 Abs. 1, §§ 135, 136, 142 Abs. 1 Satz 2, § 285 Abs. 1 nicht ausüben darf, einem anderen zum Zweck der Ausübung des Stimmrechts überläßt oder solche ihm überlassene Aktien zur Ausübung des Stimmrechts benutzt,

6. besondere Vorteile als Gegenleistung dafür fordert, sich versprechen läßt oder annimmt, daß er bei einer Abstimmung in der Hauptversammlung oder in einer gesonderten Versammlung nicht oder in einem bestimmten Sinne stimme oder

7. besondere Vorteile als Gegenleistung dafür anbietet, verspricht oder gewährt, daß jemand bei einer Abstimmung in der Hauptversammlung oder in einer gesonderten Versammlung nicht oder in einem bestimmten Sinne stimme.

(3 a) Ordnungswidrig handelt, wer vorsätzlich oder leichtfertig

1. entgegen § 121 Abs. 4 a Satz 1, auch in Verbindung mit § 124 Abs. 1 Satz 3, die Einberufung nicht, nicht richtig, nicht vollständig oder nicht rechtzeitig zuleitet oder

2. entgegen § 124 a Angaben nicht, nicht richtig oder nicht vollständig zugänglich macht.

(3 b) Ordnungswidrig handelt, wer als Mitglied des Aufsichtsrats oder als Mitglied eines Prüfungsausschusses einer Gesellschaft, die kapitalmarktorientiert im Sinne des § 264 d des Handelsgesetzbuchs, die CRR-Kreditinstitut im Sinne des § 1 Absatz 3 d

Satz 1 des Kreditwesengesetzes, mit Ausnahme der in § 2 Absatz 1 Nummer 1 und 2 des Kreditwesengesetzes genannten Institute, oder die Versicherungsunternehmen ist im Sinne des Artikels 2 Absatz 1 der Richtlinie 91/674/EWG des Rates vom 19. Dezember 1991 über den Jahresabschluß und den konsolidierten Abschluß von Versicherungsunternehmen (ABl. L 374 vom 31.12.1991, S. 7), die zuletzt durch die Richtlinie 2006/46/EG (ABl. L 224 vom 16.8.2006, S. 1) geändert worden ist,

1. die Unabhängigkeit des Abschlussprüfers oder der Prüfungsgesellschaft nicht nach Maßgabe des Artikels 4 Absatz 3 Unterabsatz 2, des Artikels 5 Absatz 4 Unterabsatz 1 Satz 1 oder des Artikels 6 Absatz 2 der Verordnung (EU) Nr. 537/2014 des Europäischen Parlaments und des Rates vom 16. April 2014 über spezifische Anforderungen an die Abschlussprüfung bei Unternehmen von öffentlichem Interesse und zur Aufhebung des Beschlusses 2005/909/EG der Kommission (ABl. L 158 vom 27.5.2014, S. 77, L 170 vom 11.6.2014, S. 66) überwacht oder

2. eine Empfehlung für die Bestellung eines Abschlussprüfers oder einer Prüfungsgesellschaft vorlegt, die nicht auf einem Verlangen der Aufsichtsbehörde nach § 36 Absatz 1 Satz 2 des Versicherungsaufsichtsgesetzes beruht und
   a) die den Anforderungen nach Artikel 16 Absatz 2 Unterabsatz 2 oder 3 der Verordnung (EU) Nr. 537/2014 nicht entspricht oder
   b) der ein Auswahlverfahren nach Artikel 16 Absatz 3 Unterabsatz 1 der Verordnung (EU) Nr. 537/2014 nicht vorangegangen ist.

(3 c) Ordnungswidrig handelt, wer als Mitglied eines Aufsichtsrats, der einen Prüfungsausschuss nicht bestellt hat, einer Gesellschaft, die kapitalmarktorientiert im Sinne des § 264 d des Handelsgesetzbuchs oder die CRR-Kreditinstitut ist im Sinne des § 1 Absatz 3 d Satz 1 des Kreditwesengesetzes, mit Ausnahme der in § 2 Absatz 1 Nummer 1 und 2 des Kreditwesengesetzes genannten Institute, der Hauptversammlung einen Vorschlag für die Bestellung eines Abschlussprüfers oder einer Prüfungsgesellschaft vorlegt, der den Anforderungen nach Artikel 16 Absatz 5 Unterabsatz 1 der Verordnung (EU) Nr. 537/2014 nicht entspricht.

(3 d) Ordnungswidrig handelt, wer als Mitglied eines Aufsichtsrats, der einen Prüfungsausschuss bestellt hat, einer in Absatz 3 c genannten Gesellschaft der Hauptversammlung einen Vorschlag für die Bestellung eines Abschlussprüfers oder einer Prüfungsgesellschaft vorlegt, der den Anforderungen nach Artikel 16 Absatz 5 Unterabsatz 1 oder Unterabsatz 2 Satz 1 oder Satz 2 der Verordnung (EU) Nr. 537/2014 nicht entspricht.

(4) Die Ordnungswidrigkeit kann in den Fällen des Absatzes 2 a Nummer 6 mit einer Geldbuße bis zu fünfhunderttausend Euro, in den Fällen der Absätze 3 b bis 3 d mit einer Geldbuße bis zu fünfzigtausend Euro, in den übrigen Fällen mit einer Geldbuße bis zu fünfundzwanzigtausend Euro geahndet werden.

(5) Verwaltungsbehörde im Sinne des § 36 Absatz 1 Satz 1 des Gesetzes über Ordnungswidrigkeiten ist

1. *die Bundesanstalt für Finanzdienstleistungsaufsicht in den Fällen*
   a) *des Absatzes 2 a Nummer 6, soweit die Handlung ein Geschäft nach § 111 c Absatz 1 Satz 1 in Verbindung mit Absatz 3 Satz 1 betrifft, und*
   b) *der Absätze 3 b bis 3 d bei CRR-Kreditinstituten im Sinne des § 1 Absatz 3 d Satz 1 des Kreditwesengesetzes, mit Ausnahme der in § 2 Absatz 1 Nummer 1 und 2 des Kreditwesengesetzes genannten Institute, und bei Versicherungsunternehmen im Sinne des Artikels 2 Absatz 1 der Richtlinie 91/674/EWG,*

2. *das Bundesamt für Justiz in den übrigen Fällen der Absätze 1 bis 3 d.*

I. Änderungen

Durch das ARUG II wurden in Abs. 1 Nr. 5 und 6 eingefügt, darüber hinaus wurde 1
Abs. 2 a komplett neu gefasst. Außerdem wurde Abs. 4 in Bezug auf die Sanktion in
den Fällen des Abs. 2 a Nr. 6 ergänzt. In Abs. 5 wurden die Zuständigkeitsbestimmungen der Neuregelung angepasst. Die Änderungen waren bereits im Referentenentwurf
zum ARUG II angelegt; wesentliche Veränderungen sind im Gesetzgebungsverfahren
nicht erfolgt.

II. Systematik

Die Regelungen in Abs. 1 betreffen die Bestimmungen zu Vergütungssystem und Ver- 2
gütungsbericht in §§ 120 a, 162. Abs. 2 a bezieht sich auf eine ganze Reihe von Veröffentlichungs- und Informationspflichten insbesondere solchen, die bei der Einschaltung von Intermediären (Nr. 2–5) oder institutionellen Anlegern, Vermögensverwaltern und Stimmrechtsberatern (Nr. 8–12) bestehen. Die Änderungen in Abs. 4 und 5
sind Folgeänderungen auf der Rechtsfolgenseite (Abs. 4) und bei den zuständigen Verwaltungsbehörden (Abs. 5).

II. Die einzelnen Ordnungswidrigkeitentatbestände

1. Vergütungssystem und Vergütungsbericht (Abs. 1 Nr. 5 und 6)

Der nach § 120 a Abs. 1 von der Hauptversammlung zu fassende Beschluss über die 3
Billigung des vom Aufsichtsrat vorgelegten Vergütungssystems für Vorstandsmitglieder ist nach § 120 a Abs. 2 unverzüglich auf der Internetseite der Gesellschaft zu veröffentlichen. Dasselbe gilt für das Vergütungssystem selbst. Aus § 162 Abs. 4 ergibt
sich eine entsprechende Veröffentlichungspflicht für den Vergütungsbericht. Für die
Frage, was „**unverzüglich**" bedeutet, kann auf die Sieben-Tage-Frist in § 130 Abs. 6
abgestellt werden (→ § 120 a Rn. 18).[1]

Sowohl § 120 a Abs. 2 als auch § 162 Abs. 4 sehen vor, dass die Veröffentlichung für 4
die Dauer von zehn Jahren aufrechtzuerhalten ist. Ein Verstoß gegen diese Verpflichtung wird aber nur im Fall des Vergütungsberichts sanktioniert (Nr. 6). Ein Grund für
diese Differenzierung lässt sich den Gesetzesmaterialien nicht entnehmen.

Adressaten der Ordnungswidrigkeitentatbestände des Abs. 1 sind die Mitglieder des 5
Vorstands und des Aufsichtsrats und Abwickler. **Tauglicher Täter** in den Fällen der
Nr. 5 und 6 kann aus diesem Personenkreis aber nur derjenige sein, der für die ent-

---

1 BT-Drs. 19/9739, 111.

sprechenden Veröffentlichungen zuständig ist. Hierzu trifft das Gesetz keine ausdrückliche Regelung. Daraus, dass nach § 130 Abs. 5 der Vorstand verpflichtet ist, die Niederschrift über die Hauptversammlung zum Handelsregister einzureichen, wird man folgern müssen, dass auch die hier interessierenden Veröffentlichungspflichten den Vorstand treffen, also nur Vorstandsmitglieder taugliche Täter sind.

2. Eintragung im Aktienregister (Abs. 2 a Nr. 1)

6   Die Regelung war bereits Inhalt des § 405 Abs. 2 a aF Die Neufassung soll nicht mit einer inhaltlichen Änderung verbunden sein.[2] Allerdings wird der Verstoß gegen die Verpflichtung zur Preisgabe des Aktionärs (§ 67 Abs. 4 S. 2 Hs. 2) jetzt nicht mehr über Nr. 1 sanktioniert, wie sich aus der ausdrücklichen Beschränkung auf Verstöße gegen § 67 Abs. 4 S. 2 Hs. 1 ergibt. Für börsennotierte Gesellschaften wird die Verpflichtung zur Preisgabe des Aktionärs aber in § 67 d Abs. 1 wiederholt und Verstöße gegen diese Verpflichtung werden über Nr. 3 erfasst (→ Rn. 10).

3. Pflichten der Intermediäre (Abs. 2 a Nr. 2–5)

7   a) Intermediäre. Durch das ARUG II wurde der Begriff des Intermediärs neu in das Gesetz eingefügt; die Legaldefinition findet sich in § 67 a Abs. 4. Für diese Personen, die zwischen der Gesellschaft und dem Inhaber der Aktien stehen, werden in §§ 67 a–d Pflichten begründet, die in Nr. 2–5 teilweise sanktionsbewehrt sind. Adressat dieser Tatbestände sind allein die Intermediäre, die darüber hinaus neben Organen der Gesellschaft auch noch in Nr. 7 (→ Rn. 13) angesprochen werden.

8   b) Rechtzeitigkeit. In allen Tatbeständen der Nr. 2–5 wird auch die verspätete Weitergabe von Informationen sanktioniert. Die hier maßgeblichen Fristen ergeben sich aus Art. 9 der Durchführungsverordnung (EU) 2018/1212 der Kommission.[3] Danach hat die Weiterleitung von Informationen idR noch am selben Geschäftstag zu erfolgen.

9   c) Informationsfluss in einer Kette von Intermediären (Nr. 2 und 5). Zwischen Gesellschaft und Aktieninhaber können mehrere Intermediäre im Sinne einer Kette von Intermediären stehen. Damit der Informationsfluss zwischen Gesellschaft und Aktieninhaber und umgekehrt funktioniert, muss die zeitnahe und zuverlässige Weiterleitung von Informationen gewährleistet sein. Eine unzureichende Mitwirkung der Intermediäre wird erfasst. Sanktionsbewehrt sind Verstöße gegen die Pflicht zur Weiterleitung von

- Unternehmensinformationen iSd § 67 a Abs. 6 an das nächste Glied in Kette (§ 67 a Abs. 3 S. 1)
- Informationen des Aktieninhabers über die Ausübung seiner Rechte als Aktionär (§ 67 c Abs. 1 S. 1)
- Informationen zur Beantwortung von Anfragen zur Identität des Aktionärs (§ 67 d Abs. 4 S. 2 2. Halbsatz).

Die Pflicht zur Weiterleitung von Anfragen zur Identität des Aktionärs innerhalb der Intermediärkette ergibt sich aus § 67 d Abs. 3; die Sanktionierung des Verstoßes folgt aus Nr. 5.

10   d) Informationsfluss zwischen Intermediär und Aktionär; Identifizierung des Aktionärs (Nr. 3). Nr. 3 erfasst den Informationsfluss zwischen (Letzt-)Intermediär und Aktionär. Die Informationen, deren Weitergabe innerhalb der Kette von Intermediären nach Nr. 2 sanktionsbewehrt ist (→ Rn. 9), müssen letztlich an den Aktionär gelangen. Darüber hinaus wird aber auch die unzureichende Erfüllung der Verpflichtung zur Preisgabe des Aktionärs erfasst (§ 67 d Abs. 4 S. 1).

---

2 BT-Drs. 19/9739, 113.
3 ABl. EU vom 4.9.2018 Nr. L 223, 1.

e) **Nachweis des Anteilsbesitzes (Nr. 4).** Adressat dieser Norm ist nur der Letztinter- 11
mediär in einer Kette. Tathandlung ist der Verstoß gegen die Verpflichtung zur Aus-
stellung eines Nachweises über den Aktienbesitz bzw. dessen Weiterleitung an die Gesellschaft (§ 67 c Abs. 3).

4. Weitergabe von Insiderinformationen (Abs. 2 a Nr. 6)

Nach § 111 c Abs. 1 sind Geschäfte mit nahestehenden Personen unverzüglich zu ver- 12
öffentlichen. Ein Verstoß gegen diese Verpflichtung stellt aber nur dann eine Ordnungswidrigkeit dar, wenn es sich bei dem Geschäft um eine Insiderinformation handelt (§ 111 c Abs. 3). Im RefE des ARUG II war eine entsprechende Regelung in § 120
Abs. 9 Nr. 13 a WpHG vorgesehen.[4] Durch die Verlagerung des Bußgeldtatbestandes
in § 405 wurde der Haftungsmaßstab gemildert, denn die nach § 120 Abs. 9 WpHG
ausreichende Leichtfertigkeit genügt jetzt nicht mehr, weil Abs. 2 a nur die vorsätzliche Begehung erfasst (vgl. § 10 OWiG).[5]

5. Abstimmung in der Hauptversammlung (Abs. 2 a Nr. 7)

Wenn die Möglichkeit besteht, das Stimmrecht elektronisch auszuüben, ergibt sich 13
aus § 118 Abs. 3 für die Gesellschaft die Verpflichtung, dem Abstimmenden den Eingang der Stimme elektronisch zu bestätigen. Dies hat unmittelbar nach der Stimmabgabe zu erfolgen (Art. 9 Abs. 5 UA1 der Durchführungsverordnung (EU) 2018/1212
der Kommission).[6] Ein beteiligter Intermediär ist verpflichtet, diese Bestätigung unverzüglich weiterzuleiten. Innerhalb der Gesellschaft trifft die Pflicht zur Bestätigung des
Eingangs der Stimme den Vorstand. Dieser und der Intermediär sind also Adressat
dieser Norm.

Ebenfalls sanktioniert wird der Verstoß gegen die sich aus § 129 Abs. 5 S. 1 für den 14
Vorstand und S. 3 für den Intermediär ergebende Verpflichtung zur Information darüber, ob und wie die Stimme des Aktionärs in der Hauptversammlung gezählt worden ist (→ § 129 Rn. 4).

6. Pflichten von institutionellen Anlegern, Vermögensverwaltern und Stimmrechtsberatern (Abs. 2 a Nr. 8–11)

Nr. 8–11 knüpfen an §§ 134 b–d an, in denen für institutionelle Anleger, Vermögens- 15
verwalter und Stimmrechtsberater Pflichten begründet werden.

a) **Normadressaten.** Normadressaten sind institutionelle Anleger, Vermögensverwal- 16
ter und Stimmrechtsberater. Was hierunter zu verstehen ist, ergibt sich aus den Legaldefinitionen in § 134 a (→ § 134 a Rn. 3 ff.).

b) **Institutioneller Anleger und Vermögensverwalter (Abs. 2 a Nr. 8 und 9).** In § 134 b 17
Abs. 1–4 werden institutionellen Anlegern und Vermögensverwaltern Veröffentlichungspflichten auferlegt. Nach § 134 b Abs. 5 sind diese Informationen jährlich zu
erneuern und für mindestens drei Jahre auf der Internetseite vorzuhalten. Diese Infor-
mationsverpflichtungen betreffen

- die Mitwirkungspolitik (§ 134 b Abs. 1) (→ § 134 b Rn. 3 ff.),
- die Umsetzung der Mitwirkungspolitik (§ 134 b Abs. 2),
- das Abstimmungsverhalten (§ 134 b Abs. 3) (→ § 134 b Rn. 7) und
- die Begründung für eine unvollständige Erfüllung der vorstehenden Pflichten
  (§ 134 b Abs. 4) (→ § 134 b Rn. 8).

---

4 *Heldt* AG 2018, 905 (918).
5 Dies übersehen *Illner/Hoffmann* ZWH 2019, 81 (86), die von einer Haftungsverschärfung
   ausgehen.
6 ABl. EU vom 4.9.2018 Nr. L 223, 1.

Von der Sanktionsbewehrung ist die Verpflichtung zur Offenlegung des Abstimmungsverhaltens ausgenommen, weil die Norm nicht auf § 134 b Abs. 3 verweist.

18 Diesen Personenkreis treffen darüber hinaus nach § 134 c Abs. 1 und 2 Offenlegungspflichten in Bezug auf die Anlagestrategie. Verstöße hiergegen fallen unter Nr. 9.

19 c) **Stimmrechtsberater (Abs. 2 a Nr. 10 und 11).** Die Informationspflichten für Stimmrechtsberater ergeben sich aus § 134 d Abs. 1, 2 und 4. § 134 d Abs. 1 und 2 betreffen jährlich zu erteilende Informationen über die Arbeit und Qualifikation der Stimmrechtsberater. § 134 d Abs. 4 betrifft die unverzüglich zu erfüllende Pflicht zur Information über Interessenkonflikte. Sanktioniert werden nur vorsätzliche Verstöße (vgl. § 10 OWiG) und Vorsatz dürfte selten nachzuweisen sein.[7]

7. Ausschluss von Schadensersatzansprüchen (Abs. 2 a Nr. 12)

20 § 135 Abs. 9 regelt den Ausschluss von Schadensersatzansprüchen, die im Zusammenhang mit der Ausübung des Stimmrechts durch Intermediäre (§ 67 a Abs. 4), Stimmrechtsberater (§ 134 a Abs. 1 Nr. 3) und Personen, die sich geschäftsmäßig gegenüber Aktionären zur Ausübung des Stimmrechts anbieten, stehen. Aus den Materialien ergibt sich nicht, warum zusätzlich zur Unwirksamkeit der Haftungsbeschränkungen eine Bußgeldbewehrung des Verbots für erforderlich gehalten wurde.

III. Sanktionskatalog (Abs. 4)

21 Es erfolgt eine weitere Ausdifferenzierung der Sanktionsmöglichkeiten. Der Regelfall ist wie bisher eine Geldbuße bis zu 25.000 EUR.[8] Abweichend hiervon beträgt – ebenfalls wie bisher – die Sanktionsmöglichkeit in den Fällen der Abs. 3 b–d das Doppelte, nämlich 50.000 EUR. Neu ist die Verzehnfachung des letztgenannten Betrages bei Ordnungswidrigkeiten nach Abs. 2 a Nr. 6, die die Weitergabe von Insiderinformationen betreffen (→ Rn. 12). Dieser höhere Rahmen wird mit der hohen Wesentlichkeitsschwelle, vor allem aber aufgrund der kapitalmarktrechtlichen Bezüge der Veröffentlichungspflicht, gerechtfertigt.[9] Die Sanktion kann gegen den Täter, gemäß § 30 OWiG aber auch allein oder zusätzlich gegen das von ihm vertretene Unternehmen festgesetzt werden.[10]

IV. Zuständigkeiten (Abs. 5)

22 Wie bisher liegt die Zuständigkeit für die Verfolgung der Ordnungswidrigkeiten beim **Bundesamt für Justiz** mit Ausnahme der in Nr. 1 aufgeführten Fälle, in denen die **Bundesanstalt für Finanzdienstleistungsaufsicht** zuständig ist. Die Zuständigkeit für die Anfechtung von Bußgeldbescheiden richtet sich gemäß § 68 Abs. 1 OWiG nach dem Sitz der erlassenden Verwaltungsbehörde, so dass also im Regelfall das Amtsgericht Bonn und in den Fällen eines Bußgeldbescheides durch die BAFin das Amtsgericht Frankfurt zuständig ist.

---

7 *Schockenhoff/Nußbaum* ZGR 2019, 163 (184).
8 Krit. dazu *Schockenhoff/Nußbaum* ZGR 2019, 163 (183): „geringe Abschreckungswirkung".
9 BT-Drs. 19/9793, 117.
10 MüKoAktG/*Schaal* AktG § 405 Rn. 219.

Einführungsgesetz zum Aktiengesetz

Vom 6. September 1965 (BGBl. I S. 1185) FNA 4121-2
Zuletzt geändert durch Art. 2 G zur Umsetzung der zweiten AktionärsrechteRL
vom 12.12.2019 (BGBl. I S. 2637)

§ 26 j Übergangsvorschrift zum Gesetz zur Umsetzung der zweiten Aktionärsrechterichtlinie

(1) [1]Die erstmalige Beschlussfassung nach § 87 a Absatz 1, § 113 Absatz 3 und § 120 a Absatz 1 des Aktiengesetzes in der ab dem 1. Januar 2020 geltenden Fassung hat bis zum Ablauf der ersten ordentlichen Hauptversammlung, die auf den 31. Dezember 2020 folgt, zu erfolgen. [2]Die erstmalige Beschlussfassung nach § 87 a Absatz 2 Satz 1 des Aktiengesetzes in der ab dem 1. Januar 2020 geltenden Fassung hat bis zum Ablauf von zwei Monaten nach erstmaliger Billigung des Vergütungssystems durch die Hauptversammlung zu erfolgen. [3]Den gegenwärtigen und hinzutretenden Vorstands- oder Aufsichtsratsmitgliedern kann bis zu dem in Satz 2 zuletzt geregelten Zeitpunkt eine Vergütung nach der bestehenden Vergütungspraxis gewährt werden; die vor diesem Zeitpunkt mit ihnen geschlossenen Verträge bleiben unberührt.

(2) [1]§ 162 des Aktiengesetzes in der ab dem 1. Januar 2020 geltenden Fassung ist erstmals für das in dem nach dem 31. Dezember 2020 beginnende Geschäftsjahr anzuwenden. [2]§ 162 Absatz 1 Satz 2 Nummer 2 ist bis zum Ablauf des fünften Geschäftsjahres, gerechnet ab dem Geschäftsjahr nach Satz 1, mit der Maßgabe anzuwenden, dass nicht die durchschnittliche Vergütung der letzten fünf Geschäftsjahre in die vergleichende Betrachtung einbezogen wird, sondern lediglich die durchschnittliche Vergütung über den Zeitraum seit dem Geschäftsjahr nach Satz 1. [3]Die erstmalige Beschlussfassung nach § 120 a Absatz 4 des Aktiengesetzes in der ab dem 1. Januar 2020 geltenden Fassung hat bis zum Ablauf der ersten ordentlichen Hauptversammlung, gerechnet ab Beginn des zweiten Geschäftsjahres, das auf den 31. Dezember 2020 folgt, zu erfolgen.

(3) § 124 des Aktiengesetzes in der ab dem 1. Januar 2020 geltenden Fassung ist erst ab dem 1. März 2020 und erstmals auf Hauptversammlungen anzuwenden, die nach dem 1. März 2020 einberufen werden.

(4) Die §§ 67, 67 a bis 67 f, 118, 121, 123, 125, 128, 129, 186 Absatz 2 Satz 1, § 214 Absatz 1 Satz 2, § 243 Absatz 3, § 246 a Absatz 2 Nummer 2 und § 405 Absatz 2 a Nummer 1 bis 5 und 7 des Aktiengesetzes in der ab dem 1. Januar 2020 geltenden Fassung sind erst ab dem 3. September 2020 anzuwenden und sind erstmals auf Hauptversammlungen anzuwenden, die nach dem 3. September 2020 einberufen werden.

(5) [1]Die Verordnung über den Ersatz von Aufwendungen der Kreditinstitute vom 17. Juni 2003 (BGBl. I S. 885), die durch Artikel 15 des Gesetzes vom 30. Juli 2009 (BGBl. I S. 2479) geändert worden ist, ist in der bis einschließlich 2. September 2020 geltenden Fassung bis zum Inkrafttreten einer Verordnung auf Grundlage der Ermächtigung in § 67 f Absatz 3 des Aktiengesetzes, jedoch längstens bis einschließlich 3. September 2025 weiterhin sinngemäß anzuwenden. [2]Die Verordnung über den Ersatz von Aufwendungen der Kreditinstitute ist wie folgt sinngemäß anzuwenden:
1. auf Mitteilungen nach § 67 Absatz 4 Satz 1 bis 5 des Aktiengesetzes und bei börsennotierten Gesellschaften nach § 67 d des Aktiengesetzes ist § 3 der Verordnung über den Ersatz von Aufwendungen der Kreditinstitute sinngemäß anzuwenden, und
2. auf Mitteilungen nach den §§ 67 a bis 67 c, auch in Verbindung mit § 125 Absatz 1, 2 und 5 des Aktiengesetzes ist § 1 der Verordnung über den Ersatz von Aufwendungen der Kreditinstitute sinngemäß anzuwenden.

1   Die Übergangsvorschriften der durch das ARUG II festgelegten Änderungen werden in § 26 j EGAktG geregelt. Um den Gesellschaften Zeit zu geben, neue **Vergütungssysteme** für Vorstand und Aufsichtsrat entsprechend den aktuellen gesetzlichen Anforderungen zu entwickeln und auch mit Investoren zu diskutieren, gibt § 26 j Abs. 1 großzügige Fristen vor. Praktisch relevant werden die neuen Vorschriften daher erstmals in der **Hauptversammlungssaison 2021.**

2   Korrelierend legt § 26 j Abs. 2 die Wirksamkeit der Vorschriften zum **Vergütungsbericht** (§ 162) fest.

3   Passend dazu wird in § 26 j Abs. 3 bestimmt, dass die neuen **Bekanntmachungspflichten** im weiteren Zusammenhang mit der Vergütung von Vorstand und Aufsichtsrat (§ 124) erstmals anzuwenden sind auf Hauptversammlungen, die nach dem **1.3.2020** einberufen werden.

4   **Alle weiteren Neuerungen** des ARUG II sind erstmals ab dem 3.9.2020 anzuwenden und auch nur auf Hauptversammlungen, die nach diesem Datum einberufen worden sind (§ 26 j Abs. 4).

5   Damit noch für die Hauptversammlungssaisonen vor dem Inkrafttreten neuer Vergütungssysteme die Normen der Verordnung über den **Ersatz von Aufwendungen** der Kreditinstitute vom 17.6.2003 gelten, sieht § 26 j Abs. 5 diesbezüglich großzügige Übergangsvorschriften vor. Systematisch richtig ist diese Regelung in § 26 j aufgenommen worden. Praktisch sind diese zu begrüßen; inwieweit sie aber europarechtskonform sind, ist fraglich. Die Richtlinie war bis Juni 2018 umzusetzen; Übergangsfristen sind nicht vorgesehen. Insoweit handelt es sich um europarechtswidrige Regelungen.

Zweiter Teil: Corona-Gesetzgebung

Gesetz zur Abmilderung der Folgen der COVID-19-Pandemie im Zivil-, Insolvenz- und Strafverfahrensrecht

Vom 27.3.2020, BGBl. I, S. 569

Vor Art. 1 AbmilderungsG

A. Überblick über das Gesetz

Die Ausbreitung des neuartigen **SARS-CoV-2-Virus** (**COVID-19-Pandemie**) hat in der Bundesrepublik Deutschland zu ganz erheblichen **Einschränkungen in allen Bereichen des Privat- und des Wirtschaftslebens** geführt, die noch vor wenigen Wochen undenkbar erschienen. 1

Zur Eindämmung des massiven Anstiegs der **Infektionen mit dem SARS-CoV-2-Virus** haben Behörden im März 2020 die Schließung einer Vielzahl von Freizeit- und Kultureinrichtungen, Kinderbetreuungseinrichtungen, Gastronomiebetrieben und Einzelhandelsgeschäften angeordnet und zahlreiche öffentliche Veranstaltungen untersagt. Gesundheitsbehörden haben für Menschen, die sich mit diesem Virus infiziert haben oder die Kontakt mit Infizierten hatten, häusliche Quarantäne angeordnet. In der Folge haben auch Unternehmen des produzierenden Gewerbes ihr Geschäft beschränkt oder eingestellt. Diese Maßnahmen werden zu erheblichen Einkommensverlusten bei Personen führen, die ihren Lebensunterhalt überwiegend aus dem Betrieb dieser Einrichtungen und Unternehmen oder aus öffentlichen Veranstaltungen bestritten haben oder deren Einnahmen davon abhängig sind. Verfügen diese Personen nicht über ausreichende finanzielle Rücklagen, werden sie bis zur Aufhebung der Maßnahmen nicht oder nur eingeschränkt in der Lage sein, ihre laufenden Verbindlichkeiten zu begleichen. 2

Der Gesetzgeber hat daher für Unternehmer, Einzelunternehmer, andere kleine, mittlere und große Unternehmen, Kreditinstitute sowie Verbraucherinnen und Verbraucher **verschiedene wirtschaftliche Unterstützungsmaßnahmen** vorgesehen. Dies umfasst Regelungen zum Vertragsrecht sowie Erleichterungen für Unternehmen im Gesellschaftsrecht und im Insolvenzrecht. Ziel des Gesetzespakets ist, die Auswirkungen der Corona-Pandemie auf Verbraucher und Wirtschaft auf ein Minimum zu beschränken, wobei die bisherigen Vertragsverhältnisse bestehen bleiben sollen. Der Verfasser sagte dazu in der Plenardebatte anlässlich der 2./3. Lesung des Gesetzes:[1] 3

„*Wir fangen bei den schwächsten Gliedern an. Das sind die Unternehmen, das sind die Familien, das sind die Privatpersonen. Wenn ein Unternehmen erst mal pleite ist, ausgeschieden aus dem Markt, dann kann es nicht einfach wiederbelebt werden. Eine Familie, die ihre Wohnung verlassen musste, kann nicht irgendwann später wieder in diese rein. Deshalb schützen wir zuerst hier.*"

Für den Bereich des Zivilrechts wurde mit diesem Gesetz ein **Moratorium für die Erfüllung vertraglicher Ansprüche aus Dauerschuldverhältnissen** eingeführt, das betroffenen Verbrauchern und Kleinstunternehmen, die wegen der COVID-19-Pandemie ihre vertraglich geschuldeten Leistungen nicht erbringen können, einen Aufschub gewährt. Dieser gilt für Geldleistungen und andere Leistungen. Damit wird für Verbraucher und Kleinstunternehmen gewährleistet, dass sie etwa von Leistungen der Grundversorgung (Strom, Gas, Telekommunikation, soweit zivilrechtlich geregelt auch Was- 4

---

1 Deutscher Bundestag, Plen.-Prot. 19/154, S. 19155 (A), 19156 (A).

ser) nicht abgeschnitten werden, weil sie ihren Zahlungspflichten krisenbedingt nicht nachkommen können. Um das Grundvertrauen in geschlossene Verträge aber nicht zu erschüttern, setzt der Gesetzgeber hier enge Grenzen: So kann der Verbraucher Leistungen zur Erfüllung eines Anspruchs nur dann verweigern, wenn ihm infolge von Umständen, die auf die Ausbreitung der Infektionen mit dem SARS-CoV-2-Virus (COVID-19-Pandemie) zurückzuführen sind, die Erbringung der Leistung ohne Gefährdung seines angemessenen Lebensunterhalts oder des angemessenen Lebensunterhalts seiner unterhaltsberechtigten Angehörigen nicht möglich wäre.[2] Allerdings räumt der Gesetzgeber dem Gläubiger die Möglichkeit des Härtefalleinwands ein, wenn die Nichterbringung der Leistung die wirtschaftliche Grundlage seines eigenen Erwerbsbetriebs gefährden würde oder zu einer Gefährdung seines angemessenen Lebensunterhalts oder des angemessenen Lebensunterhalts seiner unterhaltsberechtigten Angehörigen führen würde.[3]

5 Für **Mietverhältnisse** über Grundstücke oder über Räume wird das Recht der Vermieter zur Kündigung von Mietverhältnissen eingeschränkt. Dies gilt sowohl für Wohnals auch für Gewerberaummietverträge. Wegen Mietschulden aus dem Zeitraum vom 1.4.2020 bis zum 30.6.2020 dürfen Vermieter das Mietverhältnis nicht kündigen, sofern die Mietschulden auf den Auswirkungen der COVID-19-Pandemie beruhen. Die Verpflichtung der Mieter zur Zahlung der Miete bleibt im Gegenzug im Grundsatz bestehen. Dies gilt für Pachtverhältnisse entsprechend.[4] Zudem muss die Mieterin oder der Mieter glaubhaft machen, dass die Nichtleistung der Mietzahlung im Zusammenhang mit der COVID-19-Pandemie steht.

6 Für **Verbraucherdarlehensverträge**, die vor dem 15.3.2020 abgeschlossen wurden, wurde geregelt, dass Ansprüche des Darlehensgebers auf Rückzahlung, Zins- oder Tilgungsleistungen, die zwischen dem 1.4.2020 und dem 30.6.2020 fällig werden, mit Eintritt der Fälligkeit für die Dauer von drei Monaten gestundet werden, wenn der Verbraucher aufgrund der durch Ausbreitung der COVID-19-Pandemie hervorgerufenen außergewöhnlichen Verhältnisse Einnahmeausfälle hat, die dazu führen, dass ihm die Erbringung der geschuldeten Leistung nicht zumutbar ist.[5]

7 Im **Insolvenzrecht** wurden Unternehmer durch das **COVID-19-Insolvenzaussetzungsgesetz** (COVInsAG) durch eine Aussetzung der straf- und haftungsbewehrten Insolvenzantragspflicht (§ 1) und der Zahlungsverbote (§ 2) bis zunächst Ende September 2020 entlastet. Diese Aussetzung der Antragspflicht gilt jedoch ausschließlich, wenn die Insolvenz auf den Auswirkungen der COVID-19-Pandemie beruht oder Aussicht auf die Beseitigung einer eingetretenen Zahlungsunfähigkeit besteht. Das Bundesministerium der Justiz und für Verbraucherschutz ist ermächtigt, diese Aussetzung der Insolvenzantragspflicht bis zum 31.3.2021 zu verlängern, wenn dies aufgrund fortbestehender Nachfrage nach verfügbaren öffentlichen Hilfen, andauernder Finanzierungsschwierigkeiten oder sonstiger Umstände geboten erscheint (§ 4). Parallel wurde die Möglichkeit von Gläubigerinsolvenzanträgen eingeschränkt (§ 3); die Eröffnung des Insolvenzverfahrens setzt derzeit voraus, dass der Eröffnungsgrund bereits am 1.3.2020 vorlag. Neben der Aussetzung der Zahlungsverbote wurde auch die Möglichkeit der späteren Insolvenzanfechtung beschränkt, damit die Unternehmen keine Anfechtungen nun erforderlicher Rechtsgeschäfte in einem späteren Insolvenzverfahren fürchten müssen (§ 2). So sollen Anreize geschaffen werden, den betroffenen Un-

---

2 Begr. Fraktionsentwurf, BT-Drs. 19/18110, S. 13.
3 Begr. Fraktionsentwurf, BT-Drs. 19/18110, S. 13.
4 Begr. Fraktionsentwurf, BT-Drs. 19/18110, S. 4, 36; dazu auch *Luczak*, Rede anlässlich der 2./3. Lesung des Gesetzes, Deutscher Bundestag, Plen.-Prot. 19/154, S. 19151 (A), 19152 (A): „Der Zahlungsanspruch bleibt selbstverständlich bestehen. Die Mieter müssen ihre Miete nachzahlen und gegebenenfalls auch Verzugszinsen zahlen.".
5 Begr. Fraktionsentwurf, BT-Drs. 19/18110, S. 14.

ternehmen neue Liquidität zuzuführen und die Geschäftsbeziehungen zu diesen aufrecht zu erhalten.[6]

Die Schutzmaßnahmen zur Vermeidung der Ausbreitung der COVID-19-Pandemie, 8 insbesondere die **Einschränkungen der Versammlungsmöglichkeiten** von Personen, haben zum Teil erhebliche Auswirkungen auf die Handlungsfähigkeit von Unternehmen verschiedener Rechtsformen, da diese teilweise nicht mehr in der Lage sind, auf herkömmlichem Weg Beschlüsse auf Versammlungen der entsprechenden Organe herbeizuführen. Dies betrifft einerseits die in der Regel jährlich stattfindenden ordentlichen Versammlungen, die vielfach der Feststellung des Jahresabschlusses und der Festlegung einer Gewinnausschüttung dienen, und andererseits außerordentliche Versammlungen, die aufgrund besonderer Maßnahmen erforderlich sind, insbesondere für Kapitalmaßnahmen und Umstrukturierungen. Letztere sind vor allem bei außergewöhnlichen Umständen, wie sie derzeit bestehen, möglicherweise von existenzieller Bedeutung für die betroffenen Gesellschaften, Vereine, Stiftungen und Genossenschaften.[7] Dies gilt insbesondere für Aktiengesellschaften, aber auch für Kommanditgesellschaften auf Aktien (KGaA) oder Versicherungsvereine auf Gegenseitigkeit (VVaG). Um die betroffenen Unternehmen in die Lage zu versetzen, auch bei weiterhin bestehenden Beschränkungen der Versammlungsmöglichkeiten erforderliche Beschlüsse zu fassen und handlungsfähig zu bleiben, wurden vorübergehend substantielle Erleichterungen für die rechtssichere Durchführung von virtuellen onlinebasierten (Haupt-)Versammlungen geschaffen.[8] Dem will das hier kommentierte **Gesetz über Maßnahmen im Gesellschafts-, Genossenschafts-, Vereins-, Stiftungsund Wohnungseigentumsrecht zur Bekämpfung der Auswirkungen der COVID-19-Pandemie** (verkündet als Artikel 2 des Gesamtgesetzes) Rechnung tragen.

Wesentliche Aspekte der vorübergehenden Erleichterungen für die AG, KGaA und SE 9 sind dabei die Möglichkeit, dass der Vorstand der Gesellschaft auch ohne Satzungsermächtigung eine Online-Teilnahme an der **Hauptversammlung** ermöglichen kann, die Möglichkeit einer **präsenzlosen Hauptversammlung** mit **eingeschränkten Anfechtungsmöglichkeiten**, die Möglichkeit der **Verkürzung der Einberufungsfrist auf 21 Tage** sowie die Ermächtigung für den Vorstand, auch ohne Satzungsregelung **Abschlagszahlungen auf den Bilanzgewinn** vorzunehmen. Zudem wird die Möglichkeit eröffnet, eine Hauptversammlung innerhalb des Geschäftsjahres durchzuführen, das heißt, die **bisherige Achtmonatsfrist wurde verlängert**.[9] Die Unternehmen dürften damit in der Lage sein, die erste virtuelle Hauptversammlungssaison in rechtssicherer Weise durchzuführen. Im Übrigen werden für Genossenschaften, Vereine, Stiftungen und Wohnungseigentümergemeinschaften Regelungen für den vorübergehenden Fortbestand bestimmter Organbestellungen getroffen, sollten deren Amtszeiten ablaufen, ohne dass neue Organmitglieder bestellt werden können.[10]

Die Schutzmaßnahmen zur Vermeidung der Ausbreitung der COVID-19-Pandemie 10 betreffen auch die Gerichte und Staatsanwaltschaften. Vor allem für **strafgerichtliche Hauptverhandlungen** ist absehbar, dass diese nicht in den gesetzlich vorgeschriebenen Fristen durchgeführt werden können und Prozesse dadurch zu platzen drohen, was eine vollständige Neuverhandlung nach sich zöge. Um dies zu verhindern, wurde in das Einführungsgesetz zur Strafprozessordnung ein auf ein Jahr befristeter zusätzlicher Hemmungstatbestand für die Unterbrechungsfrist einer strafgerichtlichen Hauptverhandlung eingefügt, der es den Gerichten erlaubt, die Hauptverhandlung für maximal drei Monate und zehn Tage zu unterbrechen, wenn diese aufgrund von Maßnah-

---

6 Begr. Fraktionsentwurf, BT-Drs. 19/18110, S. 4.
7 Begr. Fraktionsentwurf, BT-Drs. 19/18110, S. 3.
8 Begr. Fraktionsentwurf, BT-Drs. 19/18110, S. 5.
9 Begr. Fraktionsentwurf, BT-Drs. 19/18110, S. 5.
10 Begr. Fraktionsentwurf, BT-Drs. 19/18110, S. 5.

men zur Vermeidung der Verbreitung der COVID-19-Pandemie nicht durchgeführt werden kann.

B. Gesetzgebungsverfahren

11   Das Gesetzgebungsverfahren war durch **außergewöhnliche Eile** gekennzeichnet. Zwar hatte die Frage einer eventuellen Aussetzung der Insolvenzantragspflicht den Unterausschuss Europarecht des Deutschen Bundestages bereits in seiner 26. Sitzung am 6.3.2020 beschäftigt. Die Bundesregierung wies dort darauf hin, dass eine Aussetzung der Antragspflicht bislang immer an das Vorhandensein eines staatlichen Hilfsprogramms gekoppelt gewesen sei. Sie habe stets den Zweck gehabt, die Zeit bis zur Verfügbarkeit dieser staatlichen Hilfsmittel zu überbrücken, um unnötige Insolvenzen zu vermeiden. Dass die Coronakrise schnelles gesetzgeberisches Handeln erfordern würde, zeichnete sich aber erstmals im Rahmen der Gesetzgebung zum Kurzarbeitergeld ab (nachstehend Rn. 21), die am 13.3.2020 innerhalb eines Tages die parlamentarischen Hürden nahm (1, 2. und 3. Lesung am selben Tag).[11] Weiterer gesetzlicher Handlungsbedarf war offensichtlich. Da das normale Gesetzgebungsverfahren – Vorlage eines Regierungsentwurfs, Zuleitung an den Bundesrat nach Art. 76 Abs. 2 Satz 1 GG, Einbringung in den Bundestag mitsamt der Gegenäußerung der Bundesregierung zur Stellungnahme des Bundesrates – zu lange dauern würde, bestand Einvernehmen, dass die Gesetzesinitiativen als Fraktionsanträge (der Regierungsfraktionen) direkt in den Deutschen Bundestag würden eingebracht werden müssen (Art. 76 Abs. 1 Alt. 2 GG: „aus der Mitte des Bundestages"). Damit war die Bundesregierung allerdings nicht „außen vor". Denn sie arbeitete dem Parlament durch Erstellung sog. **Formulierungshilfen** zu, die von den Koalitionsfraktionen dann zur Grundlage ihrer Gesetzesinitiativen gemacht wurden.[12] Das bedeutet einerseits, dass die regierungsinterne Abstimmung letztlich so stattfand wie auch sonst bei Regierungsentwürfen, andererseits, dass das Parlament und die Fraktionen schon sehr früh in den Entscheidungsprozess einbezogen waren und einbezogen werden mussten – im Übrigen einschließlich aller Oppositionsfraktionen.[13]

12   Was die hier im Übrigen nicht näher zu erörternden insolvenzrechtlichen Regelungen angeht, konnte man dabei auf Vorbilder zurückgreifen. Denn der Gesetzgeber hatte immer wieder in **Fällen von Naturkatastrophen durch gesetzliche Sonderregelung** von der Insolvenzantragspflicht suspendiert.[14] Im **Gesellschaftsrecht** konnte er andererseits schon auf eine lange geführte Diskussion über die **Möglichkeit virtueller Hauptversammlungen** zurückgreifen.

13   Die am 16.3.2020 beginnende, „sitzungsfreie" Woche war dementsprechend durch einen intensiven Diskussionsfluss zwischen allen genannten Beteiligten gekennzeichnet. Was das hier auszugsweise kommentierte Gesetz angeht, sind dabei vor allem **folgende Phasen** hervorzuheben:

■   In einem ersten „Entwurf eines Gesetzes zur vorübergehenden Aussetzung der Insolvenzantragspflicht und zur Hemmung der Unterbrechung strafgerichtlicher Hauptverhandlungen aufgrund des Coronavirus SARS-CoV-2" vom **17.3.2020**

---

11   Deutscher Bundestag, Plen.-Prot. 19/153, S. 19028 (C) ff.
12   Zu diesem Instrument ausführlich *Hirte* in FS Seibert, 2019, 345 (355 f.).
13   Zum Ganzen *Pergande*, Expresslieferung FAS v. 29.3.2020, Nr. 13, S. 5.
14   Zuletzt im Zusammenhang mit dem Sommerhochwasser 2013 durch Art. 3 des Aufbauhilfegesetzes vom 15.7.2013, BGBl. I, S. 2401 unter den dort näher genannten Voraussetzungen für den Zeitraum vom 30.5.2013 bis zum 31.3.2014; dazu *Nikolaus M. Schmidt* ZInsO 2013, 1463 f. (dort auch zur Nicht-Erstreckung der Sonderregelung auf die Zahlungsverbote); und im Zusammenhang mit den Starkregen im Sommer 2016 durch Art. 3 a des „Neunten Gesetzes zur Änderung des Zweiten Buches Sozialgesetzbuch – Rechtsvereinfachung – sowie zur vorübergehenden Aussetzung der Insolvenzantragspflicht" vom 26.7.2016, BGBl. I, S. 1824 für den Zeitraum vom 1.6.2016 bis zum 1.4.2017; dazu *Hölzle/Schulenberg* ZIP 2020, 633 (634).

wurde neben den insolvenzrechtlichen Fragen lediglich die strafprozessuale Hemmungsregelung angesprochen. Das galt auch noch für den unter dem **19.3.2020** zirkulierten, überarbeiteten Entwurf.

▪ Erst mit **Entwurfsstand vom 22.3.2020** und der Umbenennung des Gesamtgesetzes in den „Entwurf eines Gesetzes zur Abmilderung der Folgen der COVID-19-Pandemie im Zivil-, Insolvenz- und Strafverfahrensrecht" wurde das Gesetz dann vor allem um die allgemein zivilrechtlichen und die hier erläuterten **gesellschaftsrechtlichen Regelungen ergänzt**; hier hatte man zunächst gehofft, eine Regelung noch bis nach der parlamentarischen Osterpause aufschieben zu können.

Das **Bundeskabinett** beschloss die Formulierunghilfe in seiner 90. Sitzung am Montag, den 23.3.2020.[15] Am folgenden Dienstag, dem 24.3.2020, wurden die Entwürfe dann von den **Fraktionen** in ihren Arbeitsgruppen und der Gesamtfraktion – im Rahmen von Telefonkonferenzen – beraten, um noch am selben Tag formell in den parlamentarischen Prozess eingebracht zu werden. Durch eine „1. Änderungs-/Ergänzungsmitteilung" vom 24.3.2020 wurden sie als zusätzlicher Tagesordnungspunkt 11 auf die Tagesordnung des Rechtsausschusses gesetzt – vorbehaltlich der natürlich zu diesem Zeitpunkt noch nicht erfolgten Überweisung durch das Plenum an den Ausschuss zur federführenden Beratung; zugleich wurden praktisch alle anderen Tagesordnungspunkte gestrichen. | 14

Am Morgen des 25.3.2020 wurden sämtliche Vorlagen ohne Aussprache in „**1. Lesung**" im vereinfachten Verfahren ohne Debatte an die vorgeschlagenen Ausschüsse überwiesen, hinsichtlich des hiesigen Gesetzes an den **Ausschuss für Recht und Verbraucherschutz**.[16] Der Ausschuss für Recht und Verbraucherschutz beriet den Gesetzentwurf anschließend in seiner 154. Sitzung am gleichen Tag, wegen der Pandemie in proportional verringerter Besetzung und mit vergrößertem Sitzabstand, unter dem Vorsitz des Verfassers.[17] Seitens der CDU/CSU-Bundestagsfraktion wurde dabei zu den hier im Mittelpunkt stehenden gesellschaftsrechtlichen Regelungen erklärt: | 15

„*Im Gesellschaftsrecht gehe es insbesondere darum, die Handlungsfähigkeit von Gesellschaften auch in einer Situation der Kontaktsperre, etwa durch die Möglichkeit virtueller Hauptversammlungen und der Beschlussfassung auf elektronischem Wege, zu gewährleisten. Hier seien im Interesse der Aktionäre, die Entscheidungen träfen und letztlich das Risiko trügen, auch andere Lösungen, zB schriftliche Beantwortungsverfahren, denkbar. Die Regelungen über Online-Versammlungen seien in großem Maße analogiefähig, allerdings gegenüber bereits bestehenden Satzungsregelungen wohl nachrangig.*"[18]

Die beiden letzten Gesichtspunkte zeigen bereits die kontinuierlich in der Fortentwicklung befindliche Diskussion auf: Denn der Hinweis auf die **Analogiefähigkeit** ist der Tatsache geschuldet, dass man zwar mit den Hauptversammlungen von Aktiengesellschaften möglicherweise den praktisch wichtigsten Fall als Ausgangspunkt im Auge hatte, damit aber andererseits nicht notwendig alle gesellschafts- und verbandsrechtlichen Fragen adressiert hatte. Andere Rechtsformen als die Aktiengesellschaft wurden zwar in der Endfassung des Gesetzes bereits angesprochen. Die Personengesellschaften fehlen aber etwa ebenso wie die Parteien. Und umgekehrt war auch nicht bedacht worden, dass es in kleineren Verbänden – insbesondere der GmbH – schon heute ausdifferenzierte **Satzungsregelungen** zu virtuellen Versammlungen und Sitzungen gibt. Diese sollten sicher nicht durch das Gesetz zu Fall gebracht werden.

---

15 Abrufbar auf der Homepage des BMJV: https://www.bmjv.de/SharedDocs/Gesetzgebungsverfahren/Dokumente/Corona-Pandemie.pdf;jsessionid=8A4E29639975D83FBB13D0CCC9968427.2_cid334?__blob=publicationFile&v.=3.
16 Deutscher Bundestag, Plen.-Prot. 19/154, S. 19119 (A).
17 Bericht des Ausschusses für Recht und Verbraucherschutz, BT-Drs. 19/18158.
18 Bericht des Ausschusses für Recht und Verbraucherschutz, BT-Drs. 19/18158, S. 2.

16 Der Ausschuss empfahl schließlich die Annahme des Gesetzentwurfs mit einer **Änderung gegenüber dem ursprünglichen Antrag**: Eine nach Art. 5 § 3 Abs. 8 des Gesetzes mögliche Rechtsverordnung sollte nur noch „mit Zustimmung des Bundestages" erlassen werden können.[19] Die Änderung beruht auf einem Änderungsantrag, den die Fraktionen der CDU/CSU und SPD in den Ausschuss für Recht und Verbraucherschutz eingebracht hatten und der mit den Stimmen aller Fraktionen angenommen wurde. Die **2. und 3. Lesung des Gesetzes** schlossen sich dann am Nachmittag desselben Tages an.[20]

17 Am 27.3.2020 beschloss der **Bundesrat** in seiner 988. Sitzung (Sondersitzung), im Hinblick auf den ihm übermittelten Bundestagsbeschluss zum Abmilderungsgesetz[21] nicht nach Art. 77 Abs. 2 GG den Vermittlungsausschuss anzurufen.[22] Damit konnte das Gesetz vom Bundespräsidenten ausgefertigt und im Bundesgesetzblatt verkündet werden (Art. 82 Abs. 1 Satz 1 GG).

18 Aufgrund der gebotenen Eile konnten viele der sonst in einem Gesetzgebungsverfahren üblichen Anregungen und Vorschläge nicht berücksichtigt werden. Insbesondere hat im Rechtsausschuss auch **keine Sachverständigenanhörung** stattgefunden, weil die Oppositionsfraktionen auf dieses Minderheitenrecht (§ 70 Abs. 1 Satz 2 Hs. 1 GOBT) verzichtet haben. Der Deutsche Bundestag wird aber in den kommenden Wochen und Monaten sicherlich noch weitere Gesetze im Zusammenhang mit der COVID-19-Pandemie verabschieden müssen, bei denen sich die Gelegenheit bieten wird, diese Anregungen und Vorschläge aufzugreifen und Fehler der jetzigen Kodifikation – die es sicher gibt – zu korrigieren.[23]

C. Parallele weitere gesetzliche Maßnahmen

19 Die hier im Mittelpunkt der Kommentierung stehenden gesellschaftsrechtlichen Maßnahmen zur Bewältigung der Corona-Krise stehen im Kontext zahlreicher weiterer, ebenfalls am 25.3.2020 vom Deutschen Bundestag beschlossener Schritte. Zuvörderst sind insoweit die **gesundheitspolitischen Gesetze** zu nennen, nämlich das „Gesetz zum Schutz der Bevölkerung bei einer epidemischen Lage von nationaler Tragweite"[24] und das „Gesetz zum Ausgleich COVID-19 bedingter finanzieller Belastungen der Krankenhäuser und weiterer Gesundheitseinrichtungen (COVID-19-Krankenhausentlastungsgesetz)".[25]

20 Einen Schwerpunkt bildet aber die **Unterstützung** der vielen großen, vor allem aber auch **vielen kleineren und mittleren Unternehmen**, die infolge der Krise an unverschuldeten Umsatzrückgängen leiden, zB aufgrund von Störungen in ihrer Lieferkette, aufgrund eines signifikanten Rückgangs der Nachfrage in zahlreichen Sektoren unserer Volkswirtschaft oder schlichtweg aufgrund der gesundheitspolitischen Maßnahmen und der damit verbundenen Restriktionen. Sie will der Gesetzgeber mit ausreichend Liquidität ausstatten, damit sie gut durch die Krise kommen. Denn es ist klar, dass allein die Aussetzung der Insolvenzantragspflicht noch nicht die Sanierung der durch die Krise betroffenen Unternehmen bewirkt.

---

19 Beschlussempfehlung des Ausschusses für Recht und Verbraucherschutz, BT-Drs. 19/18129, S. 3.
20 Deutscher Bundestag, Plen.-Prot. 19/154, S. 19149 (B) ff.
21 Bundesrat, BR-Drs. 153/20.
22 Bundesrat, BR-Drs. 153/20 (Beschluss); Bundesrat, Plen.-Prot. 988, S. 99.
23 Dazu auch *Hirte*, Rede anlässlich der 2./3. Lesung des Gesetzes, Deutscher Bundestag, Plen.-Prot. 19/154, S. 19155 (A), 19156 (A): Wir werden mit Sicherheit in dieser Regresskette, in dieser Dominokette noch einmal darüber nachdenken müssen, wie wir mit diesen Punkten und weiteren Aspekten umzugehen haben. Das Bundesjustizministerium – wir haben es gerade gehört – sammelt die entsprechenden Anregungen."
24 Vom 27.3.2020, BGBl. I, S. 587.
25 Vom 27.3.2020, BGBl. I, S. 580.

Ein erster Schritt – wie angesprochen (oben Rn. 11) ebenfalls als Eilmaßnahme – war 21
bereits mit dem Schutzschild für Beschäftigte und Unternehmen getan worden (durch
das „Gesetz zur befristeten krisenbedingten Verbesserung der Regelungen für das
Kurzarbeitergeld".[26] Er enthielt unter anderem deutlich erweiterte Regelungen zum
Kurzarbeitergeld: So werden etwa die Sozialversicherungsbeiträge, die Arbeitgeber
normalerweise für das Kurzarbeitergeld bezahlen müssen, von der Bundesagentur für
Arbeit vollständig oder teilweise erstattet (§ 109 Abs. 5 Satz 1 Nr. 3 SGB nF III iVm
der „Verordnung über Erleichterungen der Kurzarbeit (Kurzarbeitergeldverordnung –
KugV)".[27] Eingeführt wurden weiter steuerliche Hilfen für Unternehmen, die Ausweitung der bestehenden KfW-Programme für Unternehmer- und Gründerkredite, die
Verdoppelung des Höchstbetrages bei den Bürgschaftsbanken, die Ausweitung des
Großbürgschaftsprogramms sowie zusätzliche Sonderprogramme bei der KfW zur Sicherstellung der Liquidität. Zudem hatte der Bund der Wirtschaft mit den Exportkre-
ditgarantien (Hermesdeckungen) eine flexible, effektive und umfassende Unterstützung zur Verfügung gestellt. Sie wird flankiert durch ein gut ausgestattetes KfW-Pro-
gramm zur Refinanzierung von Exportgeschäften.

Diese Maßnahmen wurden jetzt ergänzt durch das „Gesetz für den erleichterten Zu- 22
gang zu sozialer Sicherung und zum Einsatz und zur Absicherung sozialer Dienstleister aufgrund des Coronavirus SARS-CoV-2 (**Sozialschutz-Paket**)",[28] durch das von
Kurzarbeit Betroffene unter erleichterten Bedingungen Erwerbstätigkeiten in system-
relevanten Branchen und Berufen aufnehmen dürfen (§ 421 c SGB III nF). Zudem
wird der Zugang in die Grundsicherungssysteme vorübergehend erleichtert: Vorübergehend wird die Vermögensprüfung ausgesetzt, und es werden tatsächliche Wohnkos-
ten voll übernommen. Die Bemessung des Kinderzuschlags wird vorübergehend an
die gegenwärtige Situation angepasst. Damit werden insbesondere Familien mit geringem Einkommen und Selbständige ohne oder mit nur wenigen Angestellten gestärkt.
Schließlich wurde eine Verordnungsermächtigung ins Arbeitszeitgesetz eingefügt, um
arbeitsrechtliche Ausnahmeregelungen zu erlassen, die dazu beitragen, die Aufrechterhaltung der öffentlichen Sicherheit und Ordnung, des Gesundheitswesens und der
pflegerischen Versorgung, der Daseinsvorsorge sowie die Versorgung der Bevölkerung
mit existentiellen Gütern in der derzeitigen Situation der Corona-Pandemie sicherzustellen. Bestimmte Branchen und Berufe sind in der Krise für das öffentliche Leben,
die Sicherheit und die Versorgung der Menschen unabdingbar. Hierzu gehören insbesondere das Gesundheitswesen mit Krankenhäusern und Apotheken aber auch die
Landwirtschaft und die Versorgung der Menschen mit Lebensmitteln.

Dem Ziel der Liquiditätssicherung für die deutsche Wirtschaft dienen insbesondere 23
zwei Maßnahmen:

1. Mit den Eckpunkten „**Corona-Soforthilfe für kleine Unternehmen und Soloselbständige**" erfolgt eine unbürokratische Soforthilfe in Form von steuerbaren Zu-
schüssen für Kleinstunternehmen aus allen Wirtschaftsbereichen, Soloselbständige
und Angehörige der Freien Berufe mit bis zu 10 Beschäftigten („Vollzeitäquivalen-
te").[29] Dabei handelt es sich um einen Zuschuss zur Sicherung der wirtschaftlichen Existenz und Überbrückung von akuten Liquiditätsengpässen durch ua laufende Betriebskosten wie Mieten, Kredite für Betriebsräume, Leasingraten. Das
Programmvolumen beträgt insgesamt EUR 50 Mrd. Die Zuschüsse betragen bis
EUR 9.000 im Rahmen einer Einmalzahlung für drei Monate (also 3 x
EUR 3.000,- in einer Zahlung) bei bis zu fünf Beschäftigten, oder bis zu
EUR 15.000 Einmalzahlung für drei Monate bei bis zu 10 Beschäftigten. Die Be-

---

26 Vom 13.3.2020, BGBl. I., S. 493.
27 Vom 25.3.2020, BGBl. I, S. 595.
28 Vom 27.3.2020, BGBl. I, S. 575.
29 Siehe die Unterrichtung durch die Bundesregierung: Eckpunkte zur Corona-Soforthilfe für
Kleinstunternehmen und Soloselbständige, BT-Drs. 19/18105.

antragung ist ggfls. für zwei weitere Monate möglich. Die Mittelbereitstellung erfolgt durch den Bund; die Bewirtschaftung durch das Bundesministerium für Wirtschaft und Energie. Die Bewilligung (Bearbeitung der Anträge, Auszahlung und ggfls. Rückforderung der Mittel) übernehmen die Länder bzw. die Kommunen. Eine Kumulation mit anderen Förderungen ist grundsätzlich möglich; eine Überkompensation ist zurückzuzahlen.

2. Mit dem **Gesetz zur Errichtung eines Wirtschaftsstabilisierungsfonds** (WStFG)[30] wurde ein Wirtschaftsstabilisierungsfonds (WSF) eingerichtet, der auf dem Finanzmarktstabilisierungsfonds aus der Finanzkrise 2008 aufsetzt. Zweck des WSF ist die Stabilisierung von Unternehmen der Realwirtschaft, denen anderweitige Finanzierungsmöglichkeiten nicht zur Verfügung stehen, durch Überwindung von Liquiditätsengpässen und durch Stärkung der Kapitalbasis. Der Garantierahmen in Höhe von EUR 400 Mrd. soll helfen, Liquiditätsengpässe zu beheben und Refinanzierung am Kapitalmarkt ermöglichen. EUR 100 Mrd. sind vorhanden für Eigenkapitalmaßnahmen (ua Genussrechte, stille Beteiligungen, Hybridanleihen, Wandelanleihen, Erwerb von Anteilen). Weitere EUR 100 Mrd. Darlehensmittel gehen in das KfW-Corona-Sonderprogramm.

24 **Antragsberechtigt** sind Unternehmen, die mindestens zwei der folgenden drei Bedingungen erfüllen:

- Bilanzsumme mindestens 43 Mio. EUR,
- Umsatzerlöse größer als 50 Mio. EUR,
- mehr als 249 Beschäftigte.

25 Das **Bundesministerium für Wirtschaft und Energie** dient als erster Ansprechpartner für die Unternehmen, während die Entscheidungen über Stabilisierungsmaßnahmen vom Bundesministerium der Finanzen gemeinsam mit dem Bundesministerium für Wirtschaft und Energie getroffen werden.

26 Soweit es sich um Grundsatzfragen, Angelegenheiten von besonderer Bedeutung sowie um Entscheidungen über wesentliche Maßnahmen und Auflagen nach Maßgabe einer nach § 25 Abs. 3 erlassenen Rechtsverordnung handelt, entscheidet einvernehmlich ein interministerieller Ausschuss (**Wirtschaftsstabilisierungsfonds-Ausschuss** bzw. WSF-Ausschuss).[31] Dieser besteht aus je einem Vertreter von Bundeskanzleramt, Bundesministerium der Finanzen, Bundesministerium für Wirtschaft und Energie, Bundesministerium für Arbeit und Soziales, Bundesministerium für Justiz und Verbraucherschutz sowie Bundesministerium für Verkehr und Digitale Infrastruktur. Der WSF-Ausschuss kann zusätzlich dazu ein Expertengremium berufen.

27 Die Richtlinien für die **Verwaltung des Wirtschaftsstabilisierungsfonds** bestimmt das Bundesministerium der Finanzen im Einvernehmen mit dem Bundesministerium für Wirtschaft und Energie durch Rechtsverordnung, die nicht der Zustimmung des Bundesrates bedarf. Der Haushaltsausschuss des Deutschen Bundestages ist über Erlass und Änderungen der Rechtsverordnungen nach § 20 Abs. 6 Satz 1 und § 20 Abs. 4 unverzüglich zu unterrichten.[32]

28 Beide Maßnahmen werden unterstützt durch weitere gesetzgeberische und administrative Instrumente aus weiteren Politikbereichen. So erhalten Unternehmen die Möglichkeit zur **Stundung von Steuerzahlungen**, um ihre Liquidität zu sichern. Auch werden die Voraussetzungen verbessert, Vorauszahlungen abzusenken. Weitere Verbesserungen gibt es im Bereich der Vollstreckung. So gewährt der Gesetzgeber den Unternehmen insgesamt Steuererleichterungen in Milliardenhöhe. Im Einzelnen heißt das: 1. Wenn Unternehmen aufgrund der wirtschaftlichen Folgen der Corona-Pandemie bis 31.12.2020 fällige Steuerzahlungen nicht leisten können, werden diese Zahlungen auf Antrag befristet und grundsätzlich zinsfrei gestundet. Die Finanzverwaltung ist

---

30 Vom 27.3.2020, BGBl. I, S. 543.
31 BT-Drs. 19/18109, S. 7.
32 BT-Drs. 19/18109, S. 8.

angewiesen, dabei keine strengen Anforderungen zu stellen. 2. Unternehmen, Selbstständige und Freiberufler können außerdem die Höhe ihrer Vorauszahlungen auf die Einkommen- und Körperschaftsteuer anpassen lassen. Gleiches gilt für den Messbetrag für Zwecke der Gewerbesteuer-Vorauszahlungen. Hierfür können sie bei ihrem Finanzamt einen Antrag stellen. Sobald klar ist, dass die Einkünfte der Steuerpflichtigen im laufenden Jahr voraussichtlich geringer sein werden als vor der Corona-Pandemie erwartet, werden die Steuervorauszahlungen unkompliziert und schnell herabgesetzt. 3. Auf die Vollstreckung von überfälligen Steuerschulden soll bis zum Ende des Jahres 2020 verzichtet werden. Säumniszuschläge, die in dieser Zeit gesetzlich anfallen, sollen erlassen werden. Dies betrifft die Einkommen- und Körperschaftsteuer sowie die Umsatzsteuer.[33]

D. Finanzierung

Alle diese Maßnahmen haben erhebliche finanzielle Lasten und Risiken für den Staat zur Folge, denen für den Bundeshaushalt durch das „Gesetz über die Feststellung eines Nachtrags zum Bundeshaushaltsplan für das Haushaltsjahr 2020 (**Nachtragshaushaltsgesetz 2020**)"[34] Rechnung getragen wurde.   **29**

Dazu musste der Deutsche Bundestag gemäß Art. 115 Abs. 2 Satz 6 und 7 GG beschließen, die **Regelgrenze für die Aufnahme von Krediten** nach Art. 109 Abs. 3 iVm Art. 115 Abs. 2 Satz 2 und 3 GG („Schuldenbremse") um EUR 99,755 Mrd. zu überschreiten.[35]   **30**

Artikel 1 Gesetz zur vorübergehenden Aussetzung der Insolvenzantragspflicht und zur Begrenzung der Organhaftung bei einer durch die COVID-19-Pandemie bedingten Insolvenz (COVID-19-Insolvenzaussetzungsgesetz – COVInsAG)

[vom Abdruck wird abgesehen]

Artikel 2 Gesetz über Maßnahmen im Gesellschafts-,Genossenschafts-, Vereins-, Stiftungs- und Wohnungseigentumsrecht zur Bekämpfung der Auswirkungen der COVID-19-Pandemie

§ 1 Aktiengesellschaften; Kommanditgesellschaften auf Aktien; Europäische Gesellschaften (SE); Versicherungsvereine auf Gegenseitigkeit

(1) Die Entscheidungen über die Teilnahme der Aktionäre an der Hauptversammlung im Wege elektronischer Kommunikation nach § 118 Absatz 1 Satz 2 des Aktiengesetzes (elektronische Teilnahme), die Stimmabgabe im Wege elektronischer Kommunikation nach § 118 Absatz 2 des Aktiengesetzes (Briefwahl), die Teilnahme von Mitgliedern des Aufsichtsrats im Wege der Bild- und Tonübertragung nach § 118 Absatz 3

---

33 BMF-Schreiben, Steuerliche Maßnahmen zur Berücksichtigung der Auswirkungen des Coronavirus (COVID-19/SARS-CoV-2). IV A 3 -S 0336/19/10007 :002; 2020/0265898 vom 19.3.2020.

34 Vom 27.3.2020, BGBl. I, S. 556.

35 Deutscher Bundestag, Plen.-Prot. 19/154, S. 19139 (B); Beschlussempfehlung und Bericht des Haushaltsausschusses, BT-Drs. 19/18108 und 19/18131.

Satz 2 des Aktiengesetzes und die Zulassung der Bild- und Tonübertragung nach § 118 Absatz 4 des Aktiengesetzes kann der Vorstand der Gesellschaft auch ohne Ermächtigung durch die Satzung oder eine Geschäftsordnung treffen.

(2) ¹Der Vorstand kann entscheiden, dass die Versammlung ohne physische Präsenz der Aktionäre oder ihrer Bevollmächtigten als virtuelle Hauptversammlung abgehalten wird, sofern

1. die Bild- und Tonübertragung der gesamten Versammlung erfolgt,
2. die Stimmrechtsausübung der Aktionäre über elektronische Kommunikation (Briefwahl oder elektronische Teilnahme) sowie Vollmachtserteilung möglich ist,
3. den Aktionären eine Fragemöglichkeit im Wege der elektronischen Kommunikation eingeräumt wird,
4. den Aktionären, die ihr Stimmrecht nach Nummer 2 ausgeübt haben, in Abweichung von § 245 Nummer 1 des Aktiengesetzes unter Verzicht auf das Erfordernis des Erscheinens in der Hauptversammlung eine Möglichkeit zum Widerspruch gegen einen Beschluss der Hauptversammlung eingeräumt wird.

²Der Vorstand entscheidet nach pflichtgemäßem, freiem Ermessen, welche Fragen er wie beantwortet; er kann auch vorgeben, dass Fragen bis spätestens zwei Tage vor der Versammlung im Wege elektronischer Kommunikation einzureichen sind.

(3) ¹Abweichend von § 123 Absatz 1 Satz 1 und Absatz 2 Satz 5 des Aktiengesetzes kann der Vorstand entscheiden, die Hauptversammlung spätestens am 21. Tag vor dem Tag der Versammlung einzuberufen. ²Abweichend von § 123 Absatz 4 Satz 2 des Aktiengesetzes hat sich der Nachweis des Anteilsbesitzes bei börsennotierten Gesellschaften auf den Beginn des zwölften Tages vor der Versammlung zu beziehen und muss bei Inhaberaktien der Gesellschaft an die in der Einberufung hierfür mitgeteilten Adresse bis spätestens am vierten Tag vor der Hauptversammlung zugehen, soweit der Vorstand in der Einberufung der Hauptversammlung keine kürzere Frist für den Zugang des Nachweises bei der Gesellschaft vorsieht; abweichende Satzungsbestimmungen sind unbeachtlich. ³Im Fall der Einberufung mit verkürzter Frist nach Satz 1 hat die Mitteilung nach § 125 Absatz 1 Satz 1 des Aktiengesetzes spätestens zwölf Tage vor der Versammlung und die Mitteilung nach § 125 Absatz 2 des Aktiengesetzes hat an die zu Beginn des zwölften Tages vor der Hauptversammlung im Aktienregister Eingetragenen zu erfolgen. ⁴Abweichend von § 122 Absatz 2 des Aktiengesetzes müssen Ergänzungsverlangen im vorgenannten Fall mindestens 14 Tage vor der Versammlung der Gesellschaft zugehen.

(4) ¹Abweichend von § 59 Absatz 1 des Aktiengesetzes kann der Vorstand auch ohne Ermächtigung durch die Satzung entscheiden, einen Abschlag auf den Bilanzgewinn nach Maßgabe von § 59 Absatz 2 des Aktiengesetzes an die Aktionäre zu zahlen. ²Satz 1 gilt entsprechend für eine Abschlagszahlung auf die Ausgleichszahlung (§ 304 des Aktiengesetzes) an außenstehende Aktionäre im Rahmen eines Unternehmensvertrags.

(5) Der Vorstand kann entscheiden, dass die Hauptversammlung abweichend von § 175 Absatz 1 Satz 2 des Aktiengesetzes innerhalb des Geschäftsjahres stattfindet.

(6) Die Entscheidungen des Vorstands nach den Absätzen 1 bis 5 bedürfen der Zustimmung des Aufsichtsrats. Abweichend von § 108 Absatz 4 des Aktiengesetzes kann der Aufsichtsrat den Beschluss über die Zustimmung ungeachtet der Regelungen in der Satzung oder der Geschäftsordnung ohne physische Anwesenheit der Mitglieder schriftlich, fernmündlich oder in vergleichbarer Weise vornehmen.

(7) Die Anfechtung eines Beschlusses der Hauptversammlung kann unbeschadet der Regelung in § 243 Absatz 3 Nummer 1 des Aktiengesetzes auch nicht auf Verletzungen von § 118 Absatz 1 Satz 3 bis 5, Absatz 2 Satz 2 oder Absatz 4 des Aktiengesetzes, die Verletzung von Formerfordernissen für Mitteilungen nach § 125 des Aktiengesetzes sowie nicht auf eine Verletzung von Absatz 2 gestützt werden, es sei denn, der Gesellschaft ist Vorsatz nachzuweisen.

(8) Für Unternehmen, die in der Rechtsform der Kommanditgesellschaft auf Aktien verfasst sind, gelten die vorstehenden Absätze entsprechend. Für eine Europäische Gesellschaft nach der Verordnung (EG) Nr. 2157/2001 des Rates vom 8. Oktober 2001 über das Statut der Europäischen Gesellschaft (SE) (ABl. L 294 vom 10.11.2001, S. 1), die zuletzt durch die Verordnung (EU) Nr. 517/2013 (ABl. L 158 vom 10.6.2013, S. 1) geändert worden ist, gelten die Absätze 1 bis 7 mit Ausnahme des Absatzes 5 entsprechend. In einer Gesellschaft nach § 20 des SE-Ausführungsgesetzes vom 22. Dezember 2004 (BGBl. I S. 3675), das zuletzt durch Artikel 9 des Gesetzes vom 12. Dezember 2019 (BGBl. I S. 2637) geändert worden ist, (Gesellschaft mit monistischem System) trifft die Entscheidungen nach den Absätzen 1 bis 4 der Verwaltungsrat; Absatz 6 findet auf eine solche Gesellschaft keine Anwendung.

(9) Die Absätze 1 und 2, Absatz 3 Satz 1 und 3 sowie die Absätze 4 bis 7 sind entsprechend auf Versicherungsvereine auf Gegenseitigkeit im Sinne des § 171 des Versicherungsaufsichtsgesetzes anzuwenden.

A. Elektronische Teilnahme und Stimmabgabe von Aktionären, elektronische Teilnahme von Aufsichtsratsmitgliedern, Abs. 1 (*Krenek*)

Die COVID-19-Pandemie führt in allen 16 Ländern der Bundesrepublik Deutschland aktuell zu massiven Einschränkungen des öffentlichen Lebens. Die Schutzmaßnahmen zur Vermeidung der Ausbreitung dieser Pandemie, insbesondere die Einschränkungen der Versammlungsmöglichkeiten von Personen, haben zum Teil erhebliche Auswirkungen auf die **Handlungsfähigkeit von Unternehmen** und damit auch der Aktiengesellschaften, da diese teilweise nicht mehr in der Lage sind, auf herkömmlichem Weg **Beschlüsse auf Versammlungen** der entsprechenden Organe herbeizuführen. Dies betrifft einerseits die in der Regel jährlich stattfindenden **ordentlichen Versammlungen**, die vielfach der Feststellung des Jahresabschlusses und der Festlegung einer Gewinnausschüttung dienen, und andererseits **außerordentliche Versammlungen**, die aufgrund besonderer Maßnahmen erforderlich sind, insbesondere für Kapitalmaßnahmen und Umstrukturierungen. Letztere sind vor allem bei außergewöhnlichen Umständen, wie sie derzeit bestehen, möglicherweise von existenzieller Bedeutung für die betroffenen Gesellschaften, Vereine, Stiftungen und Genossenschaften. Darüber hinaus ist zum gegenwärtigen Zeitpunkt nicht absehbar, wie lange die Auswirkungen der COVID-19-Krise eine herkömmliche Beschlussfassung erschweren und ob die bestehenden gesetzlichen **Fristen** für bestimmte Versammlungsbeschlüsse eingehalten werden können. Dies könnte unter anderem auch zur Folge haben, dass bei einzelnen Rechtsformen die **Bestellungszeiträume** für bestimmte Ämter oder Positionen ablaufen und mangels Beschlussfassung **nicht neu besetzt** werden können. Dies könnte eine Führungslosigkeit bei Unternehmen einzelner Rechtsformen zur Folge haben.[1] Daher traf der Gesetzgeber mit Art. 2 des Gesetzes zur Abmilderung der Folgen der COVID-19-Pandemie im Zivil-, Insolvenz- und Strafverfahrensrecht vom 27.3.2020[2] für einen begrenzten Zeitraum auch Regelungen, die der **Gefahr der Ansteckung und Verbreitung** des Virus namentlich in der Hauptversammlung vorbeugen und es ermöglichen sollen, Entscheidungen im Interesse der Gesellschaft rasch vornehmen zu können.

1

---

1 Vgl. BT-Drs. 19/18110 S. 3.
2 BGBl. I S. 569.

2   Die in § 1 GesCoronaG geregelten Erleichterungen für Aktiengesellschaften treten we-
     gen der Eilbedürftigkeit aufgrund von Art. 6 Abs. 2 des Gesetzes zur Abmilderung der
     Folgen der COVID-19-Pandemie im Zivil-, Insolvenz- und Strafverfahrensrecht am
     Tag nach der Verkündung des Gesetzes und damit am **28.3.2020 in Kraft**. Sie gelten
     aufgrund der **Übergangsvorschrift** in § 7 Abs. 1 GesCoronaG für das gesamte Jahr
     2020, da derzeit nicht absehbar ist, inwieweit aufgrund der Auswirkungen der CO-
     VID-19-Pandemie über das Jahr hinweg weiterhin Einschränkungen bestehen, die die
     Durchführung einer Versammlung mit physischer Präsenz der Aktionäre oder Mitglie-
     der verhindern oder erschweren. Aufgrund der Regelung in Art. 6 Abs. 2 des Gesetzes
     zur Abmilderung der Folgen der COVID-19-Pandemie im Zivil-, Insolvenz- und Straf-
     verfahrensrecht treten sie am **31.12.2020[1] außer Kraft**, da es sich hierbei nur um vor-
     übergehende Maßnahmen zur Abmilderung der Auswirkungen der Infektionen mit
     dem SARS-CoV-2-Virus handelt. Mit dem automatischen Außerkrafttreten zum
     31.12.2021 verbleibt einerseits ausreichend **Spielraum für eine Verlängerung** des Gel-
     tungszeitraums im Verordnungswege entsprechend § 8 für den Fall noch andauernder
     Auswirkungen der Infektionen mit dem SARS-CoV-2-Virus, und andererseits wird der
     vorübergehende Charakter der Regelungen dadurch gewahrt, dass sie automatisch
     wieder außer Kraft treten.[3]

3   Bei **Publikumshauptversammlungen** macht erfahrungsgemäß eine Vielzahl von Aktio-
     nären von dem grundlegenden Recht eines jeden Aktionärs zur Teilnahme Gebrauch,
     was speziell für die großen börsennotierten Gesellschaften gilt. Daher besteht ange-
     sichts der Teilnahme einer Vielzahl von Personen auf vergleichsweise engem Raum
     eine erhöhte Ansteckungsgefahr durch das Corona-Virus.[4]

4   Ungeachtet dessen **gilt die Neuregelung** in § 1 GesCoronaG nach ihrem eindeutigen
     Wortlaut sowohl für **börsennotierte** als auch für **nicht börsennotierte** Gesellschaften,
     weil keine Differenzierung erfolgte. Ebenso gilt diese Regelung sowohl für **ordentliche**
     wie auch für **außerordentliche** Hauptversammlungen.[5] Ist eine Hauptversammlung al-
     lerdings **bereits einberufen** worden, muss diese **abgesagt** werden und auf der Grundla-
     ge der Vorgaben aus § 1 GesCoronaG neu einberufen werden.[6] Eine Abhaltung als
     Präsenzhauptversammlung würde gegen die auf der Grundlage des Infektionsschutz-
     gesetzes erlassenen Beschränkungen verstoßen; da der Aktionär an ihr aus diesen
     Gründen nicht teilnehmen dürfte, wäre sein Teilnahmerecht verletzt – die Teilnahme
     an einer Hauptversammlung wird kaum als triftiger Grund für eine Ausnahme ange-
     sehen werden können.[7] Wenn eine Aktiengesellschaft bereits eine Hauptversammlung
     einberufen hatte und nun von den Möglichkeiten des § 1 GesCoronaG Gebrauch ma-
     chen möchte, ist dies als Rücknahme und Neueinberufung zu werten. Daher müssen
     die Regelungen übe die Einberufung, insbesondere die Einberufungsfrist beachtet wer-
     den.[8]

5   Bislang enthielt § 118 Abs. 1 S. 2 AktG die Vorgabe, dass die Satzung vorsehen oder
     den Vorstand dazu ermächtigen kann, dass die Aktionäre an der Hauptversammlung
     auch ohne Anwesenheit an deren Ort und ohne einen Bevollmächtigten teilnehmen
     und sämtliche oder einzelne ihrer **Rechte** ganz oder teilweise **im Wege elektronischer
     Kommunikation ausüben** können. Dabei geht § 118 Abs. 1 S. 1 AktG von der Prä-
     senzhauptversammlung, nicht von einer virtuellen Hauptversammlung aus; nur die

---

3   BT-Drs. 19/18110 S. 42.
4   Zur Problematik der Hauptversammlung in Zeiten der Corona-Krise *Noack/Zetzsche* DB
     2020, 659 ff. die allerdings das Gesetz vom 27.3.2020 noch nicht berücksichtigen konnten;
     auch *Mayer/Jenne* BB 2020, 835 ff.
5   Vgl. BT-Drs. 19/18110 S. 3; *Noack/Zetzsche* AG 2020, 265 (267); *Mayer/Jenne* BB 2020,
     835 (836).
6   So auch *Noack/Zetzsche* AG 2020, 265 (267); *Mayer/Jenne* BB 2020, 835 (836).
7   Zu den durch die Corona-Kreise bedingten Problemen *vor* Inkrafttreten des Gesetzes vom
     27.3.2020 *Noack/Zetzsche* DB 2020, 658 ff.
8   So auch *Mayer/Jenne* BB 2020, 835 (843).

Teilnahme der Aktionäre erfolgt danach durch Zuschaltung.[9] Die Neuregelung in § 1 Abs. 1 GesCoronaG verzichtet auf die Satzungsermächtigung und ermöglicht es kraft Gesetzes dem Vorstand, eine Reihe von Entscheidungen im Sinne des § 118 AktG zu treffen, so dass eine Hauptversammlung auch ohne physische Präsenz der Aktionäre stattfinden kann.

Gegen diese grundsätzlich eingeräumte Möglichkeit der Abhaltung einer derartigen **virtuellen Hauptversammlung** können **keine europarechtlichen Bedenken**[10] erhoben werden. Sie ist von Art. 8 Abs. 1 und Abs. 2 ARRL gedeckt. Nach Art. 8 Abs. 1 ARRL gestatten die Mitgliedstaaten den Gesellschaften, ihren Aktionären jede Form der Teilnahme an der Hauptversammlung auf elektronischem Wege anzubieten, wobei die dort aufgeführten Formen der Teilnahme nicht abschließend aufgezählt sind, wie das Wort „insbesondere" in Art. 8 Abs. 1 ARRL zeigt. Aufgrund von Art. 8 Abs. 2 ARRL bleiben Rechtsvorschriften über den Entscheidungsprozess in der Gesellschaft zur Einführung oder Anwendung einer Form der Teilnahme auf elektronischem Wege, die die Mitgliedstaaten bereits erlassen haben oder möglicherweise noch erlassen, von den Regelungen in Abs. 1[11] unberührt. Der Entscheidungsprozess geht nun dahin, dass allein der Vorstand darüber zu entscheiden hat aufgrund der Regelung in § 1 Abs. 1 GesCoronaG. Auch soll Art. 8 Abs. 1 ARRL nur einen **Mindeststandard** ermöglichen,[12] über den die Mitgliedstaaten dann hinausgehen können. Abgesehen davon wird auch schon zum bislang geltenden Recht davon ausgegangen, dass alle Aktionäre zugeschaltet werden können, sofern eine entsprechende Satzungsregelung dies eröffnet (→ Rn. 5). 6

§ 1 Abs. 1 GesCoronaG räumt dem Vorstand aufgrund der Formulierung „kann" ein **Ermessen** hinsichtlich der Entscheidung ein, **ob** die Hauptversammlung **virtuell** abgehalten wird. Insoweit unterscheidet sich die Formulierung zu Abs. 2 Satz 2, wo von pflichtgemäßem, freiem Ermessen die Rede ist. Bei der Ermessensentscheidung zur Einberufung der Hauptversammlung muss es sich um ein **pflichtgemäßes** Ermessen handeln, das sich insbesondere am Normzweck zu orientieren hat. Sofern und solange erhebliche Gesundheitsgefahren von der Abhaltung einer Hauptversammlung für alle Teilnehmer drohen, wird eine Ermessensreduktion auf null dahin gehend anzunehmen sein, dass der Vorstand verpflichtet ist, von den Möglichkeiten des § 1 Gebrauch zu machen. Etwas **anderes** kann im Einzelfall bei einer **Ein-Mann-AG** oder einer Gesellschaft mit einem **sehr überschaubaren Aktionärskreis** gelten, bei deren Abhaltung der empfohlene Abstand der einzelnen Teilnehmer von 1,5 bis 2 m in jedem Fall gewahrt bleibt. Zudem wird bei der Ermessensausübung zu beachten sein, ob die von der CO-VID-19-Pandemie ausgehenden Gefahren noch fortbestehen. Wenn dies nicht mehr der Fall sein sollte, wird nach dem hinter dem Gesetz stehenden Grundgedanken nicht mehr davon ausgegangen werden können, dass eine auf dieses Gesetz gestützte Hauptversammlung gesetzeskonform abgehalten wurde. Die mit diesem Gesetz verbundenen Einschränkungen wesentlicher Aktionärsrechte wie namentlich das Rede- und Fragerecht können nur solange gerechtfertigt sein,[13] wie die krisenbedingte Situation fortbesteht. 7

---

9 So *Krenek/Pluta* in Heidel Aktienrecht AktG § 118 Rn. 14; *Hüffer/Koch* AktG § 118 Rn. 10.
10 Anders in Bezug auf das Fragerecht → Rn. 22 ff.
11 Art. 8 Abs. 2 S. 1 ARRL: Werden elektronische Mittel eingesetzt, um Aktionären die Teilnahme an der Hauptversammlung zu ermöglichen, so darf ihr Einsatz nur solchen Anforderungen oder Beschränkungen unterworfen werden, die zur Feststellung der Identität der Aktionäre und zur Gewährleistung der Sicherheit der elektronischen Kommunikation erforderlich sind, und dies nur in dem Maße, wie sie diesen Zwecken angemessen sind.
12 So *Jung/Stiegler* in Jung/Krebs/Stiegler Gesellschaftsrecht in Europa, § 30 Rn. 122; *Schmidt* BB 2006, 1641 (1643) jeweils mwN.
13 Zur Vereinbarkeit dieser Einschränkungen mit höherrangigem Recht → Rn. 27 ff.

8   Das dem Vorstand in § 1 Abs. 1 GesCoronaG eingeräumte **Ermessen** wird **gerichtlich** im Rahmen einer Beschlussmängelklage auf einen **Fehlgebrauch** hin überprüft werden können. Der in § 1 Abs. 7 GesCoronaG geregelte Anfechtungsausschluss bezieht sich nach seinem Wortlaut nicht auf die Entscheidung nach § 1 Abs. 1 GesCoronaG. Eine Nichtigkeit nach § 241 Nr. 1 AktG wird sich nicht annehmen lassen, weil der Vorstand tatsächlich einberufen hat – wenn auch unter Missachtung des ihm eingeräumten Ermessens für die Art und Weise der Durchführung der Hauptversammlung. Da § 1 Abs. 1 GesCoronaG eine derartige virtuelle Hauptversammlung zulässt, kann auch nicht von einem Verstoß gegen das Wesen der Aktiengesellschaft im Sinne des § 241 Nr. 3 1. Alt. AktG ausgegangen werden. Allerdings ist eine Gesetzesverletzung im Sinne des § 243 Abs. 1 AktG mit der Folge der **Anfechtbarkeit** zu bejahen, wenn ein Ermessensfehlgebrauch vorliegt. Dieser Verstoß muss auch als kausal angesehen werden, weil dadurch die Beschneidung von elementaren Aktionärsrechten wie dem Recht aus § 131 AktG ermöglicht wurde. Insoweit ist die Situation vergleichbar mit einem Einberufungsmangel, wie er bei § 124 Abs. 3 AktG beispielsweise ebenfalls zur Anfechtbarkeit führt.[14]

9   Fraglich ist, wie zu verfahren ist, wenn eine aufgrund von § 118 Abs. 1 Satz 2 AktG erlassene **Satzung** bereits bestimmte Vorgaben enthält, wie alle oder einzelne Rechte ganz oder teilweise online ausgeübt werden können, diese aber **restriktiver** sind als die **gesetzlichen Vorgaben**. Unter Berücksichtigung der Satzungsstrenge aus § 23 Abs. 5 AktG und dem „lex posterior"-Grundsatz wird davon auszugehen sein, dass in dieser Konstellation für die Dauer der Geltung der Reglungen des § 1 GesCoronaG das **Gesetz Vorrang** haben wird, sofern es zu einem Widerspruch zwischen der Neuregelung und der vorhandenen Satzung kommt.[15]

10   Zu den dem Vorstand in § 1 Abs. 1 GesCoronaG ermöglichten Entscheidungen gehört die **Teilnahme im Wege elektronischer Kommunikation** im Sinne des § 118 Abs. 1 S. 2 AktG – mithin durch entsprechende Zuschaltung aller teilnehmenden Aktionäre. Der zentrale **Unterschied** zur bisherigen Regelung liegt darin, dass dies nur ausdrücklich durch das Gesetz gestattet wird und nicht der Satzungsautonomie überlassen bleibt. Damit aber wird **erstmals** eine **rein virtuelle** Hauptversammlung ermöglicht, weil unter der Geltung des bisherigen § 118 Abs. 1 AktG jedem Aktionär die Möglichkeit zustehen musste, seine Rechte am Ort der Hauptversammlung auszuüben.[16]

11   Ebenso kann der **Vorstand** die **Entscheidung** über die **Stimmabgabe im Wege elektronsicher Kommunikation** treffen – dies betrifft die **Briefwahl** im Sinne des § 118 Abs. 2 AktG, die nach der Legaldefinition in dieser Vorschrift entweder schriftlich *oder* im Wege elektronischer Kommunikation erfolgen kann.[17] Die Neuregelung führt nun dazu, dass die elektronische Stimmabgabe im Falle einer entsprechenden Entscheidung des Vorstands für die elektronische Stimmabgabe die einzige Möglichkeit der Stimmabgabe durch den Aktionär selbst in einer derartigen virtuellen Hauptversammlung neben der über den bevollmächtigten Stimmrechtsvertreter sein wird. Damit aber ist die **Möglichkeit der „klassischen" schriftlichen Briefwahl** nach dem Wortlaut der Regelung **ausgeschlossen**.

12   Die Ermächtigungen in § 1 Abs. 1 und Abs. 2 GesCoronaG betreffen nach dem *Wortlaut* des Gesetzes ausschließlich Hauptversammlungen, die vom **Vorstand einberufen** werden. Daher können sie nach dem Wortlaut nicht zur Anwendung gelangen, wenn der in § 121 Abs. 2 S. 3 AktG genannte Personenkreis eine Hauptversammlung einbe-

---

14   Hierzu die Nachweise in Fn. 24
15   Ebenso *Noack/Zetzsche* AG 2020, 265 (266).
16   Vgl. *Noack/Zetzsche* AG 2020, 265 (266).
17   Von der bereits durch § 118 AktG eingeräumten Möglichkeit machte in der aktuellen Situation zB die Bayer AG in einer ergänzenden Bekanntmachung vom 17.3.2020 im Bundesanzeiger zu ihrer Hauptversammlung auch schon vor dem Inkrafttreten des Gesetzes Gebrauch.

rufen will.[18] Dies gilt insbesondere für den Fall des § 111 Abs. 3 S. 1 AktG, wonach der **Aufsichtsrat** eine Hauptversammlung einzuberufen hat, wenn das **Wohl der Gesellschaft** es erfordert.[19] In dieser Situation muss es möglich sein, § 1 Abs. 1 und Abs. 2 GesCoronaG analog anzuwenden; der Gesetzgeber hat diesen Fall offensichtlich nicht erkannt. Gerade wenn es aber das Wohl der Gesellschaft verlangt, muss regelmäßig von **Dringlichkeit** auszugehen sein – da der Normzweck von § 1 GesCoronaG aber gerade darin liegt, die Handlungsfähigkeit der Gesellschaft zu erhalten, ist eine analoge Anwendung gerechtfertigt.

Im Falle einer **Ermächtigung der Aktionäre** zur Einberufung durch das Gericht muss   13
gleichfalls von einer **analogen** Anwendung von § 1 GesCoronaG – ausgenommen das Zustimmungserfordernis des Aufsichtsrats – ausgegangen werden, weil der Aktionär dann an der Stelle des Vorstands bei der Einberufung handelt, auch wenn er dadurch nicht zum Organ der Gesellschaft wird, sondern im eigenen Namen handelt.[20] ine gegenteilige Auffassung würde die Pflichten des Aufsichtsrates aus § 111 Abs. 3 AktG obsolet machen sowie die Rechte der Minderheit aus § 122 Abs. 3 AktG ausschließen, wofür die Corona-Kreise keine hinreichenden Anlass bietet, weil durch § 1 GesCoronaG das entsprechende Instrumentarium geschaffen wurde, die Gesellschaft handlungsfähig zu erhalten.[21]

Bei § 122 Abs. 1 AktG stellt sich das Problem nicht in dieser Dringlichkeit, weil hier zwar der Antrag vom Aktionär ausgeht, die Hauptversammlung aber vom Vorstand einberufen wird,[22] der dann entsprechend den Vorgaben aus § 1 GesCoronaG handeln kann, solange seine zeitliche Zuständigkeit reicht und nicht auf den Versammlungsleiter oder den Vorstand in der Hauptversammlung übergegangen ist.[23]

§ 118 Abs. 3 S. 1 AktG sieht vor, dass die **Mitglieder des Vorstands und des Aufsichts-**   14
rats teilnehmen. In § 118 Abs. 3 S. 2 AktG ist geregelt, dass die Satzung bestimmte Fälle vorsehen kann, in denen die Teilnahme von Mitgliedern des Aufsichtsrats im Wege der Bild- und Tonübertragung erfolgen darf. Aufgrund von § 1 Abs. 1 GesCoronaG kann der Vorstand eine derartige Entscheidung nunmehr auch hier ohne Ermächtigung durch die Satzung oder eine Geschäftsordnung treffen.

Ebenfalls weggefallen ist die in § 118 Abs. 4 AktG angeordnete **Notwendigkeit einer**   15
Ermächtigung durch die Satzung oder eine Geschäftsordnung, um eine Bild- und Tonübertragung der Hauptversammlung zuzulassen.

Diese **Entscheidungen bedürfen** aufgrund der ausdrücklichen Regelung in § 1 Abs. 6   16
GesCoronaG der **Zustimmung des Aufsichtsrats.** Fehlt ein Beschluss des Aufsichtsrates, werden die Beschlüsse einer derartigen (präsenzlosen) Hauptversammlung anfechtbar sein. Die Vorschrift des § 1 Abs. 6 GesCoronaG ist in der Regelung über den Anfechtungsausschluss nicht genannt. Dann aber muss es bei den allgemeinen Regeln bleiben. Einem **Verstoß** gegen das Zustimmungserfordernis des Aufsichtsrats muss auch die erforderliche **Relevanz** beigemessen werden. Es fehlt dann an einer ordnungsgemäßen Einberufung oder Ankündigung der Hauptversammlung, weil die Voraussetzungen für die Abhaltung einer präsenzlosen Hauptversammlung nicht eingehalten wurden. Ein derartiger Verstoß wird von der Rechtsprechung wie auch der Li-

---

18 Vgl. *Noack/Zetzsche* AG 2020, 265 (267), die zur Analogie aber nicht Stellung nehmen.
19 Hierzu Heidel/*Breuer/Fraune* § 11 Rn. 26; Spindler/Stilz/*Spindler* § 11 Rn. 57.
20 Hierzu und zu Einzelheiten nur Heidel/*Müller* § 122 Rn. 34; Spindler/Stilz/*Rieckers* § 122 Rn. 67; Großkomm-AktienR/*Butzke* § 122 Rn. 102 ff.; *Habersack/Mülbert* ZGR 2014, 1 (8 ff.)
21 *Noack/Zetzsche* AG 2020, 265 (277) scheinen einer Analogie nicht näher treten zu wollen, wenn sie bei einem Verstoß gegen von der Nichtigkeit gefasster Beschlüsse ausgehen
22 So ausdrücklich *Hüffer /Koch* § 122 Rn. 7.
23 Hierzu nur ZGR 2014, 1 (9).

teratur regelmäßig als für das Teilhaberecht des Aktionärs grundsätzlich bedeutsam angesehen.[24]

B. Voraussetzungen der Virtuellen Hauptversammlung, Abs. 2

17   § 1 Abs. 2 GesCoronaG regelt für börsen- wie nicht börsennotierte Gesellschaften die **Voraussetzungen**, die erfüllt sein müssen, um eine Versammlung ohne physische Präsenz der Aktionäre oder ihrer Bevollmächtigten im Wege der Zuschaltung als virtuelle Hauptversammlung durchführen zu können. Aus dieser Regelung ist zunächst der Schluss zu ziehen, dass eine Bevollmächtigung auch bei einer solchen Hauptversammlung im Sinne des § 1 Abs. 1 GesCoronaG zulässig bleiben muss.

I. Bild- und Tonübertragung der gesamten Versammlung, Abs. 2 Nr. 1

18   § 1 Abs. 2 Nr. 1 GesCoronaG verlangt, dass die **Bild- und Tonübertragung der gesamten Versammlung** erfolgt. Demgemäß müssen auch die „**Generaldebatte**" und die **Abstimmungen** bis hin zur **Feststellung über die Beschlussfassung** und den **Schluss der Hauptversammlung** auf diese Art und Weise übertragen werden.[25] Keine Voraussetzung ist allerdings, dass diese Übertragung technisch ungestört abläuft und insbesondere bei jedem Aktionär ankommt.[26] Dieser Gedanke steht in Einklang auch mit der Vorschrift des § 243 Abs. 3 Nr. 1 AktG mit dem dort geregelten Anfechtungsausschluss bei einer durch **technische Störungen** verursachten Verletzung von Rechten, die nach § 118 Abs. 1 S. 2 und Abs. 2 AktG auf elektronischem Wege wahrgenommen werden, es sei denn, der Gesellschaft ist **grobe Fahrlässigkeit oder Vorsatz** vorzuwerfen. Nicht in Betracht kommen wird dagegen, dass – anders als bei § 243 Abs. 3 Nr. 1 – die Satzung einen **strengeren Verschuldensmaßstab** in Form der Beschränkung auf Vorsatz bestimmen kann. Insoweit muss der in § 23 Abs. 5 AktG enthaltene **Grundsatz der Satzungsstrenge** maßgeblich sein. Dies stünde zudem in Widerspruch zu einem der zentralen Grundgedanken des neuen Gesetzes über den **Anfechtungsausschluss** in § 1 Abs. 7 GesCoronaG (→ Rn. 152 ff.) wegen Verstößen gegen § 118 Abs. 1 S. 3 bis 5, Abs. 2 S. 2 oder Abs. 4 AktG. Dieser soll verhindern, dass die Erleichterungen von den Gesellschaften aus Sorge vor Anfechtungsklagen nicht in Anspruch genommen werden. Die Grundsatzentscheidung zur Versammlung ohne physische Präsenz soll ebenfalls weitgehend anfechtungsfrei gestellt werden, um zu verhindern, dass die Gesellschaften zur Vermeidung von Klagen in der Notsituation es nicht wagen, von diesem Mittel Gebrauch zu machen.[27]

II. Stimmrechtsausübung der Aktionäre über elektronische Kommunikation, Abs. 2 S. 2 Nr. 2 GesCoronaG

19   Aufgrund von Abs. 2 Nr. 2 GesCoronaG muss die **Stimmrechtsausübung** der Aktionäre über elektronische Kommunikation – also durch **Briefwahl** oder elektronische **Teilnahme** – sowie **Vollmachtserteilung** möglich sein.

20   Wird die Versammlung aufgrund einer Entscheidung der Gesellschaft nach § 1 Abs. 1 GesCoronaG nur mit **Briefwahl und Vollmachtsstimmrecht** durchgeführt, fallen nach dem Willen des Gesetzgebers alle Antragsrechte „in" der Versammlung weg.[28] Demgemäß können weder Anträge zur Geschäftsordnung noch Gegenanträge gestellt wer-

---

24 Vgl. nur BGHZ 160, 253 (255 f.); ZIP 2017, 2245 (2252); *Heidel* in Heidel Aktienrecht AktG § 243 Rn. 19; *Hüffer/Koch* § 243 Rn. 14; MüKoAktG/*Hüffer/Schäfer* § 243 Rn. 34; krit. indes Bürgers/Körber/*Göz* AktG § 243 Rn. 8.
25 So BT-Drs. 19/18110 S. 26.
26 So BT-Drs. 19/18110 S. 26.
27 So BT-Drs. 19/18110 S. 27.
28 So BT-Drs. 19/18110 S. 26.

den. Bei der elektronischer Teilnahme von Aktionären stehen diesen jedoch die entsprechenden Rechte zu.[29]

Ferner ist der präsenzlosen Hauptversammlung die **Stimmrechtsausübung im Wege** **21** **elektronischer Kommunikation** (elektronische Briefwahl, elektronische Teilnahme) sowie die Vollmachtserteilung zu ermöglichen. Dabei genügt es, wenn eine der beiden Varianten der elektronischen Kommunikation ermöglicht wird, wobei es den Unternehmen freisteht, beide Varianten vorzusehen.[30]

III. Fragemöglichkeit, Abs. 2 S. 1 Nr. 3 (*Heidel/Lochner*)

1. Überblick über die Regelung, ihren Zusammenhang und die verfassungs- sowie europarechtliche Fragwürdigkeit des Konzepts

a) **Allgemeines.** Gemäß § 1 Abs. 2 S. 1 Nr. 3 GesCoronaG muss die Ausgestaltung der **22** virtuellen Hauptversammlung durch den Vorstand gewährleisten, dass die Aktionäre auch ohne physische Präsenz in der Versammlung **Fragen stellen können** („Fragemöglichkeit im Wege der elektronischen Kommunikation eingeräumt wird"). Abs. 2 S. 1 Nr. 3 wird ergänzt durch S. 2: Der Vorstand kann für die virtuelle Hauptversammlung gem. S. 2 Hs. 2 vorgeben, dass Fragen bis spätestens zwei Tage **vor der Versammlung im Wege elektronischer Kommunikation einzureichen** sind (→ Rn. 81 ff.); er entscheidet gem. S. 2 Hs. 1 nach sog. „**pflichtgemäßem, freiem Ermessen, welche Fragen er wie beantwortet**" (→ Rn. 73 ff.). § 1 Abs. 2 S. 1 Nr. 3, S. 2 GesCoronaG verdrängt § 131 AktG als *lex specialis*.[31] Diese Sonderregelungen gelten gemäß § 7 Abs. 1 GesCoronaG für die Hauptversammlungssaison **des gesamten Kalenderjahrs 2020**, also auch wenn die Beschränkungen des Versammlungsrechts im Laufe des Jahres aufgehoben oder gelockert werden sollten, womit zu rechnen ist; § 8 GesCoronaG enthält eine Verordnungsermächtigung zur **Verlängerung** der Regelung für den Fall fortbestehender Auswirkungen der COVID-19-Pandemie (→ § 8 GesCoronaG Rn. 2 ff.).

b) **Die Begründung des Gesetzgebers für sein Konzept.** Die Begründung des Corona- **23** Gesetzentwurfs enthält recht ausführliche Erläuterungen darüber, was sich die Entwurfsverfasser gedacht haben.[32]

Zu Abs. 2 heißt es: „Bei Ausschluss der physischen Präsenz kann das **Fragerecht nicht** **24** ... völlig beseitigt werden. Den Aktionären ist **zwar kein Auskunftsrecht**, aber immerhin die ‚Möglichkeit' einzuräumen, Fragen zu stellen. **Ein Recht auf Antwort ist das nicht.** Über die **Beantwortung** entscheidet der Vorstand gemäß Satz 2 abweichend von § 131 AktG nur **nach pflichtgemäßem, freiem Ermessen.** Es ist nicht vorherzusehen, in welchem Umfang und auf welche Weise von der Fragemöglichkeit Gebrauch gemacht werden wird. Denkbar ist eine Flut von Fragen und auch – wie bei sozialen Medien nicht unüblich – inhaltlich inakzeptablen Einwürfen. Die Verwaltung beantwortet die Fragen nach pflichtgemäßem Ermessen. Sie hat also **keinesfalls alle Fragen** zu beantworten, sie kann zusammenfassen und im Interesse der anderen Aktionäre sinnvolle Fragen auswählen. Sie kann dabei **Aktionärsvereinigungen und Institutionelle Investoren mit bedeutenden Stimmanteilen bevorzugen.** Der Vorstand kann auch entscheiden, dass Fragen bis spätestens zwei Tage vor der Versammlung elektronisch (zB unter einer dafür angegebenen E-Mail-Adresse) einzureichen sind. Er kann die Frage-

---

29 So BT-Drs. 19/18110 S. 26.
30 So BT-Drs. 19/18110 S. 26.
31 So wohl auch BT-Drs. 19/18110, S. 26.
32 Zweifel an der Regelung beim amtierenden Vorsitzenden des Rechtsausschusses des Bundestages, MdB *Heribert Hirte*, unmittelbar vor der Verabschiedung des GesCoronaG, in: BT-Debatte vom 25.3.2020, Plenarprotokoll 19/154 S. 19156: „Und ich sage ganz deutlich: Wir müssen das Fragerecht ganz genau ansehen. Wir müssen sehen, ob das so gewährleistet wird, wie es gerade vor dem Hintergrund des Eigentumsschutzes in Präsenzhauptversammlungen gewährt wird. Das ist ein wichtiger Punkt, der vielleicht verbesserungsfähig ist.

möglichkeit auf angemeldete Aktionäre beschränken, kann die Fragemöglichkeit aber auch ganz offen anbieten, wenn das organisatorisch einfacher ist. Fragen in Fremdsprachen braucht er nicht zu berücksichtigen. Die **Beantwortung erfolgt ‚in' der Versammlung – sofern nicht FAQ schon vorab auf der Website beantwortet sind.**"[33]

25 Eine etwas andere Richtung der gesetzgeberischen Intention findet man in der Begründung des Gesetzentwurfs zu § 1 Abs. 7 GesCoronaG: Dort ist von einer „**eingeschränkten Auskunftspflicht**" die Rede; deren Verletzungen sollen keine Anfechtungsmöglichkeit begründen.[34]

26 Nicht auf die Auskunft gemünzt, sondern ganz generell und ohne jegliche Erläuterung postuliert der Gesetzentwurf die **Vereinbarkeit des Gesetzes mit dem Europarecht.**[35] Anders als bei anderen Regelungskomplexen der Corona-Gesetzgebung spricht der Gesetzentwurf Fragen der Vereinbarkeit seiner Reglungen mit dem Verfassungsrecht – insbes. der Eigentumsgarantie der Aktionäre – nicht an.

27 **c) Die Verfassungsrechtlichen Bedenken gegen das Konzept.** UE ist ein durch die Corona-Krise und den postulierten Gesetzeszweck **nicht gerechtfertigter Eingriff in das von Verfassungs wegen garantierte**[36] **Auskunftsrecht der Aktionäre;**[37] denn der Gesetzgeber ersetzt das in seinen wesentlichen Ausprägungen grundrechtlich geschützte Auskunftsrecht des § 131 AktG für die virtuelle Corona-Hauptversammlung durch eine bloße Fragemöglichkeit; insbes. räumt er dem Vorstand abweichend vom durch das GG geschützten Kern des § 131 AktG ein grundsätzlich freies Ermessen bei der Beantwortung von Fragen ein und beschränkt gemäß § 1 Abs. 7 GesCoronaG zugleich unverhältnismäßig den Rechtsschutz (→ Rn. 58 ff., 73 ff., 159 ff.).

28 **aa) Auslegung des Art. 14 GG in Hinblick auf die Auskunftspflicht durch das BVerfG.** Das BVerfG sieht im **ordnungsgemäßen Ablauf von Hauptversammlungen** zwar einen **Rechtfertigungsgrund für zeitliche und inhaltliche Schranken des Auskunftsrechts** nach § 131 AktG.[38] So heißt es in der grundlegenden und immer wieder zitierten Entscheidung aus dem Jahr 1999 zum Schutzbereich der Eigentumsgarantie in Hinblick auf den Auskunftsanspruch des Aktionärs und der Möglichkeit seiner Beschränkung:

29 „Es bestehen keine verfassungsrechtlichen Bedenken gegen § 131 Abs. 1 Satz 1 AktG. … Art. 14 Abs. 1 Satz 1 GG schützt das Eigentum. Nach der ständigen Rechtsprechung des Bundesverfassungsgerichts fällt das in der Aktie verkörperte Anteilseigentum in den Schutzbereich des Grundrechts. Der Schutz erstreckt sich auf die mitgliedschaftliche Stellung in einer Aktiengesellschaft. Aus der mitgliedschaftlichen Stellung erwachsen dem Aktionär im Rahmen der gesetzlichen Vorschriften und der Gesellschaftssatzung sowohl Leitungsbefugnisse als auch vermögensrechtliche Ansprüche … **Das Recht des Aktionärs, Informationen über die Angelegenheiten der Gesellschaft, an der er beteiligt ist, zu erhalten,** ist ein **wesentlicher Bestandteil des Mitgliedschaftsrechts.** Im gesellschaftsrechtlichen Schrifttum wird es als ‚mitgliedschaftliches Grund-

---

33 CoronaGesetzE BT-Drucks 19/18110 (elektr. Vorabfassung) S. 26.
34 CoronaGesetzE BT-Drucks 19/18110 (elektr. Vorabfassung) S. 27.
35 „Der Regelungsvorschlag ist mit dem Recht der Europäischen Union … vereinbar. Insbesondere gestattet das Sekundärrecht der Europäischen Union den Mitgliedstaaten im Bereich des Zivilrechts regelmäßig, für besondere Situationen, in denen der Schuldner aus Gründen, die nicht in seiner Risikosphäre liegen, an der Erbringung seiner Leistung gehindert ist, eigene Regelungen beizubehalten oder vorzusehen …", CoronaGesetzE BT-Drucks 19/18110 (elektr. Vorabfassung) S. 20.
36 BVerfGE ZIP 1999, 1798 = NJW 2000, 349; BGHZ 86, 1 (16, 19).
37 *Heidel/Lochner*, Stellungnahme gegenüber dem BT-Rechtsausschuss vom 24.3.2020, S. 2 ff., abrufbar unter www.meilicke-hoffmann.de.
38 Darauf weisen *Noack/Zetzsche* AG 2020, 265 (271) unter Berufung auf die soeben zitierte Rspr. des BVerfG im Ansatz zutreffend hin, sie sagen aber nicht, dass sich die Entscheidung auf die Zulässigkeit von Beschränkungen des Auskunfts-Eigentumsrechts ausschließlich durch § 131 Abs. 1 GG bezieht.

recht' bezeichnet … Die hinter dieser Formulierung stehende Einsicht ist zutreffend: Informationen sind für den **Gesellschafter** eine unerläßliche **Voraussetzung für die Wahrnehmung seiner mitgliedschaftlichen Rechte.** Nur ein über die Angelegenheiten der Gesellschaft **unterrichteter Gesellschafter** kann die ihm obliegenden **Aufgaben im Rahmen des gemeinsamen Gesellschaftszwecks erfüllen.** … Die Dispositionsfreiheit über den Eigentumsgegenstand, die das Grundrecht schützt, liefe praktisch leer, wenn sich ein Aktionär kein Bild über das Unternehmen, an dem er beteiligt ist, machen könnte. Der Schutz von **Art. 14 Abs. 1 Satz 1 GG** umfaßt mithin auch das **Recht eines Aktionärs, Informationen über seine Gesellschaft zu erhalten.** Nach § 131 Abs. 1 Satz 1 AktG ist jedem Aktionär auf Verlangen in der Hauptversammlung vom Vorstand Auskunft über Angelegenheiten der Gesellschaft zu geben, soweit sie zur sachgemäßen Beurteilung des Gegenstands der Tagesordnung erforderlich ist. Das individuelle Informationsrecht des Aktionärs, das diese Vorschrift begründet, ist in zeitlicher und gegenständlicher Hinsicht beschränkt. Der Aktionär kann Auskünfte nur in der Hauptversammlung und nur insoweit, als seine Frage mit einem Gegenstand der Tagesordnung zusammenhängt, verlangen. Die Regelung berührt damit den Schutzbereich des Grundrechts.

§ 131 Abs. 1 Satz 1 AktG ist jedoch eine zulässige Inhalts- und Schrankenbestimmung 30 des Eigentums. … Die Einschränkung des Auskunftsrechts in zeitlicher Hinsicht hat der Gesetzgeber damit gerechtfertigt, daß nur ein auf die Hauptversammlung beschränkter Auskunftsanspruch eine gleichmäßige Unterrichtung aller Aktionäre gewährleiste … Die gegenständliche Einschränkung, die von § 131 Abs. 1 Satz 1 AktG ausgeht, findet ihren Grund in der Verknüpfung von Auskunftsanspruch und Mitgliedschaftsrecht … Das Informationsrecht des Aktionärs hat in dessen mitgliedschaftlichen Befugnissen und vermögensrechtlichen Ansprüchen seinen Grund, aber auch seine Grenze. Es ist deshalb von Verfassungs wegen nicht zu beanstanden, wenn der Gesetzgeber den Informationsanspruch eines Gesellschafters rechtsformspezifisch … ausgestaltet. Er muß dabei aber den **Verhältnismäßigkeitsgrundsatz beachten. Das ist bei § 131 Abs. 1 Satz 1 AktG geschehen.** … Im Licht der beschränkten mitgliedschaftlichen Befugnisse ist es verfassungsrechtlich nicht zu beanstanden, daß der Gesetzgeber korrespondierend dazu das individuelle Informationsrecht der Aktionäre in § 131 Abs. 1 Satz 1 AktG gegenständlich beschränkt hat. Die mitgliedschaftlichen Interessen der Aktionäre werden dadurch nicht unverhältnismäßig eingeschränkt. Soweit die Aktionäre zur Wahrnehmung ihrer Mitgliedschaftsrechte, insbesondere ihres Stimmrechts, auf Informationen über einen zur Beschlußfassung anstehenden Gegenstand der Tagesordnung angewiesen sind, haben sie ein Auskunftsrecht. … Durch das Auskunftserzwingungsverfahren nach § 132 AktG und die Strafvorschrift des § 400 Abs. 1 Nr. 1 AktG hat der Gesetzgeber zudem **hinreichende Vorkehrungen** dafür getroffen, daß der **Vorstand** die **erforderlichen Auskünfte** auch **tatsächlich erteilt.**

Mit Blick auf unzureichende oder verweigerte Antworten des Vorstands ist das 31 Schutzbedürfnis gegen Mißbrauch für die Verwirklichung des Grundrechts evident. Es besteht aber auch mit Blick auf eine mißbräuchliche Handhabung des Fragerechts durch (einzelne) Aktionäre. Eine Hauptversammlung muß in einer angemessenen und zumutbaren Zeit abgewickelt werden. … Im Licht dieser Erfordernisse kann eine Hauptversammlung ihre Aufgabe als Entscheidungsforum und ‚Sitz der Aktionärsdemokratie' … nur erfüllen, wenn der **Versammlungsleiter dafür Sorge trägt,** daß die zur Verfügung stehende **Zeit möglichst gerecht verteilt** und nicht durch Beiträge oder Fragen einzelner Aktionäre, die ersichtlich nicht auf Erkenntnisgewinn in bezug auf einen zur Entscheidung anstehenden Tagesordnungspunkt gerichtet sind, verbraucht wird. Denn übermäßig lange oder erkennbar vom Thema abweichende Beiträge gehen stets zulasten der Rede- und Fragezeit anderer Hauptversammlungsteilnehmer. Gerade um des grundrechtlichen Schutzes der mitgliedschaftlichen Aktionärsrechte, insbesondere des Fragerechts, willen ist es deshalb **erforderlich,** daß die **Zivilgerichte** im Rahmen einer **Anfechtungsklage** oder eines **Auskunftserzwingungsverfahrens** auch einer mißbräuchlichen Handhabung des Rede- und Fragerechts durch einzelne Aktionäre entgegentreten."[39]

32   bb) **Die Anwendung der Grundsätze des BVerfG auf die Neuregelung der Auskunft.** Aus der Rspr. des BVerfG wird ersichtlich: Das Auskunftsrecht iSv § 131 AktG ist vom Eigentumsrecht des Art. 14 Abs. 1 GG garantiert. Dessen Inhalt und Schranken kann der Gesetzgeber bestimmen; dabei ist er an den Verhältnismäßigkeitsgrundsatz gebunden. Missbrauch können die Gerichte entgegenwirken. Aber einen vollständigen Ausschluss des Rechts auf Auskunft durch eine bloße Möglichkeit zur Stellung von Fragen wie durch § 1 Abs. 2 S. 1 Nr. 3 iVm S. 2 Hs. 1 verbietet das GG. Das GesCoronaG überschreitet somit die Grenzen einer zulässigen erforderlichen Beschränkung des Auskunftsrechts – etwa inhaltlich begrenzt auf die Tagesordnung oder um die Abwicklung einer Hauptversammlung in einem bestimmten Zeitrahmen zu ermöglichen. Es hebelt nach dem Verständnis der Gesetzesbegründung das grundrechtlich geschützte Auskunftsrecht gezielt vollständig aus und setzt an seine Stelle eine bloße unverbindliche Fragemöglichkeit, auf die der Vorstand nach Gusto etwas sagen können soll ("Vorstand entscheidet ..., welche Fragen er wie beantwortet"). Völlig fehlen auch die vom BVerfG geforderten hinreichenden **Vorkehrungen** , dass der Vorstand die erforderlichen Auskünfte auch tatsächlich erteilt.

33   Der Eingriff in die Eigentumsgarantie ist uE nicht einmal erforderlich zur Erreichung der Ziele des GesCoronaG: Dem Gesetzgeber geht es erklärtermaßen (uE grundsätzlich berechtigterweise) darum, die Aktiengesellschaften in die Lage zu versetzen, auch bei weiterhin bestehenden Beschränkungen der Versammlungsmöglichkeiten erforderliche Beschlüsse zu fassen und handlungsfähig zu bleiben (→ Rn. 1 ff., 24); dafür schaffe das Gesetz „substantielle Erleichterungen für die Durchführung von Hauptversammlungen".[40] Um den **Gesellschaften die Durchführung von Hauptversammlungen** und die **Fassung von Beschlüssen zu ermöglichen,** braucht es keine wie vorgesehen gezielte Streichung des Auskunftsrechts. Denn das Gesetz stellt nach seinem Wortlaut und auch nach Maßgabe der Gesetzesbegründung die Beantwortung von Fragen in die alleinige Willkür des Vorstands (in sein „pflichtgemäßes freies" Ermessen).

34   Eine **hinreichende Vorkehrung** dafür, die **Hauptversammlung** am angesetzten **Datum ordnungsgemäß abzuwickeln,** hat der Vorstand bereits durch **Abs. 2 S. 2 Hs. 2:** Danach kann er den Aktionären aufgeben, Fragen spätestens zwei Tage vor der Hauptversammlung einzureichen; Nachfragen sind nicht zulässig (→ Rn. 53, 58). So hat es der Vorstand in der Hand, bei der Vorbereitung der Fragenbeantwortung entscheidend entlastet zu sein und den ordnungsgemäßen Ablauf der Hauptversammlung zu garantieren. Es ist kein Grund dafür ersichtlich, geschweige denn in der Gesetzesbegründung genannt, warum der Vorstand trotz dieser Entlastung bei der Fragenbeantwortung in einer virtuellen Hauptversammlung nicht in der Lage sein soll, alle im Sinne des § 131 Abs. 1 S. 1 bzw. § 243 Abs. 1, Abs. 4 AktG zur Beurteilung des Punkts der Tagesordnung erforderlichen Auskünfte zu erteilen, wenn Aktionäre danach fragen. Angesichts dieser durch den Gesetzgeber gewährten ausreichenden Entlastungsmöglichkeit für den Vorstand müssen die Aktionäre von diesem mit Recht gerade auch in einer virtuellen Hauptversammlung in Corona-Zeiten verlangen können, dass ihre Fragen in dem nach den allgemeinen Regeln des AktG gebotenen Umfang beantwortet werden.

35   **Nutzt der Vorstand die Möglichkeit des Abs. 2 S. 2 Hs. 2 nicht** (was in überschaubaren Verhältnissen zumal kleinerer Gesellschaften mit wenigen Aktionären regelmäßig geboten erscheint), ist es **Sache des Vorstands** bzw. des **Versammlungsleiters,** mit dem üblichen **Instrumentarium in Hauptversammlungen** deren ordnungsgemäßen **Ablauf** durch **Redezeitbeschränkungen** etc zu **organisieren.** Das Instrumentarium umfasst nach hM auch die Möglichkeit, in der Hauptversammlung die Fragemöglichkeit zu

---

39 BVerfGE ZIP 1999, 1798 = NJW 2000, 349 = juris Rn. 15 ff., 26.
40 CoronaGesetzE BT-Drucks 19/18110 (elektr. Vorabfassung) S. 20.

begrenzen.[41] Für die Sicherstellung des ordnungsgemäßen Ablaufs der Versammlung bedarf es daher nicht der **Herabstufung des Auskunftsrechts zu einer** vom Gesetzgeber als geradezu unverbindlich gedachten **bloßen Fragemöglichkeit** ohne Pflicht zur vollständigen Beantwortung jeder vor dem Hintergrund des jeweiligen TOP sachgerechten Frage. Abs. 2 S. 1 Nr. 3 iVm S. 2 Hs. 1 steht auch im Widerspruch zu den Regelungen zum Verein in § 5 Abs. 2 Nr. 1 GesCoronaG: Danach können die Vereinsmitglieder bei einer Mitgliederversammlung ohne Anwesenheit ihre Mitgliederrechte (dh alle ihre Rechte, wozu auch das Informationsrecht gehört) im Wege elektronische Kommunikation ausüben. Das zeigt: Der Gesetzgeber wusste oder musste wissen, dass die Beschränkung der Rechte der Aktionäre (deren Position denen der Mitglieder eines Vereins entspricht) auf Auskunft gar nicht erforderlich ist. Gleiches belegt der Blick über die Landesgrenzen: Das Schweizer Beispiel zeigt, dass es auch in Zeiten der CO-VID-19-Pandemie keiner Beschränkung des Auskunftsrechts[42] bedarf: Das dortige Gesetz sieht zwar etwas Ähnliches vor wie die deutsche virtuelle Hauptversammlung. Es ermöglicht den Gesellschaften aber in dem dem Modell zugrunde liegenden Art. 6 a COVID-19-Verordnung 2 vom 16.3.2020 lediglich die Anordnung, dass alle sonst üblichen Rechte nur schriftlich, elektronisch oder durch einen unabhängigen Stimmrechtsvertreter ausgeübt werden können; es kommt also ganz ohne jede Beschränkung des Auskunftsrechts aus.[43]

Entgegen der Gesetzesbegründung rechtfertigt sich dieser Eingriff nicht dadurch, dass angeblich **eine Flut von Fragen oder inhaltlich inakzeptable Einwürfe** zu befürchten seien.[44] Einer solchen Flut im Sinne einer missbräuchlichen Ausübung des Auskunftsrechts braucht der Vorstand weder nach § 131 AktG noch nach Art. 14 GG nachzukommen;[45] inakzeptable Einwürfe kann er nach beiden Normen ohne Weiteres übergehen.   36

Auch ist die Einräumung eines freien Ermessens bei der „Beantwortung" nicht erforderlich, um dem Vorstand zu ermöglichen, **Fragen bei der Beantwortung zusammenzufassen** – was der Gesetzgeber allerdings als maßgeblich in den Raum stellt:[46] Gleichgelagerte oder verwandte Fragen darf der Vorstand auch gemäß § 131 AktG und Art. 14 GG zusammenfassend beantworten. Die Corona-Krise erfordert es nicht, die Beantwortung von Fragen weitgehend ins freie Belieben des Vorstands zu setzen, obwohl er für die Vorbereitung der Antworten hinreichend viel Zeit hat.   37

Ebenfalls nicht durch die Corona-Krise gerechtfertigt und zur Herstellung der Handlungsfähigkeit der Gesellschaften in Zeiten der Pandemie erforderlich[47] ist die **zeitli-**   38

---

41 Vgl. statt aller *Heidel* in Heidel Aktienrecht AktG § 131 Rn. 54 f. (dort kritisch gegenüber der hM).

42 Vgl. zur dortigen allgemeinen Regelung des Auskunftsrechts, die im Wesentlichen dem § 131 AktG entspricht, *Kersting* in Kölner Kommentar § 131 Rn. 87.

43 „Art. 6 a Versammlungen von Gesellschaften
   ¹Bei Versammlungen von Gesellschaften kann der Veranstalter ungeachtet der voraussichtlichen Anzahl Teilnehmerinnen und Teilnehmer und ohne Einhaltung der Einladungsfrist anordnen, dass die Teilnehmerinnen und Teilnehmer ihre Rechte ausschließlich ausüben können:
   a. auf schriftlichem Weg oder in elektronischer Form; oder
   b. durch einen vom Veranstalter bezeichneten unabhängigen Stimmrechtvertreter.
   ²Der Veranstalter entscheidet während der Frist gemäß Artikel 12 Absatz 5. Die Anordnung muss spätestens vier Tage vor der Veranstaltung schriftlich mitgeteilt oder elektronisch veröffentlicht werden."
   Verordnung 2 über Maßnahmen zur Bekämpfung des Coronavirus (COVID-19) des Schweizerischen Bundesrats vom 16.3.2020, https://www.admin.ch/opc/de/official-compilation/2020/783.pdf.

44 BT-Drs. 19/18110, S. 26.

45 *Koch* in Hüffer/Koch, AktG, § 131 Rn. 68 mwN.

46 BT-Drs. 19/18110, S. 26.

47 Vgl. BT-Drs. 19/18110, S. 17.

che Reichweite der Einschränkung der Aktionärsrechte: Gem. § 7 Abs. 1 GesCoronaG gelten die Sonderregelungen nicht etwa nur für die Dauer der Pandemie-bedingten Beschränkungen des Versammlungsrechts, sondern für alle Hauptversammlungen im Kalenderjahr 2020. Anders als Gesellschafter in Personengesellschaften und GmbH[48] haben Aktionäre kein Recht auf jederzeitige Auskunft und Einsicht in die Gesellschaftsbücher; vielmehr sind sie als (wirtschaftliche) Eigentümer der AG auf ihr Auskunftsrecht in der Hauptversammlung verwiesen.[49] Aktionären dieses Recht auch dann noch vorzuenthalten, wenn es durch die Sondersituation gar keine Veranlassung mehr für hinsichtlich der Auskunftspflicht privilegierte virtuelle Hauptversammlungen gibt, ist ein unverhältnismäßiger Eingriff in das Aktieneigentum.

39 **d) Die europarechtlichen Bedenken gegen das Konzept.** Die Regelung stößt **mit Blick auf** Art. 9 ARRL[50] auf gravierende europarechtliche Bedenken; diese betreffen unmittelbar börsennotierte Gesellschaften iSd § 3 Abs. 2 AktG; denn nur für diese, nicht aber für nicht-notierte Gesellschaften gilt die Richtlinie nach ihrem Art. 1 Abs. 1.[51] Dabei darf man aber uE nicht stehen bleiben: Es ist nämlich zutreffend (zu § 131 AktG – das Entsprechende gilt für § 1 Abs. 2 S. 1 Nr. 3, S. 2 GesCoronaG) darauf hingewiesen worden, dass das deutsche Recht bei der Auskunft nicht zwischen börsennotierten und nicht notierten Gesellschaften unterscheide; eine unterschiedliche Auslegung sei auch der Sache nach nicht geboten; zudem liefe sie der gesetzgeberischen Entscheidung entgegen, keine Unterscheidung einzuführen.[52] Man muss uE noch einen Schritt weiter gehen und die Feststellung treffen, dass bei nicht notierten, typischerweise kleineren Gesellschaften die Aktionäre noch näher als bei den typischerweise großen Gesellschaften am Geschehen der Gesellschaft dran sind und daher noch dringender auf Informationen angewiesen sind als die typischen Kapitalanleger einer notieren Gesellschaft (die zudem weiteren Zugang zu Informationen durch die kapitalmarktrechtlichen Informationspflichten der notierten Gesellschaften haben); wenn für notierte Gesellschaften Auskunftspflichten bestehen, muss man diese uE daher erst recht bei den geschlossenen Gesellschaften bejahen.

40 **aa) Wortlaut der maßgebenden Bestimmungen der ARRL.** Die maßgebenden Richtlinienregeln lauten:

41 Erwägungsgrund 8

[1]Jeder Aktionär sollte grundsätzlich die Möglichkeit haben, Fragen zu Punkten auf der Tagesordnung der Hauptversammlung zu stellen und Antworten auf diese Fragen zu erhalten; die Vorschriften darüber, wie und wann Fragen zu stellen und Antworten zu geben sind, sollten jedoch die Mitgliedstaaten festlegen können.

42 Art. 9 Fragerecht

(1) [1]Jeder Aktionär hat das Recht, Fragen zu Punkten auf der Tagesordnung der Hauptversammlung zu stellen. [2]Die Gesellschaft beantwortet die an sie gestellten Fragen der Aktionäre.

---

48 Vgl. § 118 Abs. 1 HGB, § 51 a GmbHG.
49 Vgl. die Begründung des AktG 1965, wonach die Auslegung aller Vorschriften des Aktienrechts und insbesondere der Auskunft dieser Rechtsposition der Aktionäre gerecht werden muss, vgl. Kropff, AktG 1965 S. 14.
50 Richtlinie 2007/36/EG des Europäischen Parlaments und des Rates vom 11.7.2007 über die Ausübung bestimmter Rechte von Aktionären in börsennotierten Gesellschaften, ABl EU vom 14.7.2007, L184/17.
51 „Diese Richtlinie legt die Anforderungen an die Ausübung bestimmter, mit Stimmrechtsaktien verbundener Rechte von Aktionären im Zusammenhang mit Hauptversammlungen von Gesellschaften fest, die ihren Sitz in einem Mitgliedstaat haben und deren Aktien zum Handel an einem in einem Mitgliedstaat gelegenen oder dort betriebenen geregelten Markt zugelassen sind.".
52 *Kersting* in Kölner Kommentar § 131 Rn. 80.

Heidel/Lochner

(2) [1]Fragerecht und Antwortpflicht bestehen vorbehaltlich etwaiger Maßnahmen, die die Mitgliedstaaten ergreifen oder den Gesellschaften zu ergreifen gestatten, um die Feststellung der Identität der Aktionäre, den ordnungsgemäßen Ablauf von Hauptversammlungen und ihre ordnungsgemäße Vorbereitung sowie den Schutz der Vertraulichkeit und der Geschäftsinteressen der Gesellschaften zu gewährleisten. [2]Die Mitgliedstaaten können den Gesellschaften gestatten, auf Fragen gleichen Inhalts eine Gesamtantwort zu geben.

[1]Die Mitgliedstaaten können festlegen, dass eine Frage als beantwortet gilt, wenn die entsprechende Information bereits in Form von Frage und Antwort auf der Internetseite der Gesellschaft verfügbar ist.

bb) Der wesentliche Inhalt der europäischen Vorgaben. Soweit für die Corona-Gesetzgebung von Belang, lässt sich der wesentliche Inhalt der Richtlinienvorgaben so zusammenfassen:[53]   43

Das Frage- und Auskunftsrecht steht **jedem Aktionär** zu. Es ist ein **Individualrecht** jedes an der Hauptversammlung teilnehmenden Aktionärs; es darf nicht vom Erreichen einer bestimmten Beteiligungshöhe abhängig gemacht werden[54] (vgl. auch Art. 4 ARRL zum Gleichbehandlungsgrundsatz). Eine Beschränkung des Rechts nur auf die physisch bei der Präsenzhauptversammlung erschienenen Aktionäre lässt sich Art. 9 ARRL nicht entnehmen.[55]   44

Findet eine Präsenz-HV statt, bei der die Gesellschaft den Aktionären die Teilnahme unter Nutzung von Art. 8 ARRL vorgesehenen Möglichkeinen auch auf elektronischem Weg eröffnet,[56] steht es ihr im Prinzip frei, inwieweit sie Fernteilnehmern die Möglichkeit eines elektronischen (Fern-)Auskunftsverlangens (insbes. im Rahmen einer Zweiweg-Direktverbindung) eröffnet. Den **fernteilnehmenden Aktionären steht das Auskunftsrecht zu,** wenn die Gesellschaft zum einen die technischen Voraussetzungen für die Fernteilnahme gewährt und zum anderen keiner der in Art. 9 Abs. 2 UAbs. 1 ARRL normierten Ausnahmen einschlägig ist.[57] Danach müssen die Beschränkungen „zur Feststellung der Identität der Aktionäre und zur Gewährleistung   45

---

53   Die nachfolgende Darstellung orientiert sich in zT wörtlicher, nicht im Einzelnen kenntlich gemachter Weise eng an *Jung/Stiegler* in Jung/Krebs/Stiegler Gesellschaftsrecht in Europa, § 30 Rn. 132 ff.

54   *Jung/Stiegler* in Jung/Krebs/Stiegler Gesellschaftsrecht in Europa, § 30 Rn. 132 f.; *Habersack/Verse* Europäisches Gesellschaftsrecht, § 7 Rn. 22.
      Jung/Stiegler in Jung/Krebs/Stiegler Gesellschaftsrecht in Europa, § 30 Rn. 13;
      Vgl. zu allem Vorstehenden dieser Rn. auch *Jung/Stiegler* in Jung/Krebs/Stiegler Gesellschaftsrecht in Europa, § 30 Rn. 13

55   *Jung/Stiegler* in Jung/Krebs/Stiegler Gesellschaftsrecht in Europa, § 30 Rn. 132 f.

56   Dort heißt es: „Die Mitgliedstaaten gestatten den Gesellschaften, ihren Aktionären jede Form der Teilnahme an der Hauptversammlung auf elektronischem Wege anzubieten, insbesondere eine oder alle der nachstehend aufgeführten Formen der Teilnahme:
      a) eine Direktübertragung der Hauptversammlung;
      b) eine Zweiweg-Direktverbindung, die dem Aktionär die Möglichkeit gibt, sich von einem entfernten Ort aus an die Hauptversammlung zu wenden;
      c) ein Verfahren, das die Ausübung des Stimmrechts vor oder während der Hauptversammlung ermöglicht, ohne dass ein Vertreter ernannt werden muss, der bei der Hauptversammlung persönlich anwesend ist.
      (2) Werden elektronische Mittel eingesetzt, um Aktionären die Teilnahme an der Hauptversammlung zu ermöglichen, so darf ihr Einsatz nur solchen Anforderungen oder Beschränkungen unterworfen werden, die zur Feststellung der Identität der Aktionäre und zur Gewährleistung der Sicherheit der elektronischen Kommunikation erforderlich sind, und dies nur in dem Maße, wie sie diesen Zwecken angemessen sind.".

57   Vgl. zu allem Vorstehenden dieser Rn. *Jung/Stiegler* in Jung/Krebs/Stiegler Gesellschaftsrecht in Europa, § 30 Rn. 132 f. Demgegenüber vertreten *Habersack/Verse* Europäisches Gesellschaftsrecht, § 7 Rn. 19 die Auffassung, aus Art. 8 Abs. 1 ARRL ergebe sich, dass Gesellschaften, die Onlineteilnehmer zugelassen, diesen nicht alle Teilnahmerechte einräumen müssten, die auch den Präsenzteilnehmern zustehen; zB sei zulässig, sich auf die

der Sicherheit der elektronischen Kommunikation erforderlich" sowie angemessen sein. Selbst für Präsenzhauptversammlungen mit der zusätzlichen Option der elektronischen Fernteilnahme besteht daher nach der Richtlinie dem Grunde nach der Auskunftsanspruch der Fernteilnehmer.

46 Nach Erwägungsgrund 8 Hs. 2 ARRL bestimmen die Mitgliedstaaten, **wie und wann Aktionäre Auskünfte verlangen und wie die Gesellschaft diesen nachkommen muss.** Das betrifft ua die Themen, (1) ob das Auskunftsrecht sowohl in der Hauptversammlung als auch in ihrem Vorfeld oder in beiden Fällen zu gewähren ist[58] oder (2) ob Formvorschriften einzuhalten sind.[59] Art. 9 Abs. 2 ARRL gestattet Gesamtantworten, wenn verschiedene Aktionäre gleiche Auskünfte verlangen[60]. Gleiches gilt für Informationen, die als Frage und Antwort („FAQ") auf der Internetseite der Gesellschaft stehen.[61]

47 Da die Antwortpflicht der Gesellschaft nicht nur dem Individualinteresse des einzelnen Aktionärs dient, sondern zur **Urteilsbildung aller Aktionäre** beiträgt, genügt eine nicht ihnen allen kommunizierte Auskunft nicht dem Art. 9 Art. 1 ARRL.[62]

48 Die Mitgliedstaaten können gem. Art. 9 Abs. 2 UAbs. 1 S. 1 ARRL Ausnahmen bzw. sonstige Beschränkungen von Fragerecht und Auskunftspflicht vorsehen. Das soll berechtigten Interessen der Gesellschaft bei der Durchführung der Hauptversammlung Rechnung tragen.[63] Die drei im **Art. 9 Abs. 2 UAbs. 1 S. 1 ARRL genannten Möglichkeiten der Beschränkung sind abschließend.**[64] Gerechtfertigt sind nur **organisatorische Maßnahmen zur Sicherstellung des ordnungsgemäßen HV-Ablaufs, nicht aber inhaltliche Beschränkungen des Auskunftsrechts** für Fragen mit dem gebotenen Bezug zur Tagesordnung;[65] zulässige Maßnahmen im Hinblick auf die Ordnungsgemäßheit des Verlaufs der Hauptversammlung erlauben nur „mit der Gestaltung des äußeren Ablaufs zwingend verbundene Beschränkungen des Fragerechts";[66] das Ziel der Herstellung eines ordnungsgemäßen Ablaufs der Hauptversammlung rechtfertigt auch keine Beschränkung ausufernder Fragen; solchen ist nach Vorstellung der Richtlinie durch verhandlungsleitende Maßnahmen wie insbes. der zeitlichen Beschränkung des Fragerechts zu begegnen; eine extensive Interpretation der Beschränkungsmöglichkeit nach Art. 9 Abs. 2 UAbs. 1 ARRL widerspricht dem Richtlinienzweck.[67] Den Mitgliedstaaten ist es untersagt, über das Vehikel der Beschränkung nach Art. 9 Abs. 2 UAbs. 1 ARRL das Auskunftsrecht zu entkernen und nur als bloße Hülle zu gewähren; solches liefe dem das Europarecht prägenden „Gedanken des *effet utile* diametral entgegen"; es scheidet aus, über die Ausnahme des Art. 9 Abs. 2 ARRL die Regel des Abs. 1 vollständig zu entwerten.[68]

49 **cc) Die Bewertung von § 1 Abs. 2 GesCoronaG auf Basis der ARRL.** Die Anwendung der Grundsätze der Richtlinie führt zu durchgreifenden **Bedenken, dass die deutschen Vorschriften den europäischen Vorgaben standhalten** . Ob die entgegenstehende Be-

---

Übertragung im Internet zu beschränken oder Onlineteilnehmern nur die Stimmabgabe zu ermöglichen, aber das Rede- und Auskunftsrecht auszuschließen. Letztere Ansicht übersieht aber den (in der Darstellung nicht einmal erwähnten) Art. 8 Abs. 2 UAbs 1 ARRL.

58 Jung/Stiegler in Jung/Krebs/Stiegler Gesellschaftsrecht in Europa, § 30 Rn. 134; *Noack* in FS Westermann 2008, S. 1203, 1213; *Habersack/Verse* Europäisches Gesellschaftsrecht, § 7 Rn. 19.

59 Vgl. *Jung/Stiegler* in Jung/Krebs/Stiegler Gesellschaftsrecht in Europa, § 30 Rn. 134.

60 Vgl. *Jung/Stiegler* in Jung/Krebs/Stiegler Gesellschaftsrecht in Europa, § 30 Rn. 135.

61 Vgl. *Jung/Stiegler* in Jung/Krebs/Stiegler Gesellschaftsrecht in Europa, § 30 Rn. 132 f.

62 Vgl. *Jung/Stiegler* in Jung/Krebs/Stiegler Gesellschaftsrecht in Europa, § 30 Rn. 135.

63 *Jung/Stiegler* in Jung/Krebs/Stiegler Gesellschaftsrecht in Europa, § 30 Rn. 138.

64 *Jung/Stiegler* in Jung/Krebs/Stiegler Gesellschaftsrecht in Europa, § 30 Rn. 139.

65 *Kersting* in FS Hoffmann-Becking 2013, S. 651, 660 f.

66 *Kersting* ZIP 2009, 2317 (2318).

67 *Kersting* in Kölner Kommentar § 131 Rn. 117; *Kersting* ZIP 2009, 2317 (2319).

68 *Kersting* in FS Hoffmann-Becking 2013, S. 651, 659 (zum Aspekt Schutz der Geschäftsinteressen).

hauptung in der Begründung des Gesetzentwurfs, alles entspreche Europarecht (→ Rn. 26) auf einer ernsthaften Befassung mit dem Europarecht beruht, ist von außen nicht nachvollziehbar.[69] Würde man § 1 Abs. 2 GesCoronaG im Sinne der Gesetzesbegründung auslegen, wonach Aktionäre überhaupt kein Recht auf Beantwortung der von ihnen gestellten Fragen haben,[70] wäre dies europarechtswidrig.

(1) Geltung der ARRL auch in der Krise. Die ARRL und ihr Auskunftsrecht gelten auch in Zeiten einer Krise wie der COVID-19-Pandemie. Es gibt keinen europäischen Dispens von den Vorgaben der Richtlinie. Damit besteht auch (gerade auch) in Zeiten einer Krise das Auskunftsrecht der Aktionäre. Diese werden nicht dadurch zu einer bloßen Manövriermasse der Verwaltung, dass komplizierte äußere Umstände herrschen. Sie sind auch in der Krise die wirtschaftlichen Inhaber des Unternehmens. Vorstand und Aufsichtsrat haben nur abgeleitete Funktion. Sie bleiben dem Aktionariat rechenschaftspflichtig. Wenn die Hauptversammlung nach dem Gesetz zu entscheiden hat, erfordert das eine informierte Entscheidung des Aktionariats ua auf Basis von Fragen zu den Punkten der Tagesordnung, die die Verwaltung beantworten muss. Sie kann Antworten gesammelt geben. Sie darf aber Auskünfte, die verlangt werden, nicht deshalb auslassen, weil es sich um keine Präsenz-Hauptversammlung handelt, sondern eine solche mit einzig möglicher Fern-Teilnahme des Aktionariats.   50

Keine Rechtfertigung für ggf. europarechtswidrige Einschränkungen des Auskunftsrechts ist, dass solche zeitlich beschränkt sind. Die ARRL und sonstiges Europarecht sehen eine temporäre Außer-Kraft-Setzung der ARRL vor.   51

(2) Zulässige Beschränkung des Auskunftsrechts? Nachzudenken ist darüber, ob die deutschen Regelungen unter eine der abschließenden Beschränkungsmöglichkeiten des Auskunftsrechts von Art. 9 Abs. 2 UAbs. 1 ARRL zu subsumieren sind. Die einzig in Betracht kommende Möglichkeit ist dessen Alt. 3, wonach die Maßnahmen erforderlich sein müssen zur Gewährleistung des ordnungsgemäßen Ablaufs von Hauptversammlungen und ihrer ordnungsgemäßen Vorbereitung: 52

Keine europarechtlichen Bedenken bestehen im Hinblick darauf, dass der Vorstand gem. § 1 Abs. 2 S. 2 Hs. 2 GesCoronaG vorgeben kann, Fragen bis zwei Tage vor der Versammlung im Wege elektronischer Kommunikation einzureichen. Zwar schließt dies Nachfragen in der Hauptversammlung und dortige spontane Fragen zB in Reaktion auf den Ablauf der Hauptversammlung, Aussagen von Verwaltungsmitgliedern etc aus. Im Krisenmodus kann man Solches uE für eine beschränkte Zeit hinnehmen, zumal es praktisch vollständig an Erfahrungen fehlt, wie virtuelle Hauptversammlungen ablaufen werden. Die Vorgabe von Abs. 2 S. 2 Hs. 2 passt auch zu Erwägungsgrund 8 ARRL: Die Mitgliedstaaten können danach festlegen, „wie und wann Fragen zu stellen und Antworten zu geben sind".   53

Auch keine durchgreifenden Bedenken bestehen uE nach der Richtlinie in Hinblick auf die dem Vorstand ermöglichte Entscheidung, nach § 1 Abs. 2 S. 2 Hs. 1 GesCoronaG über das „Wie" der Auskunft zu entscheiden – soweit man darunter zutreffend nicht etwa eine inhaltliche Beschränkung der Auskunftspflicht, sondern nur die bloße Modalität der Auskunftserteilung (mündlich, auf der Homepage, in FQA vor der HV etc) versteht; das „Wie" betrifft nur die Modalität der Auskunft – nicht aber zB ihre Vollständigkeit und Richtigkeit. (→ Rn. 48)   54

Art. 9 Abs. 2 UAbs. 1 ARRL widerspricht aber grundsätzlich dem in § 1 Abs. 2 S. 2 Hs. 1 GesCoronaG vorgesehenen freie Entscheidungsermessen des Vorstands, „welche Fragen er ... beantwortet". Da der Vorstand nach § 1 Abs. 2 S. 2 Hs. 2 GesCoronaG vorgeben kann, bis zwei Tage vor der Versammlung Fragen elektronisch einzureichen, kann er grundsätzlich die von der Richtlinie verlangte pflichtgemäße Auskunft auf alle die Tagesordnung betreffenden Auskunftsverlangen geben. Könnte der Vorstand   55

---

69 Dagegen spricht die bereits an anderer Stelle (→ Rn. 23) zitierte Erklärung des MdB Heribert Hirte vor der Verabschiedung des GesCoronaG.
70 BT-Drucks 19/18110, S. 26.

ohne Weiteres entscheiden (wie nach der deutschen Gesetzesbegründung vorgesehen (→ Rn. 24), welche Fragen er beantwortet, könnte er das nach Art. 9 Abs. 1 ARRL garantierte Auskunftsrecht der Aktionäre völlig leerlaufen lassen und inhaltlich Fragen mit dem erforderlichen Zusammenhang mit der Tagesordnung auszuweichen; solches untersagt indessen die Garantie des Art. 9 ARRL (→ Rn. 48). Es besteht europarechtlich grundsätzlich keine Rechtfertigung für eine willkürliche Auswahlentscheidung des Vorstands, welche Fragen er beantwortet. Ausnahmsweise kann etwas anderes gelten, wenn sich zB im Angesicht einer vom deutschen Gesetzgeber für möglich erachteten „Flut" von Fragen (→ Rn. 24) ergibt, dass eine Beantwortung aller Fragen schon aufgrund ihrer großen Gesamtanzahl auch bei Zusammenfassung den zeitlichen Rahmen der Versammlung sprengen würde, selbst wenn die Möglichkeit der Beantwortung zB auf der Website der Gesellschaft genutzt wird.

56   Im Ergebnis gilt Gleiches für den Fall, dass der Vorstand die Vorgabemöglichkeit nach § 1 Abs. 2 S. 2 Hs. 2 GesCoronaG nicht nutzt – wenn also **Auskünfte noch während der Hauptversammlung verlangt** werden können: Dann muss der Versammlungsleiter im Wege der ordnungsgemäßen Leitung der (virtuellen) Hauptversammlung für eine Fragestellung nur in dem Umfang sorgen, dass der Vorstand seiner (nach der Richtlinie bestehenden) Pflicht nachkommen kann, Auskunft auf die Fragen der Aktionäre zu den Punkten der Tagesordnung zu erteilen. Er kann also zB nach dem zu § 131 AktG etablierten Standard Zeitpunkte festlegen, bis zu dem Fragen während der HV vorzulegen sind. Ein Ermessen, welche von ihm in Hinblick auf die Tagesordnung sachgemäßen Aktionärsfragen der Vorstand beantwortet, ist nur dann europarechtskonform, wenn dies für die Gewährleistung des ordnungsgemäßen Ablaufs einer virtuellen Hauptversammlung gem. Art. 9 Abs. 2 UAbs. 1 S. 1 ARRL erforderlich ist. Anders als bei einer Präsenz-HV kann in solchen Fällen die Beherrschbarkeit der Gesamtzahl der Fragen nicht sicher durch anerkannte Ordnungsmaßnahmen wie die Beschränkung der Redezeit und Schließung der Rednerliste gesteuert werden; es kann zB auch bei Festlegung des letzten Zeitpunkts für Fragen per E-Mail die vom deutschen Gesetzgeber für möglich gehaltene Flut von Fragen (Rn. 24) eingehen. In solchen Fällen kann es der Richtlinie entsprechen, dass der Vorstand eine pflichtgemäße Ermessensentscheidung trifft, wie viele und welche Fragen er beantwortet. Richtlinienkonform muss er sich dabei vom auch europarechtlich geltenden Grundsatz der Gleichbehandlung, Art. 4 Abs. 1 ARRL, und davon leiten lassen, dass das europarechtliche Auskunftsrecht das Recht eines jeden an der Hauptversammlung teilnehmenden Aktionärs ist (→ Rn. 44).

Nicht zu folgen ist einer Literaturansicht, wonach der „Verzicht" auf den Auskunftsanspruch zwar massiv wirke, jedoch aufgrund folgender Erwägung mit Blick auf den ordnungsgemäßen Ablauf der Hauptversammlung europarechtlich zulässig sei: Als ordnungsgemäß gelte in Deutschland eine **HV-Gesamtdauer von vier bis sechs Stunden**; Geltendmachung und Erledigung von Fragen, die diesen Zeitraum überschritten, dürften abgelehnt werden, mehr sei Aktionären nicht zuzumuten; auf das Zeitlimit seien Vorabinformationen anzurechnen.[71] Schon der Ausgangspunkt dieser Erwägung ist nicht einschlägig, es gebe eine europarechtlich relevante „Orientierungsgröße" für die Dauer von Hauptversammlungen von vier bis sechs Stunden;[72] insbes. kann sich diese Größe gerade nicht auf den BGH stützen.[73] Wenn maßgebende Informationsverlangen offen und iSd § 131 Abs. 1 S. 1 AktG zur Beurteilung eines TOP erforderlich

---

71 *Noack/Zetzsche* AG 2020, 265 (271).
72 Vgl. allg. *Heidel* in Heidel Aktienrecht AktG Vor § 129 Rn. 17, § 131 Rn. 40 ff., 54.
73 In BGHZ 184 239 Rn. 20 heißt es nämlich: „Der in (der Satzung) geregelte grundsätzliche Maßstab, dass die Hauptversammlung nicht länger als sechs Stunden dauern soll, entspricht der Vorstellung des Gesetzgebers, wonach eine normale Hauptversammlung, in der keine tief greifenden unternehmensstrukturellen Maßnahmen zu erörtern sind, in vier bis sechs Stunden abgewickelt sein sollte ... Die Satzungsbestimmung trägt weiter dem Erfordernis Rechnung, dass bei der Bestimmung dieser Höchstgrenze auch die Länge der

sind, dann sind sie grundsätzlich gemäß Art. 9 Abs. 1 ARRL auch zu erteilen – unabhängig von jedweden Orientierungsgrößen von bis zu sechs Stunden. Dies gilt wie bei der Bewertung der Verhältnismäßigkeit von Ordnungsmaßnahmen in der Präsenz-HV nur dann nicht mehr, wenn der zeitliche Umfang einer Beantwortung sämtlicher Fragen die ordnungsgemäße Erledigung der Hauptversammlung gefährden könnte, dazu → Rn. 55.

dd) Die Rechtsfolge eines Verstoßes gegen das Europarecht. Rechtsfolgen eines etwaigen Verstoßes gegen das Europarecht sind an anderer Stelle behandelt; dazu gehört auch die europarechtskonforme Auslegung (→ § 111 a AktG Rn. 10, 46). UE ist diese möglich und geboten, → Rn. 55, 75 ff..   57

2. Die Regelung der Nr. 3 im Einzelnen

Der Vorstand muss gemäß Abs. 2 S. 1 Nr. 3 GesCoronaG sicherstellen, dass die Aktionäre bei der virtuellen Hauptversammlung eine **Fragemöglichkeit** im Wege der elektronischen Kommunikation haben. Isoliert betrachtet spricht der Wortlaut dieser Regelung dafür, dass das Fehlen der Präsenz-Hauptversammlung das Auskunftsrecht der Aktionäre nach § 131 AktG nicht beschneidet, sondern die dabei nach hM vorgesehene mündliche Geltendmachung[74] lediglich durch Wege der elektronischen Kommunikation ersetzt wird. Das ist indes nicht Regelungsabsicht: Bezeichnend ist, dass Abs. 2 S. 1 Nr. 3 abweichend von § 131 AktG nicht von einem „Auskunftsrecht der Aktionäre" spricht, sondern von einer bloßen „Fragemöglichkeit". Erhebliche Beschränkungen der Auskunftspflicht ergeben sich nämlich einerseits in Zusammenschau mit Abs. 2 S. 2 Hs. 1 und andererseits mit Abs. 7. In der Gesamtschau sollen § 1 Abs. 2 S. 1 Nr. 3, S. 2, Abs. 7 GesCoronaG das Auskunftsrecht des § 131 AktG für die virtuelle Hauptversammlung auf eine bloße Möglichkeit reduzieren, Fragen zu stellen: Da der Vorstand den Aktionären vorgeben kann, ihre Fragen bis spätestens zwei Tage vor der Versammlung im Wege der elektronischen Kommunikation einzureichen (Abs. 2 S. 2 Hs. 2, → Rn. 81 ff.), kann er Aktionären das Recht zu spontanen Fragen und Nachfragen zB bei unzureichender Beantwortung in der Hauptversammlung nehmen. Verfügt der Vorstand, dass Fragen vorab einzureichen sind, folgt daraus zugleich, dass Nachfragen auf die vom Vorstand gegebenen Antworten nicht ermöglicht werden müssen.[75] Gleiches gilt für Fragen zu den Ausführungen von Vorstand und Aufsichtsrat in der Hauptversammlung. Der Vorstand kann somit den gesamten Fragenerfassungsprozess vor die Hauptversammlung verlagern. Zudem hat er bei der Beantwortung von Fragen gemäß Abs. 2 S. 2, Hs. 1 ein „freies, pflichtgemäßes" Ermessen   58

Beiträge der Vorstände zu berücksichtigen ist … Es haben bei der Berechnung der Dauer der Hauptversammlung sogar weitergehend die auf die Ausführungen des Versammlungsleiters und die Unterbrechungen der Hauptversammlung entfallenden Zeiträume außer Betracht zu bleiben. Ebenfalls berücksichtigt wird der erhöhte Zeitbedarf derjenigen Hauptversammlungen, deren Tagesordnung über das normale Maß hinausgeht …" Die vom BGH beurteilte Satzungsregel nach § 131 Abs. 2 S. 2 AktG lautete so: „Ist nach der Tagesordnung (einschließlich etwaiger Minderheitsverlangen nach § 122 AktG) nur über die Gegenstände Verwendung des Bilanzgewinns, Entlastung der Mitglieder des Vorstands, Entlastung der Mitglieder des Aufsichtsrats, Wahl des Abschlussprüfers und Ermächtigung zum Erwerb eigener Aktien oder einzelne dieser Gegenstände Beschluss zu fassen, kann der Versammlungsleiter das Rede- und Fragerecht der Aktionäre in solcher Weise zeitlich beschränken, dass die Hauptversammlung insgesamt nicht länger als sechs Stunden dauert. Bei der Berechnung der Dauer der Hauptversammlung bleiben die Zeiträume außer Betracht, die auf Unterbrechungen der Hauptversammlung und die Rede des Vorstands sowie die Ausführungen des Versammlungsleiters vor Beginn der Generaldebatte entfallen.".

74 Vgl. statt aller *Heidel* in Heidel Aktienrecht AktG § 131 Rn. 11, 21.
75 Ebenso Allen & Overy, Q&As zur virtuellen Hauptversammlung vom 30.3.2020, Ziff.2.3 (e); abrufbar über https://www.dirk.org/dirk_webseite/static/uploads/200330_AundO_Q A_virtuelle_HV.pdf.

(→ Rn. 72 ff.), während § 131 Abs. 1 S. 1, Abs. 2 AktG die vollständige und wahrheitsgemäße Beantwortung gebietet.[76] Im Ergebnis besteht nach dem Willen des Gesetzgebers **kein Auskunftsrecht in der virtuellen Hauptversammlung**[77] (zur Kritik hieran → Rn. 32 ff., 49 ff.).

59   Die Aktionäre sollen auch **kein Rederecht** in der Hauptversammlung haben[78] (zum Antragsrecht in der Versammlung → Rn. 89 ff.). Auch dies bestätigt, dass im Ergebnis in der Hauptversammlung ohne physische Präsenz **kein Recht auf Auskunft** besteht.

60   Aus dem **Anfechtungsausschluss** gemäß Abs. 7 iVm Abs. 2 S. 1 Nr. 3, S. 2 folgt schließlich, dass die Einräumung des Fragerechts und das grundsätzlich freie Ermessen bei der Beantwortung gerichtlich nur in Ausnahmefällen überprüfbar sein sollen (→ Rn. 152 ff.). Im Ergebnis ist damit eine Verletzung der Fragemöglichkeit (ein Auskunftsrecht nach § 131 AktG gibt es ohnehin nicht, s. o.) als Anfechtungsgrund für Beschlüsse in virtuellen Hauptversammlungen abweichend von § 243 Abs. 1, Abs. 4 AktG praktisch ausgeschlossen; es soll jedenfalls nach dem Willen des Gesetzgebers ausgeschlossen sein: Aktionäre können zwar Fragen stellen; auf eine Beantwortung können sie aber nur hoffen.[79] Eine Nichtbeantwortung ist rechtlich in der Regel folgenlos (vgl. zur Falschbeantwortung → Rn. 80).

61   Wie der Vorstand die Fragemöglichkeit im Wege der **elektronischen Kommunikation** einräumt, ist gesetzlich nicht abschließend geregelt. Aus Abs. 2 S. 1 Nr. 3 sowie S. 2 Hs. 2 folgt nur, dass er den Aktionären vorgeben kann, ihre Fragen (bis spätestens zwei Tage vor der Versammlung) im Wege elektronischer Kommunikation einzureichen. Denkbar ist auch, Aktionären die Möglichkeit einzuräumen, im Rahmen einer virtuellen Debatte während der Hauptversammlung per E-Mail Fragen an die Verwaltung zu richten oder diese per Audio- oder Audio- und Videoübertragung zu stellen – ggf. in Echtzeit nach virtueller Erteilung des Wortes durch den Versammlungsleiter.[80] Von Abs. 2 S. 1 Nr. 3 gedeckt sind damit auch Ausgestaltungen, die das mündliche Auskunftsrecht des § 131 AktG im Rahmen einer virtuellen Hauptversammlung vollständig elektronisch abbilden. Dafür spricht auch, dass Abs. 2 S. 1 Hs. 2 Nr. 2 für die Stimmabgabe als Alternative zur Briefwahl die Möglichkeit einer „elektronischen Teilnahme" vorsieht, was die Möglichkeit der Stimmabgabe erst während der Hauptversammlung umfasst,[81] → Rn. 19 ff.; Abs. 2 S. 2 Hs. 2 stellt jedoch klar, dass die Gesellschaft bezogen auf die Behandlung von Fragen zur Ausgestaltung einer für die Aktionäre interaktiven Hauptversammlung nicht verpflichtet ist. Fragen in Fremdsprachen braucht der Vorstand nach der Gesetzesbegründung nicht zuzulassen;[82] dies gilt

---

76   Vgl. zu § 131 AktG: OLG Stuttgart AG 2011, 93 (98); *Heidel* in Heidel Aktienrecht AktG § 131 Rn. 53; *Koch* in Hüffer/Koch, AktG, § 131 Rn. 40; *Siems* in Spindler/Stilz, AktG, § 131 Rn. 69.

77   So ausdrücklich BT-Drs. 19/18110, S. 26: „Bei Ausschluss der physischen Präsenz kann das Fragerecht nicht … völlig beseitigt werden. Den Aktionären ist zwar kein Auskunftsrecht, aber immerhin die „Möglichkeit" einzuräumen, Fragen zu stellen. Ein Recht auf Antwort ist das nicht. Über die Beantwortung entscheidet der Vorstand gemäß Satz 2 abweichend von § 131 AktG nur nach pflichtgemäßem, freiem Ermessen. … Die Verwaltung beantwortet die Fragen nach pflichtgemäßem Ermessen. Sie hat also keinesfalls alle Fragen zu beantworten, sie kann zusammenfassen und im Interesse der anderen Aktionäre sinnvolle Fragen auswählen.".

78   Allen & Overy, Q&As zur virtuellen Hauptversammlung vom 30.3.2020, Ziff.2.1 (h); abrufbar über https://www.dirk.org/dirk_webseite/static/uploads/200330_AundO_QA_virtuelle_HV.pdf.

79   BT-Drs. 19/18110, S. 26: kein „Recht auf Antwort".

80   *Noack/Zetzsche* AG 2020, 265 (270).

81   *Noack/Zetzsche* AG 2020, 265 (269).

82   BT-Drs. 19/18110, S. 26.

nach hM auch bei einer Präsenz-Hauptversammlung;[83] es liegt bei der virtuellen Hauptversammlung im Bereich dessen, was der Vorstand gemäß S. 2 Hs. 1 nach Ermessen entscheiden kann.

Je nach Ausgestaltung der Fragemöglichkeit durch den Vorstand erfüllt diese nicht mehr die **Funktion des Auskunftsrechts nach § 131 AktG** und braucht diese Funktion nach dem Willen des Gesetzgebers auch nicht zu erfüllen (→ Rn. 32 ff., 49 ff. zur verfassungs- und europarechtlichen Zweifelhaftigkeit). Das Auskunftsrecht nach § 131 AktG soll den an einer Hauptversammlung teilnehmenden Aktionären bzw. Vertretern eine informierte Entscheidung über die auf der Tagesordnung stehenden Beschlussgegenstände ermöglichen.[84] Wird die Fragemöglichkeit im Wege der elektronischen Kommunikation nach Abs. 2 S. 2 Hs. 2 so ausgestaltet, dass Aktionäre in der Hauptversammlung auf Ausführungen der Verwaltung nicht reagieren können, weil sie auf eine vorherige Einreichung von Fragen verwiesen wurden und auch ein Nachfragen auf gegebene oder insbes. nicht gegebene Antworten nicht möglich ist, gewährleistet die nach Abs. 2 S. 1 Nr. 3 sicherzustellende bloße Fragemöglichkeit keine informierte Entscheidung der Aktionäre. Erst recht gilt dies dann, wenn Aktionäre hinsichtlich der Stimmabgabe vom Vorstand auf eine Briefwahl verwiesen werden (vgl. Abs. 2 S. 1 Nr. 2). Wenn Aktionäre ihr Stimmrecht nur durch Stimmabgabe vor der Versammlung ausüben können, kann dieses nicht von den in der Hauptversammlung gegebenen Informationen abhängen.[85] Die Fragemöglichkeit nach Abs. 2 S. 1 Nr. 3 ist daher im Verhältnis zum Auskunftsrecht nach § 131 AktG ein *aliud*.[86] Abs. 2 S. 1 Nr. 3 verweist nicht auf § 131 AktG; er tritt als *lex specialis* an die Stelle des § 131 AktG. Die Fragemöglichkeit nach Abs. 2 S. 1 Nr. 3 ist daher uE nicht durch 131 Abs. 1 S. 1, Abs. 2 S. 2 und Abs. 3 AktG beschränkt (erforderliche Auskünfte, Beschränkungsermächtigung durch Satzung und Auskunftsverweigerung). Im Ergebnis hat dies jedoch keine Folgen; der Vorstand hat nämlich grundsätzlich das „freie pflichtgemäße" Ermessen, welche Fragen er wie beantwortet (Abs. 2 S. 2 Hs. 1), und die Verletzung von Abs. 2 S. 1 Nr. 3, S. 2 ist gemäß Abs. 7 überdies der Anfechtung praktisch nicht zugänglich. Unberührt bleiben aber sonstige Sanktionen für unrichtige Auskünfte – zB auch Schadensersatzpflichten des Vorstands oder der Gesellschaft[87] oder eine Strafbarkeit gemäß § 400 Abs. 1 Nr. 1 AktG.

62

IV. Widerspruch, Abs. 2 S. 1 Nr. 4

1. Überblick über die Regelung und ihren Zusammenhang

Gemäß § 1 Abs. 2 S. 1 Nr. 4 GesCoronaG muss die Ausgestaltung der virtuellen Hauptversammlung durch den Vorstand gewährleisten, dass die Aktionäre auch ohne physische Präsenz in der Versammlung gegen einen Beschluss der Hauptversammlung Widerspruch zur Niederschrift des beurkundenden Notars (oder der anderen Urkundsperson, vgl. § 130 Abs. 1 S. 3 AktG) erklären können. Eine Regelung dieses Themas war für die virtuelle Hauptversammlung erforderlich. Denn (nur) die Einlegung des Widerspruchs begründet nach § 245 Nr. 1 AktG die Anfechtungsbefugnis für die Anfechtungsklage nach § 246 AktG. Zur Anfechtung ist nach § 245 Nr. 1

63

---

83 MüKoAktG/*Kubis* § 131 Rn. 27; *Herrler* in Grigoleit, AktG, § 131 Rn. 10; *Decher* in Großkomm AktG, § 131 Rn. 99; differenzierend *Heidel* in Heidel Aktienrecht AktG § 131 Rn. 11.
84 BGH NZG 2014, 423, Rn. 25 ff.; BGH NJW 2005, 828; *Heidel* in Heidel Aktienrecht AktG § 131 Rn. 1, 3; *Koch* in Hüffer/Koch, AktG, § 131 Rn. 22.
85 Das hatte *Noack* WM 2009, 2289 (2292) schon vor dem GesCoronaG – zu Unrecht – zu der Sicht gebracht, dass die Möglichkeit der Briefwahl eine deutliche Relativierung des Auskunftsrechts bzw. der Anfechtbarkeit mit sich bringe, vgl. kritisch dagegen *Heidel* in Heidel Aktienrecht AktG § 243 Rn. 18.
86 Ebenso *Noack/Zetzsche* AG 2020, 265 (270).
87 Vgl. zu § 131 AktG *Heidel* in Heidel Aktienrecht AktG § 131 Rn. 5.

AktG nämlich (nur) jeder in der Hauptversammlung erschienene Aktionär berechtigt, wenn er gegen den Hauptversammlungsbeschluss Widerspruch zur Niederschrift erklärt hat. Es entspricht ganz einheiliger Meinung, dass diese Erklärung (in jeder Phase) der Hauptversammlung bis zu deren Schluss abzugeben is.[88] Das erforderte die Präsenz des Aktionärs bzw. seines Vertreters. Da es bei der virtuellen Hauptversammlung keine Aktionärs-Präsenz gibt, war eine **Regelung dieser Thematik zwingend.**

64   Abs. 2 S. 1 Nr. 4 spricht von der Einräumung der „Möglichkeit" eines Widerspruchs. Die Bezugnahme auf § 245 Nr. 1 AktG macht aber deutlich, dass auch für virtuelle Hauptversammlungen das **Anfechtungsrecht iSd § 245 Nr. 1 AktG** an die Erklärung eines Widerspruchs geknüpft bleiben soll. Es geht also nicht um die bloße „Möglichkeit" eines Widerspruchs, sondern das Gesetz hält den Widerspruch als Anfechtungsvoraussetzung aufrecht. Zumal eine ungehinderte unmittelbare Erklärung gegenüber dem beurkundenden Notar iSd § 245 Nr. 1 AktG regelmäßig ohnehin nicht möglich sein wird , ist das Festhalten am Widerspruchserfordernis bei virtuellen Hauptversammlungen nicht überzeugend. Zwar ist nachvollziehbar, dass etwaige technische Probleme bei der Übertragung der Hauptversammlung nicht dazu führen sollen, dass jeder Aktionär mit Verweis darauf die in dieser Versammlung gefassten Beschlüsse anfechten können soll (vgl. Abs. 7 iVm Abs. 2 S. 1 Nr. 1, → Rn. 178). Spiegelbildlich dazu bzw. in Hinblick auf die Neuartigkeit einer ausschließlich virtuellen Hauptversammlung wäre geboten gewesen, dem klagenden Aktionär keine Erklärung eines Widerspruchs abzuverlangen.

2. Die Regelung der Nr. 4 im Einzelnen

65   Die Verwaltung muss Aktionären auch in einer virtuellen Hauptversammlung die Möglichkeit einräumen, **Widerspruch** gegen „einen" (dh gegen jeden) Beschluss der Hauptversammlung einzulegen. Das erfordert ausdrücklich abweichend von § 245 Nr. 1 AktG **kein Erscheinen in der Hauptversammlung.** Nach dem Gesetzeswortlaut können nur solche Aktionäre Widerspruch erklären, die ihr Stimmrecht nach Nr. 2 „ausgeübt haben".[89] Dies ist teleologisch korrigierend dahin gehend auszulegen, dass es um die Aktionäre geht, die an der Hauptversammlung teilnehmen und ihr Stimmrecht nach Nr. 2 ausüben. Der Corona-Gesetzgeber hatte nämlich bei der Formulierung offensichtlich nicht im Blick, dass bei der virtuellen Hauptversammlung die Stimmrechtsausübung nach Absatz nach Nr. 2 ggf. auch während der Hauptversammlung möglich ist ; daher schließt der Perfekt („ausgeübt haben") über das erforderliche Ziel hinaus. Denn es ist nichts dafür ersichtlich, dass der Gesetzgeber durch die Hintertür die einhellig abgelehnte Rechtsprechung des LG Frankfurt aM (die dieses Gericht inzwischen aufgegeben hat) wieder zum Leben erwecken wollte, die den Widerspruch nur nach Verkündung des Beschlussergebnisses zulassen wollte.[90] Im Gegenteil: In der Gesetzesbegründung heißt es, „Widerspruch ist wie stets bis zum Ende der Versammlung und hier im Wege elektronischer Kommunikation zu erklären."[91]

66   Zu welchem **genauen Zeitpunkt** Aktionäre, die nicht physisch in der Hauptversammlung präsent sind, Widerspruch einlegen können, regelt Abs. 2 S. 1 Hs. 2 Nr. 4 nicht. Der Wortlaut stellt darauf ab, dass die den Widerspruch erklärenden Aktionäre ihr Stimmrecht nach Nr. 2 „ausgeübt haben". Dies könnte wie erörtert nahelegen (→ Rn. 65), dass die Erklärung des Widerspruchs erst in der Hauptversammlung einzuräumen ist, und zwar nach der Stimmabgabe. Andererseits verweist Abs. 2 S. 1 Nr. 2 ausdrücklich auch auf eine Stimmabgabe per Briefwahl, dh bereits vor der

---

88   Vgl. statt aller *Heidel* in Heidel Aktienrecht AktG § 245 Rn. 8 ff., 12.
89   Dies betont auch die Begründung des Gesetzentwurfs, BT-Drs. 19/18110, S. 26.
90   ZB LG Frankfurt ZIP 2005, 991 (Celanese); AG 2005, 51 (Fraport); AG 2005, 891 (Kirch/Deutsche Bank; vgl. zur einhelligen aA *Heidel* in Heidel Aktienrecht AktG § 245 Rn. 12.
91   CoronaGesetzE BT-Drucks 19/18110 (elektr. Vorabfassung) S. 26.

Hauptversammlung; dies könnte dafür sprechen, dass ebenso wie die Fragemöglichkeit und die Stimmabgabe auch die Widerspruchsmöglichkeit vorverlagert werden kann, dh Aktionäre Widerspruch auch vorab gegen ggf. zu fassende Beschlüsse erklären können oder ggf. sogar müssen. Dass ein Widerspruch in der Hauptversammlung auch vor der Beschlussfassung wirksam erklärt werden kann, ist in Rechtsprechung und Lehre einhellig anerkannt,[92] daran wollte das GesCoronaG nichts ändern. Dies gilt uE auch für einen Widerspruch nach Abs. 2 S. 1 Nr. 4. Der Vorstand darf die virtuelle Hauptversammlung aber nicht so ausgestalten, dass er von den Aktionären verlangt, ihre Widerspruchserklärung ebenso wie ggf. ihre Fragen (vgl. Abs. 2 S. 2, Hs. 2) oder ihr Stimmrecht (ggf. Briefwahl, Abs. 2 S. 1 Nr. 2) bereits vor der Hauptversammlung zu erklären. Denn anders als beim Stellen von Fragen und der Abgabe der Stimmen handelt es sich beim Widerspruch um eine Erklärung gegenüber dem protokollierenden Notar (bzw. der anderen Urkundsperson nach § 130 Abs. 1 S. 3 AktG), der diese als seine Wahrnehmung während der Hauptversammlung zu erfassen hat,[93] → Rn. 63. Das Gesetz geht als selbstverständlich von der Teilnahmepflicht des Notars (bzw. die Urkundsperson nach § 130 Abs. 1 S. 3 AktG) an der virtuellen Hauptversammlung aus; es befreit nämlich nicht von der Pflicht zur Erstellung der Niederschrift (vgl. § 130 Abs. 1–4, § 241 Nr. 2 AktG),[94] die die Teilnahme des Notars bzw. der anderen Urkundsperson an der gesamten virtuellen Hauptversammlung an deren Versammlungsort voraussetzt. Im Einklang hiermit fordert die Begründung des Gesetzentwurfs: „Der Vorstand hat eine Möglichkeit zum elektronischen Widerspruch beim Notar vorzuhalten."[95]

Ordnet die Gesellschaft bei der Einberufung der Hauptversammlung in Widerspruch   67
zu den vorstehend herausgearbeiteten Grundsätzen an, dass Widersprüche vor der
Hauptversammlung (zB gemeinsam mit Stimmabgabe) zu erklären sind und folgt ein
Aktionär dieser Vorgabe, so ist dies ein als wirksam zu behandelnder Widerspruch
(→ Rn. 70). Jedenfalls ist auch trotz einer solchen Anordnung die Erklärung des Widerspruchs möglich. Ist der Notar bzw. die andere Urkundsperson mangels von der
Gesellschaft angegebener Kommunikationsadresse während der Hauptversammlung
für Aktionäre nicht erreichbar, können sie uE auf jede sonstige geeignete Weise den
Widerspruch übermitteln (zB per Fax oder Mail an den Notar), was aber keine Voraussetzung der Anfechtung nach § 246 AktG ist.

Die **Art und Weise der Erklärung** des Widerspruchs regelt das Gesetz für die virtuelle   68
Hauptversammlung nicht ausdrücklich. Die Begründung des Gesetzentwurfs verlangt
wie zitiert (→ Rn. 24) nur „eine" Möglichkeit der Erhebung des Widerspruchs. Mangels physischer Präsenz des Aktionärs dürfte eine mündliche Erklärung gegenüber
dem protokollierenden Notar praktisch stets ausgeschlossen sein – es sei denn, der
Vorstand schafft technische Möglichkeiten, dass Aktionäre per Zwei-Wege-Audiobzw. Audio- und Videoübertragung mündliche Erklärungen gegenüber dem Notar
bzw. der anderen Urkundsperson abgeben können. Ein technisch einfacherer und dem
Gesetz genügender Weg der Erklärung des Widerspruchs während der Hauptversammlung ist eine Abgabe des Widerspruchs in Textform (zB per E-Mail) gegenüber
dem Notar, was die Angabe einer entsprechenden (E-Mail-) Adresse durch die Gesell-

---

92 BGHZ 180, 9 Rn. 17 = NJW 2009, 2207; BGH AG 2007, 863 Rn. 6; OLG Jena AG
    2006, 417 (419 f.); OLG München AG 2007, 37 f.; *Heidel* in Heidel Aktienrecht AktG
    § 245 Rn. 12; *K. Schmidt* in Großkomm AktG § 131 Rn. 22; *Zöllner* in Kölner Komm
    AktG § 131 Rn. 36; *Tielmann* WM 2007, 1686 (1687).
93 *Heckschen* in BeckHdB Notar Kap. 4 § 23 Rn. 332; *Faßbender* RNotZ 2009, 425
    (437 f.).
94 Vgl. auch CoronaGesetzE BT-Drucks 19/18110 (elektr. Vorabfassung) S. 26. („Der Notar
    selbst sollte für die Durchführung der Niederschrift am Aufenthaltsort des Versammlungsleiters zugegen sein."); ebenso Noack/Zetzsche AG 2020, 265 (273).
95 CoronaGesetzE BT-Drucks 19/18110 (elektr. Vorabfassung) S. 26.

schaft erfordert[96] (→ Rn. 69 zum Zeitpunkt der Bekanntgabe). Auch ein Auswahlfeld („Button") mit der Bezeichnung „Widerspruch" reicht.[97] Eine andere ausreichende Möglichkeit ist uE bei entsprechender Vorgabe auch eine Erklärung gegenüber der Gesellschaft, die diese als Botin unverzüglich und spätestens vor Schluss der HV an den protokollierenden Notar weiterzuleiten hat, damit dieser sie zur Kenntnis nehmen kann. Verzögert sich diese Weitergabe, ist sie dem widersprechenden Aktionär nicht anzulasten.

69 Nicht geregelt ist auch, **wer wann die Art und Weise der Erklärung des Widerspruchs zu bestimmen hat.** Das Gesetz formuliert im Passiv: Der Vorstand könne die virtuelle Hauptversammlung anordnen, „sofern … den Aktionären … unter Verzicht auf das Erfordernis des Erscheinens … eine Möglichkeit zum Widerspruch … eingeräumt wird". Das könnte darauf hindeuten, dass es genügt, wenn die Möglichkeit des Widerspruchs in der Hauptversammlung tatsächlich besteht. UE muss der Vorstand jedoch bereits in der **Einberufung der Hauptversammlung** nach § 121, 124 AktG bekanntmachen, dass und wie die Möglichkeit der Erklärung eines Widerspruchs nach Abs. 2 S. 1 Nr. 4 besteht; denn diese ist Zulässigkeitsvoraussetzung einer virtuellen Hauptversammlung; Details der Einlegung des Widerspruchs können in den Teilnahmeunterlagen und in der Versammlung in der gebotenen Deutlichkeit und Verständlichkeit mitgeteilt werden.

70 Wie festgestellt (→ Rn. 66 f.) darf die Verwaltung den Zeitpunkt der Abgabe des Widerspruchs nicht vorverlegen auf einen Zeitpunkt vor der Hauptversammlung. **Beachtet ein Aktionär die – ggf. unzulässigen – Vorgaben der Verwaltung für die Abgabe des Widerspruchs,** zB vor der Hauptversammlung, ist dieser stets **wirksam und rechtswahrend** – und zwar ungeachtet des materiell-rechtlichen Charakters der Anfechtungsbefugnis, für die der Aktionär die Darlegungs- und Beweislast trägt.[98] Sollte sich die Gesellschaft im Anfechtungsprozess auf eine Unwirksamkeit der den Vorgaben der Einberufung entsprechenden Widerspruchserklärung berufen, liegt darin ein unbeachtliches widersprüchliches Verhalten.

71 Auch sonst ist unter den Besonderheiten einer virtuellen Hauptversammlung **den naheliegenden Schwierigkeiten der Einlegung eines Widerspruchs angemessen Rechnung zu tragen.** Sollte ein klagewilliger Aktionär zB aufgrund technischer Probleme insbesondere bei der Übertragung der Hauptversammlung oder der Übermittlung des Widerspruchs an den Notar seinen Widerspruch nicht erklären oder die Abgabe seiner Widerspruchserklärung zu dokumentieren können, lässt das sein Anfechtungsrecht nicht entfallen. Durch die Entscheidung zur Abhaltung einer virtuellen Hauptversammlung nimmt die Verwaltung dem Aktionär die gesetzlich vorgesehene Möglichkeit, an der Hauptversammlung selbst oder durch einen Vertreter persönlich teilzunehmen und unmittelbar dem protokollierenden Notar gegenüber nach § 245 Nr. 1 den Widerspruch mündlich zu erklären. **Scheitert ein Aktionär an der Abgabe der Erklärung des Widerspruchs, so ist diese nicht Klagevoraussetzung,** soweit das Scheitern nicht an einer mangelnden Hard- oder Software des Aktionärs oder an der mangelhaften Ausführung der vorgegebenen elektronischen Kommunikation durch ihn liegt, Die Gesellschaft trägt die **Darlegungs- und Beweislast** dafür, dass der von der Verwaltung für die Erklärung des Widerspruchs vorgegebene Kommunikationsweg tatsächlich eröffnet war.

---

96 So auch *Noack/Zetzsche* AG 2020, 265 (273); Allen & Overy, Q&As zur virtuellen Hauptversammlung vom 30.3.2020, Ziff.2.3 (m), abrufbar über https://www.dirk.org/dirk_webseite/static/uploads/200330_AundO_QA_virtuelle_HV.pdf.
97 *Noack/Zetzsche* AG 2020, 265 (273).
98 Vgl. allg. *Heidel* in Heidel Aktienrecht AktG § 245 Rn. 1 f.

C. Die Beantwortung des Vorstands, insbes. sein Ermessen dabei, Abs. 2 S. 2 Hs. 1

I. Überblick über die Regelung, ihren Zusammenhang und ihre Fragwürdigkeit

Die Regelung haben wir an anderer Stelle eingeordnet und grundsätzlich bewertet; darauf verweisen wir. (→ Rn. 32 ff., 49 ff.) 72

II. Pflichtgemäßes freies Ermessen

Der Vorstand „entscheidet nach pflichtgemäßem, freiem Ermessen, welche Fragen er wie beantwortet". Was sich der Gesetzgeber dabei gedacht hat, kann man nur erraten. Die **Begründung des Gesetzentwurfs** verrät es nicht. Sie ist in sich **widersprüchlich:** Denn zunächst heißt es, „Über die Beantwortung entscheidet der Vorstand ... nur nach pflichtgemäßem, freiem Ermessen". Demgegenüber schreibt die Entwurfsbegründung nur wenige Zeilen später, „Die Verwaltung beantwortet die Fragen nach pflichtgemäßem Ermessen." Das AktG kennt den Begriff *pflichtgemäßes freies* Ermessen nicht. Abgesehen vom *billigen* Ermessen der Gerichte erwähnt es lediglich im § 92 Abs. 1 AktG das *pflichtgemäße* Ermessen des Vorstands im Hinblick auf den Verlust der Hälfte des Grundkapitals.[99] *Freies* Ermessen kommt in Gesetzen gelegentlich in Hinblick auf Gerichtsentscheidungen vor. Ein **pflichtgemäßes freies** (oder *freies pflichtgemäßes*) Ermessen gibt es in keinem anderen Gesetz – wir haben eine solche Regelung bei einer juris-Abfrage jedenfalls nirgends entdecken können. 73

Ein zugleich sowohl pflichtgemäßes als auch freies Ermessen ist uE ein **Widerspruch in sich:** (1) Ist der Vorstand *frei* in seiner Entscheidung, welche Fragen er wie beantwortet, hat er gerade keine Pflichten – ein pflichtgemäßes Ermessen kann es dann mangels Pflichten nicht geben. (2) Muss der Vorstand nach pflichtgemäßem Ermessen entscheiden, ist er gerade nicht frei in seiner Entscheidung. Gegen das Erfordernis *pflichtgemäßes* Ermessen spricht auf den ersten Blick, dass gerade keine Auskunftspflicht bestehen soll (zumal keine gemäß § 131 AktG), da § 1 Abs. 2 S. 1 Nr. 3, S. 2 GesCoronaG den § 131 AktG als *lex specialis* verdrängt, (→ Rn. 22, 62). 74

Will man der Regelung geltungserhaltend einen Sinn geben, ist sie uE so zu verstehen, dass der Vorstand in seiner Ermessensausübung zwar grundsätzlich frei ist, dies aber nur bis zur Grenze der **Willkürlichkeit** (insofern pflichtgemäß).[100] Dafür spricht auch die Anfechtungsregelung in Abs. 7 und die dafür vom Gesetzgeber gegebene Erläuterung: Nach Abs. 7 ist eine Anfechtung wegen Verletzung von Abs. 2 dann nicht ausgeschlossen ist, wenn der Gesellschaft Vorsatz nachzuweisen ist; der Gesetzentwurf spricht insoweit von der „eingeschränkten Auskunftspflicht" (→ Rn. 25). Vorsatz iSd Abs. 7 ist bei einer willkürlichen Nichtbeantwortung von Fragen gegeben. Übt zB ein Vorstand sein ihm nach Abs. 2 S. 2, Hs. 1 eingeräumtes grundsätzlich freies Ermessen so aus, dass er ohne oder ohne nachvollziehbare Begründung 75

(1) die Aktionärsfragen gar nicht,
(2) völlig willkürlich,
(3) inhaltsleer oder
(4) sonst offenbar neben der Sache

„beantwortet", begründet dies die Anfechtbarkeit der gleichwohl gefassten Beschlüsse.[101]

---

99 Vgl. zur Auslegung des Begriffs *Oltmanns* in Heidel Aktienrecht AktG § 92 Rn. 3 f.
100 Ebenfalls auf das Kriterium der Willkürlichkeit abstellend *Noack/Zetzsche* AG 2020, 265 (271).
101 Nach der Gesetzesentwurf-Begründung hat der Vorstand „keinesfalls" alle Fragen zu beantworten, BT-Drs. 19/18110, S. 26.

76 Auch sonst darf uE der Vorstand bei europarechtskonformer Auslegung von Abs. 2 S. 2 Hs. 1 (→ Rn. 56 ff.) **zur Beurteilung eines Tagesordnungspunktes erforderliche Fragen nur in begründeten Ausnahmefällen unbeantwortet lassen.** Dies darf er zB dann, wenn nach einer Anordnung gemäß Abs. 2 S. 2, Hs. 2 die Gesamtanzahl der eingereichten Fragen so groß ist, dass die Beantwortung aller Fragen die Hauptversammlung zeitlich sprengen würde. UE muss das entsprechend für Gesellschaften gelten, die nicht der ARRL unterliegen (zu deren Anwendungsbereich → Rn. 39). So hieß es in der Literatur mit Recht: Gebe es „wenige, sachlich fundierte Fragen, kann sich aus der Ermessensausübung eine Ermessensreduktion in dem Sinne ergeben, dass alle Fragen zu beantworten sind."[102] Flagefluten nicht zur Beurteilung eines TOP erforderlicher Auskunftsbegehren kann der Vorstand mit dem auch für § 131 AktG anerkannten, üblichen und der hM entsprechenden Instrumentarium[103] begegnen.

77 Kein berechtigtes Kriterium der Differenzierung ist die **Größe des Anteilsbesitzes** des Fragestellers; die Fragemöglichkeit steht ebenso wie sonst das Auskunftsrecht gemäß § 131 AktG jedem Aktionär gleichermaßen zu; der Vorstand darf Aktionäre nicht willkürlich ungleich behandeln, vgl. § 53 a AktG, Art. 4 Abs. 1 ARRL. Für die Willkürfreiheit kommt es daher insbesondere auf den relevanten Bezug zur Tagesordnung an. Ob der Fragesteller Kleinaktionär oder institutioneller Großinvestor ist, ist dafür irrelevant. Die unterschiedliche Gewichtung nach Stimmanteilen verbietet auch die Aktionärsrechtsrichtlinie, die in ihrem Art. 9 Abs. 1 jedem Aktionär unabhängig von seiner Beteiligungshöhe das Auskunftsrecht gibt.[104]

78 Vgl. zur Frage der **AR-Zustimmungspflicht** zu Entscheidungen des Vorstands in Hinblick auf Aktionärsfragen → Abs. 6 Rn. 141 ff.

III. Antworten in der Hauptversammlung oder über Website der Gesellschaft

79 Nach § 131 AktG zu erteilende Auskünfte sind in (während) der Hauptversammlung zu geben;[105] der Vorstand kann die Auskunft nach § 131 Abs. 3 Nr. 7 AktG verwei-

---

102 *Noack/Zetzsche* AG 2020, 265 (270).
103 Vgl. zu § 131 AktG (wenngleich zT kritisch) Heidel in Heidel Aktienrecht AktG § 131 Rn. 3 ff., 54 f.
104 So die ganz hM, vgl. *Heidel* in Heidel Aktienrecht AktG § 131 Rn. 54; *Hüffer/Koch* § 131 Rn. 48; *Kersting* in Kölner Kommentar § 131 Rn. 275; Grigoleit/*Herrler* § 131 Rn. 35; MüKoAktG/*Kubis* § 119 Rn. 163; GK-AktG/*Mülbert* § 129 Rn. 206; Spindler/ Stilz/*Wicke* Anh. § 119 Rn. 10; *Reger* in Bürgers/Körber § 131 Rn. 18 a; *Siems* in Spindler/Stilz § 131 Rn., 55; *Spindler* in Schmidt/Luther § 131 Rn. 66; *Ziemons* in Schmidt/ Luther § 129 Rn. 66; ähnlich *Butzke* Die Hauptversammlung der Aktiengesellschaft, G 22. AA *Noack/Zetzsche* AG 2020, 265 (272), die meinen, die Bevorzugung von Fragen von „institutionellen Investoren mit bedeutenden Stimmanteilen" entspreche „einer neueren Literaturlinie, die eine statutarische Differenzierung nach Anteilsgröße" bei § 131 Abs. 2 S. 2 AktG für zulässig halte; von einer solchen „Linie" kann indessen keine Rede sein: Von den von *Noack/Zetzsche* als Verfechter der vermeintlich neuen Linie genannten vier Autoren passt nur das Zitat von *Weißhaupt* ZIP 2005, 1766, 1768 f.; den offenbar maßgeblichen Entwurfsverfasser *Prof. Dr. Seibert* WM 2005, 157 (161) kann man kaum als unbefangene Literaturstimme benennen; die Veröffentlichung von *Kalss* in der ZGR 2020, Heft 2-3 („generell nunmehr auch") war öffentlich bei Redaktionsschluss noch nicht zugänglich; zu Unrecht vereinnahmen die Autoren für die vermeintlich neue Linie *Decher* in GroßkommAktG § 131 Rn. 321 (der schreibt: „Eine Differenzierung nach der Höhe der Stimmrechte wird vielfach für unzulässig gehalten. Dem ist nur insoweit zuzustimmen, als nicht Aktionären mit hohem Stimmgewicht generell mehr Frage- und Redezeit eingeräumt werden darf; zulässig sei aber, dass der Versammlungsleiter zunächst neben Schutzvereinigungen, die für viele Aktionäre sprechen, Aktionäre mit substantieller Beteiligung mit ihren Fragen aufrufe; fielen diese noch nicht unter formelle oder weniger strenge Frage- und Redezeitbeschränkungen, sei es keine sachwidrige Ungleichbehandlung, wenn Streuaktionäre im Ergebnis weniger Zeit für ihre Beiträge haben, weil sie erst später aufgerufen werden.
105 Vgl. statt aller *Heidel* in Heidel Aktienrecht AktG § 131 Rn. 19.

Heidel/Lochner

gern, wenn diese sowohl sieben Tage vor der Hauptversammlung als auch in der Versammlung zugänglich ist.[106] Diese Beschränkung passt nicht für eine virtuelle Hauptversammlung. Der Gesetzgeber hält eine Beantwortung in der Hauptversammlung nicht für geboten, wenn Fragen „vorab" über **FAQ** auf der Website der Gesellschaft beantwortet wurden.[107] UE genügt es darüber auch, wenn der Vorstand die **Antworten während der Hauptversammlung allen Aktionären zB über die Website der Gesellschaft zugänglich** macht.[108] Auf solche Antworten muss der Vorstand in der Hauptversammlung ausdrücklich verweisen inkl. der Angabe, dass und wo/wie diese Informationen leicht auffindbar sind.[109]

Bei der Antworterteilung gibt es **keine Berechtigung zu unwahren oder verschleiernden Antworten**. Vielmehr gilt auch für Auskünfte nach Abs. 2 S. 2 Hs. 1 wie sonst für Auskünfte nach § 131 AktG die Pflicht zur Richtigkeit der Informationen. UE ist insofern auch § 400 Abs. 1 Nr. 1 AktG einschlägig, da es sich bei den Antworten auf Aktionärsfragen um Vorträge oder Auskünfte im Sinne der Strafvorschrift handelt.[110] In der Literatur ist darauf hingewiesen worden, dass der Vorstand mit der Option der Fragenfrist zwei Tage vor der Hauptversammlung nach Abs. 2 S. 2 Hs. 2 GesCoronaG die Möglichkeit hat, Fragen in Ruhe zu sortieren und nach pflichtgemäßem Ermessen zu beantworten; ein Backoffice bisherigen Zuschnitts werde nicht benötigt, die Mitarbeiter können die Information von zu Hause aus für den Vorstand in aller Gründlichkeit vorbereiten.[111]   80

D. Vorgabe, Fragen vor Hauptversammlung einzureichen, Abs. 2 S. 2, Hs. 2

Der Vorstand kann gemäß Abs. 2 S. 2, Hs. 2 vorgeben, dass Fragen bis spätestens zwei Tage vor der Versammlung im Wege elektronischer Kommunikation einzureichen sind.   81

I. Überblick über die Regelung und ihren Zusammenhang

Der Gesetzentwurf begründet die Regelung nicht, sondern paraphrasiert sie nur: Der Vorstand könne entscheiden, dass Fragen bis spätestens zwei Tage vor der Versammlung elektronisch (zB unter einer dafür angegebenen E-Mail-Adresse) einzureichen sind.[112]   82

Die Regelung ist eine grundlegende Abweichung von § 131 Abs. 1 S. 1 AktG. Danach hat der Vorstand Auskünfte auf Verlangen in der Hauptversammlung zu geben. Es entspricht der ganz hM, dass parallel dazu die Auskünfte wirksam nur in der Hauptversammlung verlangt werden können.[113] Diese Gestaltungsmöglichkeit erklärt sich angesichts der besonderen Situation der Corona-Krise und der fehlenden Erfahrungen mit virtuellen Hauptversammlungen in Deutschland. Der Gesetzgeber ging offenbar davon aus, dass es für den Vorstand im Hinblick auf die Beschränkungen der Versammlungsmöglichkeiten oft nicht im sonst üblichen und gebotenen Umfange möglich sein wird, zu seiner Unterstützung vor Ort ein (ggf. größeres) Back Office-Team zur Unterstützung für die in einer Präsenz-Hauptversammlung nach § 131 AktG er-   83

106   Vgl. statt aller *Heidel* in Heidel Aktienrecht AktG § 131 Rn. 74.
107   BT-Drs. 19/18110, S. 26.
108   Vgl. statt aller *Heidel* in Heidel Aktienrecht AktG § 131 Rn. 23 ff. zur Möglichkeit der Auskunft durch Zur-Verfügung-Stellen von Unterlagen statt mündlicher Auskunft bei der Auskunftserteilung nach § 131 AktG.
109   *Heidel* in Heidel Aktienrecht AktG § 131 Rn. 11, 22 (dort mit differenzierender Sicht, dass Auskünfte auch schon *de lege lata* vor der Versammlung verlangt werden können).
110   Vgl. zu diesem Grundsatz nach § 131 AktG statt aller Heidel in Heidel, Aktienrecht, AktG § 131 Rn. 53.
111   *Noack/Zetzsche* AG 2020, 265 (271).
112   CoronaGesetzE BT-Drucks 19/18110 (elektr. Vorabfassung) S. 26.
113   Vgl. statt aller *Heidel* in Heidel Aktienrecht AktG § 131 Rn. 11 ff.

forderliche Beantwortung von Fragen in der Hauptversammlung vorzuhalten. Daher ist die Möglichkeit der Vorbereitung der Beantwortung von Fragen bereits vor der Hauptversammlung eine **grundsätzlich sinnvolle Reaktion** auf die besonderen Belastungen in der Corona-Krise.

84 **Anwendungszeitraum:** Die Sonderregelung gilt nach § 7 Abs. 1 nicht nur für den Zeitraum der Beschränkungen des Versammlungsrechts, sondern für die Hauptversammlungssaison im **gesamten Kalenderjahr 2020.** Dies ist durch die Corona-Krise nicht gerechtfertigt. Sollten die Beschränkungen insbesondere des Versammlungsrechts im Laufe des Jahres 2020 aufgehoben werden, ist der Eingriff in die Rechte der Aktionäre unverhältnismäßig (allg. zu den verfassungsrechtlichen Fragen der Aushebelung des § 131 AktG durch die Corona-Gesetzgebung → Rn. 27, 38).

II. Die Regelung im Einzelnen und ihre Auswirkungen

85 Die nach dem Gesetz mögliche vollständige **Vorverlagerung** des Zeitpunktes, bis zu dem Fragen gestellt werden können (→ Rn. 81 ff.) führt dazu, dass zum einen spontane Fragen zu Ausführungen der Verwaltung in der Hauptversammlung nicht möglich sind. Zum anderen ist auch ein Nachfragen als Reaktion auf eine unvollständige Beantwortung oder Nichtbeantwortung von Fragen nicht möglich. Dieser Ausschluss von Nachfragen in der Hauptversammlung muss dazu führen, dass Aktionären bei einer Anfechtungsklage nicht vorgehalten werden kann, ihre (nach weithin vertretener Auffassung bejahte) Obliegenheit zum Nachfragen bzw. zum Hinweis auf nicht beantwortete Fragen verletzt zu haben.[114] Darauf dürfte es aber im Ergebnis regelmäßig nicht ankommen, da der Vorstand abweichend von § 131 Abs. 1, 243 Abs. 1, Abs. 4 AktG ein nur durch das Willkürverbot beschränktes freies Ermessen bei der Beantwortung von Fragen hat (→ Rn. 72 ff.) und eine Verletzung von Abs. 2 S. 1 Nr. 3 gemäß Abs. 7 ohnehin nur bei Nachweis von Vorsatz anfechtbar ist.

86 Nichts findet sich im Gesetz und in der Begründung seines Entwurfs zum **Zeitpunkt, zu dem der Vorstand eine Anordnung nach S. 2 Hs. 2 treffen und bekanntmachen muss.** Nach dem Sinn und Zweck der Regelung und zum Schutz der Aktionäre vor Überraschungen kann das uE nur der Zeitpunkt der Einberufung der Hauptversammlung sein. Dieser kann gemäß § 1 Abs. 3 S. 1 GesCoronaG denkbar kurz sein – 21 Tage vor der Hauptversammlung ohne Berücksichtigung einer Anmeldefrist. Daher müssen uE Aktionäre schon bei der Einberufung der virtuellen Hauptversammlung wissen, bis wann sie Fragen stellen können, da dies für ihre Möglichkeit zur Vorbereitung auf die Hauptversammlung und ihr dortiges Verhalten entscheidend ist. Bekanntzumachen ist daher die Vorgabe des Vorstands in der Einberufung der Hauptversammlung.

E. Weitere Aspekte im Hinblick auf Reden und Fragen in der virtuellen Hauptversammlung

I. Protokollierung entsprechend § 131 Abs. 5 AktG?

87 Gemäß § 131 Abs. 5 AktG kann jeder Aktionär verlangen, dass seine aus seiner Sicht nicht beantwortete(n) Frage(n) und der Grund, aus dem die Auskunft verweigert worden ist, in die Niederschrift über die Verhandlung aufgenommen werden. Diese Rüge der Nichtbeantwortung von Fragen erklärt der Aktionär in einer Präsenz-Hauptversammlung gegenüber dem protokollierenden Notar oder der anderen Urkundsperson nach § 130 Abs. 1 S. 3 AktG.[115] Solche unmittelbaren Erklärungen werden in einer

---

114　Vgl. OLG Stuttgart NZG 2004, 966 (969); LG Heidelberg ZIP 1997, 1787 (1791); LG München NZG 2009, 143 (147); MükoAktG/*Kubis*, § 131 Rn. 73; *Decher* in GroßkommAktG § 131 Rn. 395. *Hoffmann-Becking* in MHdB GesR IV § 38 Rn. 32; aA OLG Köln NZG 2011, 1150; differenzierend *Bredol* NZG 2012, 613.

115　*Koch* in Hüffer/Koch, AktG, § 131 Rn. 77; MüKoAktG/*Kubis* § 131 Rn. 171.

virtuellen Hauptversammlung in der Regel nicht möglich sein. Anders als für den Widerspruch (vgl. Abs. 2 S. 1 Nr. 4, → Rn. 63 ff.) fehlt eine Sonderregelung zu § 131 Abs. 5 AktG. Diese Lücke könnte dadurch geschlossen werden, dass Abs. 2 S. 1 Nr. 4 entsprechend für das Recht entsprechend § 131 Abs. 5 AktG gelten muss.

UE ist diese Regelungslücke nicht planwidrig, so dass sich eine Analogie verbietet. § 131 AktG wird durch die abweichende Regelung von Abs. 2 S. 1 Nr. 3 sowie S. 2 bei der virtuellen Hauptversammlung als *lex specialis* verdrängt. Eine Auskunftspflicht im Sinne von § 131 Abs. 1 S. 1 AktG gibt es im Anwendungsbereich des GesCoronaG nicht. § 131 Abs. 5 AktG dient insbesondere den Beweissicherungsinteressen eines klagewilligen Aktionärs.[116] Dieser kann mit Blick auf das Ermessen des Vorstands (vgl. Abs. 2 S. 2, Hs. 1, → Rn. 72 ff.) und den fast vollständigen Anfechtungsausschluss von Verletzungen der Fragemöglichkeit (Abs. 7, → Rn. 175 ff.) eine Anfechtungsklage ohnehin praktisch nicht auf eine Nichtbeantwortung von Fragen stützen. Daher besteht im Anwendungsbereich des GesCoronaG auch kein Erfordernis für eine Protokollierung entsprechend § 131 Abs. 5 AktG.

II. Gegen- und Geschäftsordnungsanträge

Eine **planwidrige Regelungslücke** besteht jedoch uE im Hinblick auf in der Hauptversammlung zu stellende (Gegen- und Geschäftsordnungs-) Anträge von Aktionären; das GesCoronaG behandelt diese nicht ausdrücklich.

Es ist allgemein anerkannt, dass Aktionäre in der Präsenz-HV Gegen- und Geschäftsordnungsanträge stellen dürfen.[117] Dies schließt das GesCoronaG nicht aus. Gestaltet der Vorstand die virtuelle Hauptversammlung nicht dergestalt, dass sie für Aktionäre praktisch vollständig interaktiv ist und diese nicht nur ihre Fragemöglichkeiten wie in einer Präsenz-Hauptversammlung während der Versammlung ausüben können, sondern Ihnen auch das Stellen von Gegen- und Geschäftsordnungsanträgen möglich ist, fragt sich, ob Aktionären die Antragstellung vollständig entzogen ist. Richtigerweise müssen Aktionärsanträge jedoch grundsätzlich auch in der virtuellen Hauptversammlung möglich sein.[118] Gestaltet der Vorstand die virtuelle Hauptversammlung insbesondere so, dass Fragen gemäß Abs. 2 S. 2 Hs. 2 vor der Hauptversammlung zu übermitteln sind und das Stimmrecht vorab per Briefwahl auszuüben ist (Abs. 2 S. 1 Nr. 2), **muss die Möglichkeit der vorherigen Einreichung von Aktionärsanträgen ebenfalls ermöglicht werden.**

Demgegenüber stellt die Begründung des Corona-Gesetzentwurfs in den Raum, dass bei Durchführung einer Versammlung nur per Briefwahl und Vollmachtstimmrecht alle Antragsrechte in der Hauptversammlung „natürlich" wegfielen;[119] für diese These findet sich jedoch keine gesetzliche Grundlage; ihr ist daher nicht zu folgen. Die Erwägung des Gesetzentwurfs steht auch im Widerspruch zu den Regelungen zum Verein in § 5 Abs. 2 Nr. 1 GesCoronaG: Danach können die Vereinsmitglieder bei einer Mitgliederversammlung ohne Anwesenheit (alle) ihre Mitgliederrechte im Wege elektronischer Kommunikation ausüben. Akzeptiert der Vorstand Anträge nicht zumindest in der Weise, dass diese vorab gemeinsam mit den Fragen eingereicht sind, so führt die Missachtung dieser Anträge bei Relevanz zur **Anfechtbarkeit** aller gleich-

88

89

90

91

---

116 BGH NZG 2015, 867, Rn. 25; BGH NZG 2014, 423, Rn. 43; RegBegr. des AktG 1965 in *Kropff*, S. 188; *Hoffmann-Becking*, MHdB GesR IV § 38 Rn. 35; *Herrler* in Grigoleit, AktG, § 131 Rn. 61.

117 *Rieckers* in Spindler/Stilz AktG § 124 Rn. 52, 57; *Reichert* in Drinhausen/Eckstein, Beck'sches Handbuch der AG, § 5 Rn. 109; MüKoAktG/*Kubis* § 126 Rn. 4 ff.; *Heidel* in Heidel Aktienrecht AktG Vor § 129 Rn. 131 ff.

118 Vgl. bereits *Heidel/Lochner*, Stellungnahme gegenüber dem Rechtsausschuss des Bundestages vom 24.3.2020, S. 3, abrufbar unter www.meilicke-hoffmann.de.

119 Ebenso Allen & Overy, Q&As zur virtuellen Hauptversammlung vom 30.3.2020, Ziff.2.3 (k), abrufbar über https://www.dirk.org/dirk_webseite/static/uploads/200330_AundO_QA_virtuelle_HV.pdf; kritisch *Noack/Zetzsche* AG 2020, 265 (269).

wohl gefassten Beschlüsse. Der Vorstand darf den Aktionären in der Einberufung eine Frist für Gegen- und Geschäftsordnungsanträge setzen, die nicht länger sein darf als die 14-Tage-Frist des § 126 Abs. 1 S. 1 bzw. des § 1 Abs. 3 S. 4 GesCoronaG, die für Ergänzungsverlangen gemäß § 122 Abs. 2 AktG gilt; fristgerecht eingegangene Anträge sind den Aktionären zugänglich zu machen, so dass sie auch insofern Weisungen für die Ausübung ihres Stimmrechts erteilen können. Ebenso wie bei Ergänzungen der Tagesordnung gemäß § 122 Abs. 2 AktG gilt für Gegen- und Geschäftsordnungsanträge, dass ordnungsgemäß eingereichte Beschlussanträge als während der virtuellen Hauptversammlung gestellt gelten. Es ist zulässig, in das Formular für die Vollmacht an den Stimmrechtsvertreter der Gesellschaft die Möglichkeit einer Weisung vorzusehen, bei Abstimmungen über nicht mit der Einberufung veröffentlichte Aktionärsanträge im Sinne des jeweils betreffenden Verwaltungsvorschlags zu stimmen.

F. Fristen, Abs. 3 (*Müller*)

92   Abs. 3 regelt abweichend von der Regelung in § 123 AktG die **Frist zur Einberufung zur Hauptversammlung,** die Frist zum **Nachweis des Anteilsbesitzes** bei der verkürzten Einberufungsfrist und abweichend von § 125 AktG bei Einberufung in der verkürzten Frist die Frist zur **Mitteilung** nach § 125 Abs. 1 und 2 AktG sowie die Frist für **Ergänzungsverlangen** nach § 122 AktG. Die Entscheidung hierüber obliegt gem. Abs. 6 dem Vorstand mit Zustimmung des Aufsichtsrats,

93   Soweit nicht die geänderten Fristen betroffen sind, bleibt es bei den gesetzlichen Regelungen des § 123 AktG und § 125 AktG, sowie im Übrigen auch, wenn nicht im GesCoronaG ausdrücklich eine abweichende Regelung vom AktG getroffen wird.

94   Wenn man auch aufgrund der gesetzessystematischen Stellung zur Ansicht gelangen könnte, dass diese abweichenden Fristenregelungen des Abs. 3 nur für die Hauptversammlungen nach Abs. 1 und 2 geltend sollten, ist dennoch zu beachten, dass Abs. 3 nach seinem Wortlaut allgemein gefasst ist, daher nicht nur die Hauptversammlungen nach Abs. 1 und 2 erfasst, sondern **Präsenzhauptversammlungen** bis zum 31.12.2021.[120]

95   Für die verkürzte Frist sind weiter mangels entsprechender gesetzlicher Neuregelung grundsätzlich die **Berechnungsvorschriften** des § 121 Abs. 7 AktG anzuwenden. Die Tagesanzahlen sind jeweils voll zwischen den beiden Ereignistagen und ohne Rücksicht auf Sonn- oder Feiertage zu berechnen.

96   Eine Unterscheidung, ob die Hauptversammlung vor dem 3.9.2020 einberufen werden oder danach findet nicht statt. Es werden die Änderungen, die erst für Hauptversammlungen gelten, die ab dem 3.9.2020 einberufen werden, mitberücksichtigt.[121]

I. Einberufungsfrist

97   Durch Abs. 3 wird den Unternehmen ermöglicht, Hauptversammlungen mit einer **verkürzten Frist von 21 Tagen** einzuberufen, wobei die **Tage der Anmeldefrist** abweichend von § 123 Abs. 2 S. 5 AktG **nicht hinzuzuzählen** sind.[122] Wegen des weiter geltenden § 123 Abs. 1 S. 2 AktG zählt der Tag der Einberufung nicht mit.[123] Eine Abweichung zur Regelung in § 121 Abs. 7 AktG wird hier insofern dahin gehend ge-

---

120   Auch die Gesetzesbegründung in CoronaGesetzE BT-Drucks 19/18110 S. 19 (elektr. Vorabfassung) zählt die gefassten Maßnahmen in Art. 1 nur auf und setzt die neue Fristenregelung nicht in ein Verhältnis zu der nun geschaffenen Möglichkeit von Hauptversammlungen in elektronischer Form.

121   Gesetz zur Umsetzung der zweiten Aktionärsrechterichtlinie (ARUG II) v. 12.12.2019, BGBl. 2019 I S. 2637.

122   Vgl. Gesetzesbegründung in § 1 Abs. 3 CoronaGesetzE BT-Drucks 19/18110 S. 26 (elektr. Vorabfassung).

123   Die Einberufung für ein am 30.6.2020 stattfindende Hauptversammlung muss daher spätestens am 8.6.2020 erfolgen.

schaffen,[124] dass auch bei nicht börsennotierten Gesellschaften abweichende Satzungsregelungen zur Fristberechnung nicht gelten.[125] Die Mindestfrist von 21 Tagen vor der Hauptversammlung ergibt sich aus Art. 5 Absatz 1 Unterabs. 1 der Richtlinie 2007/36/EG des Europäischen Parlaments und des Rates vom 11.7.2007 über die Ausübung bestimmter Rechte von Aktionären in börsennotierten Gesellschaften (ARRL).[126]

II. Legitimation durch Anteilsnachweis, record date

Bei Einberufung in der verkürzten Frist des S. 1, ist abweichend von § 123 Abs. 4 S. 2 AktG der Stichtag für die Legitimation durch Anteilsnachweis nunmehr bei börsennotierten Gesellschaften der **Beginn des 12. Tages vor der Versammlung**.[127]   98

Da das GesCoronaG selbst keine Regelung zur Anmeldung enthält, finden die Regelungen des AktG und ggf. der Satzung in Bezug auf die Anmeldung weiter Anwendung. Dies kann zu **unterschiedlichen Fristen** für den **Zugang** des Anteilsnachweises und der **Anmeldung**[128] führen. Soweit die Satzung der Gesellschaft keine andere Regelung vorsieht, muss nämlich die Anmeldung als Teilnahmevoraussetzung spätestens nach § 123 Abs. 2 S. 2 AktG spätestens sechs Tage vor der Hauptversammlung zugehen.[129]   99

Der Nachweis muss bei **Inhaberaktien** spätestens am vierten Tag vor der Versammlung der Gesellschaft unter der in der Einberufung genannten Anschrift zugehen.[130] Der Vorstand kann jedoch in der Einberufung eine kürzere Frist für den Nachweis vorsehen. Ausdrücklich wird angeordnet, dass abweichende Satzungsregelungen für den Nachweis unbeachtlich sind.   100

Bei der **Berechnung** sind der Tag der Hauptversammlung und der Tag des Zugangs nicht zu berücksichtigen, was sich aus § 123 Abs. 2 S. 4 AktG ergibt.[131] Die Regelung in Abs. 3 S. 2 verweist ausdrücklich nur auf die Abweichung zu § 123 Abs. 4 S. 2 AktG und nicht auch auf S. 4.   101

III. Mitteilungspflichten vor der Hauptversammlung

Die **Mitteilungsregelungen** in § 125 Abs. 1 und Absatz 2 AktG werden auf 12 Tage angepasst, da bei Einberufung am 21. Tag vor der Versammlung eine Mitteilung mindestens 21 Tage vor der Versammlung nach § 125 Abs. 1 AktG nicht in Betracht kommt. Zudem muss auch und gerade bei einer Hauptversammlung im Kontext au-   102

---

124 Ohne dass dies in der Gesetzesbegründung näher erwähnt wird.
125 Vgl. Gesetzesbegründung in § 1 Abs. 3 CoronaGesetzE BT-Drs. 19/18110 S. 26 (elektr. Vorabfassung).
126 Da hier auch die Jahreshauptversammlung umfasst wird, kommt die verkürzte Frist von 14 Tagen aus Artikel 5 Abs. 1 Unterabs. BT-Drs. 19/18110 2. ARRL nicht zur Anwendung.
127 Artikel 7 Absatz 3 ARRL schreibt insoweit eine Mindestfrist von acht Tagen zwischen dem letzten zulässigen Tag der Einberufung und dem Nachweisstichtag vor, wobei die beiden Tage bei der Berechnung nicht mitgerechnet werden. Dementsprechend kommt bei einer Einberufung am 21. Tag vor der Versammlung frühestens der zwölfte Tag vor der Versammlung als Nachweisstichtag in Betracht. Bei einer am 30.6.2020 stattfindenden Hauptversammlung wäre dies der 18.6.2020.
128 Es findet sich keine Regelung zum Record Date bei Namensaktien. Hier bleibt es bei der Regelung des § 123 Abs. 5 AktG und § 67 Abs. 2 AktG, wobei sich der sog. Umschreibestopp an der Maximaldauer der Anmeldefrist zu orientieren hat.
129 *Noack/Zetzsche* AG 2020, 265 (274) halten diese für ein Redaktionsversehen und wollen dies durch die analoge Anwendung des Art. 2 § 1 Abs. 3 S. 2 für sämtlichen Anmeldefristen korrigieren, mit der Rechtsfolge, dass die maximale Anmeldefrist vier Tage beträgt.
130 Wegen weiterer Einzelheiten vgl. *Müller* in Heidel Aktienrecht AktG § 123 Rn. 14 mwN.
131 Bei einer an 30.6.2020 stattfindenden Hauptversammlung muss daher der Nachweis am 25.6.2020 zugehen.

ßergewöhnlicher Umstände die Möglichkeit bestehen, dass Intermediäre Zeit haben, für die Aktionäre die Mitteilungen aufzubereiten und eine Stimmrechtsausübung durch die Intermediäre für die Aktionäre zu ermöglichen.[132] Abgesehen von diesen veränderten Mitteilungsfristen verbleibt es im Übrigen bei den in § 125 AktG angeordneten Mitteilungspflichten.

IV. Minderheitsverlangen, Gegenrechte

103   Auch für die Frist von **Minderheitsverlagen zur Ergänzung der Tagesordnung** nach § 112 Abs. 2 AktG findet für eine in verkürzter Frist einberufenen Hauptversammlung eine Anpassung statt. Abweichend von der Regelung in § 122 Abs. 2 AktG,[133] findet eine Differenzierung nicht mehr statt, sondern es gilt für alle Gesellschaften eine **einheitliche Mindestzugangsfrist** von 14 Tagen vor der Versammlung.[134] Auch wenn dies nicht ausdrücklich angeordnet wird, sollte in der Einberufung auf diese Einschränkung hingewiesen werden.

104   Problematisch ist, dass keine Regelung zu der **Ausübung von Gegenantragsrechten** nach §§ 126, 127 AktGgetroffen wurde. Man wird nicht daraus schließen können, dass diese Gegenantragsrechte bei der Hauptversammlung mit verkürzter Ladungsfrist ausgeschlossen sein sollen. Da Minderheitsverlangen zulässig sind, muss nach dem Grundsatz maiore ad minus gelten, dass die **Gegenrechte** weiter in der **gesetzlichen 2-Wochen-Frist** der §§ 126, 127 AktG gelten gemacht werden können.[135] Je nach Ausgestaltung der virtuellen Hauptversammlung könnte es problematisch sein, ob ein Aktionär in der Versammlung den Beschlussantrag zum rechtzeitig gestellten Antrag zur Ergänzung der Tagesordnung oder einen Gegenantrag stellen kann. In diesen Fällen dürfte eine Pflicht der Verwaltung bestehen, diesen Antrag als gestellt zu behandeln und zur Abstimmung zu stellen.

V. Rechtsfolgen

105   Eine **Anfechtung der Verletzung der Fristenregelungen** des Abs. 3 wird durch Abs. 7 nicht ausgeschlossen, so dass es insoweit bei der Möglichkeit der Anfechtung bleibt. Problemtisch ist jedoch, dass wegen der **Verletzung der Formerfordernisse von Mitteilungen** nach § 125 AktG ein **Anfechtungsausschluss** erfolgt. Aufgrund der in der Gesetzesbegründung[136] hierzu gegebene Begründung, das Anfechtungsrisiko wegen Formverstößen bei Mitteilungen nach § 125 AktG zu reduzieren, damit die betroffenen Unternehmen notfalls vollständig auf elektronische Kommunikationsmittel ausweichen können, ohne die Wirksamkeit von Hauptversammlungsbeschlüssen zu gefährden, ergibt sich aber, dass hier nur die Verletzung von Formvorschriften nicht zur Anfechtung führen kann. Bei **unterlassenen Mitteilungen** oder **sonstigen Mängeln** bleibt es bei der **Anfechtbarkeit**.[137]

106   Als weitere Rechtsfolge einer Verletzung von Mitteilungspflichten aus § 125 AktG auch bei formellen Mängeln kommt ein **Schadensersatzanspruch** der Gesellschaft gegen den Vorstand (§ 93 AktG) in Betracht.

---

132 Vgl. Gesetzesbegründung in § 1 Abs. 3 CoronaGesetzE BT-Drucks 19/18110 S. 27 (elektr. Vorabfassung.).
133 Mindestzugangsfrist bei börsennotieren Gesellschaften 30 Tage, im Übrigen 24 Tage.
134 Da auch hier keine vom AktG abweichende Regelung getroffen wurde, gilt auch für die Berechnung dieser Frist § 121 Abs. 7 AktG, d.h. bei einer am 30.6.2020 stattfindenden Hauptversammlung muss das Minderheitsverlangen spätestens am 15.6.2020 zugehen.
135 So auch *Noack/Zetsche* AG 2020, 265 (274).
136 Vgl. Gesetzesbegründung in § 1 Abs. 3 CoronaGesetzE BT-Drucks 19/18110 S. 27 (elektr. Vorabfassung.).
137 Wegen weiter Einzelheiten vgl. *Müller* in Heidel Aktienrecht AktG § 125 Rn. 32 ff. mwN.

G. Regelungen zur Abschlagszahlung, Abs. 4 (*Beneke*)

I. Regelungsgehalt

§ 1 Abs. 4 GesCoronaG modifiziert die Regelungen zur sog. Vorabdividende gem. 107
§ 59 Abs. 1 AktG und der **Ausgleichszahlung** nach § 304 AktG. Die Ausschüttung des
Bilanzgewinns in Form einer Dividende ist ein wichtiges Aktionärsrecht und die Höhe
der Dividende für viele Anleger ein zentrales Investitionsmotiv.[138] Damit eine AG Dividende an ihre Aktionäre ausschütten kann, bedarf es nach § 174 Abs. 1 S. 1 AktG
eines **Beschlusses der Hauptversammlung** über die **Verwendung des Bilanzgewinns**.
Nach § 59 Abs. 1 AktG kann die Satzung den Vorstand ermächtigen, den Aktionären
einen Abschlag auf den voraussichtlichen Bilanzgewinn des Vorjahres[139] zu zahlen.
Die erst nach Ablauf des Geschäftsjahrs mögliche Zahlung erfordert das Vorliegen der
Voraussetzungen von § 59 Abs. 2 AktG sowie die Zustimmung des Aufsichtsrats gem.
§ 59 Abs. 3 AktG. Offenbar geht der Gesetzgeber entsprechend den verbreiteten Feststellungen in der Literatur[140] davon aus, dass zahlreiche Gesellschaften in ihren Satzungen keine Möglichkeit der Abschlagsdividende vorgesehen haben. Diese satzungsmäßige Vorsorge ist aber nach allgemeiner Sicht unabdingbare Voraussetzung für die
Zahlung des Abschlags.[141] In der Situation soll die Neuregelung den Gesellschaften
und ihren Aktionären helfen, ohne auf die Abhaltung einer (ggf. virtuellen, vgl. § 1
Abs. 2 GesCoronaG) Hauptversammlung warten zu müssen. Nach § 1 Abs. 4 **kann**
der Vorstand auch ohne satzungsmäßige Grundlage mit Zustimmung des Aufsichtsrats einen Beschluss mit dem Inhalt fassen, den Aktionären einen Abschlag auf den
voraussichtlichen Bilanzgewinn zu zahlen. Im Auge hatte der Gesetzgeber mögliche
Liquiditätsprobleme von Pensionsfonds bei Ausfall sämtlicher Dividenden- und Ausgleichszahlungen innerhalb einer HV-Saison, die zu Aktienverkäufen durch die Fonds
führen könnten.[142] Die Regelung ermöglicht nur die Abschlagszahlung ohne Sat-
zungsgrundlage; der Beschluss über die Verwendung des Bilanzgewinns ist nicht obsolet. Die Gesellschaft muss in jedem Fall eine Hauptversammlung auch im Geschäftsjahr 2020 abhalten. Ansonsten kann sich der Vorstand gem. § 93 Abs. 2 AktG schadensersatzpflichtig machen und einem Zwangsgeld gem. § 407 Abs. 1 AktG unterworfen werden.[143]

§ 1 Abs. 4 GesCoronaG bleibt hinter Forderungen zurück, dass der Vorstand zur
kompletten Vorabausschüttung der Dividende berechtigt sein solle.[144] Diese Forderung konnte nicht überzeugen; denn durch die vollständige Ausschüttung würde die
Entscheidung der HV über die Verwendung des Bilanzgewinns präjudiziert. Das würde die Kompetenzen in der AG auf den Kopf stellen. Trotz der Corona-Krise müssen
Hauptversammlungen (ggf. virtuell) weiterhin stattfinden (→ Vor § 1 Rn. 8 f.).[145]

---

138 Zustimmend auch Schutzgemeinschaft der Kapitalanleger eV (SdK), Aktuelle Meldung
vom 24.3.2020, abrufbar unter https://sdk.org/veroeffentlichungen/pressemitteilungen/
sdk-fordert-nachbesserungen-bei-der-grossteils-gelungenen-notfallgesetzgebung-fuer-
hauptversammlungen/.
139 Anders als bei der GmbH erlaubt § 59 AktG nur die Zahlung auf den Vorjahresgewinn,
vgl. *Drinhausen* in Heidel Aktienrecht AktG AktG § 59 Rn. 4.
140 Vgl. statt aller *Drinhausen* in Heidel Aktienrecht AktG AktG § 59 Rn. 1 („praktische
Bedeutung von § 59 ... gering").
141 Vgl. statt aller *Drinhausen* in Heidel Aktienrecht AktG AktG § 59 Rn. 1.
142 *Noack/Zetzsche* AG 2020, 265 (274).
143 Noack/Zetzsche AG 2020, 265 (274).
144 *Strenger/Redenius-Hövermann*, Die krisenbedingte HV-Gesetzgebung bedarf Ergänzungen im Aktionärsinteresse, Börsenzeitung vom 24.3.2020, S. 9.; Deutsches Aktieninstitut
(DAI), Stellungnahme vom 19.3.2020, S. 6, abrufbar unter https://www.dai.de/files/
dai_usercontent/dokumente/positionspapiere/200319%20Coronavirus%20-%20Hand-
lungsbedarf%20bei%20Hauptversammlungen.pdf.
145 Ebenso *Noack/Zetzsche* AG 2020, 265 (274).

108 Gemäß § 7 Abs. 1 GesCoronaG ist § 1 Abs. 4 GesCoronaG **nur auf Abschlagszahlungen auf den Bilanzgewinn im Jahr 2020 anzuwenden** mit Verlängerungsmöglichkeit bis Ende 2021 gem. § 8 GesCoronaG. Ausgleichszahlungen nach § 304 AktG sind in § 7 GesCoronaG nicht aufgeführt und unterliegen dem Wortlaut nach keiner zeitlichen Einschränkung. Dabei handelt es sich um ein gesetzgeberisches Versehen. Das Gesetz wurde innerhalb einer Woche entworfen und verabschiedet.[146] Von Anfang an fand sich in § 1 Abs. 4 GesCoronaG eine Regelung zu § 59 AktG. In den beiden Formulierungshilfen der Bundesregierung gab es jedoch noch keine Regelung zu § 304 AktG;[147] diese wurde erst in den finalen Gesetzesentwurf eingearbeitet.[148] Die Übergangsregelung in § 7 Abs. 1 GesCoronaG[149] blieb jedoch seit der ersten Formulierungshilfe unverändert. Es ist kein Grund ersichtlich, dass § 59 AktG zeitlich beschränkt modifiziert werden soll, § 304 AktG, der „entsprechende" Regelungen für den Unternehmensvertrag bestimmt, aber unbeschränkt. Vielmehr ist von einem gesetzgeberischen Versehen auszugehen. § 7 GesCoronaG ist demnach entsprechend auch auf die Modifikation von § 304 AktG anzuwenden. § 1 Abs. 4 GesCoronaG gilt unmittelbar für die AG, über § 1 Abs. 8 GesCoronaG auch für die KGaA sowie die SE und findet gem. § 1 Abs. 9 GesCoronaG entsprechende Anwendung auf Versicherungsvereine auf Gegenseitigkeit.

II. Die Regelungen im Einzelnen

1. Abschlagszahlung auch ohne Satzungsermächtigung, Abs. 4 S 1

109 Nach § 59 Abs. 1 AktG kann der Vorstand den Aktionären einen Abschlag auf den Bilanzgewinn zahlen, wenn die Satzung ihn dazu ermächtigt. Aufgrund der Regelung in § 1 Abs. 4 S. 1 GesCoronaG kann der Vorstand eine solche **Abschlagszahlung auch ohne Satzungsermächtigung** beschließen.

110 § 1 Abs. 4 S. 1 GesCoronaG lässt die übrigen Regelungen in § 59 AktG unberührt. Das betrifft neben dem Erfordernis der AR-Zustimmung (→ Rn. 111) nach § 59 Abs. 3 AktG als auch die Erfordernisse von § 59 Abs. 2 AktG. Folglich darf der Vorstand einen Abschlag nur zahlen, wenn gem. § 59 Abs. 2 S. 1 AktG ein **vorläufiger Abschluss** für das **vergangene Geschäftsjahr** einen **Jahresüberschuss** ergibt. Der vorläufige Abschluss umfasst eine **ordnungsgemäße Bilanz** und **GuV**; entbehrlich sind lediglich Prüfung und Feststellung, auch eines Anhangs und Lageberichts bedarf es nicht.[150] Der Jahresüberschuss ist die in der Gewinn- und Verlustrechnung unter § 275 Abs. 2 Nr. 20 bzw. Abs. 3 Nr. 19 HGB aufgeführte Rechnungsziffer;[151] Gewinnvortrag und Entnahmen aus Rücklagen (§ 158 Abs. 1 S. 1 Nr. 1–3) dürfen nicht berücksichtigt werden.[152] Zudem darf als Abschlag (1) gem. § 59 Abs. 2 S. 2 AktG höchstens die Hälfte des Betrags gezahlt werden, der von dem Jahresüberschuss nach Abzug der Beträge verbleibt, die nach Gesetz oder Satzung in Gewinnrücklagen einzustellen sind und (2) gem. § 59 Abs. 2 S. 3 AktG die **Hälfte des vorjährigen Bilanzgewinns nicht übersteigen.**

---

146 Die erste Formulierungshilfe der Bundesregierung datiert vom 20.3.2020, der Gesetzesentwurf ist vom 24.3.2020 und über das Gesetz stimmte der Bundestag am 25. und der Bundesrat am 27.3.2020 ab.
147 Vgl. GesCoronaG Formulierungshilfe Stand 20.3.2020, S. 8 und Stand 22.3.2020, S. 10.
148 BT-Drs. 19/18110, S. 9.
149 Bzw. § 6 Abs. 1 GesCoronaG Formulierungshilfe Stand 20.3.2020.
150 *Hüffer/Koch* AktG § 59 Rn. 3; Spindler/Stilz/*Cahn* AktG § 59 Rn. 10; *Drinhausen* in Heidel/ Aktienrecht AktG § 59 Rn. 5.
151 Spindler/Stilz/*Cahn* AktG § 59 Rn. 10.
152 *Hüffer/Koch* AktG § 59 Rn. 3; Kölner Komm AktG/*Drygala* Rn. 13; MüKoAktG/*Bayer* § 59 Rn. 8; Spindler/Stilz/*Cahn* AktG § 59 Rn. 10.

Darüber hinaus bedarf der Vorstandsbeschluss gem. § 59 Abs. 3 AktG **vor Abschlags-** 111
zahlung der **Zustimmung des Aufsichtsrats**;[153] Die Regelung nach § 1 Abs. 6 S. 2 GesCoronaG bewirkt, dass der Aufsichtsratsbeschluss abweichend von § 108 Abs. 4
AktG jederzeit ohne physische Präsenz der Mitglieder schriftlich, fernmündlich oder
in vergleichbarer Weise gefasst werden kann (zur Frage der Einberufungsfrist für die
virtuelle Aufsichtsratssitzung vgl. § 1 Abs. 6 GesCoronaG, → Rn. 149 f.).

War die **Abschlagszahlung überhöht** oder lagen die Voraussetzungen nicht vor, sind 112
die Aktionäre zur Rückgewähr nach § 62 Abs. 1 S. 1 AktG verpflichtet;[154] dabei greift
die Privilegierung nach § 62 Abs. 1 S. 2 AktG. Abschlagszahlungen brauchen daher
nur zurückgezahlt werden, soweit die Aktionäre wussten oder infolge von Fahrlässigkeit nicht wussten, dass sie zum Bezuge nicht berechtigt waren. Vorstand und Aufsichtsrat haften für zu Unrecht ausgezahlte Abschlagszahlungen gem. §§ 93 Abs. 3
Nr. 1, 116 AktG.[155]

2. Abschlag auf die Ausgleichszahlung, Abs. 4 S. 2

Auch für den Abschlag auf die **Ausgleichszahlung bei Unternehmensverträgen** nach 113
§ 304 AktG bedarf es nach § 1 Abs. 4 GesCoronaG lediglich eines Vorstandsbeschlus-
ses, dem der Aufsichtsrat nach § 1 Abs. 6 GesCoronaG zustimmen muss. Der Verweis
auf § 304 AktG fand sich noch nicht in den Formulierungshilfen der Bundesregierung,
sondern wurde im Gesetzesentwurf ergänzt.[156] Er soll dem Schutz außenstehender
Aktionäre eines abhängigen Unternehmens dienen. Abs. 4 S. 2 iVm S. 1 GesCoronaG
räumt dem Vorstand ein **Ermessen** ein („kann"), ob er den außenstehenden Aktionären eine Abschlagszahlung gewährt. § 304 AktG bezieht sich auf den **Gewinnabfüh-
rungs-** und den **Beherrschungsvertrag** gem. § 291 Abs. 1 S. 1 AktG. Diese Verträge
müssen einen angemessenen **Ausgleich für die außenstehenden Aktionäre** der betroffenen AG vorsehen. Die Ausgleichszahlung kann nach § 304 Abs. 1 S. 2 und § 304
Abs. 2 S. 1 fest oder nach § 304 Abs. 2 S. 2 variabel ausgestaltet sein. Schuldner des
Ausgleichsanspruchs ist nach hM das herrschende Unternehmen (vgl. auch § 5 Nr. 1
SpruchG).[157]

Im Fall einer **festen Ausgleichszahlung** entsteht laut BGH der Anspruch mit dem Ende 114
der auf ein Geschäftsjahr folgenden ordentlichen Hauptversammlung des abhängigen
Unternehmens und ist auch erst dann fällig.[158] Üblicherweise ist im Unternehmensvertrag daher vereinbart, dass **feste Ausgleichszahlungen** am Tag der ordentlichen Hauptversammlung des abhängigen Unternehmens oder dem ihr nachfolgenden ersten
Bankarbeitstag fällig sind.[159] Kann infolge der Corona-Krise die Hauptversammlung
des abhängigen Unternehmens zunächst nicht stattfinden, so wird auch der Ausgleichsanspruch nicht fällig, sodass der Vorstand des herrschenden Unternehmens
nicht zu zahlen braucht, obwohl ihm der Gewinn schon zugeflossen ist. Dadurch wird
den außenstehenden Aktionären das Insolvenzrisiko des herrschenden Unternehmens
aufgebürdet.[160] Aufgrund der Regelung in § 1 Abs. 4 GesCoronaG kann der Vorstand

---

153 *Hüffer/Koch* § 59 Rn. 2; *Drinhausen* in Heidel Aktienrecht AktG § 59 Rn. 1, jeweils
mwN.
154 *Drinhausen* in Heidel Aktienrecht AktG § 59 Rn. 8.
155 Spindler/Stilz/*Cahn* AktG § 59 Rn. 18; vgl. auch BGHZ 219, 356 bezüglich der Verjäh-
rung.
156 Vgl. zum einen GesCoronaG Formulierungshilfe Stand 22.3.2020, S. 10 und zum anderen CoronaGesetzE BT-Drucks 19/18110, S. 27.
157 *Hüffer/Koch* AktG § 304 Rn. 4; Emmerich/Habersack/*Emmerich*, KonzernR, AktG
§ 304 Rn. 23; differenzierend *Meilicke/Kleinertz* in Heidel Aktienrecht AktG § 304
Rn. 19, die auch die abhängige Gesellschaft als Haftungsschuldner qualifizieren.
158 BGHZ 189, 261 = AG 2011, 514, juris Rn. 12 mwN; kritisch *Meilicke/Kleinertz* in Heidel Aktienrecht AktG § 304 Rn. 27.
159 Vgl. *Hüffer/Koch* AktG § 304 Rn. 13.
160 *Meilicke/Kleinertz* in Heidel Aktienrecht AktG § 304 Rn. 27

des herrschenden Unternehmens mit Zustimmung des Aufsichtsrats auch vor Fällig-keit der Ausgleichszahlung einen Abschlag an die Aktionäre des abhängigen Unter-nehmens zahlen; er muss eine pflichtgemäße Ermessensentscheidung treffen. Doch wie wird sich ein solcher Vorstand entscheiden? Der Vorstand des herrschenden Unter-nehmens ist zuvörderst dem Wohl seiner Gesellschaft verpflichtet. Er hat kein Interes-se daran, vor Fälligkeit einen Abschlag auf die Ausgleichszahlung an die außenstehen-den Aktionäre des abhängigen Unternehmens zu zahlen und dadurch die Liquidität des herrschenden Unternehmens zu schwächen.[161] Er wird sich also in aller Regel ge-gen eine Abschlagszahlung entscheiden. Hier zeigt sich eine eklatante Schwäche im Gesetz. Hätte der Gesetzgeber gewollt, dass außenstehende Aktionäre geschützt sind, hätte er den Vorstand eines herrschenden Unternehmens verpflichten müssen, in Zei-ten von Corona einen Abschlag zu zahlen.

Dieser legislative Zustand hat mE direkte Auswirkungen auf den Vorstand des abhän-gigen Unternehmens. Dieser ist dem Wohl auch der außenstehenden Aktionäre ver-pflichtet und muss möglichst früh im Jahr eine (ggf. virtuelle) Hauptversammlung ein-berufen, damit der Ausgleichsanspruch fällig wird. Dadurch minimiert er das Risiko, dass das herrschende Unternehmen aufgrund der Krise in die Insolvenz gerät und den Ausgleichsanspruch nicht zahlen kann. Dadurch minimiert er gleichzeitig sein eigenes Haftungsrisiko nach § 93 AktG.

115   Relevant wird der Verweis in § 1 Abs. 4 S. 2 GesCoronaG auch im Rahmen des **varia-blen Ausgleichs** nach § 304 Abs. 2 S. 2 AktG. Danach kann im Unternehmensvertrag als Ausgleichszahlung auch die Zahlung des Betrags zugesichert werden, der unter Herstellung eines **angemessenen Umrechnungsverhältnisses** auf Aktien der anderen Gesellschaft jeweils als Gewinnanteil entfällt. Die variable Ausgleichszahlung hängt demnach von der Auszahlung des Bilanzgewinns des herrschenden Unternehmens an ihre Aktionäre ab.[162] Die Höhe wird durch den Gewinnverwendungsbeschluss des herrschenden Unternehmens festgelegt, so dass der Anspruch auf Ausgleich erst mit diesem Beschluss und nicht schon mit der Feststellung des Jahresabschlusses der herr-schenden Gesellschaft fällig wird.[163] Um den außenstehenden Aktionären des abhän-gigen Unternehmens ihren variablen Ausgleich zu zahlen, kann der Vorstand durch Beschluss einen Abschlag auf den Ausgleich zahlen. Auch hier gewährt Abs. 4 Ge-sCoronaG dem Vorstand des herrschenden Unternehmens ein Ermessen. Zahlt der Vorstand eines herrschenden Unternehmens seinen Aktionären einen Abschlag auf den Bilanzgewinn nach § 59 AktG, so ist er mE aufgrund von § 53 a AktG verpflich-tet, auch den außenstehenden Aktionären des abhängigen Unternehmens einen Ab-schlag zu zahlen; sein Ermessen gem. § 1 Abs. 4 S. 2 iVm S. 1 GesCoronaG reduziert sich auf null.

H. Zeitraum für die Durchführung der Hauptversammlung, Abs. 5 (*Illner/Beneke*)

I. Regelungsgehalt

116   Nach § 175 Abs. 1 S. 2 AktG hat die Hauptversammlung in den ersten acht Monaten des Geschäftsjahrs stattzufinden – dh bei dem Kalenderjahr entsprechenden Ge-schäftsjahren bis zum 31. August des Folgejahres und bei vom Kalenderjahr abwei-chenden Geschäftsjahren bis zum Ende des achten Monats nach dem Ende des Ge-schäftsjahrs. § 1 Abs. 5 GesCoronaG verlängert diesen Zeitraum auf das gesamte Ge-schäftsjahr. Das soll den Unternehmen die Möglichkeit geben, die Entwicklung der

---

161   Ganz im Gegenteil schwebt über ihm das Damoklesschwert einer Haftung nach § 93 AktG.

162   Kritisch zur verfassungsrechtlichen Rechtmäßigkeit dieser Regelung *Meilicke/Kleinertz* in Heidel Aktienrecht AktG § 304 Rn. 30.

163   *Meilicke/Kleinertz* in Heidel Aktienrecht AktG § 304 Rn. 35; *Hüffer/Koch* AktG § 304 Rn. 15; MüKoAktG/*van Rossum* § 304 Rn. 108.

COVID-19-Pandemie abzuwarten und sich zu entscheiden, ob für später im Jahr eine Präsenz-Hauptversammlung (ggf. mit den Erleichterungen zur elektronischen Teilnahme gem. § 1 Abs. 1 GesCoronaG) oder eine virtuelle Hauptversammlung gem. § 1 Abs. 2 GesCoronaG einberufen werden soll. Denn eine **Hauptversammlung ist auch für das Geschäftsjahr 2020 unbedingt notwendig.**[164]

II. Die Regelung im Einzelnen
1. Grundlagen

Der **Vorstand** entscheidet gemäß Abs. 5 über die von § 175 Abs. 1 S. 2 AktG abweichende Festlegung des letzt-zulässigen **Zeitpunkts der Hauptversammlung** nach **pflichtgemäßem Ermessen.**[165] Die Ausübung dieses Ermessens muss sich am Normzweck orientieren: Ist die Abhaltung einer HV innerhalb der gesetzlichen Frist gem. § 175 Abs. 1 S. 1 AktG mit erheblichen Gesundheitsgefahren verbunden oder aufgrund behördlicher Anordnung wesentlich erschwert bzw. unmöglich, kann der Vorstand die HV auf einen späteren Zeitpunkt verlegen – es gelten die gleichen Ausnahmen wie bei der Ermessensausübung für die Kompetenzen gem. § 1 Abs. 1 GesCoronaG, → § 1 Rn. 7. Der Vorstand hat also bei seiner Entscheidung die krisenbedingte Situation zu analysieren. Ist absehbar, dass die HV zu einem späteren Zeitpunkt des Geschäftsjahres als normale Präsenz-HV abgehalten werden kann, spricht dies dafür, dass eine Verlegung der HV auf einen solchen späteren Zeitpunkt gesetzeskonform ist. Die Entscheidung des Vorstands bedarf der **Zustimmung des Aufsichtsrats** gem. § 1 Abs. 6 S. 1 GesCoronaG. Beruft der Vorstand ohne Zustimmung des AR eine HV auf einen späteren Zeitpunkt als das Ende des achten Monats nach dem Ende des Geschäftsjahrs ein, kann dies zur Anfechtbarkeit der auf dieser HV gefassten Beschlüsse führen, → § 1 Rn. 140. Zudem kann zB die Höchstlaufzeit der Bestellung von Aufsichtsratsmitgliedern abgelaufen sein, → Rn. 121. Darüber hinaus können in gesetzlich bestimmten Fällen zB Aktionäre nach § 122 Abs. 1 AktG und der Aufsichtsrat nach § 111 Abs. 3 AktG die Hauptversammlung innerhalb des verlängerten Zeitraums einberufen. Umstritten ist, ob auch sie eine virtuelle HV nach § 1 Abs. 2 GesCoronaG einberufen können; dies ist zu bejahen, § 1 Abs. 1 und 2 GesCoronaG sind analog anzuwenden (→ § 1 Rn. 12 f.).[166]

§ 1 Abs. 5 gilt gem. § 7 Abs. 1 GesCoronaG nur für **Hauptversammlungen, die im Jahr 2020 stattfinden.** Dh. soweit das Geschäftsjahr mit dem Kalenderjahr übereinstimmt, kann die ordentliche HV bis Ende Dezember 2020 stattfinden.[167] **Weicht das Geschäftsjahr vom Kalenderjahr ab,** muss die HV bis zum Ende des folgenden Geschäftsjahrs abgehalten werden. Endete das Geschäftsjahr 2018/2019 zB am 30.9.2019, muss die HV spätestens im September 2020 abgehalten werden.[168] Das Bundesministerium der Justiz und für Verbraucherschutz kann aber die Geltung gem. § 8 GesCoronaG bei Fortdauer der Corona-Krise per Rechtsverordnung auf das Jahr 2021 erstrecken (→ § 8 Rn. 1 ff.).

Handelt der Vorstand entsprechend den Vorgaben von § 1 Abs. 5 GesCoronaG (und mit Zustimmung des AR gem. § 1 Abs. 6 S. 1 GesCoronaG), ist ein **Zwangsgeld** nach § 407 Abs. 1 AktG wegen verspäteter Einberufung ausgeschlossen. Auch macht er

117

118

119

---

164 Ebenso *Noack/Zetzsche* AG 2020, 265 (274); Reichert/Ott, Corona – Gesellschaftsrechtliche Neuerungen für Versammlungen ohne physische Präsenz, beck-community vom 23.3.2020, abrufbar unter https://community.beck.de/2020/03/23/corona-gesellschaftsrechtliche-neuerungen-fuer-versammlungen-ohne-physische-praesenz.
165 Der Vorstand hat seine Kompetenzen gem. § 1 Abs. 1 und 2 GesCoronaG ebenfalls nach pflichtgemäßem Ermessen auszuüben, → § 1 Rn. 7.
166 AA *Noack/Zetzsche* AG 2020, 265 (267, 277).
167 Der 24. und 31. Dezember scheiden grundsätzlich für die Durchführung einer HV aus, Spindler/Stilz/*Rieckers* § 121 Rn. 79; aA MüKoAktG/*Kubis* § 121 Rn. 36.
168 Ebenso *Noack/Zetzsche* AG 2020, 265 (275).

sich dadurch nicht schadensersatzpflichtig gem. § 93 Abs. 2 S. 1 AktG.[169] Anders ist es aber, wenn der Vorstand eine HV bspw. ohne Zustimmung des AR auf einen späteren Zeitpunkt als den achten Monat des Geschäftsjahres terminiert; dies ist pflichtwidrig, da § 1 Abs. 6 S. 1 GesCoronaG die Ausübung von Kompetenzen gem. § 1 Abs. 5 GesCoronaG nur nach Zustimmung durch den AR zulässt. Ob ein Schaden vorliegt, ist Gegenstand einer Prüfung im konkreten Einzelfall.

2. Wirkung des möglichen späteren HV-Termins für Entlastung von Organmitgliedern

120   Das GesCoronaG hat § 120 Abs. 1 S. 1 AktG nicht geändert. Danach ist in den ersten acht Monaten eines jeden Geschäftsjahrs über die **Entlastung von Vorstand und Aufsichtsrat** abzustimmen. Eine nach dem 31.8.2020 stattfindende Hauptversammlung verstieße gegen § 120 Abs. 1 S. 1 AktG.[170] Angesichts der Kürze der Zeit, in der das GesCoronaG verabschiedet wurde, hat der Gesetzgeber erklärtermaßen nicht alle Auswirkungen berücksichtigt; dies wurde insbes. im Rechtsausschuss betont; nach Aussage der CDU/CSU-Fraktion sind die Regelungen zur HV „in großem Maße analogiefähig".[171] UE trifft das auch auf § 120 Abs. 1 S. 1 AktG zu; denn die Norm soll einen Gleichlauf herstellen zu § 175 Abs. 1 S. 2 AktG, wonach die HV innerhalb der ersten acht Monate des Geschäftsjahrs stattzufinden hat.[172] Die Lücke aufgrund der fehlenden Regelung des GesCoronaG zu § 120 Abs. 1 S. 1 AktG ist wie folgt zu schließen: Macht der Vorstand mit Zustimmung des AR von der Möglichkeit Gebrauch, die Hauptversammlung später als in den ersten acht Monaten des Geschäftsjahres abzuhalten, ist § 120 Abs. 1 S. 1 AktG unter Berücksichtigung von § 1 Abs. 5 GesCoronaG so auszulegen, dass sich die **Frist für die Abstimmung über die Entlastung verlängert.**[173] Ansonsten wäre der Vorstand wegen § 120 Abs. 1 S. 1 AktG gezwungen, die HV doch innerhalb der ersten acht Monate abzuhalten. Das widerspricht dem Telos des § 1 Abs. 5 GesCoronaG. Die Verlängerung gilt bis zu dem Monat, in dem die HV abgehalten wird, bei einem Kalenderjahr entsprechenden Geschäftsjahr also spätestens bis Dezember 2020.

3. Wirkung des möglichen späteren HV-Termins für Höchstdauer von Aufsichtsratsmandaten

121   Die Verschiebung der HV auf einen Zeitpunkt später als zum Ende des achten Monats des Geschäftsjahr kann problematisch sein in Fällen, in denen die **Amtszeit der Aufsichtsratsmitglieder** mit Beendigung der Hauptversammlung 2020 abläuft. § 102 AktG besagt, dass Aufsichtsratsmitglieder nicht für längere Zeit als bis zur Beendigung der Hauptversammlung bestellt werden können, die über die **Entlastung** für das vierte Geschäftsjahr nach dem Beginn der Amtszeit beschließt. Das war bislang der 31. August (bei Geschäftsjahr = Kalenderjahr), da gem. § 120 Abs. 1 S. 1 AktG die Hauptversammlung in den ersten acht Monaten des Geschäftsjahrs über die Entlastung beschließen muss. Jedoch ist § 120 Abs. 1 S. 1 AktG so auszulegen, dass über die **Entlastung im gesamten Geschäftsjahr 2020 beschlossen** werden kann (→ Rn. 120) Über die dynamische Verweisung in § 102 AktG auf § 120 AktG ist § 102 AktG daher so auszulegen, dass sich die **Amtszeit der Mitglieder des Aufsichtsrats** auch **verlängert** bis zur Beendigung der HV, die erst nach dem 31.8.2020 abgehalten wird.[174]

169 CoronaGesetzE, BT-Drucks 19/18110, S. 27.
170 Vgl. zu den (marginalen) Rechtsfolgen MüKoAktG/*Kubis* § 120 Rn. 5; *Krenek/Pluta* in Heidel Aktienrecht AktG § 120 Rn. 12.
171 GesCoronaG Bericht RAuss BT-Drucks 19158 S. 2 (elektr. Vorabfassung).
172 *Krenek/Pluta* in Heidel Aktienrecht AktG § 120 Rn. 11.
173 Ebenso *Noack/Zetzsche* AG 2020, 265 (275).
174 *Noack/Zetzsche* AG 2020, 265 (275); dies gilt nach auch dann, wenn die HV über die Entlastung nicht beschließt. HM zu § 102 AktG BGH NZG 2002, 916, 917; Spindler/

Längstens sind die betroffenen AR-Mitglieder somit bis zum 31.12.2020 im Amt; dies bedeutet eine **Verlängerung um bis zu vier Monate**.[175] Beruft der Vorstand pflichtwidrig überhaupt keine HV für das Geschäftsjahr 2020 ein, so endet das Aufsichtsratsmandat automatisch mit Ende des Geschäftsjahrs (dh am 31.12.2020, soweit das Geschäftsjahr dem Kalenderjahr entspricht). Dies entspricht der Rechtsprechung des BGH und hM in der Literatur, wonach die Amtszeit von AR-Mitgliedern bei fehlender Einberufung der Hauptversammlung spätestens acht Monate nach Beginn des vierten Geschäftsjahres nach der Wahl endet – wobei das laufende Geschäftsjahr zum Zeitpunkt der Bestellung nicht mitgezählt wird.[176]

Beruft der Vorstand trotz anstehender AR-Wahlen und *ipso iure* eintretender Beendigung von AR-Mandaten keine HV ein, stellt dies einen wichtigen Grund iSv § 111 Abs. 3 AktG dar, der den AR zur Einberufung einer HV ermächtigt. Zwar hat jedes AR-Mitglied gem. § 104 AktG ein Antragsrecht auf gerichtliche Bestellung von AR-Mitgliedern.[177] Da der AR aber gem. § 124 Abs. 3 S. 4 AktG alleine Beschlussvorschläge für die AR-Wahl machen muss, weist das AktG ihm eine besondere Verantwortung zu; im Fall einer pflichtwidrigen Weigerung des Vorstands zur Einberufung einer HV kann der AR seiner Verantwortung für die Wahl neuer AR-Mitglieder mit dem Mittel des § 111 Abs. 3 AktG nachkommen.[178]

4. Pflicht zur Einberufung der Hauptversammlung nach Eingang des AR-Berichts an die HV

Der Vorstand hat die ordentliche Hauptversammlung gem. § 175 Abs. 1 S. 1 AktG **unverzüglich** nach dem **Eingang des Berichts des Aufsichtsrats** insbes. zur Prüfung des Jahresabschlusses (§ 171 Abs. 2 S. 1 AktG) einzuberufen. Der Vorstand hat den Jahresabschluss und den Lagebericht dem AR unverzüglich nach ihrer Aufstellung vorzulegen, § 170 Abs. 1 S. 1 AktG. § 264 Abs. 1 HGB bestimmt, dass mittelgroße und große Kapitalgesellschaften den Jahresabschluss und den Lagebericht innerhalb der ersten drei Monate eines Geschäftsjahres aufzustellen haben; kleine Kapitalgesellschaften haben Zeit bis zum sechsten Monat des Geschäftsjahres. Gem. § 171 Abs. 3 AktG hat der Aufsichtsrat nur einen Monat Zeit, dem Vorstand seinen Bericht zuzuleiten; der Vorstand kann dem AR maximal eine weitere Frist von einem Monat setzen. Gem. § 171 Abs. 3 S. 3 Hs. 1 AktG gilt der Jahresabschluss als nicht gebilligt, wenn der Bericht dem Vorstand nicht spätestens innerhalb der weiteren Frist zugeleitet wird. — 122

Diese Pflichtenlage berücksichtigt das GesCoronaG nicht. Entsprechend dem zu → Rn. 120 Gesagten sind auch hier die Vorschriften im Lichte des § 1 Abs. 5 GesCoronaG auszulegen. Die **Pflichten** zur **Aufstellung und Prüfung des Jahresabschlusses** bleiben **unberührt**. Die Pflicht des Vorstands zur unverzüglichen Einberufung der HV gem. § 175 Abs. 1 S. 1 AktG ist demgegenüber so auszulegen, dass eine Einberufung in den Grenzen des § 1 Abs. 5 GesCoronaG „unverzüglich" ist, so dass der Vorstand pflichtgemäß handelt, soweit er die HV bei einem dem Kalenderjahr entsprechenden Geschäftsjahr erst für Dezember 2020 einberuft. § 1 Abs. 5 GesCoronaG — 123

Stilz/*Spindler* § 102 Rn. 8; KK-AktG/*Mertens/Cahn* § 102 Rn. 5; K. Schmidt/Lutter/*Drygala* § 102 Rn. 6; *Hüffer/Koch* § 102 Rn. 3.
175 *Noack/Zetsche* AG 2020, 265 (275).
176 BGH NZG 2002, 916, 917; OLG München NZG 2009, 1430, 1431; Heidel/*Breuer/Fraune* Aktienrecht AktG § 102 Rn. 7; Spindler/Stilz/*Spindler* § 102 Rn. 8; KK-AktG/*Mertens/Cahn* § 102 Rn. 5; MüKoAktG/*Habersack* § 102 Rn. 18; Großkomm AktG/*Hopt/Roth/Peddinghaus* § 102 Rn. 12; aA *Hüffer/Koch* § 102 Rn. 3.
177 Vgl. MüKoAktG/*Habersack* § 111 Rn. 105, der im vergleichbaren Fall der Abberufung von AR-Mitgliedern eine Kompetenz gem. § 111 Abs. 3 AktG ablehnt, da der AR die Möglichkeit hat, eine gerichtliche Abberufung gem. § 103 Abs. 3 AktG zu betreiben.
178 *Hopt/Roth* in Großkomm Akt § 111 Rn. 545 erwägen ebenfalls eine Einberufungskompetenz, wenn der AR Beschlussvorschläge machen muss, insbes. also im Fall der AR-Wahl gem. § 124 Abs. 3 S. 4 AktG.

modifiziert also die Unverzüglichkeit nach § 175 Abs. 1 S. 1 AktG. UE sollte der Bericht des AR trotz der Möglichkeit der späteren HV-Einberufung bereits unverzüglich nach Zuleitung an den Vorstand veröffentlicht werden, nicht erst gem. § 175 Abs. 2 AktG mit Einberufung der HV.

5. Wirkung des späteren HV-Termins für Kapitalmaßnahmen?

124   In Satzungen zahlreicher Gesellschaften finden sich Regelungen zu Kapitalmaßnahmen, so zB die Ermächtigung des Vorstands zur **Ausübung genehmigten Kapitals**. Die Ausübung ist dabei von Gesetzes wegen auf höchstens fünf Jahre nach Eintragung in die Satzung befristet (vgl. § 202 Abs. 2 AktG). Diese Frist verlängert sich durch § 1 Abs. 5 GesCoronaG nicht.[179] Auch eine Analogie kommt nicht in Betracht, da die Ausnutzung des bereits bestehenden genehmigten Kapitals anders als zB § 120 Abs. 1 S. 1 AktG (→ Rn. 120) nicht von einer Hauptversammlung abhängt. Diese entscheidet nur über ein ggf. neues genehmigtes Kapital. Ggf. muss der Vorstand daher die HV rechtzeitig vor Ablauf der Ermächtigung stattfinden lassen, soll die Gesellschaft nahtlos ein weiteres genehmigtes Kapital ausnutzen können.

6. Wirkung des späteren HV-Termins für Kapitalerhöhungen aus Gesellschaftsmitteln?

125   Auch bei der **Kapitalerhöhung aus Gesellschaftsmitteln** gem. §§ 207 ff. AktG sind besondere Fristen zu beachten. In den meisten Fällen wird der Kapitalerhöhung gem. § 209 Abs. 1 AktG die letzte Jahresbilanz zugrunde gelegt. Dazu darf ihr Stichtag gem. § 209 Abs. 1 AktG höchstens acht Monate vor der Anmeldung des Beschlusses zur Eintragung in das Handelsregister liegen. Maßgeblich ist gem. § 210 AktG der Eingang der Anmeldung beim Registergericht.[180] Auf den Zeitpunkt der Eintragung kommt es nicht an. Die HV ist demnach so zu terminieren, dass für die Anmeldung des Erhöhungsbeschlusses genügend Zeit verbleibt. Die Überschreitung der Frist führt gem. § 210 Abs. 2 AktG zur Zurückweisung der Anmeldung.[181] Eine abweichende Fristenregelung ergibt sich nach dem GesCoronaG nicht, da spezifische Regelungen für Kapitalerhöhungen aus Gesellschaftsmitteln fehlen. Die vorhandenen Anpassungen von Fristen sind auch nicht analog anwendbar auf Kapitalmaßnahmen. Diese Maßnahmen sind langfristig planbar; sollte die Gesellschaft eine solche Kapitalerhöhung anstreben, kann sie von den Möglichkeiten des § 1 Abs. 1 und 2 GesCoronaG Gebrauch machen, und die HV innerhalb der erste acht Monate eines Geschäftsjahres abhalten. Im Übrigen kann der Vorstand auch eine Zwischenbilanz aufzustellen; bloße Mehrkosten rechtfertigen nicht die analoge Anwendbarkeit der Fristenregelungen des GesCoronaG.

7. Anwendbarkeit auf KGaA und SE

126   § 1 Abs. 5 findet neben der AG gem. § 1 Abs. 8 S. 1 GesCoronaG auch auf die KGaA Anwendung. Sie gilt nicht für die SE; diese ist nach § 1 Abs. 8 S. 2 GesCoronaG ausdrücklich von der Anwendung ausgeschlossen, da aufgrund der Regelung in Art. 54 Abs. 1 S. 1 SE-VO[182] die Hauptversammlung zwingend innerhalb von sechs Monaten stattzufinden hat. Dem deutschen Gesetzgeber fehlt damit die Gesetzgebungskompetenz.[183]

---

179   *Noack/Zetsche* AG 2020, 265 (275).
180   *Hüffer/Koch* AktG § 209 Rn. 5.
181   MüKoAktG/*Arnold* Rn. 22; *Hüffer/Koch* § 209 Rn. 5.
182   Verordnung (EG) Nr. 2157/2001 des Rates vom 8.10.2001 über das Statut der Europäischen Gesellschaft (SE).
183   Vgl. auch CoronaGesetzE, BT-Drucks 19/18110, S. 27.

I. Zustimmungsvorbehalt des Aufsichtsrats, Abs. 6 (*Illner*)

I. Grundlagen

§ 1 Abs. 6 S. 1 GesCoronaG begründet einen **spezialgesetzlichen Zustimmungsvorbehalt des Aufsichtsrats für Entscheidungen des Vorstands, die sich auf die § 1 Abs. 1–5 GesCoronaG stützen.**[184] Der Zustimmungsvorbehalt soll einem Missbrauch der dem Vorstand eingeräumten weitgehenden Kompetenzen vorbeugen; dem Ziel trägt der Gesetzgeber Rechnung, indem er die Überwachungsaufgabe des AR explizit festschreibt.[185] Dies ist sinnvoll und notwendig angesichts der Bedeutung der HV in der Corporate Governance der AG und der mit § 1 Abs. 1–5 GesCoronaG einhergehenden Flexibilisierung des Rechts der Hauptversammlung einschließlich der Einschränkung von Aktionärsrechten. 127

§ 1 Abs. 6 S. 2 GesCoronaG **erleichtert** ergänzend die **Beschlussfassung des Aufsichtsrats** ohne physische Präsenz seiner Mitglieder: Auch ohne entsprechende Regelungen in Satzung oder Geschäftsordnung sind Beschlussfassungen insbesondere im Umlaufverfahren oder mittels Video- oder Telefonkonferenz möglich; AR-Mitglieder können diesen Formen der Beschlussfassung nicht widersprechen. Nach § 7 GesCoronaG ist die Geltung der Regelungen beschränkt auf die Hauptversammlungssaison 2020; das Bundesministerium der Justiz und für Verbraucherschutz kann aber die Geltung gem. § 8 GesCoronaG bei **Fortdauer der Corona-Krise** per **Rechtsverordnung** auf das **Jahr 2021 erstrecken** (→ § 8 Rn. 1 ff.). 128

II. Die Regelungen im Einzelnen

1. Begründung eines Zustimmungsvorbehalts des Aufsichtsrats (Abs. 6 S. 1)

a) **Zustimmungsbedürftige Geschäfte; Maßstab der Zustimmungsentscheidung (Abs. 6 S. 1).** Der Vorstand muss gem. Abs. 6 S. 1 GesCoronaG die **Zustimmung des Aufsichtsrats** einholen zu folgenden Entscheidungen, die sich auf § 1 Abs. 1–5 GesCoronaG stützen: 129

Entscheidungen über **Erleichterungen** der elektronischen Teilnahme von Aktionären an HV, Ermöglichung von Briefwahl, Ermöglichung elektronischer Teilnahme von AR-Mitgliedern und Zulassung von Bild- und Tonübertragungen der HV (§ 1 Abs. 1 GesCoronaG);

Entscheidungen über die **Abhaltung einer virtuellen HV** einschließlich der Folgefragen, sowie dem Umgang mit der Fragemöglichkeit der Aktionäre (§ 1 Abs. 2 GesCoronaG);

Entscheidungen über **Modalitäten der Einberufung** (§ 1 Abs. 3 GesCoronaG, insbes. Verkürzung der Einberufungsfrist);

Zahlung eines Abschlags auf den Bilanzgewinn sowie eine Abschlagszahlung auf die Ausgleichszahlung an außenstehende Aktionäre im Rahmen eines Unternehmensvertrags (§ 1 Abs. 4 GesCoronaG); und

Terminierung der Hauptversammlung (§ 1 Abs. 5 GesCoronaG).

Die Aufsichtsratszustimmung erstreckt sich regelmäßig sowohl auf das „Ob" des Vorstandshandelns als auch auf das „Wie", also die konkrete Ausnutzung der ihm gem. § 1 Abs. 1–5 GesCoronaG eröffneten Handlungsmöglichkeiten.[186] Relevant wird dies insbesondere bei der Ausgestaltung des elektronischen Teilnahmerechts von Aktionären (§ 1 Abs. 1 GesCoronaG) als auch bei der Abhaltung einer virtuellen HV (§ 1 Abs. 2 GesCoronaG). Nach dem Wortlaut des § 1 Abs. 2 S. 2, Abs. 6 GesCoronaG er- 130

---

184 Zu weiteren spezialgesetzlichen Zustimmungsvorbehalten vgl. Großkomm AktG/*Hopt/Roth* § 111 Rn. 651.
185 BT-Drs. 19/18110, S. 27.
186 Ebenso *Noack/Zetzsche* AG 2020, 265 (276) zur AR-Zustimmung bzgl. der virtuellen HV.

fordert die Vorstandsentscheidung zur Ausgestaltung der Fragemöglichkeit der Aktionäre und zur Beantwortung die Zustimmung des Aufsichtsrats. (1) Entscheidet sich der Vorstand dafür, dass Aktionäre ihre Fragen zwei Tage vor der Hauptversammlung einreichen müssen, muss der Aufsichtsrat zu diesem Procedere seine Zustimmung erteilen. (2) Darüber hinaus muss er seine Zustimmung auch hinsichtlich der Beantwortung der einzelnen Fragen erteilen. Der Aufsichtsrat ist unmittelbar in den Prozess der Beantwortung der Fragen einzubinden; da von vornherein klar ist, dass ein enges Zeitfenster besteht, können sich die Organmitglieder hierauf einstellen und mit dem Vorstand abstimmen. Dieses Erfordernis der Zustimmung soll sicherstellen, dass der Vorstand sein Ermessen zur Beantwortung der Fragen ordnungsgemäß ausübt; es ist auch geboten, da die Aktionäre grundsätzlich keine Nachfragemöglichkeit in der virtuellen Hauptversammlung haben, jedenfalls soweit der Vorstand eine Frist nach § 1 Abs. 2 S. 2 Hs. 2 GesCoronaG setzt.[187] Grundsätzlich sollte der Aufsichtsrat auch seine Zustimmung zur Beantwortung von Fragen und zur Ermessensausübung des Vorstands erteilen müssen, wenn die Fragen während der virtuellen HV auf elektronischem Weg gestellt werden. Hierfür spricht, dass der Aufsichtsrat so über die Wahrung der ohnehin schon eingeschränkten Aktionärsrechte wachen könnte. Eine umfassende Zustimmungspflicht erscheint aber unpraktikabel, da die Fragen in der begrenzten Zeit einer Hauptversammlung zu beantworten sind und der AR die Fragenbeantwortung in dieser kurzen Zeit nicht sinnvoll prüfen kann. Der Aufsichtsrat muss dem Vorstand daher **vor der virtuellen HV klare Leitlinien vorgeben, wie er sein Ermessen hinsichtlich der Fragenbeantwortung auszuüben hat.**[188] Zudem ist er jedenfalls einzubinden, soweit Fragen nicht beantwortet werden sollen. Angesichts der erheblichen Einschränkung des Aktionärsgrundrechts der Auskunft in der HV nach § 1 Abs. 2 GesCoronaG muss wiederum der Grundsatz eingeschränkt werden, dass der Vorstand allein darüber entscheidet, wie er Fragen der Aktionäre beantwortet und wann er die Auskunft verweigert.[189] Der Aufsichtsrat muss sich bei seinen Leitlinien an den Grundsätzen zu § 131 AktG sowie Art. 4 Abs. 1, 9 Abs. 1 ARRL (wenngleich letztere unmittelbar nur für börsennotierte Gesellschaften gelten) orientieren, um eine Aushöhlung der Aktionärsrechte zu verhindern.

131 Abs. 6 S. 1 enthält einen spezialgesetzlichen Zustimmungsvorbehalt. Regelmäßig werden Zustimmungsvorbehalte des Aufsichtsrats in der Satzung oder vom Aufsichtsrat durch Beschluss festgelegt (§ 111 Abs. 4 S. 2 AktG). Eine weitere spezialgesetzliche Anordnung findet sich nun auch in § 111b Abs. 1, → § 111b Rn. 6 ff.; auch § 59 Abs. 3 AktG enthält einen gesetzlich ausdrücklich normierten Zustimmungsvorbehalt des AR.[190] Für diese spezialgesetzlichen Zustimmungsvorbehalte können nicht ohne Weiteres die zu § 111 Abs. 4 S. 2 AktG entwickelten Grundsätze herangezogen werden – insbes. für die Rechtsfolgen gelten andere Maßstäbe (→ Rn. 136 ff.).

132 Die Entscheidung über die Zustimmung oder Ablehnung zu Maßnahmen des Vorstands gem. § 1 Abs. 1–5 GesCoronaG ist **keine unternehmerische Entscheidung** im Sinne des §§ 93 Abs. 1 S. 2, 116 S. 1 AktG; die Business Judgment Rule[191] greift nicht ein. Die Entscheidungen des Vorstands gem. § 1 Abs. 1–5 GesCoronaG sind aktienrechtliche Organisationsaufgaben; es ist in der Literatur noch nicht geklärt, inwieweit

187 *Noack/Zetzsche* AG 2020, 265 (272).
188 Ähnlich *Noack/Zetzsche* AG 2020, 265 (275), die eine AR-Zustimmung im Fall der Entscheidung des Vorstands, Fragen nur im Vorfeld der HV anzunehmen, aber nicht thematisieren.
189 Vgl. zu § 131 AktG KK AktG/*Kersting* § 131 Rn. 70 ff., 503 ff.; *Heidel* in Heidel Aktienrecht AktG § 131 Rn. 17 ff.
190 Der Zustimmungsvorbehalt des Abs. 6 S. 1 GesCoronaG ist für den Fall des § 1 Abs. 4 S. 1 GesCoronaG daher überflüssig.
191 MüKoAktG/*Habersack* § 111 Rn. 144; *U. Schmidt* in Heidel Aktienrecht AktG § 93 Rn. 78 ff.

solche Pflichten einen unternehmerischen Einschlag aufweisen.[192] Der Vorstand hat aber jedenfalls die Pflicht, die Hauptversammlung gesetzeskonform abzuhalten;[193] ihm werden durch § 1 Abs. 1–5 Corona bei der Ausfüllung dieser Pflichtaufgabe Handlungsspielräume eröffnet. Die Erfüllung dieser gesetzlichen Pflichtaufgaben ist nicht entsprechend der Business Judgment Rule zu beurteilen, auch wenn dem Vorstand ein Handlungsspielraum zusteht.[194] Der Aufsichtsrat hat vielmehr nach **objektiven Kriterien** zu untersuchen, ob die Entscheidungen des Vorstands angesichts der aktuellen Lage der Pandemie angemessen ist, von den Erleichterungen gem. § 1 Abs. 1–5 GesCoronaG Gebrauch zu machen. Die Angemessenheit des Vorstandshandelns hängt dabei wesentlich davon ab, welchen Verlauf die Pandemie nimmt. Je stärker die Einschränkungen des öffentlichen Lebens zukünftig werden bzw. je länger die Einschränkungen aufrechterhalten werden, desto eher wird es bspw. gerechtfertigt sein, gem. § 1 Abs. 2 GesCoronaG eine rein virtuelle Hauptversammlung abzuhalten und dazu die AR-Zustimmung zu erteilen.[195] Verläuft die Pandemie weniger gravierend als bei Erlass des Gesetzes angenommen und können die Einschränkungen des öffentlichen Lebens (teilweise) wieder aufgehoben werden, kann die Abhaltung einer rein virtuellen Hauptversammlung oder die restriktive Ausgestaltung von Fragemöglichkeiten elektronisch teilnehmender Aktionäre unangemessen sein. Denn der Aufsichtsrat muss auch in seine Abwägung einbeziehen, dass durch die Handlungsmöglichkeiten des GesCoronaG die Aktionärsrechte erheblich einschränkt werden können. Auch ist zu berücksichtigen, dass trotz des Anfechtungsausschlusses gem. § 1 Abs. 7 Prozessrisiken auf die Gesellschaft zukommen können; ob die Beschränkung von Aktionärsrechten – insbesondere des Auskunftsrechts der Aktionäre – einer gerichtlichen Kontrolle standhalten wird, ist offen[196] (kritisch → § 1 Rn. 158 ff.). Der Aufsichtsrat muss darüber wachen, dass der Vorstand die ihm durch das GesCoronaG eingeräumten Befugnisse so ausübt, dass eine HV unter Ausnutzung der Möglichkeiten des GesCoronaG sich so nah wie möglich an einer Präsenz-HV orientiert – dies gilt insbesondere für die virtuelle HV gem. § 1 Abs. 2 GesCoronaG.

b) **Delegation auf Ausschüsse.** Der Aufsichtsrat fasst den Zustimmungsbeschluss 133 grundsätzlich als Gesamtorgan; er kann die Entscheidungen aber auch an einen Ausschuss übertragen. Abs. 6 S. 1 GesCoronaG regelt diese Frage nicht; nach allgemeinen Grundsätzen beschränkt nur § 107 Abs. 3 S. 7 AktG spezialgesetzlich die Möglichkeiten des Aufsichtsrats, Beschlusskompetenzen an Ausschüsse zu übertragen, außerdem darf der Aufsichtsrat die allgemeine Überwachungsaufgabe nicht auf einen Ausschuss delegieren.[197] Auf Basis dieser Rechtsprinzipien ist die Übertragung weitgehend mög-

---

192 Spindler/Stilz/*Fleischer* AktG § 93 Rn. 69.
193 Vgl. BT-Drs. 19/18110, S. 26: Zu Absatz 1 schreibt die Regierungsbegründung: „Die Definition der Rechteausübung elektronisch teilnehmender Aktionäre, also insbesondere das Auskunftsrecht, kann der Vorstand frei vornehmen." Zu Absatz 2 heißt es: „Den Aktionären ist zwar kein Auskunftsrecht, aber immerhin die „Möglichkeit" einzuräumen, Fragen zu stellen. Ein Recht auf Antwort ist das nicht. Über die Beantwortung entscheidet der Vorstand gemäß Satz 2 abweichend von § 131 AktG nur nach pflichtgemäßem, freiem Ermessen."
194 Vgl. zu ähnlichen Konstellationen *Hüffer/Koch* AktG § 93 Rn. 11; *U. Schmidt* in Heidel Aktienrecht AktG AktG § 93 Rn. 83.
195 In die gleiche Richtung äußerte sich auch die DSW- Deutsche Schutzvereinigung für Wertpapierbesitz eV in einer Pressemitteilung vom 20.3.2020.
196 Bedenken bestehen insbes. vor dem Hintergrund der Rechtsprechung des BGH (BGHZ 86, 1 (16, 19)) und des BVerfG (BVerfGE ZIP 1999, 1798 = NJW 2000, 349), die das Auskunftsrecht der Aktionäre als verfassungsrechtlich geboten ansieht. Aktionäre werden in einem zentralen Aspekt ihres Aktieneigentums rechtlos gestellt; dies ist keine zulässige Inhalts- und Schrankenbestimmung des Art. 14 Abs. 1 GG.
197 Großkomm AktG/*Hopt/Roth* § 107 Rn. 393, 395; KK AktG/*Mertens/Cahn* § 107 Rn. 144; MüKoAktG/*Habersack* § 107 Rn. 147; § 111 Rn. 142; *Breuer/Fraune* in Heidel Aktienrecht AktG § 107 Rn. 28.

lich. Der Zustimmungsvorbehalt des Abs. 6 S. 1 GesCoronaG betrifft ganz konkrete Fragestellungen zu § 1 Abs. 1–5 GesCoronaG, eine allgemeine Delegation der Überwachungsaufgabe findet nicht statt. § 107 Abs. 3 S. 7 AktG ist nur in einem Fall einschlägig: Die Zustimmungsentscheidung zu Zahlungen eines Abschlags auf den Bilanzgewinn gem. Abs. 4 (§ 59 Abs. 2 AktG) kann einem Ausschuss nicht übertragen werden (§ 59 Abs. 3, 107 Abs. 3 S. 7 AktG). Unberührt bleibt die Kompetenz des AR-Plenums, dem Ausschuss seine Befugnisse jederzeit durch Beschluss zu entziehen und selbst über die Zustimmung zu entscheiden.[198]

134   Angesichts der besonderen Umstände der COVID-19-Pandemie entspricht es der angemessenen Ausübung der Pflichten des Aufsichtsrats und guter Corporate Governance, insbesondere **Beschlüsse mit Bezug zu Maßnahmen gem. § 1 Abs. 1–5 GesCoronaG nicht auf einen Ausschuss zu delegieren, sondern im gesamten Plenum zu entscheiden**; nur so wird in dieser Sondersituation und bei den zu treffenden Abwägungsentscheidungen die Kompetenz aller Aufsichtsratsmitglieder einbezogen. Dafür spricht auch, dass Abs. 6 S. 2 GesCoronaG (→ Rn. 145) zwar abweichend von § 108 Abs. 4 Hs. 2 AktG die Beschlussfassung des „Aufsichtsrats" ohne physische Anwesenheit seiner Organmitglieder ermöglicht. Gem. § 1 Abs. 6 S. 2 GesCoronaG erstrecken sich die **Erleichterungen der Beschlussfassung nur auf den Aufsichtsrat und gerade nicht auch auf seine Ausschüsse**. Demgegenüber ermöglicht § 108 Abs. 4 AktG ausdrücklich andere Formen der Beschlussfassung *„des Aufsichtsrats und seiner Ausschüsse"*, wenn kein Mitglied diesem Verfahren widerspricht. Das bedeutet: Fasst nicht das AR-Plenum die Beschlüsse und widerspricht ein Ausschussmitglieder der Form der Beschlussfassung, riskiert der AR die Nichtigkeit von Zustimmungsbeschlüssen.

135   c) **Zeitpunkt der Aufsichtsratsentscheidung.** Die Maßnahmen des Vorstands bedürfen der **vorherigen Zustimmung des Aufsichtsrats**. Die Zustimmung muss jedenfalls vor der Umsetzung der Vorstandsentscheidungen erfolgen.[199] Zwar ordnet Abs. 6 S. 1 GesCoronaG dies nicht ausdrücklich an, anders als bspw. § 111 b Abs. 1 AktG. Nur durch die vorherige Entscheidung ist sichergestellt, dass der Zustimmungsvorbehalt als Instrument präventiver Überwachung des Aufsichtsrats seinen Zweck erfüllt. Streitig ist in Hinblick auf das Zustimmungserfordernis nach § 111 Abs. 4 S. 2 AktG, ob eine nachträgliche genehmigende Entscheidung ausnahmsweise zulässig ist.[200] Insbesondere für Eilfälle wird eine Ausnahme von Stimmen in der Literatur für zulässig erachtet.[201] Dies wird von anderen in der Literatur mit dem Argument verneint, dass der Vorstand ansonsten vollendete Tatsachen schaffen könne; das AktG biete darüber hinaus insbesondere mit § 108 Abs. 4 AktG Möglichkeiten, die Beschlussfassung ohne Sitzung zu erleichtern.[202] Ungeachtet der Tatsache, dass für die AR-Zustimmung zur Abhaltung der HV regelmäßig kein Eilfall vorliegt – Gesellschaften haben gem. § 1 Abs. 5 GesCoronaG bis zum Ende des Jahres Zeit, ihre HV abzuhalten – sind auch die Argumente gegen die Möglichkeit der nachträglichen Zustimmung auf den hiesigen Fall übertragbar. Der Gesetzgeber hat mit Abs. 6 S. 2 GesCoronaG die Vorausset-

---

198 BGHZ 89, 48, 55 f. = juris Rn. 14; GroßkommAktG/*Hopt/Roth* § 107 Rn. 377.
199 *Noack/Zetzsche* AG 2020, 265 (275).
200 Dafür KK AktG/*Mertens/Cahn* § 111 Rn. 106; *Fleischer* DB 2018, 2619 (2632 f.); MHdB AG/*Hoffmann-Becking* § 29 Rn. 58; dagegen MüKoAktG/*Habersack* § 111 Rn. 147; *Breuer/Fraune* in Heidel Aktienrecht AktG § 111 Rn. 35; *Lutter/Krieger/Verse* AR Rn. 124; K. Schmidt/Lutter/*Drygala* § 111 Rn. 1; KK AktG/*Mertens/Cahn* § 111 Rn. 106; *Vetter* in Marsch-Barner/Schäfer HdB Börsennotierte AG Rn. 26.37; MHd-BAG/*Hoffmann-Becking* § 29 Rn. 58.
201 Großkomm AktG/*Hopt/Roth* § 111 Rn. 728; *Breuer/Fraune* in Heidel Aktienrecht AktG § 111 Rn. 35; *Fleischer* DB 2018 2619, 2632 f.; aA MüKoAktG/*Habersack* § 111 Rn. 141; *Lutter/Krieger/Verse* AR Rn. 124; *Götz* ZGR 1990 633, 634 f.; zweifelnd *Hüffer/Koch* AktG § 111 Rn. 47.
202 MüKoAktG/*Habersack* § 111 Rn. 141.

zungen des § 108 Abs. 4 AktG zu Beschlüssen mit Bezug zu § 1 Abs. 1–5 GesCoronaG erleichtert; der Aufsichtsrat ist handlungsfähig und kann innerhalb kurzer Zeit auch ohne eine Präsenzsitzung beraten und entscheiden. Darüber hinaus darf bei solch bedeutenden Entscheidungen wie der Abhaltung einer virtuellen Hauptversammlung und den damit in Zusammenhang stehenden weiteren Detailentscheidungen der Vorstand nicht im Alleingang entscheiden; die Vielzahl offener Fragen zur Anwendung des GesCoronaG und die in dem eilig verfassten Gesetz angelegten Probleme bzgl. der Einschränkung von Aktionärsrechten bedürfen einer sorgfältigen Abwägung sowohl des Vorstands als auch des Aufsichtsrats. Dies entspricht auch der allgM zu § 59 Abs. 3 AktG, wonach der AR stets vor der Abschlagszahlung seine Zustimmung erteilen muss.[203]

d) Rechtsfolgen bei verwehrter AR-Zustimmung. Im Anwendungsbereich des § 111   136
Abs. 4 S. 2 AktG wirken Zustimmungsvorbehalte nur im Innenverhältnis; nimmt der Vorstand das zustimmungsbedürftige Geschäft ohne die Zustimmung des Aufsichtsrats vor, ist dies grundsätzlich im Außenverhältnis wirksam. Etwas anderes gilt nur bei Missbrauch der Vertretungsmacht.[204] Diese Rechtsfolgen passen größtenteils nicht für die zustimmungsbedürftigen Maßnahmen des Vorstands gem. § 1 Abs. 1–5 GesCoronaG:

aa) Rechtsfolgen bei Abschlagszahlung auf den Bilanzgewinn und auf die Ausgleichs-   137
zahlung für außenstehende Aktionäre. Verweigert der Aufsichtsrat seine Zustimmung zur Abschlagszahlung gem. § 1 Abs. 4 S. 1 GesCoronaG, sind die Aktionäre grundsätzlich gem. § 62 Abs. 1 S. 1 AktG zur Rückgewähr der erlangten Leistungen verpflichtet. Eine Auszahlung ohne Beachtung der Voraussetzungen des § 59 Abs. 2 AktG ist eine unzulässige Einlagenrückgewähr iSv § 57 AktG; gutgläubige Aktionäre werden gem. § 62 Abs. 1 S. 2 AktG geschützt (→§ 1 Rn. 112). Bei diesem spezialgesetzlich angeordneten Zustimmungsvorbehalt gilt nach allgM. nicht der Grundsatz, dass Handlungen des Vorstands im Außenverhältnis auch ohne die AR-Zustimmung wirksam sind.[205]

Fehlt die AR-Zustimmung für Abschlagszahlungen auf die Ausgleichszahlung gem.   138
§ 304 AktG an außenstehende Aktionäre, so ist die Zahlung im Außenverhältnis grundsätzlich wirksam – mit Ausnahme von Fällen des Missbrauchs der Vertretungsmacht; es ist sachgerecht, hier die allgemeinen Grundsätze des § 111 Abs. 4 S. 2 AktG anzuwenden. Im Gegensatz zu Abschlagszahlungen auf die Dividende unterfällt die Ausgleichszahlung gem. § 304 AktG an außenstehende Aktionäre nicht den Regelungen der Einlagenrückgewähr; diese sind suspendiert, soweit ein Unternehmensvertrag besteht (§ 57 Abs. 1 S. 3 AktG).[206] Es handelt sich auch nicht um innerorganisatorische Maßnahmen wie die Organisationsentscheidungen zur Abhaltung der HV (→ Rn. 139). Die Maßnahme ist vielmehr vergleichbar mit der Erfüllung einer Verbindlichkeit gegenüber Dritten, da die außenstehenden Aktionäre keinen Einblick in die innerorganisatorischen Abläufe der Gesellschaft haben.

bb) Rechtsfolgen bei hauptversammlungsbezogenen Vorstandskompetenzen. Die   139
Rechtsfolgen der fehlenden Aufsichtsratszustimmung bei hauptversammlungsbezogenen Vorstandskompetenzen nach § 1 Abs. 1–3, 5 GesCoronaG sind wie folgt zu beurteilen: Die Grundsätze des § 111 Abs. 4 S. 2 AktG beziehen sich auf „bestimmte Arten von Geschäften“. Die Literatur diskutiert als hierunter fallende Geschäfte im Wesentlichen **Verträge der Gesellschaft mit Dritten,** beispielsweise **Beteiligungsveräußerun-**

---

203   *Hüffer/Koch* AktG § 59 Rn. 2; MüKoAktG/*Bayer* § 59 Rn. 10; Großkomm AktG/*Henze* § 59 Rn. 15; KK AktG/*Drygala,* § 59 Rn. 11; *Drinhausen* in Heidel Aktienrecht AktG § 59 Rn. 3.

204   Großkomm AktG/*Hopt/Roth* § 111 Rn. 753 ff.; MüKoAktG/*Habersack* § 111 Rn. 147; *Breuer/Fraune* in Heidel Aktienrecht AktG § 111 Rn. 38.

205   Statt aller *Hüffer/Koch* AktG § 59 Rn. 4; Spindler/Stilz/*Cahn* AktG § 59 Rn. 17; Heidel/*Drinhausen* Aktienrecht AktG § 59 Rn. 8.

206   *Hüffer/Koch* AktG § 57 Rn. 21.

gen, aber auch die Erteilung von **Prokura** oder der Abschluss von **Betriebsvereinbarungen**.[207] Für diese Arten von Geschäften passen die Kategorien der Unwirksamkeit im Innenverhältnis und der Wirksamkeit insbesondere der Vertretungsbefugnis im Außenverhältnis. Die in den § 1 Abs. 1–3, 5 GesCoronaG geregelten zustimmungsbedürftigen Kompetenzen betreffen keine solchen Verträge bzw. ähnliche Rechtsgeschäfte, sondern innergesellschaftliche Organisationsmaßnahmen zum Ablauf der Hauptversammlung. **Die Auswirkungen einer fehlenden Aufsichtsratszustimmung sind nach den Grundsätzen des Beschlüssmängelrechts zu lösen.** Nichtigkeitsgründe sind bei einer fehlenden AR-Zustimmung nicht einschlägig. HV-Beschlüsse können aber anfechtbar sein gemäß § 243 Abs. 1 AktG wegen der Verletzung des GesCoronaG. Die fehlende AR-Zustimmung kann ein Verfahrensfehler sein; ein solcher liegt vor, wenn das Gesetz oder die Satzung beim Zustandekommen des Beschlusses verletzt werden.[208] Der Begriff des Zustandekommens erfasst neben der Abstimmung und Feststellung des Ergebnisses auch die gesamte Vorbereitung der Beschlussfassung.[209] Nicht jeder Verfahrensfehler begründet die Anfechtbarkeit; der **Gesetzesverstoß** muss vielmehr **Relevanz für die Ausübung der Aktionärsrechte der Hauptversammlung** haben.[210] HV-Beschlüsse sind nach Ansicht der Rechtsprechung insbes. anfechtbar bei Verstoß gegen § 124 Abs. 3 AktG, bspw. wenn der AR keinen Beschlussvorschlag unterbreitet.[211]

140   (1) **Vorbereitungsmängel.** Vorbereitungsmängel können insbesondere ohne AR-Zustimmung ausgeübte Kompetenzen gem. § 1 Abs. 3 GesCoronaG sein. Der Vorstand kann hiernach insbesondere die Einberufungsfrist verkürzen[212] und einen abweichenden Nachweisstichtag festlegen. Tut er dies ohne die Zustimmung des AR, wurde das Verfahren zur Festlegung der Einberufungsfrist nicht eingehalten; beruft der Vorstand nun eine HV mit der kurzen Frist des § 1 Abs. 3 GesCoronaG ein, wurde die Einberufungsfrist nicht eingehalten und es liegt ein Verfahrensfehler vor. Dieser ist regelmäßig auch relevant für die Ausübung der Aktionärsrechte, da die den Aktionären zustehende Vorbereitungszeit auf die HV verkürzt wird. Die Anfechtungsbeschränkung gem. § 1 Abs. 7 GesCoronaG erfasst Verstöße gegen § 1 Abs. 3 S. 1, Abs. 7 GesCoronaG nicht. Beschlüsse einer HV, deren Ladungsfrist ohne Zustimmung des AR verkürzt wurde, sind demnach regelmäßig anfechtbar. Gleiches gilt, wenn die HV vom Vorstand ohne Zustimmung des AR gem. § 1 Abs. 5 GesCoronaG nach dem Ablauf der ersten acht Monate des Geschäftsjahres abhält.

141   (2) **Eingriffe in das Teilnahmerecht.** Das Teilnahmerecht betreffende Kompetenzen finden sich in § 1 Abs. 1 sowie in § 1 Abs. 2 GesCoronaG. Anders als im Fall von → Rn. 143 greifen grundsätzlich weitergehende Anfechtungsbeschränkungen gem. § 1 Abs. 7 GesCoronaG (→ § 1, Rn. 155, 166 ff., 175 ff.). Sie sollen die elektronische Teilnahme von Aktionären erleichtern, und insbesondere Anfechtungsrisiken wegen technischer Störungen bei dieser Form der Teilnahme ausschließen. Die Frage der fehlenden Aufsichtsratszustimmung ist hierbei eine vorgelagerte Frage; bei ihr geht es darum, ob die elektronische Teilnahme überhaupt ermöglicht oder erleichtert wird.

---

207   *Hüffer/Koch* AktG § 111 Rn. 43 mit zahlreichen Beispielen; vgl. auch *Breuer/Fraune* in Heidel Aktienrecht AktG § 111 Rn. 34.
208   *Hüffer/Koch* AktG § 243 Rn. 11; vgl. *Heidel in* Heidel/ Aktienrecht AktG § 243 Rn. 19 ff.
209   *Hüffer/Koch* AktG § 243 Rn. 11.
210   BGHZ 149, 158 (163 ff.) = NJW 2002, 1128; BGHZ 160, 253 (255 f.) = NJW 2004, 3561; BGH NZG 2017, 1374, Rn. 74 f.
211   BGHZ 149, 158, 160 ff. = NJW 2002, 1128; OLG München AG 2003, 163; 2010, 842, 843; *Müller* in Heidel Aktienrecht AktG § 243 Rn. 13; *Hüffer/Koch* AktG § 124 Rn. 17; aA Großkomm-AktG/*Werner* § 124 Rn. 99; MüKoAktG/*Kubis* § 124 Rn. 59; KK-AktG/ *Kiefner* § 251 Rn. 44; Spindler/Stilz/*Rieckers* § 124 Rn. 47.
212   Vgl. zur Anfechtbarkeit von HV-Beschlüssen, wenn die Einberufungsfrist nicht eingehalten wird BGH NZG 1998, 152 (153) (zur GmbH); OLG Frankfurt AG 2010, 130 (132).

In den Fällen des § 1 **Abs. 1** GesCoronaG wird eine **fehlende Aufsichtsratszustimmung** 142
keine Anfechtung begründen. Denn die Aktionäre haben insbes. die Wahl, ob sie bei
der Hauptversammlung physisch anwesend sein wollen oder ob sie von der Möglichkeit der elektronischen Teilnahme bzw. von den sonstigen Erleichterungen Gebrauch
machen wollen. Eine fehlende AR-Zustimmung hat keine Relevanz für die Ausübung
der Aktionärsrechte im Fall einer technischen Störung, da die Aktionäre sich bewusst
dafür entschieden haben, die technischen Möglichkeiten zu nutzen.

Die Fälle des § 1 **Abs. 2** GesCoronaG sind anders zu beurteilen. Die Entscheidung 143
über die Abhaltung einer virtuellen Hauptversammlung schließt die physische Teil-
nahmemöglichkeit von Aktionären vollständig aus. Die Aktionäre haben keine Möglichkeit ihre Rechte wie auf einer physisch abgehaltenen Hauptversammlung auszuüben oder jedenfalls nur eine begrenzte Möglichkeit, wenn der Vorstand die virtuelle
Hauptversammlung ähnlich wie eine Präsenz-Hauptversammlung ausgestaltet, zB mit
Zwei-Wege-Kommunikation. Sie müssen mit den Einschränkungen leben, die § 1
Abs. 2 GesCoronaG mit sich bringt. Wird eine virtuelle Hauptversammlung nur auf
Grundlage einer Vorstandsentscheidung abgehalten, ohne dass der Aufsichtsrat damit
befasst worden wäre und seine Zustimmung gegeben hat, sind mE die auf dieser
Hauptversammlung gefassten Beschlüsse anfechtbar (→ § 1 Rn. 16). Denn **Mängel bei
der Entscheidung des Aufsichtsrats über das „Ob"** der Abhaltung einer virtuellen HV
werden von der Anfechtungsbeschränkungen gem. § 1 Abs. 7 GesCoronaG **nicht erfasst**; die Vorschrift verweist nicht auf § 1 Abs. 6 GesCoronaG. Eine fehlende Aufsichtsratszustimmung ist ein Verfahrensmangel, der auch für die Ausübung der Aktionärsrechte relevant ist. Der Maßstab für die Beurteilung von Mängeln bei Beschlussvorschlägen gem. § 124 Abs. 3 AktG gilt entsprechend (→ Rn. 139). Im Fall einer verweigerten Zustimmung müsste der Vorstand eine Präsenz-HV abhalten, auf der die
Aktionäre weitergehende Rechte haben als auf einer virtuellen Hauptversammlung
gemäß § 1 Abs. 2 GesCoronaG.

2. Erleichterung der Beschlussfassung des Aufsichtsrats ohne physische Präsenz seiner Mitglieder (Abs. 6 S. 2)

a) **Regelungsgehalt.** Das GesCoronaG dient dazu, die **Verwaltung** der Aktiengesell- 144
schaft in Zeiten der Corona-Krise mit ihren Kontaktverboten und Versammlungsbeschränkungen **handlungsfähig** zu machen.[213] (→ Vor § 1 Rn. 8; → § 1 Rn. 1) Dies
kommt insbes. zum Ausdruck in Abs. 6 S. 2 GesCoronaG. Die Vorschrift erleichtert
die Beschlussfassung des Aufsichtsrats ohne physische Präsenz der Organmitglieder.
Grundsätzlich fasst der Aufsichtsrat seine Beschlüsse in Präsenzsitzungen (vgl. § 108
Abs. 3 AktG); gem. § 108 Abs. 4 AktG sind auch sonstige Formen der Beschlussfassung zulässig, soweit kein AR-Mitglied dem widerspricht (§ 108 Abs. 4 Hs. 2 AktG).
Gem. § 1 Abs. 6 S. 2 GesCoronaG sind Beschlussfassungen im Umlaufverfahren, per
Telefonkonferenz etc bei der Beschlussfassung nach Abs. 6 S. 1 GesCoronaG stets zu-
lässig. Den AR-Mitgliedern wird mit Abs. 6 S. 2 GesCoronaG die Widerspruchsmög-
lichkeit des § 108 Abs. 4 Hs. 2 AktG genommen. Entgegenstehende Regelungen in
Satzungen oder Geschäftsordnungen sind nach der ausdrücklichen Anordnung von
Abs. 6 S. 2 GesCoronaG unbeachtlich (*„ungeachtet der Regelungen der Satzung oder
Geschäftsordnung"*).

Die Vorschrift betrifft nur die Beschlussfassung des AR-Plenums; im Gegensatz zu 145
§ 108 Abs. 4 Hs. 2 AktG bezieht sich Abs. 6 S. 2 GesCoronaG nur auf den **Aufsichtsrat**, und nicht auch auf Ausschüsse, → Rn. 134.

In § 1 Abs. 6 GesCoronaG FormulH Stand 20.3.2020 war die Regelung zur Erleichte- 146
rung der Beschlussfassung des AR ohne Sitzung noch nicht enthalten. Allerdings gab
es bereits eine – weitergehende – Regelung für die Genossenschaft in § 3 Abs. 6 Ge-

---

213 BT-Drs. 19/18110, S. 3.

sCoronaG. Diese wurde mit § 1 Abs. 6 S. 2 GesCoronaG teilweise übernommen. § 3 Abs. 6 GesCoronaG ermöglicht bei Genossenschaften generell die Beschlussfassung von Vorstand und Aufsichtsrat im Umlaufverfahren oder per Telefon- oder Videokonferenz. Widerspruchsmöglichkeiten einzelner Organmitglieder gibt es nicht. Im Gegensatz zu dieser Regelung bezieht sich die Regelung zur Aktiengesellschaft gem. § 1 Abs. 6 S. 2 GesCoronaG nur (1) auf **Beschlussfassungen des Aufsichtsrats,** (2) die der **Zustimmung zu Maßnahmen des Vorstands** gemäß § 1 Abs. 1–5 GesCoronaG dienen.

147 Für **Beschlussfassungen** des AR hinsichtlich **anderer Gegenstände** kann § 1 Abs. 6 S. 2 GesCoronaG grundsätzlich nicht herangezogen werden. Die CDU/CSU-Fraktion im Rechtsausschuss betonte, dass die Regelungen über Online-Versammlungen „in großem Maße analogiefähig" seien.[214] Der eindeutige Wortlaut von Abs. 6 S. 2 GesCoronaG spricht aber gegen eine Analogie für sonstige AR-Beschlussfassungen. Auch ein gesetzgeberischer Wille hierfür ist nicht ersichtlich: Dagegen spricht, dass für die Genossenschaft ausdrücklich ein weiterer Anwendungsbereich vorgesehen wurde und § 1 GesCoronaG speziell auf die Hauptversammlung der AG zugeschnitten ist. Auf **Aufsichtsratssitzungen ohne Bezug zu Maßnahmen nach § 1 Abs. 1–5 GesCoronaG kann Abs. 6 S. 2 GesCoronaG nicht erstreckt werden.** Stehen sowohl Beschlussgegenstände bezogen auf § 1 Abs. 1–5 GesCoronaG auf der Tagesordnung, als auch sonstige Beschlussfassungen zur HV (bspw. Beschlussvorschläge des AR gem. § 124 Abs. 3 AktG), **kann Abs. 6 S. 2 S. 1 GesCoronaG sich nur auf die Beschlussgegenstände des § 1 Abs. 1–5 GesCoronaG beziehen;** eine planwidrige Regelungslücke für eine analoge Anwendung besteht nicht.[215] Eine einheitliche Beschlussfassung bleibt möglich; es muss aber das Widerspruchsrecht gem. § 108 Abs. 4 Hs. 2 AktG hinsichtlich der sonstigen Beschlussgegenstände beachtet werden. Bloße Praktikabilitätserwägungen vermögen eine analoge Anwendung nicht zu rechtfertigen, denn § 108 Abs. 4 Hs. 2 AktG garantiert den hinreichenden Schutz der AR-Mitglieder in ihrer Entscheidungsfindung. Ist eine Präsenz-Sitzung des Aufsichtsrats angesichts von Kontaktbeschränkungen bzw. sonstigen hoheitlichen Anordnungen tatsächlich unmöglich, kann die Ausübung des Widerspruchsrechts gem. § 108 Abs. 4 Hs. 2 AktG aber in Ausnahmefällen **rechtsmissbräuchlich** sein. Jedenfalls einer Beschlussfassung per Video-Konferenz wird ein AR-Mitglied nicht widersprechen können; insbes. wenn der AR international besetzt ist und Einreisebeschränkungen gelten bzw. Kontaktverbote oder sogar Ausgangssperren.

148 b) **Modalitäten der Beschlussfassung.** Im Übrigen gelten die zu § 108 Abs. 4 AktG entwickelten Grundsätze.[216] Der Aufsichtsratsvorsitzende entscheidet grundsätzlich über die Beschlussfassung ohne Sitzung. Er muss die anderen AR-Mitglieder von der Absicht der Beschlussfassung auf die von ihm gewählte Art unterrichten; hierbei muss er den AR-Mitgliedern den Beschlussantrag nennen und sie zur Stimmabgabe außerhalb der Sitzung auffordern. Diese Mitteilung muss jedem Mitglied zugegangen sein; andernfalls hat die Beschlussfassung ohne Sitzung zu unterbleiben und die Einberufung des Aufsichtsrats in einer Präsenz-Sitzung zu erfolgen.

149 Hinsichtlich der **möglichen Formen der Beschlussfassung ist Abs. 6 S. 2 GesCoronaG weit auszulegen;** die Beschlussfassung soll mittels moderner Kommunikationsmittel ermöglicht werden. Insoweit ist die Formulierung „oder in vergleichbarer Weise" an § 108 Abs. 4 AktG angelehnt. Möglich ist die Beschlussfassung demnach im Umlauf-

---

214 Corona Bericht RAuss BT Drucks 19/18158, S. 2 (elektr. Vorabfassung).

215 AA *Noack/Zetzsche* AG 2020, 265 (276): „bei inhaltlichem Bezug zur VHV [virtuellen HV] ist eine entsprechende Anwendung zu erwägen." Dies soll bspw. gelten, wenn neben den Maßnahmen zu § 1 Abs. 1–5 GesCoronaG auch ein Beschluss zu Wahlvorschlägen gem. § 124 Abs. 3 AktG getroffen werden soll. Es wäre „ungereimt, wenn der erste Teilakt per Videokonferenz, der zweite Teilakt bei Widerspruch eines AR-Mitglieds aber in einer Präsenzsitzung erfolgen müsste."

216 Vgl. dazu MüKoAktG/*Habersack* § 108 Rn. 62 ff.; *Breuer/Fraune* in Heidel Aktienrecht AktG § 108 Rn. 19 ff.

verfahren (Textform ausreichend), via Telefax, E-Mail (ohne Signatur),[217] per SMS, per Online-Chat und per Telefonkonferenz durch mündliche Stimmabgabe.[218] Die Einordnung von Videokonferenzen ist im Anwendungsbereich des § 108 Abs. 4 AktG streitig: Teilweise wird sie als „vergleichbare Form der Stimmabgabe" eingeordnet und daher unter § 108 Abs. 4 AktG subsumiert.[219] Andere Stimmen sehen sie als einer Präsenzsitzung vergleichbar an, um insbes. das Widerspruchsrecht gem. § 108 Abs. 4 Hs. 2 AktG auszuschließen.[220] Diese Diskussion ist für Abs. 6 S. 2 GesCoronaG nicht relevant, denn das Widerspruchsrecht ist ausgeschlossen. Die weite Auslegung und **Praktikabilitätserwägungen** gebieten es, **Beschlussfassungen im Wege der Videokonferenz** zu ermöglichen.

Der AR-Vorsitzende muss eine **Frist zur Stimmabgabe** festlegen und den AR-Mitgliedern mitteilen. Die Frist muss ihnen genügend Zeit zu Kenntnisnahme und Überlegung geben.[221] Sieht die Satzung oder Geschäftsordnung allgemeine Regelungen für alle Formen der Beschlussfassung vor, müssen diese eingehalten werden. Enthalten weder Satzung noch Geschäftsordnung solche Regelungen, gelten die folgenden Grundsätze: Grundsätzlich können AR-Mitglieder bei einer zu kurzen Frist gem. § 108 Abs. 4 Hs. 2 AktG widersprechen. Dies ist gem. § 1 Abs. 6 S. 2 GesCoronaG nicht möglich. Dennoch sollte den AR-Mitgliedern eine im Einzelfall angemessene Frist zur Vorbereitung gewährt werden; angesichts der Möglichkeit, eine HV bis zum Ende des Geschäftsjahres aufzuschieben (§ 1 Abs. 5 GesCoronaG), dürfte kein besonderer Zeitdruck bestehen. Angemessen erscheint jedenfalls eine Frist von einer Woche. In der Satzung oder Geschäftsordnung enthaltene Fristen für Präsenzsitzungen können als Anhaltspunkte herangezogen werden, soweit keine explizite Regelung für präsenzlose Beschlussfassungen vorgesehen ist. 150

III. Geltung für die KGaA und SE

Die Regelung in § 1 Abs. 6 S. 1 GesCoronaG sind gem. § 1 Abs. 8 S. 1, 2 GesCoronaG grundsätzlich auch auf die KGaA und die dualistische SE anwendbar. Gem. § 1 Abs. 8 S. 3 GesCoronaG gilt die Regelung nicht für die monistische SE, da dort der Verwaltungsrat als einziges Verwaltungsorgan die Entscheidungen gem. § 1 Abs. 1–5 GesCoronaG fällt. 151

J. Anfechtung eines Beschlusses der Hauptversammlung, § 1 Abs. 7 (*Heidel/Lochner*)

I. Regelungsgehalt

§ 1 Abs. 7 GesCoronaG normiert eine **massive Beschränkung der Anfechtungsgründe** des § 243 AktG für die virtuelle Hauptversammlung nach § 1 Abs. 2 GesCoronaG. 152

1. Gesetzgeberische Begründung für die Regelung

Die **Begründung des Gesetzentwurfs** erläutert die Regelung so: U.a. die Aktiengesellschaften seien in die Lage zu versetzen, **auch bei weiterhin bestehenden Beschränkungen der Versammlungsmöglichkeiten erforderliche Beschlüsse zu fassen** und handlungsfähig zu bleiben; daher würden „vorübergehend substantielle Erleichterungen 153

---

217 OLG Frankfurt NZG 2019, 1055, Rn. 35.
218 *Hüffer/Koch* AktG § 108 Rn. 21; KK AktG/*Mertens/Cahn* § 108 Rn. 39; *Noack/Zetzsche* AG 2020, 265 (275).
219 RegBeg. BT-Drs. 14/4051, S. 12; K. Schmidt/Lutter/*Drygala* AktG § 108 Rn. 26; MüKo-AktG/*Habersack* § 108 Rn. 16; Spindler/Stilz/*Spindler* AktG § 108 Rn. 61.
220 GroßkommAktG/*Hopt/Roth* § 108 Rn. 136; *Hüffer/Koch* AktG § 108 Rn. 22; KK-AktG/*Mertens/Cahn* § 108 Rn. 19 ff., 39; *Breuer/Fraune* in Heidel Aktienrecht AktG AktG § 108 Rn. 20.
221 *Noack/Zetzsche* AG 2020, 265 (275).

für die Durchführung von Hauptversammlungen" geschaffen.[222] Dem diene die Möglichkeit einer präsenzlosen Hauptversammlung mit eingeschränkten Anfechtungsmöglichkeiten.[223]

154   Der „**Ausschluss des Anfechtungsrechts**" solle verhindern, dass die Gesellschaften die Erleichterungen des GesCoronaG aus Sorge vor Anfechtungsklagen nicht in Anspruch nehmen; die Grundsatzentscheidung des Vorstands zur Versammlung ohne physische Präsenz und deren Umsetzung solle weitgehend anfechtungsfrei sein, damit Gesellschaften nicht aus Sorge vor Anfechtungsklagen „in der Notsituation" von der Möglichkeit virtueller Hauptversammlungen keinen Gebrauch machen; aus demselben Grund sollten auch Verletzungen der „eingeschränkten Auskunftspflicht" von § 1Abs. 2 S. 2 weitgehend keine Anfechtungsmöglichkeit begründen; schließlich solle auch das Anfechtungsrisiko wegen Formverstößen bei Mitteilungen nach § 125 AktG reduziert werden, damit die Unternehmen „notfalls" vollständig auf elektronische Kommunikationsmittel ausweichen können, ohne die Wirksamkeit von Hauptversammlungsbeschlüssen zu gefährden.[224]Der Gesetzgeber spricht selbst ausdrücklich nicht etwa von einer Beschränkung des Anfechtungsrechts, sondern von dessen „Ausschluss",[225] und eben dies ist auch der in der Gesetzesbegründung zum Ausdruck kommende Regelungszweck. Daher verwenden wir nachfolgend ebenfalls diesen Begriff, auch wenn die Anfechtung in Fällen einer nachgewiesenen vorsätzlichen Verletzung theoretisch eröffnet bleibt, → Rn. 156, 180.

2. Die vom Ausschluss betroffenen Anfechtungsgründe

155   Der Anfechtungsausschluss betrifft nach dem Gesetzeswortlaut die Anfechtung
- wegen Verletzung der Pflichten zur **Bestätigung des Eingangs der elektronischen Stimmabgabe** (§ 118 Abs. 1 S. 3–5 AktG),
- wegen Verletzung der Pflichten zur **Unterrichtung über die Entscheidung der Durchführung der Stimmabgabe durch elektronische Kommunikation** (§ 118 Abs. 1 S. 3–5 AktG),
- wegen Pflichtverletzungen bei der Entscheidung des Vorstands über die Zulassung der **Bild- und Tonübertragung** der virtuellen Hauptversammlung (§ 118 Abs. 4 AktG),
- wegen Verletzung der **Mitteilungspflichten** über die Einberufung der Hauptversammlung und über die in der Hauptversammlung gefassten Beschlüsse (§ 125 AktG) und
- wegen Verletzung der **Anforderungen an die Durchführung** einer virtuellen **Hauptversammlung** gemäß § 1 Abs. 2 GesCoronaG, dh
  - die Anfechtung wegen **mangelhafter Bild- und Tonübertragung** (Abs. 2 S. 1 Nr. 1),
  - die Anfechtung wegen **Fehlern bei der Stimmrechtsausübung** über elektronische Kommunikation (Abs. 2 S. 1 Nr. 2),
  - die Anfechtung wegen **Verletzung der Fragemöglichkeiten** der Aktionäre inkl. der Beantwortung nach Ermessen und ggf. der Fristsetzung für die Einreichung von Fragen (Abs. 2 S. 1 Nr. 3, S. 2 Hs. 1 und Hs. 2) sowie
  - wegen **fehlender Ermöglichung eines Widerspruchs** (Abs. 2 S. 1 Nr. 4).

156   Der Ausschluss des Anfechtungsrechts gilt gemäß Abs. 7 aE nur dann nicht, wenn „der Gesellschaft … **Vorsatz nachzuweisen**" ist – wenn also nach den allgemeinen

222   BT-Drucks 19/18110, S. 17.
223   BT-Drucks 19/18110, S. 19.
224   BT-Drucks 19/18110, S. 27.
225   BT-Drucks 19/18110, S. 27.

Grundsätzen der Darlegungs- und Beweislast im Anfechtungsprozess[226] der Anfechtungskläger der Gesellschaft Vorsatz nachweist.[227]

3. Zeitlicher Anwendungsbereich

Der Ausschluss der Anfechtungsmöglichkeiten dient nach dem ausdrücklich erklärten Willen des Gesetzgebers dazu, Aktiengesellschaften auch bei weiterhin bestehenden Beschränkungen der Versammlungsmöglichkeiten handlungsfähig zu erhalten[228] (→ Rn. 1 ff., 24, 153). Der zeitliche Anwendungsbereich der Anfechtungsbeschränkung des § 1 Abs. 7 ist gemäß § 7 Abs. 1 GesCoronaG jedoch nicht an die Geltungsdauer der Versammlungsbeschränkungen geknüpft; vielmehr gilt die Regelung für **alle virtuellen Hauptversammlungen, die im Jahr 2020 stattfinden.** § 8 GesCoronaG enthält eine Verordnungsermächtigung für das Bundesjustizministerium, die Geltung ua von § 1 GesCoronaG bis zum 31.12.2021 zu verlängern, wenn dies aufgrund fortbestehender Auswirkungen der COVID-19 Pandemie in Deutschland „geboten erscheint" (→ § 8 Rn. 2 ff.).

157

4. Verfassungsrechtliche Bedenken

UE begegnet der Anfechtungsausschluss[229] aus zwei Gründen erheblichen verfassungsrechtlichen Zweifeln:

158

a) **Regelungsziel verstößt gegen Justizgewährleistungsanspruch.** Der Gesetzgeber begründet den Anfechtungsausschluss damit, er wolle verhindern, dass die Gesellschaften die Erleichterungen der virtuellen Hauptversammlung nach § 1 Abs. 2 GesCoronaG aus **Sorge vor Anfechtungsklagen** nicht in Anspruch nehmen (→ Rn. 1 ff., 24, 153). Das rechtfertigt nicht den Eingriff in das Aktieneigentum der Aktionäre:

159

Das **Anfechtungsrecht der Aktionäre ist vom grundrechtlich geschützten Justizgewährleistungsanspruch umfasst;** dieser und der Grundsatz effektiven Rechtsschutzes gebieten, dass die Aktionäre Beschlüsse der Hauptversammlung im Wege der Anfechtungs-/ Nichtigkeitsklage prüfen lassen können. Der Zugang zu den in den Prozessordnungen eingeräumten Instanzen darf nach dem BVerfG insbes. nicht von Voraussetzungen abhängig gemacht werden, die unerfüllbar oder unzumutbar sind oder die den Zugang in nicht zu rechtfertigender Weise erschweren. Seit der Feldmühle-Entscheidung des BVerfG ist es eherner Grundsatz, dass Aktionäre Maßnahmen der Aktiengesellschaft effektiv gerichtlich überprüfen können müssen; die Minderheit muss wirksame Rechtsbehelfe gegen einen Missbrauch der wirtschaftlichen Macht haben.[230]

160

Der Gesetzgeber begründet den Eingriff in den Justizgewährleistungsanspruch der Aktionäre einzig und allein mit seiner Sorge, Aktiengesellschaften würden von der von ihm eröffneten Möglichkeit der virtuellen Hauptversammlung nicht hinreichend Gebrauch machen, wenn das Gesetz keinen Anfechtungsausschluss vorsehe (→ Rn. 1 ff., 24, 153). Es gibt **keine Anhaltspunkte dafür, dass diese Sorge in sorgfältiger Weise festgestellt wurde** und, falls das geschehen sein sollte, dass sie berechtigt ist. Das Schweizer Beispiel zeigt, dass es gerade auch in Zeiten der COVID-19-Pandemie keines Ausschlusses der Anfechtung bedarf. Das dortige Gesetz sieht zwar auch etwas Ähnliches vor wie die deutsche virtuelle Hauptversammlung. Es ermöglicht den Gesellschaften aber in dem dem Modell zugrunde liegenden Art. 6 a COVID-19-Verordnung 2 vom 16.3.2020 lediglich die Anordnung, dass alle sonst üblichen Rechte nur schriftlich, elektronisch oder durch einen unabhängigen Stimmrechtsvertreter ausge-

161

---

226 BGHZ 167, 204 (212); *Drescher* in Spindler/Stilz, AktG, § 243 Rn. 208; 240 ff. m.w.N..
227 *Noack/Zetzsche* AG 2020, 265 (276).
228 BT-Drucks 19/18110, S. 5, 17, 19.
229 BT-Drucks 19/18110, S. 27.
230 Vgl. zu allem Vorstehenden BVerfGE 14, 263, 283; BVerfG ZIP 1999, 532 (533); BVerfG AG 1999, 271; BVerfGE 100, 289, 303; BVerfG NJW 2001, 279 f.; BVerfG NJW 2007, 3268 Rn. 32 f.; BVerfG WM 2010, 170 ff.

übt werden können; es kommt also ganz ohne jede Beschränkung des Rechtsschutzes aus.[231] Eine ganz ähnliche Regelung trifft auch das GesCoronaG selbst in § 5 Abs. 2 Nr. 1 für den Verein; die Mitglieder können (alle) ihre Mitgliederrechte im Wege der elektronischen Kommunikation ausüben, und dies ohne Beschränkung des Beschlussmängelrechts (→ Rn. 35).

162 Hinzu kommt, dass trotz seines gravierenden Eingriffs in die Rechte der Aktionäre der **Anfechtungsausschluss für jeden Beschluss der Hauptversammlung vorgesehen** ist, insbes. auch für solche, die kein besonders Eilbedürfnis haben, wie etwa die Entlastung der Vorstands- und Aufsichtsratsmitglieder.

163 Der vom Aktionär zu beweisende Vorsatz (→ Rn. 156, 180 ff.) widerspricht auch dem Verfassungsprinzip (→ Rn. 160), dass der **Zugang zu den Gerichten nicht von Voraussetzungen abhängig gemacht werden darf, die unerfüllbar oder unzumutbar sind** oder den Zugang in nicht zu rechtfertigender Weise erschweren. Für Aktionäre ist es praktisch unmöglich, die innere Tatsache des Vorsatzes nachzuweisen oder substantiiert vorgetragene Behauptungen der Gesellschaften zu widerlegen, ein Vorsatz liege nicht vor, man habe nach bestem Wissen gehandelt und/oder sich auf Empfehlungen eines seriösen Beraters verlassen; Aktionäre sind (ggf. im Nachhinein erstellten) Dokumenten, die solches belegen sollen, geradezu hoffnungslos unterlegen; Gerichte können recht leicht Vortrag zum Vorsatz der Gegenseite mit dem Argument beiseite wischen, das sei Vortrag ins Blaue oder laufe auf einen Ausforschungsbeweis hinaus.[232]

164 Die **Unverhältnismäßigkeit des Anfechtungsausschlusses** zeigt sich gerade bei der Verletzung der Auskunftspflicht, für die das BVerfG effektiven Rechtsschutz ua durch Anfechtung fordert (Rn. 28 ff., 160).

165 b) **Regelungsziel überschießend umgesetzt.** Die Verfassungswidrigkeit beruht auch darauf, dass der Gesetzgeber sein Regelungsziel überschießend umgesetzt hat, in Zeiten der COVID-19-Pandemie den Gesellschaften zu helfen und ihnen erklärtermaßen in der Zeit anfechtungsresistente Hauptversammlungen zu ermöglichen (→ Rn. 24, 153). Denn die Regelungen erstrecken sich auf sämtliche Hauptversammlungen im Jahr 2020 (→ Rn. 157). Selbst wenn (erwartungsgemäß) die als gesetzgeberischer Grund für den Anfechtungsausschluss angeführten Versammlungsbeschränkungen im Laufe des Jahres wegfallen, bleibt der Anfechtungsausschluss in Kraft. Es ist **nicht zur Erreichung der gesetzgeberischen Ziele erforderlich, außerhalb der Zeiten pandemiebedingter Versammlungsbeschränkungen Hauptversammlungen anfechtungsfrei zu stellen.** Der darin liegende Eingriff in die grundrechtlich geschützten Aktionärsrechte (insbes. den Anspruch auf wirksame Rechtsbehelfe gegen einen Missbrauch wirtschaftlicher Macht) ist unverhältnismäßig.[233]

---

231 „Art. 6 a Versammlungen von Gesellschaften
[1]Bei Versammlungen von Gesellschaften kann der Veranstalter ungeachtet der voraussichtlichen Anzahl Teilnehmerinnen und Teilnehmer und ohne Einhaltung der Einladungsfrist anordnen, dass die Teilnehmerinnen und Teilnehmer ihre Rechte ausschließlich ausüben können:
a. auf schriftlichem Weg oder in elektronischer Form; oder
b. durch einen vom Veranstalter bezeichneten unabhängigen Stimmrechtvertreter.
[2]Der Veranstalter entscheidet während der Frist gemäß Artikel 12 Absatz 5. Die Anordnung muss spätestens vier Tage vor der Veranstaltung schriftlich mitgeteilt oder elektronisch veröffentlicht werden."
Verordnung 2 über Maßnahmen zur Bekämpfung des Coronavirus (COVID-19) des Schweizerischen Bundesrats vom 16.3.2020, https://www.admin.ch/opc/de/official-compilation/2020/783.pdf.
232 Vgl. z.B. OLG München NJW-RR 2019, 1497 Rn. 36 f.; OLG München BeckRS 2020, 1062, Rn. 15 ff.; OLG Köln BeckRS 2020, 15640 jeweils zum Nachweis des Vorsatzes bei § 826 BGB.
233 Vgl. bereits *Heidel/Lochner*, Stellungnahme gegenüber dem BT-Rechtsausschuss vom 24.3.2020, S. 6 f., abrufbar unter www.meilicke-hoffmann.de.

II. Die Regelungen im Einzelnen

1. Anfechtungsausschluss bei Verletzung von § 118 Abs. 1 S. 3–5 AktG

Die Anfechtung ist bei Verletzung von § 118 Abs. 1 S. 3–5 AktG ausgeschlossen. 166

Dabei geht es um die unverzügliche elektronische Bestätigung der elektronischen Aus- 167
übung des Stimmrechts (→ § 118 Rn. 1 ff.). Diese Beschränkung ist im Zusammenhang mit der weiteren Beschränkung der Rüge der Verletzung von § 1 Abs. 2 GesCoronaG zu sehen (→ Rn. 17 ff.). Denn nach § 1 Abs. 7 iVm § 1 Abs. 2 S. 1 Nr. 2
GesCoronaG ist auch eine Verletzung der elektronischen Stimmrechtsausübung der
Aktionäre von der Beschränkung des Anfechtungsrechts erfasst. Berücksichtigt man
dies, dürfte der praktische Ausschluss der Anfechtung wegen Verletzung von § 118
Abs. 1 S. 3–5 kaum Anwendung finden. Kritisch sehen dies auch *Noack/Zetzsche*; sie
werfen mit Recht die Frage auf, inwiefern die fehlende Zugangsbestätigung für den
HV-Beschluss relevant sein könne, da es auf die Stimmenzählung ankomme.[234]

Der Ausschluss des Anfechtungsrechts wegen Verstößen gegen die Vorschriften des 168
§ 118 AktG soll nach dem Willen des Gesetzgebers verhindern, dass die Gesellschaften die Erleichterungen aus Sorge vor Anfechtungsklagen nicht in Anspruch nehmen.[235] § 118 Abs. 1 S. 3–5 AktG wurden erst durch das ARUG II eingeführt[236]
(→ § 118 AktG Rn. 2) und sind nach § 26 j Abs. 4 EGAktG erst ab dem 3.9.2020 anzuwenden (→ § 118 AktG Rn. 3, 6), und zwar erstmals auf Hauptversammlungen,
die nach dem 3.9.2020 einberufen werden. Allein der zeitliche Anwendungsbereich
dieser im Zeitpunkt des Inkrafttretens des GesCoronaG noch gar nicht geltenden Vorschriften stellt den Sinn und Zweck des Anfechtungsausschlusses in Frage: Bis September 2020 geht der Ausschluss schlicht ins Leere. Er ist also überflüssig. Zwar führt
§ 1 Abs. 5 GesCoronaG dazu, dass Gesellschaften ihre Hauptversammlungen auch
auf einen Zeitpunkt nach der Achtmonatsfrist gemäß § 175 Abs. 1 S. 2 AktG einberufen dürfen[237] (→ Rn. 117 ff.). Der Sinn und Zweck der Anfechtungsbeschränkung,
nämlich Gesellschaften auch während der Beschränkungen der Versammlungsmöglichkeiten handlungsfähig zu erhalten(→ Rn. 24, 153),[238] dürfte im September bzw.
bei nach dem 3.9.2020 einberufenen Hauptversammlungen weggefallen sein. Der Anfechtungsausschluss bezogen auf § 118 Abs. 1 S. 3–5 AktG ist daher vom Regelungszweck des GesCoronaG nicht gedeckt.

2. Anfechtungsausschluss bei Verletzung von § 118 Abs. 2 S. 2 AktG

§ 118 Abs. 2 S. 2 AktG betrifft die **elektronische Mitteilung** über die **Entscheidung des** 169
Vorstands, von der **Möglichkeit der Abstimmung per Briefwahl Gebrauch zu machen.**
Auch insoweit ist die Anfechtung ausgeschlossen.

Auch bei diesem Ausschluss der durch das ARUG II gerade erst eingeführten Rege- 170
lung (→ § 118 AktG Rn. 2) stellt sich die Frage (vgl. entsprechende Frage in Hinblick
auf den Ausschluss nach § 118 Abs. 1 S. 3–5 AktG → Rn. 166 f.), welche selbstständige Bedeutung diesem zukommt; zugleich ist nämlich die Anfechtung wegen Verletzung von § 1 Abs. 2 GesCoronaG beschränkt; darunter fallen auch Rechtsverletzungen im Zusammenhang mit der Entscheidung des Vorstands, eine virtuelle Hauptversammlung ohne physische Präsenz abzuhalten, bei der die Stimmrechtsausübung über
elektronische Kommunikation im Wege der Briefwahl erfolgt (Abs. 2 S. 1 Nr. 2). Die

---

234 *Noack/Zetzsche* AG 2020, 265 (276).
235 BT-Drucks 19/18110, S. 27.
236 Gesetz zur Umsetzung der zweiten Aktionärsrechterichtlinie (ARUG II) vom
12.12.2019, BGBl. I 2019 S. 2637.
237 Der Gesetzentwurf betont, dass auch bei Hauptversammlungen, die nach dem 3.9.2020
einberufen werden, eine Anfechtung von § 118 Abs. 1 S. 3–5 AktG nicht auf fahrlässige
Verletzung dieser Regelungen gestützt werden können soll, BT-Drucks 19/18110, S. 27 f.
Eine Begründung dafür liefert der Entwurf freilich nicht.
238 BT-Drucks 19/18110, S. 5, 17, 19.

Begründung des Gesetzentwurfs erläutert nicht, welchen Anwendungsfall der Gesetzgeber bei diesem faktischen Ausschluss des Anfechtungsrechts vor Augen hatte. Als **denkbarer Anwendungsfall** kommt eine **fehlerhafte Unterrichtung über die Briefwahl** im Rahmen der Einberufung der Hauptversammlung in Betracht. Jedoch erfasst die Anfechtungsbeschränkung nicht § 121 Abs. 3 S. 3 AktG, wonach bei börsennotierten Gesellschaften das Verfahren der Stimmabgabe in der Einberufung anzugeben ist. Eine in der Einberufung fehlende Mitteilung, dass der Vorstand eine Abstimmung per Briefwahl vorgibt, führt daher jedenfalls bei börsennotierten Gesellschaften weiterhin zur Anfechtbarkeit.

3. Anfechtungsausschluss bei Verletzung von § 118 Abs. 4 AktG

171   Nach § 118 Abs. 4 AktG können Satzung oder Geschäftsordnung der Hauptversammlung vorsehen oder den Vorstand oder den Versammlungsleiter dazu ermächtigen vorzusehen, die **Bild- und Tonübertragung der Versammlung zuzulassen.** Insoweit ist die Anfechtung ausgeschlossen.

172   Auch der Sinn dieses faktischen Ausschlusses ist zumal mangels Erläuterungen in der Begründung des Gesetzentwurfs unklar (vgl. zum unklaren Sinn bei anderen Ausschlüssen → Rn. 166 f., 170): § 1 Abs. 1 GesCoronaG weicht nämlich gerade von § 118 Abs. 4 AktG dahin gehend ab, dass der Vorstand die Übertragung auch ohne Ermächtigung durch Satzung oder Geschäftsordnung zulassen kann. Da § 118 Abs. 4 AktG aufgrund des Vorrangs von § 1 Abs. 1 GesCoronaG bei virtuellen Hauptversammlungen keine Anwendung finden soll, ist auch keine Verletzung von § 118 Abs. 4 AktG denkbar. UE ist daher die **Regelung überflüssig.**

4. Anfechtungsausschluss bei Verletzung von § 125 AktG

173   Ausgeschlossen ist die Anfechtung auch bei Verletzung der in § 125 AktG **vorgeschriebenen Mitteilungen zumal an Aktionäre.**

174   Dieser Ausschluss der Anfechtung kam erst spät in das Gesetzgebungsverfahren inkl. seiner Vorbereitung durch die Formulierungshilfe der Bundesregierung(→ Vor § 1 GesCoronaG Rn. 11; der Entwurf der Formulierungshilfe vom 20.3.2020 sah den Ausschuss noch nicht vor.[239] Der Gesetzgeber wollte offenbar das **Anfechtungsrisiko wegen Verstößen bei Mitteilungen nach § 125 AktG ausschließen,** damit die betroffenen Unternehmen vollständig auf elektronische Kommunikationsmittel ausweichen können, ohne die Wirksamkeit von Hauptversammlungsbeschlüssen zu gefährden.[240] § 125 AktG schließt zwar selbst die Nutzung elektronischer Kommunikationsmittel nicht aus. Einschränkungen können sich aber aus der Satzung oder aus § **49 Abs. 3 Nr. 1 WpHG** ergeben;[241] Danach dürfen Informationen durch Datenfernübertragung nur übermittelt werden, wenn die Aktionäre eingewilligt haben. Dieser faktische Anfechtungsausschluss ist kritisch; denn § 49 Abs. 3 Nr. 1 WpHG beruht auf Art. 17 Abs. 3, 18 Abs. 4 der europäischen Transparenzrichtlinie;[242] der deutsche Gesetzgeber

---

239   CoronaGesetzE Formulierungshilfe Stand 20.3.2020.
240   BT-Drucks 19/18110, S. 27.
241   *Noack/Zetzsche* AG 2020, 265 (276).
242   Richtlinie 2013/50/EU des Europäischen Parlaments und des Rates vom 22.10.2013 zur Änderung der Richtlinie 2004/109/EG des Europäischen Parlaments und des Rates zur Harmonisierung der Transparenzanforderungen in Bezug auf Informationen über Emittenten, deren Wertpapiere zum Handel auf einem geregelten Markt zugelassen sind, der Richtlinie 2003/71/EG des Europäischen Parlaments und des Rates betreffend den Prospekt, der beim öffentlichen Angebot von Wertpapieren oder bei deren Zulassung zum Handel zu veröffentlichen ist, sowie der Richtlinie 2007/14/EG der Kommission mit Durchführungsbestimmungen zu bestimmten Vorschriften der Richtlinie 2004/109/EG Text von Bedeutung für den EWR, ABl. L 294 vom 6.11.2013, S. 13–27.

Heidel/Lochner

darf davon nicht dispensieren.[243] Formal geht der Gesetzgeber zwar nicht so weit; er setzt nämlich die Anwendung von § 49 Abs. 3 Nr. 1 WpHG nicht aus, sondern schließt lediglich de facto die Anfechtbarkeit von Hauptversammlungsbeschlüssen bei Rechtsverletzungen in diesem Zusammenhang aus; er stellt aber entgegen von Art. 28, 28 c der Transparenzrichtlinie den Verstoß gegen deren Vorgaben sanktionslos.

5. Anfechtungsausschluss bei Verletzung von § 1 Abs. 2 GesCoronaG

Ausgeschlossen als Anfechtungsgründe sind die Verletzungen der in Abs. 2 genannten Gegenstände: 175

- mangelhafte Bild- und Tonübertragung (Abs. 2 S. 1 Nr. 1),
- fehlende oder **fehlerhafte Berücksichtigung der Stimmrechtsausübung** über elektronische Kommunikation (Abs. 2 S. 1 Nr. 2),
- **Verletzung der Fragemöglichkeiten** der Aktionäre oder despflichtgemäßen, freien Ermessens bei der Beantwortung sowie Fristsetzung zur Fragenübermittlung (Abs. 2 S. 1 Nr. 3, S. 2, Hs. 1 und Hs. 2.) und
- fehlende Ermöglichung eines Widerspruchs (Abs. 2 S. 1 Nr. 4).

Rügen der Nichtbeantwortung von Fragen dürften oftmals bereits nach Abs. 2 S. 2 Hs. 1 ausgeschlossen sein; ein Rechtsverstoß kommt nämlich grundsätzlich nur bei willkürlicher Nichtbeantwortung in Betracht, → Rn. 75. Jedoch ist die Vorschrift europarechtskonform dahingehend auszulegen, dass eine nicht zur Sicherstellung des ordnungsgemäßen Ablaufs der Hauptversammlung dienende gänzliche Nichtbeantwortung als willkürlich einzustufen ist, → Rn. 56 ff., 76.   176

UE sind die wesentlichen dieser Anfechtungsausschlüsse neben der Sache und bestätigen den Befund der verfassungswidrigen Beschränkung des Anfechtungsrechts → Rn. 32 ff., 158 ff.):   177

Zwar erscheint der Ausschluss der Anfechtung insoweit hinnehmbar, als nicht bloße technische Pannen bei der Übertragung der virtuellen Hauptversammlung zur Anfechtbarkeit führt (Abs. 2 Nr. 1). Auch erscheint es grundsätzlich sinnvoll, dass jedenfalls nicht jeder Fehler bei der elektronischen Stimmabgabe zur Anfechtbarkeit aller Beschlüsse führt (vgl. Abs. 2 Nr. 2).[244] Der faktische Ausschluss des Rechtsschutzes gegen rechtswidrige HV-Beschlüsse geht jedoch im Ergebnis zu weit; die Beweislastumkehr zulasten der Anfechtungskläger für den ihnen mangels Zugang zu Informationen praktisch nicht möglichen Nachweis eines Vorsatzes schließt über das Ziel hinaus, da diese im Ergebnis nicht nur echte, sondern zugleich auch bloß vorgegebene technische Pannen – und damit eine willkürliche, aber mangels Informationen nicht nachweisbare Rechtsverletzung – faktisch von der Anfechtung ausschließt, → Rn. 163. Dies ist durch die Corona-Krise und die technischen Schwierigkeiten einer virtuellen Hauptversammlung nicht zu rechtfertigen.   178

Um der Verweigerung der Justizgewährleistung durch den Gesetzgeber nicht auch noch auf Rechtsanwendungsebene Vorschub zu leisten, haben die Gerichte durch konsequente Anwendung insbesondere der Grundsätze von der sekundären Darlegungs- und Beweislast dafür Sorge zu tragen, dass der von Verfassungs wegen gebotene effektive Rechtsschutz gegen den Missbrauch von Mehrheitsmacht zumindest teilweise gewährt wird (→ Rn. 184). Nur so können die Gerichte einem Missbrauch der dem Grunde nach gerechtfertigten Anfechtungserleichterungen im Hinblick auf technische Störungen etc. durch Gesellschaften gerecht werden.   179

---

243   So auch Noack/Zetzsche AG 2020, 265 (276).
244   Vgl. bereits *Heidel/Lochner*, Stellungnahme gegenüber dem Rechtsausschuss vom 24.3.2020, S. 6 f., abrufbar unter www.meilicke-hoffmann.de.

6. Ausnahme vom Anfechtungsausschluss: Vorsätzliche Verletzung

180 Eine Anfechtung ist in den in Abs. 7 genannten Fällen nur dann eröffnet, wenn der Anfechtungskläger der Gesellschaft Vorsatz nachweist. Der Kläger trägt also nach dem Gesetz im Grundsatz die **Darlegungs- und Beweislast**, dass der Vorstand die gerügte Verletzung vorsätzlich verursacht hat. **Bedingter Vorsatz genügt**; die Gesellschaft muss die Verletzung also mindestens billigend in Kauf genommen haben.[245]

181 Die Gesetz gewordene Regelung kam erst spät in die Formulierungshilfe der Bundesregierung für den Gesetzentwurf (→ Vor § 1 GesCoronaG Rn. 11); der Entwurf vom 20.3.2020 sah noch Anfechtbarkeit bei grober Fahrlässigkeit vor.[246] Die Gründe für die Änderung sind nicht bekannt.

182 Typischerweise können Aktionäre **ein vorsätzliches Handeln nur aus den Umständen** folgern. Anderes gilt nur ganz ausnahmsweise einmal bei ungewöhnlichen Umständen, wenn zB die Gesellschaft (Vorstand, Versammlungsleiter etc) in der virtuellen Hauptversammlung einräumen sollte, sie habe sich bewusst über in Abs. 7 in Rede stehende Pflichten hinweggesetzt oder dies zumindest billigend in Kauf genommen. Ob der Vorstand zB eine Bild- und Tonübertragung der Hauptversammlung tatsächlich gar nicht beauftragt oder scheinbare technische Unterbrechungen/Störungen in Wirklichkeit selbst inszeniert hat, werden Aktionäre typischerweise nie erfahren. Sie sind gerade auf die vom Vorstand zur Verfügung gestellten Berichte und Auskünfte in der Hauptversammlung beschränkt. Bei der virtuellen Hauptversammlung fehlt den Aktionären zudem der unmittelbare persönliche Eindruck vom tatsächlichen Geschehen in der Versammlung, der Rückschlüsse darüber hätte erlauben können, ob zB eine vorsätzliche Falschbehauptung technischer Pannen vorliegt – was leicht möglich ist zB durch eine geschickte Bildführung. Damit sind technisch-organisatorische Pannen praktisch anfechtungsfrei, was einmal mehr die Fragwürdigkeit der Vorstellung des Gesetzgebers vom Regelungsgehalt bestätigt.[247]

183 In der Praxis kommt die Beschränkung auf klägerseitig nachzuweisende vorsätzliche Rechtsverletzungen von vornherein absehbar einem **faktischen Anfechtungsausschuss** gleich. Selbst ein Großaktionär oder ein wesentlich beteiligter Aktionär mit Sperrminorität, dessen Stimmen bei der Beschlussfassung aufgrund vorgeschobener technischer Pannen übergangen wurden, hat nach der offenbaren Intention des Gesetzgebers keine Aussicht auf eine erfolgreiche Anfechtung.

184 UE muss man der offenbaren Beweisnot des Klägers nach allgemeinen Grundsätzen mit Erleichterungen der Darlegungs- und Beweislast bis hin zu deren Umkehr Rechnung tragen: Da von Verfassungs wegen dem Anfechtungskläger nicht offenkundig Unmögliches abverlangt werden darf, muss es genügen, dass sich die Tatsachen, auf die er sich zum Nachweis des Vorsatzes beruft, solche sind, zu denen er auch tatsächlich Zugang hat. Kann er substantiiert darlegen und beweisen, dass seine Hardware und sein Internetzugang fehlerfrei funktionierten, er den Vorgaben der Gesellschaft zum Empfang der Bild- und Tonübertragung, zur Ausübung des Stimmrechts, ggf. Frage- und Antragsrechts und zur Abgabe des Widerspruchs gefolgt ist, dass ggf. auch andere Versammlungsteilnehmer dieselben Probleme hatten, so löst dies die **sekundäre**

---

245 So auch *Noack/Zetzsche* AG 2020, 265 (276 f.)..

246 „Die Anfechtung eines Beschlusses der Hauptversammlung kann unbeschadet der Regelung in § 243 Absatz 3 Nummer 1 des Aktiengesetzes auch nicht auf Verstöße gegen § 118 Absatz 1 Satz 3 bis 5, Absatz 2 Satz 2 oder Absatz 4 des Aktiengesetzes sowie nicht auf eine Entscheidung des Vorstands nach Absatz 2 gestützt werden, es sei denn, der Gesellschaft ist Vorsatz oder grobe Fahrlässigkeit vorzuwerfen." In der Begründung hieß es lapidar, „Eine Anfechtungsmöglichkeit im Falle vorsätzlicher oder grob fahrlässiger Verstöße bleibt bestehen.", CoronaGesetzE Formulierungshilfe Stand 20.3.2020, S. 9, 28.

247 *Noack/Zetzsche* AG 2020, 265 (276).

Darlegungs- und Beweislast der Gesellschaft aus.[248] Kann diese insbesondere nicht darlegen und beweisen, dass sie alles in ihrer Macht Stehende unternommen hat, um eine ordnungsgemäße Übertragung bzw. Kommunikation auf elektronischem Wege zu gewährleisten, ist von einem zumindest bedingten Vorsatz der etwaigen Pflichtverletzungen der Gesellschaft auszugehen. Denn insbesondere wenn die virtuelle Hauptversammlung so ausgestaltet ist, dass sie bis auf die Möglichkeit des Widerspruchs eine reine Bild- und Tonübertragung ohne weitere, womöglich fehleranfällige Interaktion mit den Aktionären ist, ist der Nachweis zB der Nichtübertragung bei Befolgung aller technischen Vorgaben ein Indiz für einen vorsätzlichen Pflichtverstoß .

K. Anwendung auf KGaA und SE, Abs. 8 (*Illner/Beneke*)

I. Grundlagen

§ 1 Abs. 8 GesCoronaG normiert die entsprechende Anwendung der auf die AG zuge- 185
schnittenen § 1 Abs. 1-7 GesCoronaG auf die KGaA und die SE und die Reichweite der Anwendung.

II. Die Regelungen im Einzelnen

1. Entsprechende Anwendung auf KGaA (Abs. 8 S. 1)

§ 1 Abs. 1–7 GesCoronaG finden gem. § 1 Abs. 8 S. 1 GesCoronaG entsprechende 186
Anwendung auf die KGaA.

a) **Entsprechende Anwendung der Vorschriften für die Einberufung.** Die entsprechen- 186a
de Anwendung ist bei § 1 Abs. 1, Abs. 2 S. 1 Nr. 1 und Nr. 2, Abs. 3 und Abs. 5 GesCoronaG unproblematisch; denn die aktienrechtlichen Vorschriften zur Einberufung und Durchführung der Hauptversammlung gelten regelmäßig ohne Modifikationen für die KGaA, § 278 Abs. 3 AktG.[249]

b) **Entsprechende Anwendung der Vorschrift zur Vorabdividende nach Abs. 4.** Glei- 186b
ches gilt für § 1 Abs. 4 GesCoronaG, da die aktienrechtliche Regelung des § 59 AktG für die KGaA entsprechend gilt.[250]

c) **Entsprechende Anwendung von Regelungen zum Beschlussmängelrecht.** Auch die 186c
entsprechende Anwendung von § 1 Abs. 2 Nr. 4 sowie Abs. 7 GesCoronaG ist problemlos; das Beschlussmängelrecht gilt für die KGaA entsprechend.[251]

d) **Problematische Geltung der Beschränkung der Auskunftspflicht in** 186d
Abs. 2 S. 1 Nr. 3, S. 2. Probleme bereitet allerdings die entsprechende Anwendung von § 1 Abs. 2 S. 1 Nr. 3, S. 2: **Das Auskunftsrecht in der KGaA geht nämlich weiter als in der AG,**[252] die Einschränkung des Auskunftsrechts in § 1 Abs. 2 GesCoronaG greift daher bei der KGaA noch stärker in die Mitgliedsrechte ein als bei der AG, der Eingriff in die Rechte wiegt noch schwerer (vgl. Rn. 27 ff. zu den schon in Hinblick auf Aktionäre bestehenden verfassungsrechtlichen Bedenken der Beschränkung der Fragemöglichkeit der Aktionäre). UE müssen sich Vorstand und AR bei Hauptversammlungen der KGaA noch strenger am Maßstab von § 131 AktG und der ARRL orientieren (→ Rn. 39 ff.). Beschränkt die Verwaltung die Fragemöglichkeit der Kommanditaktionäre zu weitgehend, begründet dies uE die Anfechtung von Beschlüssen der HV.

---

248 Musielak/Voit/*Stadler* ZPO § 138 Rn. 10a; in MüKoZPO/*Prütting* § 286 Rn. 103; BeckOK ZPO/*Bacher* § 284 Rn. 84 ff.
249 Spindler/Stilz/*Bachmann* AktG § 285 Rn. 9; *Wichert* in Heidel Aktienrecht AktG § 285 Rn. 2.
250 MüKoAktG/*Habersack* § 278 Rn. 267; Spindler/Stilz/*Bachmann* § 285 Rn. 26.
251 MüKoAktG/*Habersack* § 278 Rn. 267.
252 Spindler/Stilz/*Bachmann* AktG § 285 Rn. 10.

187   **e) Entsprechende Anwendung von Abs. 6 zur AR-Zustimmung.** Auch die Aufsichtsratskompetenzen gem. § 1 Abs. 6 S. 1 GesCoronaG lassen sich ohne Weiteres entsprechend auf die KGaA anwenden. Die Übertragung von für Aktiengesellschaften geltenden Aufgabenzuweisungen auf die KGaA ist nicht unproblematisch. Im Zuge des ARUG II wurde in § 111 b Abs. 1 S. 1 AktG ein spezialgesetzlicher Zustimmungsvorbehalt des Aufsichtsrats für Geschäfte mit nahestehenden Personen geschaffen. Die Anwendbarkeit dieser aktienrechtlichen Vorschriften auf die KGaA soll sich nach der Gesetzesbegründung nach § 278 Abs. 3 AktG bemessen. Gewichtige Stimmen in der Literatur vertreten die Ansicht, dass die Zustimmungskompetenz zu Geschäften mit Nahestehenden (§ 111 b Abs. 1 S. 1 AktG) bei der KGaA der Gesamtheit der Kommanditaktionäre (also der Hauptversammlung) zusteht (§ 278 Abs. 2 AktG iVm § 164 Abs. 1 HGB, → § 111 b, Rn. 63). Dieses Problem stellt sich hier jedoch nicht, da der Gesetzgeber in § 1 Abs. 8 S. 1 GesCoronaG ausdrücklich angeordnet hat, dass § 1 Abs. 6 S. 1 GesCoronaG auch auf die KGaA anwendbar ist; er hat sich gerade nicht darauf beschränkt, es bei dem Regelungsregime des § 278 AktG zu belassen. Auch bei der KGaA ist somit stets der Aufsichtsrat für die Zustimmungsentscheidungen gem. § 1 Abs. 6 S. 1 GesCoronaG zuständig.

Auch die entsprechende Anwendung von § 1 Abs. 6 S. 2 GesCoronaG bereitet keine Schwierigkeiten. Die Vorschriften des AktG zu den Modalitäten der Aufsichtsrats-Tätigkeit gelten unterschiedslos für AG und KGaA.

2. Entsprechende Anwendung auf SE (Abs. 8 S. 2)

188   Für die SE finden die § 1 Abs. 1–7 GesCoronaG grundsätzlich und problemlos entsprechende Anwendung. Eine wichtige Ausnahme der entsprechenden Anwendung bestimmt § 1 Abs. 8 S. 2 GesCoronaG: Für die SE gilt nicht die verlängerte Frist für die Abhaltung der Hauptversammlung innerhalb des Geschäftsjahres gem. § 1 Abs. 5 GesCoronaG. Insofern regelt Art. 54 Abs. 1 S. 1 SE-VO,[253] dass die Hauptversammlung einer SE zwingend innerhalb der ersten sechs Monate des Geschäftsjahres stattzufinden hat. Dem deutschen Gesetzgeber fehlt damit die Gesetzgebungskompetenz für die Verlängerung der Frist; eine Änderung wäre nur auf europäischer Ebene möglich. Dies hat der GesCoronaG-Gesetzgeber beachtet.

3. Besonderheit bei monistischer SE (Abs. 8 S. 3)

189   Eine weitere Besonderheit adressiert § 1 Abs. 8 S. 3 GesCoronaG in Hinblick auf die SE mit monistischem System. Anders als die AG, die einen Vorstand und Aufsichtsrat hat (Two-Tier-System), hat eine monistische SE gem. § 22 SE-AusführungsG lediglich einen Verwaltungsrat (One-Tier-System), der die Geschäfte führt. Insoweit bestimmt § 1 Abs. 8 S. 3 GesCoronaG, dass anstelle des Vorstands allein der Verwaltungsrat zuständig ist für die Entscheidungen gem. § 1 Abs. 1–4 GesCoronaG. § 1 Abs. 6 GesCoronaG findet auf solche Gesellschaften konsequenterweise keine Anwendung, da ein separates Aufsichtsgremium fehlt.[254]

L. Versicherungsvereine auf Gegenseitigkeit, Abs. 9 (*Illner/Beneke*)

I. Regelungsgehalt

190   § 1 Abs. 9 GesCoronaG regelt die entsprechende Anwendung einiger Vorschriften des GesCoronaG zur AG auf Versicherungsvereine auf Gegenseitigkeit (VVaG) iSd § 171 VAG. § 1 Abs. 9 GesCoronaG findet gem. § 7 GesCoronaG nur Anwendung für das Jahr 2020 mit Möglichkeit der Verlängerung bis Ende 2021 gem. § 8 GesCoronaG.

---

253   Verordnung (EG) Nr. 2157/2001 des Rates vom 8.10.2001 über das Statut der Europäischen Gesellschaft (SE).

254   Ebenso CoronaGesetzE, BT-Drucks 19/18110, S. 28.

II. Die Regelung im Einzelnen

§ 1 Abs. 9 GesCoronaG verweist auf alle Absätze außer § 1 Abs. 3 S. 2 und 4 Ge- 191
sCoronaG. Statt einer Hauptversammlung gibt es beim VVaG eine **Oberste Vertretung**
gem. § 191 VAG. § 191 VAG erklärt nicht alle, sondern nur einzelne Vorschriften zur
Hauptversammlung aus dem Aktiengesetz für anwendbar. § 1 Abs. 3 S. 2 GesCoronaG modifiziert die Regelungen zum Nachweis des Anteilsbesitzes bei börsennotierten
Gesellschaften (§ 123 Abs. 4 S. 2 AktG). Auf die aktienrechtliche Vorschrift des § 123
Abs. 4 S. 2 AktG verweist § 191 VAG jedoch nicht. Die Modifikation durch das GesCoronaG kann auf den VVaG daher keine Anwendung finden.

§ 1 Abs. 9 S. 1 GesCoronaG verweist auch nicht auf § 1 Abs. 3 S. 4 GesCoronaG. § 1 192
Abs. 3 S. 4 GesCoronaG verkürzt die Frist zur Mitteilung von Ergänzungsverlangen
(§ 122 Abs. 2 AktG) an die Gesellschaft. Der fehlende Verweis ist bemerkenswert, da
§ 191 VAG die Vorschrift des § 122 AktG für den VVaG vollumfänglich für anwendbar erklärt und § 1 Abs. 3 S. 4 GesCoronaG diese Vorschrift modifiziert. § 122 Abs. 2
S. 2 AktG regelt Fristen, die auf die vor dem GesCoronaG geltenden aktienrechtlichen
Einberufungsfristen zugeschnitten sind. Angesichts der auch für den VVaG durch § 1
Abs. 3 GesCoronaG verkürzten Einberufungsfrist für die Oberste Vertretung können
die Vorgaben des § 122 Abs. 2 S. 2 AktG beim VVaG nicht eingehalten werden. Das
bedeutet in concreto, dass der VVaG seine Oberste Vertretung gem. § 1 Abs. 3 S. 1,
Abs. 9 GesCoronaG 21 Tage vorher einberufen kann, Ergänzungsverlangen zur Tagesordnung dieser Obersten Vertretung aber gem. § 122 Abs. 2 AktG schon 30 Tage
vor der Versammlung eingehen müssen – also schon vor der Einberufung. Das ist unmöglich. Dieser **paradoxe legislative Zustand** ist uE ein **Redaktionsversehen** des Gesetzgebers. In der ersten Fassung der Formulierungshilfe vom 20.3.2020 waren weder
§ 1 Abs. 3 S. 4 noch Abs. 9 GesCoronaG enthalten.[255] Erst ist der Fassung von
22.3.2020 wurden die Normen dann eingefügt.[256] Da sich aus der Regierungsbegründung zu § 1 Abs. 9 GesCoronaG weiter nichts entnehmen lässt und uE der fehlende
Verweis auf § 1 Abs. 3 S. 4 GesCoronaG keine bewusste Absicht erkennen lässt, dürfte § 1 Abs. 9 GesCoronaG sich noch auf die Fassung von § 1 Abs. 3 GesCoronaG
vom 20.3.2020 beziehen, in der dessen späterer S. 4 noch fehlte. Trotz des Redakti-
onsversehens ist § 1 Abs. 3 S. 4 GesCoronaG entsprechend auch für den VVaG anzuwenden, da wie aufgezeigt eine unbewusste Regelungslücke vorliegt.

§ 7 Übergangsregelungen

(1) § 1 ist nur auf Hauptversammlungen und Abschlagszahlungen auf den Bilanzgewinn anzuwenden, die im Jahr 2020 stattfinden.

(2) § 2 ist nur auf Gesellschafterversammlungen und -beschlüsse anzuwenden, die im
Jahr 2020 stattfinden.

(3) § 3 Absatz 1 und 2 ist auf General- und Vertreterversammlungen, die im Jahr
2020 stattfinden, § 3 Absatz 3 ist auf Jahresabschlussfeststellungen, die im Jahr 2020
erfolgen, § 3 Absatz 4 ist auf Abschlagszahlungen, die im Jahr 2020 stattfinden, § 3
Absatz 5 ist auf im Jahr 2020 ablaufende Bestellungen von Vorstands- oder Aufsichtsratsmitgliedern und § 3 Absatz 6 ist auf Sitzungen des Vorstands oder des Aufsichtsrats einer Genossenschaft oder deren gemeinsame Sitzungen, die im Jahr 2020 stattfinden, anzuwenden.

(4) § 4 ist nur auf Anmeldungen anzuwenden, die im Jahr 2020 vorgenommen werden.

---

255 GesCoronaG Formulierungshilfe Stand 20.3.2020, S. 8 f.
256 GesCoronaG Formulierungshilfe Stand 22.3.2020, S. 10.

(5) § 5 ist nur auf im Jahr 2020 ablaufende Bestellungen von Vereins- oder Stiftungsvorständen und im Jahr 2020 stattfindende Mitgliederversammlungen von Vereinen anzuwenden.

§ 7 Abs. 1 CoronaG ist jeweils bei den entsprechenden Regelungen des § 1 CoronaG kommentiert.

§ 8 Verordnungsermächtigung

Das Bundesministerium der Justiz und für Verbraucherschutz wird ermächtigt, durch Rechtsverordnung ohne Zustimmung des Bundesrates die Geltung der §§ 1 bis 5 gemäß § 7 bis höchstens zum 31. Dezember 2021 zu verlängern, wenn dies aufgrund fortbestehender Auswirkungen der COVID-19-Pandemie in der Bundesrepublik Deutschland geboten erscheint.

A. Grundlagen

1   Das GesCoronaG wurde angesichts der COVID-19-Pandemie verabschiedet, um die kurzfristigen Auswirkungen auf das öffentliche Leben abzudämpfen(→ Vor § 1 GesCoronaG Rn. 3 ff. und § 1 GesCoronaG Rn. 1 ff.). Aufgrund des beschränkten Anwendungsbereichs des Gesetzes sind seine Regelungen gem. § 7 Abs. 1 GesCoronaG bis zum 31.12.2020 befristet. Angesichts der zum Zeitpunkt der Gesetzgebung im März 2020 unklaren Lage und der ungewissen Entwicklung der COVID-19-Pandemie hat der Gesetzgeber vorgesehen, dass die Geltung der befristeten Regelungen ua des § 1 GesCoronaG mittels Rechtsverordnung durch das Bundesministerium der Justiz und für Verbraucherschutz um bis zu einem Jahr verlängert werden kann, „wenn dies aufgrund fortbestehender Auswirkungen der COVID-19-Pandemie in der Bundesrepublik Deutschland geboten erscheint".

B. Die Regelung im Einzelnen

2   Das **Bundesministerium der Justiz und für Verbraucherschutz** kann die Geltung der **gesellschaftsrechtlichen Vorschriften um maximal ein Jahr bis zum 31.12.2021** verlängern, dh die Geltungsdauer von 9 auf bis zu 21 Monate (133 Prozent) erweitern. Dies hat erhebliche Auswirkungen auf das Gefüge der Aktiengesellschaft: Durch bloße Rechtsverordnung kann eine volle weitere Hauptversammlungssaison unter die Geltung des § 1 GesCoronaG gestellt werden.

Angesichts der in zentralen Punkten erheblichen Einschränkungen von Aktionärsrechten insbes. in Hinblick auf die Möglichkeit der Beseitigung der Präsenz-Hauptversammlung mit tiefgreifender Beschränkung des Auskunftsrechts gem. § 131 AktG (→ § 1 Rn. 27 ff.) erscheint die Möglichkeit der Verlängerung der grundrechtsrelevanten Regelungen durch bloße Entscheidung einer Verwaltungsbehörde verfassungsrechtlich äußerst bedenklich.

I. Keine Zustimmung des Bundesrats nach Art. 80 Abs. 2 GG erforderlich

Gem. § 8 GesCoronaG iVm Art. 80 Abs. 2 GG darf das **Ministerium der Justiz und** **3** **für Verbraucherschutz die Rechtsverordnung ohne Zustimmung des Bundesrates er-** **lassen.** Grundsätzlich bedürfen zwar Rechtsverordnungen aufgrund von Bundesgesetzen, die der Zustimmung des Bundesrates bedürfen, ebenfalls der Zustimmung des Bundesrates. Dies gilt aber nicht, wenn bundesgesetzlich etwas anderes ist („vorbehaltlich anderweitiger bundesgesetzlicher Regelungen"). § 8 GesCoronaG bestimmt als Bundesgesetz ausdrücklich, dass der Bundesrat der Rechtsverordnung nicht zustimmen muss;[1] der Bundesrat hat an diesem Gesetz ordnungsgemäß mitgewirkt und seine Entscheidungsmöglichkeit somit bewusst selbst mit eingeschränkt.[2] Diese damit bestehende letztlich freie, durch den Bundesrat nicht kontrollierte Entscheidungsbefugnis einer Verwaltungsbehörde über die massive Ausweitung der grundrechtsbeschränkenden Vorschriften des GesCoronaG bestärken die verfassungsmäßigen Bedenken gegen diese Vorschrift zusätzlich.

II. Bewertung der Ermächtigung nach dem Bestimmtheitsgebot des Art. 80 Abs. 1 GG

Art. 80 GG normiert die Möglichkeit der Legislative, der Exekutive partiell legislato- **4** rische Befugnisse zu übertragen und ihr zu gestatten, Rechtsverordnungen zu erlassen. Um den Grundsatz der Gewaltenteilung zu schützen und um zu verhindern, dass die Legislative sich selbst entmächtigt und der Exekutive zu weitreichende Befugnisse einräumt, müssen gem. Art. 80 Abs. 1 S. 2 GG **Inhalt, Zweck und Ausmaß der erteilten Ermächtigung im Gesetze bestimmt** werden. Das BVerfG entnimmt dem Art. 80 Abs. 1 S. 2 GG ein Bestimmtheitsgebot.[3] Inhalt, Zweck und Ausmaß der erteilten Ermächtigung müssen danach im Gesetz „hinreichend" bestimmt werden.[4] Fraglich ist, ob § 8 GesCoronaG diesem Erfordernis entspricht: Relevant ist hier das Ausmaß der Ermächtigung. Der Gesetzgeber muss die **Grenzen der Regelungsmacht des Verordnungsgebers festsetzen**, also den Umfang der Ermächtigung fixieren.[5] Dessen Ausmaß muss sich mit hinreichender Deutlichkeit aus dem begrenzten Zweck der Ermächtigung[6] oder aus ihrem Zusammenhang mit anderen Vorschriften ergeben[7]. Nach dem BVerfG muss das Ausmaß der Delegation nicht ausdrücklich im Text der Ermächtigungsnorm selbst bestimmt sein; vielmehr reicht es aus, dass sich die Bestimmtheit einer Verordnungsermächtigung durch Auslegung ermitteln lässt.[8] Für die Anwendung des Art. 80 Abs. 1 S. 2 GG und für die Ermittlung, welche Bestimmtheitsanforderungen im Einzelnen erfüllt sein müssen, ist die Regelungsintensität der ermächtigungsgesetzlich ermöglichten Verordnungsbestimmungen bedeutsam; an die Bestimmtheit einer Ermächtigung sind umso höhere Anforderungen zu stellen, je schwerwiegender die Auswirkungen der gesetzgeberischen Delegation sind.[9] Das Bestimmtheitsgebot hat besonderes Gewicht im Fall von ermöglichten Eingriffen in

---

1 Eine anderweitige Regelung kann das Zustimmungsbedürfnis einschränken, vgl. BVerfGE 106, 1 (25).
2 BVerfGE 136, 69 (103) zur Gewährleistungsfunktion der Rechte des BR durch Art. 80 Abs. 2 GG.
3 BVerfGE 113, 267 (268 f.); zur Rechtsprechung und den vom BVerfG entwickelten Konkretisierungsformeln vgl. eingehend Maunz/Dürig/*Remmert*, Stand: Oktober 2019, GG Art. 80 Rn. 64 ff.
4 BVerfGE 113, 267 (269); BVerfGE 123, 1 (78).
5 BVerfGE 5, 71 (77); 35, 179 (183).
6 BVerfGE 4, 7 (22); 8, 274 (318); 38, 61 (84).
7 BVerfGE 7, 267 (273 f.); 35, 179 (183).
8 BVerfGE 143, 38 (60); BVerfG NVwZ 2018, 1703 (1712).
9 BVerfGE 76, 130 (143); vgl. auch BeckOK GG/*Uhle* Art. 80 Rn. 25.

grundrechtlich geschützte Bereiche;[10] an Ermächtigungen zu belastenden Regelungen sind daher strenge Anforderungen zu stellen.[11]

Wendet man diese Maßstäbe auf § 8 GesCoronaG an, folgt daraus:

5   Die zeitliche Reichweite der Ermächtigung ist hinreichend bestimmt. Der **Zeitraum**, um den die Geltung der Gesetzesteile verlängert werden kann, ist mit seiner maximalen Dauer eindeutig vorgegeben.

6   **Problematisch** ist aber die **Formulierung des Maßstabs**, nach dem das Ministerium seine Befugnis zur Verlängerung des Anwendungszeitraums ausüben darf. Die Geltung kann verlängert werden, *„wenn dies aufgrund fortbestehender Auswirkungen der COVID-19-Pandemie in der Bundesrepublik Deutschland geboten erscheint"*. Dies betrifft das „Ob" der Verlängerung; das „Wie" ist durch den Gesetzgeber festgelegt, da die §§ 1–5 GesCoronaG im Fall der Verlängerung unverändert fortgelten sollen. Angesichts der erheblichen Einschränkungen von Aktionärsrechten durch § 1 GesCoronaG und dem damit verbundenen tiefgreifenden Eingriff in Art. 14 Abs. 1 GG (Eigentumsrecht der Aktionäre, vgl. exemplarisch zur Beschränkung des Auskunftsrechts → § 1 Rn. 27 ff.) sind **an die Bestimmtheit hohe Anforderungen** zu stellen. Die Auslegung und Anwendung der Ermächtigung bergen erhebliche Rechtsunsicherheiten. Weder das Gesetz noch die Regierungsbegründung liefern Anhaltspunkte oder Kriterien, wann die „Auswirkungen" der COVID-19-Pandemie es „geboten" erscheinen lassen, die Geltungsdauer der Regelungen der §§ 1–5 GesCoronaG um ein volles Jahr zu verlängern, und damit die Geltungsdauer mehr als zu verdoppeln.[12] Es ist **unklar, woran das Bundesministerium seine Entscheidung orientieren soll**. Möglicherweise an den Empfehlungen des Robert-Koch-Instituts. Denkbar wäre auch, sich an der Aufrechterhaltung der Beschränkungen des Versammlungsrechts zu orientieren, auf die sich die Bundesregierung mit den Ländern ggf. einigen kann – denn die Einschränkungen des Versammlungsrechts führt der Gesetzgeber zur Begründung des zentralen Regelungszwecks der GesCoronaG an.[13] Werden die derzeitigen Maßnahmen jedoch nur teilweise zurückgenommen oder handhaben die Bundesländer die Beschränkungen unterschiedlich, müsste das Bundesministerium für Justiz und für Verbraucherschutz beurteilen, ob es „geboten" iSv § 8 GesCoronaG erscheint, die Regelungen für das gesamte Bundesgebiet zu verlängern. Mangels nachprüfbarer Kriterien und eines daher letztlich freien Ermessens des Bundesministeriums kann die Frage, wann die Verlängerung geboten ist, nicht rechtssicher beantwortet werden; angesichts der erheblichen Grundrechtseingriffe insbes. hinsichtlich des Aktieneigentums ist die Vorschrift uE zu unbestimmt und **verstößt daher gegen Art. 80 Abs. 1 S. 2 GG**. Der Gesetzgeber muss die Verlängerungsentscheidung selber treffen oder er hätte klare, bestimmbare Kriterien iSv Art. 80 Abs. 1 S. 2 GG formulieren müssen. Die völlig unklare Lage der Corona-Pandemie gebietet es uE, dass das Parlament die wichtige Entscheidung über die Fortgeltung der einschneidenden Änderungen selbst fasst.

III. Rechtsfolgen des Verstoßes gegen Art. 80 Abs. 1 S. 2 GG; Auswirkungen auf die (Handlungs-)Pflichten und Haftung von Gesellschaftsorganen

7   **Erfüllt ein ermächtigendes Bundesgesetz die verfassungsrechtlichen Anforderungen nicht, so ist es nichtig;** auch eine auf seiner Grundlage ergehende Rechtsverordnung ist nichtig.[14] § 8 GesCoronaG verstößt uE gegen Art. 80 Abs. 1 S. 2 GG. Das Justizministerium kann daher die Geltung des GesCoronaG nicht verlängern. Eine dennoch ergehende Verordnung wäre nichtig und damit ein rechtliches Nullum. Würde der Vorstand aufgrund einer solchen nichtigen Verordnung im Jahr 2021 eine virtuelle

---

10 BVerfGE 41, 251 (266).
11 BVerfGE 23, 62 (73); 48, 210 (221).
12 Vgl. auch Reg.-E GesCoronaG BT-Drucks 19/18110, S. 32.
13 Reg.-E GesCoronaG BT-Drucks 19/18110, S. 3.
14 Maunz/Dürig/*Remmert* GG Art. 80 Rn. 55, 122; BeckOK GG/*Uhle* Art. 80 Rn. 29 mwN.

Hauptversammlung oder aber eine Hauptversammlung nach dem 31.8.2021 einberufen, so wären uE alle dort gefassten Beschlüsse wegen Gesetzesverstoßes nach § 243 Abs. 1 Alt. 1 AktG anfechtbar.

Damit stellt sich die Frage, ob der Vorstand nach § 93 AktG dafür haftet, wenn er eine solche Hauptversammlung einberuft. Die Einberufung einer gesetzwidrigen Hauptversammlung verstößt gegen die Legalitätspflicht des Vorstands und ist daher pflichtwidrig.[15] Fraglich ist aber, ob der Vorstand den Pflichtverstoß zu vertreten hat. Er müsste die im Verkehr erforderliche Sorgfalt durch die Abhaltung der HV unter Ausnutzung der GesCoronaG-Kompetenzen missachten. Dabei ist zu berücksichtigen, dass der Vorstand mangels gerichtlicher Entscheidung nicht rechtssicher beurteilen kann, ob § 8 GesCoronaG verfassungsgemäß ist. Er handelt also unter unklarer Rechtslage. Schätzt der Vorstand die Rechtslage falsch ein, unterliegt er einem Rechtsirrtum, der nach allgemeinen Maßstäben nur ausnahmsweise entschuldbar ist.[16] Für einen fremdnützig handelnden Vorstand gelten jedoch andere Maßstäbe; er handelt entschuldigt, wenn er die Rechtslage sorgfältig geprüft hat und eine vertretbare Entscheidung getroffen hat.[17] Um in das Privileg eines unverschuldeten Rechtsirrtums zu kommen, muss der Vorstand den Sachverhalt sorgfältig aufbereiten und rechtlich prüfen. Kommt er danach zu der Einschätzung, dass die Rechtslage unklar ist, kann er die für die Gesellschaft günstige Rechtsauffassung vertreten.[18] Um diese zu ermitteln, muss er eine Abwägungsentscheidung treffen im Lichte (1) der Wahrscheinlichkeit der Rechtmäßigkeit aus Ex-ante-Sicht, (2) dem Gewicht der Nachteile, die der AG bei Verzicht auf die fragliche Handlung drohen, und (3) der Schwere der drohenden Rechtsgutverletzung, wenn sich der eingenommene Rechtsstandpunkt als fehlerhaft erweist.[19]

Subsumiert man unter diese Voraussetzungen, ergibt sich folgendes: § 8 GesCoronaG ist uE verfassungswidrig, so dass eine virtuelle Hauptversammlung oder eine Hauptversammlung nach dem 31.8.2021 rechtswidrig wäre, wenn das Justizministerium von seiner Verordnungsmacht Gebrauch macht und den Geltungszeitraum von § 1 GesCoronaG verlängert. Die Rechtslage ist aber nicht gerichtlich geklärt und eine Klärung wird auch nicht erfolgen, bevor die Entscheidungen zu den Hauptversammlungen in 2021 zu fällen sind. Der Vorstand muss also nach den in → Rn. 8 dargestellten Kriterien eine Abwägung treffen: Dabei muss er insbes. die Schwere drohender Rechtsverletzungen berücksichtigen, denn die Verfassungswidrigkeit von § 8 GesCoronaG zieht die Anfechtbarkeit aller Beschlüsse nach sich, die auf einer HV im Jahr 2021 gefasst, die sich auf Kompetenzen nach dem GesCoronaG stützt. Eine den normalen Vorschriften des AktG entsprechende HV ist hingegen in jedem Fall rechtmäßig. Um zu verhindern, dass alle Beschlüsse anfechtbar sind und eine teure Hauptversammlung wiederholt werden muss, muss sich uE ein Vorstand grundsätzlich für eine „normale" Hauptversammlung entscheiden, soweit dies unter den gegebenen Umständen möglich ist. Beruft er ohne Not eine virtuelle oder nach dem 31.8.2021 stattfindende Hauptversammlung ein, kann er sich später nicht exkulpieren und haftet nach § 93 AktG für den entstandenen Schaden. Eine andere Beurteilung ist gerechtfertigt, wenn zum Zeitpunkt der Vorstandsentscheidung über die Hauptversammlung 2021 und absehbar auch zum Zeitpunkt der Hauptversammlung eine

8

9

---

15 HM, Hüffer/*Koch* AktG § 93 Rn. 6, 40; *U. Schmidt* in Heidel Aktienrecht AktG § 93 Rn. 10.

16 Begründet wird dies damit, dass derjenige, der seine Interessen trotz zweifelhafter Rechtslage auf Kosten fremder Rechte wahrnimmt, das Risiko nicht einfach dem anderen Teil zuschieben können soll BGH NJW 2014, 2717, juris Rn. 36.

17 Vgl. für den Verwalter einer Wohnungseigentümergemeinschaft BGHZ 131, 346 = NJW 1996, 1216 (juris Rn. 22); zu dem Meinungsstand auch Lochner/Beneke ZIP 2020, 351 (357) mwN.

18 KölnKommAktG/*Mertens/Cahn*, § 93 Rn. 75; Spindler/Stilz/*Fleischer* § 93 Rn. 140.

19 *Verse* ZGR 2017, 174 (188 f.); *Lochner/Beneke* ZIP 2020, 351 (358).

Hauptversammlung ohne Inanspruchnahme der GesCoronaG-Kompetenzen nicht durchführbar ist. Insbes. sind hier andauernde oder erneut erlassene behördliche Beschränkungen des Versammlungsrechts zu berücksichtigen. Im Einzelfall kann die Durchführung einer „normalen" HV vor dem Hintergrund dieser Beschränkungen unmöglich sein. Der AG drohen jedenfalls erhebliche Nachteile, wenn sie behördlichen Anordnungen zuwider handelt, auch eine Gesundheitsgefährdung von Aktionären ist nicht hinnehmbar. In diesen Fällen haftet der Vorstand nicht, sondern kann sich auf den Standpunkt stellen, dass die Verfassungsmäßigkeit von § 8 GesCoronaG noch ungeklärt ist und die AG von den Privilegierungen des § 1 GesCoronaG Gebrauch machen kann.

IV. Entscheidungsmaßstab des Bundesministeriums – Gebotenheit

10 Unterstellt, § 8 GesCoronaG wäre verfassungsgemäß, kann das Bundesjustizministerium die Geltung verlängern, *„wenn dies aufgrund fortbestehender Auswirkungen der COVID-19-Pandemie in der Bundesrepublik Deutschland geboten erscheint"*. Kriterien zur Beurteilung der Gebotenheit lassen sich den Gesetzesmaterialien nicht entnehmen. Im Gesetzentwurf werden die Maßnahmen in § 1 GesCoronaG mit den Auswirkungen von Schutzmaßnahmen zur Vermeidung der Ausbreitung der COVID-19-Pandemie begründet; insbesondere die Einschränkungen der Versammlungsmöglichkeiten von Personen soll die Regelungen des § 1 GesCoronaG rechtfertigen.[20] Eine Verlängerung wird daher geboten sein, wenn diese Schutzmaßnahmen in vergleichbarer Intensität wie zum Zeitpunkt der Verabschiedung des § 1 GesCoronaG auch für den Verlängerungszeitraum fortbestehen.

11 § 8 GesCoronaG ermächtigt zur einer Verlängerung bis **spätestens** 31.12.2021 und eröffnet damit eine Ermessensentscheidung. Das Justizministerium ist eine Verwaltungsbehörde und hat ihr Ermessen nach allgemeinen Rechtsgrundsätzen pflichtgemäß auszuüben. Dazu gehört insbesondere, dass sie den Grundsatz der Verhältnismäßigkeit beachtet. Die Verlängerung muss demnach einen legitimen Zweck erfüllen, geboten, erforderlich und angemessen sein.[21] Sollte sich die Corona-Krise auch noch Ende 2020 dynamisch entwickeln, darf das Justizministerium nicht sofort die maximale Frist ausschöpfen, sondern muss prüfen, ob nicht zunächst eine kürzere Verlängerung angemessen ist. Dies gebietet die weitgehende Einschränkung von Aktionärsrechten, die insbes. hinsichtlich des Auskunftsrechts grundrechtlich garantiert sind und für börsennotierte Gesellschaften auch europarechtlich vorgegeben sind, → § 1 GesCoronaG Rn. 39 ff. Das Bundesjustizministerium muss im Zeitpunkt seiner Entscheidung eine Prognose treffen, ob die Schutzmaßnahmen für den avisierten Verlängerungszeitraum fortbestehen und weiterhin erhebliche Auswirkungen auf die Handlungsfähigkeit von Unternehmen bestehen.

12 Ob das Ministerium sein Ermessen rechtmäßig ausgeübt hat, unterliegt grundsätzlich einer gerichtlichen Kontrolle.[22] Beruft der Vorstand im Jahr 2021 eine virtuelle HV gem. § 1 Abs. 2 GesCoronaG ein, auf der Beschlüsse gefasst werden, die im Nachgang angefochten werden, prüft das Gericht im Anfechtungsprozess inzident, ob die Rechtsverordnung wirksam ist, dh ob das Bundesjustizministerium sein Ermessen rechtmäßig ausgeübt hat. Kommt das Gericht zu dem Ergebnis, das dem nicht so ist, hat die Anfechtungsklage allein aus dem Grund Erfolg. Denn das Gericht hat für un-

---

20 Reg.-E GesCoronaG BT-Drucks 19/18110, S. 3.
21 Maunz/Dürig/*Grzeszick* GG Art. 20 VII. Rn. 107 ff.
22 Maunz/Dürig/*Remmert* GG Art. 80 Rn. 141, 144.

tergesetzliche Normen wie eine Rechtsverordnung eine Verwerfungskompetenz; Art. 100 Abs. 1 GG findet keine Anwendung.[23]

Artikel 3–5

[vom Abdruck wird abgesehen]

Artikel 6 Inkrafttreten, Außerkrafttreten

(1) [Vom Abdruck wird abgesehen]
(2) **Artikel 2 tritt am Tag nach der Verkündung in Kraft und tritt mit Ablauf des 31. Dezember 2021 außer Kraft.**
(3) – (6) [Vom Abdruck wird abgesehen]

Die Bestimmungen zum Inkrafttreten und Außerkrafttreten des Gesetzes wurden im Kontext der jeweils in Bezug genommen Vorschriften kommentiert (→ § 1 GesCoronaG Rn. 2; Rn. 11 Fn. 17).   1

Aufgrund der besonderen Eilbedürftigkeit wurde ein **Inkrafttreten** der Regelungen in Art. 2 bereits am Tag nach der Verkündung vorgesehen. Das **Außerkrafttreten** der Regelungen wurde zum Ablauf des 31.12.2021 bestimmt, da es sich hierbei nur um vorübergehende Maßnahmen zur Abmilderung der Auswirkungen der Infektionen mit dem SARS-CoV-2-Virus handelt. Mit dem automatischen Außerkrafttreten zum 31.12.2021 verbleibt einerseits ausreichend Spielraum für eine Verlängerung des Geltungszeitraums im Verordnungswege, für den Fall noch andauernder Auswirkungen der Infektionen mit dem SARS-CoV-2-Virus, und andererseits wird der vorübergehende Charakter der Regelungen dadurch gewahrt, dass sie automatisch wieder außer Kraft treten.[315]   2

---

23 Maunz/Dürig/*Remmert* GG Art. 80 Rn. 139.
315 Begr. Fraktionsentwurf, BT-Drs. 19/18110, S. 42.

Stichwortverzeichnis

Fette Zahlen bezeichnen die Paragrafen, magere die Randnummern.